商业航天工程导论

（上册）

王　洋　主编

中国宇航出版社
·北京·

图书在版编目（CIP）数据

商业航天工程导论 / 王洋主编. -- 北京：中国宇航出版社，2022.4

ISBN 978-7-5159-2056-6

Ⅰ.①商… Ⅱ.①王… Ⅲ.①航天工业－工业发展－研究－中国 Ⅳ.①F426.5

中国版本图书馆 CIP 数据核字(2022)第 054165 号

责任编辑　马　喆　　**封面设计**　宇星文化

出　版
发　行　中国宇航出版社

社　址　北京市阜成路 8 号　**邮　编**　100830
(010)68768548

网　址　www.caphbook.com

经　销　新华书店

发行部　(010)68767386　(010)68371900
(010)68767382　(010)88100613（传真）

零售店　读者服务部　(010)68371105

承　印　天津画中画印刷有限公司

版　次　2022 年 4 月第 1 版
2022 年 4 月第 1 次印刷

规　格　787×1092

开　本　1/16

印　张　55

字　数　1338 千字

书　号　ISBN 978-7-5159-2056-6

定　价　198.00 元（全 2 册）

《商业航天工程导论》
编写组

主　　编　王　洋

编写组成员　刘　武　张　华　王　涵　余燕燕
王政伟　陈毅君　邱家齐　刘　勇
丁　晟　张晶晶　彭　欣　艾艳军
侯　冰　李明志　梁青松　秦贵军
张　一　邱庆举　胡伟圣　郑　伟
杨　冰　岳　赟　王宏波　赵　亮

序

商业航天始于20世纪70年代，经过50余年的发展，在市场竞争力和技术创新等方面展现出巨大的潜力，已成为航天研发领域的重要新生力量。它继承了航天产业的求实、严谨与创新精神，更注重在低成本与灵活性间寻找新的创新空间，符合现代航天产业发展趋势，与航天产业发展市场化方向高度一致。新一代全球低轨通信卫星星座发展迅速，以星链、一网为代表的商业航天通信星座开启了卫星通信的新篇章，维珍航空、蓝色起源分别成功进行了太空飞行，拉开了国际商业航天旅行的帷幕。国际上，商业航天企业可谓一路高歌猛进，正在实现持续创新航天产品形态、不断提升产业技术能力、积极拓展应用空间的产业核心布局。国内，商业航天正处在产业化发展前期，对卫星、火箭批量化生产需求十分迫切，星箭整装、测试、发射一体化、产业化聚集已渐成趋势，逐步形成新产业化布局，积极开拓新市场，稳步开创新局面。

商业航天涵盖应用工程系统设计、卫星制造、卫星发射、卫星运营及服务、地面设备制造等环节，涉及通信、导航、遥感、空间运输、载人航天飞行、深空探测、太空采矿等领域。随着航天技术的不断创新、突破和发展，航天产业规模日益扩大，应用领域和市场前景快速扩张。以商业运载火箭、低轨互联网星座、亚轨道旅游、商业遥感等为代表的各领域得到迅速推进；特别是以星座组网的需求为牵引，卫星制造和卫星发射增长明显，卫星制造成本正在随着卫星的规模化量产而逐渐降低，低成本的卫星制造能力和发射能力正在形成，为航天产业快速发展奠定坚实基础。由此，商业航天也将进入快速发展时期。

随着商业航天的兴起，低轨卫星宽带互联网产业逐渐形成，卫星通信、导航和遥感等卫星应用产业与大数据、云计算、物联网、人工智能等新兴技术交叉融合发展，促进了时空信息服务创新，降低了时空信息服务成本，实现了时空信息服务即开即用，助力了商业航天产业应用的快速普及。小卫星需求量大幅上升，航天产业大规模“工业化”生产时代已然开启，为发展人类航天事业、探索太空新应用领域（如太空基地建设、小行星开矿、移民火星等太空工程）提供了先行性技术基础。

本书作者王洋及核心团队，在商业航天领域进行了卓有成效的创新探索，以实际行动积极参与了我国商业航天产业的发展进程。在商业卫星制造领域，已完成数颗低成本、高可靠卫星的在轨交付，并完成国内首个深度融合汽车制造和卫星制造能力的卫星超级工厂设计和建造；在星座建设领域，正在推进全球低轨导航星座和全球低轨物联星座，并同步搭建卫星商业服务平台，为卫星应用服务构建新通道、新场景；在卫星应用领域，积极推进高精度位置服务和卫星通信服务市场化融合应用，以航天技术服务于智能驾驶和广域物联网领域，进而推动未来出行服务的智能化转型升级，迎接汽车行业的变革性发展；此外还在交通、海洋、环保、应急等多领域展开应用实践，助力全行业卫星应用需求快速落地。他们以实际行动践行了航天科技为国家、社会和大众服务的核心宗旨。

《商业航天工程导论》围绕卫星工程系统、轨道与星座、卫星平台、有效载荷及各个控制分系统的组成、工作原理与设计技术、芯片筛选与设计、卫星总装集成测试及可靠性设计、卫星应用平台设计以及工程风险分析等方面论述了新技术实践及相应理论依据，并阐述了商业航天的不同领域应用，为我们呈现了一幅商业航天工程的前景蓝图。本书是作者在商业航天领域的工程经验总结，我相信这本专著的出版将会促进商业航天领域的技术创新和工程应用。我更看重的是本书全面、系统又较为深入介绍的商业航天工程理论及技术进展、工程应用及实践探索，将为当今关注商业航天领域发展的工程技术人员、管理者甚至投资者提供难能可贵的参考，为商业航天产业发展作出自己的贡献。

中国工程院院士

2021 年 12 月 30 日

前　言

1957年，人类发射了第一颗人造地球卫星斯普特尼克一号（Спутник－1），航天正式进入人类视野，航天发展至今，影响范围不断拓展，深刻地改变了人类的生产生活方式。目前，全球共有12个国家具备航天发射能力，50多个国家拥有自己的卫星，先后有近9 000颗卫星发射升空，2 000多个航天器在轨道上正常运行，几乎所有国家都在使用空间服务。近年来，全球商业航天快速发展，有力地推动了航天技术创新，其在航天产业发展中的地位和作用日益凸显。

商业航天通过市场机制为政府及商业用户提供航天资产、产品和服务，涵盖火箭、卫星、发射场、运营及服务、地面设备制造等环节，涉及通信、导航、遥感、太空运输、载人航天飞行、深空探测等领域。

商业航天的发展催生了一批技术创新能力强大的新兴航天企业，其中的典型代表包括SpaceX、蓝色起源等公司。SpaceX通过可重复利用的火箭技术，将发射费用降低了50%；"一网"（OneWeb）公司将小卫星制造速度从每颗12～18个月，提升到了每天2颗，还与空客合作建立了卫星工厂，采用高度自动化的机器人生产线，将航空飞机的批量制造经验应用到卫星领域，将单颗卫星成本降到了50万美元；维珍银河、蓝色起源等商业航天公司也在争相进入亚轨道旅游领域，提供低至25万美元的太空旅游体验服务。

中国商业航天从2014年开始发展，比国外商业航天起步晚，但也彰显了巨大的发展潜力。中国长征火箭公司计划推出5款商业火箭产品，将通过规范生产、技术等标准，预期将发射成本降低约30%，最短履约周期压缩80%左右，以进一步提升国际商业发射竞争力。商业卫星研制和运营方面，我国拥有相关企业数十家，它们都各有侧重地开始了自己的卫星研制、星座建设和运营。

为总结和提炼中国商业航天工程在系统管理科学、商用星座系统设计、卫星设计和AIT领域的新技术及应用成果，在理论和系统上揭示商业航天的基本发展规律，展示中国商业航天工程的研制成果和创新成就，本人主编了这本《商业航天工程导论》。本书最大的特色是源于多个航天工程实践，不仅适合从事商业航天研究、卫星设计与制造、航天应用的工程师阅读，也可作为高等院校相关专业师生的技术参考书。

《商业航天工程导论》由18章组成，以系统工程的思想进行编排，在介绍商业航天概念的基础上，以卫星工程系统，从总体级卫星设计，到逐步深入有效载荷和平台分系统的设计与试验，再回到整星系统级测试与试验，进一步介绍卫星对火箭的需求、可靠性设计、对芯片的需求，最后介绍商业卫星应用平台设计与应用领域，并对工程风险进行了简要分析。其中：第1章商业航天概述，介绍了商业航天的概念与范畴、发展模式、发展规律与发展趋势等内容；第2章介绍了商业航天工程系统及其组成和各部分之间的主要关系；第3～11章详细介绍了商业卫星总体设计及各分系统的相关技术、设计、测试与试验，具体介绍了商业卫星的总体设计、轨道与星座设计、有效载荷（通信、导航、遥感、天线载荷）设计、平台各分系统（综合电子分系统、结构机构与热控分系统、能源分系统、姿轨控分系统、测控馈电一体化系统、地面测运控一体化系统）的研制；第12章介绍了商业卫星的总装、测试与试验；第13章介绍了商业卫星对火箭的要求；第14章介绍了可靠性设计与分析；第15章介绍了商业航天的芯片需求；第16和17章分别介绍了商业卫星的应用平台设计和应用领域（通信、导航、遥感）；第18章介绍了工程风险分析与控制等内容。

感谢电子科技大学朱立东教授和北京理工大学张晓敏教授在本书审校过程中提出的宝贵意见，感谢中国宇航出版社领导和相关部门在本书编写和出版过程中给予的大力支持。

由于作者水平有限，书中难免会出现错误和不妥之处，敬请读者不吝指正。

王　洋

2021年11月

目　录

第 1 章　商业航天概述

随着各种航天技术应用和人类对空间探索的不断发展，商业航天逐渐成为航天领域的重要组成部分。商业航天以市场为主导，采用市场手段，运用市场机制，按照市场规律开展航天活动。它除了具有传统航天的高风险、高投入、高技术的特点外，还具有经济性、市场驱动性及约束性的特点。商业航天产业涵盖范围广，包括运载火箭研制与制造、卫星研制与制造、卫星运营及应用、地面设备制造与服务等多个领域。本章介绍了商业航天的概念与范畴、发展模式、发展规律以及发展趋势等内容。

1.1　概念与范畴

商业航天通过市场为政府及商业用户提供航天资产、产品和服务，涵盖卫星制造、发射、卫星运营及服务、地面设备制造等环节，涉及通信、导航、遥感、太空运输、载人航天飞行、深空探测等领域。

与航天商业化不同，商业航天的概念更为广泛。航天商业化是指原本只为政府、军队、国家安全需求服务的航天基础设施向商业市场开放，原本只为政府服务的航天制造企业、航天系统运营企业也向商业市场寻求合同，而政府和军队作为大客户进入市场，按商业规律进行招标和采购。商业航天则更多的是指按照市场化模式来组建新的航天企业，按照市场化规律来从事投融资、收购、合并、分立、招投标、议价、赔偿、研发、协作、制造、运营等活动，投资者和企业可以自由进入和退出。

1.1.1　定义

关于商业航天，国内外还没有统一的、被业内广泛接受的成熟定义，各航天大国根据本国国情、发展目标、技术基础等做出了相关内涵界定。

美国是商业航天发展最早、最发达的国家，在其 2010 版《美国国家航天政策》中对商业航天的定义为："商业航天是由企业提供航天产品、服务或航天活动，这些企业为此需要承受一定比例的投资风险和责任，按照典型的市场激励机制来控制成本获得最大的投资回报，并能够为现在的或潜在的非政府客户提供航天产品和服务。"

欧洲主要航天国家对商业航天的普遍认识是，按市场规则运行的所有航天活动，如企业以竞争性方式承接欧盟、欧洲空间局（ESA）或欧洲国家的政府项目，包括使用政府和社会资本合作模式（PPP），由公私各方共同承担责任和融资风险，实现航天资源的高效配置，对企业的所有制属性不做过多限制。

美国和欧洲对商业航天的理解包括两层含义：一是企业与政府之间在项目承接方式上

与传统航天有较大的区别，主要表现为政府只作为客户，对企业研制过程和实施途径的干预大幅减少；资金的提供方式从政府提供全部资金转为政府只提供固定数额资金，企业同样承担风险，产品归企业所有，政府只采购服务，企业可将该产品用于商业用途。二是私营企业以控制成本和优化投资回报等为目标，为非政府用户提供产品和服务的航天活动，其内涵是私营企业按市场规律为非政府用户提供服务。

我国从自身航天发展历史出发，对商业航天的定义基本包括“航天”与“商业”两个方面的属性，即以市场机制配置资源，以航天产品开发、系统运营、应用服务为核心的航天活动。“航天”又称空间飞行或宇宙航行，是指人类探索、开发和利用太空以及地球以外天体的活动，这些活动必须借助航天器来实现。“商业”主要指的是其中的商业机制，即市场机制。而所谓市场机制，是指通过市场竞争配置资源的方式，即资源在市场上通过自由竞争与自由交换来实现配置的机制，也是价值规律的实现形式。商业活动最本质的特征就是项目和资源利益通过市场机制进行分配。可以说，如果活动的利益分配是通过市场机制进行的，并且该活动又属于航天领域，则可以把这个活动称为商业航天活动，政府和企业都是市场的参与者。

美国国家航空航天局（NASA）对传统航天和商业航天模式给出了对比，如表 1-1 所示。可以看出，NASA 对传统航天和商业航天的界定和区别主要在于航天器所有者、签订合同类型、投资方式、NASA 的角色等。从航天器所有者来看，商业航天的航天器所有者不局限于 NASA，用户也不局限于政府用户，而是以企业为主体；从合同类型来看，成本加成合同一般不用于商业合同领域，而是采用固定价格合同；从投资方式来看，由 NASA 大包大揽，根据项目节点（里程碑）拨款的模式，转变为直接采购服务和能力的模式；从 NASA 的总体角色看，由原来的既承担宏观调控功能，又承担具体研制工作，转变为只承担宏观调控功能，其他的则留给市场自己完成；从成本结构上看，NASA 与工业界共同分担成本。

表 1-1 NASA 对传统航天与商业航天模式的界定

要素	传统航天	商业航天
产品所有者	NASA	研制企业
合同类型	成本＋利润	固定价格
合同管理	NASA＋主承包商	公私伙伴管理
用户	NASA	政府和非政府用户
能力验证投资	NASA 根据项目节点提供投资	NASA 只采购能力
NASA 的角色	NASA 决定需求和实施途径	NASA 只确定需求，实施途径由企业决定
需求定义	NASA 确定详细需求	NASA 确定顶级能力需求
成本结构	NASA 承担全部成本	NASA 与工业界分担成本

1.1.2　业务与场景

（1）卫星业务分类

卫星业务种类繁多，由于服务对象不同，主要业务可分为卫星通信、卫星导航和卫星遥感等。根据业务特点以及对时延的敏感程度的不同，卫星应用业务进一步分为流类、回话类、交互类、传输类、消息类业务，以及卫星导航、位置信息服务、控制类和集采类业务等。

一项业务要得到广泛的应用必须充分满足用户需求并提供良好的使用体验，对于卫星应用而言，良好的使用体验就是时延。时延又分为两种：一种是数据传输的时延；另一种是达到人体无感知的时延要求。

（2）卫星场景划分

按轨道高度划分卫星种类可分为低轨道、中轨道和高轨道卫星，如表 1-2 所示。

表 1-2　按轨道高度划分卫星种类

分类	轨道高度	主要特征
低轨道卫星	<1 500 km	轨道高度低，单星对地覆盖较小
		路径损耗小，传输延时短
		单星容量小，若组成低轨通信星座，可实现见天通，系统的顽存性高
中轨道卫星	1 500～20 000 km	介于低轨和高轨卫星之间，传输时延较短
		可实现全球覆盖和频率复用较有效
高轨道卫星	>20 000 km	轨道高度高，对地视场大
		路径损耗大，传输延时长
		单星容量大，寿命长，北半球存在南山效应

按核心商业应用场景划分主要包括偏远地区通信、海洋作业以及科考、航空和灾难应急通信等，如表 1-3 所示。

表 1-3　按核心商业应用场景划分

应用场景	应用市场
偏远地区通信	卫星电话、互联网电视、卫星宽带。在卫星互联网建设成熟、设备终端成熟轻便的情况下，通过小型化卫星中继站，借力星座系统低轨卫星在用户接收终端与地面网络之间建立地空通信链路
海洋作业以及科考	卫星定位、海事卫星电话。通过船载卫星设备终端，实现海上船只与地面通信网络的互联互通，满足船载设备、科考设备、船员等数据交换、网页浏览、即时通信、邮件收发、VoIP 语音需求
航空	机载 WiFi，Gogo、松下航电等为大多数的航空公司提供航空互联网服务。机载终端 ViaSat 装机量从 2017 年开始稳步大幅提升
灾难应急通信	应急呼叫、数据保护与恢复、异地灾备系统等。当今信息时代下，短暂的网络中断可能造成巨大的经济损失和社会损失。通过卫星互联网提供的高速备份链路，将关键业务上星备份，形成稳定的网络环境

按场景和功能维度划分卫星种类可分为通信卫星、导航卫星、遥感卫星，如表 1-4 所示。

表 1-4　按场景和功能维度划分卫星种类

分类	主要分类方法及简介
通信卫星	1)按服务区域不同分为国际通信卫星、区域通信卫星和国内通信卫星;2)按用途不同分为军用通信卫星、民用通信卫星和商业通信卫星;3)按通信业务种类不同分为固定通信卫星、移动通信卫星、电视广播卫星、海事通信卫星、跟踪和数据中继卫星
导航卫星	1)按是否接收用户信号分为主动式导航卫星和被动式导航卫星;2)按导航方法分为多普勒测速导航卫星和时差测距导航卫星;3)按轨道高度分为低轨道导航卫星、中高轨道导航卫星、地球同步轨道导航卫星
遥感卫星	遥感卫星主要有气象卫星、陆地卫星和海洋卫星三种类型。遥感卫星可在规定的时间内覆盖整个地球或指定的任何区域,当沿地球同步轨道运行时,可连续对地球表面某指定地域进行遥感。所有遥感卫星均配有遥感卫星地面站,从遥感即时平台获得卫星数据,可监测农林、海洋、国土、气象等情况

1.1.3　特点

商业航天概念与传统航天几乎同步出现。与市场化的其他行业不同，政府监督和航天管理机构始终主导着这个领域。商业航天与传统航天的区别在于：

1）传统航天论证充分，满足了最大化需求，但不可避免存在疏漏的需求，商业航天需要寻找这些需求对应的细分市场，与传统航天经过充分论证并已立项的项目形成互补，找到自己的市场目标是每个商业航天公司必须面对的首要问题。

2）决策方式不同。传统航天决策需要多部门会签，决策程序复杂；商业航天直接受市场需求传导，便于产业资本迅速进入，简化立项资金投入程序。

3）传统航天有系统的保障性，有更安全的保险系数；商业航天公司在供应链上选择范围更广，更容易采用模块化、系列化、组合化方案和回收技术，促进了产业发展。

商业航天领域的研发继承了传统航天的研制思想，更注重创新、低成本与灵活性，更符合产业化的要求。它主要体现在：采用成熟的技术和通用化、标准化、模块化的设计，采购商业现货，大幅降低研制成本，缩短研制周期。这也形成了商业航天发展的三大特征：效率、边界和整合。

1）效率。包括时间效率和激励机制，即研制更快、决策链条更短、更容易采用人才激励手段，形成快速迭代能力。

2）边界。包括业务边界拓展和试验边界容限，业务边界优势指企业可以拓展自身业务范围，实现技术和资源的优化配置，试验边界优势指商业航天无法进行大量试验，但更有驱动力进行拉偏试验，通过大幅拉偏充分暴露问题。

3）整合。包括创新整合优势和供应链整合优势，既有主动创新，也有由于资源约束，在无法选择的情况下被迫采用新技术、新方法，最后这些技术将通过不断的企业重组完成整合；供应链上，商业航天公司更容易采用模块化、系列化、组合化方案，并从更大范围内选择供应链来降低成本。

商业航天发展初期是传统航天的继承和拓展，是继承而不是颠覆，是拓展而不是发展，更不是竞争。就像猎鹰 9 号火箭的起步其实是政府规划的，目的是补齐后航天飞机时代的短板。从火箭研制、卫星研制及运营来看，商业航天有如下特点。

（1）火箭研制呈现出可复用、数字化、标准化和通用化等新特点

①可复用

2019 年 2 月，欧洲阿里安集团发布一种验证可重复使用运载火箭技术的西弥斯样机，该样机可作为火箭一子级，安装多台普罗米修斯发动机，进行垂直起降试验。普罗米修斯发动机采用液氧/甲烷推进剂，可重复使用，研制成本仅 100 万美元。同时，法国航天局继续开发卡里斯托可重复使用运载火箭垂直起降技术验证机。这两个项目预计在 2030 年左右首飞。2019 年 6 月，欧洲空间局公布其“未来运载器准备计划”（FLPP）中的运载火箭前沿技术，主要包括普罗米修斯液氧/甲烷可重复使用发动机、膨胀循环技术集成验证机（ETID）、垂直起降小型火箭可重复使用第一级、箭上实时轨迹制导优化等技术，并在 2020 年开展全尺寸样机地面试验。

2019 年 11 月，美国太空探索技术公司（SpaceX）表示将进一步研制可重复使用运载火箭，以解决商用太空飞船费用高昂的问题。目前，SpaceX 的猎鹰 9 号运载火箭和龙飞船载货舱已实现部分可重复使用，其宣称可复用的猎鹰 9 号火箭发射价格降低约 30%，即从 6 200 万美元降至 4 000 万～4 500 万美元。美国蓝色起源公司也称其可复用技术可将其发射服务价格降低 30%。

②数字化

即在火箭研发、制造与发射过程中融入数字化技术。目前，SpaceX 公司建立了数字化协同设计平台。通过数字化协同设计、仿真分析、虚拟装配与制造等技术手段，极大地提高了设计与制造效率，减少了设计更改和工程返工频次，大幅度缩短了研制周期，显著降低了研制成本。

③标准化和通用化

即通过火箭部组件的标准化和通用化，用批量生产代替定制生产，从而降低制造成本。例如，猎鹰 9 号和重型猎鹰火箭都使用同型号 Merlin 发动机，火箭二级发动机也是一级发动机的真空改进版本。蓝色起源公司的亚轨道飞行器新谢泼德飞行器和新格伦火箭上面级也均采用 BE-3 发动机。

（2）卫星研制呈现出一体化、规模化、星座化、大容量等新特点

①一体化

传统的卫星研制将设计和制造生产分离，设计方案是否能够在制造过程中有效实现，存在一定的不确定性。在重成本、重效益的思想牵引下，商业卫星公司不断强化设计与制造环节一体化理念，即在设计过程中充分考虑制造环节的要求和可实现性，设计方案在制造过程中不断迭代完善成为新趋势。

②规模化

在小卫星星座项目兴起的背景下，美国麦克萨技术公司（Maxar）、欧洲泰雷兹·阿莱尼亚空间公司（Thales Alenia Space）积极争取小卫星星座项目，并量身打造与传统卫星完全不同的研制生产线。欧洲空中客车公司在承接美国一网公司（OneWeb）大批量卫星研制订单后，新建了生产线和供应链，改变了以往一颗卫星研制历时数年，且要经过初

样、试样的程序，卫星产量有望提升到每天出厂 3 颗。

③星座化/巨型星座化

目前，全球多个巨型低轨通信、遥感卫星星座计划即将开启密集空间部署阶段，但其应用场景仍处于开发阶段，行业用户和大众消费领域的商业模式尚不明朗。在此背景下，美国军方率先认可商业低轨巨型星座的军事价值。2019 年年初，美国国防部新组建的航天发展局从实施低地轨道巨型星座计划的企业中开展了采购服务。

④大容量

美国、欧洲大力推进高通量卫星、移动宽带星座的发展，宽带卫星服务能力已超过 100 Gbit/s，移动宽带卫星陆续入轨，世界开启了移动星座互联时代。

(3) 卫星通信广播增长动能逐步转化，发展潜力依然巨大

一方面，卫星电视直播业务增速放缓，市场增长瓶颈日益明显。在地面有线电视和互联网电视的冲击下，国际通信卫星公司、欧洲卫星公司和欧洲卫星通信公司已调整业务形态，在巩固卫星直播到户业务的同时，将融合地面通信服务能力，提供多渠道的视频服务。

另一方面，宽带互联网、移动互联网等新兴业务增长潜力巨大，推动卫星通信板块持续增长。随着高通量、超高通量卫星的发展，卫星通信将变得更加质优价廉。目前，Ka 波段高通量卫星技术的应用，已经大幅减少了卫星通信与地面通信的成本差距。预计下一代超高通量卫星有望向多用户提供在质量和价格方面均可与地面超高速网络媲美的优质服务。

(4) 技术与应用跨界融合，推动卫星导航应用创新

目前，全球卫星导航系统应用主要分为道路交通服务、位置信息服务和其他服务 3 个方面。卫星导航技术与通信、遥感等卫星应用产业，以及大数据、云计算、物联网等新兴技术交叉融合发展，促进了时空信息服务创新，将带来新的经济增长点。融合了物联网、大数据、增强现实、智慧城市和智慧物流等技术后，卫星导航技术将成为当今时空信息来源中成本最低和性能最优的方案。

(5) 政府需求为对地观测业务的主要市场

未来，国防和政府需求仍然是遥感数据和分析的最大客户和关键驱动因素。例如，全球最大的商业遥感公司美国数字地球公司（Digital Globe）的主要收入依然来自美国政府，几乎所有领先的星座公司都看好国防和政府市场。

在技术和市场竞争的不断推动下，对地观测业务的服务模式也将从提供图像向提供图像分析服务及数字咨询服务转变。近年来，卫星图像数量显著增加，利用人工智能、云计算和物联网的多源数据分析具有巨大的潜力，将颠覆传统卫星业务模式，推动数字化转型并创造巨大价值。

此外，卫星遥感服务市场也将逐渐多元化。非图像遥感业务不断拓展，例如，近期美国斯派尔公司（Spire）、美国地理光学公司（GEOoptics）发布的公告中都提到了开展无线电掩星、温室气体监测、红外线业务，都试图通过新的方法探索更广阔的世界。

1.1.4　国内外发展历程

在商业航天出现之前，航天的资源来自政府计划，即我们常说的“立项”——特指建设性项目已经获得政府投资计划主管机关的行政许可（原称立项批文），可以进入项目实施阶段。这种航天可以称之为“立项航天”或“传统航天”。计划工程的特点是：研究很充分、决策很缓慢、资源保障很充足、立项后要求必须成功。

当技术、资源积累到一定程度，就会由于矛盾孕育出新事物。传统航天走过多年，当它发展到高峰期时，结构性矛盾也逐渐累积。今天 SpaceX 的成长，就是美国航天在漫长的历史过程中不断破解矛盾的产物，这中间有政策牵引、有技术变革、有企业家奋斗、也有历史偶然，它们共同构成了美国商业航天发展史。商业航天，自始至终，都是自顶向下设计，以及自底向上生长，两者逐渐接近、交融并放大后的产物。

1.1.4.1　国外商业航天发展历程

1957 年，苏联发射了第一颗人造地球卫星斯普特尼克（Спутник），这一标志性事件震惊了美国，史称“斯普特尼克时刻”，拉开了两国太空技术竞争的序幕。航天技术发展在美苏争霸中急速扩张，两国各自获得诸多政治红利，随着苏联国力下降，航天带给美国的竞赛获胜红利逐步降低，而先前粗放发展带来的经济压力和民意压力反而愈演愈烈。因此，美国开始了商业化运营航天活动的尝试，卫星与火箭等领域逐步开启了商业化道路。

1962 年 7 月 10 日，通信卫星 Telstar 1 进入轨道，它是一颗商业卫星，研制资金主要来自当时世界上最大的私营公司 AT&T 而非政府，而且 AT&T 向 NASA 支付了 300 万美元，作为雷神-德尔它运载火箭的费用，这开启了商业发射服务的先河，但距离真正的运载火箭商业化研制尚有 20 年时间。

为推动商业航天发射领域的发展，美国先后制定了一系列政策法案，逐步放松了对商业公司进入太空的限制。

1962 年 8 月 31 日，肯尼迪总统签署了《通信卫星法案》。法案指出：为了促进这种商业化发展并为私营企业提供尽可能广泛的参与机会，美国对全球系统的参与应以私营公司的形式进行，但要遵守适当的政府法规。

1978 年 5 月 11 日，卡特政府签署了美国第一版《国家太空政策》，政策指出：美国应鼓励国内商业性利用太空能力和系统进行商业活动，以获取经济利益，并提高美国的技术地位，但所有美国地球定向遥感卫星将需要美国政府的授权和监管。

1982 年，国会立法将航天分为军用航天和商业航天两个领域。1984 年，通过了对后来影响深远的《空间商业发射法案》，放开火箭发射业务给商业公司。该法案促进了洛克希德、马丁·玛丽埃塔、波音、通用动力、诺斯罗普、格鲁曼、轨道科学等军工巨头进入火箭发射领域充分竞争，竞争后火箭的运力成本优势也逐渐击败了昂贵的航天飞机。

1986 年，在挑战者号航天飞机失事、传统军工巨头陷入困境（德尔它、大力神、宇宙神三大系列火箭集体出现重大发射事故）、法国阿里安火箭崛起抢占国际航天发射市场情形下，美国政府第二次组建了国家航天委员会。该委员会第一次组建是在 1958 年，促成了《美国国家航空暨太空法案》的通过，并在随后全盘组建了 NASA 的各大研究中心。国家航天委员会第二次成立的重要使命之一就是推动商业航天的发展。在此段时间内，美国政府在商业航天领域动作很多，1990 年《发射服务购买法案》、1994 年《商业遥感法案》、1998 年《商业空间法》相继顺利推出。

随着 2000—2010 年美国商业航天迎来第二波大潮，资本也开始涌入。SpaceX、蓝色起源公司（Blue Origin）、内华达山脉、轨道科学公司、毕格罗宇航等商业航天企业，都在这段时期起步并开始技术积累。

随后，美国航天政策出现了进一步改革。小布什政府对当时处于垄断地位的 NASA 和传统军工巨头开刀，颁布了《国家航天运输政策》《美国国家航天政策》，其中最重要的目的就是要求 NASA 核心业务转变到科学研究和深空探测领域。这是一个具有划时代意义的改变，它意味着 NASA 开始逐步让出近地空间业务，并向私营航天公司开放相关科研项目。

2015 年，奥巴马政府通过了《关于促进私营航天竞争力、推进创业的法案》和《商业航天发射竞争法案》，进一步抑制传统军工巨头，促进商业航天发展。而 2011 年颁布的沃尔夫法案、不断加强的国际武器贸易条例（ITAR），则在国际层面极大限制了包括中国在内的其他航天国家对美国商业航天的冲击。

2017 年特朗普政府上任后也迅速做出反应，由副总统挂帅，第三次重组国家航天委员会，主要目的也很清晰：在政策、经济、技术上全面扶持商业航天发展。

当前，美国商业航天正处于快速发展的新阶段，其业务范围正从传统的商业卫星发射、商业卫星应用，扩展到政府从私营企业购买商业发射服务和发展商业载人航天飞行等领域，以 SpaceX、轨道科学公司（OSC，现更名为轨道-阿联特技术系统公司，简称轨道-ATK 公司）、天空盒子成像公司（Skybox Imaging）等为代表的新兴航天企业快速崛起，以谷歌公司（Google）为代表的互联网巨头也开始进军航天。商业航天发展的新思维、新理念与新模式对传统航天产业产生了巨大影响。

俄罗斯、日本、印度等国家，以及欧洲也分别提出各自的商业航天发展战略，并大力推动相关政策、法规的制定，鼓励私营企业开展技术创新，通过构建完整的商业航天产业体系，促进经济、军事和科技的持续发展。

例如，2014 年，英国政府发布了《航天创新与发展战略行动计划 2014—2030》和《国家空间安全政策》，进一步挖掘航天产业发展潜力。2015 年年底，英国发布了其首部《国家航天政策》，指出其未来目标是成为欧洲商业航天及有关空间领域技术的中心，并在世界航天领域中占据更大市场份额（即 2030 年前英国在全球航天市场中占 10%的份额）。为了应对全球竞争日益激烈的商业航天市场，特别是美国商业航天企业快速抢占该市场的严峻形势，法国大力推进阿里安-6 运载火箭和先进应用卫星的发展。此外，2015 年，日本发布新版《航天基本计划》和《2024 年航天发展路线图》修订案，进一步明确了航天工业能力发展目标。俄罗斯正在制定新的顶层规划，实施航天机构重组，推进航天产业商业化。

1.1.4.2　国内商业航天发展历程

1985年10月，我国宣布开展国际商用卫星发射业务。1990年4月，长征三号火箭发射了一颗美国通信卫星，实现了真正意义上的商业发射。在1990—1999年期间，我国承担了国际商业发射市场7%～9%的发射任务。之后，由于其他原因，我国商业卫星发射份额大大降低。直到2005年后，随着整星技术的出口，我国重新获得一定发射市场份额。

从2012年起，我国积极开展产业融合相关工作。《国务院关于创新重点领域投融资机制鼓励社会投资的指导意见》明确指出："加强政府采购，鼓励民间资本研制、发射和运营商业遥感卫星，提供市场化、专业化服务。"

2015年年底出台的《国家民用空间基础设施中长期发展规划（2015—2025年）》，明确了国家将支持民间资本投资卫星研制和系统建设，增强发展活力，这标志着国内商业航天进入起步阶段，2015年被认为是"中国商业航天发展元年"。

2016年7月、10月、12月，我国相继发布了《关于经济建设和国防建设融合发展的意见》《关于加快推进"一带一路"空间信息走廊建设与应用的指导意见》《2016中国的航天》等产业融合纲领性文件，为商业航天发展进一步提供了明确的指导。

2017年4月，一大批相关军工项目通过网络公开发布，进一步推进了包括航天装备在内的竞争性采购工作。

国内商业火箭发射方面也随之快速发展。2016年2月，航天科工火箭技术有限公司成立；2016年10月，中国长征火箭有限公司成立。这2个基于大型国企成立的商业发射公司，能提供多种商业发射服务。此外，国内也成立了翎客航天、蓝箭、零壹空间、星际荣耀等一批从事航天发射的初创企业。中国长征火箭有限公司计划推出5款商业火箭产品，将通过规范生产、技术等标准，预期将发射成本降低约30%，最短履约周期压缩80%左右，以进一步提升国际商业发射竞争力。

在商业卫星研制和运营方面，我国拥有相关企业数十家，如智星空间、长光卫星、国电高科、国星宇航、航天东方红卫星有限公司、九天微星、微纳星空、欧比特、千乘探索、银河航天、天仪研究院、二十一世纪空间技术应用股份有限公司、北京四维世景科技有限公司，他们都各有专注地开始了自己的卫星研发、星座建设和卫星运营。

1.2　发展模式

商业航天的发展在产品、投资、服务和生产制造等方面与传统航天发展思路不同，呈现出快速响应用户需求、低成本和灵活的批量制造、研发/生产制造/运营管理各环节全面简化等特点，实现了成本与可靠性的有机协调。

商业航天制造、发射及运营服务产业不断发展和变革，技术的持续创新、融合与应用是商业航天发展的重要动力。例如，CMOS面阵、综合信息处理组件等商业技术，低成本发射、智能终端，大数据技术、微系统技术、先进推进技术、衍射成像技术、3D打印技术的逐步应用，以及手机卫星、芯片卫星、立方体卫星等新概念、新应用不断涌现。

1.2.1 国外商业航天的发展模式

近年来，国外商业航天产业发展迅猛，一批创新性强的商业航天公司脱颖而出，航天商业化进程在航天运输、空间应用等领域拓展，美国商业航天可作为一典型案例。

1.2.1.1 美国 NASA 的商业计划

美国政府从政策、资金、技术等多方面给予了商业航天全方位的扶持，是其商业航天快速崛起的重要基础。可以说，美国商业航天的崛起离不开 NASA 的三大计划。

1）COTS：NASA 于 2006 年推出“商业轨道运输服务计划”（COTS）以推动建立商业低轨道航天运输能力，至 2013 年结束共提供 8.89 亿美元的资金和技术支持。

2）CRS：NASA 于 2008 年推出空间站“商业补给服务”（CRS），向商业公司竞争采购用于国际空间站后勤支持的轨道运输服务，2008 年提供 35 亿美元，其中就有 SpaceX 在绝境中获得的 16 亿美元。

3）CCP：NASA 于 2010 年推出“商业乘员计划”（CCP），以利用私营航天企业的力量为进出国际空间站提供安全、可靠和低成本的载人运输能力。

表 1-5 列出了部分 NASA 计划中授予相关企业的合同的内容及金额情况。

表 1-5 NASA 计划合同金额和授予企业

商业合同	授予时间/年	合同金额/亿美元	授予企业	合同内容
COTS	2006	3.96	SpaceX	开发龙飞船和猎鹰火箭
	2008	3.88	轨道科学公司	开发天鹅座飞船和安塔瑞斯火箭
CRS1	2008	16	SpaceX	12 次国际空间站商业补给
		19	轨道科学公司	8 次国际空间站商业补给
CCDev1	2010	0.2	内华达山脉公司	开发追梦者航天飞机
		0.18	波音公司	开发 CST-100 飞船
		0.067	ULA	改造宇宙神 5 火箭用于载人航天
		0.037	蓝色起源	开发火箭发射逃逸系统
		0.014	Paragon 空间公司	开发生命支持系统
CCDev2	2011	1.129	波音公司	CST-100 飞船计划的延伸
		1.056	内华达山脉公司	追梦者航天飞机计划的延伸
		0.75	SpaceX	载人龙飞船研究
		0.22	蓝色起源	开发火箭发射逃逸系统
CCiCAP	2012	4.8	波音公司	CST-100 飞船计划的延伸
		4.6	SpaceX	载人龙飞船计划的延伸
		2.275	内华达山脉公司	追梦者航天飞机计划的延伸

续表

商业合同	授予时间/年	合同金额/亿美元	授予企业	合同内容
CPC1	2013	0.099	波音公司	载人安全认证
		0.096	SpaceX	载人安全认证
		0.1	内华达山脉公司	载人安全认证
CCtCap	2014	42	波音公司	CST-100 飞船计划最终阶段
		26	SpaceX	载人龙飞船计划最终阶段
CRS1E	2015	12	SpaceX	5 次国际空间站商业补给
		4.75	轨道-ATK	1 次国际空间站商业补给
CRS2	2016	9	SpaceX	6 次国际空间站商业补给
		14	轨道-ATK	6 次国际空间站商业补给

下面以 COTS 计划为例，进行简要介绍。

2004 年，布什政府制定了《新空间探索计划》，该计划呼吁在 2020 年重返月球，航天飞机也于 2010 年年底退役。NASA 经盘点发现，航天飞机退役后，市场上的德尔它 4 和宇宙神 5 都是空军的，自己已经没有火箭了，研制经费与之前比也少了很多。2005 年，迈克·格里芬（Mike Griffin）成为 NASA 新局长，他向美国私营企业发起挑战，要求其开发能够满足国际空间站货运以及最终的载人需求的火箭。NASA 将在五年内拨款 5 亿美元，以刺激商业能力的发展，COTS 计划得以快速启动。

COTS 与以往 NASA 合同的不同之处包括：

1）COTS 计划只规定了几种载荷能力需求，而不再提出详细的技术指标要求；

2）NASA 不再提供全资资助，而是要求商业公司分担 COTS 系统开发和演示的费用，以降低 NASA 成本；

3）NASA 也不再将承包商设计的系统收归政府，而是允许商业公司保留知识产权；

4）由各个中心的专家组成咨询团队（CAT），在出现特定问题时“随时待命”，提供最佳技术建议；

5）考虑到空间任务复杂性，NASA 采用了分段策略，商业公司先通过 COTS 证明具备能力，商业补给服务（CRS）用于购买发射服务。

NASA 最早采用纯计划模式，之后对民营企业采用纯商业采购模式，而 COTS 计划则是一种全新的投资模式，它是传统航天和商业航天之间的混合架构。NASA 成为投资者而不是管理者，它给政策、给钱也给技术，被支持的公司实现了从“传统分包商”到“新型商业合作伙伴”的转变。

为了保证投资的有效性，太空行动协议（Space Act Agreement，SAA）中规定了里程碑节点，协议签订后，一项功能就是 NASA 的里程碑付款，协议在三种情况下可以终止：

1）NASA 未收到政府拨款；

2）NASA 与商业合作伙伴之间的相互协议；

3）商业伙伴未能达到里程碑节点。

大多数里程碑节点都是技术性的，但也有一些财务的，如 RpK 公司提出了 5 亿美元融资活动就是一个财务里程碑。当 RpK 无法实现财务里程碑时，NASA 终止了对 RpK 的节点付款和后续支持。

2008 年，在第二轮 COTS 计划中，RpK 出局，轨道科学公司进入。此次，轨道科学公司提出的火箭是安塔瑞斯（Antares，早期被称为金牛座Ⅱ，见图 1-1），安塔瑞斯选择了 NK-33 发动机，并外协乌克兰的南方设计局进行一子级设计，二级仍是轨道科学公司擅长的 Castor 系列固体发动机。2013 年 4 月 21 日首飞即获成功。

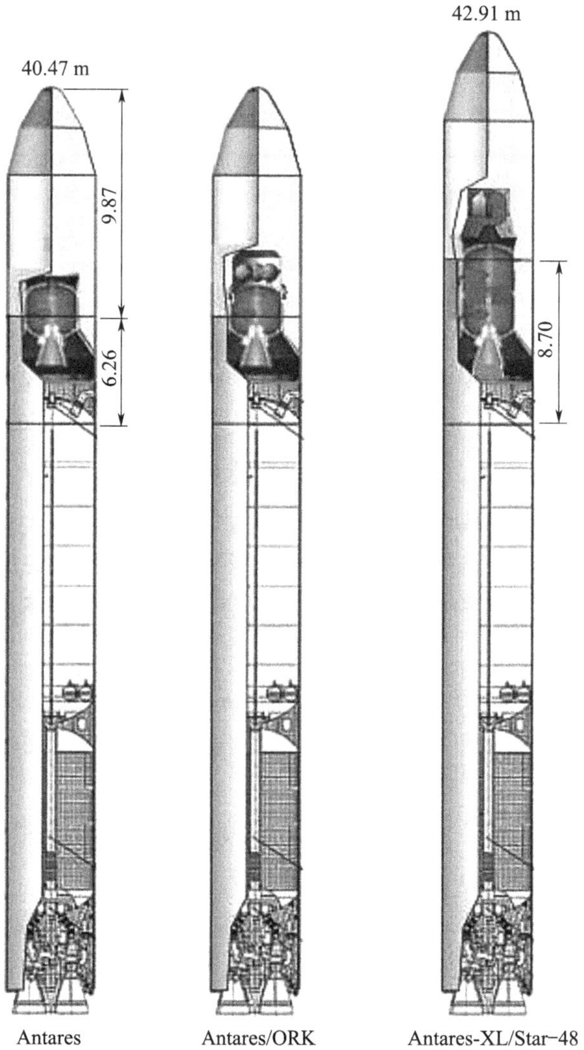

图 1-1　安塔瑞斯火箭

2013 年，COTS 计划结束，共提供 8.89 亿美元的资金和技术支持，取得了丰硕的果实。目前安塔瑞斯和猎鹰 9 号火箭平均以每年各 2～3 发的速度执行空间站货运任务，猎鹰 9 号火箭更是在 NASA 后来的商业乘员计划中再接再厉，2020 年执行了 2 次运送航天员任务。

COTS 计划提出了明确的载荷市场需求，并以资金投入和技术注入，是传统航天和纯商业航天之间的极佳过渡，是美国商业航天爆发的基础。市场力量控制着开发和运营成本，固定价格的里程碑付款最大程度地提高了控制成本的动机，并最大程度地减少了计划延迟，商业友好的知识产权/数据权和有限的终止责任鼓励了私人资本的投资，NASA 购买运营服务的承诺大大提高了公司筹集资金的能力，直接促成 SpaceX 成功将龙飞船首次停泊到国际空间站。

1.2.1.2　美国商业航天公司及典型火箭

美国从 1962 年实施商业发射服务，1980 年开启商业火箭研制之路，到如今 SpaceX 取得巨大成功，其间走过了漫长的道路。表 1-6 梳理了美国商业航天公司一些典型型号特点和发展情况。

表 1-6　美国商业航天公司及典型型号

公司名称	型号名称	型号特点	设计运载能力	首飞时间
太空服务公司(SSIA)	Percheron	挤压式煤油/氧化剂一子级的液体探空火箭	—	1981
	大篷车 I	民兵 I 导弹二子级作为一级的固体探空火箭	—	1982
	大篷车 1620	7 台 Castor 4 并联形成 1/2/3 级的四级固体运载火箭	1 179 kg	1995
轨道科学公司(OSC)	飞马座	空射三级固体火箭	LEO 375～443 kg	1990
	金牛座	飞马座落地版，拆除弹翼，增加 Castor 120 作为一子级	LEO 1 362 kg	1994
	安塔瑞斯	一子级液氧煤油，二、三级固体的运载火箭	LEO 5.1～6 t	2013
Rocketplane Kistler	K1	一级三台 NK-33 并联，二级 NK-43	LEO 4.6 t	—
马丁公司	商业大力神 3	从大力神 34D 改型，两级半火箭，一、二级为 N_2O_4/混合肼 50，助推为 2 台 600 t 大固体	LEO 14 t GTO 5 t	1990
洛克希德公司	雅典娜 1	Castor 120 作为 1 子级的两级固体火箭	LEO 820 kg	1995
	雅典娜 2	在雅典娜 1 底增加一台 Castor 120 组成三级固体火箭	LEO 2 065 kg	1998
麦道公司	德尔它 3	一级液氧/煤油＋二级氢氧＋9 台助推的二级半火箭	LEO 8.292 t GTO 3.810 t	1998
SpaceX	猎鹰 1 号	液氧/煤油两级火箭	LEO 570 kg	2006
	猎鹰 9 号	液氧/煤油两级火箭	LEO 9.9 t 后升级到 22.8 t	2012

（1）美国太空服务公司

1980 年，休斯敦房地产开发商 David Hannah 成立了美国太空服务公司（Space Services Inc. of America，SSIA），目的是做火箭。公司刚刚起步时将服务对象定位为中小型卫星用户，当时航天飞机、德尔它和阿里安只注重大、中型运载器，这个定位可填补小型运载器空白。

美国太空服务公司最早打算发展一个低成本液体运载火箭。它采用Gary Hudson设计的Percheron火箭，由一系列模块构成，每个模块直径1.2 m，高11.5 m，采用挤压式煤油/氧化剂发动机，以大幅降低价格。通过将基本模块组合在一起，可以形成各种运载能力。其研制过程很快，但1981年8月5日在Matagorda岛进行单模块静态点火时发生了爆炸。

这次失败后，美国太空服务公司全面转向固体运载火箭大篷车（Conestoga）I。大篷车I基于民兵I导弹的二级20 t固体发动机，再顶上两个小固体发动机，可以将100 kg载荷送入近地轨道。

1982年9月9日，美国太空服务公司在Matagorda岛发射了芯一级，有效载荷为500 kg假人（内有40 gal水），在313 km处成功弹出，大篷车I因此成为首个进入空间的私人投资的（探空）火箭。之后大篷车沉寂了很久（其间美国太空服务公司被EER系统公司收购），直至1990年NASA招标商业实验运输计划所用的小型运载火箭方案（839 kg，旨在开发可用于较长时间的微重力实验的商业实验运载器），1991年1月NASA选择了大篷车1620作为运载工具，才真正进行了火箭设计。

技术上，大篷车采用了模块化设计方法，依托1.14 m直径、13 t装药、50 t推力的Castor 4固体发动机，构造了一系列火箭型谱，如图1-2和表1-7所示。图中的发动机按时序点火，譬如1620的7台发动机是3个子级，一子级先点火4台然后分离，然后二子级点火2台再分离，然后三子级点火中心那台。

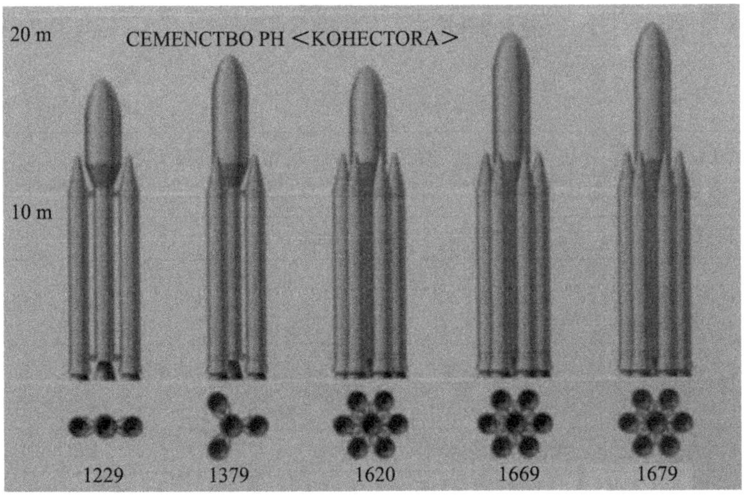

图1-2 大篷车系列火箭

表1-7 大篷车系列火箭配置

型谱代号	一子级	二子级	三子级	四子级	五子级	有效载荷/kg
1229	2×Castor-4B	1×Castor-4B	Star-48V	HMACS	—	363

续表

型谱代号	一子级	二子级	三子级	四子级	五子级	有效载荷/kg
1379	3×Castor - 4B	1×Castor - 4B	Star - 63V	HMACS	—	770
1620	2×Castor - 4B 2×Castor - 4A	2×Castor - 4B	1×Castor - 4B	Star - 48V	—	1 179
1669	2×Castor - 4B 2×Castor - 4A	2×Castor - 4B	1×Castor - 4B	Star - 63D	HMACS	1 361
1679	2×Castor - 4B 2×Castor - 4A	2×Castor - 4B	1×Castor - 4B	Star - 63 V	HMACS	1 497

管理上，为减少研制和发射费用并提高火箭的可靠性，大篷车将工程转包给多年从事空间计划的美国和国外的一些公司。箭上电气系统转包给萨伯（SAAB）空间公司；地面控制系统转包给防务系统公司（Defense Systems Inc.）；发动机转包给莫顿·锡奥科尔公司（Morton Thiokol）；发射服务转包给麦道公司（Mcdonnell Douglas）；地面保障设备转包给通用动力服务公司（General Dynamics Services）；工程保障转包给鹰工程公司（Eagle Engineering Inc.）。

1995 年 10 月 23 日，大篷车 1620 进行了轨道发射，但飞行 46 秒后，来源未知的低频噪声干扰了箭上制导系统，伺服液压油耗尽，火箭在空中解体。大篷车火箭以失败而告终，EER 系统公司也退出了火箭发射领域。

（2）轨道科学公司

1985 年，轨道科学公司签署了第一份合同，向 NASA 提供多达 4 架轨道转移飞行器。1987 年，当轨道科学公司开始研究使用低轨卫星收集远程数据时，埋下了后来 Orbcomm 星座的种子。

在研制飞行器和卫星时，轨道科学公司做起了火箭，1988 年它收购了世界领先的亚轨道火箭供应商之一，位于亚利桑那州的 Space Data Corporation，从而扩大了其火箭业务和制造能力。1989 年在亚利桑那州钱德勒开设了新工厂，以容纳公司不断发展的火箭业务。

轨道科学公司的第一款火箭是飞马座（见图 1 - 3），一款空射火箭。方案设想是轨道科学公司的埃里亚斯（A. L. Elias）于 1986 年提出的，1987 年 4 月开始型号研制。火箭一子级为 1.27 m 直径、12 t 装药、50 t 推力的 Orion 50S 发动机。

由于公司有自己的卫星，因此飞马座研制时载荷需求明确，就是轨道科学公司自己的 Orbcomm 通信星座和 Orb View 观测卫星。轨道科学公司和大力神航空航天公司（1995 年被 ATK 技术公司收购，在这里负责一、二、三级固体发动机和整流罩）两个公司各自花费了 3 000 万美元（1999 年币值）用于研制。

1990 年 4 月 5 日，飞马座火箭发射成功，这次飞行载荷是 NASA 与 DARPA 的小飞马座卫星（203 kg）。

飞马座火箭在设计上充分利用了经过验证的技术和美国在固体推进、材料及电子等领域的最新成果，因而具有质量轻、成本低、简单可靠和使用灵活方便等优点。其零件的数

图 1-3　飞马座火箭及 B-52 载机

量和总装工作量少，试验类型与次数也被大幅压缩。因此，飞马座火箭的发射费用仅为对等的地面发射火箭的一半，而运载能力却提高了 1 倍（不到 19 t 起质重量，近地轨道运载能力为 375 kg）。

为进一步满足 DARPA 提出的小型标准运载火箭（SSLV）计划，轨道科学公司进一步在飞马座底下增加一台锡奥科尔公司的 2.34 m 直径、15 t 装药、150 t 推力的 Castor 120 固体发动机，形成了金牛座火箭（见图 1-4），近地轨道运载能力提升到 1.4 t。

图 1-4　金牛座火箭

（3）Kistler航空航天公司

1993年，Kistler航空航天公司成立。1995年，阿波罗计划主任、航天飞机的早期拥护者George Mueller加入公司，公司开始研发K－1火箭（见图1－5），这也是第一个完全可重复使用的商业运载火箭。一子级3台发动机是从苏联登月的NK－33改来的，由Aerojet公司进行了翻新和多次试车。一子级分离后，中央发动机开机降低箭体速度，之后由降落伞和安全气囊着陆回收。

图1－5　K－1火箭

1995年9月，火箭完成初步设计后，最初设计用于将铱星发射到MEO轨道，公司从Aerojet接收了46台俄罗斯NK－33和NK－43发动机，并获得俄罗斯所有剩余NK－33和NK－43发动机优先购买权，签订了10次总价超过1亿美元的发射合同，与澳大利亚政府签订了运营协议，完成了奠基仪式，签订了多个分系统研制合同并开展研制。到2004年，Kistler已经完成飞行器75％的硬件、85％的设计、100％的GNC软件。

但是，在铱星公司破产和MEO卫星市场崩溃之后，Kislter无法向公司债权人支付超过6亿美元的债务，在2003年7月申请破产保护。2006年2月，亚轨道太空旅游公司先锋火箭飞机的所有者乔治·D·弗伦奇收购了公司，改名RpK（Rocketplane Kistler）。

2006年8月18日，RpK公司与合作伙伴安德鲁斯航空航天公司（Andrews Aerospace）拿到NASA的商业轨道运输系统（Commercial Orbital Transportation Services，COTS）合同，提供3次飞行以发展国际空间站的供应能力。但到2007年5月，公司未筹到里程碑节点4中所需的全部5亿美元，2007年10月18日，NASA按协议终止合同。

这之后，RpK公司的K－1火箭再也没有出现在人们的视野中。

(4) 马丁公司

1986 年 8 月 15 日，美国政府因挑战者号事件重新考虑航天飞机的用途，并决定进一步发挥私人公司发射商业卫星的作用。4 天后，马丁公司便以商业大力神 3 火箭对政府的决定做出反应。

商业大力神 3 的源头是空军立项的大力神 3，与改型后的大力神 34D 相比（见图 1－6）状态变化包括：1）一、二子级发动机推力各提高 3%和 5%；2）一子级贮箱加长0.43 m；3）提高姿态控制系统发动机推力；4）增设安装双星支架的延伸舱；5）增设二子级与延伸舱的对接结构——转接舱；6）采用 4 m 大直径整流罩。

图 1－6 大力神 34D 和商业大力神 3

1990 年 1 月 1 日，商业大力神 3 首次发射成功，发射费用约 1.1 亿美元（1989 年币值），比阿里安 44 L 的 8 500 万美元贵一些（GTO 能力接近）。商业大力神 3 火箭在 1992 年退役，退役前 4 次发射 3 次成功，成功率 75%。

(5) 洛克希德公司

1993 年，美国洛克希德公司开始研制新的小型运载火箭——洛克希德运载火箭（LLV），到了 1995 年，洛克希德和马丁公司合并，这款火箭就改名叫雅典娜（Athena）。

雅典娜火箭（见图 1－7）构型特点是模块化，用锡奥科尔公司 2.34 m 直径的 Castor 120 固体火箭发动机组合，例如，雅典娜 2 就是用两份雅典娜 1 的一级来串联的，形成了一个系列构型。

1995 年 8 月 15 日，雅典娜火箭进行了首次发射，但由于推力矢量控制系统出现故障，在起飞 160 s 后由地面控制人员发出指令自毁。到目前为止一共发射了 7 次，2 次失败，成功率 71%，2001 年之后已有 20 年未飞行。

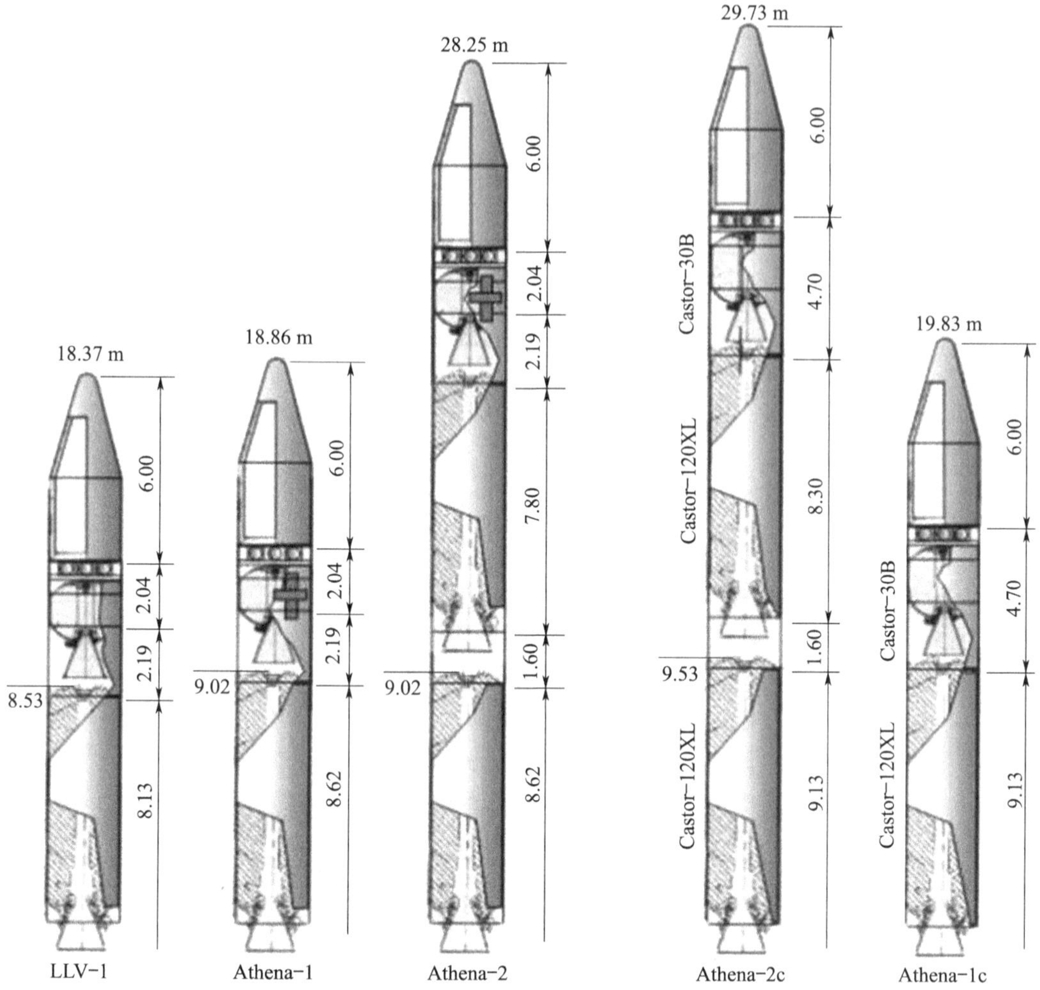

图 1-7　雅典娜火箭

（6）麦道公司

1995 年年初，麦道公司开始研制德尔它 3 运载火箭（见图 1-8）。究其原因，一方面，1986 年挑战者号航天飞机爆炸后，麦道公司接到了空军 6.69 亿美元生产 20 枚德尔它 2（GTO 1～2 t）的合同，另一方面，1995 年麦道公司正在空军牵引下进行德尔它 4 火箭（GTO 4～12 t）论证。在德尔它 4 火箭研制成功之前，用现有技术研制一个 GTO 3～4 t 的商业火箭，就被麦道公司提上了日程。

作为商业火箭，为了降低研制成本，德尔它 3 运载火箭采用二级结构（但也可根据发射任务需要增加三子级），并使用经过验证的德尔它 2 火箭的系统、部件和技术。德尔它 3 火箭 GTO 能力达到 3.81 t，是德尔它 2 火箭的 2 倍多，发射费用是 9 000 万美元。此外，与其他运载火箭不同，德尔它 3 火箭还采用了很多国外部件，如二子级（见图 1-9）液氢贮箱由日本三菱重工业公司制造，二子级发动机可延伸喷管则由法国欧洲动力装置制造公司生产。

图 1-8　德尔它 3 火箭

图 1-9　德尔它 3 火箭二子级

1998 年 8 月 27 日，德尔它 3 火箭首次发射因制导控制系统故障而失败（设计时漏了一个 4 Hz 滚动模态），1999 年 5 月 5 日，第 2 次发射因发动机质量问题又遭到失败，直到 2000 年 8 月 23 日，第 3 次发射才获得成功。由于火箭发射成功率低（33.3%），再加上当时阿里安 4 一年能发射七八次，麦道公司找不到用户，及时停止了该火箭的生产，而德尔它 3 火箭也成为该火箭系列中最不成功的一个型号。

（7）SpaceX 公司

2006 年 8 月 18 日，SpaceX 与 RpK 公司同时获得了 NASA 的 COTS 计划合同（NASA 与 SpaceX 和 RpK 签署了《空间法案协议》，两家公司分别获得了 2.78 亿美元和 2.07 亿美元的资金，将在完成每个商定的里程碑后以递增方式支付）。

今天如日中天的 SpaceX，它的初始出身并不好，在获 COTS 计划支持前，猎鹰 1 号已经由于螺母腐蚀和晃动失稳，经历了 2 次飞行失利。获 COTS 支持后，又由于分离碰撞导致第 3 次飞行失利。即使型号较小、失利代价没那么大，猎鹰 1 号第 4 次飞行时，SpaceX 仍处于没载荷愿意搭载、没钱再打下一发的境地。最终，其第 4 次飞行取得成功，宣告了 SpaceX 时代的开启。

在 2006 年 8 月 18 日至 2012 年 5 月之间，SpaceX 成功完成了最终的 COTS 任务目标。在此期间，SpaceX 执行了 40 个里程碑。2012 年 5 月 31 日，龙飞船从国际空间站返回并在太平洋溅落，SpaceX 成为历史上第一家向国际空间站运送货物的私营公司。

2015 年 12 月 22 日，SpaceX 公司的猎鹰 9 号发射成功，并在 10 min 后完成了一级火箭的陆地回收。2016 年 1 月 18 日猎鹰 9 号运载火箭成功将一颗海洋观测卫星送入轨道，但在随后的第一级火箭海上回收试验中以失败告终。2016 年 4 月 16 日，猎鹰 9 号运载火箭完成国际空间站补给任务后，在发射场地以东 300 km 的专用海上回收平台上平稳着陆。

图 1－10 为猎鹰系列火箭，其中，猎鹰 9 号是二级火箭，使用 Merlin 发动机，推进剂为液氧和煤油，最大的特点是火箭的可重复使用，高度 70 m（229.6 ft），直径 3.7 m（12 ft）。猎鹰 9 号是世上第一个可重复使用的轨道级火箭。

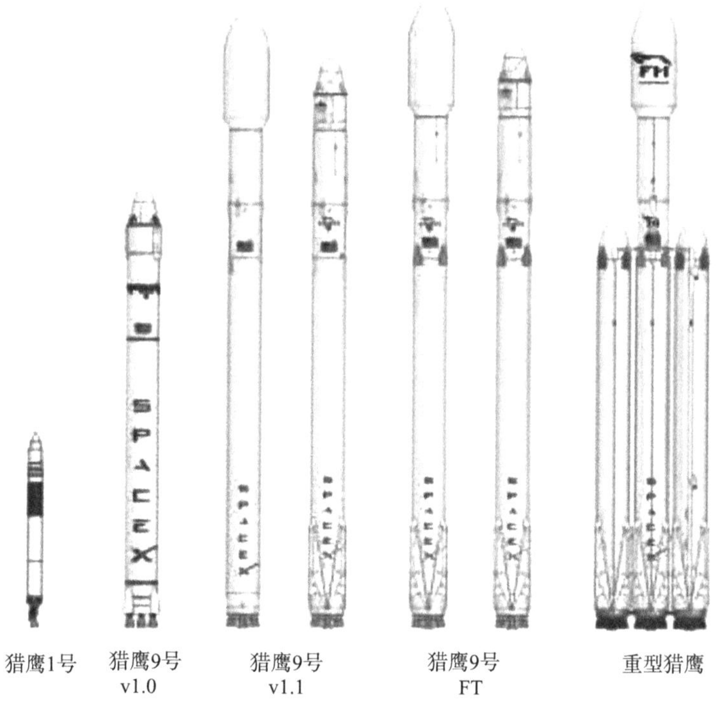

图 1－10　猎鹰系列火箭

1.2.1.3 美国商业航天发展模式分析

(1) 技术模式

美国商业火箭的技术发展模式如下：

①先固后液模式

美国商业航天公司采用了先固后液模式。美国的商业液体火箭安塔瑞斯和猎鹰真正成熟时，以飞马座为代表的固体火箭已经成功飞行了近 50 发。商业火箭成功率不高，液体火箭前 3 次飞行至少有一次失败（首飞基本全部失败）；固体火箭成功率高于液体火箭，这是因为固体火箭中发动机自身故障概率较低，制导和伺服系统是故障频发地带。

固体发动机具有易实现大推力、可靠性高、发射操作简单、使用维护方便等优点；但固体发动机比冲小、工作时间短、推力不易控制、重复启动困难。液体火箭发动机具有比冲高、推力可调、可多次启动等优点；液体火箭发动机正向着提高运载能力、使用寿命、可靠性、适应性的方向发展。

②模块化设计

商业火箭广泛采用模块化设计，如大篷车、雅典娜火箭均通过相同模块串并联形成系列型号，降低了设计难度和成本。

商业火箭早期构型从几个经典模块产生：2.34 m 的 Castor 120 固体发动机（装药量 50 t，推力 150 t），1.2 m 的 Orion 50/Castor 4（装药量 13 t，推力 50 t）。如雅典娜、金牛座、安塔瑞斯都选择了一个 Castor 120，这个模块的特点在于比较大又不那么大，从而得以支撑约 1～2 t 的近地轨道运载能力，在市场上得到锤炼。飞马座和大篷车选择了 Orion 50S/Castor 4 发动机，但为了提高运载能力，大篷车选择了多发并联方式，飞马座采用了空射方式，后来又增加了 Castor 120 作为一子级形成金牛座，最终都将运载能力推向了 1 t 以上。

③运载能力从小到大

商业运载火箭的发展遵循从小到大的规律。回顾 SpaceX 猎鹰系列运载火箭的发展历程，经历了初期运载能力不足 1 t 的猎鹰 1 号到运载能力 22 t 的猎鹰 9 号、再到运载能力超 50 t 的重型猎鹰，其发动机的推力也从 Merlin - 1C 的 40 t 级提升至 Merlin - 1D 的 90 t 级。

新型箭型的单台发动机推力较小。Rocket Lab 的 Electron（载荷以微小卫星为主）在 2019 年成功发射 9 次，发射次数仅次于 SpaceX 的猎鹰，受到广泛关注。Electron 采用 9 台并联的结构，单台发动机推力为 20 kN。较小推力的小型火箭，适应了微小卫星定制化、快速发射的需求，应用场景灵活，同样具有较好的商业前景。值得注意的是，小推力的单位质量发射价格仍然较高，如 Electron 单位质量发射价格约 21.8 百万美元/吨（以 LEO 计算），未来或随着批量快速生产的规模效应、回收复用等实现成本的降低。

成熟箭型的单台发动机推力均大于 800 kN。1 000 kN 左右的中等推力发动机具有较好的市场前景：一方面可通过并联实现较大总推力（类似猎鹰 9 号及重型猎鹰），从而满足特定应用卫星或高轨大卫星发射需求。另一方面，中等推力发动机也可以单台直接批量发射中小卫星（如阿里安5及Soyuz 2.1），满足组网的需求。

火箭的固有特点是，在一定的范围内，火箭运力越大每千克单价越低。就像猎鹰9号，首先是回收会降低成本，但更大原因是火箭运力大。如它的不回收状态运力22.8 t，价格9 000万美元，即4 000美元/kg，国内价格能与之类比的是长征五号，同样是因为运力大。

据统计，国内外火箭运载能力每提升1倍，每千克单价打8折。即1 600 kg运载能力火箭，每千克载荷价格仅为200 kg火箭的50%。而对比一下回收，回收运载能力降20%，价格降30%（从9 000万美元到6 200万美元），折合每千克单价降10%。

④发展可回收与重复使用技术

一般而言，运载火箭的回收可分为伞降回收着陆式、垂直返回式和带翼飞回式三种类型。美国历史上成功回收的运载火箭主要包括：美国航天飞机（Space Shuttle）使用伞降回收固体助推器；SpaceX的猎鹰系列一子级使用垂直返回。

历史上回收再重复使用的火箭主要有航天飞机的固体助推器、猎鹰系列的一子级。美国航天飞机的回收主要为助推器及轨道器的回收，助推器使用伞降回收的方式，轨道器的回收类似飞机降落。SpaceX主要采用垂直回收。猎鹰9号火箭一子级垂直回收方式分为两种，一是返回发射场回收，二是发射方向上落区回收。由于卡纳维拉尔角发射场位于美国东海岸，因此，其发射方向上落区回收又称海上回收，返回发射场回收又称陆上回收。

（2）管理模式

1）美国商业航天从诞生的第一天，就处于政府监管和NASA支持下，NASA的支持从纯采购的商业模式，演化为混合架构的投资模式，最后投资模式取得了巨大的成功；

2）COTS计划提出了明确的市场需求，并给予资金投入和技术注入，是传统航天和纯商业航天之间的极佳过渡，是美国商业航天爆发的基础；

3）有效载荷市场是商业火箭面临的首要问题，飞马座首飞有公司星座建设需求，安塔瑞斯和猎鹰火箭更有明确的空间站运营需求；

4）美国商业航天公司发展初期，将大量工程转包给具备火箭研制经验的成熟公司，提高火箭可靠性；

5）美国NASA体系研制的商业火箭项目最终执行效果都不好，与经费充足的国家立项项目比较，商业火箭在NASA体系不免边缘化可能是一个重要原因。

1.2.2　国内商业航天发展模式

我国商业航天发源于对外商业发射服务，从20世纪80年代后期开始，中国长征系列运载火箭先后完成了亚星、澳星、铱星等商业发射任务，形成了长征火箭在国际市场的重要影响力。进入21世纪，尤其是2010年之后，在新技术和新需求的推动下，中国商业运载火箭、商业卫星及商业应用服务不断发展。

我国航天发展模式不同于国外，因商业航天开展得较晚，目前还处于路径探索阶段。目前来看，我国商业航天发展大致可分为3个阶段：第1阶段是以运载火箭商业市场发射为主的商业化发射阶段，第2阶段是商业航天产业化发展阶段，第3阶段是商业航天提供大众化服务阶段。

1.2.2.1　我国运载火箭商业化发射

商业化发射作为商业航天发展的重要起步阶段，主要是通过市场竞标和签订合同，利用传统火箭完成市场发射任务。该阶段的特点是商业运营独立于技术研发，没有改变运载火箭的研制模式，也没有专门的商业运载火箭，我国长征系列运载火箭率先跻身国际商业航天发射市场，是我国商业航天发展的第1个重要阶段。

20世纪80年代后期，国际商业载荷迎来了第1次发展浪潮，同期航天飞机和阿里安系列火箭连续出现飞行失利，长征系列运载火箭以性能可靠、价格经济的显著优势迅速跻身国际商业航天发射市场。

1988年11月1日，中国长城工业总公司（现为中国长城工业集团有限公司）和美国休斯公司正式签署了卫星发射服务合同，决定研制大推力运载火箭——长征二号捆绑火箭（见图1－11），用于发射澳赛特通信卫星。1990年7月16日，长征二号捆绑火箭在西昌卫星发射中心将澳星模拟星顺利送入太空，创造了18个月完成火箭研制的中国速度，并且突破了火箭捆绑关键技术难题。截至1994年8月28日，一共完成了3颗澳星发射任务，此后还成功完成了亚洲二号、艾科斯达一号等商业卫星的发射任务。

图1－11　长征二号捆绑火箭发射

1989年1月23日，中国长城工业总公司与亚洲卫星有限公司签订发射合同，确定使用长征三号火箭（见图1－12）发射亚洲一号卫星。1990年4月7日，长征三号运载火箭圆满完成发射任务，拉开了中国商业发射的大幕。

图 1 - 12　长征三号火箭发射

1993 年 4 月 28 日，中国长城工业总公司和美国摩托罗拉公司签订了卫星发射服务合同，决定利用长征二号丙火箭以一箭双星的方式发射铱星。1997 年 9 月 1 日，长征二号丙运载火箭成功发射 2 颗铱星模拟星。截至 1999 年 6 月 12 日，长征二号丙火箭一共进行 7 次发射，将 2 颗模拟星和 12 颗正式星准确送入预定轨道，取得了圆满成功。

1997 年 8 月 20 日，中国当时推力最大的运载火箭——长征三号乙火箭成功地将菲律宾的马步海卫星送入地球同步轨道，标志着我国卫星发射能力达到世界先进水平，长征三号乙火箭也成为我国承担国际商业发射任务的主力火箭。

此后，随着美国 ITAR 扩大化，中国国际商业发射市场份额大幅降低。但近年来随着国内外商业载荷的蓬勃发展，长征二号丙、长征十一号等火箭已经执行了多次微小卫星商业发射任务，尤其随着长征三号乙火箭发射大型通信卫星的整星出口业务发展，长征系列运载火箭在国际商业发射市场的地位日趋重要。

除了整星出口任务外，早在 1987 年 8 月 5 日，长征二号丙火箭发射任务中就搭载了两台由法国马特拉宇航公司研制的微重力实验装置。1990 年 7 月 16 日，长征二号捆绑火箭首飞任务中也搭载了巴基斯坦科学试验卫星。

中国运载火箭技术研究院近期还专门发布了 2020—2021 年长征系列火箭十余次搭载发射计划，为用户提供了多样化的商业发射服务选择，如表 1 - 8 所示。

表 1-8　长征系列火箭搭载发射计划

序号	发射窗口	轨道/轨道类型	可搭载余量/kg	整流罩直径/m	发射类型
1	2020 年	GTO	1 000	4.2	搭载
2	2020 年	728 km/SSO	10	3.35	搭载
3	2020 年	1 000 km/SSO	待定	4.2	搭载
4	2021 年	500 km/SSO	300	3.35	
5	2021 年	500 km/SSO	500	4.2	
6	2021 年	500 km/SSO	500	4.2	
7	2021 年	600 km(35°)/LEO	100	3.35	
8	2020—2021 年多次发射机会	500～700 km/LEO SSO	430～500(SSO)	1.6/2.0	整箭或搭载发射
9	2020—2021 年多次发射机会	500～700 km/LEO SSO	155～200(SSO)	1.2/1.4	

此外，我国也有中科宇航、星河动力、星际荣耀、蓝箭航天、零壹空间等公司进行入轨尝试，其中星际荣耀已获得成功，其他火箭公司也在不同的使命空间加速推进。可以说，各商业火箭公司均可以在大航天时代找到位置与发展空间。

1.2.2.2　我国运载火箭产业化发展

近年来，各类商业星座发射计划层出不穷，发射市场需求日趋旺盛。以星座组网为代表的卫星数量超过以往人类发射的所有航天器，发射数量多、经济性要求高，即使采用一箭多星发射方式，年度发射量也将达到数百次，对传统火箭研制发射模式提出了空前的挑战。通过供给侧结构性改革，构建市场化的发射服务体系，成为一种可行的解决方案。商业航天进入产业化发展阶段，这也是中国商业航天发展的第 2 个阶段。该阶段的特点是推动航天研制模式由追求科研成果转向满足市场需求转变，弥补现有运载火箭在发射次数上的能力不足，并支撑未来低轨星座组网等工程顺利实施。商业航天产业化发展一方面可以做好商业发射服务市场，形成对传统航天的有益和重要补充；另一方面可以推动科研院所做好成果转化与转型发展，提高技术转化效益和资源配置效率。

2015 年以来，以蓝箭航天、星际荣耀、零壹空间为代表的一系列商业火箭公司成立，涵盖发动机、箭体结构、火箭总体等整个产业链。2018—2019 年，蓝箭航天、零壹空间、星际荣耀等陆续完成了亚轨道和入轨发射，民营航天企业逐步崭露头角。

2016 年，中国运载火箭技术研究院成立了中国长征火箭有限公司，创新管理模式和研制模式，充分发挥在运载火箭研制、生产、发射领域的技术优势，通过社会资本加速技术创新，利用商业化模式推动成果转化。2019 年 8 月 17 日，中国运载火箭技术研究院捷龙一号商业运载火箭将 3 颗商业卫星送入预定轨道，再次创造了 18 个月完成一型全新运载火箭研制和首飞的奇迹，探索了“国家队”商业化研发模式。

2018 年，商业火箭发射领域可以说取得了非常耀眼的成绩，长征十一号运载火箭、快舟 1A 火箭商业发射圆满成功，商业航天初创公司北京星际荣耀空间科技有限公司和零壹空间公司的亚轨道发射圆满成功；此外，蓝箭航天空间科技股份有限公司和零壹空间公司均开始尝试入轨发射。除此之外，长征十一号运载火箭还进行了首次海上发射，这一尝试为解决发射场资源不足问题提供了新的可能。2019 年 10 月 9 日，远征一号 S 上面级与长征二号丙运载火箭搭档首飞，使火箭运载能力大幅提升。

与传统运载火箭研发模式相比，捷龙一号运载火箭研制过程中完成了由注重技术成功向技术、市场、效益并重转变，实现了三者有机对接，具有“高性价比、高可靠、快履约、快发射”的显著特点。

围绕商业航天市场需求，在长征系列运载火箭基础上，中国长征火箭有限公司将构建龙系列商业运载火箭产品，包括捷龙固体运载火箭系列和腾龙液体运载火箭系列。

捷龙系列（见图 1-13）包括捷龙一号、捷龙二号、捷龙三号三型固体运载火箭，以及捷龙-S 亚轨道固体运载器，覆盖 500 km 太阳同步轨道 200～1 500 kg 的运载能力，将着力满足微小卫星、立方星发射以及星座补网、快速组网等入轨需求。

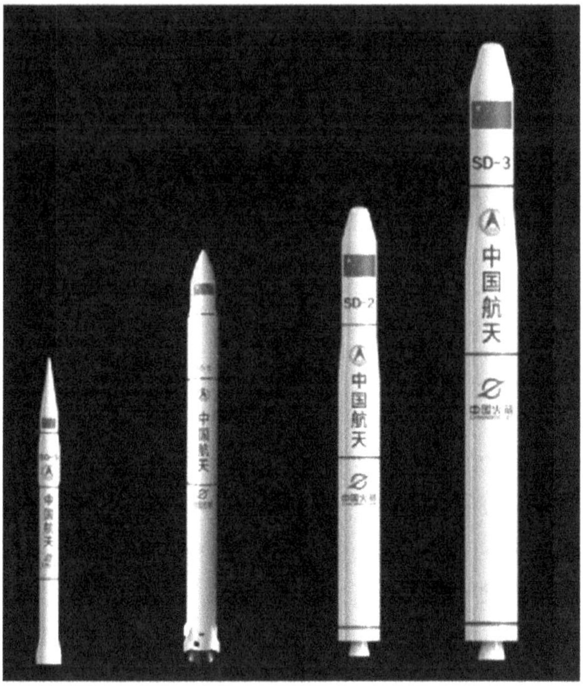

图 1-13　捷龙系列运载火箭

捷龙一号火箭箭体最大直径 1.2 m，总长 19.5 m，总重 23 t。700 km 高度太阳同步轨道运载能力不低于 150 kg，未来将具备年均 8～10 发的发射能力。捷龙一号于 2019 年 8 月 17 日首飞，以“一箭三星”方式成功将千乘一号 01 星、星时代-5 和天启二号卫星发射升空。

捷龙二号火箭箭体最大直径 2 m，总长 21 m，总重 60 t。500 km 太阳同步轨道运载能力不低于 500 kg；整流罩可用外径 1.6 m 和 2 m 两种构型。捷龙二号拟于 2022 年完成首次飞行试验，未来将具备年均 8～10 发的发射能力。

捷龙三号火箭箭体最大直径 2.6 m，总长 31 m，总重 140 t。500 km 太阳同步轨道运载能力不低于 1 500 kg；整流罩可用外径 2 m 和 3 m 两种构型。捷龙三号拟于 2022 年完成首次飞行试验，未来将具备年均5～8发的发射能力。

捷龙-S亚轨道运载器采用两级固体发动机串联，可提供临近空间气动力热研究、新材料研究、控制和测量技术等飞行验证条件。其直径0.6 m，总长11.3 m，总重3.1 t。可搭载有效载荷约500 kg，高度60 km下最大飞行马赫数可达6.5，可用科学研究试验时间大于25 s。

腾龙系列火箭是采用液体推进剂的中型运载火箭，主要承担中大型卫星和较大规模星座组网的发射服务，单位载荷发射价格控制在5 000美元，未来设计有可重复使用能力。

1.2.2.3 我国商业航天大众化服务

航天技术的发展一直在推动和改变人类生产生活方式，有数据统计，中国已有2 000多项航天技术成果应用到国民经济各个部门，投入产出比高达1∶10。例如核磁共振和CT、航天粉煤加压气化和气化炉等发源于航天的技术已经在生活中得到广泛应用，有力支撑了国民经济建设。

随着未来航天技术的进步和人类生活消费水平的提升，太空活动将进入消费市场。商业航天不仅提供发射服务，还将辐射国民经济各个领域和全面服务大众，并且带来生活生产方式的变革，这将是商业航天发展的第3个阶段，也就是商业航天提供大众化服务阶段。

利用航天技术可以到达大气层边缘或进入太空，为普通人提供置身微重力环境的太空体验。俄罗斯联盟号火箭已经开展了多年的空间站旅游服务，而维珍银河、蓝色起源等商业航天公司也在争相进入亚轨道旅游领域，提供低至25万美元的太空旅游体验服务。中国在亚轨道领域深入研究多年，在此基础上载人亚轨道运载器以及未来重复使用天地往返飞行器的综合应用，将带动加工制造、电子、通信、材料、环境控制与生命保障等一系列学科的技术发展，直接或间接地推动经济增长。

随着未来重复使用技术的成熟、振动噪声环境控制技术的改进、相关航空航天法律法规的建立健全，常态航班化高超声速飞行可以大幅缩短全球点到点运输的时间，飞行可达性和乘坐舒适度将显著改善，航天技术将对大众出行方式带来一次变革。

以航天资源为基础，可以形成相关文化创意产业，不断催生新的经济增长点；在创造经济价值的同时，普及航天文化、树立航天品牌，使航天融入大众生活。

1.2.3 发展模式的创新

近年来，商业航天发展模式不断创新，其总体趋势是在掌握价值链关键环节的基础上，注重航天与互联网跨界融合形成新业态。主要包括：掌控卫星设计制造、相关数据的应用服务等价值链关键环节，兼具设计制造商、运营商和服务供应商多种角色于一体；将微小卫星技术与云服务结合，提供互联网在线服务；创新卫星数据的应用服务领域；便捷、廉价地为用户提供定制化、多样化应用服务；吸引互联网巨头、风险投资公司等社会资源，多渠道获得资金支持等。

(1) 商业模式

航天活动发展之初，政府和军方是航天系统发展的主要推动者和用户，其设立专职部门负责卫星运营和应用业务，对传统航天企业的需求定位相对单一，仅需其提供卫星制造和卫星发射服务。如美国空军航天司令部负责运行 GPS、国防气象卫星计划（DMSP)、国防支援计划（DSP）和天基红外系统（SBIRS）等卫星系统；美国国家地理空间情报局（NGA）负责研究美国通过间谍卫星或其他途径得到的照片以及各种图像、绘图资料，利用地理信息技术分析和刻画地球物理特性和地理参考，制作地理空间情报产品，为军事作战和高层决策提供地理空间情报保障。

因此，早期的传统航天企业主要服务于国家航天需求，其产品服务类型相对单一，不具备也无需发展卫星运营、卫星应用、通信服务、遥感数据处理等业务。

在商业航天逐渐成为世界航天产业重要力量的当下，传统航天企业的产品服务链条不断延伸，企业垂直集成愈演愈烈，在不断夯实卫星制造和卫星发射业务的同时，开始涉足卫星运营和地面应用业务。

以欧洲空客防务与空间公司（ADS）为例，其在卫星制造、卫星发射、卫星运营等环节均进行能力布局，包括：发挥自身产业集群优势，借助航空制造经验发展卫星批量化制造能力；与赛峰集团签订最终阶段协议，按 50/50 的比例成立合资公司——空客赛峰运载火箭公司（Airbus Safran Launchers)，负责欧洲下一代运载火箭阿里安-6（Ariane-6）和织女星-C（Vega-C）的研制；推出像素工厂（Pixel Factory）软件，对卫星图像和其他遥感信息进行处理，推出街工厂（Street view Factory）软件，在获取图像后，通过自动处理系统快速生成城市 3D 模型，用于城市仿真、安全规划、风险管理等场景。

SpaceX 公司商业模式的核心是利用现有的成熟技术和货架式产品，在高效的组织管理模式下打造市场上价格低廉的商业航天运输系统。猎鹰 9 号火箭的标准发射费用为 0.56 亿美元，是美国同类运载火箭发射费用的 1/3；重型猎鹰火箭发射报价约为 1 亿美元，同级别的重型德尔它 4（Delta-4）火箭则高达 3.5 亿美元；在研发费用上，NASA 发布的报告称，如果同样一枚猎鹰 9 号火箭由 NASA 研发至少要 13 亿美元，而 SpaceX 公司仅花费不到 4 亿美元。该公司凭借低廉的产品费用赢得了航天市场的青睐，其猎鹰 9 号火箭已获得了未来 5 年全球 38 个发射合同，其中除政府的 14 个外，24 个来自国际商业发射市场。2015 年 5 月，SpaceX 公司经过积极争取，还获得了执行美国军用航天发射任务的资格。

在商业卫星应用方面，涌现出天空盒子成像公司、行星实验室公司（Planet Labs）等一批提供卫星遥感服务的新兴企业，在产品、投资、服务和生产等方面采用与传统企业截然不同的经营模式，从按需订购、等待交付向实现快速访问转变，从出售数据向出售信息以及提供云服务转变，以移动终端为平台构建全球数据接收分发网。2014 年 8 月，美国数字地球公司（Digital Globe）发射了全球分辨率最高的商业成像卫星 World View-3。美国将商业对地观测卫星的图像分辨率限制降为 0.25 m，进一步促进了美国商业成像卫星业务的发展。

美国军方也充分认识到商业航天的巨大应用价值，积极推动利用商业卫星搭载军用载荷。2014 年 7 月，美国空军授予 14 家公司“寄宿有效载荷解决方案”（HoPS）合同，研究在商业卫星上搭载军用有效载荷的标准化程序与接口，以实现利用商业卫星快速、灵活地搭载军用有效载荷的目标。此项举措的推行将引入大量商业公司参与竞争，成为美国商业航天新的发展方向。

（2）融资模式

以政府订单为主的融资模式，逐步向政府和市场订单兼顾发展的模式转变。

人类进入太空时代以来，航天就是政府和军方的专属领域。传统航天产业主要由政府驱动、政府出资、政府使用，各类航天器和运载工具属于国有空间基础设施。在此背景下，传统航天企业也是在国家导向和政府订单的扶植下成长起来的，其在发展初期均主要满足政府民用和军事部门需求。虽然这类企业属于商业公司，但其发展之初来自政府的订单更多地类似国家计划，不是完全面向市场的商业化行为。

随着私营资本逐步敲开通信卫星、空间运输领域的大门，并向对地观测、导航定位、载人航天等领域延伸，传统航天企业也开始承接商业市场业务，为商业公司提供卫星研制和发射服务。整体看，传统航天企业的融资模式分为两个阶段，从初期单一的政府订单来源，发展到当前的政府和商业市场订单并存，并且政府订单贯穿始终，是其主要的资金来源渠道。

在经济效益驱动下，传统航天企业在坚守政府市场的同时，开始瞄准商业市场需求，提出或实施重大计划，拓展企业发展空间。例如，欧洲空客防务与空间公司一方面是欧洲 Galileo 系统运行设施的主承包商和导航有效载荷的制造商，参与国际空间站哥伦布舱、自动转移飞行器（ATV）等项目，负责研制美国国家航空航天局猎户座（Orion）飞船的欧洲服务舱（ESM），在空间探索与科学领域研制罗塞塔（Rosetta）彗星探测器、激光干涉仪空间天线探路者（LISA - Pathfinder）等航天器，另一方面也与 OneWeb 合作，为其制造 900 颗商业通信小卫星；波音公司是美国军事卫星的主要研制商，承担 GPS - 2F、移动用户目标系统（MUOS）、跟踪和数据中继卫星（TDRS）、宽带全球卫星通信（WGS）、X - 37B 等高价值、高性能的军事航天器系统研制工作，同时瞄准低地球轨道通信星座发展热潮，提出发射由 2 956 颗小航天器构成的低轨互联网星座，并且创新地提出采用 V 频段的通信体制等。

（3）组织管理模式

传统航天企业一般采用“等级式”金字塔状的管理架构，管理链条长，管理层次多。传统的航天公司多以大团队协同工作的模式研制火箭，如波音公司在研制德尔它 4 火箭时，就投入近千名工程师，使得管理严重重叠。

传统航天公司已经意识到“等级式”管理模式对企业发展构成的藩篱，纷纷通过改制重组或设立“特区”，全局或局部地改善企业组织管理行为，提高企业竞争力。以美国洛马公司为例，其在 2012 年 7 月启动对管理层和业务部门的重组，包括把侦察与导航业务与全球通信系统业务合并，组成军事航天分部；把载人航天与民用航天合并组成民用航天分部等，并希望通过此次改组精简架构，改善企业组织管理模式和运行效率，增强内部协同能力。洛马公司还在内部设立“臭鼬工厂”，创立管理“特区”，提出十三条原则，包括强有力的全权项目管理、用户尽量少参与管理、简化文件、尽可能减少外界干扰等，通过释放管理权限，提高研究团队自由度，使其摆脱管理模式的束缚。

（4）盈利模式

传统航天企业产品服务类型相对单一，主要以卫星制造和发射为主，产品服务的属性决定其盈利模式主要为交易型盈利模式。航天企业为用户提供产品（卫星、分系统或部组件）和服务（发射服务），用户购买之并完成交易。传统航天企业通过交易型盈利模式获取利润的典型案例包括：2008 年，轨道通信公司与美国内华达山脉（SNC）公司签署第二代轨道通信（OG－2）星座 18 颗卫星的制造合同，总价值 1.17 亿美元，SNC 公司负责卫星的设计、集成和测试工作；2010 年，铱星公司与欧洲泰雷兹·阿莱尼亚航天公司（TAS）签署铱星下一代（Iridium NEXT）星座 81 颗卫星的研制合同，总价值 22 亿美元，TAS 作为主承包商负责卫星的设计和制造工作；2014 年，天空盒子成像公司与加拿大麦克唐纳·德特威勒公司（MDA）下属的空间系统/劳拉公司（SSL）签订天空卫星（SkySat）星座 13 颗卫星制造合同。这些案例的共性特征是，卫星制造商负责卫星设计及制造，整星产品在轨交付后即完成交易行为。

交易型盈利模式较为直接，导致其价格竞争激烈，促使采用这种模式的公司必须不断降低成本，以提高盈利空间。以 ADS 公司为例，其在卫星制造方面注重引入工业 4.0 和互联网思维，在内部成立“项目工厂”（Projects Factory），大量利用增材制造、机器人、流水线等工艺和技术，在不影响卫星性能的前提下，减少 500 kg 以下卫星的研发和制造时间，降低成本。洛马公司则采用 3D 打印技术简化卫星研制，3D 打印技术的应用使得 A2100 平台某些子系统的零件数量下降 60%，仅在天线反射器一项上就节省 3 600 项人工操作。据估计，仅在卫星贮箱研制一项，就能实现从 18 个月缩短至几周。

1.2.4　与互联网的跨界融合

在全球新一轮科技革命和产业变革形势下，互联网正在深刻影响着世界航天特别是商业航天的发展。近年来，“航天＋互联网”的跨界融合已成为商业航天新的发展趋势，互联网正在对航天发展产生颠覆性的创新。其主要体现在：运用互联网思维发展商业航天，运用互联网平台提供应用服务，积极探索建立太空互联网，互联网巨头进军航天市场等。

（1）运用互联网思维发展商业航天

新兴航天企业运用互联网思维颠覆了传统航天发展思路，“敏捷快速、低价可靠、平台共享、专注极致”等均在商业航天发展上有所体现。

例如，SpaceX 公司敏锐地预测到开展低成本航天活动的发展趋势，用互联网思维把用户需求转化为发展方向。通过优化设计与测试流程，应用 Merlin 发动机、液氧/煤油推进剂等简单实用的成熟技术和产品，采用动力冗余技术，执行严格的质量监管程序和试验计划等方式，实现了航天产品低成本和高可靠性的完美结合。SpaceX 公司通过平台共享的思维，充分利用了 NASA 这个优势平台，弥补了自身薄弱环节，做到不求所有、但求所用。其发展中大量采用了 NASA 的成熟技术、专利以及测试台。

（2）运用互联网平台提供应用服务

随着互联网与移动互联技术的发展，一批新兴商业航天企业纷纷借助互联网平台提供相关卫星应用服务。例如，天空盒子成像公司利用卫星图像或视频数据，建立一种全新的关于地球的大数据库，汇集所有相关卫星数据，包括公司自身的卫星图像和公共卫星图像等；基于互联网平台向客户提供类似亚马逊公司（Amazon）云服务的地球数据云服务，用户通过付费便可利用这些资源来建立自己的算法，开发适于自己的应用。该公司还设计了 SkyNode 软件套件，能使用户在一个用户友好的网页平台上高效地按日程收集图像、向卫星指派任务、下载图像和处理图像产品。

（3）积极探索建立太空互联网

太空互联网成为商业航天的一个热点领域，多家公司开展了相关项目与计划，卫星系统也将逐步进入互联网应用时代。宽带卫星通信在实现国际/区域/国内灵活的大区域三维互联网覆盖接入方面的突出作用，使其成为未来发展的必然趋势。2007 年成立的卫星互联网公司——另外三十亿人公司（O3b）现已拥有 12 颗在轨运行卫星，其服务已覆盖包括热点地区、太平洋岛屿、海上钻井平台等大片区域，成为太平洋地区最大的互联网服务供应商。

2015 年 1 月，OneWeb 宣布将发射 648 颗小卫星构建一个卫星通信网络；2017 年，其创始人宣称将在 648 颗卫星基础上再增加约 2 000 颗。2016 年 6 月，波音公司申请发射 2 956 颗卫星的星座，提供 V 波段的互联网服务。SpaceX 公司在 2014 年就曾宣布其发射互联网卫星的计划，2016 年 11 月宣布将建立一个约由 4 425 颗小型卫星组成的全球通信卫星系统，并于 2019 年宣布 Starlink 星座最终将部署 42 000 颗卫星组建通信星座。此外，三星公司希望发射 4 600 颗微型卫星。

（4）互联网巨头进军航天市场

一方面，航天技术与应用能提供的地球信息、全球互联网接入、数字地球、导航和定位信息等方面应用潜力巨大，其发展引起了互联网巨头的青睐，谷歌、亚马逊等互联网巨头开始进军航天市场；另一方面，许多互联网企业的成功者均将航天作为未来发展重点，创办了一批新兴航天企业。

例如，世界上最大的网络销售商亚马逊公司于 2000 年建立了蓝色起源公司，其主要产品包括发动机和亚轨道火箭，目前正在与美国联合发射联盟公司合作，为宇宙神－5（Atlas－5）火箭研制新型发动机。2014 年 5 月，谷歌公司收购了天空盒子成像公司，这是互联网公司首次涉足卫星商业遥感领域。在此次收购前，除谷歌公司外，脸书公司（Facebook）、亚马逊公司、苹果公司（Apple Inc.）等也纷纷表达了收购天空盒子成像公司的意向。思科公司（Cisco）近期与国际通信卫星公司（Intelsat）合作负责“太空路由器”（IRIS）计划的实施，首台“太空路由器”已随国际通信卫星－14（Intelsat－14）一起发射升空。

1.3 发展规律

航天发展至今，影响范围不断拓展，深刻改变了人类的生产生活方式。目前，全球共有 12 个国家具备航天发射能力，50 多个国家拥有自己的卫星，先后有近 9 000 颗卫星发射升空，2 000 多个航天器在轨道上正常运行，几乎所有国家都在使用空间服务。随着航天技术的不断发展和航天产业规模的日益扩大，商业航天快速发展，以商业运载火箭、低轨互联网星座、亚轨道旅游、商业遥感等为代表的商业航天各领域得到迅速推进。

1.3.1 商业卫星发射模式

随着航天技术的发展，航天发射模式越来越多样化。传统的大型国有企业或私营企业大多采用陆上固定发射方式实现中、大型有效载荷的发射，有时搭载发射小、微载荷，偶尔也采用海上或空中发射方式，难以满足快速、低成本的发射要求。

商业卫星发射作为商业航天产业链的上游，降低发射成本已成为当前商业航天发射公司提升竞争力的最有效措施之一。为实现低成本发射，需要在政策、法规的支持下，不断创新并发展新技术，从而促进商业航天持续发展。

在政策与法规方面，为了避免单一大型国有企业垄断发射市场导致发射成本虚高，一些国家出台了相关政策、法规支持民营航天企业的发展。例如，美国大力扶持 SpaceX、蓝色起源等一批民营企业，通过技术转让、人员帮扶、新技术研发计划、发射任务合同、使用现有发射场和测控通信设施等一系列手段，有效推动了商业航天发射的发展。2017 年年初，NASA 甚至将其前期航天领域研究相关成果和工具软件公开发布，进一步降低了民营企业从事航天发射活动的技术门槛。

在发展新技术方面，各航天大国的航天发射产业链和工业体系相对完善，航天发射所需运载器、发射场、测控通信系统、勤务保障系统，以及飞船系统、航天员系统、生命保障系统等已相对成熟。因此，各航天机构采用多种新技术，分别从结构设计、纳米材料、新型推进剂、新型发动机、高可靠电子控制系统等方面提高运载器的性能，并通过商业级器件、货架产品、全球采购、3D 打印、可重复使用等方式进一步降低发射成本。

目前，国际上发射模式多样，包括陆、海、空、天等多种模式，一些公司还采用滑轨、气球等方式实施发射。各种重型、大型、小型、微型运载器和空天飞机、亚轨道太空船等都在不断发展，甚至太空采矿也被美国政府支持。

1）“一箭多星”的发射模式。俄罗斯实现过一箭 37 星，美国 NASA 发射过一箭 29 星。2015 年 9 月，我国用长征六号火箭实施了一箭 20 星的发射。2017 年 2 月，印度采用一枚 PSLV - C37 火箭发射了 104 颗微小卫星，其中 101 颗卫星来自其他国家，这点燃了小卫星的发射高潮，并将成为未来大规模小卫星星座发射的主要模式之一。

2）可回收机载发射模式。美国最早成功利用飞机发射过飞马座小型火箭，由于飞机的机动性强、可重复利用性好而降低了发射成本，特别适合小卫星的发射。蓝色起源公司等也在发展利用飞机发射太空飞船以实现太空旅游，这种发射技术一旦成熟，必将推动空天旅游产业的飞速发展。

3）气球发射模式。2017 年 3 月 1 日，西班牙 Zero 2 Infinity 公司利用气球将小型火箭 Bloostar 提升至 25 km，之后成功实施了火箭的分离和点火，并完成了海上回收试验，从而验证了一种新的发射模式。

4）运载器回收与重复使用发射模式。2017 年 3 月 30 日，SpaceX 公司利用成功回收的猎鹰 9 号大型运载火箭的一子级，首次将回收并修复的火箭成功发射，表明火箭部分回收和重复使用技术已经成熟，使发射成本降低 30％以上成为现实。美国联合发射联盟（ULA）公司和欧洲都在计划研究发动机回收技术。除了 SpaceX 和蓝色起源的垂直回收模式，一些公司也在探索采用大型直升机回收火箭部件的模式。目前，我国也在探索垂直回收和降落伞＋气囊的低成本回收方式。

未来，一旦基于航空发动机、超燃冲压发动机和火箭发动机组合的可重复使用运载器研制成功，必将进一步降低发射成本并丰富低成本发射模式。

1.3.2 商业卫星与星座

随着小卫星技术在商业空间领域的发展，利用小卫星网络卫星星座的形成和商业运营服务已进入了蓬勃发展的阶段。航天技术即将进入“一星多用、多星组网、多网融合”的星座大规模应用阶段。

1.3.2.1 低轨卫星通信星座

早在 20 世纪 90 年代，低轨卫星通信星座计划就已被提出，比如铱星（Iridium）、全球星（Globalstar）、轨道通信（Orbcomm）、泰利迪斯（Teledesic）和天空之桥（Sky bridge）星座等（见表 1－9），其中铱星、全球星和轨道通信星座目前仍在运营。

表 1－9 低轨卫星通信星座系统参数

系统	投资商	服务类型	数据传输速率/(kbit/s)	轨道高度/km	卫星数量	地面站数量	星间链路
铱星	摩托罗拉	话音、数据、传真、寻呼、短消息	2.4	780	66	15～20	有
全球星	劳拉、阿尔卡特、高通	话音、数据、传真、寻呼、短消息	7.2	1 414	48	100～210	无
轨道通信	轨道科学	短消息、寻呼、邮件	2.4(上行) 4.8(下行)	780～1 000	48	10	无
泰利迪斯	摩托罗拉、波音、马特拉-马可尼、比尔·盖茨、麦考	因特网接入、话音、数据、视频、视频会议	2 000(上行) 64 000(下行)	1 375	288	未知	有
天空之桥	阿尔卡特、劳拉	因特网接入、话音、数据、视频、视频会议	2 000(上行) 20 000(下行)	1 469	80	200	无

铱星星座由 66 颗卫星（外加 6 颗备份星）组成，且每颗卫星都具有星间链路，轨道高度 778 km，包含 6 个极地轨道面，每个轨道面 11 颗卫星。图 1-14 为铱星星座系统示意图，星座中的每颗卫星提供 48 个点波束，在地面形成 48 个蜂窝小区，在最小仰角 8.2°的情况下，每个小区直径为 600 km，每颗卫星的覆盖区直径约 4 700 km。2017 年，铱星公司开始发射下一代卫星构建新的卫星星座，以便增加功能，提升数据传输速度并增加新的服务，如企业数据和话音服务、设备跟踪以及其他机器到机器的应用。

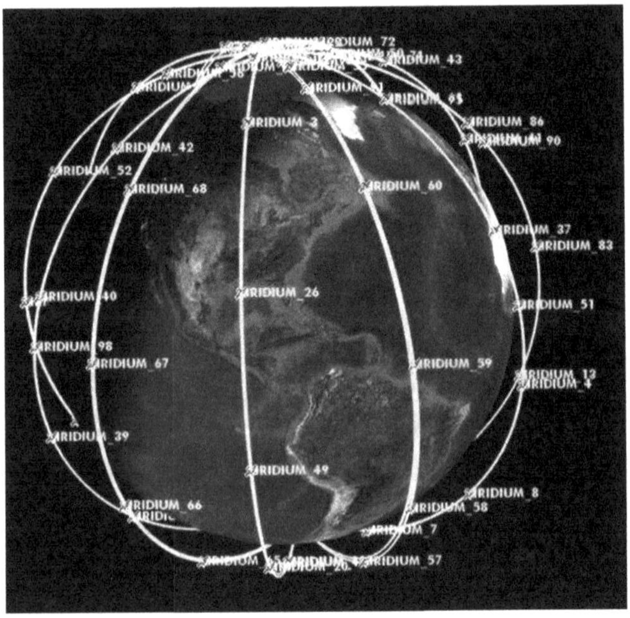

图 1-14　铱星星座系统示意图

全球星星座系统由 48 颗工作星和 4 颗备份星组成，其轨道高度为 1 414 km，共有 8 个极轨道面，每个轨道面 6 颗卫星。轨道通信星座系统的卫星星座由 A、B、C、D、E、F、G 共 7 个轨道面组成，共 48 颗小卫星（其中 7 颗为备用星），A、B、C 轨道面各有 6 颗卫星，倾角为 45°，间隔 120°，轨道高度 835 km。D 轨道面为赤道轨道，轨道高度 1 000 km，有 6 颗卫星。E 轨道面的倾角为 70°，F 轨道面的倾角为 108°，轨道高度均为 780 km，每个轨道面有 2 颗卫星。G 轨道面的倾角为 45°，与 A 轨道面的间隔为 20°，轨道高度 825 km，有 7 颗卫星。目前这两个星座系统也都完成了下一代星座卫星的更新换代。

随着火箭发射成本的降低、卫星制造能力的提升、集成电路技术的进步等，相较高轨卫星，具有低时延和低成本优势的低轨卫星通信系统悄然复苏。国际上如一网公司的 OneWeb 星座、SpaceX 公司的 Starlink 星座（见图 1-15）、低轨卫星公司的 LeoSat 星座、亚马逊“柯伊伯”（Kuiper）计划、加拿大电信卫星公司的 Telesat 星座、美国 SES 公司的第二代 O3b（Other 3 billion）计划等新兴低轨卫星通信星座相继推出。我国也将卫星互联网正式纳入“新基建”体系，并推出了相应的低轨卫星通信星座计划。

按国际电联的相关规定，目前低轨宽带通信星座大多选用 Ka 频段甚至更高的 V 频段（40～75 GHz），这些频率便于协调和申请，还可避免与同步轨道卫星产生干扰，而且更高频段也有利于提供高通量服务，结合先进的可控波束天线，低轨卫星星座可以在实现全球覆盖的同时有效地为所有覆盖区域内的用户提供高通量服务。

在卫星制造方面，目前提出的商业低轨星座主要采用 1 000 kg 以下的小卫星，单颗卫星制造和发射成本相对更低，其寿命周期也相对较短，卫星更新周期更快。这便于引入新技术，如多点波束、频率复用、高波束增益、数字波束形成以及波束控制等关键技术，通过分批次替换卫星，进而逐步实现整个卫星星座性能的升级和改造。

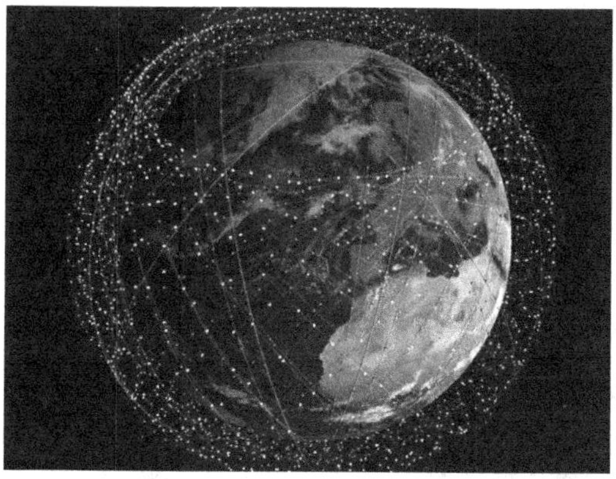

图 1－15　Starlink 星座

1.3.2.2　卫星导航星座

由于卫星导航技术原因，小卫星技术在导航领域应用还不广泛。目前，卫星导航星座有 GPS 卫星星座、GLONASS 卫星星座、Galileo 卫星星座和北斗卫星星座等。

GPS 卫星星座由部署在 6 个轨道面的 24 颗卫星构成，每个轨道面的升交点的赤经相隔 60°，轨道面相对赤道面的倾角均为 55°，每条轨道上均匀分布 4 颗卫星，相邻轨道之间的卫星彼此分开 30°，由此保证全球覆盖的要求。轨道平均高度约为 20 200 km，运行周期为 11 h 58 min。因此，地球上同一地点的 GPS 接收机的上空，每天出现的 GPS 卫星分布图形相同，只是每天提前约 4 min。位于地平线以上的卫星数目，随着时间和地点的不同而不同，最少 4 颗，最多时可达 11 颗。

GLONASS 系统的空间卫星星座部分，有 21＋3 颗为工作卫星，3 颗为备用部分。卫星分布在 3 个等间隔的椭圆轨道面内，每个轨道面上分布 8 颗卫星，同一轨道面上的卫星间隔 45°。卫星轨道面相对赤道面的倾角为 64.8°，轨道偏心率为 0.001，每个轨道面的升交点赤经相差 120°。卫星平均高度为 19 100 km，运行周期为 11 h 15 min。由于 GLONASS 卫星的轨道倾角大于 GPS 卫星的轨道倾角，所以在高纬度地区的可见性较好。

Galileo 卫星星座由均匀分布在 3 个轨道上的 30 颗中高度轨道卫星构成，其中每个轨道面上有 10 颗卫星，9 颗为正常使用卫星，1 颗为备用卫星。卫星轨道高度为 23 222 km，轨道倾角 56°，卫星运行周期约为 14 h。

北斗卫星星座由 5 颗静止轨道卫星和 30 颗非静止轨道卫星组成，30 颗非静止轨道卫星包括 27 颗中轨道卫星和 3 颗倾斜同步轨道卫星。27 颗中轨道卫星平均分布在倾角为 55°的三个平面上，轨道间距为 120°，轨道高度为 21 500 km，卫星运行周期为 12 h 50 min。

1.3.2.3 卫星遥感星座

20 世纪 70 年代以来，以美国、法国、英国为代表的西方航天大国通过积极的政策导向和资金扶持，迅速开展了高性能遥感卫星的研制和商业化运营，形成了政府监督管理引导、企业自主运营的良性循环商业模式，这期间的遥感主要服务于军事和政府。

进入 21 世纪以来，世界各国越来越重视卫星遥感的发展，越来越多的国家开始建立自主可控的遥感系统，提供卫星遥感服务。同时，商业遥感卫星不断发展壮大，商业遥感卫星的观测形式越来越多元化、观测对象越来越丰富，商业遥感星座建设不断推进。目前，全球大约有 15 个国家和地区正在建设或计划建设遥感卫星星座，表 1-10 列出了全球范围内 34 个已经建成或者正在建设中的星座及相关计划。

表 1-10 主要国家或地区遥感星座计划

国家/地区	遥感星座名称
中国	高分星座计划、高景一号星座、吉林一号星座、珠海一号星座、北京二号星座、灵鹊遥感星座计划、深圳一号星座计划、海南一号星座计划
美国	陆地卫星(Landsat)计划、"天空卫星"(Skysat)计划、"鸽群"计划、"黑色天空"(BlackSky)星座、"陆地测绘者"BC 星座、"狐猿"2 星座
加拿大	雷达卫星(Radarsat)星座计划
欧洲	欧盟"哥白尼"计划
英国	Vivid-i 星座
德国	"陆地合成孔径雷达"(TerraSar)卫星计划、"环境测绘和分析项目"(EnMAp)计划
法国	"地表水与海洋地形学"(SWOT)卫星研制计划、"昴宿星"(Pleiades)星座、SPOT 地球观测卫星系统
意大利	"宇宙—地中海"(COSMO-SkyMed)第二代卫星计划、"高光谱先驱及应用任务"(PRISMA)计划
西班牙	"帕兹"雷达卫星项目、"西班牙地球观测卫星"(SEOSat/Ingenio)项目
芬兰	"冰眼"(Iceye)星座
俄罗斯	"资源"(Resurs)系列、"老人头"(Kanopus)系列、新一代遥感卫星集群
印度	"资源卫星"(Resourcesat)、"制图卫星"(Cartosat)系列、NISAR 卫星
日本	先进陆地观测卫星 3(ALOS-3)项目
韩国	"阿里郎"(KOMPSAT)卫星星座
以色列	"地球遥感观测卫星"(EROS)卫星计划

美国数字地球公司、美国 Planet 公司、波兰和芬兰 Iceye 公司的星座是国际上典型遥感卫星星座代表。美国数字地球公司已经发展的第二代高分辨率商业遥感卫星，其中 World View-3 的分辨率达到 0.31 m。美国 Planet 公司"鸽群"(Flock)星座已完成系统部署，星座规模达到 149 颗在轨卫星，该星座有着其他公司无法比拟的每天覆盖全球 1 次的超高时间分辨率。Iceye 公司是全球唯一一个通过小型合成孔径雷达(SAR)卫星提供

高分辨率成像商业服务的机构，截至 2020 年 5 月，Iceye 公司一共发射运营着 3 颗 SAR 卫星组成的星座。

我国商业遥感卫星星座也在有序发展。长光卫星技术有限公司运营的吉林一号星座，拥有我国首个自主研发的高分辨率对地观测光学成像卫星和我国第一颗自主研发的米级高清动态视频卫星，首星已于 2015 年 10 月入轨。中国航天科技集团有限公司运营的高景卫星星座是我国首个空间分辨率达到 0.5 m 的商业遥感卫星星座，首星已于 2016 年年底入轨。中科遥感科技集团有限公司规划的深圳一号星座是我国首个商业微小型 SAR 卫星星座，预计建成后将实现 0.5 m 分辨率，有效覆盖全国地域及海域的周期将小于 1 天，对各大城市的重访时间小于 1 h。此外，珠海一号、北京一号、北京二号等微纳遥感卫星也陆续发射组网，海南一号等星座已制定发射计划。

1.3.3 商业卫星应用

传统的航天应用以卫星为主，包括通信、导航、遥感、科研四大方向。商业航天产业链主要包括客户需求、技术研发、生产总装、火箭发射、卫星运维、卫星应用等环节。随着商业航天的兴起，产生了新的方向，在卫星通信领域出现了卫星互联网，以及太空旅行、太空采矿、深空探测等。小卫星需求量大幅上升，或将进入“工业化”大规模生产时代。更长期的如建设太空基地、移民火星等，也是人类航天技术应用的发展方向。

1.3.3.1 卫星通信

卫星通信系统主要包括人造通信卫星、地面通信站以及对卫星进行跟踪、遥测及指令的地面测控和监测系统。传统通信卫星运营商诸如 SES、Intelsat 运营的大型通信卫星大多位于地球同步轨道，少量的卫星可提供服务（见表 1-11）。由于频率、轨位的稀缺性以及大型通信卫星高昂的制造及发射价格，传统卫星通信厂商构筑了高昂的准入壁垒。

表 1-11 国外卫星通信企业运营卫星情况

企业名称	运营卫星数量	L 波段	S 波段	C 波段	X 波段	Ku 波段	Ka 波段
SES	60			15		33	28
Intelsat	49			40		39	3
Eutelsat	39			10		37	9
EchoStar	21		2			13	8
Telesat	16	1		6	1	16	5
Inmarsat	13	8	1				9
Ananti	4						4
Viasat	3						3

（截止到 2021 年 12 月）

近年来诸多新兴卫星通信运营商计划构建全球运行的低轨移动通信星座（见表 1-12），试图越过频率和轨位的壁垒（传统通信卫星工作频段大多在 C/Ku 波段，低轨移动通信星座普遍工作在 Ka 频段）；并通过批量化生产，分摊卫星研制及制造成本。未来 5～

10 年内，卫星通信市场会出现高轨大型通信卫星与低轨移动通信星座共存的局面。在中国，首个自主研发卫星移动通信系统“天通一号”以及首颗高通量卫星实践 13 号相继投入使用。

表 1－12　全球主要通信卫星星座计划

星座计划	卫星数量	轨道高度	工作频段
OneWeb	720	1 200 km	Ku
SpaceX	42 000	350～1 325 km	Ku/Ka
LeoSat	108	1 432 km	Ka
Iridium Next	81	780 km	L/Ka
O3b 二代	22	8 062 km	Ka/V
Orbcomm	64	700～775 km	VHF/UHF

（截止到 2021 年 12 月）

低轨卫星通信具有覆盖全球、部署快、带宽高、时延低的优势，其典型应用模式主要有四个：1）与地面网络融合打通信息互联的最后一公里，服务偏远地区用户；2）为政府、企业客户提供另一种保密数据传输的选择，保障全球政企客户安全通信；3）在广袤的海洋上支持物联网、船载通信，提高远洋通信保障能力和海上航行安全保障能力；4）为全球民用航空器提供机载宽带通信，提高飞行安全性，满足乘客空中上网需求，提升旅行舒适度。

随着卫星制造能力的提升、火箭发射成本的下降和集成电路技术的进步以及 5G 万物互联的推进，低轨卫星通信的应用规模将随着人类活动范围向空间和海洋等的持续扩展而扩大。新一代低轨卫星互联网将应用于偏远地区通信、海洋作业及科考、航空宽带和灾难应急通信、物联网等诸多领域。此外，卫星互联网并不只是用来网上冲浪，还可以作为星基增强系统，提高定位精度。比如辅助北斗等全球卫星导航系统（Global Navigation Satellite System，GNSS），提升其定位能力，这对于发展自动驾驶、智慧交通建设等也意义非凡。

1.3.3.2　卫星导航

全球卫星导航系统国际委员会（ICG）指出，当前及未来核心的导航系统供应商是中国的北斗卫星导航系统（BDS）、欧盟的伽利略卫星导航系统（Galileo）、俄罗斯的格洛纳斯卫星导航系统（GLONASS）及美国的全球定位系统（GPS）。GNSS 能在地球表面或近地空间的任何地点为适当装备的用户提供 24 h、三维坐标和速度以及时间信息的空基无线电定位系统，包括一个或多个卫星星座及其支持特定工作所需的增强系统。

我国出于对国家安全的重大考虑和解决经济社会发展对卫星导航系统的需求出发，于 1994 年启动北斗一号系统工程建设。2016 年由政府发布的《中国北斗卫星导航系统》白皮书中将北斗卫星导航系统的建设分为三个阶段：2000 年年底，建成北斗一号系统，向中国提供服务；2012 年年底，建成北斗二号系统，向亚太地区提供服务；2020 年，建成北斗三号系统，向全球提供服务。

北斗三代全星座部署完成后，在中国及周边地区定位精度优于 0.3～0.6 m，性能接近 GPS。目前在中国大陆销售的大部分安卓手机（如华为、小米、OPPO、Vivo 等）与应用已经全面支持基于北斗的定位服务，运营商的 5G 基站也全部采用 5G 授时服务。在国家政策的大力推动下，北斗在智能驾驶、精准农业、高精度测绘、智慧城市等行业的落地，有望带来广阔的应用前景。

以 GPS/北斗为代表的卫星导航应用产业已逐步成为一个全球性的高新技术产业，普遍应用于地理数据采集、测绘、车辆监控调度和导航服务、航空航海、军用、时间和同步、机械控制、大众消费应用。

1.3.3.3 卫星遥感

遥感卫星的首要任务就是获取地球观测数据。越来越多的卫星使数据获取得到保障，数据源越来越广泛，呈现周期化、多源化、多样化。如美国 Landsat 系列、NOAA 系列、EOS 系列等；俄罗斯 Resures 系列、GOMS 系列、Meteor 系列；加拿大 RadarSAT 系列；法国 SPOT 系列；意大利 COSMO - SkyMed；欧盟 ERS 系列、METOP；以色列 EROS 系列；日本 MOS、JERES、ADEOS、ALOS；印度 IRS 系列等。我国已形成了气象、海洋、陆地资源、环境减灾、高分以及民用空间基础设施等国家卫星系列，同时遥感民营化和商业化也有长足的发展。

卫星遥感更多被用于气象、农业、林业、救灾等国家社会与经济层面，而随着遥感卫星数量的增加以及分辨率的提升，在自然地形地貌等信息基础上叠加各类行业数据，就可以支撑金融、零售、电力等更多商业应用。同时，AI 技术可以取代人工对遥感影像数据进行快速和创新性分析，带来更为广泛的应用，包括目标检测、变化检测、路网提取、云雪检测、水体提取、土地利用类型分类、建筑物提取等。

此外，基建、环境监测等商业应用快速崛起。根据 Euroconsult 预计，2025 年全球商业遥感数据及增值服务市场规模可达 73 亿美元。基建、环境监测目前在数据增值服务市场中占比较大，商业应用快速崛起。我国卫星遥感行业在应用层次、深度和广度上均有较大发展空间。从全球来看，Planet Labs 与 Digital Globe 在遥感卫星的数量及分辨率上较为领先；国内市场，长光卫星的遥感数据已具有较强的服务能力。

1.3.4 商业航天产业分析

商业航天产业链较为复杂，总体分为四个环节（见图 1 - 16）：1）电器元件材料厂商；2）卫星研制商、发射服务提供商以及地面设备制造商；3）卫星运营商与卫星应用服务提供商；4）终端用户（政府、企事业单位、个人）。

一方面，受星座组网的需求牵引，卫星制造和卫星发射增长明显，卫星制造成本正在随着卫星的规模化量产而逐渐降低，低成本的卫星制造能力和发射能力正在形成，商业化应用还在早期培育阶段。

另一方面，商业航天模式显著降低了航天成本，性价比大为提高。以 SpaceX 公司为例，5 枚猎鹰 1 号火箭、2 枚猎鹰 9 号火箭和 1 艘龙飞船的研制及发射费用总计不到 8 亿美元。其中，猎鹰 9 号火箭仅花费 3 亿美元，远低于美国空军改进型一次性使用（EELV）运载火箭所花费的费用。

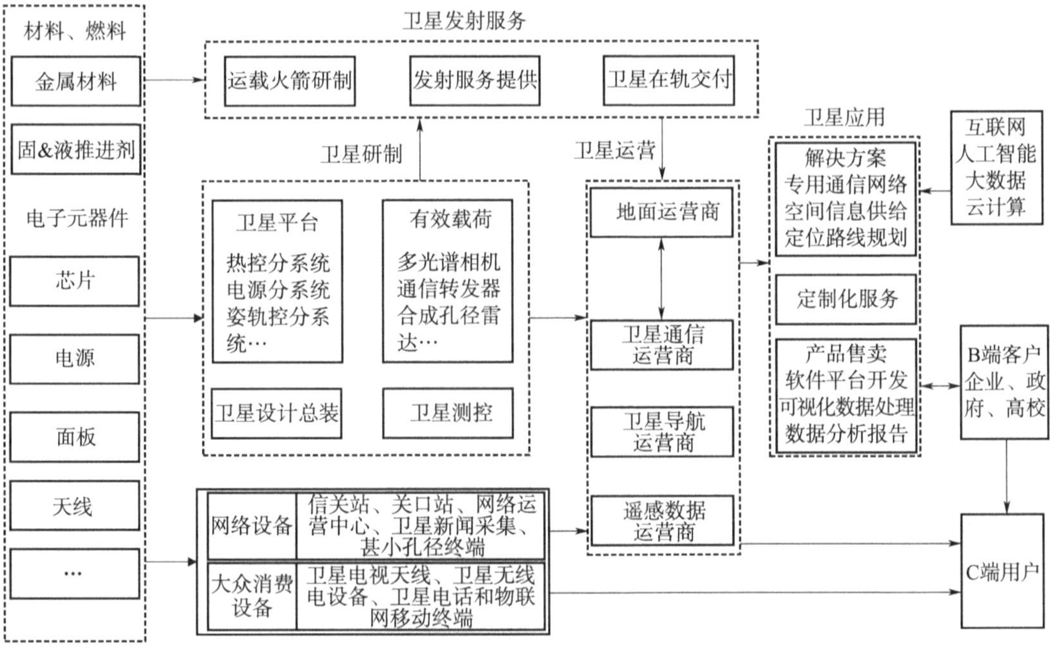

图 1－16　卫星及其应用产业链结构

1.4　发展趋势

卫星制造未来将持续向降低全生命周期成本方向努力。低轨星座和大型高轨卫星均存在各自适合的应用场景。卫星平台、载荷和应用都将迎来新的发展。

（1）卫星平台发展趋势

1）发动机：由于电推进技术不断成熟，以及运营商对于卫星全寿命周期综合成本的追求，电推进卫星已成为发展趋势。未来全电推、化学推进和混合推进三种方式将各自占据一定的市场份额。

2）在轨服务：当前，美国 Space Logistics 公司成功发射卫星在轨服务飞行器 MEV－1，为推进剂即将耗尽的大型卫星提供延寿服务。未来卫星平台在轨推进剂加注将成为现实，这需要卫星制造商提前预留相关接口。

3）星箭分离：SpaceX 通过采用叠放式布局和抛洒式分离设计，实现对火箭上面级空间的最大利用，成功发射 60 颗卫星。未来小型卫星数量增加使得卫星制造厂商必须考虑如何对卫星外形结构进行改变，以增加空间利用率。

（2）卫星载荷发展趋势

1）通信载荷：通信卫星运营商为了解决客户多样化、定制化需求，对灵活载荷的需求愈发强烈。这要求制造商逐步提高有效载荷的通用程度，搭配可再编程能力。未来灵活载荷在通信卫星中占比将不断升高。此外，随着对通信容量需求不断提高，未来几年，高通量卫星将开始密集发射。

2）导航载荷：将在 GNSS 有效载荷中考虑数字化，从而实现 GPS 信号的在轨重编程、传输以及空间交通管理中的人工智能。同时，越来越多的传感器将与导航结合到一起。此外，原子钟的研究热点主要集中在原子钟小型化，以及更高稳定度的冷原子钟和光钟等。

3）遥感载荷：遥感载荷制造呈现小型化、集成化和光学载荷精度提高趋势。遥感卫星由 500 kg 级别向 100 kg 以下转变，降低研制和发射成本。另外通过搭建遥感卫星星座来弥补载荷精度。遥感卫星的载荷从单一载荷（可见光、红外、高光谱或微波）向多载荷复合集成转变。

（3）卫星应用发展趋势

1）卫星通信：从业务方面来看，受互联网公司越过运营商（Over the Top，OTT）发展基于开放互联网的各种视频及数据服务业务的影响，卫星通信电视/音频广播业务收入持续下滑，互联网宽带业务占比增长的趋势将长时间持续。诸如 OneWeb、Starlink 系统投入使用后，互联网宽带业务增长将大幅度提高。航空互联网、船舶互联网以及基站回传有望成为互联网宽带业务增长的三驾马车。从星地融合方面来看，国际电信联盟（ITU）与第三代合作伙伴计划（3rd Generation Partnership Project，3GPP）组织已着手研究地面移动通信与卫星通信融合的标准化问题。其中利用卫星网络以提供回程服务、基站拉远等方式为地面网络的补充被视为星地融合的最初阶段。

2）卫星导航：行业呈现多源导航系统融合趋势，地基增强系统、惯性导航、卫星导航等相互融合，定位、导航、测速的精度、稳定度提高。由于卫星导航产业链上、中游主要由国家提供，目前我国卫星导航企业集中存在于产业链下游环节。未来伴随 PNT 综合卫星导航体系成型，会逐步向卫星物联网、自动驾驶等新兴业态发展。另外，导航卫星将拓宽服务对象，由为地面用户端提供授时、定位服务拓宽至为中高轨道飞行器和未来实现深空探测活动提供授时、定位服务。

3）卫星遥感：卫星遥感行业呈现快速搭建遥感卫星星座趋势。卫星遥感数据企业由出售卫星遥感图像向提供卫星数据分析服务转变。自主运营遥感卫星的企业通过搭建低轨遥感卫星星座来提高卫星时间分辨率，从而增强卫星图像的时效性。此外，卫星遥感图像数据存在数据高纬、半结构化、多源等问题，随着人工智能技术在图像识别、卷积神经网络算法、机器学习等领域实现突破，卫星遥感图像的商业应用价值逐渐显现。

参 考 文 献

[1] 汪夏，任迪，汪明哲．论商业航天概念内涵及我国商业航天发展现状［J］．卫星应用，2020（11）：41－48.

[2] 洞穴之外．美国商业航天往事．https：//mp. weixin. qq. com/s/PoX4mgOKsDoydfgHEpHvCw.

[3] 吴勤，张梦湉．美国商业航天发展分析［J］．国际太空，2016，5：6－11.

[4] 于淼，戴阳利，张召才．国外商业航天发展模式研究［J］．卫星应用，2017（1）：23－31.

[5] 刘党辉，尹云霞．商业航天发射的机遇与挑战［J］．国际航空航天科学，2018，6（4）：56－66.

[6] 王小军．中国商业航天的发展与未来［J］．导弹与航天运载技术，2020（1）：1－6.

[7] 艾瑞咨询．2019年中国商业航天发展研究报告.

[8] 刘海滨，郝璐．国内商业航天发展现状及未来展望［J］．军民两用技术与产品，2019（12）：21－26.

[9] 王林．国外商业航天产业发展及对我国的启示［J］．上海信息化，2020：52－55.

[10] 郝雅楠，祝彬，关晓红，等．世界航天产业发展态势研究［J］．国防科技工业，2020：42－45.

[11] 刘秀，彭振忠，刘达．商业低轨通信卫星星座的发展态势及军事应用分析［J］．2020：29－33.

[12] 彭振忠，李丹．商业遥感卫星星座的军事化应用分析［J］．军事文摘，2020：34－38.

[13] 祝彬，郝雅楠，关晓红，等．全球商业航天发展态势及对我国商业航天的启示［J］．军民两用技术与产品，2020（1）：6.

[14] 孔超，曹世超．世界商业卫星遥感产业现状分析［J］．航天产业观察，2019：70－74.

[15] 董坚，贺宇远，袁晶晶．我国商业航天领域军民协同发展现状与未来展望［J］．研究述评，2020，440：48－52.

[16] 周兵，刘红军．国外新兴商业低轨卫星通信星座发展述评［J］．电讯技术，2018，58（9）：1108－1114.

[17] WANG Changqing，YUAN Hongyi，ZHAO Qiming，LIU Yuxiang. Reflectionon Small Satellite Constellation Operations from the Commercial Space Perspective［J］．Aerospace China，2019（4）：31－38.

[18] 沈永言．卫星通信三大应用场景［J］．卫星与网络，2020：42－44.

[19] 孙铁成．中国商业航天服务全球大战略［J］．社会观察，2021（3）.

第 2 章　卫星工程系统

航天系统一般指由航天器、航天运输系统（运载火箭）、航天器发射设施（发射场）、航天测运控系统、用户设备（系统）以及其他保障设备组成，以完成特定航天任务为目标的工程系统，商业航天工程系统也不例外。

目前商业航天工程任务的航天器大多是卫星，一般是作为运载器的有效载荷，由运载器（火箭）发射送入空间轨道运行的。就这种情况而言，可以说运载器是卫星实现其功能的前提。而运载火箭系统因其特殊的构形和发射起飞要求，须在专用的发射场和发射工位方能发射。运载火箭携带卫星从发射场起飞直到入轨的飞行状态、飞行轨道和各种指令动作，又都要由地面的测控台站组成的测控网（系统）进行监测和控制。

卫星虽然是高度自动化的产品，但它的轨道一般要由地面测量，它的运行和工作情况一般也要由地面监测和控制。卫星为地上特定需求服务一般有三种途径：第一种通过星地之间信息的交流，第二种通过星地的能量传输，第三种由卫星或其返回舱返回地面直接带回空间活动的成果。对卫星的监测和控制，要依靠地面台站组成的卫星测控网。使用卫星为地面服务，则必须有专门的应用产品生成系统，一般简称卫星应用系统。卫星应用系统，是卫星向用户提供卫星产品和服务的系统，不是卫星的用户和使用部门。

由上述可见，卫星对运载火箭、发射场、测控网和卫星应用系统的关系是相互依存的关系，而运载器对发射场和它的测控网的关系也是依存的关系。也就是说，卫星不可能孤立存在，要拥有卫星必须同时拥有相应的运载器、发射场、测控网和卫星应用系统，缺一不可。否则，不是卫星上不了天，就是上天后情况不明；或者是卫星上了天，并且运行和工作正常，但应用系统没有跟上，结果仍达不到满足地上人类特定需求的目的。

因此，必须有一个由卫星、运载火箭、发射场、测控网和卫星应用系统等这些紧密结合又相互依存的部分所组成的整体，即卫星工程系统。与此相应，上述五项则又是卫星工程系统的分系统。在卫星工程系统中，卫星是核心，其他的分系统有的是使卫星进入空间轨道的，有的是支持运载火箭和卫星的，有的则是卫星服务对象。卫星工程系统的组成和各部分之间的主要关系如图 2－1 所示。

例如，中国探月工程由月球探测器（卫星）系统、运载火箭系统、发射场系统、测控系统和地面应用系统五大系统组成。

月球探测器（卫星）系统：由中国空间技术研究院负责研制的月球探测器命名为嫦娥系列。近期发射的嫦娥五号探测器是负责嫦娥三期工程“采样返回”任务的中国首颗地月采样往返探测器。嫦娥五号月球探测器由轨道器、返回器、着陆器等多个部分组成，它们的任务是采集月球样品并返回地球，全面实现月球探测工程“三步走”战略目标。

运载火箭系统：由中国运载火箭技术研究院负责研制的运载火箭是把搭载的卫星送入

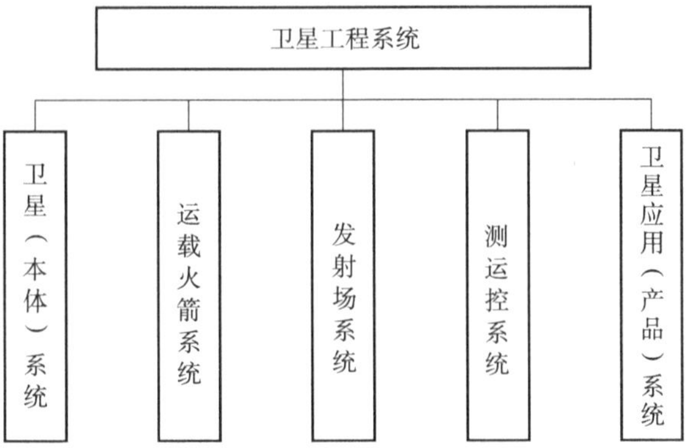

图 2-1　卫星工程系统

预定轨道的运载工具。嫦娥五号发射使用中国新一代的重型运载火箭长征五号。

发射场系统：主要负责组织指挥火箭的组装、测试、加注及发射，同时负责提供卫星的组装、测试和发射保障，火箭发射后的跟踪测量和控制。工程中负责发射的是海南文昌航天发射场。

测运控系统：主要负责火箭及卫星的轨道测量、图像及遥测监视、遥控操作、数据注入、飞行控制等。测控系统主要由北京飞行控制中心，喀什、佳木斯等地面测控站和远望号远洋航天测量船组成。运控系统负责卫星的作业运行、指挥调度和业务测控，统计分析系统运行的质量状况，遇有异常或突发事件及时组织排故，保持全系统正常运行。

地面应用系统：由中国科学院国家天文台负责研制和建设。地面应用系统由数据接收、运行管理、数据预处理、数据管理、科学应用五个分系统组成。

2.1　运载火箭

运载火箭是指将航天器送入预定轨道的航天运输工具。早期的运载火箭都是通过弹道导弹改制而成的，它的基本技术和原理与弹道导弹的相似。运载火箭发射轨道是指从运载火箭起飞至航天器送入预定的运行轨道或过渡轨道的飞行轨迹，用运载火箭动力学方程描述。其特征点通常用运载器在飞行中所发生的飞行事件定义，如起飞、助推器熄火分离、各子级发动机点火关机、级间分离、整流罩分离、航天器与运载火箭分离等。飞行时间所对应的时刻、视速度、视位置、经度、纬度、高度和离发射点的距离等参数是发射轨道的特征点参数。

将每一飞行时间与其时间参数对应起来就是运载火箭的飞行程序。就近地空间航天器而言，运载火箭的运载任务不同，其飞行程序也不同。飞行程序的持续时间，短的为 7～8 min，长的为几十分钟。例如，德尔它 27920-10C 运载火箭发射 5 颗铱星的飞行程序持续时间达 88 min。运载火箭发射轨道的特征点参数，是发射场区和入轨区测控站布局设计的依据。在发射时，将特征点参数的相对时间转换为绝对时间，是判断运载器飞行正常与否的参照标准。

2.1.1 火箭的分类

火箭是一个庞大的家族。火箭的分类方法很多，按级数不同，可分为：单级火箭、两级火箭、三级火箭等。多级火箭又可以划分为串联型、并联型及串并联混合型三种类型。串联型运载火箭箭体较长，发射架高，火箭发射操作复杂。同时，上面级的火箭发动机需要在高空进行点火，火箭点火时难度大。与串联型运载火箭相比，并联型运载火箭的核芯级第一级火箭和助推火箭能够在地面进行点火，点火可靠性更高。

按结构形式不同，可分为：串联火箭、并联火箭和串并联火箭。

按推进剂不同，化学火箭分为：液体（推进剂）火箭、固体（推进剂）火箭和固液混合推进剂火箭（即一部分用固体燃料，另外一部分用液体氧化剂做推进剂的火箭）。有的运载火箭第一级是固体燃料，而第二级是液体燃料。

2.1.2 运载火箭组成

运载火箭主要由结构系统（箭体结构）、动力装置系统（推进系统）以及控制系统等三个系统组成（见图 2-2），这三个系统统称为运载火箭的主系统，运载火箭的飞行成败由主系统工作是否可靠来决定。此外，运载火箭上还有遥测系统、外弹道测量系统、安全系统以及瞄准系统等。

（1）结构系统

结构系统是运载火箭的基体，它用来维持火箭的外形，安装、连接火箭各系统内的所有仪器、设备，承受火箭在地面运输、发射操作和飞行过程中的各种载荷，并容纳推进剂。箭体除要求具有良好的流线型，减小空气阻力外，还要求在既定功能不变的前提下，重量越轻越好，体积越小越好。在起飞重量一定时，结构质量较轻，就可获得较大的飞行速度或射程。

（2）动力装置系统

动力系统是产生推力，推动运载火箭飞行的装置。火箭推进系统是火箭飞行的动力源。火箭推进系统按火箭推力大小分为以下两种：

1）大推力发动机，其主要用于运载火箭。它在发力起飞、升高段，将火箭加速至所需要的第一宇宙速度。它产生的反作用加速度一般大于重力加速度。火箭推进系统工作持续的时间短，往往只有几分钟，有的运载火箭采用捆绑助推器加速，也需要大推力发动机，工作时间更短。

2）小推力发动机，又称为空间发动机。多级火箭上面级级间分离发动机，也属于空间发动机之列。小推力发动机分为调姿发动机、游动发动机、反推发动机等，其主要安装在卫星、飞船、航天飞机、空间探测器、空间站等航天器上。它用于在空间控制轨道变换、轨道校正、姿态稳定和控制在月球和行星表面的着陆和起飞、重返大气层和降落，以及克服航天器旋转等。小推力发动机产生的反作用加速度一般小于重力加速度。

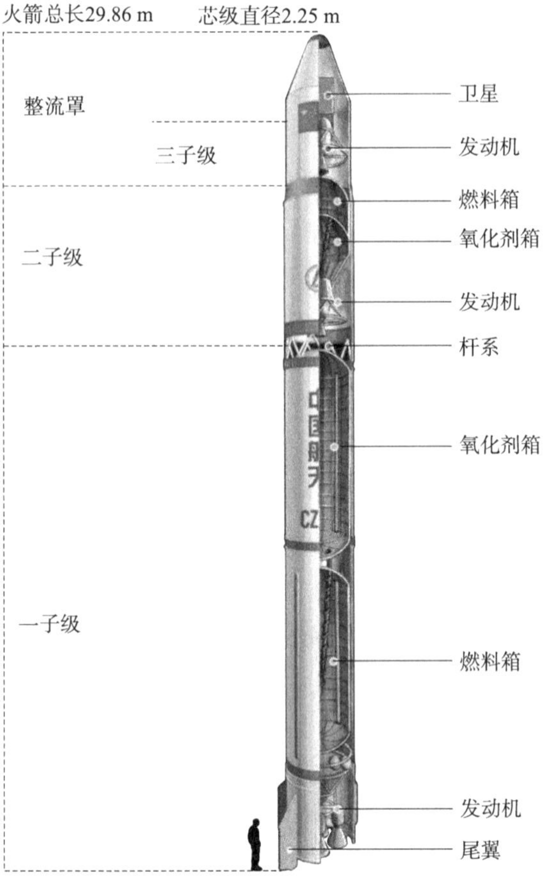

图 2－2　长征一号火箭结构示意图

(3) 控制系统

控制系统用来控制运载火箭沿预定弹道正常飞行。控制系统由制导系统、姿态控制系统、电源供配电和时序控制系统三大部分组成。制导系统的作用是控制运载火箭按预定的弹道运动，把有效载荷送到预定的空间位置。姿态控制系统（又称姿态稳定系统）的作用是纠正运载火箭飞行过程中的俯仰、偏航、滚动误差，使之保持正确的飞行姿态。电源供配电和时序控制系统则按预定飞行时序实施供配电控制。

(4) 其他

遥测系统的作用是把火箭飞行中各系统的工作参数及环境参数测量出来，通过火箭上的无线电发射机将这些参数送回地面，由地面接收机接收；亦可将测量所得的参数记录在火箭搭载的磁记录器上，在地面回收磁记录器。这些测量参数既可用来预报航天器入轨时的轨道参数，又可用来鉴定和改进运载火箭的性能。一旦运载火箭在飞行中出现故障，这些参数就是故障分析的依据。

外弹道测量系统的功能是利用地面的光学、无线电设备与装在运载火箭上的对应装置一起对飞行中的运载火箭进行跟踪，并测量其飞行参数，用来预报航天器入轨时的轨道参数，也可用作鉴定制导系统精度和进行故障分析的依据。

安全系统的用途是当运载火箭在飞行中出现故障不能继续飞行时，将其在空中炸毁，避免运载火箭坠落过程中给地面造成灾难性的危害。安全系统包括运载火箭上的自毁系统和地面的无线电安全系统两部分。箭上的自毁系统由测量装置、计算机和爆炸装置（炸药筒）组成。当运载火箭的飞行姿态、飞行速度超出允许的范围时，计算机会发出引爆爆炸装置的指令，使运载火箭在空中自毁。无线电安全系统则是由地面雷达测量运载火箭的飞行轨道，当运载火箭的飞行超出预先设定的安全范围时，从地面发出引爆箭上爆炸装置的指令，由箭上的接收机接收后将火箭在空中炸毁。

瞄准系统的作用是在发射前对运载火箭进行初始方位定向。瞄准系统由地面瞄准设备和运载火箭上的瞄准设备共同组成。

2.1.3 运载火箭结构

运载火箭系统将一些组件分别放置在各级的适当部位，级与级之间靠级间段连接。有效载荷装在仪器舱的里面，外面套有整流罩。

运载火箭一般由 2～4 级火箭组成。每一级火箭都包括箭体结构、推进系统和飞行控制系统。末级有仪器舱，内装制导与控制系统、遥测系统，有的还有安全自毁和其他附加系统。

运载火箭的结构分为四大舱段，具体如下。

1）有效载荷舱段：它位于火箭的头部，可装载人造卫星、飞船。它的外部是流线型的整流罩，保护航天器和减小空气阻力。当火箭飞出大气层时，自动分离并抛掉。

2）控制仪器舱段：是火箭的指挥中枢，在火箭的内部。控制仪器舱主要有制导系统、姿态控制系统、电源和配电等系统。它们控制运载火箭，使之保持一定姿态并按正确的航线轨道飞行。

3）推进剂贮箱舱段：在火箭的内部，装载推进剂。它占去运载火箭体积的大部分。为了增大装载能力，材料越轻越好，强度越高越好，一般多采用高强度铝合金材料。

4）发动机舱段：位于火箭的后部。有的火箭在外部安装尾翼。发射前，运载火箭通过它与发射架相连；发射后在飞行过程中保持外形完整和稳定飞行轨道。火箭发动机尾部的喷管和布局一般被用来判断和评价火箭发动机的动力和威力。

此外，如果火箭发射的有效载荷比较大，可以在一枚火箭外面捆绑几枚小火箭，称为捆绑式火箭。捆绑式火箭是指将多枚火箭并排或围绕芯级火箭捆绑起来发射的火箭。捆绑式火箭可产生更大的推力，所以可用来运载更重的航天器。苏联早期发射的东方号、俄罗斯的联盟号和质子号、欧洲空间局的阿里安号、日本的 H－2B、中国的长征二号 F 火箭都是捆绑式运载火箭。

捆绑式运载火箭中间的大火箭称为芯级火箭，外围捆绑的火箭称为助推火箭。助推火箭可以是固体或液体火箭，数量也可根据运载能力大小和需要来选择。俄罗斯的质子号可以做到 1 枚芯级火箭，6 枚助推火箭；美国的德尔它 2 号达到 9 枚助推火箭。

2.1.4　火箭发动机

火箭发动机根据推进剂的性质可分为液体火箭发动机和固体火箭发动机。

(1) 液体火箭发动机

液体火箭发动机是指使用液体推进剂的化学火箭发动机。液体火箭发动机一般由推力室、推进剂供应系统、发动机控制系统组成。火箭推进剂，分为燃料和氧化剂。燃料，又称为燃烧剂，可以是液态氢、煤油等；氧化剂主要是液态氧、四氧化二氮。氧化剂和燃烧剂等必须贮存在不同的贮箱中。若要把 1 kg 的有效载荷送入轨道，火箭就得消耗 62 kg 液体推进剂。它的优点是比冲高、推力范围大、能反复启动、能控制推力大小、工作时间较长等；缺点是由于液体火箭发动机使用液体燃料，需要临时加注推进剂，且有的推进剂具有毒性和易爆炸等。

液体火箭发动机的推力室是火箭发动机的重要部件。它的点火器负责将液体推进剂点燃，通过燃烧将化学能转变成推进力。推力室由推进剂喷嘴、燃烧室、管组件等组成。推进剂通过喷注器喷入燃烧室，经雾化、蒸发、混合和燃烧等过程产生燃烧爆炸，以 2 500～5 000 m/s 的速度从喷管中冲出，产生推力。燃烧室内压力可达 20 MPa、温度 3 000～4 000 ℃。

(2) 固体火箭发动机

固体火箭发动机是使用固体推进剂的化学火箭发动机。固体推进剂有聚氨酯、聚丁二烯、端羟基聚丁二烯、硝酸酯增塑聚醚，以及复合推进剂等。

固体火箭发动机由推进剂药柱、燃烧室、喷管组件和点火装置等组成，由高强度合金钢、钛合金以及复合材料制造。固体火箭发动机使用固体推进剂，简称为药柱。药柱是由固体推进剂与少量添加剂制成的中空圆柱体，中空部分为燃烧面。药柱感观像柏油，有弹性；横截面形状可为圆形、星形、管形或十字形等。当药柱进入燃烧室中燃烧时，将达到 2 500～3 500 ℃的高温，产生极高压力，随后压力转变为巨大的动能。

固体火箭发动机的优点是结构简单、点火容易、推进剂密度大、安全系数高、操纵方便可靠等；缺点是工作时间短、难以重复启动。

2.1.5　飞行程序

运载火箭通常在航天发射中心发射，也可在陆基、海基平台机动发射，或是在空中依靠飞机发射。火箭从地面/海面/空中起飞直到进入最终轨道要经过以下几个飞行阶段。

1) 大气层内飞行段：火箭从发射台垂直起飞，在离开地面/海面以后的十几秒钟内一直保持垂直飞行。在垂直飞行期间，火箭要进行自动方位瞄准，以保证火箭按规定的方位飞行。然后转入零攻角飞行段。火箭要在大气层内跨过声速，为减小空气动力和减轻结构质量，必须使火箭的攻角接近于零（空中发射比较特殊，是平飞）。

2) 等角速度程序飞行段：第二级火箭的飞行已经在稠密的大气层以外，整流罩在第二级火箭飞行段后期被抛掉。火箭按照最小能量的飞行程序，即以等角速度作低头飞行。

达到停泊轨道高度和相应的轨道速度时，火箭即进入停泊轨道滑行。对于低轨道的航天器，火箭这时就已完成运送任务，航天器便与火箭分离。

3）过渡轨道/转移轨道：对于高轨道或行星际任务，末级火箭在进入停泊轨道以后还要再次工作，使航天器加速到过渡轨道速度或逃逸速度，然后航天器与火箭分离。

图 2-3 给出了月球探测器的停泊轨道和转移轨道示意图。

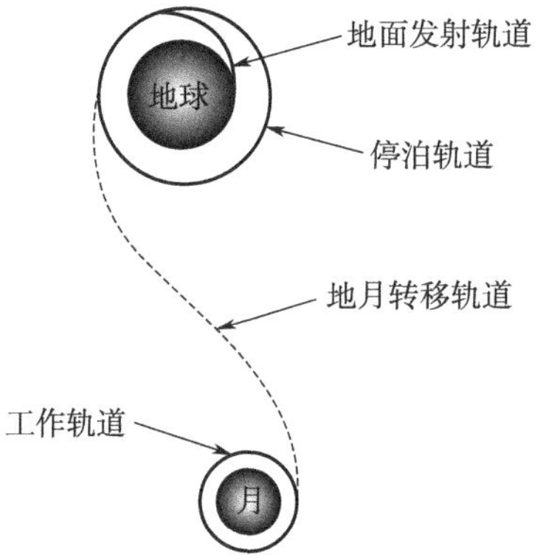

图 2-3 月球探测器的停泊轨道和转移轨道示意图

2.1.6 国内外典型运载火箭

2.1.6.1 美国运载火箭

美国早期的运载火箭是在 V-2 火箭的技术上发展起来的，美国运载火箭一直处于世界领先水平。在航天飞机研制成功以前，一次性运载火箭是主要的航天器运载工具，航天飞机研制成功之后，一次性运载火箭地位曾有所下降，但随着航天飞机的失事和退役，美国再次把航天运载工具转向了运载火箭。美国于 1994 年发布了《国家航天运输政策》，其内容要求在对现有的一次性使用运载火箭进行改进的同时，既进行“渐进一次性运载火箭（EELV）”计划，还要进行可重复使用技术的研究。EELV 计划主要为了研制新一代一次性运载火箭，大幅度降低发射成本，并提高可靠性。

至今，EELV 计划已经成功研制了德尔它 4 及宇宙神-5 系列运载火箭，许多型号都已进行了首飞，替换了美国以前使用的火箭型号。对于小型航天器的发射任务，美国主要通过小型运载火箭来完成，如米诺陶、金牛座和飞马座等，而中型运载火箭猎鹰 9 号主要用于近地轨道商业运输服务。同时，为了实现运载火箭的快速机动发射，美国还正在研制快速响应的小型运载火箭。此外，SpaceX 公司开发了可重复使用的运载火箭猎鹰 9 号，大幅度降低了发射成本。至今，美国研制的运载火箭主要有雷神系列运载火箭、宇宙神系列运载火箭、德尔它系列运载火箭、大力神系列运载火箭和土星系列运载火箭等多个系列。

（1）雷神系列运载火箭

雷神系列火箭是美国早期的航天运载火箭，由雷神中程弹道导弹发展而来，其用途是发射航天探测器以及军用卫星。为了增加它的运载能力，有时在它周围捆绑上 3 枚固体助推火箭，使其运载能力提高到 1 t。该系列运载火箭主要包括雷神-艾布尔、雷神-艾布尔星、雷神-博纳和加大推力雷神-阿金纳等多种型号。雷神运载火箭从 1959 年以来发射 400 多次，现已退役。

（2）宇宙神系列运载火箭

20 世纪 50 年代末，美国宇宙神运载火箭由美国通用动力公司和康维尔公司作为洲际弹道导弹制造。它是以液氧和精炼煤油作为推进剂的液体火箭。

宇宙神系列火箭型号众多，目前正在使用的主要是宇宙神－5 系列运载火箭，其地球同步转移轨道的运载能力达到 13 t。

宇宙神－D 是美国发射载人飞船的第一枚运载火箭。它是在宇宙神－D 洲际弹道导弹的基础上适当改进而成，箭长 29.07 m，最大直径为 4.87 m。

宇宙神 SLV－3C－半人马座 D 火箭为多级火箭，它是宇宙神系列运载火箭中首次使用低温液氢液氧发动机的火箭，长 38.35 m，最大直径 4.87 m。

宇宙神－Ⅰ是宇宙神－G 的一个改进型，地球同步转移轨道运载能力为 2.25～2.34 t，主要用于商业发射。箭长 43.9 m，起飞质量 163.9 t。

宇宙神系列已连续生产 50 多年。1958 年 12 月 18 日，宇宙神号首次发射，至今已达 500 多次。

（3）德尔它系列运载火箭

德尔它运载火箭是在雷神中程导弹基础上发展起来的，早期由美国麦道公司研制，麦道公司和波音公司合并后，波音公司成为主承包商。

美国德尔它系列运载火箭于 1960 年 5 月 13 日首次发射，已发展了 50 多种型号。目前，正在使用的是德尔它 4 系列。

德尔它 2 火箭全长 39 m，直径 2.44 m。美国空军 GPS 系统的 50 颗卫星都是由德尔它 2 发射的。

德尔它 3 运载火箭高度 35 m，直径 4 m，拥有 9 个助推器。助推器全长14.7 m，直径 1.17 m，其中 6 枚在发射台上点燃，3 枚在飞行中点燃。1998 年 8 月 27 日首飞，最后一次飞行是在 2000 年 8 月 23 日。德尔它 3 运载火箭近地轨道运载能力 8.29 t，地球同步转移轨道运载能力 3.5 t。

德尔它 4 运载火箭（见图 2－4）有五种衍生型：德尔它 4 中型运载火箭，德尔它 4 中型＋运载火箭［内有三种衍生型：（4.2）、（5.2）、（5.4），数字前者代表整流罩的外直径，后者则代表小型固态火箭支数］，还有德尔它 4 重型运载火箭。德尔它 4 型重型火箭是美国现役并已执行任务的最大型运载火箭，该火箭可以将最多 28.79 t 的有效载荷送入低地球轨道，能将 11 t 有效载荷送入通信卫星所在的地球同步轨道，将 11 t 有效载荷送上月球，并能将 8.8 t 有效载荷送入火星轨道。德尔它 4 重型高 235 英尺（约合 72 m），第一级由三个公共核心助推器（Common Core Booster）组成，呈一字形直线排列。

图 2-4　德尔它 4 运载火箭

德尔它火箭具有很强的空间发射能力，它在 1964 年发射了世界上第一颗地球同步轨道卫星。其因具有较强的适应性而得到广泛应用，已将 200 多颗不同用途的卫星和试验物送入轨道。在这些卫星中有近地、极地和高椭圆轨道卫星，也有地球同步、太阳同步、日心和月心轨道卫星；有通信、导航、气象卫星，也有科学试验、对地观测和各种特殊用途的卫星。它不仅是美国使用最多的运载火箭，而且多次为英国、加拿大、日本、印度尼西亚、印度等国以及国际通信卫星组织、北大西洋公约组织、欧洲空间局等发射卫星。

(4) 大力神系列运载火箭

大力神系列运载火箭（见图 2-5）由马丁·玛丽埃塔公司制造，是以大力神 2 洲际弹道导弹为基础研制而成的。

大力神系列运载火箭主要有大力神 1、大力神-2、大力神-3、大力神-34D、大力神-4、商业大力神-3 等 9 种型号。它的最大近地轨道运载能力为 21.9 t，地球同步转移轨道运载能力为 5.3 t。

大力神-3 系列火箭有 A、B、C、D、E 五种型号，可发射各种轨道卫星。大力神-3A 火箭最长 50.6 m，加上 2 枚助推器，最大直径达 9.7 m。

大力神-34 系列火箭有 34B、34D 等几种型号，主要用于发射军用卫星。大力神-34B 为三级火箭，最大直径 3.05 m。大力神-34D 长 49.35 m，最大直径为 9.82 m。

商业大力神-3 火箭是大力神-34D 的改型，设计完全出于商业目的。它的身材粗壮，火箭的各种整流罩可适用于各种商业有效载荷。火箭长 48.2 m，最大直径为 9.82 m，专门发射大家伙。商业大力神-3 火箭在 1976 年到 1988 年间，发射过 9 颗世界上最重的卫星——锁眼-11 照相侦察卫星。

大力神-4 火箭主要用于发射太阳同步轨道的大型军用卫星。大力神-4 火箭在 1992 年到 2005 年间，发射过 5 颗锁眼-12 光学侦察卫星。

从 1959 年开始，到 2005 年全部退役，大力神系列火箭的发射次数共计 368 次。

图 2-5　大力神运载火箭

(5) 土星系列运载火箭

1961 年，时任美国总统的肯尼迪宣布 10 年之内将把美国人送上月球，再返回地球。这就是历时 11 年耗资 255 亿美元的“阿波罗”计划。在布劳恩的主持下，美国开始大规模实施土星巨型登月火箭研制计划。

土星系列运载火箭是由 NASA 于 20 世纪 60 年代初研制的重型运载火箭，专门用于载人登月的阿波罗工程，先后研制了土星-1、土星-1B、土星-5（见图 2-6）三种型号，形成了土星系列运载火箭。

土星-1 为两级运载火箭，主要用来为重型火箭的研制进行试验和积累经验，曾用来发射阿波罗飞船模型。全箭长 57.3 m，最大直径 6.53 m。

土星-1B 是土星-1 的改进型，也是两级运载火箭，用于载人或不载人飞船地球轨道飞行试验，为土星-5 号积累经验。全箭 68.63 m，最大直径 6.6 m。

土星-5 是土星-1B 的改进型，主要改进是在土星-1B 的基础上增加了第三级。土星-5 全箭长 110.64 m，最大直径 10.1 m，起飞重量为 3 000 t，近地轨道运载能力达 119 t，能把重达 45 t 的载荷送入登月轨道。1967 年 11 月到 1973 年 5 月，土星-5 共进行了 13 次发射。

图 2-6　美国土星-5 运载火箭

(6) 战神系列运载火箭

战神系列运载火箭由美国国家航空航天局马歇尔航天中心组织研发，是美国为了实现重返月球计划而进行研制的，该计划被称为星座计划。战神系列运载火箭用来接替美国航天飞机退役后的发射任务，是美国“重返月球”的航天器运载工具之一。

战神系列运载火箭有战神-1 号和战神-5 号两个型号。战神-1 号用来运送航天员；战神-5 号用来运送登月舱、月球车。它们都是两级火箭。

战神-1 号火箭高 94 m，直径 5.5 m，低轨道运载能力 25 t。战神-1 号火箭专门用来发射载人飞船，可以乘坐 4～6 名航天员。战神-1 号第一级由美国阿联特技术系统公司制造，第二级火箭由美国波音公司制造。

战神-5 号由一枚芯级火箭和 2 枚助推火箭组成。战神-5 号高 116.1 m，芯级火箭直径 8.4 m，加上 2 枚助推火箭，直径达 18 m，重 3 356.5 t，可将 130 t 左右的有效载荷送入低地球轨道。

2011 年 9 月，美国国家航空航天局宣布取消战神计划，研制更强大的被称为空间发射系统的重型运载火箭。

空间发射系统是在战神系列运载火箭的基础上研制的新一代航天运输系统，采用两级火箭。芯级火箭直径 8.4 m，捆绑 2 枚助推器，推进剂为液氢液氧，初始近地轨道运载能力为 70～100 t，今后将达到 130 t 左右，以满足未来载人深空探测器的需要。

（7）飞马座运载火箭

飞马座运载火箭（见图 2－7）于 1987 年开始进行研制，由美国轨道科学公司负责研发，它是一种小型带翼空射型三级固体运载火箭，主要用来发射小型卫星。同时，飞马座还是美国第一种使用飞机载运到空中进行发射的运载火箭，不需要地面发射场就可以完成发射任务。该运载火箭长为 15 m，直径为 1.27 m，运载能力在极地轨道时为 272 kg，在近地轨道时为 408 kg。该运载火箭的首次发射是于 1990 年 4 月 5 日由 B－52 飞机载着投放发射的，将小飞马座号卫星准确地送入到预定的近地轨道。

图 2－7　飞马座运载火箭

（8）猎鹰系列运载火箭

猎鹰系列运载火箭是由美国 SpaceX 公司设计研发的，目前其型号主要包括猎鹰 1 号、猎鹰 9 号和重型猎鹰。

猎鹰 1 号是 SpaceX 公司研制的第一型运载火箭，在经历多次发射失败后，2008 年 9 月，猎鹰 1 号终于成功地进行了发射。猎鹰 1 号是两级火箭，推进剂为液氧和煤油，高 21.3 m，直径 1.7 m，重 28 t，推力 347 kN。

猎鹰 9 号运载火箭（见图 2－8）是以猎鹰 1 号为基础发展而来的。猎鹰 9 号是一款可回收式中型运载火箭，于 2010 年 6 月 4 日完成首次发射，于 2015 年 12 月 21 日完成首次回收。猎鹰 9 号高 54.9 m，直径 3.6 m，重 333 t，推力 5 000 kN。现役猎鹰 9 号低地球轨道运载能力 22.8 t，地球静止转移轨道运载能力 8.3 t。

重型猎鹰火箭（见图 2－9）是现役推力最大的运载火箭。其近地轨道运载能力达 63.8 t，地球同步轨道运载能力为 26.7 t。重型猎鹰高 70 m，宽 12.2 m，质量为 1 420.8 t，起飞时 27 台 Merlin－1D 发动机同时工作，可以提供超过 2 280 t 的起飞推力。2018 年 2 月 6 日，重型猎鹰携带一辆红色 2018 款特斯拉 Roadster 跑车，从卡纳维拉尔角的肯尼迪国家航天中心 LC－39A 发射工位成功发射升空，这是重型猎鹰的首次试射。2019 年 4 月 11 日，重型猎鹰成功发射了 Arabsat 6A 型通信卫星。

图 2-8 猎鹰 9 号火箭

图 2-9 重型猎鹰火箭

猎鹰系列运载火箭的优势很多。猎鹰 1 号 80%的组件可以回收再利用。猎鹰 9 号是可完全回收的火箭，能多次使用，这是世界上第一枚可以完全回收再利用的火箭。

猎鹰系列运载火箭发射价格相当便宜。美国国家航空航天局每次发射一枚火箭的费用为 5 000 万～1 亿美元；美国轨道科学公司每次发射 450 kg 以下载荷收费 3 000 万美元。2012 年，猎鹰 9 号每次发射 3 t 载荷的费用，低轨道只有 5 000 万美元，地球静止转移轨道为 5 400 万～5 900 万美元。猎鹰 1 号运送 1 t 载荷到低轨道仅收费 1 100 万美元。

2.1.6.2　苏联/俄罗斯运载火箭

1957 年 10 月 4 日，苏联使用由洲际导弹改装而成的卫星号运载火箭把世界上第一颗人造地球卫星发送到地球轨道，卫星号运载火箭成为世界上第一个发射卫星的运载火箭，苏联也成为世界上第一个使用运载火箭成功发射卫星的国家。

苏联作为世界航天大国，在航天技术上一直位于世界前列。20 世纪 90 年代初，由于苏联解体，导致其在航天技术的发展上遭遇了阻碍。苏联解体后，俄罗斯为了摆脱对其他独联体国家在航天技术上的依赖，于 1992 年决定开始研制本国的新一代运载火箭。随后，俄罗斯便开始进行新型的安加拉系列运载火箭项目的研制计划。俄罗斯研制和发展该运载火箭的目的是为了拥有新型的运载火箭，从而逐渐替代现有的质子号、呼啸号、第聂伯、旋风号和天顶号等运载火箭，实现其运载火箭的更新换代。

根据俄罗斯当前的计划，一方面通过使用现役的运载火箭及其改进型和弹改箭型号来执行发射任务，另一方面积极地进行安加拉运载火箭的研制，以取代原有的型号。此外，俄罗斯还积极地与美国和欧洲等国家进行合作，从而进一步抢占国际商业发射市场。苏联/俄罗斯的运载火箭有多种系列，且许多运载火箭都是以弹道导弹为基础改进和发展的。苏联研制的东方号系列运载火箭是世界上第一个运载火箭系列，主要型号为卫星号、月球号、东方号、上升号、闪电号、联盟号和进步号等，其中上升号、闪电号、联盟号和进步号 4 种运载火箭又被称为联盟号子系列运载火箭。

(1) 卫星号运载火箭

卫星号运载火箭利用苏联的 P－7 洲际导弹进行研制，于 1957 年 10 月 4 日发射了人类第一颗人造地球卫星斯普特尼克－1 号。卫星号运载火箭由 1 枚芯级火箭和 4 枚助推火箭组成，全长 29.17 m，最大直径 10.3 m，起飞质量 267 t，有效载荷 1.3 t。

卫星号运载火箭前后共发射了 4 次，将苏联的 3 颗卫星送入轨道，此后再没有单独使用过，而是作为多级火箭的最下面一级来使用。

(2) 东方号运载火箭

苏联科罗廖夫第一设计局和中央特别设计局以 R－7 洲际导弹为基础，设计研发了东方号系列运载火箭（见图 2－10）。该火箭后续还衍生出了上升号、闪电号系列、联盟号等运载火箭。

东方号运载火箭是对卫星号火箭略加改进而成。东方号运载火箭的芯级火箭为两级火箭，第一级长 28.75 m，第二级长 2.98 m，呈圆筒状；4 枚助推火箭长 19.8 m，直径 2.68 m。东方号运载火箭根据功能的不同，可分为月球探测火箭和载人飞行火箭。月球探测火箭长 33.5 m，起飞质量 279 t，最大速度为 11 200 m/s，有效载荷质量为 478 kg。载人飞行火箭长 38.36 m，起飞质量 287 t，最大速度为 8 000 m/s，有效载荷质量为 4 724 kg。

图 2-10　东方号运载火箭

东方号运载火箭因发射东方号飞船而得名。1961 年 4 月 12 日，它把航天员加加林送上地球轨道飞行并安全返回地面。东方号系列运载火箭是世界上第一种载人航天运载工具。它成功发射了第一颗月球探测器、第一艘载人飞船、第一艘无人货运飞船等。

东方号运载火箭主要用于发射照相侦察卫星、电子卫星、地球资源卫星以及宇宙号系列卫星中的电子侦察卫星等。

(3) 闪电号运载火箭

闪电号是苏联在弹道导弹的基础上研制而成的运载火箭，它是苏联第一种三级运载火箭，有多种型号。闪电号运载火箭在经过多次发射失败后，于 1961 年实现了其第一次成功发射，将卫星成功地发送到太空。此后，闪电号运载火箭还依次成功地发射过世界上第一颗金星探测器金星 1 号和世界上第一颗火星探测器火星 1 号。

(4) 联盟号运载火箭

联盟号运载火箭（见图 2-11）是由 1 枚芯级火箭和 4 枚助推火箭组成的三级火箭。1963 年，当联盟号火箭推出时，媒体称之为上升号。上升号运载火箭，又称为日出号。上升号运载火箭由苏联第一武器设计局和进步设计局研发。它的第一、第二级和助推火箭采用 R-7A 洲际弹道导弹，第三级采用闪电号运载火箭的设计。

1963 年 11 月 16 日，上升号运载火箭首飞。上升号运载火箭曾将第一位在太空行走的航天员列昂诺夫和天顶-4 号照相侦察卫星准确入轨。上升号运载火箭一共发射 306 次，其中 293 次成功。

1966 年，联盟号成为其正式名称。1973 年，经过现代化改进的联盟号被媒体称为联盟-U 号；1982 年，被命名为联盟-U2 号。2001 年，俄罗斯与欧洲空间局合作，将联盟-U 号改进而成的运载火箭成为联盟-FG。

联盟号系列运载火箭是东方号的一个子系列。它在东方号运载火箭的上面加了更大推力的二级火箭，它也因发射联盟号系列载人飞船而得名。它最长 49.52 m，起飞质量 310 t，近地轨道的运载能力约为 7.2 t。联盟号系列运载火箭主要有联盟-U、联盟-FG、联盟-ST 号等型号。联盟-U 号和联盟-FG 号运载火箭是俄罗斯基本的运载火箭。

联盟-U 号运载火箭是联盟号运载火箭最为庞大的改进型，它用了 4 枚助推火箭。联盟-U 号主要发射航天器和卫星，如联盟号载人飞船和进步号货运飞船；宇宙系列军事卫星；特殊用途的航天器，如资源-F 号空间站；技术和医学生物目的的卫星，如光子号和比昂号卫星。

联盟-FG 号运载火箭主要发射卫星，以及为国际空间站发射联盟-TMA 号载人飞船和进步-M1 号货运飞船。

联盟-ST 号运载火箭是在联盟-2 号基础上研制的。联盟-ST 号的任务是从库鲁航天发射中心发射卫星。

联盟号运载火箭是世界上发射次数最多的火箭，已累计发射超 1 200 次。

图 2-11　联盟号运载火箭

(5) 质子号运载火箭

质子号系列运载火箭是苏联第一种专门为执行航天任务而设计的大型运载器。质子号系列运载火箭分为两级型、三级型和四级型。目前正在使用的有质子号三级型和四级型两种。最大的质子号四级火箭高达 61 m。在 1987 年能源号运载火箭投入使用前，质子号一直都是苏联最大的运载火箭。

(6) 能源号运载火箭

为了实现载人登月计划，苏联自 20 世纪 50 年代开始进行 H-1 重型运载火箭的研制，但由于在研制过程中屡受挫折，H-1计划于1974年终止，随后转向了能源号的研制。能源号的研制工作是从1974年开始的，历时13年，其主要用来发射卫星等有效载荷。1987年5月15日，能源号成功地进行了第一次发射试验，并于1988年11月1日成功发射了暴风雪号航天飞机。

能源号运载火箭由1枚芯级火箭和4枚助推火箭组成，能把100 t有效载荷送上近地轨道。芯级火箭长约60 m，最大直径8 m，总重2 400 t，不含推进剂重400 t，起飞推力3 500 t。芯级火箭有4台液体火箭发动机。助推火箭长32 m，直径4 m，质量365 t，不含推进剂重25 t，有一台发动机，助推火箭可以随发射任务的要求而变化，可以捆绑2枚、4枚、6枚甚至8枚助推器。

（7）天顶号运载火箭

天顶号运载火箭是苏联的一种重型运载火箭，于1970年研制，主要包括天顶-2和天顶-3两种型号。主要用来发射轨道高度在1 500 km以下的军用和民用卫星。天顶号运载火箭还能在海上平台上发射。

天顶-2号是两级运载火箭，最大长度57 m，最大直径3.9 m。它的一级火箭还被用作能源号火箭的助推器。天顶-2于1985年4月13日首次发射成功，主要用来发射军民用卫星。

天顶-3号是三级运载火箭，最大长度61.4 m，最大直径3.9 m。它在天顶-2型的基础上，增加了一个上面级，用于将有效载荷送入地球同步转移轨道、其他高轨道或行星际飞行轨道。天顶-3运载能力在地球同步转移轨道时为6 t，在地球同步转移轨道时为2.4 t。

2.1.6.3 欧盟运载火箭

德国研制并发射了世界上第一个使用火箭发动机来提供动力的导弹V-2，为后期运载火箭的研制打下了技术基础。德国、法国和英国等欧洲国家在运载火箭技术的研究上有着雄厚的实力。

自1975年欧空局成立以来，其11个成员国联合研制了阿里安系列运载火箭，又译为阿丽亚娜，有阿里安-1、阿里安-2、阿里安-3、阿里安 4以及阿里安-5等型号，前4种型号已经退役。

为了满足国际发射市场的需要，欧洲对阿里安-5进行了改进，又发展了多种类型。此外，欧洲还进行了小型运载火箭的研制，如织女星，同时还引进了俄罗斯的联盟-ST中型运载火箭，这两种类型的运载火箭能够执行中低地球轨道的发射任务，从而弥补了阿里安系列运载火箭在发射中小型有效载荷方面的不足。在织女星运载火箭投入使用之前，欧洲主要使用阿里安-5重型运载火箭来发射卫星，但如果用其来发射小型的卫星，则会对航天资源造成严重的浪费。

2014年12月2日，欧洲空间局计划研制新一代阿里安-6运载火箭，以便代替阿里安-5运载火箭。为了能够保持运载火箭在商业发射市场的竞争力，欧洲正在积极地研制新型的运载火箭，并使其一次性运载火箭的型谱得到进一步的完善。

（1）阿里安-1

阿里安-1是欧空局由欧洲号及法国的钻石号运载火箭发展而成的三级液体运载火箭。该火箭长 47.7 m，芯级最大直径 3.8 m，其运载能力在地球同步转移轨道时约为 1.8 t，在太阳同步轨道 790 km 时约为 2.5 t。1979 年 12 月 24 日，阿里安-1成功地进行了首次发射。

（2）阿里安-2和阿里安-3

阿里安-2与阿里安-3都是在阿里安-1的基础上经过改进而成的运载火箭。阿里安-2和阿里安-3可以进行多种发射任务，阿里安-2用于单星发射，阿里安-3用于双星发射。这两种火箭的长度和芯级最大直径相同，均为 49.5 m 和 3.8 m，在地球同步轨道时其运载能力分别约为 2.2 t 和 2.9 t。1986 年 5 月 31 日，阿里安-2首次发射失败，1984 年 8 月 4 日，阿里安-3首次发射成功。

（3）阿里安-4

阿里安-4是在阿里安-3的基础上研制而成的运载火箭，长 59.8 m，芯级最大直径约 9 m。阿里安-4运载火箭于 1988 年成功地进行了首次发射，主要用于进行商业卫星的发射。阿里安-4运载火箭曾执行了大量的发射任务，将近百颗卫星成功地送入轨道。

（4）阿里安-5

阿里安-5运载火箭（见图 2-12）是由欧空局研制的一种大型两级运载火箭，于 1988 年开始进行研制，可以用于发射各类卫星。阿里安-5运载火箭于 1996 年 6 月 4 日首次发射卫星失败，于 1997 年 10 月 30 日第二次发射成功，将有效载荷送入轨道，并于 1998 年 10 月 22 日进行了第三次发射，把一颗模拟通信卫星和一个测试空间返回技术的返回舱成功送入太空。

图 2-12　阿里安-5运载火箭

(5) 织女星运载火箭

织女星运载火箭是由欧洲空间局和意大利航天局从 1998 年开始合作研发的，是欧洲新一代一次性使用运载火箭，其研制目的是为了填补欧洲小型运载火箭的空缺。该运载火箭于 2012 年 2 月 13 日进行了首次发射，其设计主要用来发射小型卫星以及质量在 300 kg 到 2 000 kg 之间的科学卫星或地球观测卫星，能将此类卫星发送到低地球轨道或太阳同步轨道。

2.1.6.4 中国运载火箭

中国从 1956 年开始进行现代运载火箭的研制，中国的运载火箭主要是在中远程导弹和洲际导弹的基础上发展起来的。中国独立研制的中程火箭于 1964 年 6 月 29 日成功进行了发射试验，为以后进行多级火箭的研制奠定了基础。

目前，中国使用的运载火箭以长征系列运载火箭为主。1970 年 4 月 24 日，长征一号运载火箭首次发射东方红一号卫星成功。长征火箭已经拥有退役、现役共计 4 代 20 种型号（部分见图 2－13）。其中长征一号、长征二号、长征二号 E、长征三号、长征四号甲 5 个型号已退役；长征二号丙、长征二号丁、长征二号 F、长征三号甲、长征三号乙、长征三号丙、长征四号乙、长征四号丙、长征五号、长征五号 B、长征六号、长征七号、长征七号甲、长征八号和长征十一号 15 个型号在役。另有长征六号甲、长征六号 X、长征十一号甲 3 个型号在研，长征九号 1 个型号论证中。

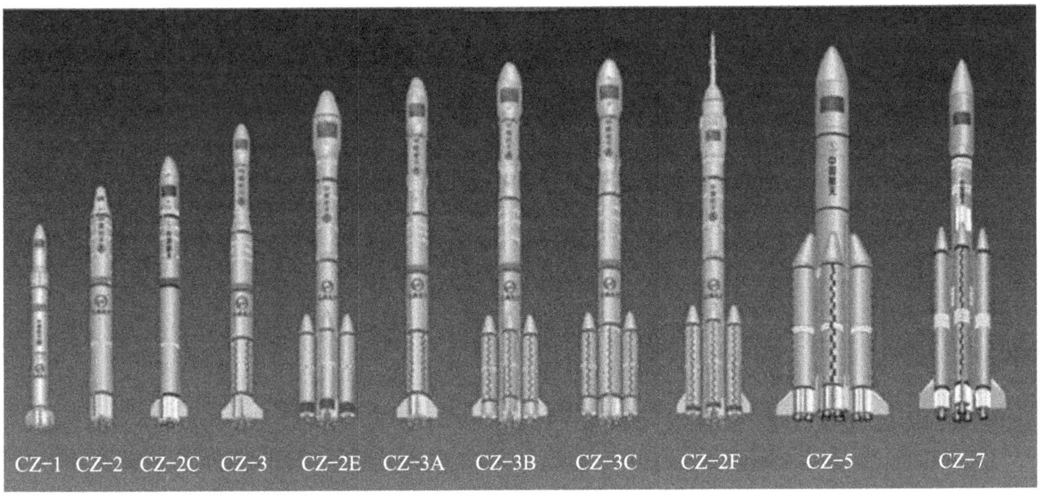

图 2－13 长征系列运载火箭

(1) 长征一号系列运载火箭

长征一号是在东风四号弹道导弹的基础上研制的三级运载火箭，一、二级为液体发动机，三级为固体发动机，其主要用途是将小型有效载荷发送到近地轨道。火箭全长 29.46 米，最大直径 2.25 m，起飞质量 81.57 t，起飞推力 1 020 kN，能把质量为 300 kg 的卫星送入 440 km 高的近地轨道。1970 年 4 月 24 日，长征一号第一次成功地进行了发射，把中国第一颗人造卫星东方红一号发送到轨道，随后又于 1971 年成功地发射了实践一号科学试验卫星。长征一号运载火箭进行 A、B、C、D 4 种型号的研制，形成了长征一号系列运载火箭。

(2) 长征二号系列运载火箭

长征二号运载火箭是在东风五号弹道导弹的基础上研制的两级液体运载火箭，1970 年开始进行研制，于 1974 年进行了第一次发射试验，但因发生故障而失败，并于 1975 年进行了第二次发射，此次发射成功地将中国第一颗返回式卫星送入太空轨道。火箭全长 32.6 m，最大直径 3.35 m，起飞质量 192 t，LEO 运载能力 2.0 t。在长征二号运载火箭的技术基础上，中国又研制和发展了多种型号，形成了长征二号系列运载火箭。

长征二号丙是改进型火箭。它采用了大推力液体火箭发动机，箭长增加到 43 m，近地轨道的运载能力增加到 4 t。

长征二号丁运载火箭也是一种两级液体火箭，主要在长征二号的基础上采取增加推进剂加注量和增大起飞推力的方法，使运载能力进一步提高。火箭全长 41 m，起飞质量 250 t。

长征二号 F 主要执行载人飞船发射任务。该火箭由四个液体助推器、芯一级火箭、芯二级火箭、整流罩和逃逸塔组成。1999 年 11 月 19 日首次发射并成功将中国第一艘试验飞船神舟一号飞船送入太空。2003 年 10 月 15 日，长征二号 F 火箭将中国首名航天员杨利伟送入太空，使中国成为继苏联和美国之后，第三个将人类送上太空的国家。长征二号 F 型火箭已经成功地将神舟一号到四号无人飞船和神舟五号、神舟六号、神舟七号载人飞船，天宫一号目标飞行器，神舟八号、神舟九号、神舟十号载人飞船，天宫二号空间实验室，神舟十一号、神舟十二号、神舟十三号载人飞船送入太空预定轨道。

(3) 长征三号系列运载火箭

长征三号运载火箭是三级火箭，在长征二号运载火箭基础上于 1984 年研制成功。长征三号是中国第一次使用了液氢液氧推进剂，第一次实现火箭发动机的多次启动，第一次实现将有效载荷发送到地球同步转移轨道的运载火箭。长征三号系列运载火箭主要包括长征三号、长征三号甲、长征三号乙及长征三号丙等型号。

长征三号运载火箭新增加的第三级采用液氢液氧发动机。火箭全长 44.56 m，第一、第二级直径 3.35 m，第三级直径 2.25 m，起飞质量 204 t，同步转移轨道运载能力为 1.45 t。

长征三号甲火箭长 52.5 m，最大直径 3.35 m，起飞质量 243 t。它主要发射地球同步转移轨道有效载荷，也可以运载低轨道、极轨道或逃逸轨道的有效载荷。

长征三号乙运载火箭是在长征三号甲芯级捆绑 4 个助推器构成的大型三级液体推进剂运载火箭。长征三号乙的主要任务是发射地球同步转移轨道的重型卫星，也可进行轻型卫星的一箭多星发射或发射其他轨道的卫星。火箭长 56.33 m，最大直径3.35 m，地球同步转移轨道的能力为 5.5 t。

长征三号丙运载火箭与长征三号乙火箭相比，减少了两个助推器并取消了助推器上的尾翼。它的主要任务是发射地球同步转移轨道的有效载荷，可以进行一箭多星发射或发射其他轨道的卫星。火箭全长 54.8 m，最大直径 3.35 m，地球同步转移轨道的运载能力为 3.8 t。

（4）长征四号系列运载火箭

中国研制的长征四号系列运载火箭有多种型号，主要包括风暴一号、长征四号、长征四号甲、长征四号乙和长征四号丙等型号。风暴一号于 1969 年 8 月开始研制，其主要用途是发射低轨道科学试验卫星，于 1982 年停止使用。长征四号于 1979 年开始研制，主要用来发射地球同步轨道卫星，但于 1982 年停止研制。长征四号甲是在长征四号的基础上研制而成的，火箭长 41.9 m，最大直径 3.35 m。1988 年 9 月 7 日，长征四号甲发射升空，将中国第一颗试验气象卫星风云一号发送到预定轨道，并于 1990 年 9 月 3 日进行了第二次发射，将三颗卫星同时发送到预定轨道。

长征四号乙是在长征四号甲基础上发展的常规液体三级运载火箭，主要用于发射太阳同步轨道卫星。该火箭长 47.977 m，起飞质量 249.2 t，800 km 太阳同步轨道（SSO）运载能力为 1.9 t。长征四号乙于 1999 年 5 月 10 日首次成功发射。

长征四号丙运载火箭在长征四号乙基础上，增加了三子级二次启动能力，主要用于发射太阳同步轨道卫星。800 km SSO 运载能力为 2.8 t。长征四号丙于 2006 年 4 月 27 日在太原卫星发射中心首次成功发射。

（5）长征五号系列

长征五号系列运载火箭又称“大火箭”“冰箭”“胖五”，是由中国运载火箭技术研究院研制的新一代大型低温液体运载火箭。其芯级使用液氧/液氢推进剂，助推器使用液氧/煤油推进剂。该系列火箭拥有长征五号、长征五号 B 两种型号，主要承担大质量载荷、空间站建设和深空探测等发射任务。

长征五号运载火箭是长征五号系列的基本型号，即长征五号基本型。火箭为两级半构型，全长 56.97 m，整流罩直径 5.2 m，芯级直径 5 m，助推器直径 3.35 m，起飞质量 867 t，标准地球同步转移轨道运载能力为 14 t。该型火箭主要用于探月三期工程及其他深空探测任务。

长征五号运载火箭可在整流罩内增加远征二号上面级作为第三级，即为长征五号/远征二号（CZ-5/YZ-2）。

长征五号运载火箭于 2016 年 11 月 3 日在文昌航天发射场成功首飞，它也由此成为目前中国运载能力最强的运载火箭。

长征五号 B 运载火箭为一级半构型。其芯一级以及助推器与基本型相同，但是取消了基本型的芯二级，并使用更长的整流罩。火箭全长 53.66 m，起飞质量约 850 t，近地轨道运载能力为 23 t（轨道高度 200 km×400 km，轨道倾角 42°）。该型火箭将主要用于中国空间站的建设。

长征五号 B 于 2020 年 5 月 5 日在文昌航天发射场成功首飞。

（6）长征六号系列

长征六号是由上海航天技术研究院研制的新一代无毒无污染小型低温液体运载火箭，

主要用于发射太阳同步轨道卫星。火箭具备适应简易设施发射的能力，可实现快速发射。火箭一子级直径为 3.35 m，二子级和三子级直径为 2.25 m。全箭总长 29.932 m，起飞质量约 103 t。在国内测控限制下，700 km SSO 运载能力约为 500 kg，在国外测控支持下，700 km SSO 运载能力约为 1.0 t。

长征六号运载火箭于 2015 年 9 月 20 日在太原卫星发射中心成功发射，由此成为我国新一代运载火箭家族中的首飞箭。

长征六号甲是由上海航天技术研究院研制的新一代中型固液结合运载火箭，主要用于执行太阳同步轨道、低轨、中轨的发射任务。它可通过不同数量固体助推器和液体芯级组合形成运载能力梯度合理、性价比较高的运载火箭系列。

长征六号甲为两级半构型，全箭总长约 50 m，起飞质量约 530 t。火箭芯级采用液氧/煤油推进剂，芯级直径为 3.35 m，同时捆绑四个 2.0 m 直径固体助推器，火箭标配整流罩直径为 4.2 m，根据不同卫星需求可选配 3.35 m、3.8 m 和 5.2 m 直径整流罩。700 km SSO 运载能力约为 4.0 t。目前该火箭正在研制中，计划于 2022 年实现首飞。

长征六号 X 是由上海航天技术研究院研制的我国首款具备一子级垂直定点回收能力的可重复使用运载火箭。该火箭可实现一子级回收并多次使用，可以将目前国内单位质量载荷的发射成本降低约 30%。同时还能够根据用户需求，提供及时快速的发射服务，契合我国日益增长的微小卫星低成本、高密度快速发射的需求。目前该火箭正在研制中，计划于 2022 年完成首飞，将有效填补我国在可重复使用航天领域的空白。

(7) 长征七号系列

长征七号运载火箭是由中国运载火箭技术研究院研制的新一代高可靠、高安全的中型液体运载火箭，主要用于发射天舟货运飞船，以满足中国载人空间站建设的需求。

长征七号采用两级半构型，为全液氧煤油火箭，总长 53.1 m，起飞质量约 593 t，芯级直径 3.35 m，助推器直径 2.25 m，起飞推力 735 t。运载能力将达到 LEO 14 t，700 km SSO 5.5 t。长征七号于 2016 年 6 月 25 日在文昌航天发射场首飞成功。

长征七号甲运载火箭是由中国运载火箭技术研究院在长征七号基础上研制的新一代中型高轨火箭，以满足发射需求旺盛的 GTO 有效载荷发射市场。长征七号甲为三级半运载火箭，即原计划长征七号系列中的 CZ-734 构型。火箭助推器及一二级状态与长征七号基本一致，仅二子级长度稍加缩短，在此基础上增加一个长征三号甲系列的氢氧三子级。火箭全长约 60.13 m，芯一级与芯二级直径 3.35 m，芯三级直径 3 m，助推器直径 2.25 m，起飞质量约 573 t，GTO 运载能力达到 7 t。

(8) 长征八号系列

长征八号运载火箭是由中国运载火箭技术研究院研制的新型中型运载火箭，主要面向未来中高轨商业发射市场。火箭具有发射成本适中、发射周期更短、适应多个航天发射场条件等特点，未来有望具备简易塔架适应能力，实现总装、测试及发射一体化以及芯一级和助推器的整体垂直回收。

长征八号为两级半构型，一子级状态与长征七号基本一致，捆绑 2 个 2.25 m 直径液体助推器，两者皆采用液氧/煤油推进剂；二子级状态与长征三号甲系列的氢氧三子级基本一致。火箭全长 50.3 m，起飞质量 356 t，芯一级直径 3.35 m，芯二级直径 3 m，整流罩直径为 4/4.2/4.5 m。700 km SSO 运载能力 5.0 t，GTO 运载能力 2.5 t。长征八号于 2020 年 12 月 22 日在中国文昌航天发射场成功首飞。

长征八号甲运载火箭计划采用新概念设计研制，将长征八号运载火箭的两个 2.25 m 直径助推器换成 3.35 m 直径助推器，即使用三个通用芯级，为 CBC 构型，同时再搭配一个先进低温上面级。长征八号甲相较长征七号甲，少了一级、两个箭体模块、五台发动机，成本更低，可靠性更高，但 GTO 运载能力同为 7 t。该火箭计划用于替代长征七号甲。

（9）长征九号

长征九号运载火箭是正在论证的新一代重型火箭，未来将用于我国深空探测、载人登月和登火、空间基础设施建设（如空间太阳能电站）等任务。火箭采用“通用化、系列化、组合化”发展策略，三个构型的对应结构状态相同，可模块化组合。可捆绑液体助推器，也可捆绑固体助推器。长征九号火箭为三级半构型，全长约 93 m，芯级最大直径 10 m，助推器直径 5 m，起飞质量约 4 137 t，起飞推力约 5 873 t，LEO 运载能力约 140 t，地月转移轨道（TLI）运载能力约 50 t。长征九号运载火箭预计将于 2028 年左右在文昌航天发射场实现首飞。

（10）长征十一号系列

长征十一号运载火箭是由中国运载火箭技术研究院研制的新型四级全固体运载火箭，是长征系列火箭中首枚小型固体运载火箭。与现役以液体推进剂为动力的长征系列火箭相比，它的发射准备时间由“月”缩短为“小时”，将大大提升我国快速进入空间的能力。

长征十一号运载火箭全长 20.8 m，箭体最大直径 2.0 m，重 57.6 t，起飞推力120 t，该火箭 700 km SSO 运载能力大于 420 kg，LEO 运载能力 700 kg。火箭采用国际通用星箭接口，可满足不同任务载荷、不同轨道的多样化发射需求。

长征十一号于 2015 年 9 月 25 日在酒泉卫星发射中心首飞成功，海射型于 2019 年 6 月 5 日成功实现中国运载火箭首次海上发射。

长征十一号商业型替换了火箭一级外壳材料，并对一级发动机做了改进，进一步提高火箭性能，700 km SSO 运载能力提高到 500 kg。火箭可采用陆基或海基及冷热兼容的多种发射方式。

长征十一号甲是由中国运载火箭技术研究院在长征十一号基础上研制的更大规模的商业型固体运载火箭，是我国第一型按成本目标设计、生产、运营的火箭，具备发射成本更低，发射周期不超过 72 h 的能力。其同时通过单机集成，实现箭上电器一体化。该型火箭将覆盖绝大多数低轨卫星发射需求。火箭起飞质量 115 t，一级直径 2.65 m，整流罩直径有 2.4/2.7/2.9 m 三种尺寸可供选择，运载能力为 LEO 2.0 t，700 km SSO 1.5 t。火箭采用简易台架热发射的发射方式。该型火箭正在研制中，预计于 2022 年首飞。

2.1.6.5　日本运载火箭

日本最早研究火箭的单位是东京大学。1955 年 2 月，东京大学生产技术研究所开始研究小型固体火箭。但是日本完全自主开发的 L 系列和 M 系列固体运载火箭的低轨道运载能力只有 770 kg，无法满足其应用卫星发展的需要。由于日本长时间来一直发展固体火箭，对液体火箭的知识有限，为了满足发射同步卫星的需要，日本在 20 世纪 70 年代中期，制定了新的航天发展政策，即从以培育国内技术为重点，转向引进国外技术为重点。日本于 1970 年引进了美国的德尔它运载火箭技术，并进行了液体运载火箭的研究，逐渐发展成为本国的 N 系列运载火箭，后又由 N 系列仿制型火箭研制了 H－1 火箭。1984 年，日本又开始自行设计和研制了 H－2 运载火箭，并于 1996 年第一次进行了发射。

由于 M－5 的发射成本较高，因此，日本于 2007 年开始进行了新一代运载火箭艾普斯龙的研制，主要用来发射地球轨道探测器，并于 2013 年 9 月 14 日成功地进行了发射。H－2A 系列运载火箭计划主要是日本针对 H－2 运载火箭进行改进，其研制目的是为了在可靠性上得到明显提高，并最终实现其载人航天任务。此外，为了填补运载火箭发射能力覆盖范围的不足，日本还进行了中小型运载火箭的研制。与此同时，日本还于 2014 年批准了 H－3 大型运载火箭的研制计划。目前，日本的运载火箭系列主要包括 L 系列、M 系列、N 系列、H 系列和 J 系列等。

（1）L 系列运载火箭

L 系列运载火箭是日本最早研制的运载火箭系列，其中 L－4S 型号运载火箭是该系列运载火箭中唯一的多级固体运载火箭。L－4S 研制成功后，从 1964 年 5 月开始经过多次飞行试验，最终研制的 L－4S－5 型号于 1970 年 2 月 11 日成功地进行了发射，将日本的第一颗人造卫星大隅号发送到太空，为日本以后航天技术的发展打下了基础。

（2）M 系列运载火箭

M 系列是日本全部使用固体推进剂的运载火箭，主要用来发射科学研究卫星及空间探测器。M 系列火箭的研制基于 L－4S 火箭，是日本开发的一次性使用运载系统，迄今为止共有五代，1970 年首次发射，2006 年退役。

（3）N 系列运载火箭

1970 年，日本引进了美国的德尔它运载火箭技术，以此为基础研制和发展了 N 系列运载火箭，该系列运载火箭包括 N－1 和 N－2 两个型号。N－1 的第一级和雷神火箭相同，第二级采用的是三菱重工设计的 LE－3 发动机。1976 年开始将 N－1 改进为 N－2 火箭，主要是第一级推进剂贮箱加长，固体火箭助推器由 3 台增至 9 台，第二级直径增大到 2.44 m。

（4）H 系列运载火箭

H 系列运载火箭于 1981 年开始进行研制，到目前为止已经研制和发展了H－1、H－2、H－2A 和 H－2B 等型号，如图 2－14 所示。H－1 有两级和三级两种型号，主要是由 N－2 火箭改型而成，三级型的全长 40.3 m，芯级最大直径 4.02 m。H－2 是在 H－1 基础上研制的一种捆绑 2 台助推器的两级运载火箭，该型号具有双星发射能力，后由于可靠性和成本问题而被 H－2A 取代。H－2A 运载火箭是日本研制的新一代运载火箭，至今发展了 H2A－202、H2A－2022、H2A－2024 和 H2A－204 等 4 种型号，其运载能力在地球同步转移轨道时为 4.15～6 t。H－2B 是在 H－2A 的基础上改进而来的两级运载火箭，火箭全长 56.6 m，芯级火箭最大直径 5.2 m，起飞质量 531 t，是日本目前最大的运载火箭。它有 2 台液体火箭发动机和 4 枚助推火箭。H－2B 能将 8 t 有效载荷送至地球同步轨道，能将 16.5 t 的希望号货运飞船送至低轨道。

图 2－14　日本 H 系列运载火箭

（5）J 系列运载火箭

为了研制出一种小型运载火箭，日本于 1991 年提出了 J 系列运载火箭的研制计划。其中，J－1 型号为三级运载火箭，是由 H－2 及 M－3S 运载火箭发展而来的，使用固体推进剂，主要用来发射小型有效载荷。该火箭长 33.1 m，直径 1.8 m，于 1996 年首次发射。

2.1.6.6　印度运载火箭

早在 1963 年，印度就借助苏联火箭发射了第一颗气象探测卫星。1979 年 8 月，印度研制出了自己的第一代运载火箭，将一颗重 36 kg 的人造卫星送入太空。印度自称是继苏联、美国、中国、欧盟、日本之后第六个能独立研发、发射运载火箭的国家（地区）。

印度火箭主要有 4 个系列，共 10 多种型号。印度火箭是按功能来命名的，如：卫星运载火箭、增强卫星运载火箭、极轨卫星运载火箭和地球静止轨道卫星运载火箭。目前常用的主要是极轨卫星运载火箭和地球静止轨道运载火箭。

极轨卫星运载火箭（简称 PSLV，见图 2－15）是四级火箭，长 44 m，最大直径 2.8 m，起飞质量 294 t。有效载荷运载能力为：低轨 3 250 kg，太阳同步轨道 1 600 kg，地球同步转移轨道 1 060 kg。

地球静止卫星运载火箭（简称 GSLV，见图 2-16）有 6 种型号，发射不同高度的航天器包括 GSLV-Mark Ⅰ、GSLV-Mark Ⅱ、GSLV-Mark Ⅲ。地球静止卫星运载火箭属于三级火箭，长 49 m，直径 2.8 m，起飞质量 402 t。

图 2-15　PSLV 火箭

图 2-16　GSLV 火箭

2.2　航天发射场

航天发射场是运载火箭发射基地。按航天发射场平台所在空间位置划分，航天发射场分为陆基发射场、海上发射场、空中（飞行）发射平台和空间（航天飞机或空间站）发射平台 4 类。在航天活动中，常用的是陆基发射场。

由于受场所的制约，不同类型的发射平台发射运载火箭和航天器的能力是不同的。陆基发射场发射航天器的质量一般不受限制；海上发射场目前用三级火箭能向地球同步转移轨道（GTO）发射的最大有效载荷为 5.25 t；空中发射平台用两级火箭能向中高轨道（MEO）发射的最大有效载荷为 3.5 t；而空间发射平台如航天飞机，虽然其近地轨道有效载荷的运载能力为 23.5 t，但由于其货舱容积有限，因此一般只能运载几吨重的有效载荷。

另外，发射时发射平台所在地理纬度和射向决定着航天器的轨道倾角。显然，陆基发射场发射台中心的地理纬度就是该发射场所发射航天器轨道倾角的下限；空中发射平台有一定的灵活性，在运载飞机的航程内可于任何地点发射，射向也可任意选择。发射时，如在某个已知的航天器轨道面上飞行，则被发射的航天器将进入已知的航天器轨道平面内，对空中编队、交会对接具有重要意义。航天飞机的轨道倾角一般为 51.6°，在轨道面内释放航天器，航天器的轨道倾角也是 51.6°，航天器欲改变倾角可在升（降）

交点附近机动。

不同类型的发射平台，其发射频率是不同的：陆基平台的发射频率约为 12 次/年；海上平台、空中平台的发射频率最多可达 8 次/周；空间平台的发射频率为 7 次/年或 8 次/年。

使用不同的发射平台，发射有效载荷的费用也是不同的：陆基平台标准费用为 2 万～ 3 万美元/kg；海上平台标准费用为 0.7 万～0.9 万美元/kg；空中平台标准费用为 0.5 万～0.6 万美元/kg；空间平台标准费用为 2 万美元/kg。

2.2.1 发射场的组成

发射场是供接收、存放、组装、测试、准备并发射装有航天器的运载火箭使用的建筑设施、技术装备及多块地段所构成的综合体。它是发射航天器的特定区域，场区内有整套试验设施和设备，用以装配、贮存、检测和发射航天器，测量飞行轨道，发送控制指令，接收和处理遥测信息。

航天器发射场的组成和功能与导弹试验靶场基本相同，有的是根据航天试验的特殊需要专门建造的。发射场通常建在人烟稀少、地势平坦、视野开阔、气候和气象条件适宜的地方，并且应考虑所发射方向的主动段航区上没有大城市、重要工程。发射小倾角轨道航天器的发射场，宜选择在地球赤道附近或低纬度地区，以减少入轨所需要的推进能量。

发射场通常由测试区、发射区、发射指挥控制中心、综合测量设施、各勤务保障设施和一些管理服务部门组成。某些航天器发射场还包括助推火箭或运载火箭的第一级工作完成后的坠落区和再入航天器（如航天飞机的轨道器）或回收舱的着陆（溅落）区。

航天器发射场的设备分为专用技术设备和通用技术设备。专用技术设备包括：运输设备、装卸设备、装配对接设备、地面供电设备、地面检测和发射用电气设备、自动控制设备、推进剂贮存和加注设备、废气和废液处理设备、发射勤务设备、遥控和监控设备、测量和数据处理设备。通用技术设备有：动力、通信、气象、计量、给排水、工期、消防、修理等设备。固体火箭的航天器发射场设有专门的固体火箭装配厂房及其辅助设施。航天飞机的发射场还设有轨道器返回着陆设施（如跑道和其他着陆设施）、轨道器检修、装卸载荷、有毒推进剂处理等设施和设备，以便修整后重复使用。

2.2.2 国内航天发射场

（1）酒泉卫星发射中心

酒泉卫星发射中心（见图 2 - 17）是科学卫星、技术试验卫星和火箭导弹的发射试验基地之一，是中国创建最早、规模最大的综合型导弹、卫星发射中心，也是中国的载人航天发射场。

酒泉卫星发射中心位于酒泉市与阿拉善之间，海拔 1 000 m，始建于 1958 年 10 月，占地面积约 2 800 km^2。该地区地势平坦，人烟稀少，属内陆及沙漠性气候，年平均气温

图 2 - 17　酒泉卫星发射中心

8.7 ℃，相对湿度为 35%～55%，常年干燥少雨，春秋两季较短，冬夏两季较长，一年四季多晴天，云量小，日照时间长，但可为航天发射提供良好的自然环境条件。每年约有 300 天可进行发射试验。

酒泉卫星发射中心共有南、北两个发射场。南发射场主要用于发射长征二号 F 火箭。北发射场主要用于发射长征一号丁、长征二号丙、长征二号丙改、长征二号丁等火箭。

近年来，随着商业航天的发展，酒泉卫星发射中心建成了面向商业固体运载火箭的发射阵地，已成功发射了快舟一号甲、星际荣耀双曲线一号、星河动力谷神星一号等商业固体运载火箭。

(2) 太原卫星发射中心

太原卫星发射中心（见图 2 - 18）位于山西省太原市西北的高原地区，始建于 1967 年，地处温带，海拔 1 500 m 左右，是中国试验卫星、应用卫星发射试验基地之一。航天发射综合能力实现了从每年执行 1 次发射任务到每年执行 10 次以上高密度火箭卫星发射任务的跃升。中心先后成功地发射了中国第一颗太阳同步轨道气象卫星风云一号，第一颗中巴资源一号卫星，第一颗海洋资源勘察卫星等，创造了中国卫星发射史上的 9 个第一。

太原卫星发射中心拥有火箭和卫星测试厂房、设备处理间、发射操作设施、飞行跟踪及安全控制设施。发射中心具备多射向、多轨道、远射程和高精度测量的能力，担负太阳同步轨道气象、资源、通信等多种型号的中、低轨道卫星的发射任务。

20 世纪 90 年代，该中心与美国摩托罗拉公司签订了铱星通信网卫星发射服务合同，从 1997 年 9 月开始，连续 6 次以一箭双星的方式成功将 12 颗铱星送入预定轨道。在整个组网发射中，该中心发射时间最准、入轨精度最高，赢得了客户的高度赞誉。此后，该中心还成功发射了巴西、欧盟等国家和地区的 4 颗商业卫星。2007 年 9 月发射第三颗中巴资源一号卫星，被誉为“南南合作的又一经典之作”。

图 2-18　太原卫星发射中心

(3) 西昌卫星发射中心

西昌卫星发射中心（见图 2-19）始建于 1970 年，该发射基地主要用来发射地球同步轨道卫星，承担通信、广播、气象卫星等试验发射和应用发射任务。西昌卫星发射中心位于四川省凉山彝族自治州境内，中心总部设在四川省西昌市，卫星发射场位于西昌市西北 65 km 处的大凉山峡谷腹地。该地区属亚热带气候，全年平均气温为 16 ℃，全年地面风力柔和适度。这里每年 10 月至次年 5 月是最佳发射季节。

图 2-19　西昌卫星发射中心

西昌卫星发射中心目前拥有两个发射塔架，分别是 2 号工位和 3 号工位。2 号工位于 1990 年投入使用，早期用于发射长二捆与长征三号甲，目前主要用于发射长征三号乙/丙。3 号工位于 1978 年年底竣工，1984 年 1 月 29 日首发长征三号遥一火箭，2007 年重建以满足发射嫦娥一号的需要，又称为新 3 号工位。目前主要用于发射长征三号甲火箭（也可发射长征二号丙、长征二号丁运载火箭）。

（4）文昌航天发射场

文昌航天发射场（见图 2－20）始建于 2009 年 9 月 14 日，2014 年 10 月竣工，2016 年 6 月 25 日投入使用，位于海南省龙楼镇，纬度约为 19°30′，毗邻大海，不仅具有良好的海上运输条件，而且火箭航区和残骸落区安全性好。该发射场是为了满足新一代无毒、无污染运载火箭和新型航天器发射任务需求而建的，建成后，主要承担地球同步轨道卫星、大质量极轨卫星、大吨位空间站和深空探测器等航天器的发射任务，先后成功发射长征五号、长征七号、长征八号等运载火箭。

图 2－20　文昌航天发射场

（5）中国东方航天港

中国东方航天港（见图 2－21）位于山东省烟台市海阳市，是我国海上发射卫星母港。其按照航天研发、制造、发射一体化思路建设了航天产业集群，既是固体运载火箭的生产基地，也是航天发射星箭准备的技术中心。

东方航天港的核心内容是发射能力建设，主要包括建设海上发射技术服务港和建设固体运载火箭发射技术中心。其中，海上发射技术服务港的建设主要针对火箭技术准备、星箭对接、码头合练、远控测发、测控通信、出海转运等功能模块，目标是建设成为全国首个海上发射母港。

图 2-21　中国东方航天港

2019 年 6 月 5 日，在山东海阳黄海海域使用长征十一号运载火箭成功完成“一箭七星”海上发射技术试验。2020 年 9 月 15 日使用长征十一号运载火箭成功完成“一箭九星”发射任务。

2.2.3　国外著名的航天发射场

（1）拜科努尔发射场

建于 1955 年，是苏联最大的载人航天器发射场，也是世界上最大型的发射场之一。该发射场位于哈萨克斯坦共和国境内的丘拉塔姆地区。发射场东西长约 80 km，南北约 30 km，场区地形起伏，是人烟稀少的半沙漠草原区。1967 年以来，联盟系列飞船、宇宙号卫星、礼炮号空间站和苏联第一架航天飞机暴风雪号都是从这里开始太空之旅的。

（2）普列谢茨克基地

曾是苏联一个秘密的导弹发射场。虽早建于 1957 年，但直到 1966 年 3 月发射宇宙 112 号侦察卫星时，才被英国一中学业余卫星跟踪小组发现而暴露于世。该基地位于俄罗斯白海以南约 300 km 的阿尔汉格尔斯克地区。它早期是洲际导弹的作战基地，从 1966 年起才使用四种火箭和九座发射台来发射大倾角的侦察、电子情报、导弹预警、通信、气象和雷达校准卫星，其中三分之二为军用，是世界上发射卫星最多的发射场，发射次数达到全世界总数一半左右，繁忙时一天发射两枚运载火箭。由于该基地不进行载人航天器的发射，因此发射操作的自动化程度很高，每年的发射次数，平均是拜科努尔发射场的 1.5 倍。

（3）肯尼迪航天中心

成立于 1962 年 7 月，是 NASA 进行航天器测试发射最重要的场所，特别在载人航天器方面是美国独一无二的。该中心位于美国东部佛罗里达州东海岸的梅里特岛，与卡纳维拉尔角相邻，不过两者的隶属关系不同，后者属于美国空军，有长达 10 000 km 的射向航程，主要从事战略导弹飞行试验。场区总面积超过 560 km^2，有 14 个发射区，其中多数已停止使用或拆除，梅里特岛北端有为著名的阿波罗登月计划建造的 39 号发射工位及其工业区，后改建为美国航天飞机的发射场，是观看壮丽的航天飞机起飞的最佳场所。在肯尼迪航天中心发射过双子星座号、阿波罗号飞船以及哥伦比亚号、挑战者号、发现号、奋进号和亚特兰蒂斯号航天飞机。

(4) 美国西部航天导弹试验中心

成立于 1964 年 5 月，曾是空军试验靶场，1979 年 10 月改为现名，是美国最重要的军用航天发射基地，主要用于战略导弹、武器系统试验和各种军用卫星、极轨卫星的发射。它位于美国西部洛杉矶北面的西海岸，占地近 400 km^2，场区全为起伏的丘陵。它有跨越太平洋直达夸贾林岛区的 8 000 km 航线以及十分完善的落点定位系统。

(5) 种子岛航天中心

位于日本本土最南部种子岛的南端，1974 年建成。它在竹崎和大崎有两个发射场地，占地 6.8 km^2，拥有发射塔、控制中心、静态点火试车台和火箭与卫星装配车间等技术设施，是日本最大的航天发射场。日本大多数试验卫星和应用卫星都在这里发射，而相邻的鹿儿岛航天中心主要发射科学探测卫星。由于渔民的反对，这两个发射场只能在每年的 1、2 月和 8、9 月渔业淡季时进行发射活动。

(6) 库鲁发射场

也称圭亚那航天中心，是目前法国唯一的航天发射场，也是欧空局开展航天活动的主要场所。它位于南美洲北部法属圭亚那中部的库鲁地区，在沿大西洋海岸的一片狭长草原上。由于发射场紧靠赤道，对发射静止轨道卫星极为有利。库鲁发射场 1966 年动工兴建，1971 年建成。早期仅进行探空火箭和钻石号运载火箭发射。1979 年 12 月阿里安运载火箭在这里首次发射成功，至今该系列发射成功率已达 90%以上，独揽了全球一半以上的卫星发射市场。

(7) 圣马科发射场

世界上重要的海上航天发射场，位于距肯尼亚福莫萨湾海岸约 5 km 的海上，比库鲁发射场更靠近赤道。海上发射场与陆上发射场不同，发射台的台柱完全固定在汪洋大海的大陆架上，台面露出水面，类似海上石油钻井平台。卫星和火箭由大型舰船运来，再安装在发射架上实施发射。发射场于 1967 年正式启用，曾多次用美国的侦察兵等火箭发射小型航天飞行器。

(8) 斯里哈里科塔发射场

印度的导弹试验和卫星发射场，位于印度南部东海岸的斯里哈里科塔岛。发射场于 1979 年正式使用，1980 年 7 月 18 日，印度用自制的火箭成功发射人造卫星，成为世界上第 6 个自行发射卫星的国家。

2.3 航天测控网

航天测控网是完成运载火箭、航天器跟踪测轨、遥测信号接收与处理、遥控信号发送任务的综合电子系统，是航天系统工程的重要组成部分。航天测控网通过对航天器的跟踪、测量、监视和控制，来测量和控制航天器的运动，监测和控制航天器上各种装置和系统的工作，接收来自航天器的专用信息。

2.3.1 航天测控网的类型

航天测控网的类型与其支持的航天器类型有关。按照当前在用的航天测控网的情况，可分为 3 类：1）近地空间航天器测控网（包括载人航天，简称为航天测控网）；2）深空、行星际空间航天测控网（也称为深空网）；3）星座专用测控网。

近地空间航天器测控网面向地球同步轨道及其以下高度的航天器。由于受电磁波传播的直线性和地球曲率的制约，对航天器进行间断式跟踪。航天器每飞经一个测控站，对近地轨道航天器的跟踪弧段为 4～7 min，对中高轨道航天器的跟踪弧段为 15 min 左右，对转移轨道航天器的跟踪弧段为 6～7 h。测控频段为 L、S 和 C 频段，微波天线的口径最大为 10 m。这类测控网一般是“一网多用”，适应各种近地空间航天器的需求。

深空网面向月球或行星探测器，适应月球探测器和地外各行星探测器的需求。深空网按作用距离分为月球探测深空网和行星探测深空网 2 种，两网深空站同址。探测器进入转移轨道后，深空网要连续 24 h 跟踪，作业时间较长，网内的跟踪、测量设备作用距离（与探测器应答机配合）要能抵达月球，甚至能抵达行星边界。例如，美国用于月球探测的深空站天线口径为 26 m（L 频段），用于行星探测的深空站天线口径达 64 m。考虑到银河系背景噪声的影响，测控频段从 L 频段演变为 S 频段。

星座专用测控网面向多颗同类卫星组成的某种星座，只能用于该种星座的测控作业，星座专用测控网是近地空间航天测控网的特例，它只针对某种航天器，如 GPS 导航卫星测控网就是专用测控网。星座专用测控网的测控频段为 S 或 C 频段。专用测控网是“一网专用”，一般不能用于其他种类航天器的测控作业。

此外，由于卫星系统在功能上可分为平台服务分系统和有效载荷分系统，因此卫星测控在测控对象上也可划分为工程测控和业务测控。卫星工程测控是指对平台服务分系统工作状态的长期管理和卫星轨道、姿态的长期保持，主要包括平台工作状态监视与控制、卫星轨道测量与控制、姿态控制与保持以及卫星能源管理等。卫星业务测控是指对有效载荷分系统的长期运行管理，主要是卫星业务应用时有效载荷的开关机控制、工作状态设置与监视等。

2.3.2 航天测控网的组成

近地空间航天器测控网主要组成部分包括：航天测控中心/飞行指挥控制中心、航天测控站/测控船、通信链路、航天器模拟器和测控网仿真器、测控软件等。

飞行指挥控制中心用于载人航天工程，航天测控中心用于无人航天工程。测控站和测控船是航天测控网对航天器实时测控作业的基本单元，其数量和布局取决于航天工程的性质，由发射轨道、运行轨道和返回轨道决定。

航天测控站分为固定和机动 2 种，而机动测控站又分为陆基和海基 2 种。设置陆基机动测控站的目的是适应射向的改变，也是航天器返回时测量与控制的需要。设置测控船的目的是增大航天测控网与航天器的覆盖率和满足载人航天时的控制需求。测控站/测控船的测控体制（载频、副载波和调制/解调体制）要与航天器的测控系统体制一致，所配置的测控设备与航天器的无线测控分系统之间的“接口”趋向标准化。

为了解决近地空间航天器测控网覆盖率低的问题，美国、俄罗斯、日本等国采取了跟踪数据中继卫星方案。跟踪数据中继卫星等效地将航天测控站提高到地球同步卫星的轨道高度，并设置在航天测控网的测控盲区对应的赤道上空，1 颗中继卫星对近地航天器的覆盖率可达到 50%以上，是近地空间航天测控网的 2～10 倍［NASA 的航天跟踪和数据网（STDN）覆盖率可达 27%］。

模拟器和仿真器用于检验航天测控网系统设计的正确性和运行的协调性。

测控软件是指航天测控网的应用软件，是航天测控网的重要组成部分。测控软件开发的“人年数”总量不亚于航天测控网硬件研制、生产的“人年数”总量。

其他航天测控网的主要组成包括：1）操作控制中心/主控站；2）深空站/监测站；3）通信链路；4）测控软件等。深空站和星座专用网监测站都是陆基站。

2.3.3　航天测控网的功能

测控网的功能与所支持的航天器类型、数量和航天器对测控网的需求相关。卫星运行时，在测控网覆盖范围内，卫星和测控网是由上行无线信道和下行无线信道连接的闭环系统。测控网的功能反应在图 2-22 所示的星地功能回路中。

测控网的功能，一般都是面向多类型、多数量航天器设计的，并由配置在测控网节点中的测控通信系统和测控软件有机地结合起来实现的。针对各类近地空间航天器对测控网的需求，测控网的功能综合如下：

2.3.3.1　轨道测量

航天器进入测控站范围时，利用无线电跟踪测量设备获取航天器的视在运动参数，以确定或改进航天器的轨道。包括入轨段测量、转移轨道段测量、运行段测量、轨道机动段测量等不同阶段。

2.3.3.2　遥测信息接收

航天器进入测控站测量范围时，利用独立的遥测设备或统一测控系统接收航天器发送的遥测信息，以确定航天器的工作状态。遥测信息包括卫星工程参数和姿态参数。

近地空间航天器的遥测系统通常由实时编码遥测系统和延时编码遥测系统组成。卫星过站时实时编码遥测和延时编码遥测系统同时接收。

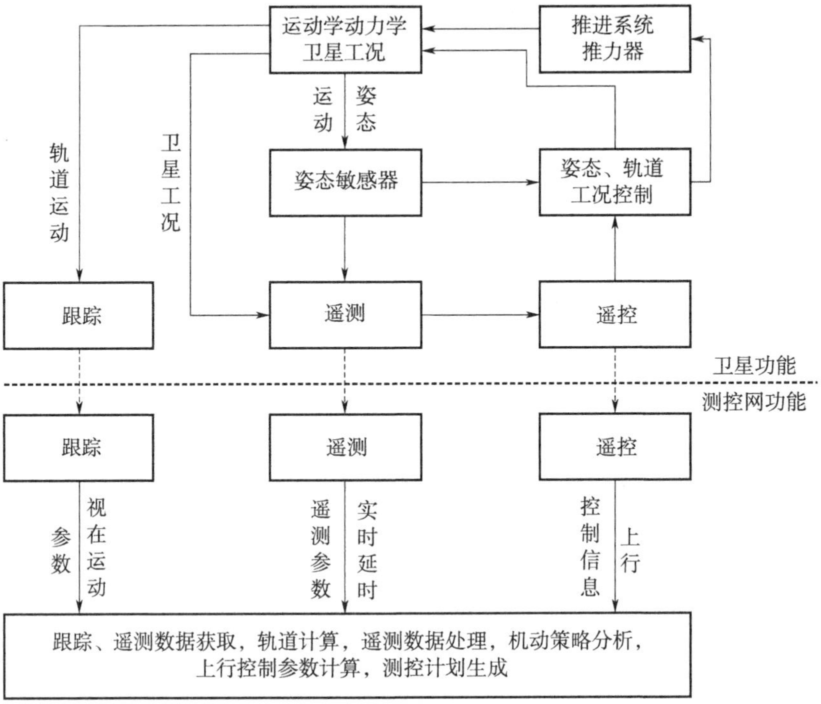

图 2-22 星地功能回路框图

地球同步轨道卫星的遥测系统为实时编码遥测系统。但遥测帧的格式分为常规格式和检测格式。帧格式改变由遥控指令控制。

2.3.3.3 上行控制

航天器进入测控站测量范围时，利用独立的遥控设备或统一测控系统向航天器发送遥控信息，以控制航天器。测控网的上行控制功能因航天器而异。

上行控制一般包括轨道机动控制、姿态控制、仪器设备工作状态控制、数据注入和星上时钟校正等工作。

2.3.3.4 信息处理

信息处理是测控网的核心功能。按照信息处理的时限和内容，具体包括以下功能：

(1) 实时处理

1) 测控站/测控船测轨、遥测信息接收与发送处理；

2) 雷达测量数据实时平滑处理；

3) 卫星入轨过程瞬时轨道监视计算；

4) 变轨过程瞬时轨道监视计算；

5) 姿态机动过程瞬时姿态监视计算；

6) 返回式卫星制动过程瞬时落点计算；

7) 遥测主帧全波道遥测参数准实时处理等。

（2）非实时处理

①轨道计算

1）初始轨道计算，即利用入轨段测控站获取的航天器视在运动参数或获取的运载器末级关机点“计算机字”计算航天器的初始轨道；

2）入轨点（分离点）参数计算；

3）轨道改进等。

②预报计算

1）摄动星历计算；

2）测控站/测控船跟踪预报；

3）测控站/测控船“天线可见”区间预报；

4）转移轨道段卫星进、出地影时刻预报；

5）卫星星下点轨迹计算；

6）返回式卫星可返回圈、点火时刻和预着陆点预算；

7）近地卫星轨控圈（轨道保持窗口）预算；

8）地球同步卫星漂出保持窗口时刻预算等。

③策略分析、计算

1）测控计划分析、生成；

2）轨道机动策略分析、控制量计算；

3）姿态机动策略分析、控制量计算；

4）定点捕获策略分析、控制量计算；

5）轨道保持策略分析、控制量计算；

6）近地卫星轨道捕获策略分析、控制量计算；

7）轨道交会策略分析、发射窗口、控制量计算。

④上行控制参数计算

1）近地卫星注入参数计算；

2）近地卫星星上时钟校正量计算；

3）近地卫星轨道捕获控制参数计算；

4）返回式卫星姿态机动、制动时刻计算；

5）地球同步卫星地球捕获参数计算；

6）地球同步卫星姿态控制参数计算；

7）地球同步卫星轨道控制参数计算等。

⑤其他辅助计算

如剩余推进剂、星上仪器设备开机时间、功耗统计、干扰力矩计算等。

2.3.4 测控网的结构及特点

为了使测控网内信息传输直接、快速，测控网通常都采用星形拓扑结构。

所谓测控网的拓扑结构是指测控网的结构要素总和及其链接形式。由于有航天能力的国家或国际组织设计测控网的任务背景不同，测控网的具体结构亦不同。中国航天测控网的拓扑结构如图 2-23 所示。途中节点间的直线表示有线（电、光缆）链接，其中实线链接用于近地空间卫星飞行任务，虚线链接用于载人飞船飞行任务。节点间折线链接表示卫星通信，其中实折线链接用于近地空间卫星飞行任务，虚折线链接用于载人飞船飞行任务。

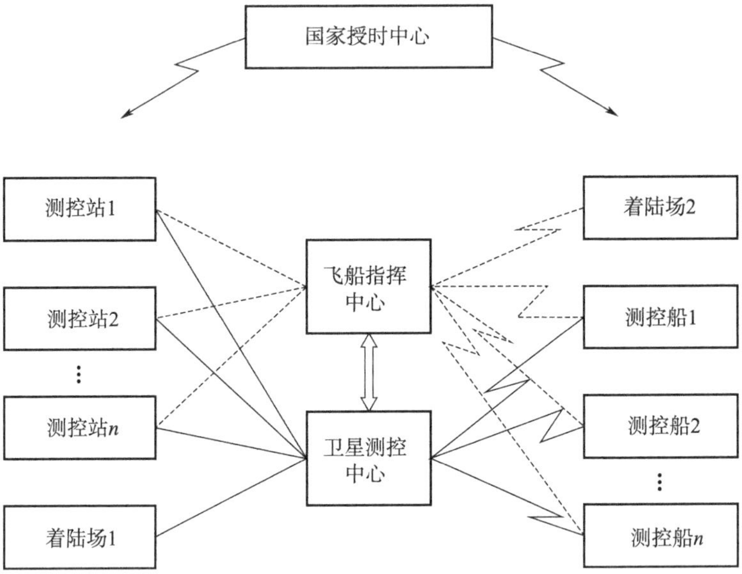

图 2-23　中国航天测控网的拓扑结构

在执行任务时，可视任务需要对结构要素进行组合、链接，组成任务结构。典型的任务结构见表 2-1。

表 2-1　航天测控网的典型任务结构

结构要素 \ 飞行任务	返回式遥感卫星	地球同步轨道卫星	资源、气象卫星	载人飞船
飞船控制中心				*
卫星测控中心	*	*	*	(*)
测控站 1	*	*	*	*
测控站 2	*	*	*	*
⋮	⋮	⋮	⋮	⋮
测控站 n	*		*	*
测控船 1		*		*
测控船 2		*		*
⋮	⋮	⋮	⋮	⋮

续表

结构要素 \ 飞行任务	返回式遥感卫星	地球同步轨道卫星	资源、气象卫星	载人飞船
测控船 n				*
着陆场 1	*			
着陆场 2				*

注：(*)表示备份。

表 2－1 中第 1 列为构成测控网的结构要素的综合，应该指出的是，表中第 2～5 列的任务结构允许同时存在，即测控网处于多任务状态。同一测控站测控不同航天器，对近地轨道航天器和地球同步轨道卫星而言，是通过配置不同的测控设备实现同时测控的；对同类卫星而言，是通过同一测控系统转换不同的测控体制进行分时测控的；对卫星和飞船任务而言，也是通过配置不同的测控设备实现同时测控的。所以航天测控站处于多飞行任务状态时，用于近地轨道卫星、地球同步轨道卫星和飞船的测控系统要同时段运行。

测控站的辅助系统，如供电系统、供水系统、气象保障系统等是共用的。

为了提高测控网的覆盖率和减少测控船、测控站数量，采用跟踪数据中继卫星是必然选择。从原理来讲，对于近地轨道航天器，除发射轨道段、入轨段和再入大气层段的轨道测量外，各段的遥测、遥控任务及运行段跟踪测量任务均可由跟踪数据中继卫星完成。由于中继卫星处于地球同步轨道上，即使配置 1 颗中继卫星，若其中继系统的天线波束宽度＞ 17.37°，其对近地卫星的覆盖率也可达到 50％以上。中继卫星射频天线波束宽度确定的条件下，在中继卫星天线波束覆盖范围内随着航天器轨道的增高，覆盖率将提高，当航天器的轨道高度超过中继卫星天线波束覆盖范围时，覆盖率将降低。

在表 2－1 中列出了飞船指控中心和卫星测控中心及 2 个着陆场。

飞船指控中心用于载人飞行任务，完成各种计算和对飞船的控制，并对各类航天任务起着发射组织协调的作用；卫星测控中心起着网络管理和测量数据汇集的作用。卫星测控中心用于非载人飞行任务，完成各种计算和对各类卫星的监视与控制。美国和中国采用这种结构模式。

关于着陆场，中国的着陆场基本选择在本土陆地上，并沿返回轨道两侧设置若干跟踪站，构成一个局域测量网，专门用于返回舱再入过程测量和定位。着陆场 1 用于回收返回式遥感卫星的返回舱，着陆场 2 用于回收载人飞船的返回舱，任务中分别配属于 2 个中心。采用 2 个着陆场是由于 2 种任务的轨道倾角不同而运行周期相近和返回航程相差近 1 个量级的缘故。

俄罗斯的着陆场也是选择在本土的陆地上，但不适用于返回舱测量的局域网，而是主要利用空军力量完成寻找、回收任务。美国的载人飞船着陆场选择在大西洋公海上，主要利用海军力量完成寻找、回收任务。

测控网的拓扑结构与其他网络结构不同，有其本身的特点。

(1) 星形拓扑结构

不管测控网的通信链路的路由如何选择，其拓扑结构一般都是采用星形结构。这是由其结构要素的功能和性质决定的。卫星测控中心或飞船指控中心与设在异地的各个节点，用多种通信链路，分别以中心到节点的方式连接为一个星形远程通信网络。测控站/测控船节点间不进行信息交换。

(2) 测控网中各节点在时间上严格同步

对于测控网中各节点，仅在空间上将它们与中心链接起来还不能成为一个测控网络，还须采用“时间统一系统”，将网内节点高精度地同步在UTC时间坐标上，以保证轨道测量元素有统一的时间标志、各节点测量的是同一条轨道以及遥测参数时间标记的统一，这样测控网才能构成一个在空间上有一定覆盖率、时间上统一同步的整体结构。这是测控网与一般网络的最大不同所在。

(3) 节点的空间位置约束

测控网的各测控站/测控船的空间位置不是随意设定的，它必须在满足卫星和测控站/测控船观测几何条件下，按一定规则在局域或全球布设，即测控站/测控船布局问题，而其他网络无此限制。

(4) 测控网的功能特征

建造测控网不是为了网内、网际信息交换，而是用于对航天器的测量与控制。

(5) 测控网的运行条件

测控网只有在航天器-测控网系统模拟或实施航天飞行任务时，依据测控计划运行。

(6) 通信链路连接方式和通信方式

测控节点至中心节点的连接方式为固定式，一般不采用临时申请链路的连接方式；测控节点至中心节点的通信方式为全双工通信方式，即2个方向同时进行数据发送和接收。

2.3.5 测控系统频段划分标准

为了保证航天测控任务顺利执行，同时便于开展国际合作，各主要航天国家和国际组织协商确定了测控通信系统的频谱规划。

国际电信联盟ITU（International Telecommunication Union）制订的《无线电规则》是各国无线电通信业务共同遵循的标准规范。一般情况下，地基相关链路所用频率由ITU统一规划。《无线电规则》按照业务类型对频率进行具体划分，航天测控和深空测控分别属于空间操作业务和空间研究业务，具体频率划分见表2-2。

表2-2 《无线电规则》中空间操作业务和空间研究业务的频率划分

业务类型	频段	上行链路	下行链路	备注
空间操作	UHF	—	(400.15～402)MHz	
	UHF	—	(470～485)MHz	附加划分(中国)
	L	(1 427～1 429)MHz		
	S	(2 025～2 110)MHz	(2 025～2 110)MHz	

续表

业务类型	频段	上行链路	下行链路	备注
空间研究	UHF		(400.15～401)MHz	可用于与载人航天飞行器的通信(空对空)
	UHF	(410～420)MHz	(410～420)MHz	仅用于与在轨的、载人航天飞行器的通信(空对空)
	S	(2 025～2 110)MHz	(2 200～2 290)MHz	包括星间(空对空)
	S	(2 110～2 120)MHz	(2 290～2 300)MHz	深空
	X	(7 145～7 190)MHz	(8 400～8 450)MHz	
	X	(7 190～7 235)MHz	(8 450～8 500)MHz	
	Ku	(16.6～17.1)GHz	(14.4～14.47)GHz	深空
	Ku	(13.25～13.4)GHz	(13.25～13.4)GHz	有源
	Ka	(22.55～23.15)GHz	(25.5～27.0)GHz	
	Ka	(34.2～34.7)GHz	(31.8～32.3)GHz	深空
	Ka	(40～40.5)GHz	(37～38)GHz	
	V/W	—	(74～84)GHz	

我国航天测控系统频率参照标准为中华人民共和国国家军用标准 JB 2249—94:《航天测控系统频段》，主要规定了 UHF、L、S、C、X、Ku 等频段的详细划分情况。在中华人民共和国国家军用标准 GJB 1198.5A—2004:《航天器测控和数据管理第 5 部分：射频和调制》中规定了航天器测控用 S 频段（近地 A 类航天器上行 2 025～2 110 MHz，下行 2 200～ 2 290 MHz；远地 B 类航天器上行 2 110～2 120 MHz，下行 2 290～2 300 MHz）。

2.3.6　我国航天测控网的发展

我国于 20 世纪 90 年代建立了自己的航天测控网，现主要采用 S 频段完成近地航天任务测控通信，采用 C 频段测控系统对地球静止轨道卫星（如通信卫星）进行发射及运控管理，还发展了 X 频段和 Ka 频段测控系统，用于深空探测器的测控支持。目前，我国航天测控网已实现 Ka 频段星间链路高速返向遥测数据传输，正积极开展 Ka 频段前向遥控技术验证。

在天基测网方面，我国于 2008 年开始组建基于中继卫星（天链一号）的天基测控系统，现已三星组网形成全球覆盖，可采用 S 频段和 Ka 频段进行测控通信。

我国已具备 X 和 Ka 频段深空测控通信能力，可支持月球及火星探测工程。2012 年至今，我国先后建成了三个深空站，用于构建全球的深空测控通信网。目前，我国通过月球探测工程已实现对 X 频段深空测控技术的验证。

我国商业航天测控以中国航天测控网为主，另建有部分行业测控站和民营测控站。我国出口的巴基斯坦遥感卫星、委内瑞拉遥感卫星等商业卫星项目，以及高景一号、吉林一号等商业卫星项目均由中国航天测控网提供发射及卫星测控服务。

2015 年以后，随着我国鼓励商业航天政策和法规不断出台，在商业航天热潮的驱动下，国内成立了多家民营测控公司。商业航天测控网是国家航天测控网的重要组成部分，区别于政府主导的国家航天测控体系，主要以商业航天企业、商业航天活动为服务对象的测控体系，承担民用商业领域运载火箭和航天器的跟踪、测量和控制。

2019 年 6 月，长征十一号海射型固体运载火箭发射，北京航天驭星科技有限公司、北京天链测控技术有限公司等民营公司为火箭和多颗卫星提供了火箭测控、卫星入轨测控以及境外测控。

天链测控公司已建成由北起呼伦贝尔、南至南太平洋、东起宁波、西至库尔勒等 20 多套自有测控站，可实现卫星全寿命期、全功能测控运维服务，同分布于 20 多个国家地区、遍布五大洲的 30 余台套国外测控站形成测控业务网络，并在北京和西安设立两个测运控中心，组成了相对完备的商业航天测控网，测控网设备包含 S、X、U、V 频段等多种测控体制，覆盖能力和适应能力完全能满足近 200 颗卫星的商业航天测控需求。截至 2021 年年末，北京天链测控已经承担多型火箭发射、不同轨道卫星测控等任务 100 余次，常年承担 80 多颗卫星在轨测控运维任务。

2.4 三大卫星应用系统

卫星应用系统是卫星工程系统的重要组成部分，是卫星能够应用落地、发挥效益、实现经济和社会价值的根本所在。不同功能的卫星，其地面应用系统的功能和组成也不同。

通信和导航卫星的应用系统构成一般分为空间段、地面段和用户段。其中空间段即卫星或卫星星座，地面段和用户段则构成系统的地面部分。遥感卫星应用系统一般包括卫星数据接收、卫星运行控制管理、遥感数据处理与定标、数据存储与查询等功能。下面以几个典型的卫星应用系统为例介绍卫星应用系统。

2.4.1 通信卫星应用系统

卫星通信工程通常包括卫星、运载火箭、卫星发射场、卫星测控网和卫星应用系统（包括通信中心站、关口站、用户站等）五大系统。商用卫星通信工程建设，建成后卫星通信系统（或空间段）一般由通信运营商（或卫星运营商）进行测控、经营和管理，有偿提供给各种应用单位使用。下面以铱（Iridium）卫星通信系统为例介绍通信卫星系统。

铱卫星通信系统是由 66 颗低轨卫星组成的全球卫星移动通信系统，是一个包括南、北极在内的真正全球覆盖系统。系统的名称源自星座中由 77 颗环绕地球旋转的卫星，就像化学元素铱中有 77 个电子环绕原子核旋转一样，因此取名“铱”系统。后来经过初始设计后，星座中的卫星数降为 66 颗，但保留了原来的名称。该系统 1998 年 11 月开始商业运营，2000 年 3 月破产，2001 年新铱星公司成立，并重新提供通信服务。

铱星二代系统是铱星公司 2007 年提出发展的下一代低地球轨道移动通信卫星系统。铱星二代卫星系统与第一代系统轨道设计保持一致，由分布于 6 个极轨道面的 66 颗卫星组成，轨道高度为 780 km，轨道倾角 86.4°。

2017 年 1 月，首批 10 颗铱星二代卫星发射成功，拉开了第二代铱星系统的部署进程。2019 年 1 月，最后一批 10 颗铱星二代卫星在美国范登堡空军基地搭乘猎鹰 9 号运载火箭发射成功。

铱星二代卫星基于泰雷兹-阿莱尼亚航天公司的 ELiTeBus 1000 平台研制，采用三轴稳定工作方式，发射质量 860 kg，设计寿命 12.5 年，最多可延长至 15 年，收拢状态下星体尺寸为 3.1 m×2.4 m×1.5 m，太阳翼展开后长度达 9.4 m，平均供电功率为 2 200 W。

铱星二代卫星主任务载荷为可再生处理式通信载荷，采用时分双工体制，工作于 L 频段，可通过安装在星体对地面的平板相控阵天线形成 48 个用户波束，单星覆盖区域直径约为 4 500 km。同时，星上还利用两副 Ka 频段馈电链路天线，形成两个 20/30 GHz 可移动波束连接至地面关口站。铱星二代系统支持星间链路功能，通过两副固定和两副可移动天线，与同一轨道面前、后以及相邻轨道面左、右共计 4 颗卫星保持通信连接，星间链路工作于 23 GHz 频段，也采用时分双工体制。

铱星二代星座支持海事、航空、陆地移动、M2M（机器对机器）以及政府服务等多个应用领域，并通过 Iridium Certus（Certus 为拉丁语，意为“确定”）新型多功能服务平台，提供从上/下行 22 kbit/s，到下行 1.4 Mbit/s 上行 512 kbit/s 等不同等级速率组合的数据服务，服务性能相比上一代系统有了大幅提升。

铱系统由空间段（卫星星座）、地面段（系统控制段和关口站）和用户段组成，其系统架构如图 2-24 所示。

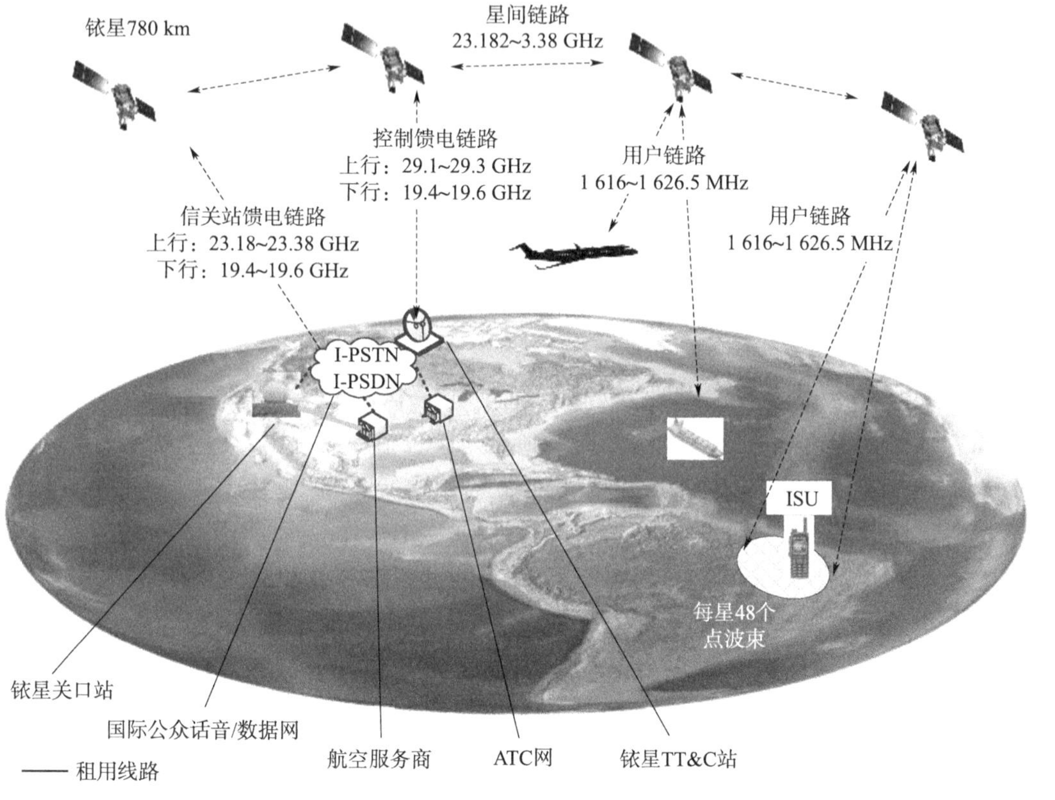

图 2-24　铱系统架构图

铱系统空间段、地面段和用户段间的基本关系为：用户段经由 L 频段用户链路与空间段进行互联；地面段经由 Ka 频段馈电链路与空间段进行互联；空间段内部通过 Ka 频段星间链路实现卫星之间的互联。

铱卫星通信系统可提供语音、传真、数据、定位、寻呼等业务。提供业务中的漫游方案，除了解决卫星网与地面蜂窝网之间的漫游外，还解决地面蜂窝网间的跨协议漫游。

铱系统是一个网格状的通信系统，卫星和关口站都是信息交换节点，通过星上处理和交换及星间链路，移动用户之间可直接利用卫星网络进行通信。在铱系统三种链路中，用户链路、馈电链路和星间链路技术特性见表 2-3。

表 2-3 铱系统三种链路技术特性

	用户链路		馈电链路		星间链路
业务频率	上行	下行	上行	下行	23.18～23.38 GHz
	1 616～1 626.5 MHz		29.1～29.3 GHz	19.4～19. GHz	
极化方式	右旋圆极化		右旋圆极化		垂直极化
多址方式	FDMA/TDMA/SDMA/TDD		TDM/FDMA		TDM/FDMA
调制	QPSK		QPSK		QPSK
数据速率	50 kbit/s		6.25 Mbit/s		25 Mbit/s
工作带宽	31.50 kHz		4.375 MHz		17.5 MHz
每颗卫星容量	4.8 kbit/s 的 3 840 路双工语音				

(1) 空间段

铱系统空间段由卫星星座组成。它包括 66 颗主用卫星，各卫星间由 Ka 频段链路连接，组成一个覆盖全球的 L 频段蜂窝小区（波束）群，用于向移动用户提供通信业务。

(2) 地面段

地面段由系统控制段（SCS）和关口站（Gateway）组成。系统终端负责控制卫星星座并为卫星计算和提供频率计划和路由信息；关口站负责呼叫建立，连接地面 PSTN 和卫星星座。

①系统控制段

铱系统控制段（SCS）组成如图 2-25 所示。它包括一个主用和一个备用的 2 个系统控制设备（SCF）、1 个卫星操作和控制中心（SOCC）和 3 个遥测、跟踪和指令站（TT&C）、它们相互之间通过一个运行支撑网络（OSN）连接。

2 个控制设备（SCF）以及卫星操作和控制中心（SOCC）位于美国弗吉尼亚北部，3 个遥测、跟踪和指令站（TT&C）位于夏威夷和加拿大。各遥测、跟踪和指令站（TT&C）通过其地面终端控制器（ETC）经运行支撑网络（OSN）与系统控制设备（SCF）及卫星操作和控制中心（SOCC）进行通信联系。

系统控制设备（SCF）是系统控制段（SCS）的中央处理单元，它与负责卫星控制和网络管理的卫星操作和控制中心（SOCC）协同工作。它需对卫星星座中每颗卫星的跟踪、遥测和姿态控制信息进行处理，并负责控制每颗卫星，以保持卫星处于正确的轨道位置。另外，它还监控通信网络，当网络中任何一个节点损坏时，由它来通知所有卫星，并由卫星对呼叫重新进行选路。

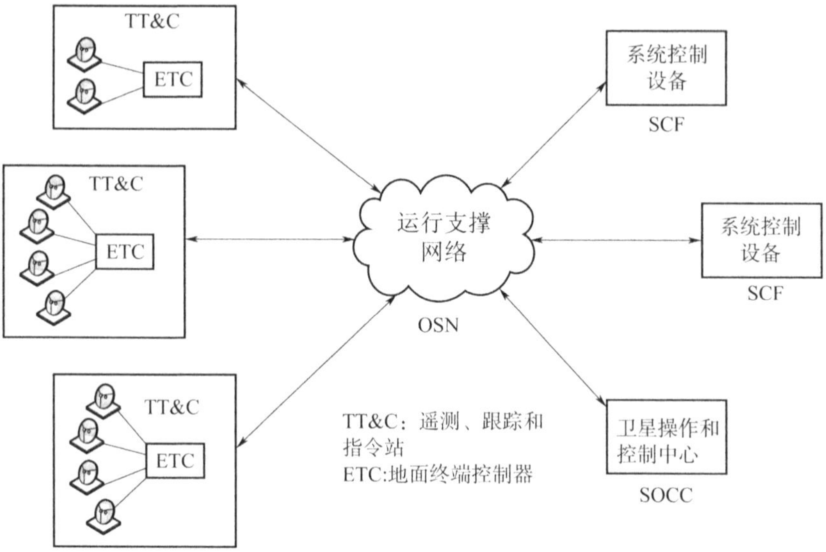

图 2-25　铱系统控制段（SCS）的组成

遥测、跟踪和指令站通过星地测控链路直接对卫星进行测量和控制。它通过运行支撑网络（OSN）线路接受系统控制设备（SCF）管理。

运行支撑网络（OSN）是连接系统控制段（SCS）各组成部分的一个独立通信系统。它由商用对地静止卫星链路连接遥测、跟踪和指令站（TT&C）、系统控制设备（SCF）以及卫星操作和控制中心（SOCC）。它还提供到关口站、发射控制设施（LCF）等相关设施接口。运行支撑网络（OSN）传输卫星控制数据、用户连接控制数据以及网络操作数据，另外它还支持系统控制段（SCS）设施间的语音连接。

系统控制段（SCS）负责监控铱星系统网络，并维持它自身及其分系统的正常工作。其监控铱星网络是通过 Ka 频段链路与各卫星之间传送控制信息，用以完成控制卫星、监视和控制网络节点、控制卫星上的通信资源等功能。

②关口站

关口站是铱系统与外部通信之间的连接接口。每个关口站有三个地球站终端和交换设备两大部分，共同负责本系统内用户与地面公共交换电话网（PSTN、PLMN、PSDN）的控制和接续，完成对用户的识别、呼叫。

越区切换处理、路由选择、计费状态报告、保存所归属的用户资料及地面电路的接口转换等功能。图 2-26 是铱系统关口站的组成方框图。

相对于关口站来说，沿轨道运行的卫星始终处于运动中。每个关口站的 3 个地球站终端有 2 个分别跟踪与之距离最近的 2 颗卫星，其中 1 个用于跟踪提供服务的卫星并与之建立上下行链路，另 1 个跟踪下一颗即将接替服务的卫星并与之保持通信联系。当提供服务的卫星正在下落，将在视区消失时，该卫星承担的通信业务立即倒换到下一颗正在升起的卫星。第 3 个地球站终端用作备份，也可提供地理分集接收，以减少太阳或大气对服务质量的不利影响。每个地球站终端包括 Ka 频段天线、接收机、发射机、调制器、解调器和

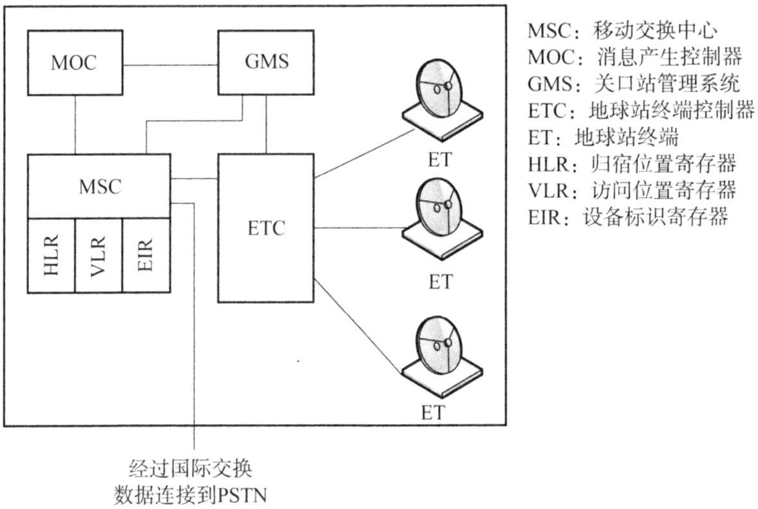

图 2－26　铱系统关口站的组成方框图

TDMA 缓冲器等。

（3）用户段

用户段向用户提供业务，包括手持机、车载终端、机载终端、船载终端和可移动式终端（如移动交换单元、太阳能电话亭）等。

铱系统提供多种类型的用户终端（如陆地、海事和航空等），能够在世界任何地方获得系统提供的语音、数据、传真、寻呼等业务，其中铱系统还可提供语音信箱、电话会议、呼叫转移和呼叫等待等增值业务。

对于个人用户，铱系统提供了多种手持终端，包括单模式和多模式手持机及寻呼机等。图 2－27 给出了铱系统中典型手持用户终端摩托罗拉公司手持电话机外形结构图。

图 2－27　摩托罗拉手持终端

在铱星二代卫星上装载了 Harris 公司研制的 1090－ES 型 ADS－B 载荷，可实现单星监视 3 000 个目标，处理 1 000 个以上目标，可用于飞机飞行监视和追踪飞机位置报告服务。它的主要目标用户是空管、搜救及军方用户。

该星基 ADS－B 系统通过在铱星二代卫星上搭载 ADS－B 接收机，实现在地球海洋上空、偏远地区上空以及其他无雷达覆盖区域上空提供飞机位置报告服务。目前，铱星二代的星基 ADS－B 系统只在卫星上安装 1090－ES ADS－B 接收机，没有安装 ADS－B 发射机。因此，该系统主要用于飞行监视和追踪，没有 TIS/FIS 上传能力，其系统架构如图 2－28 所示。

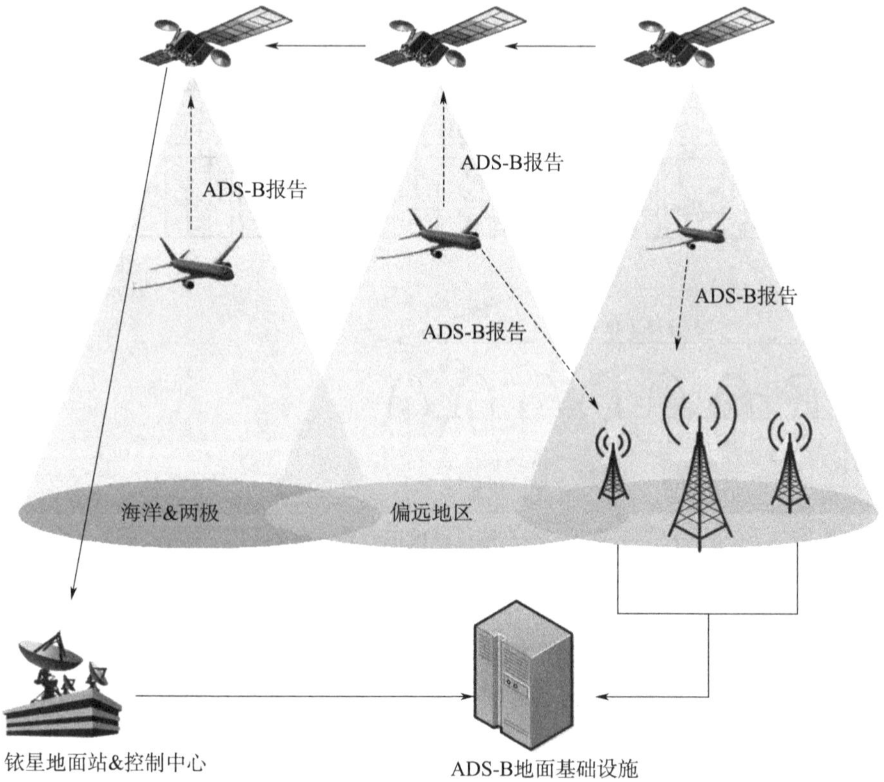

图 2－28　铱星二代 ADS－B 系统架构

搭载 ADS－B 载荷的铱星系统接收到飞机位置信息后，通过铱星地面关口站传输至 ADS－B 处理中心，而该处理中心同时处理 ADS－B 地面站接收到的飞机信息。

通过铱星二代星基 ADS－B 系统，可提供飞机定位与紧急情况响应追踪服务。目前，该服务可免费提供给航空公司等团体。飞机信息通过卫星传输、汇集至地面关口站，并通过专有网络传输至处理中心，位于处理中心的告警服务 24 h 不间断运行，向得到授权的搜寻营救组织提供飞机（安装有 1090－ES ADS－B 应答机）飞行空域的位置信息和最后航迹。

铱星二代系统是当前唯一投入运营并提供成熟定位与授时（Satellite Time and Location，STL）服务的低轨卫星系统，这一服务已成为 GPS 的有效补充和备份。

铱星 STL 信号在卫星通信体制内，利用部分时频资源，在不改变时频单元划分和信号物理层设计的基础上，增加了信号测距功能，播发低轨卫星星历，通过无线资源管理调度满足不同定位、导航、授时（Positioning，Navigation，Timing，PNT）性能要求，实现了用户终端的定位、导航与授时。铱星信号频率范围为 1 616～1 626.5 MHz 之间，总带宽为 10.5 MHz，其中 STL 信号占用后 0.5 MHz（1 626～1 626.5 MHz）的单工信道播发。单工信道又划分为 12 个子信道，每个信道频宽为 41.667 kHz，包括 31.50 kHz 的工作带宽和 10.17 kHz 的保护间隔。系统采用频分多址（FDMA）/时分多址（TDMA）混合用户多址方式，每颗卫星上的 48 个点波束，按照相邻 12 个波束使用一组频率的方式对总可用频带进行空分频率复用（SDMA）。铱星信号的混合多址结构如图 2－29 所示。

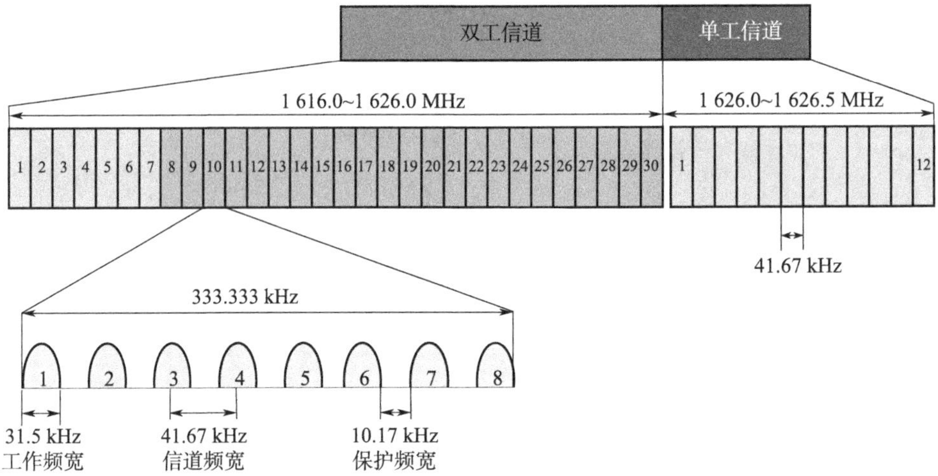

图 2－29 铱星系统混合多址结构

铱星 STL 服务已经具备作为 GNSS 备份系统的能力，可以提供 GNSS 拒止条件下的导航定位服务，具体体现在如下几个方面：

1）全球覆盖能力。铱星系统由 66 颗低轨卫星组成，能够覆盖包括极地在内的全球区域，实现了真正意义上的全球覆盖。

2）抗干扰能力。铱星轨道高度为 780 km，信号传播衰减小，STL 落地信号具有 39 dB 的功率余量（衰减 39 dB 仍可提供服务），可以穿透建筑物遮挡，并能够提供室内定位授时服务。

3）定位授时能力。STL 服务通过全球铱星地面监测站获取高精度世界协调 UTC 时间，并向铱星星座提供高精度的时间基准。目前，STL 能够提供 50 m 定位精度，相对于 UTC 的授时精度能够达到 200 ns。此外，采用全球 25 个地面站对 GPS 时间进行比较和相互校验，能够自动检测 GPS 故障，从而提供可靠的备份授时服务。

4）抗欺骗能力和安全性高。STL 系统采用专用加密信号，PNT 数据包都经过加密，只有付费用户才能解密使用，具有抗欺骗能力。

5）终端低功耗。STL 信号可由基于系统级芯片的集成导航芯片产品接收处理，满足应用终端低成本低功耗的要求。

2.4.2　导航卫星应用系统

北斗三号全球卫星导航系统（简称北斗三号系统），由 24 颗中圆地球轨道卫星、3 颗地球静止轨道卫星和 3 颗倾斜地球同步轨道卫星，共 30 颗卫星组成。

北斗三号卫星导航系统提供两种服务方式，即开放服务和授权服务。开放服务是在服务区中免费提供定位、测速和授时服务，定位精度为 10 m，授时精度为 50 ns，测速精度 0.2 m/s。授权服务是向授权用户提供更安全的定位、测速、授时和通信服务以及系统完好性信息。

2020 年 6 月 23 日，北斗三号系统最后一颗全球组网卫星在西昌卫星发射中心发射升空。同年 7 月 31 日上午，北斗三号全球卫星导航系统建成暨开通仪式在北京举行。

北斗三号系统由三部分构成：空间卫星星座、地面控制部分和地面用户设备。

（1）空间卫星星座

全球定位卫星系统的空间卫星一般运行在距离地面 20 000 km 左右的太空，24～30 颗卫星组成星座，依据其结构设计分布在 3 个或 6 个轨道平面上，相邻轨道间的夹角相同。为保证系统的连续运行，一般在每个轨道上还部署一颗备份卫星，一旦有卫星发生故障，则可以立即替代。

（2）地面控制部分

由主控站、监测站、地面天线和通信辅助系统（数据传输）组成。

主控站负责收集各个监测站的跟踪数据并计算卫星轨道和时钟参数，将计算结果通过地面天线发送给卫星。同时，主控站还负责管理、协调整个地面控制系统的工作。

每个全球系统都设有数量不等的监测站，各监测站配备有精密的原子时间标准和可连续测定到所有可见卫星伪距的接收机，采用电离层和气象参数对测得的伪距进行改正后，生成具有一定时间间隔的数据并发送到主控站。

在监测站的同址上安置有专用的地面天线。地面天线配置了将命令和数据发送到卫星并接收卫星的遥测数据和测距数据的设备。地面天线的所有操作都在主控站的控制下进行。

（3）地面用户设备

用户设备部分即导航信号接收机。其主要功能是能够捕获到卫星，并跟踪这些卫星的运行。当接收机捕获到跟踪的卫星信号后，即可测量出接收天线至卫星的伪距离和距离的变化率，解调出卫星轨道参数等数据。根据这些数据，接收机中的微处理计算机就可按定位解算方法进行定位计算，计算出用户所在地理位置的经纬度、高度、速度、时间等信息。

卫星信号接收机有各种类型，有用于航天、航空、航海的机载导航型接收机，也有用于测定定位的测量型接收机，也有普通大众使用的车载、手持型接收机。接收设备也可嵌入到其他设备中构成组合型导航定位设备，如导航手机、导航相机等。

美国 GPS 系统的地面监控部分是由分布在世界各地的 5 个地面站（见图 2－30）组

成，按功能可分为监测站、主控站和注入站3种。监测站内设有双频GPS接收机、高精度原子钟、气象参数测试仪和计算机等设备，主要任务是完成对GPS卫星信号的连续观测，并将搜集的数据和当地气象观测资料经过处理后传送到主控站。主控站除了协调管理地面监控系统外，还负责将监测站的观测资料联合处理，推算卫星的星历、卫星钟差和大气修正参数，并将这些数据编制成导航电文送到注入站；另外，它还可以调整偏离轨道的卫星，使之沿预定轨道运行，调度备用卫星，以替代失效的卫星开展工作。注入站的主要任务是将主控站编制的导航电文、计算出的卫星星历和卫星钟差的改正数等，通过直径为3.6 m的天线注入相应的卫星。

图2-30 美国GPS系统地面站分布

地面控制系统由监测站（Monitor Station）、主控制站（Master Monitor Station）、地面天线（Ground Antenna）所组成，主控制站位于美国科罗拉多州春田市（Colorado Spring）。地面控制站负责收集由卫星传回的信息，并计算卫星星历、相对距离、大气校正等数据。

2.4.3 遥感卫星应用系统

海洋二号（HY-2）卫星是我国第一颗海洋动力环境卫星，2011年8月16日在太原卫星发射中心由长征四号乙火箭成功发射。HY-2卫星搭载雷达高度计、微波散射计和扫描微波辐射计3个主载荷，能够全天时、全天候获取包括海面风场、浪高、海流、海温等多种海洋动力环境参数，直接为灾害性海况预警预报提供实测数据，并为海洋防灾减灾、海洋权益维护、海洋资源开发、海洋环境保护及海洋科学研究等提供支撑服务。

HY-2卫星地面应用系统是HY-2卫星工程五大系统之一，由接收预处理、资料处理、精密定轨、运控通信、辐射校正与真实性检验、产品存档与分发及业务应用分系统组成（见图2-31）。

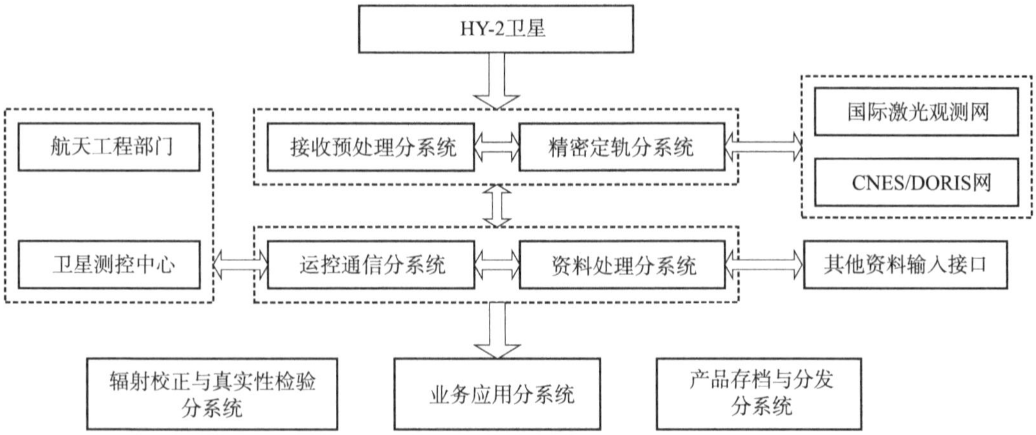

图 2-31　HY-2 地面应用系统组成框图

HY-2 卫星地面应用系统的主要功能包括：

1）按预定时间完成卫星轨道预报，制订 HY-2 卫星探测计划，生成并传输卫星遥控指令。

2）实时接收 HY-2 卫星动力环境、监视监测遥感载荷探测的下行遥感数据，并对接收资料的质量具有动态监视能力。

3）具有厘米量级的精密定轨数据处理能力。

4）建立与法国国家空间研究中心（CNES）下属多普勒雷达和无线电定位组合系统（DORIS）数据处理中心的互联网链接，实现 DORIS 系统的数据传输和精密定轨结果的实时传输。

5）具有获取国际激光观测网数据的能力。

6）由卫星资料预处理生成经过地理定位、辐射校正的 1 级产品。

7）基于国内外已有算法及算法研发成果，由卫星资料处理生成定量化的海洋动力环境及监测要素的 2、3 级产品，并制作各类图像、图形等专题产品。

8）对星上各类遥感载荷进行辐射校正，对遥感反演结果进行真实性检验。

9）实现接收站、测控站之间的通信联系，并建立全系统运行的网络管理系统。

10）负责系统的时间统一、作业运行和指挥调度，统计分析系统运行的质量状况，遇有异常或突发事件，及时组织排障，保持全系统正常运行。

11）基于数据库管理系统和文件管理系统，建立系列卫星产品存档与分发系统，实现产品信息的远程查询和检索，对用户提供数据分发服务。

12）建立业务应用分系统，为全国海洋用户服务。

（1）接收预处理分系统

接收预处理分系统由 3 个 HY-2 卫星地面接收站和 1 个 HY-2 卫星数据预处理子系统构成。各地面站承担 HY-2 卫星下传实时数据和延时数据的接收。预处理子系统负责各地面站接收的 HY-2 卫星数据的预处理，并生成 0、1 级产品。异地站接收的数据，通过运控通信分系统传到预处理子系统处理。接收预处理分系统总体结构如图 2－32 所示。其主要功能是：

1）接收 HY－2 卫星 X 频段下传的扫描微波辐射计、微波散射计、雷达高度计、校正微波辐射计、星载全球定位系统（GPS）数据和其他辅助数据。

2）兼容接收部分国内外海洋气象卫星数据，并实时显示。

3）对接收的多种卫星原始数据进行预处理，生成 0 级和 1 级产品，同时要对传感器覆盖范围生成投影图。

4）对 HY－2 卫星数传下行的卫星状态信息进行分析处理，对星载传感器状态信息进行分析处理，自动生成传感器和卫星状态报告。

5）自动生成系统运行报告。

6）能够进行历史数据重处理，原始数据查询管理，短期数据在线存储等。

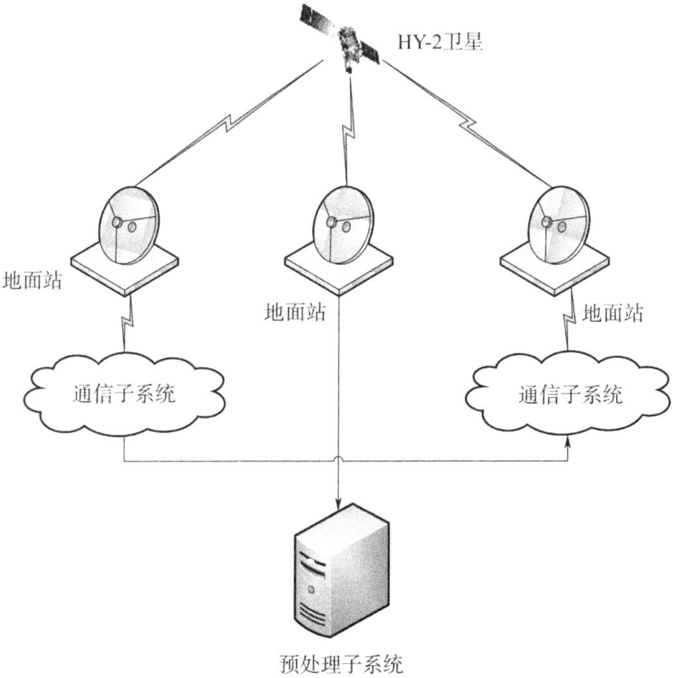

图 2－32　接收预处理分系统结构图

（2）资料处理分系统

资料处理分系统主要由硬件系统和软件系统两部分构成。资料处理分系统硬件组成如图 2－33 所示。资料处理专用软件按载荷可以划分为 4 个主要功能模块或子系统，即雷达高度计数据处理子系统、校正微波辐射计数据处理子系统、微波辐射计数据处理子系统和微波散射计数据处理子系统，每个子系统分别负责处理其对应的有效载荷获取的遥感数据，并生成相应的 2、3 级数据产品。资料处理分系统具有 5 项主要功能：

1）接收运控子系统的调度指令，执行相应的操作处理，返回处理情况信息和文件列表。

2）获取接收预处理分系统生成的辐射定标和地理定位后的 1B 级数据产品。

3）接收来自精密定轨分系统的中等精度轨道星历（Medium accuracy Orbit Ephemeris，MOE）和精密轨道星历（Precise Orbit Ephemeris，POE）数据，并向其输入高度计 2 级产品。

4）获取资料处理过程中所需要的外部辅助数据。

5）利用 4 个有效载荷资料处理算法和辅助数据，分别生成相应的 2、3 级数据产品，供产品存档与分发分系统调用。

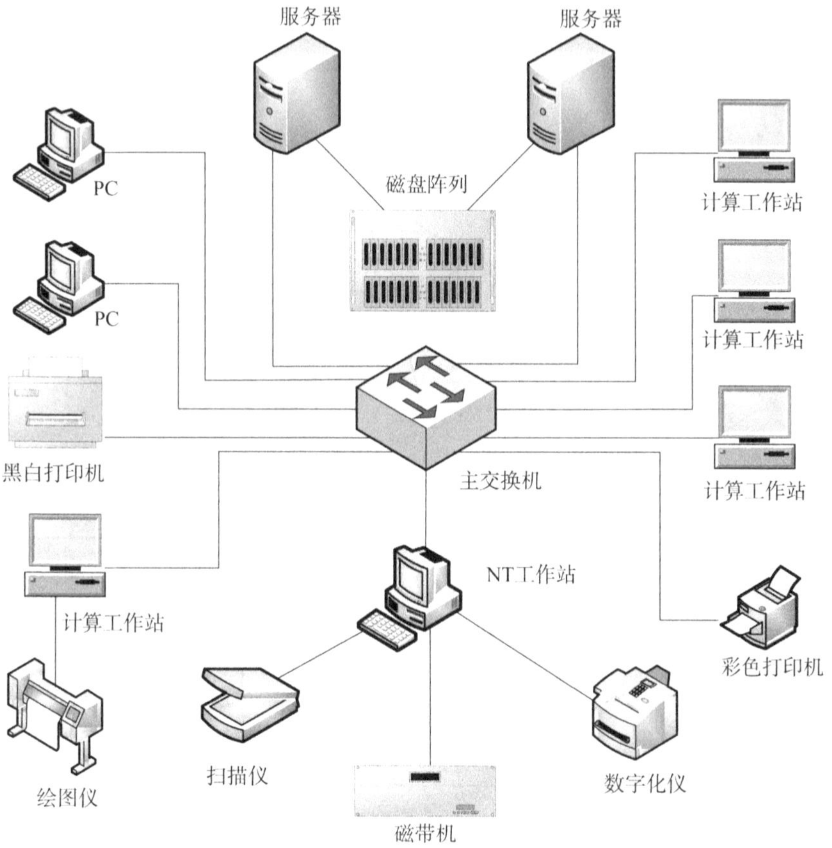

图 2-33　资料处理分系统硬件组成

（3）精密定轨分系统

HY-2 卫星精密轨道计算结果直接影响雷达高度计的海面高度计算精度，HY-2 卫星地面应用系统中的精密定轨分系统主要使用星上双频 GPS 数据，星上 DORIS 数据及全球激光观测数据进行卫星轨道确定。精密定轨分系统的总体架构如图 2-34 所示，整个系统包含 5 个子系统：GPS 观测资料支撑子系统，激光观测资料支撑子系统，DORIS 观测资料支撑子系统，数据传输交换子系统和精密轨道计算子系统。精密定轨分系统主要功能如下：

1）与精密定轨相关的 0A 级数据解包预处理功能。

2）双频 GPS 1 级产品 RINEX 2.2 格式数据生成功能。

3）中法 HY－2 卫星地面系统数据传输交换功能。

4）精密轨道计算所需各种数据文件的收集准备和数据管理功能。

5）卫星轨道计算功能。

6）高度计交叉点数据处理功能。

7）轨道精度内、外部验证功能。

8）轨道数据插值和坐标转换功能。

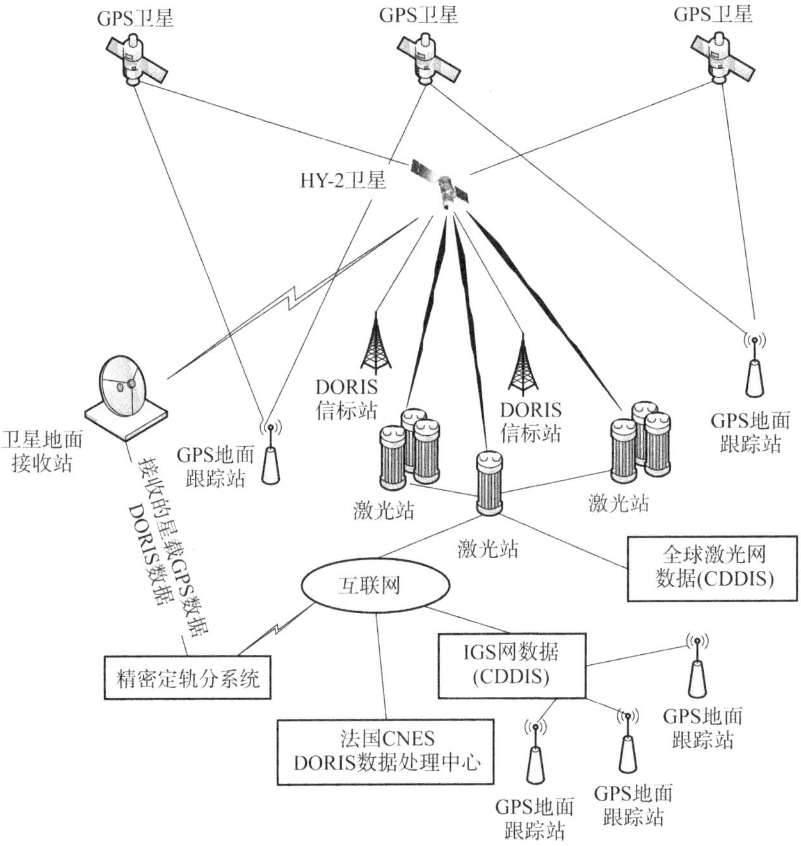

图 2－34　精密定轨分系统总体架构图

（4）产品存档与分发分系统

本系统由产品存档和资料分发两个子系统构成，为了保证数据的安全性，产品存档和资料分发子系统采用网闸隔离的方式。存档子系统结构如图 2－35 所示。

分发子系统基于产品库和产品信息库，建立用户查询检索、订单管理和客户管理的方法，并根据用户需求，从存档产品信息数据库中调出相关的产品数据资料进行相应的加工，通过内部局域网、人工方式或互联网络（E－mail 或 FTP）将产品分发给用户，同时更新用户数据库的用户服务记录。产品分发子系统还具有制作各类介质产品（磁/光介质及影像产品）的能力，以满足不同用户的需求。分发子系统结构如图 2－36 所示。

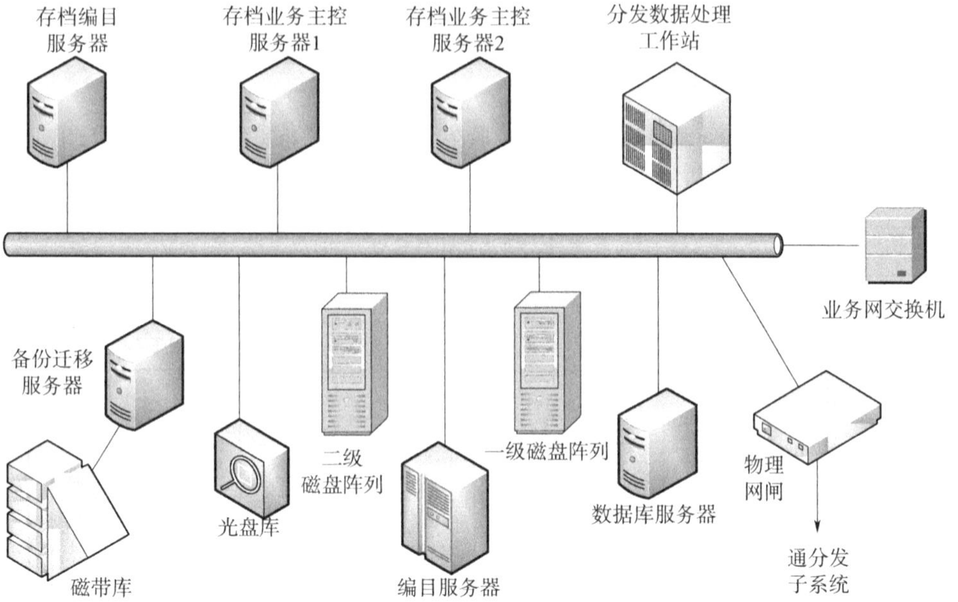

图 2-35　存档子系统结构图

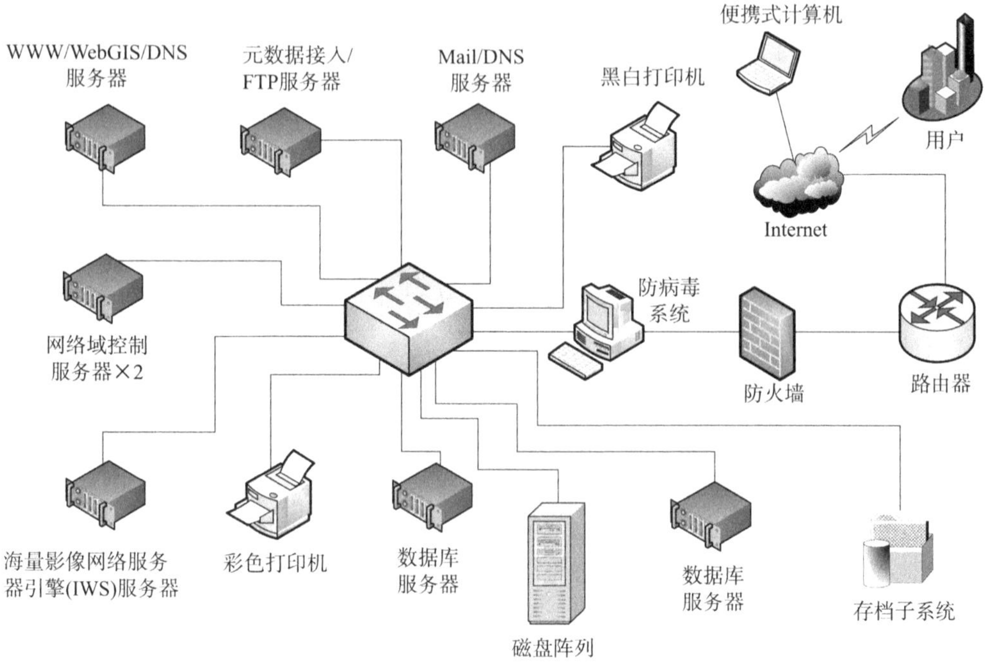

图 2-36　分发子系统结构图

子系统按照业务需要，将 HY-2 卫星原始数据及各级产品数据文件进行统一的自动存档管理，自动生成分类的产品库和产品信息库。内部工作人员通过存档服务平台，实现产品数据的查找定位及获取。通过订单处理服务系统实现产品数据向固定、授权用户进行产品分发。通过访问面向广域网的数据查询检索服务系统，外部网络用户可以及时了解存档数据产品状况，以及产品数据质量等相关服务信息；通过产品数据订购服务来提交产品数据申请；通过影像下载服务，可以免费获取期望的影像文件（仅供浏览和一般应用）。

（5）业务应用分系统

业务应用分系统由硬件及网络系统、系统软件、商业软件和自主开发的6个业务应用子系统4部分组成。组成结构框图如图2-37所示。

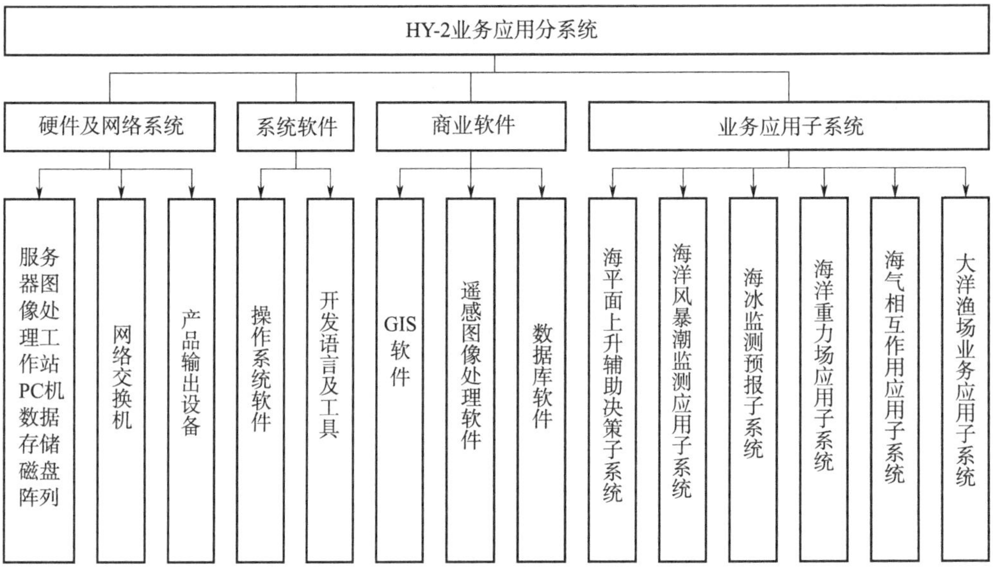

图2-37　业务应用分系统组成结构框图

业务应用分系统由海平面上升辅助决策子系统、海洋风暴潮监测应用子系统、海冰监测预报子系统、海洋重力场应用子系统、海气相互作用应用子系统和大洋渔场业务应用子系统等6个子系统组成。系统软件根据各子系统的不同研究内容和功能，实现数据处理和应用成果的Web发布等功能。

业务应用分系统主要包括以下3方面的功能。

1）提供海洋动力环境信息产品。通过建立海平面上升辅助决策、风暴潮监测、海冰监测、海洋重力场应用、海气相互作用应用和大洋渔场业务应用6个应用子系统，全面开展HY-2卫星数据应用工作，生产制作相应的监测、预报和评价等HY-2卫星4级应用产品，满足我国海洋管理、海洋环境预报、海洋灾害监测、海洋公益服务、海洋安全和海洋科学研究等各方面的信息需求。

2）开展HY-2卫星产品数据质量的应用评价。业务应用分系统是地面应用系统的最后一个环节，也是HY-2卫星成果的主要展示窗口之一，其应用效果受到前端各分系统的影响，同时也能对前端产品质量进行评价。业务应用分系统将应用评价结果反馈给接收预处理、辐射校正与真实性检验以及资料处理等分系统，进而保障卫星产品质量的科学性和可靠性。

3）展示HY-2卫星的应用能力，并进一步挖掘HY-2卫星的应用潜能。

参 考 文 献

［1］ 张恒会．国内外主要航天发射场简介［J］．地理教学，2008（2）：3－6.

［2］ 杨松锟．航天器运载工具的发展历程分析及展望［D］．哈尔滨：哈尔滨工业大学，2015.

［3］ 刘进军．突破卡门线—运载火箭［M］．北京：航空工业出版社，2012.

［4］ 蒋兴伟，林明森，张有广．HY－2卫星地面应用系统综述［J］．中国工程科学，2014，(6)：4－12.

［5］ 闵士权．卫星通信系统工程设计与应用［M］．北京：电子工业出版社，2015.

［6］ 李博．第二代铱星（Iridium NEXT）［J］．卫星应用，2017，(9)：封4.

［7］ http：//www.beidou.gov.cn/zy/kpyd/201710/t20171011_4605.html.

［8］ 郝岩．航天测控网［M］．北京：国防工业出版社，2004.

［9］ 王冬冬，刘德喜，王莉莉，等．航天器测控频段应用现状与展望［J］．遥测遥控，2016，37（6）：45－53.

［10］ 郭夏悦．商业卫星测控发展现状及趋势［J］．国际太空，2019（10）.

［11］ 王洪全，刘天华，欧阳承曦，等．基于星基的ADS－B系统现状及发展建议［J］．通信技术，2017，50（11）：99－105.

［12］ 田润，崔志颖，张爽娜，等．基于低轨通信星座的导航增强技术发展概述［J］．导航定位与授时，2021，8（1）：66－81.

第3章　商业卫星系统总体设计

卫星是遵从天体力学规律、运行在外层空间、服务于人类特定需求的一种特殊的人造天体。以系统观看待卫星工程任务，它既是由卫星、运载火箭、发射场、测运控和应用等系统构成的卫星工程系统，同时又是更高层级的航天体系的构成要素。

卫星工程总体采用系统工程方法和项目管理方式，与卫星工程各系统一起，权衡并综合各有关学科专业，通过系统工程流程多次递归迭代，开发满足全寿命周期体系应用使用要求的航天系统。总体是若干个体所合成的事物，是整合之体，但总体不等同于整体。卫星工程总体既站在卫星工程系统顶层把握全局性和整体性，又抓住可能影响卫星工程系统性能品质的关键环节和关键特性，还统筹卫星工程系统不同层级要素的不同寿命周期阶段关系，实现协调平衡发展。

本章第一节是卫星总体设计的概述，从系统工程出发，对卫星总体设计特点、原则和趋势进行介绍，并简要分析了卫星总体设计的基本任务和设计内容。第二节依托卫星功能性能指标和接口要求，紧扣当前商业卫星总体特点，具体讨论商业卫星总体方案设计。另外，与传统卫星定制化研制的特点不同，当前商业卫星趋于采用型谱化平台，并适应修改有效载荷接口设计，以期降低设计成本、缩短研制周期。因此，本章最后一节对国内外商业卫星平台发展现状进行简要综述。

3.1　卫星总体设计概述

广义而言，卫星总体设计涵盖了以卫星系统为对象的所有设计活动与技术协调活动。但一般提到卫星总体设计，更倾向于其狭义定义，即在概念研究、可行性论证和方案设计阶段与卫星系统有关的设计活动。本书中若未做特殊说明，则按其狭义定义理解。

如图3-1所示，总体设计阶段投入研发硬件虽然相对较少，却决定了卫星大致75%的全寿命周期成本。事实上，卫星总体设计阶段所占时间较短，但需要针对卫星定方向、定大局、定功能和性能指标做出大量的决策，在整个研制过程中起着主导性和决策性的作用。

航天器任务分析与设计和系统设计方法紧密相关。卫星工程总体综合分析航天体系要求和体系应用使用要求，组织开展工程总体方案可行性论证，进行工程各系统功能、性能和结构分解；从卫星工程系统全局提出如何分工、如何集成的总体思路，并运用系统工程方法对卫星工程系统进行计划、组织、领导和控制，贯彻落实总体方案要求；在卫星工程各系统深入论证及必要的试验验证基础上，进行集成综合，经多次递归迭代，实现卫星工程系统整体性能优化。与此同时，根据研制技术途径，进行经费、进度、保障条件的分解

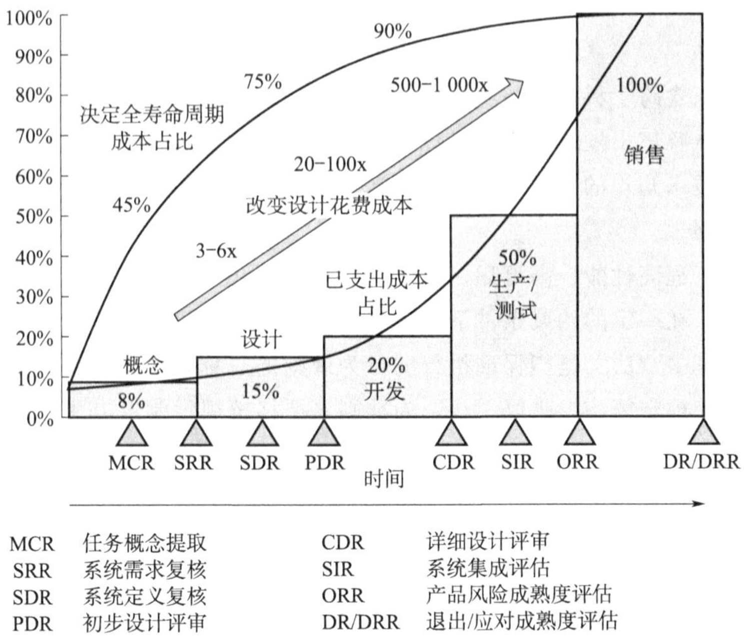

图 3-1　寿命期成本影响曲线（INCOSE-TP-2003-002-04，2015）

与集成，经多次迭代，在给定约束条件下，实现技术流程和实施方案的优化；在寿命周期各阶段，在卫星工程总体与卫星工程相关系统，以及各相关系统之间，实施任务协调和工作计划的动态管理。卫星工程总体既是卫星工程系统立项、研制和运行的直接参与者，又是组织管理者。

3.1.1　系统工程

卫星工程系统分层级组织管理，各系统层级分别设立总体设计部，负责各自层级技术探索与规划研究、总体方案论证与设计、工程研制技术抓总与组织管理层级。卫星工程总体是整个卫星工程系统的总体设计部，负责卫星工程系统的总体技术探索与规划研究、卫星工程总体方案论证与设计、卫星工程总体技术抓总与组织管理。

3.1.1.1　卫星系统工程特点

航天工程具有高科技和高标准、高复杂和高集成、高投入和高风险，以及高度战略性和高效益性等特点，系统总体优化、总体协调、环境适应和创新发展成为航天工程实践和工程知识运用的关键。基于此，卫星系统工程知识产生与运用的主要特性如下。

（1）需求性强

航天工程是探索与利用太空的工程活动，通常是为了满足人类的特定需求。一方面，出于服务人类的目的，出现了以 GPS、北斗等为代表的导航星座满足日常导航需求，研制了可见光、雷达、红外等多种遥感卫星满足对农、林、渔、国土、气象等的监测需求，近年来还规划了大量的互联网卫星星座满足日益增长的智能生活需求。另一方面，为了探索太空，人类发射了嫦娥系列卫星探测月球，研制了隼鸟号探测小行星，向火星发射了毅力号等。

（2）集成性强

航天工程是蕴含跨学科、多门类技术的高科技工程系统，建立如此庞大的系统并使其协调运转，需要从整体出发进行系统设计、开发、协调和控制，保证总体优化和系统目标的实现，各门类技术知识的集成创新与集成运用是航天工程的基本特征。

（3）规范性强

为实现航天工程高性能、高可靠、高安全的目标，必须建立一系列的标准规范、规章制度、组织体系，在一定的约束条件下确保实现系统预定的目标。航天系统工程管理即是一种法治管理，其中“法”是指保证执行的行为规则的总称，包括法律、法令、条例、命令、决定、标准、规定等，主张以“法”为准则，严格按规章制度办事，如遵循确定的系统工程过程、严格按照研制程序办事、严格遵循质量管理要求等，航天工程研发和运行管理中的知识运用具有很强的规范性。

3.1.1.2 卫星系统设计原则

卫星系统设计是在任务需求分析的基础上，协调和综合各系统的需求和约束，采用系统工程方法，有效组织卫星平台和有效载荷，协同开展系统总体设计，以形成满足要求的、优化的系统。目前，航天任务分析与设计主要从初始任务目标到设计、制造、发射、运控以及最终离轨的整个分析和设计过程，通过翔实的应用方程和例子向设计人员提供易于获取的参考数据，改进缩短了初始的任务设计流程。

本节将给出在卫星任务分析设计过程中的基本原则：目的性、系统性、过程性、继承和创新、价值和时间、分析和综合、整体最优、多层次、相互关联、黑箱辨识、反馈控制、协商调整、状态冻结、行动程序、试验验证和团结协作等。卫星总体设计者要全面掌握这 16 个基本原则，在总体设计中，灵活运用它们，可以很好地解决卫星工程中所遇到的各种问题，以使卫星研制达到整体最优。

（1）目的性

对于所有的卫星研制任务，都是以用户的使用要求为目的。因此，卫星系统设计师在整个卫星研制过程中，要始终把握这一既定的目标和功能，不得产生偏离。

（2）系统性

开发一项工程可以被看作一个系统，在这个系统中，可从不同的方面，把它分解为目的工程系统、环境系统和过程系统三个基本组成部分。实际上，这三个系统在开发任何一项工程中都是客观存在的。

①目的工程系统

目的工程系统是产生预定功能的实体系统，它可以是一颗卫星、一辆汽车、一艘轮船、一个组织机构、一项法律、一座城市等。

②环境系统

环境系统包括与目的工程系统有关的各种外界因素。对卫星而言，环境包括用户对卫星工程的各种要求，与卫星有关的大系统（运载火箭、发射场、测控站和地面应用中心等），卫星在轨道上的空间环境以及其他外界因素。这些环境系统都是目的工程系统的约束条件。

③过程系统

过程系统包括目的工程所经历的各个研制阶段，如开发研究、规划、设计、建造、试验和使用等各个阶段。通过对系统研究、规划、设计、建造、试验和使用等过程，使各系统相互协调和融合一致。卫星系统设计师要周密考虑环境系统的约束条件，设计出优良的目的工程系统，并在整个过程系统中控制和协调卫星的功能及各个分系统的性能指标和接口参数。

（3）过程性

卫星系统研制要综合考虑两个并行的基本过程：运用自然规律（科学和技术）对工程进行研制的过程、对工程研制过程的控制过程。前一过程是运用工程原理、技术、设备和工艺等来研制工程项目的过程。后者则包括规划、组织、经费预算、掌握工程进度、控制工程质量、评估工程的效果等，亦称之为广义的管理过程。

在卫星产品研制中，一般要实行计划管理和技术控制两条指挥线。总体设计师是负责工程研制的技术过程，计划经理是负责上述广义的管理过程。这两个过程是相辅相成的，可以说，卫星研制“可行在技术，成效在管理”。对卫星系统设计师来说，既要在研制的技术过程中完成卫星设计总体任务，又要在控制过程中对卫星各个分系统的性能指标和接口参数进行控制和协调。

（4）继承和创新

无论是在自然科学方面，还是在社会科学方面，继承和创新的观念是普遍的、永恒的。在卫星系统研制中的创造力是指在继承的基础上，综合利用新的和现有的技术、工艺、材料等发展新的卫星系统，最终以最少的代价实现满足用户需求的具有最佳功能的卫星工程系统。例如，利用航空相机技术作为基础，研制出卫星遥感相机，并利用现有的技术研制相应的卫星平台，将二者综合起来，创造性地研制出遥感卫星。

（5）价值和时间

价值和时间之间有着紧密的联系，同一个系统在不同的时间里就可能有不同的价值。中国在 20 世纪 80 年代研制的东方红二号通信卫星对当时国内静止轨道通信卫星的研制和发射，以及卫星通信的开发和应用起到了巨大的开创和推动作用。但当下在进行通信卫星的研制时，必然会提出比东方红二号更高的要求。

（6）分析和综合

在开发一项复杂的工程项目中，要找到主要因素和得到正确结果，需要通过各种分析和综合。传统的工程技术中主要是用“分析”的方法，而系统工程则特别突出“综合”的思考活动。通过综合，利用成熟的技术，建立新概念，确立新方案，揭示出各组成部分之间的纵横交错的联系，以及解决工程技术问题与环境之间的复杂关系。总之，通过综合，使开发的工程项目先进、合理、可行和经济（达到系统的最优）。卫星系统研制就是要考虑光、机、电、热、力学等多种学科和各个分系统的专业技术的综合，总体设计的主要任务正是完成这种综合。另外，与环境系统之间的综合，这是更大范围的综合，使卫星工程系统与环境系统之间达到适应、协调和经济。

(7) 整体最优

整体最优原则是由系统集合性形成的。它可概括为工程项目中各个局部以最小的代价达到系统整体的最优，保证系统最佳功能的发挥。由此可知，在处理系统研制中的问题时，要从整个系统全局出发，而不能只从一个分系统的局部出发。这是由系统性中的集合性和相关性所决定的。在卫星研制中，一定要始终贯彻整体最优的观念，处理好局部服从全局的关系。例如，天线分系统研制人员一味追求过高的电性能指标，而忽略总体的质量、成本及周期的约束，是不符合整体最优原则的。

(8) 多层次

多层次原则是由系统的层次性形成的。系统的层次性说明系统存在一定的层次结构，并且各层次（系统之上的大系统、系统、分系统、子系统）之间有纵、横之间的上下关系、平行关系和交叉关系。总体设计的任务之一就是设计系统的层次结构和各层次之间的关系。总体设计者在总体设计中要立足“系统”层次，设计系统方案和协调各分系统之间的关系，并满足大系统的约束条件。总体设计者需对分系统方案和技术要求进行设计，对分系统性能指标和各分系统之间的接口关系（包括光、机、电、热等关系）进行控制和协调，对大系统的约束条件要匹配。总体设计者要立足本系统层次，做好本职工作，切忌干涉分系统和大系统的内部设计。

(9) 相互关联

相互关联原则是由系统的相关性形成的。相关性表明系统内各分系统之间相互关联，具有“牵一发动全身”的关系。总体设计者在设计过程中要全面掌握系统内各分系统之间的关联和外界环境的约束，千万不能孤立地去研究和解决设计中的问题，不能顾此失彼，不能出现不匹配、不协调的现象。同时，总体设计者要了解卫星系统的整体功能及性能跟分系统及大系统之间的关联，在设计中要使各分系统满足系统整体的目标，并使卫星研制获得全局的最优化。

(10) 黑箱辨识

黑箱辨识是对某研究对象的内部结构尚未了解或无法了解或无须了解时，通过对研究对象的输入与输出来分析该对象的整体功能或推断该对象的内部结构的一种观念。

(11) 反馈控制

反馈控制是控制论的核心思想和方法。卫星研制是把各个分系统分解到有关部门去研制，在研制过程中，各个分系统的研制由于种种原因会有意或无意地偏离总体设计要求。此时，总体设计者要及时深入系统上下，检出与卫星总目标的偏离（包括功能、性能指标和技术状态），用反馈控制的方法，不断地通过分析和协调，消除与总目标的偏离，完善总体设计，使卫星总体设计达到既定目标，并达到整体最优。

(12) 协商调整

在卫星研制过程中，总会出现种种问题。这些问题不仅影响本身，其相关联系很多，影响因素很多，而这些问题又是不能通过主观控制来解决的。这就需要在整个卫星研制过程中，总体设计者要跟分系统和大系统设计人员不断地通过分析，经过协商调整来解决，以保证卫星总目标的最终实现。

（13）状态冻结

在研制进程中，总体设计中有些内容是由不确定到确定、由不正确到正确、由不完全到完全、由不详细到详细的。因此，随着工程的进展，总体设计要不断地修改和完善。由于科学技术总是不断向前发展的，因此，在卫星研制过程中总是可以提出一些新的技术改进。但是，开展一项卫星研制工程，不能没完没了地修改，致使工程不能完成。为了保证研制进度，避免局部改善而造成整体失调，根据阶段论原则，需在各阶段适时将卫星的技术状态实行“冻结”，即无特殊情况就不允许任何改动。如果在某个时候又遇到必须要改变技术状态的，一定要慎重考虑，并按规定程序审批后方可更改。

（14）行动程序

卫星系统研制的行动程序是由其系统性和阶段性决定的，因此行动程序设计要符合各阶段和系统的规律，根据卫星项目的特点进行预先规划。行动中的程序不能颠倒，如果违反这个程序就可能招致重大损失。中国航天经过多年的研制和发展，已形成成熟的研制阶段和较好的研制技术流程。随着技术的不断发展，针对具体卫星型号还可进一步优化研制技术流程。

（15）试验验证

在卫星工程系统研制中，当不能用数学分析解决实际问题时，总是先提供假设或凭经验设计，然后通过试验来验证。即使在产品进入批量生产时，也要通过验收试验来检验其质量品质。例如，各类卫星在研制过程的初样阶段用经过各种环境（有运载产生的力学环境、空间辐射环境和热真空环境等）的鉴定试验，以验证卫星产品能够经受这些环境，并且有一定的余量。

（16）团结协作

开发一项卫星工程项目，需要不同的专业技术人员，需要多支专业技术队伍。这就要求每支队伍、每一个专业技术人员具有良好的团结协作的精神，即需要良好的团队精神。在团队里和各团队之间，每个技术人员不仅要敬业，而且要团结、相互协作、相互支持。这一点对于总体设计人员尤其重要，因为他们的协作面很广。在系统工程队伍中，一个技术业务能力很强的设计师，如果缺乏团结协作的精神，就会严重影响工程项目的研制。国外一些大的公司企业都十分提倡团队精神。中国在航天型号研制的实践中，很早就总结出这一团结协作的观念，并在型号研制中得到很好的贯彻和发扬。

3.1.1.3　卫星总体设计趋势

卫星总体设计阶段的任务可以简要概括为：将用户需求转化为卫星系统功能、性能参数，并将其分解到卫星各个分系统中。常用卫星任务分析流程如图 3-2 所示，用户需求定义处于设计的起点，明确的用户需求描述导向具体的首要和次要任务目标。在识别出任务目标后，综合考虑诸如成本、计划、其他约束、经验教训以及后续继承性等因素，分解出任务的操作概念（CONOPS）和功能性能指标。需要说明的是，CONOPS是对卫星在轨任务验证所需程序的描述，根据卫星任务的特点，单颗卫星也可能存在多个在轨任务操作流程；而功能性能指标则是卫星任务成功的技术支撑，通过协调即衍生任务目标分析后将继续细分到各个分系统中，并最终成为总体方案设计的各项指标输入。

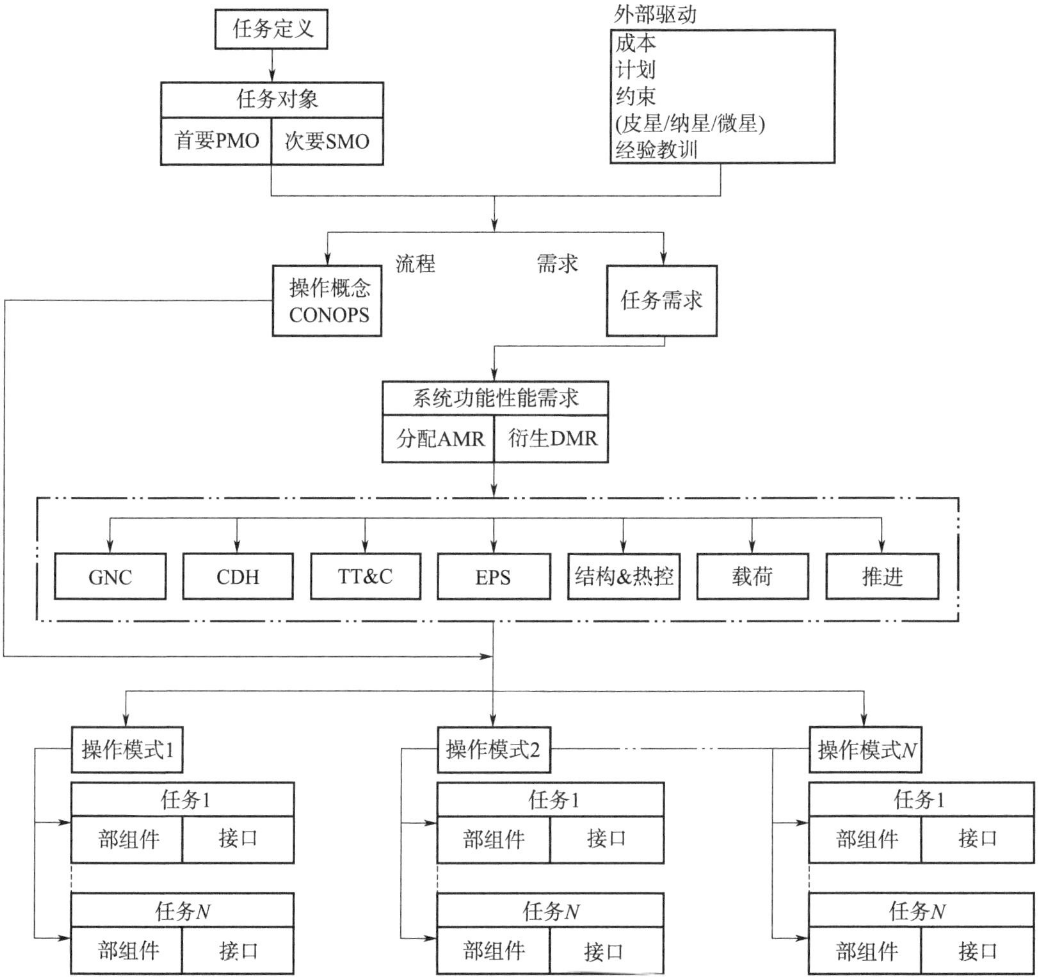

图 3-2 卫星任务分析流程图

上述任务分析过程是从上向下的设计思路，但在实际工程中，由于受新概念构思、功能性能分解过程中对初始设计的修正、各分系统间参数选择的权衡等因素影响，卫星总体设计的任务分析是反复循环迭代的过程。传统上，航天任务设计采用基于文档的系统工程方法，系统构架基于文本格式为主的要求、方案、报告文档。为保证系统设计过程中的一致性，相关技术要求、设计方案和测试报告之间单独设置可跟踪性分析；另一方面，考虑到项目计划约束，在整个卫星生命周期内，通常会设置设计关键点，由质量管理人员对关键点入库文件进行版本管理。上述过程一方面占用设计人员较多精力对文档的更改进行双向跟踪修订，另一方面由于关键点入库管理决定了设计更新迭代较慢、较少。

根据 2020 年度卫星产业报告，国际上低轨宽带大型星座的公司从 2019 年开始试验/试用自家首批卫星，但基本在 2020 年才进入实际大规模部署阶段。截至 2020 年 9 月，全年已部署了约 800 颗商业小型卫星（低于 600 kg）。面对如此大批量和快速发展的商业卫星星座计划，要求对以传统文件为基础的系统工程分析方法做出改进。

近年来，作为传统基于文档的信息交换的替代方案，基于模型的系统工程法（Model Based Systems Engineering，MBSE）在工业界开始流行，其应用包括了立方星任务。MBSE 作为系统工程领域的一个重要方向，通过可视化建模支撑系统开发全寿命周期内的工程活动。MBSE 依赖于只保留相关数据的抽象模型，消除了不必要信息的传输，以不同的视图形式为各方人员提供了直观的设计交流工具。现有的 MBSE 软件随着信息更新自动迭代工作流程，更便于设计更改影响域的分析。

系统建模语言（System Modeling Language，SysML）的提出为模型定义提供了一种标准，通过对开放模型语言（Unified Modeling Language，UML 2. x）进行重用和扩展消除了不同建模语言在表达及术语上的不一致，规范了符号和语义。SysML 支持对各种复杂系统的详细说明、分析、设计、验证和确认。

使用 MBSE 可为系统工程团队提供一个以最简单的自动方式查找错误、促进系统设计中迭代过程的工具，同时还可对卫星这类复杂系统提供可扩展性。虽然其在小型商业卫星项目中的应用仍处于非常初期的阶段，但可以预计，MBSE 在未来几年中将会越来越多地得到应用。

3. 1. 2　总体设计任务

卫星设计的目的是在规定的研制周期和成本约束下设计能满足用户特定任务要求、优化的卫星系统，总体设计从顶层对整个研制过程起着主导和决策性作用。本节简要介绍卫星系统的各系统构成，并对总体设计的基本任务和内容进行简要概述。

3. 1. 2. 1　系统组成

卫星系统通常可以划分为有效载荷和卫星平台两大部分，有效载荷是直接针对用户特定任务需求的分系统，而卫星平台作为保障系统是为有效载荷工作提供支撑和保证的各分系统的总和。卫星总体单位基于研制的某颗卫星，可以发展出卫星通用系列平台。卫星通用平台可针对不同的航天任务，进行局部适应性修改，即可支持多种有效载荷，研制新卫星。近年来商业卫星多采用微小卫星的设计思路，突破了传统“一星多用，功能强大”的设计思想，强调简化设计，大量采用模块化、标准化的 COTS 器件，特定型号的卫星平台与通用卫星平台的差异越发趋于减小，这为商业卫星批量化生产提供了极大便利。

图 3 - 3 简要区分了卫星必需的几大分系统：GNC、CDH、TT&C、EPS、结构 & 热控、载荷以及推进，以下对各分系统进行进一步梳理。

（1）GNC 系统

GNC 是制导、导航与控制的简称，对于卫星系统其特指姿态与控制分系统，一般简称为控制系统。控制系统任务主要分为轨道控制和姿态控制两部分，轨道控制主要分为变

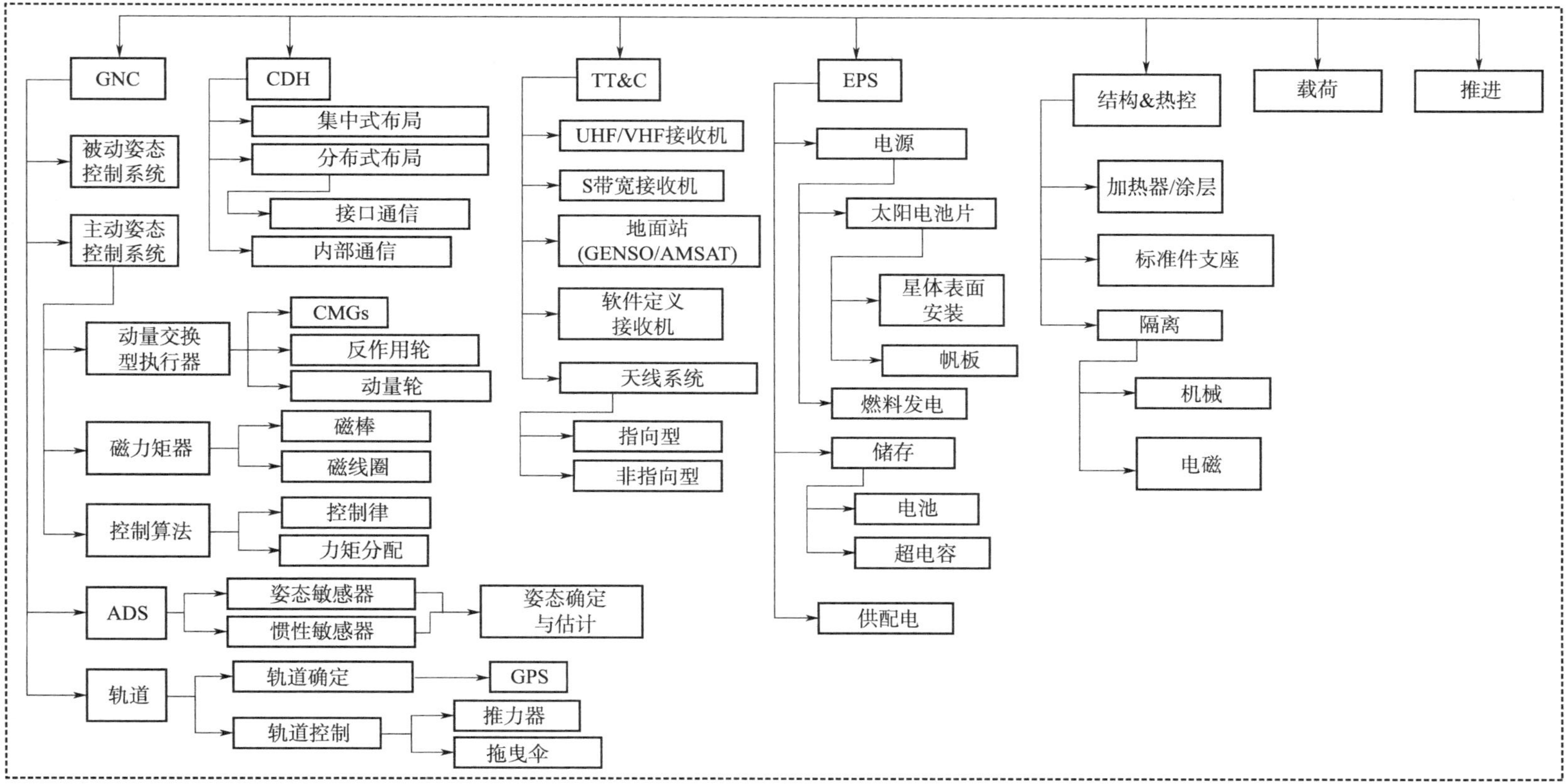
GNC
被动姿态控制系统
主动姿态控制系统
动量交换型执行器
CMGs
反作用轮
动量轮
磁力矩器
磁棒
磁线圈
控制算法
控制律
力矩分配
ADS
姿态敏感器
惯性敏感器
姿态确定与估计
轨道
轨道确定
GPS
轨道控制
推力器
拖曳伞
CDH
集中式布局
分布式布局
接口通信
内部通信
TT&C
UHF/VHF接收机
S带宽接收机
地面站(GENSO/AMSAT)
软件定义接收机
天线系统
指向型
非指向型
EPS
电源
太阳电池片
星体表面安装
帆板
燃料发电
储存
电池
超电容
供配电
结构&热控
加热器/涂层
标准件支座
隔离
机械
电磁
载荷
推进

图 3-3　卫星子系统图

轨控制、轨道保持、返回控制和轨道交会四种任务。姿态控制则包括姿态稳定和姿态机动两个方面，前者保持已有姿态运动，后者完成卫星姿态切换的再定向。卫星姿态和轨道控制按被卫星控制力的来源则分为被动和主动控制两类。被动控制的控制力来源于空间环境或卫星动力学，常见利用气动力、太阳光压或重力梯度实现姿轨被动控制。主动控制则通过星上或星地结合的姿轨量测按照给定控制算法生成控制指令，再通过星载执行机构（如飞轮、磁力矩器、推力器等）产生期望的控制力及控制力矩实现闭环控制。

在卫星其他分系统正常工作条件下，控制系统决定了卫星是否成功定点、星座能否正确保证卫星构型、遥感卫星能否准确拍照、中继卫星能否进行星间链路对准等关键任务功能。早期立方星作为学生短期试验项目，通常不对卫星姿态进行要求，因此不单独设置控制系统。但随着小卫星实用性的增加，对控制系统的需求也随之增加。中科院2017年的一份姿控系统（Attitude Determination and Control System，ADCS）调研报告中显示，从2003到2016年成功发射了438颗纳卫星（质量1～10 kg）。在357颗可查询到控制系统信息的卫星中，只有5%的纳卫星没有控制系统，17%使用被动磁控稳定，2%采用重力梯度稳定，6%采用其他被动稳定方法（比如气动力稳定），2%采用自旋稳定，11%采用主动磁控，3%采用偏置动量稳定，以及剩余54%使用三轴零动量稳定。另外，对2014年之前25年的42颗小卫星（质量6.5～94 kg）统计中发现，5%小卫星没有控制系统，19%采用被动控制，剩余76%卫星使用主动控制。控制系统使用的敏感器统计数据为：90%磁强计，80%太阳敏感器，10%地球敏感器，33%GPS，40%速率敏感器以及35%星敏感器；执行机构统计为20%永磁铁，80%磁力矩器，8%动量轮，40%反作用轮，18%推力器，16%重力梯度杆以及3%控制力矩陀螺。

（2）CDH系统

CDH是指令数据管理系统（Command & Data Handling）的英文缩写，是随着微电子和计算机技术发展而形成的以微处理器为核心的星载数据管理系统，ESA也称其为OBDH（On-Board Data Handling）。星载数据管理系统通过总线在中央单元和远置单元间实现信息共享，将卫星的遥测、遥控、程控、星上自主控制、校时、整星控制板和管理等功能综合在微处理计算机中实现。

星载数据管理系统的主要功能如下：

1）接收、解调和处理射频通道中的上行遥控指令及数据，经过解调、解码以及指令验证后将指令和数据分配到星上各分系统；

2）采集星上各分系统的遥测数据，处理、存储并汇集所有需要下传的信息，进行打包编码和调制后经由遥测下行射频发送；

3）为星载分系统进行信息处理和测控功能，比如整星程控、延时指令、参数预警、主动温控、主备份切机等星上的自主管理控制；

4）生成星上基准时钟信号，向各分系统分配时间信息和定时信号，并可根据地面标准进行星上时间校时；

5）实现星上各计算机间信息交互支持；

6）完成星上相关信息处理，比如星上轨道递推，有效载荷开关机程序等；

7）为星上分系统提供数据处理，例如将必要姿轨信息插入遥感数据，重要数据存储等；

8）对卫星状态进行管理。

（3）TT&C 系统

测控系统（TT&C）是卫星不可缺少的一个主要分系统，其主要功能为跟踪定轨、遥测和遥控三部分。跟踪定轨测定卫星在轨空间位置，为星地之间信息交换提供服务准备；遥测通过地面站接收星上各分系统运行数据和空间环境数据，支撑地面人员分析判断卫星工作状态；遥控则与遥测刚好相反，由星上接收地面各种控制量信息后对卫星相关分系统进行控制。与卫星其他分系统略有不同，TT&C 分系统必须由星上部分和地面部分组成闭环才能工作。

测控信息在无线电信道传输，TT&C 系统对无线电和天线有着很高的可靠性要求。通常卫星上的 TT&C 系统采用全向天线，在卫星全姿态指向下均能与地面建立通信。如果单个天线不能提供近球形波束覆盖，可以将多个空间独立的天线组合提供全向覆盖。TT&C 系统频段包括 VHF、UHF、S、X、Ku 和 Ka 频段等。另外，一般 TT&C 系统无线电数据速率很低，对带宽或增益要求也不高。VHF 和 UHF 频段一般选用单极子和偶极子天线，而 S、X、Ku 和 Ka 频段则常使用微带天线、螺旋天线以及喇叭天线等，表 3-1 给出了四款商业卫星 TT&C 系统使用的天线。

表 3-1　四款商业卫星测控天线

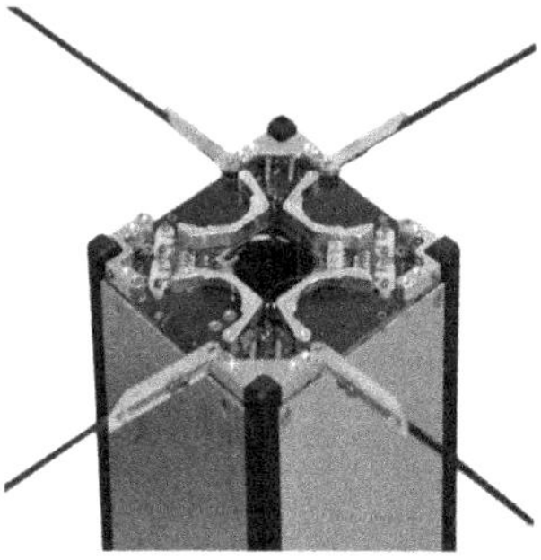	ISIS 单极化天线 架构：四个单极化弹簧天线组成相位网络 工作频率：VHF 或 UHF 波束宽度：全向 极化：线性 增益：0 dBi
	GOMSpace 旋转栅极 UHF 天线 架构：四根旋转栅极天线组成相位网络 工作频率：435 ± 5 MHz 波束宽度：全向 极化：圆极化 增益：−1～1.5 dBi

续表

	Endurosat 贴片天线 架构：具有良好交叉极化特性的 S 波段中增益贴片天线 工作频率：2 400～2 450 MHz 半程功耗波束宽度：71° 极化：左旋圆极化 增益：8.3 dBi
	HCT 螺旋天线 架构：体积约为 5 cm×5 cm×10 cm 的可展开四线螺线天线 工作频率：450 MHz，1.3 GHz 或 2.3 GHz 半程功耗波束宽度：等通量波束、半球波束或窄带波束 极化：右旋或左旋圆极化 增益：3 dBi

（4） EPS 系统

能源（EPS）系统是卫星平台的重要分系统，为卫星在轨所有阶段的用电负载提供能源。能源系统的设计关键因素主要是三点，发电、储能、供配电问题。商业卫星基本均采用太阳能电池片发电、可充电式电池存储能源，但在某些行星探测任务中探测器也可能会选用放射性同位素作为电源。

早期太阳能电池使用非晶硅，其转换效率只有 10%～13%。单 PN 结太阳能电池的转换效率则有了较大改善，2019 年 NASA 的一份文献中提到单结 GaAs 电池转换效率能达到 26%～34%。卫星储能装置则可分为化学储能和机械储能两种，但目前实际普遍应用化学储能方法，对于一般不超过 10 年寿命的卫星通常使用 Cd - Ni 蓄电池组。蓄电池组设计通常还需要综合考虑地影期稳态和峰值负载、单体电池平局放电电压、蓄电池效率、放电深度、温度等因素。

电源供配电承担着安全可靠地传输能源以及合理分配电能的任务，是能源系统一个支持性重要环节。根据卫星电气规模、电源分系统和电源变换器配置以及卫星继承性分析等因素，卫星可以选择集中、分散和分级三种供配电方式。集中配电只设置卫星一级配电器以负责整星用电控制；分散配电则将供电控制交由各分系统自行决策；分级配电则是设置主配电器负责分系统母线，各分系统的配电器负责自己的电源控制。

（5） 结构 & 热控系统

卫星结构是支撑卫星有效载荷以及其他各分系统的骨架。随着卫星需求的增加，卫星结构设计也趋于复杂。通常小卫星具有主框架和太阳帆板这样的次结构，以便集成热传感器、星敏感器以及其他功能性或安全性装置。有时，为了使得卫星寿命末期尽快离轨，星上还可能设计额外的被动离轨装置如离轨帆等。卫星结构设计应保证足够的强度和刚度支持星上载荷及其他分系统工作。由于商业卫星对成本较为敏感，近年来在卫星结构设计阶段常对质量因素着重考虑。但除此之外，还应考虑星上热控需求以及可靠性、电磁兼容性等多方面因素。

设计优化可能不应只着眼于卫星质量减轻，更应考虑增加额外特性或能力。一个较好的主结构可以做到小质量、大容量、具有足够切向和纵向强度，也可以具有良好的热特性。因此，减轻卫星质量的同时也可以提高一定的结构能力以改善卫星整体性能，如提高安全特性、可靠性或改善寿命末期的离轨能力。一个好的卫星设计师，应该关注各方面的机会成本而不单单是质量或尺寸。比如，如果在卫星设计的某个方面降低了成本、性能或质量，是否能在其他方面投入额外的质量、体积等来达到更好的性能？如果结构减轻了质量，是否能提高能源或处理速度来提高任务性能指标？系统工程与评估机会成本紧密相关，特别是在商业卫星设计领域。

最好的商业卫星结构设计不仅限于其质量、强度和热特性，另一个关键因素是其在多大程度上允许对星上核心部组件进行高效组装和性能测试。当拿到一块太阳能电池时，其可以设计成小卫星的一个结构元件，但还可以在设计中集成一个磁力矩器、太阳敏感器或热传感器，后者可能效率更高。总之，商业卫星尤其是那些采用立方星构型的设计，不仅涉及体积效率，也涉及质量效率。但当体积效率不影响到可靠性时，质量效率通常更重要。

（6）载荷系统

卫星载荷是一个较为宽泛的概念，包括了星上直接实现在轨特定任务的仪器、设备和分系统，有时甚至还包括了实验生物和各种实验样品等。作为卫星的核心部分，有效载荷决定了卫星的性能、功能，是决定卫星性能指标的主要因素。当然，有效载荷的设计也得考虑卫星平台的能力，如果载荷需求超出平台性能极限，那卫星任务也无法完成。

商业卫星的有效载荷一般不涉及实验验证，因此大致可以分为信息获取类、信息传输类和信息基准类三种。信息获取类有效载荷即用于对地观测的各类遥感器，如 Planet 星座卫星上的光学遥感相机，ExoCube 卫星上的质谱仪等。信息传输类有效载荷是指用于中继通信或单向通信传输的一种设备，如遥感卫星的数据传输设备，Starlink 卫星的相控阵天线等。信息基准类有效载荷则是指用于提供空间、时间基准的各种仪器、设备，如导航卫星的高稳定频标等。

（7）推进系统

推进系统支持卫星完成轨道机动、位置保持及姿态机动等多种功能，其性能好坏直接影响卫星的控制精度、寿命和可靠性。推进系统加上装载的推进剂会占据卫星相当一部分质量，提高推进比冲、减少卫星携带推进剂可以提高卫星有效载荷比，有助于增加卫星经济效益。从冷气、过氧化氢到单组元肼、双组元，以及后来发展出来的双模式、电推进系统，推进系统发展始终围绕着提高推进系统性能展开。

推进系统实际上是将内能转化为动能的机械系统，根据所用能源的不同，推进系统大致可以分为以下四类：

1）气体推进系统：利用高压气体（如氮气、氦气、氢气等）将势能储存在高压容器内，通过加速推进剂气体从推力器喷出产生推力；

2）化学推进系统：利用催化剂催化燃烧释放推进剂的固有化学能，通过喷嘴将加速后的反应产物（通常是气体）喷出产生推力；

3）电推进系统：采用电加热、电磁或静电方式加速推进剂，通过高速射流产生推力；

4）核推进系统：通过核裂变或聚变产生能量加热推进剂工作流体（通常是氢、氦等）到高温，再将其从喷嘴高速喷出产生推力。

传统的气体推进、化学推进和电推进系统均在世界范围内得到了广泛的研究，并有许多实际的飞行经验。核推进系统则是目前研究中的一种新型推进系统，比如宾夕法尼亚州立大学正在研究反质子催化的反物质聚变推进系统。此外，美国、欧洲、日本以及其他许多国家还提出了像激光推进以及太阳能推进等新概念。

由于商业卫星小型化趋势对推进系统质量、体积以及功耗等方面提出的新要求，小型化、集成化的微型推进系统得到了快速发展。与传统推进系统相比，微推进系统主要有两个特点：推力相对较小（一般在 100 mN 以下）、体积与质量相对较小（通常质量低于千克量级）。目前，国际上对于微推进系统研究主要集中在两方面：传统的气体推进、化学推进、电推进小型化，基于先进 MEMS 技术的小型化推进。

图 3-4 对不同类型的微推进系统比冲、推力进行了比较，圆心为推力和比冲的平均值。

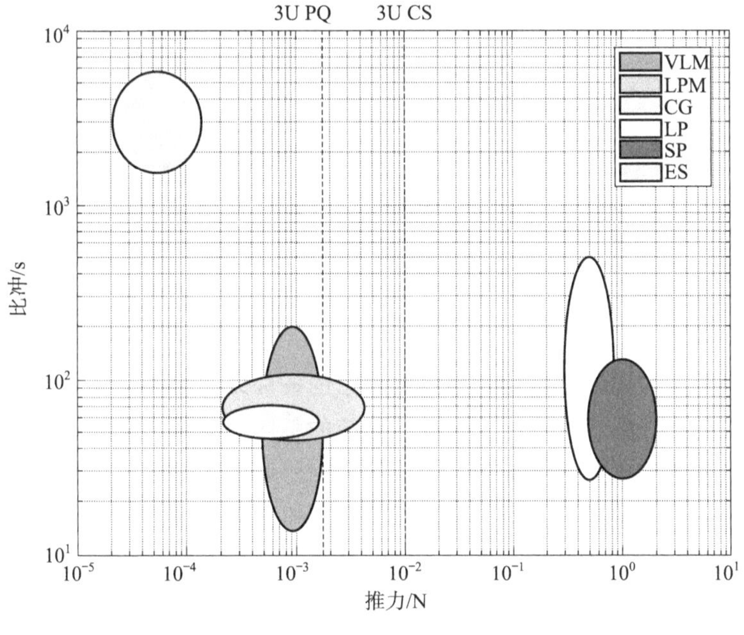

图 3-4　不同类型微推进系统的比冲、推力比较

VLM—蒸气微推进；LPM—低压电阻加热推进；CG—冷气微推进；LP—液体微推进；SP—固体微推进；ES—电推进

VLM 和 LPM 均属于电阻加热喷气推进，SP 和 LP 均属于化学能推进。图 3-4 中清晰地将不同微推进系统划分为了三种：高推力、高比冲、低推力低比冲，这有助于不同任务的推进选型。通常对于空间碎片清除、快速轨道转移机动任务可以选择高推力的推进系统，精准指向、慢速轨道机动任务适合使用高比冲低推力推进，而对于姿态控制、小的轨道修正任务则使用低推力低比冲推进系统。

3.1.2.2 任务与内容

卫星总体设计的基本任务可归纳为：

1）将用户要求转化成由若干分系统组成的系统和系统的功能及性能参数，并使该系统满足大系统（运载火箭、发射场、测控中心和应用系统）约束要求；

2）将卫星系统功能和性能参数分解到各个分系统中，经过分析和协调保证各种功能的、物理的和程序的接口兼容，最终完成总体方案设计；

3）完成卫星总体详细设计（含总装设计、总体电路设计、电性能测试和环境模拟试验）；

4）提出产品保证要求，完成可靠性、可用性、可维修性、安全性、电磁兼容性及软件等保证大纲及规范。

（1）总体设计基本原则

为保证总体设计的顺利推进，设计过程中必须遵守如下几条基本原则。

①满足用户需求

卫星总体设计必须以用户需求或国家的特定需求目标为依据，设计出卫星总体方案、卫星总体功能和性能指标、对分系统的技术要求及卫星总体详细设计等，使最终研制出的卫星满足用户特定的需求。此外，满足用户的需求，还指要满足用户提出的研制周期和成本要求。

②系统整体性原则

卫星是一个复杂的系统，它是由相关的组成部分（分系统、子系统或独立部件）有机组合成的一个整体。它是由系统组成部分之间的相互联系、相互作用、相互协调而形成的。系统的功能和性能是其组成部分所不具备的，也不是其组成部分的功能和性能的代数相加。

系统论的创始人贝塔朗菲提出“整体大于它的各部分的总和”的基本规律，这一规律可称之为整体性。在总体设计中一定要服从系统的整体性规律，从卫星的整体功能和性能出发，把握卫星各组成部分之间的相互联系和相互协调，进行系统分解和综合两方面的技术协调。在设计中，一定要防止脱离整体功能和性能而去追求局部高性能或迁就局部的相互联系、相互作用和相互协调的关系；相反，需要进行科学的分析和计算来进行分解和综合，需要用当今的技术成就进行最佳组合，达到所要求的系统功能和性能，获得最高的效益。

③系统层次性原则

系统的另一个性质就是它的层次性。卫星系统下一层次有若干分系统，有的分系统下一层次又有若干子系统，在分系统或子系统下一层次有若干设备，设备下一层次又有若干元器件（或零件）。卫星系统的功能在地面是不能发挥作用的，它必须用运载火箭在发射场将其送入预定轨道，还需地面测控系统对运载火箭测量监控，对卫星姿态及轨道进行跟踪、测量和控制。卫星在轨运行（返回式卫星返回后）还需要地面应用系统配合才能发挥卫星应用的功能。这样，在卫星系统之上又形成一个更高层次的大系统。由于系统复杂，而且各组成部分功能不同，其专业技术差别较大，因此可分成若干块，组织不同专业技术特长的设计师和研制单位承担研制。总体设计的任务是把用户下达的任务要求作为主要设计依据，把上一层次（大系统选择和认证的各系统的各种接口）作为约束条件，经系统方案论证确定系统构成、分系统方案选择、性能分析、指标分配、制定接口要求，最后向各分系统研制单位下达任务书。卫星总体设计中要广泛了解各个层次的组成、各组成部分的功能及其之间的相互关联，但主要精力要放在卫星系统本级设计上，在设计中要处理好本层次与上层次、下层次的关系。

④卫星研制阶段性原则

卫星系统研制和应用过程大致可分为设计、制造、发射和应用四个阶段。卫星总体设计又可大致分为任务分析、可行性分析、总体方案论证、总体方案设计和总体详细设计四个阶段。卫星研制的阶段性是由于卫星系统的整体性和层次性而产生的一项固有的特性，而且由于卫星系统还要适应外界环境要求（通过鉴定试验），所以其详细设计还要分成初样和正样设计两个阶段。卫星总体设计阶段是系统工程客观上存在的先后顺序，前一阶段工作未做完，则后一阶段工作无法进行。

⑤创新性和继承性原则

20 世纪 50 年代末第一颗人造卫星 Sputnik 发射以来，卫星技术和性能不断创新和提高，各种新概念、新理论、新技术、新材料、新工艺不断涌现。因此，在卫星总体设计中，应尽量发挥创新性，提高卫星总体性能。但创新必须建立在继承的基础上，决不能为了创新而创新。创新性应主要体现在按系统论的观点和系统工程的方法进行总体分析与综合，以实现卫星整体优化。整体优化的原则，并不是要把精力集中在或过多地用在某些局部的创新上；设计一种新卫星，也要尽量继承经过在轨考验过的原有技术、部件或电路等。在实际的约束条件下，高效率设计和制造出高品质和良好经济性的新卫星，才是创新性发挥的主要任务。

⑥效益性原则

卫星研制成本很高，卫星工程的经费投入和产出的效费比也很高。传统上，卫星设计是由国家主导的高投入性项目。随着卫星技术的提升和研制成本的下降，2014 年我国开放商业航天领域以来出现了不少的商业卫星厂商，但制约商业卫星发展的一个重要因素还是卫星研制的效益。因此，对于商业卫星的总体设计，效益性原则显得尤为重要。

为了获得最高的效益，总体设计要通过优化设计，最有效地利用现有的技术成就进行最佳的组合，提高可靠性、缩短研制周期、降低研制成本，使卫星研制以最少的代价，达到用户对卫星系统功能和性能的要求。

（2）总体各阶段设计内容

不同国家的不同航天系统的管理、研制和使用部门，对卫星工程寿命周期阶段的划分有所不同，但卫星工程全寿命周期任务目标和工作内容大体相同。借鉴美欧卫星工程寿命周期阶段划分经验，结合中国航天实际情况，把卫星工程寿命周期划分为立项论证、研制建设和运行使用三个阶段。中国航天工程前期实践中，卫星工程总体工作阶段主要是研制建设阶段。不同应用领域的卫星工程系统，由于职能管理部门要求、任务范式、可支配资源等不同，卫星工程总体工作内容差别较大。常规的卫星工程总体工作主要包括卫星工程总体文件编制、系统间接口设计验证、工程重大问题研究协调、工程质量和进度跟踪控制等；而系统工程要求更高的卫星工程总体，除了开展上述常规工作外，还组织开展系统总体仿真试验评估、应用推广与产业化、国际合作等工作。从卫星工程全寿命周期管理角度，按照立项、研制、运行三个寿命周期阶段，概述卫星工程总体工作。

①立项阶段卫星总体设计工作

卫星工程系统立项阶段，卫星工程总体在航天系统技术发展战略和规划计划等顶层文件指导下，组织开展航天系统顶层设计和航天工程研制建设总体可行性研究论证，综合分析航天体系要求和相关用户使用要求，定义卫星工程系统总体目标和范围，论证提出天地一体化指标体系，设计卫星工程系统体系框架，优选系统总体方案，初步分析航天任务的工程技术、经济、进度可行性，初步评估工程研制风险和系统效能。卫星工程总体跟踪掌握卫星工程各系统进展情况，协调出现的重大问题，确保卫星工程系统立项批复符合航天体系发展要求，确保以尽可能优化的性能经费满足用户使用要求。卫星工程总体经验和确认优选的系统总体方案技术可行，其总体性能、经费、进度和风险经权衡处于合理区间，可满足用户使用要求。卫星工程总体总结立项阶段经验教训，评估其取得的工作成果是否满足成功准则，为航天系统管理部门决策优选承研单位和是否批复立项提供支持。

②研制阶段卫星工程总体工作

卫星工程系统研制阶段，工程总体组织开展工程总体设计，进一步明确工程任务目标和天地一体化指标考核要求，细化工程任务分工和总体技术要求，设计卫星工程系统内外部接口关系和对接试验计划，制定工程总体技术和计划流程，编制工程总体方案、工程技术手册和发射飞行试验大纲等总体性文件。卫星工程总体跟踪掌握工程各系统研制生产和维修改造情况，协调工程相关系统间协作关系和出现的重大问题，确保工程技术状态一致性，确保工程研制建设实现性能、经费、进度和风险总体平衡。卫星工程总体组织开展工程总体试验评估系统研制建设，组织专题仿真试验和系统间对接试验，验证研制结果与总体要求的一致性，保证工程系统间接口正确、协调、匹配，确认研制的航天系统可满足用户使用要求。卫星工程总体总结研制阶段经验教训，评估其取得的工作成果是否满足研制阶段成功准则要求，为航天系统管理部门协调解决重大问题和工程里程碑节点决策提供支持。

③运行阶段卫星工程总体工作

在轨运行阶段，卫星工程总体组织编制卫星在轨交付文件；跟踪掌握卫星在轨测试和运行使用情况，组织协调卫星运行使用过程中出现的各种质量问题；组织卫星在轨试验，检验应用试验效果；总结卫星工程全寿命周期经验教训，评估其取得的工作成果是否达到预期目标和任务要求，卫星系统是否达到航天体系要求和用户使用要求，为持续提高卫星工程全寿命周期工作质量，包括卫星工程总体工作质量提供参考借鉴。

3.2　商业卫星总体方案设计

卫星总体方案设计从任务分析开始，通过对总体方案进行初步设想，提出对各分系统的要求，基于分系统设计结果提出备选卫星总体方案，最后综合确定最终的卫星总体方案。另外，由于卫星研制过程成本较高、周期较长、复杂性高，因此在确定卫星总体方案的同时通常还需要遵循卫星研制的阶段性原则，制定卫星研制的技术流程。

本节以上述设计流程为基础，结合当前商业卫星总体特点讨论商业卫星总体方案设计。

3.2.1　面向任务的需求分析

任务分析是卫星总体设计的顶层设计，卫星总体设计部门接到用户的初步任务需求后，需要进行任务需求分析。一方面，用户对任务要求的业务熟悉程度和需求各不相同，颗粒粗细差别很大；另一方面，从整星总体到各分系统总体，设计人员的任务需求总是在不断细化。因此，需求分析实际上贯穿了整个总体方案设计过程，图 3－5 给出了常见任务分析细化流程。

3.2.1.1　任务定义

用户任务提出处于任务分解的起点。根据《卫星工程概论》描述，卫星用户任务要求通常由两种形式提出：

1）基于社会或市场某方面的需求调研，由卫星研制部门提出某种卫星的研制方案，与用户协商后进行项目申报，立项成功后开始研制；

2）由卫星用户方直接提出招标书，研制部门经过分析提出方案投标，中标后开始研制。

对于国内商业卫星公司，初创阶段通常同时担任研制方和用户两重角色，采用第一种方式研制首批卫星以验证自身卫星研制能力。另外，单颗或几颗卫星的用户任务也常使用第一种方式提出，比如近年涌现的“××-×号”（如“厦门一号”“潇湘一号”等），常由用户直接指定具备资质的卫星研制单位进行研制。而第二种方式则更常见于大型星座规划中。

用户任务要求（对应图 3－5 中 PMO），高度概括了任务最基本的内容和要求，通常使用非技术术语进行描述。任务通常需指明地面应用和业务管理系统的配套研制要求；规定使用什么卫星平台；卫星系统或设备采用哪个产品或其他研制方；是否在轨交付等，任务通常对运载工具和发射场不作要求。

地球遥感类任务通过主动或被动方式收集地球相关数据，其任务范围从海洋深度、珠峰高度，到大气成分、地磁场变化，再到地幔、地核，跨度极大，对应的任务定义也有所区别，表 3－2 给出几个地球遥感卫星项目的任务描述。

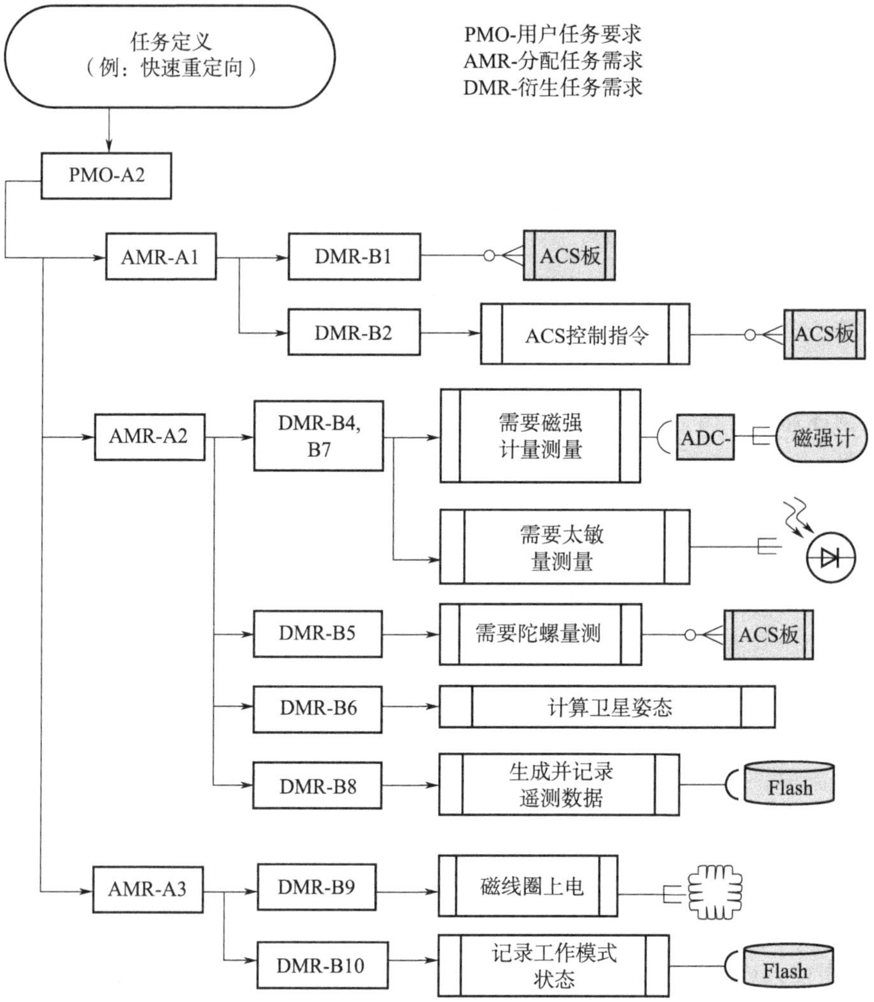

图 3-5　卫星任务分析细化

表 3-2　部分地球遥感卫星项目任务描述

型号	用户	任务描述
ExoCube (3U,2015 年发射)	加州理工大学	使用离子和中子质谱仪分析地球外逸层和电离层中各种元素和离子密度
ANGLES (12U,2019 年发射)	法国空间研究中心(CNES)	携带最新款"Argos"跟踪有效载荷，与星座上其他卫星一起定位跟踪被标记的动物、船只和气象信标
RAVAN (3U,2016 年发射)	美国国家航空航天局(NASA)	测量地热辐射能和反射太阳光能量以进一步精确测量地球辐射强度

随着商业卫星小型化的发展趋势，星上有效载荷产生的数据越发受到下行带宽的约束。出于必要性，小卫星（特别是立方星）对小型化通信技术的需求也随之增长。另一方面，立方星的低成本及标准化使得任何部组件在轨测试新进展都能更便捷地支撑下一代部组件开发。表 3-3 给出了部分验证先进通信技术的立方星项目任务描述。

表 3-3　部分通信技术相关立方星项目任务描述

型号	用户	任务描述
ISARA(3U，2017 年发射)	美国国家航空航天局(NASA) 美国喷气推进实验室(JPL)	用于验证可折叠 Ka 天线技术(集成到太阳能电池板)，以显著改善小卫星的下行带宽
CQuCoM(6U，未定发射)	斯特拉斯克莱德大学 新加坡国立大学	量子通信密钥验证，同时作为未来潜在星座的验证星
CubeSOTA(6U，未定发射)	日本情报通信研究机构(NICT) 东京大学	低轨立方星，牺牲部分带宽，通过一颗 GEO 卫星作为中继，改善自身覆盖范围和链路可用性

由于立方星低成本大规模生产和大规模安全部署的能力，多家商业卫星公司均规划了以立方星作为主体的星座计划，以求获得更大的覆盖范围、星座更多的内在冗余性和更短的重访时间。表 3-4 列出了几个基于立方星的大型星座的任务描述。

表 3-4　典型立方星星座计划任务描述

型号	用户	任务描述
Planet Labs	Planet Labs	大批搭载望远镜的立方星和小卫星，用于拍摄地球 52°纬度以内的高分辨率图像
Spire Global	Spire Global	计划超过 80 颗立方星的星座提供空间服务，用于测量大气折射的地球另一侧的 GNSS 卫星发射的无线电信号
Kepler Communications	Kepler Communications	规划立方星星座为中继卫星、地面站以及极地提供高带宽链接

3.2.1.2　拆解分析

基于 PMO 可以对卫星任务进一步的拆解以支撑详细设计，即获取卫星使用技术指标（对应图 3-5 中 AMR）。由于任务定义一般不明确具体使用指标，因此需要用户和应用系统综合分析，利用星地链路计算进行分配。以通信卫星为例，使用技术指标主要内容有：通信覆盖区、转发器数量、频率计划、饱和功率通量密度、有效全向辐射功率、接收灵敏度、定点位置、卫星寿命、卫星寿命末期可靠性等。

有时候分配的卫星使用技术指标仍然过于笼统，不能直接用于卫星的详细设计，因此需要针对 AMR 进一步分析衍生出对应的子任务需求（DMR），最终再由设计人员根据 DMR 去确定最终的敏感器、结构组件、通信接口等。

需要指出的是，在进行任务拆解分析过程中还应综合考虑以下因素：

（1）研制经费

应当参照过去研制卫星的经验以及市场价格对卫星研制成本和利润进行估算，以便对用户任务定义和卫星使用技术指标拆解合理性进行评估，比如任务定义中规划的卫星数量、是否包含地面系统、是否开发新卫星平台、可靠性试验制定等。

值得一提的是，近年来商业卫星大多采用低成本 COTS 器件，而这些工业化生产的货架产品价格变化相对较快，在进行研制经费估算时应注意市场变化。

（2）研制周期

卫星研制周期与卫星定义、使用技术指标、研制经费、卫星研制承接单位能力以及研制策略等多方面因素相关。由于商业卫星对于项目研制周期相对敏感，应考虑整体性、层次性、阶段性和创新性等原则，通过使用现有成熟卫星平台、成熟技术、简化技术流程、减少关键攻关技术点等多方面方法以缩短研制周期。

另外，对于大型星座项目，由于卫星生产具有批量化效应，还可以考虑建立生产线同时降低研制周期和成本。

(3) 现有技术基础

现有技术基础包括工业基础、技术水平和管理能力等，这些又可分为研制手段（包括软、硬件）和人员素质两方面。

(4) 其他约束

卫星在轨运行时期朝阳面热流很大，背阳面几乎没有热流，其热环境十分恶劣。同时，卫星还受到各种空间电子的辐射影响，因此，在总体设计中，除了要对各分系统提出耐受空间环境要求外，还要设计合理的外形和布局，以保证卫星具有良好的散热面和空间辐照防护措施。

卫星通信需要申请无线电频段使用权，国际电联对卫星使用频段做了详细的规定，无授权则卫星不能使用。其他约束又如，国际上要求在 300 km 高度以上工作的卫星在工作寿命终止后需要具备规定时间内离轨能力，避免与其他卫星碰撞等。

3.2.2 总体方案初步设想

3.2.2.1 轨道选取

在进行卫星任务拆解过程中应提出卫星方案设想，当然此时的技术实现途径和卫星方案很可能存在不完整、不详细甚至不正确的地方。但随着总体设计工作的推进，任务拆解分析过程中将不断汇总、协调卫星各子系统的性能需求和接口要求，对应的卫星方案设想也会随之不断迭代完善。针对不同的任务需求，所要求的卫星轨道也是不尽相同的，目前卫星工程使用的轨道有太阳同步轨道、回归轨道、冻结轨道、地球同步轨道、甚低地球轨道及星座等。

(1) 太阳同步轨道

由于地球是一个非标准球形，质量分布不均匀，对卫星要产生非球形摄动力。摄动力的结果之一将使轨道面产生进动。如果轨道面进动角速度与太阳在黄道上运动的平均角速度（即地球绕太阳公转的平均角速度）相同，则这条轨道称之为太阳同步轨道。太阳同步轨道有一个显著特点，即卫星在太阳同步轨道每圈升段（或降段）经过同一纬度上空的当地时间相同。

太阳同步轨道常用于气象卫星和对地观测尤其是对地光学观测卫星。

(2) 回归轨道

回归轨道是指星下点轨迹出现周期性重叠的轨道。卫星在回归轨道上运行，每经过一个回归周期，卫星又出现在以前经过的同一个地区。如果一条卫星轨道既是回归轨道又是太阳同步轨道，则该轨道称为太阳同步回归轨道。

由于回归轨道的周期性特点，通信卫星、观测卫星均常使用回归轨道。

(3) 冻结轨道

当轨道满足 $\omega=\frac{\pi}{2}$，$e=j_3R_e\sin i/(2j_2a)$ 时的轨道称为冻结轨道（式中 ω 为近地辐角，e 为轨道偏心率，j_3 为地球引力场三阶带谐调和项，j_2 为二阶带谐调和项，R_e 为地球赤道半径，i 为轨道倾角）。这种轨道在不考虑短周期摄动的条件下，其近地点幅角和偏心率都“冻结”了，不但轨道形状不变，拱线也不再旋转。

若轨道满足冻结轨道条件的同时，还是太阳同步轨道，从而能够保证对地观测条件变化在一定的范围之内，因此承担地球观测任务的航天器通常运用此种轨道，如地球观测卫星欧洲遥感卫星 1 号，欧洲遥感卫星 2 号和环境卫星 1 号都运用了太阳同步冻结轨道。

(4) 地球同步轨道

卫星运行方向和周期与地球自转相同，这种轨道为地球同步轨道。若地球同步轨道的倾角和偏心率都等于零，则这种轨道称为地球静止轨道。这种卫星在轨道上运行相对地球静止不动。地球静止轨道卫星可覆盖地球超过 1/3 的表面，若在轨道上均布 3 颗卫星，则可覆盖南北极附近除外的全球。

一方面，较高的轨道高度保证了卫星覆盖范围大、通信距离远，便于地面站的天线跟踪；另一方面，卫星相对地球不动，保证了地面用户的通信昼夜不停，因此现代大型通信卫星常采用这种轨道。

(5) 甚低地球轨道

甚低轨道是指近地点 100 km 左右，远地点 500 km 左右的低地球轨道。其特点是轨道离地面高度接近最低的程度。若再低，大气阻力就太大，卫星的轨道寿命太短，甚至不能形成正常运行的轨道。

因此，除去少量试验类空间飞行器及空间站外，基本没有卫星工作在此轨道上。

(6) 星座

由多颗卫星通过不同或相同轨道组成全球覆盖或一定区域覆盖的卫星网称为星座。星座大致可有三种类型：一类是有几个升交点赤经均布、倾角和高度都相同的圆轨道各轨道上均布相同数量的卫星，实现全球实时连续覆盖，这种实用星座的轨道高度又可分为高（约 20 000 km）、中（约 10 000 km）、低（约 1 000 km）三种，此类星座称为均匀对称星座；第二类是偏心率、轨道倾角和周期都相同，而升交点赤经、近地点幅角和初始时刻的平近点角按一定规律分布的多颗卫星所形成的星座，称为椭圆轨道星座；第三类由一种编队飞行的卫星群，即由两颗或两颗以上卫星保持近距离编队飞行（可形成长得多的天线基线——虚拟天线或组成三星时差定位系统等），该卫星群可称为编队星座。

随着几十年应用卫星的研制发展，完成各种应用卫星的任务而选择什么样的轨道已基本成熟，甚至在用户要求中就已确定。在总体方案论证中一方面进行具体轨道参数选择和轨道相关设计；另一方面要用较多的精力针对所选轨道去分析并提出用何种卫星方案去实现卫星的任务要求。

卫星轨道（或星座）选择直接影响到卫星的总体方案和构型设计（如用太阳同步轨道的卫星要求有效载荷对地定向，太阳电池翼对日定向），反过来，卫星的方案和构型又会对轨道（或星座）提出一定的要求（如为了提高地面分辨率要求轨道高度尽量低些等）。两者之间虽然需要进行协调，但卫星轨道选择是卫星顶层设计，是卫星方案设计的前提之一。

3.2.2.2　卫星基本构型确定

初步设计包括外形设计（含外伸部件天线、太阳电池翼等）、主承力构件类型设计和总体布局等。在总体方案论证中，不同卫星构型设计对卫星总体方案影响也很大，例如，同样容量、同样三轴稳定的通信卫星，由于卫星构型不同，则卫星的总体方案也不同。

值得一提的是，商业卫星出于规模化生产的需要，卫星结构设计有向立方星看齐的趋势。加州理工大学第 14 版立方星标准中给出了 1U 到 12U 立方星（目前商业卫星使用的尺寸至少为 3U）的尺寸示意，如图 3－6 所示，1U 的尺寸为 10 cm×10 cm×10 cm。

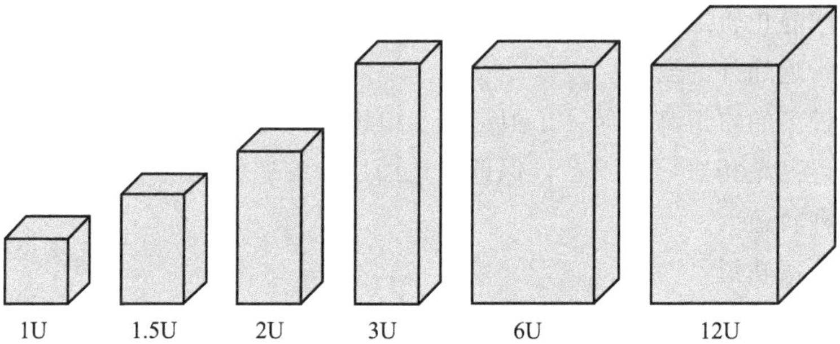

图 3－6　标准立方星规格示意

3.2.2.3　卫星大系统接口

卫星工程大系统是以卫星为中心，研制、发射、在轨测控、卫星应用等各部分结合的有机整体，系统组成见表 3－5。大总体的工作协调过程实际上是在大总体和运载火箭、卫星、发射场、测控和应用五大分系统间生成、转化和传递大量信息流、物质流和能量流的协调过程。对于卫星方，工程大系统的接口要求实际上是在大总体协调过程中不断扩充、处理、融合、集成后的设计输入信息。

表 3－5　卫星工程系统组成

	一级子系统	二级子系统	三级子系统
卫星工程系统	卫星(群)子系统	卫星	卫星分系统
	卫星发射子系统	运载火箭	运载火箭分系统
		地面测控	地面测控分系统
		发射场	技术阵地、发射阵地
	地面接口子系统	地面站	地面站分系统
	环境模拟子系统	力学环境试验设备	各试验设备分系统
		热环境试验设备	各试验设备分系统

在卫星设计过程中，必须明确的卫星系统级接口文件有 4 份：卫星与运载火箭的接口文件、卫星与地面测控系统的接口文件、卫星与地面数据接收系统的接口文件、卫星与发射场的接口文件。另外，虽然通常不会针对卫星测试提出单独的接口要求文件，但在进行卫星、分系统及设备的试验大纲编写时必须说明测试中需要注意的接口事项。

一般来说，火箭的运载能力是确定的，因此，有效选用运载火箭是总体设计的主要约束输入。作为运载火箭的有效载荷，卫星的分离质量、轨道选择、入轨精度受到火箭的能力限制；卫星收拢状态下的结构最大包络要受火箭上卫星整流罩有效空间的限制；卫星的整体刚度不得低于火箭的要求，对应卫星结构设计指标需要保证收拢状态下整星的一阶模态频率高于一定值；卫星及各分系统硬件设备需要能承受运载火箭起飞到分离整个过程中的过载、振动、噪声和冲击等力学环境条件；卫星要与火箭进行机、电、热接口的协调，满足电磁兼容性要求等。

卫星与测控网之间的接口包括了测控覆盖范围、性能指标、测控程序、测控要求、无线电频率选择、链路特性等，这些条件通常在总体方案论证阶段需要确定。除此之外，测控台站的选择、测控体制也是卫星与测控网的接口。

运载火箭与卫星在发射前的总装、测试以及最终的发射均在航天发射场进行，对于具有推进加注的卫星通常也在发射场进行加注。卫星总体设计必须要考虑发射场的纬度、运载火箭的发射方向限制。发射场主要分为发射及相关区域和技术区两块，卫星在技术区使用的厂房尺寸、空气环境、防雷防爆等安全要求通常不作为主要因素考虑。但如果卫星对供电、通信设备、电磁环境、接地等有特别需求，可与发射场协调解决。

商业卫星的地面接口主要是指对地面的无线电接口进行协调，频段选择、频率计划、等效全向辐射功率、接收机品质、饱和通量密度、覆盖区、幅频特性、带外抑制等均需要协调确定。同时，地面接口还需要配备监控设备对卫星实施遥测和遥控。卫星环境模拟接口主要与试验需要的各种大型专用试验设备进行协调，如太阳翼展开试验需要卫星与展开设备就尺寸进行协调确认。

（1）运载火箭

过去十年小型商业卫星能力的迅速提升同时吸引到资本和政府的关注，加速了运载火箭针对小卫星的发射需求而做出的适应性更改。目前对运载火箭的兴趣基本集中在四个方面：中型和重型运载火箭针对小卫星的批量部署能力、小型轻型运载火箭的定向部署能力、不同任务卫星的共享搭乘、运载火箭的管理服务。

而在这些方面的创新突破，反过来使得商业卫星发射有了比传统卫星发射更多的选择可能。今天，卫星运营商可以选择采用专属或搭乘发射，也可以将发射交由第三方负责，国际上，甚至直接将空间相关整体打包交由如 Loft Orbital 这样的服务商管理。

从发射记录上看，对于 100 kg 以上的卫星通常会使用中型或重型火箭将其送入 LEO 或 MEO；而像 Planet 和 Spire 这样单颗卫星小于 100 kg 的星座，则灵活使用中型、轻型和小型火箭完成星座的部署、补网以及星座扩展。小型卫星星座运营商的发射偏好取决于卫星制造产量、发射风险、市场时间需求、星座规模以及卫星的质量与尺寸。

卫星部署方案由卫星质量、卫星尺寸、星座轨道面数量、轨道面内卫星数量决定。Iridium、Globalstar、Orbcomm、O3b 以及 OneWeb 考虑到每颗星的部署成本，都选择了中型以上的运载火箭（联盟号、德尔它 2、猎鹰 9 号、天顶号、阿里安火箭）。对于大型星座，数量越大，可重复使用的重型火箭在星座部署上的成本优势越明显。此外，对于很多运营商来说，星座投入使用的时间至关重要，而一次发射最大限度地完成卫星部署数量显得很有价值。

就目前而言，无论是卫星星座的大批量部署、多批次的发射任务，还是搭乘共享发射，小卫星发射的一个关键市场决定因素都是可重复使用的中、重型运载火箭。由于不受制造和供应链的限制，重复使用火箭从成本和可用性两方面都提供了明显的优势。此外，配备高性能的上面级和有效载荷整流罩的火箭还将进一步提高卫星部署能力。

（2）地面系统

卫星星座、编队飞行和单颗卫星任务，都需要地面系统对空间飞行器提供支持，将有效载荷状态转发给用户，管理平台和对有效载荷跟踪、对卫星进行遥测和遥控。高带宽需求的日益增加和不断改进的调制编码技术使得地面端越发灵活。

地面系统包含了用于支持在轨任务的所有地面部分，核心组成有提供通信接口的地面站、管理卫星的操作中心以及提供各组成之间互联的地面网络。地面系统的典型结构如图 3-7 所示，一方面地面系统对相关空间飞行器进行管理和控制，另一方面地面系统还需要为用户访问所需信息和数据提供路径。

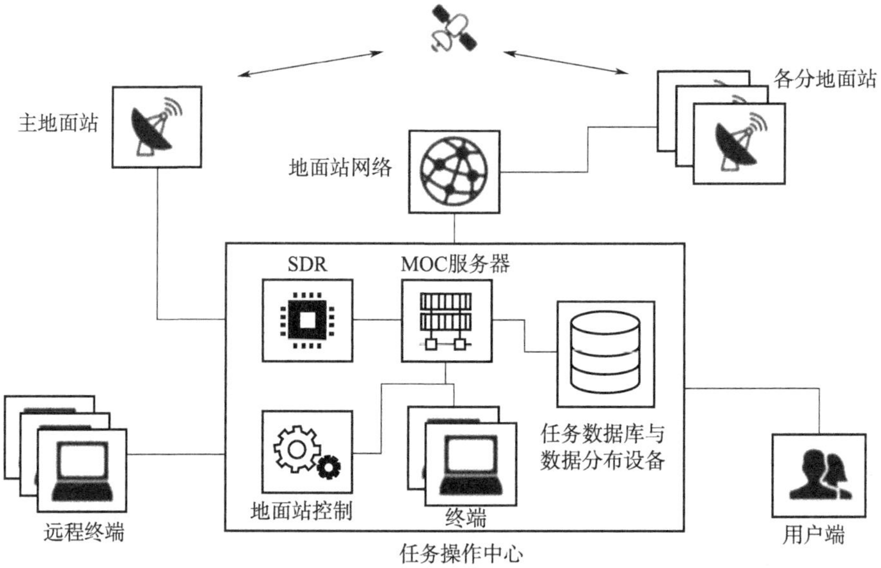

图 3-7　地面系统结构

地面系统在设计时应当尽量考虑简化运控人员的操作难度。除了修正和异常处理，所有流程都应尽量自动化。考虑到地面系统操作与空间飞行器直接关联，可以考虑运控人员对流程状态进行监控。在工作时间外，地面系统应具有低风险日常任务的自主处理能力和后台自动报警及应急程序。当然，地面系统的自动化水平与任务的复杂性有关。面对近年涌现出的大型 LEO 卫星星座，为实现有效管理，需要更为高效灵活的地面系统。

(3) 无线电频率协调

2018 年全球发射了 200 多颗小卫星，2019 年发射数量超过了 400 颗。面对快速增长的小卫星发射趋势，卫星在无线电协调方面的问题也越发突显。目前，国际电联的《无线电规则》(ITR RR) 并未对小卫星无线电频率使用做出明确规定。但考虑到小型商业卫星基本发射到 LEO，广义来说属于非 GSO 卫星。表 3-6 给出了典型的无线电频率分配。

表 3-6　典型小卫星频率分配

频率带宽	业务	分配类型
401～403 MHz	卫星地球探测(地对空)	主要业务
401～402 MHz	空间操作(空对地)	主要业务
449.75～450.25 MHz	空间操作(地对空) 空间研究(地对空)	No. 5.286—须按照第 9.21 款达成协议
1 215～1 300 MHz	卫星地球探测(有源) 空间研究(有源)	No. 5.330～5.335A 保护卫星无线电导航业务和无线电定位业务
1 427～1 429 MHz	空间操作(地对空)	主要业务
2 025～2 110 MHz	卫星地球探测(地对空,空对空) 空间操作(地对空,空对空) 空间研究(地对空,空对空)	主要业务
2 200～2 290 MHz	卫星地球探测(空对地,空对空) 空间操作(空对地,空对空) 空间研究(空对地,空对空)	主要业务
2 290～2 300 MHz	空间研究(深空,空对地)	主要业务
8 025～8 400 MHz	卫星地球探测(空对地)	主要业务
8 400～8 500 MHz	固定 移动(航空移动除外) 空间研究(空对地)	主要业务
8 550～8 650 MHz	卫星地球探测(有源) 空间研究(有源)	主要业务
9 300～9 800 MHz	卫星地球探测(有源) 空间研究(有源)	主要业务
9 800～9 900 MHz	卫星地球探测(有源) 空间研究(有源)	次要业务
10.6～10.7 GHz	卫星地球探测(无源) 空间研究(无源)	主要业务
13.25～13.75 GHz	卫星地球探测(有源) 空间研究(有源)	主要业务
22.21～22.5 GHz	卫星地球探测(无源) 空间研究(无源)	主要业务
22.55～23.15 GHz	卫星间 空间研究(地对空)	主要业务(No. 5.338A)

续表

频率带宽	业务	分配类型
23.6～24 GHz	卫星地球探测(无源) 空间研究(无源)	主要业务

我国为了对卫星无线电资源利用进行管理，在 2016 年 12 月修订施行了《无线电管理条例》。其中，第 25 条明确规定“建设卫星工程，应当在项目规划阶段对拟使用的卫星无线电频率进行可行性论证；建设须经国务院、中央军事委员会批准的卫星工程，应当在项目规划阶段与国家无线电管理机构协商确定拟使用的卫星无线电频率”。而针对卫星无线电频率资源的可行性论证规范，工信部在 2020 年 2 月《〈卫星无线电频率使用可行性论证办法（试行）〉解读》中明确卫星无线电频率使用可行性论证报告应当包括但不限于：

1）卫星工程背景；

2）卫星无线电频率和轨道资源使用需求分析；

3）拟使用卫星网络的特性及合法性合规性检查情况；

4）拟使用卫星网络的协调状态和协调形势分析；

5）与同频邻频相关空间业务和地面业务的兼容公用分析；

6）卫星无线电频率和轨道资源使用的可行性分析；

7）卫星无线电频率和轨道资源使用的风险应对措施；

8）结论和建议；

9）其他需要说明的情况。

实际上，通常方案设想阶段不能完成无线电频率的协调工作，但考虑到频率分配问题越发突显的重要性，卫星总体设计部门在对用户任务进行初步分析后应尽早开始进行无线电频率协调。

3.2.3 分系统指标

在完成总体方案初步设想后，应提出各分系统的具体要求，并进行各分系统的方案设计工作。这一阶段，一方面需要提出能满足用户使用技术指标的载荷方案，另一方面需要厘清卫星平台各分系统间约束关系，进行指标分配。

本节介绍了卫星具体性能指标的分析方法，针对卫星平台给出了几项典型性能指标计算的经验公式。对于商业卫星有效载荷，本节给出了分系统阶段需要考虑的接口要求，并具体讨论了商业卫星“搭载载荷”的各项优缺点。

3.2.3.1 指标分析方法

功能需求与技术指标是对任务需求的工程化语言描述，目的是将抽象的任务目标具体落实为可量化评价的工程目标。正如在任务分析一节中所述，卫星功能性能指标需要综合考虑成本、任务目标、经验继承性等多方面因素，需要正确协调与上一层次卫星工程各系统之间以及下一层次各分系统之间的关系。目前，卫星总体功能性能指标有三种常用的分析方法：经验法、分析法和协调法。

经验法，即根据过去总体设计的经验以及对国内外同类型卫星有关功能性能指标的调研，结合当前项目实际特点进行预先分解和综合。经验法的依据是相似性原理，是系统工程中常用的一种方法。由于参考其他卫星型号的指标参数，经验法可以相对简单地完成总体指标的初步设计。但经验法需判别当前项目与参考型号的不同之处，并修正总体指标。

分析法是一种依赖于数学建模的方法，研究每一项功能性能与各有关分系统之间的关联，将影响因素作为模型输入计算有关数据，最终对功能性能进行协调。以光学遥感卫星为例，根据成像分辨率要求可以计算出相机 MTF 级数，进而通过 MTF 级数可以计算出相机成像时应满足的滚动、俯仰、偏航精度指标，也即控制分系统指标输入。

协调法通过与卫星工程大系统及卫星各分系统间的技术协商和调整，确定总体各项功能性能指标及相关接口。卫星总体设计的设计流程对技术指标逐步细化，由经验分析到实践验证，由单一因素到多因素综合分析，因此协调法本质是在卫星研制过程中对卫星技术指标逐渐成型和优化的过程。

总的来说，上述三种方法在卫星设计过程中应综合应用。对于各分系统部组件质量、功耗、尺寸等就可以使用经验法在总体任务分析和方案论证阶段进行确定。而到总体方案设计阶段，则必须认真进行分析计算以得到合理精确的功能性能指标。另外，电源功率、推进剂消耗等指标虽然在任务分析阶段就得确定，但也适合通过分析法得出。至于协调法，应该贯穿于卫星总体设计的全过程。不过，在总体设计前期由于不确定项多，协调工作量也大。随着卫星研制的进展，协调量也逐渐减少至零。

需要指明，上述方法设计出来的总体指标并不保证唯一，但设计的功能性能指标一定需要满足卫星任务需求。

3.2.3.2　平台典型指标计算

总体性能指标有些只与一个分系统有关，如各个分系统本身的性能指标；而有些性能指标是与各个分系统都有关，如体积尺寸、精度、散热、遥测参数和遥控指令、质量、功耗、推进剂、可靠性、寿命等性能指标。前者有些要与大系统进行协调、分析和分配（如有效载荷的性能指标、测控分系统的性能指标等），后者要与卫星各个分系统进行协调、分析和分配。下面给出卫星功率、质量及寿命指标分配过程。

（1）卫星功率指标分配

对卫星进行一次电源总体设计前，首先要对卫星的负载功率进行需求分析，然后完成卫星的功率预算。对卫星的负载功率进行需求分析和功率预算也不是简单的加和关系，即不能把分系统的仪器设备功率依次相加而作为对太阳电池阵和蓄电池的设计依据。

在卫星总体设计中做功率预算时，首先将各仪器设备功耗按性质分成长期、短期、大电流脉冲等几类负载。大电流脉冲负载（如电爆阀门、爆炸螺栓、电磁阀、火工索等）虽然负载电流很大（功率也很大）但时间很短，所以消耗蓄电池的安时容量很小，可直接引自蓄电池供电。短期负载可按时间顺序尽量错开，降低用电高峰，有时短期负载也可使用蓄电池。对地观测传输型卫星，有的有效载荷功率很大，但不是长期工作，可用主阵、充电阵和蓄电池同时供电。

功率预算要做好光照期总负载需求分析。如图 3 - 8 所示，光照期间总负载需求为

$$P=(P_C+P_D+\Delta P)/\eta=\left(\sum_{i=1}^{n_C}P_{Ci}+\sum_{j=1}^{n_D}P_{Dj}+\Delta P\right)/\eta \tag{3-1}$$

式中 P ——总负载；

P_C ——长期工作设备总负载；

P_D ——某时期短期工作设备重叠负载；

P_{Ci} ——第 i 个长期工作设备的功耗：

n_C ——长期工作设备数量；

P_{Dj} ——第 j 个短期工作设备的功耗；

n_D ——短期工作设备同时工作的重叠数；

η ——仪器设备功率转换效率（包括直流变换器、充放电控制器等效率）；

ΔP ——分配余量。

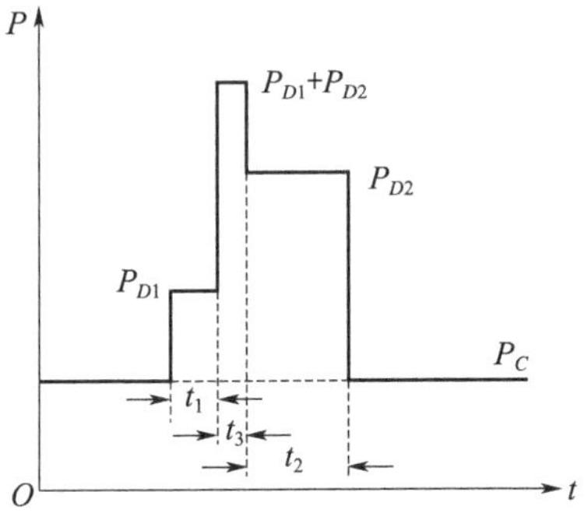

图 3 - 8　光照区最大功率预算示意图

卫星电源供电可有下列 3 种模式：

①总负载功率低于太阳电池阵主阵产生的功率

所有短期负载都未工作或者长期负载加上 P_{D1} 工作（见图 3 - 8）时，就是这种模式。主阵产生的功率经分流器向各负载供电，部分多余的功率由分流调节器予以分流。充电阵产生的功率经充电控制器给蓄电池充电。

②总负载功率高于太阳电池阵主阵产生的功率，但低于主阵加充电阵的总输出功率

卫星处于图 3 - 8 中 t_2 时间内，就是这种模式。此时，由主阵产生的功率经分流器全部提供给负载使用，其不足部分由充电阵产生的功率经开关调节器提供给负载，充电阵的剩余功率继续经充电控制器给蓄电池充电。

③总负载功率高于太阳电池阵主阵加充电阵产生的功率

卫星处于图 3 - 8 中在 t_3 时间内，就是这种模式。此时由主阵产生的功率经分流器全部提供给负载，充电阵产生的功率经开关调节器全部提供给负载，其不足部分由蓄电池经开关调节器提供。但 t_3 时间不能太长，否则蓄电池经若干地影（最坏情况）充放电能量得不到平衡。

电源功率分配时除要考虑有一定的余量还要考虑电源分系统本身的功耗和电缆网的损

耗。方案阶段 ΔP 一般留有 5%～10%的余量。

（2）卫星质量指标分配

卫星总质量 M 包括各分系统的各个仪器设备、总装直属件的质量 M_i 、推进分系统的工质（含推进剂和压缩气体质量 M_T 、平衡质量 M_p 及余量 M_y 等。这些质量又可分非消耗性质量（一般称干质量或干重）M_G 和消耗性质量 M_x 。卫星干质量 M_G 和分配到各分系统及总装直属件的质量 M_i 可用下式计算

$$M_G=\sum_{i=1}^{n}M_i+M_p+M_y \tag{3-2}$$

由于平衡质量和余量又与各分系统仪器设备及总装直属件质量之和有关，所以上式又可表示为

$$M_G=(1+k_p+k_y)\sum_{i=1}^{n}M_i \tag{3-3}$$

式中　i ——卫星分系统仪器设备和总装直属件号数；

n ——卫星分系统仪器设备和总装直属件总数；

k_p ——平衡质量分配系数（一般取 0.02 左右）；

k_y ——余量分配系数（一般取 0.05～0.10）。

卫星总质量 M 可分解如下

$$M=M_G+M_T \tag{3-4}$$

（3）卫星寿命指标分配

卫星用户对卫星提出的寿命指标一般是指卫星在轨工作寿命，有时也要提出备份星在地面的储存寿命。

卫星寿命一般分为设计寿命、在地面储存寿命、在轨存活等待寿命和在轨工作寿命。卫星各分系统及其仪器设备的寿命也要区分上述几种寿命概念，因为有的仪器设备在轨不是长期工作的，而是断续工作，有的只需工作一段时间就不再工作了，此外，还有一类是具有活动部件的设备。因此，在卫星总体设计中对卫星各分系统及其仪器设备要分别提出不同要求。

①长期工作固定设备

对于在轨长期工作的无活动部件的仪器设备要求其设计寿命大于卫星在轨工作寿命，即

$$T_{ij}>T_{WG},i=1,2,\cdots,n;\quad j=1,2,\cdots,m \tag{3-5}$$

式中　T_{ij} ——第 i 个分系统中第 j 个仪器设备的设计寿命；

n ——分系统总数；

m ——分系统中仪器设备总数；

T_{WG} ——用户要求的卫星在轨工作寿命。

②间歇工作固定设备

对于在整个卫星工作寿命期间间歇工作的仪器设备可用下列关系式表示

$$T_{kG}+T_{kJ}>T_{WG},\quad k=1,2,\cdots,n_0 \tag{3-6}$$

式中 T_{kG} ——卫星中第 k 个仪器设备在轨工作时间；

T_{kJ} ——卫星中第 k 个仪器设备在轨间歇时间；

k ——卫星中间歇工作的仪器设备号数；

n_0——卫星中间歇工作的仪器设备总数。

③具有活动部件的设备

对于在轨具有活动部件的设备的设计寿命要求如下

$$T_{qHS}=fT_{qHG},\quad q=1,2,\cdots,p \tag{3-7}$$

式中 T_{qHS} ——卫星中第 q 个活动部件设计及地面试验寿命（或次数）；

T_{qHG} ——卫星中第 q 个活动部件在轨工作寿命（或次数）；

q ——卫星中活动部件号数；

p ——卫星中活动部件总数；

f ——安全系数，一般取 1.5～3.0 倍。

3.2.3.3 有效载荷接口

由于卫星的性质、功能和用途主要由有效载荷决定，因此有效载荷在传统卫星设计中占主导地位，即卫星平台各分系统的设计应满足有效载荷对卫星平台的技术要求。随着商业卫星模块化设计、一体化设计等思路在工业界的成功实践，有效载荷与卫星平台、应用系统的技术协调也开始越发受到重视。

（1）通用接口要求

正如之前所述，卫星载荷是一个较为宽泛的概念。对于不同类型的有效载荷，其设计要求、设计方法不同，对应的技术接口往往有很大不同，本节简述一般性通用接口要求。

与卫星平台其他部组件一样，卫星有效载荷与平台之间的接口关系，包括了设备尺寸和安装尺寸、质心、转动惯量、功耗、供电电压、其他机械接口、热接口、电接口以及 EMC 要求，一般使用接口数据单（IDS）表示。

按照传统卫星的管理文件体系标准，有效载荷的接口数据单管理属于设备级接口管理。为全面反映载荷的接口特性数据，便于状态管理严格把关和接口数据协调工作的质量保证，体系管理使用 10 种接口数据单：

1）设备示意图接口数据单；

2）热特性接口数据单；

3）热特性示意图接口数据单；

4）电功率接口数据单；

5）电特性接口数据单；

6）电路方块图接口数据单；

7）接插件表接口数据单；

8）接插件接点分配接口数据单；

9）遥测表接口数据单；

10）遥控指令表接口数据单。

（2）载荷特定要求

传统卫星载荷主要针对通信、导航、遥感三种任务。对于商业卫星，从近年的卫星产业报告可以看到，通导遥三类载荷任务依然占据了商业卫星的主流市场。

通信卫星载荷是通信卫星上直接执行通信任务的空间仪器设备，一般可分为天线和转发器两部分。天线完成星上信号的收发功能，转发器则负责对天线接收信号进行加工。导航卫星基本作用是向地面用户提供实时准确、连续的位置、速度和时间信息，目前卫星导航系统大体有低轨测速、高轨测距和 GEO 无线电测定三种。对于前两者，影响导航精度的主要因素是时间标准的稳定度和对电离层误差的校正，因此其关键有效载荷之一均是能产生高稳定发射载频的高稳定时钟，如铷原子钟和铯原子钟。对于 GEO 无线电测定系统，卫星上的有效载荷主要负责转发地面中心站和用户间的交互信息。由于用户收发能力有限，因此星上的转发器通常为高增益系统以保证有效载荷的放大系数约束。遥感卫星根据具体任务不同，可以分为地球资源卫星、气象卫星、海洋卫星、侦察卫星等。典型的遥感卫星有效载荷有多光谱类、成像光谱仪类、高空间分辨率类和合成孔径雷达（SAR）等，但简单来说可以划分为光学成像遥感载荷和非光学成像遥感载荷两种。

由于有效载荷任务性能与卫星运动紧密相关，因此在近年的商业卫星设计中趋于进行平台和有效载荷一体化设计。平台的性能，特别是姿轨控性能对遥感性能有着重要的影响。一方面姿轨控能力一定程度上决定了卫星天线的覆盖，另一方面姿轨控稳定性能对卫星遥感图像至关重要。为了扩大遥感观测范围，很多遥感卫星需要进行卫星平台的三轴机动，有效载荷接口需要对平台设计提出性能指标要求。

随着遥感图像分辨率性能的不断提高，遥感光学相机的体积也日益增大。对于大体积的遥感光学载荷，传统分舱设计的卫星将导致整体尺寸变大。为了减轻卫星质量、减小卫星尺寸、降低卫星成本、提高卫星刚度，近年来欧美发射的遥感卫星多采用平台与载荷一体化的构型。2009 年法国发射的 Pleiades - HR 卫星，将相机和整星主结构组成整体，由相机提供星上其他设备的安装接口。2006 年美国发射的 GeoEye - 1 高分辨率卫星将相机结构沉入整星结构中，在相机结构上安装了星敏感器、陀螺、数传天线和其他部分电子设备。

卫星有效载荷和地面应用系统，以及二者之间的媒介共同组成了卫星应用系统，因此有效载荷设计的输入包含了卫星应用顶层设计的要求。为尽量达到系统设计整体的优化，应合理分配星、地设备间的指标。通信载荷必须考虑地面站的性能、地面移动终端的性能和大气环境带来的各种衰减。

针对近年商业卫星在轨高效服务不同区域、不同时域的不同应用需求，迫切需要提升转发器效率，这使得通信卫星灵活有效载荷的概念应运而生。通信载荷的灵活性最大约束输入条件是整星质量、功率和结构空间。目前国外对通信载荷各层级的灵活性，根据任务类型的不同，主要依靠对传统星上通信链路涉及单机、元器件的技术改进，基本集中在天线、射频前端、处理单元三大部分。

通信载荷天线灵活性侧重于波束覆盖能力，改进手段主要对于传统无源反射面天线，利用机械或电调节实现波束移动和尺寸缩放；利用有源阵列天线和波束成形网络，实现波束位移、形变和数量调节。

射频前端对应频谱管理和功率分配的灵活性，需要改变单个通道的频谱特性，这主要可以通过带宽频点可调滤波器和灵活变频器两种方式实现。搭配步进调节的功率放大器，能满足不同条件业务传输要求。

处理单元对应链路互通及协议体制调节方面的灵活性。为了实现波束间、子信道甚至单个用户之间互联互通的灵活性，提高卫星网络的运行效率，通常有两种技术方案：数字透明转发技术和可再生处理技术。

此外，无论是遥感载荷还是通信载荷，都要再次强调电磁兼容性的接口要求。有效载荷电磁兼容性的接口输入不但有各组成设备的电磁兼容性指标、有效载荷和平台之间的电磁兼容性指标，还有卫星与运载火箭间的电磁兼容性指标、有效载荷在卫星应用系统中的电磁兼容性指标以及卫星应用系统与其他系统间的电磁兼容性要求。

(3) 商业卫星“搭载载荷”

在 SpaceX、OneWeb、Planet 等公司提出的大型小卫星星座吸引了公众注意力的同时，新的商业卫星“搭载载荷”热潮也引起了业界广泛的关注。商业“搭载载荷”是指通过商业模式，利用商业卫星的平台、功率和通信能力等可用资源，支撑其他通信业务、仪器或其他星载设备工作。

“搭载载荷”与传统的有效载荷搭载在形式上高度相似，但二者的卫星主体属性不同。前者是商业卫星，交付进度相对严格且确定，一般不因“搭载载荷”而改变；后者是非商业卫星也就计划体制下的立项卫星，卫星与“搭载载荷”之间需要进行充分协调，最终发射时间需要所有有效载荷全部交付后才能确定。简单说，前者卫星是“公交车”，车不等人；后者卫星是“包车”，人齐才发车。因此，商业卫星“搭载载荷”在合作目的、管理模式、权责划分上会进行更明确的考虑和规定。

“搭载载荷”主要优势在于：

1) 改进发射安排，提供了发射的成本优势，减少了频率协调相关的管理成本，减少了发射许可注册次数等；

2) 通过共享卫星平台的能源、热控、TT&C 系统以及姿轨控能力，大规模减少了卫星平台研制成本；

3) 减少了在轨卫星或大型星座的维护成本；

4)“搭载载荷”不需要额外考虑寿命末期的离轨问题。

但是“搭载载荷”同样存在一些潜在的问题。一方面，如果搭载的卫星平台出现整体故障，甚至更恶劣情况下搭载平台网络出现了系统故障，被搭载的载荷必然无法正常工作。显然，平台失效是严重的事故。但除此之外，在平台部分丧失能力时还存在更复杂的情况。假设卫星平台太阳帆部分失效导致需要供电能力降级，则有可能为了主载荷的任务安全而切断搭载载荷的供电。因此，为了保证搭载载荷的任务能力，通常需要谨慎地预测潜在问题，并在合同中针对可能出现的问题明确阐述应对方案。另一方面，由于卫星运营商通常会快速迭代发射新卫星替代性能下降的较老卫星，因此搭载载荷的研制进度需要跟上商业卫星快速研制的步伐。

总的来说，搭载载荷的成功需要保证：搭载有效载荷的设计适应现有产品线的卫星平台，满足质量、功率和温度、天线孔径和指向的约束；协调好主载荷和搭载载荷的设计、制造、集成、测试和进度。

另外，对于具有计划体制下立项航天背景的搭载载荷，还需保证：

1）相关部门需改变采购流程，接受通用的商业项目管理方法和理念；

2）各部门共同参与计划设计，以保证商业任务和计划体制的立项航天任务都得以实现；

3）各部门需紧密合作，选择互相认可的轨道，履行相关的国际电信联盟档案管理流程。

①搭载载荷用于技术和服务验证

在新的太空技术正式部署前，搭载有效载荷提供了一种测试、演示与验证新技术的有效方式。由于搭载有效载荷提供了进入太空便宜、可靠和快速的途径，项目主管能利用这种方式降低在研飞行硬件的技术风险。美国空军空间与导弹系统中心的“商业搭载红外有效载荷”项目于 2011 年使用一颗商业地球静止轨道卫星（SES－2）搭载一个宽视场、被动红外传感器发射升空。这次试验支持下一代红外传感器系统研制，对于降低第三代红外监视系统（3GIRS）的技术风险至关重要。

未来卫星通信服务很可能需要利用 Q 波段（30～50 GHz）、V 波段（50～75 GHz）和 W 波段（75～110 GHz）频率。欧空局和 Inmarsat 联合研制的 Alphasat 卫星上就搭载了一个叫 TDP5 的 Q/V 波段验证载荷，旨在验证利用先进的数字复用技术和微波雨衰减技术提供卫星通信服务的可行性。这是目前世界上最复杂的搭载载荷任务之一，最初卫星平台设计为大容量的移动通信卫星。根据与欧空局的协议，星上约 20%的资源用于支持星上四个搭载载荷工作。Alphasat 依照预期在轨运行测试了 3 年后，又延长了 3 年寿命到 2019 年年底。

②“搭载载荷”联盟

2011 年年初，由波音公司、洛马公司、劳拉公司、轨道科学公司、SES 公司、国际通信卫星公司和铱星公司等 7 家公司发起成立了“搭载有效载荷”联盟（HPA），旨在宣传“搭载有效载荷”的利益，构架政府和私营企业的沟通桥梁，促进商业卫星搭载政府有效载荷的实施。后续该联盟的成员又增加了泰雷兹-阿莱尼亚公司、航空航天防务公司下属的阿斯特留姆公司（EADS Astrium）、阿里安航天公司、国际发射服务公司、欧洲通信卫星公司、哈里斯公司、ATK 空间系统公司、雷神公司、诺格公司、ComDev 公司、MEI 技术公司和国际移动卫星公司等。这些公司基本涵盖了全球主要的卫星制造商、运营商、发射服务提供商和相关航天企业。

③任务整合效率

搭载载荷首先要强调的优势是节约成本。第一，发射成本以及发射相关的所有文件工作和监管花费精力方面，搭载载荷都能明显减少支出。其次，共享卫星平台资源节省了平台额外支出。最后，当卫星发射入轨工作后，由于卫星平台由平台运营商管理，而不是由载荷相关组织管理，也降低了在轨管理支出。

除去成本优势，搭载载荷显然也有以下的好处：1）卫星离轨、电池漏电或推进剂贮箱爆炸以及其他风险项的避免交由平台运控人员负责；2）基于可靠性、寿命测试或新服务演示目的的搭载载荷很可能延长其测试周期，Alphasat 在 Q/V 波段通信服务和微波雨衰减测试进行了 3 年后又延长了 3 年测试时间。

④法律、监管、可靠性以及保险因素

携带搭载载荷的卫星在法律、监管、责任和保险上需要与自由飞行的微纳星或立方星明显不同。通常情况下，卫星平台的主要责任方和相关发射国家负责取得发射许可、完成向联合国发射注册报备、向国际电联进行频率协调等。但如果搭载载荷需要在多个国家提供服务，则搭载载荷方必须取得服务国家所谓的登录许可。即便如此，在某些情况下依然存在一些新的监管问题。假设搭载载荷在某国获取了遥感数据，但并未在该国境内下传，并且事后通过互联网出售处理后的遥感数据，那么即便搭载载荷取得了某种形式的国家批准也可能存在问题。这是因为，搭载载荷的许可并不能免除对于卫星平台的国内国际监管。

在保险方面，同样存在一些问题。比如是否可以为搭载载荷申请单独的发射保险？如果可以，那么保险支出是应包含在卫星平台方提供的搭载服务中，还是由载荷方承担？如果卫星平台能源部分能力丧失导致无法继续向搭载载荷供电，载荷方是否可以起诉平台方以弥补损失？卫星平台方是否同意提前签订协议明确向载荷供应的能源比例？Inmarsat 的 XL - Alphasat 项目约定了 Alphasat 提供 20%的任务资源。而国际空间站参与国家均签署了一份“特许经营协议”，规定每个国家的权力和资源要求。可以看出，在发射前卫星平台和载荷方应通过具有法律约束力的合同明确相应的权力、责任和资源要求。

3.2.4 卫星总体方案综合和确定

总体方案设计工作量主要集中在以下几项：

1）选择满足用户任务的轨道或星座，比如 Planet 公司的 Flock - 1 星座就采用了 52°倾角轨道以满足自身遥感需求；

2）提出能满足用户使用技术指标的载荷设想；

3）初步确定卫星必需的各系统，并初步提出可行方案及分系统间的约束关系；

4）根据使用技术指标初步确定性能技术指标，并估算整星质量和功耗；

5）初步提出卫星构型草图，如果设想选择现有卫星平台，则应标注针对本次任务做出的适应性修改项；

6）初步确定总体设计方案阶段可能存在的待突破技术关键点；

7）初步估计卫星的研制经费及研制周期。

对于基于成熟卫星平台开发的卫星项目，卫星总体方案相对固定，在完成需求分析、方案设想和分系统指标核算后基本能确定卫星的总体方案；但对于不少初创的商业卫星公司，卫星研制从零起步，总体设计初期考虑约束较少，可能存在多个总体设计方案。

因此，有必要进行以整体优化为准则的多方案综合、优选，在方案可行性和可靠性两方面进行方案论证工作以完成卫星总体方案的最终确定。但可行性和可靠性分析应贯穿卫星总体设计的整体流程，以尽量减少本阶段潜在可行可靠隐患导致的后续返工。

3.2.4.1　可行性

本节给出卫星可行性分析论证的工作内容，并针对卫星总体方案确定中的可行性评估给出一般性评价原则。

（1）可行性分析

从工作内容的角度看，总体方案可行性论证需要完成：论证卫星的分系统组成及其方案选择、分析实现卫星使用技术要求的途径、确定卫星的构型。

①分系统组成及方案选择

卫星一般包括有效载荷与卫星平台两部分。卫星平台包括结构热控、电源、姿轨控、测控、通信等分系统。在方案论证中总体设计所选分系统的方案各不相同。分系统方案的不同也将对卫星总体方案形成产生一定影响，尤其是有效载荷、控制、推进和电源分系统对总体方案的影响最大。

在总体方案论证过程中，总体所选的卫星有效载荷分系统方案不同对卫星总体方案的影响也是非常明显的。例如，要实现具有一定空间分辨率的遥感对地观测卫星，由于载荷的不同，对卫星也有不同的姿态、能源、轨道以及推进的需求。其他分系统及仪器设备的性能指标也会对卫星总体方案产生巨大影响。

②卫星技术要求实现途径论证

卫星使用技术要求对卫星总体方案的影响也是很明显的。例如，对于某卫星如果只要求搭载小功率轻质量的载荷，则使用小型卫星平台即可。若有效载荷要求比该小型卫星平台提供的承载和功率要大，就需要使用新的平台，满足更大的承载和更大的功率需求，其总体方案就截然不同。

③卫星构型

卫星构型的初步设计包括外形设计、主承力构件类型设计和总体布局等。在总体方案论证过程中，不同卫星构型设计对卫星总体方案影响是很大的。例如，美国劳拉公司的 FS－1300 平台的主承力构件采用中心承力筒，两个推进箱串联放在承力筒内；洛克希德·马丁公司的 A2100 平台承力结构采用箱板式，几个推进箱并列放在底板上；而休斯公司的 HS－702 平台主承力结构采用桁架式，几个推进箱也是并列放在底板上。这几种方案不仅使结构分系统与整星的质量比不一样，结构和布局也不一样，而且对有效载荷扩充的能力也不同。

（2）可行性评估

在满足同样用户要求的条件下，可能存在多个可行的卫星总体方案，需要进一步的可行性评估。可行性总体方案评估是总体设计中关键性的技术工作。可行性基本评价原则如下：

1）方案对卫星任务技术指标要求的满足程度；

2）方案在经费和周期限制条件完成把握有多大；

3）方案的风险程度；

4）从可行性角度看，方案的特点以及优缺点。

3.2.4.2 可靠性

过去10年，商业卫星产业的兴起引起了一场如何设计、制造和操作在轨飞行器的革命，商业航天的新兴公司对商业卫星的可靠性设计也提出了质疑。本节先介绍卫星可靠性设计的方法和设计原则，接着具体分析商业卫星的可靠性。

（1）可靠性设计

由于卫星入轨后不可维修的特点，可靠性是卫星总体的重要指标。根据定义，卫星可靠性指其在经历上升段、在轨运行段各个任务剖面的环境条件下，在规定的任务时间内按照预定飞行程序完成规定任务的概率。

卫星可靠性是设计出来的，是生产试验出来的，也是管理出来的。总体设计阶段对卫星可靠性进行设计是保证卫星可靠性的第一步也是决定性的一步。目前，针对卫星可靠性分析，通常利用故障模式及其影响分析（FEMA）和故障树分析（FTA）相结合的方法，系统而有序地识别设计中潜在的不可靠因素。

传统上，在进行卫星可靠性设计时，一般需要遵循以下原则：

1）设计保证性能的同时尽量简单；

2）严格按照相关可靠性设计规范及要求进行设计；

3）尽可能减少或避免单点失效，对于“单点”设计应有相应的应对措施；

4）技术上合理考虑继承性，避免为了创新而创新；

5）应对整星进行可靠性预测，并达到足够的可靠性。

（2）商业卫星可靠性

Planet Labs、Skybox以及Spire等新商业卫星厂商利用传统遥感公司成本的一小部分来设计和制造低轨小卫星。由于大量使用集成线缆、电池、处理器及小型化传感器，这些小卫星厂商承认其设计的单颗小卫星可靠性不如传统大型遥感卫星。但其应对方法是通过号称永不关闭的流水线继续生产更多的小卫星，即通过不断生产以达成三个目标：1）通过在数周或数月的高频度量不断改进生产；2）通过高频持续的在轨反馈来改进设计；3）将单颗卫星视作潜在备份单位，提高星座网络整体可靠性。

通信卫星产业在如互联网、物联网、5G宽带等低时延卫星需求的驱动下，也在进行小卫星创新。虽然由于天线增益和功耗的约束，通信卫星做不到遥感那么小的尺寸，但更高效的大批量制造、增量制造技术、利用可回收火箭进行更高效的小卫星部署及大型星座备用星的理念这些遥感小卫星制造优势同样适用于通信卫星。作为卫星产业最大的市场，目前有三种通信卫星星座适用于网络与广播。首先，部署在GEO的高通量卫星用以支持超数据流及广播效率，代表厂商有Intelsat、EchoStar、Eutelsat及Telesat。其次，MEO卫星网络代表是SES的O3b星座，波音公司制造生产了其最新的mPower网络卫星用以提供光纤速度通信。最后，LEO 星座提供高到中速通信，代表星座有 Iridium、Kepler 及 Starlink 等。

对于上述不同类型的商业卫星，就其可靠性而言，显然需要使用不同的方法来应对在轨风险及系统故障。对于 GEO 和 MEO 卫星，其可靠性策略与传统卫星质量及任务保证思路一致。而对于 LEO 卫星，则主要考虑利用星座卫星数量来保证为用户提供服务的可靠裕度。本节将分别对这两种思路进行叙述。另外，针对大型 LEO 星座，将离轨及空间碰撞作为额外的风险因素进行讨论。

①GEO 与 MEO 卫星星座的可靠性

正如之前所说，GEO 和 MEO 星座卫星的可靠性设计方法基本与传统卫星设计思路一致。这是因为这两种星座一次采购的卫星数量仍然很少，通常在 10 颗卫星以内。由于卫星采购数量有限，生产过程中较难通过大批量生产来降低成本；同时，由于星座卫星规模较小，也不大可能考虑投入额外成本来生产多颗备份卫星，提高星座可靠性。与 LEO 星座大量发射卫星相比，GEO 及 MEO 星座因为有限的卫星数量不能达到规模经济的能力。

选用成熟已验证的标准化卫星平台可以提高生产效率，因此制造商倾向于继承三轴稳定卫星平台，仅在卫星尺寸、质量以及功耗上进行优化。运营商可能一次采购 4、6、8 颗卫星，但载荷可以直接集成到已在其他类型任务成功验证的平台上。这能在带来成本优势的同时降低风险。同时，对于新载荷或集成了新载荷的平台需要进行可靠性试验来降低在轨失效的风险。表 3-7 给出了可靠性考察中的测试重点、关键测试项以及注意事项。

表 3-7　生产制造中可靠性考察关键点

测试重点	GNC，控制及定位精度
	推进系统
	热控分系统，主动及被动热控措施
	通信、遥测、遥控分系统与数据处理系统
	处理器、备份与切换
	能源分系统
	结构、机械部署、控制敏感器和执行机构
	载荷部组件（如果卫星平台已有在轨验证，则测试重点应放在载荷测试上）
	地面站
关键测试项	热测试（包括热平衡、热真空）
	振动测试（冲击、正弦、随机振动）
	噪声测试
	辐照测试
注意事项	生产装配的可靠性、精度以及洁净室规格
	测试设备等级规范
	测试输入输出约束以及测试判据

GEO与MEO轨道卫星在可靠性、性能、复杂度以及运控等很多方面都类似，通常都是携带精密仪器的高性能卫星，配备高性能敏感器或高精度点波束天线以支持卫星高频复用，并针对星上高功耗特性设计能源分系统。但是GEO卫星和MEO卫星在可靠性考察项上也有一些区分。

1）辐照测试。由于Van Allen辐射带影响，MEO卫星更容易收到更高剂量的辐照。虽然GEO卫星通常高于Van Allen辐射带，但需要考虑偶发性的太阳耀斑影响。因此，MEO卫星设计通常需要在太阳电池片上增加更厚的抗辐照涂层以延长寿命。同时，电子设备、电路开关需要能应对高剂量的辐射暴露。当然，额外的电子防护增加了卫星质量，同时也提高了发射成本。

2）离轨要求。MEO卫星离轨要求带来的额外质量远大于星上太阳帆、电子元件、开关、处理器的屏蔽。LEO卫星可以坠入海洋或直接在大气层烧蚀干净，GEO卫星则可以抬高轨道进入坟墓轨道绕地数百万年。然而对于MEO卫星，必须携带相当多的额外推进剂（通常占到推进剂的40%以上）才能主动离轨。就轨道高度而言，MEO卫星轨道太高，无法自然衰减回到地球，同时又太低，不能抬高到GEO外的坟墓轨道。另一方面，MEO星座只需要15～20颗卫星就可以完成全球组网，且不至于覆盖面太小或者时延太长。因此，MEO星座最初被认为是在卫星数量和时延之间的完美折中，但代价是需要足量的推进剂用于离轨。需要注意，若未来出现更严格的强制离轨要求，则MEO星座将在高额成本和运控难度上遇到巨大挑战。

3）测试设备。MEO卫星比GEO卫星更具优势的一个方面是，它们通常更紧凑。由于MEO轨道高度仅为GEO轨道的1/2甚至1/4，同样规格下，MEO轨道上天线增益及敏感器性能是GEO的4～16倍。因此，MEO卫星质量比GEO卫星更小，同时太阳帆和天线相较于GEO卫星都可以更小。这意味着可以使用更小更便宜的热真空设备。类似地，常规验证与测试评估中，MEO卫星可以以更低的成本完成寿命和压力测试。

②小卫星星座的可靠性

小卫星星座的创新核心思路是低成本设计和制造，卫星部组件通常直接采购货架产品或使用增材制造技术制造。如果制造过程被认定为是精准的且与已验证标准一致，便不再进行广泛的验证、验收测试。相比于对单独几颗卫星的测试评估以保证卫星高可靠性，这种为星座生产成百上千颗小卫星的转变，使得可靠性范式转向利用大量卫星以验证星座系统可靠性的过程。

多年来，卫星星座在轨应用数量有限，地面备份星数量更加有限。与之相对，大型星座隐含了卫星数量足够多的概念，星座本身就具有冗余备份能力。铱星和Globalstar在轨部署了备份卫星，并利用各种方法提供星座的冗余能力。铱星引入了星间链路（ISL）的概念，当卫星失效后，相邻的卫星绕过失效卫星正常工作。此外，为了补位失效卫星，备份卫星部署在稍低的轨道上以便减少推进剂代价并提高星座重建能力。

另一种提高星座可靠性的思路是星座的冗余设计。LEO星座计划从50～70颗卫星到成百上千颗的大型星座的转变创造了足够大的网络，降低了单颗卫星在星座中的重要性。

Planet Labs 的遥感星座中，可靠性甚至单指提高卫星常规部署量等措施。卫星的数量本身就是对于单一卫星失效的应对措施，由于星座本身的冗余不需要额外进行卫星备份设计。

③离轨与空间碰撞

卫星工作寿命结束后的离轨问题与下一代卫星的部署问题紧密耦合，同时受到工程、技术、经济以及可靠性方面的影响。卫星离轨涉及的关键问题包括：

1）在避免与下一代卫星碰撞风险的情况下，卫星运营商能延长多久超期卫星的寿命？

2）当前用来部署大量小卫星的方法，比如猎鹰火箭一次释放 60 颗自旋的 Starlink 卫星，在对 LEO 星座进行补网发射时是否足够安全，或者是否需要一个可控的分离机构？

3）目前空间碎片委员会关于卫星寿命期后 25 年内离轨的自愿提议是否已经过时？考虑到大型 LEO 星座每 6～8 年需要进行一次持续 1～2 年的大规模补网发射，25 年离轨的提议是否可能很危险？

另一方面，大型 LEO 星座计划带来的空间碰撞概率提升也引起了持续关注。在近几年提出的未来约 20 000 多颗 LEO 卫星发射计划之前，NASA 和 ESA 估计的目前空间中飞行器碰撞概率分别就达到了 5 年一次和 10 年一次。

3.2.5　研制技术流程制定

卫星系统工程是一个非常复杂的工程，而且研制成本高、周期长、风险大，因此在总体设计初期就要遵循卫星研制阶段性原则，制定研制技术流程，以达到整体优化的目标。

卫星研制技术流程是卫星总体设计各阶段技术工作程序以及制造、测试、试验、发射、在轨测试和管理等工作程序的进一步细化。研制技术流程的制定应该合理可靠，因为它关系到整个卫星研制的质量、周期和研制成本。该流程内容包括了卫星研制阶段划分、阶段任务和工作内容、工作顺序、保障条件、参加单位以及注意事项等。不同卫星方案对应的技术流程也不相同。

卫星研制技术流程编写可参考 GB/T 29072—2012《航天器研制技术流程编写规则》进行编写。

研制技术流程的制定从卫星工程启动开始，包括方案阶段、初样研制阶段、正样研制阶段。对于已经经过在轨验证、技术成熟的卫星，以及研制进度要求高、继承性好的低成本卫星，方案阶段和初样阶段工作会相互融合，精简部分工作。

工作各阶段详细流程按照图 3-9、图 3-10 所示内容开展工作。

在上述方框抓总的每一个主要工作内容还需要详细说明，包括保障条件、工作内容、注意事项、参加单位以及完成时间等内容，以整星力学试验为例进行说明（见表 3-8）。

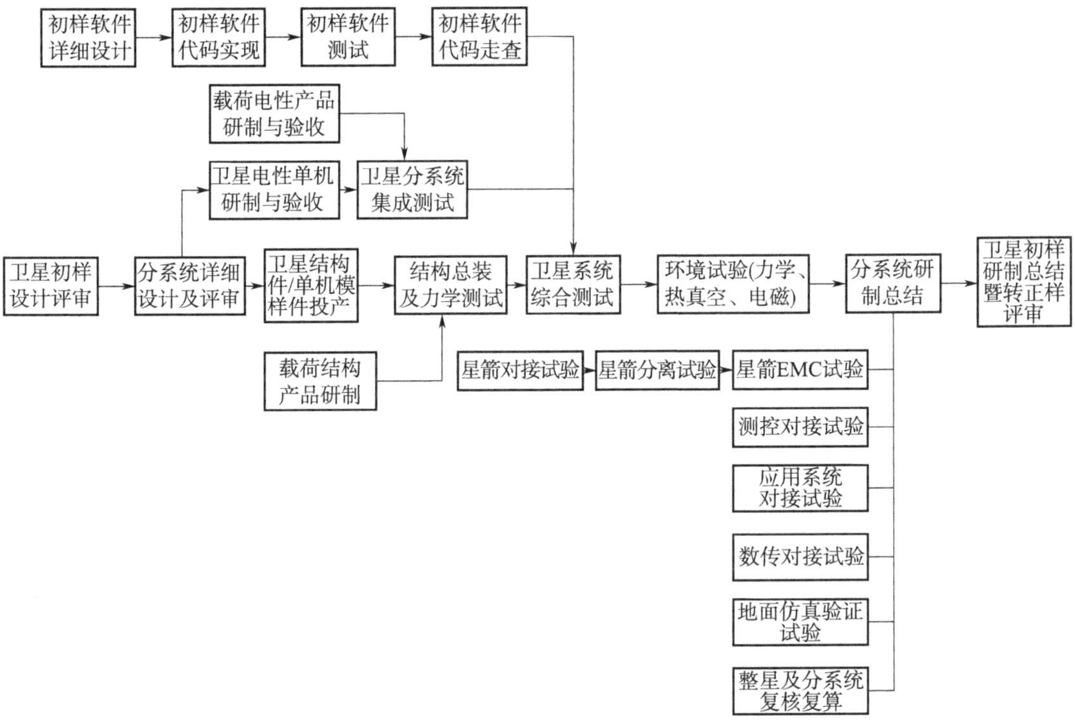

图 3-9　初样阶段技术流程

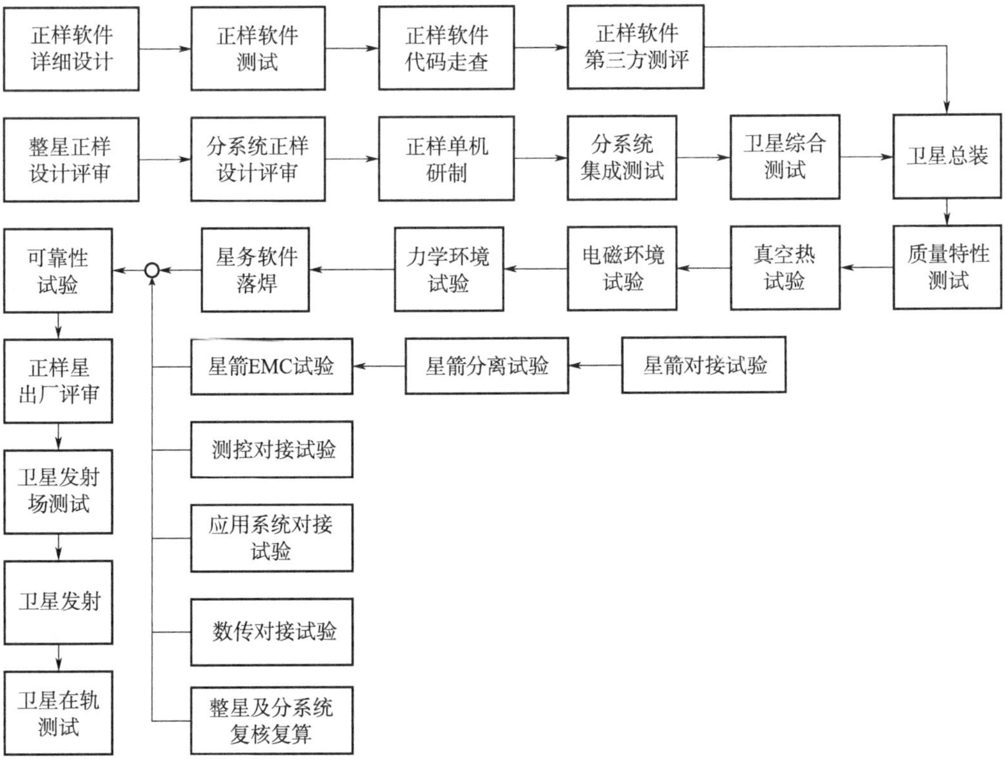

图 3-10　正样阶段技术流程

表 3－8　整星力学试验详细说明

序号	项目名称	项目内容
1	试验前准备	保障条件： 完成整星集成装配 力学试验设备已通过检查 力学试验大纲与细则通过评审
2	试验内容	工作内容： 进行整星模态试验，获取结构特性； 进行 *XYZ* 方向上的正弦振动试验； 按照试验方案进行随机试验； 力学试验完成前后进行卫星精度测量； 完成力学试验总结报告
3	试验记录	注意事项：参试人员认真记录，确认试验前后卫星技术状态
4	试验人员	参加单位：质量人员、卫星总体、结构分系统
5	试验结果	输出： 《卫星整星力学试验记录》 《卫星整星力学试验总结》

总体方案制定的技术流程是顶层的流程，各分系统以及总体在总装、测试、试验和发射场制定的是第二层次的技术流程，在各分系统的仪器设备的研制方面还需要制定第三层次更详细的技术流程。

3.3　国内外典型商业卫星平台

卫星公用平台是指能够根据应用需求进行适应性变化或调整部分配置，从而支持多种有效载荷、满足多种任务要求的卫星平台。与传统卫星平台相比，采用模块化设计的卫星公用平台缩短了研制周期、降低了研究成本。最初国外制造商建立卫星公共平台用于提高通信卫星的产能，但经过 40 多年的推陈出新和稳步发展，目前卫星公共平台覆盖了通信、遥感、导航、科学和技术试验等不同领域。

3.3.1　国外典型商业卫星平台

在全球卫星制造市场上，美国的波音公司、洛克希德·马丁公司、劳拉公司，欧洲的空客公司、泰雷兹·阿莱尼亚空间公司、SSTL 等国外主要的宇航公司居于卫星制造业领先的地位。经过多年的发展，形成了不同系列的卫星公共平台型谱产品，可以满足高中低轨、大中小型卫星在通信、遥感、导航、科学与技术试验等多领域的应用。本节讨论以各家卫星平台型谱为基础，并重点对近年来新出现的商业卫星平台现状进行简要叙述。

3.3.1.1　波音公司卫星公共平台

波音公司商业产品涵盖了从深空探测器到运载火箭的各类航天领域应用，其中商业卫星公共平台有三款主型，分别是 BSS－376、BSS－601 和 BSS－702，见表 3－9。值得一提的是，这三款卫星平台最早均由美国休斯空间与通信公司推出，但在2000年随着休斯公司一起被波音收购。

表3-9　波音公司卫星平台型谱框架

<table>
<tr><th>主型</th><th>子型</th><th>主型</th><th>子型</th><th>主型</th><th>子型</th></tr>
<tr><td rowspan="6">BSS-376</td><td>376</td><td rowspan="6">BSS-601</td><td>601</td><td rowspan="6">BSS-702</td><td>702</td></tr>
<tr><td>376HP</td><td>601HP</td><td>702HP</td></tr>
<tr><td>376 L</td><td rowspan="4">601MEO</td><td>702MP</td></tr>
<tr><td rowspan="3">376W</td><td>702GEM</td></tr>
<tr><td>702SP</td></tr>
<tr><td>702X</td></tr>
</table>

BSS-376是1980年发射的一款自旋稳定卫星平台，是早期广泛实用的商业通信卫星平台，我国中星-7号通信卫星就采用了BSS-376平台。e-Bird是波音公司于2003年9月发射的最后一款BSS-376平台卫星，之后卫星平台发展重心转移到了三轴稳定卫星上。

1987年，针对私人卫星电视广播、商用网络频段和移动通信等需求，休斯公司推出了高功率、多载荷卫星平台BSS-601。砷化镓太阳能电池片、先进电池技术和可选的Xe离子推进系统等，使得1995年的改进款平台BSS-601HP载荷能力扩充为BSS-601的两倍。601款平台最近一次发射是2017年入轨的TDRS-13卫星，采用了BSS-601HP子型，整星发射质量3 454 kg。

BSS-702型平台基于BSS-601作了风险降低改进，在保留原平台特性的同时，提升了载荷的灵活性。1999年第一颗入轨的702卫星可以提供超过100个转发器的高功耗转发容量，满足视频、语音、卫星直播和高速数据传输等不同需求。2008年波音在降低了平台功耗和整星质量后推出了BSS-702MP子型，Intelsat是这款子型平台的主要购买方。为了与MP子型区分，2010年波音正式将702分为了HP和MP两款子型。此后，波音于2012年重新设计推出了BSS-702SP子型。另外，根据Gunter's Space Page卫星发射记录，BSS-702还有BSS-702GEM和BSS-702X两款子型。

近几年BSS-702平台订单不断，2017年BSS-702MP拿到JCSat-18卫星订单，2019年BSS-702X拿到WGS-11卫星订单，同年BSS-702HP拿到3颗ViaSat-3卫星订单，2020年BSS-702SP拿到SES-20和SES-21卫星订单。值得一提的是，BSS-702X是波音最新的一款702子型平台，与其他子型相比，平台在带宽效率和信号功耗上有了较大的提升。

总的来说，波音公司商业卫星平台均针对GEO大型商业卫星应用，但近几年平台的发展思路是在平台低功耗、宽带宽和载荷灵活性等方面进行提升。同时，采用全电推进系统的BSS-702SP平台，也可以视为波音公司在新型GEO推进技术上的尝试。

3.3.1.2　洛克希德·马丁公司卫星公共平台

与波音公司不同，洛克希德·马丁公司（以下简称洛马公司）早期卫星平台主要出于定制化设计思路，同时兼顾了通信卫星和遥感卫星。其中，通信卫星平台主要有 A2100、LM3000、LM4000、LM5000、LM7000、Milstar 和 DSCS－3，而遥感卫星平台则有 LM100、LM700、LM900、LM1200 和 Tiros－N。随着商业用户在卫星规格和轨道上寻求更多选择，洛马公司在 2017 年整合了上述定制化卫星平台，并推出了新的通用卫星公共平台型谱，见表 3－10。值得一提的是，2017 年前基于 A2100 平台的子型 A2100M 签订的 GPS－3－5 到 GPS－3－10 共 6 颗卫星尚未完成订单，其中 GPS－3－5 已于 2021 年 6 月发射，GPS－3－6 到 GPS－3－8 卫星预计发射时间为 2022 年，而 GPS－3－9 和 GPS－3－10 目前尚未确定发射时间。

表 3－10　洛马公司卫星平台型谱框架

型号	适用轨道	整星能源	适用载荷任务
LM50	LEO(主要)、GEO	250 W	成像、遥感、通信
LM400	LEO、GEO	1.5 kW	成像、遥感、通信、星际
LM1000	LEO、GEO	10 kW	成像、遥感、通信、星际
LM2100	GEO	20 kW	成像、遥感、通信

LM2100 是洛马新型谱中最大的卫星平台，整星质量最大可达 6 500 kg。作为 A2100 型平台的改进款平台，得益于霍尔推进和新型太阳能电池阵列等技术，LM2100 相比于 A2100 平台拥有更高的动力和灵活性。目前，LM2100 的最大两笔订单是来自 GPS－3F 星座的 1～22 号卫星订单和 NG－OPIR 计划的 GEO 1～GEO6 号卫星订单。此外，LM2100 的 SBIRS－GEO5 卫星订单已于 2021 年 5 月发射，SBIRS－GEO6 卫星订单将于 2022 年发射。LM2100 主要性能指标见表 3－11。

表 3－11　LM2100 主要性能指标

有效载荷包络			
质量包络	1 000 kg	功耗包络	12 000 W
热包络	6 000 W	体积包络	3.5 m^3
平台特性			
姿态控制方式	零动量三轴稳定	指向精度	0.02°(三轴，3 σ)
轨道	GEO 圆轨道 经度倾角保持精度±0.05°	在轨寿命	15 年
主数据接口	MIL－STD－1553B	可选数据接口	RS－422
主接口电压	70 V(69 V～71 V)	次接口电压	28 V±2 V
内部温度环境	在轨：－24 ℃～＋61 ℃ 变轨：－24 ℃～＋30 ℃	电磁兼容	20～100 kSi

LM1000 是洛马公司针对中型载荷任务推出的平台型号，整星重量范围为 275～2 200 kg，适应于多轨道及星际任务。但根据洛马公司官网资料，LM1000 在遥感载荷任务中表现最好。由于整星采用六边形结构，LM1000 为有效载荷提供了更大的空间，且允许星上安装额外的太阳能帆板。

LM400 采用梯形架构对传统小型卫星平台进行改进，增加了推进能力。洛马公司战略与业务发展总裁 Kay Sears 表示，基于 3D 打印和其他生产能力的改进，LM400 可以在下单后 24 个月内完成卫星交付。考虑到 LM400 和 LM1000 构型与传统长方体卫星不同，图 3-11 给了两款平台示意图。

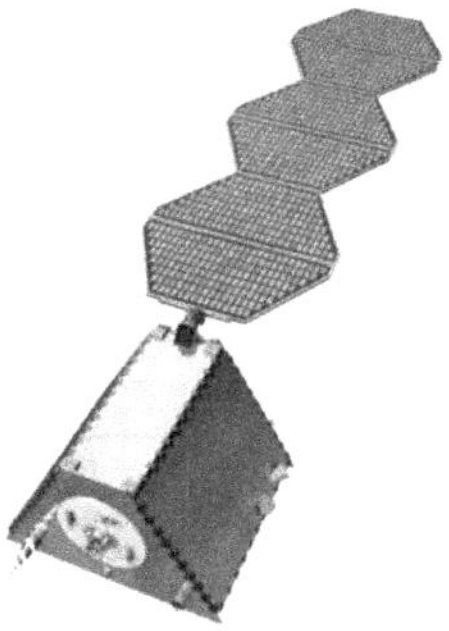
LM400

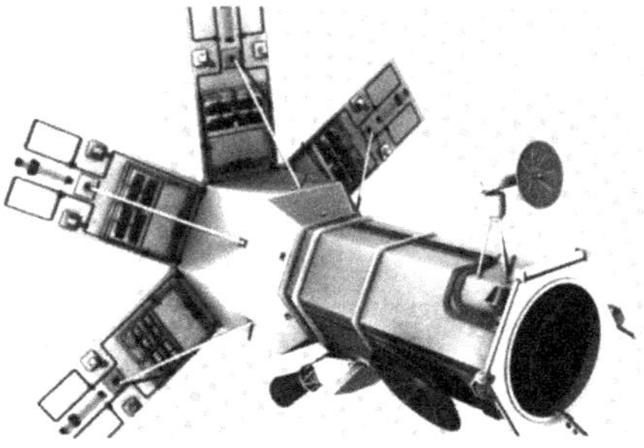
LM1000

图 3-11　LM400 和 LM1000 示意图

与前三款平台不同，LM50 是洛马公司与 Terran Orbital 公司合作开发的灵活微纳卫星平台。平台使用标准立方星结构，整星重量范围 10～100 kg。作为洛马公司主推的微小卫星平台，LM50 主要性能指标见表 3-12。

表 3-12　LM50 主要性能指标

有效载荷包络					
质量包络	10 kg	功耗包络	15 W	体积包络	4～6U
平台特性					
姿控方式	推力器、反作用轮	轨道机动能力	>20 m/s	姿态确定精度	0.1°(单轴，3σ)
指向精度	<0.25°(单轴，3σ)	轨道类型	LEO、GEO	在轨寿命	3～6 月
数据接口	RS-422	可选数据接口	SPI、I2C、USB	主接口电压	12 V(9.6～14 V)
内部温度	在轨：-5 ℃～+55 ℃	电磁兼容	20 kSi	单粒子影响	NASA 单粒子消减 D 类要求、Q2-2019 文件 B/C 类要求

另外，作为国外软件定义卫星技术的倡导者和先行者，洛马公司在 2019 年公开了其开发的软件定义卫星技术架构 SmartSat，并将其作为公司未来十年的发展重点。洛马公司将 LM50 视为 SmartSat 的完美测试平台，并在 2019 年的 Tyvak-0129 技术验证星上搭载了 Pony Express-1 智能载荷进行测试。

总的来说，洛马公司的商业卫星平台发展思路是基于卫星规格和轨道推出几款通用商业卫星平台，并通过软件定义卫星技术为卫星在轨能力重构提供可能性。

3.3.1.3　空客公司卫星公共平台

空客近年来通过广泛的并购建立了丰富的卫星公共平台型谱，考虑到并购导致部分平台及所属厂商多次变更，表 3-13 中对变更情况作了简要说明。

表 3-13　Airbus 商业卫星平台型谱

平台型号	应用场景	子型型号	厂商
Eurostar	通信	Eurostar-1000、Eurostar-2000、Eurostar-3000、Eurostar-3000EOR、Eurostar-3000GM、Eurostar-3000 LX	EADS Astrium→ Airbus Defence and Space
Eurostar-Neo	通信	Eurostar-Neo	Airbus Defence and Space
OneSat	通信	OneSat	Airbus Defence and Space
Leostar	多用途	Leostar-200、AstroSat-300、Leostar-500、AstroSat-500(原 Leostar-500-XO)、AstroSat-500 MK. 2(又称 AstroSat-500 L、AstroBus-L)	Matra Marconi→ EADS Astrium→ Airbus Defence and Space
FlexBus	多用途	FlexBus	Dornier→ EADS Astrium→ Airbus Defence and Space
Myriade	多用途	AstroSat-100(原 Myriade)	CNES /EADS Astrium→ Airbus Defence and Space
SPOT Bus	遥感	SPOT MK. 1、SPOT MK. 2、SPOT MK. 3	Astrium
Polar Platform	遥感	PPF/SPOT MK. 2、PPF/SPOT MK. 3	Astrium

Eurostar 是 EADS Astrium 推出的 GEO 通信卫星平台，其主力平台 Eurostar-3000 最大发射质量可达 6 150 kg，尺寸和性能非常灵活，可以满足卫星设计和尺寸的不同需求。空客在并购 EADS Astrium 之后，基于 Eurostar-3000 优化载荷容量后开发了 Eurostar-NEO 平台。平台可提供 7～25 kW 的载荷功耗，整星可选全电推、混合推进和全化推三种推进系统。从 2018 年到 2020 年，Eurostar-NEO 拿到了包括 Arabsat、Hotbird、Skynet、Spanisat 和 Thuraya 在内的 8 颗 GEO 卫星订单，预计 2022 年将发射 Hotbird-13F 和 Hotbird-13G 两颗卫星完成 Hotbird 星座更新任务。

SPOT 是 Astrium 推出的遥感卫星平台，包括 MK. 1、MK. 2 和 MK. 3 三款子型。相较于 MK. 1、MK. 2，MK. 3 对准大型高分辨率成像卫星应用，在 SPOT-5 民用高分卫星和军用 Helios-2 上有应用。2012 年和 2014 年，Airbus 基于 AstroSat-500 MK. 2 平台分别发射了 SPOT-6 和 SPOT-7 两颗遥感卫星接续 SPOT-4 和 SPOT-5 遥感任务。与 SPOT 系列之前卫星相比，SPOT-6 和 SPOT-7 卫星大大提高了卫星机动敏捷性和设计寿命。值得一提的是，卫星载荷 NAOMI（New AstroSat Optical Modular Instrument）能提供 60 km×60 km 幅宽的 2 m 分辨率图像，是目前空客主推遥感卫星有效载荷。极地遥感方面，PPF/SPOT MK. 3 平台拿下了欧洲极地气候探测（METOP）项目 3 颗卫星订单，并于 2018 年完成了最后一颗卫星 METOP-C 的发射。

此外，2019 年空客针对 Inmarsat 下一代 Ka 频段 GEO 卫星设计了 OneSat 卫星平台。由于采用了标准化、模块化和面向制造的设计思路，OneSat 平台在做到和 Eurostar 相当性能的同时，将时间和成本降低了一半。另一方面，OneSat 平台基于软件定义卫星技术，支持通信覆盖、容量和频率的在轨完全重构。目前，空客针对 OneSat 新建立了标准 OneSat 生产线，并预计在 2023 年完成包括 Inmarsat-7 F1、Intelsat TBD 和 Optus-11 在内的卫星发射。

3.3.1.4 其他卫星平台

3.3.1 前 3 小节讨论了波音、洛马和空客三家国外航天头部公司的商业卫星平台型谱产品，本节给出国外其他厂商的部分卫星平台汇总，见表 3－14。

表 3－14 国外卫星平台汇总表

地区	公司/组织	平台型号
阿根廷	Invap	ARSAT Bus
法国	Alcatel Space (原 Aerospatiale)	ELiTeBus－1000
		Spacebus－3000/4000 B－Class
		Spacebus－3000/4000 C－Class
		Proteus
德国	OHB System	SmallGEO /LUXOR
	Technische Universität Berlin	Tubsat－C Bus
		Tubsat－N Bus
印度	ISRO	I－1K (I－1000) Bus
		I－2K (I－2000) Bus
		I－3K (I－3000) Bus
		I－6K (I－6000) Bus
以色列	IAI	AMOS Bus
意大利	Alenia Spazio	COP
		Prima
日本	Mitsubishi Electric	DS－2000
韩国	Satrec Initative (SATRECI)	SI－100
		SI－200
		SI－300
英国	SSTL	SSTL－100 [Microsat－100]
		SSTL－150
		SSTL－300
		SSTL－900
美国	AMSAT－NA	AMSAT－NA Microsat
	ATK Space Division	Rapid Core
		SMEX－Lite
	Ball Aerospace	BCP－100 (STP－SIV)
		BCP－600
		BCP－1000
		BCP－2000
		BCP－4000
		BCP－5000
		RS－300
美国	Millennium Space Systems	Altair
		Aquila－M1
		Aquila－M4
		Aquila－M8
	Northrop Grumman Space Technology	MSV
		T100
		T200
		T310
		T330 (AB－1200)
	OSC	Aquila /GeoStar－1
		LEOStar－2
		LEOStar－3
		MicroStar
		Star－2 /GeoStar－2
		Star－3 /GeoStar－3
	Sierra Nevada Corp. (SNC)	SN－50
		SN－100
		SN－200
	Space Systems Loral	SSL－100
		FS－1300 /SSL－1300
俄罗斯	Khrunichev Space Center	Yakhta
	ISS Reshetnev	KAUR－4
		Ekspress－1000
		Ekspress－2000
	PM Polyot	21KF2
		NPO Poylot：Sterkh
	RKK Energiya	USP
乌克兰	Yuzhnoe	AUOS
		DS
		KS5MF2
		Okean－O1 Bus
		Okean－O Bus

3.3.2 国内典型商业卫星平台

我国在 2014 年开启商业卫星市场的大幅增长。目前国内大大小小的商业卫星制造商多达数十家，但尚不存在垄断性的头部企业，大多数商业卫星企业能且只能研制立方星服务于低端试验/实验市场。

本节先对国内代表性的创业公司的商业卫星平台进行统一讨论。其次，本节参照国外平台型谱描述的方式，对覆盖了低中高轨卫星的体制内商业平台 CAST 系列进行介绍。另一方面，随着卫星互联网纳入新基建发展战略，商业卫星引起了资本和国内各行业的关注。因此，本节还对新涌现的商业卫星交易平台进行介绍。

3.3.2.1 创业公司卫星平台

天仪研究院成立于 2016 年，目前已成功发射了 18 颗小卫星，有 TYⅠ 6U 和 TYⅡ 27U 两款立方星结构的卫星平台。其中，6U 立方星平台能力：指向精度 0.1°、稳定度 0.03 (°)/s，能为载荷提供 10～25 W 供电，数传速率 50～100 Mbit/s，允许的载荷最大发射质量 5 kg、体积 4U。27U 立方星平台除了载荷质量尺寸分别增加到 20U 和 35 kg 外，姿控能力提高了一个量级，能源供电增加到 50～100 W。目前看来，天仪研究院卫星平台主要集中于低轨遥感应用。由于其稳定的成功率和一年内的研制交付能力，受到了业界关注。

微纳星空公司成立于 2017 年，同样有着多颗卫星的成功在轨经历。目前官网提供有 4 款卫星平台：6U 立方星平台、MN10 纳卫星平台、MN50 微小卫星平台、MN200 小卫星平台，涵盖了从 10 kg 以下到最大 250 kg 的卫星需求。四款平台均支持零动量稳定和偏置动量稳定两种姿态控制方式，其中 6U 和 MN10 偏置精度优于 3°、零动量精度优于 0.5°，MN50 零动量精度优于 0.3°，MN200 零动量精度优于 0.1°。相较于天仪研究院，微纳星空卫星平台可搭载载荷质量范围相对更大。

零重力实验室虽然在 2019 年 7 月才完成“HECATE - 1”试验载荷的发射，但目前公司已有 4 款卫星平台可供用户选择：ZG3U 平台、ZG6U 平台、ZG30 和 ZG100。其中 ZG3U 是 4～5 kg 的 3U 立方星平台，采用飞轮＋磁力矩器控制，平台精度优于 1°，具备 60 s 完成 40°侧摆的能力。平台功耗大于 13 W，支持 S 波段数传和 U/V 波段测控，目前已成功在 FMN - 1 和 SN - 1 星上有在轨经历。其他型号平台无在轨经历，但均有用户项目买单：ZG6U 应用于灵鹊星座、ZG30 应用于阿里星/SSD - 1 星、ZG100 应用于物联网星。

九天微星公司虽然成立于 2015 年，但直到 2018 年才完成了自身第一颗自研卫星“少年星”发射，此后发展迅速，拿到多方投资。目前九天微星官网提供整星研制和在轨交付服务，但基于公开信息只能查到其具有百千克级通信平台“瓢虫一号”的研制能力，研制周期 11.5 月，性能指标需要用户与其沟通协商。

智星空间于 2018 年 5 月成立，官网提供立方星、百千克级微小卫星和低成本 InSAR 卫星三类卫星总计 7 款平台的研制服务。虽然官网上列出了这几款卫星的详细指标，但目前只有 3U 立方星平台基于“少年星”进行了在轨验证，6U 立方星依托“京工一号”正在研制。与之类似，赛德雷特公司也有三款卫星平台：X20/X20T、X50/X50T 和 X100/X100T，分别对应 20 kg、50 kg 和 100 kg 以下卫星。

总的来说，上述商业卫星平台除了 MN200，均针对百千克级以下低轨卫星，平台构型基本遵循立方星设计思路。上述部分平台尚未有成功在轨型号，或在轨型号不属于平台所属公司，但这也符合初创型商业公司野蛮生长的特点。考虑到国内商业卫星发展的迅猛态势，这些未验证型号依旧值得持续关注。

3.3.2.2 国内商业卫星平台型谱

长期以来，以中国空间技术研究院下属航天东方红卫星有限公司为代表的国内小卫星研制单位，坚持公用平台发展理念，先后研制开发并在轨验证了 CAST968、CAST2000、CAST100、CAST1000、CAST3000 等平台，形成了满足小卫星产业发展需求的 CAST 系列小卫星柔性公用平台谱系。

我国现代小卫星事业始于实践五号卫星，实践五号卫星成就了 CAST968 平台，这是我国第一个小卫星公用平台。依托于 CAST968 平台，航天东方红公司先后研制发射了海洋一号 A/B 卫星、环境减灾一号 A/B 星、实践及遥感系列小卫星，提升了小卫星星座组网能力，验证了平台出色的稳定性、成熟度及星座组网能力。

2007 年，航天东方红公司自主开展了高集成度 CAST100 平台技术研究。依托于 CAST100 平台，公司先后研制发射了希望一号卫星、实践九号 B 星和试验系列小卫星。2018 年 5 月，公司基于 CAST100 平台成功研制并发射了嫦娥四号“鹊桥”中继星，为嫦娥四号探月任务的圆满完成奠定了坚实的基础，推动实现了人类首次月球背面软着陆和巡视勘察。

近年来，航天东方红公司考虑现有卫星平台能力、技术状态及未来发展需求，对公司 CAST 系列小卫星柔性公用平台进行了梳理，最终优化为 CAST1000、CAST2000、CAST3000 三型，可满足 100～1 500 kg 级中低轨道卫星需求，对应技术指标见表 3－15、表 3－16 和表 3－17。

表 3－15 CAST1000 技术指标

子型号	1000a	1000b	1000c
整星质量	25～50 kg	80～160 kg	180～250 kg
载荷质量	5～15 kg	20～60 kg	70～120 kg
轨道类型	倾角＞30°(含 SSO)，高度 400～1 200 km		
平均功耗	＞16 W	＞100 W	＞260 W
最大功耗	＞30 W	＞250 W	＞800 W
锂离子电池容量	10/15 Ah	10/15 Ah	10/15 Ah
轨控	冷气，0.02 N 推进器	25 m/s 肼，0.2 N 推进器	100 m/s 肼，1 N 推进器
姿态控制	三轴稳定/自旋 指向 1～5°稳定度 0.2(°)/s	三轴稳定 指向 0.6°稳定度 0.05(°)/s	三轴稳定 指向 0.1°稳定度 0.003(°)/s
通信	上行 2 kbit/s，64 kbit/s，下行 4 096 bit/s，16 384 bit/s		
寿命	3～5 年		

表 3-16　CAST2000 技术指标

轨道类型	低、中、高	设计寿命	>3 年	姿态控制模式	三轴稳定/侧摆机动
姿态测量精度	<0.03°(3σ)	姿态控制精度	180～250 kg	姿态稳定	<0.001(°)/s(3σ)
太阳电池输出	1 kW(BOL)/900W(EOL)	标称载荷能力	200～400 kg	最大载荷能力	300～600 kg
应用领域	遥感、科学探测、通信、导航、技术验证				

表 3-17　CAST3000 技术指标

平台质量	300～400 kg	载荷能力	>380 kg	轨道类型	低、中、高轨道
姿态控制	三轴稳定	指向方式	对地/惯性定向	机动能力	±45°(滚转/俯仰)
测量精度	<0.001°(3σ)	指向精度	<0.05°(3σ)	稳定度	<0.000 5(°)/s(3σ)
轨控	肼，32.5～130 kg 可选	太阳电池	945～1 148 W(EOL)	设计寿命	>5 年

总的来说，航天东方红卫星平台瞄准百千克级以上卫星研制，覆盖了低、中、高轨卫星应用需求。但需要指出的是，与国外相比，CAST 系列平台轨道控制均采用化学推进进行轨控，一定程度上约束了载荷能力。后续发展中，必然会将卫星平台更新为电推进平台。

3.3.2.3　卫星网购平台“太空工厂”

2015—2019 年期间，我国商业航天市场规模总体呈逐年增长态势。2019 年我国商业航天市场规模为 8 362.3 亿元，同比增长 23.5%。我国民营企业卫星工程需发射近 2 500 颗卫星，卫星总重量近 400 t，发展潜力巨大。进入商业航天时代，航天工业化开始迅速发展，工业级元器件的需求越来越旺盛。然而，任何一个航天企业都无法独立制造全部的火箭与卫星元器件。一个能获取、整合、分发航天贸易信息并促成交易的平台是当前市场的刚需，掌握航天贸易上下游信息的公司将是最适合做该平台的企业。

2020 年年底，由阿里巴巴投资的未来宇航孵化成立了国内首个航天网购平台“太空工厂”，主攻 B 端的企业产品供应链服务，串联起上下游供应商，促进企业间完成商业交易。成立不到半年时间，虽然有疫情影响，但太空工厂在海内外业务均已实现零的突破。国际方面，太空工厂已完成一单英国跨境订单，代理丹麦某微小卫星公司在国内寻找合适的卫星原材料供货商，英国某微小卫星公司也达成了相关合作意向，国内方面，当前已完成一笔地面通信仪器采购和一笔卫星有效载荷设备订单，还有数个在跟进项目。

与国外 CubeSatShop 和 Nanosats 等已经成立多年的航天电商平台相比，“太空工厂”无疑还很稚嫩，但考虑到国内商业航天的巨大潜力，显然值得引起业内高度关注。

参考文献

[1] 徐福祥．卫星工程概论［M］．北京：中国宇航出版社，2003.

[2] Authors S. NASA Systems Engineering Handbook. 2013.

[3] Larson W J，Wertz J R. Space mission analysis and design［R］. Torrance，CA（United States）；Microcosm，Inc.，1992.

[4] Pelton J. Handbook of Small Satellites Technology，Design，Manufacture，Applications，Economics and Regulation：Technology，Design，Manufacture，Applications，Economics and Regulation［M］. 2019.

[5] Cappelletti C，Robson D. CubeSat missions and applications［M］//Cubesat Handbook. Academic Press，2020：53－65.

[6] Dolgopolov A V，Smith P M，Stroup T，et al. Analysis of the Commercial Satellite Industry，Key Indicators and Global Trends［M］//ASCEND 2020. 2020：4244.

[7] Asundi S A，Fitz－Coy N G. CubeSat mission design based on a systems engineering approach［C］//2013 IEEE Aerospace Conference. IEEE，2013：1－9.

[8] 邵健．基于 MBSE 的航天任务分析与设计方法［D］．哈尔滨：哈尔滨工业大学，2015.

[9] X. Xia，G. Sun，K. Zhang，S. Wu，T. Wang，L. Xia，S. Liu，in NanoSats/CubeSats ADCS Survey，29 th CCDC Chinese Control and Decision Conference，Chongqing，28－30 May 2017，Proceedings CCDC，pp. 5151－5158.

[10] G. H. Janse van Vuuren，The Design and Simulation Analysis of an Attitude Determination and Control System for Small Earth Observation Satellites，MEng Thesis，University of Stellenbosch，March 2015.

[11] Endurosat S－band patch antenna，https：//www.endurosat.com/cubesat－store/all－cubesat－modules/s－band－patch－antenna/，Nov 2019.

[12] GOMSpace turnstile UHF antenna，https：//gomspace.com/shop/subsystems/communication－systems/nanocom－ant430.aspx，Nov 2019.

[13] HCT deployable quadrifilar helical antenna，https：//www.helicomtech.com/helios－deployable－antenna，Nov 2019.

[14] ISIS monopole antenna，https：//www.isispace.nl/product/monopole－antenna－system/，Nov 2019.

[15] NASA，State of the Art of Small Spacecraft Technology，03. Power. http：//sst－soa.arc.nasa.gov/03－power.

[16] 包妙琴．卫星总体方案设计程序及规范的若干问题［J］．中国航天，1982（1）：1－13.

[17] 朱贵伟，李博．国外通信卫星灵活有效载荷技术与趋势研究（上）［J］．国际太空，2018，476（08）：28－35.

[18] 王希季，李大耀，张永维．卫星设计学［M］．北京：中国宇航出版社，2014.

[19]　庄家礼，张涛．中国特色卫星工程总体工作模式 [J]. 国际太空，2019，000 (006)：20 - 26.
[20]　孙为钢．致知商业航天 [M]．北京：中国宇航出版社，2018.
[21]　贾睿．照见未来 一本书读懂商业航天 [M]．北京：知识产权出版社，2018.
[22]　张庆君，刘杰，等．卫星系统设计 [M]．北京：北京理工大学出版社，2018.

第 4 章　轨道与星座设计

4.1　轨道设计

轨道设计是商业卫星星座设计的基础。不论是单颗卫星还是多颗卫星构成星座都要根据任务确定卫星的轨道。不同的卫星具有不同的任务，如通信、导航、遥感、科学试验等任务，但其轨道设计上具有共性，都需要考虑光照条件、覆盖率、辐照、大气阻力、轨道碎片等影响。对于星座而言，还要考虑卫星的数量、卫星与卫星之间的运动关系等。因此需考虑多方因素，进行轨道设计。

4.1.1　卫星轨道参数与分类

4.1.1.1　卫星轨道参数

卫星轨道可以用时间 t ，位置矢量 $\boldsymbol{R}$， 速度矢量 $\mathbf{V}$ 表示。但在空间中，采用轨道根数可以更直观地描述卫星运动轨道。通常的轨道六根数指的是半长轴 a ，偏心率 e ，轨道倾角 i ，近地点辐角 ω ，升交点赤经 Ω 和真近点角 φ ；其中，真近点角通常也用平近点角 M 来描述。轨道根数和卫星位置速度如图 4－1 所示，其中英文字母为常用的英文代号，它们能表示出物体所处特定位置和速度。

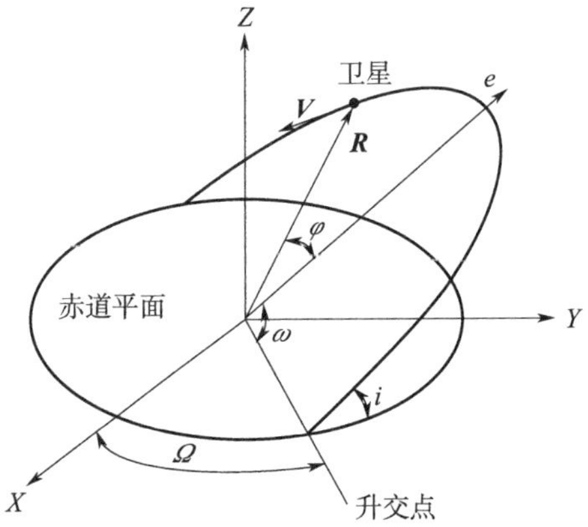

图 4－1　轨道六根数几何示意图

轨道六根数的物理意义介绍如下：

半长轴（Semimajor Axis）：椭圆轨道长轴的一半，可视作平均轨道半径，半长轴描述了椭圆轨道的大小。半长轴 a 可通过位置矢量 $\boldsymbol{R}$ 、速度矢量 $\mathbf{V}$ ，由 $a = |\boldsymbol{R} \times \mathbf{V}|^2 / [\mu(1 - e^2)]$ 得到。

偏心率（Eccentricity）：椭圆扁平程度的一种量度，定义是椭圆两焦点间的距离与长轴长度的比值，即 $e = c/a$ 。偏心率描述了椭圆的形状。

轨道倾角（Inclination）：轨道平面与赤道平面所形成的二面角，其方向由右手法则确定，即由赤道平面向轨道平面绕交线矢量逆时针测量。

升交点经度（Longitude of Ascending Node）：描述升交点与参考坐标系的角度关系，从参考坐标系 X 正半轴测量，卫星轨道自南半球穿过赤道平面到北半球的交点处的角度值。当地心赤道坐标系为参考坐标系时，X 指向春分点，升交点经度称之为升交点赤经（Right Ascension of Ascending Node），简称 RAAN。在不产生歧义情况下，本书不区分升交点经度和升交点赤经。

近地点幅角（Argument of Perigee）：描述近地点与升交点经度之间的角度关系，从升交点赤经沿卫星运行轨道逆时针测量到近地点的角度。

真近点角（True Anomaly）：描述卫星位置与近地点的瞬时角度关系，从近地点沿轨道面逆时针测量到卫星所在位置的角度。

平近点角（Mean Anomaly）：描述和椭圆轨道半长轴相等的圆轨道在相同时间内转过的角度。因为椭圆轨道卫星运行的速度、加速度等为非线性，为了处理简单，将椭圆轨道近似为圆轨道。假设卫星平均角速度为 n ，则卫星当前所在位置的角度为：$M = n(t - t_0)$ 。其中 t_0 为参考时刻，t 为当前时刻，M 为相对于参考时刻当前的角度（即为平近点角），如图 4－2 所示。卫星运行到 P 点，以椭圆长半轴为半径做辅助圆，从 P 点向椭圆长轴做垂线，若 S 为椭圆焦点（即地球），则 φ 为真近点角，P 点垂线与辅助圆的交点 x ，则 Ox 与椭圆长轴的夹角称之为偏近点角 E ，则平近点角 M 与偏近点角 E 可通过求解超越方程 $M = E - e\sin E$ 迭代得到。

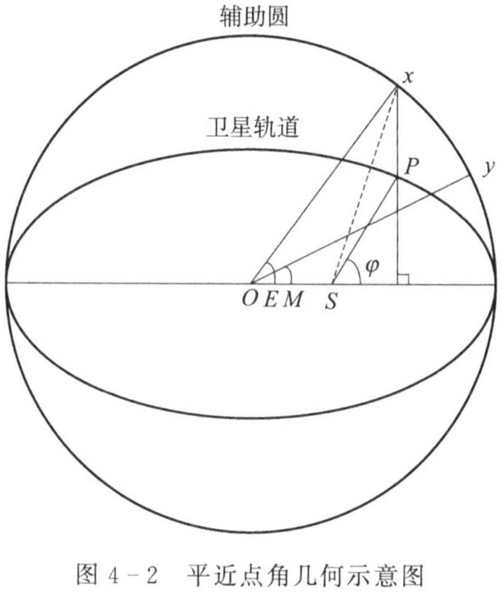

图 4－2　平近点角几何示意图

概括来说，轨道半长轴 a 和偏心率 e 描述了轨道的大小和形状，轨道倾角 i 、升交点经度 Ω 和近地点幅角 ω 共同确定轨道相对于参考平面的位置与取向，而真近点角 φ 或平

近点角 M 决定卫星在轨道上的位置。

上述轨道六根数可以确定卫星轨道的位置。实际应用中，卫星轨道高度 h ，升交点角距 u ，卫星平均运动速度 n ，轨道周期 T ，卫星到地心距离 r 等参数也比较常用。这些参数之间的关系为

$$
\begin{aligned}
h &= r - R_e \\
n &= \sqrt{\frac{\mu}{a^3}} \\
T &= \frac{2\pi}{n} \\
u &= \omega + f
\end{aligned}
\tag{4-1}
$$

其中，R_e 为地球的半径，当考虑地球为椭球时，该值可取地球赤道半径 6 378.137 km 或地球极半径 6 356.755 km。μ 为地球万有引力常数，$\mu = 3.986 \times 10^5\ km^3/s^2$。$u$ 为 t 时刻从升交点测量到卫星位置的角度，该角度可防止偏心率 $e = 0$ 时 ω 不存在的问题。

4.1.1.2 卫星轨道分类

根据卫星轨道的形状、倾角、高度、运行方向等不同，卫星轨道有如下几种分类。

(1) 按照轨道形状分类

卫星轨道的形状取决于偏心率 e ，$0 \leqslant e < 1$ 时为闭合曲线。根据 e 的不同可将卫星轨道划分为：

1) 圆轨道：$e = 0$

2) 椭圆轨道：$0 < e < 1$

3) 抛物线轨道：$e = 1$

4) 双曲线轨道：$e > 1$

不同类型的卫星轨道形状如图 4-3 所示。对于自然天体而言，在太阳系内有许多彗星或流浪小天体为抛物线轨道或双曲线轨道，除深空探测外，此类型的人造卫星较少。人造卫星多数为圆轨道或椭圆轨道。

由于在轨有各种干扰，实际上并不存在偏心率绝对为零的轨道，通常认为 $e < 0.003$ 的轨道可近似为圆轨道。同时，由于圆轨道卫星与地面的高度、对地覆盖特性较均匀，因此绝大多数的商业卫星均采用圆轨道。而偏心率较大的椭圆轨道在实现对特定区域的连续长时间通信或观测时具有重要的应用。

(2) 按照轨道倾角分类

按照轨道倾角划分，卫星轨道可分为赤道轨道、极地轨道、倾斜轨道（又分为顺行轨道和逆行轨道）。

1) 赤道轨道：倾角为 0°，卫星轨道平面与地球赤道平面重合，卫星始终在赤道上空飞行。

2) 极地轨道：倾角为 90°，卫星轨道平面与地球赤道平面垂直，卫星星下点轨迹可以覆盖全球。通常倾角接近 90°的轨道也称为近极地轨道。

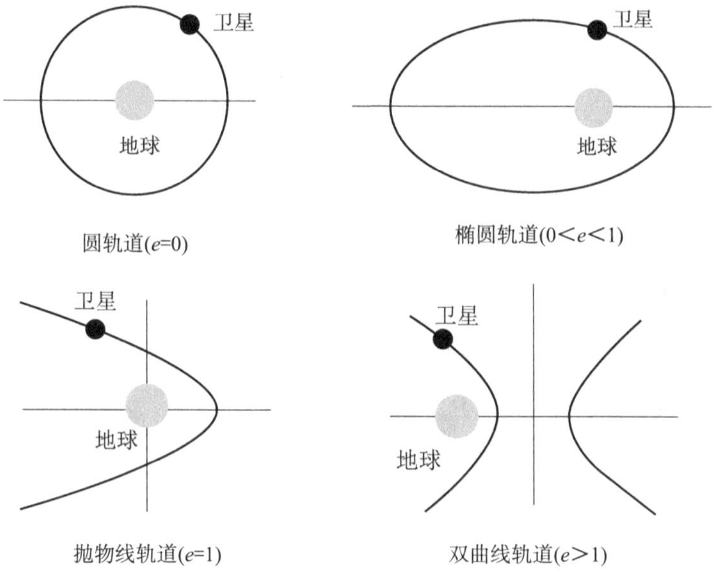

图 4-3　不同类型轨道形状

3）倾斜轨道：轨道倾角 $0°<i<90°$或 $90°<i<180°$，统称倾斜轨道，分为顺行轨道和逆行轨道。顺行轨道的轨道倾角 $0°<i<90°$，卫星自西向东顺着地球自转的方向运动，逆行轨道的轨道倾角 $90°<i<180°$，卫星自东向西逆着地球自转的方向运动。

太阳同步轨道是一种常用的近极地轨道，倾角大于 90°，轨道高度理论计算不超过 5 400 km，通常在 500～1 500 km。它的轨道平面绕地轴的旋转方向和周期，与地球绕太阳的公转方向和周期相同。这种轨道的特点是太阳光和轨道平面的夹角保持不变，卫星每次从同一纬度地面目标上空经过，都保持同一地方时、同一运行方向，具有相同的光照条件，因此可在同样条件下重复观测目标。太阳同步轨道是可见光遥感卫星的绝佳选择，在不同时期拍摄同一目标就可看到目标的动态变化。我国的资源系列卫星、遥感系列卫星、海洋系列卫星、高分系列卫星等绝大多数都采用太阳同步轨道。

（3）按照轨道高度分类

按照卫星距离地面的距离可分为低轨道、中轨道、高轨道。卫星轨道高度划分没有明确的界限。一种常用的划分方式是以范艾伦带（见图 4-4）为界进行划分。范艾伦带内带为 1 500～5 000 km，外带为 13 000～20 000 km。按照这个范围，卫星划分如下。

①超低轨道

轨道高度为 100～500 km。100 km 为卡门线，被大部分人认可为外太空与地球大气层的分界线，卫星在此高度以上具有在轨运行可行性。卫星在 500 km 以下运行，由于大气阻力影响，轨道高度衰减很快。因此低于该轨道运行的卫星较少。

②低轨道（Low Earth Orbit，LEO）

轨道高度为 500～1 500 km，轨道周期 94～116 min。

低轨卫星是应用最广泛的轨道。绝大多数的地球观测卫星和部分通信卫星采用该轨

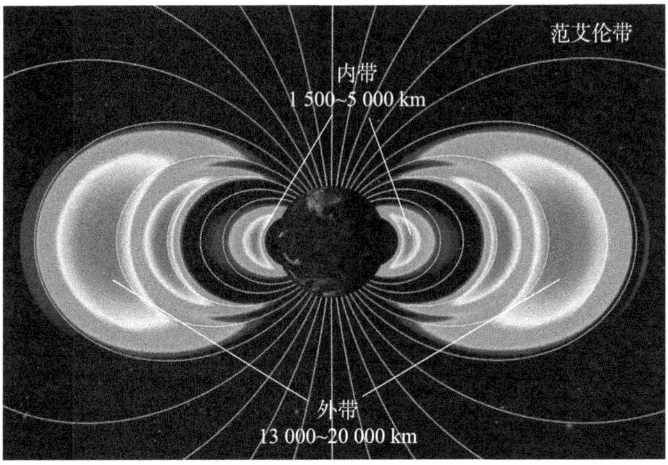

图 4-4　范艾伦带

道，如 FY-3 卫星、TanSat 卫星、Landsat 系列卫星、Iridium 卫星、Orbcomm 卫星等。近年来随着航天技术的发展，许多大型的通信卫星星座也开始部署在低轨道，如 OneWeb 卫星星座和 SpaceX 公司的 Starlink 星座等。

OneWeb：计划 720 颗卫星，1 200 km 轨道高度，87.9°倾角，18 轨道面，每轨 40 颗星，已于 2020 年破产，后被收购。截至 2020 年 12 月 31 日，已发射 110 颗 OneWeb 卫星。

Starlink：整个星座计划近 42 000 颗卫星，多次变更星座构型，截至 2021 年年底，第一阶段星座由 190 个轨道面，4 408 颗卫星组成。

③中轨道（Medium Earth Orbit，MEO）

轨道高度在 5 000～25 000 km，轨道周期 200 min～15.4 h。

中轨道高度的卫星覆盖范围和可视时间适中，同时该轨道空间环境干扰较小，卫星轨道稳定，便于精密定轨和星历预报，许多导航星座均部署在该轨道，如 GPS、GLONASS、Galileo 等，我国的北斗卫星星座一部分也部署在该高度。对全球实现大范围覆盖的通信卫星星座也部署在中轨道，如 O3b，致力于为世界上信息落后地区（主要是非洲、亚洲和南美等）的“其他 30 亿人”提供高速通信连接。

GPS：轨道高度 20 200 km，倾角 55°，共计 24 颗卫星，6 轨道面，每轨 4 颗。

GLONASS：平均高度 19 100 km，偏心率 0.001，倾角 64.8°，周期 11.25 h，共计 24 颗星，3 个椭圆轨道面，每轨 8+1（备份）颗星。

Galileo：轨道高度 23 222 km，倾角 56°，周期 14 h，共计 30 颗星，3 个轨道面，每轨 9+1（备份）星。

北斗：MEO 部分，轨道高度 21 500 km，倾角 55°，周期 12 h 50 min，共计 27 颗卫星，3 个轨道面，每轨 9 颗星。

O3b：星座第一代卫星共 16 颗，均位于赤道上空 8 062 km、几乎零倾角的 MEO 轨道上，覆盖区南北纬 50°之间，可为南北纬 50°～62°范围内的地区提供有限的服务。后续

22 颗 O3b 星座第二代卫星包括 12 颗 O3bN 卫星（与赤道平面保持零度倾角）和 10 颗 O3bI 卫星（与赤道平面保持 70°倾角）。O3bN 卫星将运行于赤道平面轨道，轨道高度 8 062 km。O3bI 卫星运行于轨道高度亦为 8 062 km、倾角为 70°的两个圆形轨道面上，升交点赤经为 0 到 180°。

④高轨道

轨道高度大于 25 000 km，轨道周期＞15.4 h。

运行周期与地球自转周期相同的人造地球卫星的轨道叫做地球同步轨道。当倾角为 0 时，称为地球静止轨道（Geostationary Orbit，GEO），该轨道卫星几乎每天在相同时刻经过相同地方的上空。从地面上看，卫星在天上静止不动，所以叫地球“静止”卫星。地球静止轨道高度高，所以卫星能观测到的地面区域广，一颗卫星就能覆盖 40％的地球表面。这种卫星和地面保持相对静止，跟踪简单，使用方便，能够 24 h 连续工作，因此应用非常广泛。通信、气象、广播、电视、预警等都采用地球静止轨道。当倾角 $i \neq 0$ 时，称为倾斜地球同步轨道（Inclined Geo Synchronous Orbit，IGSO），该轨道卫星星下点轨迹呈“8”字形封闭曲线，卫星每天重复相同的星下点轨迹，可增加对地观测纬度范围。两种地球同步轨道参数如下：

GEO：轨道高度 35 786 km，倾角 $i=0$，偏心率 $e=0$，轨道周期约为 24 h。

IGSO：轨道高度 35 786 km，倾角 $i\neq 0$，偏心率 $e=0$，轨道周期约为 24 h。

4.1.2　轨道高度的选择

卫星轨道高度需根据卫星的任务确定，如根据分辨率、通信链路余量选择对应的高度等。考虑对地观测、通信或导航卫星任务，其对地服务范围均可等效为一个传感器，形成对地覆盖角 θ。如对于通信任务，卫星对于地面某位置应当足够高，即有足够大的通信仰角才能保证足够的通信链路余量；对于可见光观测任务，目标点应当有足够大的观测仰角，才能保证足够的分辨率或者光照条件。对应到星上，卫星传感器应具有足够的对地覆盖角 θ 才能满足通信或成像等任务。

如图 4-5 所示为卫星对地覆盖几何关系示意图，根据正弦公式，可知当地面仰角为 β 时的对地覆盖角 θ 满足如下公式

$$\frac{R_e}{\sin\theta}=\frac{r}{\sin(\beta+90^\circ)} \tag{4-2}$$

因此可计算对地覆盖角为

$$\theta=\arcsin\left(\frac{R_e\cos\beta}{R_e+h}\right) \tag{4-3}$$

由式（4-3）可见，相同高度时，仰角 β 越小，对地覆盖角 θ 越大，对地覆盖范围也越大。但是对地覆盖角通常对应卫星载荷的观测能力或对地覆盖能力，因此，该角度不可能无限增大。此时可选择合适的卫星轨道高度增大对地覆盖范围。图 4-6 为 500～1 200 km 轨道高度不同仰角下的对地覆盖角曲线。可见轨道越高，在仰角 β 相同时，对地覆盖角 θ 减小，使得地心角 $\alpha=90^\circ-\beta-\theta$ 逐渐增大，对地覆盖范围越大，有利于扩大

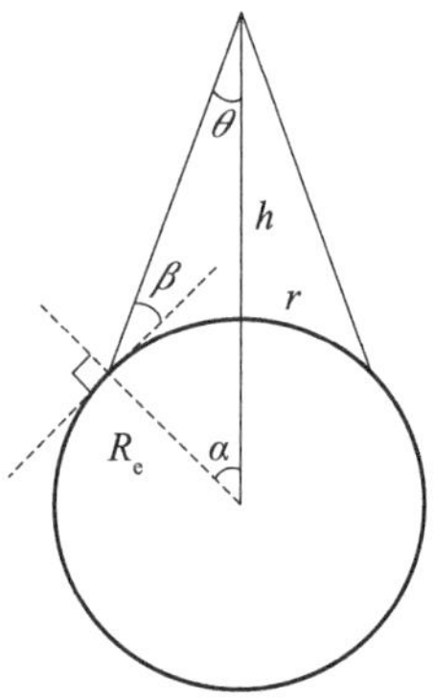

图 4-5　卫星对地覆盖几何关系

服务范围。但同时由于高度增加，对应的卫星载荷分辨率或通信链路余量要求也相应提高，实际应用时应综合这些因素合理选择卫星轨道高度。

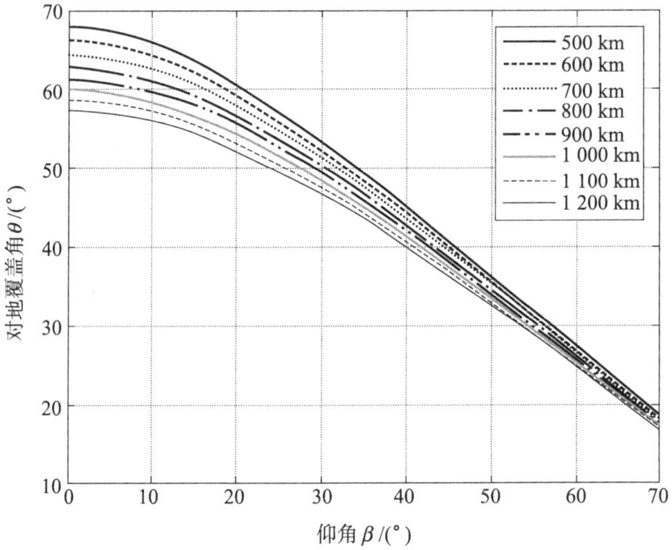

图 4-6　不同高度不同仰角对应的对地覆盖角

4.1.3　轨道倾角的选择

卫星轨道倾角的选择与卫星的任务相关，通常与观测或覆盖区域相关。除了地球静止轨道，绝大多数的卫星运行轨迹都要经过地球的 $-180° \sim +180°$ 经度方向，但纬度方向的覆盖要根据卫星的倾角 i 和卫星传感器的地面覆盖角 θ 共同实现。

卫星的倾角 i 大小决定了卫星星下点轨迹在纬度方向上的边界，因此卫星传感器的地面覆盖角 θ（或通过传感器的角度调整实现地面覆盖角，即为等效覆盖角），决定了卫星在纬度方向上的覆盖边界。如图 4-7 所示为轨道倾角与传感器地面覆盖角 θ 的关系示意图。考虑如下模型。

已知覆盖范围要达到南北纬$\pm\alpha$，卫星传感器对地覆盖角θ，计算卫星轨道的倾角边界i_0。当选取顺行轨道时，只要倾角i不低于倾角边界i_0，卫星的覆盖范围即可达到南北纬$\pm\alpha$。当选取逆行轨道时，只要倾角i不大于倾角边界i_0，卫星的覆盖范围即可达到南北纬$\pm\alpha$。

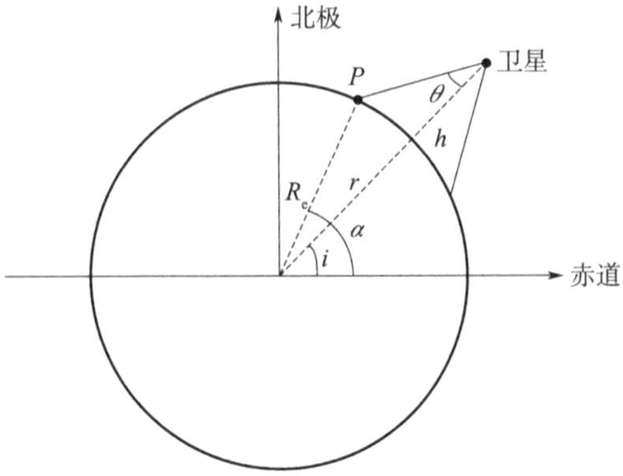

图 4-7　轨道倾角与传感器地面覆盖角关系

当卫星轨道为顺行轨道时，根据正弦公式可计算得

$$i_0=\alpha-\arcsin\left(\frac{(R_e+h)}{R_e}\cdot\sin\theta\right) \tag{4-4}$$

式中　R_e——地球半径；

h——卫星高度；

P——传感器所能达到纬度边界。

当卫星轨道为逆行轨道时，上式变为

$$180^\circ-i_0=\alpha-\arcsin\left(\frac{(R_e+h)}{R_e}\cdot\sin\theta\right) \tag{4-5}$$

根据式（4-4）和式（4-5）可知，当卫星高度和传感器对地覆盖角确定时，若所需的覆盖范围α越大，卫星的轨道倾角i应越接近于90°。

实际应用时，P点对卫星应当有一定的观测仰角β，一般$\beta\geqslant0$。地面仰角与对地覆盖角存在关系，见公式（4-3）。而且P点所在位置为传感器的边界，为了保证设计余量，i或θ应当留有一定的设计余量，确保P点具有较大的覆盖概率。

在实际设计中，轨道设计需要考虑光照、发射场、空间辐射等各种约束，因此式（4-4）和式（4-5）给出了卫星的倾角$i\geqslant i_0$[顺行轨道卫星参考公式（4-4）]或$i\leqslant i_0$[逆行轨道卫星参考公式（4-5）]，可根据实际需求选择合适的轨道。下面介绍几种特殊倾角卫星轨道。

（1）太阳同步轨道

太阳同步轨道是应用非常广泛的卫星轨道，是遥感卫星常用的轨道。太阳同步轨道的轨道面转动角速度与地球公转角速度相同的轨道。根据这个规律，可得到太阳同步轨道倾角公式为

$$\cos i = -0.09892\left(\frac{a}{R_e}\right)(1-e^2)^2 \tag{4-6}$$

式中　a ——卫星半长轴；

R_e ——地球半径；

e ——卫星偏心率。

可见太阳同步卫星轨道的倾角 i 始终大于 90°，为逆行轨道。当 $e=0$ 时，太阳同步轨道可能的轨道高度与倾角的对应关系如图 4－8 所示。

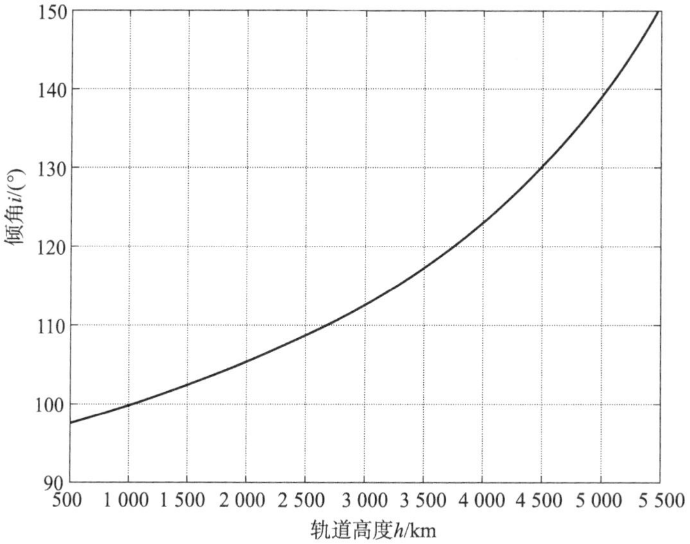

图 4－8　太阳同步轨道高度与倾角

（2）临界倾角轨道

受地球扁率影响，卫星轨道的近地点幅角并不是一成不变的。变化规律如式（4－7）所示，即在每圈内，轨道拱线在轨道平面内绕地心转过 $(\Delta\omega)_{2\pi}$。

$$(\Delta\omega)_{2\pi} = 1.5\pi J_2 \frac{5\cos^2 i - 1}{(a/R_e)^2(1-e^2)^2} \tag{4-7}$$

由 J_2 引起的近地点幅角平均变化率为

$$\omega = \frac{0.75\sqrt{\mu}R_e^2 J_2}{a^{3.5}(1-e^2)^2}(5\cos^2 i - 1) \tag{4-8}$$

单位 rad/s。要使近地点不变，则需

$$5\cos^2 i - 1 = 0 \tag{4-9}$$

即 $i=63.43°$（顺行轨道）或 117.57°（逆行轨道）。

一般称 $i=63.43°$为临界倾角，并通常选用该轨道，原因是顺行轨道卫星发射可借助地球自转，发射代价较小。当倾角为临界倾角时，由于式（4－9）始终为 0，即卫星的半长轴、偏心率可以有较大选择范围。这样卫星的近地点和远地点可以维持在某个纬度。对于中高纬度地区的国家和地区较有利。对于北半球高纬度地区，若卫星为通信卫星，将远地点设置在北半球，即 $\omega=270°$，设计大椭圆轨道，可保证在该地区有较多的通信时间。典型的临界轨道为俄罗斯的闪电轨道（$e=0.715$，$i=63.43°$，$\omega=270°$），其在俄罗斯领土范围内具有较多的通信时间。其在空间和地面星下点轨迹如图 4－9 所示。

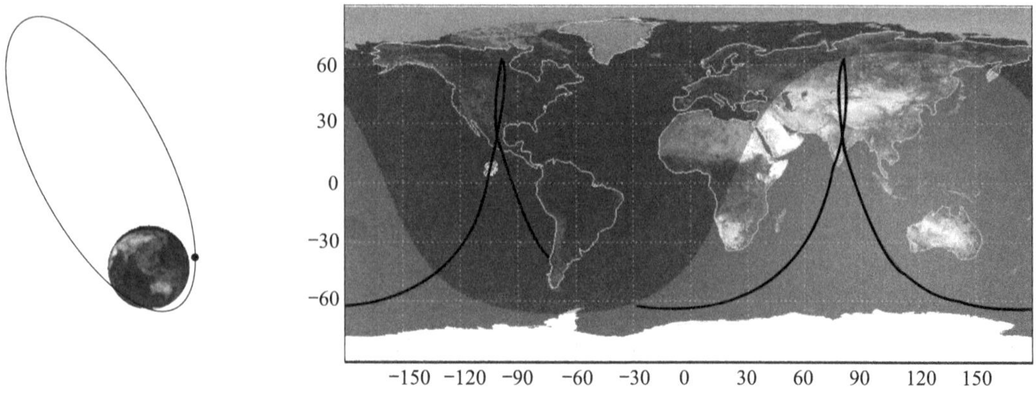

图 4－9　闪电轨道空间和星下点轨迹

4.1.4　降交点地方时选择

卫星在从北极向南极飞行过程中，跨越赤道时，星下点对应的地理位置当地时间称为降交点地方时。同理卫星在从南极向北极飞行过程中，跨越赤道时，星下点对应的地理位置当地时间称为升交点地方时。地方时表征了卫星飞过星下点的当地时刻，不同时刻对应的光照条件不同。

商业卫星最常见的轨道是低轨圆轨道，包括倾斜圆轨道和太阳同步圆轨道。倾斜圆轨道卫星由于轨道进动，每次经过同一纬度的地方时往往不稳定，卫星往往连续几天在地球光照阴影的边缘，对遥感卫星而言，光照条件在此时很差，成像质量很差，但该轨道卫星一段时间内对同一地点的观测次数较多；而太阳同步轨道卫星每次经过同一纬度的地方时较稳定，对于可见光遥感卫星需要在同一光照条件下的观测特别有利，但该轨道卫星对同一地点的观测次数较少。

因此应根据实际需要合理选择相应类型的轨道。可见光遥感卫星对降交点地方时需求较高，多数采用太阳同步轨道。

可见光遥感卫星太阳同步轨道降交点地方时的选择与确定，除了满足太阳帆板所要求的阳光照射、轨道倾角等要求，还需满足可见光载荷所需的太阳高度角，一般要求在 20°～70°之间。当地方时在 6:00 或 18:00 时，轨道平面近似与太阳光线垂直；当地方时在 00:00 或 12:00 时，轨道平面近似与太阳光线平行。根据光照角要求，降交点地方时通常选择在 9:00～15:00 之间。

根据研究，随着降交点地方时向中午靠近，高纬度地区一年中满足要求的成像天数增加。当增加到 10：30 时，高纬度地区成像天数增幅不大，但中低纬度地区成像天数反而有明显减少的趋势。随着降交点地方时从中午向 15:00 靠近，中纬度地区的成像天数又缓慢增加。因此一年中能够满足成像天数最多的降交点地方时区间在10:30～10:45和13:15～13:30。降交点地方时在10:30～10:45时，北纬50°以上的北半球地区，其满足要求的成像天数明显多于南半球。在设计卫星时，还需结合地面观测对象的分布特点。由于地球上的人口、植被、动物、陆地等资源绝大多数分布在北半球，降交点地方时通常选择在上午。如Landsat卫星降交点为10:00，SPOT卫星降交点地方时为10:30，IKONOS降交点地方时为10:30等。

多颗卫星组成星座可以增加对某一地区的观测次数或实现较快的全球覆盖，若有较多的卫星，通常考虑按照降交点和升交点对称分布。由于卫星入轨后，入轨存在误差，且卫星不可避免地存在地方时的漂移，卫星通常允许约30 min的变化范围。

4.1.5 升交点赤经确定

太阳同步轨道的具体升交点赤经不易确定，通常轨道设计时确定的值为升交点地理经度和卫星过升交点的地方时，然后求解具体的升交点赤经。若要求卫星在地面某点（经度J，纬度W）地方时为t（小时）时刻的正上方经过该地面点，此时卫星升交点地理经度为

$$J' = J - \left(\arcsin\left(\frac{\tan W}{\tan i}\right) - \frac{\arccos\left(\cos W \cos\left(\arcsin\left(\frac{\tan W}{\tan i}\right)\right)\right)}{2\pi} T(\omega_e - \Omega) \right) \tag{4-10}$$

升交点地方时为

$$t' = t - \frac{J - J'}{15} \tag{4-11}$$

$$\Omega = -9.9 \frac{\cos^2 i}{(a/R_e)^{3.5}(1-e^2)^2} \tag{4-12}$$

式中 T——轨道周期；

i——轨道倾角；

ω_e——地球自转角速度；

Ω——升交点变化率，单位[(°)/d]。

4.2 星座设计方法

随着航天技术的发展，一颗卫星已经不能满足越来越多的航天任务，利用多颗卫星构成星座实现全球或特定地区的不间断通信、导航、遥感等任务越来越普遍。通过满足一定空间分布、轨道类型、星间相位的多颗卫星构建卫星星座，形成一个分布式卫星系统，使得这些卫星按照特定的时间和空间规律运行，可以大大扩展单颗卫星的能力，能够按照要求的时间间隔和覆盖重数完成通信、导航或成像等任务。

卫星星座通常是指为实现遥感、通信、导航或科学试验等任务发射入轨后按照一定规律正常运行的卫星的集合。卫星星座设计是一个系统工程，与任务类型、覆盖范围、覆盖重数、重访间隔、可用运载及发射方式、成本预算、运控代价等相关。

1）任务类型：主要是指通信、导航、成像等任务或几种任务的组合，确定任务目标，决定选择什么载荷。

2）覆盖范围：主要是指服务对象是全球覆盖、区域覆盖、点或面目标成像等，以此确定卫星的倾角及载荷的覆盖能力。

3）覆盖重数：主要是指服务区域一次可以对几颗星可见。

4）重访间隔：主要是指两次对服务区域的全部或部分区域不可见的时间，通常其最大间隔决定了星座的最“短板”能力。

5）可用运载及发射方式：主要根据星座规模确定轨道面及单轨卫星数量。国内成熟的运载火箭主要有长征系列、快舟系列，商业运载火箭目前正处在蓬勃发展之中。不同的运载火箭具有不同的运载能力及成本，一次可以运载几颗卫星，以及需要多少次发射，直接决定了星座的发射成本。

6）成本预算：成本与星座的规模几乎线性相关。

7）运控代价：星座在轨运行离不开地面运控。星座管理需要建设不同位置的地面站，每个地面站也需要多部天线进行测运控，实现星座的在轨正常运行。

在确定了上述基本输入后，星座构型设计就成为星座设计的主要待解决问题。卫星星座的构型设计是一个多参数优化的过程，包括卫星数目、轨道平面数量、单轨卫星数量、倾角、偏心率、半长轴等。合理的卫星构型不仅能够实现卫星星座整体性能的最优，还能使系统具有良好的协同工作和长期稳定运行的能力，减小卫星星座运行期间的任务代价。

传统的星座设计理念是在考虑满足性能指标的前提下，采用尽可能少的卫星实现星座建设。随着商业航天的发展，可重复利用的运载火箭和批量化生产低成本卫星技术得到了长足的发展，使得建设大规模的巨型星座成为可能，卫星数量可达到成百上千甚至上万颗卫星。这成为商业卫星星座的一个重要特点。同时由于单个构型的星座可能无法实现最佳星座覆盖性能，巨型星座往往采用多个子星座混合构成，而子星座可根据 Walker 星座设计方法进行设计。如 SpaceX 公司的 Starlink 星座，其星座建设的第一阶段的最新设计（截至 2021 年 12 月）包括 4 408 颗星：在 550 km/53°轨道设置 72 个轨道面，每个轨道面 22 颗星，在 540 km/53.2°轨道设置 72 个轨道面，每个轨道面 22 颗星，在 570 km/70°轨道设置 36 个轨道面，每个轨道面 20 颗星，在 560 km/97.6°轨道设置 6 个轨道面，每个轨道面 58 颗星，以及在 560 km/97.6°轨道设置 4 个轨道面，每个轨道面 43 颗星。第二阶段共计 7 518 颗星，分别为在 335.9 km/42°轨道设置 2 493 颗星，在 340.8 km/48°轨道设置 2 478 颗星，在 345.6 km/53°轨道设置 2 547 颗星。这种大规模部署卫星建设星座的方式成为一种全新的设计理念，使得 Starlink 成为目前在轨卫星数量最多的星座系统。

商业卫星星座的建设还需根据实际应用确定。如可见光遥感卫星星座实现对地观测需满足较好的光照条件，卫星轨道通常选择太阳同步轨道且降交点地方时分布在 9:00～15:00，其他时段的地方时由于光照条件较差导致成像质量非常差，通常要避开该时段。因此不能简单地运用 Walker 星座设计方法进行可见光遥感卫星星座设计，还需结合对特定区域的重访、覆盖等性能进行设计优化。典型的光学遥感星座有吉林一号卫星星座、鸽群星座等。

4.2.1　常用星座构型

1970年，英国皇家飞机公司的John . G. Walker发表了一份技术研究报告，探索需要多少卫星才能持续覆盖地球表面任意点。通过将卫星按照不同的方式在轨道平面之内和轨道平面之间均匀分布，Walker提供了不同的星座方案，并提出了 $N/P/F$ 参考命名法来描述不同的Walker星座变体，其中 N 为卫星总数，P 轨道平面数量，F 为相位因子。

Walker星座是常用的卫星星座构型，其包括星形星座、δ星座、玫瑰星座、σ星座等。Walker星座是全球纬度带覆盖最有效的星座，许多星座系统都采用Walker星座，如北斗导航星座MEO部分、GLONASS等。

（1）星形星座

星形星座特征是各条轨道在参考平面上有一对公共节点，相邻的同向轨道之间有相等（或近似相等）的相对倾角。极地轨道卫星构成的星座为星形星座，其构型如图4-10所示。

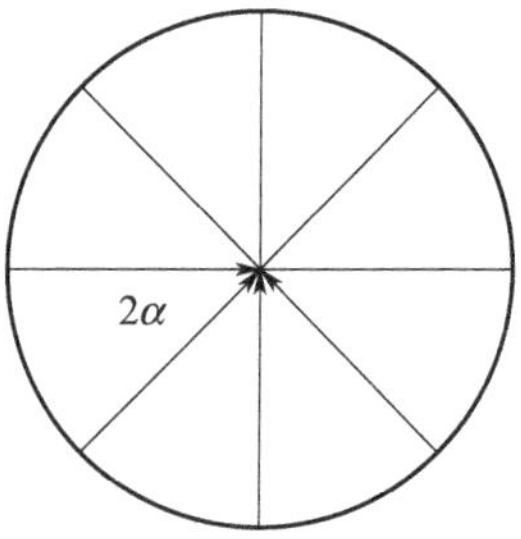

图4-10　星形星座

星形星座理论分析较方便，但覆盖特性很差，主要缺点如下：

1）所有轨道都在两个节点相交，在两个节点附近卫星过于密集，在节点之外区域，则比较稀疏，覆盖很不均匀。

2）同向相邻轨道之间的卫星，在轨道周期内，相对位置基本不变，但反向相邻轨道之间，卫星相对位置经常变化，由相反方向接近后远离，覆盖特性变化剧烈。

（2）δ星座

δ星座特征是各条轨道对参考平面有相同的倾角，节点按等间隔均匀分布，其构型如图4-11所示。

设δ星座有 P 个轨道面，倾角均为 i，每个轨道的升交点以等间隔 $2\pi/P$ 均匀分布。每个轨道面上有 S 颗卫星，按照等间隔 $2\pi/S$ 均匀分布。相邻轨道面的对应序号卫星之间相位差为

$$\Delta u = \frac{2\pi}{N}F \tag{4-13}$$

其中，$F=0, 1, 2\cdots, P-1$。

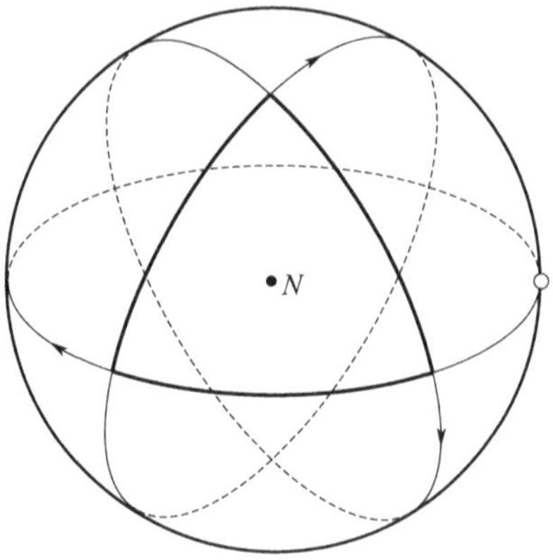

图 4-11　δ 星座

即任一轨道面上的卫星其相邻的东侧轨道上的对应卫星总是超前 Δu 相位。F 被称之为相位因子。因此 δ 星座可以用 $N/P/F$，轨道倾角 i 和轨道高度 h 描述。$N=PS$ 为星座中卫星的总数。可见根据相位因子 F 的选择，N 颗卫星构成的 δ 星座具有 1 和 N 在内的所有因子的总和种类型。这些星座中既有覆盖性很差的构型，也有覆盖性良好的构型。

δ 星座的构型不像星形星座那样稳定，一般没有解析解。借助于现代计算机，可采用穷举法获得覆盖较好的星座构型。根据经验，一般 P 近似与 S 相等时，覆盖特性较好，实际选择时，可优先在此条件附近寻找较好的构型。

(3) 玫瑰星座

玫瑰星座是 δ 星座中 $N=P$ 的一种特殊星座，即一个轨道面上一颗星。其构型如图 4-12 所示，这种星座的轨道图形在固定天球上投影犹如盛开的玫瑰，因此得名。

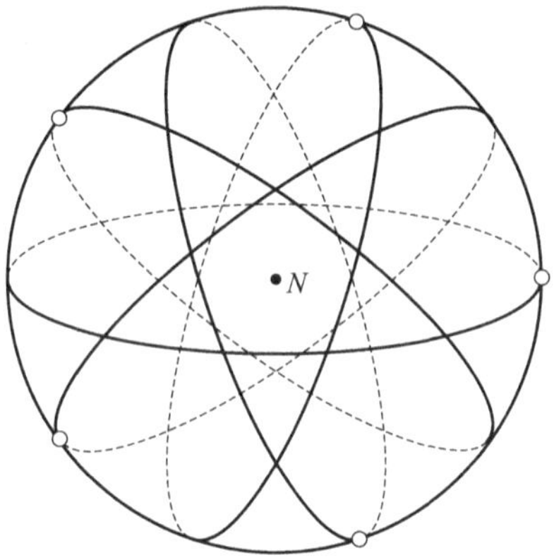

图 4-12　玫瑰星座

玫瑰星座中任意一颗卫星在天球上的位置可以用轨道面赤经 Ω 、轨道倾角 i 、卫星初始相位角 Δu 确定。卫星相位角为 $u=2\pi t/T+u_0$，t 为时间，T 为轨道周期。因此 N 颗卫星组成的玫瑰星座满足如下关系

$$\Omega_j = 2\pi j/N \quad j = 0,1,2,\cdots,N-1$$
$$i_j = i \tag{4-14}$$
$$u_{0j} = m\Omega_j \quad m = 0,1,2,\cdots,N-1$$

上述公式中 m 为整数，玫瑰星座可以推广到 m 为分数的情况，此时

$$\Omega_j = 2\pi j/N \quad j = 0,1,2,\cdots,N-1$$
$$i_j = i \tag{4-15}$$
$$u_{0j} = mS\Omega_j \quad m = 0,1,2,\cdots,N-1/S$$

根据上述公式可知，玫瑰星座可以用 $N/P/m$ 三个参数描述，玫瑰星座参数 m 与 δ 星座 F 之间关系为 $F = mS$ 。

玫瑰星座覆盖特性非常好，该设计是以卫星数量最少为目标，已经对相位关系、倾角和高度进行了最优。当星座轨道高度增加时，全球覆盖需要的卫星数目减少，相邻卫星间的距离增大，因此星间距离和方位角的变化较平缓，容易建立星间链路。

（4）σ 星座

σ 星座中所有卫星沿着一条类似正弦曲线，按等间隔分布。σ 星座是 δ 星座的子星座。通常用两个整数 N 和 M 做参考码，它对应于 δ 星座的 $N/P/F$ 的参考码，这里的 P 和 F 满足以下关系。

$$\begin{cases} P = \dfrac{N}{H[M,N]} \\ F = \left(\dfrac{N}{PM}\right)(KP - M - 1) \end{cases} \tag{4-16}$$

式中，$H[M,N]$ 表示取 M 和 N 的最大公因子，F 是 0～ $P-1$ 范围内的整数，系数 K 即可唯一确定。

σ 星座中每个卫星的赤经赤纬坐标 λ 、φ 可以根据它们在曲线上的相位角 u（从升交点起量）算出。卫星的相位角和它的坐标有以下关系

$$\lambda = \arcsin(\sin u \sin i)$$
$$\varphi = \arctan(\tan u \cos i) - \frac{uM}{M+1}$$

σ 星座中顺序相随的两颗卫星之间的相差 $\Delta u = 2\pi(M+1)/N$ ，所以很容易求出星座中所有卫星的坐标。

当卫星 x 和 y 的赤经和赤纬已知时，两星之间的角度 D 可以根据式（4-18）算出

$$D = \arccos[\sin\lambda_x \sin\lambda_y + \cos\lambda_x \cos\lambda_y(\varphi_x - \varphi_y)] \tag{4-18}$$

利用公式即可找出 σ 星座中最小的 D 值，从而可以找出最佳星座。

σ 星座是各种星座中能提供最大 D_{min} 星座，因而可能是最有效的星座。在满足覆盖要求的前提下，σ 星座所需要的卫星较少，因此建设星座可能成本较低。

4.2.2 星座设计方法

目前星座设计方法主导方法为覆盖带法。对于全球覆盖，若覆盖高空区域，倾斜圆轨

道星座比极地圆轨道星座有效，而对于覆盖低空区域，极地圆轨道星座可提供较好的覆盖性能，尤其是高纬度地区。

4.2.2.1　极地圆轨道星座设计

根据所给的纬度值 ϕ_n 和覆盖重数 n 可计算最优星座。其中 ϕ_n 与 n 的几何意义为在纬度高于 ϕ_n 的任何地面点，至少能同时观察到 n 颗星，即至少为 n 重覆盖。在纬度介于 ϕ_n 和 $\pi/2-c_j$ 之间的区域，覆盖重数会迅速增加，在纬度不低于 $\pi/2-c_j$ 的区域内，覆盖重数将达到最大值 jp 。其中 c_j 为同一轨道提供 j 重覆盖时 j 重连续覆盖带的半宽，p 为星座中轨道面的数目。

如图4-13所示，多颗卫星等间距分布于同一轨道面，标以 $S1$ 到 $S5$ 的点为轨道上卫星的星下点，以星下点为圆心，半径为 θ 的圆为地球球面上能够观察到该卫星的区域，即卫星覆盖区，各卫星的覆盖区相结合，形成以轨道星下点轨迹为中心，覆盖重数不同的连续带状覆盖区。j 重覆盖带宽度表示为 $2c_j$ ，在 j 重覆盖带内的任一点，可同时观察到 j 颗卫星。c_j ，θ 和 s 关系如下

$$c_j=\arccos\left(\frac{\cos\theta}{\cos(j\pi/s)}\right) \tag{4-19}$$

式中　s ——轨道面内卫星数量。

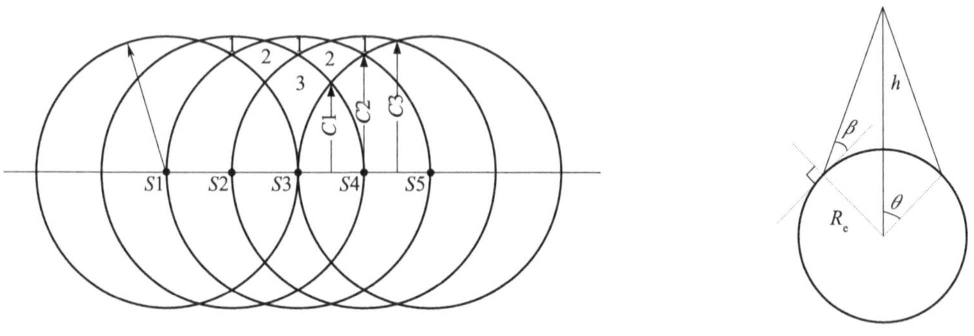

图4-13　覆盖带几何关系

为了保证对全球每一地面点至少具有 j 重覆盖，可将极地轨道的升交点按以下方案布置：在赤道面上，星座中各轨道面升交点等间距分布，相邻轨道面之间间隔为 c_1+c_j 。在这种方案下，由于相邻轨道覆盖区的重叠，能保证重叠区域的覆盖重数大于 $2c_j$ 。这种配置可由如下限制方程描述

$$\psi_1=2c-\arccos\left(\frac{\cos\theta}{\cos\dfrac{\pi}{2}}\right)-\arccos\left(\frac{\cos\theta}{\cos\dfrac{j\pi}{s}}\right)=0 \tag{4-20}$$

若要求一定的观测仰角 β ，则 θ 和卫星高度 h 之间的关系为

$$\cos(\theta+\beta)=\frac{\cos\beta}{1+\dfrac{h}{R_e}} \tag{4-21}$$

图 4－14 所示为三个极地圆轨星座的极点视图，轨道数分别为 $p=2$、3、4，每一视图中，大圆代表地球赤道，圆心为极点，过极点的子午线之间夹角等于它们与赤道交点之间的地心角，但每一点的余纬度（$\pi/2$ 减去该点纬度）与该点和极点间距离不成线性关系。实直线为各卫星覆盖带边界，选择适当的覆盖带宽 π/p，使得相邻轨道面覆盖带交于赤道，因此各图中由于轨道数 p 不同，覆盖带宽因而也不同，各覆盖带相交划分出不同区域，各区域的覆盖重数已标在图中。

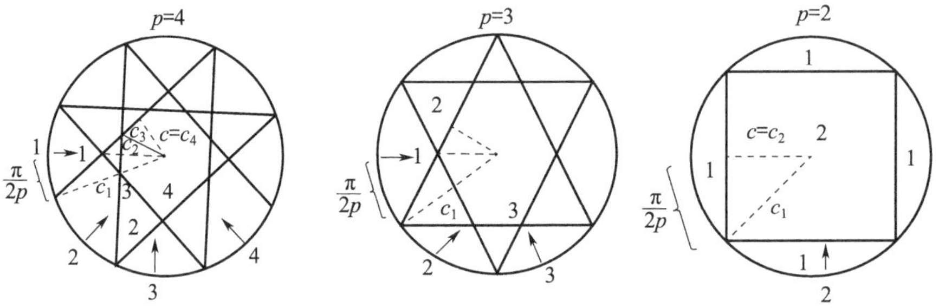

$\langle c,c_1\rangle=\frac{3\pi}{2p}$　$\langle c,c_2\rangle=\frac{\pi}{p}$　　$\langle c,c_1\rangle=\frac{\pi}{p}$　$\langle c,c_2\rangle=\frac{\pi}{2p}$　　$\langle c,c_1\rangle=\frac{\pi}{2p}$

$\langle c,c_3\rangle=\frac{\pi}{2p}$　$\langle c,c_4\rangle=0$　　$\langle c,c_3\rangle=0$　　$\langle c,c_2\rangle=0$

图 4－14　极地圆轨道星座极点视图

引入系数 c_k 表示一个余纬度值，在不低于该纬度点的地方，能同时观察到不少于 k 颗卫星，图中的虚直线连接的就是极点和 c_k 以及极点和覆盖带边界的垂线，它们之间的夹角为

$$\langle c,c_k\rangle=\frac{p-k}{2p}\pi\quad(p\geqslant k)\tag{4-22}$$

由于 c_k 为 ϕ_n 的余纬度，解算由极点、c、c_k 连接而成的球面三角形，可得

$$\psi_2=\sin c-\cos\phi_n\cos\left(\frac{p-k}{2p}\pi\right)=0\tag{4-23}$$

为了便于讨论，图 4－14 中连续覆盖带为一重覆盖带，半带宽为 c，但上面讨论图 4－13 时指出，每条轨道形成 j 重覆盖带，不同轨道升交点在赤道上以 $2c=c_1+c_j$ 间距分布的星座更优，综合图 4－13 和图 4－14，可得到最小覆盖重数为 $n=jk$，j，k 都为整数。

以上导出了两个限制方程、涉及的变量有输入变量 n，ϕ_n，中间变量 p，s，c 和输出变量 ϕ，形式为

$$\begin{cases}\psi_1=2c-\arccos\left(\dfrac{\cos\theta}{\cos\dfrac{\pi}{s}}\right)-\arccos\left(\dfrac{\cos\theta}{\cos\dfrac{j\pi}{s}}\right)=0\\ \psi_2=\sin c-\cos\phi_n\cos\left(\dfrac{p-k}{2p}\pi\right)=0\end{cases}\tag{4-24}$$

覆盖重数为 n，$n=jk$。

对不考虑轨道间相位的全球多重覆盖问题，$\phi_n=0$，代入 ψ_2 表达式，简化为

$$\psi_2=\sin c-\cos\left(\frac{p-k}{2p}\pi\right)=0 \tag{4-25}$$

因此

$$c=\frac{k\pi}{2p} \tag{4-26}$$

代入 ψ_1 表达式，则

$$\psi_1=\frac{k\pi}{p}-\arccos\left(\frac{\cos\theta}{\cos\frac{\pi}{s}}\right)-\arccos\left(\frac{\cos\theta}{\cos\frac{j\pi}{s}}\right) \tag{4-27}$$

上式可写为

$$p(c_1+c_j)=k\pi \tag{4-28}$$

上式表明了星座布置的策略，即将各轨道以 $(c_1+c_j)/k$ 的间距分布于赤道上，这样将提供 n 重覆盖余量，其中 j 重通过适当选择各轨道面内的卫星数目得到，k 重通过将星座复制 k 次得到。对于给定的覆盖重数 $n=jk$ ，通过参数优化，可得出最佳的 j 和 k 值，从而得到最优的星座。由于没有考虑不同轨道间的相位问题，方程（4-27）所得的结果可能比较保守，如果相邻轨道间卫星保持最佳相位，则可使卫星的高度更低。这涉及卫星轨道的分布问题，若相邻轨道的方向相同，则轨道间间距相同，若相邻轨道方向相反，则轨道间间距不同，这导致卫星轨道升交点在赤道上分布不均。对于覆盖重数为 j 的星座，若考虑轨道位，则同向轨道间间距应为 $(\theta+c_j)/k$ ，异向轨道间间距为 $(c_1+c_j)/k$ 。星座布置可以有 $2(p-1)$ 条同向轨道，2 条异向轨道，限制方程为

$$(p-1)(\theta+c_j)+(c_1+c_j)=k\pi \tag{4-29}$$

当 j 趋于无穷大时，方程（4-27）、方程（4-29）具有相同极限。

优化的指标为星座中卫星总数 T 最少

$$T=ps \tag{4-30}$$

引入限制方程（4-24），最优结果满足以下方程

$$\begin{aligned}
&\frac{\partial T}{\partial p}+\lambda_1\frac{\partial\psi_1}{\partial p}+\lambda_2\frac{\partial\psi_2}{\partial p}=0\\
&\frac{\partial T}{\partial s}+\lambda_1\frac{\partial\psi_1}{\partial s}+\lambda_2\frac{\partial\psi_2}{\partial s}=0\\
&\frac{\partial T}{\partial c}+\lambda_1\frac{\partial\psi_1}{\partial c}+\lambda_2\frac{\partial\psi_2}{\partial c}=0\\
&\psi_1=0\\
&\psi_2=0
\end{aligned} \tag{4-31}$$

其中，λ_1、λ_2 为拉格朗日乘子。

求解以上偏导数，得到

$$s+\lambda_2\left(\frac{k\pi}{2p^2}\right)\cos\phi_n\sin\left(\frac{p-k}{2p}\pi\right)=0 \tag{4-32}$$

$$p-\lambda_1\left(\frac{\pi}{s^2}\right)\left[\frac{\cos\theta\tan\dfrac{\pi}{2}}{\sqrt{\cos^2\dfrac{\pi}{s}-\cos^2\theta}}+\frac{j\tan\dfrac{j\pi}{s}}{\sqrt{\cos^2\dfrac{j\pi}{s}-\cos^2\theta}}\right]=0 \tag{4-33}$$

$$2\lambda_1+\lambda_2\cos c=0 \tag{4-34}$$

由式（4-34）解得 λ_1，代入式（4-32）、式（4-33），再将式（4-32）除以式（4-33）得到

$$k\left(\frac{s}{p}\right)\frac{\cos\phi_n}{\cos c}\sin\left(\frac{p-k}{2p}\pi\right)=\frac{\tan\dfrac{\pi}{s}}{\sqrt{\left(\dfrac{\cos\dfrac{\pi}{s}}{\cos\theta}\right)^2-1}}+\frac{j\tan\dfrac{j\pi}{s}}{\sqrt{\left(\dfrac{\cos\dfrac{j\pi}{s}}{\cos\theta}\right)^2-1}} \tag{4-35}$$

根据 $\psi_1=0$ 解得 θ

$$\cos^2\theta=\frac{\sin^2 2c\cos^2\dfrac{\pi}{2}\cos\dfrac{j\pi}{s}}{\cos^2\dfrac{\pi}{s}-\cos^2\dfrac{j\pi}{s}-2\cos 2c\cos\dfrac{\pi}{s}\cos\dfrac{j\pi}{s}} \tag{4-36}$$

代入式（4-35）可得

$$\left(\frac{k}{p}\right)\cos\phi_n\sin\left(\frac{p-k}{2p}\pi\right)=\frac{\sin 2c\cos c}{s}\left[\frac{\tan\dfrac{\pi}{s}-\cos\dfrac{j\pi}{s}}{\cos\dfrac{\pi}{s}-\cos 2c\cos\dfrac{j\pi}{s}}+\frac{j\tan\dfrac{j\pi}{s}\cos\dfrac{\pi}{s}}{\cos\dfrac{j\pi}{s}-\cos 2c\cos\dfrac{\pi}{s}}\right] \tag{4-37}$$

给定变量 c，j，k，上述方程给出了最优星座的 p 和 s 应满足的条件，在此条件下卫星数目最少，且对纬度不低于 ϕ_n 的地区，覆盖重数至少为 $n=jk$。

卫星总数 T 按照如下步骤计算。

1）输入 ϕ_n 和 n。

2）由限制方程 $\psi_2=0$ 及 $j=nk$，选择一个 j 值和一系列 p 值，计算 c 值。

$$c=\arcsin\left(\cos\phi_n\cos\frac{p-n/j}{2p}\pi\right) \tag{4-38}$$

3）对每一 p 值，用方程（4-37）找出最优 s 值。

4）用方程（4-36）计算 θ 值。

5）选择另一 j 值，且满足 $jk=n$，返回步骤 2）。

6）找出最优 j 值，使得对于相同的 θ 值，卫星总数 $T=ps$ 最少。

7）选择新 ϕ_n 和 n，重复上述步骤。

4.2.2.2　倾斜圆轨道星座设计

以下分析的目标是连续的多种区域覆盖（全球、极区、带区、赤道区域）。假设条件为：相同数目的按几何关系对称分布于相同高度且相同倾角的圆轨面上，每个轨道面卫星数量不少于 3 颗，以便能使每个轨道面形成连续的“覆盖带”，不同轨道面之间，相位差

为任意值，每一轨道面的升交点几何对称地分布在赤道上，因此相邻轨道升交点赤经差为 $2\pi/p$，其中 p 为轨道数目，分析所得的最优星座用以下参数来描述：高度、倾角、星座卫星总数 $T=ps$，其中，s 为每轨道面上的卫星数。中间变量 c 代表星座中每轨道面覆盖带半宽。

若三颗或更多颗卫星均匀分布于 p 个圆轨道面中每个平面，各轨道高度相同，满足轨道面连续覆盖，覆盖带半宽 c，位于轨道星下点轨迹两侧，是轨道高度和最小观察角的函数，分析的实质是找出 p 个按定几何关系分布的大圆，倾角相同，对所要求的某种地表区域形成连续的覆盖，且覆盖带半宽 c 最小。覆盖带半宽 c，覆盖圆地心角 θ，轨道内卫星数 s 之间的关系，由式（4－39）给出

$$\cos\theta=\cos c\cos\frac{\pi}{s} \tag{4-39}$$

覆盖圆地心角 θ、卫星高度 h 和观察角 α 之间的关系为

$$\cos(\theta+\alpha)=\frac{\cos\alpha}{1+\dfrac{h}{R_e}} \tag{4-40}$$

p 个倾斜轨道面按几何关系分布（赤道上以 $2\pi/p$ 的地心角分布）于一固定椭球，极轴与地球极轴重合，如图 4－15 所示为在矩形域内展开的经纬图，p 分别为 6 和 7，以至少两个轨道面作边界所围成的球面区域定义为网格，由对称性，北半球和南半球的网格分布相同，不同的网格（大小和形状）以数码编序，从北极开始，为 $m=0$，1，…，一般来说，p 为偶数时，包括包围极点的网格在内，有（$p/2+1$）种大小和形状不同的网格；p 为奇数时有 $[(p-1)/2+1]$ 种，对于赤道面上升交点为对称分布的轨道，p 为偶数时，赤道上升交点和降交点相重合，以 $2\pi/p$ 的地心角分布，当 p 为奇数时，星下点轨迹穿越赤道时，以相同的地心角 π/p，按升和降交错与赤道相交。

若星座中每个圆轨道具有相同倾角 i 和相同的 c 值，对于网格 m 内部覆盖带边界交点，上交点为 ϕ_n，下交点为 ϕ_n，它们与 c 的关系为

$$\sin c=\sin\phi_l\cos i-\cos\phi_l\sin i\cos\left(\frac{m+1}{p}\pi\right) \tag{4-41}$$

$$\sin c=\cos\phi_n\sin i\cos\left(\frac{m-1}{p}\pi\right)-\sin\phi_l\cos i \tag{4-42}$$

$$\sin c=\sin\phi_p\cos i-\cos\phi_p\sin i\cos\frac{\pi}{p} \tag{4-43}$$

通过寻找 c 与 i 满足的条件，使任意给定网格被覆盖。对于给定的 i，当 c 增加时，网格未覆盖部分逐渐缩减，当 $\phi_l=\phi_h=\phi$ 时，整个网格被覆盖。联立方程（4－41）和方程（4－42），求得

$$\sin c=\frac{\sin\left(\dfrac{m\pi}{p}\right)\sin\left(\dfrac{\pi}{p}\right)\sin i\cos i}{\sqrt{\cos^2 i+\cos^2\dfrac{m\pi}{p}\cos^2\dfrac{\pi}{p}\sin^2 i}} \tag{4-44}$$

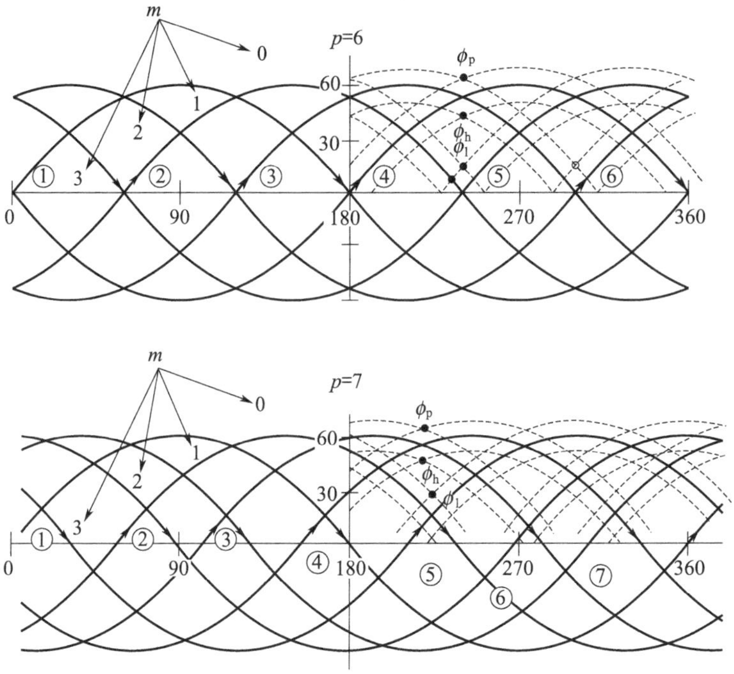

图 4-15　覆盖网格几何关系

此网格覆盖条件适用于除极区网格的其他所有网格。对于适用于极区网格的覆盖条件，联立 $\phi_p=\pi/2$ 及公式（4-43），可得

$$c=\frac{\pi}{2}-i \tag{4-45}$$

只有当极区网格具有一定覆盖余量时，方程（4-44）适应于极区网格覆盖。图 4-16 列出了某些极区网格覆盖余量的极点俯视图。当 p 为偶数时，若每一轨道能单独满足极区一重覆盖，即满足式（4-45），则极区网格最小覆盖余量等于 $p/2$；当 p 为奇数，根据图 4-16 可知，当满足式（4-45）时，极区网格最小覆盖余量为 $(p-1)/2$，极区网格最大覆盖余量为 p 。

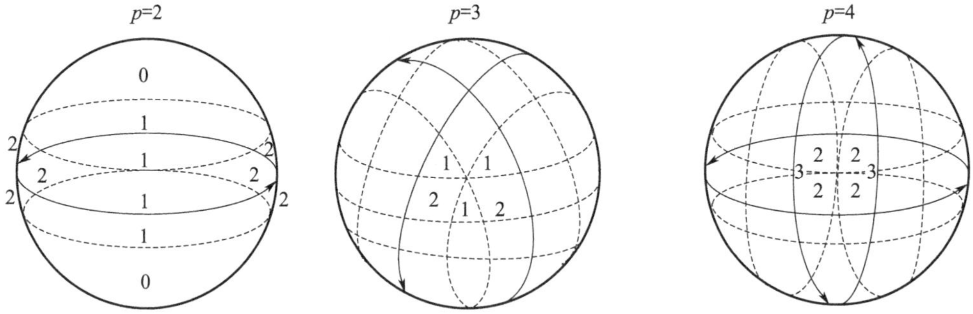

图 4-16　倾斜圆轨道极点视图

（1）连续一重覆盖

输入条件为：带区的高纬度为 ϕ_U，低纬度为 ϕ_L，要求轨道数 p 和倾角 i，使得带区被连续覆盖，且覆盖带半宽 c 最小。推导如下。

带区连续覆盖到 ϕ_U 条件为

$$\sin c \geqslant \sin\phi_U \cos i - \cos\phi_U \sin i \cos\frac{\pi}{p} \tag{4-46}$$

为保证高纬度为 ϕ_U，低纬度为 ϕ_L 之间带区连续覆盖，等价于此带区内每种网格被覆盖。若一种网格被覆盖，则纬度更高的网格也被覆盖，这样若得到对网格 m 的一般解，则 $m-1$ 网格也被覆盖，将 $m-1$ 代入式（4-44），得到

$$\sin c = \frac{\sin\left(\frac{(m-1)\pi}{p}\right)\sin\left(\frac{\pi}{p}\right)\sin i\cos i}{\sqrt{\cos^2 i + \cos^2\frac{(m-1)\pi}{p}\cos^2\frac{\pi}{p}\sin^2 i}} \tag{4-47}$$

网格 m 的一般解即为寻找 $i\in(0,\ \pi/2)$，使得上式中的 c 最小。结合限制条件如下

$$\sin c \geqslant a\sin i - b\cos i \tag{4-48}$$

$$\sin c \geqslant e\cos i - d\sin i \tag{4-49}$$

其中

$$\begin{aligned} a &= \cos\phi_L \cos\frac{(m-1)\pi}{p} \\ b &= \sin\phi_L \\ d &= \cos\phi_U \cos\frac{\pi}{p} \\ e &= \sin\phi_U \end{aligned} \tag{4-50}$$

考虑到（$\sin c$，i）空间中可用区域须满足每个限制方程，可筛选不同的解。若 ϕ_U，ϕ_L 的限制条件满足三条曲线要求且 c 值最小（见图 4-17），称之为“第一类解”。第一类解为多数情况下的适用解。求解得到

$$\begin{aligned} i_1 &= \arctan(z) \\ c_1 &= \arcsin\left(\frac{e-dz}{\sqrt{1+z^2}}\right) \\ z &= \frac{b+e}{a+d} \end{aligned} \tag{4-51}$$

将公式（4-47）和不等式（4-48）取等号联立求解，若得到更小的 c，则成为“第二类解”。

当网格为最低网格，p 为奇数，ϕ_L 足够小，最低网格的封闭发生在纬度大于 ϕ_L 的位置，则该情况完全覆盖网格所需的 c 值将小于第一类解的结果，这种情况称为“第三类解”，可通过 $m=(p-1)/2$ 代入式（4-44），并联立式（4-49）求解得到。

对于全球覆盖，则式（4-51）可进行简化。

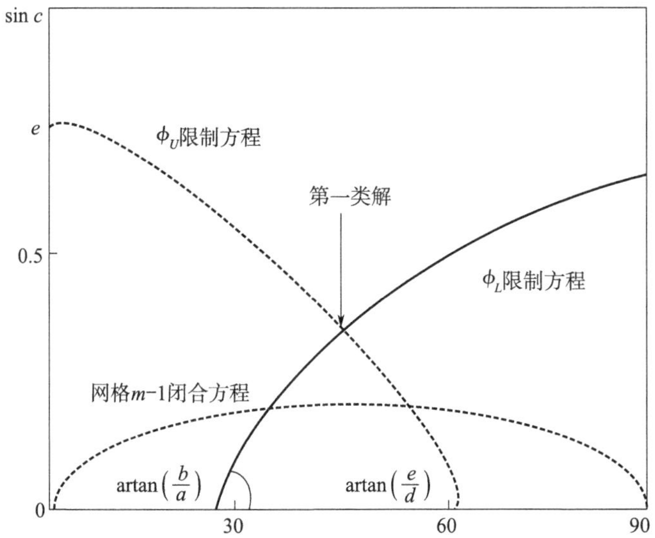

图 4-17　解的类型

p 为偶数，

$$\tan c = \cot i = \sin \frac{\pi}{p} \tag{4-52}$$

p 为奇数，

$$\tan c = \cot i = \sqrt{\sin \frac{\pi}{2p} \sin \frac{3\pi}{2p}} \tag{4-53}$$

第一类解针对网格 m 的解 (c, i) 同时覆盖 $m-1$ 等高网格，根据第一类解由方程（4-51）所得，以及 $m-1$ 等高网格在方程式（4-47）成立时也被覆盖，因此可由下式推出最大 m 值为

$$\frac{e-dz}{\sqrt{1+z^2}} \geqslant \frac{\sin\left(\frac{(m-1)\pi}{p}\right)\sin\left(\frac{\pi}{p}\right)\sin i\cos i}{\sqrt{\cos^2 i + \cos^2 \frac{(m-1)\pi}{p} \cos^2 \frac{\pi}{p} \sin^2 i}} \tag{4-54}$$

（2）连续二重覆盖

双重覆盖的一般解可描述为：对于三个限制方程，寻找 $i \in (0, \pi/2)$ 使得以下每一方程都满足，且 c 最小。

$$\sin c \geqslant \sin\phi_U \cos i - \cos\phi_U \cos \frac{2\pi}{p} \sin i \tag{4-55}$$

$$\sin^2 c = \left(\cos\phi_L \sin \frac{\pi}{p}\right)^2 \sin^2 i - \left(\sin\phi_L \tan \frac{\pi}{p}\right)^2 \cos^2 i \tag{4-56}$$

$$\sin c \geqslant \frac{\sin \frac{\pi}{p}}{\sqrt{\cos^2 i + \cos^4 \frac{\pi}{p} \sin^2 i}} \tag{4-57}$$

这些解，适应 $p \geqslant 3$ 时所有带区和赤道两重覆盖情况。$p \geqslant 4$ 时，同样适应于极区两重覆盖情况。因此，上述方程适应于全球和极区覆盖情况。$p=2$，3 应视为特殊情况。

同样地，方程（4－55）与方程（4－56）也存在第一类解，联立式（4－55）和式（4－56）得到

$$i_1 = \arctan\left(\frac{-de + \sqrt{(de)^2 + (b^2+e^2)(a^2-d^2)}}{a^2-d^2}\right) \tag{4-58}$$

$$c_1 = \arcsin(e\cos i_1 - d\sin i_1) \tag{4-59}$$

同样式（4－56）和式（4－57）取等号求解，得第二类解为

$$i_2 = \arctan\sqrt{\frac{-(4a^2-v^2-b^2w^2)+\sqrt{(4a^2-v^2-b^2w^2)^2+16\,(abw)^2}}{2\,(aw)^2}} \tag{4-60}$$

$$c_2 = \arcsin\left(\sqrt{a^2\sin^2 i_2 - b^2\cos^2 i_2}\right) \tag{4-61}$$

上面的参变量 a，b，d，e，v，w 定义为

$$\begin{aligned} a &= \cos\phi_L \sin\frac{\pi}{p} \\ b &= \cos\phi_L \tan\frac{\pi}{p} \\ d &= \cos\phi_U \cos\frac{2\pi}{p} \\ e &= \sin\phi_U \\ v &= 2\sin^2\frac{\pi}{p} \\ w &= 2\cos^2\frac{\pi}{p} \end{aligned} \tag{4-62}$$

（3）连续三重、四重覆盖

对于连续三重覆盖，引入整数变量 r，限制条件为

$$\sin c \geqslant \cos\phi_L \cos\left(\frac{r-1}{p}\pi\right)\sin i - \sin\phi_L \cos i \tag{4-63}$$

$$\sin c \geqslant \sin\phi_U \cos i - \cos\phi_U \cos\left(\frac{3\pi}{p}\right)\cos i \tag{4-64}$$

$$\sin c \geqslant \begin{cases} \dfrac{\sin^2\left(\dfrac{3\pi}{2p}\right)\sin i\cos i}{\cos^2 i + \cos^4\left(\dfrac{3\pi}{2p}\right)\sin^2 i} & r=1 \\[2ex] \dfrac{\sin\left(\dfrac{r\pi}{p}\right)\sin\left(\dfrac{2\pi}{p}\right)\sin i\cos i}{\sqrt{\cos^2 i + \cos^2\left(\dfrac{r\pi}{p}\right)\cos^2\left(\dfrac{2\pi}{p}\right)\sin^2 i}} & r>1 \end{cases} \tag{4-65}$$

p 为偶数时，$r \in [1,\ p/2]$；p 为奇数时，$r \in [1,\ (p-1)/2]$。

方程（4－63）和（4－64）取等号联立可得到连续三重覆盖第一类解；方程（4－63）

和（4－65）联立可得第二类解；将 $r=(p-1)/2$ 代入式（4－65）并联立式（4－63）和式（4－64）可解得第三类解。最优解为最大的 c 值。

对于连续四重覆盖，限制方程为

$$\sin^2 c=\left(\cos\phi_L\sin\frac{2\pi}{p}\right)^2\sin^2 i-\left(\sin\phi_L\tan\frac{2\pi}{p}\right)^2\cos^2 i \tag{4-66}$$

$$\sin c\geqslant\frac{\sin^2\left(\frac{2\pi}{p}\right)\sin i\cos i}{\sqrt{\cos^2 i+\cos^4\left(\frac{2\pi}{p}\right)\sin^2 i}} \tag{4-67}$$

$$\sin c\geqslant\sin\phi_U\cos i-\cos\phi_U\cos\left(\frac{4\pi}{p}\right)\sin i \tag{4-68}$$

方程（4－66）和式（4－68）取等号联立可得第一类解；方程式（4－67）和式（4－68）取等号联立可得第二类解。最优解为最大的 c 值。

4.3 星座覆盖性能分析

卫星对地面覆盖是指卫星的仪器或天线在瞬时或一段时间内能观测到的地球表面，可采用解析法或数值仿真法进行分析。解析法往往适用于较简单的理想模型，可用于粗略地估计覆盖性能。数值仿真法通过对地面进行微小的划分，进一步统计卫星覆盖特性，精度较高。

点覆盖仿真是评价覆盖特性的较好方法。它指将地面划分为一个个网格点，使卫星飞过网格上空并跟踪网格内每个点的观测特性，然后按照经度或纬度方向收集不同地理区域的数据。通常按照纬度线方向收集数据并获得覆盖特性随纬度变化的函数关系。

4.3.1 覆盖性能指标

采用覆盖性能指标将覆盖品质量化，可以评价覆盖质量。常用的品质因数有覆盖百分比、最大覆盖间隙、平均覆盖间隙、时间平均间隙和平均响应时间。

（1）覆盖百分比

网格上任一点的覆盖百分比等于该点被一颗或多颗卫星覆盖的次数除以仿真时间总数。覆盖百分比表示地面上某点或区域被覆盖多少次。

（2）最大覆盖间隙

最大覆盖间隙等于单独一个点所遇到的最长覆盖间隙。当研究多个点的统计特性时，可能取其最大覆盖间隙的平均值或最大值。因此全球平均最大间隙是全部个别点的最大间隙的平均值，而全球最大间隙则是任意一个个别点覆盖间隙的最大值。

（3）平均覆盖间隙

平均覆盖间隙是在仿真网格上给定覆盖中断的平均长度。

（4）时间平均间隙

时间平均间隙是按时间平均的平均间隙持续时间。

（5）平均响应时间

平均响应时间是从接收到要观测某点的随机请求到可以观测到该点的位置的平均时间。如果一颗卫星在给定时间步长内位于该点的视场之内，则该步长的响应时间为零。它表示从用户请求数据到用户接收到该数据的总时间。

4.3.2　星座覆盖计算

采用数值仿真覆盖计算时，地球考虑椭球模型（见图 4－18），地球摄动模型根据精度需求可采用 J_2 项或更多项。采用矢量法计算，通常卫星的位置 **R** 速度 **V** 是可知的，地球上 P 点的地理坐标已知（地理纬度 W_d ，地理经度 J_d ，地理高度 h_d ），则在任意时刻，存在

$$\langle \boldsymbol{n}, \overrightarrow{PS} \rangle + \beta + E_{\min} = \frac{\pi}{2} \tag{4-69}$$

其中，$E_{\min}$ 为 P 点的最小可视仰角。$\boldsymbol{n}$ 为 P 点的当地垂线，$\langle \boldsymbol{n}, \overrightarrow{PS} \rangle$ 为 $\boldsymbol{n}$ 与 $\overrightarrow{PS}$ 的夹角。当 $\beta > 0$ 时，卫星与地面点 P 可视。记视函数为

$$f(t) = \frac{\pi}{2} - \langle \boldsymbol{n}, \overrightarrow{PS} \rangle - E_{\min} \tag{4-70}$$

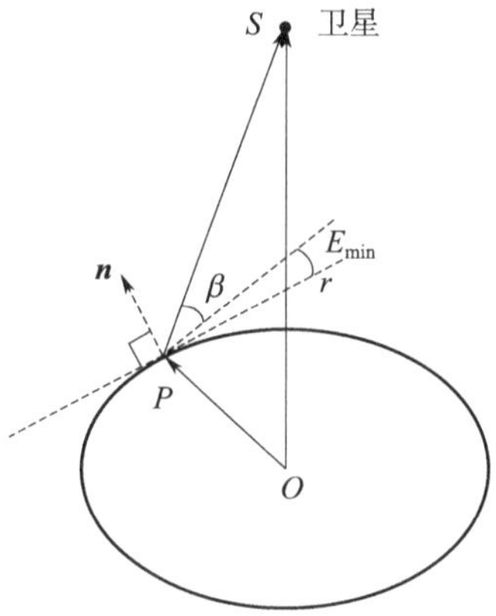

图 4－18　卫星覆盖示意图

在一段时间内，若 $f(t) > 0$ 则卫星在该区间内可见，否则卫星在此区间内不可见。

考察在仿真时间区间 $[T_0, T_n]$ 内的覆盖特性。$T_i (i = 1, 2, \cdots, n-1)$ 为地面点对卫星的视函数的零点，即 $f(t) = 0$，即视函数在 $t \in (T_0, T_n)$ 的所有根。则端点和根将区间分为 n 个小区间，每个区间内，卫星要么可视，要么不可视。$I_k (1 \leqslant k \leqslant n)$ 代表每个区间的长度。

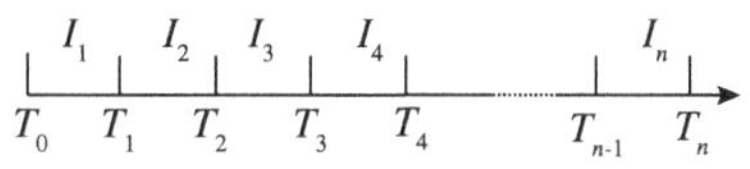

记仿真时间为 T_{total}，若可视区间为 m 个，分别记为 $I_{vi}(1 \leqslant i \leqslant m)$，不可视区间为 $n-m$ 个，分别记为 $I_{\text{inv}i}(1 \leqslant i \leqslant n-m)$。

覆盖百分比 PC（percent coverage）等于可视区间的长度和仿真时间之比，即

$$PC = \frac{\sum_{i=1}^{m} I_{vi}}{T_{\text{total}}} \tag{4-71}$$

最大覆盖间隙 $CG_{\max}$（maximum coverage gap）等于不可视区间的最大值，即

$$CG_{\max} = \max(I_{\text{inv}i}),(1 \leqslant i \leqslant n-m) \tag{4-72}$$

平均覆盖间隙 CG_{mean}（mean coverage gap）等于不可视区间的长度与不可视区间的个数之比，即

$$CG_{\text{mean}} = \frac{\sum_{i=1}^{n-m} I_{\text{inv}i}}{n-m} \tag{4-73}$$

时间平均间隙 TAG（time average gap）等于不可视区间长度的平方和与仿真时间之比

$$TAG = \frac{\sum_{i=1}^{n-m} I_{\text{inv}i}^{2}}{T_{\text{total}}} \tag{4-74}$$

平均响应时间 RT_{mean}（mean response time），可以通过产生一系列位于区间 $[T_0, T_n]$ 的随机数来模拟请求，若请求有 p 个，记为 $tq_i(i=1, 2, \cdots, p)$，每次请求响应时间为 $q_i(i=1, 2, \cdots, p)$，其中当 tq_i 位于可视区间内时，q_i 等于零，若 tq_i 位于不可视区间，则 q_i 等于 tq_i 与下一个可视区间前端点的距离，因此有

$$RT_{\text{mean}} = \frac{\sum_{i=1}^{p} q_i}{p} \tag{4-75}$$

对于星座对地面点的覆盖品质，可将星座中每颗卫星对地面的视函数根一起排序，即将时间轴划分为更多的小区间。然后按照上述指标计算方法，计算星座的各项覆盖特性。

星座覆盖性能中的多重覆盖性能指标对应于地面点同时可见多颗星的情况，即覆盖重数百分比，指的是不同覆盖重数所占的时间与仿真总时间之比。把每一覆盖重数对应的小区间累计求和除以总仿真时间，可得星座覆盖重数百分比。

4.4　星间链路

星间链路（Inter - Satellite Link，简称 ISL）是指卫星与卫星之间的通信链路。通过星间链路可以实现卫星之间的信息传输和交换，多颗卫星有机结合，形成以卫星为交换节点的空间通信网络，扩展了卫星工作能力，降低卫星通信系统对地面网络的依赖。凭借星

间链路的优势，通信系统可以减少地面信关站的设置数量、扩大覆盖区域、实现全球测控等，而且信号在星间链路传输时可有效避免大气和降雨导致的衰减，形成相对独立的通信星座系统或数据中继系统。

近年来，在具备宽带、大容量、低延迟和全球覆盖等特色的低轨通信星座的推动下，星间链路成为研究热点。当前，Starlink、LeoSat、Telesat、Iridium NEXT、O3b、OneWeb 和 Globalstar 等中低轨道星座项目的发展势头正盛。在这些星座中，美国的 Starlink 星座将采用激光星间链路实现空间组网，达到网络优化管理以及服务连续性的目标；LeoSat 星座也将采用激光星间链路建立一个空间激光骨干网；加拿大的 Telesat 星座亦计划设置激光星间链路；而美国的 Iridium NEXT 星座则设置了 Ka 频段星间链路。按照目前公布的资料来看，O3b、OneWeb 和 Globalstar 星座未设置星间链路。

4.4.1 星间链路组成及分类

星间链路包括接收机、发射机、捕获跟踪子系统和天线子系统。接收机完成对信号处理，提供星间链路与卫星下行链路之间的接口；发射机负责从卫星上行链路中选择需要在星间链路上传输的信号，并进行处理；捕获跟踪子系统负责使星间链路两端的天线互相对准，并使指向误差控制在一定误差范围内。天线子系统负责在星间链路收发电磁信号。

星间链路能否建立取决于星座中卫星的相对位置和运动关系，即星座的几何构型以及天线的性能参数，如可提供的最大跟踪角速度和角度、可建立星间链路的距离等。根据星间链路能否永久建立可划分为静态星间链路和动态星间链路。

1）静态星间链路：可一直保持连接关系，不必动态重建。

2）动态星间链路：因星间几何关系、跟踪角速度、角速度时变导致不能一直保持连接，可能动态断开、动态重建，星间链路建立需要满足一定条件。

4.4.2 星间链路距离约束

对于地球轨道卫星，星间链路能够建立的前提是星间满足在一段时间内可视，即无地球遮挡，通常还要考虑大气强电离层高度 H_a 。如图 4－19 所示为星间链路几何模型。已知空间任意两颗卫星 A，B，其相对地心的矢量为 $\boldsymbol{r}_A$ ，$\boldsymbol{r}_B$ ，α 为两个卫星矢量的夹角，H 为 A、B 连线距离地球表面的最短距离，则 A，B 能够相互可视并建立星间链路的约束为

$$H \geqslant H_a \tag{4-76}$$

根据面积公式可知

$$\frac{1}{2}\left|\boldsymbol{r}_A \times \boldsymbol{r}_B\right| = \frac{1}{2}\left|\boldsymbol{r}_A - \boldsymbol{r}_B\right| \cdot (H + R_e) \tag{4-77}$$

则

$$H = \frac{\left|\boldsymbol{r}_A \times \boldsymbol{r}_B\right|}{\left|\boldsymbol{r}_A - \boldsymbol{r}_B\right|} - R_e \tag{4-78}$$

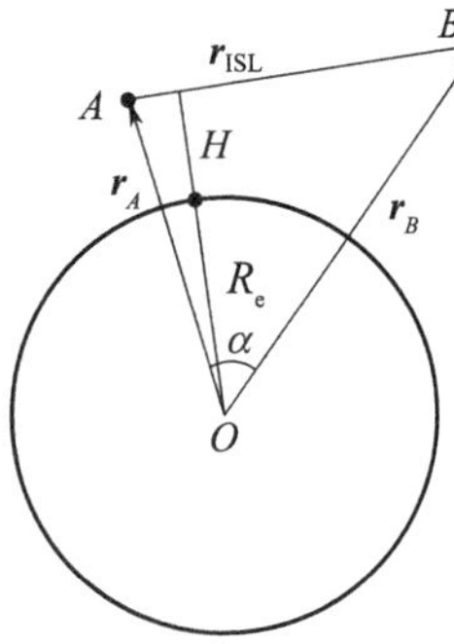

图 4-19 星间链路几何约束模型

则任意两颗星任意时刻能否建立星间链路的空间几何条件为

$$\frac{|\boldsymbol{r}_A \times \boldsymbol{r}_B|}{|\boldsymbol{r}_A - \boldsymbol{r}_B|} \geqslant H_a + R_e \tag{4-79}$$

其中，$d = |\boldsymbol{r}_A - \boldsymbol{r}_B|$ 为两星之间的星间距离。

星间距离的变化情况不但对星间通信的功率大小提出了基本要求，而且也对功率变化动态范围提出了技术指标。

卫星在轨时，其位置、速度参数通常是已知量，上述不等式给出了任意两颗星在瞬时是否具有建立星间链路的一般判断条件。并且通过星历预报，可预报建立星间链路的时长，为进一步建立星间链路的物理可行性提供设计输入。

实际应用中，通常不追求星座间可以随意建立星间链路，只与临近的卫星建立星间链路，使用转动受限的可动波束，甚至使用固定波束来建立星间链路，通过限定使用星间链路实现整个星座的最优设计。

特别地，考虑同一轨道面同一高度的卫星 A 和卫星 B，$|\boldsymbol{r}_A| \approx |\boldsymbol{r}_B|$，存在

$$\frac{|\boldsymbol{r}_A \times \boldsymbol{r}_B|}{|\boldsymbol{r}_A - \boldsymbol{r}_B|} = \frac{|\boldsymbol{r}_A||\boldsymbol{r}_B| \cdot |\sin\alpha|}{\sqrt{|\boldsymbol{r}_A|^2 + |\boldsymbol{r}_B|^2 - 2|\boldsymbol{r}_A||\boldsymbol{r}_B|\cos\alpha}} = \frac{|\boldsymbol{r}_A| \cdot |\sin\alpha|}{\sqrt{2(1-\cos\alpha)}} = |\boldsymbol{r}_A| \cos\frac{\alpha}{2} \tag{4-80}$$

即

$$|\boldsymbol{r}_A| \cos\frac{\alpha}{2} \geqslant H_a + R_e \tag{4-81}$$

当 α 保持相对稳定时，按照上述约束可建立静态星间链路。此时两颗卫星的视线方位角和俯仰角近似不变，星间链路建立较为方便。

4.4.3 星间链路角度约束

对于异轨道面或不同高度的卫星，由于视线方位角和俯仰角随时间变化（见图 4-20），星间链路除了满足公式（4-79）条件外，在角度和角速度上也需满足约束。不满足约束时，星间链路断开，直到下一次满足时再次建立链接。

描述星间链路几何特性的方位角和俯仰角是相对于卫星本体星间链路指向的变化情

况。预先估计邻近卫星星间链路指向的变化情况，就可以设计最优化的搜索方案，减少星间链路建立的时间。在LEO或MEO卫星星座通信系统中，具有星间链路的两颗卫星之间，方位角、俯仰角和星间距离一般随时间而变化，方位角和俯仰角的变化要求星间链路天线能够自动跟踪，链路距离的变化要求星间链路天线能够自动控制发射功率。

不同星座星间链路建立的难易程度与方位角、俯仰角和星间距离的动态变化范围、变化速率有关。

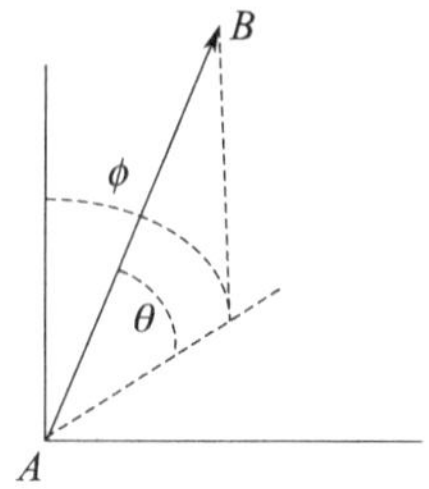

图4-20　方位角和俯仰角几何关系

假设星间矢量$\overrightarrow{AB}$在卫星A本体坐标系中的方位角和俯仰角为θ_A和ϕ_A，方位角速率和俯仰角速率为$\dot{\theta}_A$和$\dot{\phi}_A$，$\overrightarrow{BA}$在卫星B本体坐标系中的方位角和俯仰角为θ_B和ϕ_B，方位角速率和俯仰角速率为$\dot{\theta}_B$和$\dot{\phi}_B$，星间链路可建立的距离为L，星间距离的变化率为$\dot{L}$，则可建立星间链路的条件为

$$
\begin{aligned}
&\theta_A \in [\theta_{A\min},\theta_{A\max}],\dot{\theta}_A \in [\dot{\theta}_{A\min},\dot{\theta}_{A\max}]\\
&\phi_A \in [\phi_{A\min},\varphi_{A\max}],\dot{\varphi}_A \in [\dot{\varphi}_{A\min},\dot{\varphi}_{A\max}]\\
&\theta_B \in [\theta_{B\min},\theta_{B\max}],\dot{\theta}_B \in [\dot{\theta}_{B\min},\dot{\theta}_{B\max}]\\
&\phi_B \in [\phi_{B\min},\phi_{B\max}],\dot{\phi}_B \in [\dot{\phi}_{B\min},\dot{\phi}_{B\max}]\\
&L \in [\max\{L_{A\min},L_{B\min}\},\min\{L_{A\max},L_{B\max}\}]\\
&\dot{L} \in [\max\{\dot{L}_{A\min},\dot{L}_{B\min}\},\min\{\dot{L}_{A\max},\dot{L}_{B\max}\}]
\end{aligned}
\tag{4-82}
$$

其中区间内的值分别为卫星A和B天线方位角、俯仰角、方位角速率、俯仰角速率的变化范围，是天线机动或电扫能力的参数。

考察某500 km高度45°倾角A卫星和600 km高度的60°倾角的B卫星，如图4-21所示。若卫星本体坐标系始终与轨道坐标系重合，则考察A星的方位角（为直观此处将其处理为−180°～180°之间）和方位角速率，俯仰角和俯仰角速率，星间距离和星间距离变化率如图4-22、图4-23和图4-24所示。

可以看出，在将近400 min时间内：

1）卫星的方位角变化范围逐渐增大，而方位角速率最大可达到±22（°）/s，这在绝大多数卫星上是非常难以实现的。

2）俯仰角变化较小，俯仰角速率逐渐增大至2.5（°）/s，部分能力较强的卫星可以实现。

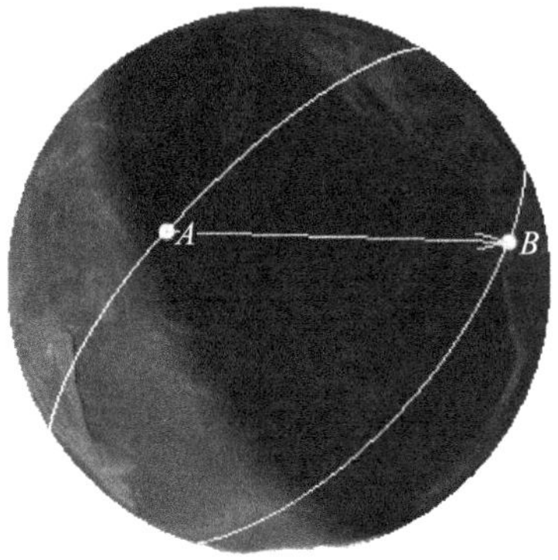

图 4-21　A 星和 B 星星间几何关系

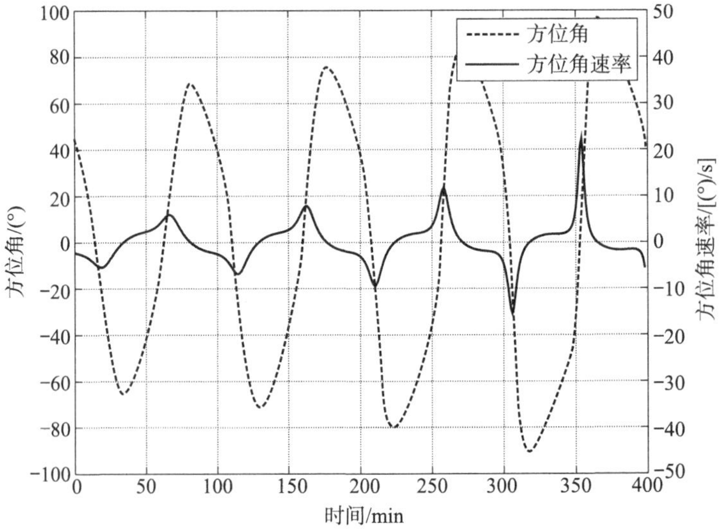

图 4-22　方位角和方位角速率

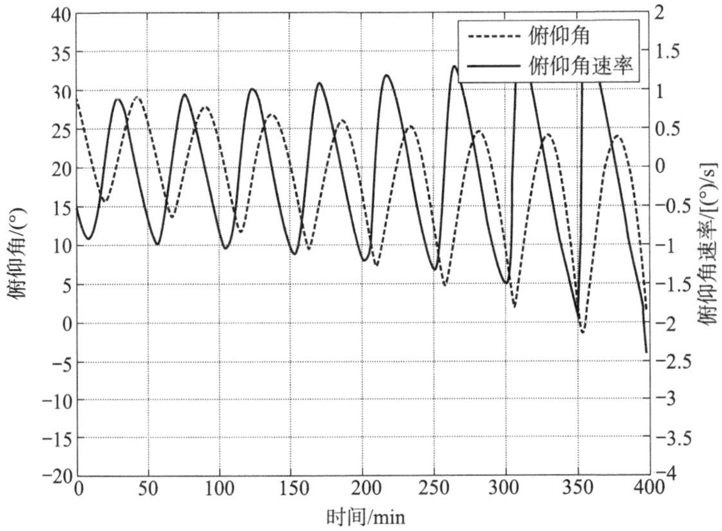

图 4-23　俯仰角和俯仰角速率

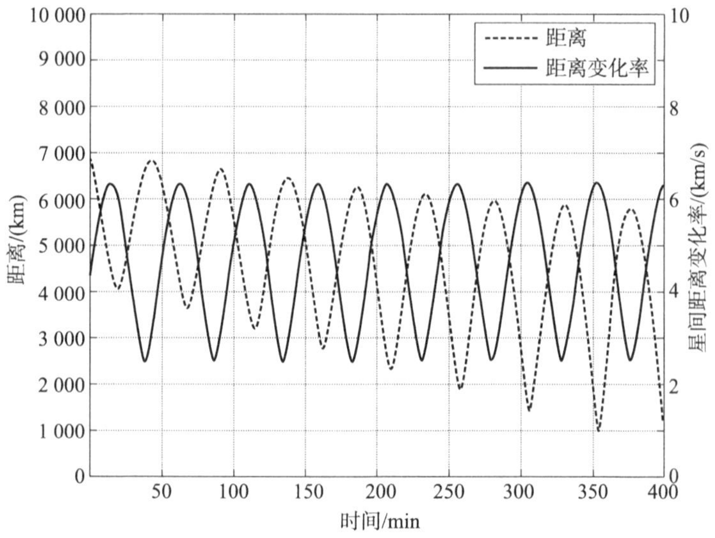

图 4-24　星间距离和星间距离变化率

3）星间距离的变化在 1 000～7 000 km 范围内，星间距离变化率在 2.5～6.5 km/s 范围内，对星间链路载荷的自动控制发射功率提出了较高的要求。

由此可见，在受卫星能力约束条件下，上述卫星在某时间段可实现动态链路。因此可以综合卫星能力选择合适的载荷，并计算交汇机会，在交汇范围内可建立星间链路。

4.5　星座优化设计

随着星座的规模越来越大，构型越来越复杂，需考察的指标越来越多。其中卫星星座构型与系统性能的指标成为关心的重点，如覆盖重数、星间通信、星座重构性能等。在进行星座构型设计时，需综合考虑这些与星座构型相关的指标，才能反映各任务之间的制约关系，获得星座的整体最优性能。

星座设计已经成为一个多目标、多约束的复杂问题，采用常规方法很难获得最优解。在星座设计中，如果将所有指标都作为目标，计算量巨大，计算时间很长，而且有可能造成约束项太多而无收敛解。因此需要对目标项和约束项进行分配折中，既能准确描述问题，也能减小计算开销和复杂度。

一般多目标优化问题可用如下数学表达式表示

$$
\begin{aligned}
&\min\ y = f(x) = [f_1(x)\quad f_2(x)\quad \cdots\quad f_k(x)] \\
&\text{s.t.}\quad g(x) = [g_1(x)\quad g_2(x)\quad \cdots\quad g_m(x)] \leqslant 0 \\
&\boldsymbol{x} = (x_1\quad x_2\quad \cdots\quad x_m) \in X \\
&\boldsymbol{y} = (y_1\quad y_2\quad \cdots\quad y_n) \in Y
\end{aligned}
\tag{4-83}
$$

式中　$\boldsymbol{x}$——n 维决策向量；

$\boldsymbol{y}$——n 维目标向量；

X—— 决策空间；

Y—— 目标空间。

$g(\boldsymbol{x})$——约束条件，决定了决策向量的可行取值范围。

优化函数将决策向量 $\boldsymbol{x}$ 映射到目标向量 $\boldsymbol{y}$ ，记做 $F: \Omega \rightarrow \Lambda$ 。上述考虑的为最小化问题，当考虑最大化问题时，定义相似。

4.5.1 星座性能及一般统计方法

4.5.1.1 星座性能

星座设计中的一些主要性能指标见表 4－1。不同类型的星座具有不同的性能指标和约束要求，在进行星座设计时，并不是选择的指标越多越好。指标越多，不仅计算复杂，而且可能无法得到最优解或者需要很大的代价来实现。在进行星座设计时，可从中选择所关心的主要指标将其作为目标函数或约束。对于商业卫星星座而言，可能更关注其中的某一部分指标，如遥感卫星星座更多关注对特定区域重访时间、地面仰角、分辨率等，导航卫星星座更多关注导航精度、覆盖重数、频率约束、阶段覆盖性能、阶段工作性能等，通信卫星星座更多关注覆盖重数、链路特性、地面仰角等。选择这些主要指标作为目标函数可以简化计算，获得可行的解。

表 4－1 星座设计主要性能指标

类别	指标	详细分类
覆盖特性	重访时间(最大/平均)	区域 1～区域 n
	响应时间(最大/平均)	区域 1～区域 n
	覆盖重数(最大/平均)	区域 1～区域 n
	俯仰角(最大/最小/平均)	区域 1～区域 n
工作性能	导航精度	区域 1～区域 n
	频率约束	区域 1～区域 n
	分辨率	区域 1～区域 n
链路几何特性	任意两星链路特性	链路距离
		链路指向变化
		节点相对速度
	连通性分析	永久链路数目
运行和维持性能	容错性能	降阶下覆盖性能 降阶下容错性能
	稳定性能	摄动下覆盖性能 摄动下工作性能
	维持代价	最大容许漂移
	可扩展性	阶段覆盖性能 阶段工作性能

4.5.1.2　星座性能一般统计方法

星座的性能随着时间和空间变化，设计星座时，必须通过统计的方式获得所关心的指标，作为设计目标或边界条件。统计星座性能可以将所关心的区域划分为多个网格，通过统计每个网格内的点的性能逐渐扩展到每个纬度带、每个区域等。

假设任意一个目标区域为 D_i（$i=1, 2, \cdots, n$）（n 表示不同的目标区域），网格中的每一个点（纬度 w，经度 j）在 t 时刻的性能为 $f(w, j, t)$，则统计仿真时间区间 T 内的特性为

$$
\begin{aligned}
F_P(w,j)_{\max} &= \max_{t\in T}[f(w,j,t)] \\
F_P(w,j)_{\text{ave}} &= \operatorname*{ave}_{t\in T}[f(w,j,t)] \\
F_P(w,j)_{\min} &= \min_{t\in T}[f(w,j,t)]
\end{aligned}
\tag{4-84}
$$

$F_P(w, j)_{\max}$、$F_P(w, j)_{\text{ave}}$、$F_P(w, j)_{\min}$ 分别为 T 时间内，每个网格内的最大、平均、最小值。

对每个纬度带的统计特性为

$$
\begin{aligned}
F_W(w)_{\max} &= \max_{j\in J_0}[F_P(w,j)_{\max}] \\
F_W(w)_{\text{ave}} &= \operatorname*{ave}_{j\in J_0}[F_P(w,j)_{\text{ave}}] \\
F_W(w)_{\min} &= \min_{j\in J_0}[F_P(w,j)_{\min}]
\end{aligned}
\tag{4-85}
$$

$F_W(w)_{\max}$，$F_W(w)_{\text{ave}}$，$F_W(w)_{\min}$ 分别为纬度 w 上的最大值、平均值和最小值，J_0 为纬度 w 上所有点的集合。

那么对整个仿真时间段内区域 D_i 的统计特性可以得到

$$
\begin{aligned}
F_{D_i,\max} &= \max_{w,j\in D_i}[F_P(w,j)_{\max}] \\
F_{D_i,\text{ave}} &= \operatorname*{ave}_{w,j\in D_i}[F_P(w,j)_{\text{ave}}] \\
F_{D_i,\min} &= \min_{w,j\in D_i}[F_P(w,j)_{\min}]
\end{aligned}
\tag{4-86}
$$

其中，$F_{D_i,\max}$、$F_{D_i,\text{ave}}$、$F_{D_i,\min}$ 分别表示整个区域 D_i 中的最大值、平均值、最小值。

4.5.2　设计目标与约束

星座优化的最终目标是希望以最小的代价得到最大的效益。星座设计中的因素包括：轨道类型，轨道倾角，轨道平面数和每个轨道面内的卫星数、轨道高度和卫星在轨道平面的相位。表 4-2 给出了星座设计中的一些待定参数和选择标准。

表 4-2 星座设计待定参数及选择标准

变量	要素	影响	选择准则
主要设计变量	卫星数	决定成本和覆盖的主要因素	选择最少的卫星满足覆盖和性能台阶的要求
	轨道高度	覆盖、发射和轨道调整成本	通常是成本和性能之间的系统级权衡
	轨道平面数	灵活性、覆盖性能台阶、发展和降级使用	以最少的轨道平面满足覆盖性能要求
	轨道倾角	决定覆盖的纬度分布	纬度覆盖与成本的综合权衡
其他变量	轨道平面相位	决定覆盖的均匀性	在各组独立的相位取舍中选择最佳覆盖
	偏心率	任务的复杂性、可达到的高度和覆盖与成本的关系	一般取零，除非满足特别需求才选其他值

4.5.3 多目标优化模型

星座多目标优化可参考如下步骤执行。

(1) 低轨星座模型建立

图 4-25 为简化的卫星星座结构示意图，是星座优化的基础。假设星座由完全相同的多颗卫星组成，设星座共有 N 个轨道面，每个轨道面内的卫星数为 $Q_j(j=1, 2, \cdots, N)$，则星座共有卫星为 $S=\sum_{j=1}^{N} Q_j$，星座的轨道面数 N 和各轨道面内的卫星数 Q_j 不确定，即整个星座的结构是可变的。

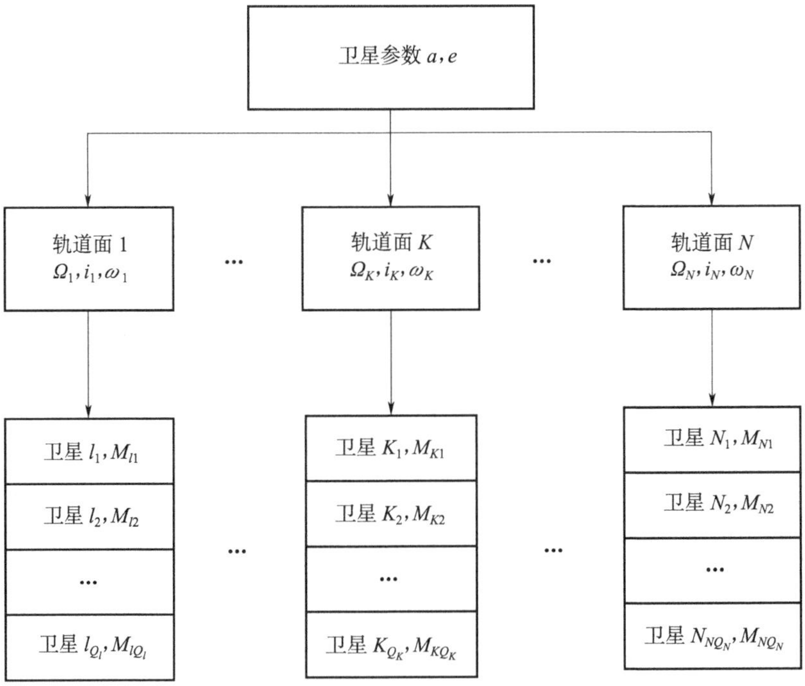

图 4-25 卫星星座结构模型

优化变量包括轨道面数 N 、各轨道面内的卫星数 Q_j 、轨道长半轴 a 、轨道偏心率 e 、轨道倾角 i_j 、近地点幅角 ω_j 、升交点赤经 Ω_j 和平近点角 M_{jk} ，其中 $k=1，2，\cdots，Q_j$ 。在优化设计中，这些参数都要根据设计目标和实际情况来确定。

（2）先决变量和待优化变量的选取

合理选择先决已知条件将降低优化复杂度。对于轨道面数、各轨道面内的卫星数、轨道半长轴、轨道偏心率、近地点幅角、轨道倾角、升交点赤经和平近点角，可根据需要将其划分为先决变量和待优化变量。

（3）优化设计目标

优化设计目标为：通过对轨道类型、轨道高度、各轨道面之间的相位关系、同一轨道面内各卫星之间的相位关系等这些参数的分析设计，使星座达到最优覆盖性能，包括星座对地面或对天目标的覆盖性能。

对于星座优化的目标函数，通常是采用网格点统计法来解决。在要观测的实验区域找出一些具有代表性的观测点来判定覆盖性能。一般可以采用最小经度、最大经度、最小纬度、最大纬度定义一个矩形的方法，在矩形中划分网格，将网格点作为特征点。为了使每个点更具代表性，也可使其表示的地表面积大致相等，因此可使纬度带上的网格点数与该纬度的余弦成正比。如果对地表某些面积的重视程度不同，也可以给每个点不同的权值。优化目标可以根据实际情况选择覆盖百分比，最大覆盖间隙，平均覆盖间隙，平均响应时间等进行评估。

4.5.4　优化算法

进化算法是模拟达尔文进化理论的一种搜索方法，通过对种群中的个体进行选择、交叉、变异操作产生更好的后代个体，这种基于种群的搜索方法具有很强的鲁棒性且非常适合于求解多目标优化问题。比较流程的多目标进化算法是 NSGA－Ⅱ，SPEA2 和 IBEA。

（1）NSGA－Ⅱ及其非劣分类选择策略

NSGA－Ⅱ（Non－dominated Sorting Genetic Algorithm）是 Deb 于 2002 年提出的一种多目标进化算法，NSGA－Ⅱ使用非劣分类法进行环境选择操作，该算法为每个个体按非劣关系划分等级，然后以此等级对个体进行排序，非劣个体被划分的等级为 1，等级相同的个体构成的解称为一个前沿，当第一个前沿去除以后，余下的那些非劣个体的等级被定义为 2，当去除第一个前沿和第二个前沿，余下的非劣个体构成第三个前沿，以此类推。具有相同级别的个体用一个称为拥挤距离的选择算子评估。目前 NSGA－Ⅱ被认为是最知名应用最频繁的 EMOA，决定 NSGA－Ⅱ的总的运行时间的部分是非劣分类算法，NSGA－Ⅱ的时间复杂度为 $O(mN^2)$ ，其中 m 为目标维数，N 为父代种群和子代和群的总大小。

（2）SPEA2 及其强度 Pareto 选择策略

SPEA2（Strength Pareto Evolutionary Algorithm，SPEA2）是 Zitzler 于 2001 年提出的一种目前比较流行的多目标进化算法，SPEA2 使用强度 Pareto 法进行环境选择操作，

该算法的收敛性与 NSGA－Ⅰ相当，且与 NSGA－Ⅲ相比 SPEA2 通常能够获得分布更加均匀的解。SPEA2 是一个有固定大小档案的精英算法，档案的大小定为种群的大小 μ 。首先为种群中每一个个体 i 赋一个强度值 $S(i)$（Strength Value），这是一个实数值，代表 i 所支配的个体数目，并根据这个值计算初始适应度，计算方法是求所有支配该个体的强度值的累加和，因此每一个非劣个体的初始适应度等于 0，第二步根据所有个体间的欧几里得距离估计密度，最终的适应度值是将初始适应度加上到 k 个最近的邻居的距离的累加和的倒数，适应度函数取值越小表明个体越优。为了填满下一代的档案，具有最好的适应度的个体被复制到档案中，如果个体的适应度相同，则使 k 值增大，再计算到 k 个最近邻居的距离。SPEA2 的时间复杂度为 $O(mN^2\log N)$ ，其中 m 为目标维数，N 为基本种群和存储最优个体的外部档案的总大小。

（3）IBEA 及其基于指标的选择策略

IBEA（Indicator－Based Evolutionary Algorithm）即基于指标的进化算法，是由 Zitzler 和 Künzli 于 2004 年提出的一种多目标进化算法。IBEA 使用一种与 NSGA－Ⅱ和 SPEA2 使用的选择策略完全不同的策略——基于指标的选择策略，其主要思想是将决策的偏好信息溶入多目标搜索，方法是首先用二元性能指标来定义优化目标，然后直接在选择过程中用这个指标。该算法可以与任意的一个服从 Pareto 优胜规则的指标相结合。IBEA 能够适应不同使用者的偏好，并且它不使用任何附加的多样性保护机制。IBEA 的计算复杂度与 NSGA－Ⅱ相同，为 $O(mN^2)$ ，其中 m 为目标维数，N 为初始种群和存储最优个体的外部档案的总大小。

以 IBEA 算法为例，进行星座优化设计。

根据选择的优化变量类型，确定先决变量及待优化变量。根据待优化变量组合进行染色体设计。若轨道面数、各轨道面内的卫星数、轨道长半轴、轨道偏心率、近地点幅角为先决变量，待优化变量为轨道倾角 i_j 、升交点赤经 Ω_j 和平近点角 M_{jk} ，其中 k 为卫星在轨道面内编号。则第 m 个星座的染色体结构如图 4－26 所示。

$i(m,1)$	$\Omega(m,1)$	$M(1,1)$	$M(1,2)$	……	$M(1,Q_1)$	……	$i(m,N)$	$\Omega(m,N)$	$M(N,1)$	$M(N,2)$	……	$M(N,Q)$

图 4－26　星座染色体结构图

将 IBEA 与低轨星座模型相结合，用 IBEA 对星座参数进行优化，其过程如下：

1）根据各参数的取值范围，随机产生初始种群（染色体组），并计算初始种群中每个个体的目标函数值（即每个星座方案对目标的覆盖性能）。

2）利用 IBEA 的基于指标的选择策略选出种群中的优秀个体（即对目标的覆盖性能较优的星座方案）并存入档案。

3）判断是否满足终止条件，是则输出档案中的非劣解，否则继续执行。

4）利用锦标赛法从档案中选出个体放入交配池。

5）对交配池中的个体执行交叉和变异操作，产生新的子代个体并计算其目标函数值（即每个星座方案对目标的覆盖性能）。

6）将档案与交配池中的个体合并，转步骤 2）。

以上使用 IBEA 进行星座优化设计的过程如图 4－27 所示。

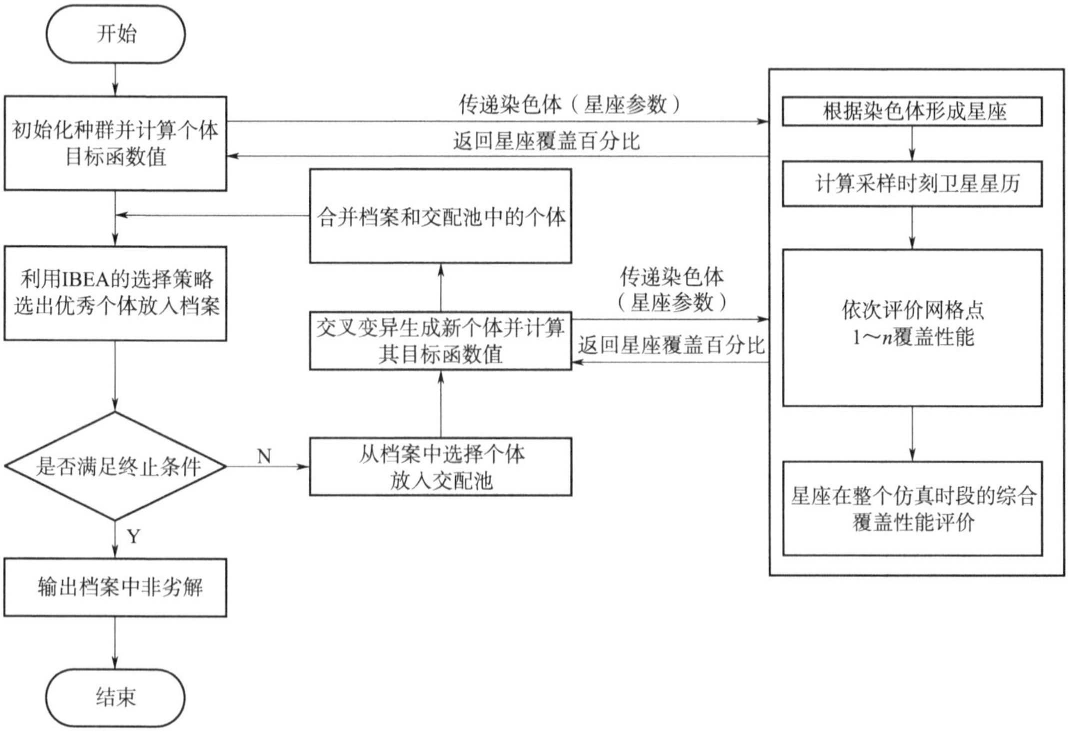

图 4－27　利用 IBEA 进行星座优化设计流程

参 考 文 献

［1］ 陈磊，任萱．δ 星座的分析与设计［J］．国防科技大学学报，1998，20（3）：9－13.

［2］ Peng Zong，Saeid. Kohani. Optimal Satellite LEO Constellation Design Based on Global Coverage in One Revisit Time［J］. International Journal of Aerospace Engineering，Hindawi，Volume 2019.

［3］ Meiqian Guan，Tianhe Xu，et al. Optimal Walker Constellation Design of LEO－Based Global Navigation and Augmentation System［J］. Remote Sensing，2020，6，1845.

［4］ Samridh Patial，Aman Kumar Panda，et al. Constellation Design and Orbit formation for SmallSat Platform for Earth Observation Mission［C］. 8 th European Conference for Aeronautics and Space Sciences，EUCASS 2019－983.

［5］ 肖永伟，孙晨华，赵伟松．低轨通信星座发展的思考［J］．国际太空，2018（11）：24－32.

［6］ Juan Zhang，Fengyan Deng，Xingsuo He，et al. Designing LEO Retrograde Orbit Satellite Constellation［R］. 22nd AIAA International Communications Satellite Systems Conference & Exhibit 2004（ICSSC）.

［7］ Ashley D. Biria and Belinda G. Marchand. Constellation Design for Space－Based Space Situational Awareness Applications：An Analytical Approach［J］. Journal of Spacecraft and Rockets，2014，51（2）：545－562.

［8］ Jens Grosshans，Merlin F. Barschke，Mission concept of a nanosatellite constellation for global wildfire monitoring. AIAA SPACE and Astronautics Forum and Exposition，2017.

［9］ Hang Woon Lee. Optimization of satellite constellation deployment strategy considering uncertain areas of interest. University of Illinois at Urbana－Champaign，2018.

［10］ Pau Garcia Buzzia，Daniel Selvaa，et al. Assessment of Constellation Designs for Earth Observation：Application to the TROPICS Mission［J］. Acta Astronautica，2019，161（8）：166－182.

［11］ 彭成荣．航天器总体设计［M］．北京：中国科学技术出版社，2011.

［12］ 张育林，范丽，张燕，等．卫星星座理论与设计［M］．北京：科学出版社，2008.

［13］ 程风舟．卫星星座覆盖性能研究［D］．西安：西北工业大学，1999.

［14］ 张景成．基于指标的进化算法在卫星星座优化设计中的应用［D］．武汉：中国地质大学，2008.

［15］ 郦苏丹，朱江，李广侠．基于多目标进化算法的低轨区域通信星座优化设计［J］．解放军理工大学学报（自然科学版），2005，6（1）：1－6.

［16］ 石红玉．NSGA－Ⅱ在卫星星座优化设计中的应用研究［D］．武汉：中国地质大学，2007.

［17］ 张雅生，冯飞．卫星星座轨道设计方法［M］．北京：国防工业出版社，2019.

［18］ 肖业伦．航天器飞行动力学原理［M］．北京：宇航出版社，1995.

［19］ Thomas J. Lang. Low Earth Orbit Satellite Constellations Providing Regional Communication Services，IAF 1995.

［20］ E. Zitzler，M. Laumanns，L. Thiele. SPEA2：Improving the Strength Pareto Evolutionary Algorithm［R］. Technical Report 103，Computer Engineering and Networks Laboratory（TIK），Swiss

Federal Institute of Technology (ETH) Zurich, Gloriastrasse 35, CH - 8092 Zurich, Switzerland, 2001.

[21] E. Zitzler and S. Künzli. Indicator - based selection in Multiobjective search. In Yao, X., et al., eds.: 8 th Int'I Conf. on Parallel Problem Solving from Nature (PPSN VIIn), UK, Springer, pp. 832 - 842, 2004.

第 5 章　卫星有效载荷

卫星有效载荷，是直接执行特定卫星任务的仪器、设备或分系统。它是卫星在轨发挥最终航天任务作用的最重要的一个分系统，根据任务的不同，可大致将其分为通信类、导航类、遥感类等。通信类有效载荷主要由转发器和天线组成，这类有效载荷可用于卫星通信，也可用于遥感类航天器的信息对地传输；导航类有效载荷是指提供空间基准和时间基准信息的各种仪器和设备，由时频参考（原子钟）、导航任务数据单元、任务数据注入接收机及阵列发射天线等组成，这类有效载荷可用于卫星导航。遥感类有效载荷是指对地观测的各种遥感器，包括可见光遥感器、多光谱扫描仪、红外遥感器、微波辐射计、雷达或散射计等，这些遥感器可以获得地面（水面）或大气、空间等的各种军用或民用信息。

5.1　通信载荷

通信卫星有效载荷装载在不同轨道的通信卫星上，与地面卫星通信设备共同构成卫星通信系统，完成地球站信号接收、变换、放大和发送。通信卫星有效载荷与地面通信设备有很大不同，需采用有抗辐射能力的元器件，对小型化和低功耗要求较高，具备长时间、不间断工作能力。

以低轨卫星互联网通信载荷为例，有效载荷包括星间链路、测控数传、通信载荷、空间路由以及搭载载荷等，组成如图 5－1 所示。

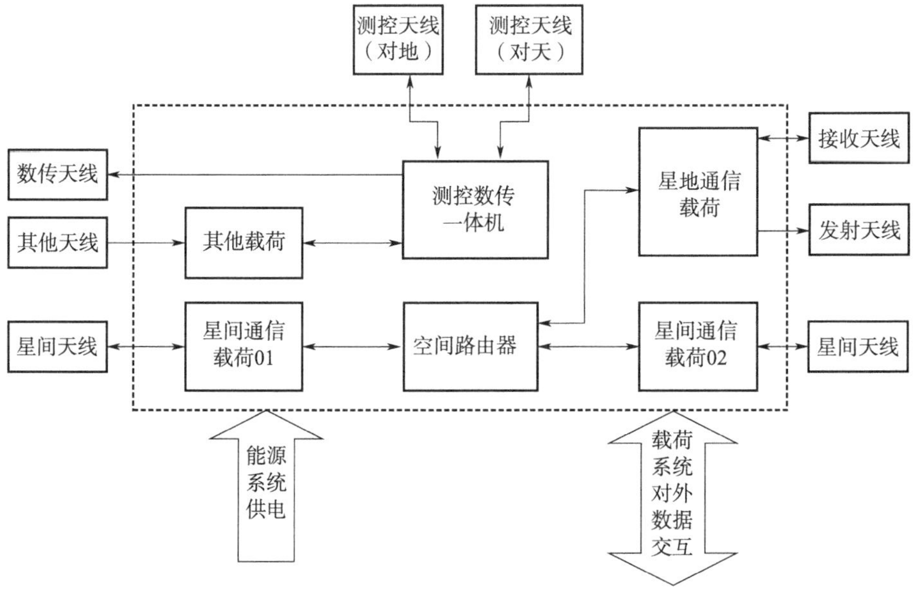

图 5－1　通信载荷组成图

星间通信载荷完成卫星与卫星之间的交互通信，包含两条星间链路，可以代替地面中继站完成卫星星座的自主运行功能。测控载荷完成卫星系统工作状态的采集和下传，地面控制指令的接收、处理和分发。通信载荷完成卫星通信业务。空间路由载荷完成星间管理和路由功能。

5.1.1　星间链路

5.1.1.1　概述

星间链路 ISL（Inter - Satellite Link）是指卫星与卫星之间的交互通信链路，其作用是可以代替地面中继站完成卫星星座的自主运行功能，同时可以大大减少地面上注站（主要是定期注入定轨数据及时钟校正数据）的数量。卫星星座自主运行是指卫星在不依赖地面设施的情况下，自主确定星座状态和维持星座构型，在轨完成飞行任务所要求的功能或操作。自主运行能大大降低星座成本、减小系统风险，是一种必然的发展趋势。

由于认识到以地面测控和运控为主的传统模式在运行和管理中存在的缺陷，各国都在积极发展航天器的自主运行技术。美国的 GPS 从 Block - Ⅱ R 卫星开始增加星间链路，在无地面主控站支持的情况下，将 180 天预报时段内的用户定位精度从 5 000 m 提高到 6 m，显著提高了 GPS 在战争及其他特殊环境中的可用性。美国的军事星（Milstar）、第三代国防卫星通信系统（DSC - Ⅱ）和租赁卫星（LEASAT），都具备星间链路功能。欧洲空间局的阿蒂米斯卫星（Artemis）具有工作在 Ka 和 S 频段的星间中继链路。俄罗斯航天局已在其军用和民用的中继星系统中增加了星间链路功能，分别工作在 L、C 频段。欧盟的 Galileo 系统和俄罗斯的 GLONASS 系统都已经开始研究和建设星间链路。日本也对跟踪与中继卫星系统中的星间链路系统进行了重点研究，开展 Ka 频段和 S 频段的链路技术研究。国外在通信卫星星座、侦察编队飞行系统和全球导航卫星星座中均建有星间链路，除通信星座外，后两者均有星间通信和星间测距功能，而且全球导航卫星星座还具有自主导航功能，我国北斗三号卫星和一些应用卫星也装备有星间链路设备。

5.1.1.2　星间通信频段

目前卫星星间通信主要使用微波技术构成星间链路。国外对微波星间链路的研究工作开展较早，目前已经得到了较为广泛的应用，涵盖了通信、中继、导航、预警等多种卫星系统，其工作频段也涵盖了 UHF、S、Ku、Ka、V 等频段和激光频段，且在同一星座中存在多种频段兼容共用的特点。

UHF 频段可用于载人飞船的应急通信。美国的 GPS Block Ⅱ F 卫星采用 UHF 频段的星间链路，卫星通过星间链路，能够接收和发射遥控指令和遥测数据。通过星间链路，可以注入导航数据和用以校正下行导航信息的差分数据，实现卫星自主导航的功能。

S 频段可用于宇宙研究、宇宙开发和各类对地观测卫星的星间数据传输链路，但 S 频段带宽有限，并受功率密度的限制（与地面线路的干扰），只能用做中、低速率的数据传输。S 频段的星间链路常用于数据中继卫星、传输遥测和遥控信息，如欧空局的数据中继卫星的轨道间链路使用，前向链路频率为 2.025～2.110 GHz，返向链路频率为 2.20～

2.29 GHz，这两个链路主要用于传输遥测、遥控信息。S频段的星间链路中，天线尺寸较大，天线的增益有限，要求功放的输出功率较大。

Ku频段相比S频段有更多的带宽，技术成熟。美国在其中继星上用作轨道间链路，其主要不足是功率密度受限，天线结构、跟踪以及多波束形成困难。

Ka频段主要用作低轨卫星和同步轨道卫星之间、同步轨道卫星和地面站之间的通信。与S、Ku频段相比，Ka频段星间链路的数据传输码速率可达几百Mbit/s。图5-2为Ka频段星间通信天线和载荷的实物图。

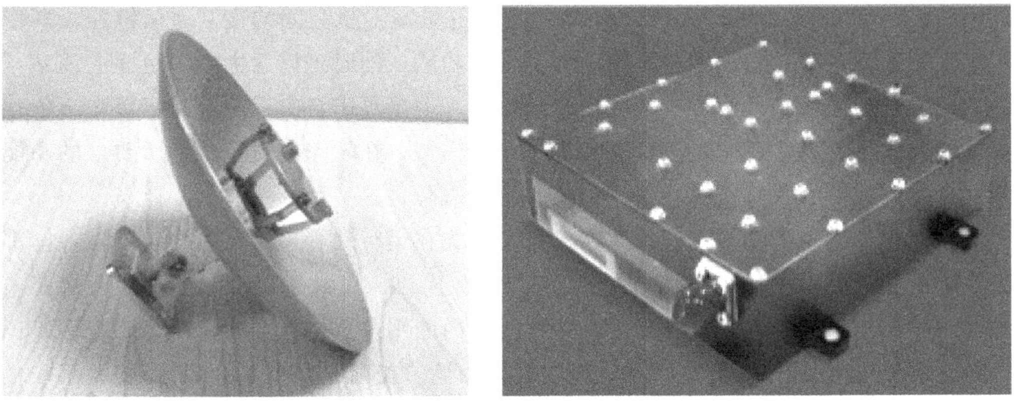

图5-2　Ka频段星间通信天线和载荷实物

目前美国、欧洲的数据中继卫星进行高速数据传输的链路大多采用Ka频段。如欧洲数据中继卫星的Ka频段链路频率为前向23.12～23.55 GHz；返向25.25～27.50 GHz；馈电链路（星地链路）上行28.5～30.0 GHz，下行18.10～20.20 GHz。

以Ka频段25 GHz为例，两星间距5 000 km，自由空间损耗195 dBm，收发天线增益30 dBi增益，1 W的发射功率即可支持数据传输率100 kbit/s。天线增益进一步提高可逐步提升星间数据传输率。

随着卫星通信传输数据需求的增加，现代的卫星通信在准确的基础上，需要量大、实时、传输距离远，这要求卫星通信具有更高的传输数据率。据资料显示：星间激光通信所利用的激光比微波频率高3～4个数量级。频率越高意味着它在同样的时间里变化越大，就如同一个弹簧的“压缩”，能够“压入”更大量的数据，实现对数据的“重载”。星间激光通信无需频率申请许可，这意味着激光通信绕开了“管制空路”，获得了更广阔的便利空间。如图5-3所示为星间激光通信终端模型。

激光拥有比微波短得多的波长，以很小的天线口径即可获得很大的天线增益，并且半导体光源和光检测器在体积重量、调制速率方面都具有很大的优势，可以预计，在卫星星间通信中应用激光通信可显著提高卫星间的传输速率。星间激光通信是一种利用激光束在空间进行图像、语音、信号等信息传递的通信方式，具有传输速率高、抗干扰能力强、系统终端体积小、质量轻、功耗低等优势，可以大幅降低卫星星座系统对地面网络的依赖，从而减少地面站的建设数量和建设成本，扩大覆盖区域、实现全球测控。与传统的微波通

图 5 - 3　星间激光通信终端

信相比，星间激光通信具有以下明显优势：

1）光载波频率高，因而其可用频带极宽，潜在的通信容量巨大。同时由于光波波长极短，收发天线系统尺寸小重量轻，如果用于卫星通信星间链路，则可明显提高通信卫星的有效载荷。

2）用作信息载体的激光光束发散角极小，不易被截获，因而用于军事通信具有极好的保密性。

3）如果在星间激光通信系统中采用多波长复用技术，则可进一步发挥激光通信的优势，提高卫星通信系统的传输容量。

5.1.1.3　激光星间通信系统组成及体制

激光星间通信技术是采用激光作为卫星信息载体的一项星上技术，主要功能是接收来自源卫星的光学信号，并对信号进行解调、放大及处理，然后调制到激光光束上，发送回目标卫星。

激光星间链路载荷的功能模块包括光源、光调制器、发射光学系统、瞄准捕获跟踪控制系统、光学天线（望远系统）、接收光学系统、光解调器及信号处理器等，图 5 - 4 为典型激光星间通信技术原理。信号光束经调制后，同信标光束一起经发射光学通路、跟瞄控制系统和光学天线发射。光通信星载计算机分别控制发射光学系统和光学天线的瞄准角度，以补偿提前瞄准角度并进行捕获。接收到的光束经望远天线和跟瞄控制系统，进入接收光学通路。一部分光入射到光解调器，用于通信；另一部分光入射到跟瞄探测器，用于瞄准角度偏差信号的检测。

星间激光通信可以采用 IM /DD 系统，即强度调制/直接检测系统，也可以采用相干光通信系统。非相干的 IM/DD 系统的构成如图 5 - 5 所示，相干光通信系统发送端的构成与非相干系统相同，但其调制格式不同于 IM/DD 光源调制系统，其接收端构成则如图 5 - 6 所示。

图 5 - 5 所示的 IM/DD 系统中，对于数据速率不太高的情形，可以采用直接调制技术，即用信息数据信号调制半导体激光器的注入电流方式实现。如果数据速率很高，则应采用外调制方式，即光源发射连续波光束，信息数据通过外调制器实现对光束的强度调制。图中的光学系统应包括波束成形系统和光学天线。

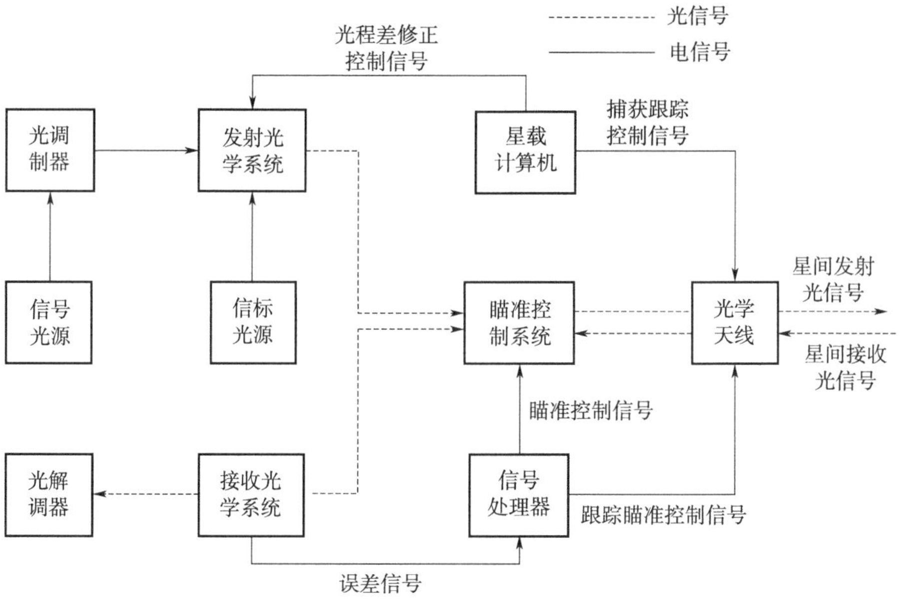

图 5-4　典型的激光星间通信技术原理框图

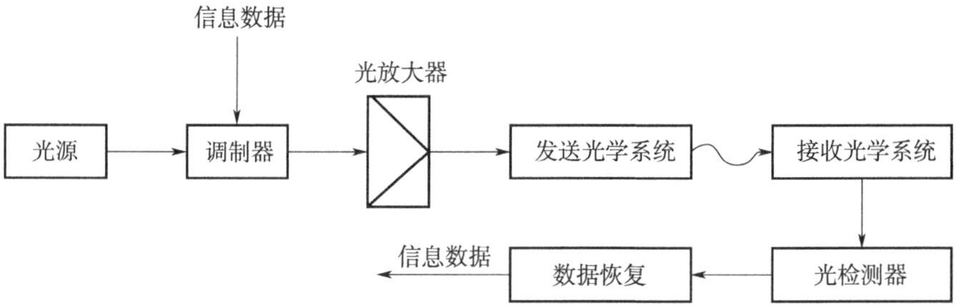

图 5-5　IM/DD 光通信系统组成框图

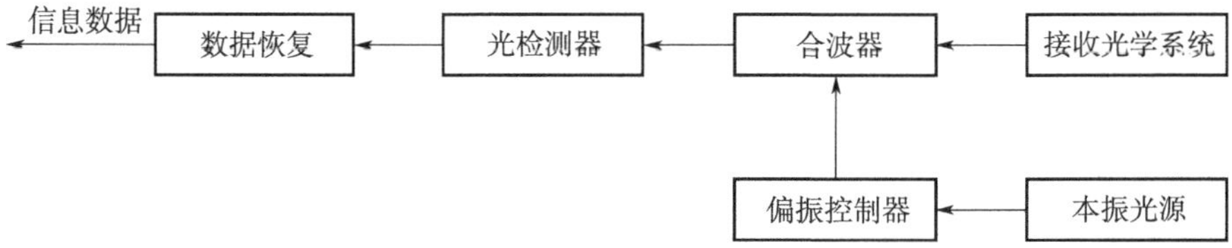

图 5-6　相干光通信系统接收端组成框图

相干光通信系统与 IM/DD 系统的主要区别在于接收端采用外差式检测或零差式检测。由本振光源发出的本振光束与接收到的信号光束同时进入半导体光检测器，由于光检测器的非线性效应，其输出信号是具有混频增益的中频电信号（对外差检测）或信息数据（零差检测）。为了有效地获得混频增益，本振光的光路中加有偏振控制器，以保持信号光与本振光之间的偏振匹配。由于单模光纤的双折射等原因，信号光的偏振态往往是随机变化的，因而偏振控制是一个复杂的闭环控制系统。为了适应接收端的相干检测方式，在发送端一般都采用外调制方式，调制方式可以是幅移键控（ASK）、频移键控（FSK）或相移键控（PSK）。

对于同步卫星之间的激光通信系统，由于星间链路可能长达数万千米，自由空间衰耗大，接收机所能接收到的光功率极小，所以采用高接收灵敏度的相干光通信方式更有优势。对于中低轨道卫星系统，由于卫星之间存在相对运动，多普勒效应将对相干光系统产生严重的影响，在微波卫星通信中，一般可以通过锁相环对多普勒频移进行跟踪，但在激光通信中，很难采用也没有必要采用类似的解决办法，多普勒效应对相干光通信的影响是致命的，存在相对运动的卫星间应避免应用相干光通信，所以采用 IM/DD 技术可能是更好的选择。

5.1.1.4　激光星间通信系统关键技术

（1）信号发射技术

考虑到星载光通信技术的小型化和低功耗等要求，一般采用半导体激光器作为信号光和信标光的光源，波长在 800 nm 和 1 550 nm 附近。由于光纤器件的成熟应用，星载光通信信号放大多采用光纤放大器件完成。信号光用于通信信号的传输，而信标光则用于激光链路的捕获与跟踪。由于半导体激光器输出的激光光束质量很差，在发射之前通常要对光束进行整形和压缩。整形后半导体激光器的输出光束为近高斯分布，而经过压缩后的输出光束宽度通常为微弧度量级。激光光源的功率和发射天线的增益的选择在很大程度上取决于链路的自由空间传输损耗的大小。

把模拟或数字信号信息叠加到光源上可以采用不同的方式，如调频、调相、强度调制和极化调制等。光调制器有两种基本类型，即内调制器和外调制器，如图 5-7 所示。

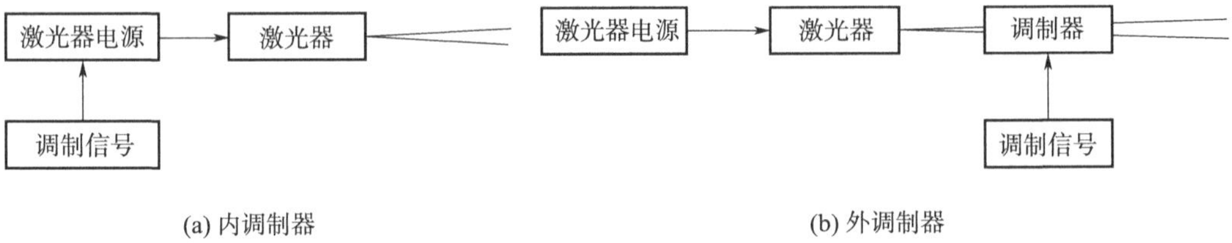

图 5-7　光调制器原理图

内调制器是信号对光源本身直接进行调制，产生调制的光场输出。通过改变偏置电流，可对光源进行幅度或强度调制，从而改变激光器的腔长，实现频电或相位的调制。外调制器是通过外部器件调制信号，使光波的输出特性产生变化，一般通过物质的电光或声光效应来实现。外调制器会引入较大的耦合损耗，调制深度也有所限制，并要求较高的调制驱动功率。

（2）信号接收技术

信号接收可分为功率探测接收和外差接收两种，图 5-8 为接收机前端示意图。功率探测接收也称直接探测或非相干接收，透镜系统和光电探测器用于检测收集到的到达卫星光通信终端的光场瞬间光功率。只要传输的信息体现在接收光场的功率变化之中，就可以采用这种方式进行信号接收。

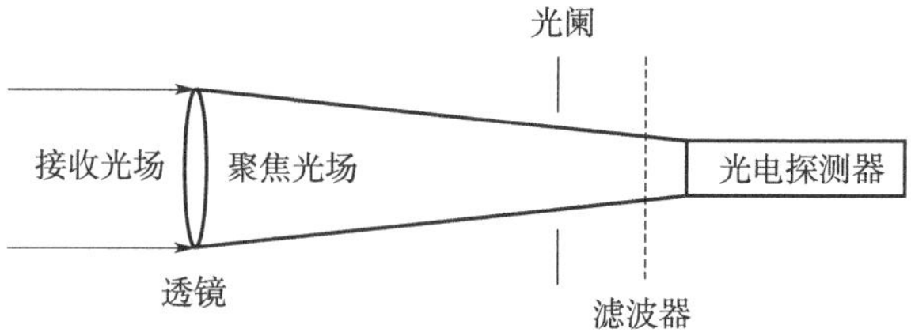

(a) 功率探测接收

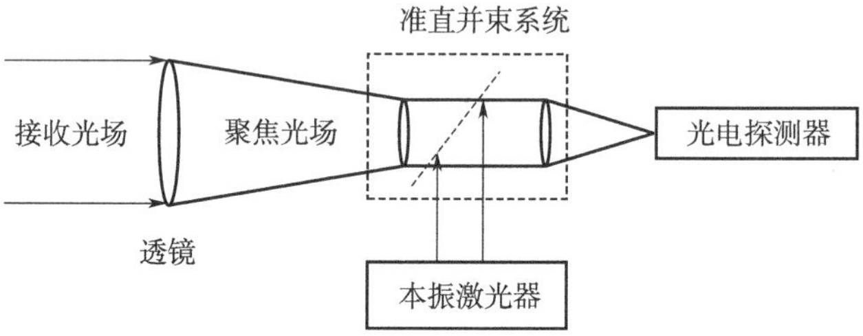

(b) 外差接收

图 5-8　接收机前端示意图

外差接收也称为空间相干接收，本地光场与接收到的光场经前端镜面加以合成，然后由光电探测器检测合成的光场。外差接收可接收以幅度调制、频率调制和相位调制方式传输的信息。采用外差接收可提高信号探测系统克服背景辐射和内部噪声的能力，进而改善检测性能。但由于外差接收对两个待合成光场的空间相干性有严格的要求，还必须考虑链路过程中的激光光束的波长漂移，实现起来比较困难。

(3) 天线技术

目前广泛使用的光学天线为双反射面天线，即卡塞格伦天线。直径 25 cm 的卡塞格伦天线在近红外波段的增益可以超过 100 dB。光学天线可分为收发共用天线和收发分离天线，通常采用卡塞格林望远镜作为光学发射和接收的共用天线。收发分离天线的接收天线为卡塞格林望远镜，而发射天线为开普勒望远镜。

采用收发共用天线的优点是光终端体积小，但由于增加分光镜等分光器件，使光能有较大损耗，发射通道内的光学器件产生的后向反射对瞄准捕获跟踪探测器会造成一定的影响。采用收发分离天线的优点是可降低损耗，缺点是使终端体积和质量增大。在选择接收器件灵敏度和接收天线增益时，需要考虑链路的自由空间传输损耗的大小。为了克服背景噪声的影响，提高接收信噪比，在接收探测器前须添加光学滤波器件，如窄带滤波器和原子滤光器，这时则需要考虑链路过程中的波长漂移现象。

(4) 瞄准捕获跟踪技术

由于激光光束的发射角小，收发双方对准较为困难，尤其是各种干扰导致对准系统工作的不稳定，成为影响系统性能的一个重要因素。为解决这一问题，星间激光通信系统必须有一个复杂的瞄准、捕获跟踪系统。

瞄准捕获跟踪功能实现装置包括粗瞄装置、精瞄装置和提前瞄准装置三部分。粗瞄装置包括万向转台、粗瞄控制器和粗瞄探测器，用于捕获和粗跟踪。在捕获阶段粗瞄控制器根据卫星的轨道和姿态参数调整万向转台的瞄准方向，然后以一定的方式进行天线扫描捕获。利用粗瞄探测器判断捕获是否成功及测定对方光束到达的方向，并通过进一步调整万向转台使入射光斑进入精瞄探测器视阈范围。

精瞄装置包括精瞄镜、精瞄控制器和精瞄探测器。精瞄装置主要用于补偿粗瞄装置的瞄准误差及跟踪过程中星上微振动的干扰。提前瞄准装置包括提前瞄准镜、提前瞄准控制器和提前瞄准探测器，主要用于补偿链路过程中在光束弛豫时间内所发生的卫星间的附加移动。图 5－9 所示系统中为提前瞄准探测器与精瞄探测器共用，在有些系统中也可以是分离的。

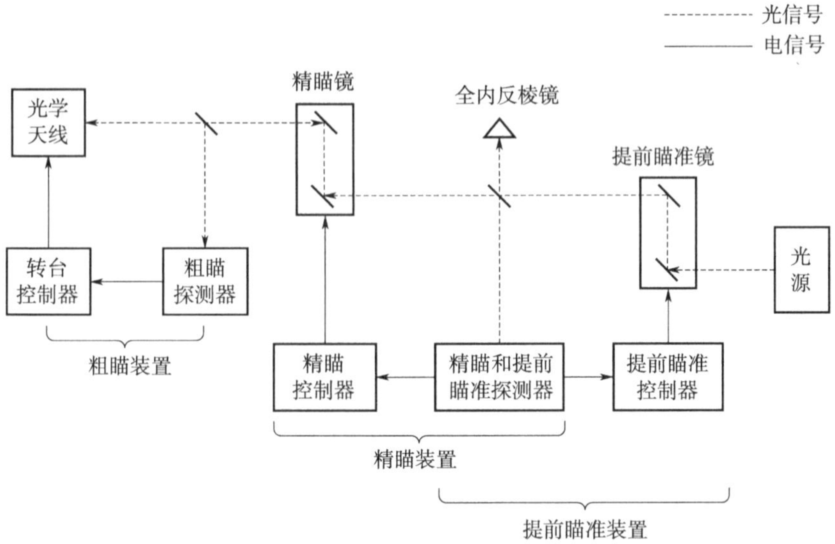

图 5－9　瞄准捕获跟踪技术原理框图

在瞄准捕获跟踪系统的设计和仿真试验过程中，对于粗瞄装置，需要了解由于卫星轨道运动和姿态控制造成的动态链路偏差；对于精瞄装置，需要了解星上微振动的变化情况及影响；对于提前瞄准装置，则需要提前了解瞄准角度的变化。

5.1.2　高效数传载荷

5.1.2.1　概述

卫星通信系统的任务主要是对卫星工作状态进行监视，根据要求进行飞行控制，并完成高速信息传输。现代卫星对测控通信系统的覆盖率、测量精度、数据传输速率、可靠性等均提出了更高要求。星地数传的主要功能包括跟踪测量卫星，确定其运行轨道；接收、处理卫星的遥测数据，监视其工作状况；依据卫星的工作状态和任务，控制卫星的姿态、运行轨道；接收和分发有效载荷数据；实时提供卫星的遥测信息、运行轨道和姿态等数据。

5.1.2.2 数传分系统组成

数传分系统主要完成卫星系统工作状态的采集和下传，地面控制指令的接收、处理和分发，并为地面段测距操作提供测距信号转发通道。对通信卫星，一般要求具备全向和定向两种工作模式，在发射主动段、转移轨道、定点后的紧急情况下，数传分系统工作在全向工作模式；在卫星定点后的正常情况下，卫星工作在定向工作模式。

通信卫星的典型数传分系统主要由遥测/遥控天线及网络、数传接收机、数传发射机、遥测单元、遥控单元以及功率放大器等组成，如图 5-10 所示。

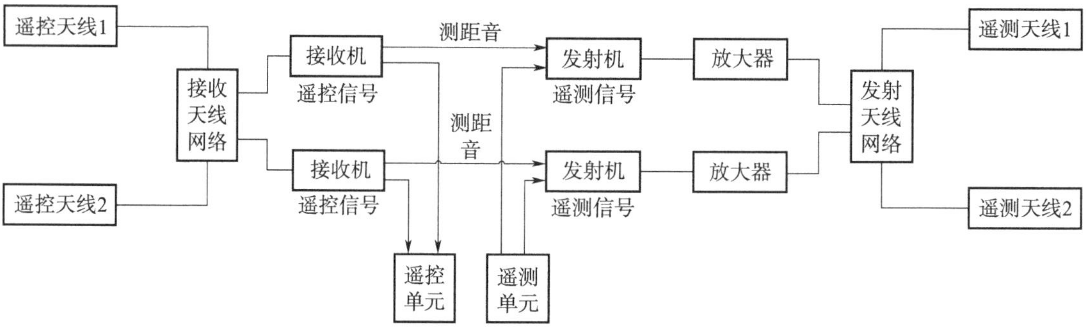

图 5-10 通信卫星数传系统框图

(1) 遥测/遥控天线

测控天线基本安装在卫星的 $+Z$ 和 $-Z$ 面。天线采用线极化或圆极化天线，实现天线波束的近全向覆盖。遥测天线和遥控天线一般收发分开。

(2) 测控天线网络

测控天线网络介于测控天线与接收机、发射机之间。接收天线网络的作用是对来自 $+Z$ 和 $-Z$ 遥控天线的信号进行合成，完成带外信号抑制后向接收机进行信号传输；发射天线网络的作用是对放大器输出的信号进行滤波、功率分配，然后向天线进行信号传输。

(3) 接收机

接收机由低噪放、变频器、鉴频器、本振倍频电路、中频放大器、终端滤波器等组成。接收机主要实现对上行信号的鉴频解调，向发射机和遥控单元输出测距音信号或遥控 PSK 信号。

(4) 发射机

发射机由晶振电路、调制器以及倍频器等组成，实现遥测信号和测距音信号的相位调制后向放大器输出。

(5) 功率放大器

功率放大器主要用于实现对发射机输出信号的微波放大。

5.1.2.3　测控频段与测控体制

(1) S 频段统一载波测控体制（USB 测控体制）

统一载波测控系统是指地面测控站和飞行器测控设备都采用一个载波、一个天线、一个公用信道设备来实现测控，即：在一个载波上用几个副载波调角，实现频分复用的几路信号的传输。从而实现测控中的多功能综合，即将测控的多种功能统一在一个载波上，故称为统一载波测控系统，又称为综合测控系统。当采用 S 频段（1.55～3.4 GHz）载波时，称为统一 S 频段系统（USB，Unified S - band）。当采用 C 频段（3.4～8 GHz）载波时，称为统一 C 频段系统（UCB，Unified C - band）。

S 频段统一载波测控体制工作在 S 频段，上行和下行载波均使用调相方式，即已调信号的瞬时相位偏移随着调制信号幅度成比例变化。测距采用 ESA - LIKE 测距标准，测距音组频率分别是 100 kHz、20 kHz、16 kHz、16.8 kHz、16.16 kHz、16.032 kHz、16.008 kHz。

(2) C 频段统一载波测控体制（UCB 测控体制）

该体制工作在 C 频段，上行载波使用调频方式，即已调信号的瞬时频率偏移随着调制信号幅度成比例变化。下行载波均使用调相方式。测距采用 Inmarsat 标准，测距音组频率分别是 27.778 kHz、19 kHz、3 968 Hz、283.4 Hz、35.4 Hz。

(3) 扩频测控体制

该体制可以工作在 S、C、Ka 频段，载波调制方式采用 BPSK 调制方式，扩频采用直接序列扩频，测距采用非相干扩频测距体制。

通常，数据率小于 12 Mbit/s 时采用 S 频段，数据率在 12～50 Mbit/s 时采用 C 频段或 X 频段，数据率 50～100 Mbit/s 时采用 X 频段，数据率 100～1 000 Mbit/s 时采用 Ku/Ka/W 频段，数据率大于 1 Gbit/s 时采用光频段。

5.1.2.4　航天器数传载荷关键技术

(1) 数据压缩技术

数据压缩技术在遥感卫星中主要为静止图像数据压缩技术，分为无损压缩和大压缩比的有损压缩。大压缩比压缩目前主要集中在可见光的图像，例如 16∶1 的图像压缩技术。但是随着高光谱成像仪和高分辨率合成孔径雷达的研制成功，为了将其应用到卫星中，基于光谱数据和雷达数据的大压缩比数据压缩技术的研制也是势在必行。

数据压缩的使用必须考虑视觉特性的应用。随着压缩比要求的提高，恢复图像质量下降得较多，而大压缩比数据压缩技术的使用多数在高分辨率遥感卫星中，对于图像的质量要求比较高，因此必须引入视觉特性在压缩技术中的应用。同时数据压缩技术必须考虑平均压缩比的概念。针对热点地区和感兴趣的区域，采用压缩比较小的压缩技术；对于背景地区可以采用大压缩比，以期达到合适的平均压缩比，适应数传系统的传输能力。

(2) 高速数据编译码技术

为了减小卫星数据传输系统和地面接收系统天线的口径，提高侦察数据获取的灵活机动性，高速数据编译码（纠错编码）技术将成为遥感卫星中的一项关键技术。采用 RS 码与卷积码级联，在 1×10^{-6}的传输误码率时可以获得 7 dB 的编码增益，将大大提高传输的可靠性。

（3）微波直接调制技术及多相调制技术

传统的卫星数传系统调制器采用中频变频方式，先将基带信号调制到中频信号，然后采用二次变频的方式将中频信号变频到射频发射。新的发展趋势将采用微波直接调制，将基带信号直接调制到射频信号上，优点在于可以去掉变频设备，而且发射机本身的体积质量和功耗可以大大降低。这也是当前国际发射机的发展趋势。

纠错编码技术由于在信号中加入了冗余度而使得信号的码速率增加，最终导致传输系统带宽的增加。卫星通信信道属于频带和功率均受限的信道，为了不增加频带且提高频带利用率就要采取多相 PSK（MPSK）等频带利用率较高的调制方式。在未来的卫星数据传输系统中，将会使用 8PSK 来替代传统的 QPSK 调制解调技术，这样就会在不增加系统带宽或者增加不多的条件下获取纠错编码增益。大量的研究结果表明，将纠错编码与调制作为一个整体来考虑时的最佳设计可以大大改善系统的性能，这就是网络编码调制（Trellis - Coded Modulation，TCM）技术。

（4）自适应调制编码

自适应调制与编码（Adaptive Modulation and Coding，AMC）是一种根据信道情况自适应改变调制及编码方式的技术，信道情况可以通过基于接收机反馈的方法进行估计。该技术广泛应用于移动通信系统、数字电视广播等无线通信系统中，以提高系统传输效率和能力。

使用 AMC 有以下优点：

1）处于信道情况好的用户可以分配更高的调制方式及编码速率，这样能够提高整个小区的平均数据吞吐量。

2）基于调制编码方式改变的链路级 AMC 相对于发送功率控制的方法能够减小干扰的变化。

3）将 AMC 与时域调度相结合，利用用户终端的快速衰落特点可以使终端处于低衰落状态。

美国 Planet 公司的 DOVE 系列卫星为了遥感数据传输，专门设计了高速下行链路（High Speed Downlink，HSD ）。HSD 的核心是使用了 DVB - S2 传输协议，它提供的调制方式为 QPSK，BPSK，16APSK，32APSK，编码方式从 1/4 到 9/10FEC，总共有 28 种调制和编码选项（MODCOD），可以为载噪比变化 20 dB 提供不同的调制和编码选项选择，提供的自适应调制和编码调整（ACM）机制，可以根据信道质量选择合适的调制和编码方式，实现最佳速率传输。如晴天时站信道条件最好，使用 16APSK 调制和 5/6FEC；雨天时站信道条件最差，使用 8PSK 调制和 3/4FEC。Planet 正是充分利用 ACM 技术，动态实现高速数据传输。

（5）高增益相控阵天线技术

随着数据传输码速率的迅速提高，对数传链路的增益要求也就随之大幅提高。在卫星资用功率或功放输出功率受限的情况下，大幅提高天线的增益，才是解决高速数据传输率瓶颈最有效的途径之一。相比较而言，可控点波束天线可以提供很大的天线增益。

相控阵天线的工作原理是：当改变天线辐射单元的相位分布时，会引起方向图最大辐射方向相应的改变。如果相位分布随时间按照一定规律重复变化，天线阵不转动，最大辐射方向连同整个方向图就能在一定空域内往复运动，实现方向图扫描。当给波控机输入当前卫星的空间位置信息以及地面站的位置信息后，通过波控机计算，可以得出所需的波束最大值指向以及相应的每个天线辐射单元的相位分布，并对每个辐射单元前的数字移相器进行控制，通过调整移相器的移相量，使辐射单元的相位分布满足波束指向的要求，由此进行方向图的扫描。

5.1.3　物联通信载荷

5.1.3.1　概述

泛在连接、海量设备入网应用需求带来物联网的迅猛发展，由于卫星具有视角广泛的优势，天基物联网必然成为泛在物联的重要成员之一。卫星通信技术已经广泛应用于物联网和云计算的各个层面，起着不可或缺、不可替代的作用，随着物联网应用的快速发展，物联网系统从传统的地面物联向天基物联的延伸成为必然。国外对天基物联网已有一定应用，例如 Orbcomm 利用低轨小卫星星座实现广域、分组交换、双向短数据通信，数据在用户终端、地面站网关（GES）、网关控制中心（GCC）之间传输；ARGOS 卫星通信系统是基于卫星定位和数据采集的系统，早期的 ARGOS 的服务对象是为收集全球海洋上浮标测量的海况数据服务的，它的 DCP（数据收集平台）只有发报功能，即只有 DCPR（汇报式 DCP），它们采用全天不停地随机突发发报。现有 ARGOS 应用广泛，包括环境监测、野生动物监测、海洋学、气候学、海洋渔业、海事安全、离岸监测等，其地面系统提供下载、直传、共享等多种服务。

但是，作为频率资源受限、卫星平台能力受限的数据采集系统，如何提高数据吞吐量、系统容量成为需要重点考虑的问题之一。

5.1.3.2　天基物联网容量分析

通过潜在用户需求调研，用户需求模型建立，预估用户需求，用来衡量卫星通信系统潜在用户的数量，在星座设计的过程中，用户需求与卫星星座容量进行比较，作为新的星座设计优化条件。卫星星座的容量在不同的场景中有不同的意义，主要考虑两点因素，一是单星服务能力，二是和星座构型相关的星座服务能力。

单星容量分析主要考虑一些关键参数：

1）用户的信息速率、卫星对于用户的发射功率、接收/发射天线增益、用户发射/接收天线增益、用户对于卫星的发射功率、自由空间传输路径损耗、自由空间雨衰、天线极化损耗和线路馈损等；

2）在卫星星座中，共有 N 颗卫星，其中有 m 颗卫星对目标分析卫星存在干扰，需要考虑 m 颗卫星对于用户的发射功率和发射天线增益等卫星参数；

3）用户终端对于干扰卫星的天线接收增益等终端参数；

4）覆盖区内用户终端通信阻塞率等。

表 5-1 列出了星座容量参数表，星座容量分析主要考虑关键参数为：1）单星容量；2）星座卫星数；3）星间链路服务能力；4）目标服务区域与卫星覆盖区的覆盖系数等。

表 5-1 星座容量参数表

序号	项目	参数
1	平均信息速率/(kbit/s)	c
2	平均用户单次通信时长/s	t
3	平均阻塞率	p
4	覆盖系数	q
5	单星通道数	n
6	单星每小时数据量/kbit	$c * 3\,600 * (1-p) * n$
7	每个用户平均每日接入次数	k
8	单星物联通信用户容量/(用户/日)	$24 * 3\,600 * (1-p) * q * k/t$
9	星座卫星数量	N
10	星座物联通信用户容量/(用户/日)	$N * 24 * 3\,600 * (1-p) * q * k/t$

假设平均信息速率为 1 kbit/s，平均用户单次通信时长 1 s，平均阻塞率 15%，覆盖系数 25%，单星通道数 50，每个用户平均每日接入 10 次，星座卫星数量 288，则根据上述公式计算得到，单星每小时数据量 153 Mbit，单星用户容量为 18.36 万用户/日，星座物联通信用户容量 5 287.68 万用户/日。

5.1.3.3 天基物联网体系架构

天基物联网体系架构如图 5-11 所示。天基物联网体系包括物联网天基处理节点、物联网终端节点、物联网地基网关节点和处理中心。

物联网天基处理节点：包括卫星平台与物联网载荷，完成物联网终端节点的接入、数据交互、安全认证等。

物联网终端节点：包括物联网终端、传感器，完成传感器数据获取、网络接入、与物联网天基处理节点的数据交互。

物联网地基网关节点：包括地面站及网关设备，完成与物联网天基处理节点的数据交互、协议转换、与核心网的数据交互等。

处理中心：处理中心包括核心网功能，完成互联互通、数据路由、计费策略、计费管理、用户管理、用户认证，用户鉴权。包括运控中心功能，对卫星状态、载荷状态、地面站状态进行监管和调配；数据处理中心，进行数据存储、数据加密、数据分析、数据分发、数据查询、大数据计算和数据演示等。

另外，为更好地理解天基物联网架构，可将其分为空间段、地面段和用户段。

（1）空间段

天基物联网的空间段充分利用高轨卫星广域覆盖，低轨卫星低时延、高增益以及遥感

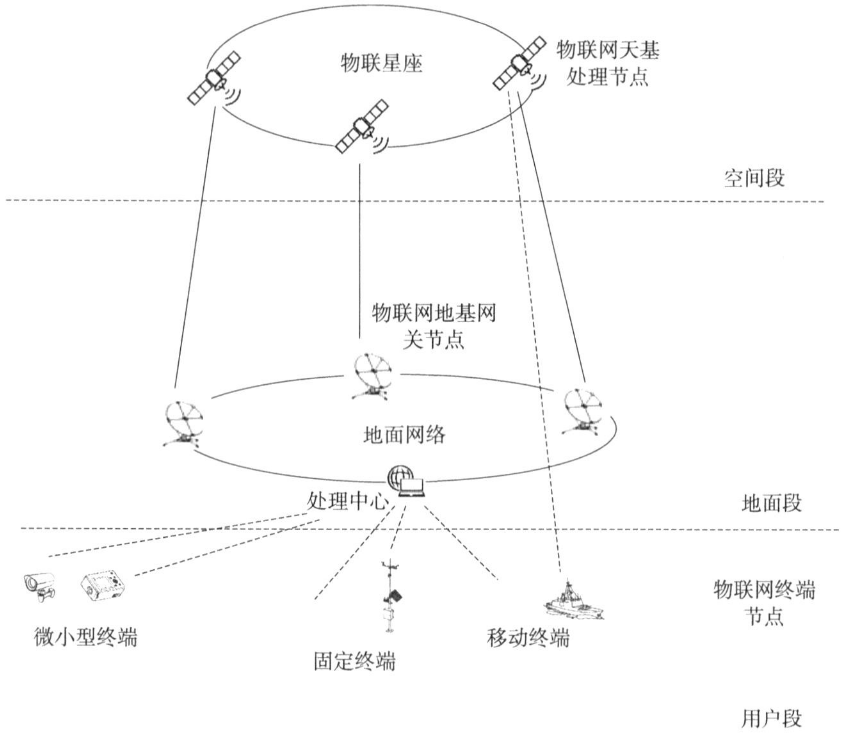

图 5－11　天基物联网体系架构

卫星广域感知、导航卫星精确定位等特点，由高中低轨配合的天基通信、导航遥感卫星系统互联互通形成。通过空间资源虚拟化技术，搭建空间处理的云平台，实现空间信息处理，该设计将大大增加数据的利用率。天基通信系统是天基物联网的核心，主要包含高轨通信系统和低轨 DCS（Data Collection System）星座。

高轨通信系统主要针对数据广播类应用，可以充分利用卫星信道，实现广域的信息分发，如气象信息、突发灾害信息、战场指令等。高轨布设多颗大容量、高性能同步轨道卫星，建立星间激光链路，实现大采集数据应用的高速中继传输；以高轨同步轨道卫星为基础，通过空间组网和空间虚拟化技术，搭建云架构的空间信息处理中心。空间信息处理中心是未来天基信息网络的发展趋势，当前物联网对实时性提出了日益严苛的要求，在空间建立处理中心，将传感器信息如遥感图像信息，在空间直接进行分析处理，提取关键情报，直接下发用户，对提高信息实时性，提高数据利用效率，减小数据传输量，降低卫星信道占用具有重要意义。

低轨 DCS 星座主要针对数据采集类应用和控制类应用，如海洋、森林、矿产监测以及军事指挥控制、武器协同等。卫星遥感是利用卫星上的感知设备，对监测区域和特定设施进行高解析度的监测。卫星遥感数据可作为智能物联网的决策非常重要的辅助数据，在某些应用中，如物流、应急等，遥感信息将发挥至关重要的作用。卫星导航系统可在交通、运输等领域大量应用，具有精度高、覆盖面广、全天候、全天时等优点，可以有效为物流车辆、输变电设施的运维提供可靠的位置、距离、时间等信息。

(2) 地面段

地面段主要由管理服务平台、数据处理中心，运控中心以及接收站网组成，完成对系统卫星的遥测遥控、业务数据收发，终端接入控制、信道资源管理，以及系统内设备管理和监控，对终端原始数据进行处理、分发存储，并对用户提供多种基础业务和部分增值业务。地面应用系统同样引入云计算技术，搭建云平台，通过地面栅格信息网络向用户提供服务。

(3) 用户段

用户终端是用户请求天基物联网服务的接口，天基物联网的终端大致包括两种，一种是具备卫星通信功能的终端，本身含有传感器和控制功能，可独立连接天基物联网进行工作。另外一种是地面收发系统，将周围传统的传感器数据通过互联网或其他地面网络接入，通过地面收发系统接入天基物联网开展工作，它适用于不具备卫星通信功能的传感器网络或者物联网终端。从具体产品类型上，可以分为微小型终端，如野生动物监测终端；固定终端，如海洋浮标、电力监测设备、输油管道监测设备、自动气象站等；移动终端，如手持终端、车载终端、船载和机载终端等。

5.1.3.4 天基物联网特征

天基物联网特征有以下几点。

覆盖广：相对于地网基站的覆盖能力，卫星的覆盖范围要大很多，若干低轨卫星就能对中国国土进行全部覆盖，而且卫星信号基本不受山体对信号传播阻挡，因此更适合广域覆盖。

时延略长：低轨卫星和地面距离几百千米，与地面系统相比，卫星到终端的传输时延要长些，且不同位置终端到达卫星的距离有些差别，与地面 5G 系统相比，传输时延也比较大；但与中高轨通信卫星相比，其时延要低 2 个数量级，仍可满足自动驾驶一类的应用。

动态变化：由于卫星的快速移动，其卫星的多普勒及其变化率是动态变化。

载荷能力受限：载荷能力受两个因素影响，首先，卫星平台供电能力有限，能提供给载荷的功率有限，因此无法使用高性能处理器；其次，卫星的电子器件容易受到空间环境的影响，从可靠性考虑相关处理器需要做降额设计，这也更加限制了卫星载荷的处理能力。

频率资源受限：频率资源一直是卫星系统需要重点考虑的问题，在日趋激烈的竞争环境下，卫星系统的频率资源受限；同时，由于传播距离大导致路损大，功耗有限导致输出功率受限，卫星上较难实现高阶调制，因此卫星通信系统容量有限。

应用场景：以周期上报业务为主的数据采集，上报周期为不小于 30 s。

5.1.3.5 物联通信技术问题

(1) 高效网络协议

通信协议是通信网络的核心技术，通信协议设计需要综合考虑应用需求、载荷能力以及系统建设成本，在满足应用需求情况下实现平衡。从应用需求看，物联网通信系统需要支持海量接入能力，满足大量短数据包突发接入需求。同时，物联网终端需要满足低成本、低功耗、长寿命的要求。另一方面，物联网应用，尤其是广域物联网应用系统对传输时延、数据可靠性的容忍空间相对较大，因此协议设计上有一定的优化空间。

考虑到海量接入需求和有限的频谱资源，卫星物联网通信系统的控制需要做针对性设计。而考虑到用户数据是以短数据包为主的，从资源效率角度上来说，就需要尽可能降低资源分配的颗粒度，基于应用优化资源块大小。系统设计上也需要综合考虑卫星通信特点，做针对性的优化。此外，设计上应该考虑低成本物联网终端性能较差，在同步算法和接收灵敏度上做针对性设计并保留一定的设计余量。

（2）高效可靠的地面系统

NB－IoT 网络架构与 LTE 保持一致，主要包括基站、核心网和 IoT 平台三部分，其基站可在原有 LTE 基站上通过 LTE 软件升级或增加少量硬件方式支持 NB－IoT；核心网是基于 LTE 核心网基础上，在数据传输、功耗优化、协议优化、业务能力等方面进行功能优化和增强。IoT 平台目前处于规划建设阶段，都是以建设开放式综合性物联网能力平台为目标，提供连接管理、设备管理、应用服务等能力。

LoRa 地面网络架构由网关、网络服务器和应用服务器三部分组成。网关负责接收终端节点的上行链路数据，然后将数据聚集到一个各自单独的回程连接，解决多路数据并发问题，实现数据收集和转发，网关和网络服务器通过以太网回传或任何无线通信技术（如 2G，3G，4G）建立通信链路。网络服务器负责进行 MAC 层处理，包括消除重复的数据包、自适应速率选择、网关管理和选择、进程确认、安全管理等。应用服务器负责从网络服务器获取应用数据，管理数据负载的安全性，分析及利用传感器数据，进行应用状态展示、即时警告等。

ARGOS 地面系统由地面接收天线网络、数据处理中心、数据分发工具几部分组成。地面接收天线网络由 60 个天线组成，完成数据的回传。数据从平台，到数据中心，到用户。

从上述几种典型的物联网系统来看，地面系统主要功能是完成数据汇集、数据处理、数据分析、路由传输与分发、管理与控制等，考虑天基物联网系统应用发展，地面系统需结合现有先进的云、虚拟化、区块链等技术，一要能适应不同应用需求的功能、性能易扩展性，二要满足未来大数据综合应用需求，提高所收集的各类数据可靠性、可信度。

5.1.3.6　物联通信关键技术

（1）数字信道化波束成形载荷

早期卫星通信系统通常采用多波束天线（Multi－Beam Antenna，MBA）载荷来增加通信容量。在满足天线限定和特定信扰比限定的条件下，MBA 载荷通过合理选择波束和子频带数量来最大化频率复用因子。然而，该载荷技术的子频带交换能力有限，且只有在通信业务均匀分布的场景下才能最大化通信容量，但波束间的通信业务通常是非均匀的。

为了克服 MBA 载荷技术的缺点，数字信道化（Digital Channelizer，DC）载荷技术被提出。DC 载荷技术可通过实际通信业务流量从空间和时间上动态匹配波束带宽。基于

MBA 的 DC 载荷，DC 位于 MBA 系统的中心，其主要包括模数/数模转换器、多波束信道去复用/复用器和数字信道化器。DC 可将输入波束的任何信道路由至输出波束的任何信道，同时可自动调整信道的绝对和相对增益。基于 MBA 的 DC 载荷技术陆续在一些商用和军用卫星通信系统中得到应用，如亚洲蜂窝卫星通信系统（ACeS），“瑟拉亚”（Thuraya）系统、移动目标用户系统（MUOS）和宽带全球卫星通信系统（WGS）。当采用灵活的行波管功率放大器时，DC 载荷技术可在有限增加系统开销的前提下提升卫星有效容量。相比于 MBA 载荷，基于 MBA 的 DC 载荷技术在典型业务场景下可提升 10%～30%的系统容量，在业务需求变化剧烈的场景下可成倍提升系统容量，并且，分单元可重构的 DC 载荷设计可提供标准的输入输出接口。

数字信道化波束成形（Digital Channelizer Beamformer，DCB）是在 DCB 载荷基础上添加了控制相控阵天线的波束成形网络。DCB 载荷接收来自相控阵天线的模拟输入，经过处理后为发射相控阵天线提供模拟输出。DCB 载荷可为每个激活的接收和发射信道配置单独的波束，也可基于业务需求和潜在干扰波束位置自适应地产生信道波束偏转权重，从而动态地改变每个波束的带宽、位置和形状。因此，DCB 载荷可减少同频干扰和增加有效信扰比。同时，DCB 载荷可通过配置数字波束成形权值来补偿由模拟多波束相控阵天线相位幅度响应变化带来的损耗。DCB 载荷技术一般应用于移动卫星业务（Mobile Satellite Service，MSS），该业务的需求变化剧烈，并且该业务的天线性能一般超过实际可配置模拟 MBA。为了支持高有效容量需求的 MSS 系统，Thuraya 和国际移动卫星（Inmarsat - 4）系统都配置了 DCB 载荷。

（2）链路自适应技术

在卫星通信系统中，链路自适应技术是指系统根据卫星无线信道在时间、频率和空间等维度上的变化，动态地调整发射机和接收机传输参数，从而使系统在维持不同业务的传输质量的前提下，进一步提高系统平均频带利用率，使无线信道资源得到最大限度的利用。

自适应编码调制技术（Adaptive Coding and Modulation，ACM）是克服信道时变性和补偿链路损耗的一项重要的链路自适应技术。ACM 可根据接收端反馈的接收信道状况，动态调整发射端编码速率与调制方式。同时，ACM 可根据不同接收气候环境提供不同编码码率和调制方式。随着近年来编码调制技术的深入发展，自适应网格编码调制、Turbo 码自适应编码调制技术、LDPC 码自适应编码调制技术和自适应比特交织编码调制技术等得到越来越多的研究。研究表明，结合 AMC 和高效编码调制方案可进一步提升卫星信道容量，提高卫星传输质量。

随着卫星通信新理念和新技术的快速发展，卫星通信系统链路自适应技术也体现出不同的研究特征，如：如何有效地针对物理层、链路层以及应用层的不同特点，并参考不同的服务质量需求合理设计有效的跨层方案和自适应体系；联合多载波技术、多天线技术、先进信道编码技术等进行联合自适应方案设计；考虑链路自适应的资源分配策略。

（3）激光卫星通信

超高速微波通信由于频率和众所周知的技术难度，速率提升空间有限。以微波为载体的通信技术已经不能满足未来天空信息网络的发展，随着卫星激光通信关键技术的突破和激光所具有的优势逐步体现，面对日益增长的高数据率和大通信容量的需求，天空信息网将更多采用空间激光通信系统来实现骨干网络节点之间的互连。

卫星通信高码率传输需求促进了激光卫星通信技术的应用，激光卫星通信技术使用激光进行数据传输，主要用于卫星之间、卫星与地面站或飞机之间的通信。美国、欧洲和日本已从概念和单元技术等方面对激光卫星通信进行了大量研究，目前已进入应用性测试阶段。相比于微波卫星通信系统，激光卫星通信系统具有功耗低、体积小、质量轻、保密性好、数据传输率高、抗干扰能力强、建造和维护费用较低等优点。虽然激光卫星通信技术具有很多优点，但其一些关键技术还有待于进一步研究，如：高功率、高速率激光调制发射技术；高灵敏度、复杂环境下的光信号接收技术；高精度捕获、跟踪和瞄准（ATP）技术；发射接收光学系统及基台技术；大气信道研究等。

（4）通信组网技术

随着天基物联网的进一步发展，天地一体化信息网络必然是一个异构多种无线通信网络，为各级用户提供无缝切换和满意的通信应用服务，因此需要进一步研究未来的通信组网技术，通信组网技术必须支撑物联网异构通信网络的融合，解决多协议冲突等问题。为此，必须开发基于天地一体化信息网络的基础标准协议、公共标准协议和各行业专用应用标准协议，需在配置管理、用户管理、运营管理、状态监控、业务处理、资源调度等方面适应大数据时代的特点，解决因数据规模扩大对通信速度、带宽和网络容量等需求增加的问题。

（5）宽带星地传输链路建模

链路状态信息是实现天基大容量自适应宽带传输的基础，准确的链路状态信息获取是主要技术难点之一，其主要问题是传输速率快，传输链路影响因素多，建模复杂，同时精确的信道状态信息估计需要更佳的算法。链路状态信息要受到天气条件、大气波动、地面多径、传输通道的非理想特性以及环境的干扰因素等的影响，因此，需要对星地传输链路进行模拟。通过不同的建模方法，可以对星地传输链路的状态信息变化进行模拟，以便设计最佳的天基通信自适应传输控制系统。

（6）卫星高速编译码技术

鉴于 LDPC 码的优越性能，LDPC 码已被宽带接入、电视广播、移动通信、CCSDS 等采用并列为技术标准。然而，天基宽带通信系统在不同信道条件下需要实现自适应传输，因此可变码长和可变码率给信道编译码带来了更大的挑战。针对 LDPC 这一编码体制，则需要设计全新的编码体系和高效的译码并行机制。在系统的设计与实现中，需要重点关注并行处理和低损译码的问题。首先从理论上说，LDPC 码可以将所有的和与积节点进行并行计算，经过 20～30 次迭代可以得到很好的效果，通过 ASIC 设计，国外已实现了 10 Gbit/s 吞吐量的 LDPC 芯片译码器，而采用 FPGA 实现了 4 Gbit/s 吞吐量的 LDPC，这需要大容量的 FPGA 和高速的内部 RAM 设计。因此，主要面临的是合理的并行支路数、迭代次数设计和高速 RAM 设计。另一方面，译码过程中的和积运算非常容易“溢出”，导致截断误差，并且影响迭代译码的性能，该误差也是误差平底效应产生的重要因素，因此要控制迭代译码过程中的软信息“溢出”问题。

5.1.4 空间高速路由载荷

5.1.4.1 概述

一般情况下，路由的定义是：在一个由多个节点构成的网络中，从一个源节点出发，寻找一条或者多条到一个或者多个目的节点的路径，使数据包能够沿着这些路径从源节点传输到目的节点。星上载荷配置路由转发设备，全面实现卫星的星上交换和路由选择。卫星网络的终端之间可实现单跳连接，同时综合点对点、星形网和网状网的功能来支持 IP 业务应用，实现业务在网络间的透明传输和网络的信息融合。主要功能描述如下：

1）通过星间天线接收相邻组网星发射的星间链路信号，解扩解调译码出实时前向星间数据；

2）将实时返向星间数据进行编码扩频调制后通过星间天线向相邻组网星发送；

3）接收并转发其他星载通信机送来的数据；

4）采集包括自身在内的载荷各设备模拟遥测量与数字遥测量，整合后发给综电平台；

5）接收并转发/执行各单机复位或数据指令。

要使用卫星组网进行通信，就必须解决路由问题。在网络中往往会存在许多条从源节点到目的节点的可行路径，那么如何在其中选择一条路径传输数据能提高网络的性能就是路由技术所解决的问题。

路由技术常常需要考虑两方面问题：网络拓扑结构和业务类型。其中网络拓扑结构往往会成为路由计算过程中的约束条件，而业务类型则需要适应所在网络的拓扑结构，在设计路由算法的时候通常会综合考虑这两方面的因素。

在地面网络，单播（点到点）和多播（点到多点）的路由问题已经得到了很好的解决，但是在许多卫星节点组成的卫星网络中，路由仍然是一个颇具挑战性的问题，这是由于卫星网络有一些独特之处：

1）网络拓扑结构动态变化性强；

2）星间链路和星地链路误码率高，传输延迟大；

3）业务数据流量分布不均衡；

4）星上处理能力和存储能力有限。

卫星网络的上述特点既和地面固定光纤网络不同，又和地面无线通信网络有区别，因此地面网络成熟的路由技术直接用在卫星网络中是不可行的，针对卫星网络的特性必须研究新的路由机制。一般来说，卫星网络中可靠有效的路由技术应该满足以下几点：

1）高效性，路由技术在实施过程中应避免过于复杂，在提高网络性能的同时尽量减少路由开销。

2）鲁棒性，即在路由更新、链路切换或者某些卫星节点出现故障的时候路由技术能够有效避免数据包的丢失，增强卫星网络的抗毁性，这对于空间通信的安全十分重要。

3）动态拓扑适应性，能够适应卫星网络高度变化的网络拓扑结构，是卫星路由技术的基本特征，另外，路由技术还应该在寻路过程中避免出现环路。

4）流量变化适应性，卫星通信网络的流量分布通常都是不均衡的，而且在某些时段和某些节点可能会出现业务流量突发的情况，因此，路由技术还需要在流量变化的时候采取措施降低网络拥塞发生的可能性，保证通信性能。

除上述性质之外，路由技术还与卫星网络的组网结构密切相关，对于单层的卫星星座，只需考虑同一层卫星之间是否可见以及星间链路的变化。例如 Walker 星座和极轨道星座中，相邻轨道的卫星间的连接关系差异性非常大。而在双层或者多层卫星网络中，除了要考虑同一层卫星之间的连接情况，还需要考虑处在不同高度上的卫星之间的连接关系。

5.1.4.2　路由域分类

从路由域的角度分，卫星网路由可以划分为上下行链路路由（UDL，UP/Down Link）、边界路由和空间段路由 3 类，如图 5 - 12 所示。

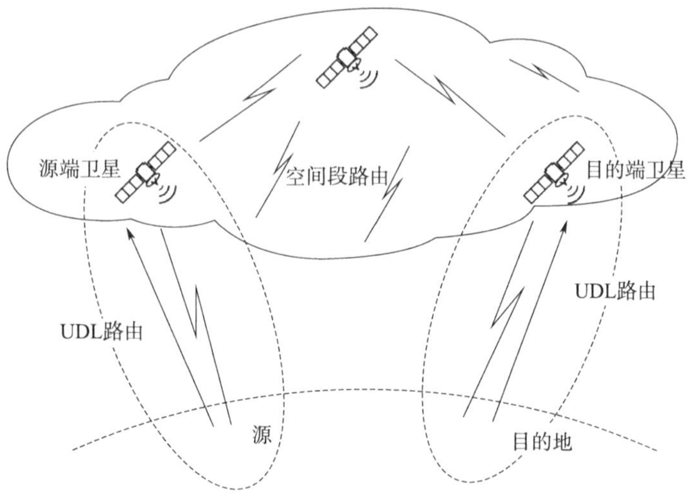

图 5 - 12　卫星网路由组成

（1）上下行链路路由

上下行链路路由（UDL）是卫星与地面网关或者移动用户之间的链路，负责各种用户到卫星网络的接入控制，并为用户选择源端卫星和目的端卫星。在 3 类路由中，上下行链路路由相对比较简单，可以根据单星覆盖时间长短或信号强弱为用户选择服务卫星并进行星间切换控制。

（2）边界路由

地面 Internet 被划分为若干个自治系统（Autonomous System，AS），每个自治系统包括处于一个机构管理的若干网络和路由器。通常情况下，在单个 AS 中使用内部网关路由协议（RIP、OSPF 等）执行路由功能，不同的 AS 之间就采用外部网关协议（EGP）。

为了使自治系统间无环路由信息交换变得更为容易，并且能够通过无类域间路由选择（CIDR）来控制路由表的扩展，会引入边界路由。

边界路由的基本功能是与其他自治系统交换网络可达性信息，这种可达性信息包含了通往目标所要穿越的自治系统列表。利用这些信息，系统就可以构建一个无环的自治系统连接图，并把形成的外部路由信息重新发布给自治系统内部的路由协议。

与地面网络中的边界路由不完全相同，卫星网络中的边界路由运行在边界网关和卫星地面关口站，负责卫星网络与地面网络之间的互操作和无缝融合，使端用户通过地面网络和卫星网络进行透明通信。边界路由主要解决以下问题：

1）能够使用独立的地址机制在地面上任意两个网关之间进行单独的数据分组转发；

2）只要地面上任意两个网关能够通过卫星网络实现互连，对卫星网络拓扑没有任何的约束；

3）在卫星网络内使用的路由协议也没有任何约束。

地面网络通过地面网关与覆盖自己的具有星上处理能力的卫星相连。如果多个地面网络之间在不能使用地面通信链路进行通信时，就可以通过其上空的一颗或者多颗卫星实现互连。而处于各地面网络中的实体并不关心中间的通信过程是经过地面链路还是卫星链路，只是关心进行端到端的通信时能否保证期望的服务质量。因此，当用户通过上空卫星实现互连时，就需要解决地面网和卫星网之间的边界路由问题。我们把卫星网络看作一个特殊的自治系统，各地面自治系统通过卫星网络自治系统进行互连时，这些自治系统之间就需要运行边界网关路由协议，由地面关口站和星上网关实现边界路由功能。

当前对卫星网边界路由相关的研究工作还比较少。BGP－S是最早提出的用于卫星网络的边界路由协议，它基于BGP－4，用来实现两种网络之间在网络层的融合，支持在卫星星座网络中包含单跳或多跳的路径转发。在BGP－S中，卫星网络不直接参与边界路由计算，只是负责承载数据分组及其他的维护活动。如果卫星网络被看作是一个普通的自治系统，则卫星网络与地面自治系统之间没有任何差别。从功能上讲，BGP－S能够与BGP－4协议一起使用，两者具有很好的互操作性，能够自动配置路由策略并且能够很好地适应地面网络和卫星网络中的延时。

（3）空间段路由

空间段路由，即ISL网络路由，负责在卫星星座内部源端卫星和目的端卫星之间计算满足一定需求的最优路径。ISL是指卫星之间的通信链路。一般来说，若无特殊说明，卫星网络中的路由都是指ISL网络路由。同轨道面上相邻卫星之间的ISL称为轨道内ISL。不同轨道面上相邻卫星之间的ISL称为轨道间ISL。一颗卫星可以同时维持4～8条ISL。轨道内ISL可以一直存在，而轨道间ISL可能会在某一时间段内短暂关闭。

对于空间段路由来说，ISL的动态变化是路由设计的难点，主要体现在以下几个方面：

1）ISL的空间几何参数不断变化，即ISL的长度、指向仰角和指向方位角等参数不断变化，使路由算法优化参数的不确定性增加。

2）ISL 可持续通信时间受限，受星载设备跟踪能力和卫星间可见性条件的限制，轨道面间 ISL 在越缝（Cross - seam）或者经过极地高纬度地区及卫星间可视角过小时会断开。

3）受空间自然条件的影响，星上设备的处理能力和存储容量都受到很大的限制，而且卫星一旦发射就很难进行硬件升级，因此路由算法的实现必须尽量简单。

虽然 ISL 持续变化增加了路由问题的难度，但 ISL 的可预见性、周期性和固定性也为解决路由问题提供了有利条件。

目前，大部分的研究都集中于 LEO 卫星网络，空间段路由主要分为面向连接的卫星网络路由和面向非连接的卫星网络路由。面向连接的网络路由指在星上实现 ATM 交换或类似于 ATM 的交换，包括 D - TDVTR 算法、FHRP 和 PRP 路由协议等；面向非连接的网络路由指在星上实现分组的分布式转发，包括 Darting 路由算法、DRA 算法等。

5.1.4.3 路由算法分类

卫星网络的路由算法受到多方面因素的制约，与传统的路由技术有很大的差别，主要表现在以下 5 个方面：

1）拓扑结构动态变化，链路切换频繁，路由有效时间短，链路传输时延长，误码率高；

2）卫星网络的 ISL 子网是网状结构，任意 2 颗星座卫星之间都存在多条可用路径，存在物理环路；

3）星上设备使用宇航级芯片，CPU 处理能力和存储器容量受到很大限制；

4）星上设备难以维修，为保证可靠性和抗毁性，任何一颗卫星的功能失效对全网不应该造成致命影响；

5）承载的业务具有不同的优先级和不同的服务质量（QoS）要求。

随着 IP 技术的快速发展，人们开始将注意力集中于研究卫星网络中的路由机制，实现星上分布式数据转发，网络模型不仅包含单层的卫星网络，也包含双层或多层的卫星网络。

（1）单层卫星网路由技术

基于虚拟拓扑的路由算法基本思想是充分利用卫星星座运转的周期性和可预测性，把星座周期分为若干个时间片，在每个时间片内，网络拓扑被看作是一个虚拟的固定拓扑，从而可以根据可预测的网络信息提前为各节点计算所有时间片内的连接表。

根据卫星网络运行的周期性和可预测性，把星座周期 T 分为若干个时间片，即 $[t_0, t_1)$，$[t_1, t_2)$，…，$[t_{n-1}, t_n)$，具有以下特点：

1）ISL 的连通和断开仅发生在离散时间点 t_1，t_2，…，t_n，在时间间隔 $[t_i, t_{i+1})$ 内，卫星网络的动态拓扑结构能够模型化为固定拓扑结构；

2）时间间隔 $[t_i, t_{i+1})$ 足够小，在该时间片内，各个 ISL 的代价可以认为不变。

Werner 提出的基于 ATM 的路由、Seong 提出的基于 FSA 的路由、Gounder 提出的基于快照的路由，都属于系统周期分割机制。

这种机制的优点是：

1）预先精确计算每对卫星间的路径，提供优化的路由；

2）把动态拓扑结构规约成按时间段分隔的一系列连续的静态拓扑结构，从而在静态拓扑结构的基础上利用现有技术计算路由；

3）路由计算通常由地面预先集中处理，卫星不需要实时计算，仅需在时间分隔点更新路由表；

4）路由协议的开销小。

缺点是：

1）由于系统周期可能被分隔成大量的时间段，因而需要大量的存储空间存放路由信息，需要考虑路由信息的存储问题；

2）对通信流量变化、链路拥塞以及故障等实时情况的适应性较差。

（2）多层卫星网路由技术

多层卫星网络是指在双层或多层轨道平面内同时布星，利用层间星际链路建立的立体交叉卫星网络，主要针对由 MEO 和 LEO 两层星座构成的系统。与单层 LEO 卫星网络相比，多层卫星网络具有空间频谱利用率高、组网灵活、抗毁性强、功能多样化（融合天基通信、导航、定位等多种功能）等优点，能够实现各种轨道高度卫星星座的优势互补，将成为未来卫星发展的一种理想组网模式。算法一般采用主从模式，以 MEO 为主干，LEO 为接入卫星。

① DLSN

K. Kimura 最早提出使用双层的 LEO/MEO 星座和激光星际链路组建双层卫星网络（Double Layered Satellite Networks，DLSN）的设想，并指出由高层倾斜轨道 MEO 星座和低层极轨道 LEO 星座组成的 LEO/MEO 双层卫星网络的覆盖性能优于双层极轨道卫星星座网络的覆盖性能。在其所提出的组网结构中，LEO 层卫星之间和 MEO 层卫星之间均通过层内星际链路互联，并且 MEO 卫星可以使用层间星际链路和自己“视距”内的所有 LEO 卫星相连。其优点是指出了双层星座结构在覆盖重数、仰角、连接灵活度等方面均优于单层卫星星座。缺点是没有分析数据在这种类型的双层卫星网络中如何传输，也没有分析双层卫星网络结构对路由算法设计的影响。

② TLSR

TLSR（Two - Layered Satellite Routing）算法以与 DLSN 类似的双层卫星网络结构为参考网络模型，采用 63 颗 LEO 卫星和 16 颗 MEO 卫星组成系统星座，MEO 卫星之间使用 4 条 ISL 互连形成顶点对称网络，而每颗 LEO 卫星通过两条 IOL（ Inter - Orbital Link，轨道间链路）与两颗在其视距内的 MEO 卫星互联，LEO 卫星之间无星际链路。

其特点是：

1）采用基于 ATM 的分组交换方式实现分层的数据传输；

2）MEO 卫星作为网络交换节点，组成骨干交换网络，LEO 卫星作为接入节点为覆盖范围内的用户间提供信息传送；

3）按照星际链路通断变化把系统运行周期划分为有限个时间片，提前生成路由表。

③ HQRP

J. Lee 提出了一种新型的多层卫星网络体系结构 SoS（Satellite over Satellite），并设计了对应的分层路由协议（Hierarchical QoS Routing Protocol，HQRP）。SoS 结构包含一个基本的 LEO 星座和一个或多个轨道更高的星座，这些星座组成分层的网络体系结构。HQRP 的核心思想是上层卫星实现对下层卫星路由信息的汇聚，并为下层卫星提供路由计算支持。下层卫星节点按照 QoS 指标要求和节点跳数限制选择最优路径。

其特点是：

1）通过卫星网络的现有状态信息推算下个时刻的卫星网络的状态、拓扑和信息的可到达性，并自动适应卫星网络的变化；

2）协议选择的路由能满足 QoS 各参数的要求，如带宽、时延和时延抖动等；

3）协议采用一系列机制使卫星网络能自行升级、扩容，满足日益增长的通信容量需求。

④ MLSR 和 SGRP

MLSR（Multi－Layered Satellite Routing）算法是基于 IP 的多层卫星网络路由算法，该算法适用于由 GEO、MEO 和 LEO 卫星组成的三层卫星网络，其中 GEO 层卫星之间、MEO 层卫星之间、LEO 层卫星之间均具有层内星际链路，而 GEO 与 MEO 卫星之间、GEO 与 LEO 卫星之间以及 MEO 与 LEO 卫星之间也具有层间星际链路，从而形成一个强互联的立体网络结构。

其特点是：

1）MLSR 算法依据高层卫星的覆盖域对低层卫星进行分组，实现分层的网络拓扑信息收集，并在组成员关系改变时周期性地由高层卫星为低层卫星计算路由表；

2）路由计算度量仅为链路传输时延，只在组成员关系改变（即层间覆盖关系改变）及到达更新周期时更新路由表；

3）算法缺乏对网络中流量突发性变化的适应能力。

因此，C. Chen 等在 MLSR 的基础之上提出了用于 LEO/MEO 双层 IP 卫星网络的路由协议 SGRP，通过让各卫星监测队列缓冲占用状态实现拥塞发现机制，增强了实现有效避免网络拥塞的路由重计算能力。

⑤ GEO/LEO 双层卫星网络路由

采用由 GEO 卫星和 LEO 卫星组成的 GEO/LEO 双层卫星网络结构是组建多层卫星网络的一种新思路。基于 GEO 卫星覆盖域分割的分层路由算法，针对 GEO/LEO 双层卫星网络结构的物理特征进行覆盖域划分，系统周期分为若干个时间片，用 GEO 卫星存储各时间片内的静态连接矩阵并确定路由。

其特点是：

1）按照 GEO 卫星将网络进行覆盖域划分，每颗 GEO 卫星负责管理覆盖域内的多颗 LEO 卫星；

2）系统周期划分为若干个时间片，由 GEO 卫星存储各时间片内的静态连接矩阵，确定覆盖域内的 LEO 卫星之间的路由；

3）算法把覆盖域聚合为一个具有多个入口和出口的节点，不同覆盖域之间的信息通过覆盖域的边界 LEO 进行传送。

优点是：

1）减小了算法的通信开销；

2）系统内的路由选择分为域内路由和域间路由，实现时相对简单。

缺点是：

1）算法没有指出如何选择域边界节点；

2）GEO 卫星需要同其覆盖域内的所有 LEO 卫星建立层间星际链路，增加了星座系统连接关系的复杂性；

3）GEO 卫星必须拥有大量 ISL 收发设备，增加了 GEO 卫星实现的难度；

4）对于极地区域上空的 LEO 卫星来说，由于天线转向控制的限制，建立与 GEO 卫星间的层间星际链路比较困难。

已有的多层卫星网络组网结构大都依赖一个同样覆盖全球的 MEO 卫星星座，不仅 LEO 卫星与 MEO 卫星之间的层间星际链路维护困难，而且极大地增加了系统建设的复杂性和实施成本。提出的 GEO/LEO 卫星网络路由算法依然建立在多连接模型之上，每对卫星之间存在多种路由选择，为实现最优路径的计算，每次网络结构的微小变化都将引起路由表的大范围更新，导致 GEO 卫星的路由汇聚任务异常繁重。

（3）基于覆盖域划分的路由

将地球表面覆盖域划分成不同的区域，并给各个区域赋予不同的固定的逻辑地址。包括面向连接的卫星路由算法和面向非连接的卫星路由算法两种。其特点是：

1）在给定时刻，对于最靠近区域中心的卫星，其逻辑地址就是该区域的逻辑地址；

2）卫星在运行过程中根据覆盖区域的变化，其逻辑地址也动态变化；

3）逻辑地址带有地面节点的地理位置信息。

Hashimoto 提出的基于 IP 的路由、Mauger 提出的基于 TDMA 的路由、Berndl 提出的虚拟拓扑路由，都属于覆盖区域分割机制。

这种机制的优点是：

1）利用网络拓扑结构的规则性和周期性，隐藏卫星的移动性；

2）源/目的地址信息中包含有地理位置信息；

3）无需预先进行路由计算，根据路由策略以及流量负载、故障等情况，实时选择路径，自适应性强；

4）需要的存储空间比较小。

缺点是：

1）要求网络拓扑结构非常规则；

2）路由计算利用局部状态信息，路由不一定最优化；

3）对星上处理能力要求较高。

①基于数据驱动的路由算法

没有数据传送时不进行路由更新，数据报的到达触发拓扑更新，路由更新机制包括后继更新和前继更新两种。其特点是：

1）各节点所维持的网络拓扑信息在没有数据发送时一直保持不变；

2）数据报的到达触发网络拓扑更新；

3）算法进行两次更新：一次更新数据报要送达的下个节点的拓扑信息，一次更新数据报的上个节点的拓扑信息。

Darting 算法和 LAOR 算法都属于基于数据驱动的路由算法。这种机制的优点是在正常网络流量的情况下，性能优于普通路由算法。缺点是当网络流量过大时，由于拓扑更新触发过于频繁，性能低于普通路由算法。

②基于虚拟节点的路由算法

属于基于覆盖域划分路由算法的改进方法，将卫星网络模型化为一个由虚拟卫星节点组成的网络，分配固定的地理坐标。依据物理位置与虚拟节点地理坐标的距离关系，将真实卫星与虚拟节点相映射。其特点是：

1）用离散化地理坐标代表网络中的卫星，地球表面的逻辑地址固定不变；

2）将真实卫星与虚拟节点相映射，最接近虚拟节点的卫星位置被认为是虚拟节点的位置；

3）卫星之间不交换网络负载信息，按照时延最短路径传送分组；

4）屏蔽了卫星星座的动态性，将卫星网络中的路由问题转化为在一个由虚拟的静态地理坐标构成的逻辑平面内计算最短路由的问题。

E. Ekici 提出的分布式路由算法 DRA、TH. Chan 提出的基于局部区域 LZDR 算法都是基于虚拟节点的路由算法。这种机制的优点是：

1）引入虚拟逻辑节点解决了极地区域和越缝区域的路由失效问题，算法简单；

2）卫星节点的路由决策时间很短。

缺点是：

1）健壮性较差，一旦网络中出现卫星节点失效或星际链路失效，算法性能急剧下降；

2）卫星之间仅依据虚拟节点之间的物理距离确定分组转发方向，不交换网络负载信息，不能保证区域间路由的最优性并从根本上避免拥塞；

3）只适用于极地轨道的 LEO 卫星网络中，不适用于倾斜轨道卫星星座。

5.2 导航载荷

导航卫星载荷主要实现导航信号的发射，是直接面向用户、为用户提供导航定位授时服务的关键。载荷主要组成包括时频参考（原子钟）、任务数据注入接收机、导航任务数据单元及阵列发射天线等（见图 5－13）。时频参考主要包括原子钟和频率合成相关设备，是导航卫星的核心部分，承担着时间频率基准的重任；任务数据注入接收机是地面控制站和卫星的直接接口，接收地面控制站注入的导航业务数据；导航任务数据单元是导航卫星载荷的中央处理器，直接处理地面站注入的业务数据，生成导航信号；阵列发射天线则是将导航任务数据单元生成的导航信号通过无线形式辐射至地球，供各种用户使用。

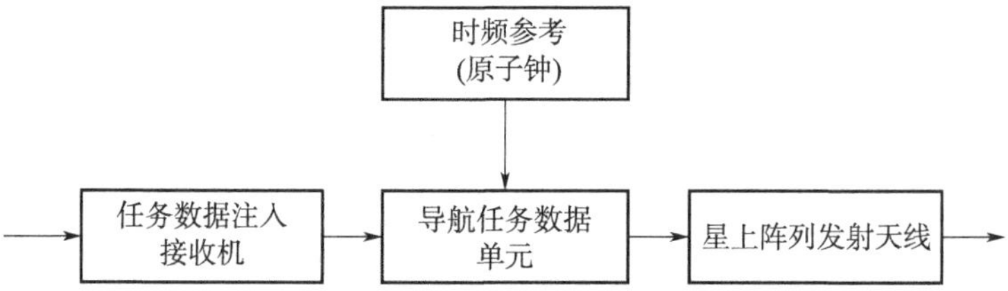

图 5-13　导航载荷组成框图

卫星定位导航授时的原理是通过测量用户与卫星之间的距离，以几何原理求得用户的三维位置和时间信息，如图 5-14 所示。

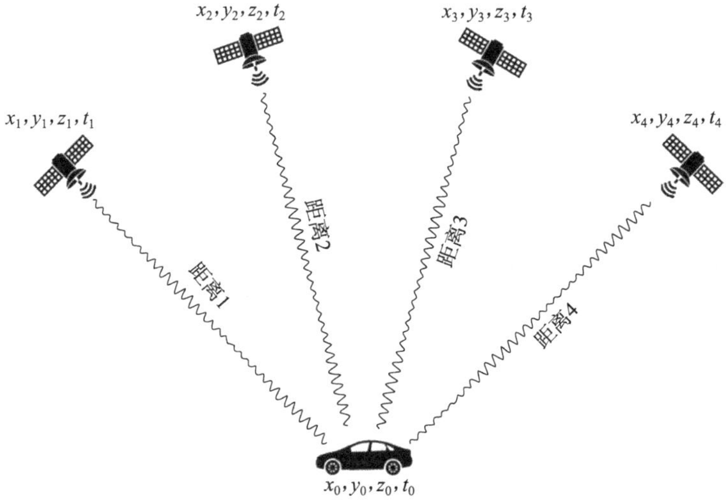

图 5-14　卫星导航定位授时原理

通过用户测得与至少 4 颗卫星的距离，联立方程，得到 4 个用户参数，即三维位置和时间。

$$
\begin{aligned}
r_1 &= \sqrt{(x_1-x_0)^2+(y_1-y_0)^2+(z_1-z_0)^2}+c(t_1-t_0)\\
r_2 &= \sqrt{(x_2-x_0)^2+(y_2-y_0)^2+(z_2-z_0)^2}+c(t_2-t_0)\\
r_3 &= \sqrt{(x_3-x_0)^2+(y_3-y_0)^2+(z_3-z_0)^2}+c(t_3-t_0)\\
r_4 &= \sqrt{(x_4-x_0)^2+(y_4-y_0)^2+(z_4-z_0)^2}+c(t_4-t_0)
\end{aligned}
\tag{5-1}
$$

通常情况下，当可视导航卫星的数量多于 4 颗时，上述方程组就成了超定方程。超定方程没有固定解，只能通过最小二乘法来求得最小化误差前提下的用户位置和时间信息。从上述方程组可以看到，影响用户参数精度的主要因素还是集中在导航卫星的位置、时间精度以及距离测量精度，这也是导航卫星系统服务性能的最直观影响因素。大体来说，导航卫星位置、时间和距离测量精度都可以归为用户测距误差（User Ranging Error，URE）。用户测距误差是一个跟位置、时间测量误差有关的参数，假如三维位置和时间的测量精度分别表示为 σ_x^2 、σ_y^2 、σ_z^2 、σ_t^2 ，那么用户测距误差与其之间的关系可以表示为

$$\begin{bmatrix} \sigma_x^2 & & & \\ & \sigma_y^2 & & \\ & & \sigma_z^2 & \\ & & & \sigma_t^2 \end{bmatrix} = \begin{bmatrix} h_{11} & & & \\ & h_{22} & & \\ & & h_{33} & \\ & & & h_{44} \end{bmatrix} \sigma_{URE}^2 = \boldsymbol{H} \cdot \sigma_{URE}^2 \tag{5-2}$$

从用户测距误差到用户定位精度，还需要一个参数，就是定位精度因子 $PDOP$（Position Dilution of Precision），用户定位精度是用户测距误差与定位精度因子之间的乘积，即

$$\sigma_P^2 = \sqrt{\sigma_x^2 + \sigma_y^2 + \sigma_z^2} = \sqrt{h_{11} + h_{22} + h_{33}}\,\sigma_{URE} = PDOP \cdot \sigma_{URE} \tag{5-3}$$

定位精度因子是一个与卫星空间几何分布有关的参数，在用户等效测距误差一定的情况下，$PDOP$ 越大定位精度越差，$PDOP$ 越小定位精度越高。

$PDOP$ 值的计算在于空间几何矩阵 $\boldsymbol{H}$ 的计算，而 $\boldsymbol{H}$ 矩阵的值只与用户和卫星之间的方位角和仰角有关，是一个只与用户和不同卫星空间分布相关的量。

$$\boldsymbol{H} = (\boldsymbol{G}^{\mathrm{T}} \cdot \boldsymbol{G})^{-1} \tag{5-4}$$

其中

$$\boldsymbol{G} = \begin{bmatrix} -\cos\theta^1 \sin\alpha^1 & -\cos\theta^1 \cos\alpha^1 & -\sin\theta^1 & 1 \\ -\cos\theta^2 \sin\alpha^2 & -\cos\theta^2 \cos\alpha^2 & -\sin\theta^2 & 1 \\ \cdots & \cdots & \cdots & \cdots \\ -\cos\theta^n \sin\alpha^n & -\cos\theta^n \cos\alpha^n & -\sin\theta^n & 1 \end{bmatrix} \tag{5-5}$$

θ^n 、α^n 分别为用户与第 n 颗卫星的仰角和方位角。

图 5-15 展示了两种不同卫星分布下 $PDOP$ 值的精度，左边卫星空间分布比右边要稀疏，$PDOP$ 值更小。通常情况下，$PDOP$ 值在 2 以下属于优越条件，而大于 4 则不太良好。可用卫星数量的增加，有助于降低 $PDOP$ 值。

以一个特殊的用户和 4 颗卫星相对分布为例，假设用户最顶端有 1 颗卫星，则其 θ 、α 分别为 90°和无效方位角，另 3 颗卫星与用户的仰角和方位角分别为：0°和 0°、0°和 120°、0°和 240°，那么

$$\boldsymbol{G} = \begin{bmatrix} -\cos 90^\circ \sin\alpha & -\cos 90^\circ \cos\alpha & -\sin 90^\circ & 1 \\ -\cos 0^\circ \sin 0^\circ & -\cos 0^\circ \cos 0^\circ & -\sin 0^\circ & 1 \\ -\cos 0^\circ \sin 120^\circ & -\cos 0^\circ \cos 120^\circ & -\sin 0^\circ & 1 \\ -\cos 0^\circ \sin 240^\circ & -\cos 0^\circ \cos 240^\circ & -\sin 0^\circ & 1 \end{bmatrix} = \begin{bmatrix} 0 & 0 & -1 & 1 \\ 0 & -1 & 0 & 1 \\ \frac{\sqrt{3}}{2} & \frac{1}{2} & 0 & 1 \\ -\frac{\sqrt{3}}{2} & \frac{1}{2} & 0 & 1 \end{bmatrix} \tag{5-6}$$

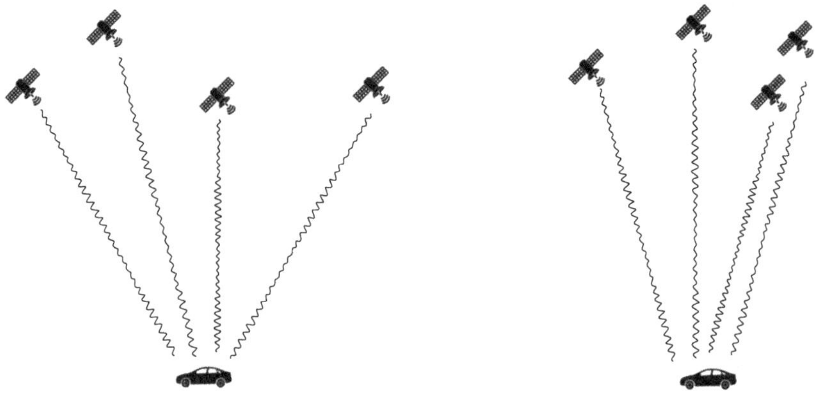

图 5－15　两种不同卫星分布下的 *PDOP* 值

由此

$$\boldsymbol{H}=\begin{bmatrix} \frac{2}{3} & 0 & 0 & 0 \\ 0 & \frac{2}{3} & 0 & 1 \\ 0 & \frac{4}{3} & \frac{1}{3} & \\ 0 & 0 & \frac{1}{3} & \frac{1}{3} \end{bmatrix} \tag{5-7}$$

$$PDOP=\sqrt{\frac{2}{3}+\frac{2}{3}+\frac{4}{3}}=1.63 \tag{5-8}$$

各个卫星导航系统卫星空间几何分布差距不会太大，因此，决定系统定位服务精度主要还是取决于用户测距精度。用户测距精度是一个与卫星导航系统相关的量，与卫星的轨道、钟差等测量精度有关，是一个真正能体现卫星导航系统优劣的标志。美国 GPS 由于在全球范围内都建设有 GPS 卫星的监测站，其卫星的轨道和钟差测量精度较高，也因此，其整个系统的定位服务精度也高。当前，GPS 卫星的用户测距精度普遍在 1 m 左右［见图 5－16（a）］，而 *PDOP* 长期平均值在 1.6 左右［见图 5－16（b）］，也就是说 GPS 的定位服务精度能够维持在 1.6 m 左右。

5.2.1　星载原子钟

距离和时间精密测量的前提是卫星能够提供高稳定度的时间和频率。因为就算是 1 ns 的时间误差也会导致 0.3 m 的距离测量误差，要实现如此精密的时间测量，只有高稳定度的原子钟可以做到。现代导航卫星普遍采用原子钟作为星上的时频基准，可以说，原子钟是导航卫星的“心脏”，直接决定了卫星导航系统的定位、导航及授时精度。

原子钟是利用原子内部的稳定跃迁特性，将微波锁定在原子跃迁的频率上，该微波承继原子频率的稳定性，以此标准来计算和保持星上时频的稳定准确。

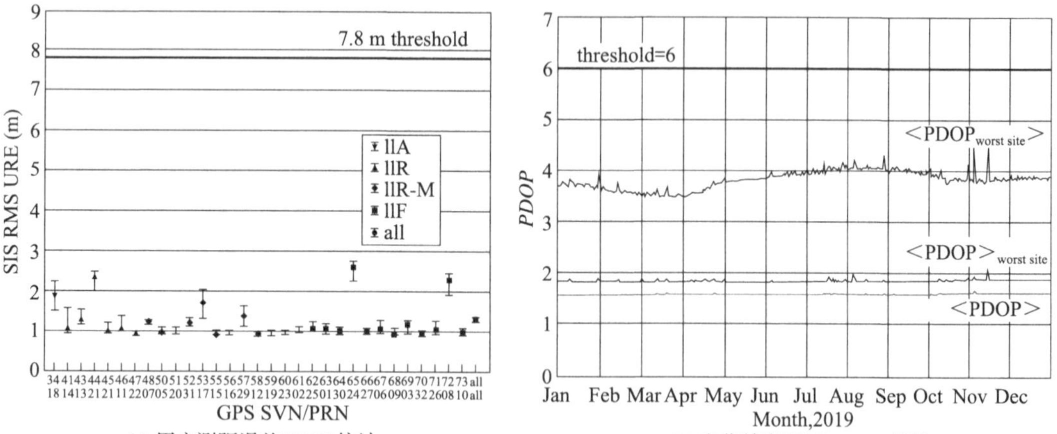

(a) 用户测距误差(URE)统计　　(b) 定位精度因子(*PDOP*)统计

图 5－16　GPS 当前 URE 和 *PDOP* 统计

当前，导航卫星上普遍采用的原子钟包括铯钟、铷钟和氢钟三大类，三种原子钟的原理基本相同。铯钟最早应用于美国 GPS 和俄罗斯 GLONASS 卫星导航系统，体积较为庞大，但长期稳定度较高。铷钟是所有原子钟中体积最紧凑的一种，质量也最轻，但是其稳定度弱于铯钟和氢钟。氢钟是目前较新的实用性原子钟，体积质量比铷钟大，但稳定度是三种类型中最高的。在现行的四大全球卫星导航系统中，美国 GPS 和俄罗斯 GLONASS 采用铯钟和铷钟的组合，而中国北斗和欧盟 GALILEO 则采用氢钟和铷钟的组合（见图 5－17）。

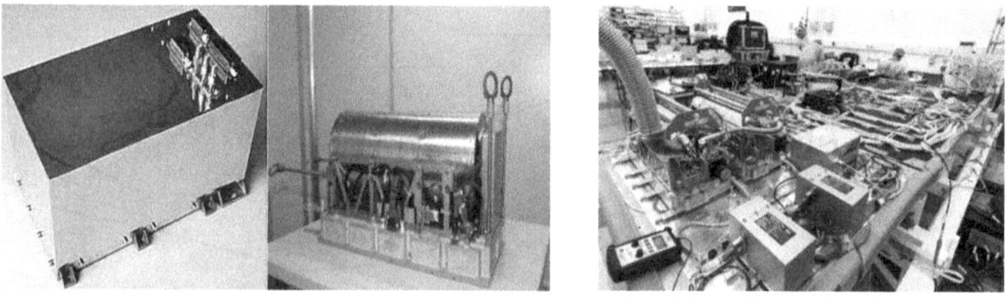

图 5－17　北斗采用的铷钟和氢钟（左）与欧盟 GALILEO 采用的铷钟和氢钟（右）

由于原子钟是导航卫星的核心部件，一旦原子钟失效，则整颗卫星的定位导航和授时功能将受严重影响。因此，一般每颗导航卫星上均会配备多台原子钟，分别执行工作钟、热备钟和冷备钟的功能。比如，我国北斗和欧盟 GALILEO 普遍采用 2 台氢钟和 2 台铷钟的配置，其中一台为工作钟，一台为热备钟，另外两台则为冷备钟。当工作钟出现异常时，热备钟可以无缝切换至工作状态，实现卫星时频的无缝过度。

原子钟的性能指标通常采用稳定度来衡量。稳定性是一个方差概念，假设我们需要的标准频率为 f_0，而原子钟实际工作的频率输出值 f ，那么频率偏差为 $\Delta f = f - f_0$，频率偏差率 $F = \dfrac{\Delta f}{f} = \dfrac{f - f_0}{f_0}$ 。频率稳定度是指在一定时段内频率能够保持不变，常用阿伦

(Allan) 方差来衡量。假设 F_1，F_2，…，F_N 是时间上相距为 τ 的 N 个频率偏差率，则阿伦方差为

$$\sigma_A^2(\tau)=\frac{1}{2(N-1)}\sum_{n=1}^{N-1}(F_{n+1}-F_n)^2 \tag{5-9}$$

通常来说，氢钟的稳定性最高，其次是铯钟，然后是铷钟，其对比如表 5-2 和图 5-18 所示。铷钟和铯钟的天稳在 10^{-13}～10^{-14} 量级，也就是说，近百万年才差 1 s，每天误差在 10 ns 以内。因此，为了对导航卫星时间进行修正，GPS 和北斗等导航卫星电文中的时间信息会每隔 1～2 h 由地面运控系统进行修正，以保证时间的准确性。而目前北斗上装备的氢钟稳定度已经达到一千万年才差 1 s，每天的误差在 1ns 以内。可以说，北斗卫星原子钟的精确度已经达到非常优越的水平。

表 5-2　典型晶振、铷钟、铯钟和氢钟频率稳定度对比

稳定度量级	晶振	铷钟	铯钟	氢钟
秒稳	10^{-11}	10^{-11}	10^{-11}	10^{-13}
十秒稳	10^{-11}	10^{-12}	10^{-12}	10^{-14}
百秒稳	10^{-11}	10^{-12}	10^{-12}	10^{-15}
千秒稳	10^{-10}	10^{-13}	10^{-13}	10^{-15}
万秒稳	10^{-10}	10^{-13}	10^{-14}	10^{-15}
天稳	10^{-10}	10^{-13}	10^{-14}	10^{-15}

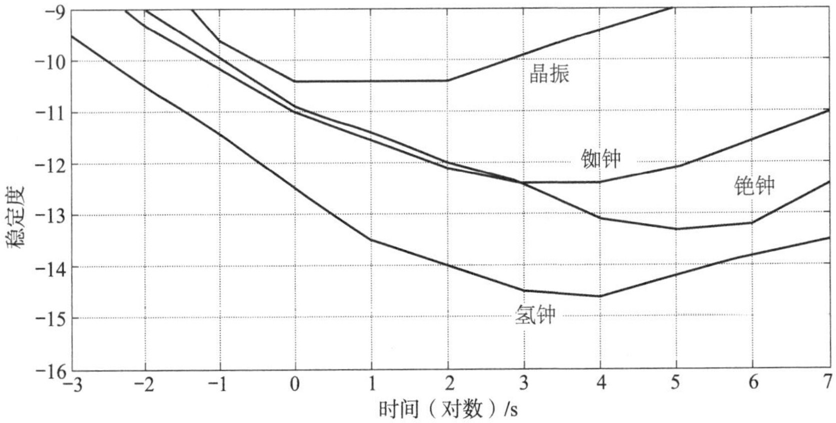

图 5-18　典型晶振、铷钟、铯钟和氢钟频率稳定度对比

另一方面，原子钟对温度也非常敏感，往往随着温度的变化，其稳定度也呈现较大的变化。因此，在导航卫星上，通常会将原子钟单独放置在一块舱板上，通过主被动温控方式，将原子钟的工作环境温度变化控制在 1 ℃以内，保证原子钟稳定度受温度变化影响最小。

由于原子钟工作环境的敏感性，在轨工作时需要对原子钟进行修正补偿，最典型的补偿是由相对论而作的补偿。根据相对论，由于运动速度不同而引起的时间频率修正称为狭

义相对论修正，而由于重力场不同而引起的时间频率修正称为广义相对论修正。狭义相对论引起导航卫星上钟比地面钟每天慢 7 μs，而广义相对论引起星上钟比地面钟每天快 45 μs。通常，对相对论效应引起的钟偏差校正是通过调整星上基准频率来实现的。导航卫星提供的基准频率 f_0 为 10.23 MHz，为了补偿相对论效应，会将卫星中实际工作频率调整为 10.229 999 995 43 MHz。

除了目前导航卫星上主用的铯钟、铷钟和氢钟外，当前原子钟的研究热点主要集中在原子钟小型化，以及更高稳定度的冷原子钟和光钟等。中科院上海光机所研制的冷原子钟（铷钟，见图 5－19）成功在天宫二号空间站上进行空间试验，其稳定度可以达到数亿年才差 1 s，也就是每天的误差小于 0.1 ns。如此高的精度，导航卫星电文中时间信息可以在较长时间不更新的情况下仍保持较高精度。也就是说，导航卫星在没有地面支持的情况下，可以长期保持稳定运行。

图 5－19　中科院上海光机所研制的冷原子钟

5.2.2　任务数据注入接收机

任务数据注入接收机主要是处理来自地面控制站或者其他卫星的注入信息。注入的信息类型包括指令和相关数据，比如用于调整星地时间同步的时间调整指令、定期需要更新的卫星星历和时间改正参数等。

由于卫星导航系统是全球服务的星座系统，为了对全星座卫星实行有效运维，地面控制站需要在全球各地都有部署，以保证对所有卫星都能保持全天候可见。比如，GPS 卫星导航系统就利用美国的军事投射力，在全球建设地面控制站。我国北斗卫星导航系统的地面控制站均在国土范围内，原因一方面是国外建站存在限制，另一方面是国外建站存在任务数据注入接收机受到有意干扰的风险。我国北斗卫星导航系统任务数据注入的方式有两种（图 5－20），一是采用境内直接注入方式：地面控制站→境内卫星，二是采用境内注入、卫星转发方式：地面控制站→境内卫星→境外卫星，通过星间链路，实现全星座的数据注入。

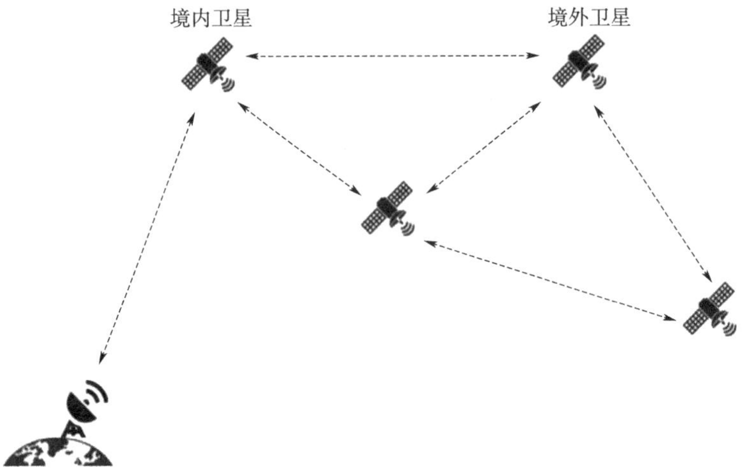

图 5-20　任务数据注入的两种不同方式

5.2.3　导航任务数据单元

时频参考用于维持整颗卫星的时间和频率，原子钟就是时频系统的一部分。阵列天线系统将与用户相关的卫星导航信号发射出去。而导航任务数据单元则是执行导航卫星功能的关键，包括通过任务数据注入接收机处理来自地面控制站或者其他卫星的注入信息，并通过导航任务数据单元执行地面注入的指令、数据，实现导航信息信号的编码、调制等操作。如图 5-21 所示为导航任务数据单元的实物图。

图 5-21　导航任务数据单元

概括来说，导航任务数据单元的功能主要包括三部分，如图 5-22 所示。

1）执行地面控制站注入的指令和数据：导航卫星在轨服务期间需要地面控制站持续干预，尚不能做到寿命期间的完全自主运行。一方面，导航卫星的轨道和时间参数需要定期更新，以保证卫星时空信息的准确性。地面监测站点通过长期不间断地监测导航卫星信号，经过处理后得到相应卫星的轨道和时间预报参数，通过地面控制站注入至卫星。卫星

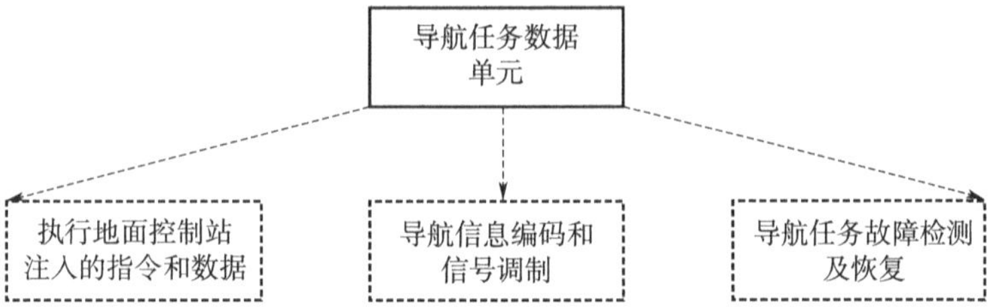

图 5－22　导航任务数据单元功能组成

在收到这些参数后，会将其分发给导航信息编排单元。另一方面，原子钟并不是完全和地面同步的，地面控制站需要定期给卫星发送时间调整指令。也就是说，当星地时间相差较大时，导航任务数据单元会按地面控制站注入的时间调整指令调整时间，保持与地面时间的精确同步。

2）导航信息编码和信号调制（见图 5－23）：每个卫星导航系统均有各自的空间接口控制文件，用户根据该文件可以设计接收机，实现导航信号的解调解码等操作，最终实现定位导航和授时功能。与此相对应，卫星上的导航任务数据单元则会执行导航信息编码和信号调制功能。不同卫星导航系统的电文格式略有不同，但包括的内容基本一致，有表征星地时间差的时间改正参数，用于修正原子钟和地面参考钟之前的偏差；有表征卫星运行轨道的星历参数，通常用开普勒轨道根数表示；有表征整个卫星星座中卫星运行态势的卫星历书参数，用于辅助用户快速搜星捕获。在完成信息层的编码后，导航任务数据单元会对信息流进行扩频码和载波调制，形成易于用户接收的射频信号。

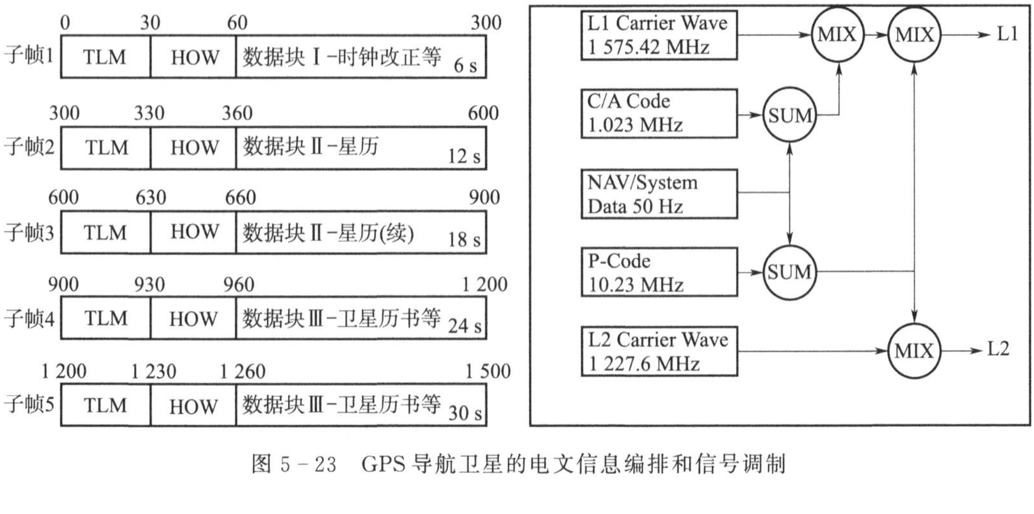

图 5－23　GPS 导航卫星的电文信息编排和信号调制

3）导航任务故障检测及恢复：卫星导航服务需要具备可靠性，即卫星必须在服务的可用性、连续性、完好性上做重点设计。可靠性是衡量系统提供稳定、连续服务的重要指标，不仅与地面控制站的管理能力相关，也与卫星的自主故障检测及恢复能力相关。因此，导航任务数据单元具备常规故障的检测和恢复功能，在卫星出现诸如工作原子钟异常、单粒子翻转事件等非计划中断时，能够自主恢复正常，减小或者消除异常影响，保证服务的可靠性。卫星导航系统都会对卫星提出非计划中断指标，比如我国北斗就要求2020年后非计划中断小于0.4次/（年·星），而非计划中断的指标主要是由导航任务数据单元来实现。

5.2.4 星上阵列发射天线

在导航信号产生之后，其将通过阵列发射天线辐射至地球（见图5-24）。导航卫星大都离地面高度在20 000 km上，其信号对地的覆盖张角在27°左右。由于信号传播路径而导致自由空间衰减不一，为了保证地面上任意地点收到导航信号功率的均衡性，需要对天线方向图进行赋形。

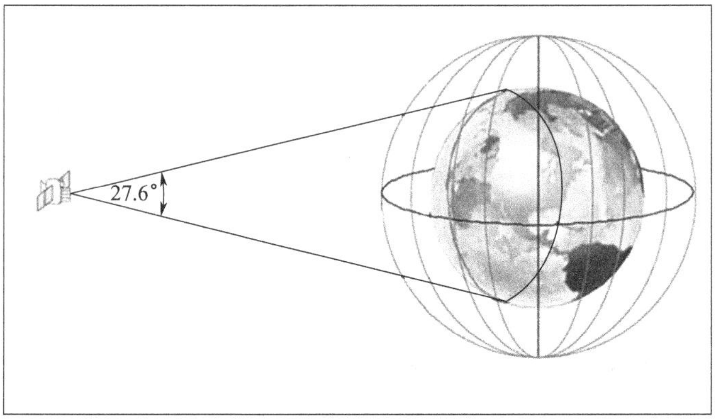

图5-24 导航信号覆盖区域

目前，中国北斗、美国GPS、俄罗斯GLONASS导航卫星均采用螺旋状阵列发射天线，而欧盟GALILEO采用微波贴片阵列发射天线（见图5-25）。虽然形式不一，但是实现的功能是一样的，即天线方向图为对地赋形的马鞍形状。

图5-25 阵列发射天线

通过天线方向图（见图5-26）对地赋形，能够保证地球上任意地点收到的导航信号功率的均衡性，保证服务的连贯一致性。

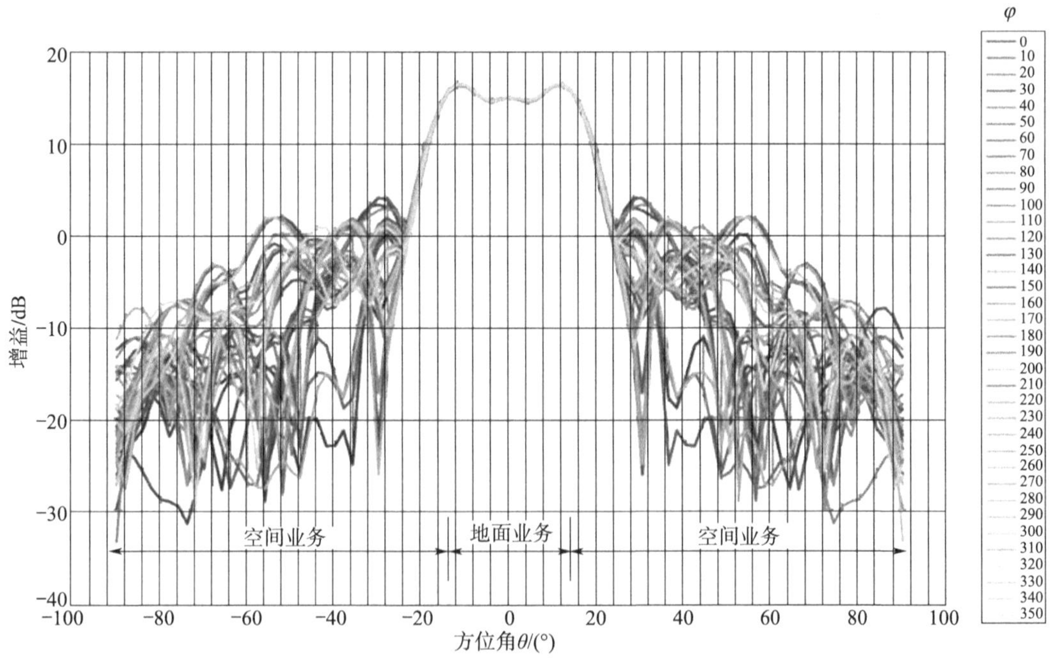

图 5-26　阵列发射天线方向图

5.3　遥感载荷

遥感（Remote Sensing）即遥远的感知，是指非接触的远距离探测技术。广义上讲，遥感是指在非接触情况下对所研究的目标或现象的一些特性信息进行测量或采集，因此，广义上讲，人们利用视觉系统获取信息就属于遥感。严格意义上讲，遥感是指利用位于地面载体（如车辆、舰船）、航空器（如飞机、气球、飞艇）或航天器（如卫星、飞船、航天飞机）上的探测仪器，在非直接接触情况下获取地球表面（如陆地和海洋）、大气以及宇宙中其他天体的信息的一门科学和技术。用于遥感的探测仪器常称为遥感器或遥感传感器，用于承载遥感器的工具或载体称为遥感平台。遥感类的航天器有效载荷就是指在航天器平台上搭载的各种遥感载荷。

5.3.1　遥感载荷的分类

遥感载荷是获取遥感数据的关键设备，它收集、探测、记录目标的电磁辐射信息。由于设计和获取数据的特点与应用目的不同，遥感器的种类很多，分类方式也多种多样，常见的分类方式有以下几种：

1）按电磁辐射来源的不同，可分为主动遥感和被动遥感。其中，主动遥感由探测器主动向目标发射一定电磁波能量并接收目标反射回来的电磁波信息，如合成孔径雷达（SAR）和干涉成像雷达（ISAR 或称 INSAR）等。被动遥感的传感器不向目标发射电磁波，仅被动收集目标反射的太阳电磁辐射和（或）目标自身辐射的电磁波信息，如各种摄影机、多光谱扫描仪、微波辐射计等。

2）按遥感器是否成像可将其分为成像遥感器和非成像遥感器。成像遥感器接收的目标电磁辐射信号可转换成（数字或模拟）图像，如画幅式摄影机、多光谱扫描仪、成像光谱仪、成像雷达等；非成像遥感器获取的遥感数据是目标的特征数据而非目标的影像，如微波散射计、微波高度计、重力测量仪等。

成像遥感器按成像原理的不同，可分摄影型遥感器（胶片型空间相机）、扫描型遥感器（光电传输型空间相机）和成像雷达等三种类型。

摄影型遥感器的记录介质是摄影胶片，携带摄影型遥感器的航天器通常都是回收型航天器。

扫描型遥感器采用专门的光敏或热敏探测器把收集到的来自目标的电磁波能量变成电信号，通过无线电实时地向地面发送，或暂时存储起来，在适当的时候向地面发送。携带此类遥感器的航天器不需要回收，因而轨道较高，寿命较长，适合于长期对地观测。扫描型遥感器又可细分为物面扫描型和像面扫描型。物面扫描型遥感器直接对地面扫描成像；像面扫描型遥感器首先在像面上进行光学成像，然后对像面进行扫描成像。

成像雷达与前两类遥感器完全不同，它是通过天线向移动方向的侧方发射电磁波，然后接收从目标返回的后向散射波，并按返回的时间顺序进行成像的主动式遥感器。雷达按其天线形式又可分为真实孔径雷达和合成孔径雷达。

3）按遥感器对电磁波不同波段的敏感程度和响应能力，或者说，按遥感器探测的电磁波波段划分遥感器可分为光学遥感器和微波遥感器。探测波谱范围从可见光到红外区的遥感器称为光学遥感器，而探测微波范围的遥感器称为微波遥感器。光学遥感器又可分为全色波段遥感器、多光谱遥感器和红外遥感器，微波遥感器有雷达、微波辐射计、微波散射计和微波高度计等。对遥感器更详细的分类如图 5－27 所示。

- 遥感载荷
  - 被动式
    - 非扫描方式
      - 非扫描方式
        - 微波辐射计
        - 地磁测量仪
        - 重力测量仪
        - 其他
      - 成像方式
        - 框幅式摄影机
        - 缝隙式摄影机
        - 全景式摄影机
        - 多光谱摄影机
    - 扫描（成像）方式
      - 像面扫描方式
        - 电视摄像机
        - 固体扫描仪
      - 物面扫描方式
        - 光机扫描仪
        - 微波辐射仪
  - 主动式
    - 非扫描方式（非成像）
      - 微波散射计
      - 微波高度计
      - 激光高度计
      - 激光水深计
    - 扫描方式（成像）
      - 像面扫描方式-相控阵雷达
      - 物面扫描方式
        - 微波散射计
        - 真实孔径雷达
        - 合成孔径雷达

图 5－27　遥感载荷分类

5.3.2　光学成像载荷

5.3.2.1　概述

在航天遥感中，光学成像遥感载荷也称空间相机或星载相机。它是装在可提供电源、姿态稳定、环境控制等以及轨道保障工作条件的空间平台上，与地面站等配合，以光学波段对地球或空间目标进行拍照，并回传信息的具有光、机、电、热、控制和信息处理等技术综合性的光机仪器。

空间相机的基本技术指标直接影响用户获取数据的品质，主要包括空间分辨率、调制传递函数、光谱分辨率、辐射分辨率、时间分辨率等。前四项是评价图像质量的四要素，具有高辐射分辨率和高空间分辨率的空间相机才能获得高清晰度空间特征的图像；时间分辨率直接影响到遥感数据应用效率。

(1) 空间分辨率

空间分辨率是指遥感器能区分的两相邻目标之间的最小角度间隔或线性间隔。不同空间相机空间分辨率的定义和表示方法不同。

摄影相机的空间分辨率称为地面摄影分辨率，简称地面分辨率，也用摄影分辨率表示。摄影分辨率是指摄影胶片能分辨被摄影物体的能力，它又分径向分辨率和切向分辨率。摄影相机能使两个相邻的线分开的能力，用焦面上 1 mm 内能分开的线对数表示，记作对线/mm，中国用每对线对应的地面尺寸称为地面摄影分辨率。具体数值与目标的反射差和形状有关，例如，摄影分辨率为 10 m，是指它能分开宽度和间距各为 5 m 的两个方形靶标。

对扫描成像的光机扫描仪、CCD 相机及成像光谱仪等传输型空间相机，空间分辨率是指瞬时视场对应的最小像元，或与探测器单元对应的最小地面尺寸，也称像元分辨率。

根据有关研究，地面分辨率与像元分辨率有如下的关系

$$R_g = KG_P \tag{5-10}$$

式中 R_g ——地面摄影分辨率；

G_P ——地面像元分辨率；

K ——和目标与背景对比度有关的换算系数。

通常标准目标与背景对比度为 2.5∶1.0，此时取地面分辨率是像元分辨率 2 倍，即 $K=2$。

(2) 调制传递函数

空间相机一般都是作为线性系统对待的。描述线性系统特性的重要参数是系统的传递函数，即系统响应的傅里叶变换。它是一个复函数，其模部分就是调制传递函数 (MTF)，其相位部分称为相位传递函数 (PTF)。按此定义，调制传递函数可以表示为：以不同频率的正弦信号作为系统输入，系统输出信号的调制度与输入信号调制度之比随频率变化的函数。对于空间相机而言，调制传递函数就是图像调制度与目标调制度之比的函数，它实际上表示了空间相机在不同频率下，对目标对比度的传输能力，主要影响遥感图

像的清晰度。调制传递函数是空间频率的函数，空间频率通常用单位长度的线对数或单位角度的线对数表示。

通常，用户要求的调制传递函数是经过整个遥感系统的综合调制传递函数。它包括大气传输特性、卫星平台稳定性、卫星运动、空间相机、数据传输和地面图像处理等各个环节。因此，在确定空间相机调制传递函数性能指标时，需要深入研究系统工作模式和遥感系统各要素传递函数的关系。空间相机的调制传递函数是空间相机光学、探测器、电子线路综合传输特性的体现。

（3）光谱分辨率

空间相机的光谱特性包括光谱范围、谱段的宽度和数目以及光谱分辨率。光谱范围是指空间相机获取图像来自的光谱段。谱段的宽度和数目反映了谱段设置要求。光谱分辨率是指在光谱曲线上能够区分开的两个相邻波长的最小径向间隔，一般用波长的单位（如nm）表示。光谱分辨率越高，可分解的光谱数越多，获得的光谱曲线越精细，则能更真实地反映地物目标的光谱特征，从而能更精确地识别地物和进行分类。正在发展中的超光谱成像技术，在连续的光谱范围，可以很小的光谱间隔（＜1 nm）获取地物目标的图像。

（4）辐射分辨率

地面特征在空间、光谱和时间上的变化都是通过其辐射量的分布和变化反映出来的，因此辐射分辨率是空间相机获取地面特征信息的重要保障。辐射分辨率越高，在给定同等空间分辨率的条件下，识别目标的概率越大。辐射分辨率是指空间相机在接收目标反射或辐射信号时能分辨的最小辐射度差，可以用噪声等效辐射度（NER）表示，也可用噪声等效反射率差（NERD）表示，或者用噪声等效温差（NETD）表示。它们分别定义为产生等效于相机系统对比噪声所需的辐射度变化量，产生等效于相机系统噪声所需的目标反射率变化量，以及产生等效于热成像相机系统噪声所需的目标温度变化量。

为了保证达到规定的辐射分辨率要求，空间相机输出的模拟信号变换为数字信号（即A/D变换）时，必须合理选择量化分层数。空间分辨率、光谱分辨率和辐射分辨率的共同提高是精细识别地物的重要途径，但它们之间彼此关联又相互制约。在给定的空间相机系统中，单纯提高任何一种分辨率都是以降低其他分辨率为代价的。

（5）时间分辨率

时间分辨率是指空间相机为测量目标随时间的变化而对同一目标重复观测的最小时间间隔。时间分辨率用同一地物随时间的变化所作的重复成像的周期表示。它的单位是时间单位，如天、小时等。物质在不同季节和时间段受地球体及外层作用的程度有差别，其自身也在随时间变化着，并因这种变化导致物质的反射、辐射特性的变化。例如，一棵小麦随季节、日期、一天内不同时间太阳高度的变化引起的光谱反射、辐射特性也随之变化；小麦的生长速度、外形、成熟程度也分别对应着不同的光谱反射、辐射特性。时间分辨率是空间相机系统应用的重要指标，与空间相机的观测视场、侧视功能有直接关系。它与信息提取有关，是空间相机的设计依据，但不是图像品质要求。表5-3列举了几种遥感应用对监测周期的要求。

表 5-3　几种遥感应用对监测周期的要求

应用项目	监测周期	
	普查要求	详查要求
植物生长期及农作物收获量监测	4 星期	1 星期
植物病虫害及生物地球化学影响监测	以季计算	<1 星期
自然灾害危险和损失监测与评价	4 星期	以分钟计算

5.3.2.2　光机扫描仪

光机扫描仪是光学机械扫描方式多光谱仪的简称，是星载遥感系统中最早使用的传输型遥感器之一，又称多光谱扫描仪。它可以对物面扫描成像也可以对像面扫描成像。通常情况下，这类扫描仪通过卫星平台的运动和遥感器光学机械装置的横向（垂直于遥感平台飞行方向）扫描进行二维成像。典型代表是美国 NOAA 气象卫星上使用的高级甚高分辨率扫描辐射计（AVHRR）、陆地卫星（Landsat）上使用的多光谱扫描仪（Multispectral Scanner，MSS）和主题绘图仪（Thematic，TM）。光机扫描仪广泛应用于气象、海洋、陆地和环境观测等各类遥感卫星中。表 5-4 给出了几种有代表性的光机扫描仪。下面以陆地卫星上的 MSS 多光谱扫描仪为例进行介绍。

表 5-4　几种有代表性的光机扫描仪简况

名称	国别	年代	特征	应用
AVHRR(高级甚高分辨率扫描辐射计)	美国	1978 年至今	45°镜转动扫描;各波段均用单元探测器;分色片分光	NOAA 极轨气象卫星
GLI(全球成像仪)	日本	2002	摆动镜扫描;各波段多元并扫	海洋观察(ADEOS-2)
MSS(多光谱扫描仪)	美国	1972 年至 20 世纪 80 年代	单向摆动扫描;各波段多元并扫;光纤分光	陆地卫星 1～5 号
TM(主题绘图仪)	美国	1982 年至今	双向摆动扫描;各波段多元并扫;分色片加焦面分离视场滤光片	陆地卫星 4～5 号
ETM+(增强型主题绘图仪)	美国	1999 年至今		陆地卫星 7 号
MODIS(中分辨率成像光谱仪)	美国	1999 年 11 月	双面镜转动扫描;各波段多元并扫;分色片加焦面分离视场滤光片分光	EOS-AM 平台 EOS-PM 平台

(1) 结构介绍

多光谱扫描仪的结构如图 5-28 所示。它由扫描反射镜、校正镜、聚光系统、旋转快门、成像板、光学纤维、滤光片和探测器等组成。

①扫描反射镜

扫描反射镜是一个表面镀银的椭圆形的铍反射镜，长轴为 33 cm，短轴为 23 cm。当一起垂直观察地面时，来自地面的光线进入聚光镜的光线成 90°。扫描镜摆动的幅度为±2.89°，摆动频率为 13.62 Hz，周期为 73.42 ms，它的总观测视场角为 11.56°。扫描镜的作用是获取垂直飞行方向两边共 185 km 范围内来自景物的辐射能量，配合飞行器的往前

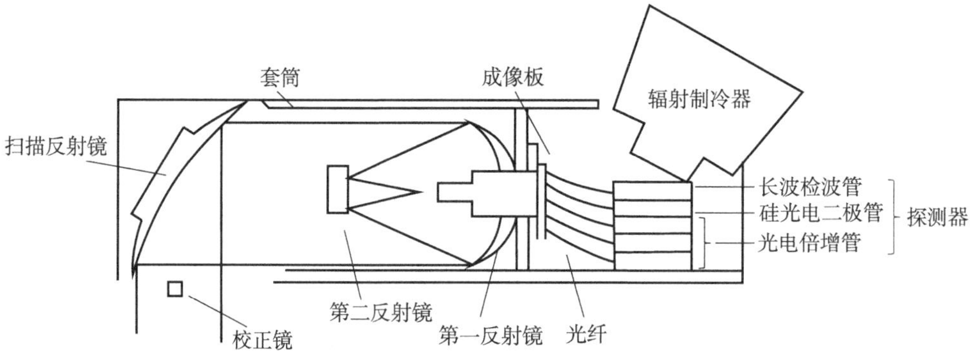

图 5-28 多光谱扫描仪结构

运行获得地表的二维图像。

②反射镜组

反射镜组由第一反射镜和第二反射镜组成，焦距为 82.3 cm，第一反射镜的孔径为 22.9 cm，第二反射镜的孔径为 8.9 cm，相对孔径为 3.6。反射镜组的作用是将扫描镜反射进入的地面景物聚集在成像面上。

③成像板

成像板上排列有 24+2 个玻璃纤维单元，如图 5-29 所示。按波段排列成四列，每列有六个纤维单元，每个纤维单元为扫描仪的瞬时视场的构像范围，由于瞬时视场为 86 μrad，而卫星高度为 915 km，因此它观察到地面上的面积为 79 m×79 m。四列的波段编号和光谱范围见表 5-5。陆地卫星 2 号和陆地卫星 3 号上增加一个热红外通道，编号 MSS-8，波长范围为 10.4～12.6μm，分辨率为 240 m×240 m，仅由两个纤维单元构成。纤维单元后面有光纤将成像面上接收的能量传递到探测器上去。

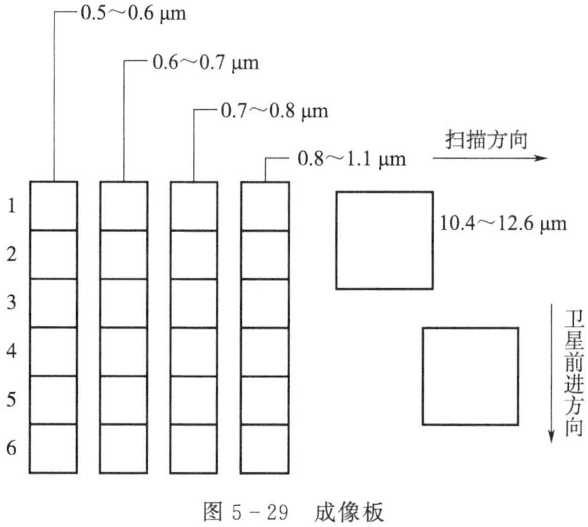

图 5-29 成像板

表5-5 MSS波段编号和范围

陆地卫星1～3号	陆地卫星4/5号	波长范围/μm
MSS-4	MSS-1	0.5～0.6
MSS-5	MSS-2	0.6～0.7
MSS-6	MSS-3	0.7～0.8
MSS-7	MSS-4	0.8～1.1

④探测器

探测器的作用是将辐射能转变成电信号输出。它的数量与成像板上的光纤单元的个数相同，所使用的类型与响应波长有关，MSS-4～6采用18个光电倍增管，MSS-7使用6个硅光电二极管，陆地卫星2、3号上的MSS-8采用2个碲镉汞热敏感探测器。其制冷方式采用辐射制冷器制冷。经探测器检波后输出的模拟信号进入模数变换器进行数字化，再由发射机内调制器调制后向地面发送或记录在宽带磁带记录仪上。

（2）成像过程

扫描仪扫描瞬间每个像元的地面分辨率为79 m×79 m，每个波段由6个相同大小的探测单元与飞行方向平行排列，这样在瞬间看到的地面大小为474 m×79 m。又由于扫描总视场为11.56°，地面宽度为185 km，因此扫描一次每个波段获取6条扫描线图像，其地面范围为474 m×185 km。又因扫描周期为73.42 ms，卫星速度（地速）为6.5 km/s，在扫描一次的时间里卫星往前正好移动474 m，因此扫描线恰好衔接。实际上在扫描的同时地球自西往东自转，下一次扫描所观测到的地面景象相对上一次扫描应往西移位。

成像板上的光纤单元接收的辐射能，经光纤传递至探测器，探测器对信号检波后有24路输出，采用脉码多路调制方式，每9.958 μs对每个信道做次抽样，由于扫描镜周期为73.42 ms，而自西往东对地面的有效扫描时间为33 ms（即在33 ms内扫描地面的宽度为185 km），按以上宽度计算，每9.958μs内扫描镜视轴仅在地面上移动了56 m，因此采样后的MSS像元空间分辨率为56 m×79 m。采样后对每个像元（每个信道的一次采样）采用6 bit进行编码（像元亮度值在0～63之间），24路输出共需144 bit，都在9.958 μs内生成，反算成每个字节（6 bit）所需的时间为0.398 3μs（其中包括一个同步信号约占0.398 3 μs），每个比特为0.066 41 s，因此，比特速率约为15 Mbit/s（15 MHz）。采样后的数据用脉码调制方式以2 225 MHz或2 265.5 MHz的频率馈入天线向地面发送。

（3）地面接收及产品

遥感数据的地面接收站主要接收卫星发下来的遥感图像信息及卫星姿态、星历参数等，将这些信息记录在高密度数字磁带上，然后送往数据中心处理成可提供用户使用的胶片和数字磁带等。发射卫星的国家除了在本土建立接收站以外，还可根据本土和其他有关国家的需要，在其他国家建立接收站。那些地面接收站的主要任务仅仅接收遥感图像信息，本土的地面接收站除了这项任务外，还负责发送控制中心的指令，以指挥星体的运行和星上设备的工作，同时接收卫星发回的有关星上设备工作状态的遥感数据和地面遥测数据收集站发射给卫星的数据。每个接收站都有一个跟踪卫星的大型天线，一般陆地卫星接收站的天线张角为±85°，接收站除了接收本国卫星发回的信息，还可以经其他国家允许，每年交纳一定费用，接收其他国家卫星发送的图像信息。

MSS 产品有以下几种类别：

1）粗加工产品，它是经过辐射校准（系统噪声改正）、几何校正（系统误差改正）、分幅注记（28.6 s 扫描 390 次分一幅）的产品。

2）精加工产品，它在粗加工的基础上，用地面控制点进行了纠正（去除了系统误差和偶然误差）。

3）特殊产品处理。

5.3.3 成像雷达

在电磁波谱中，波长为 1～1 000 mm、相应频率为 300～0.3 GHz 的部分称为微波，微波可进一步分为毫米波（波长 1～10 mm）、厘米波（波长 10～100 mm）和分米波（波长 100～1 000 mm）。微波遥感载荷是通过微波对远距离目标进行非接触性探测、成像的遥感器。微波遥感有主动式和被动式两大类，主动式微波遥感器自身发射微波，而被动式微波遥感器自身不发射微波。

与可见光和红外光学遥感相比，微波遥感器主要有以下优点：

1）不受大气影响，具有全天候工作能力。微波在大气中虽然也有衰减，但比可见光与红外线的衰减要小得多，它能穿透云雾和雨雪，可进行全天候观测。

2）不依赖太阳辐射，具有全天时工作能力。主动式微波遥感器自身发射微波，不依赖太阳辐射，不论白天和黑夜（全天时）都可进行观测。

3）微波的穿透能力强，因而，微波遥感器能探测可见光和红外遥感器探测不到的信息。微波对不太密集的植被、人工伪装、地表干燥土壤有一定的穿透能力，且波长越长穿透能力越强，这对探测地下目标、土壤湿度、雪被深度、地质构造等具有重要的意义。

根据不同波长微波的物理特性，可将微波细分成若干个不同的波段，成像雷达常用波段的划分及其主要探测对象见表 5-6。

表 5-6 成像雷达的常用波段及其探测对象

波段	波长范围	探测对象
W	0.3～0.5 cm	云
Ka	0.8～1.1 cm	雪
K	1.1～1.7 cm	植被
Ku	1.7～2.7 cm	风、冰、大地水准面
X	2.7～4.8 cm	降雨、地形
C	4.8～7.7 cm	土壤水分、地形
S	7.7～19.0 cm	地质、地形
L	19.0～77.0 cm	波浪

常用的微波遥感器主要有四种类型：微波高度计、微波散射计、成像雷达和微波辐射

计，其中前三种为主动式，后一种为被动式，成像雷达和微波辐射计可用于成像，其他的则不能用于成像。

5.3.3.1　雷达组成与工作原理

雷达是微波遥感器的核心。

由于电磁波具有幅度信息、相位信息、频率信息、时域信息等多种信息，雷达就是利用从目标反射或散射回来的电磁波中提取相关信息，从而实现测距、测向、测速及目标识别与重建等。因此，雷达必须具有产生和发射电磁波的装置（即发射机和天线），以及接收物体反射波（简称回波）并对其进行检测、显示的装置（即天线、接收机和显示设备）。由于发射与接收电磁波都需要天线，因此，根据天线收发互易原理，一般收发共用一部天线，这样就需要使用收发开关实现收发天线的共用。另外，天线系统一般需要旋转扫描，故还需天线控制系统。雷达系统的基本组成框图如图 5 - 30 所示。

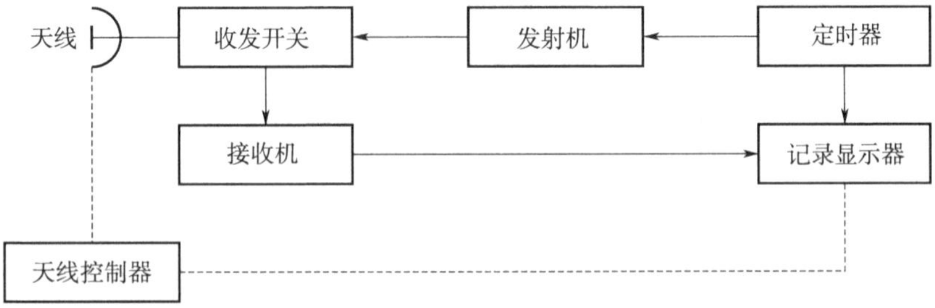

图 5 - 30　雷达系统基本组成框图

传统雷达主要用于探测目标的距离、方位、速度等尺度信息，随着计算机技术、信号处理技术、电子技术、通信技术等相关技术的发展，现代雷达系统还能识别目标的类型、姿态，实时显示航迹甚至实现实时图像显示。所以，现代雷达系统一般由天馈子系统、射频收发子系统、信号处理子系统、控制子系统、显示子系统及中央处理子系统等组成，其原理框图如图 5 - 31 所示。

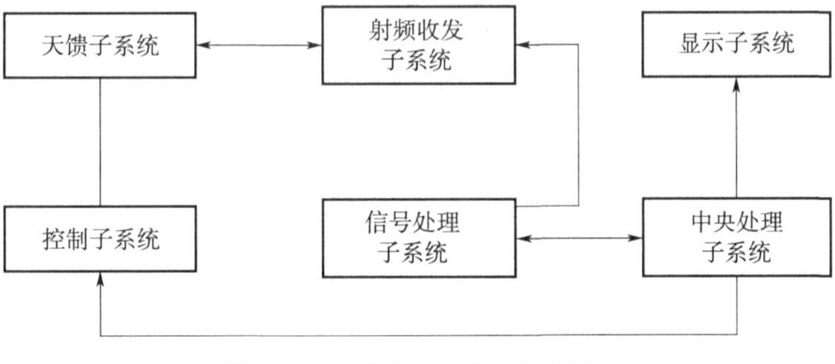

图 5 - 31　现代雷达系统原理框图

（1）测距

电磁波在自由空间是以光速 c 这一有限速度传播的。设雷达与目标之间的距离为 s ，则由发射机天线发射的雷达脉冲经目标反射后回到雷达，共走了 $2s$ 的距离。若能测得发射脉冲与回波脉冲之间的时间间隔 Δt ，则目标距雷达的距离可由下式求得

$$s=\frac{\Delta t}{2}c \tag{5-11}$$

传统的雷达采用同步扫描显示方式，使回波脉冲和发射脉冲同时显示在屏上，并根据时间比例刻度读出时差或距离，现代雷达则通过数字信号处理器将所测距离直接显示或记录下来。

（2）测角

由天线理论可知，在工作频率一定时，波束越窄，要求天线的口径越大，反之，天线口径一定，则要求的频率越高，因此雷达一般在微波波段工作。为了实现窄波束全方位搜索，传统的雷达系统必须使天线波束按一定规律在要搜索的空间进行扫描以捕获目标。

当发现目标时，停止扫描，微微转动天线，使接收信号最强时，天线所指的方向就是目标所在方向。从原理上讲，利用天线波束尖端的最强方向指向目标从而测定目标的方位是准确的，但由天线方向图可知，波束最强的方向附近，对方向性是很不敏感的，这给测向带来了较大的误差，因此这种方法适合搜索雷达而不适合跟踪雷达。

（3）测速

由振荡源发射的电磁波以不变的光速 c 传播时，如果接收者相对振荡源是不动的，那么它在单位时间内所收到的振荡数目与振荡源产生的相同；如果振荡源与接收者之间有相对接近运动，则接收者在单位时间内接受的振荡数目比它不动时要多一点，也就是接收到的频率升高，当两者向相反方向运动时接收到的频率会下降。这就是多普勒效应。可以证明，当飞行目标向雷达靠近运动时，接收到的频率 f 与雷达振荡源发出的频率 f_0 的频差为

$$f_d=f-f_0=f_0\frac{2v_1}{c} \tag{5-12}$$

式中　f_d ——多普勒频移；

　　v_1 ——飞行目标相对雷达的运动速度。

可见，只要测得飞行目标的多普勒频移，就可利用上式求得飞行目标的速度。这就是雷达测速原理。

（4）目标识别原理

目标识别就是利用雷达接收到的飞行目标的反射或散射信号，从中提取特征信息并进行分析处理，从而分辨出飞行目标的类别和姿态。如前所述，从目标反射或散射回来的电磁波包含了幅度、相位、极化等有用信息，其中回波中有限频率的幅度响应数据与目标的特征极点有一一对应关系，因此基于频域极点特征提取的目标识别方法是根据回波中有限频率的幅度响应数据提取目标极点，然后将提取的目标极点与各类目标的标准模库进行匹配识别，从而实现目标的识别。

目标识别的关键是目标特征信息的提取，这涉及对目标的编码、特征选择与提取、自

动匹配算法的研制等过程。所以，目标识别涉及电磁散射理论、模式识别理论、数字信号处理及合成孔径等多学科知识。

5.3.3.2　真实孔径雷达

成像雷达，也称雷达成像仪，是主动式微波遥感器，可提供“照明”，类似夜晚闪光摄影。所以，作为军事侦察它容易被发现或遭受干扰。成像雷达大多是使用厘米波段，受不良天气的影响较小，除非出现雷暴时产生的大粒子才会造成强反射，所以，它是全天时（夜晚也可工作）、全天候（一般不受云、雨和雪的影响）的遥感器。成像雷达可分为真实孔径雷达和合成孔径雷达（Synthetic Aperture Radar，SAR）。

真实孔径雷达通常采用非相干体制，具有对频率的稳定度和平台运动补偿的要求不高、技术简单、成本低等特点。但是，真实孔径雷达通常需要通过增大天线长度和缩短波长来改善方位向分辨率，且有方位向分辨率随距离增加而迅速降低等缺点，因此，真实孔径雷达主要用于对影响分辨率要求不高、短距离实时监测等情况。

真实孔径雷达影像在距离和方位上分辨目标的能力是不一样的，因此其分辨率分为距离向分辨率和方位向分辨率。其中，距离向分辨率是影像在垂直于飞行方向的水平方向上的分辨率，而方位向分辨率则是影像在飞行方向上的分辨率。两种分辨率的综合结果决定了地面分辨率。

（1）射向分辨率

射向分辨率，又称斜距分辨率，是射向（斜距）方向的距离分辨率，即在射向方向上能够分辨两个物体的最小距离。如图 5－32 所示，雷达发射能量脉冲到达目标 1 的距离为 R_1，雷达接收其反射信号的时间为 Δt_1，则有

$$R_1 = \frac{\Delta t_1}{2} c \tag{5-13}$$

同样，对目标 2 有

$$R_2 = \frac{\Delta t_2}{2} c \tag{5-14}$$

上面两式相减得

$$R_2 - R_1 = \frac{\Delta t_2 - \Delta t_1}{2} c \tag{5-15}$$

式中，$\Delta t_2 - \Delta t_1$ 为两个目标回波的时间差，它不能小于雷达脉冲宽度 τ，因为再小则雷达接收的两个目标的信号将重合为一个，而不能分辨为两个。因此，令 $\Delta t_2 - \Delta t_1 = \tau$，代入上式得射向分辨率

$$r_r = R_2 - R_1 = \frac{\tau}{2} c \tag{5-16}$$

由该式可知，提高射向分辨率的方法是缩小雷达发射的脉冲宽度 τ。然而，脉冲宽度不可能无限制地缩小，否则将使发射功率下降，影响雷达最大探测距离并降低回波信号的信噪比，为了解决这个矛盾，真实孔径与合成孔径侧视雷达均采用脉冲压缩技术来提高射向/距离向分辨率。

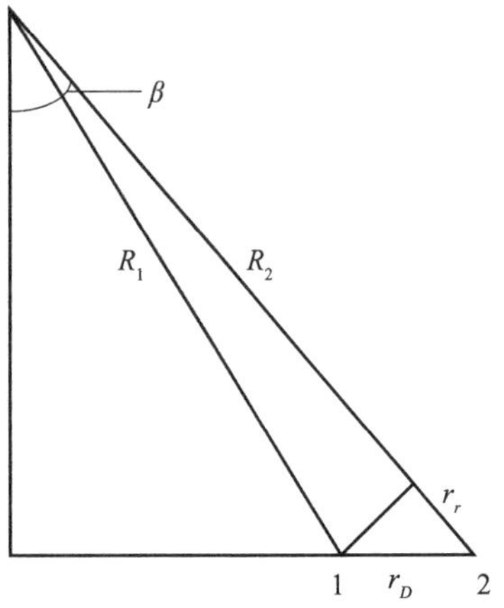

图 5-32 雷达射向和距离向分辨率

（2）距离向分辨率

由图 5-32 可知，距离向分辨率 r_D 为

$$r_D = \frac{tc}{2\sin\beta} \tag{5-17}$$

式中，β 为射向方向与卫星至星下点连线之间的夹角，称为雷达波入射视角或目标侧视角。由式（5-17）可知，距离向分辨率只与脉冲宽度、入射角有关，脉冲宽度越大，入射角越小，距离向分辨率越低。因此，要提高距离向分辨率必须缩小脉冲宽度，增大入射角（雷达天线侧视的另一个原因）。脉冲宽度不可能无限制地缩小，目标侧视角也不能无限制地增大，否则将增加遮挡造成的阴影对影像质量和处理的影响，一般情况下，目标侧视角选择在 20°～80°之间。

（3）方位向分辨率

方位向分辨率是雷达影像在飞行方向上（方位向）的分辨率，即在飞行方向上能分辨的最小目标的大小。显然，在飞行方向上，如果两个目标在同一脉冲波束内，或者说两个目标能被一个脉冲波束覆盖（照射），那么，这两个目标在雷达影像上是无法区分的，为此，方位向分辨率定义为脉冲波束宽度在目标处对应的方位向距离。它与雷达所使用的波长 λ 、天线与目标的斜射距离 R 成正比，与天线长度（孔径）D 成反比，即

$$r_a = \frac{\lambda}{D}R \tag{5-18}$$

式中，$\lambda/D = \theta$ ，θ 为雷达天线波束宽度，如图 5-33（a）所示。由上式可知，波长 λ 越短或天线长度 D 越大，方位向分辨率 r_a 就越高；斜射距离 R 越大，方位向分辨率 r_a 就越低。因此，要提高方位向分辨率必须使用较短波长的电磁波，或加大天线孔径，或缩短探测距离，然而，无论是星载或机载雷达，采用这些措施都将受到限制：或者是制造困难，或者是对实际应用不利。为了解决这个矛盾，目前采用合成孔径技术来提高方位向分辨率。

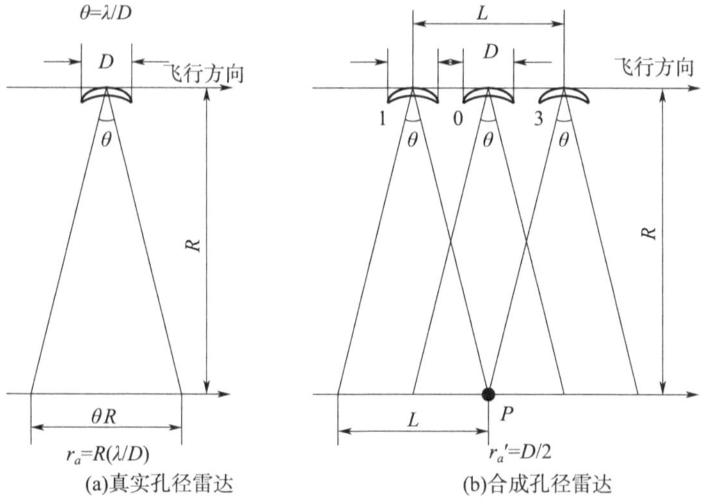

图 5－33　两种雷达方位向分辨率 r_a 的比较示意图

5.3.3.3　合成孔径雷达

合成孔径雷达（SAR）是在真实孔径雷达的基础上发展起来的，它将合成孔径技术与脉冲压缩技术融为一体，是一种应用广泛的高分辨率成像雷达。合成孔径雷达的显著特点是：利用合成孔径技术提高方位向分辨率，利用脉冲压缩提高距离向分辨率，可以获得具有很高的距离与方位向分辨率的雷达影像。合成孔径雷达可以获得与可见光及红外系统相同的分辨率，而且不受距离的影响。

按照发射机和接收机的安装位置可以分为单基 SAR 和双基 SAR。其中单基 SAR 表示发射机和接收机安装于同一平台；双基 SAR 表示发射机和接收机安装于不同平台，为收发双置。

按照 SAR 成像模式可以分为：条带 SAR，扫描 SAR 和聚束 SAR，如图 5－34 所示。

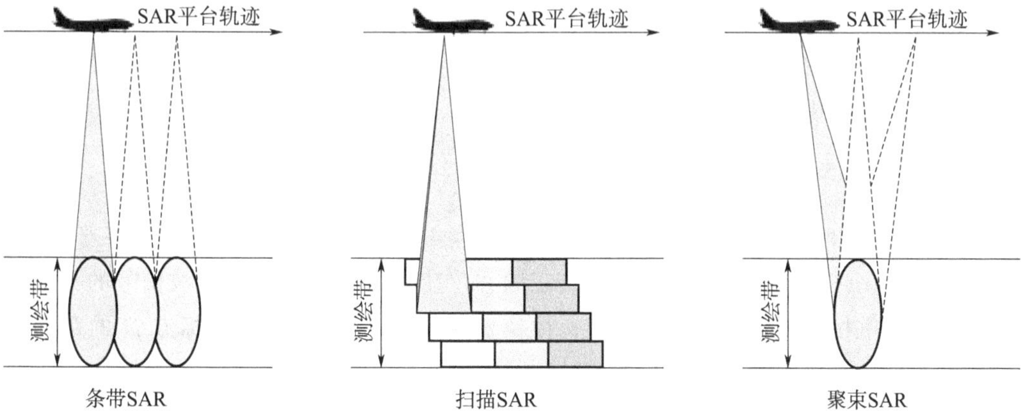

图 5－34　SAR 成像模式

1）条带 SAR：最常见的 SAR 模式，在该模式下，天线波束指向保持不变，随着平台的运动，天线波束均匀扫过目标区域，形成一个扫描带。

2）扫描 SAR：在平台运动过程中，天线波束沿距离方向周期性扫描，形成多个扫描条带，扩大了扫描区域。但由于每个条带波束停留的时间有限，因此，方位向分辨率有所下降。

3）聚束 SAR：在平台运动过程中，天线波束始终指向某一固定区域，因此该区域能够得到长时间的照射从而获得更高的方位向分辨率。但缺点是只能对某一个区域进行成像，对于整个区域来说，图像是不连续的。

根据不同的用途，SAR 还包括：

1）高分辨率 SAR：使用宽带或超宽带信号，以实现亚米级或厘米级的高分辨率。

2）干涉 SAR：由两个不同位置的接收机对同一区域进行观测，或是同一接收机在不同位置对同一区域进行两次观测所获得的复图像进行处理，获取区域的高程信息，并进行 3D 成像。

3）多极化 SAR：使用不同的极化方式（HH、VV、HV、VH）对区域进行成像，区分出具有不同散射特性的物体，对地面进行精细分类。

4）动目标 SAR：将 SAR 技术与动目标指示（MTI）结合，在军事上可用于探测地面运动目标，为执行作战任务提供目标位置信息。

（1）合成孔径

合成孔径是真实孔径的模拟，其基本原理是：天线在运动过程中按一定的重复频率不断发射相干脉冲，并不断接收包含相位信息的回波信号，经多普勒频移与相位相关处理后，可以获得比实际天线（真实孔径）大得多的“等效天线”的观测效果。由于等效天线是实际天线在运动中合成的，因此称为“合成天线”，其孔径称为“合成孔径”。

如图 5－33（b）所示，孔径为 D 的天线随平台作速度为 t 的匀速直线运动，在运动过程中不断发射波束宽度为 θ 的脉冲并接收回波信号。天线从位置 1（开始）到位置 3（结束）期间发射的电磁波将照射到目标点 P，同时，P 点散射的回波信号不断被天线接收。由于不同位置的天线到目标点 P 的距离 $R(t)$ 不同，因此，天线在每个位置上接收到的回波信号具有不同的相位

$$\phi(t)=2\pi\frac{R(t)}{\lambda} \tag{5-19}$$

另一方面，由位置 1 到位置 0，天线离目标点 P 的距离越来越近，根据多普勒效应，回波信号的频率将会变高，即回波信号有正频移（蓝移），到位置 0，回波信号的频率恰好与发射脉冲频率相等，多普勒频移为零；由位置 0 到位置 3，天线离目标点 P 的距离越来越远，回波信号的频率将会变低，即回波信号有负频移（红移）。

合成孔径雷达天线在位置 1 与位置 3 之间运动时不断对目标点 P 进行观测，相当于孔径为 L（称为合成孔径）的等效天线对目标点 P 进行观测，合成孔径对应的有效波束宽度可近似地表示为

$$\theta_L = \frac{\lambda}{2L} \tag{5-20}$$

该式与真实孔径天线波束宽度与孔径的关系式（$\theta = \lambda / D$）相比分母多了一个因子 2，这个因子说明真实孔径天线的各“阵元”（真实孔径天线可以看作由若干个单元组成，这些单元称为天线阵元）接收的回波信号的相位差取决于该阵元到点目标的距离，因为不同阵元接收的回波信号是点目标对同一波束的反射，而合成孔径天线的各“阵元”（即实际天线 D）接收的回波信号的相位差取决于该阵元到点目标的双程距离，因为不同阵元接收的回波信号是点目标对不同波束的反射。

必须注意的是，合成孔径的最大有效长度是有限的，由图 5－33（b）可以看出 L 的取值范围是

$$L \leqslant R\theta \tag{5-21}$$

如果将回波信号的相位与多普勒频移接收并记录下来，经过相应的处理后，便能以真实孔径 D 得到与真实孔径 L 等效的结果。

现在若用合成孔径技术，合成后的天线孔径为 L，则其方位向分辨率为

$$r'_a = R\theta_L = R\frac{\lambda}{2L} = \frac{R\lambda}{2R\theta} = \frac{\lambda}{2(\lambda/D)} = \frac{D}{2} \tag{5-22}$$

该式表明，合成孔径雷达的方位向分辨率与载波频率及距离均无关，而仅与实际天线孔径有关，且实际天线越短，方位向分辨率越高。要提高分辨率可减小天线尺寸，但天线尺寸 D 越小，要求的发射功率就越大。

这里给出一个真实孔径雷达与合成孔径雷达比较的例子：若实际天线孔径 D 为 8 m，波长 λ 为 4 cm，目标与天线的距离 R 为 400 km，则真实孔径侧视雷达的方位向分辨率 r_a 为 2 km，而合成孔径侧视雷达的方位向分辨率仅为 4 m。

（2）脉冲压缩

合成孔径技术可以提高方位向分辨率，但不能提高距离向分辨率，为了提高距离向分辨率，合成孔径雷达与真实孔径侧视雷达一样采用脉冲压缩技术。

所谓脉冲压缩就是利用线性调频调制技术（chirp）将较宽的脉冲调制成振幅大、宽度窄的脉冲的技术。线性调频脉冲压缩的基本原理如图 5－35 所示。若原脉冲宽度为 τ，振幅为 A_0，线性调频带宽为 B，则调频斜率为 $f_R = B/\tau$，经线性调频调制后的发射信号为

$$S(t) = A(t-nT)\exp\{j2\pi\cdot[f_0 t + f_R(t-nT)^2/2]\} \tag{5-12}$$

式中　$S(t)$——发射信号第 n 个脉冲；

T——脉冲重复周期；

f_0——载频；

$A(t-nT)$——信号包络。

$$A(t-nT) = \begin{cases} A_0(|t-nT| < \tau/2) \\ 0 \quad\quad 其他 \end{cases} \tag{5-24}$$

发射信号波形如图 5－35（a）所示。线性调频发射脉冲经目标反射后由雷达接收，经与压缩滤波器对应的匹配滤波器［见图 5－35（b）］滤波，使先接收到的信号（频率低）

比后接收到的信号（频率高）有更长的时间延迟，从而使所有频率在输出端叠加起来，得到脉冲宽度为 $1/B$（与原来脉冲宽度 τ 无关）、振幅为原来的 $\sqrt{\tau B}$ 倍的输出波形。

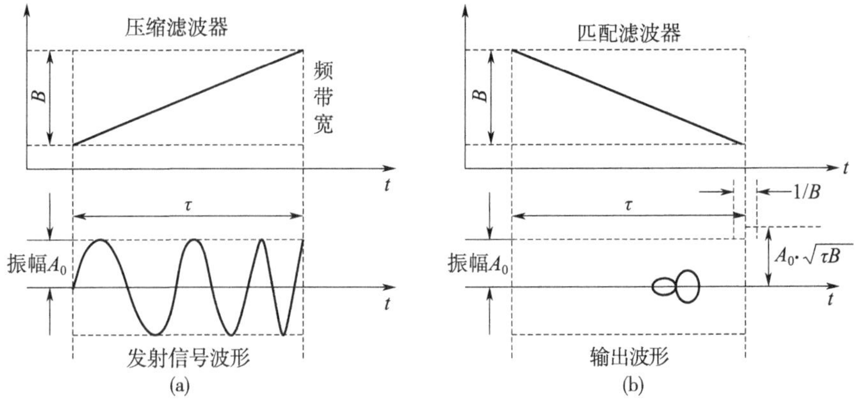

图 5-35 脉冲压缩原理

根据脉冲宽度与射向分辨率和距离向分辨率的关系，可以得到脉冲压缩后的射向分辨率为

$$\Delta r_r = \frac{c}{2B} \tag{5-25}$$

距离向分辨率为

$$\Delta r_D = \frac{c}{2B\sin\beta} \tag{5-26}$$

由此可见，脉冲压缩后的距离向分辨率只与线性调频带宽 B 有关，而与原脉冲宽度 τ 无关，且线性调频带宽 B 越大，压缩后的输出脉冲越窄，雷达距离向分辨率越高。

（3）合成孔径雷达的典型应用

已发射的载有 SAR 的地球资源卫星主要有加拿大的 Radarsat，欧空局的 ERS-1、ERS-2，俄罗斯的 Almas-1、Almas-lA、Almas-B，日本的 JERS-1 等。典型的成像侦察 SAR 卫星是美国的长曲棍球（Lacrosse）卫星，该卫星 SAR 有 4 种波束工作模式，即标准、精扫、宽扫和试验波束模式。精扫采用聚束式，又称“凝视”技术，在成像过程中使波束“凝视”目标，增加多普勒频移的范围，提高成像分辨率。前 2 颗精扫模式的地面分辨率为 1 m，后 2 颗精扫模式的地面分辨率为 0.3 m；宽扫模式的分辨率为 3 m；标准模式的为 lm。前 2 颗 SAR 天线采用直径为 9.1 m、带有相控阵馈源的抛物面设计，后 2 颗 SAR 天线采用了平面相控阵设计。

为了缩短重访周期，美国提出了 24 颗小卫星的 Starlite 星座计划。每颗卫星上的 SAR 聚束工作时，将以 0.3 m 分辨率观测一个 4 km×4 km 的区域；标准模式工作时，将以 1 m 分辨率观测一个幅宽为 10 km 的条带；宽带模式工作时，分辨率为 2.7 m。这种 SAR 还具有动目标显示（MTI）功能。常规的 SAR 是对地面静止目标成像的，不具备在一幅场景内同时检测出运动目标的能力，运动目标只能以模糊的形式叠加在 SAR 图像上。

实现 MTI 的一种方法是利用动目标回波信号中含有多普勒参数的高次项，进行参数估计，并用该参数估计值设计匹配滤波器对动目标进行处理和成像，具体可用时域也可用频域滤波实现；但由于匹配效果不好，成像质量不够理想。实现 MTI 的另一种方法是针对动目标与 SAR 之间相对运动产生的回波信号为一种时变信号的特点，信号频率随不同的时刻点而不同，因此采用 WVD（Winger - Ville Distribution）方法进行动目标检测和成像是比较合适的。近年来，人们提出采用时空二维信号处理方法，利用时空等效性，采用多天线，克服了单天线 SAR 系统中由于运动目标径向速度太小而不能对目标检测和成像的问题。

干涉 SAR 是将雷达系统对同一地域的“两次”观测获得的数据，根据干涉原理进行处理，利用其相位差获得地表高度和地面覆盖物微小变化的信息。实现两次观测的一种方法是一部 SAR 装有两副天线，在一条轨道上飞行便可获得“两次”观测的数据用于干涉处理。另一种方法是利用一部 SAR 的一副天线，在不同轨道上飞过同一地域，完成两次观测进行干涉成像。美国航天飞机雷达高度测绘计划（SRTM）就采用第一种方案，将两副天线靠一根 60 m 长的活动杆连接，测高精度约为 3～5 m。但对于一般的 SAR 卫星而言，要装载相距几十米的两副天线是相当困难的。因此，Sea - A、ERS - 1/2、JERS - 1 和 Radarsat - 1 等都采用第二种方案进行干涉成像试验，测高精度在 10～100 m 之间。

星载 SAR，无论是采用“凝视”技术实现高分辨率，还是进行动目标检测或者干涉成像，其关键是数据处理，它既可在卫星上实现，也可在地面实现。随着高分辨率、动目标检测和干涉成像等要求，SAR 的原始数据率将是相当高的，必须先进行数据压缩才可能传输。由于原始数据中包含有相位信息，对原始数据压缩的压缩比不能很大。如果先对原始数据进行成像处理，然后对图像进行压缩，则可以做到大的压缩比。在卫星上进行 SAR 的成像处理、数据压缩也都是有效载荷的任务。

随着小型化商业卫星平台的崛起，低成本的小型雷达卫星及星座将引领未来卫星遥感市场的潮流，并衍生出越来越多的应用场景。

1）海洋船只识别应用：在典型的合成孔径雷达图像上，海洋水面呈现暗色调，船只呈现明亮光斑，不同类型的船只在雷达图像上的有典型的特征，通过 AI 算法，可以进行船只类别识别，如果匹配 AIS 信息，可以快速判定并定位非法船只（暗船），为相关单位及政府部门带来决策依据。

2）海面溢油监测应用：海水被油膜覆盖时，表面更加平滑，雷达信号在其上发生镜面反射。在典型的合成孔径拉大图像上，油膜覆盖海面表现为暗黑色斑块或条带特征，与清洁海面相区分。油迹带的及时监测，对海洋环境污染预防及保护的意义十分重大。

3）洪灾风险评估与量化应用：利用雷达卫星可近乎实时地抓取洪灾区域卫星图像，为相关企业或部门提供持续的最新的灾区影像，帮助其在全局层面掌握灾情动态，为其应急处理及决策提供依据。洪灾过后，可对淹没农田面积，淹没房屋面积进行量化评估，也可调取历史洪灾大数据，确保相关企业或部门准确进行洪灾定损及精算。

4）地震、滑坡监测应用：雷达卫星具有独有的干涉成像功能，可以获取同一地区具有一定视角差的两幅具有相干性的单视复数图像，并由其干涉相位信息获取地表高程信息，精度可达毫米级。基于此，干涉合成孔径雷达图像可以用来监测活跃地震带及滑坡的微小形变信息，帮助相关单位及部门及时做出灾情预警及评估等决策。

5.3.4 微波辐射计

微波辐射计是用于测量地表或大气亮度温度的被动式遥感器，它本身不发射而只收集微波辐射，并由此获得目标的亮度温度，因此，微波辐射测量等效于温度测量。

微波辐射计主要由天线、高灵敏度宽带接收机、绝对温度基准、显示与记录装置等组成。它主要工作在毫米波，其分辨率比同样孔径的可见光遥感器低 3～5 个数量级。为了获得较好的空间分辨率，一般采用孔径较大的抛物面或其变形天线，尽管如此，微波辐射计获得的地面影像的空间分辨率还是比较低，比如探测 3 mm 波长的辐射计，当使用直径为 2 m 的天线，在 1 000 km 高度对地成像时，空间分辨率只有 2 km。然而，微波辐射计的温度分辨率却很高，星载辐射计可达 0.5 K，因此，微波辐射计广泛用于海洋测量和大气探测中（温度断面、水汽、冰、雪、海面温度、海面粗糙度等）。

表面辐射率为 ε（$0\leqslant\varepsilon\leqslant1$）、绝对温度为 T_0（$T_0\geqslant0$ K）的物体在整个电磁波的频谱上都会辐射出电磁波，其频谱与噪声相似，这种辐射称为热辐射，不同物体具有不同的热辐射频谱，有些物体辐射连续频谱，有些物体辐射离散频谱，通过测量和分析其辐射频谱，就可以区分不同物体。微波辐射计作为一种无源微波遥感仪器，正是根据自然界中所有物体都辐射电磁波的原理而制成的。星载微波辐射计的分辨率很低，一般为几千米至几十千米。

目前星载微波辐射计大多是全功率型微波辐射计。采用全功率型接收机、周期性定标的微波辐射计原理如图 5 - 36 所示。

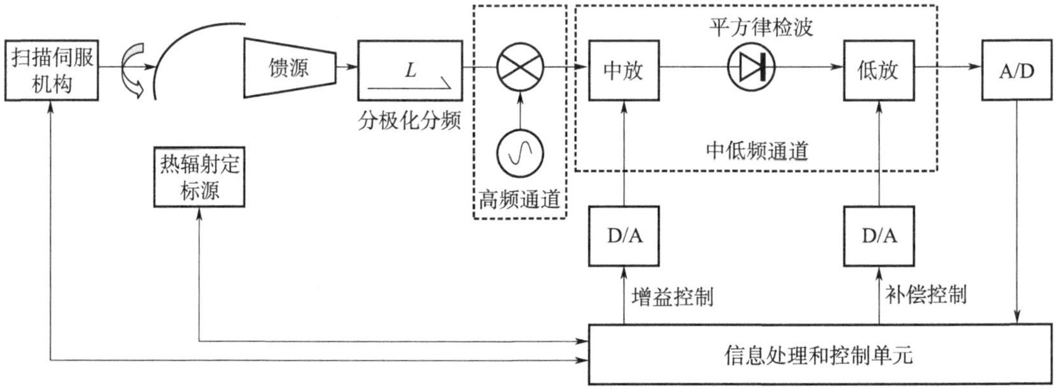

图 5 - 36　全功率微波辐射计原理图

全功率型周期定标微波辐射计由天线子系统（包括反射面、馈源和天线罩）、分极化分频器、接收机子系统（包括高频通道和中低频通道）、信息处理和控制单元、热辐射定标源子系统（包括辐射体、温度控制器和测温电路）、扫描伺服机构等组成。

天线接收到的信号，经过分极化分频器分别输入各自的高频通道，高频通道输出的中频信号经过中频放大、检波器平方律检波，低频放大器放大及直流补偿，然后由 A/D 变换器转换成数字量，在信息处理和控制单元经过数字积分和定标处理，反演出各个视场的天线温度。信息处理和控制单元还实现中频放大器的增益控制和接收机；子系统本机噪声的直流补偿，以及对扫描伺服机构和热辐射定标源的信息处理和控制等功能。

星载微波辐射计具有功耗低、体积小、质量轻和工作稳定可靠等特点，应用领域非常宽广。从大的方面来说，星载微波辐射计主要应用于大气探测、海洋观测、对地观测微波遥感 3 个方面；从具体探测目标来说，星载微波辐射计主要应用于气象、农林、地质、海洋环境监测和军事侦察等；还可用于天文、医疗和导弹的末制导等方面。

（1）大气探测

从空间对大气进行探测已经有 40 多年的历史。具有代表性的有 1968 年苏联发射的 Cosmos 243 卫星，装载有 4 通道（3.5，8.8，22.2，37.0 GHz）微波辐射计，用以测大气水汽、液态水、地表温度、水；第一颗业务卫星是 1978 年美国发射的 Tiros - N 极轨气象卫星，装载有微波探测仪 MSU，用以探测大气垂直温度。最近十年，主要有美国 DMSP（美国气象卫星计划）系列卫星装载的微波辐射计 SSM/T 和 NOAA（美国海洋和大气局）系列卫星装载的 AMSU 等。

（2）海洋观测

星载微波辐射计在海洋观测方面主要用于观测海洋温度、海面风速、海水盐度、海面油污染及海冰厚度、面积、冰山等。具有代表性的有 SEASAT 卫星装载的 SMMR 微波辐射计、ERS - 1/2 卫星装载的 ATSR - M 微波辐射计、ENVISAT - 1 卫星装载的 AATSR 微波辐射计、ADEOS - 2 卫星装载的 AMSR 微波扫描辐射计。

（3）对地观测

该类微波辐射计主要用于探测土壤温度、降水、大气水汽含量、积雪、土壤成分、海面温度，还可以得到植被生长情况，对农作物进行估产，监测水、旱、林火、雪暴等自然灾害和生态环境的动态变化，进行作物估产等服务。

5.4　星载天线

5.4.1　概述

卫星上各种无线电系统进行空间与地面、空间与空间、星座间的通信、控制及各种信息传输，都需要通过卫星上装载的天线。从人类发射的第一颗卫星开始，卫星天线技术和产品得到了长足的发展，从线天线（1957 年第一颗卫星 Sputnik - 1）到 100 m 口径的面天线（2016 年美军 NROL - 37 侦察卫星），从最早的几十兆赫兹的频率，到 2009 年欧洲空间局（ESA）的 Herschel 卫星的近太赫兹探测频率，从普通的抛物面天线，发展到美国 2012 年先进极高频（AEHF）军事通信卫星使用的有源相控阵天线，卫星天线技术在现代空间信息系统发展的同时得到了巨大的提升。

5.4.1.1 卫星天线设计要点

（1）电性能要求

根据业务需求，将需求转化成以辐射方向图、增益、极化、阻抗匹配、功率耐受等表征的天线电性能的特征量。

（2）结构和机构性能要求

应保证能经受住各种力学环境载荷和与载体及其相关构件间的结构兼容性，包括结构尺寸、安装约束条件、结构强度及刚度、机械连接等要求。如果天线相对载体有运动（机械扫描与跟踪），其结构还必须满足空间高真空环境下活动部件的正常工作要求。

（3）热设计要求

确定天线的工作环境温度范围，按此范围进行各种热防护设计，使之在各种工作环境温度下保证性能与功能。

（4）空间环境防护要求

卫星天线在轨环境可能会遇到各种高真空空间电磁辐射、各种离子辐射、原子氧轰击、二次电子倍增微放电击穿效应、静电电荷积累、稠密等离子体包围等空间环境因素，所以卫星天线设计应能与之适应，保证其正常工作性能。

（5）电磁兼容性要求

卫星天线不是孤立的单个天线，是由不同功能天线组成的。在仪器设备高度密集的卫星上，其天线必须考虑天线之间、天线与载体（包括星体和太阳翼等）间相互作用，以及天线射频设备与射频传输线、卫星内部设备与线缆间的电磁干扰问题，以保证各自天线的性能、功能及正常工作。

（6）高可靠性要求

根据卫星整体寿命和天线工作模式，提出其天线经受发射力学环境及在轨高低温与空间辐射环境下的可靠性要求。

5.4.1.2 卫星天线分类及特点

为满足卫星在轨信息交换、指令和业务需求，卫星必须具有测控、数据传输、载荷三类天线的基本配置，同时有些卫星还需要导航定位接收天线和星间链路天线等。

（1）测控天线

卫星测控天线是卫星测控分系统的主要组成部分，其任务是与地面测控天线一道建立一个满足预定要求的、稳定可靠的无线电传输通道，保证星地无线遥测、遥控与跟踪信息的发射、接收与传输。简而言之，卫星测控天线用于接收地面站发射给卫星的遥控信号或卫星向地面站发射遥测信号。

测控天线最主要的特点是近全向覆盖与圆极化，主要是适应卫星任意姿态下的可靠测控，以便满足在卫星发射过程中连续跟踪测控，以及卫星故障时在任意姿态下正常测控的要求，因此一般由两个半空间覆盖的天线组合而成。具体天线形式可采用螺旋天线、振子天线等形式。测控天线及与其相连的测控应答机从塔架发射到星箭分离，直到卫星在轨寿命末期，一直在工作，所以对其可靠性要求最高。

测控天线常用的工作频带有 S、C、X 和 Ku/Ka 频段，采用上、下行相参载波，并规定其转发比。星载测控天线大多数采用收发共用工作模式，少数采用收、发分开模式。对于三轴稳定的卫星，特别是 GEO 通信卫星，在轨使用时测控可以切换到定向天线，以减少发射功率和抑制恶意干扰。

（2）数传天线

卫星数传天线是负责航天器遥感数据传输的天线，其最主要的特点是近地轨道的地球匹配的赋形波束。低轨道的遥感卫星多在离地面 1 000 多千米的高度范围，在卫星对地视场范围内，星地间链路的传输损耗变化较大。一般在星下点与覆盖段边缘因传输路线空间衰减变化引起的电平变化有 10 余分贝。为保证地面接收站在整个工作时间段内对卫星遥感信息等有好的接收效果，就要求卫星下行数传信号在覆盖段内有基本相同的电平。对此，星载数传天线在覆盖段范围内的增益分布要正好补偿传输线路衰减造成的电平差异。通常将这种波束称为地球匹配波束或覆球波束。对于中高增益的天线，喇叭、抛物面是首选方案；对于高码率下使用的天线，双圆极化的隔离度是最主要的指标。数传天线还具有宽带特性、大功率特性和高可靠要求。

（3）导航定位天线

导航定位天线最主要的特点是半空间覆盖与圆极化。由于需求相位中心稳定度指标，且该指标与卫星星体边界密切相关，因此在天线设计中要尽可能地降低旁瓣与后瓣，同时在安装布局中要避开太阳翼等大面积散射体对方向图的影响，以保证低仰角的幅度方向图与相位方向图的连续。一般可以采用微带贴片天线、螺旋天线、十字交叉振子天线等形式。

一般的卫星采用单频 GNSS 天线，天线只需要具备 GPS 星座 L1 频率接收能力（或兼容 BD B1 频率），具备半球覆盖方向图。对于高精度定位卫星，一般要求 GNSS 天线具有双频段工作能力（同时接收 GPS L1 和 L2，或兼容 BD B1 和 B2），方向图不仅要求半球覆盖，而且具备在水平方位的快速滚降，更高极化纯度、多径抑制能力，以及稳定的相位中心。

（4）星间链路天线

星间链路是指卫星与卫星之间的交互通信链路，起作用时可以代替地面中继站完成卫星星座的自主运行功能，同时可以大大减少地面上注站（主要是定期注入定轨数据及时钟校正数据）的数量。

从工作模式上，星间链路天线主要用于建立三类链路：静态链路、动态链路、星地链路。其中静态链路主要用于平时星间通信和测距，可以对星座进行连续测控，解决全球布站难的问题；动态链路主要用于特殊业务时的星间测距，可以在短时间内使星座自主运行，并保持一定的定位精度；星地链路主要用于在轨测试。静态链路选择在互相永久可见的 MEO 卫星之间建立。动态链路要根据最佳的导航定位精度要求进行链路拓扑的选择。围绕星间链路的需求，可采用可移动点波束反射面天线和相控阵天线。

（5）载荷天线

载荷天线，是完成用户任务的专用有效载荷所装备的天线，按功能分为两大类：一类为信息获取类载荷天线，如微波遥感卫星的微波辐射计天线、微波散射计天线、合成孔径雷达（SAR）天线等；另一类为信息交换传输类载荷天线，如通信卫星的通信天线、导航卫星的导航载荷天线等。

在电磁布局方面，载荷天线与卫星平台的电磁耦合度相对较低，可以独立设计，但结构、热指标与卫星平台关联度大，同时载荷天线所形成的电磁边界对弱方向性的平台天线影响较大，因此平台天线的系统设计必须考虑载荷天线的边界。

对于信息获取类载荷天线，由于距离遥远，大口径抛物面、多馈源偏置抛物面、平面相控阵是其典型形式。

信息交换传输类载荷天线，对于固定通信与广播业务，一般采用固面偏置抛物面天线；对于移动通信卫星天线，由于需要支持移动终端通信，需要高功率容量，因此多使用大口径网状可展开抛物面加多馈源实现区域的高等效全向辐射功率（EIRP）值的方案。

5.4.2　卫星多波束天线

5.4.2.1　卫星多波束天线概述

多波束天线是指能够同时产生多个子波束（点波束），从而覆盖地面上所关心区域的天线系统，它具有以下明显的优点：

（1）提高通信卫星容量

由于多波束天线可以同时形成多个独立的波束，且每个波束都有一个对应的输入（输出）通道，可以通过空间隔离和极化隔离的方式实现多次频率复用，从而提高系统的频率利用率和通信容量。

（2）简化地面接收设备，为个人移动通信提供技术保证

由于多波束天线采用多个窄波束覆盖服务区，因此天线增益较高，这样地面用户采用小型化的小尺度天线就可以接收卫星信号，简化地面接收设备，降低系统应用成本，为个人移动通信全球漫游服务提供技术支持和保证。

（3）系统灵活度高

多波束天线具有波束扫描、波束重构能力，这使系统在多用途、抗干扰、增强卫星的在轨生存能力等方面都具有极大的优越性。

5.4.2.2　卫星多波束天线分类

多波束天线根据不同的通信需求可大致分为以下几种覆盖方式：固定区域点波束覆盖、非固定区域点波束覆盖和赋形波束覆盖。

（1）固定区域点波束覆盖

固定区域点波束覆盖是指所有的点波束彼此独立地照射地面上不同的固定区域，总的波束则覆盖有关国家和地区，这种点波束方式往往应用于同步卫星通信系统，近年来也应用于低、中轨卫星通信系统，称为“凝视天线（staring antenna）”系统，如图 5-37 所示。

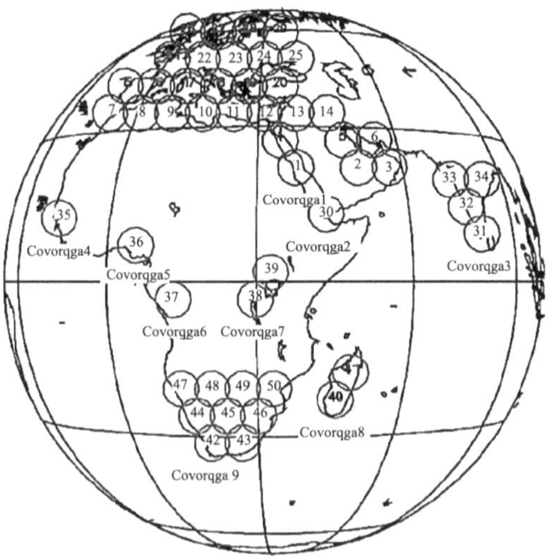

图 5－37　Multikara 卫星系统接收多波束天线覆盖区域示意图

（2）非固定区域点波束覆盖

非固定区域点波束覆盖是指所有点波束在 3 dB 处彼此相互连接，总的波束覆盖一定面积的区域，但覆盖区域随着卫星的运动而移动。这种方式往往应用于低、中轨卫星通信系统，采用波束切换技术，可以为当地面终端在由于卫星的运动或地面终端自身运动导致的从一个点波束移动到另一个点波束时提供通信保障。

（3）赋形波束覆盖

赋形波束覆盖是指产生所需要的不规则方向图从而实现对特定区域的覆盖，覆盖方向图确定了其可服务的市场和扩展服务的灵活性，如图 5－38 通过调整多波束天线的各辐射元在口径面上激励的幅度和相位，就可以实现波束赋形，实现方向图的调整。

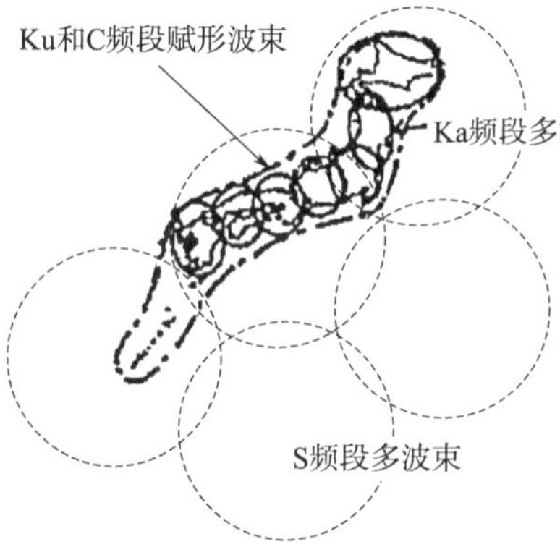

图 5－38　ETS－6 卫星系统多波束天线赋形波束覆盖

按天线类型分，多波束天线有三种基本类型：反射面式、透镜式和直射阵列式。其中由于对星载天线质量、体积和成本的限制，透镜式天线（见图 5－39）在卫星多波束天线中较少使用，少数用于军事通信卫星。

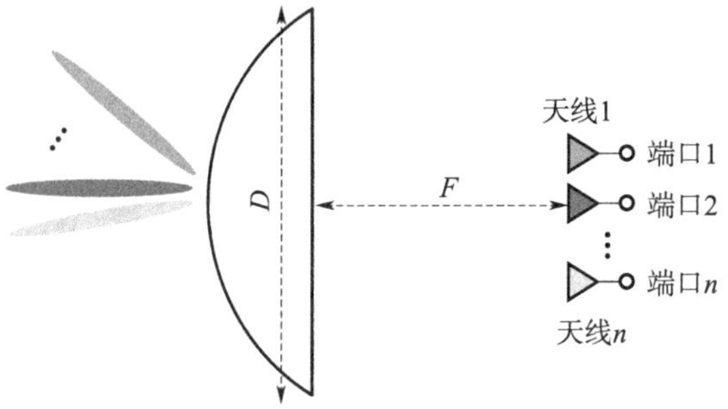

图 5-39　基于透镜的多波束天线基本结构

直射阵列式相控阵天线分为无源和有源两类（见图 5-40），通过控制阵列单元的相位实现波束的扫描和旁瓣的抑制，可以实现较大角域内的覆盖和扫描，通过使用自适应调零抗干扰技术，可以大大提高通信卫星的空间生存能力，且其通常轮廓很低，便于卫星发射。得益于 MMIC 技术和固态功率放大技术的发展与应用，相控阵天线还具有如口面效率高、没有泄露损失、没有口面遮挡，可靠性高等一系列的优点。但是为了满足星地通信链路高增益的要求，所需的星载直射相控阵天线的阵元数目巨大。在同样的增益要求下，相控阵的波束数目增加一倍，所需要的移相控制组件成倍增加，功分网络的实现难度也进一步增大，从而导致整副相控阵天线的成本、体积、重量、功耗和热耗都相当大；同时，相控阵波束在不同波位间无法实现实时通信，波束间频率复用困难，系统容量得不到有效扩展，因此星载直射阵列式相控阵天线适用于少量波束、中等增益对服务区进行灵活覆盖，而在大容量、广覆盖卫星通信的应用方面受到了一定的限制和约束。

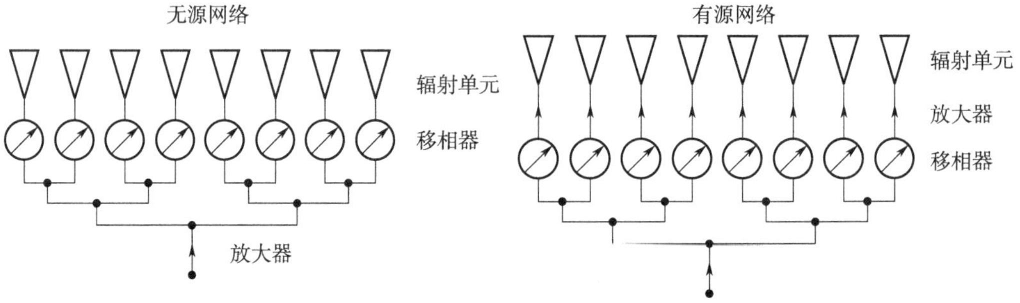

图 5-40　直射阵列式相控阵天线

目前，反射面式多波束天线在通信卫星上用得最广泛，其通过一组横向偏焦的馈源（称之为馈源阵列，多数情况下由喇叭天线组成）照射抛物反射器（或其他形状的反射器）形成多波束，如图 5-41 所示。反射面式多波束天线有多种类型，按反射面数目可分为单口径式和多口径式；按初级辐射器数目可分为单馈源式和多馈源式；按形成点波束的方式可分为基本型成束法和增强型成束法，也称之为单馈源每波束（Single Feed per Beam，SFB）和多馈源每波束（Multiple Feed per Beam，MFB）。

SFB 是一种最为简单直接的成束方式，SFB 多波束天线通常采用多副反射面天线，不

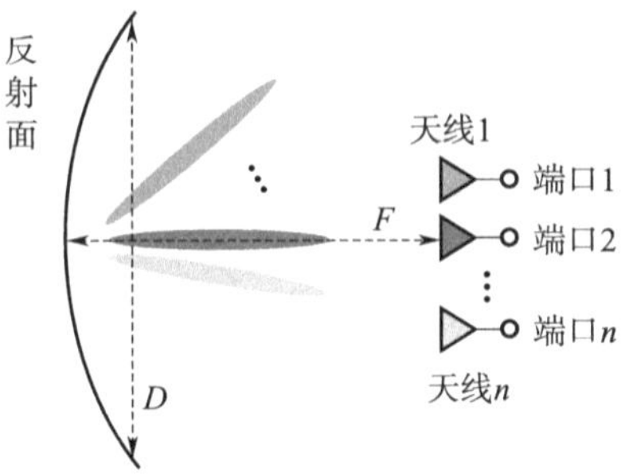

图 5-41　基于反射面的多波束天线基本结构

同反射面对应不同的馈源阵，收发频率可以分开或收发共用，在每套馈源阵中，一个馈源照射反射器后会形成一个波束，如图 5-42 所示。同一副天线中会将馈源口径变大来提高增益，为避免旁瓣水平和相邻束覆盖性能变坏，所以将生成的波束间隔进行排列，由多副天线共同形成实现高增益、低旁瓣、多波束无缝覆盖。该类型天线性能优良，但是反射面数量会较多地占用卫星有限的空间，并且对天线安装精度和在轨指向精度等都提出了较高要求。

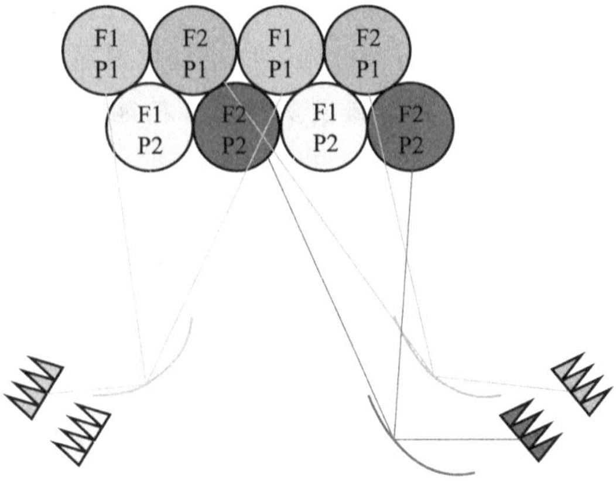

图 5-42　SFB 波束形成方式

MFB 多波束天线通常采用一副反射面天线加收发共用一套馈源阵，或者两副反射面天线加一套发射频率馈源阵和一套接收频率馈源阵的形式。馈源阵中每个子阵（通常 7 个馈源）合成后形成一个波束，在相邻的子阵中共用 1～2 个馈源形成相邻波束，如图 5-43 所示，采用波束形成网络（Beam Forming Network，BFN）向馈源单元激励其所需要的幅度和相位，实现高性能多波束覆盖。MFB 多波束天线便于对波束数目和形状进行灵活控制，对不规则区域的覆盖具有明显优势，并且节约卫星表面空间，安装较为方便。但在形成相同点波束覆盖的情况下，通常其所需馈源阵的数量是 SFB 多波束天线的数倍，这使得波束形成网络变得比 SFB 方式复杂得多。MFB 多波束天线按照 BFN 是否满足正交性而分为两大类，一类是非正交激励系数损耗 BFN（non-orthogonal BFN），一类是正交激励系数多模低损耗 BFN（orthogonal multi-mode BFN）。前者的 BFN 通常被放置在低噪声放大器或者放大器的后端；后者的 BFN 通常被放置在馈源阵后端。

图 5-43　MFB 波束形成方式

处于 GEO 上的移动通信卫星通常采用的是 L/C 频段的反射面多波束天线，由于这两个频段频率较低，波长相对较长，所以馈源阵的体积较大，同时为了更好地满足方向图、相位跟踪、功率分配等技术要求，这两个频段的多波束天线通常采用 MFB 的成束方式。

在 Ku/Ka 频段，由于波长较短，馈源便于小型化设计，使用 SFB 和 MFB 成束方式均适合于这两个频段。对于星上表面空间足够的卫星，综合馈电难度考虑，SFB 成束方案是一种非常理想的选择。而对于安装空间有限的中小型化卫星或有极化复用要求的多波束天线系统，MFB 方案更具吸引力。对于新型多频段多功能宽带通信卫星，其多波束天线通常也采用 MFB 成束方式。

5.4.2.3　卫星多波束天线波束形成技术

波束形成技术在波束形成网络的基础上来实现所需要的波束，该技术按照其实现的方式不同可分为模拟波束形成和数字波束形成。

模拟波束形成技术是通过功率分配器和移相器分别来调整各个输出端口的振幅和相位，在单口径天线中采用模拟波束形成技术可以获得较好的增益和旁瓣性能。早期的模拟波束形成网络的元件功能是固定不可变的，但随着集成化技术和模拟可变波束形成技术的相继出现，大大推动了模拟波束形成技术在星上的应用。如 1997 年发射的首颗 Inmarsat-3 卫星，它的 L 波段有源多波束天线，通过使用可变功分器、可变移相器及开关电路来形成所需波束，使波束的在轨重构具备灵活性。分别于 1998 和 2010 年开始相继发射的 Globalstar-1/2 星座卫星也是采用这一波束形成技术。Iridium 系统也是采用模拟方案的典型代表之一，该系统采用了 Butler 矩阵级联形式波束形成网络（见图 5-44），并使用了有源阵列天线作为星上载荷，每颗卫星配备三副工作于 L 频段的收发共用天线，每副天线可产生覆盖 120°范围的扇形区域。而对于当前着力研究的 Ka 频段 MFB 成束的阵馈反射面天线，其无源波束形成网络基本都采用模拟波束形成技术。如美国 2007 年发射的 Spaceway3 卫星，星上的这副 Ka 频段卡塞格伦接收天线采用的同样是模拟波束形成技术，其上行链路点波束达 112 个。又如德国宇航中心（Deutsches Zentrum für Luft-und Raumfahrt，DLR）研究的 MEDUSA 项目，法国国家空间研究中心（Centre National d'Etudes Spatiales，CNES）资助 MOCK-UP 项目等都是基于模拟波束形成技术。

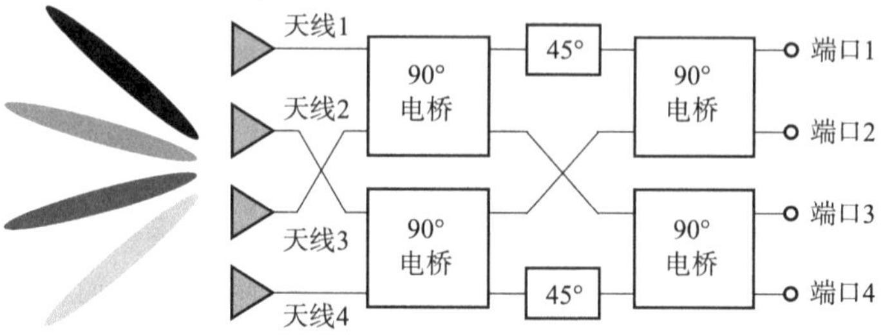

图 5-44　基于 Butler 矩阵的模拟波束形成网络原理图

数字波束形成技术（见图 5-45）主要是完成信号采样、信道化、正交化、波束形成处理、幅相一致性调整和数模转换等功能。该技术相对于模拟波束形成技术来说，最大的优点在于，其功耗和重量取决于总处理的带宽和辐射部件的数目，与波束的数目无关。此外，该技术便于实现对由于网络器件引起的相位误差和幅度误差进行校正和补偿，在波束形成上也更具灵活性，这在很大程度上能够适应下一代高通量通信卫星多波束天线的发展要求。然而，由于技术水平限制，这种波束形成方式当前还只适应于馈源数量相对小，工作带宽比较窄的情况。从第三代通信卫星开始，采用数字波束形成技术的越来越多，如 2008 年发射的 Inmarsat-4 F3，Thuraya-3，2013 年发射的 Alphasat-XL，2015 年发射的 Mexsat 卫星等。

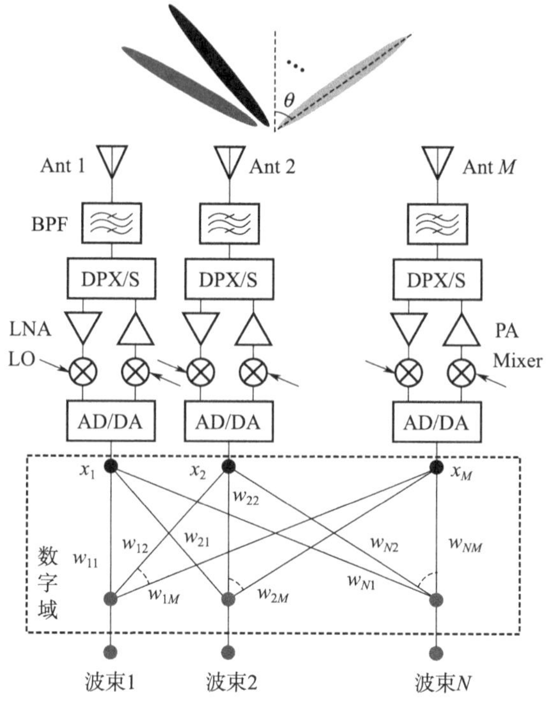

图 5-45　数字波束形成网络原理图

采用数字波束形成技术在多波束天线的相关信号处理上不受空间的限制，既可以将该处理过程在星上进行，称为天基波束形成技术（Satellite Based Beam Forming，SBBF），也可以交给地面关口站，称为地基波束形成技术（Ground Based Beam Forming，GBBF）。在第三代移动通信卫星的数字波束形成系统中，一般采用 SBBF 技术，采用该技术有利于改善天线的 EIRP 和 G/T 值，可以对波束的调整做出快速反应，并可支持星上单跳业务。但这种波束成形系统主要受到卫星有效载荷、卫星功率和成本等限制，且星上的数字波束形成设备容易因太空辐射而产生单粒子翻转，影响系统的可靠性。而 GBBF 技术的出现在很大程度上解决了这些问题，由此所带来的增强系统的可靠性、节省星上资源、提高卫星工作灵活性和波束形成的校准精度等突出优势，使得它在第四代及后续大容量移动通信卫星市场中更具竞争力。2008 年美国发射的 DBSD G1，作为世界上首次采用 GBBF 技术的通信卫星，其优异表现备受业界的关注。此后，又有 TerreStar - 1/2、SkyTerra - 1/2 先后使用 GBBF 技术。

5.4.2.4 卫星多波束天线应用

（1）反射面应用

对于 GEO 通信卫星，由于所处轨道高，传输路径长，路径损耗大，要求用更窄的波束来提高星载天线增益，所以一般采用反射面方案。

星载多波束天线首次于 1975 年在美国休斯航天与通信公司的 Intelsat - 4A 上实现了商业应用。Intelsat - 4A 主要提供大西洋两岸的跨洋呼叫通信服务，星上呈品字形的三块抛物面反射天线，其中上侧的是接收天线，下侧两个是由 37 个阵列单元馈电的方形 C 频段抛物面反射天线（见图 5 - 46），面积 1.2 m×1.3 m，天线重 51 kg。该星载天线采用 SFB 波束形成方法，四个点波束覆盖大西洋两侧的陆地，东、西波束使用相同的频率，隔离度达到 27 dB，第一次实现了多波束天线的频率复用，从而大大提高了分配频段内的卫星通信能力。1981 年发射的 Intelsat - 5 通过极化和空间隔离实现了四倍频率复用，采用一个 2.44 m 直径的多波束高增益天线发射 4 GHz 频段信号，成为第一颗商业直播电视卫星。1989 年的 Intelsat - 6 实现了六倍频率复用。

加拿大 Telesat 公司于 2004 年发射入轨的 Anik - F2 通信卫星（见图 5 - 47）是世界上首颗面向大众消费者的商用 Ka 频段宽带卫星。这颗重约 6 t 的 GEO 高通量大型通信卫星采用波音卫星系统公司的 Boeing - 702 平台，装有 8 副 Ka 频段收发分开多波束天线，均为单偏置反射面多波束天线，共分为 2 组，每组由 2 副发射天线和 2 副接收天线构成，各与卫星上 1 副 Ku 频段的跟踪校准天线组成 1 个天线簇。该天线簇整体安装在一个天线背框上，框架上的展开臂通过一个二维展开指向机收拢在卫星东（西）墙板上。卫星定点后在轨展开每个天线簇，并通过 Ku 频段跟踪校准天线在轨得到多波束天线俯仰角和方位角误差，调整 Ka 多波束天线的指向，使其达到要求的精度（校准精度约 0.06°）。

Anik - F2 卫星的 Ka 多波束天线共有 45 个发射馈源和 45 个接收馈源，45 个馈源共分为 4 组，分别照射 4 副发射/接收天线，共形成 45 个波束宽度为 0.85°的点波束和 6 个 0.35°的关口站波束，覆盖加拿大和美国本土，如图 5 - 48 所示。45 个点波束分为 6 个区域波数组，每个区域内设立 1 个关口站，一个关口站管控 7～8 个波束。多波束 8 色频率

图 5 - 46　Intelsat - 4A 卫星天线示意图

图 5 - 47　Anik - F2 卫星示意图

复用，每波束带宽约为 56 MHz，发射天线 ERIP 为 57 dBW，接收头小 G/T 值为 14 dB/K，最终多波束系统容量为 4 Gbit/s。

Ekpress - AMU1 卫星是 EADS Astrium 公司（目前已并入 Airbus Defence And Space，ADS）为俄罗斯 Kosmicheskaya Svyaz 公司制造的 GEO 高通量卫星，采用 EADS Astrium 公司的 Eurostar - 3000 卫星平台，于 2015 年发射。星上搭载 3 副 Ku 频段赋形波束天线，1 副 Ka 频段发射多波束天线和 Ka 频段接收天线（见图 5 - 49）。Ka 频段发射多波束天线反射面口径为 2.4 m，接收多波束天线反射面口径为 1.6 m，采用 MFB 波束形成方式，每个波束通过 7 个馈源优化合成。

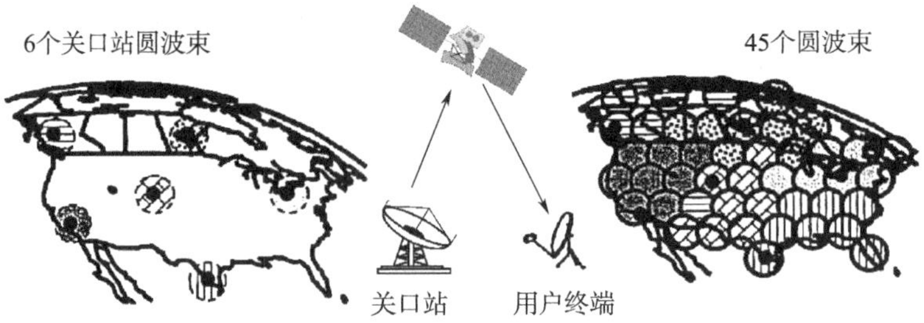

图 5-48　Anik-F2 卫星关口站波束和用户多波束覆盖图

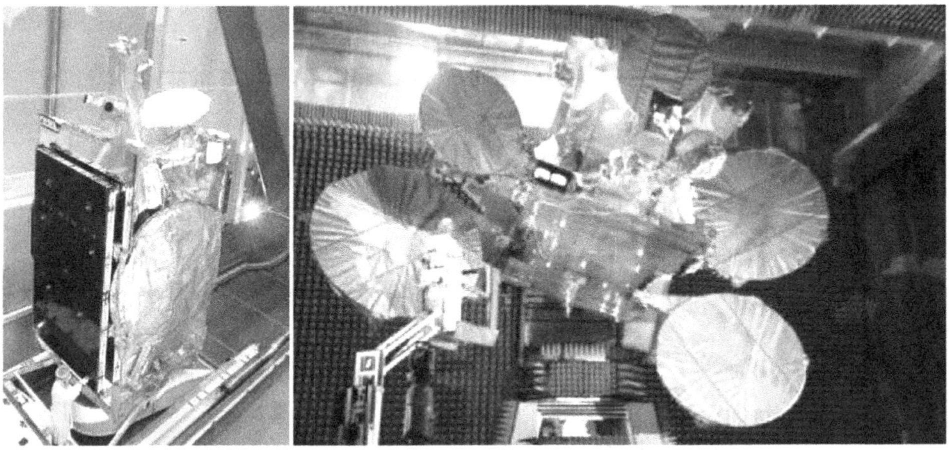

图 5-49　Ekpress-AMU1 卫星天线示意图

其波束形成网络如图 5-50 所示，每一列为相同极化方式（实线为右旋圆极化，虚线为左旋圆极化），同一列中，上下相邻波束通过共用 1 个馈源形成极化相同、频率不同的波束，这里，馈源子阵的幅度相位激励系数需要满足正交性，相邻列波束共用 1 个馈源，由于极化相反，可以使用圆极化器来自然满足正交激励。

多波束天线中发射馈源和接收馈源各 73 个，形成波束宽度为 0.6°的 18 个发射用户波束和 18 个接收用户波束，覆盖了俄罗斯、欧洲和西西伯利亚部分，以及 1 个位于莫斯科附近的关口站波束（见图 5-51）。

我国具有自主知识产权的中星十六号卫星首次在通信卫星上应用 Ka 频段宽带技术，通信总容量达 20 Gbit/s，超过了我国已研制发射的通信卫星容量总和。其搭载的四口径多波束天线（见图 5-52）具有 26 个用户波束、3 个馈电波束，采用 26 个 0.8°波束覆盖我国的中东部地区及沿海，为地面小型终端提供 Ka 频段宽带通信业务。2016 年发射的海事卫星天通一号，采用了大型可展开式单口径反射面多波束天线，109 个点波束覆盖我国领土、领海、第一岛链以内区域，2 个海域波束分别覆盖太平洋西部和印度洋北部的部分区域。

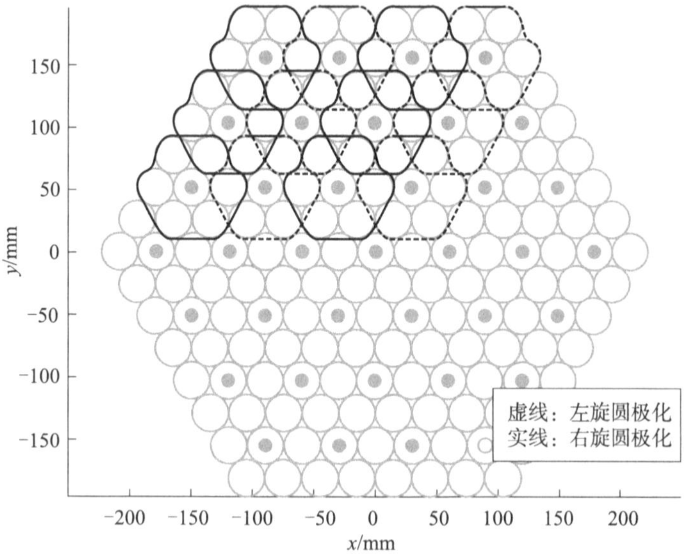

图 5-50 波束形成网络原理图

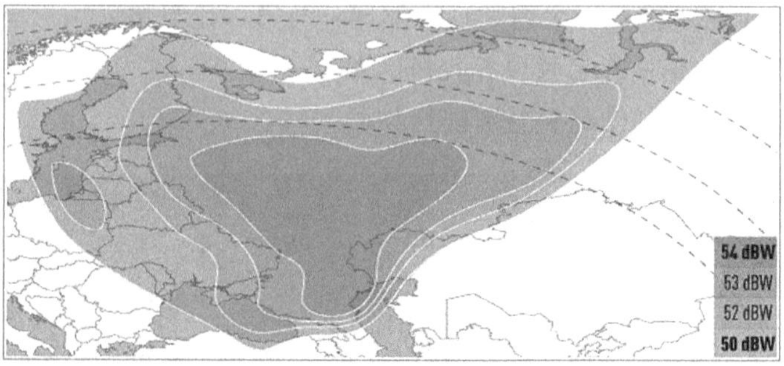

图 5-51 Ekpress-AMU1 卫星天线覆盖情况

图 5-52 中星十六号卫星天线示意图

（2）直射阵列相控阵应用

对于 LEO 通信卫星，由于轨道低，星地传输距离短，自由空间损耗小，同时要求天线具备较大扫描角（通常对地覆盖角度不小于±60°），因此，该轨道上的卫星用户链路大多采用直射阵式相控阵多波束天线，其中最典型的代表就是 Iridium 系统以及 Globalstar 系统。

Iridium 系统概念于 20 世纪 80 年代末提出，1991 年摩托罗拉公司正式决定建设该网络，1998 年完成整个星座建设，可实现全球无缝覆盖，其主任务天线是发展较早且至今仍然成功运行的相控阵天线系统。该星座由 66 颗卫星组成，星载主任务天线［见图 5-53（a）］采用 3 个有源相控阵板，以一定的角度面向地球，提供卫星到地面用户的 L 频段链路，每个有源相控阵由 106 个阵元、T/R 组件以及波束形成网络组成，每个 T/R 组件包含一个 5bit 移相器和一个 6 bit 衰减器，波束形成网络由 8 个 16×16 的 Butler 矩阵连接 10 个 8×8 的 Butler 矩阵及功率分配网络组成，形成 16 个点波束，整星共计 48 个点波束指向地球。随着全球业务量的不断增加，第一代 Iridium 系统由于寿命将至已经不能继续完成全球覆盖，为实现对新兴市场的进一步占领，2007 年，下一代铱系统计划（Iridium Next）启动。在通信有效载荷方面，Iridium Next 卫星与第一代卫星基本相同，但各方面性能均有所提升。卫星上搭载再生型处理转发器，与第一代卫星采用三副天线产生用户波束不同，第二代卫星配备一副 L 频段相控阵天线［见图 5-53（b）］，可产生 48 个点波束，采用时分双工（TDD）体制来分别进行收发。

（a）第一代

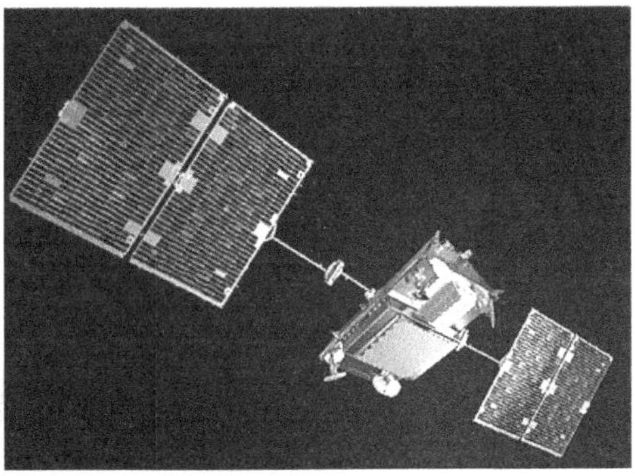

（b）第二代

图 5-53　第一代 Iridium 和第二代 Iridium 天线示意图

Globalstar 系统第一代于 2000 年完成组网并投入运营，其星载相控阵天线［见图 5-54（a）］采用 91 个 S 频段发射阵元和 61 个 L 频段接收阵元的六边形阵列布局，采用模拟波束形成网络形成多个点波束。发射波束形成网络由 16 层 1∶91 的功率分配网络组成，每层的输入口输入 1 个波束信号，91 个输出端各接 1 个移相段，共 1 456 个移相段。每 16 个移相段（每层一个）通过功率合成网络连接 1 个功率放大器及辐射单元，共 91 个合成网络，连接到 91 个单元上，形成 16 个发射波束和 16 个接收波束。为提高在轨寿命和降低费用，2010 年开始建设的第二代 Globalstar 系统发射天线采用半有源相控阵天线［见图

5-54（b）]，即采用 2 副无源多面穹圆顶型天线（TX10 和 TX6）形成 16 个波束，其中 TX10 中心喇叭天线形成中心波束 1，TX10 剩余 9 个阵面形成外围的 9 个波束，TX6 的 6 个阵面形成中间圆的 6 个波束，通过多端口的功率放大器实现波束间的功率调节。L 频段接收天线继承 1 代的有源相控阵天线，把阵元数减少到 52 个，优化了成本，波束赋形则通过调节移相器和衰减器实现。

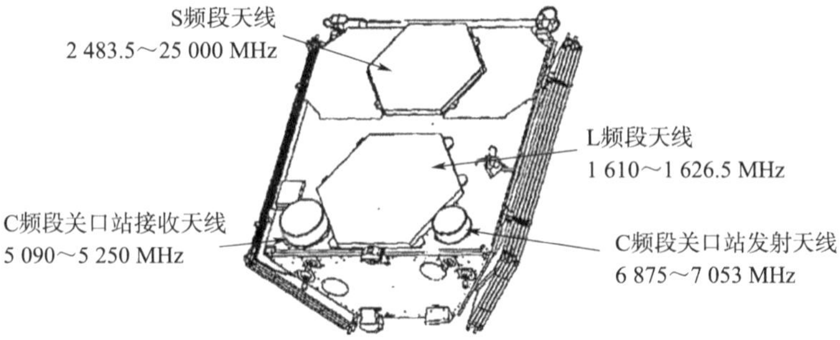

(a) 第一代

(b) 第二代

图 5-54 第一代 Globalstar 和第二代 Globalstar 天线示意图

上海微小卫星工程中心于 2009 年完成 16 个发射波束的有源阵列天线原理样机研制与测试，该 S 频段有源相控阵天线由 61 个阵元等三角形栅格排列组成一个正六边形平面阵，采用数字波束形成网络形成 16 个等通量覆盖波束。其数字波束形成网络采用查表法乘法器资源，利用正六边形关于 120°的旋转对称性，根据波束空间阵列分解结果设计复用结构，以各波束为中心完成波束成形乘法算法，然后以阵元为中心进行对应的累加运算，完成波束成形操作，极大地利用各子阵间共用成形系数，节省了三分之二的硬件资源。

（3）透镜应用

透镜天线是几何光学原理在无线电频率范围的一种应用。与反射面天线相比，多波束透镜天线的优点在于有更大的设计自由度，具有很好的旋转对称性，保留了良好的光学特性，无口径遮挡，有良好的宽角扫描特性。但透镜天线在低频时也具有质量大、体积大、损耗大等致命缺点，导致其在星上的应用受到严重的限制。然而随着研究频段向毫米波和亚毫米波的推进，波长的缩短为小型化透镜天线的发展带来了希望，研究人员也将更多的目光投向该领域。近年来，欧洲空间局对离散透镜天线开展了研究，研究人员研制了一种

Ka 频段的有源离散透镜天线。该天线采用内置固态微波放大器的有源透镜，并使用非周期性排布方式。但试验表明，该天线的辐射效率大约只有 15%，大部分的能量被转化成热能，这使得散热成了该天线的一个严重问题。而鉴于透镜波导馈源阵相对多模馈电网络来说在结构上要简单得多，Astrium 公司的研究人员也在 Ka 频段透镜馈源方面开展了研究，但设计的两个模型在主瓣方面均出现宽“平顶”（主瓣太宽）的特点，这使得辐射增益严重不足，因此还待进一步的研究和改进。

5.4.3 卫星相控阵天线

5.4.3.1 卫星相控阵天线概述

相控阵天线是可通过波束控制系统控制天线阵列各单元或子阵通道传输信号的相位和幅度，改变阵列天线的口径照射函数，在预定空域形成特定波束形状和波束快速扫描的天线阵列系统。相控阵天线系统由天线阵列，相位和幅度调制器，功率合成或分配网络，波束控制分系统与主控计算机组成。

相较其他星载天线形式，相控阵天线的优势主要在于以下几个方面：

（1）天线波束形状捷变能力

天线波束形状捷变能力是指天线阵列波束形状快速变化的能力，天线的波束捷变能力可提高抗干扰能力和抑制杂波的能力，即合理有效地使用和分配空间电磁信号。

（2）跟踪波束快速扫描能力

相控阵天线用电子控制方式实现天线波束指向快速转换，使天线波束具有快速扫描的能力。这一优点来自天线阵列各阵元通道内信号传输相位受电子控制系统控制快速变化的能力。对于采用移相器的相控阵天线，天线阵列波束的快速扫描能力，在硬件上决定于开关器件及其控制信号的计算、传输和转换时间。

（3）空域滤波和空间定向能力

由于相控阵天线波束具有捷变能力，天线波束可以在干扰信号来波方向形成零点（调零）抑制干扰，并且在相干信号方向集束方向图，得到最优信噪比信号输出。

（4）功率合成能力

相控阵天线采用阵列天线技术，依靠移相器的相位变换，使天线波束集中于某一方向，使得各天线阵元的信号能量聚焦于某一空间方向。

5.4.3.2 相控阵天线工作原理

以平面相控阵为例，简要介绍相控阵工作原理。

设相控阵天线单元按等间距矩形排列，如图 5－55 中阵列在 yoz 面上，共有 $M \times N$ 个单元，间距分别为 d_1 和 d_2。设目标所在方向以方向余弦（$\cos\alpha_x$，$\cos\alpha_y$，$\cos\alpha_z$）表示，则相邻单元之间的空间相位差，沿 y 轴和 z 轴方向分别为

$$\Delta\phi_1 = \frac{2\pi}{\lambda} d_1 \cos\alpha_y \tag{5-27}$$

$$\Delta\phi_2 = \frac{2\pi}{\lambda} d_2 \cos\alpha_{yz} \tag{5-28}$$

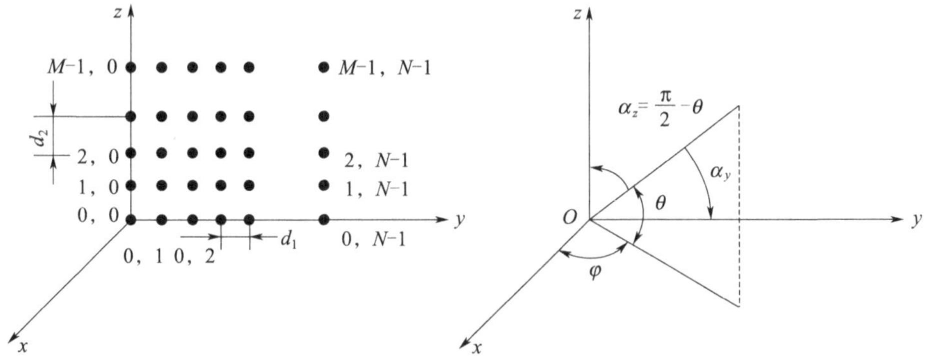

图 5－55　平面相控阵天线结构示意图

第（i，k）个单元与第（0，0）参考单元之间的空间相位差为

$$\Delta\phi_{ik}=i\Delta\phi_1+k\Delta\phi_2 \tag{5-29}$$

若天线阵内由移相器提供的相邻单元之间的阵内相位差沿 y 轴和 z 轴分别为

$$\Delta\phi_{B\alpha}=\frac{2\pi}{\lambda}d_1\cos\alpha_{y0} \tag{5-30}$$

$$\Delta\phi_{B\beta}=\frac{2\pi}{\lambda}d_2\cos\alpha_{z0} \tag{5-31}$$

式中，$\cos\alpha_{y0}$ 和 $\cos\alpha_{z0}$ 是波束最大值指向的方向余弦。

第（i，k）个单元与第（0，0）参考单元之间的阵内相位差为

$$\Delta\phi_{Bik}=i\Delta\phi_{B\alpha}+k\Delta\phi_{B\beta} \tag{5-32}$$

若第（i，k）个单元的幅度加权系数为 α_{ik}，则图 5－55 中所示平面相控阵天线的方向图函数 $F(\cos\alpha_y，\cos\alpha_z)$ 在忽略单元方向图影响条件下，可表示为

$$F(\cos\alpha_y,\cos\alpha_z)=\sum_{i=0}^{N-1}\sum_{k=0}^{M-1}\alpha_{ik}\exp\left\{j\left[i\left(\frac{2\pi}{\lambda}d_1\cos\alpha_y-\Delta\phi_{B\alpha}\right)+k\left(\frac{2\pi}{\lambda}d_2\cos\alpha_z-\Delta\phi_{B\beta}\right)\right]\right\} \tag{5-32}$$

考虑到 $\cos\alpha_z=\sin\theta$，$\cos\alpha_y=\cos\theta\sin\phi$，故平面相控阵天线方向图函数表示为

$$F(\theta,\varphi)=\sum_{i=0}^{N-1}\sum_{k=0}^{M-1}\alpha_{ik}\exp\left\{j\left[i\left(\frac{2\pi}{\lambda}d_1\cos\theta\sin\varphi-\Delta\phi_{B\alpha}\right)+k\left(\frac{2\pi}{\lambda}d_2\sin\theta_z-\Delta\phi_{B\beta}\right)\right]\right\} \tag{5-34}$$

因此，改变相邻天线单元之间的相位差，即可实现天线波束的相控扫描。

下面以一个 7 阵元的天线阵列为例，假设阵列天线的阵元均为各向同性的理想点源，阵元排布按如图 5－56 所示的六边形方式。对于卫星系统，描述波束覆盖的张角与卫星天线的方位角仰角之间的关系如图 5－57 所示。

设目标所在的方向为（Θ，Φ），用方向余弦表示为（$\cos\alpha_x$，$\cos\alpha_y$，$\cos\alpha_z$），则整个平面阵的方向图为

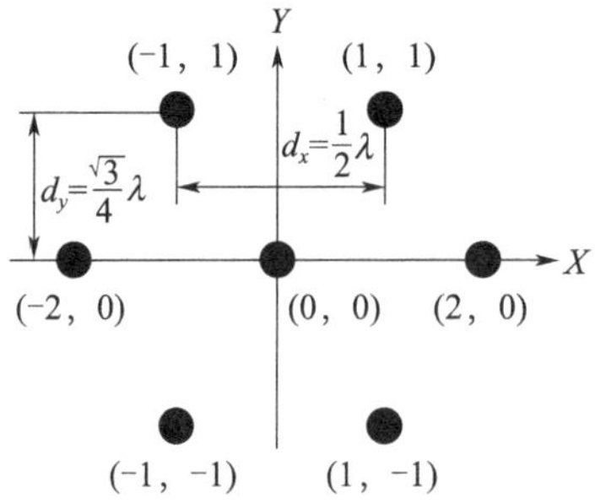

图 5-56　7 阵元天线单元排列方式

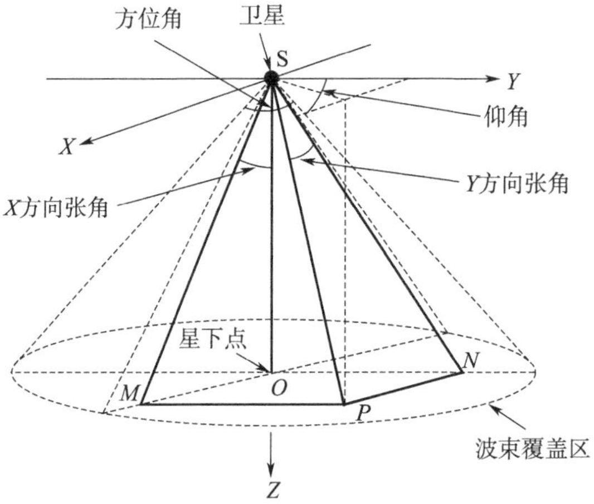

图 5-57　卫星天线的覆盖张角和波束关系图

$$F(\alpha_x,\alpha_y)=\sum_{i=0}^{i=6}\sum_{k=-3}^{k=3}\alpha_{ik}\exp\{j\ [i(dr_x\cos\alpha_x-\Delta\phi_{Bx})+k(dr_y\cos\alpha_y-\Delta\phi_{By})]\}\tag{5-35}$$

式中，$dr_x=\frac{2\pi}{\lambda}\frac{d_x}{2}=\frac{\pi}{2}$，$dr_y=\frac{2\pi}{\lambda}d_y=\frac{\sqrt{3}}{2}\pi$（阵元间距的电长度），$\alpha_{ik}$ 为第（i，k）个单元的幅度加权系数

$$\alpha_{ik}=1-\frac{\left[\left(1-\frac{N_x-|k|-1}{2}\right)\frac{\lambda}{2}\right]^2+\left(k\frac{\sqrt{3}}{4}\lambda\right)^2}{R^2}\tag{5-36}$$

其中，对于六边形阵 $N_x=7$，$R=\frac{N_x}{4}\lambda$ 。

从方向函数上可以看出，要在（Θ，Φ）上获得最大方向，则阵内相位差需满足

$$\Delta\Phi_{Bx}=\frac{2\pi}{\lambda}\frac{d_x}{2}\cos\alpha_{Bx}=\frac{\pi}{2}\cos\alpha_{Bx}\tag{5-37}$$

$$\Delta\Phi_{By}=\frac{2\pi}{\lambda}d_y\cos\alpha_{By}=\frac{\sqrt{3}\pi}{2}\cos\alpha_{By}\tag{5-38}$$

用方位仰角表示为

$$\Delta\Phi_{Bx}=\frac{2\pi}{\lambda}\frac{d_x}{2}\cos\Theta_B\cos\Phi_B=\frac{\pi}{2}\cos\Theta_B\cos\Phi_B \tag{5-39}$$

$$\Delta\Phi_{By}=\frac{2\pi}{\lambda}d_y\cos\Theta_B\sin\Phi_B=\frac{\sqrt{3}\,\pi}{2}\cos\Theta_B\sin\Phi_B \tag{5-40}$$

则第（i，k）个阵元的阵内相位为

$$\Delta\Phi_{Bik}=i\Delta\Phi_{By}=i\ \frac{\pi}{2}\cos\Theta_B\cos\Phi_B+k\ \frac{\sqrt{3}\,\pi}{2}\cos\Theta_B\sin\Phi_B \tag{5-41}$$

那么对于其波束成形空间任意点（θ，φ）的阵列天线辐射功率可以表示为

式中，$dr_x=\frac{2\pi}{\lambda}\frac{d_x}{2}=\frac{\pi}{2}$，$dr_y=\frac{2\pi}{\lambda}d_y=\frac{\sqrt{3}}{2}\pi$（阵元间距的电长度），$\Delta\Phi_{Bx}=\frac{2\pi}{\lambda}\frac{d_x}{2}\cos\Theta_B\cos\Phi_B=\frac{\pi}{2}\cos\Theta_B\cos\Phi_B$，$\Delta\Phi_{By}=\frac{2\pi}{\lambda}d_y\cos\Theta_B\sin\Phi_B=\frac{\sqrt{3}\,\pi}{2}\cos\Theta_B\sin\Phi_B$，($\Theta$，$\Phi$) 为波束指向。

5.4.3.3 卫星相控阵天线分类

相控阵天线在卫星通信中的应用主要有直接辐射相控阵和阵列馈源反射面天线两种形式。直接辐射阵收发信号直接辐射，通过射频波束形成网络或数字波束形成满足同时多点波束、敏捷波束、波束重构和宽角扫描等需求，费用和功耗较高。阵列馈源反射面天线采用赋形反射面天线结合相控阵馈源阵列的方式，利用偏焦馈电形成多个不同指向的波束，同时满足高增益、低功耗、低成本、多点波束和波束扫描的需求，利用馈源焦平面阵列可以改善反射面的漏射率，提高天线 EIRP，另外阵列激励技术还可用于补偿反射面加工误差或老化造成的扭曲变形。

相控阵天线按照波束功能的不同，可以划分为区域覆盖相控阵天线、宽角扫描区域相控阵天线和有限区域扫描相控阵天线。

（1）区域覆盖相控阵天线

区域覆盖相控阵天线通过网络对辐射阵馈相，在覆盖区形成若干相对固定的波束，波束相对于辐射阵一般不扫描，但可进行校正及微调，为了产生多个波束实现对用户区的无缝覆盖，需要采用复杂的功率分配网络。最典型的应用为 Iridium 系统以及 Globalstar 系统。

（2）宽角扫描区域相控阵天线

为了提高低轨卫星的传输速率，近年来已开始采用大角域扫描天线取代简单的赋形波束天线，同时向高频发展，特别是采用 Ka 频段的相控阵天线。此类相控阵天线为了实现大角域扫描采用较小的单元间距，整个系统需要实现较高的集成度。

（3）有限区域扫描相控阵天线

对于 GEO 卫星以及某些特殊的应用，对天线扫描区域的要求是有限的，可以利用这一特点，加大天线单元的间隔及增益，从而简化天线的规模，提高天线的性能，并降低天线的成本。

按相控阵天线按照应用场景不同，可以划分为中低轨道应用和同步轨道应用。

对于 LEO 卫星，由于轨道低，星地传输距离短，自由空间损耗小，同时要求天线具备较大扫描角（通常对地覆盖角度不小于±60°），因此，该轨道上的卫星用户链路一般都采用直接辐射相控阵配置。除了宽扫描角外，该类型相控阵天线还具有低轮廓、低功耗、波束数量较少（通常小于 50 个波束）和质量轻等特点，其波束形成网络从早期的射频 BFN 逐步发展为数字波束形成，可实现灵活的多波束、波束调整重构，以及波束凝视、等通量覆盖。数字波束形成的挑战主要是利用高效的算法、以最小的计算资源得到所需的波束权值。目前，通常采用查表法读取预先存储的权值系数，未来可通过在轨重构技术实现权值更新或通过实时计算自适应更新权值系数。

GEO 大容量和超大容量通信卫星应用中多采用 X、Ku 和 Ka 频段直接辐射相控阵天线，例如 Spaceway-3，ViaSat，WINDS，AEHF，WGS 等卫星系统，需要解决宽带、高通信速率、敏捷波束调整、自适应调零抗干扰和高可靠等难点。侧重移动通信应用的 GEO 卫星多采用 L/S 频段大型阵列馈源反射面天线形成多点波束，如 AcES，Thuraya，Inmarsat-4，ICO-GEO，TerreStar-2，SkyTerra-2，天通-1 等卫星。阵列馈源反射面天线的反射面多为大型可展开伞状天线等形式，具有质量轻、增益高、低旁瓣和费用低等特点，同时兼具相控阵灵活波束的优点。但是，星载可展开相控阵天线存在着结构位移场、电磁场及温度场之间的相互作用，进而影响相控阵天线的电性能。星载阵列馈源反射面天线的难点在于：展开机构、反射面找形、在轨热分析、无源互调、多点波束赋形、自适应调零抗干扰、可靠性分析、GBBF 星地一体校准等，以及为节约载荷资源急需开展的数字信道交换与波束形成一体化技术研究。

5.4.3.4 卫星相控阵系统关键技术

星载相控阵系统主要设计关键在于 T/R 组件、馈电网络、电源、热控等分系统，对于大型的可展开天线，其阵面设计和展开机构也极其重要。与陆基相控阵天线相比，星载相控阵天线一方面在波束、效率等电性能方面有更为严苛的要求，另一方面由于要保证天线轻量化，在材料选择方面，需要采用轻型薄板（膜）材料；在电子元器件选择方面，体积小和质量轻是关键；而且天线在太空环境中要长期经受太阳和行星的红外辐射及空间低温热沉作用，温度环境极为恶劣，因此天线热控系统设计也极其重要；天线在轨工作时，由于温度变化和器件老化等原因，各射频通道间的相对幅度和相位会发生变化，因此相控阵天线还需要在轨校正技术。下面对星载相控阵天线特有的可展开阵面和幅相校正给出概要说明。

（1）可展开阵面

天线尺寸大于平台要求的包络时，就需要在地面总成时收拢天线，发射到指定轨道后展开，目前大型可展开平面相控阵天线主要有两种结构：折叠阵面天线和柔性阵面天线。折叠阵面天线通常做成刚性单元块，发射时折叠起来，在轨道上通过展开机构展开。其优点是阵面精度高，但对天线口径有限制，太大就超重，收缩也很难，而且需要复杂的展开机构，可靠性较低。柔性阵面天线具有低质量、高收缩率。低成本、高展开可靠性等特点。通常采用薄膜结构，发射时折叠或卷曲收缩，入轨后以充气膨胀方式展开。这种充气式柔性相控阵天线在大口径天线中具有无可比拟的优势。

折叠阵面相控阵天线子阵面多采用模块化设计，以有源子阵为基本集成单元，每个模块包含的辐射单元、T/R 组件、波控、电源、综合网络等。有源子阵模块采用叠层结构，各层分别是辐射单元层、安装板、信号网络和有源模块层，安装板中嵌装热管，用于 T/R 组件温度均衡。为保证天线阵面的刚度和强度性能，且保证结构在高低温交变情况下不破坏，在阵面温度不均匀分布的情况下，仍维持较高的平面度，框架选用高模量的碳纤维复合材料。利用碳纤维复合材料热膨胀系数小的特点，进行合理的铺层设计以满足轻量化、收拢状态的频率要求和保证天线展开状态下的结构精度要求。子阵模块与框架可以采用浮动连接，以减小温度变形。折叠机构（见图 5 - 58）主要功能是保证上升段的天线收拢，满足发射环境要求，卫星入轨后，完成天线阵面的展开和锁定，并保证天线阵面在轨刚度及平面度等要求。

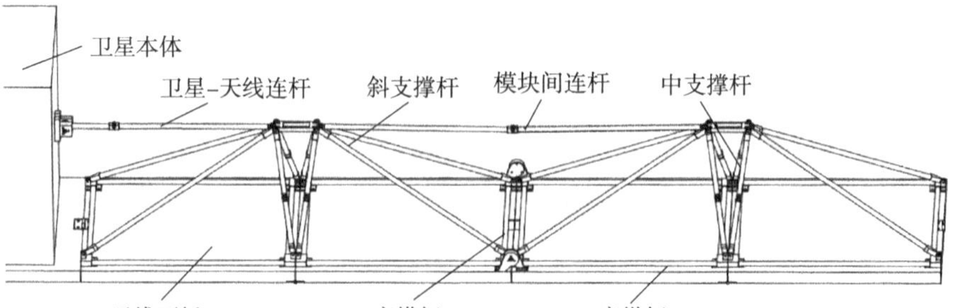

(a) 展开状态

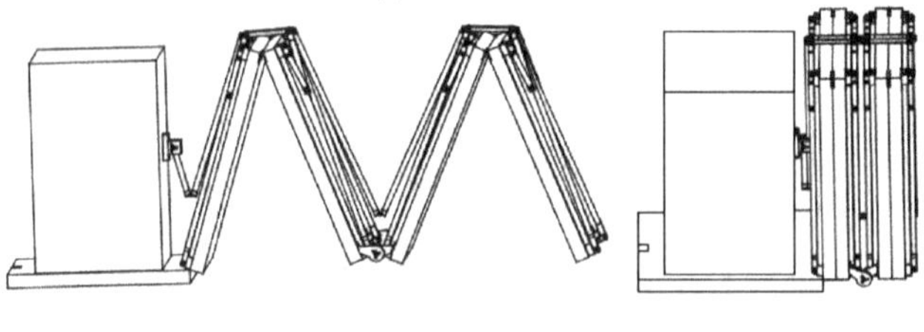
(b) 半展开状态　　(c) 折叠状态

图 5 - 58　折叠阵面两模块天线可展开支撑桁架

柔性阵面相控阵天线一般由充气框架、薄膜和悬挂张紧装置三部分组成。充气框架是由聚氨酯涂覆的凯芙拉材料制成的柔性薄膜圆管，充气后具有一定的刚度，给薄膜天线提供悬挂支撑。框架薄膜在发射收缩状态是柔性的，在轨道上完成充气展开后，通过太阳紫外线照射或加温固化，保证刚度。天线薄膜是多功能复合结构，通常采用双面敷铜箔的聚酰亚胺薄膜通过蚀刻而成，正面为微带贴片辐射单元及其微带馈电网络，反面为接地面，T/R 组件或移相器通过射频馈电探针与馈电网络相连，天线的背面是具有热控功能的结构基层，它采用高强度纤维增强复合材料为整个天线薄膜提供结构强度，同时也为 T/R 组件在有限的温度范围内正常工作提供保证。柔性阵面相控阵天线依靠悬挂调节装置来保证天线的平面度和辐射单元的间距，美国喷气推进实验室（Jet Propulsion Laboratory，JPL）研制的充气阵列天线的薄膜通过有限个点悬挂在框架上，这样减小了框架本身的形状误差对天线薄膜精度的影响，也方便调节。悬挂调节装置由薄膜加强边，连接绳索，张紧弹簧和螺旋调节机构组成。两连接点间的加强边呈悬链线状，以使薄膜受力均匀。每个点通过螺旋机构来调整张紧力，张紧力的大小由弹簧的伸长量来控制。

图 5-59 是 JPL 研制的一个柔性可卷曲 SAR 天线。其展开尺寸为 10 m×3 m，面密度为 1.7 kg/m^2，采用矩形充气框架。展开过程类似于卷曲席筒的展开。这种方式收纳率高，易于控制，还使天线在发射时有较高的刚度，防止振动损伤天线，提高安全性。

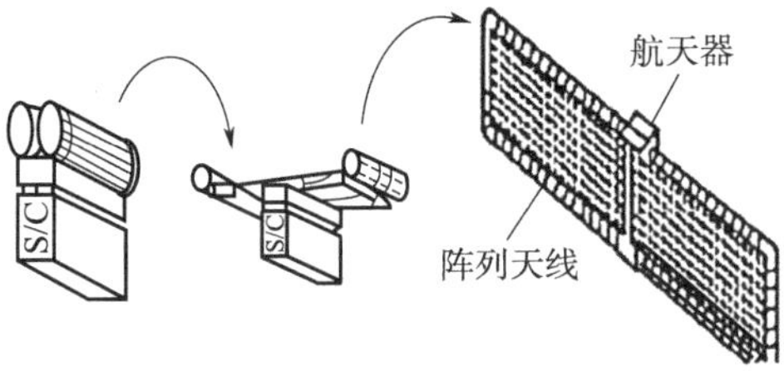

图 5-59 柔性可卷曲 SAR 天线

图 5-60 是一种刚柔结合天线的示意图。它吸收了柔性充气天线和刚性折叠天线的优点，框架采用充气膨胀式，但阵列天线部分采用刚性薄板结构，其厚度比一般的刚性天线薄，但比柔性薄膜厚。这样可以降低对 T/R 组件和热控装置体积的要求。天线子板之间由柔性薄膜相连，以利于折叠。这种结构形式不仅有利于阵面精度的保证，而且有利于加工制造和地面调试。

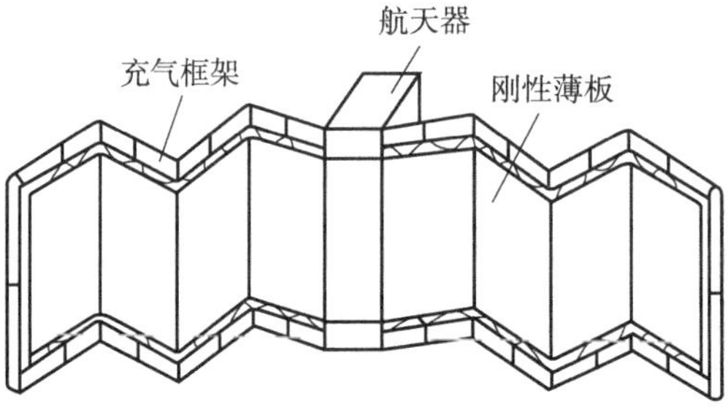

图 5-60 刚柔结合天线

（2）幅相校正

目前，星载相控阵的校正方法主要有四种：调用幅相校正表、归一化传输编码法（UTE）、控制电路编码法（CCE）和旋转矢量法（REV）。

调用幅相校正表就是在地面各种温度条件下测出相控阵各通道幅度、相位随温度变化的数据，然后把这些数据存储在相控阵控制器中，天线在轨工作时，测量其工作温度，然后根据测得的温度数据从存储器中调出存储的幅度、相位数据，通过各通道的移相器和衰减器对幅相误差进行补偿。这种方法需要进行大量的测试，而且仅能针对温度引起的幅相误差进行校正，对由于器件老化引起的幅相误差不能进行校正，因此这种方法存在一定的局限性。

归一化传输编码法（Unitary Transform Encoding，UTE）和控制电路编码法（Control Circuit Encoding，CCE）是两种利用时分多路正交编码信号来远距离校正发射/接收有源相控阵系统的算法。UTE 法可以有效地校正采用数字波束形成的相控阵系统，因为数字波束形成所需要的各单元幅度和相位都是在基带中数字化控制的，精确度很高。CCE 法利用控制移相器各延迟电路的导通，对模拟波束形成的相控阵系统进行正交编码。CCE 法不需要额外的硬件电路就可以做到精确编码，所以是远距离校正模拟波束形成相控阵的选择之一。

UTE 法和 CCE 法对由温度、器件特性不一致和器件老化引起的幅相误差都能进行校正，这两种方法的优点是在校正过程中测量的次数少，缺点是需要进行幅度和相位的测量，而相位的测量一般实现起来比较复杂，会导致设备的复杂化。

旋转矢量法（Rotating Element Electric - Field Vector Method，REV）通过软件控制相控阵阵列单元前端的移相器，当单个单元相移值改变时，测量合成电场矢量电场强度的变化，对测试结果进行数学处理，得到该单元的幅度和相位值。由于只需要测量合成电场矢量的幅度值，所以测量精度及可实现性相比测量相位而言要高。因此，REV 法非常适合星载相控阵的校正。REV 仅需要测量信号相对幅度变化，不需要进行相位测量，校正设备少；其缺点是实现校正需要较多的测量次数。

在轨 REV 校正又可分为星地通路校正及星上通路校正，在星地通路校正系统中，校正天线和信号源放置在地面上，采用远场 REV 法校正，可简化星上设备；缺点是牵扯地面系统，协调复杂。星上通路的近距离校正，需在星上架设具有一定高度的收发校正天线，还要配备校正信号处理装置；其优点是不牵扯地面系统，近距离也易于保证信号质量。

5.4.3.5　卫星相控阵天线应用

美国国家航空航天局于 1978 年 6 月成功发射了世界上第一颗装载有源相控阵天线的海洋卫星 SEASAT - 1（见图 5 - 61），推动了星载有源相控阵天线成为宇航领域的研究热点之一。SEASAT - 1 共具有 4 个发射扇形波束的双极化天线，4 个主动波束分别沿 $\pm 45°$ 和 $\pm 135°$ 方位角指向卫星轨迹，每一波束宽约 0.5°、长约 25°，以 25°～55°的入射角照射地球表面，4 个波束形成交叉形状。天线由八块可折叠子阵列面板组成，相互铰链，依靠高可靠性的伸展机构实现在发射时的折叠和在空间的展开。天线采用了环氧树脂玻璃纤维做基板，间位芳香族聚酰胺纤维制成的轻巧蜂巢结构，刚度好，实现了天线结构的轻量化，且耐温变，使得面积 20 多平方米的天线被控制在 100 kg 以内。

1983 年 NASA 的第一颗跟踪与数据中继卫星（Tracking & Data Relay Satellite，TDRS）由挑战者号航天飞机发射升空。其星载 S 频段相控阵天线（见图 5 - 62）采用 30 个螺旋单元天线阵，天线收发共用，接收采用地面数字多波束形成 20 个点波束，发射 1 个点波束，可进行时分的多点扫描。扫描视场 $\pm 13.5°$，前向数据率 10 kbit/s，返向数据

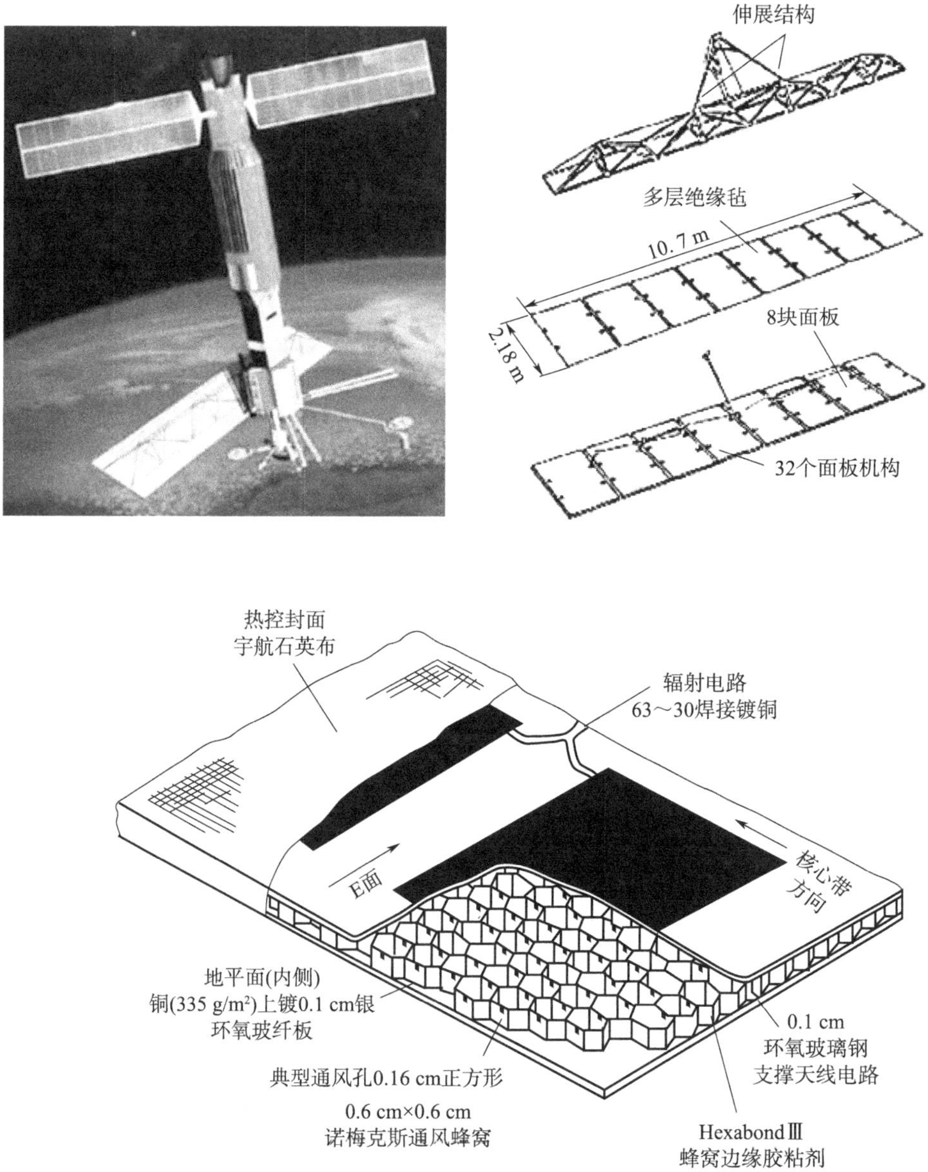

图 5-61　SEASAT 卫星、天线展开机构和面板材料示意图

率 50 kbit/s。其后发射的第二代 TDRS 的多波束相控阵天线，天线阵元为微带贴片子阵，收发阵分开，波束由地面形成改为星上形成，采用模拟技术实现多波束。天线接收链路单元数为 32 个，波束 6 个，使得返向数传速率提高到 3 Mbit/s。天线发射采用 15 个阵元，前向波束为 2 个，传输速率为 300 kbit/s。

WGS（Wideband Global Satcom）系统是美国国防卫星通信系统 DSCS-3 的后继系统，原名 Wideband Gapfiller Satellite。美国 2007 年发射升空的 WGS-1 卫星装载有 10 副方向可调的 Ka 频段全双工点波束天线，2 副 X 频段有源相控阵 8 波束天线和 1 副 X 频段喇叭形全覆盖天线（见图 5-63）。它可通过双向、点对点、点播和多播等方式，向作战

图 5-62　TDRS 卫星天线示意图

人员快速而大量地分发数据。其中装载的 X 频段有源相控阵天线，收发分开，发射阵 312 个单元形成 8 个波束，接收阵 168 个单元形成 8 个波束。其 X 频段有源相控阵天线具有在轨波束形状调整与操作能力，可形成任意形状和大小的独立波束，并以最小 2.2°的点波束对全球进行覆盖，主要实现大范围内的离散、孤立地区的跳变覆盖。

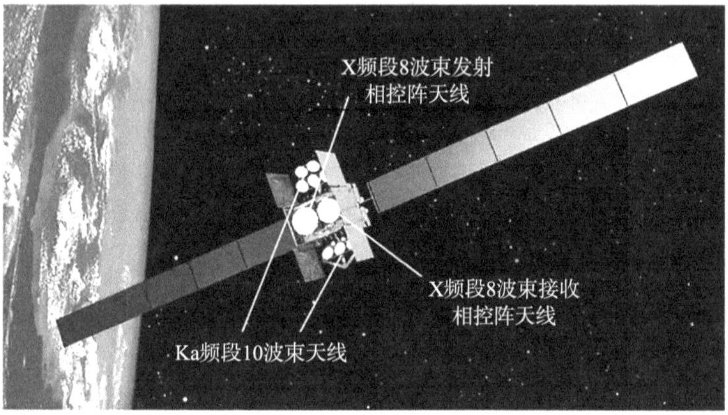

图 5-63　WGS 卫星天线示意图

替代 Milstar 系统的美国先进极高频（Advanced Extreme High Frequency Satellite，AEHF）系统覆盖南北纬 65°间的广大地区，用于包括核战争在内的各种规模战争中，为关键战略和战术部队提供防截获、抗干扰、高保密和高生存能力的全球卫星通信。鉴于功率和费用方面考虑，AEHF 的可控波束同时采用万向传动天线和相控阵天线，相控阵用于跳动速率远远快于可能采用万向传动天线的移动波束。第一颗 AEHF 于 2010 年发射，采用洛马公司的 A2100M 平台，其上搭载了 Ka/EHF 频段相控阵天线（见图 5-64），采用分布式馈电有源相控阵天线方案，收发分开，Ka 频段发射、EHF 频段接收。发射相控阵天线共 2 副，采用 271 个单元，单元间距 2.4 倍波长，采用跳波束相控阵天线独有的“超敏捷”服务，可以为指挥部和160个实时移动的孤立用户之间提供即时通信覆盖；接收相控阵天线1副，采用271个单元形成4个波束，采用了美国诺斯罗普·格鲁曼公司研制的波束形成网络，可以实现在轨自适应调零，而无需地面站的控制和干涉。该星座已于2012年、2013年、2018年、2019年和2020年分别发射了AEHF-2、AEHF-3、AEHF-4、AEHF-5和AEHF-6，以实现全球化、抗干扰能力强的卫星军事通信系统。

图5-64　AEHF卫星天线示意图

日本宽带网络互联技术试验和示范卫星（Wideband InterNetworking engineering test and Demonstration Satellite，WINDS）于2008年发射，星上搭载了用于大容量、高速通信的Ka频段有源相控阵天线（见图5-65），实现2个独立可控移动点波束，每个波束可跳变8个区域，实现时分多址（TDMA）的通信模式。发射天线、接收天线各包含128个天线单元形成2个波束，天线的辐射单元为角锥喇叭天线形式，其排列考虑到了对地扫描的需求，为确保天线波束栅瓣在地球之外，采用了三角形网络，单元间距2.7倍波长。同时，为了得到最大增益，阵面单元采取等幅馈电。

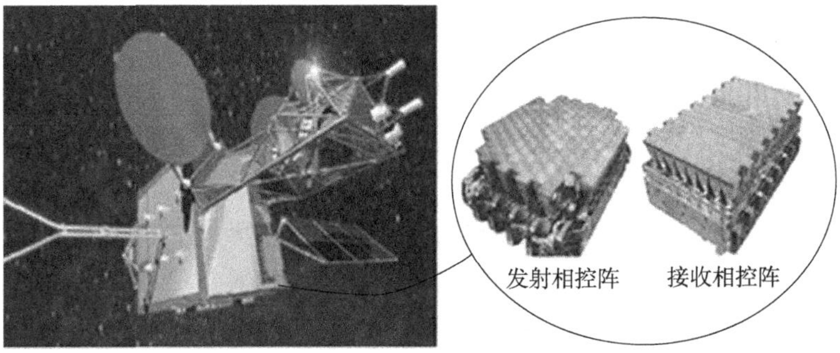

图5-65　WINDS卫星天线示意图

利用阵列馈源反射面天线大反射面的窄波束和相控阵的灵活性，形成 100～500 个点波束覆盖，结合频率和极化复用，可以实现卫星移动通信系统的大容量和用户终端小型化设计。2010 年发射的 SkyTerra-1 采用 22 m 的 L 频段大型可展开网状天线（见图 5-66），配合相控阵馈源阵列以及 GBBF 技术可实现多达 500 个波束，其采用的 GBBF 技术简化星上有效载荷设计，将复杂的星上处理工作交由地面关口站处理，并能根据用户需求调整波束数量和形状，灵活分配星上容量和带宽，相比星上数字波束形成，可有效降低风险。2013 年发射的 TerreStar-2，同样采用 18 m 网状反射面天线，配合 GBBF 技术，实现 500 个可变波束，系统能够广泛支持宽带移动接入业务。

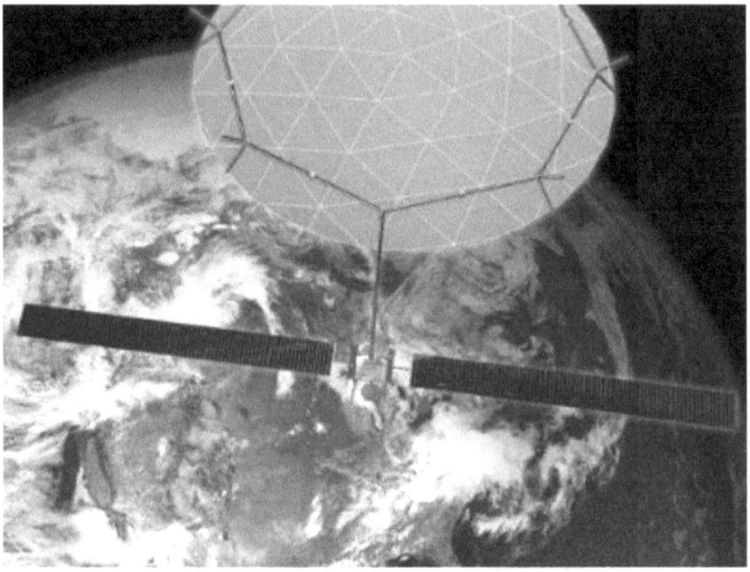

图 5-66　SkyTerra-1 卫星天线示意图

5.4.4　微小卫星天线

5.4.4.1　微小卫星天线概述

微小卫星具有高功能密度和高技术性能，其体积和重量不足传统大中型卫星的十分之一甚至是百分之一，特别是近几年各国研究的立方体卫星（CubeSat），其尺寸可小至 10 cm×10 cm×10 cm，重量不足 1 kg。针对微小卫星的天线设计，需要考虑以下几点：

1）天线必须具有高可靠性，因为无法对在轨的微小卫星天线进行维修或更换；

2）天线必须尺寸小、质量轻、效率高、成本低，尤其像皮卫星等微小尺寸的卫星，无法在其表面提供足够的空间来安装大天线；

3）天线的机械强度要能承受卫星发射时所遇到的振动和冲击而不被损坏；

4）天线设计时需考虑空间环境适应性；

5）天线设计时需对增益需求和结构限制做出权衡，因为微小卫星上空间有限，很难达到理想的高增益；

6）天线设计中需要考虑天线与卫星之间和星上天线之间的耦合作用和电磁兼容性。

5.4.4.2 微小卫星天线最新应用

截至2020年，除了两颗为InSight火星着陆器提供实时中继信号的MarCO微小卫星外，其余所有微小卫星均运行在近地轨道。这种有限的通信距离可以让微小卫星采用增益较低的鞭状或贴片形式天线，且这种弱方向性的天线在卫星可能出现翻滚时仍旧能够保持通信链路的畅通，这一点对于缺乏精准指向控制能力的微小卫星尤为重要。目前，很多微小卫星VHF和UHF通信上已经在使用易于部署并展开的单极子天线（见图5-67），而贴片天线（见图5-68）这类体积小且无需展开的天线，在UHF至S频段也已经得到了使用，并且还在探索如何将其应用至X频段乃至更高频段的天线阵列当中。

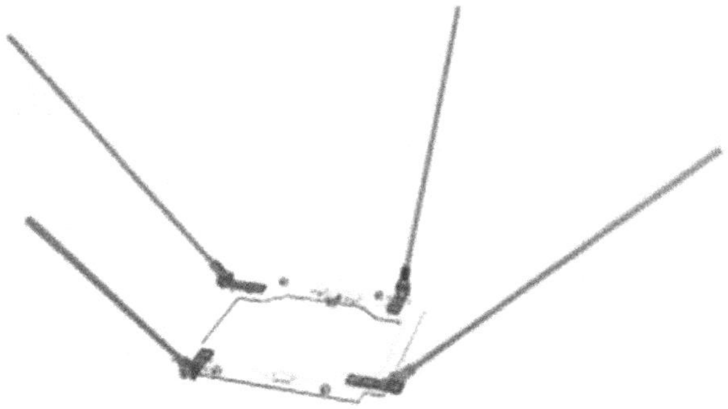

图5-67 GomSpace推出的UHF频段可展开单极子立方星天线

图5-68 IQ Wireless推出的S频段贴片立方星天线

在立方星通信技术成熟的VHF和UHF频段，最常采用的天线形式是鞭状天线和小型贴片天线，人们也在研究和使用更多的天线形式。例如，应用在SNaP（SMDC Nanosatellite Program）卫星上的可展开高增益UHF频段天线采用了交叉偶极子形式（见图5-69）。图5-70是用于立方星的可展开式四臂螺旋天线。图5-71是在1U的EnduroSat卫星上采用的4个可展开式的UHF频段单极子天线。图5-72是美国诺斯罗普·格鲁曼公司研制的UHF频段可展开螺旋天线，图中展示了在室温下手持展开该天线的250帧/s的高速视频截图。

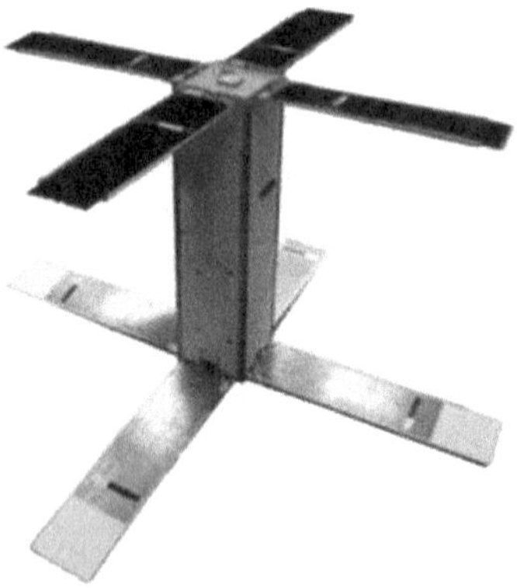

图 5-69　SNaP 卫星天线

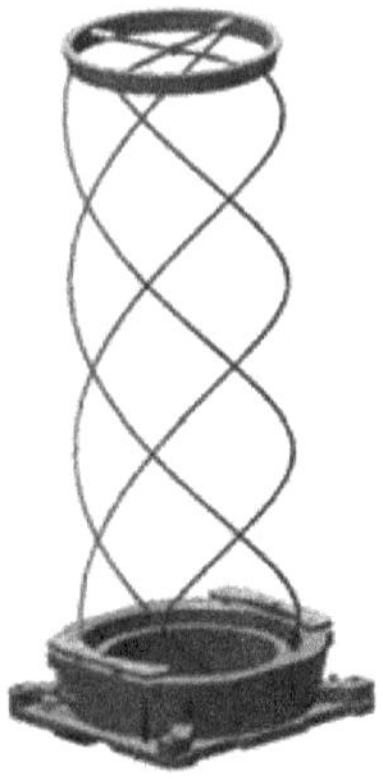

图 5-70　可展开四臂螺旋卫星天线

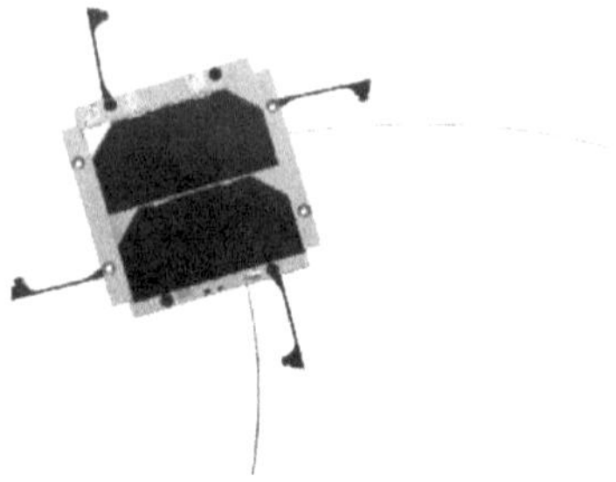

图 5-71　EnduroSat 卫星天线

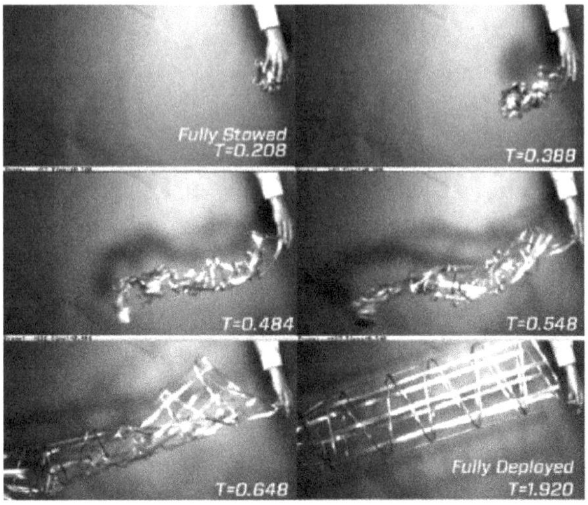

图 5-72　可展开螺旋卫星天线展开过程

美国 MMA Design 公司对于可展开高增益反射面天线展开了诸多研究，其研制的 DaHGR 天线（见图 5－73）对比网状反射面天线更加紧凑、零件更少、成本更低，同时还可以达到与大型卫星搭载天线相同的性能。

图 5－73　DaHGR 可展开反射面天线示意图

当微小卫星不能使用可展开的太阳帆板时，受限的卫星表面要首先供给太阳能电池板所用，此时就需要采用光学透明的天线。休斯敦大学和犹他州立大学的研究人员已开发出了如图 5－74 所示的小型光学透明天线原型，在石英基片上使用银环氧导体，可以得到良好的谐振特性和辐射效率。NASA 马歇尔太空飞行中心（MSFC）开发的 LISA－T 阵列（见图 5－75）是一种在轨部署的可展开阵列，其上嵌入了薄膜光伏和天线阵列，将太阳能阵列和天线阵列集成在了一起，有效地利用了空间。

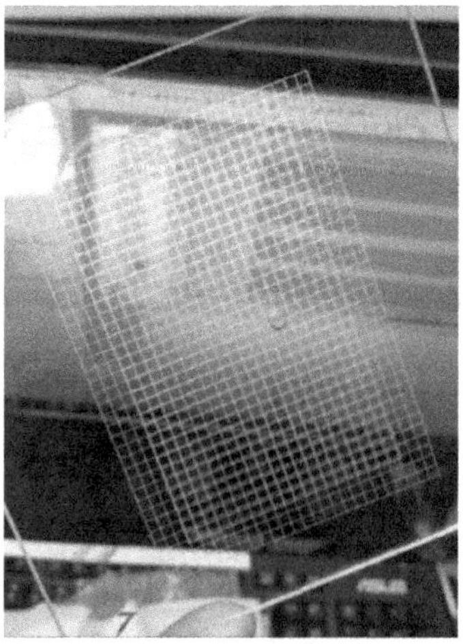

图 5－74　光学透明天线

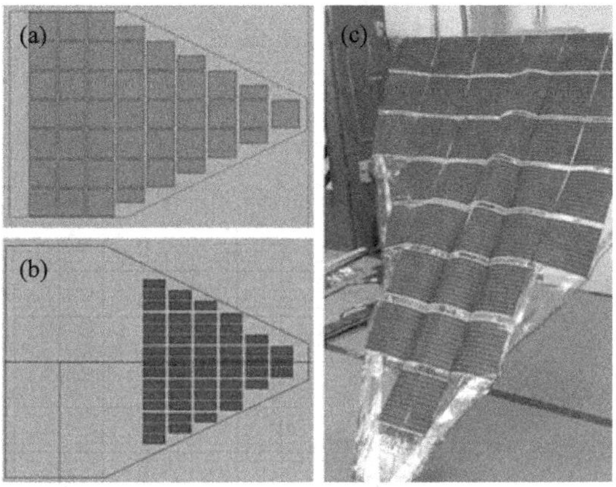

图 5－75　LISA－T 阵列

参考文献

［1］ 马凯学，陈明章，管仲成．星间通信技术发展及共性问题研究［J］．空间电子技术，2002（03）：18－23.

［2］ 张洪太，王敏，崔万照．卫星通信技术［M］．北京：北京理工大学出版社，2018.

［3］ 王江平，闻传花，李玉权．空间光通信技术讲座　第1讲　星间激光通信技术［J］．军事通信技术，2003，24（04）：56－60.

［4］ 朱勇，李玉权，武欣嵘．空间光通信技术讲座　第4讲　多普勒效应对星间激光通信的影响及对策［J］．军事通信技术，2003，24（04）：71－74.

［5］ 徐会忠，胡建平，徐佳康．基于数据采集的天基物联网技术研讨［C］．第十六届卫星通信学术年会论文集，2020：336－343.

［6］ 刘金诺．高速测控数传一体化中关键技术研究［D］．长沙：国防科技大学，2017.

［7］ 花江，王永胜，喻火根．卫星通信新技术现状与展望［J］．电讯技术，2014（005）：674－681.

［8］ 张玮．对天基宽带通信系统的思考与关键技术探索［J］．中国电子科学研究院学报，2018，13（05）：545－550.

［9］ 郭夏锐．商业卫星测控发展现状及趋势［J］．国际太空，2019（10）：44－48.

［10］ 黄普明，陈泓，陈世平．数据处理与传输系统的现状和发展趋势［J］．空间电子技术，2003（004）：4－8.

［11］ 李于衡，王学梅，孙海忠，等．Dove卫星高速数传技术分析［J/OL］．无线电通信技术：1－7［2020－12－03］．http：//epub. ccc. gou5juan. com/kcms/detail/13. 1099. TN. 20201125. 0944. 002. html.

［12］ 潘越．卫星网络路由技术研究［D］．北京：北京邮电大学，2017.

［13］ 王汝传，饶元，郑彦．卫星通信网路由技术及其模拟［M］．北京：人民邮电出版社，2010.

［14］ 李怡勇，邵琼玲，李小将．航天器有效载荷［M］．北京：国防工业出版社，2013.

［15］ 尤睿，高文军，吴春邦，等．航天器天线工程设计技术［M］．北京：北京理工大学出版社，2018.

［16］ 中国电子科技集团公司第十四研究所．有源相控阵雷达天线结构设计［M］．西安：西安电子科技大学出版社，2016.

［17］ 丁伟，陶啸．高轨道高通量卫星多波束天线技术研究进展［J］．空间电子技术，2019，16（01）：62－69.

［18］ 周乐柱，李斗．卫星通信多波束天线综述［J］．电子学报，2001（06）：824－828.

［19］ 陈修继，万继响．通信卫星多波束天线的发展现状及建议［J］．空间电子技术，2016，13（02）：54－60.

［20］ 陈升友．天基雷达大型可展开相控阵天线及其关键技术［J］．现代雷达，2008（01）：5－8.

［21］ 李靖，王金海．卫星通信中相控阵天线的应用及展望［J］．无线电工程，2019，49（12）：1076－1084.

［22］ 徐玉奇．卫星移动通信系统多波束形成技术研究［D］．哈尔滨：哈尔滨工业大学．2017.

［23］ 韩国栋，杜彪．卫星移动通信相控阵天线研究现状与技术展望［J］．无线电通信技术，2013，39

(04)：1－6.

[24] 任军强，邹恒光．相控阵天线与固定多波束天线在通信卫星系统中的应用分析 [J]. 国际太空，2015 (11)：55－60.

[25] 王从思，韩如冰．星载可展开有源相控阵天线结构的研究进展 [J]. 机械工程学报，2016，52 (05)：107－123.

[26] 阎鲁滨．星载相控阵天线的技术现状及发展趋势 [J]. 航天器工程，2012，21 (03)：11－17.

[27] 王岩．可展开平面天线支撑机构构型综合与设计 [D]. 哈尔滨：哈尔滨工业大学，2011.

[28] 刘双．基于巴特勒矩阵和数字波束形成网络的多波束天线研究 [D]. 成都：电子科技大学，2018.

[29] P. L. Metzen. Globalstar satellite phased array antennas [C]. Proceedings 2000 IEEE International Conference on Phased Array Systems and Technology (Cat. No. 00TH8510), Dana Point, CA, 2000, 207－210.

[30] K. Ueno. Design and characteristics of a multiband communication satellite antenna system. IEEE Transactions on Aerospace and Electronic Systems, 1995, 31 (2)：600－607.

[31] E. Amyotte et al. , High performance communications and tracking multi－beam antennas [C]. 2006 First European Conference on Antennas and Propagation, Nice, 2006, 1－8.

[32] Altunc. X－band CubeSat Communication System Demonstration. Logan, UT：s. n. 29 th Annual AIAA/USU Conference on Small Satellites [C]. 2015.

[33] Montano. Development of Low－profile Antennas for CubeSats [C]. 28 th Annual AIAA/USU Conference on Small Satellites. 2014.

[34] Kelly. A Scalable Deployable High Gain Antenna－DaHGR [C]. Logan, UT：s. n. , 30 th Annual AIAA/USU Conference on Small Satellites. 2016.

[35] Carr. The Lightweight Integrated Solar Array and Transceiver (LISA－T) . second generation advancements and the future of Small－Sat power generation [C]. Logan, UT：s. n. 30 th Annual AIAA/USU Conference on Small Satellites. 2016.

[36] Ochoa, D. Deployable Helical Antenna for Nano－Satellites [C]. 28 th Annual AIAA/USU Conference on Small Satellites. Logan, UT：s. n. 2014.

[37] White, B. SOAREX－VI Re－entry Flight Test Experiment－Electronic Systems of the Slotted Compression Ramp (SCRAMP) Probe [C]. International Planetary Probe Workshop－IPPW－5. 2007.

[38] Yekan, T. Integrated Solar－Panel Antenna Array for CubeSats (ISAAC) [C]. Logan, UT：s. n. , 30 th Annual AIAA/USU Conference on Small Satellites. 2016.

[39] National Aeronautics and Space Administration. Integrated Solar Array and Reflectarray Antenna (ISARA) for High Bandwidth Cubesats. 2016. NASA. [Online].

第 6 章　卫星综合电子系统

综合电子系统源于航空工业，由于其优越的系统性能也被卫星工程所采用，提出了卫星综合电子系统。卫星综合电子系统是指航天器电子系统的总称，主要由计算机硬件和软件组成，其功能和性能具有多样性和复杂性。

6.1　概述

6.1.1　定义

卫星综合电子系统是一个对信息的采集、处理、分配和存储的系统，是一个在苛刻空间限制条件下，对密集性很高且复杂的航天电子系统进行信息和功能综合的系统。

卫星综合电子系统在星上采用计算机网络技术将星载电子设备互连，实现卫星内部信息共享和综合利用、功能集成、资源重组优化的信息处理和传输，除了完成传统的遥控、遥测、程控、星上自动控制、校时等任务外，还为平台和有效载荷提供全面、综合的服务与管理。

卫星综合电子系统集成了平台大多数电子设备，在很大程度上决定了卫星的平台性能。它是卫星的电总体和信息中枢，对卫星的运行至关重要。航天器综合电子系统设计打破了传统分系统相对独立的界限，可根据平台各分系统与载荷分系统信息流和能源流，系统设计体系架构，实现电子系统产品的功能综合、软件综合和硬件综合。

卫星综合电子系统主要功能包括：任务规划、任务调度、任务监视和卫星平台管理等，如图 6－1 所示。

6.1.2　基本架构

卫星综合电子系统采用模块化开放式体系结构，自顶而下，一体化综合设计。其硬件模块按照航天器设备的接口类型设置，软硬件接口采用标准化设计，功能由软件定义。综合电子系统可根据任务需求配置不同种类和数量的基本模块。

开放式系统设计可降低经济成本、提高规模化水平。开放式系统首先是开放式标准化的接口设计，采用开放式体系结构可以用最少的生产周期和研制成本实现所要求的功能和性能。其次，通过自动故障检测和修复功能，可以缩短故障排查时间，提高系统可维修性，增加系统的可用时间。其三，开放式系统结构可使用货架化的标准电子模块，这种设计思想既有利于模块的升级，又便于系统的拓展。

模块化分层开放式体系架构由特定功能的模块组成，每个模块的功能和接口都经过严格定义，但对功能的实现方法不做限定。基本模块可以是硬件，也可以是软件。每个基本

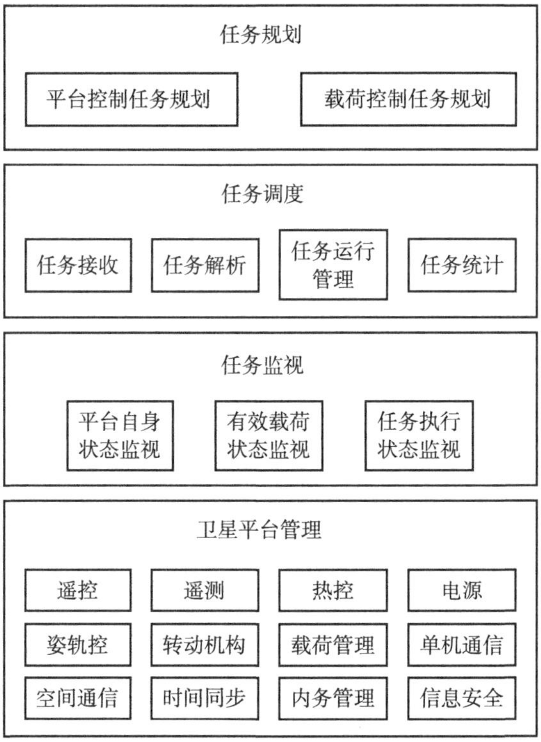

图 6－1　卫星综合电子系统功能示意图

模块都具有清晰的规定的功能和开放的接口，满足规定的性能、业务和其他需求；每个基本模块都是一个独立的整体，兼容更高级别的使用，如板级、设备级、子系统级；可在任何满足规定的物理和软件环境的系统中使用，适用于不同的型号任务。部分基本模块具有可配置性，在一定条件下可以现货供应。

单机由一系列功能相关联的模块组合而成，可根据功能需求选取各种功能模块及相应的组合方式来进行单机设计。单机通过其总线接口可以接入数据通信网络，网络硬件可以是内部总线（如标准 cPCI 总线、自定义总线等）或外部总线（如 1553B 总线、CAN 总线、SpaceWire 总线、RS－422 总线等）。

软件采用分层体系结构和模块化设计，采用层次划分方法，同时各层之间采用标准接口，便于层间的信息交换、软件模块的移植和重用以及系统功能的增强和扩充。软件模块对上实现功能的封装和隔离，对下通过调用下层构件组装其应有功能，实现层次化设计。软件通过构件的形式封装成相对独立的功能，采用不同的构件实现系统的软件业务。软件模块具有标准接口，通过在调用时配置相应的参数完成规定的功能。

总线是综合电子系统的神经网络，对它有高性能、高可靠的要求，航天器上广泛应用的星载总线主要有 RS－422/485 总线、1553B 总线、CAN 总线，个别中低速多载荷型号任务也开始使用数据速率可达 200 Mbit/s 的 SpaceWire 总线。

6.1.3　组成及功能

随着综合电子技术的发展，卫星综合电子系统采用集成模块化综合电子体系结构来实现系统功能。标准模块分为处理器模块、遥测采集模块、指令模块、通信模块、测控通信模块、导航接收模块、驱动模块和配电模块等 8 种类型，通过标准模块堆叠方式集成综合电子单机，模块间通信通过高密度板间连接器实现；为减少大电流干扰，配电模块也可放置于电源控制器单机中；测控通信模块也可独立为测控分系统；根据功能性能需求，可将不同模块进行集成或者扩展，功能扩展采用增加标准模块和内部连接器接点定义方式，具有开放性、通用性和功能密度高的特点，实现数据和功能综合。因此，在本章节中将卫星综合电子系统的组成分为处理器模块、遥测采集模块、指令模块、通信模块、驱动模块和导航接收模块，组成框图如图 6-2 所示。下面介绍各模块的功能。

图 6-2　综合电子系统组成框图

(1) 处理器模块功能

1) 运算及存储功能：负责整星控制管理，具有代码、数据存储功能；

2) 遥控功能：接收上行遥控指令及数据，对指令进行处理与分发；

3) 遥测功能：收集遥测并进行组包、组帧，产生下行遥测 PCM 数据；

4) 时钟功能：自守时、授时、集中校时、均匀校时、GPS 校时，提供时间片中断，PPS 秒脉冲输入、输出；

5) 故障监测功能：具有硬件看门狗，通过狗咬机制进行故障检测；

6) 负责帆板转动角度解算及速度档位指令输出，与帆板驱动控制器联合闭环实现对帆板的跟踪控制；

7) 负责卫星姿态解算和控制；

8) 负责卫星轨道控制。

(2) 遥测采集模块功能

1) 对输入的遥测模拟量（电压、电流、电阻）进行信号调理，范围符合 A/D 要求；

2) 对信号调理后多个遥测通道中轮回选通；

3）模拟量转换成数字量，采样精度符合要求。

（3）指令模块功能

1）为卫星其他单机提供 OC 指令；

2）为卫星其他单机提供 TTL 指令；

3）指令输出特性需符合要求。

（4）通信模块功能

1）与卫星上其他单机通过总线（1553B 总线、CAN 总线、SpaceWire 总线、RS－422 总线等）进行通信；

2）发送指令给卫星其他单机；

3）接收卫星其他单机遥测。

（5）驱动模块功能

1）为热控分系统加热器提供驱动；

2）为推进分系统的推力器、自锁阀和电磁阀提供驱动；

3）对帆板及天线驱动机构提供驱动控制；

4）采集驱动电路的状态遥测。

（6）导航接收模块功能

1）接收 GPS/BD 导航信号，进行信号解调和数据处理；

2）绝对定位解算功能；

3）输出时间码和秒脉冲。

6.2　硬件设计

硬件采用高度集成的模块化和标准化设计，可以有利于功能裁剪与扩充，减少整星电缆网的设计复杂度，以满足快速组装、测试和发射的要求。以下介绍处理器模块、遥测采集模块、指令模块、通信模块、驱动模块和导航接收模块的设计方法。

6.2.1　处理器模块设计

处理器模块是高功能密度的单板计算机（OBC，On－Board Computer），主要由 FPGA、CPU、SRAM、MRAM、FLASH、看门狗以及电源处理电路组成。考虑商业航天的特点，FPGA 和 CPU 可采用单芯片解决方案，例如，Smart Fusion2 是集成了 ARM Cortex－M3 硬核处理器的 FPGA，处理器模块的原理组成框图如图 6－3 所示。

6.2.1.1　FPGA 设计

FPGA 已成为航天器电子系统中必不可少的关键器件。根据不同的技术工艺，FPGA 有三种类型：SRAM 型 FPGA、FLASH 型 FPGA、反熔丝型 FPGA。

SRAM 型 FPGA 的可编程单元是由六管 SRAM 单元进行开关控制，加电时必须从外部存储器件中加载配置信息，其配置信息容易受到单粒子翻转影响，需采取配置信息周期

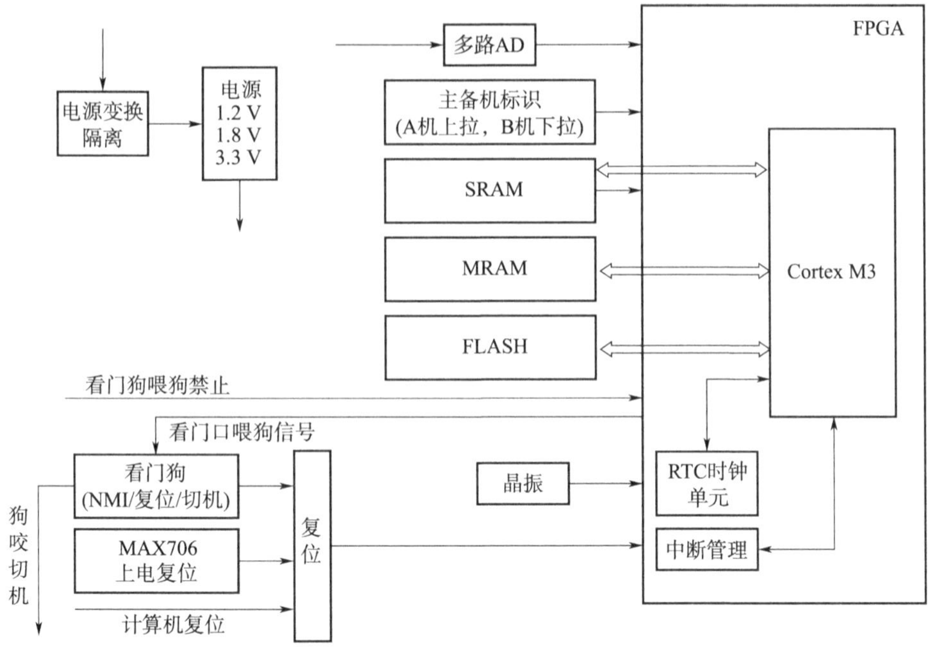

图 6-3　处理器模块组成框图

刷新和重加载措施。

FLASH 型 FPGA 的可编程单元是两个晶体管组成的 FLASH 开关，无需外部配置器件，上电即能运行而且断电之后能够保存配置代码，其配置信息也不会出现单粒子翻转问题。

反熔丝型 FPGA 利用熔丝点的通断来存储编程信息，其配置信息对单粒子翻转免疫，但只能烧写一次。

SRAM 型 FPGA 和 FLASH 型 FPGA 可以根据用户需要进行多次重复编程，能够进行在轨配置和重构。这种特性在空间应用中具有极高的价值，不仅能降低任务升级的成本，甚至能在发射后拯救含有设计缺陷的任务。反熔丝型 FPGA 只能配置一次，故不能进行在轨配置和重构。

在商业航天应用场景下，推荐选择集成了 ARM Cortex-M3 硬核处理器的基于 FLASH 架构的 Smart Fusion 2，Smart Fusion 2 系列中的 M2S090T-FGG484M 芯片内部集成的 FLASH 型 FPGA，采用 ACTEL 的第四代 65 nm 工艺，对单粒子翻转免疫，锁定阈值为 20 MeV/mg/cm^2。芯片内部还集成了 166 MHz 的 ARM Cortex-M3 硬核处理器和高速乘法器，具备 SRAM、PLL、DDR2/3、CAN、USB，以及千兆以太网等丰富的外设接口，基于该芯片的高安全性、高可靠性和低功耗的片上 SoC 系统，能够覆盖综合电子外部接口的需求。

Smart Fusion 2 系列 FPGA 内部资源见表 6-1。

表 6-1 Smart Fusion 2 SoC FPGA 产品系列

项目	M2S005	M2S010	M2S025	M2S050	M2S060	M2S090	M2S150
Cortex-M3+指令缓存	是	是	是	是	是	是	是
eNVM(kB)	128	256	256	256	256	512	512
eSRAM(kB)	64	64	64	64	64	64	64
eSRAM(kB)Non-SECDED	80	80	80	80	80	80	80
CAN	1	1	1	1	1	1	1
10/100/1 000 以太网	1	1	1	1	1	1	1
高速 USB 端口	1	1	1	1	1	1	1
多模 UART	2	2	2	2	2	2	2
SPI	2	2	2	2	2	2	2
I2C	2	2	2	2	2	2	2
定时器	2	2	2	2	2	2	2
LSRAM 18K 模块	10	21	31	69	69	109	236
uSRAM 1K 模块	11	22	34	72	72	112	240
总内存(kB)	191	400	592	1 314	1 314	2 074	4 488

Smart Fusion 2 系列具有高安全性、高可靠性和低功耗的特点，具体表现在：

1）采用了基于 FLASH 的最先进设计保护功能，可防止篡改、克隆和伪造，采用了先进的加密标准 AES-256、安全散列算法 SHA-256、384 位椭圆曲线密码引擎，彻底改变了 FPGA 在安全性应用中的有效性。

2）具有零故障率（FIT）的 SEU 免疫能力，在内部 Cortex-M3、SRAM、以太网控制器、CAN 控制器、USB 等模块中均采用了 EDAC 校验功能。

3）静态功耗小于 10 mW，在采用 FLASHfreeze 模式时，功耗可降至 1 mW，唤醒时间小于 100 μs。

6.2.1.2 存储器设计

存储器可按照用途/工作方式分为主存储器（内部存储）和辅助存储器（外部存储）。主存储器是指 CPU 能直接访问的，有内存、一级/二级缓存等，一般采用半导体存储器；辅助存储器包括软盘、硬盘、磁带、光盘、磁盘阵列等，CPU 不能像访问内存那样，直接访问外存，外存要与 CPU 或 I/O 设备进行数据传输，必须通过内存进行。

按照存储介质的不同，还可将存储器分为光学存储、半导体存储和磁性存储三大类。

另外，也可按照存储器的实现技术原理来进行详细分类。

存储器分类可参见图 6-4。

静态随机存取存储器（Static Random-Access Memory，SRAM）是随机存取存储器的一种。所谓的“静态”，是指这种存储器只要保持通电，里面储存的数据就可以恒常保持。相对而言，动态随机存取存储器（DRAM）里面所储存的数据就需要周期性地更新。然而，当电力供应停止时，SRAM 储存的数据还是会消失（被称为 volatile memory），这

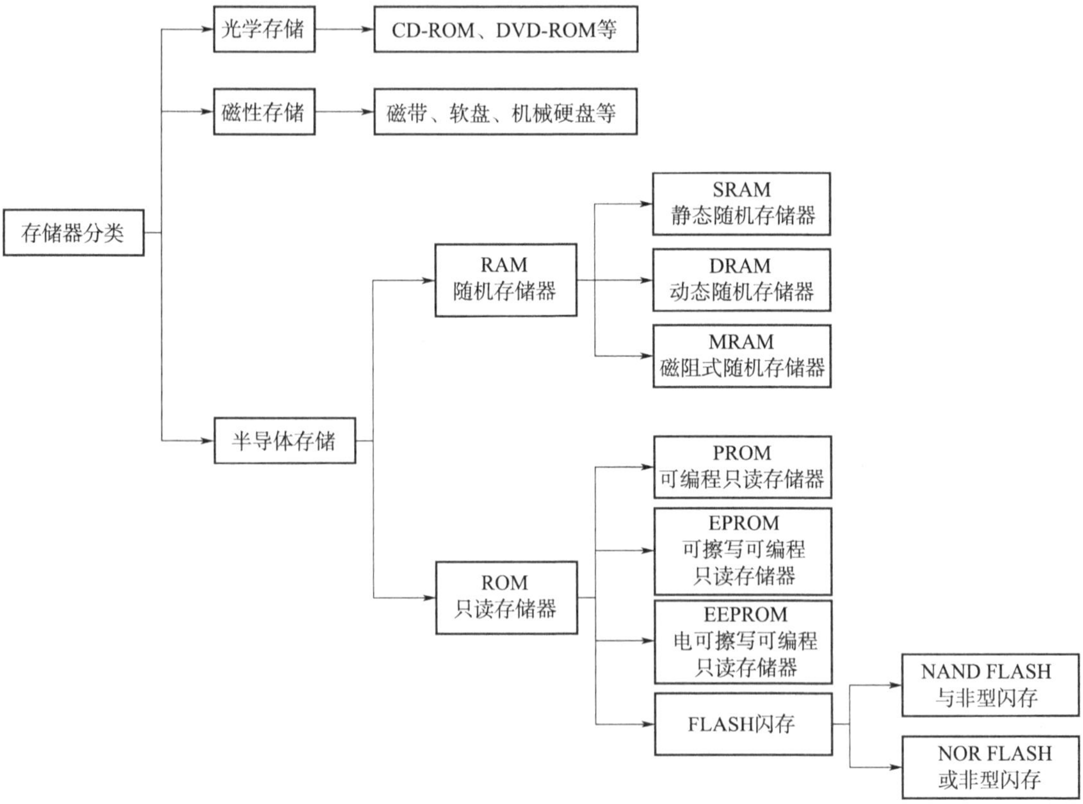

图 6-4　常见存储器分类

与在断电后还能储存资料的 ROM 或闪存是不同的。

MRAM（Magnetoresistive Random Access Memory）是一种非易失性（Non-Volatile）的磁性随机存储器。它拥有静态随机存储器（SRAM）的高速读取写入能力，以及动态随机存储器（DRAM）的高集成度，而且基本上可以无限次地重复写入。处理器模块中采用 MRAM 芯片作为数据存储器用来存储延时遥测及重要数据，对空间辐照效应有较强的免疫能力。

FLASH 是一种可以写入和读取的存储器，叫闪存，FLASH 也叫 FLASH ROM，有人把 FLASH 当做 ROM。和 EEPROM 相比，FLASH 的存储容量更大。FLASH 的速度比现在的机械硬盘速度快，是目前 U 盘和 SSD 固态硬盘采用的存储器。

目前 FLASH 主要有两种：NOR FLASH 和 NAND FLASH。NOR FLASH 的读取和我们常见的 SDRAM 的读取一样，用户可以直接运行装载在 NOR FLASH 里面的代码，这样可以减少 SRAM 的容量节约成本。NAND FLASH 没有采取内存的随机读取技术，它的读取是以一次读取一块的形式来进行的，通常是一次读取 512 个字节，采用这种技术的 FLASH 比较廉价。一般小容量的用 NOR FLASH，因为其读取速度快，可靠性高，多用来存储操作系统等重要信息；而大容量的用 NAND FLASH，最常见的 NAND FLASH 应用是嵌入式系统采用的 DOC（Disk On Chip）和我们通常用的“闪盘”，可以在线擦除。

此外，用户不能直接运行 NAND FLASH 上的代码，因此许多使用 NAND FLASH 的开发板除了使用 NAND FLASH 以外，还做上了一块小的 NOR FLASH 来运行启动代码。处理器模块中常采用 NOR FLASH 芯片作为程序存储器，存储操作系统、应用程序等。

6.2.1.3 复位策略设计

为了提高处理器模块可靠性和故障自主恢复能力，处理器模块设计上电复位、指令复位和看门狗复位三种复位策略，三种复位策略采用或的逻辑，任意一种都可以触发复位动作。

设计中为了在电源电压不正常的情况下，控制器能够做出正确判断，可选用集成看门狗计时器的高精度电压监控器作为电源监视电路，用来监视供电电压和提供上电与掉电系统复位信号，同时实现看门狗功能。当程序运行正常时，定时产生“牵狗”信号。当程序走死、走飞后，便不能产生定时“牵狗”信号导致“狗咬”使系统复位。当连续三次“狗咬”时，当班机会自动产生切机逻辑，切换至备份机，硬件上限制只能主切备，不能备切主。

6.2.2 遥测采集模块设计

遥测采集是通过传感器和变换器将所需的信息变为电信号，量化成数字信号，再通过数据处理对接收的原始信息进行加工、变换和计算，达到了解和掌握卫星的环境、状态并控制卫星的目的。遥测采集模块的原理组成如图 6－5 所示。

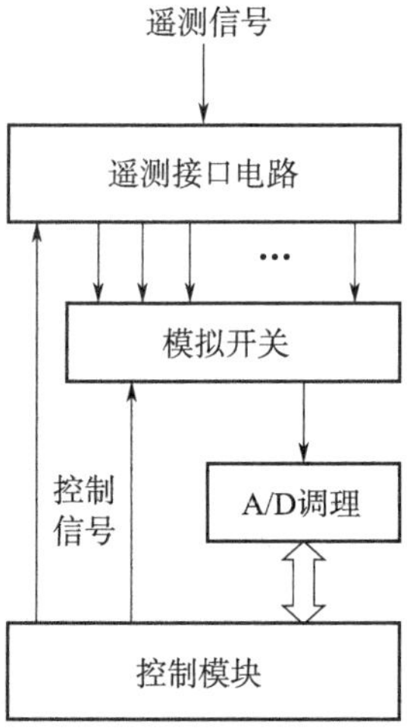

图 6－5　遥测采集模块组成框图

遥测信号是指在卫星工程遥测中许多环境参数的测量信息，如温度、湿度、压力、加速度等。测量参数都是非电量的遥测信息，它们必须通过遥测传感器，将物理量、化学量等的变化转换成电信号后，才能传输、处理和存储。对于变换后信号电平偏弱或含有用处不大的频率成分时，还需要经调节器放大或滤波后再进行采集处理。另外，有一些虽是电信号参数，但不符合有关型号遥测采集接口的要求，如一次电源的＋28 V 电池电压等，需先经过变换使之符合该型号遥测接口要求后再进行采集处理。遥测采集模块一般都使用多路电子开关，根据信息采样定理按时分制对多路被测信号进行幅值采样，通过阻抗变换电路输出 PAM 信号送 A/D 转换器完成量化。

6.2.2.1　遥测信号分类

遥测信号类型包括：开关状态量、数字量、电压量、温度量、电流量、小信号输入。

（1）开关状态量遥测信息

卫星工程测量参数中有一类属于工作状态或控制指令状态的遥测量，如设备供电状态、指令接收情况、加热器的通断、电磁阀的开关、主备份的切换等，是直接反映仪器设备的工作状态或间接表示仪器设备受指令控制情况的。它们一般通过继电器触点的转换、程序时间控制器触点的断开和闭合、电子门电路输出的高低电平、半导体晶体管的导通和截止等方式传送遥测模块检测信号。对于非电量的触点信号和不是用高低电平反映状态的测量信号，必须先进行预处理，变换成数字电路或计算机能分辨的高低电平后，再由遥测模块采集处理。对应每一个状态可以用字节的某一位表示，或用几位编码的方式编入数据格式。

（2）数字量遥测信息

随着微计算机在卫星工程测量的广泛应用，测量信息的数字化也越来越普遍。由于数字信息不仅传输精度高、速率快，还可以进行存储、复制、压缩、加密等再加工，又可以充分使用数字通信技术和数字电路的集成工艺，并可以与计算机直接交换信息，便于集中控制和管理，因此，卫星工程遥测越来越多地采用数字量遥测。

数字量遥测一般是在被测对象附近放置带模数转换的采编器，或由被测对象直接提供数字化的信息，通过传输线和约定的物理接口，遥测模块将它们编入遥测数据格式。

目前各种物理接口都已经形成规范或标准，经典遥测或可编程遥测系统普遍采用的是 GJB 1198 规定的 PCM 同步接口方式，在非纯遥测的系统中，更多地使用 1553B 总线或 RS-422、CAN 等系列的串行通信接口方式。

（3）电压量遥测信息

电压模拟信号的采集采用双端模拟通道，一个双端模拟通道由两条线组成，一个称为信号线（高线），另一个称为回线（低线），通道测量取高线和低线之间的电位差。

1）电压采集范围一般是 0～5.0 V 或者 −5.0～5.0 V，对模拟通道输入信号进行 12 bit 量化数据采集编码精度，数据采集编码精度优于 2.44 mV。针对大部分精度要求不高、输入电压为 0～5 V 的遥测信息，可去掉 AD 采集后 12 bit 中的最高比特（符号位）和最后 3 bit，保留 8 bit（1 B）的遥测量。

2）对于每台单机，向遥测采集模块提供 N 路信号线（N 为该台单机需遥测路数）以及 2 路回线，其中 2 路回线电性能指标完全一致，物理上互为备份。

（4）温度量遥测信息

热敏电阻通道在温度采样电路中配置一个稳压为 5 V 的电压和一个作为分压用的基准电阻。由热敏电阻和基准电阻对 +5 V 电源的串联分压值作为模拟通道的输入遥测电压。

要求：

1）稳压的 5 V 电压精度为±1%；

2）基准电阻的精度为 10 kΩ±0.5%。

接口电路如图 6-6 所示。

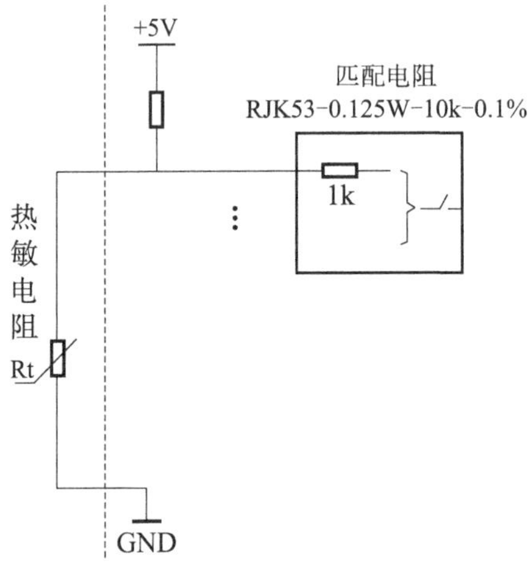

图 6-6　温度量采集接口

（5）电流量、小信号输入接口设计

对于电流遥测信号和小电压信号，在信号的输入端设置取样电阻和调理放大电路，调理后信号送后端 AD 转换电路。接口电路如图 6-7 所示。

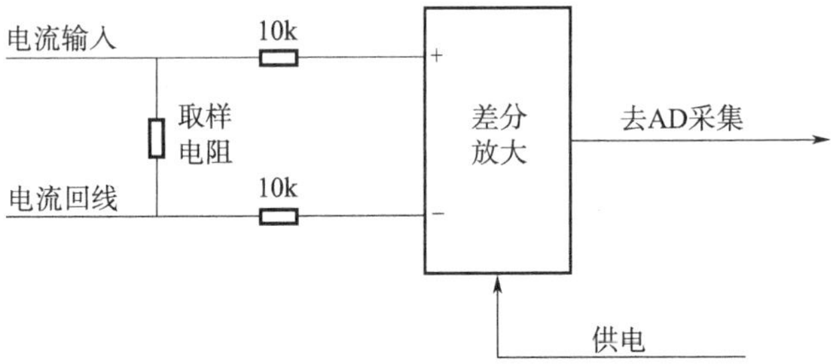

图 6-7　电流量采集接口电路图

6.2.2.2　AD 采集精度设计

对于 AD 采集精度的选取，需要考虑遥测量精度要求，对于字长 8 bit 的模拟量信息，当测量精度取 1%时，遥测系统常用 10 位的 A/D 转换器，取中间的 7 位作为量化的值，称为分层值。再与奇偶校验器的输出一起组合成 8 bit 的数据字。当要提高测量精度时，一般就不设数据字的奇偶校验位，即 8 bit 都是信息位，甚至采用 12 位以上的 A/D 转换器进行量化，并用双字节来满足 0.1%以上要求的高精度测量。

6.2.2.3　设计原则

在进行遥测采集模块设计时，需要统计整星各个分系统中各个单机所需要的模拟遥测量类型和数量，模拟遥测量经过遥测接口电路进入多路模拟开关进行选择，控制模拟量轮流进入 A/D 变换器通道，经转换成数字量之后进入控制模块，将数据进行处理并组帧后通过通信模块传输到处理器模块，完成模拟遥测参数的采集。

在遥测模块对这些信息根据以下原则进行采集和组合：

1）根据奈奎斯特采样定律，按被测信息最高频率的 2～2.5 倍作为数据格式的采样率；

2）根据用户要求、按时分原理对被测信息进行分时采集，采集的总路数就是数据帧的长度，即总采样率，在相同字节长度情况下，总采样率与字节长度的积就是总采样的码速率；

3）对低于路采样率的被测信息可以采取降速率采集，即经过若干数据帧后才被检测 1 次，所经过的数据帧数称数据的格式长度；

4）对高于路采样率的被测信息应采取倍速率采集，可以在 1 个数据帧中被重复检测 2 次或多次。

遥测数据格式如图 6－8 所示。从左至右是按时间顺序采集的 N 个字节数据组成的数据帧，从上到下是按格式长 M 组成的全部信息。一般传输高字节在前低字节在后，而每个字节先传高位后传低位。

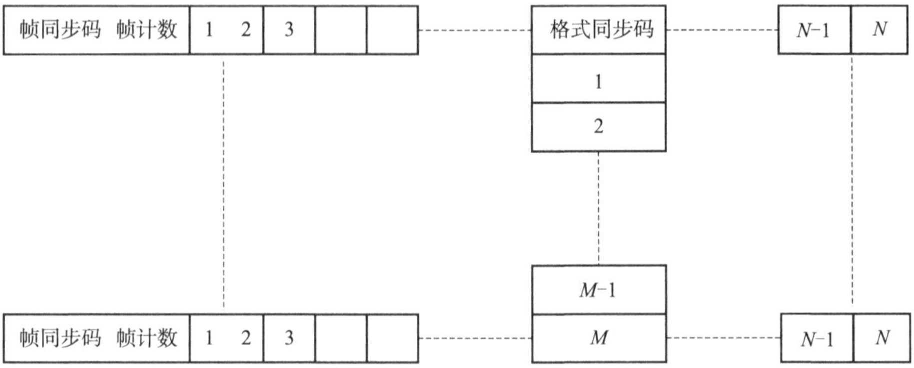

图 6－8　遥测数据格式

6.2.3　指令模块设计

指令模块的功能是对处理器模块发来的指令码进行译码后，为卫星其他单机提供 TTL 指令和 OC 指令输出，其设计原理如图 6－9 所示。

指令模块通过通信模块接收处理器模块发送的数据指令，进行直接指令合法检验和译码，输出指令脉冲（TTL 电平和 OC 门）；同时向处理器模块发送模块数字量遥测。TTL 脉冲指令包括各个单机的复位信号，OC 门脉冲指令包括放电开关通、放电开关断及各个

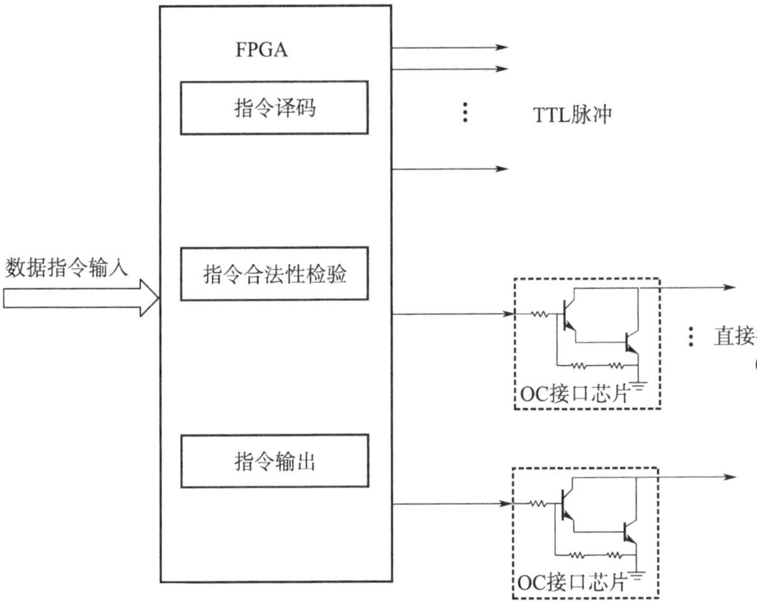

图 6-9 指令模块原理框图

单机的开关机等。指令模块采用 FPGA 控制，实现指令合法性检验、指令译码、指令输出和串口通信。

电平控制信号输出特性要求如下。

1）信号特性：TTL 输出；

2）低电平有效（0～1.5 V）；

3）驱动电流大于 20 mA。

直接指令信号输出特性要求如下。

1）信号特性：OC 门输出；

2）译码单元驱动能力：≥200 mA；

3）脉冲宽度：(160±10) ms/ (80±10) ms；

4）截止漏电流：<0.1 mA；

5）饱和压降：≤1.5 V；

6）从源端提供一条可共用的指令回线。

6.2.4 通信模块设计

通信模块完成综合电子内部和外部的通信功能，具体包括与综合电子内部的处理器模块、遥测采集模块、指令模块、驱动模块、导航接收模块之间的通信，以及与综合电子外部的姿控单机、电源控制器、测控单机、载荷单机、地测等通信，通信模块是以 FPGA 为主体的控制逻辑单元，组成如图 6-10 所示。

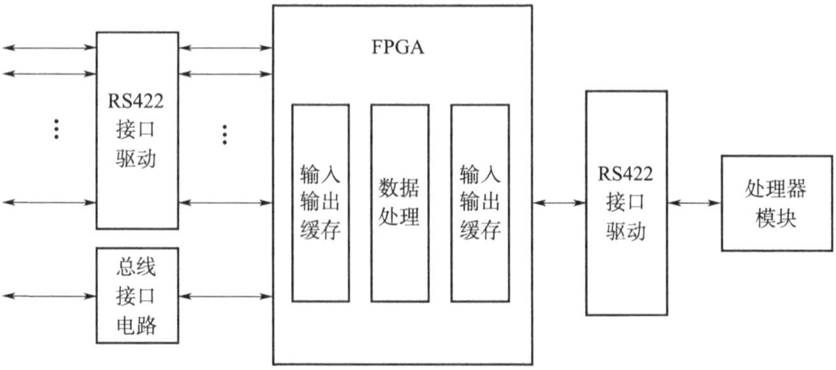

图 6-10　通信模块原理框图

6.2.4.1　RS-422 接口

RS-422 规定采用 4 线，全双工，差分传输，多点通信的数据传输协议。

RS-422 接口的收与发是分开的，所以可以同时收和发（全双工），但全双工要求收发要有单独的信道，所以 RS-422 适用于两个站之间通信，星型网、环网，不可用于总线网。

RS-422 接口标准全称是“平衡电压数字接口电路的电平特性”，它定义了接口电路的特性，实际上还有一根信号地线，共 5 根线。如图 6-11 所示。

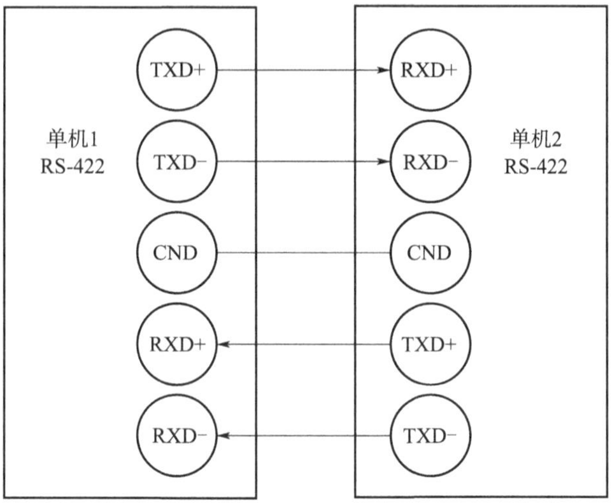

图 6-11　RS-422 接口原理框图

发送端两线电压差在（+2～+6）V 是高电平 1，（−6～−2）V 是低电平 0，接收端两线电压差大于+200 mV 是高电平 1，小于−200 mV 是低电平 0。

6.2.4.2　总线接口

常用的总线接口有 CAN 总线、1553B 总线、SpaceWire 总线、异步 RS-422 总线等，是航空航天上常用的高可靠性总线接口，下面主要介绍常用的 CAN 总线、1553B 总线和 SpaceWire 总线。

(1) CAN 总线

① CAN 总线网络

CAN 是控制器局域网络（Controller Area Network，CAN）的简称，是一种能够实现分布式实时控制的串行通信网络，具有低成本、高集成、高可靠、高效率、应用灵活的特点。其原理如图 6-12 所示。

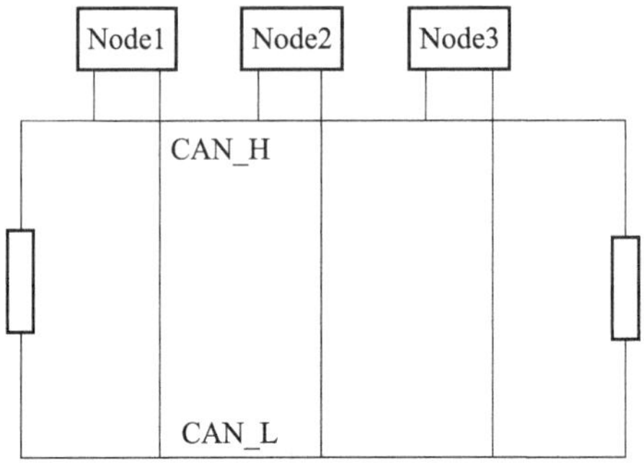

图 6-12 CAN 总线网络原理框图

CAN 总线网络主要挂在 CAN _ H 和 CAN _ L，各个节点通过这两条线实现信号的串行差分传输，为了避免信号的反射和干扰，还需要在 CAN _ H 和 CAN _ L 之间接上 120 Ω 的终端电阻。因为电缆的特性阻抗为 120 Ω，为了模拟无限远的传输线。

② CAN 收发器

CAN 收发器的作用是负责逻辑电平和信号电平之间的转换，即从 CAN 控制芯片输出逻辑电平到 CAN 收发器，然后经过 CAN 收发器内部转换将逻辑电平转换为差分信号输出到 CAN 总线上，CAN 总线上的节点都可以决定自己是否需要总线上的数据。具体的引脚定义如图 6-13 所示。

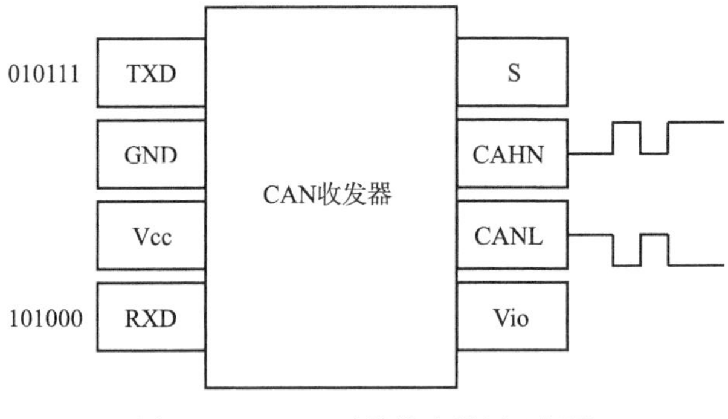

图 6-13 CAN 总线收发器原理框图

③ CAN 信号表示

CAN 总线采用不归零码位填充技术，如图 6-14 所示，也就是说 CAN 总线上的信号有两种不同的信号状态，分别是显性的（Dominant）逻辑 0 和隐性的（Recessive）逻辑 1，信号每一次传输完后不需要返回到逻辑 0（显性）的电平。

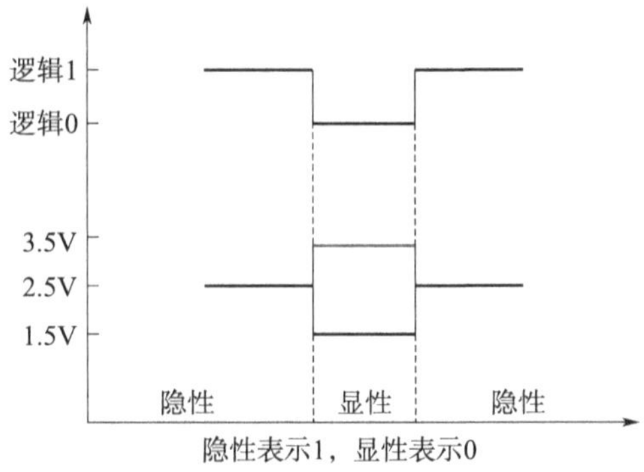

图 6 - 14　CAN 总线信号电平示意图

显性与隐性电平的解释：CAN 的数据总线有两条，一条是黄色的 CAN _ High，一条是绿色的 CAN _ Low。当没有数据发送时，两条线的电平一样都为 2.5 V，称为静电平，也就是隐性电平。当有信号发送时，CAN _ High 的电平升高 1 V，即 3.5 V，CAN _ Low 的电平降低 1 V，即 1.5 V。按照定义：CAN _ H - CAN _ L<0.5 V 时候为隐性的，逻辑信号表现为“逻辑 1”-高电平。CAN _ H - CAN _ L > 0.9 V 时候为显性的，逻辑信号表现为“逻辑 0”-低电平。

④ CAN 信号传输

图 6 - 15 为 CAN 总线信号传输过程原理，其分为如下两个过程。

发送过程：CAN 控制器将 CPU 传来的信号转换为逻辑电平（即逻辑 0 -显性电平或逻辑 1 -隐性电平）。CAN 发射器接收逻辑电平之后，再将其转换为差分电平输出到 CAN 总线上。

接收过程：CAN 接收器将 CAN _ H 和 CAN _ L 线上传来的差分电平转换为逻辑电平输出到 CAN 控制器，CAN 控制器再把该逻辑电平转化为相应的信号发送到 CPU 上。

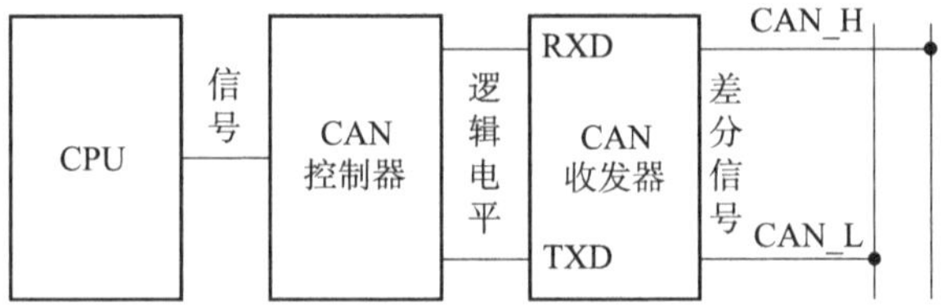

图 6 - 15　CAN 总线信号传输过程原理框图

(2) 1553B 总线

① 1553B 总线简介

MIL - STD - 1553B 总线是美国空军电子子系统联网的标准总线，是一种中央集权式的串行总线，总线组成包括一个总线控制器，负责总线调度、管理，是总线通信的发起者和组织者；若干远程终端（最多不超过 31 个），还可以有一种设备即总线监视器，用于监视总线的运行。该总线采用指令应答方式实现系统通信，采用冗余通道和奇校验以及相应的错误处理来提高系统通信的可靠性。1553B 是总线接口规律和信号特性的标准，它在物理层上对硬件部件所产生的电信号特性作了严格的规定，在数据链路层和网络层对错误监测的方法和指令响应的格式也做了严格的定义。由于1553B总线具有极高的可靠性，因在航空、航天、军事等领域的电子联网系统中得到广泛应用。

1553B总线采用异步数据传输方式，码速率1 Mbit/s（现已出现支持4 Mbit/s的板卡），即每秒10^6位，数据编码采用曼彻斯特Ⅱ型码，差分传输，一般情况下采用屏蔽双绞线作为传输介质。

② 硬件拓扑结构

一个典型的1553B总线硬件系统的拓扑结构如图6-16所示，总线本身是一个二冗余的结构，包括总线A和总线B，二者互为冗余备份，所有的总线设备（也称为总线接口单元Bus Interface Unit BIU）BC、RT、BM都以并联方式共享总线的主线部分。主线与子线之间采用总线控制器BC（Bus Controler）、总线监视器BM（Bus Monitor）、远程终端RT0（Remote Terminal）、远程终端RT1、……远程终端RTN的方式连接。总线上只能有一个总线控制器BC和不多于31个远程终端RT（有些文献也称其为远程终端或者远程单元），总线监视器是可选的，用于监视总线通信，一般不参与通信。

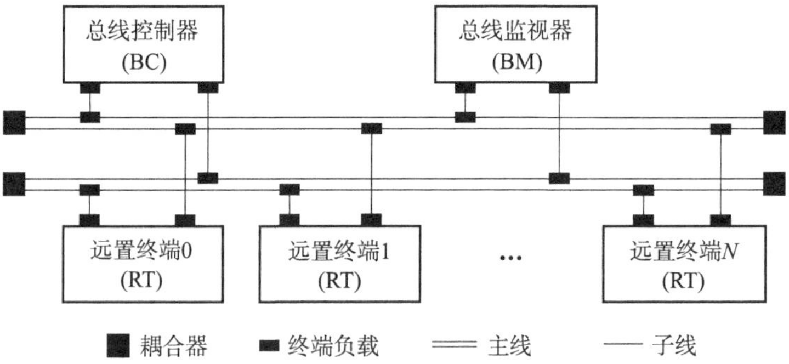

图6-16 1553B总线拓扑结构

③ 控制器功能介绍

总线控制器（BC）负责总线的调度、管理，是总线通信的发起者和组织者。由于1553B总线采用中央集权式的总线管理，在整个通信过程中，只有总线控制器是主动参与总线通信的，所有的数据传输必须由总线控制器启动，任何一次通信过程都必须由总线控制器参与。总线控制器根据预先设定的通信协议，主动组织各个远程终端参与通信，完成数据的传输，合理的通信协议可以使远程终端主动地向总线控制器发出数据传输请求，总线控制器根据该请求，组织相应的远程终端接收或发送数据。一般来说，总线控制器是某个星载设备的全部功能的一部分，通信协议的制定、软件、硬件的设计必须统一考虑，从系统的高度安排总线的各种消息。

远程终端（RT）只能被动地接收或者发送和自己有关的数据，对远程终端来说，和自己无关的数据是透明的（看不见的）。远程终端根据预先设定的通信协议接收和发送数据。由于远程终端只能被动地参与总线通信，软件的设计和总线控制器的工作方式是密切相关的，因而在软件的设计上必须有充分的安全考虑。和总线控制器一样，远程终端一般也是某个星载设备的全部功能的一部分，远程终端本身只是个通信的桥梁，通信软件往往是为数据收集和分发服务的。

总线上的所有通信过程对总线监视器（BM）来说都是可见的，因而总线监视器能够全部或选择性地监视总线的通信过程，对通信状态进行分析和判断，给出参与总线通信的总线控制器和各个远程终端的运行状态和健康状态。总线监视器作为星载设备不是必需的，往往用作总线控制器的备份，监视总线控制器的健康状况，在必要的条件下代替之。

（3）SpaceWire 总线

① SpaceWire 总线简介

SpaceWire 总线是欧空局根据航天任务的特殊需求而专门开发的一种高速、可升级、低功耗、低成本的串行总线（传输速率在 2～400 Mbit/s）。它是一种点对点、全双工通信或通过路由交换机而形成复杂通信网络的总线形式。

②硬件设计方案

SpaceWire 接口终端电路的结构如图 6－17 所示。该终端要通过 SpaceWire 总线实现接收图像数据和发送 CPU 控制命令两个功能。当收到 CCD 相机的高速图像数据时，协议芯片根据配置信息将图像数据以数据包为单位缓存到双口 RAM 中，然后通知 FPGA 到双口 RAM 对应的存储空间取出数据并送给存储器；当 CPU 有控制命令需要发送时，FPGA 将待发送命令从 CPU 取出并通过配置口写入协议芯片的发送 FIFO。FPGA 在电路中处于核心地位，它需要完成三大功能：执行 CPU 的控制命令，并向 CPU 反馈状态信息；配置和管理 SpaceWire 总线，监测和控制链路；从双口 RAM 中读取缓存数据，并送给存储器。

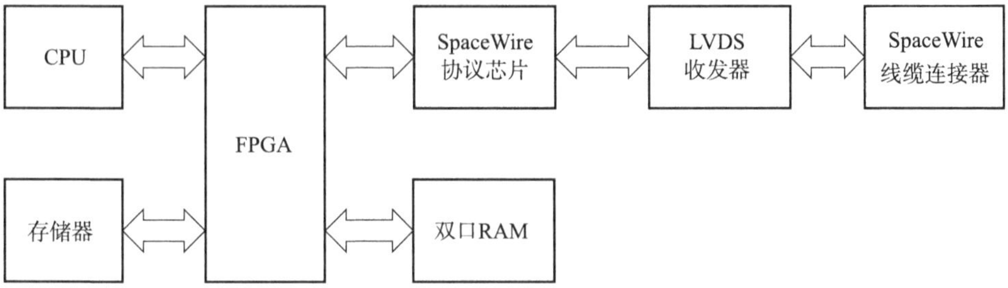

图 6－17　SpaeeWire 接口终端电路结构框图

6.2.5　驱动模块设计

驱动模块通过通信模块与处理器模块进行通信，接收遥控指令和发送遥测，组成如图 6－18 所示。

驱动模块接收处理器模块发来的遥控指令经过合法检验和译码后，控制继电器或者 MOS 管对姿控单机、有效载荷供电，具体指令包括飞轮、星敏、陀螺、磁强计和有效载荷加电和断电；控制 MOS 管对加热器、推力器、自锁阀和磁力矩器的电流驱动，具体包括加热器开关、推力器工作脉冲、自锁阀开关、磁力矩器工作电流。同时驱动模块按照固定时序采集自身状态遥测，向处理器模块发送。

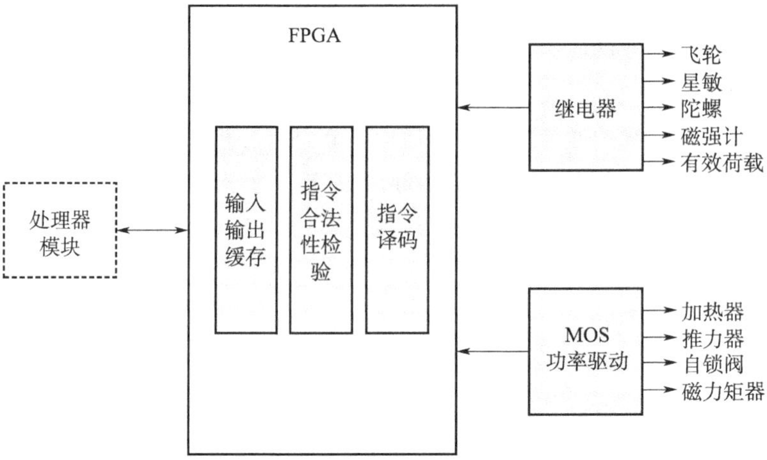

图 6-18　驱动模块原理框图

6.2.6　导航接收模块设计

导航模块主要用于接收卫星天线接收的 BD、GPS 多系统多频点导航信号进行定位解算，为整星提供高精度时间及定位数据。分为射频和基带两部分，设计原理如图 6-19 所示。

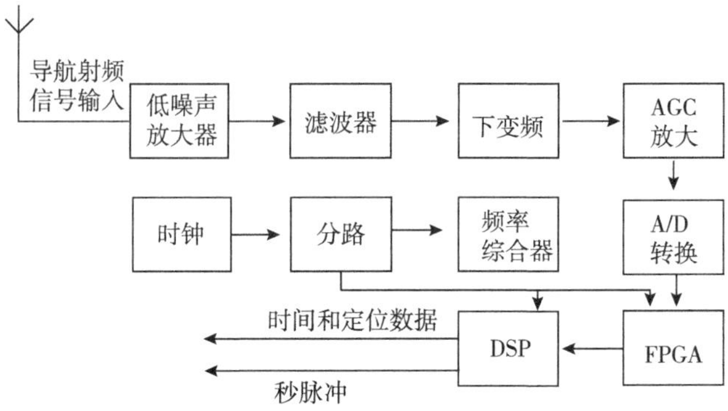

图 6-19　导航接收模块原理框图

射频通道采用一次下变频，频率选择上减少了信号和本振组合干扰、镜像频率干扰、交调和互调干扰。参考时钟采用高稳定恒温晶振，频率综合工作在整数分频，以降低相位噪声。模拟中频信号经 A/D 变换后送 FPGA 进行数字相关处理，完成载波去除和伪码剥离；处理后相关数据送控制通道，获得测量数据和解算导航位置，输出时间定位数据和秒脉冲。

在商业航天产品设计中，为了实现小型化、轻量化以及减少产品设计复杂度，导航接收模块一般采用单芯片设计方案，芯片采用邮票孔封装，尺寸参考如图 6-20 所示（单位 mm）。

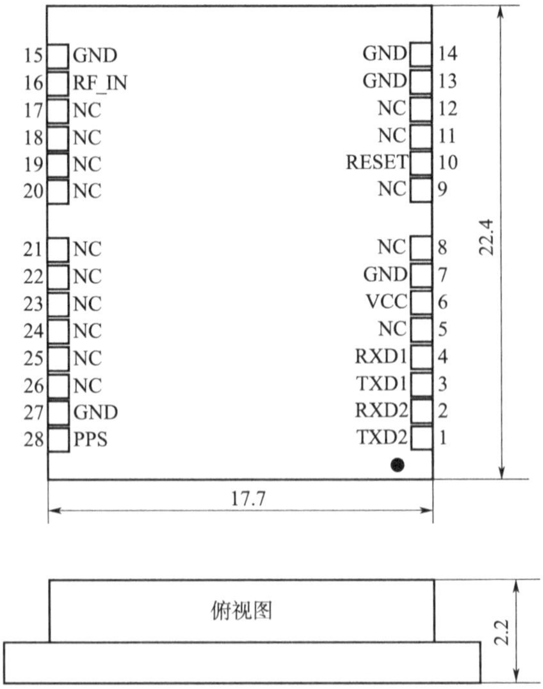

图 6-20 导航接收芯片尺寸图

如图 6-21 所示，导航模块射频输入口可直接连接到卫星导航天线上，将卫星信号输入到前置射频单元，进行滤波、放大处理，然后输出给高动态导航一体化单元，在该单元上完成信号的下变频、AGC、VGA、AD 转换等处理，以及完成 12 通道 GPS L1CA 码导航信号、12 通道 BD B1C 码导航信号的实时捕获、跟踪和定位解算，最终通过串口输出数据定位数据和时间信息，并输出 1PPS 时间同步信号。

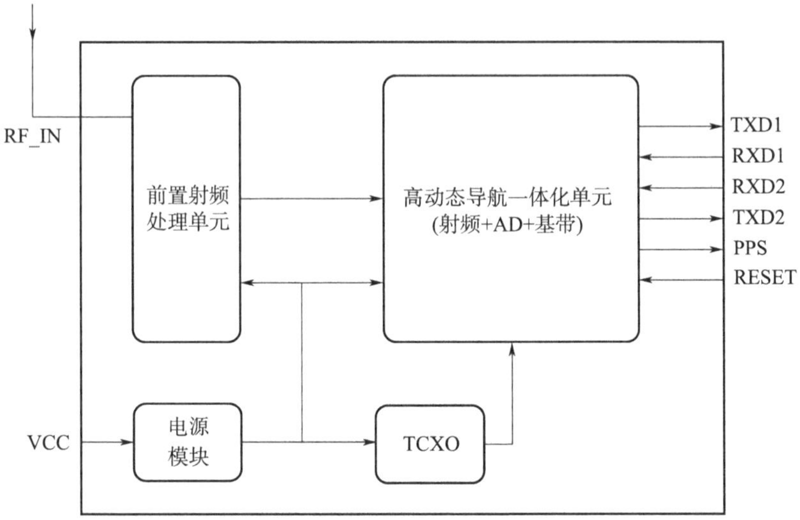

图 6-21 导航接收芯片功能框图

接口描述如下：

电源（VCC）：导航模块使用 1 路＋3.3 V 电源供电即可正常工作。为了保证电源稳定和干净，需要放置几个不同量级的电容在靠近模块电源引脚的位置。电源纹波控制在 100 mV 以内，以保证模块性能稳定。

天线（RF _ IN）：导航模块的天线接口内部采用 50 Ω 阻抗匹配，可直接与卫星导航天线连接。

复位（RESET）：导航模块复位引脚为低电平有效。为保证上电后模块工作正常，建议在 VCC 上电稳定 50 ms 后对模块进行复位，复位低电平需要保持 1 ms 以上。

秒脉冲（PPS）：PPS 信号可为外部系统提供授时功能，脉冲边缘触发方式可调，默认情况下每秒输出一个脉冲，默认脉宽为 1 ms，上升沿有效。

串口：导航模块内部集成两个 UART 接口，主要用于传输 GNSS 数据相关信息，串口波特率可调，上电默认波特率为 115 200 bit/s。UART1 用于定位数据输出、状态输出、软件升级和指令的收发。UART2 用于双天线联合定位或是双模块联合定位的情况，也可用于热备份情况使用。

6.3 软件设计

6.3.1 星务软件功能

卫星通常分为平台与载荷两大部分，不同卫星载荷的功能可能差异较大，但卫星平台的功能通常大致相同。

星务软件作为整星的主控软件，运行于卫星平台的综合电子处理器模块上，自主或根据地面指令管理、控制整星各单机或部件，使其协同工作，最终实现卫星平台的上述功能。

根据卫星平台的功能，可以梳理出星务软件的主要功能有：

1）采集各单机遥测数据，用于遥测下发及星上自主闭环控制；

2）根据 GNSS 单机遥测中轨道数据及地面上注的轨道数据，依据相应的轨道外推算法计算当前卫星在 J2000 惯性系下位置和速度；

3）根据采集的姿控敏感器数据，采用各定姿算法进行定姿计算，得到相应定姿计算结果（卫星惯性系姿态四元数及角速度）；

4）根据地面指令或自主选择姿控工作模式，根据姿控工作模式选择定姿、控制模式，根据控制模式选择相应控制算法进行计算，并进行控制指令输出；

5）根据地面指令或自主根据当前姿控模式选择帆板驱动机构的工作模式，依据帆板驱动机构工作模式驱动帆板工作（捕获太阳、跟踪太阳、停转等）；

6）监测整星能源系统状态，确定当前能源系统模式（正常、预警、减载等），并根据当前能源模式执行相应的操作，同时具有蓄电池放电开关自主接通、蓄电池过放保护功能；

7）采集整星各温度测点的温度，根据温控算法控制加热器的开关，使各测点温度在预设范围内；

8）接收各遥控上行通道指令及数据，并进行解帧，校验通过则进行指令分发、存储、执行等操作；

9）根据地面注入的星历表或自主根据卫星轨道及地面站位置进行卫星出入境管理，当卫星入境地面站时，将整星遥测数据（用于地面人员了解卫星工作状态）按照遥测帧格式组帧下发到地面；

10）根据地面指令在轨更新星务软件，用于修复星务软件问题或增加新功能；

11）自主运行管理，以星箭分离信号为触发，自主执行预设的飞行程序，包括入轨速率阻尼、帆板展开、粗对日定向，自主进行故障检测与处理，在无地面干预情况下能长时间自主稳定运行。

6.3.2　典型星务软件架构

软件架构指的是软件的整体结构，良好的软件架构是软件成功的基础。星务软件属于嵌入式软件，下面结合星务软件的主要功能，给出星务软件的一种典型软件架构，如图 6－22 所示。

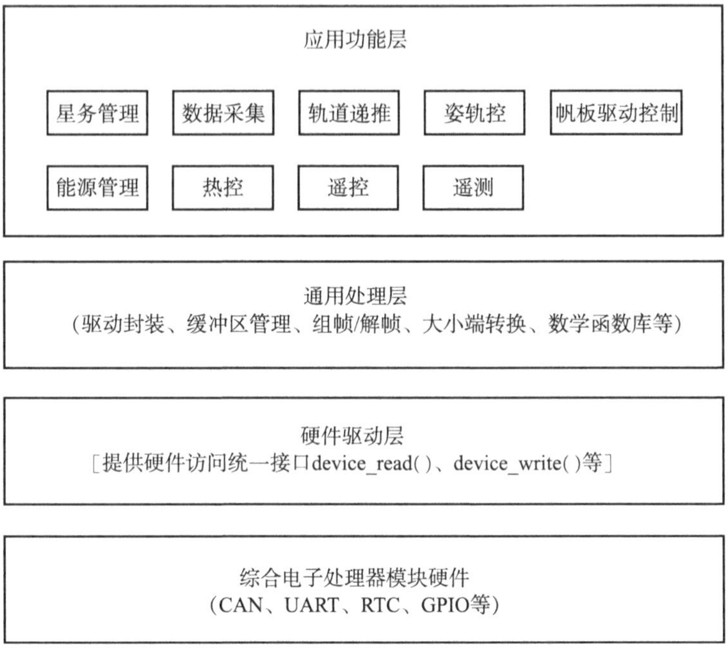

图 6－22　星务软件典型架构

该星务软件架构为分层架构，具体分为三层，分别为硬件驱动层、通用处理层、应用功能层。硬件驱动层实现硬件的驱动并提供访问硬件的统一接口，通用处理层进一步对硬件驱动进行封装，另外为上层提供缓冲区管理、数据组帧/解帧、大小端转换、数学函数等接口，应用功能层调用通用处理层提供的各种接口，实现各应用功能。具体描述如下。

1）硬件驱动层：实现CAN总线、异步串口、同步串口、时钟单元、GPIO等硬件驱动功能，为上层提供访问硬件的统一的接口，如 device _ read（）、device _ write（）、device _ ioctl（）等接口，此处借鉴了Linux操作系统下的驱动设计思想，即通过标准文件接口访问硬件设备；

2）通用处理层：主要进一步对驱动进行封装并汇集各上层应用常用的软件接口函数，比如环形缓冲区管理接口、通用组帧/解帧、大小端转换、常用姿轨控数学函数等接口，为上层应用提供接口服务；

3）应用功能层：在通用处理层的支持下完成整星的所有任务功能，包括星务管理、姿态与轨道控制、帆板驱动控制、遥测、遥控、能源、热控管理等功能。

采用分层架构，一方面层与层之间相互隔离，使得软件的更改限制在所在层内，有效地提高了软件的可维护性，即底层驱动的更改不会影响通用处理层，通用处理层的更改不会影响应用功能层，应用功能层的更改也不会影响底层驱动及通用处理层。另一方面是可以提高软件的移植性，比如星务软件通常运行于嵌入式处理器，但若为了进行数字仿真需将星务软件移植到PC机，则仅需将原有的硬件驱动层进行替换（替换为PC机上硬件驱动），而通用处理层和应用功能层无需进行更改，即可完成星务软件到PC机的移植。

该星务软件架构同样可以很好地支持软件复用，比如硬件驱动层的复用，驱动开发者可以针对综合电子处理器硬件平台和PC机开发常用的CAN总线、异步串口、同步串口、RTC、GPIO等驱动，形成驱动构件库。为了提高驱动的灵活性，通常会预留硬件配置参数。不同卫星项目可以根据具体硬件驱动需求从该驱动构件库中进行选取，对于驱动构件库中已有的驱动，则可以取出来进行硬件参数配置，直接使用，无需重新开发硬件驱动。对于驱动构件库中没有的驱动，则需要进行通用化设计，经过测试验证后添加到驱动构件库中，为下一个项目使用打下基础。对于通用处理层也是如此，部分子功能模块在其他项目是可以直接使用的，部分需要更改配置参数，部分则需要新开发，然后加入通用处理层构件库。对于应用功能层，通常轨道递推、遥测、热控等应用基本可以完全复用，其他的应用则通常和特定项目相关，需要进行针对性开发。

6.3.3 星务软件实时操作系统

操作系统（Operating System，OS）是一个管理计算机系统资源、控制程序运行的系统软件，任何其他软件都必须在操作系统的支持下才能运行。操作系统可分为实时与非实时操作系统，实时操作系统（Real - Time Operating System，RTOS）会按照排序运行、管理系统资源，并为开发应用程序提供一致的基础。非实时操作系统如Windows、Linux因其内核的复杂性以及为支持大量应用软件，并不适合设计为实时系统，其不能保证应用程序所需的实时性，即不能保证应用程序在事件发生后的规定时间内运行。

实时操作系统与非实时操作系统相比，最大的特色就是“实时性”，如果有一个任务需要执行，实时操作系统会马上（在较短时间内）执行该任务，不会有较长的延时。这种特性保证了各个任务的及时执行。实时操作系统的首要目标是保证任务在特定时间内完成，因此衡量一个实时操作系统实时性的重要指标，是系统从接收一个任务，到完成该任务所需的时间，其时间的变化称为抖动。可以依抖动将实时操作系统分为硬实时操作系统及软实时操作系统，硬实时操作系统比软实时操作系统有更少的抖动。硬实时操作系统必须使任务在确定的时间内完成，软实时操作系统能让绝大多数任务在确定时间内完成。

通常简单的嵌入式系统并无必要使用操作系统，采用常规的单任务主 while 循环加中断的软件架构就可以实现软件的功能。而使用操作系统会占用额外的 ROM 与 RAM 资源，一般 8 位单片机自身的资源并不足以运行操作系统，另外若使用操作系统还要处理任务间、任务与中断间并发访问共享资源冲突的问题。故对于简单的嵌入式系统不使用操作系统可能更方便。但是对于复杂的嵌入式系统，若继续采用单任务主 while 循环加中断的软件架构，则会有如下问题。

1）紧急操作必须在中断中进行处理，中断处理函数变得复杂，且执行时间会变长。

2）主循环与中断处理函数间数据交互必须通过全局共享变量，软件开发者须确保数据一致性。

3）主循环虽然可以通过系统定时器进行同步，但是：

a）若系统需要多个不同的运行周期，则很难实现；

b）如果有超过主循环周期的耗时函数，则需要将其进行拆分；

c）会引入额外开销，使得应用程序难以理解。

4）主循环任务因变得复杂，会导致程序扩展性变差。

如果引入实时操作系统，则可以将复杂的软件划分为功能相互独立的多个任务，每个任务可以按照各自的需求进行调度。使用实时操作系统可以带来如下好处。

1）任务调度：灵活调度多个任务的运行，可以周期性唤醒，也可以通过事件唤醒任务。

2）多任务：宏观上有多个任务同时运行的效果。

3）确定性行为：事件和中断在确定的时间内响应。

4）任务间通信：管理多个任务间共享的资源（数据、内存、硬件资源等）。

5）减少中断处理时间：可将中断处理函数的非紧急部分放入任务中执行，使中断执行时间更短。

星务软件功能较多，属于复杂嵌入式系统软件，另外还涉及姿控闭环控制，对实时性有一定要求，故星务软件通常会使用嵌入式实时操作系统。星上常用的操作系统有 VxWorks、μC/OS-Ⅱ、FreeRTOS。其中，VxWorks 为商业收费软件，另两种是开源软件，μC/OS-Ⅱ为 Apache 2.0 开源许可，FreeRTOS 为 MIT 开源许可。使用 μC/OS-Ⅱ和 FreeRTOS 完全免费（μC/OS-Ⅱ部分组件收费，但星上通常不用），而且使用者无需开源。

6.3.3.1　VxWorks

VxWorks 是一款确定性、基于优先级的抢占式实时操作系统，具有低延迟和最小抖动，因此非常适合硬实时嵌入式应用。除标准抢占外，VxWorks 还可通过各种调度以及时间和空间分区来确保安全关键及时间关键型应用程序获得预定数量的 CPU 周期，为各行各业提供所需的灵活功能。

VxWorks 包含稳健的 IPv4 和 IPv6 堆栈，具有时间敏感网络（TSN）能力，从而保证了在有限时间内进行实时通信和数据包传输，或者在交换式以太网网络上的低延迟。

VxWorks 支持 32 位、64 位以及多核处理器，包括 Intel，ARM 和 Power Architecture。其全面的多核处理器支持使得 OS 配置能够用于非对称多处理（AMP）和对称多处理（SMP），并具有绑定多处理（BMP）的 CPU 亲和性。

VxWorks 拥有最广泛的嵌入式软件行业的板级支持包（BSP），可实现早期原型设计，节省成本的同时提供灵活的选择。为了满足对廉价硬件快速原型设计需求，VxWorks 在 GitHub 上提供了开源 BSP，最早先支持树莓派（Raspberry Pi）。

VxWorks 能够在诸如风河 Helix Virtualization Platform 等虚拟化环境中或者结合 QEMU、VMware 和 KVM 等常见的 hypervisor，具有高效、接近本地的性能。Helix Platform 包含可认证、嵌入式类型的 hypervisor，与其他难以认证的 hypervisor 相比，它可以节省时间和精力，并且还将与其他操作系统一起运行 VxWorks。

VxWorks 支持风河 Highly Reliable File System（HRFS），以在系统错误和关闭的情况下容错和恢复操作，以及兼容 FAT 的 dosFS 文件系统。

6.3.3.2 μC/OS-Ⅱ

μC/OS-Ⅱ是一个可以基于 ROM 运行的、可裁减的、抢占式、实时多任务内核，具有高度可移植性，特别适合于微处理器和控制器，是和很多商业操作系统性能相当的实时操作系统（RTOS）。为了提供最好的移植性能，μC/OS-Ⅱ最大程度上使用 ANSI C 语言进行开发，并且已经移植到近 40 多种处理器体系上，涵盖了从 8 位到 64 位各种 CPU（包括 DSP）。

μC/OS-Ⅱ可以简单地视为一个多任务调度器，在任务调度器之上完善并添加了和多任务操作系统相关的系统服务，如信号量、邮箱等。其主要特点有公开源代码，代码结构清晰、明了，注释详尽，组织有条理，可移植性好，可裁剪，可固化。内核属于抢占式，最多可以管理 64 个任务。

μC/OS-Ⅱ的前身是 μC/OS，最早出自 1992 年美国嵌入式系统专家 Jean J. Labrosse 在《嵌入式系统编程》杂志的 5 月和 6 月刊上刊登的文章连载，并把 μC/OS 的源码发布在该杂志的 BBS 上。

μC/OS 和 μC/OS-Ⅱ是专门为计算机的嵌入式应用设计的，绝大部分代码是用 C 语言编写的。CPU 硬件相关部分是用汇编语言编写的，总量约 200 行的汇编语言部分被压缩到最低限度，便于其移植到任何一种其他的 CPU 上。用户只要有标准的 ANSI 的 C 交叉编译器，有汇编器、连接器等软件工具，就可以将 μC/OS-Ⅱ嵌入到开发的产品中。μC/OS-Ⅱ具有执行效率高、占用空间小、实时性能优良和可扩展性强等特点，最小内核可编译至 2kB。μC/OS-Ⅱ已经移植到了几乎所有知名的 CPU 上。

严格地说 μC/OS－Ⅱ只是一个实时操作系统内核，它仅包含了任务调度、任务管理、时间管理、内存管理和任务间的通信和同步等基本功能，没有提供输入输出管理、文件系统、网络等额外的服务。但由于 μC/OS－Ⅱ良好的可扩展性和源码开放，这些非必需的功能完全可以由用户根据需要分别实现。

μC/OS－Ⅱ目标是实现一个基于优先级调度的抢占式的实时内核，并在这个内核之上提供最基本的系统服务，如信号量、邮箱、消息队列、内存管理、中断管理等。

μC/OS－Ⅱ内核及大部分组件目前已开源，使用 Apache 2.0 许可。

6.3.3.3　FreeRTOS

FreeRTOS 是一个热门的嵌入式设备，用即时操作系统核心，于 2003 年由 Richard Barry 设计，并已被成功移植到 35 种不同的微控制器上。FreeRTOS 采用 MIT 许可证许可。FreeRTOS 的设计小巧且简易，整个核心代码只有 3 到 4 个 C 文件，为了让代码容易阅读、移植和维护，大部分的代码都是以 C 语言编写，只有一些函数（多数是架构特定调度程序）采用汇编语言编写。

FreeRTOS 提供许多方法以实现多线程（threads）、多作业（task）、互斥锁（mutex）、信号量（semaphore）和软件计时器（software timer），为低功耗应用程序提供无嘀嗒（tick－less）模式，也支持线程的优先权管理。此外，FreeRTOS 提供了四种存储器配置的模式：

1）仅分配（allocate only）；

2）以非常简易但快速的算法进行分配与释放；

3）搭配存储器合并，以较复杂但快速的算法进行分配与释放；

4）搭配互斥保护，以 C 库进行分配与释放。

FreeRTOS 中没有一些像 Linux、Microsoft Windows 等典型操作系统具有的先进特征，例如设备驱动程序、先进存储器管理机制、用户管理和网络管理。FreeRTOS 着重在运行的简洁与速度，尽管可以找到命令行接口和类似 POSIX I/O 接口的插件，FreeRTOS 有时会被视为是一个“线程库”而非“操作系统”。

FreeRTOS 实现了多线程，主程序会在系统滴答时进行线程调度，会以循环制依照优先级进行任务切换。一般来说，这个时间滴答介于 1 ms 与 10 ms 之间，通过一个硬件时计中断来计时，但这个区间经常随着特定的应用而改变。

FreeRTOS 主要特色如下：

1）存储器资源使用非常小，低负担（overhead）且运行非常快速；

2）提供低电耗应用程序无计时选项；

3）对操作系统新手而言，很适合作为入门教材，对于专业开发者来说则适合用于商业产品开发；

4）调度器可以设置成可抢先（preemptive）或协同运作（cooperative operation）；

5）提供共享副程序（coroutine），在 FreeRTOS 中，共享副程序是一个存储器堆栈用量非常有限但非常简易轻巧的任务。

上述 3 种软件为星上常用的嵌入式实时操作系统。其中，VxWorks 是很成功的商业实时操作系统，很多国内外航天项目都使用了 VxWorks，如毅力号火星车、凤凰号火星着陆器、墨子号量子科学实验卫星、悟空号暗物质粒子探测卫星等；μC/OS - Ⅱ 在航天项目中应用也较多，比如好奇号火星车、FIREBIRD - Ⅱ 立方星等；FreeRTOS 在立方星项目如 AAUSAT3 、ESTCube - 1、skyCube 、Eye - Sat 、EstCube - 2、STUDSAT 上都有应用。

VxWorks、μC/OS - Ⅱ 和 FreeRTOS 都是硬实时操作系统，都可以满足卫星软件实时性要求。对于传统航天使用较多的辐照加固控制器如 TS695、AT697F，因官方提供 VxWorks 操作系统移植及 BSP，因此使用者较多，而官方并未针对 TS695、AT697F 控制器进行操作系统 μC/OS -Ⅱ、FreeRTOS 移植，故使用者几乎没有。而对于商业航天常用的 TMS570、AT91RM9200、M2S090 等控制器，官方都提供 μC/OS -Ⅱ、FreeRTOS 移植。

从成本、实时性及易用性方面考虑，本书的建议是能方便使用 μC/OS - Ⅱ 和 FreeRTOS 的情况下尽量选用 μC/OS - Ⅱ 和 FreeRTOS。

6.3.4 星务软件可复用性设计

软件复用（称软件重用或软件再用）的定义是：利用事先建立的软件产品库创建新软件系统的过程，或是在两次或多次不同的软件开发过程中重复使用相同或相似软件元素的过程。软件复用的概念最早是在 1968 年北约（NATO）软件工程会议上提出的，其实在此之前，高级计算机语言中的子程序（函数）已经体现了复用的思想，数学函数库就是非常成功的子程序复用技术的应用。

使用软件复用技术可以减少软件开发活动中大量的重复工作，能提高软件开发效率，缩短开发周期，降低开发成本。另外，由于复用的软件模块或构件通常都经过严格的测试，并经过实际项目验证，因此复用软件可以提高软件质量。

随着卫星项目研制周期越来越短，星务软件功能越来越复杂，对于星务软件的复用需求越来越强，下面介绍星务软件复用的一些方式。

1）函数复用：编写可复用的函数，实现函数级的代码复用；

2）功能模块复用：编写可复用的功能模块，实现模块级的复用；

3）软件框架复用：自研或使用开源的星务软件框架，实现框架的复用。

其中函数复用是比较低层次的复用，即一个新软件项目只能从之前项目开发的复用函数库中选择可复用的函数进行使用，而且需要评估是否能不加更改地使用，仅仅依靠函数复用虽能提高新软件项目的开发效率及进度，但效果是比较有限的。

功能模块复用相对函数复用则是高一层次的复用，即一个新软件项目可以评估是否能复用之前项目开发的某些功能模块（主要是 .c 及 .h 文件，通常包括多个函数），通常模块的功能很明确，故容易判断是否能复用，如果能复用，则可以节约复用模块开发的时间，复用的模块越多，节约的时间越多。

软件框架复用则是更高层次的复用，通过建立可复用的领域模型，然后依据领域模型产生出该领域应用软件的体系结构，以此为基础识别、提炼和开发该领域的构件，形成构件库，同时将控制流抽象为软件功能接口，最后通过例化实现具体的星务软件。星务软件框架其实就是星务软件的半成品，已经包括了星务软件的一些通用功能模块，用户只需将其移植到自己使用的硬件平台，在其上开发任务相关的应用软件即可。使用星务软件框架可以极大节约星务软件的开发时间。

下面介绍星务软件框架复用设计的具体思路：

1）根据已有卫星项目星务软件的需求，梳理出通用的星务软件需求及特定卫星项目需求，框架只需实现通用星务软件需求，特定卫星项目需求由框架使用者实现；

2）根据星务软件通用需求，合理进行功能模块的划分，划分为便于复用的功能模块；

3）对于具体的功能模块，根据需求进行通用化的设计，对于不同项目间可能存在差异的部分尽量采用参数配置的方式，这样复用时只需更改配置参数；

4）借鉴 Linux 操作系统下设备驱动模型，提供硬件抽象层，为上层应用提供统一的访问硬件的接口，应用程序通过该接口访问硬件，这样上层应用就与具体硬件隔离，便于上层软件复用；

5）合理使用中间层技术，比如增加操作系统中间层，将不同操作系统接口封装为一套统一的接口，供上层应用程序使用，这样上层应用在采用该框架的不同操作系统中都可以复用。

星务软件框架是软件复用的发展趋势，目前国际上已经推出了一些开源星务软件框架，比如核心飞行系统（core Flight System，简称 cFS）、SAVOIR - COrDeT，这些软件框架的详细介绍见 6.4.1 节。

6.3.5　星务软件在轨重构设计

星务软件在轨重构的需求主要有以下几种情况：

1）卫星在轨后发现星务软件存在严重错误，需要在轨进行修复；

2）某些卫星项目因进度原因，将部分地面测试工作放在在轨阶段进行，也需在轨升级星务软件；

3）卫星寿命末期，有条件做一些拓展实验，验证新的技术或算法，需要升级星务软件。

为了满足星务软件在轨更新的需求，星务软件需具备在轨重构功能。下面介绍两种典型的星务软件重构方式。

6.3.5.1　星务软件整体重构

此软件重构方案将整个星务软件作为一个整体编译为一个镜像，存储多份镜像在外部非易失性存储器中。软件启动时首先运行启动引导程序（Bootloader），引导程序校验外部非易失性存储器中的整体代码，如果校验通过则将整体代码拷贝至 SRAM，然后跳转到 SRAM 中运行。星务软件整体重构方案软件启动流程如图 6 - 23 所示。

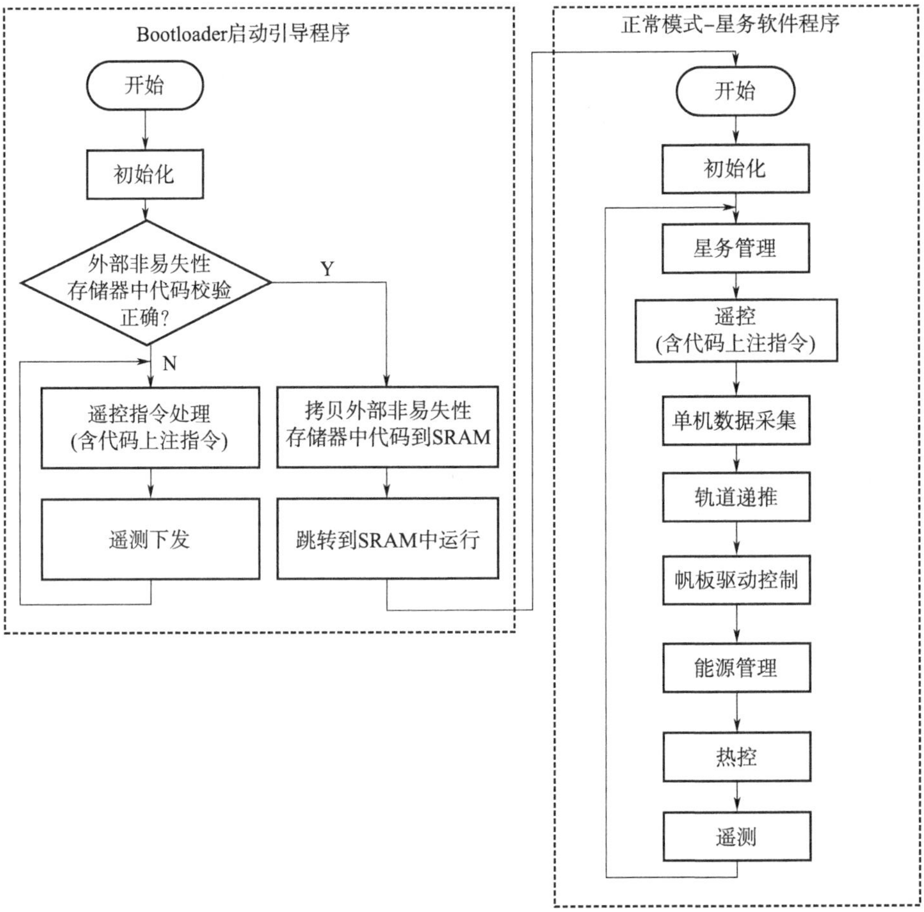

图 6-23　星务软件整体重构启动流程

当星务软件发生更改需要在轨重构时，将整个正常模式星务软件代码重新编译，生成可以直接在 SRAM 中运行的单个镜像文件。然后地面运控人员将该文件通过上行遥控通道发送到星上，星上软件接收完毕且校验通过后，可通过地面指令写入外部非易失性存储器（可以存 3 份），星务计算机复位后整个系统重新启动引导，就会运行更新后的程序，从而实现星务软件在轨重构的功能。

6.3.5.2　星务软件模块级重构

模块级重构采用动态链接加载技术，同时将整个星务软件划分为功能相对独立的功能模块，比如操作系统、硬件驱动、通用层、星务管理、单机数据采集、遥控、轨道递推、姿轨控、帆板驱动、能源管理、热控、遥测模块。

其中操作系统可以编译为直接在 SRAM 中运行的可执行程序（因不含任何未定义的符号），其余各模块则编译链接为 elf 格式的 out 文件（因含未定义符号，不能直接执行），将各模块编译的目标文件存入非易失性存储器的不同区域（每个模块存 3 份）。

软件启动时首先运行启动引导程序（Bootloader），引导程序校验外部非易失性存储器中的操作系统模块代码，如果校验通过则将操作系统模块代码拷贝至 SRAM，然后跳转到 SRAM 中运行。操作系统模块完成初始化，然后动态链接硬件驱动模块对应的 out 文件、通用层模块对应的 out 文件、星务管理模块对应的 out 文件，找到星务管理任务入口后创建星务管理任务运行。星务管理任务则根据任务装载表动态链接加载其余应用功能模块，找到各应用功能模块主任务入口并创建相应任务并运行，星务软件模块级重构方案软件启动流程如图 6-24 所示。

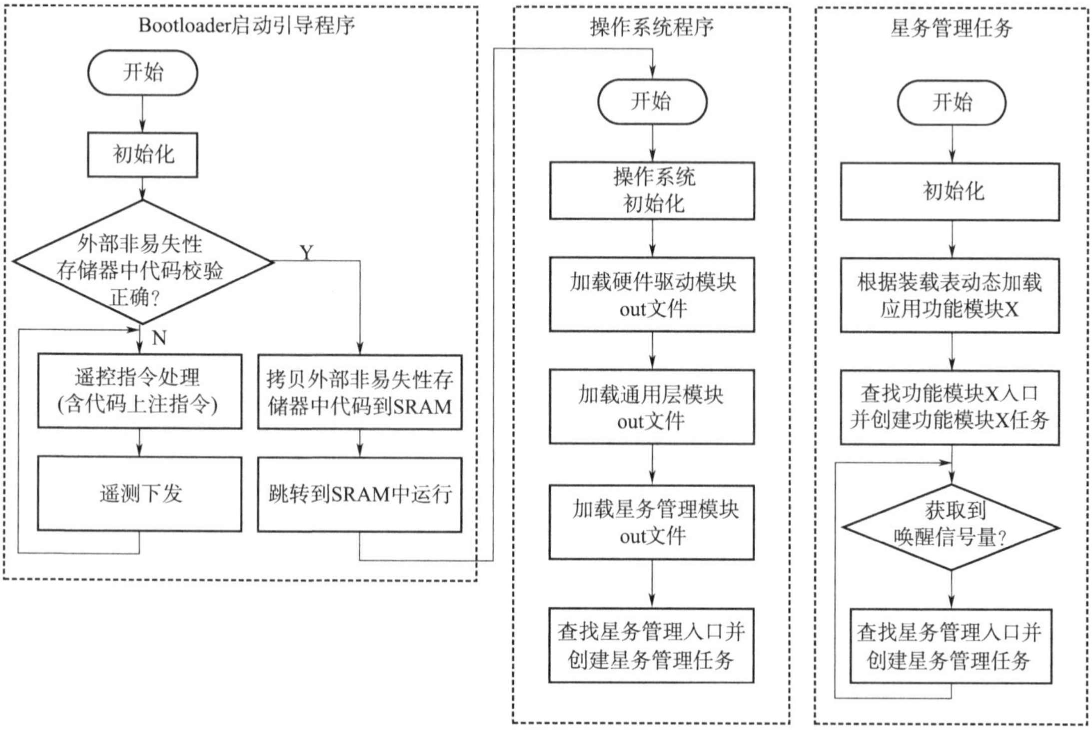

图 6-24　星务软件模块级重构启动流程

根据上面的介绍，可以看出两种星务软件重构方案各有优缺点。整体重构方式优势是技术实现简单、可靠，二进制代码管理维护容易（仅含 Bootloader、整体星务软件 2 个镜像文件），缺点是整体星务软件镜像较大，如果上行遥控通道速率较小，则上注所花时间会较长（若上行速率 4 000 bit/s，软件镜像 200 kB，则上注至少需花费约 7 min 时间）；模块级重构方案的优势则是如果只更改某个模块，则只需上注更改的模块，而不必上注其他的模块，显然单个模块对应的 out 文件大小小于整体镜像的大小，故上注时间会减少很多，缺点是技术实现较复杂（需要解析 elf 文件实现链接功能），而且需要管理很多 out 文件。本书建议根据上行通道速率、项目中软件开发人员的技术实力合理选择软件重构方案。

6.3.6 星务软件测试

软件测试是软件生命周期中的重要一环，软件生命周期典型的时间分配如下：需求规格及软件设计占 1/3、软件编码占 1/6、单元及集成测试占 1/4、系统测试占 1/4，可以看出软件测试占据了整个生命周期的一半时间。

星务软件是整个卫星中非常关键的软件，而且星务软件通常在轨可维护性相对较差，故星务软件的测试就显得尤为重要，星务软件测试的目的如下：

1）验证星务软件是否满足软件研制任务书、软件需求规格说明和软件设计所规定的技术要求；

2）通过测试，发现软件问题；

3）为软件可靠性与安全性评估提供依据。

星务软件测试主要包括代码审查、单元测试、组装测试、配置项测试及系统联试。代码审查主要通过静态扫描工具及人工走查方式及时发现代码错误或歧义性，减少不同阶段的测试中修改错误所需的时间和工作。单元测试主要检验每个软件单元能否正确地实现其功能，满足其功能和接口等要求。组装测试主要检验软件单元和（或）软件部件之间的接口关系，逐步将软件单元和（或）软件部件集成一个新的符合设计要求的软件部件，最终形成软件配置项。软件配置项测试主要测试软件配置项与软件需求规格说明的一致性。系统联试主要在真实系统工作环境下检验完整软件配置项是否能和系统正确连接，并满足软件研制任务书的功能和性能要求。

软件测试通常会遵循一定原则，软件测试的重要原则主要有以下几点：

1）测试用例中一个必需部分是对预期输出或结果进行定义。对于软件测试，必须是有明确的定义输入数据和条件，同时对输出结果有准确的判断。这样才能辨别是否是有效的测试，当前的结果是否是正确的。

2）程序员应当避免测试自己编写的程序。人都会有固定思维，一方面是可能对软件需求规格书的理解偏差，导致编写的程序也有偏差，所以自己没有发现。另一方面是人的倾向是程序是正确的，会尽量去避免发现错误。

3）编写软件的组织不应当测试自己编写的软件。原理跟 2）相似，会潜意识里避免发现错误，且难以发现自身问题。

4）应当彻底检查每个测试的执行结果。

5）测试用例的编写不仅应考虑有效或预料到的输入情况，还需考虑无效和未预料到的输入情况。通常会忽略无效和未预料到的输入情况，而实际上很多错误都发生于此。检查程序是否“未做其应该做的”仅是测试的一半，测试的另一半是检查程序是否“做了其不应该做的”。这也是测试的两面，没有做应该做的是错误，做了不该做的也同样是错误。

6）应避免测试用例用后即弃，除非软件本身就是一个一次性的软件。编写测试用例本身是一个复杂且耗时的事情，要考虑之后的迭代，产品的更新换代，能够节省不少时间，其次能及时对测试用例进行优化和升级。

7）计划测试工作时不应默许假定不会发生错误。任何错误都可能会发生，还有很多未发现的隐藏错误，必须充满好奇心和保持质疑的态度。

8）程序某部分存在更多错误的可能性，与该部分已发现错误的数量成正比。发生错误越多的地方意味着程序的这部分越不稳定，隐藏的问题也越多。所以要重点测试发生了更多错误的地方，挖出隐藏问题。

对于软件测试的详细要求可参考 QJ 3027—1998《航天型号软件测试规范》，对于商业航天公司可根据公司情况合理选择软件测试方式。

6.3.7　星务软件数字仿真测试

搭建星务软件数字仿真系统的目的是，在无星上硬件单机参与情况下在 PC 机上进行星务软件功能测试。数字仿真测试系统的优势是不依赖于真实硬件，可以方便模拟各种故障，还可以发挥多套系统并行测试的优势（在一台 PC 上就能独立搭建一套完整的数字仿真系统，在 N 台 PC 机上能搭建 N 套独立的数字仿真系统），提高星务软件的测试效率。

星务软件数字仿真系统有两种典型的实现方案，即处理器指令集级数字仿真及应用功能级数字仿真，下面将分别进行介绍。

6.3.7.1　处理器指令集级数字仿真

指令集级仿真方案包括目标 CPU 处理器模拟、寄存器模拟、存储器模拟、外设接口等的模拟。编译好的星务软件二进制文件无需进行修改即可在该数字仿真系统上运行，仿真运行效果与真实硬件上的效果几乎一致。处理器指令集级数字仿真系统架构如图 6 - 25 所示。

目前已有商业公司推出了处理器指令集级数字仿真系统，比如 iSystem VDVP 虚拟开发与验证平台、SUNWISE VTEST 嵌入式软件系统仿真平台，其中 iSystem VDVP 支持的处理器内核有：

1）1750 A；

2）TSC695（SPARC V7）；

3）AT697、BM3803、LEON2/LEON3（SPARC V8）；

4）TI DSP 67xx；

5）TI 28xx；

6）PowerPC 555x；

7）Intel 8051 系列。

SUNWISE VTEST 支持的处理器有：

1）SPARC V7 系列；

2）SPARC V8 系列；

3）TI DSP C3x 系列；

4）TI DSP C6x 系列；

5）TI 28x 系列；

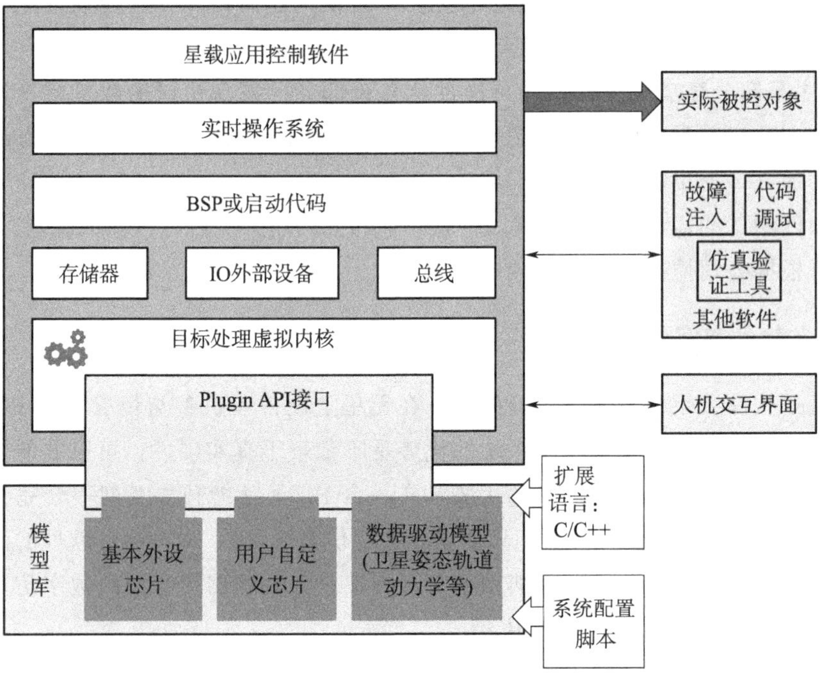

图 6-25　处理器指令集级数字仿真系统架构

6）Intel 8051 系列；

7）80x86 系列；

8）ADSP 21020/21060；

9）PowerPC 系列；

10）ARM 系列。

处理器指令集级数字仿真的优势是仿真结果与真实硬件更为接近，仿真测试的星务软件可以直接在目标机上运行。但是该方案也有不足之处，即整个仿真系统很复杂，涉及一些核心技术（比如目标处理器内核及外设模拟），一般小公司没能力研发，需要付费购买现有的解决方案，然后按照自身任务需求进行定制化开发。而且即使是已有解决方案的供应商，目前也仅支持有限的几款处理器，某些处理器也不支持。

6.3.7.2　应用功能级数字仿真

相对于处理器指令集级数字仿真，应用功能级数字仿真重点关注对软件应用层数据流、处理逻辑、控制算法等的仿真验证，不太关注具体处理器架构、指令集、外设接口的仿真。即将在目标机上运行的星务软件移植到 PC 机上，用 PC 机上的硬件接口代替真实目标机上硬件接口（如 CAN 总线、UART、RTC 时钟等），两套软件仅硬件驱动部分（CAN 总线驱动、UART 驱动、RTC 时钟驱动等）不一样，上层软件是一样的，这样就能对上层软件进行数字仿真验证。

下面介绍一种移植典型的应用功能级数字仿真测试系统，该数字仿真测试系统组成见表 6-2，结构如图 6-26 所示，图中所有软件均运行于一台 PC 机。

表 6-2　一种典型的应用功能级数字仿真系统组成

编号	名称	说明
1	PC 版星务软件	需将嵌入式星务软件移植到 PC 机
2	姿控动力学-单机模拟软件	提供卫星动力学及姿控单机接口模拟功能
3	地测前端软件	用于发送指令与遥测数据显示
4	USB-CAN 盒	实现星务软件 CAN 总线通信功能
5	CAN 单机 N 模拟软件	模拟星上 CAN 单机，实现与星务软件间遥测、遥控接口功能

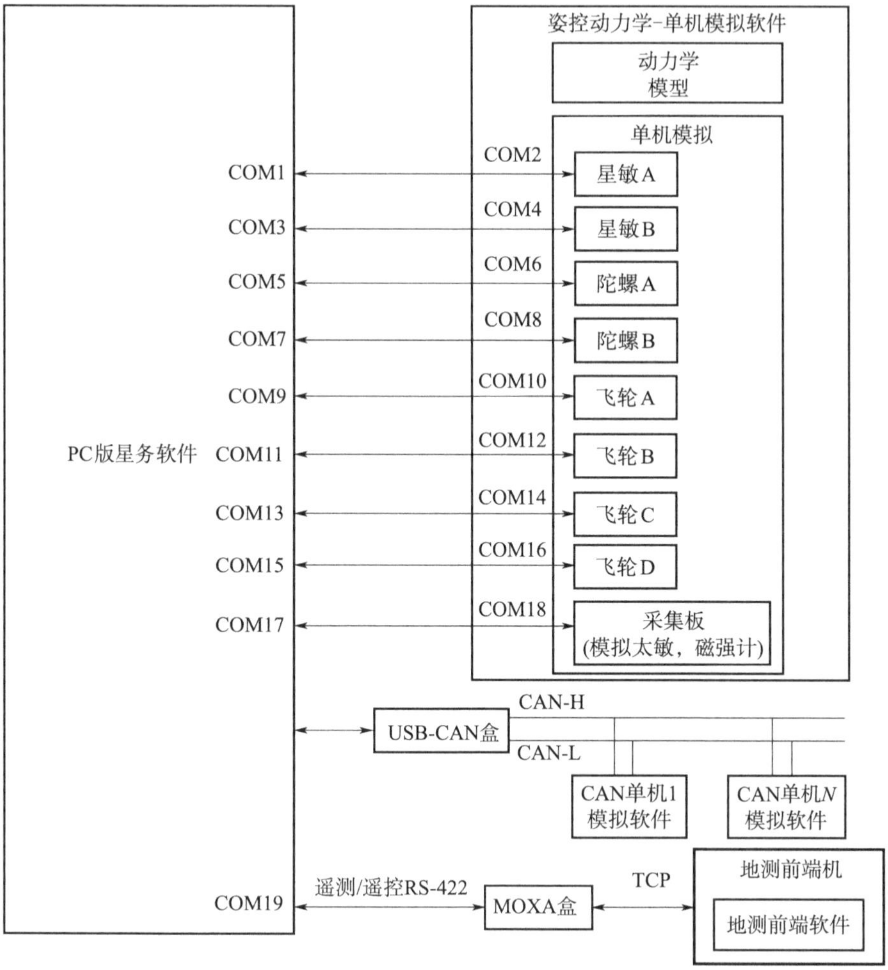

图 6-26　一种典型的应用功能级数字仿真系统

该方案的优势是整个仿真系统搭建起来相对简单，技术难度较小。但同样也有其局限性，PC 机上硬件接口与真实硬件还是有差别的，PC 机的运行速度也比真实控制器快很多，故软件时序也有一定差异。因此，数字仿真测试系统不能完全取代真实硬件测试系统，两者互为补充。

6.4　卫星综合电子系统新技术

6.4.1　开源星务软件框架

为了应对不断增长的星务软件复杂度、不断缩减的星务软件开发周期，同时还要保证星务软件的质量及可靠性，NASA 提出了一套核心飞行系统（core Flight System，cFS）。

核心飞行系统（cFS）平台是由戈达德航天飞行中心（GSFC）开发的一个三层飞行软件框架，提供了一个不依赖硬件和操作系统的应用程序运行环境。cFS 最初是为 GSFC 科学公司开发的 NASA B 级软件任务。尽管如此，从那时起已经有了广泛的应用，从载人航天和科学任务到立方体卫星，甚至到月球任务。

NASA cFS 由三层组成，包括抽象库层、cFE 核心层及任务和 cFS 应用程序层，具体软件框架如图 6－27 所示。

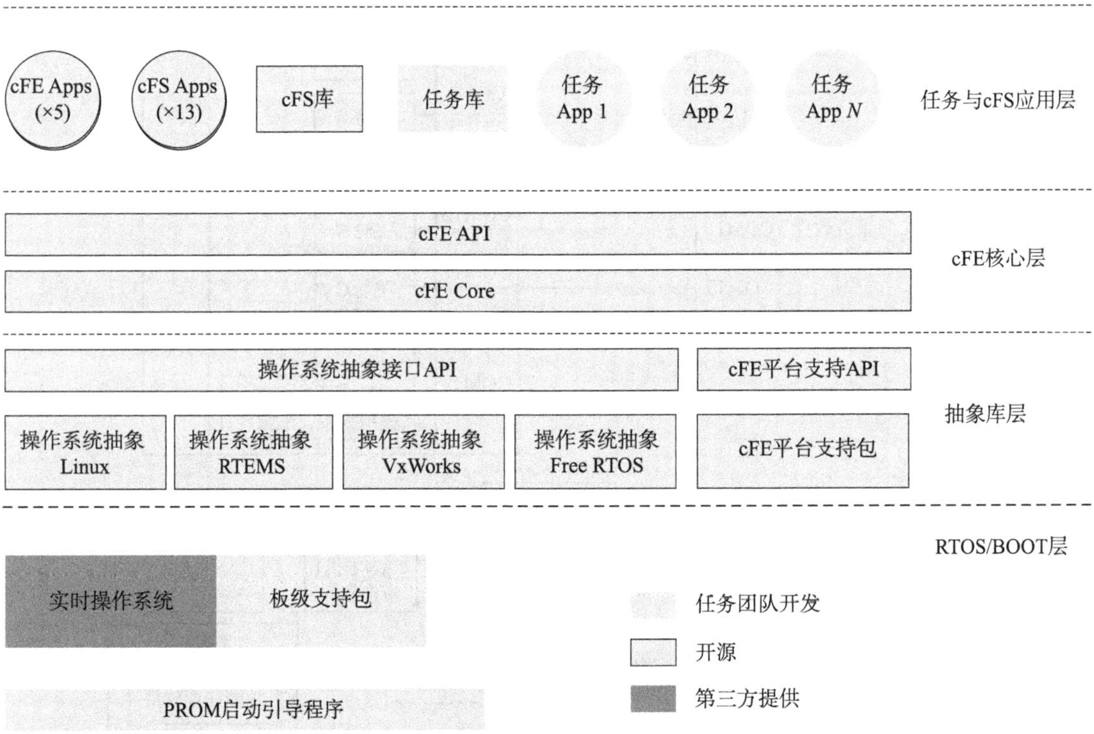

图 6－27　NASA cFS 软件框架

下面对具体各层进行说明。

（1）抽象库层

1）操作系统抽象层（OSAL）：将飞行软件与实时操作系统隔离的小型软件库；

2）平台支持包（PSP）：需要将 cFE 核心适配到特定的处理器上的软件。

（2）cFE 核心层

1）执行服务（ES）：管理 cFE 核心及 cFS 应用程序；

2）事件服务（EVS）：提供发送异步调试、通知性或错误消息遥测的接口；

3）软总线（SB）：提供可移植的应用程序间通信的消息服务；

4）表服务（TBL）：管理所有 cFS 表映像；

5）Time 服务（Time）：管理航天器内部时间和向查询应用程序分发时间信号。

（3）任务和 cFS 应用程序层

可复用的和任务特定的应用程序。NASA 已经提供了一些实现通用航天器软件功能的 cFS 应用程序并作为开源软件发布。一个新的航天任务必须通过 cFS 应用程序的方式定义和实现与之特定的功能。

使用 cFS 软件框架能带来的好处包括：

1）免费、高质量的飞行软件；

2）提供常见的航天器飞行软件功能；

3）支持多个硬件平台、多个操作系统，具有良好跨平台支持能力；

4）降低项目成本和进度风险；

5）用户可以专注于特定任务应用程序，无需关注已有通用功能开发；

6）活跃的用户社区。

另外，欧空局也提出了类似的星务软件参考框架 SAVOIR－COrDeT，P&P sofware 公司开发出了一个 C 语言版本的框架（C2）并且已开源。C2 是一个基于服务的应用软件框架，其中实现的服务与 ESA PUS 标准中定义的各种服务相对应。SAVOIR－COrDeT 框架如图 6－28 所示。

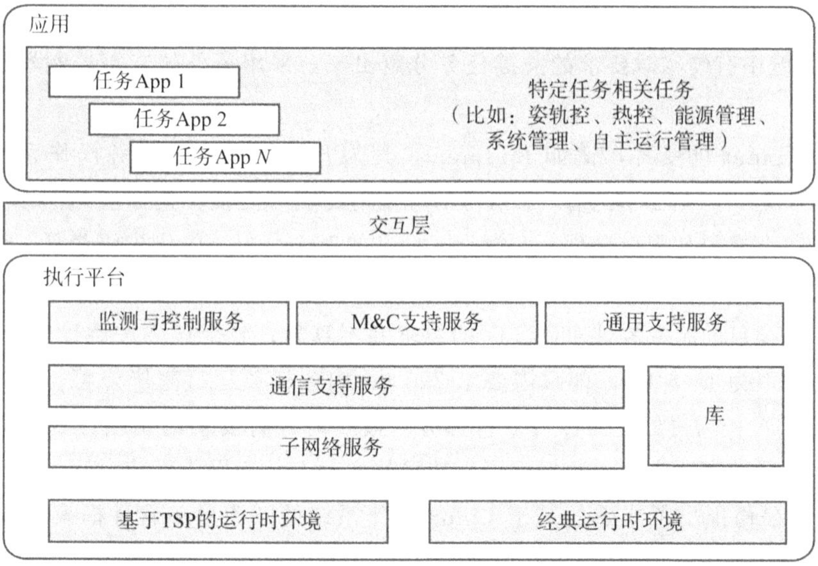

图 6－28　SAVOIR－COrDeT 框架

使用星务软件框架是星务软件复用的一种高级形式，使用软件框架可以极大提高星务软件的开发效率。目前已有多个开源星务软件框架，预计后续使用开源星务软件框架的航天项目会越来越多。

6.4.2 Linux 在航天项目中的应用

随着星载处理器性能越来越高，软件功能越来越复杂，使用 Linux 操作系统的航天项目越来越多。已经成功使用 Linux 的航天项目有 QuakeSat、MidSTAR－1、猎鹰 9 号、龙货运飞船、鸽群卫星、STRaND－1、IPEX、Aalto－1 等。

使用 Linux 有如下好处：

1）支持非常多的硬件架构，可以给设计者选择硬件平台的自由；

2）Linux 代码开源且应用广泛，拥有庞大的开发者社区提供支持，发现问题能及时解决，可靠性值得信赖；

3）支持很多通信协议及标准；

4）具备软实时性能力；

5）部分软件可以在 PC 机上开发及调试，且很容易移植到目标机上；

6）大量已有 Linux 应用软件（如数据压缩、文件系统、数据处理、算法、脚本工具）可供选择移植到目标系统上运行；

7）可以将大的软件进行模块化设计，拆分为多个独立的应用程序（应用程序间采用 POSIX 标准接口进行通信），从而降低软件开发难度，同时还可以进行单个应用程序更新，而不必做整体软件更新。

在航天项目中使用 Linux 的最大担忧还是其实时性问题，Linux 不像 VxWorks、μC/OS－Ⅱ、FreeRTOS 那样是硬实时操作系统，而是软实时操作系统，解决办法主要有：

1）将系统中有硬实时要求的关键任务分离出来，采用另外的专用控制器运行实时操作系统实现；

2）使用 Linux 的变种，比如 RTLinux，其为开源硬实时多任务操作系统。通过在 Linux 内核与硬件中断之间增加一个精巧的可抢占的实时内核，把标准的 Linux 内核作为实时内核的一个进程与用户进程一起调度，标准的 Linux 内核的优先级最低，可以被实时进程抢断。

很多卫星项目的星务软件对硬实时的要求并不算高，各个任务按照优先级顺序执行，典型的运行频率为 1～4 Hz，即只需要求 250 ms 内各任务运行完毕即可。另外处理器通常会外挂 FPGA 作为协处理器，可以将部分对硬实时性有要求的功能让 FPGA 实现，非硬实时的部分让处理器实现，这样就可以选择软实时 Linux 操作系统。

KUBOS 公司推出了成熟的基于 Linux 操作系统的开源星务软件框架 KubOS，如图 6－29所示。

Kubos 软件框架各层说明如下。

1）任务应用程序：执行实现任务目标的逻辑；

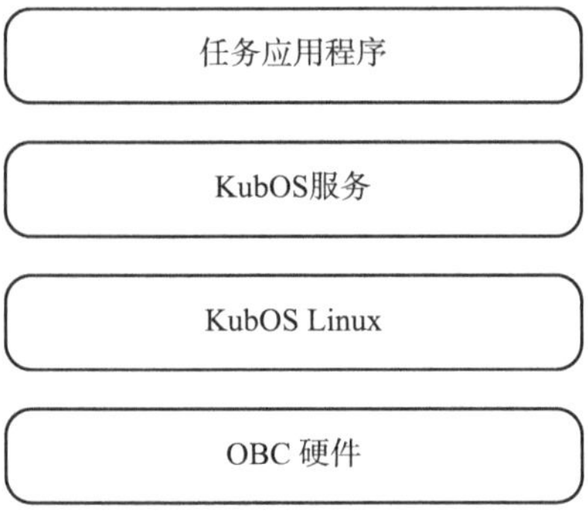

图6-29　KubOS软件框架

2）KubOS服务：为任务应用程序提供硬件与系统功能的标准接口；

3）KubOS Linux：提供基本的Linux操作系统及硬件驱动。

其中KubOS核心服务包括以下内容。

1）应用程序服务：负责监控与管理所有的应用程序；

2）通信服务：负责星地间数据通信，接收地面上行消息，分发到合适的内部目的地，发送适当格式化后的消息到地面；

3）文件传输服务：用于地面任务控制中心与星载计算机间文件传输，也可以用于星务软件开发阶段开发主机与星载计算机间文件传输；

4）监控服务：监控当前运行进程及总的内存使用情况；

5）调度服务：能调度定期任务及具有特定定时要求的一次性任务的运行；

6）Shell服务：提供任务控制中心到星载计算机的Shell访问与控制服务；

7）遥测数据库服务：KubOS使用SQLite数据库存储星上遥测，可以通过请求的方式将存储在数据库中的遥测数据下发到地面。

KubOS目前已经支持多种计算机硬件平台，而且还在不断扩展中，目前支持的硬件平台见表6-3。

表6-3　KubOS支持的硬件平台

编号	制造商	说明
1	ISIS	ISIS-OBC
2	Pumpkin	Pumpkin Motherboard Module 2
3	Beaglebone	Beaglebone Black, Rev. C

6.4.3　软件定义卫星

软件定义卫星是一种以天基超算平台为核心，采用开放系统架构，支持有效载荷即插即用、应用软件按需加载，能够方便地通过更新软件去重新定义卫星功能，从而灵活适应多种任务、多类用户的新型智能卫星。

软件定义卫星具有如下优点：

1）可使卫星通过功能更新，适应不断发展的用户需求；

2）通过加载不同的软件，实现多功能卫星；

3）改变目前以有效载荷为核心的卫星设计理念，使卫星具备功能可重构能力和灵活性。

软件定义卫星涉及如下关键技术：

1）软件定义载荷技术，如软件定义无线电可使整个系统（包括用户终端和网络）采用动态的软件编程对设备特性进行重新配置，包括卫星通信的频率、覆盖区域、信号强度等进行重新配置；

2）即插即用技术，即符合标准接口及协议的平台单机或载荷可方便接入卫星；

3）星载软件App动态加载运行技术，开发者开发各种App，通过星地链路上注到星上，地面可以动态配置停止某些App、运行某些App。

我国于2017年9月9日成立了软件定义卫星技术联盟，由来自中国科学院、航天科技、航天科工、中国电子、中国电科、知名高校和商业航天公司的120余家成员单位组成。该联盟旨在共同打造一个面向卫星的开放、开源的平台级软件解决方案（称之为SPUTNIX)，并在此基础上大力推进航天应用商店的建设，丰富商业航天的生态环境，为通过软件灵活定义或扩充卫星功能创造条件。我国于2018年11月20日发射了国内首颗软件定义卫星“天智一号”。天智一号与传统卫星相比具有三大特色优势，一是智能程度高，卫星所获大部分数据的处理均可在轨完成，根据需要下传地面；二是卫星为开放型系统，用户可以为卫星开发软件，并可根据一定流程将开发的软件上注卫星，开展在轨试验；三是卫星的实时状态可查询，用户可以通过手机利用“追星App”访问查询，并指挥卫星在轨实时执行“太空自拍”等空间任务。

欧洲在软件定义卫星领域也同样在发力，早在2015年欧空局和欧洲通信卫星公司就启动了全球首颗软件定义商业通信卫星“量子”（Quantum）卫星的研制计划，目前已完成卫星的各项研制工作，原本计划2020年下半年发射升空。Quantum卫星覆盖范围、频率、带宽、功率等性能可在轨重构，即可通过更新软件实现卫星功能重新定义。这将允许卫星运营商根据需求调整卫星业务，也可允许卫星制造商批量制造通信卫星，在卫星发射入轨后进行配置，缩短卫星制造周期以及降低卫星的运营和制造成本。Quantum卫星标志着软件定义卫星即将进入实用化阶段。

美国的洛克希德·马丁公司也在开发其软件定义架构卫星SmartSat，该架构卫星通过软件的在轨更新改变或增加卫星功能，不仅带宽可调、波束可变，还可自主监测和防御网络威胁。洛克希德·马丁公司表示其正在将SmartSat应用到10个甚至更多的卫星项目中。首批发射的项目包括Linus和Pony Express。Linus项目由2颗12U的立方星组成，将验证SmartSat架构和3D打印卫星部件。Pony Express项目包括多颗6U立方星，计划部署在低地球轨道，验证卫星网络通信技术。

美国波音公司也于2019年推出了702X系列软件定义卫星，该系列软件定义卫星旨在为客户及其最终用户提供更强大的功能。702X可满足客户对更小卫星、更快建造卫星的需求，这些卫星可提供增强的功能、灵活性、性能和更高的长期盈利能力。702X 结合了波音公司最先进的数字有效载荷与转型制造技术，借助这些卫星，运营商可以从地面对有效载荷进行重新编程，并即时分配资源。

上面提到的 NASA 的 cFS 星务软件框架，实际上已经具备了软件定义卫星要求的应用 App 动态加载运行技术，因为 cFS 也支持 Linux 操作系统，支持应用程序动态加载，支持软件上注。故采用 cFS 软件框架的卫星也像智能手机一样，开发者可以开发不同功能的 App，然后上注到星上，加载并运行 App，从而实现 App 软件定义的功能。

同样的，上面提到的 KubOS 星务软件框架，因其基于 Linux 操作系统，所以先天就具备软件定义卫星要求的 App 上注加载运行的功能。

综合以上分析，可得出星务软件的发展趋势是，随着星载处理器性能的提升，软件功能越来越复杂化，越来越多的卫星项目将会使用 Linux 操作系统，同时会使用 cFS、KubOS 等开源软件框架以提高软件开发效率，提高软件质量。因为开源，越来越多的开源爱好者会参与到卫星应用 App 的开发中，卫星项目也可能会面向开发者悬赏征集 App，普通开发者通过申请或者付费就可以拥有“卫星计算机”的使用权，到那时，软件定义智能卫星将真正进入应用阶段。

参 考 文 献

[1] 刘帅，王虎妹．卫星综合电子系统体系结构总体技术研究［J］．空间电子技术，2015，12（006）：90－94.

[2] 王九龙．卫星综合电子系统现状和发展建议［J］．航天器工程，2007，5（5）：68－73.

[3] 朱维．航天器综合电子系统技术研究［D］．上海：上海交通大学，2013.

[4] 刘利军．微型卫星综合电子系统设计与实现［D］．上海：东华大学，2015.

[5] 陆荣．卫星综合电子系统方案研究［D］．上海：上海交通大学，2014.

[6] 宋宝华．Linux 设备驱动开发详解［M］．北京：机械工业出版社，2016.

[7] armKEIL（2020）RTOS Advantage. https：//www. keil. com/rl－arm/rtx _ rtosadv. asp.

[8] Windriver （2020） vxworks － product. https：//resources. windriver. com/vxworks/vxworks －product－overview.

[9] Wikipedia（2020）FreeRTOS. https：//en. wikipedia. org/wiki/FreeRTOS.

[10] 李梦宇，彭攀．星载软件重用技术研究［J］．上海航天，2011（05）：63－67.

[11] 郝佳宁，刘畅，韩延东，等．小卫星可复用软件技术研究［J］．计算机测量与控制，2019，027（006）：130－134.

[12] Myers G J，Sandler C，Badgett T．The Art of Software Testing，3rd Edition［M］．Wiley，2011.

[13] 欧阳高翔，李鑫，董鑫，等．全数字仿真及其在卫星在轨维护中的应用［J］．系统仿真学报，2016，28（004）：979－990.

[14] Miranda D，Ferreira M，Kucinskis F，et al. A Comparative Survey on Flight Software Frameworks for ‘New Space’ Nanosatellite Missions［J］．Journal of Aerospace Technology and Management，2019，11（1）.

[15] M. Normann，“Software Design of an Onboard Computer for a Nanosatellite”，masters thesis，Norwegian University of Science and Technology，2016.

[16] Sukhyun Seo，Junsu Kim，Su Min Kim. An analysis of embedded operating systems：Windows CE，Linux，VxWorks，μC/OS－Ⅱ，and OSEK/VDX［J］．Journal of Applied Engineering Research，2017，12（18）：7976－7981.

[17] Leppinen H．Current use of linux in spacecraft flight software［J］．IEEE Aerospace and Electronic Systems Magazine，2017，32（10）：4－13.

[18] 赵军锁，吴凤鸽，刘光明．软件定义卫星技术发展综述［J］．中国计算机学会通讯，2018，014（003）：68－71.

第 7 章　结构机构与热控分系统

结构机构与热控系统是商业卫星发射入轨、在轨稳定运行必不可少的分系统。这些分系统设计耦合十分紧密，其设计水平往往能够体现航天器的设计水平，甚至决定了商业卫星任务的成败。本章从设计要求、设计特点、设计分析、设计验证等方面对商业卫星结构机构和热控分系统的设计提出了具体思路。

7.1　结构分系统

卫星结构是指为卫星及其各分系统提供支撑，承受并传递载荷，同时保持一定刚度、强度、尺寸稳定性的部件和附件的总称。卫星结构的主要设计要点在于满足一次使用、保证可靠连接、尽量减小质量、利用有限容积、突出刚度设计、适应空间环境等。按照力学承载的主次可分为主结构和次结构，按照结构功能可分为承力结构、密封结构和防热结构，按照结构组件形式可分为杆系结构、板式结构和壳体结构等。本节中将从构型设计、材料选用、设计验证和设计分析等方面对卫星结构的设计进行详细的论证。

7.1.1　卫星构型和接口设计

卫星结构设计的主要任务是为有效载荷和各分系统单机提供安装面与安装接口，设计卫星整体的外形和尺寸，设计卫星内部主承力结构，协调各分系统仪器设备的质量、体积尺寸及安装要求，进行各仪器设备的总体布局设计，完成质量特性计算，分析和验证总体布局的正确性，确定卫星精度测量基准，确定安装、停放、起吊、翻转和运输方案，从而保证卫星上有效载荷和各分系统在运输和发射等阶段能够承受各类动、静载荷，满足其安装空间和位置要求，确保整星满足特定功能、力学环境和电磁兼容性等要求。而卫星构型和接口设计是卫星系统设计的重要内容之一，同时也是卫星结构设计的基础。

7.1.1.1　卫星构型和接口设计基本步骤

卫星构型和接口设计是卫星结构设计过程中最关键的因素，在构型阶段做出的决策直接决定了后续详细设计过程中是否存在颠覆性问题、是否能够满足项目进度和预算要求。按照商业航天卫星的设计流程，一般可将卫星构型和接口设计细化为以下几个步骤。

（1）明确设计要求

在卫星构型和接口设计前，要充分了解设计任务和技术要求，充分考虑卫星功能特点和各分系统为实现卫星功能而提出的要求和条件，并以此作为卫星构型和接口设计的基本约束。同时，需充分考虑卫星所处的各种力、热、磁等外部环境，从而从构型层面满足卫星的外部环境适应性要求。同时，卫星构型和接口设计需兼顾模块化、集成化、可扩展性、可继承性等设计需求。

（2）确定卫星结构形式和材料

明确卫星构型的设计要求后，确定每个结构部件的结构形式和材料就成为一项关键工作。根据结构部件对强度、刚度、散热、热变形、质量等因素的要求，可选择承力筒式、桁架式、框架式、箱板式、外壳式、混合式等结构形式和钛合金、铝合金、钢等金属材料或碳纤维、蜂窝板等复合材料。结构形式和材料的选用要综合考虑材料性能、加工成本、装配工艺以及成本和周期等要素。

（3）完成初步构型方案

确定各组部件的结构形式和材料后，按照各分系统以及外部环境等对卫星的要求，明确系统配置，根据具体材料形式及结构特点，确定各结构组件连接方式，即可完成初步构型方案设计。

（4）设计方案确定

完成初步构型方案之后，还需对结构进行进一步细化，确定各组件结构参数，并核对方案对设计要求的符合情况，总结其质量、惯量、力学响应、视场满足情况、热控设计等设计指标，择优而定。

7.1.1.2 卫星构型和接口设计基本要求

卫星结构的本质要求是以足够的强度、刚度、精度支撑星上各单机正常完成工作。按照各种要求的性质，可将卫星构型和接口设计分为外部环境要求、内部功能要求、包络与接口要求、卫星研制要求和其他要求。

（1）外部环境要求

卫星在发射、运行到整个产品周期会遭受各类严酷的外部环境考验，包括运输和发射阶段的各类动静载荷，在轨运行阶段太阳热辐照和空间粒子辐射环境，以及高低温变化和真空环境对卫星的影响等。发射阶段动静载荷对卫星的要求主要体现为卫星的强度、刚度，因此要求卫星的自然频率（一般为基频）大于规定值，从而避免星箭耦合，各部分的响应值应小于规定值，防止激励出过大的载荷，造成卫星结构的破坏，此外还需要根据运载给出的力学条件对卫星进行考核，防止出现较大的动力学响应。强度方面主要考虑在火箭过载条件下，卫星结构及其上安装单机不产生断裂、失稳和过度变形等影响整星功能的破坏。

在轨阶段卫星需要有足够的防护，从而减小或避免空间有害环境对卫星仪器设备的影响。例如，卫星上单机布局要有利于防护太阳辐照和空间粒子辐射；星外单机必要时需增加防护罩；发热量大的设备尽量安装在散热面等。

此外，卫星布局还需要考虑卫星对外部空间的资源利用。例如，利用太阳能以获得能源，利用磁场实现卫星姿态控制等。

（2）内部功能要求

为保证卫星能够实现其既定功能，卫星结构布局应尽量满足所有单机的使用和安装需求。使用需求主要是单机为实现卫星功能而提出的要求，例如，通信天线对地要求，姿轨控分系统控制方案对布局的要求，太阳翼对光照条件和面积的要求等；安装需求主要为单机的安装位置和精度要求，例如，具有视场要求的星敏感器、太阳敏感器、遥感相机以及其他天线，卫星布局应满足其视场要求，对于星敏感器和遥感载荷等有精度要求的单机，卫星结构布局还需要考虑温度变形、材料屈服、机械连接残余应力等引起的误差，同时对微振动比较敏感的光学载荷等应考虑尽量远离反作用飞轮等扰振源。

为优化卫星布局、减小装配复杂度，卫星内单机信息传递路径是需要着重考虑的问题。例如，同一分系统单机应尽量靠近，从而减小电缆和管路长度及复杂度；有效载荷天线要尽量考虑靠近功率放大器出口，以减小高频电缆损耗。

合理的结构布局是高效热控设计的保证之一，因此发热量大且比较集中的仪器设备应布置在卫星的散热面，且合理考虑发热量，按其热特性均匀布置，从而实现热量互补，减小主动加热量和散热面积，提高热控效率。

(3) 包络与接口要求

卫星布局需要满足火箭的包络要求，包括静态包络和动态包络。在各类温度和实际力学条件下，卫星不能与火箭整流罩之间或卫星之间不能发生碰撞。同时，卫星的包络应该足以容纳各类型星上产品，并预留有足够的操作空间。

卫星的接口要求包括与火箭的接口要求以及星上各类设备的接口要求。与火箭的接口要求主要是卫星与火箭适配器的接口，应以不影响卫星其他功能为前提，且易于实现连接解锁功能。为星内设备提供的各类接口应能满足单机提出的形位公差和尺寸公差。

(4) 卫星研制要求

卫星在研制过程中会有起吊、停放、运输、翻转等需求，因此构型设计需有效满足卫星研制需求，以有利于设计、加工、装配和总装为基准，满足起吊、停放、运输和翻转需求，尽量实现各舱段的敞开性和并行作业的要求。

(5) 其他要求

卫星布局还应考虑导电、接地、绝缘、导热、隔热要求。此外还需兼顾继承性、模块化、集成化、可扩展性等需求，从而易于实现卫星平台高效化、同类载荷通用化、研制质量可靠化。

7.1.1.3　卫星结构形式确定

确定了卫星构型设计的要求后，可以此为基础进行卫星构型的详细设计，卫星主承力结构的选定决定了卫星能否满足发射及运输工况对卫星的刚度和强度要求，其主要是从性能要求、使用要求、制造要求和成本要求等方面考虑。卫星主承力结构一般有承力筒式、桁架式、箱板式、框架式、外壳式、混合式等。

(1) 承力筒式

承力筒式结构布局具有较好的扭转、抗弯、抗剪切强度和刚度，空间利用充分，适用于质量较大的推进剂贮箱，承载能力高且适应性强。按照结构材料可分为金属材料承力筒和复合材料承力筒等，其中金属材料承力筒可通过铆接、焊接、整体锻造加工等工艺制成，复合材料承力筒可通过缠绕成型、热压罐共固化等工艺制成。典型的承力筒式卫星有美国劳拉公司 FS1300 平台，法国玛拉特公司的 SPOT 系列平台、法国阿尔卡特公司的 SB3000 系列平台，我国的 DJS-1 平台、TTS-1 平台、FY-3、DFH-3 等，其中 1997 年由长征三号甲运载火箭发射升空的 DFH-3 卫星即为典型的承力筒式结构，其结构示意图如图 7-1 所示。

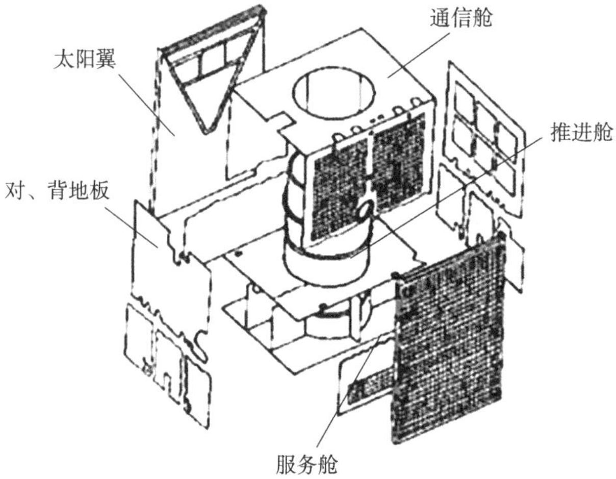

图 7-1 DFH-3 卫星结构示意图

（2）桁架式

为了有效提高卫星载荷比，轻量化卫星结构成为目前卫星设计的目标之一，桁架式结构（见图 7-2）具有设计灵活及空间可伸展、易组装、易重构、轻量化等优势，成为卫星结构重要的设计形式之一。典型的桁架式卫星有美国马丁公司的 TIRC6 平台、休斯公司的 HS-601 平台、法国的 SPOT 卫星平台、日本的 JERS-1 平台，我国自行研制的 DFH-5 卫星亦采用桁架式结构，承载有效载荷可达 2 000 kg，达到国际先进水平。

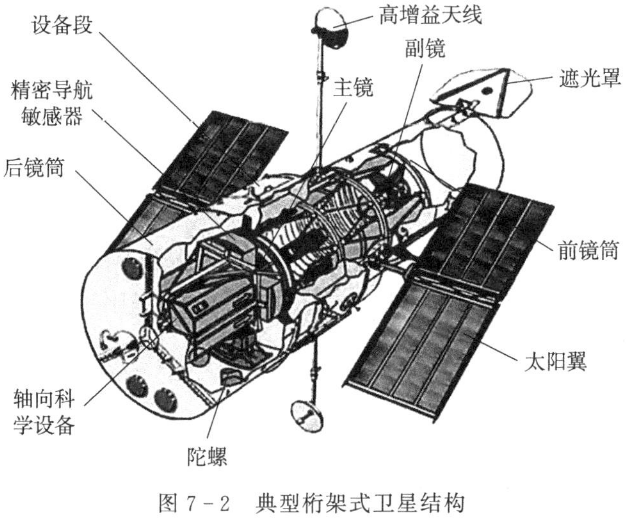

图 7-2 典型桁架式卫星结构

（3）箱板式

箱板式卫星结构的壁板既可以为卫星提供外部轮廓，也可以做为主承力结构及安装界面，箱板式结构具有结构简单、内部空间充足、成本较低、易于实现分舱设计等优点，使得单机布局更为灵活，结构分系统质量在卫星中占比显著下降。图 7－3 所示为某公司研制的箱板式结构，其主结构及各类次支撑结构在卫星质量中占比小于 15%，根据卫星特点，充分实现了模块化设计与装配，减小了结构质量占比。

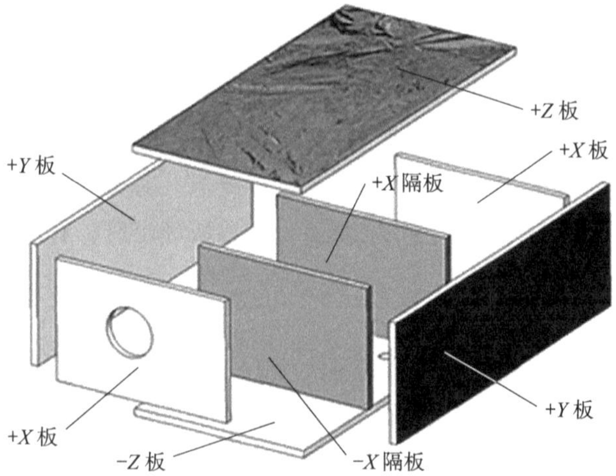

图 7－3　箱板式卫星结构

（4）框架式

箱板式卫星结构各舱板多采用复合材料蜂窝板以减小质量，但是箱板式结构也存在着结构刚度较差的问题，而框架式结构可在保证箱板式结构优点的前提下，有效提高卫星的结构刚度。框架式卫星结构多采用金属材料，其中立方星类微纳卫星采用铝合金作为框架结构材料，而某型号遥感卫星采用超高比刚度 SiC/Al 作为框架材料，在保证卫星结构质量要求的前提下，大大提高了卫星刚度。

（5）外壳式

外壳式卫星结构多应用于返回式卫星。由于返回式卫星在发射段和返回段均需承受恶劣的力学、热学以及气动环境，因此对外壳式卫星结构刚度和强度都有较高的要求。此时，返回式卫星结构外壳即是卫星的主承力结构，且可以直接与运载器连接，但由于返回式卫星结构尺寸均较大，因此还需设置横梁等结构形式，从而优化卫星传力路径。

（6）混合式

卫星的主承力结构在设计时，根据其载荷及结构特点往往不能单一选择某种结构形式，因此设计人员可根据具体情况选择不同结构形式的组合。例如法国的 SPOT 卫星采用了桁架和承力筒式混合结构，Proteus 平台则采用了桁架与框架组合的方式。

7.1.1.4　卫星构型初步方案

确认了卫星构型设计要求及卫星的结构形式之后，即可根据细化的设计要求和选定的设计方案进行卫星构型的初步详细设计。在此过程中，设计应符合有关设计标准和规范的要求。卫星构型初步方案的详细设计步骤如下。

（1）轮廓尺寸和舱段尺寸确定

在此过程中，根据火箭的包络和接口要求确定卫星的轮廓尺寸，进一步根据卫星构型和设备布局以及单机大小划分舱段尺寸。以此为约束，进一步详细确定组部件布置位置及其连接方式。

（2）各部件设计参数的确定

确定整星的外形尺寸及舱段尺寸后，即可根据各单机对安装位置刚度和强度的要求进行详细设计。例如整星的一阶模态频率是由运载器规定的，而其他高阶模态需要避开大型附件的共振频率。此外，对于遥感相机，还需考虑星敏与相机镜头光轴方向对环境的适应能力。对于受压板、壳或杆结构还需要考虑稳定性要求。对于各部件的设计参数，往往还需要进行动力学分析，以确定其合理性。最后，在参数确定时，材料本身的可获取性及可加工性也是需要着重考虑的问题。

（3）确定结构的连接形式及参数

卫星主承力结构各部件及各单机尤其是大型附件的安装与连接形式，也在一定程度上决定了卫星整体和局部的刚度。合理的连接方式有助于提高结构的效率，连接参数的确认主要包括螺接规格、排列及数量，胶接面积及粘接胶牌号，应根据所需的连接刚度和强度选定。

（4）确定结构的连接精度

确定连接形式及参数之后，根据单机对安装精度的要求，结合卫星连接位置的材料形式，综合选定结构的连接精度。

（5）卫星的有限元分析

为了确保卫星整体和局部的强度与刚度，在基本完成构型的基础上，还需要对卫星建立有限元模型进行预分析，着重分析最恶劣工况下卫星的承载能力，包括过载下的强度、模态信息、动力学响应，以及力热工况下的微变形等。

（6）卫星结构迭代优化

根据有限元仿真结果以及设计师工程经验，有必要对卫星结构进行迭代和优化。必要时可借助有限元方法，进行拓扑优化、尺寸优化、集成优化，找出最佳的解决方案。

（7）绘制工程图纸及撰写相关文件

将设计完成的结构通过图纸形式表达出来，并确定相关公差和装配要求，是制造卫星实物的必要前提。同时，为了保障整个研制过程和相关试验工作的正确与科学性，需提供相应的产品验收规范与试验规范，作为后续研制过程的参考。

7.1.1.5 卫星构型确认

卫星是一个各分系统互相约束和耦合的复杂系统，此外，电缆与管路走向、连接、固定、操作空间的大小等使得卫星更为复杂，因此在完成卫星构型设计后，需对相关约束条件进行逐一验证，从而保证卫星构型的合理性。

（1）视场遮挡分析

卫星构型的确认包括对有视场要求的单机进行遮挡分析，检查其是否受到遮挡。分析时应以展开部件展开到位的位置及运动部件的运动包络作为约束条件。

（2）干涉检查

如各单机出现安装干涉，将导致卫星不能顺利装星，因此需着重检查各单机的干涉情况，包括单机安装本体是否干涉、是否有紧固件操作空间、是否有接插件操作空间、设计的电缆网布局是否满足其最小回弯半径等。

（3）推进羽流分析

推进的羽流分析主要包括对其视遮挡情况的分析和对敏感器污染的分析。羽流污染的分析是确保不影响发动机推力和敏感器工作安全的重要分析手段。

（4）太阳翼遮挡分析

太阳翼遮挡分析主要是针对在轨飞行过程中星体或外伸部件是否会对太阳翼造成遮挡，从而影响太阳翼的供电能力。如有遮挡，需与能源分系统配合完成遮挡面积、程度和时间对电源分系统的影响分析，并通过增大帆板面积、调整局部布局等方式满足卫星能源需求。

（5）质量特性分析

质量特性分析主要是针对发射、在轨等阶段卫星的质量、质心位置、转动惯量和惯性积等相关质量特性参数，以满足火箭发射及卫星在轨姿轨控对质量特性的要求。

（6）运动包络干涉检查

运动包络检查是干涉检查的一种，主要是针对对日定向太阳翼、可移动或转动天线、遥感相机调焦机构等运动部件在运动过程中是否与自身或其他部件干涉的分析。值得注意的是，运动包络检查应包括对电缆网运动干涉的检查，包括运动部件引起的电缆网移动或转动是否会影响运动部件移动或转动，电缆网移动或转动时带来的阻力是否会影响运动部件的动力输出，运动部件引起的相关电缆网频繁转动和移动是否会影响电缆的疲劳寿命等，典型的电缆运动包络分析如太阳翼驱动机构运动包络分析。

（7）刚度复查

对上一阶段分析的各种工况，在此阶段应安排专人复核，以确保卫星的使用工况。

（8）总装及测量分析

对于基本完成的卫星构型设计，应有专门的工艺人员共同参与分析，并签署相关会签文件。主要包括拆装便利性和干涉情况，操作空间复查，起吊与运输等操作的可行性，精测时棱镜的粘贴位置及棱镜光路遮挡情况，关重件上振动传感器粘贴的可操作性等。

（9）电磁兼容分析

电磁兼容分析主要考虑天线布局的射频干扰情况，电缆布局是否存在磁场干扰。电磁兼容分析应具体到每一个可能存在电磁兼容性的位置，例如驱动机构导电滑环中功率线和信号线之间的排布是否存在影响。卫星与运载火箭的电磁兼容分析也是其重要内容。

7.1.2　卫星结构材料选用

卫星结构材料的选用应与结构设计紧密结合在一起，卫星结构材料是卫星结构与机构设计的基础，其密度、弹性模量、泊松比、线膨胀系数、热导率、导电性等参数很大程度上影响了卫星结构设计的合理性。

7.1.2.1　卫星结构材料的使用环境

卫星在轨时处于非常恶劣与特殊的外太空环境，因此分析其使用环境是材料选用的前提，且继承性、性价比和加工性能也是重要的参考条件。卫星在轨主要环境影响有以下几点。

（1）真空

在真空环境下，尤其是有压力情况下，相互接触的金属材料表面原子相互渗透，有可能会发生真空冷焊导致活动部件失效；对于复合材料，在真空环境下，如其内部封存有空气，在内压作用下，可能会出现鼓包等现象，影响复合材料性能；对于润滑材料，真空环境可能会造成润滑脂等的挥发或摩擦系数的变化。

（2）失重

在外太空环境中，由于地面装调和在轨的环境差异，可能会影响对微变形敏感的部件，例如对于高分辨率遥感相机，外太空重力的变化可能造成各光学器件位置与形状的细微变化，从而造成传函的急剧下降。

（3）带电粒子辐射

卫星在轨运行时，长期受到空间各类能量和强度的电子和质子的影响，长期的辐照可能会造成材料性能尤其是合成材料的性能参数下降。

（4）太阳紫外辐射

在真空环境下，缺少大气对太阳辐射的吸收和反射，其中能量较高的紫外辐射长期作用下可能会影响材料的光学和热性能，导致材料的吸收率和发射率变化，对薄膜材料的弹性性能影响更为明显。

（5）高低温交变

由于卫星在轨周期地进入光照区及阴影区，从而造成卫星长期受到高低温交变环境的影响。在此情况下，材料可能会产生热疲劳和热损伤，从而产生裂纹、剥蚀、分层等现象。

（6）原子氧

在低轨运行的卫星中，原子氧可能会造成高分子材料化学裂解，造成材料失效。轨道越低，受到的原子氧影响越明显。

7.1.2.2　卫星结构材料的要求

出于卫星发射成本、运载能力、强度刚度要求、热控要求等方面的考虑，对卫星材料会有比刚度、比强度、比热容等方面的要求。

（1）比刚度

由于卫星恶劣的发射环境，要求不能产生卫星与运载器的频率耦合以及卫星与星上大部件的频率耦合，因此对卫星的刚度有着严格的要求。然而一般运载火箭整流罩包络及运载能力均有限，因此对卫星质量有着严格的要求，这就要求卫星在尽量小的质量下能够满足刚度需求。因此高比刚度材料成为卫星结构材料选型的重要标准之一。

（2）比强度

卫星在发射阶段承受横向过载和轴向过载，因此对结构的强度也有较高要求，在质量尽可能小的前提下应具有足够的强度，以提高卫星对过载的适应能力。

（3）比热容

卫星在轨运行阶段承受高低温交变热载荷，这就要求卫星结构材料具有较高的比热容，以减小卫星结构的温度变化，选用大比热容的卫星结构材料有利于卫星适应热变形。

（4）热导率

卫星结构材料一般要求具有较高的热导率，以减小卫星结构的温度梯度，避免过大的温度梯度产生较大的应力或应变。但是，在需要隔热安装的位置需选用低热导率的聚酰亚胺等隔热材料。

（5）电导率

卫星材料的电导率需根据结构的具体功能和位置而决定。如太阳电池阵在卫星帆板上的粘接位置应设置电绝缘材料，而天线反射器结构的反射面材料则需选用导电材料。

（6）韧性

卫星上星箭分离位置、帆板压紧解锁位置等在工作时往往会产生较大的冲击载荷，会破坏卫星结构。因此要求卫星结构材料具有一定的韧性，即要求材料具有一定的伸长率和冲击载荷承受能力。需要注意的是，材料的弹性模量与韧性是一对相互矛盾的参数，即具有较高比刚度的材料一般韧性较差，在设计时需考虑材料的合理分配和防冲击方案的设计。

（7）其他性能

在材料选用时，还需关注材料的可加工性和可检测性，以保证产品从毛坯件到结构件的经济性和安全性。

7.1.2.3　卫星结构材料的选用

卫星结构材料的选择是卫星结构设计中的首要工作，是结构设计和优化的前提条件。卫星结构设计时应优先选择低密度，高比刚度/比强度，符合卫星对导热、导电等物理性能要求的材料，同时也需注意材料的成本和可加工、可检测性能。卫星结构常用的金属材料有铝合金、镁合金、钛合金等，对于比刚度要求更高的金属材料可选用 SiC、SiC/Al 等材料。目前材料的成型工艺中，可对局部有刚度要求的铝合金材料局部渗透 SiC，从而在保证卫星结构材料成本的前提下，实现局部增强。常见的卫星结构复合材料有碳纤维、玻璃纤维、铝蜂窝板，由于复合材料参数各向异性的特征，在设计复合材料时需注意根据结构部件的受力情况合理选择增强材料的铺层方向，从而最大程度发挥材料性能。在选择卫星结构材料时，还需注意部件间的材料性能匹配情况，例如线膨胀系数的选择在一定程度上影响部件间热胀冷缩时的应力应变情况。总而言之，需结合材料本身的性能参数与具体使用环境选择最适合的卫星结构材料。

7.1.3 卫星结构设计分析

卫星结构设计分析是确定卫星结构设计合理性的重要依据，通过合理的卫星结构设计分析可在卫星设计前期部分代替样机的研制工作，从而降低卫星研发的成本。卫星结构设计分析的核心任务是对结构的力学性能进行定量评价，主要的方法包括解析法和数值法。解析法主要是根据相关力学理论推导相关力学特征方程，在一定的边界约束条件下进行解析求解，其优点是结构简单、可靠，结果可以用参数的形式表达，然而解析法由于往往只适用于简单的力学环境，能够解决的实际工程问题较少。数值法是对表征力学特征的方程进行数值求解，常用的方法是有限元法，其理论基础是弹塑性力学的变分原理。下文以有限元方法为例介绍卫星结构设计分析的步骤与注意事项。

7.1.3.1 卫星结构有限元模型的建立

卫星结构有限元模型的建立包括几何模型的简化、有限元单元类型的选择和网格划分、单元参数的定义、有限元模型网格的检查。

几何模型的简化主要是根据结构的特点，对不影响力传递的结构（比如工艺圆角，其不影响卫星结构受力，但是却增大了卫星有限元模型的复杂性，同时也易出现应力集中，影响分析的准确性），在建模时适当简化，以提高有限元计算的效率和准确性。几何模型简化的另一方面工作是根据卫星的结构、连接形式、传力路径等，将具有典型结构几何特征的结构件理想化为杆、梁、板壳、体等。

合理地选择单元类型，必须建立在对单元特性充分了解的前提下。在线弹性分析中，主要应用质量点、弹簧元、杆单元、梁单元、三角形或四边形板壳单元、8 节点六面体单元等；而在非线性分析中，通常选用 8 节点四边形单元、20 节点六面体单元。在划分单元时，需对单元的质量进行控制，如三角形单元三条边应尽量相等，不应出现钝角三角形，而四边形单元各内角一般应在 45°~135°之间，且其长宽比不应大于 20，对重点关注或易出现应力集中的部位应局部细化，而在应力变化平缓的部位可以划分较粗的网格，在其搭接位置应粗细过渡合理。对于有限元模型来说，单元划分越细致越多，则计算结果更符合实际情况，但网格和节点的增加会导致计算成本的急剧增加，而对计算精度的提升已经不明显。因此在选择网格的大小时应综合考虑计算精度、计算成本、计算工况等，以期达到最佳效果。

对于单元参数的定义，需根据具体单元的类型进行详细划分，如对于各向同性材料需赋予其密度、弹性模量、泊松比、线膨胀系数、使用温度等参数，而对于各向同性板壳单元还需赋予其板厚参数，对于梁单元还需赋予其截面形状参数。而对于各向异性材料，需要赋予其各个方向的参数，对于碳纤维复合材料或铝蜂窝板还应给出其铺层角度、铺层层数等参数，同时考虑横向剪切修正系数、非结构质量密度等。

有限元模型的检查包括质量属性、质心位置、质量惯性矩等质量特性检查，自由模态检查，刚度检查。质量特性检查主要确认有限元模型尺寸和密度等参数准确性。自由模态检查主要确认卫星有限元模型是否存在过约束和欠约束。刚度检查主要目的是检查是否存在不正确的单元间连接和不需要的边界条件。

7.1.3.2　卫星结构模态分析

卫星模态是由卫星的结构刚度、质量分布和边界条件决定的，其中卫星的结构刚度对卫星的模态起着决定性作用，因此对卫星模态的分析很大程度是对卫星结构刚度的分析。卫星模态分析可作为卫星结构选择和验证的重要手段，通过整星模态分析可进一步验证运载器等对卫星的频率要求。根据模态分析结果也可定性分析星上各单机的环境条件趋势以及分配星载单机支架刚度及其固有频率。最后，卫星结构模态分析可作为结构故障诊断的重要手段之一，卫星结构上的损伤和缺陷，均可通过自由模态或振动试验在频率上反映出来，通过试验频率与模态分析频率的对比，即可用于诊断卫星结构故障。

卫星结构模态分析时应对不影响刚度的开口或缺口等着重简化，同时通过试验数据修正模型，例如太阳帆板的刚度分析中，铰链的仿真很难给出准确的结构参数，涉及接触和摩擦等一系列问题，是采用无自由度固定约束还是采用广义弹簧单元，如果采用广义弹簧单元，其相关参数如何确定，都需要结合工程试验数据和工程经验确定。对于有一定继承性的结构设计，根据既往型号的研制过程试验数据对模态分析模型进行修正，以提高模态分析准确度，是十分有效且必要的。

假设结构为线弹性结构，且不考虑阻尼，采用节点位移为变量，将结构离散成具有 n 个自由度的系统，它的自由方程为

$$\boldsymbol{M}\ddot{x}(t)+\boldsymbol{K}x(t)=0 \tag{7-1}$$

特征方程为

$$(\boldsymbol{K}-\omega^2\boldsymbol{M})\varphi=0 \tag{7-2}$$

式中　ω ——特征值，即模态频率；

φ ——特征矢量，即振型。

模态分析就是通过结构理想化得到刚度矩阵 $\boldsymbol{K}$ 和质量矩阵 $\boldsymbol{M}$ ，然后解析方程（7-2）得到模态频率 ω 和其对应的振型 φ ，分析振型 φ 的特征。

7.1.3.3　卫星静力学分析

卫星的静力学分析主要是分析卫星在各类静载或准静载情况下的强度、刚度和稳定性等，包括应力分析、变形分析和稳定性分析等。卫星的静力学载荷条件主要有卫星本身装配或试验过程中的起吊、翻转和旋转等静力学工况，卫星在火箭上随火箭的转运和起竖等静力学工况，卫星随火箭发射过程中的准静态载荷（由静载分量和动载分量叠加而成），在轨热载荷，变轨机动载荷等，其中卫星随火箭发射时的准静载荷一般是卫星所处的最恶劣的静态载荷环境，是应着重分析的环境，同时应兼具其他载荷环境的分析，防止比如吊装时局部吊点失效造成卫星损坏。对于精密设备，还应进行更精细的静力学分析。例如高空间分辨率空间相机在进行分析时，还应着重考虑装调温度、入轨重力卸载、入轨气压变

化等静力学工况引起的遥感载荷结构微变形，将此类静力学工况引起的空间相机离焦控制在可接受范围内。

通过卫星的静力学分析获得卫星在各类静载或准静载条件下的应力、应变以及稳定性等静力学响应，从而为结构优化设计提供参考依据。通过强度分析，验证卫星结构材料的强度余量，避免卫星材料破坏失效；通过刚度分析，验证卫星在静载荷条件下的变形量是否满足指定要求，例如星敏光轴角度要求等；通过稳定性分析确定卫星结构失稳临界条件和失稳模式，从而控制结构失稳失效。

通常卫星静力学分析采用有限元位移法，基于小变形假设，有限元分析的基本方程为

$$\boldsymbol{K}\boldsymbol{u}=\boldsymbol{F} \tag{7-3}$$

其中，$\boldsymbol{u}$ 为节点的位移矩阵，$\boldsymbol{K}=\Sigma_e\boldsymbol{K}_e$ 为结构整体刚度矩阵，$\boldsymbol{K}_e$ 为单元刚度矩阵，$\boldsymbol{F}=\Sigma_e\boldsymbol{f}_e$ 为负载矩阵，$\boldsymbol{f}_e$ 为单元节点负载矩阵，引入材料的本构关系后，求得各节点位移，进一步的根据几何关系计算应变和应力。

稳定性分析是在变形分析的前提下，根据变形模式进一步确定失稳模式及其临界载荷，其基本方程为

$$(\boldsymbol{K}+\lambda\boldsymbol{K}_d)\mu=0 \tag{7-4}$$

其中，$\boldsymbol{K}_d=\Sigma_e\boldsymbol{K}_{d,e}$ 为结构几何刚度矩阵，$\boldsymbol{K}_{d,e}$ 为单元几何刚度矩阵，λ 为结构稳定性系数，表征临界载荷的大小。结构失稳的临界条件为

$$F_{cr}=F_b+\lambda\Delta F \tag{7-5}$$

式中 F_b ——基本载荷，表征在扰动载荷 ΔF 作用前结构的初始状态；

λ ——结构稳定性系数。

7.1.3.4 卫星动力学分析

卫星在发射阶段承受振动、冲击、噪声等各类复杂的动力学载荷，火工品分离时又会对星载设备产生一定的冲击，这些动力学载荷的量级大小是决定卫星结构和设备安全性的决定性因素之一。卫星主要的动态响应分析包括结构频率振动响应分析、结构随机振动响应分析、结构噪声响应分析、结构冲击响应分析和结构瞬态响应分析。

（1）频率响应分析

频率响应分析用于计算结构在振荡载荷作用下对每一个计算频率的动响应，计算的响应为复数，实部代表响应的幅值，虚部代表响应的相位，计算的响应通常包括节点位移、单元力和应力，而卫星结构频率响应分析是指卫星在基础正弦激励条件下的响应曲线，把不同正弦频率激励下所得到的响应绘制曲线，即可得到频率响应曲线。现有商业有限元软件的频率响应分析方法有直接法和模态法两种形式，其中直接法是指直接在离散的激励点通过求解相关复矩阵方程得到结构的响应，而模态法首先进行模态分析得到系统的特征值和响应的特征向量，将单个模态作为单自由度振动系统进行求解，最后合成得到系统总的响应结果。在实际运用中，模态法计算规模远小于直接法，因此在大型工程分析中，多采用模态法进行卫星的频率响应分析。

离散化的结构系统受到正弦强迫激励时，运动方程为

$$\boldsymbol{M}\ddot{x} + \boldsymbol{C}\dot{x} + \boldsymbol{K}x = P(\omega)e^{i\omega t} \tag{7-6}$$

式中 $\boldsymbol{M}$，$\boldsymbol{C}$，$\boldsymbol{K}$ ——系统质量、阻尼和刚度矩阵；

x ——位移矢量；

$P(\omega)$ ——强迫激励的幅值；

$e^{i\omega t}$ ——单元正弦激励。

将位移变量的物理坐标转换为模态坐标，如式（7-7）所示

$$x = \boldsymbol{\varphi} q(\omega)e^{i\omega t} \tag{7-7}$$

式中，$\boldsymbol{\varphi}$ 为结构系统的振型矢量矩阵，$q(\omega)$ 为模态坐标，将式（7-7）代入式（7-6），得到

$$-\omega^2\boldsymbol{M\varphi} q(\omega) + i\omega\boldsymbol{C\varphi} q(\omega) + \boldsymbol{K\varphi} q(\omega) = P(\omega) \tag{7-8}$$

为解耦上述方程，将式（7-8）两侧同时乘以 $\boldsymbol{\varphi}^{\mathrm{T}}$ 可得

$$-\omega^2\widetilde{\boldsymbol{M}}q(\omega) + i\omega\widetilde{\boldsymbol{C}}q(\omega) + \widetilde{\boldsymbol{K}}q(\omega) = \boldsymbol{\varphi}^{\mathrm{T}}P(\omega) \tag{7-9}$$

式中 $\widetilde{\boldsymbol{M}}$ ——广义质量矩阵，$\widetilde{\boldsymbol{M}} = \boldsymbol{\varphi}^{\mathrm{T}}\boldsymbol{M\varphi}$ ；

$\widetilde{\boldsymbol{K}}$ ——广义刚度矩阵，$\widetilde{\boldsymbol{K}} = \boldsymbol{\varphi}^{\mathrm{T}}\boldsymbol{K\varphi}$ ；

$\widetilde{\boldsymbol{C}}$ ——广义阻尼矩阵，$\widetilde{\boldsymbol{C}} = \boldsymbol{\varphi}^{\mathrm{T}}\boldsymbol{C\varphi}$ ；

$\boldsymbol{\varphi}^{\mathrm{T}}P(\omega)$ ——模态力矢量。

根据模态的正交性，$\widetilde{\boldsymbol{M}}$、$\widetilde{\boldsymbol{C}}$ 为对角线矩阵。$\widetilde{\boldsymbol{C}}$ 为非解耦矩阵，工程上根据实际经验直接输入已解耦的模态阻尼，此时，式（7-9）可写成一组已解耦的单自由度系统

$$-\omega^2 m_i q_i(\omega) + i\omega c_i q_i(\omega) + k_i q_i(\omega) = p_i(\omega) \tag{7-10}$$

式中，i 对应第 i 阶模态；$c_i = 2m_i\omega_i\varepsilon_i$ ，ε_i 为第 i 阶模态的临界阻尼模态阻尼比。每个模态对响应的贡献为

$$q_i(\omega) = \frac{p_i(\omega)}{-m_i\omega^2 + ic_i\omega + k_i} \tag{7-11}$$

将各模态对响应的贡献代入式中即可得到各节点的响应。

（2）随机响应分析

卫星的随机响应分析用于考虑结构在某种统计规律分布的载荷作用下得到的随机响应，这种载荷的大小在任何时刻都不能明确地给出，只能得到载荷按概率分布的函数。随机响应分析有两种方法：一是从时域方面求得系统的单脉冲响应函数，再将此函数与激励函数的卷积对时间积分就可得到常系数线性系统对任意激励的响应；二是从频域方面求得系统的频率响应函数，然后通过激励功率谱和结构系统频率响应函数之间的矩阵运算得到系统响应的功率谱。在卫星随机响应分析中，多用第二种方法对卫星结构进行随机响应分析。

$H_{xa}(f)$、$H_{xb}(f)$ 是第 x 个自由度分别在载荷工况 a 和 b 作用下的复频率响应（位移、速度或加速度），则第 x 个自由度的功率谱密度 $R_x(f)$ 可表示为

$$R_x(f) = H_{xa}(f)S_{ab}(f)H_{xa}^{HC}(f) \tag{7-12}$$

$S_{ab}(f)$ 是两个源的功率谱密度。其中，源 a 是激励工况，b 是加载工况。如果 $S_a(f)$ 是某个源单独的功率谱密度，则由工况 a 引起第 x 个自由度响应的功率谱密度可表示为

$$R_x(f)=|H_{xa}(f)|^2 S_a(f) \tag{7-13}$$

两个不同的 $(a \neq b)$ 的互谱密度 $S_{ab}(f)$ 可能是复数。由工况 a 和 b 引起的第 x 个自由度响应的功率谱密度可以表示为

$$R_x(f)=H_{xa}(f)S_{ab}(f)H_{xb}^{HC}(f) \tag{7-14}$$

HC 表示共轭复数。总的功率谱密度是所有单独载荷工况和交叉载荷工况引起的功率谱密度之和。

变量 $x(t)$ 的自相关函数 $A_x(\tau)$ 可由式（7-15）定义

$$A_x(\tau)=\lim_{\tau \to \infty}\int_{-\tau/2}^{\tau} x(t)x(t+\tau)\mathrm{d}t \tag{7-15}$$

$x(t)$ 的方差 $\delta^2(x)$ 等于 $A_x(0)$。方差 $\delta^2(x)$ 可以表示为功率谱密度 $S_x(f)$ 的函数，即

$$A_x(0)=\delta^2(x)=\int_{-\infty}^{\infty} S_x(f)\mathrm{d}f \tag{7-16}$$

响应 $x(t)$ 的均方根可用式（7-17）表示

$$X_{RMS}=\sqrt{\int_{-\infty}^{\infty} S_x(f)\mathrm{d}f} \tag{7-17}$$

自相关函数和功率谱密度互为傅里叶变换，因此自相关函数可用式（7-18）表示

$$A_x(\tau)=\int_{-\infty}^{\infty} S_x(f)e^{2\pi f\tau i}\mathrm{d}f \tag{7-18}$$

（3）瞬态响应分析

卫星的瞬态响应分析可以确定卫星结构在静载荷、瞬态载荷和简谐载荷的随意组合下在时域上的位移、应变、应力及力。载荷和时间的相关性使得惯性力和阻尼作用比较明显。如果惯性力和阻尼作用不明显，就可以用静力学分析代替瞬态分析。而冲击响应可以用最大冲击响应谱等方法将频率输入转变成时域输入，作为某种形式的瞬态响应进行分析。

7.1.3.5 卫星结构分析实例

（1）有限元模型建立

以某双星组合体为例，利用 Partran 2012 有限元软件建立详细的有限元模型，并进行质量特性和外观尺寸等的复核，最后利用 Nastran 2012 进行各类动静力学计算。有限元模型建立的原则为：

1）运载转接支架材料为铝合金板，直接采用实体模型；

2）运载转接支架各个组件之间采用 MPC 进行连接；

3）分离装置材料为铝合金板，简化为壳单元，通过 MPC 与运载转接支架连接；

4）单颗卫星简化为壳和梁单元模型，通过 MPC 与分离装置连接；

5）电缆及热控多层以非结构质量的形式均布在结构板上；

6）整星各个组件的连接以共节点或者 MPC（RBE2）的形式进行连接。

建立完成的有限元模型如图 7-4 所示。

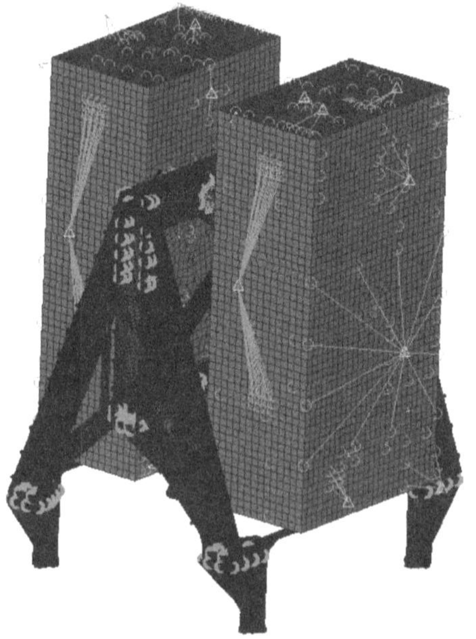

图 7-4　某双星组合体有限元模型实例

（2）模态分析

对某双星组合体按照 Lanczos 法进行模态分析，得到主要频率及相应振型见表 7-1。从表中模态质量可以判断出主模态和局部模态，以及各模态的振型方向。

表 7-1　某双星组合体模态质量分布

模态	频率/Hz	模态质量/kg					
		T_1	T_2	T_3	R_1	R_2	R_3
1	29.15	9.35E−04	9.42E−02	1.17E+02	1.57E−04	1.27E+02	4.92E−02
2	34.36	4.01E−03	2.29E+02	2.12E−02	1.08E+00	2.33E−02	1.10E+02
3	35.49	1.11E−02	7.31E+00	1.22E−02	3.46E+01	5.56E−03	3.47E+00
4	48.13	5.61E−02	2.13E−01	1.37E+02	3.12E−03	4.44E+00	1.34E−01
5	66.09	9.28E+01	4.05E−03	2.36E−02	4.66E−03	5.78E−04	6.94E−03
6	74.58	1.95E−01	5.75E−01	6.55E−02	2.74E−03	1.14E−04	3.53E+00
7	81.26	1.41E+00	2.39E+00	1.82E+00	3.21E−04	7.53E−02	7.04E−01
8	81.76	4.52E+00	4.98E−01	2.69E−01	9.13E−02	1.75E−02	2.32E−01
9	83.80	2.85E+00	2.19E−01	9.61E−02	1.40E−01	1.21E−02	9.76E−02
10	86.52	1.21E−02	1.37E+01	1.29E+00	4.09E−07	1.29E−01	3.95E+00
合计		1.01E+02	2.54E+02	2.58E+02	3.59E+01	1.32E+02	1.22E+02

(3) 静力学分析

按照火箭提供的运载系数，安全系数取 1.5，加载工况分析结果如下。

各飞行段过载系数：

1) 一级飞行段：轴向正过载 $N_x \leqslant 5.5\ g$，$N_y = N_z \leqslant 1.0\ g$；

2) 二级飞行段：轴向正过载 $N_x \leqslant 8.8\ g$，$N_y = N_z \leqslant 1.0\ g$；

3) 三级飞行段：轴向正过载 $N_x \leqslant 13.2\ g$，$N_y = N_z \leqslant 1.0\ g$；

4) 其他飞行时段：$N_x = N_y = N_z \leqslant 1.0\ g$。

综合考虑运载横向运输要求（Y/Z 方向为 2.0g），初步拟定的静力学分析工况见表 7－2。

表 7－2　运载提供的整星静力学工况

项目	Y/Z 向惯性力 m/s^2	X 向惯性力 m/s^2	备注
工况 1	15	82.5	一级飞行段
工况 2	15	132	二级飞行段
工况 3	15	198	三级飞行段
横向运输	30	15	

某双星组合体静力仿真分析结果如图 7－5、图 7－6 所示。

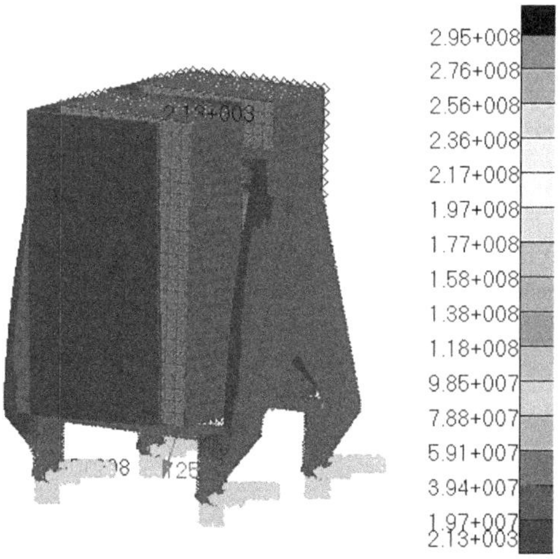

图 7－5　某双星组合体静力应力分布图实例

可以看出，正常的静载工况 1～工况 4，双星组合体中星体结构的最大应力为 108.0 MPa，发生在卫星－Z 板与单星分离机构－X 方向的连接处，按照铝合金 2A12T4 的许用强度 255 MPa 考虑，在保证－Z 板主承力埋件胶结面积足够的情况下，强度裕度为 2.3，满足强度要求，首发双星组合体中运载转接支架的最大应力为 295.0 MPa，发生在运载转接支架与运载对接环的连接处，按照铝合金 7075 的许用强度 450 MPa 考虑，强度裕度为 1.53，满足强度要求。

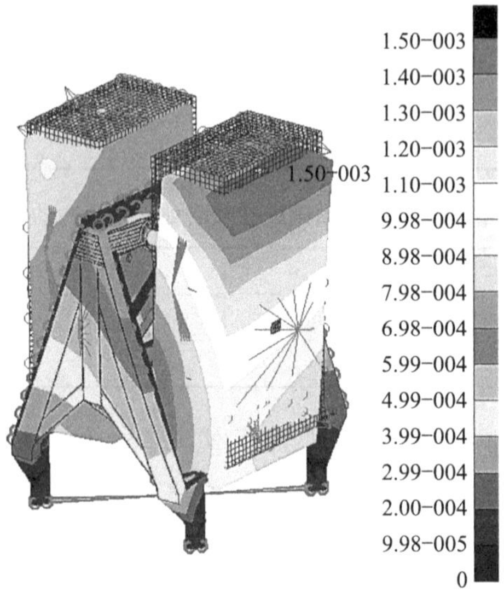

图 7-6　某双星组合体静力位移分布图实例

(4) 结构稳定性分析

针对卫星纵向和横向静载同时作用的情况下对卫星结构进行结构稳定性分析（见图 7-7），静态载荷加载为横纵向设计载荷工况。通过有限元计算，该工况下第一阶临界屈曲载荷系数为 $\lambda cr = 4.1$，屈曲发生在运载转接支架的防扭底梁处，因而卫星在过载时稳定性足够。

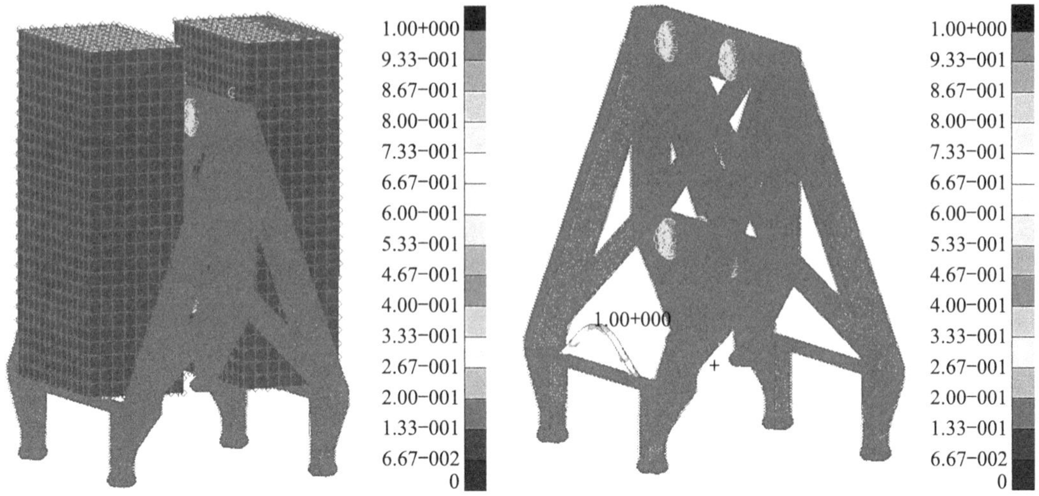

图 7-7　某双星组合体结构稳定性分析实例

(5) 正弦响应分析

在低频响应分析中，采用模态分析所建模型。在分析过程中，根据其他卫星的分析经验，阻尼系数值取 3%，正弦激励条件按表 7-3 和表 7-4。

表 7-3　运载与双星组合体设计基准面处竖直方向的低频正弦环境

频率/Hz		5～8	8～30	30～75	80～100
幅值/ g	验收级	3.13 mm	0.8	0.6	0.45
	鉴定级	4.7 mm	1.2	0.9	0.675

表 7-4　运载与双星组合体设计基准面处水平方向的低频正弦环境

频率/Hz		5～8	8～28	28～100
幅值/ g	验收级	2.34 mm	0.6	0.45
	鉴定级	3.51 mm	0.9	0.675

经计算得到星上各单机在 X、Y、Z 各方向的鉴定级响应曲线如图 7-8～图 7-10 所示。

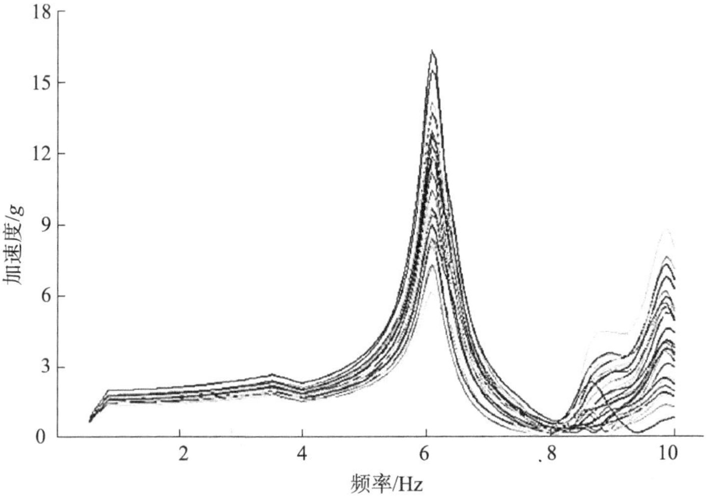

图 7-8　整星正弦响应分析 X 向鉴定级加速度峰值响应结果

(6) 随机响应分析

在随机响应分析中，采用了模态分析所建模型。在分析过程中，根据其他卫星的分析经验，阻尼系数值取 3%，随机激励条件按表 7-5。经计算得星上各单机随机 X、Y、Z 三方向响应如图 7-11～图 7-13 所示。

表 7-5　运载与双星组合体设计基准面处水平方向的随机振动环境

频率/Hz		10	80	400	500	1 500	2 000	RMS
幅值/(g^2 /Hz)	验收级	0.001 3	0.01	0.01	0.014	0.014	0.008	4.9 g
	鉴定级	0.003 9	0.03	0.03	0.042	0.042	0.024	8.5 g

7.1.4　卫星结构设计验证

卫星结构设计的验证主要有分析验证、检验验证、类比验证和试验验证。验证方法的

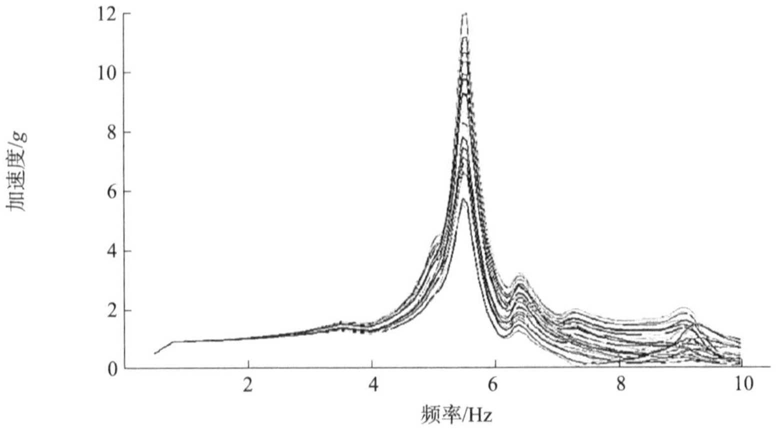

图 7－9　整星正弦响应分析 Y 向鉴定级加速度峰值响应结果

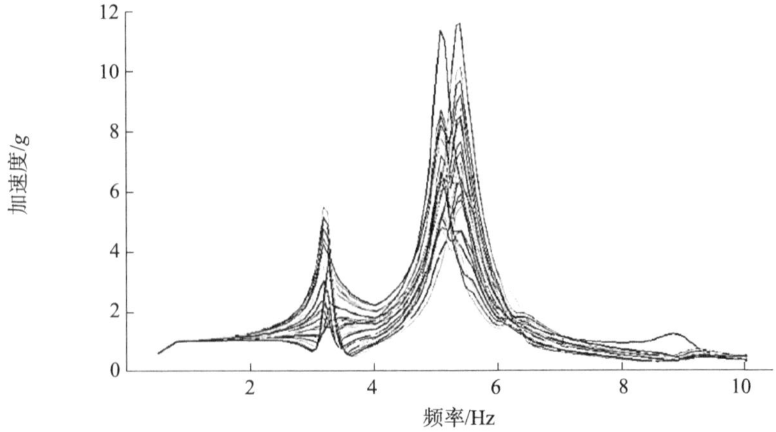

图 7－10　整星正弦响应分析 Z 向鉴定级加速度峰值响应结果

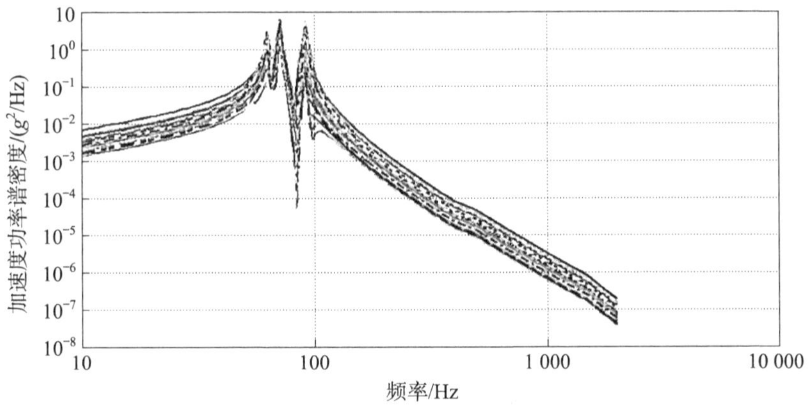

图 7－11　整星随机响应分析 X 向鉴定级加速度峰值响应结果

选择考虑因素主要包括以下几个方面：验证方法在技术上是否可行，验证是否合理、准

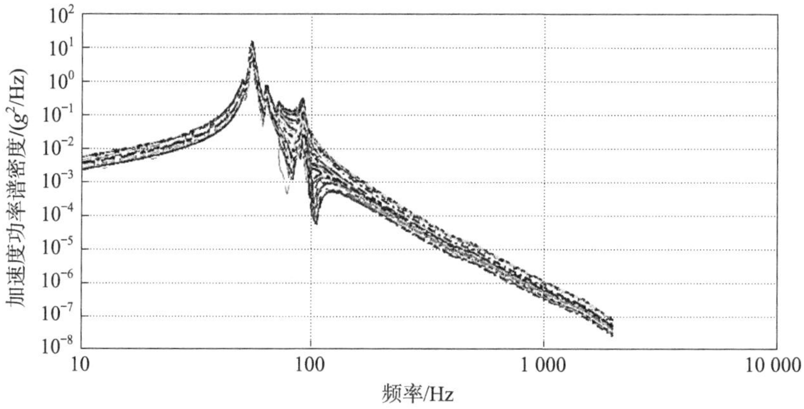

图 7-12　整星随机响应分析 Y 向鉴定级加速度峰值响应结果

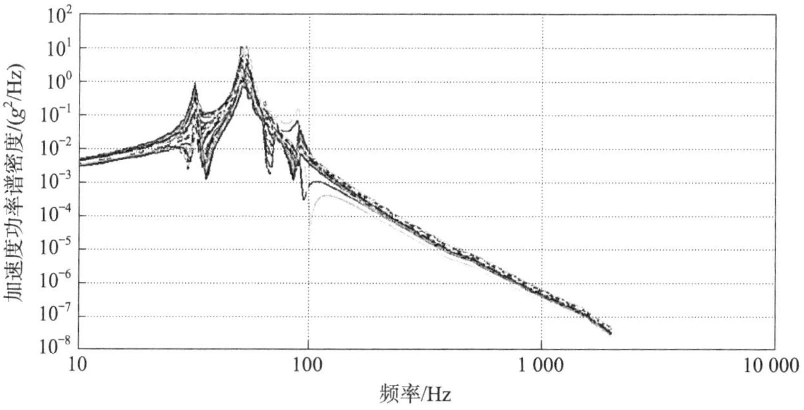

图 7-13　整星随机响应分析 Z 向鉴定级加速度峰值响应结果

确、有效，验证的不充分性所带来的风险是否可接受，验证的成本、时间进度风险是否可接受等。

（1）分析验证

分析验证是采用分析的方法对结构需要满足的要求进行验证。上文所述的各类设计分析均为分析验证的手段之一。在卫星结构方案设计阶段，分析验证显得更为重要，通过分析来确定足够详细的设计方案，包括结构构型、材料选取、连接方式等，并以此估算结构的质量特性以及设计、生产、试验和操作的费用，然后进一步分析结构是否满足强度、刚度、固有频率、动态包络、质量特性等要求。必要时可采用多组设计人员分头验证并进行对比，提高分析验证的准确性。

（2）检验验证

检验验证实质是对产品图样的技术条件进行验证，通常是在制造、鉴定、验收、总装及发射前的阶段中进行，用于验证结构尺寸精度、质量特性、表面状态、物理特性和机电热接口等的要求。检验验证是对产品的直接验证，通常，检验验证不仅是对设计的验证，也是对产品的验证。

(3) 类比验证

类比验证通常是与分析相结合来证明一个结构与另一个结构相似，而后者已经按照等效或更严格的准则进行了合格鉴定，类比验证包括对结构产品状态、应用情况以及对以前试验数据的评估和审查，也包括对以前试验量级与新的特定要求的比较。采用类比验证既能降低技术风险，又能节省研制费用、加快研制进度。

(4) 试验验证

卫星试验验证一般是用来验证结构产品在经受有关环境期间和在经受有关环境以后能否满足设计要求，主要有研制试验、鉴定试验、验收试验和有效性确认试验等。关于这些试验验证的具体要求和方法，我们将在“商业卫星总装、测试与试验”章节详细论述。

7.2 机构分系统

在现代卫星中，需要采用各种机构才能实现其规定的功能。其主要功能包括紧固连接、指向目标、展开位置形状、部件分离、释放解锁等，主要包括压紧释放机构、展开机构、驱动机构、连接分离机构，主要设计原则包括保持最简设计方案、继承现有技术基础、强调设计风险意识、充分考虑工艺条件、认真考虑经济性、重视设计综合性和迭代性。本节将从卫星机构的功能、设计特点、分类和典型机构等方面详细论述卫星机构的设计思路。

7.2.1 卫星机构功能

卫星机构的功能可定义为卫星入轨后使卫星或相关附件始终处于相关要求的工作状态和位置的机械活动部件的总成。卫星机构的主要功能可归纳为以下几个方面：

1) 使卫星部件或附件按照指定精度和行程移动；

2) 使卫星部件或附件按照指定精度和行程转动；

3) 使卫星部件或附件按照指定的形状或位置展开；

4) 使卫星与运载火箭、卫星舱段之间、卫星本体和附件之间、卫星部件之间形成可靠连接和紧固状态；

5) 使卫星与运载火箭、卫星舱段之间、卫星本体和附件之间、卫星部件之间在指定时刻解除其相关连接和紧固状态；

6) 使卫星与运载火箭、卫星舱段之间、卫星本体和附件之间、卫星部件之间按照指定的速度或角速度进行分离。

同时，卫星机构作为机械件的总成，由于其本身运动刚度的要求，也具有一定的承载功能，对卫星的整体刚度也存在一定的贡献，同时也可为展开附件提供一定的刚度支撑。例如某公司自行研制的离轨帆在发射阶段为离轨薄膜提供收纳空间和支撑刚度，寿命末期在电机驱动桁帆展开离轨薄膜后可为展开薄膜提供支撑刚度，保持其展开姿态。

7.2.2 卫星机构设计特点

卫星机构作为卫星功能实现的重要组成部分，和卫星一起经历着各类严酷的力学环境和在轨热环境等工况，包括发射阶段经历的加速度、振动、冲击和噪声，在轨阶段承受的温度交变热载荷、真空、失重、原子氧、辐射和微流星等空间环境。这些卫星机构所需经历的空间环境，使卫星机构区别于地面产品，除需考虑一般机械传动构件设计特征外，还需考虑一些特殊的情况。

（1）考虑机构刚度

由于卫星机构在发射和运输等过程中承受各个方向远高于普通机构承受的载荷，尤其是火箭发射过程中的动载荷，卫星机构刚度较低可能导致卫星机构丧失运动精度，从而导致机构失效。因此在卫星机构设计过程中，应突出考虑卫星机构各方向的刚度，使得卫星机构在承受各个方向的载荷后能仍保持一定的运动刚度，从而提高卫星机构可靠性。

（2）考虑防冷焊设计

卫星机构在空间环境使用过程中，在真空环境和工作压力共同作用下，固体表面吸附气体溢出，各种有机污染膜解析消失，活动部件表面相互接触时，分子相互渗透发生不同程度的黏合，在一定的压力负载下产生进一步黏着，发生冷焊，从而导致卫星机构失效。1989年，美国NASA发射的伽利略探测器在轨运行一年后，天线机构的三根骨架因为润滑物质以及氧化物在真空环境磨损殆尽，使骨架与其他部件发生冷焊导致天线机构失效。因此在机构设计中，应选用合适的防冷焊措施。例如相互接触的运动部件之间尽量选用不同的材料，因为相同材质的固体表面更易发生原子的相互渗透；在选择润滑方式时应选用真空环境下稳定可靠的润滑脂或固体润滑方式，如润滑脂应选用真空下无挥发性的润滑脂，通过合理选用氟化剂、聚四氟乙烯、黏合剂等的性质参数和配合比例，使具备真空稳定性的润滑脂在接触运动部件之间形成油膜，防止运动部件直接接触，而其不挥发性决定此油膜可在卫星寿命周期内稳定存在，稳定的润滑脂也可对光学敏感器的洁净起到积极作用；此外，零件表面溅射或喷涂二硫化钼或碳化钨也是有效的防冷焊手段。

（3）考虑润滑措施选用

卫星机构润滑措施的选用和卫星机构的防冷焊设计紧密相关，一般可分为固体润滑或润滑脂润滑。固体润滑多为在零件表面溅射或喷涂二硫化钼，从而形成固体润滑膜实现润滑，对于负载要求不高和运动精度要求不高的运动部件也可利用聚四氟乙烯等材料的自润滑特征作为卫星机构的润滑手段。而在较低轨道运行中，真空高稳定性润滑脂应用较多，使用过程中应防止润滑脂的污染。对于润滑可靠性要求更高的飞行器，可采用固体润滑和润滑脂润滑混合方式，以提高润滑可靠性。一般在实施润滑时，也可有效降低卫星机构的冷焊风险。

（4）机构自锁性设计

对于需精确定位的卫星机构，需考虑机构的自锁性，例如空间相机调焦机构需有效避免在外界载荷作用下引起的被调焦组部件移动，从而造成空间相机离焦，影响成像质量，因此需考虑机构具有一定的自锁性能。机构自锁性的实现手段较多，常见的蜗轮蜗杆传动、丝杠丝母传动、斜面传动等均可通过合理设计自锁角实现机构自锁，保证机构可靠性。

（5）机构消空回设计

对于需反复运动且有一定传动精度和系统稳定性要求的空间机构，当机构反向运动时，不可避免地产生一定的空回量，从而影响空间机构的指向精度或位置精度，增加机构闭环控制系统的调整工作量，对于开环的空间机构系统则导致无法调整至机构理想位置。因此空间机构设计过程中，需根据机构特点决定防空设计的方法，比较简单可靠的防空回措施为通过弹簧等挠性单元对机构施加单一方向的预紧力，需要注意的是空回只能尽量减小而不能完全消除，空间机构消空回设计时需仔细均衡机构空回控制量和其对驱动组件产生的额外负担。

（6）考虑空间环境对空间机构配合间隙的影响

空间机构在轨运行时承受温度交变载荷，而再好的热控措施只能减小温度交变载荷的变化幅值而不能完全消除，考虑到空间机构在轨时，各运动部件尺寸、线膨胀系数、温升或温降不一致，其热变形量也不尽相同，因此空间机构在设计时需考虑各个运动部件在轨时不同的热变形对机构可靠性的影响，在保证空间机构精度和刚度等的前提下，通过合理分配运动组部件之间的配合公差，避免空间机构由于空间交变温度等外界载荷引起的机构卡滞。此外，空间热载荷交变作用下空间机构的热疲劳特性也是需要考虑的问题。

（7）保证高度可靠

由于卫星机构具有在轨不可维护性等特点，如机构出现故障可能会导致整个卫星任务的失败，为了保证卫星入轨工作阶段卫星机构在卫星寿命周期内均能有效工作，要求卫星机构设计时具有很高的可靠性，卫星机构的传动力矩、精度、刚度、强度等指标具有一定的设计裕度。

（8）轻量化设计

卫星通过运载火箭发射入轨，由于受到火箭运载能力和发射成本的限制，空间机构的轻量化设计也是需要着重考虑的问题之一。通过有限元方法结合工程设计人员的项目经验，对卫星机构展开轻量化设计是提高卫星质量功能密度的有效方法。

（9）控制空间机构包络尺寸

卫星体积由于受到火箭整流罩的约束，星内外单机往往设计得非常紧凑，需要充分利用有限的空间安装各类星内外单机，而类似帆板锁定展开机构的目的也是为了减小卫星发射阶段的包络尺寸，因此控制空间机构的包络尺寸，有利于卫星的布局设计。

7.2.3　卫星机构分类

卫星机构种类繁多、功能丰富，但是都应至少有一个或一套运动部件和动力源，根据卫星机构的特点，多数卫星机构还包括至少一套传动系统和反馈系统。运动部件是指卫星机构上用于实现指定动作的部组件，是卫星机构实现其定义功能的执行部位，其形式可根据具体卫星机构需求详细设计，在动力学和传动系统的作用下实现移动、转动或制动动作；动力源是指为卫星机构提供驱动能力的组部件，常见的卫星机构上的动力源多选用步进电机、火工品、弹簧、记忆合金等；传动系统是指为保证卫星机构运动精度、改变动力源动作方向的组部件，常见的传动系统包括直齿齿轮轮系传动、螺纹传动、蜗轮蜗杆传动等，通过传动系统的合理选用，可实现放大驱动力矩、提高传动精度、实现机构自锁等功能；反馈系统主要用于向机构控制器反馈其相关位置、速度、加速度、力或力矩信息，以便于控制器控制机构进一步动作，常见的反馈系统包括编码器、电位计、行程开关、应变器等。图 7-14 所示为某星上机构组成示意图。

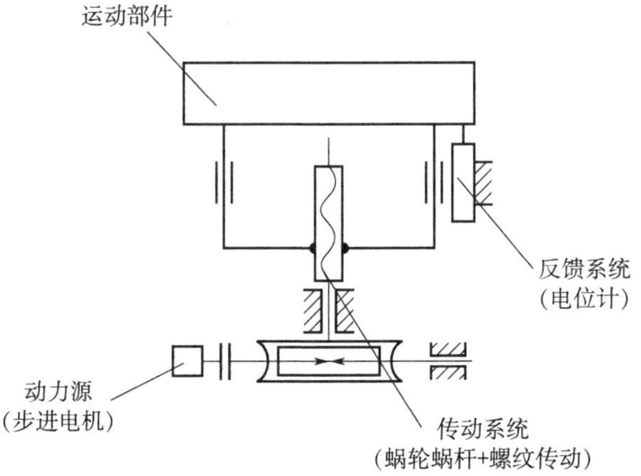

图 7-14　某星上机构组成示意图

根据卫星机构的功能，可将卫星机构分为展开机构、驱动机构、压紧释放机构和连接分离机构四大类。

(1) 展开机构

展开机构是用来将卫星机构的运动部件由收拢状态展开至要求位置或要求形状的卫星机构。其动力源可采用步进电机驱动展开、充气展开或利用弹性储能部件展开，其运动部件多可利用自身柔性或装置实现一定程度的收缩。如图 7-15 所示某离轨帆装置，即典型的展开机构，目前已应用在某百千克级卫星上，离轨薄膜作为运动部件在发射阶段收纳在离轨装置机构内，收拢状态包络尺寸仅为 230 mm×230 mm×50 mm，在卫星寿命末期，根据指令在动力源步进电机的驱动下，通过传动系统将步进电机转动变化为帆桁的伸出运动，可带动薄膜展开至 25 m^2，从而加速卫星离轨。

图 7-15　离轨帆展开机构实例

（2）驱动机构

驱动机构是指根据指令按照指定的速率或行程驱动运动部件进行移动或转动的卫星机构，常见的星上驱动机构包括太阳翼驱动机构、天线定向机构、空间相机调焦机构等。驱动机构的动力源多选用步进电机或直流电机，其传动系统包括普通齿轮传动、蜗轮蜗杆传动、丝杠丝母传动、谐波减速器传动等。其中步进电机与谐波减速器传动相配合，具有运动精度高、易于实现数字化控制等优点，成为目前应用较多的驱动机构传动形式。某卫星太阳翼驱动机构如图 7－16 所示，此款驱动机构由步进电机驱动源、谐波减速器和直齿齿轮轮系传动系统、零位传感器检反馈系统等组成，在控制系统控制下可实现校准、捕获、同步追踪、急停、回零等模式，目前已应用在某百千克级卫星平台上，测试效果良好。

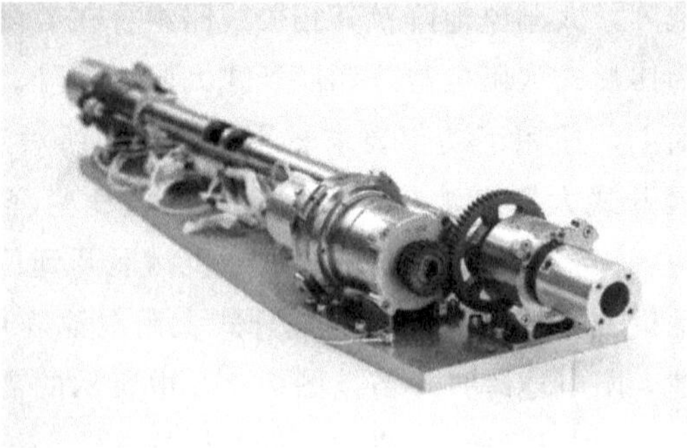

图 7－16　太阳翼驱动机构实例

（3）压紧释放机构

压紧释放机构用于发射时实现卫星本体与附件之间或部件与部件之间的压紧连接，并提供一定的预紧力，保证被压紧部件的结构刚度；入轨后根据程控指令或遥控指令释放被压紧部件。典型的应用为卫星的太阳翼和展开天线。压紧释放机构的压紧一般依靠机械连接实现，而释放动力源则采用火工品、热刀、记忆合金、电磁释放等形式。

（4）连接分离机构

连接分离机构用于实现卫星本体与火箭之间、卫星本体与部件之间、卫星各舱段之间的可靠连接，在轨时可根据程控指令或遥控指令实现被连接部位的解锁和分离，典型的星箭分离机构根据载荷或运载特点可分为包带式连接解锁、点式连接解锁、电磁解锁等方式。如图 7－17 所示某四点分离释放机构，其连接和解锁依靠爆炸螺栓，其分离动力源采用分离弹簧，并设置有行程开关作为反馈元器件，可实现星箭安全可靠分离。目前此款星箭分离机构已应用在某百千克级卫星平台上，测试效果良好。

7.2.4　典型卫星机构

7.2.4.1　太阳翼压紧释放与展开机构

太阳电池片可以将空间轨道上的太阳光转换为卫星上单机可用的电源，以其功率大、寿命长、质量小和构建简单等优点，成为卫星上应用最广的主要电源，而许多太阳电池阵

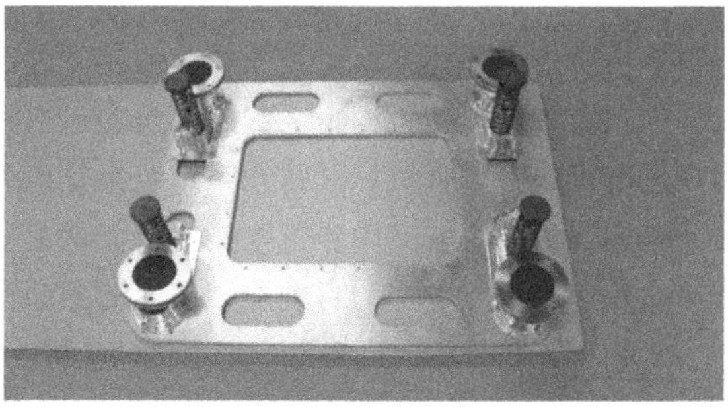

图 7-17　星箭分离机构实例

组成的阵列即为太阳电池阵，太阳电池阵及其相关线路组合在太阳电池阵基板上并被发射到太空中，其主要可分为体贴式太阳电池阵和展开式太阳电池阵。体贴式太阳电池阵将电池片安装在卫星本体表面上，适用于功率要求较小的卫星，而对于功率要求较大的卫星，其太阳电池阵则多选用展开式太阳电池阵，发射阶段通过压紧释放机构固定在卫星本体上，入轨后压紧释放机构解锁，太阳电池阵依靠展开机构展开到位，进一步地对有对日要求的太阳电池阵依靠驱动机构实现对日定向。展开式太阳电池阵可分为柔性太阳电池阵、半刚性太阳电池阵、刚性太阳电池阵，本节以图 7-18 中所示的需对日定向的 3 块折叠式刚性电池阵为例，介绍其上相关压紧释放机构、展开机构。

太阳翼压紧释放机构作为保证卫星发射状态帆板状态保持、固有频率和在轨释放可靠性的机构，其主要设计要求包括：

1）保证太阳翼在折叠压紧状态下，满足火箭发射时卫星对太阳翼的刚度和要求，包括不产生与卫星本体的共振频率，结构件强度在过载条件下不产生塑性变形等；

2）保证在得到太阳翼释放指令时，顺利释放太阳翼的压紧状态；

3）压紧释放机构在太阳翼帆板上所占面积尽可能小，不超过要求面积；

4）太阳翼释放后，不允许发生零件松动或脱落，不允许有空间碎片抛出；

5）压紧释放机构动力源工作时不应产生对星上元器件的污染；

6）压紧释放机构动力源工作时不应产生对其他组件破坏性的冲击。

由于目前卫星对功率的要求，往往需采用较大面积的太阳翼，单点压紧往往不能保证卫星太阳翼组件满足卫星发射过程中对刚度和强度要求，因此需在基板平面内设置一个以上的压紧点，由于压紧机构的并联模式，任何一个压紧释放功能的失效即导致整个太阳翼的释放功能失效，因此压紧释放机构应尽量简单以保证较高的可靠性。太阳翼的压紧解锁多采用压紧杆式压紧释放形式。

图 7-19 中所示的压紧释放机构采用切割器、支撑底座、压紧杆组件、减震头套、压紧支撑套和金属橡胶垫的配置方式。压紧释放机构底部固定件通过金属橡胶垫连接在卫星侧壁上，压紧钛杆通过螺纹与底部固定件相连，压紧钛杆顶部螺帽通过承力碗作用在星体外板上，通过压紧钛杆螺钉头对压紧钛杆施加预紧力，从而将外板、中板、内板及三脚架压紧在卫星侧壁上。同时外板上通过压紧盖固定有减震蜂窝，防止钛杆释放时对外板的冲

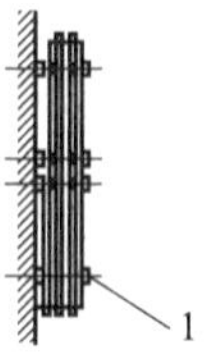

(a) 折叠状态

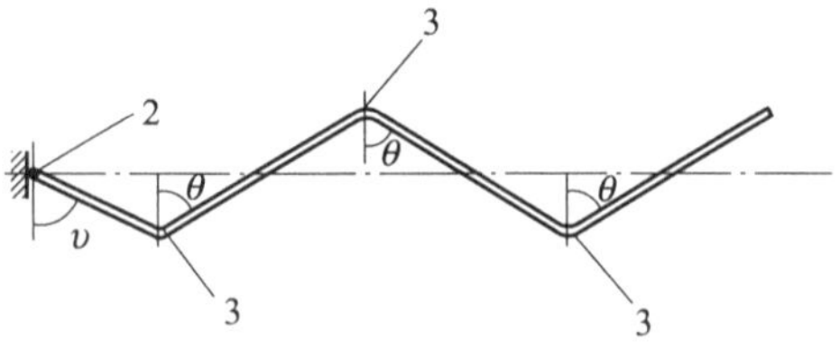

(b) 部分展开状态

(c) 完全展开状态

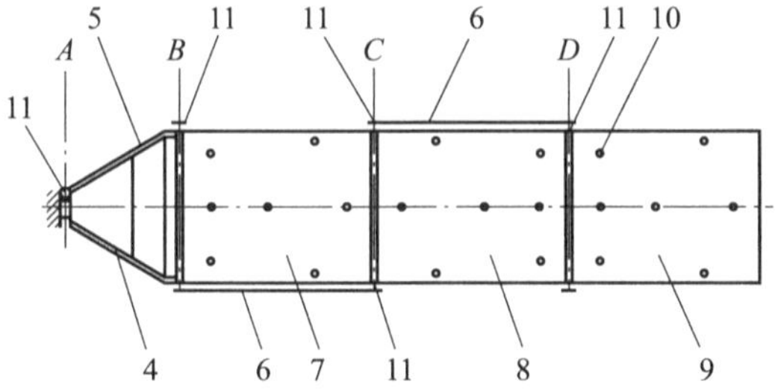

(d) 完全展开状态的另一方向的视图

图 7-18　太阳翼构造实例

1—压紧与释放机构；2—根部铰链；3—板间铰链；4—连接架；5—连接架侧联动装置；
6—板侧联动装置；7—内板；8—中板；9—外板；10—压紧点位置；11—联动轮

击和多余物剖出。在外板、中板、内板、三角架对应压紧处均设置有相互对准的压紧孔，以便钛杆通过并保证钛杆伸出时不与各基板和三角架发生干涉，同时压紧孔中设置有压紧衬套，以保证基板和三角架的相互压紧和对准。卫星入轨收到帆板释放指令后，切割器通电作用在钛杆薄弱处，在高速状态下切断钛杆，从而释放各约束，在展开机构的作用下，各帆板展开。

对于以上形式的太阳翼压紧释放机构，主要的设计要点如下。

（1）压紧杆的设计

压紧钛杆作为太阳翼压紧释放机构的核心，要求承载太阳翼帆板在各个工况下的动静载荷，因此要求压紧杆具备一定的强度，即在承受各类动静载荷下不发生塑性变形，而在释放时由于考虑到切割器瞬时功耗以及冲击大小等的因素，切割器切割力往往有限，因此要求切断处在切割器的能力范围之内。压紧杆一般设计为具备高强度的钛合金材料，在被切割处局部直径小于其他部分，以使压紧杆满足太阳翼压紧和释放需求。

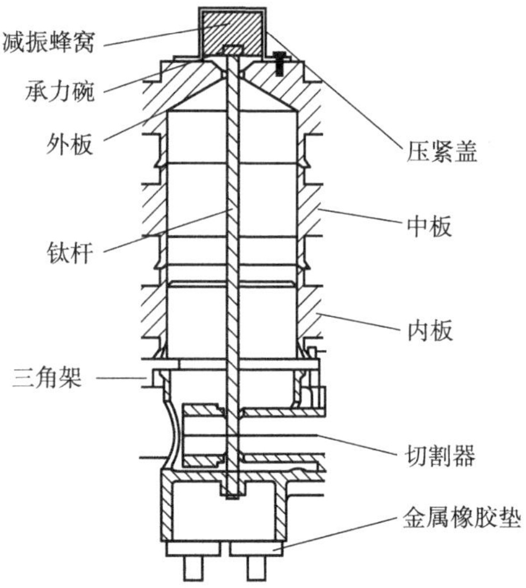

图 7-19 太阳翼压紧释放机构实例

(2) 压紧衬套设计

压紧衬套的主要作用是保证各太阳翼基板和三脚架在压紧状态下的正确配合，并承受和传递各基板和三角架在各工况下的动静载荷。压紧衬套的内外径均受到严格的限制，内径要保证压紧释放机构在释放时，压紧杆能从压紧衬套内径中顺利抽出，而外径的大小决定了太阳翼帆板上的布片效率，因此压紧衬套多设计为薄壁型，一般压紧衬套选择为钛合金。同时，由于压紧衬套是太阳翼帆板传递载荷的主要方式，因此要求各压紧衬套之间不能发生相对滑动，通常的方式是在相互配合的两个衬套中的一个涂敷碳化钨涂层，以大大增加压紧衬套之间的摩擦力。

(3) 切割器的选用

切割器是太阳翼压紧释放机构的动力源，因此其可靠性直接决定了太阳翼压紧释放机构的功能性。在切割器选用时，应尽量选择有继承性的成熟方案，同时考虑多个切割器工作的同步性，避免出现太阳翼压紧点长期单点受力。必要时，为保证压紧释放机构的可靠性，切割器可采用冗余设计，即单套压紧释放机构中采用两个或多个切割器释放。

(4) 减振与收集设计

压紧释放机构在释放时，由于切割器的高速切割和压紧杆预紧力的共同作用，压紧杆分离时会产生一定的冲击，因此在外板上设计有铝蜂窝块进行吸振，在底部固定座与星体侧板之间设置有金属橡胶垫进行减振，当太阳翼释放时，上端钛杆通过顶板上设置的压紧盖被收集在外板上，而下端通过螺纹被收集在底部固定座上。

太阳翼展开机构主要是指各基板、三角架以及卫星侧板之间的铰链，某展开铰链示意图如图 7-20 所示，其主要组成部分包括公铰、母铰、展开弹簧、轴承、锁定装置和微动开关反馈装置组成。

太阳翼展开铰链的主要设计要点如下。

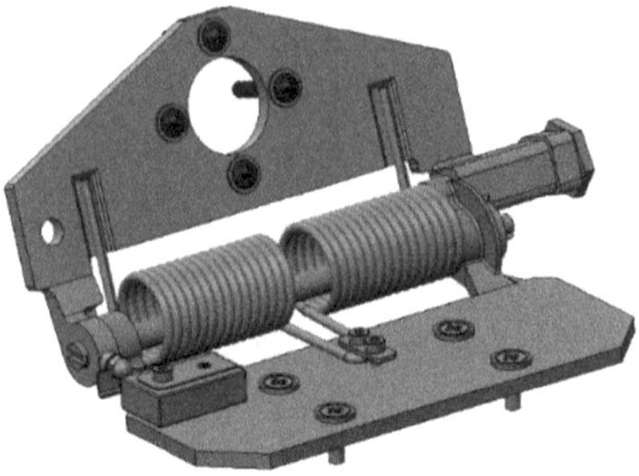

图 7-20　太阳翼展开铰链实例

(1) 公铰和母铰设计

公铰和母铰以及连接轴之间的配合形式，是决定太阳翼展开后频率的重要保证，因此要求其展开后具备一定的连接刚度。同时考虑到其与基板连接影响太阳翼的布片效率，要求公铰和母铰尽可能小，且具有较小的质量。因此，公绞和母绞一般选用比刚度和比强度较大的钛合金材料，进一步地需要通过校核来验证公铰、母铰及轴的应力情况。

(2) 展开弹簧的设计

常见的铰链展开机构铰链弹簧多选用平面涡卷弹簧或扭簧。展开弹簧不易刚度过大，以免展开后影响卫星姿态以及对对应的机构产生冲击，但是也应具备一定的力矩余量。为了防止展开弹簧在空间中发生冷焊问题，可对展开弹簧做喷涂二硫化钼处理。

(3) 轴承的选用

轴承是机构设计的关键部分，其游隙应有严格的规定，太紧会影响铰链转动，太松则降低了铰链间的连接刚度。对于卫星机构的轴承，一般也应做润滑和防冷焊处理，对于受力较小的轴承，可选用具备自润滑功能的聚四氟乙烯衬套替代轴承。

(4) 锁紧装置的设计

锁紧装置的主要作用是在帆板展开到位后锁紧公铰和母铰，增加连接刚度，同时保证卫星在机动时各帆板不产生相对晃动，对于锁紧装置，也应着重考虑其配合间隙和防冷焊等处理措施。

(5) 微动开关的安装

微动开关的主要作用是在太阳翼展开到位后，为地面提供太阳翼展开信号。安装时应保证其与铰链间的电绝缘。

7.2.4.2　驱动机构

卫星上驱动机构的种类较多，按照其运动部件动作运动方式可分为移动式和转动式，常见的移动式驱动机构如空间光学相机调焦机构，常见的转动式驱动机构如太阳翼驱动机构、空间相机调偏流机构。按照运动部件动作维度可分为一维驱动机构和多维驱动机构，多维驱动机构可理解为一维驱动机构的组合。对于转动的驱动机构，根据其是否可实现

360°连续旋转，又可分为摆动式驱动机构和连续转动式驱动机构。对于不同功能不同形式的驱动机构，其设计要求也不尽相同，其通用的设计要求如下：

1）满足驱动机构刚度要求，即驱动机构在经历各类动静载荷的条件下，保证驱动机构满足功能和运动精度的要求；

2）保证驱动机构在轨运行时不产生疲劳损伤，包括跟随驱动机构一起运动的线缆等部件；

3）驱动机构的质量应尽量小，满足卫星对驱动机构质量的要求；

4）驱动机构的包络应尽量小，以便于卫星的布局设计；

5）在满足使用要求的前提下，驱动机构的功耗和热耗应能满足卫星能源和热控需求；

6）驱动机构应有润滑和防冷焊措施，防止真空冷焊失效；

7）驱动机构应能满足太空使用环境要求，不因失重、温度交变等太空环境发生失效。

以图 7－21 所示摆动式一维驱动机构为例，该驱动机构由壳体、步进电机、谐波减速器、齿轮轮系、轴承、位置传感器等组成。步进电机通过谐波减速器和齿轮轮系实现减速和力矩放大。同时位置传感器测量转轴实际角度并反馈给步进电机控制系统，校正控制角度，实现驱动机构闭环控制。

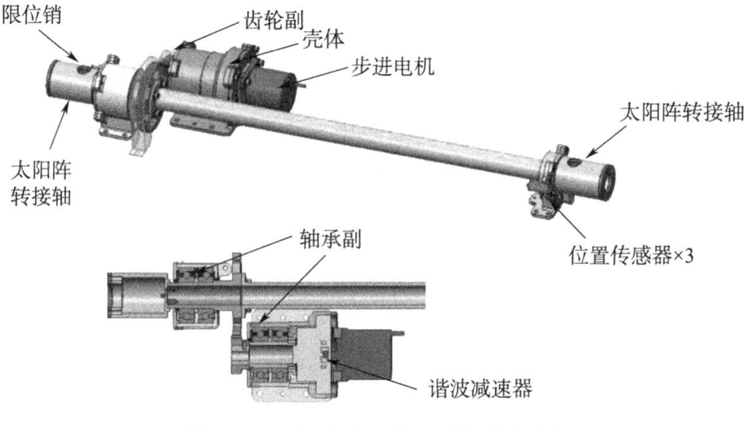

图 7－21　摆动式一维驱动机构实例

驱动机构设计要点如下。

（1）步进电机选型

太阳翼驱动机构步进电机选型主要根据太阳翼帆板转动惯量引起的负载力矩和驱动机构内部阻力矩，选型的步进电机必须有一定的力矩余量，以满足可靠性的要求。除考虑步进电机的保持转矩外，其起动转矩和自定位转矩也可作为验收的指标。步进电机的空载迁入频率、最高运行频率也应满足驱动机构电机的实际使用频率要求，防止步进电机在使用过程中出现堵转，造成驱动机构失效。同时，步进电机的步距角、转动寿命、使用温度、绝缘介电强度、绝缘电阻等也是需要考核的目标，必要时，对步进电机用胶、导线、紧固件、润滑方式等也可提出要求，使其满足航天需求。此外，选用的步进电机质量和体积应尽可能小，安装精度和轴跳动等形位公差也应满足驱动机构使用要求，对步进电机的固有频率也有要求，一般要求步进电机一阶基础频率大于 100 Hz，以避开步进电机与卫星或其他组件的共振频率。

(2) 谐波减速器选型

谐波减速器在选型时，首先应根据负载转矩模式计算出谐波减速器输入侧的平均负载，暂定的谐波减速器平均负载转矩的容许最大值应大于此平均负载，且留有一定的余量。然后，确认负载的平均输出转速和最高输出转速是否小于谐波减速器容许的平均输入转速和最高输入转速。最后，校核负载最大转矩、冲击转矩、使用寿命是否在谐波减速器容许峰值转矩、瞬间容许的最大转矩以及额定的使用寿命范围之内，以防出现谐波减速器的柔轮撕裂从而影响驱动机构功能。谐波减速器的润滑和防冷焊也是谐波减速器选型的重要依据之一。

(3) 齿轮轮系的设计

齿轮轮系的设计应尽量满足相关国家标准，且配对齿轮应尽量选用不同的材料形式，以尽量避免齿轮咬合。对于太阳翼驱动机构，因为其对运动精度要求不高，可选用稍大的齿侧间隙，更易于实现传动。

(4) 轴系及轴承设计

驱动机构轴系的设计主要考虑轴系刚度和其热环境适应性，避免出现在轨卡滞。轴承的选用则应满足额定静载荷和额定动载荷以及寿命要求，对于角接触轴承，还应当考虑其配对方案及预紧力的实施方法。

(5) 位置传感器的选用

位置传感器的选用应符合星上元器件选用标准，且感应面与磁钢之间的距离也应符合要求。

7.2.4.3　星箭分离机构

卫星底部的对接框、连接分离机构和运载火箭上的卫星支架组成的组合体称为星箭对接结构。星箭分离机构是该对接结构的一个重要组成部分，它的功能是在地面和火箭动力飞行时，保证星箭可靠连接；到预定轨道时，保证星箭按规定要求可靠分离。

星箭连接和解锁方案一般包括爆炸螺栓连接解锁、包带式连接解锁、电磁连接解锁等形式。常用的分离机构有分离弹簧和固体小火箭。连接解锁和分离方案可根据具体卫星和运载情况进行组合，一般来说，点式爆炸螺栓和分离弹簧组合适用于中小型卫星，包带式连接解锁和固体小火箭分离适用于大型卫星，而对于微纳卫星，电磁解锁等新式连接解锁和弹簧分离等形式往往具有成本低、可靠性高等优势。

在进行星箭分离机构设计前，需明确星箭分离机构所受的载荷条件和对接尺寸，连接部位在发射和上升段主要受到轴向拉压力 N 、剪力 Q 、弯矩 M ，需仔细分析这些载荷条件对星箭分离机构的连接强度和刚度要求，对于对接尺寸需尽量进行系列化设计，便于与各类运载火箭进行对接。

在星箭分离机构设计时，除需考虑星箭分离机构的结构形式、对接尺寸和标准化要求、连接强度与刚度、分离机构质量以外，还需考虑分离的速度要求和允许的分离干扰、连接和分离的可靠性要求等因素，此外分离冲击和污染也是必须要考虑的因素。对于点式爆炸螺栓分离，爆炸螺栓轴线和火箭飞行方向平行，且爆炸螺栓为串联设计，因此其对卫星分离面存在一定的冲击且可靠性随着爆炸螺栓数量的增多而降低。而包带式分离机构通过若干夹块将卫星和火箭的对接框夹住，再用包带沿圆周方向将夹块箍住，各包带之间用爆炸螺栓连接，地面运输和动力飞行时，由夹块和包带承受连接载荷；卫星和运载火箭需要解锁时，爆炸螺栓起爆断开，解除星箭连接，包带带着夹块将卫星释放，同时分离弹簧或小火箭工作，完成星箭分离。由于包带装置中的爆炸螺栓与火箭飞行方向垂直且只需要一个爆炸螺栓工作即可完成解锁，因此包带式分离机构可靠性较高，且对卫星的冲击也较小。

(1) 爆炸螺栓式星箭分离机构设计

爆炸螺栓式星箭分离机构设计主要包括确认爆炸螺栓数量和类型，分析星箭分离机构载荷和受力情况并校核爆炸螺栓，确认星箭分离形式并校核分离速度和分离安全性等指标。

爆炸螺栓数量的确定首先是根据卫星系统的布局需要，同时兼顾连接可靠性和分离可靠性。同时为了保证安装在航天器舱外的敏感器、相机镜头、太阳翼电池片等仪器和设备能够正常工作，必须保证其工作环境洁净度，因此要求尽量选用无污染爆炸螺栓，同时减小分离冲击。

在发射段和上升段，连接卫星和运载火箭的爆炸螺栓受到轴向、弯曲和剪切的外载荷作用。因此需确定爆炸螺栓所受的最大轴向力和最大剪切力，作为爆炸螺栓和连接部位强度和刚度的校核依据。在纵向载荷 N 的作用下，单个爆炸螺栓所受轴向力 P_{1i} 为

$$P_{1i}=\frac{N}{n} \tag{7-19}$$

其中，n 为爆炸螺栓数量。

爆炸螺栓外载荷弯矩 M 与各爆炸螺栓所受的附加轴向载荷 $P_{\omega i}$($i=1, 2, 3, \cdots, n$) 的关系为

$$M=P_{\omega 1}r_1+P_{\omega 2}r_2+\cdots+P_{\omega n}r_n \tag{7-20}$$

其中，r_i($i=1, 2, 3, \cdots, n$) 为各爆炸螺栓中心到连接框中心的距离。

根据变形协调条件，爆炸螺栓型号选择一致时，可认为它们刚度相同，假设对接框刚度远大于爆炸螺栓刚度，则有

$$\frac{P_{\omega 1}}{r_1}=\frac{P_{\omega 2}}{r_2}=\cdots=\frac{P_{\omega n}}{r_n} \tag{7-21}$$

由上述关系可求得各爆炸螺栓的附加轴向载荷，且在边缘处受力最大，则最大轴向受力为

$$P_{\omega\max}=\frac{Mr_{\max}}{r_1^2+r_2^2+\cdots+r_n^2} \tag{7-22}$$

其中，$r_{\max}$ 为爆炸螺栓离对接中心最远距离，由此可得作用在爆炸螺栓上的最大轴向外载荷 $P_{\max}$ 为

$$P_{max}=P_{1i}+P_{\omega max} \tag{7-23}$$

同时，考虑到爆炸螺栓预紧力和轴向外载荷冗余强度设计，则螺栓受到的最大轴向力为

$$F_{max}=F_p+kP_{max} \tag{7-24}$$

式中　F_p ——预紧力；

k ——连接面的综合刚度。

在上升段，由于横向载荷 Q 的作用，在爆炸螺栓上将产生横向剪切力，其最大值 S_{max} 为

$$S_{max}=\frac{Q}{n} \tag{7-25}$$

式中　Q ——横向载荷；

n ——爆炸螺栓数量。

由此，根据材料力学原理即可对爆炸螺栓及其连接部位的强度和刚度进行校核。

最后，根据使用要求和实际条件确定分离形式，常见的星箭分离形式是弹簧分离装置或小火箭分离形式，并利用商业动力学软件仿真分析分离速度和分离安全性等指标满足情况。

（2）包带式星箭分离机构设计

包带式星箭分离机构主要包括对接框设计、包带合计、夹块设计和爆炸螺栓设计。

对接框是星箭连接的重要结构件，在卫星与运载火箭连接时，对接框需承受包带解锁机构的夹紧力，因此对接框必须具有足够的刚度和强度。除力学性能和尺寸要求外，对接框的表面特性也是设计的重要内容，与夹块配合的斜面应具有符合要求的摩擦系数，以确保卫星与运载器之间的正确连接和解锁。对接框材质多选用锻铝环整体加工，同时尺寸上尽量选用标准系列中已有的形式。

包带是星箭分离机构中的重要承力零件，它的两端弯曲成筒形，筒内插入带螺母的连接杆后再连接爆炸螺栓。对包带材料要求其成形工艺好，成形后内应力小，弹性模量高，容易达到所需预紧力，常见的包带材料有 β 相钛合金带材、不锈钢带等。包带的宽度与夹块高度有关，一般约为夹块高度的 1.2～1.3 倍，它的截面积由材料的特性、预紧力和预紧力的均匀度确定。其确定公式为

$$A=\frac{P}{\delta_s}\frac{f}{\alpha} \tag{7-26}$$

式中　A ——包带最小截面面积；

P ——考虑飞行载荷及温度补偿后的最大预紧力；

δ_s ——包带材料拉伸弹性极限；

α ——包带预紧力的均匀度，可取 0.7；

f ——安全系数。

夹块是连接两个对接框的重要承力零件，一般用两个爆炸螺栓将它连接到包带上。夹块覆盖面积太小会影响连接刚度，面积太大则会增加质量，同时包带解锁时脱开难度也增

加，通常夹块覆盖面积约占对接面积的60%～70%。夹块数量的确定需要从夹块的加工工艺、包带解锁的难易、预紧力的传递方式等方面综合考虑确定。夹块材料一般选用锻铝，经模锻后精加工成形，模锻时应注意材料的纤维方向沿圆周方向。

包带式星箭连接机构应采用无污染低冲击爆炸螺栓，但这种爆炸螺栓一般抗扭性能较差，因此在对包带施加预紧力时应避免爆炸螺栓受扭力，因此可考虑在螺栓与包带连接处设置球铰连接螺母，使得螺栓只承受纯拉力而没有附加弯矩。同时给包带施加一定的预紧力，预紧力的计算方法可按下式进行

$$P \geqslant \left(\frac{M}{2R\sum_{i=1}^{n}\sin^2 k\varphi_i} + \frac{Q}{n} + \frac{N}{n}\right)\cdot \sum_{i=1}^{n} k\varphi_i \tan\theta \tag{7-27}$$

式中 M ——作用在对接面上的弯矩；

Q ——作用在对接面上的剪力；

N ——作用在对接面上的轴向拉力；

R ——对接框半径；

n ——夹块数量；

φ_i ——各夹块的周向角；

θ ——夹块内角度；

k ——夹角修正系数。

7.3 热控分系统

“热”代表物质分子不规则运动的状态及所包含的能量，前者用温度表示，后者用物体的内能（能量的一种重要形式）表示。热控制的根本目的是使产品处于一个不仅能安全、可靠地工作，还能够发挥最佳效能的温度范围。很多时候温度过高或过低、温差过大、温度波动幅度过大或频率过快对产品某些方面的性能是有害的。例如 Ams 公司一款 CMOS 芯片 CMV 50000，温度每升高 5.1 ℃暗电流增加 1 倍，这被称为探测器的“热噪声”，其直接影响成像质量。卫星雷达系统使用的同轴电缆的温度变化会引起内部介质材料体积及介电常数的变化，从而影响相位稳定性，直接关乎雷达性能。任何均质材料都会随温度变化发生膨胀或收缩，这种热变形会影响光学系统镜面的面型变化，从而影响成像质量；会影响相控阵天线的平面度，从而影响天线性能；会影响转动部件的轴向变形，从而影响机构寿命和可靠性。温度同样控制着物理、化学反应的速率及物态变化，如果锂离子电池温度过高，内部压力会增大，安全性和可靠性降低；反之过低，电池输出功率会减小，还会存在锂枝晶析出的事故发生。温度交变超限还会引起焊点疲劳断裂、卫星涂层开裂等危害。

地面产品一般可以通过空气对流或液冷排散热量，均匀温度，降低温度变化引起的失效风险，且有一定的可维修性。而航天产品在超真空的太空中只能依靠材料导热和表面热辐射传递热量，效率大打折扣，同时人造地球卫星一面要经受 1 个太阳常数（平均为

1 367 W/m²）的太阳辐射强度，另一面可能是接近热力学绝对零度的深冷空间。而金星近日点的太阳辐射强度约 2 倍太阳常数，水星近日点的太阳辐射强度约 10 倍太阳常数，越靠近太阳热环境越恶劣，而远离太阳的深空又极寒无比，如图 7-22 所示，给卫星上的仪器设备带来巨大挑战。

卫星热控制就是根据飞行的具体条件，合理地控制卫星内、外的热交换过程，采取各种热控措施，使星上的仪器设备工作在规定的温度范围内，以保证整个飞行任务的完成。就技术指标而言，仪器设备放置在远离地球的卫星上，各方面性能和尺寸精度指标都成倍提高，反馈到对产品的温度要求也越来越苛刻。因此，热控分系统对卫星产品如何更好地工作和为人类服务发挥了重要作用。

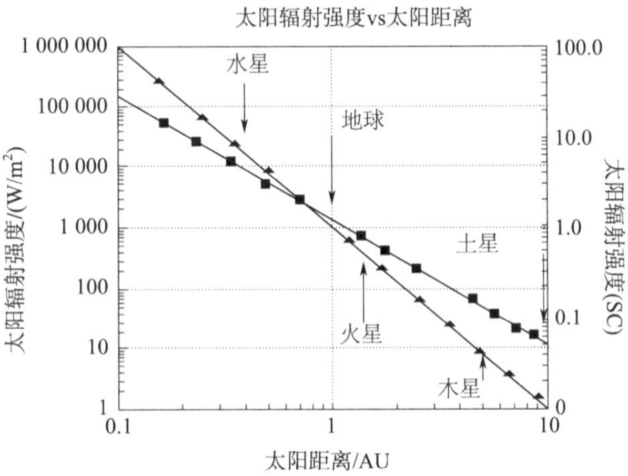

图 7-22　不同天体的太阳辐射强度

7.3.1　热控系统设计要求

航天器对热控分系统提出的要求一般包括温度、质量、功耗、遥测通道数、加热器路数、设计寿命、力学环境适应性、空间环境适应性、电磁兼容性、可靠性、维修性、安全性、互换性及与各个系统的接口要求等。其他所有要求都是满足温度要求前提下的资源利用最优，设计方案最佳的迭代产物。

7.3.1.1　温度

温度要求包括工作温度范围，温度均匀性，温度稳定度。

工作温度范围规定了产品温控设计的上下限，超出该范围属于指标超限，因此属于设计的底线，大部分产品还会给出最佳温度范围。例如一般电子设备的工作温度范围为 −10～+45 ℃，最佳运行温度在 0～20 ℃；目前商业航天普遍使用的锂离子蓄电池温度要求 10～30 ℃，最佳为 20±5 ℃。设计过程中要辩证地对待底线和最佳的关系。对于一些红外探测器，为了减少背景噪声，需要满足低于几 K 甚至 mK 级别的低温要求。对于有些相机类产品要求结构满足 20±2 ℃的要求，一些仪器内部如陀螺、星敏感器、铷钟有更高的恒温要求（如±0.1 ℃、±0.01 ℃）。产品验收温度范围在设计范围的基础上外扩5 ℃，鉴定级产品需要外扩 10 ℃，这一般由总体对产品质量保证要求所规定。

温度均匀性是温度在空间尺度上的分布要求。例如相机镜筒的轴向温度梯度，转动轴的轴向温差（或端差），相控阵雷达 T/R 组件的温度一致性等。

温度稳定度是温度在时间尺度上的分布要求。例如某产品开机工作 5 min 温升不超过20 ℃，或工作期间温升速率不超过 1 ℃/min，星上铷钟要求温度稳定在±1 ℃/d。

解读任务书首先要读懂不同的温度要求，然后采取不同的热控措施，在热控设计章节再详细讨论。

7.3.1.2 质量

总质量不超过 500 kg 的卫星，热控系统质量一般应不大于总质量的 6%。总质量大于500 kg 的卫星，热控系统质量一般应不大于总质量的 4%。

7.3.1.3 功耗

对有效载荷为长期供电的卫星，热控系统的长期功耗随卫星总功耗不同而异，一般应不大于卫星总功率的 12%，具体数值可参考 QJ 3169—2003 的相关规定。

对有效载荷为短期供电的卫星，热控系统的长期功耗随卫星平均负载功率和有效载荷占空比不同而已，一般应不大于卫星平均负载的 17%，具体数值可参考 QJ 3169—2003 的相关规定。

根据航天器产品的具体要求，允许热控系统有适当的短期功耗需求。

7.3.1.4 测温通道及遥测通道

热控分系统遥测量一般包括温度量、加热器开关量、加热器准/禁值、加热器温控阈值、加热器对应温度测点通道等，重要遥测采用实时下发，其余会通过地面发送指令下传。遥测量的类型和数量可根据总体需求和热设计方案确定。

其余指标要求均需要满足环境及可靠性试验大纲、卫星建造规范、产品保证大纲等卫星总体下发的文件要求。

对于热控分系统设计，应考虑各个阶段任务剖面的工作要求，包括地面段、上升段、轨道段，对于返回式卫星还有返回段、着陆段。一般商业卫星主要考虑前三个阶段。地面段需要考虑厂房测试环境和安装在发射塔架或发射车上的环境。卫星在测试厂房里会进行满功率长时间测试，由于卫星一般不会像地面产品内部安装散热风扇等系统，因此特别需要关注电测时各个单机的温度，事先考虑调节厂房空调温度、添置风扇等措施。卫星在临发射前需要关注整流罩内温度的变化，必要时需要调节卫星内部产品的初始温度或发射塔架空调系统的设定温度。上升段卫星有整流罩的保护，外部的气动加热对其影响较小，抛罩后由于对流换热可以基本忽略，根据轨道条件可以具体分析卫星的温度变化，提前做好预案。轨道段热设计是热控的重点，具体见后续章节。

商业航天还需考虑低成本和批产性。目前除了采用批量化生产压缩成本空间的手段，国内各大院所和一些商业公司还在积极探索新方法、新工艺以做到真正的低成本。批产性是基于目前各类星座计划而对卫星制造提出的新挑战、新要求，设计师需要从方案设计入手，考虑卫星的新布局，总装的新工艺，结合流水线技术、机器人技术，形成批产性友好的技术方案。

7.3.2　常用热控产品

热控系统通常由硬件和软件等产品组成。硬件产品主要有热控涂层、多层隔热组件、导热填料、隔热垫片、扩热板、导热索、温度传感器、湿度传感器、热管、电加热器、制冷器、热开关、湿度装置、相变储能装置、百叶窗、热辐射器、环路热管、毛细抽吸回路、流体回路、通风回路等。本节介绍几种商业卫星常用的热控产品及其设计方法。

7.3.2.1　热管

热管是一种利用工质的相变和循环流动而工作的传热器件，由管壳、工质和具有毛细结构的管芯组成。其典型结构如图 7－23 所示。

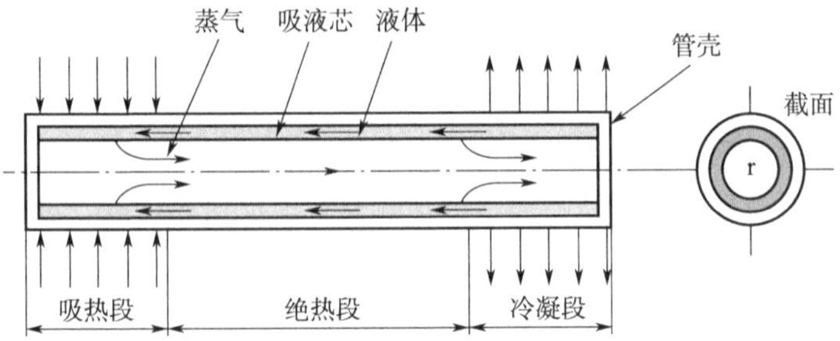

图 7－23　热管工作原理

其优点有：工质循环不消耗电源，也没有机械运动部件，运行可靠、结构紧凑。按不同功能划分，热管主要有可变热导热管、热二极管、旋转热管、重力热管、抗重力热管、电动力热管等。

热管的使用首先需要根据工作温度范围选定低温、中温或高温热管，对应的工质和管壳材料也不同，然后根据传热量和热流密度校核热管的能力，接下来需要根据安装位置，考虑热管的走向，避让结构埋件或单机安装脚以确定其尺寸、重量和几何形状，还需要考虑热管的工作环境，如可能经历的重力、离心力、振动或冲击力等。无论是预埋热管还是外贴热管，都要关注地面试验时重力方向对其工作的影响，尽量确保热管的性能可以充分体现。

7.3.2.2　电加热器

电加热方法是目前卫星上最常见的主动热控制技术，其利用电流通过导体产生的焦耳热为设备或部件加热，并通过反馈设备温度信号由星务计算机确定加热器通断来控制温度。

航天用电加热器组件需要具有良好的机械性能，耐高低温性能，耐真空、空间粒子辐照，高可靠性，长寿命等特点。加热器所选用的电阻材料还具有较低的电阻温度系数，使加热特性保持稳定。目前主流的加热器包括薄膜电加热器和铠装型电加热器，如图 7-24 所示。

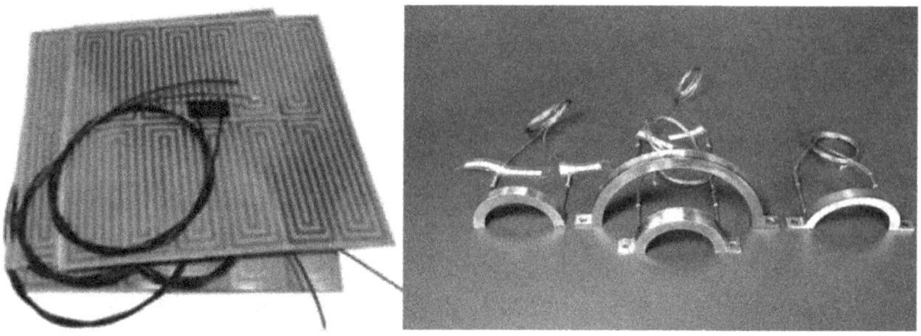

图 7-24 薄膜加热片及铠装加热器

薄膜电加热器具有重量轻、厚度薄，可设计成任意形状，柔性弯曲等工程优点，适用于卫星表面、产品内部等几乎所有部位的加热，一般分为片状和带状。加热片由两层绝缘层和中间金属加热回路及引出导线组成，被粘贴于产品平整表面或曲率较小的表面使用。加热带由两层绝缘层和若干金属电阻丝组成，一般引出线就是电阻丝的一部分，被缠绕在管路表面为推进系统管路等加热。加热片（带）设计需要考虑长度、宽度、电阻值、电阻面密度、引线长度、位置等要求，一般根据加热需求确定加热功耗，设计加热片数量、串并联关系，确定加热片阻值，根据粘贴位置设计加热片尺寸，校核阻值密度。加热片的使用同时要考虑被贴表面材料的导热性能，测点离加热器的距离，不良的热聚集可能造成加热片烧毁等事故，在卫星热控设计时尤其要引起重视。

7.3.2.3 温度传感器

温度传感器用于测量产品温度，为加热控温回路提供反馈信号。按测温原理可分为热敏电阻、铂电阻、热电偶、数字式测温传感器等。星上常用热敏电阻对单机进行在轨测温，使用热电偶在地面热试验中测温。

热敏电阻分为正温度系数（PTC）和负温度系数（NTC），卫星上使用后者居多。热敏电阻被串联在一个分压采集电路内，通过测量电压与参考电阻分压比较得到热敏电阻阻值，再根据分度表插值获得温度信号，基于这种简单的原理和可靠的对应关系，其在卫星上被广泛应用。选用热敏电阻要考虑测温范围、传感器头部尺寸、B 值（灵敏度）、测温精度等参数。

热电偶是利用回路热电势差与冷热端温差相关的原理进行测温，按照热电偶材料分为 B、S、R、K、N、E、J、T 型等，T 型热电偶材料为铜-康铜，在低温下有更稳定的性能而且比较廉价，在卫星热试验中经常选用，测温范围为 $-200\sim+400$ ℃，能满足绝大部分产品测温需求。热电偶测温需要比对参考点温度，可以把参考点放置于冰水混合物（0 ℃）中，也可以精确测量出参考点温度进行换算。一般使用硅橡胶把热电偶粘贴在卫星产品表面，完成热试验后可以拆除测点，难拆部位也可以保留一定线束，做好绝缘保护。

7.3.2.4　热控涂层

热控涂层被涂覆在卫星和产品外表面。由于在太空中卫星所有的热量最终都是通过外表面热辐射的形式传递给冷空间，同时外界的热量也均以电磁波的形式被卫星外表面吸收及反射，因此卫星热控涂层的光热属性对于调节其温度起了至关重要的作用。

涂层的光热属性一般为红外能量吸收率 ε_h 和太阳辐射能吸收率 α_s 。空间外部的热量以电磁波的形式被卫星吸收，其中红外谱段的能量吸收率为 ε_h ，一般来自地球热辐射、卫星自身表面对另一表面的热辐射（例如太阳帆板的热辐射），太阳辐射能吸收率为 α_s ，一般为太阳直照辐射、地球对太阳光的反射、卫星自身表面对太阳能辐射的镜面反射或漫反射。卫星表面的散热近似满足漫灰表面的斯蒂芬-玻尔兹曼定律。当卫星自身仪器设备的产热及吸收的热量与外表面排散的热量相等时，温度处于平衡状态。因此热控涂层的 α_s 越小，外部吸收的太阳能辐照越低，其 ε_h 越大，排散的辐射能越多，则导致卫星温度越低。热控涂层起到了调节卫星温度的重要作用。

热控涂层的可按 α_s/ε_h 比值、材料和工艺、太阳吸收方式等进行分类。

1）按照 α_s/ε_h 比值分为高发高吸涂层，如黑漆，适用于卫星舱内环境；高发低吸涂层，如白漆，适用于卫星外部散热表面；低发高吸涂层，如抛光的金属表面，适用于保温；低发低吸涂层，如有机金属漆。

2）按照材料和工艺分类，有金属基材型、电化学型、涂料型、真空沉积型及其他。

3）按照太阳吸收的方式分类，有一次表面镜和二次表面镜。在基材表面真空沉积一层金属涂层，直接利用金属涂层的属性即为一次表面镜。如果基材对可见光是透明的或部分透明的，则利用金属涂层的高反射率可以形成二次表面镜（OSR），当阳光照射到 OSR 上通过透明基材再被金属涂层大部分反射，获得较小的太阳吸收率，同时材料的红外发射率由基材所决定，综合起来二次表面镜具有优异的散热功能，基材可分为玻璃型、薄膜型和涂料型。玻璃型二次表面镜空间性能退化很小，适用于航天器被阳光照射部位的散热；薄膜型二次表面镜具有较大的柔性，适合曲面或多层组件的外表面使用。

在热控涂层选择上，商业航天需要遵循的规律是尽量低成本，易于批量制造。一般卫星散热表面选用有机涂层，长时间受阳光照射表面可喷涂无机涂层，金属铝合金支架可采用电化学处理。对于寿命要求较短的卫星，局部可采用粘贴薄膜型二次表面镜热控涂层。

7.3.2.5　多层隔热组件

多层隔热材料是一种组合结构，由反射层、间隔层和定型件交错叠成，具有极好的隔热性能，用来保温或隔热，是超级隔热材料。其当量导热系数小于 1×10^{-5} W/（m · K）。

多层隔热组件反射层一般使用镀金属材料的塑料薄膜，镀的金属材料常用铝、银、金等，表面发射率为 0.02～0.06。塑料薄膜材料常用涤纶薄膜和聚酰亚胺薄膜，常用薄膜厚度为 6～20 μm。间隔层常用低热导率的质地疏松的纤维纸或织物（丝绸、尼龙纱、涤纶纱等）制成，如图 7 - 25 所示。

在理想情况下（屏间真空，彼此不接触），多层隔热材料的外层反射屏只能通过辐射向内层反射屏传热，由于每层反射屏的表面发射率很低，所以向内辐射的热量很少，这样

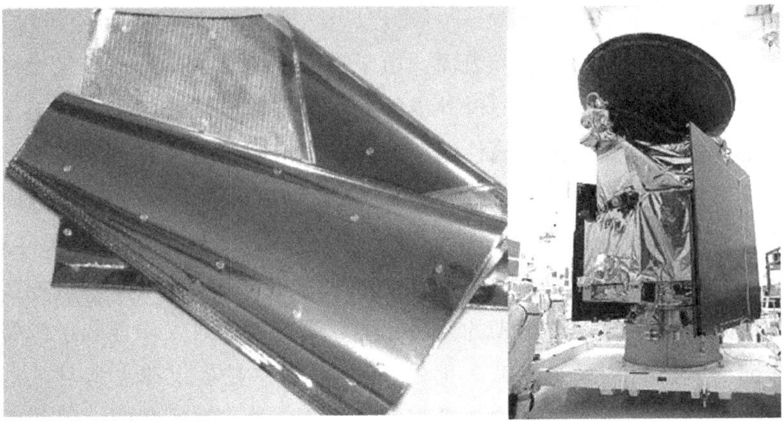

图 7-25 多层隔热组件

经过多层反射屏的作用，达到保温或隔热的效果。隔热效果与隔热屏的层数和发射率有关，隔热屏层数越多，发射率越低，其隔热效果越好。对于理想多层隔热组件，当量导热系数可由下式计算

$$\lambda_{eq}=\frac{\sigma\delta(T_H^4-T_C^4)}{(n+1)\left(\frac{2}{\varepsilon}-1\right)(T_H-T_C)} \tag{7-28}$$

式中 σ ——斯特潘-玻尔兹曼常数，数值为 5.67×10^{-8}；

δ ——多层隔热组件的厚度（m）；

T_H ——温度高的一侧外表面温度（K）；

T_C ——温度低的一侧外表面温度（K）；

n ——多层单元数；

ε ——内部金属镀层的红外发射率。

根据式（7-28）计算得到的当量导热系数量级在 10^{-5} W/（m·K）左右，实际隔热性能一般在 10^{-4} W/（m·K）量级。

多层隔热材料的设计考虑层密度适中；注意整体布置的合理性；规范生产加工过程；保证层内真空度；根据多层面积的大小，考虑安装接地线。

7.3.2.6 导热填料

通常两个接触面之间的传热主要是 3 种途径：真正接触表面之间的固体导热；两表面之间的辐射传热；间隙中空气或其他物质的对流传热。

影响接触热阻的因素主要是：接触表面材料；接触压力；接触表面粗糙度和不平度；接触面间的填充材料等。航天器上常用的导热填料有：金属箔、导热脂和导热硅橡胶等，如图 7-26 所示。

7.3.3 热控系统设计

热控系统的设计是根据航天器的任务要求，对航天器内外采取一定的主动或被动热控

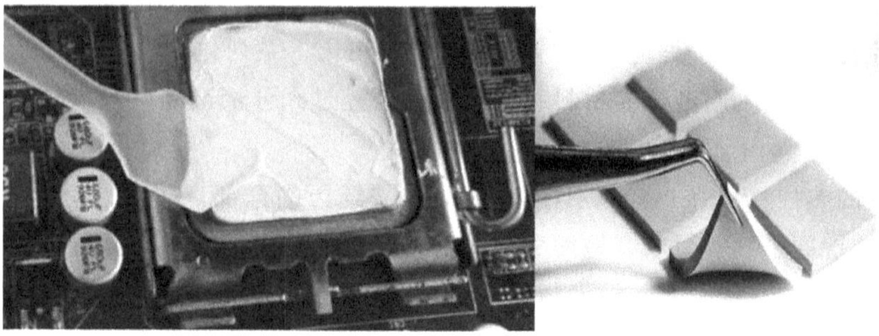

图 7-26　导热填料

措施，确保航天器上所有仪器设备都处于正常的工作温度范围，或者保证一定的温度梯度或波动。

7.3.3.1　主要原则

1）适应卫星经历的全过程，含卫星所处的全部地面、发射（如转移轨道）和空间环境；

2）正确处理热控分系统与整星的关系，保证热控分系统与卫星总体及其他分系统的协调性；

3）符合卫星可靠性要求，确保寿命期间工作的稳定性；

4）具有足够的热设计余量（设计不确定性和裕度）和一定的应变（适应）能力（与其他分系统不同）；

5）优选采用热控成熟产品和型谱化产品；

6）具有良好的工艺性（加工、总装、维修）、较高的标准化程度（互换性）和良好的经济性；

7）按“通用化、系列化（型谱化）、模块化”要求规范产品，为后继卫星或卫星公用平台的发展提供尽可能多的条件（平台可扩展性）。

7.3.3.2　基本依据

1）任务要求，包括温度要求、质量、功耗、寿命、可靠性和安全性等；

2）接口要求，包括与总体及其他分系统的接口关系，如结构材料、仪器设备的外形尺寸、质量、热容量、耗散热功率与工作模式、（表面热物理性质）遥测通道、遥控指令等；

3）总体特征，包括卫星的任务要求、构型与布局、轨道参数、飞行程序及姿态，地面、发射、空间环境条件等。

7.3.3.3　热控措施、材料和部件的选择

1）热控措施的选择以被动热控措施为基础，视实际需要补充必要的主动式热控措施，有特殊需要时还可采用地面调温措施，控制初始温度（利用自身热容，减少主动段加温功率）；

2）热控措施的选择须兼顾地面整星热平衡试验的方法选择和限制条件（如热管走向）；

3）热控材料和热控部件应优先选择热控“通用化、系列化、模块化”产品和经飞行试验验证的成熟产品，新型热控材料和热控部件需经过充分论证和试验验证，方能在卫星上使用；

4）选用的热控材料和热控部件应满足卫星需经历的全部环境要求，包括真空放气、表面充放电、抗原子氧等要求（地面测试、贮存、运输、发射、在轨运行等）；

5）热控措施的选择须兼顾技术指标的可实现性（如贮箱、同组电池的温差）。

7.3.3.4 热不确定余量

被动式热控的热不确定余量为温度余量。按温度指标类型温度余量分为温度范围余量（即高温余量和低温余量）、温度变化速率余量和温度梯度余量。

1）热分析模型未经热平衡试验或验证前，卫星产品的高温余量和低温余量一般应为17 ℃，如果17 ℃的温度余量使得卫星质量和功率显著增加，可以将17 ℃减小到11 ℃。

2）热分析模型经热平衡试验验证后，卫星产品的高温余量和低温余量一般应为11 ℃，技术成熟的卫星产品的温度余量应不小于5 ℃。

3）温度变化速率余量和温度梯度余量由型号视实际需要规定。

4）温度低于－70 ℃主动控制的产品，其热负荷的不确定余量在方案阶段应不小于50%，初样研制阶段应不小于45%，正样研制阶段应不小于35%（航天器热控系统通用规范GJB 2703A—2006）。

5）主动式热控的热不确定余量为控制能力余量。该余量应不小于总控制能力的25%。例如，安装10W主动式比例控制电加热器，应当在只用到8W平均功率或更低功率时，就能保证该仪器设备不低于温度下限（如备份电加热器设计应兼顾可靠性和控制能力）。

6）采用主动热控的产品，一般不再附加温度余量。

热不确定余量不能满足第1、2条的规定时，应该修改热设计以满足余量要求。特殊情况下亦可修改温度指标或热不确定余量，但应予以充分论证。

7.3.4 热仿真分析

热仿真分析是根据热控系统设计的方案对航天器建立热分析模型，设置极端高温、极端低温等工况，对设计的结果进行仿真验证。

7.3.4.1 工作目标

热分析计算的目标是分析各种输入条件变化（如轨道、姿态、工作模式、寿命等）对卫星温度的影响并确定典型工况，计算卫星外热流，计算卫星及星上仪器设备、结构部件的稳态和瞬态温度，为热试验提供设计依据。

不同研制阶段的计算要求与目的均不相同。工作目标如下：

1）可行性论证阶段，进行简单模型粗略计算，用以确定热控分系统及总体可行的技术方案（如散热面面积、构型和姿态）；

2）方案论证阶段，进行完整模型初步计算，用以确定热控分系统设计方案；

3）详细设计阶段，进行完整模型详细计算，用以确定热控分系统的详细设计方案和参数。初样热平衡试验后，应对数学模型进行必要的修正，并用修正的数学模型进行正样设计计算；正样热平衡试验后，如有必要，还应对数学模型进行修正，并用修正的数学模型进行正样发射星设计调整验证计算和在轨温度预示计算；卫星发射后，比较计算温度与遥测温度，必要时对数学模型进行适当修正，用以计算卫星在轨运行期间的温度。

7.3.4.2　工作流程

卫星热分析的主要工作内容包括轨道计算、外热流计算和温度场计算。

卫星热分析应建立符合卫星实际热状态的、按计算要求做不同程度简化的热数学模型，再用成熟的热分析软件或经验证正确的专用程序进行计算。

卫星热分析一般采用热网络分析法，其分析流程如图 7－27 所示。

首先根据物理模型和某些基本假设条件，建立热网络模型。其次，根据轨道条件、航天器结构及热物性参数，进行辐射换热系数、空间外热流和其他热网络系数的计算，由此得到热网络数学模型。根据验证试验数据进行模型相关性分析，得到完善的热网络数学模型。根据这一完善的热网络数学模型及其误差分析计算，可预计某些参数变化的影响，预计航天器各仪器、部件在空间飞行的温度值。最后将热分析结果和飞行遥测数据进行比较，做出对热分析的评价。

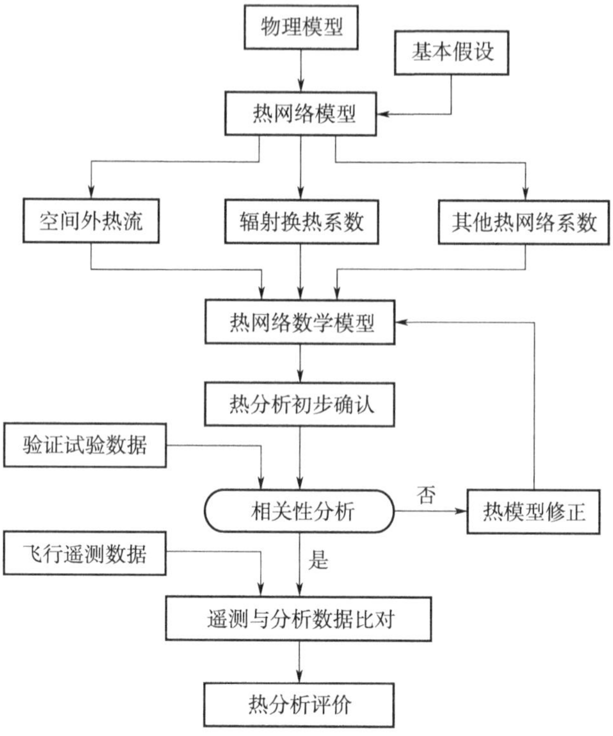

图 7－27　卫星热分析基本技术流程

7.3.4.3 外热流计算

卫星的空间外热流，主要包括太阳直接辐射、行星反射和行星红外辐射热流。必须详细计算卫星各部位相对于太阳直接辐射、行星反射和行星红外辐射的三种角系数，正确选用行星的太阳辐射强度、行星反射率和行星红外辐射强度，并合理选择卫星表面的太阳能吸收比和红外发射率等有关参数，以确定卫星实际吸收的空间外热流。计算结果用以进行温度计算和热平衡试验的外热流模拟。

7.3.4.4 温度计算

运用所建立的热数学模型、卫星内部及外部的辐射换热系数计算结果，以及外热流计算结果，进行卫星温度计算。温度计算可分为稳态温度计算和瞬态温度计算。

温度计算的对象，既可以是复杂的整星，也可以是单件仪器设备或结构部件。根据计算对象、控温温度的精度和掌握变化规律的具体要求，确定计算方法和规模。

7.3.4.5 仿真举例

热分析计算是热设计的一个重要手段，它贯穿于卫星的整个研制过程。通过热数学模型的分析计算，可以初步了解整个卫星在轨期间温度变化情况及温度场的分布情况，通过合理的热控措施调整，优化热控方案设计。热分析计算软件有 SINDA/G、NEVADA、I-DEAS TMG、SINDA FLUINT、Thermica、NX 等，本章节将采用 NX 热分析计算软件对某 6U 立方星进行热分析计算。

（1）建模原则

由于传热关系非常复杂，没有必要也无法完全考虑所有的传热因素，因此需对模型进行必要的简化和假设。

1）各元器件、仪器视为等温体，根据实际情况采用粗网格处理；

2）PCB 板忽略法向导热系数，折合进平面方向导热系数中；

3）太阳光为平行光，即阳光扩散角为 0°；

4）各表面均为灰体；

5）外空间热流的变化在连续轨道周期内一致；

6）忽略星内外电缆网、紧固件、开孔等的影响，忽略部分星外仪器设备等；

7）多层隔热材料只考虑纵向导热，而不考虑其横向导热，周边漏热不考虑。

（2）基本参数选取

卫星基本参数，如轨道、姿态等按总体技术要求设置。仪器设备的热耗变化及工作模式等按总体技术要求或任务书规定设置。卫星热控措施及材料的热物性参数选取见表 7-6。

表 7-6 星内外表面热控涂层热物性参数表

热控涂层	吸收率 α_s		发射率 ε_h
	寿命初期	寿命末期	
S781 白漆	0.17	0.30	0.87

续表

热控涂层	吸收率 α_s		发射率 ε_h
	寿命初期	寿命末期	
F46 镀银二次表面镜	0.17	0.30	0.66
黑漆	—	—	0.88
帆板向阳(天线侧)	0.67	0.67	0.85
帆板向阳(非天线侧)	0.75	0.75	0.85

(3) 计算工况选取

根据卫星的任务与特点，考虑卫星工作模式、姿态、光照角、涂层退化、太阳常数变化等因素确定仿真计算工况，计算工况均为瞬态工况。

整星热分析计算模型建模概况如图 7-28 和图 7-29 所示。

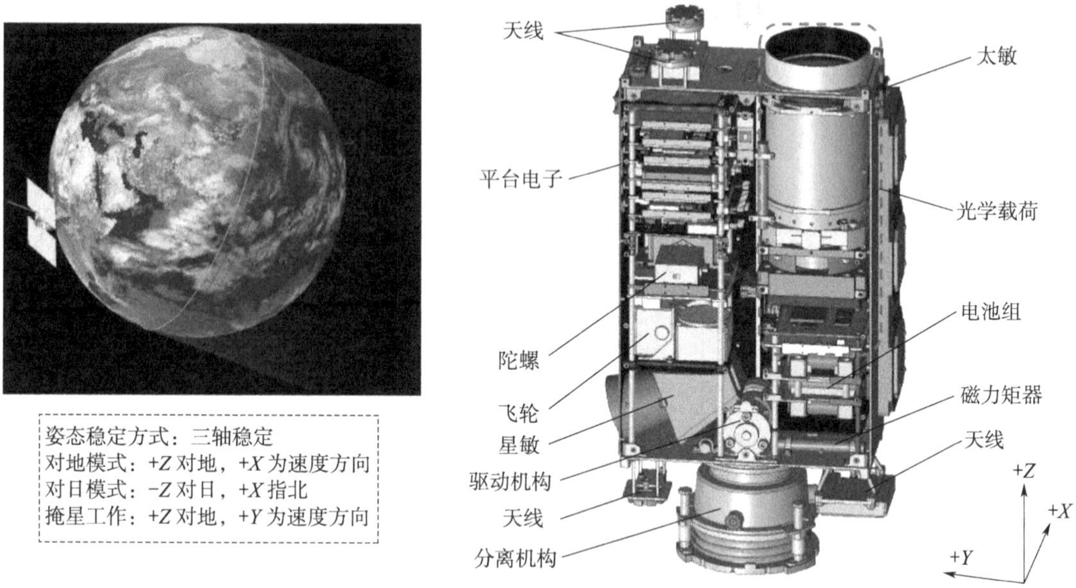

图 7-28　卫星飞行方式及内部结构布局示意图

(4) 计算结果及分析

入轨初期/待机模式卫星对日定向低温工况各单机温度经计算见表 7-7。

经计算，卫星在入轨初期对日定向姿态下，依靠星上加热器可以维持所有单机在正常工作温度范围内，所有单机温度均满足指标要求，各元器件温度满足一级降额要求，且有一定余量。高温工况载荷相机工作时，各单机温度经计算见表 7-8。

经计算，卫星寿命末期（涂层退化），平台正常工作，相机载荷在一轨中光照区成像 1 200 s，阴影区数传 420 s 的模式下工作，所有单机温度及元器件结温均满足指标要求。安全模式低温各单机温度经计算见表 7-9。

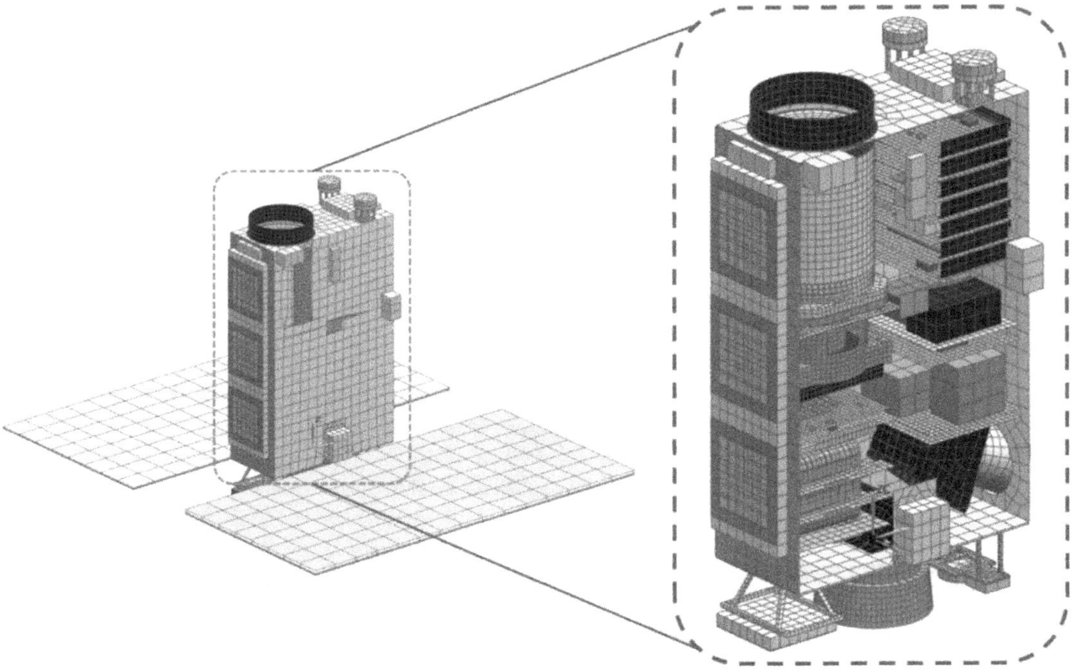

图 7-29　星体热网络模型

表 7-7　低温工况各单机温度计算结果

<table>
<tr><th rowspan="4">分系统</th><th rowspan="4">单机名称</th><th colspan="5">温度/℃</th></tr>
<tr><th rowspan="3">工作温度范围</th><th colspan="4">Beta 角</th></tr>
<tr><th colspan="2">+0°</th><th colspan="2">+90°</th></tr>
<tr><th>Min</th><th>Max</th><th>Min</th><th>Max</th></tr>
<tr><td rowspan="7">结构机构</td><td>+X 侧板</td><td>−90～+90</td><td>−20</td><td>0</td><td>−13</td><td>4</td></tr>
<tr><td>−X 侧板</td><td>−90～+90</td><td>−22</td><td>10</td><td>−13</td><td>9</td></tr>
<tr><td>+Y 侧板</td><td>−90～+90</td><td>−16</td><td>3</td><td>−7</td><td>5</td></tr>
<tr><td>−Y 侧板</td><td>−90～+90</td><td>−20</td><td>−3</td><td>−13</td><td>1</td></tr>
<tr><td>+Z 侧板</td><td>−90～+90</td><td>−24</td><td>4</td><td>−16</td><td>1</td></tr>
<tr><td>−Z 侧板</td><td>−90～+90</td><td>−15</td><td>3</td><td>2</td><td>6</td></tr>
<tr><td>驱动电机</td><td>−10～+50
最佳:0 ～+30</td><td>−8</td><td>−3</td><td>−1.5</td><td>2</td></tr>
<tr><td rowspan="6">姿控</td><td>星敏感器</td><td>−20～+50</td><td>10</td><td>19</td><td>20.4</td><td>24</td></tr>
<tr><td>陀螺 A</td><td>−40～+85</td><td>−5</td><td>8</td><td>5</td><td>9.5</td></tr>
<tr><td>陀螺 B</td><td>−40～+85</td><td>8</td><td>13</td><td>16</td><td>16.8</td></tr>
<tr><td>X 磁力矩器</td><td>−15～+45</td><td>6</td><td>14</td><td>18.2</td><td>19</td></tr>
<tr><td>Y 磁力矩器</td><td>−15～+45</td><td>8</td><td>15</td><td>19.2</td><td>20</td></tr>
<tr><td>Z 磁力矩器</td><td>−15～+45</td><td>6</td><td>14</td><td>14</td><td>15</td></tr>
</table>

续表

分系统	单机名称		温度/℃				
			工作温度范围	Beta 角			
				+0°		+90°	
				Min	Max	Min	Max
姿控	飞轮		−15～+50	4.5	7.5	10.5	12.5
	磁强计		−40～+85	17	26	23	24.5
	+*X* 太阳敏感器		−90～+90	−19	−8	−14	−5
	−*X* 太阳敏感器		−90～+90	−12	2	−1	1
	+*Y* 太阳敏感器		−90～+90	−10	−1	−5	1
	−*Y* 太阳敏感器		−90～+90	−22	−10	−15	−11
	+*Z* 太阳敏感器		−90～+90	−17	−2	−9	−4.5
	−*Z* 太阳敏感器		−90～+90	−19	1	4	6.5
能源	锂离子电池组		+10～+30 最佳:+15～+25	19	21	19.2	21
	太阳帆板(天线侧)		−90～+90	−50	80	70	78
	太阳帆板(非天线侧)		−90～+90	−70	80	57	66
综合电子	对天接收天线		−90～+90	−20	2	0	7
	对地 X 接收天线		−90～+90	−36	−2	−28	−6
	对地 X 发射天线		−90～+90	−38	−6	−32	−10
	馈源		−90～+90	−22	−10	−15	−8
	GNSS 定位天线		−90～+90	−4	17	24	28
	高速数传天线		−90～+90	−75	55	10	37
综合电子	X 波段滤波器		−40～+85	−17	0	−9	−4
	同轴开关		−25～+60	3	14	11.5	14.5
载荷	相机	镜筒	+15～+25 (轴向温差≤5)	15.4	21.4	15.8	21.2
		窗玻璃、次镜及各自固定座	+5～+25 (在轨与镜筒温差≤15)	7	15.2	7.5	12.4
		透镜(3 个)	+15～+25	15.2	20.7	15.4	20.7
		透镜固定座	+15～+25	17.8	21.5	17.8	21.5
		CMOS	+0～+25	0	4	1	4.5
	掩星	掩星天线	−80～+80	−40	−30	−34	−28
		腔体滤波器	−40～+85	−5	5	5	7

表 7-8　高温工况各单机温度计算结果

分系统	单机名称	温度/℃				
		工作温度范围	Beta 角			
			+0°		+90°	
			Min	Max	Min	Max
结构机构	+X 侧板	−90～+90	−12.5	22	−6	21.5
	−X 侧板	−90～+90	−15	27	−7	22
	+Y 侧板	−90～+90	−8	21	0.5	12.5
	−Y 侧板	−90～+90	−12	10	−2	13
	+Z 侧板	−90～+90	−15	18	−7	10.5
	−Z 侧板	−90～+90	−8	17	4.5	13
	驱动电机	−10～+50 最佳:0 ～+30	−4	12.5	5.5	14
姿控	星敏感器	−20～+50	19.5	31.5	24	30
	陀螺 A	−40～+85	5	24	12.5	19
	陀螺 B	−40～+85	16.5	23	21	23
	X 磁力矩器	−15～+45	16	25.5	22.4	24.2
	Y 磁力矩器	−15～+45	17.5	26	24.2	25.7
	Z 磁力矩器	−15～+45	16	29	20.8	24.8
	飞轮	−15～+50	23.4	26.8	22.5	27.5
姿控	磁强计	−40～+85	22	36	29	35.5
	+X 太阳敏感器	−90～+90	−8	11	−5	3
	−X 太阳敏感器	−90～+90	−4	20	3.5	13
	+Y 太阳敏感器	−90～+90	−2	17	4	7.5
	−Y 太阳敏感器	−90～+90	−13	2	−5	9
	+Z 太阳敏感器	−90～+90	−7	14	−1	5
	−Z 太阳敏感器	−90～+90	−13	18	−5	16
能源	锂离子电池组	+10～+30 最佳:+15～+25	19.2	21	19.3	20.7
	太阳帆板(天线侧)	−90～+90	−45	85	−40	83
	太阳帆板(非天线侧)	−90～+90	−65	88	−35	75
综合电子	对天接收天线	−90～+90	−18	20		
	对地 X 接收天线	−90～+90	−26	8	−22	2
	对地 X 发射天线	−90～+90	−24	14	−19	5
	馈源	−90～+90	−12	9	−9	−1
	GNSS 定位天线	−90～+90	1	26	18	30.5
	高速数传天线	−90～+90	−70	60	−30	40

续表

分系统	单机名称		温度/℃				
			工作温度范围	Beta 角			
				+0°		+90°	
				Min	Max	Min	Max
综合电子	X 波段滤波器		−40～+85	−7	15	−1	7
	同轴开关		−25～+60	13	50	19	47
载荷	相机	镜筒	+15～+25 (轴向温差≤5)	15.8	21.4	16	21
		窗玻璃、次镜及各自固定座	+5～+25 (在轨与镜筒温差≤15)	6.5	16	7	15.5
		透镜(3 个)	+15～+25	15.2	20.8	15.2	20.7
		透镜固定座	+15～+25	17.5	21.5	17.8	21.5
		CMOS	+0～+25	1.2	24.7	2	24
	掩星	掩星天线	−80～+80	−28	−22	5	23
		腔体滤波器	−40～+85	5	21	12.4	16.4

表 7-9　安全模式低温工况各单机温度计算结果

分系统	单机名称	温度/℃				
		工作温度范围	Beta 角			
			+0°		+90°	
			Min	Max	Min	Max
结构机构	+X 侧板	−90～+90	−23	−2	−16	2
	−X 侧板	−90～+90	−24	8	−15	8
	+Y 侧板	−90～+90	−18	2	−8	4
	−Y 侧板	−90～+90	−23	−4	−15	−1
	+Z 侧板	−90～+90	−26	2	−18	0
	−Z 侧板	−90～+90	−17	1	0	5
	驱动电机	−10～+50 最佳:0 ～+30	−8.5	−4	−4	0
姿控	星敏感器	−20～+50	9	18	19.4	22.8
	陀螺 A	−55～+90	−6	6	5	8
	陀螺 B	−40～+85	6.5	11	14.5	15.5
	X 磁力矩器	−40～+70	5	12	16.5	17.5
	Y 磁力矩器	−40～+70	6	13	17.5	18.5
	Z 磁力矩器	−40～+70	4	13	12.5	13.5
	飞轮	−30～+70	3	6	9	10.5

续表

<table>
<tr><th rowspan="4">分系统</th><th rowspan="4" colspan="2">单机名称</th><th colspan="5">温度/℃</th></tr>
<tr><th rowspan="3">工作温度范围</th><th colspan="4">Beta 角</th></tr>
<tr><th colspan="2">+0°</th><th colspan="2">+90°</th></tr>
<tr><th>Min</th><th>Max</th><th>Min</th><th>Max</th></tr>
<tr><td rowspan="7">姿控</td><td colspan="2">磁强计</td><td>−40～+85</td><td>15</td><td>24</td><td>21</td><td>23</td></tr>
<tr><td colspan="2">+X 太阳敏感器</td><td>−90～+90</td><td>−22</td><td>−10</td><td>−16</td><td>−4</td></tr>
<tr><td colspan="2">−X 太阳敏感器</td><td>−90～+90</td><td>−14</td><td>1</td><td>−3</td><td>−1</td></tr>
<tr><td colspan="2">+Y 太阳敏感器</td><td>−90～+90</td><td>−12</td><td>−2</td><td>−7</td><td>0</td></tr>
<tr><td colspan="2">−Y 太阳敏感器</td><td>−90～+90</td><td>−24</td><td>−12</td><td>−18</td><td>−3</td></tr>
<tr><td colspan="2">+Z 太阳敏感器</td><td>−90～+90</td><td>−18</td><td>−3</td><td>−10</td><td>−6</td></tr>
<tr><td colspan="2">−Z 太阳敏感器</td><td>−90～+90</td><td>−20</td><td>0</td><td>3</td><td>5</td></tr>
<tr><td rowspan="3">能源</td><td colspan="2">锂离子电池组</td><td>+10～+30
最佳:+15～+25</td><td>19</td><td>20.9</td><td>19.1</td><td>20.9</td></tr>
<tr><td colspan="2">太阳帆板(天线侧)</td><td>−90～+90</td><td>−50</td><td>80</td><td>70</td><td>78</td></tr>
<tr><td colspan="2">太阳帆板(非天线侧)</td><td>−90～+90</td><td>−70</td><td>80</td><td>56</td><td>66</td></tr>
<tr><td rowspan="6">综合电子</td><td colspan="2">对天接收天线</td><td>−90～+90</td><td>−21</td><td>0</td><td>−1</td><td>6</td></tr>
<tr><td colspan="2">对地 X 接收天线</td><td>−90～+90</td><td>−38</td><td>−8</td><td>−34</td><td>−10</td></tr>
<tr><td colspan="2">对地 X 发射天线</td><td>−90～+90</td><td>−36</td><td>−4</td><td>−30</td><td>−6</td></tr>
<tr><td colspan="2">馈源</td><td>−90～+90</td><td>−24</td><td>−12</td><td>−18</td><td>−10</td></tr>
<tr><td colspan="2">GNSS 定位天线</td><td>−90～+90</td><td>−5</td><td>16</td><td>23</td><td>27</td></tr>
<tr><td colspan="2">高速数传天线</td><td>−90～+90</td><td>−75</td><td>55</td><td>9</td><td>37</td></tr>
<tr><td rowspan="2">综合电子</td><td colspan="2">X 波段滤波器</td><td>−40～+85</td><td>−19</td><td>−2</td><td>−10</td><td>−5</td></tr>
<tr><td colspan="2">同轴开关</td><td>−25～+60</td><td>2</td><td>12</td><td>10</td><td>13</td></tr>
<tr><td rowspan="7">载荷</td><td rowspan="5">相机</td><td>镜筒</td><td>+0～+30</td><td>6</td><td>11.5</td><td>6</td><td>11</td></tr>
<tr><td>窗玻璃、次镜及各自固定座</td><td>+0～+30</td><td>0.5</td><td>5</td><td>1</td><td>3</td></tr>
<tr><td>透镜(3 个)</td><td>+0～+30</td><td>5</td><td>10.5</td><td>5.5</td><td>10.5</td></tr>
<tr><td>透镜固定座</td><td>+0～+30</td><td>8</td><td>11.5</td><td>8</td><td>11.5</td></tr>
<tr><td>CMOS</td><td>−10～+45</td><td>−8</td><td>−4</td><td>−6</td><td>−4</td></tr>
<tr><td rowspan="2">掩星</td><td>掩星天线</td><td>−80～+80</td><td>−38</td><td>−30</td><td>−38</td><td>−30</td></tr>
<tr><td>腔体滤波器</td><td>−65～+125</td><td>−6</td><td>3</td><td>4</td><td>5.5</td></tr>
</table>

安全模式下平台单机温度阈值下调 8～10 ℃，待卫星确认对日定向能源供给充足时，回调平台加热器阈值。

通过热分析计算，对整星外热流、星内温度水平随季节、轨道条件、寿命等条件的变化有初步的结果和分析，针对整星的热设计特点，经过单机总体合理布局，单机的温度计算结果均在指标范围内。

7.3.5　热控新技术及展望

为了解决卫星高热流密度散热、航天器轻量化、低功耗等问题，在传统热控技术手段的基础上陆续发展出了一些新型的热控概念和热控制技术。以下介绍几种针对微小卫星的热控技术。

（1）主动热控涂层技术

这种涂层也称智能型热控涂层，其太阳能吸收比或发射率可以随着卫星表面的温度变化或航天器热控的要求而改变，从而起到自动调节温度的作用，提高了卫星的自主热控能力。有了这种涂层，不但可以使卫星表面的温度比较稳定，而且还可以大大节省热控所需的电加热功率和质量。

（2）微型百叶窗技术

百叶窗是一种利用低辐射率的可动叶片，以不同程度地遮挡高辐射率的仪器散热表面的办法来控制温度。这种装置的控制作用是，当仪器温度由于发热量增大而升高时，叶片旋转而张开，露出高辐射率的仪器表面，增大散热量，从而使仪器温度降下来；相反，当仪器发热量减小而温度下降时，叶片自动关闭，辐射表面散热量减小，从而使仪器温度逐渐上升。在这种机构中，叶片的动作使得辐射表面的当量辐射率发生了变化，辐射散热改变，从而实现对仪器的温度控制。

（3）微型热开关技术

热开关是一个具有主动热控功能的热控组件。它利用温度敏感元件感应被控设备的温度，然后通过执行部件切断或接通被控设备的传热途径，以控制被控设备在不同热工况下的温度。热开关具有可靠性高、控温效果明显等特点，在早期的载人航天、阿波罗登月飞船、火星着陆器中得到了广泛应用。由于热开关技术不消耗能源或消耗很少的能源，质量轻，可靠性高，因此它特别适用于能源较为短缺的微小卫星。

（4）高性能导热材料

为了有效地将高功率密度的电子器件产生的热量传输出去，往往需要采用高导热材料，但在卫星、飞船的空间应用中，这种材料必须满足密度低、膨胀系数小、导热率高、放气率小的要求。铝、金、铜等金属材料是热的良导体，它们的导热率分别为 247 W/m·K、315 W/m·K、398 W/m·K，但还不能满足上述要求，铝密度低但导热率却不够高，且热膨胀系数较大，金、铜导热率较高，但密度较大。因此，研制一种高性能的导热材料作为散热器件也是解决高热流密度的重要手段。

参考文献

［1］ 袁家军．卫星机构设计与分析［M］．北京：中国宇航出版社，2004.

［2］ 朱振才．微小卫星总体设计与工程实践［M］．北京：科学出版社，2016.

［3］ 方勃，丁勇，张业伟，闻新．微小卫星结构设计方法［J］．沈阳航空航天大学学报，2013，30（5）：37－41.

［4］ 姚骏，崔伟，满孝颖，等．新型卫星结构设计技术［J］．中国空间科学技术，2010，3：70－75.

［5］ 姚骏，满孝颖，李应典，等．卫星承力筒的结构特点与分析应用［J］．电子机械工程，2010，26（3）：24－28.

［6］ 杨红娜，黄航，沃西源，等．桁架结构卫星接头的研究进展［J］．航天返回与遥感，2003，24（2）：58－60.

［7］ 欧贺国．RADIOSS理论基础与工程应用［M］．北京：机械工业出版社，2013.

［8］ 龙凯．Partran 2010 与 Nastran 2010 有限元分析从入门到精通［M］．北京：机械工业出版社，2013.

［9］ 王宏建，李靖，刘和光，等．风云三号微波湿度仪天线设计与分析［J］．中国工程科学，2009，11（4）：39－45.

［10］ 杨林．大幅宽高分辨光学卫星一体化结构多目标优化设计［D］．长春：中国科学院长春光学精密机械与物理研究所，2019.

第 8 章　能源分系统

商业卫星能源分系统在系统设计时需充分考虑能源分系统的可靠性与安全性，同时着重兼顾成本与效益。能源分系统为卫星提供稳定持续的能量，本章节主要对其组成结构、设计依据、关键要素及新技术发展展开介绍。

8.1　组成及功能

商业卫星能源分系统一般由太阳电池阵、锂离子蓄电池组、电源控制配电器（PCDU）三种产品组成（见图 8-1），分别承担不同的功能，并互相协作构成能源分系统，为卫星提供持续稳定的能量供给。电源控制配电器一般是应用于小卫星上，将传统大卫星上的总体电路系统中的配电器、火工品管理单元和电源变换器功能集成在电源控制配电器中。

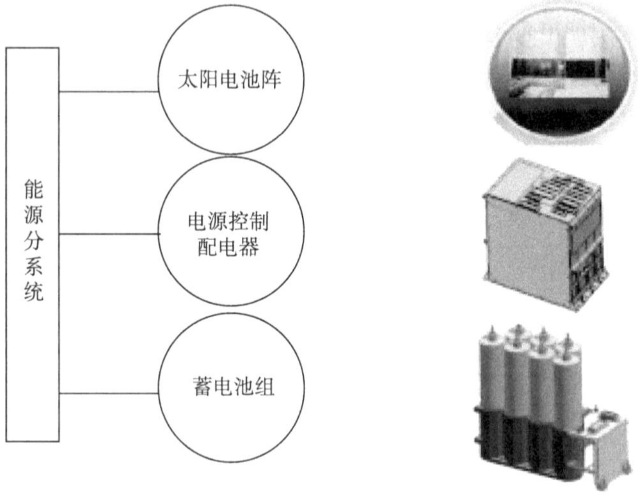

图 8-1　能源分系统组成示意图

8.1.1　太阳电池阵

8.1.1.1　太阳电池的原理

太阳电池属于物理电源范畴内的产品，以光生伏特效应为基本原理，是可将空间的太阳光转换成电能的半导体器件。

光生伏特效应一般是指半导体器件受光照后能产生电动势，其具体原理（见图 8-2）

是当太阳光照射在电池表面时，半导体原子受到能量大于 1.1eV 的光子激发，原子释放电子，形成电子-空穴对，在半导体内部结附近生成的载流子没有被复合而到达空间电荷区，受内电场的吸引，电子-空穴对中的电子前往 N 区，空穴前往 P 区，结果 N 区储存了过剩的电子，P 区有过剩的空穴。它们在 PN 结附近形成与势垒方向相反的光生电场，在 N 区和 P 区之间的薄层就产生电动势，当在 N 区和 P 区引出端外接负载时，有光照就可以提供电能。

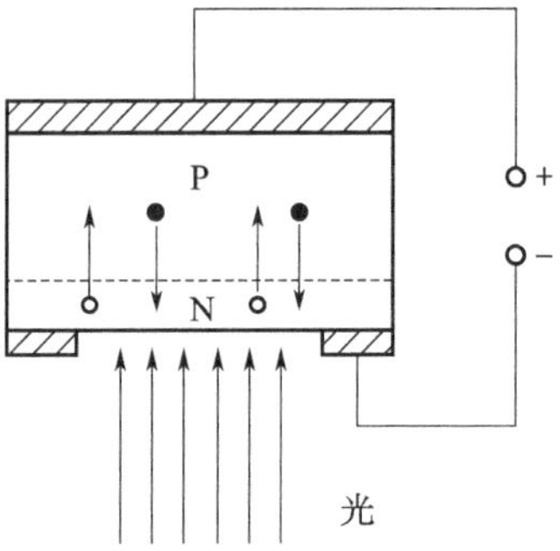

图 8 - 2　光生伏特效应图

8.1.1.2　太阳电池光谱响应

光谱响应表示太阳能电池对不同波长入射光能转换成电能的能力。在太阳电池设计阶段，需比较光谱响应的主要参数，表 8 - 1 为卫星用三结砷化镓电池和硅电池的光谱响应主要参数的比较。可以看出三结砷化镓电池的光谱响应范围比硅电池的响应范围更宽，对太阳吸收的波长范围更宽，响应时间更短。

表 8 - 1　两种太阳电池光谱响应对照表

参数名称	三结砷化镓电池	硅电池
光谱响应范围/μm	0.3～1.8	0.3～1.1
峰值波长范围/μm	0.4～1.6	0.8～0.95
截止波长/μm	1.8	1.1
响应时间/s	10^{-6}～10^{-9}	10^{-3}～10^{-4}
使用温度/℃	−150～200	−65～125

8.1.1.3　太阳电池选用参数

在方案论证阶段，结合整星的质量和尺寸包络，对太阳电池的主要性能指标进行比较，确定可用的太阳电池类型。目前商业用太阳电池主要选用三结砷化镓和硅电池，两种太阳电池的主要性能参数包含质量、转换效率、电性能参数等，电性能参数一般包括开路电压 V_{OC} 、短路电流 I_{SC} 、最大功率点电压 V_{mp} 、最大功率点电流 I_{mp} ，见表 8 - 2。

表 8-2　两种太阳电池主要参数表

参数名称	三结砷化镓电池	硅电池
结构特点	$GaInP_2$/GaAs/Ge	N+/P/P+
尺寸	40 mm×(30～80)mm×0.175 mm	(20～40)mm×(40～80)mm×0.1 mm
质量/(mg·cm^{-2})	100	27.5
V_{OC} /mV	2 575～2 700	600～630
I_{SC} /(mA·cm^{-2})	16.9～17.1	42～46
V_{mp} /mV	2275～2410	490～530
I_{mp} /(mA·cm^{-2})	15.9～16.8	40～44
转换效率 η /%	26～32	14～18

8.1.1.4　太阳电池阵组成

太阳电池阵主要是由将太阳能转换为电能的太阳电池串并联组成，同时有玻璃盖片、旁路二极管、隔离二极管、线缆、互连片及接插件、静电泄放电阻等电路组件和辅料构成整套电池电路。整套电池电路需要有结构固定支撑，因此还需要有太阳帆板基板，同时对于一些光照角较为恶劣的轨道，需要有驱动机构进行帆板的对日跟踪，以获得较高的能量转换率。

（1）玻璃盖片

太阳电池需要玻璃盖片以增强抗辐照能力，同时它还可以保护太阳电池在组部件、方阵、整翼的生产制造阶段避免遭到人为破坏。玻璃盖片本身使用以硅或硅的氧化物为主的抗辐照材料，同时可以保证光谱在最大能量区间段无损耗通过。

（2）旁路二极管

旁路二极管可以最大程度降低热斑对电池回路的影响。热斑的形成是由于太阳电池阵部分电池片在受到遮挡后会被反向电压加热，形成热斑效应，长时间累积会导致此部分电池片永久失效。通过旁路二极管，虽然无法避免遮挡后造成的功率下降，但可以起到消除热斑效应的作用，防止被遮挡电池永久失效。

（3）隔离二极管

隔离二极管起到隔离太阳电池电路和母线的作用，未受照的电池组件会成为负载，特别是在卫星进入地影区后，对于类似不调节母线或半调节母线形式的能源系统，在没有隔离二极管的情况下，太阳电池阵会成为蓄电池组的负载，通过增加隔离二极管可以切断这个回路。同时在太阳电池阵出现内部线缆等短路时，隔离二极管可以减少故障状态下太阳电池阵的灾难性事件。目前有很多应用是将隔离二极管放入电源控制电路中使用。而从最新的在轨验证情况来看，高压母线能源系统需要增加隔离二极管，从而提高其故障状态后的防倒灌能力。

（4）线缆、互连片及接插件

太阳电池阵上的线缆起到传输电池功率、温度、太阳敏感器信号的作用，一般线缆选用时需以耐紫外辐照和耐高低温交变为主要特征。互连片选用导电性能好、耐高低温交变、热膨胀系数低的材料，一般以镀银的原子序数低的合金为主。接插件的大小体积受限于铰链合拢后板间的距离，因此常选用扁平式的接插件，同时接插件材料需耐辐照、耐高低温交变。

(5) 静电泄放电阻

太阳帆板在空间会累积电荷，过多的电荷会损坏太阳单体电池片，为此需在会形成静电累积的各个基板上连接高阻电阻至卫星星体，保证太阳电池基板的静电泄放。同时需要注意单个高阻电阻失效后，会造成基板失去静电泄放回路，一般高阻电阻需在每块基板上布置两个。

整星的帆板结构在各个基板之间单独隔离，这样每块基板与星体结构之间有独立的泄放回路。如果基板本体之间导通，会降低静电泄放的回路可靠性。

8.1.2 锂离子蓄电池组

锂离子蓄电池组属于化学电源范畴内的产品，可将空间能源进行储存。锂离子蓄电池组主要是由储存电能的蓄电池单体串并联组成，同时有用于固定支撑单体电池的结构框架、蓄电池功率和信号传输的线缆、接插件、接地电阻组成完整的蓄电池组。由于良好的温度环境可以增加电池的循环寿命，一般对于温度变化频繁的空间环境，还需有热控系统来维持电池的温度，热控系统由测温电阻及加热片构成。

8.1.2.1 锂离子蓄电池组组成

(1) 锂离子蓄电池单体

锂离子电池目前有液态锂离子电池（LIB）和聚合物锂离子电池（PLIB）两类。其中，液态锂离子电池是指以 Li 离子嵌入化合物为正负极的二次电池。正极采用锂离子化合物 $LiCoO_2$，$LiNiO_2$或 $LiMn_2O_4$，负极采用锂一碳层间化合物 Li_xC_6，电解质为溶解有锂盐 $LiPF_6$和 $LiAsF_6$等有机溶剂。星上选用的锂离子电池以液态锂离子电池为主。

锂离子电池正负极的反应机理如图 8-3 所示。

正极反应

$$LiMO_2 \longrightarrow Li_{1-x}MO_2 + xLi^+ + xe^- \qquad (8-1)$$

或

$$nC + Li_{1+y}Mn_2O_4 \Longrightarrow Li_{1+y-x}Mn_2O_4 + Li_xC_n \qquad (8-2)$$

式中，M 为 Co，Ni，Fe，W 等。

负极反应

$$nC + xLi^+ + xe^- \Longrightarrow Li_xC_n \qquad (8-3)$$

锂离子电池实际上是一种锂离子浓差电池，其正负两极由两种锂离子嵌入化合物组成。充电时，锂离子从正极脱嵌经过电解质嵌入负极，负极处于富锂态，正极处于贫锂态，同时电子的补偿电荷从外电路供给到碳负极，保证负极的电荷平衡，放电时则相反，锂离子从负极脱嵌，经电解质嵌入正极（这种循环被形象地称为摇椅式机制）。在正常的充放电情况下，锂离子在层状结构的碳材料和层状结构氧化物层间嵌入嵌出，因为过渡金

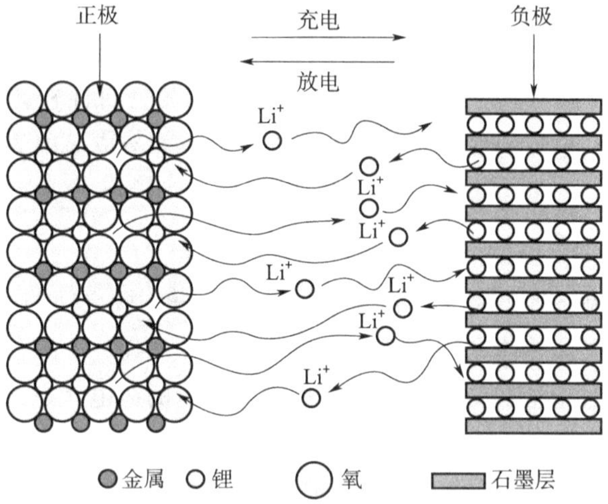

图 8－3　锂离子电池的反应机理

属氧化物 $LiCoO_2$、$LiNiO_2$ 中低自旋配合物多，晶格体积小，在锂离子嵌入脱嵌时，晶格膨胀收缩性小，结晶结构稳定，因此循环性能好，而且充放电过程中，负极材料化学结构基本不变，因此从充放电反应的可逆性看锂离子电池反应是一种理想的可逆过程。

（2）电极

正电极是锂的嵌入过渡金属化合物，正极化合物有 $LiCoO_2$、$LiNiO_2$、$LiMn_2O_4$、$LiFeO_2$ 和 $LiWO_2$ 等，目前空间常用的锂离子电池主要是 Co 体系、Ni 体系、Co 和 Ni 体系三大类，Co 可以增加循环寿命，Ni 可以增加比能量，$LiNi_xCo_yAlZO_2$ 材料是在 $LiNiO_2$ 材料制备基础上通过用 Co 替代一部分 Ni（$LiNi_yCo_{1-y}O_2$），以及体相掺杂 Al 而研发出来的高能正极材料，属于镍系正极材料，具有性能稳定、比容量高（比 $LiCoO_2$ 高出 20％以上）的优点。尤其适用于对储存性能和循环性能要求均高的应用领域。

负极化合物有 Li_xC_6、TiS_2、WO_3、NbS_2 和 V_2O_5 等，空间锂离子电池的负极主要使用锂嵌入化合物，一般以碳基材料 Li_xC_6 为主，其特性是高容量石墨材料。

（3）电解液

溶质：常采用锂盐，如高氯酸锂（$LiClO_4$）、六氟磷酸锂（$LiPF_6$）、四氟硼酸锂（$LiBF_4$）。

溶剂：由于电池的工作电压远高于水的分解电压，因此锂离子电池常采用有机溶剂，如乙醚、乙烯碳酸酯、丙烯碳酸酯、二乙基碳酸酯等。有机溶剂常常在充电时破坏石墨的结构，导致其剥脱，并在其表面形成固体电解质膜（Solid Electrolyte Interphase，SEI）导致电极钝化。有机溶剂还带来易燃、易爆等安全性问题。

（4）隔膜

隔膜起到分隔电池正负电极，防止电池短路，并传输锂离子的作用。星上用电池的隔膜采用 PP/PE/PP 复合隔膜材料，具有微孔封闭功能，当电池内部温度达到 130 ℃以上时，隔膜封闭微孔，切断电流，起到安全防护的作用。

(5) 壳体

壳体通常采用铝合金材料，壳体起到保护电池内部材料的作用，通常对星上电池壳体的密封性要求达到 1×10^{-10} Pa · m^3/s 以上，假如壳体的密封性较差，真空环境下壳体内的电解液会挥发扩散，电池的性能会逐渐下降至失效，并造成星内的污染。

8.1.2.2 锂离子蓄电池组参数

(1) 开路电压

电池在非工作状态下即电路无电流流过时，电池正负极之间的电势差称为开路电压。一般情况下，锂离子电池单体充满电后开路电压为 4.1～4.2 V 左右，完全放电后开路电压为 3.0 V 左右，通过电池的开路电压，可以判断电池的荷电状态。

(2) 放电电压

日常使用电池经常会看到电池在放电的瞬时，会产生电压的瞬时变化，其产生的主要原因是电池内部存在着内阻。电池处于放电状态下，放电电压为放电之前的开路电压和内阻电压之差

$$V = E - IR_{内} \tag{8-4}$$

式中 V ——放电电压；

E ——开路电压；

I ——放电电流；

$R_{内}$ ——内阻。

(3) 内阻

电池内阻由欧姆内阻与极化内阻两部分组成，是衡量电池性能的一个重要参数，电池内阻大，会导致电池放电工作电压降低，放电时间缩短。内阻大小主要受电池的材料、制造工艺、电池结构等因素的影响。

(4) 充电电压

充电电压指的是电池在充电过程中正负两端的端电压，对于锂离子电池组的单体电压一般设置 1 节单体的充电终止电压为 4～4.1 V，充电过充保护电压为 4.2 V。星上电池组一般先恒流 CC 充电，当单体电压接近充电终止电压时，设置为恒压 CV 限流充电，最后充电电流逐渐减少直至结束，保证单体电压不会超过过充保护电压阈值。

(5) 充放电倍率和放电深度

充放电倍率是指电池在规定的时间内充入/放出其额定容量时所需要的电流值，它在数值上等于电池额定容量的倍数，通常以字母 C 表示。放电深度是指电池的放电量和额定电量的比值，通常用百分比表示。如电池的标称额定容量为 2.5 Ah，电流为 0.3 A，对应的充放电倍率为 0.12 C，电流持续 0.5 h，对应放电深度为 6%，其他情况以此类推。

卫星用电池设计上，按照使用寿命，对充放电倍率和放电深度有着严格的要求。例如商业卫星 3 年寿命，一般控制充放电倍率在 0. 4 C 以下，放电深度不大于 30%。

(6) 充放电循环寿命

电池的充放电循环寿命是二次电池的重要性能参数。卫星是一种工作在空间的电子设

备，和大部分的电子设备寿命一样，电池是决定其工作寿命重要的一环，为满足卫星在轨的寿命要求，需要在方案论证中充分考虑上述这些参数，并调研比较不同规格电池的充放电循环容量衰降曲线，以满足电池的循环寿命。

依据卫星质量的不同，对于 100 kg 以内的微小卫星，电池组通常储能有 10 Ah、20 Ah、30 Ah 的选用，对于 100～1 000 kg 的卫星，电池组一般在 30～100 Ah 左右，对于1 000 kg以上的卫星，电池组一般有超过 100 Ah 的选用。

8.1.3　电源控制配电器

8.1.3.1　母线体系简介

由于卫星对于电源品质要求的不断增加，促使电源技术不断进步，卫星电源系统从最初不调节母线、到半调节母线再到全调节母线。虽然不同母线的调节模式不一样，对于电源控制配电器，母线调节机理本质上是为了达到电源系统功率并能在寿命要求之内保持良好的配电状态。总的来说，母线调节即为功率调节转换。

由公式 $P=VI$（ P 为功率、V 为电压、I 为电流）可见，当实际功率输出大于载荷需求时，需将多出来的功率耗散，这就意味在保证母线电压稳定度要求的同时，通过改变“源”的输出电流，来改变加在负载上的多余的功率。

（1）不调节母线模式

不调节母线模式，是指太阳电池阵和储能电池组不通过调节变换而向载荷供电。光照期，母线电压依靠于太阳电池阵的供电，大小受太阳电池单体数量、太阳光的辐射衰减情况、实际温度升降、载荷大小增减等影响；地影期，母线电压依靠于储能电池组的供电，大小受储能电池组单体数量、实际温度升降、载荷功耗增减等影响。

不调节母线模式的优势是便于电源控制配电器设计，其不足之处也很明显：母线电压起伏较大，电磁兼容性差。采用此种模式，整星设备的稳定工作和热控都存在难处。

（2）半调节母线模式

半调节母线模式，是指太阳电池阵输出调节而储能电池组不通过调节向载荷供电。这种模式下，在光照期电源控制配电器将介入控制母线，由分流调节电路控制太阳电池阵能量传输到母线上，同时母线电压较不调节母线模式固定。地影期与不调节母线模式相同，由储能电池组不通过调节向载荷供电。此模式优势是特别适合长光照轨道卫星，总体的电源能量利用率很高，且母线电压相较不调节母线可以稳定在相对小的区间内，在地影期储能电池组能量传送效率很高。这种模式的缺点集中在地影期，母线电压不稳定，同时在进出影期间，电压会有一个明显的升降，整星设备需要适应此种模式变化。

如果星上载荷能够接受较宽的电压值与电压变化，这种模式是较好的选择。采用半调节母线控制模式的代表性航天器有：国际通信卫星 5 号、国内的东方红卫星等。半调节母线的电压控制模式常用于商业卫星上，可以提高功率密度，减少资源消耗。

（3）全调节母线模式

全调节母线模式在半调节模式的基础上增加了储能电池组放电调节电路，电源可以在整个轨道周期内保持稳定的母线电压并提供能量。光照期调节太阳电池阵输出电压，完成对母线的供电和对储能电池组的充电，联合供电。地影期则由储能电池组经放电调节器稳定母线电压并持续供电。

全调节母线模式有两个主要的优点：一是在光照期，太阳电池阵供电能力不满足负载需求时，储能电池组经放电调节后能够补充供电，并保持母线电压的稳定。还有一个优势是电源系统的组成更加灵活，同时电源控制配电器的构架设计便于进行模块化和通用化，适合在有电压稳定度要求的卫星上应用，并应对其在地影期的载荷变化。这种方式下，输出母线电压在卫星轨道所有工作期间都可以保持稳定，这对提高航天器的用电效率、电磁兼容特性、整星热控稳定工作和航天器设备的工作均创造了较好的工作环境，并且具有更好应对空间环境和自动调节电压的能力，能够适应额定载荷功耗的变化。因此，这种功率控制方式非常适合应用在负载间歇工作，短期峰值负载变化较大的中、低轨卫星。目前国内外大、中型卫星大多数均采用全调节母线模式。

虽然电源控制配电器参与调节会降低整个电源能量利用率，同时单机质量有所增加，但综合考虑其应对负载变化频繁和满足峰值功率负载的能力，具有很好的应用性和发展前景。

8.1.3.2 电源控制配电器组成

电源控制配电器主要是由太阳电池功率调节模块、蓄电池功率调节模块、均衡模块、滤波模块、配电模块、火工品控制模块、整星上电模块、下位机模块等功能模块组成。

（1）太阳电池功率调节模块

一般情况下，光照期太阳电池阵的输出功率会大于负载和蓄电池充电需求的总和，尤其在寿命初期更是如此。为了控制母线电压，超额的功率必须在流入母线之前被分流。用作分流的负载可以使用电阻，它把超额功率转换成热能，但这部分热量会给航天器舱体内的热控系统造成额外负担。为此，可将太阳电池阵电流的部分电池组结构接地。这将使太阳电池阵在短路情况下工作，并得到 0 V 下的 I_{SC} 。在这种分流模式下，没有能量被传输到负载或者结构地。光子能量依然聚集在太阳电池阵内，太阳电池阵的温度升高，并最终将超额功率以热的形式发散到空间。实质上，太阳电池阵在这里被用作散热器。

分流调节器还可以用在一些小型专用太阳电池阵模块中，这些模块可以不通过蓄电池充电控制器而直接给蓄电池充电。当电池被充满电以后，通过闭合开关，电池从太阳电池阵模块被分流到结构地。这样，电池受到保护而免于过度充电。

图 8-4 所示是一种典型的晶体管开关分流调节器。当产生超额功率时，母线电压上升并超过额定电压，这一现象可以作为分流调节器的门信号来打开所需分流的太阳电池串的分流开关。因此，以母线电压作为参考，晶体管就可以控制分流调节器的开启与关闭，对于一个由许多电池串并联而成的太阳电池阵，图 8-4 所示的基本布局可以用于每个电池串。在分流调节较小的超额功率时，所有的电池阵模块同时使用同一个门信号。对于分流大功率的情况，虽各分流电路被一次开启和关闭，以最大程度地减少开启和关闭时的瞬态响应和对邻近设备造成的电磁干扰。要想较好地控制电压，最后一次分流要在脉冲宽度

调制（PWM）模式下进行，而其他分流则全部开启和关闭。

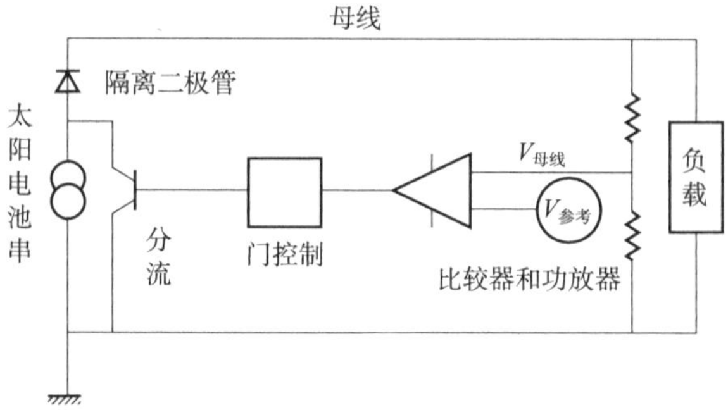

图 8-4　母线电压控制的完全分流调节器

电源功率调节器包括太阳电池阵分流功率调节器（并调系统）、太阳电池阵串联功率调节器（串调系统）、蓄电池组充电功率调节器、蓄电池组放电功率调节器及控制与管理单元等部分组成。整体上经历了消耗型、S3R 型和 S4R 型几个大的阶段，控制拓扑将在 8.2 节介绍。

（2）蓄电池功率调节模块

蓄电池功率调节分为充电调节和放电调节两部分。放电调节按照电压变化的情况一般包括升压调节，降压调节，升降压式调节。在选用不同的调节方式时，主要考虑蓄电池电压与母线电压之间的关系，蓄电池电压高于母线电压使用降压调节；蓄电池电压低于母线电压使用升压调节；蓄电池电压可能比母线电压高或者低，采用升降压调节，不同的调节比例受限于占空比，同时占空比存在着死区，因此占空比设计不能太过极限，这与采样精度、回路稳定性有关。

充电控制器设计的核心是根据所用蓄电池组的充电特性，选用恰当的充电方式，为蓄电池提供合适的充电电流和充电终止控制，防止电池组过电流充电、充电不足和过充电。目前较常用的充电方法有恒压、恒压限流、涓流、浮充和脉冲充电等。结合锂离子蓄电池的特性，一般充电调节采用恒压限流方式。

（3）均衡模块

均衡模块的功能是在蓄电池充电过程中，保证单体电压的一致性。一般采用耗散电阻将电压最高的单体充电电流相对下降，最高单体的充电电流下降值对应耗散电阻的电流值，在整个充电过程中，保证单体压差在接通阈值之内。蓄电池进入放电模式，均衡功能自动关闭，可以减少放电期间的放电倍率和放电深度。

（4）滤波模块

PWM 分流操作产生的纹波由母线滤波模块的电容器限制在最小范围之内。当分流开关关闭时，电容器充电；当分流开关打开时，电容器放电。如图 8-5 所示，纹波有两个来源，当电容器充电或放电时，电容器的等效串联电阻（ESR）导致反极电压下降，造成电容器的电压时升时降。母线纹波的峰-峰值电压 V_{PP} 可以通过下式得到

$$V_{PP}=I_SR_C+D(1-D)\frac{I_ST}{C} \tag{8-5}$$

式中　I_S ——各个分流电路的开关电流；

R_C ——母线电容器的 ESR；

D ——PWM 开关的占空比；

T ——开关周期；

C ——母线电容值（F）。

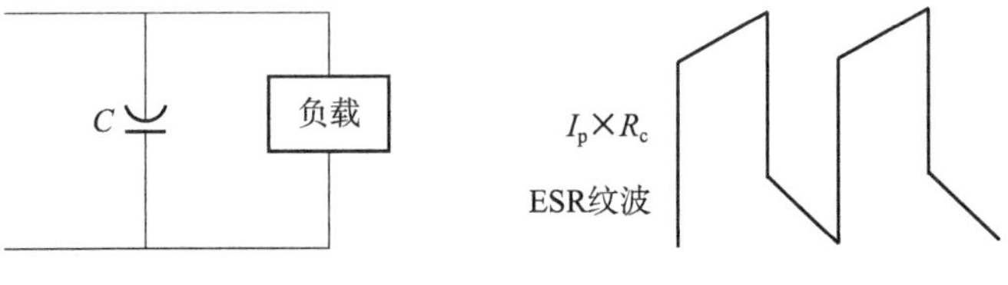

(a) 母线滤波器电容器　(b) 开关高频纹波

图 8-5　带滤波电容高频分流的母线电压纹波

纹波电压随占空比变化而不同。在 $D=0.5$ 时达最大值，即

$$V_{PP}=I_SR_C+0.25\frac{I_S}{C} \tag{8-6}$$

对于已知的 ESR 和切换频率，满足特定纹波的最小母线电容器为

$$C_{\min}=\frac{0.25I_ST}{V_{PP}-I_SR_C} \tag{8-7}$$

一方面，为了减少纹波，需要大的母线滤波电容，同时还能降低高频时的母线阻抗。另一方面，在给定回路增益分割频率的情况下，快速的瞬态响应要求较小的母线电容值。设计者需要在两种性能之间进行权衡。

采用高频，即采用较小的开关周期可以减小滤波器电容尺寸，如式（8-6）所示。图 8-6 所示的是在 20～200 kHz 的频率范围内，能够节约的质量大小的近似值。

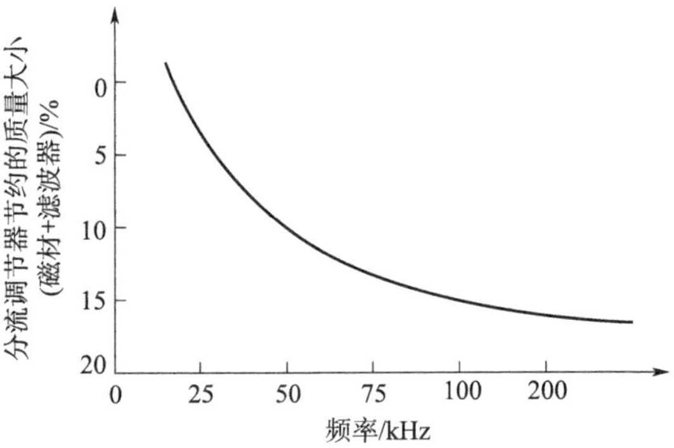

图 8-6　分流调节器的质量大小和开关频率关系

(5) 配电模块

不同整星单机的配电接口，星上单机的配电接口形式以采用继电器和 PMOS 管为主，如果驱动信号使用脉冲式信号，继电器常采用磁保持继电器为主。当驱动信号使用电平保持 TTL 信号，可以采用 PMOS 管，继电器可选用电磁继电器。驱动信号的动作如采用下位机模块 I/O 输出，则在设计阶段应注意下位机硬件主备份之间切换应不影响配电的开关状态。对卫星主动段不加电，星箭分离后上电的情况，星上单机需要在第一时间上电的，应设计为磁保持继电器，同时不应断电的单机设计为直供电，如综合电子星务模块。

为减少受电单机本身短路对整星母线的影响，通常将保险丝设计在受电单机内，当受电单机电流异常增加时，切断此路供电回路，但不影响其他受电单机的正常工作，待异常单机排故完成后，再接入整星中。

(6) 火工品控制模块

火工品控制模块实际也是配电模块的一种，火工品的配电因火工品本身与其他电单机的区别，单独介绍。对于钝感型的火工品，短时 μs 级的持续能量累积会使得前级药剂未燃烧充分，导致药剂受损，主要是短时 μs 级电流通过桥带已经对接触面的药剂产生化学作用，当电流异常下降到零后，下次再通过 ms 级电流，接触面药剂不能再发生化学作用，导致无法正常引爆，此现象有一定概率。

因此在传统设计火工品控制回路时，应注意其驱动信号瞬时的连续性，保证火工品药剂的瞬时点燃。

从整星总装和测试的安全性角度考虑，火工品起爆需要有多个条件同时满足才可起爆，这样可以避免整星安全性的事故。在火工品控制模块中，设计母线正的控制和母线负的控制开关，在正负母线都接入后，火工品星表部分做短接，最后火工品起爆指令发送后，整套火工品才会点火工作。母线正的开关必不可少，在火工品起爆执行之后，断开母线正的开关，这样即使因为爆炸螺栓的尾部绝缘较差而将母线正与帆板、星体结构碰触，但在此之前整个回路已经断开，消除了短路事故的隐患。

(7) 整星上电模块

对于主动段不要求加电的，实现星箭分离后，卫星自主上电功能，以星箭分离后触发机械开关的动作为驱动信号，驱动电路使用星上蓄电池组电压作为供电电压，当整星上电后，此套驱动电路可作为放电开关的备份使用（见图 8-7）。

(8) 下位机模块

下位机软硬件可实现其他模块初始加电的自动设置，遥测遥控传输，模数转换，软件算法控制，均衡算法及电量计算法，其功能详见表 8-3。

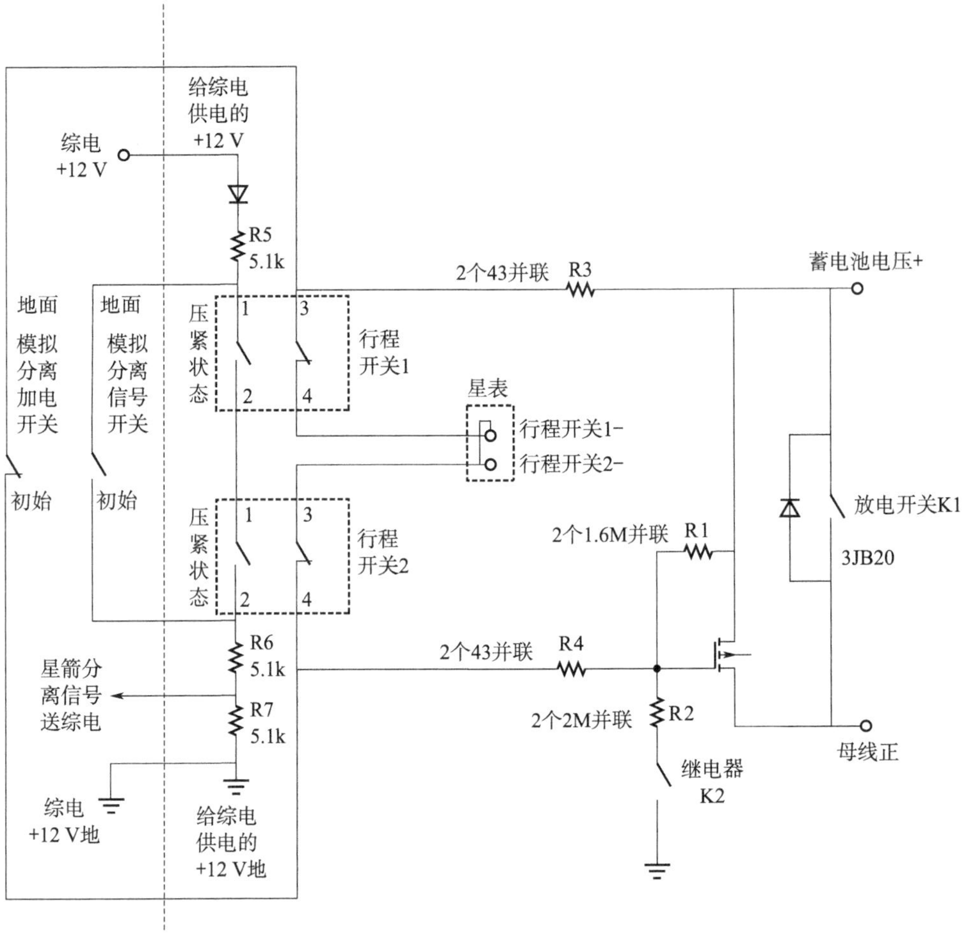

图 8-7　星箭分离上电设计图例

表 8-3　电源控制配电器软件功能表

功能名称	简要描述
解析并执行总线指令	接收星务的指令，解析、执行 指令包括：遥测数据请求指令、脉冲指令、电平指令
遥测量采集组帧	采集遥测量（包括电源下位机工作状态）并保存，等待综合电子遥测请求指令将最新遥测采集参数返回给综合电子
电量计功能	实现电量计算的功能
蓄电池组均衡充电控制功能	根据蓄电池组充放电状态控制 7 路单体蓄电池均衡充电电路
软件计数功能	包括以下几项软件计数功能：指令校验错误计数、接口复位计数、遥测计数、指令计数
程序初始化	在电源下位机上电或复位后，对电源控制配电器软件的运行环境进行初始化

8.2　能源系统结构

8.2.1　直接供电方式

直接供电方式即直接能量传输（Direct Energy Transfer，DET）方式。它是一种消耗型系统，太阳电池阵和蓄电池组的输出功率通过母线直接馈送给负载，也即太阳电池阵和蓄电池组与负载之间是并联的。其缺点是太阳电池阵能量按寿命末期（EOL）输出能力设计，不能充分利用寿命初期（BOL）太阳电池阵的最大功率输出。DET 方式的基本结构如图 8-8 所示。S3R 和 S4R 两种系统框架都是 DET 方式。

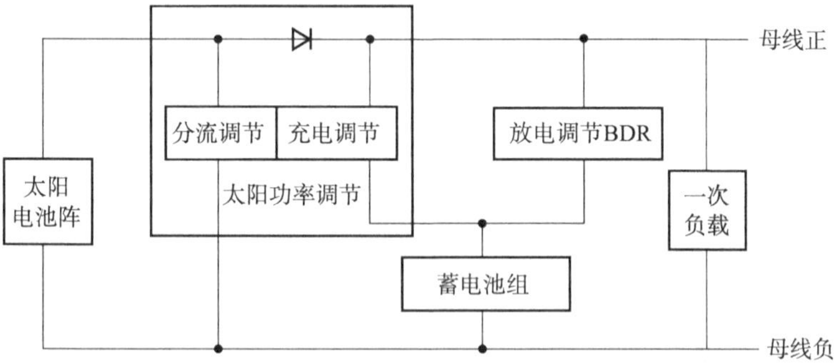

图 8-8　DET 方式的基本结构

8.2.1.1　S3R 设计

S3R 电路的作用是分流光照期太阳电池阵的剩余功率，保证母线电压受控。单级限频 S3R 原理图如图 8-9 所示。“限频 S3R”分流调节电路的特点是调节电路频率可变，与其他工作方式的分流调节电路相比，其电路简单、单级调节功率大、同等功率情况下调整管的热功耗低，工作可靠性高，瞬态特性好。对于 28 V 母线，S3R 电路分流区间设计为 28～29 V。

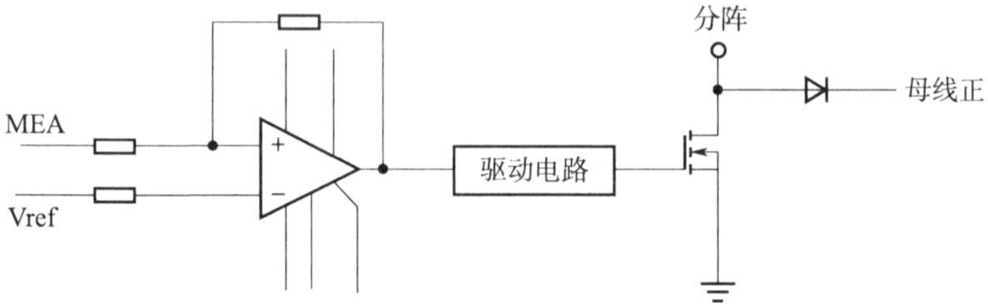

图 8-9　S3R 电路原理图

S3R 技术是由 ESA 于 20 世纪 70 年代末期提出的，S3R 技术与 PWM 分流技术相比有着电路简洁、热耗低、可靠性高等优点。

S3R 控制电路设计如图 8-10 所示，当方阵供电电流超出负载要求时，母线电容充电，母线误差放大信号升高并达到回差比较电路设计的比较上限 V_{HN}，对应分流器开关管短路。当方阵供电电流不满足负载要求时，母线电容放电，母线误差放大信号下降并达到回差比较电路设计的比较下限 V_{LN}，对应分流器开关管开路。

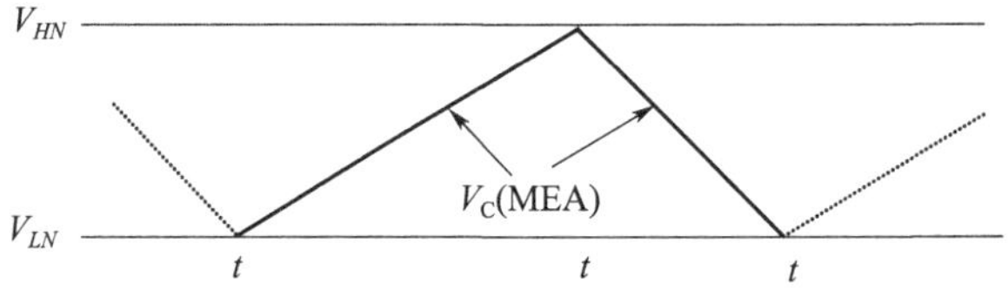

图 8-10　S3R 控制电路设计

每个分流电路对应 1 个电压基准，其中最低电压对应第一级分流电路。

S3R 电路的工作频率与母线纹波、方阵电流和母线滤波电容值有关，S3R 开关管的最高工作频率表达式

$$f_{\max}=\frac{I_{SAN}}{4\Delta UC_0} \tag{8-8}$$

式中　f ——工作频率；

I_{SAN} ——太阳电池阵单级电流；

C_0——母线电容；

ΔU ——母线纹波。

S3R 电路的效率 η（S3R）与分阵电流、母线电压和分流管功耗有关，母线电压越高，S3R 电路的工作效率越高

$$\eta(\mathrm{S3R})=\frac{P_{\mathrm{out}}}{P_{\mathrm{in}}}=\frac{I_{SA}V_{BUS}}{I_{SA}V_{BUS}+P_{OFF}} \tag{8-9}$$

式中　I_{SA} ——分阵电流；

V_{BUS} ——母线电压；

P_{OFF} ——分流管关断向母线供电时产生的功耗，包括隔离二极管功耗和控制电路功耗。

限频顺序开关分流调节器（Limit Cycle S3R）把太阳电池阵分成 N 个相同的分阵，每个分阵的正端通过一个分流开关 Q_N 连接到地线，通过一个隔离二极管 D_N 连接到正母线。每个分阵的能量是传递给母线还是消耗掉取决于 Q_N 的状态。如果负载需要的电流为 I_0，那么控制电路将关断 M 个分流开关，且只有一个分阵处在调整状态，占空比为 $D(D<1)$，其余 $N-(M+1)$ 个分阵全部被短路。则：$I_0=MI_{SAN}+DI_{SAN}$，确保母线电压稳定在 V_0。

S3R 的特点是所有分流电路受控于同一母线误差放大信号（MEA）。分流电路的逻辑状态（开或关）取决于 MEA 与每级分流电路的参考电压 V_N 的比较。每级的参考电压 V_N 以同一增量有规则的均匀分布。隔离二极管 D_N 的作用是阻止当分流开关管 Q_N 打开时母线电流反向注入电源地，电感 L_S 是为了限制开关管 Q_N 打开时的电流尖峰，保护开关管 Q_N 的安全工作。

调整级的工作状态与该级比较器回差的高电压 V_{HN} 和低电压 V_{LN} 有关。当分流开关管 Q_N 关断（OFF）时，注入母线的太阳电池电流 MI_{SAN} 高于负载电流 I_0，此时母线滤波电容 C_0 充电，母线电压升高，控制信号电压 $V_C(MEA)$ 逐渐升高。当电压 V_C 升高到该级的上限电压 V_{HN} 时，开关管 Q_N 导通（ON），此时注入母线的太阳电池电流 $(M-1)I_{SAN}$ 少于负载电流 I_0，母线滤波电容 C_0 放电，母线电压降低，控制信号电压 $V_C(MEA)$ 逐渐降低，直到电压 V_C 降低到该级的下限电压 V_{LN} 时，开关管 Q_N 关断，完成一个调整周期。

限频开关电路由回差（施密特）比较器构成，如图 8－11 所示。

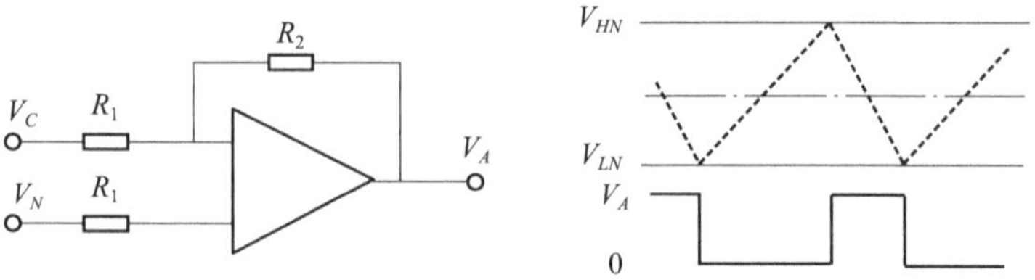

图 8－11　控制信号比较电路

控制信号 V_C 、参考电压 V_N 、输出电压 V_A 的关系如图 8－11 所示。控制信号上限电压 V_{HN} 和下限电压 V_{LN} 的表达式为

$$V_{HN}=V_N(1+R_1/R_2) \tag{8-10}$$

$$V_{LN}=V_N(1+R_1/R_2)-V_AR_1/R_2 \tag{8-11}$$

则回差 DH 的表达式为

$$DH=V_{HN}-V_{LN}=V_A \tag{8-12}$$

参考电压 V_N 的设定范围为 $V_{N-1}<V_N\leqslant V_{N-1}+DH(N=2、3\cdots)$，参考电压 V_N 的设定从理论上讲只要保证 $V_N>V_{N-1}$ 即可，也就是说 S3R 的各级调整区间可以交叉重叠，无需设置死区，如图 8－12 所示。这是 S3R 电路所特有的优点之一。

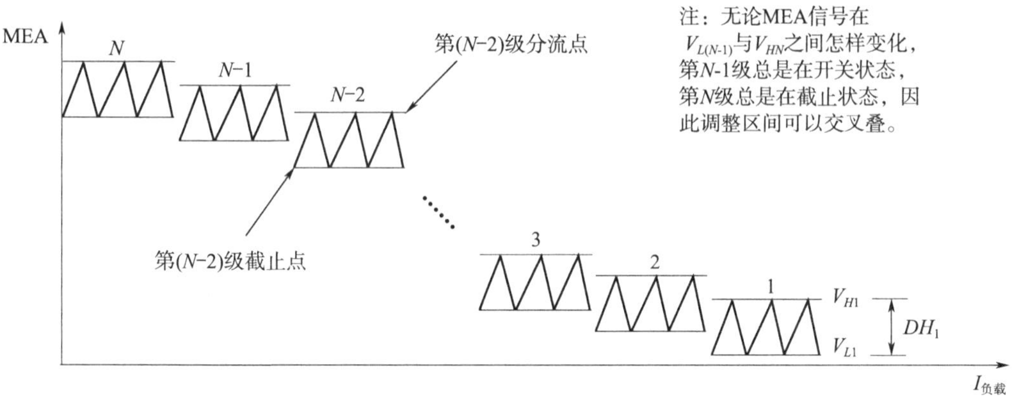

图 8－12　调整区间交叉重叠状态 $V_{N-1}<V_N\leqslant V_{N-1}+DH$

计算开关频率：调整级的频率与母线的纹波（峰-峰）ΔU 、分阵的电流 I_{SAN} 、母线滤波电容 C 、负载对该分阵需要的电流 I_{LN} 等参数有关。

首先，用母线纹波（峰-峰）ΔU 、控制信号 V_C 、开关分流管的工作（源极-漏极）波形图来示意调整级的工作过程（见图 8－13）。可以看出：限频顺序开关分流调节器的调整级在调节过程中，分流开关管的工作频率和开关脉冲的宽度都是变化的，控制方式既非单一的调频，也非单一的调宽，而是即调频又调宽，而调节过程中的最高频率由电路参数限定，因此其控制方式为限频（Limit Cycle）式；控制信号 V_C 、母线纹波 ΔU 和分流开关管的工作频率一致。

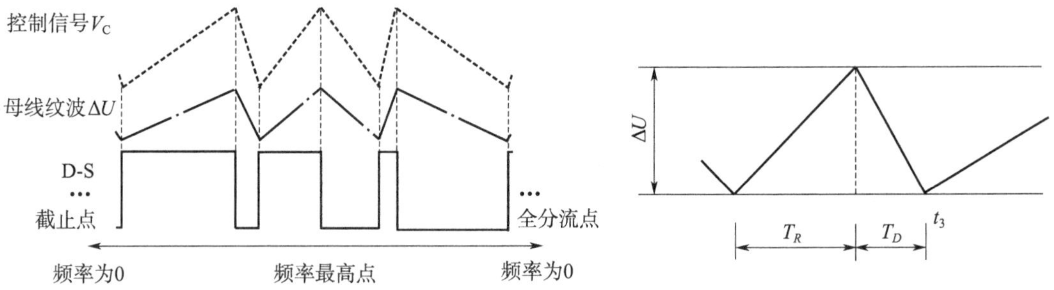

图 8－13　调整级工作示意

由此可得

$$f = 1/T = 1/(T_R + T_D) \tag{8-13}$$

T_R 为母线滤波电容充电的时间，设充电电流为 I_C ；T_D 为母线滤波电容放电时间，设放电电流为 I_D（I_{SAN} 为分阵电流），则

$$I_C + I_D = I_{SAN} \tag{8-14}$$

由电容的伏-安特性方程

$$u_{(t)} = \frac{1}{C}\int_{-\infty}^{t} i(\varepsilon)\,\mathrm{d}\varepsilon \Rightarrow \Delta u = \frac{i(t - t_0)}{C} \tag{8-15}$$

可得

$$T_R = \Delta U \frac{C_0}{I_C} \tag{8-16}$$

$$T_D = \Delta U \frac{C_0}{I_D} \tag{8-17}$$

由上式可得

$$f = \frac{I_C I_D}{\Delta U C_0 (I_C + I_D)} \tag{8-18}$$

$$f = \frac{I_C I_D}{\Delta U C_0 I_{SAN}} \tag{8-19}$$

由式（8－19）可知，当 $I_C I_D$ 最大时，频率 f 最高。

将式（8－14）代入 $I_C I_D$ 可得

$$I_C I_D = -\left(I_C - \frac{I_{SAN}}{2}\right)^2 + \frac{I_{SAN}{}^2}{4} \tag{8-20}$$

由式（8－20）可知，只有当 $I_C=\frac{I_{SAN}}{2}$，即 $I_C=I_D$，也就是说分流调整管的开关占空比 $D=50\%$时 f 最大。

$$f_{\max}=\frac{I_{SAN}}{4\Delta UC_0} \tag{8-21}$$

由式（8－21）可得频率 f 的曲线，如图 8－14 所示。

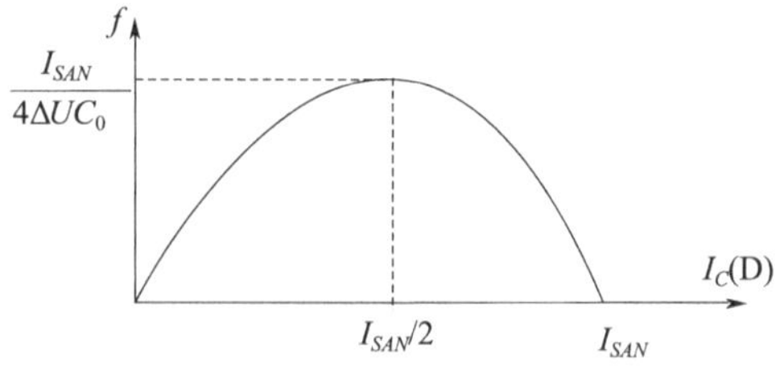

图 8－14　频率曲线

假设一种情况：I 为一级方阵电流 6 A、ΔU 为母线纹波 270 mV、C_0 为滤波电容容量4 700 μF。

将数值代入公式，$f=1.182$ kHz，分流频率约在 1～2 kHz。

8.2.1.2　S4R 设计

20 世纪 90 年代中期，针对全调节母线在地球同步轨道和太阳同步轨道卫星中使用的特点，ESA 电源系统实验室在全球首次研制出了 S4R 功率调节系统。S4R 电源系统采用“两域”控制方式，与 S3R 系统的“三域”控制方式相比，降低了一次电源系统控制的复杂程度，提高了电源系统跨域动态响应能力。

S4R 系统为两域控制系统，电源控制器的主误差放大器信号的整个有效范围分为两个区域，中间设置死区隔离。BDR 工作对应一个区域，S3R 电路和 S4R 电路对应另一个区域，S3R 电路和 S4R 电路对应的区域是连续的，因此称为两域控制系统，如图 8－15 所示。

主误差电压对应于母线输出功率。当母线输出功率较负载功率不足时（太阳电池阵供电不足或无输出），主误差电压控制放电调节器工作；当母线输出功率较负载功率过剩时，主误差电压控制 S4R 电路中的充电调节电路工作；若太阳电池阵输出功率大于负载功率和充电功率，主误差电压控制 S4R 电路中分流调节电路工作，达到母线输出功率与负载功率平衡，这时充电电流受 BEA 电路控制（恒流限压模式）。

在 S4R 模块调节域中，MEA 对于 S3R、S4R 电路单元的控制完全相同，只是 S4R 电路单元设置在低端，S3R 电路单元设置在高端。在 S4R 电路中独立设置了充电与分流的逻辑控制电路，保证充电过程必须在分流域内进行，也就是说 S4R 电路只能将太阳电池阵产生的功率供给负载后所剩的功率进行充电，再将满足负载和充电后的其余功率分流。S4R 对太阳电池阵所产生功率的分配原则为先负载、再充电、后分流，因此供负载和充电过程、充电过程和分流过程不会发生冲突。

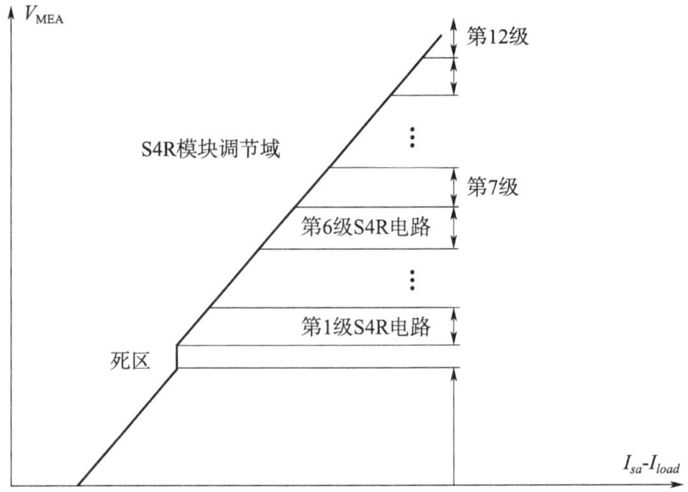

图 8-15 某 12 级 S4R 控制图

8.2.2 峰值功率跟踪方式

最大功率点跟踪（Maximum Power Point Tracking，MPPT）方式是非耗散性的，它在太阳电池阵与蓄电池组或负载之间引入一个串联开关调节器来调节太阳电池阵的输出功率。无论在 BOL 还是 EOL，当卫星需要极大功率时，可以随时跟踪太阳电池阵的最大输出功率点，最大程度利用太阳电池阵输出能力。缺点是由于串联了功率调节装置，系统的能量传输效率降低，电源阻抗增大。如图 8-16 所示，MPPT 方式是在太阳电池阵与负载之间引入一个串联开关调节器来代替传统的 DET 方式的分流调节器。

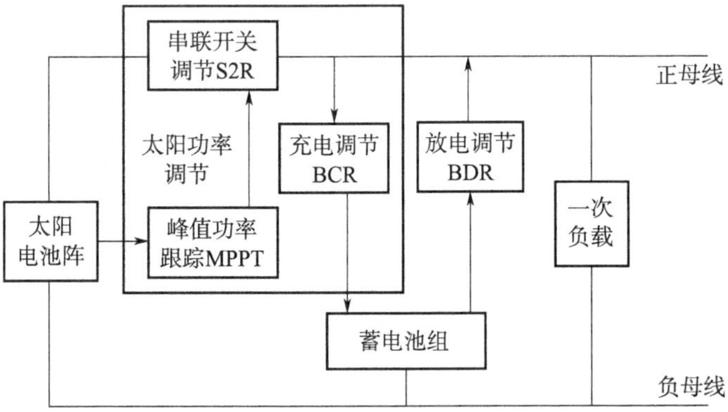

图 8-16 MPPT 方式的基本结构

8.2.3 DET 与 MPPT 方式的比较

太阳电池受空间辐射后，其性能将会逐步衰减。如图 8-17 所示是 DET 和 MPPT 两种控制方式下太阳电池初期和太阳电池末期两个阶段输出功率的对比。

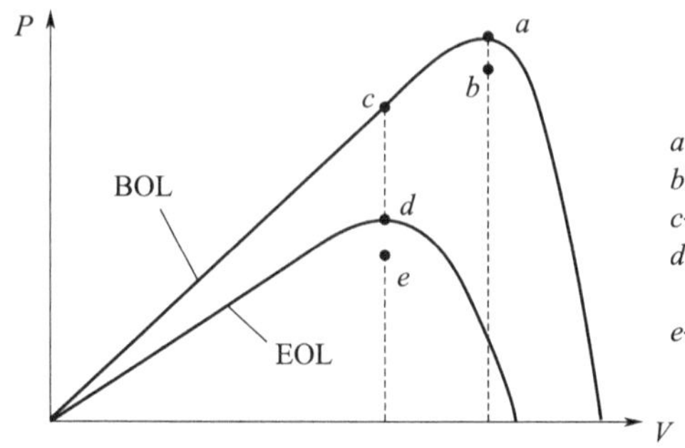

图 8-17　DET 方式和 MPPT 方式太阳电池阵输出功率对比

由于分流调节器的分流限压作用，DET 方式时太阳电池的工作电压设置在寿命末期的最大功率点（d 点），保证 EOL 太阳电池阵输出最大功率；而与 d 点电压对应的寿命初期太阳电池输出功率（c 点）小于此时太阳电池最大输出功率（a 点），比其太阳电池的最大输出小 20%左右。MPPT 方式没有分流限压的模块，在 EOL 和 BOL 时，太阳电池阵都可以输出当前环境下的最大功率（a、d 点）；但串联开关调节器本身会带来的额外损耗（比如 4%），负载可得到的功率比实际输出有所减小（b、e 点）。

虽然在寿命末期 DET 方式相对 MPPT 方式稍有优势，但是在 MPPT 方式下整个太阳电池都能完全工作在其最大的功率点，从而能够发挥出整个太阳电池的能力，避免了能量的浪费。尤其对于 BOL 功率需求较大的卫星，MPPT 方式比 DET 方式更有优势，这方便 LEO 卫星在 BOL 进行功率需求较大的科学试验等工作。其次，MPPT 方式能满足 LEO 卫星频繁大电流充电的要求，弥补充电时间的不足，这有利于减少蓄电池组的放电深度，延长蓄电池组的使用寿命。MPPT 方式还可以使电源系统有较强适应瞬时脉冲大负载的能力，这对研究更高功率等级的卫星有利。此外，当太阳电池阵输出功率大于负载需求时，MPPT 方式还可控制太阳电池阵工作点移向开路端，不需要额外分流调节器来耗散太阳电池阵的多余能量，电源系统的发热量就会比现有的系统要低，因此 MPPT 方式还有利于温控和减小卫星的热控系统压力。表 8-4 是二者性能比较。

表 8-4　DET 方式和 MPPT 方式性能比较

能量传输方式	性能特点	适用范围	优缺点分析	
			优点	缺点
DET	功率传输损耗少，但太阳电池阵初期能量利用率低，损失近 20%	适用于 BOL 和 EOL 负载功耗接近的航天器	EOL 功率传输效率高，减小太阳电池设计尺寸和质量，且国内应用成熟度高	BOL 太阳阵输出功率大，分流电路级数多，不利于散热和减重设计
MPPT	更好发挥 BOL 太阳电池阵输出功率大的能力，一定程度上减少蓄电池组放电深度，延长蓄电池循环寿命；减少系统热控压力	适用于 BOL 有较大负载功耗，EOL 功耗小的航天器	BOL 太阳阵输出功率大，太阳阵工作点移向开路端，节省分流电路设计，利于减重和散热设计	EOL 功率传输效率低，太阳电池设计尺寸和质量稍大，国内尚未实现工程应用，成熟度低

8.3 能源分系统设计关键要素

8.3.1 能量平衡分析计算

卫星长期在轨工作模式能源平衡分析主要是分析论证能源系统包括太阳电池电路所需的串并联数，蓄电池组的容量及电源控制配电器调节能力此三项工作的设计输入基础。能量平衡分析主要指的是卫星长期工作模式下的能量支出与储存之间的满足分析，通常认为是卫星储能电源的满电量情况。

8.3.1.1 单圈平衡

单圈能源平衡适用于全年每一圈次整星工作模式组合较为固定，每圈功耗较为稳定的场景，对于大部分通信和导航卫星，载荷视工作需求长期开机，部分载荷发射功能入境开机，则整星的功耗变化较为固定，分为境内功耗和境外功耗。在已知功耗的条件下，计算整星能源平衡分析。

针对稳定的工作模式下，单圈平衡一般包含三种情况的计算。

1）最恶劣放电量的能源平衡分析：分析卫星在轨单轨最长的地影期，以对应的蓄电池组最大放电量与充电量可以平衡为设计目标，从而计算蓄电池串并联数。

2）长光照期间的能源平衡分析：遇到长光照期间，蓄电池组无放电量，太阳电池电路供电能力须满足卫星功率需求。

3）有效光照电流累积电量最小的能源平衡分析：通过仿真全年每圈的光照电流和光照角度效率的乘积，可以得到全年最恶劣一轨的光照电流累计电量值，通过此圈分析帆板需求。

卫星的能源平衡分析通过计算上述三种情况来覆盖大部分轨道的情况。对于不同轨道条件会存在情况重叠、情况缺少等现象，视实际轨道情况，覆盖上述分析。

8.3.1.2 单圈平衡举例分析

下面以表 8-5 为约束条件进行举例分析。

表 8-5 某例约束条件

项目	要求
轨道高度	600 km
轨道类型	圆轨道
轨道周期	5 801 s
最恶劣光照角(对应全光照)	54.2°
最大地影时间	2 114 s
累积电量最小圈光照角	45.7°
累积电量最小圈光照时间	4 553 s

续表

项目	要求
境外功耗	177 W
境内功耗	190 W
寿命	5 年

（1）计算帆板电流需求

对地定向模式下，卫星姿态保持对地，太阳帆板转动对日获取能源，整星能源单圈平衡。

以方阵末期输出功率预计最小直照输出电流 13.1A 计算，

短期功率出现在地影期，放电电量

$$190 \times 3.6^{-1} \times 7^{-1} \times 0.9643^{-1} \times 48 \times 3\,600^{-1} + 177 \times 3.6^{-1} \times 7^{-1} \times 0.9643^{-1} \times 1\,200 \times 3\,600^{-1} = 2.53\ \text{Ah}$$

可充电电量

$$(13.1 \times 0.7033 - 177 \times 3.6^{-1} \times 7^{-1}) \times 4\,553 \times 3\,600^{-1} \times 0.92 = 2.54\ \text{Ah}$$

短期功率出现在光照期，放电电量

$$177 \times 3.6^{-1} \times 7^{-1} \times 0.9643 \times 1\,248 \times 3\,600^{-1} = 2.52\ \text{Ah}$$

可充电电量

$$(13.1 \times 0.7033 - 177 \times 3.6^{-1} \times 7^{-1}) \times 4\,553 \times 3\,600^{-1} - (190 - 177) \times 28^{-1} \times 20 \times 60^{-1} = 2.61\ \text{Ah}$$

综上：可充电电量＞放电电量，能量可以当圈平衡，因此帆板末期直照电流需 13.1A。

（2）计算太阳电池片的串并联数

$$V = [V_{mp} + \beta_v (T - 25)] K_E^V K_A^V K_M^V \tag{8-22}$$

式中 V ——寿命末期单片太阳电池电压；

V_{mp} ——寿命初期单片太阳电池最佳工作点电压；

β_v ——电压温度系数；

T ——工作温度；

K_E^V ——电压辐照衰降因子；

K_A^V ——电压组合损失因子；

K_M^V ——电压测试误差因子。

经计算寿命末期单片太阳电池在 90 ℃时最佳工作点电压为：$V_{单片电池} = 1.78\ \text{V}$ 。

太阳电池串联片数为

$$Ns = \frac{母线电压 + 母线电压降}{单片电池电压} = 31/1.78 = 17.4 \approx 17(串)$$

考虑一定的设计余量，太阳电池阵串联片数选取 18 串。

单并电池寿命末期 29 V 母线电压下，夏至日正照时输出

$$I_2 = 469\ \text{mA}(40\ \text{mm} \times 96\ \text{mm})$$

$$\text{太阳电池片的并联数} = 13.1\ \text{A}/469\ \text{mA} = 27.93 \approx 28(\text{并})$$

本例中选用太阳电池片一共需要 504 片，18 串 28 并。

(3) 计算蓄电池的串并联数

对于 200 W 左右的母线，优选 28 V 的母线，锂离子蓄电池单体电压 3～4.1 V，按照满充电设计，则蓄电池组的串联数按照 7 节合适。

蓄电池的并联数和电池组容量息息相关，假设某种规格电池的单体容量为 5 Ah，按照 5 年寿命考虑，此种电池的放电深度需要控制在 30%以内，充电倍率控制在 0.5 C，放电倍率控制在 0.5 C 以内。

蓄电池组根据卫星的功率需求，需要提供的长期功率为 177 W（914 s），190 W（1 200 s），最长地影 2 114 s，则需要蓄电池组提供的能量为

$$\begin{aligned} W &= 177 \times 914 \times 3\,600^{-1} \times 0.964\,3^{-1} + 190 \times 1\,200 \times 3\,600^{-1} \times 0.964\,3^{-1} \\ &= 113\ \text{Wh}\ (0.964\,3\ \text{为本例中的放电效率}) \end{aligned}$$

按照标称电压 3.7 V 计算，地影期蓄电池组需要放电 4.3 Ah，最大放电深度 30%。DOD 同计算，蓄电池计算容量为 15.6 Ah。

蓄电池组最大放电电流为

$$190\ \text{W}/(7 \times 3.4)\text{V} = 7.8\ \text{A} \quad \text{放电倍率为}\ 7.8\ \text{A}/15\ \text{Ah} = 0.52\ \text{C}$$

蓄电池组最大充电电流为

$$13.1\ \text{A} - 177\ \text{W}/(7 \times 3.7)\text{V} = 6.3\ \text{A} \quad \text{充电倍率为}\ 6.3\ \text{A}/15\ \text{Ah} = 0.42\ \text{C}$$

综合考虑放电深度、寿命末期电压、失效模式和体积重量等因素，锂离子蓄电池组采用 15 Ah 容量 7 串 3 并设计。

8.3.1.3 多圈平衡

多圈能源平衡适用于全年每圈功耗不稳定，但 2 圈及以上整星工作模式周期式固定的场景，对于部分遥感卫星，遥感载荷视工作需求不会每圈工作，则整星的功耗变化在一定圈次内较为固定的变化。相较于单圈平衡，多圈平衡可以大大降低太阳电池的功率需求，但同时增加了蓄电池的放电深度，在设计多圈平衡过程中，需要综合考虑两者之间的平衡。多圈平衡的计算过程和单圈平衡类似，在此不再赘述。

单圈能源平衡和多圈能源平衡是以全年所有轨道圈次，按照卫星长期对地模式进行分析。还需要分析卫星进入一些极端或单次短期工况的能源情况，卫星短期工作模式一般包含入轨模式、轨控模式、卫星进入自我保护的安全模式、帆板对日模式等。分别对应这些卫星模式，一般需分析蓄电池组的单次最大放电深度、充放电倍率、下圈次光照期充电时间分析，以备这些事件发生时的参考。

8.3.2 能源系统在轨管理策略

能源系统在轨管理的设计可参考：硬件控制为主，软件管理为辅。硬件控制是指蓄电池的充电控制、过放保护控制等，一般硬件控制功能集成于电源控制配电器内。软件管理

包括星务软件的能源管理、地面上注指令和遥测参数分析。

（1） 入轨阶段

能源系统在入轨阶段非常关键，是卫星平台正常工作的前提。在卫星入轨阶段，对于主动段不加电的卫星，一般包括整星自主上电的过程，整星上电由星箭分离面的机械行程开关动作为触发信号，通过蓄电池组电压和电源控制配电器的自主上电电路，形成整套上电回路，为了保证卫星的上电，通常会备份机械行程开关和自主上电电路。

在完成卫星上电，通过动量轮等完成速率阻尼之后，卫星的姿态相对稳定，通过程控进行帆板展开。当入境后，监视帆板展开开关到位情况和太阳阵电流。同时确认帆板火工品电源完成断开。帆板的正常展开是能源系统正常工作的起始。

当入轨飞行段确认完成能源系统正常工作之后，记录相关遥测数据，并调整能源系统为长期管理模式，包括电池充电控制、电池放电控制、定期遥测分析和注意事项。

（2） 电池充电控制

锂离子蓄电池组的充电控制一般会设置几个硬件挡位，满电挡位适用于入轨阶段和寿命初期，每一圈次锂离子的容量按照满电到30%放电深度之间来回变化。搁置挡适用于电池组进入全光照区，低轨全光照区会保持几天，在这几天过程中，蓄电池电压需要调节至搁置挡，保证电池荷电态不会太高。寿命末期为保证电池的容量按照满荷电态充电，有时还会设置一挡充电末期电压挡位，此挡位充电控制电压最高。

（3） 电池放电控制

锂离子蓄电池组的放电控制主要是完成蓄电池组欠压保护，欠压保护分为软件和硬件两重保护，在蓄电池电压逐渐降低过程中，先进入软件管理，由星务完成，整星进入预警、浅减载、深减载等模式，不同的模式下分别关闭载荷单机，同时保证整星平台大部分单机正常工作。而后当软件完成减轻负载的动作之后，蓄电池电压仍然往下降低，触发硬件的过放保护阈值，则蓄电池和母线完全断开，待光照区蓄电池充电完成后，重新接入母线。

（4） 地面遥测分析

在轨管理需要结合地面的能源系统遥测分析，对能源系统的主要性能指标参数需要关注、管理和维护：母线电压与电流、太阳阵电流、蓄电池组电压与充放电电流、单体电压之间的压差和蓄电池组容量等，通过这些参数计算能源平衡情况，太阳阵电流衰减情况，蓄电池的充放电倍率和放电深度（充放电时间）、蓄电池的性能衰减情况，并适时调整充放电控制的阈值，单体压差较为离散时调整均衡功能阈值。

（5） 注意事项

1） 形成卫星在轨管理数据包，定期监视太阳电池阵输出功率的衰减速度，并与设计值比较；

2） 定期监视蓄电池单体电压压差，在单体压差接近均衡阈值前，提前接通均衡功能；

3） 定期监视蓄电池容量衰减情况，并与参考充放电循环寿命曲线比较，适时调整充电阈值；

4）定期监视母线电流，确定整星单机工作功耗没有异常增加，当单机功耗异常增加，通过单机主备份切换、复位、关闭部分功能、减少工作时长等措施；

5）定期监视能源下位机主备份情况，在寿命期内确认主备份冗余仍然有效工作。

8.3.3 能源系统小型化、一体化设计

8.3.3.1 能源系统小型化设计

卫星发射成本决定了能源系统往小型化、减重、减体积的方向发展。电源控制配电器选择半调节母线或充电控制不调节母线。为减少功率损耗，在一定范围内尽量选用高的母线电压，减少供电电流，合理设计供电电缆的长度，减少不必要的功率损耗。在保证能源系统相对稳定的前提下，增加功率密度。

在一定功率前提下，为提高能源系统功率密度，可以通过以下几种途径来实现：

1）采用峰值功率跟踪方式，控制太阳电池阵工作在最大功率点上，使得相同面积的太阳电池阵能产生更多的电能；

2）帆板太阳电池选用质量比功率较高的；

3）采用帆板驱动机构，提高帆板跟踪太阳能力，减少太阳电池阵面积，提高太阳电池输出功率；

4）锂离子蓄电池组选择比能量高，放电深度、充放电倍率更大的；

5）采用高集成芯片的电路，类似立方星在 1 U 的板子上集成 MPPT 充电控制、DC/DC 转换、配电、下位机等功能，提高 PCDU 板的集成水平。

8.3.3.2 能源系统一体化设计

（1）电源控制配电器集成

商业小卫星将传统的电源控制器和配电器集成为一个产品，为了追求更高的集成度，电源控制配电器作为模块集成于综合电子内，综合电子作为整个卫星平台的能源流和信息流的集中产品。电源控制配电单元分为太阳功率调节模块、配电模块及信号模块。通过综合电子内部的板间接插件传输能源流和能源遥测遥控，同时将传统的能源下位机功能集成在综合电子星务内部，并在星务内增加能源下位机软件算法。

（2）集成微型一体化电源系统 IPS

集成薄膜电源系统（Thin - Film Integrated Power System）是以薄膜光伏电池（Thin - Film Photovoltaic，TFPV）、薄膜能量存储（Thin - Film Energy Storage，TFES）和附加的集成电源控制元件为基础而构成的一种空间电源系统。

因为 TFPV 和 TFES 设备的材料和工艺的相似性，考虑两者的结合是切实可行的，这里主要是将薄膜太阳电池与薄膜锂离子蓄电池进行集成，再增加非常微小的电源控制单元，进而构成集成电源系统（Integrated Power Source，IPS）。最可能和最有益于 IPS 的应用是将其作为一个非常小的“纳米卫星”的主要电力系统，或者作为分散或分布式电源的专门应用。IPS 的示意图如图 8 - 18 所示。

基于 IPS 的构成原理，在 IPS 中主要包括三个方面的技术，即薄膜太阳电池技术、薄

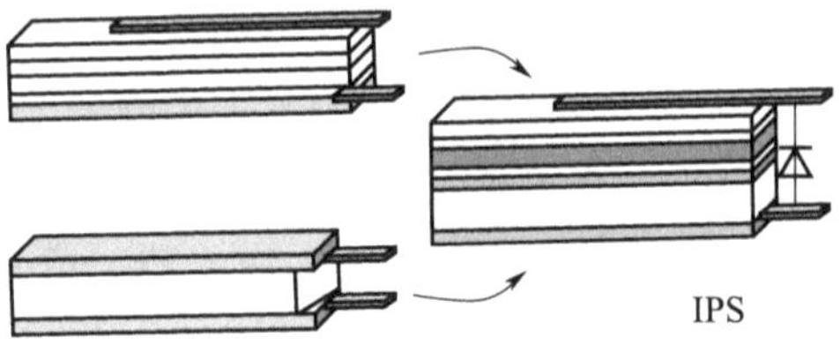

图 8-18　IPS 的示意图

膜锂离子蓄电池技术和电源控制器件微小型化技术。薄膜空间电源集成技术，作为一种新型的空间电源技术，可以满足航天技术对电源系统的发展要求，已经引起了国内外空间电源研究领域的重点关注。

集成薄膜电源系统的优点如下：

1）降低了电源系统的复杂性，具有极高的比能量；

2）具有良好的抗辐射能力和良好的安装性能；

3）可以作为空间飞行器的主电源；

4）通过 IPS 的扩展，可以提供更大的输出能量，降低电源系统的质量，降低航天器的发射成本；

5）用 IPS 替代以化学蓄电池为储能单元的传统电源系统，可以降低飞行器的复杂程度；

6）减少电源系统的分配连线；

7）简化飞行器的集成。

（3）IPS 在 LEO 航天器上的适用性

由于更高的电压和功率要求以及部署的太阳阵所经历的热环境，这将是 IPS 的一个具有挑战性的应用问题。

假设为寿命初期的航天器负载提供 500 W，考虑太阳阵集成和退化损失、日照期间的电池充电和其他电气系统损失，20%有效电池的 TFPV 方阵面积将需要约 8.5 m^2。相比之下，使用 30%高效三结砷化镓电池方阵面积估计不到一半，约 4.2 m^2。然而，柔性 TFPV 阵列的重量只有刚性三结砷化镓方阵的三分之一左右。

计算蓄电池储能需提供 22Ah，根据面积容量 2.4 mAh/cm^2，则 TFES 总面积需要约 1.2 m^2。假设 TFES 在此过程中运行在 4.0 V 附近，则需要将 8 个 TFES 层串联起来，以满足 28.5 V 母线的要求。

比较所需区域，可以看出 TFES 区域仅为 TFPV 的一小部分。在这种情况下，IPS 将由一个灵活的 8.5 m^2 薄膜太阳能阵列（或一对 4.25 m^2 方阵）和 TFES 位于阵列的下部，以及其相关的功率条件和电荷控制电力。

在这一低地球轨道飞行任务应用中，IPS 的好处包括更好的航天器体积优势以及在超小型卫星应用中确定的质量和系统布局/集成优势。与具有晶体太阳能电池的刚性电池阵相比，使用柔性 TFPV 阵列发电可以减少约 67%的阵列质量，尽管代价是增加阵列部署面积和必然的航天器性能影响（可能的视场障碍和增加的惯性矩）。

然而，这些好处可能无法完全实现，除非克服与太阳阵上的热环境和 TFES 系列连接有关的挑战。在 LEO 航天器中，一个灵活的太阳阵通常经历温度的变化，从光照期间的 80°C 到地影期间的 -100°C。被动热控制技术，比如涂层，或挡板需覆盖 IPS 的后表面（TFES 所在），可能足以保持最低所需的 TFES 操作温度。如果没有涂层或挡板，则需额外的 TFES 驱动的电阻加热器。

根据这一初步评估，作为 LEO 航天器主功率系统的 IPS 似乎是可行的，尽管可能不是该装置最直接适用或最有益的应用。

8.3.4 成本与可靠性间的平衡

8.3.4.1 太阳电池成本与可靠性平衡

太阳电池的数量是首要成本，总能源需求固定情况下，在方案论证阶段可以降低成本的办法如下：

1）减少 PCDU 内部管压降，减少滑环接触电阻，可以减少电池的串联数，降低成本。

2）减少太阳电池的并联数设计余量，传统卫星有 10%～15%的并联数余量，在研制阶段保证太阳电池的有效率，及时替换坏片，在验收过程中确认光照测试时整个太阳电池阵的功率，通常有 2%～5%的余量，减少并联数，降低成本。

3）充分比较不同母线电压对应的太阳电池的串并联数，从系统角度考虑成本。

上述方法在保证太阳电池功率的前提下进行，由于串并联一般按照寿命末期设计，所以太阳电池的串并联数在寿命初期都有余量，特别对于成本要求较高的，在成本与可靠性之间权衡时，需要特别注意太阳电池片串并联的数量。对于寿命长的卫星，过多的太阳电池并联冗余设计会增加充电回路器件的负担，因此在两者之间需要权衡，从低成本角度出发，保证太阳电池在寿命末期较少的冗余。

8.3.4.2 蓄电池组成本与可靠性平衡

蓄电池的数量是首要成本，最长地影区对应功耗确定情况下，在方案论证阶段通过一些方法可以得到成本降低的目标：

1）充分论证不同母线电压下对应的蓄电池单体的串并联数，从系统角度核算成本；

2）减少蓄电池单体的并联数设计余量，蓄电池本体初期有 10%容量余量，按照 1.1 倍的电池额定容量及寿命要求核算电池的放电深度、放电倍率和充电倍率，从而得到数量较低的并联数；

3）在性能和价格之间，选用蓄电池单体性价比较高的产品。

8.3.4.3 PCDU 成本与可靠性平衡

PCDU 功率器件是成本主要部分，从方案论证阶段考虑 PCDU 的成本，同时保证 PCDU 的长期可靠工作：

1）PCDU 功率器件起到调节太阳功率的作用，系统考虑太阳电池的并联数和功率调节路数，在保证太阳电池调节同时减少不必要的调节路数，太阳电池调节路数减少可以大大减少 PCDU 成本；

2）在整星供配电论证阶段，从整星考虑 DC/DC 的分配，减少不必要的 DC/DC 转换模块，PCDU 内部考虑 DC/DC 不必要的冗余设计；

3）整星单机尽量从母线取电，减少不必要的功率损耗；

4）对于没有太多软件管理的 PCDU 可以将下位机功能集成于综合电子内部，减少能源下位机主备份的成本。

8.4　新技术发展趋势

8.4.1　智能供配电技术

智能供配电主要是相对依赖于地面判读遥测来说，其通过星上自主判读遥测，确定单机的工作状态，并对单机进行处置。结合整星各单机的长期国内功耗、短期功耗和峰值功耗地面实测值，得到其在不同工况下的工作功耗对应的电流遥测。同时结合整星的各个工作模式，对应不同卫星工作模式，设置不同能源配电管理模式，结合能源自身的能量情况，对于整星配电产品完成区别处理，可以实时在轨完成能源的分配和管理。

智能供配电适用于卫星数量较多，地面判读与效率难以匹配的卫星星座中。

8.4.2　分布式功率网络

目前商业卫星单颗星的能源总量需求不高，如果未来的商业卫星能源总量需求不断增加，对应这个趋势，可以采用分布式智能网络拓扑。

分布式智能网络拓扑可以增加太阳电池功率调节的冗余，增加路数，减少单路资源，当单路拓扑遇到故障，自我切断回路，当检测恢复正常后，自我恢复供电。该方式最大的优势是可以完成功率调节的自我管理，同时减少单路太阳电池故障下对其他回路的影响，但同时会增加 PCDU 的资源消耗和成本，因此在设计方案时权衡系统和单机之间的资源分配，同时兼顾可靠性。

8.4.3　薄膜太阳电池

随着地面太阳电池的发展，近年来有新型太阳电池的结构不断产生。而新型太阳电池结构的设计往往伴随着地面大批量使用的需求，太空中太阳电池总数需求也在逐年增加，但相对于地面的需求量体量较小。面向未来国内商业航天大规模星座的到来，太阳电池需求会成倍地增长，在这样的大环境下，太阳电池的成本和质量是商业航天需要面临的重要课题。

质量对于空间电源系统是一个很重要的因素，砷化镓（GaAs）和锗（Ge）的密度比硅（Si）大一倍多，对于减少砷化镓单体的质量很不利。砷化镓电池的衬底厚度从最初的

0.35 mm减薄到0.2 mm，再减薄到0.175 mm，又进一步减至0.14 mm，人们仍希望能制备更薄的电池以实现更高的质量比功率。双结薄膜砷化镓电池在背面引入金属膜，由于背面金属膜的光反射作用，双结薄膜电池的GaAs底电池可以减薄厚度，而不会过多影响其电流密度，这将有助于改进电池的抗辐照性能。由于这种高效薄膜电池与薄膜封装技术相配合，将有可能实现500～1 000 W/kg的质量比功率。为满足空间应用的高可靠性要求，这种双结薄膜砷化镓电池的加工工艺、电池之间的互连技术和电池的抗辐射设计面临一定的挑战。

参考文献

[1] 上海空间电源研究所. 物理电源技术 [M]. 北京：科学出版社，2015.

[2] 上海空间电源研究所. 化学电源技术 [M]. 北京：科学出版社，2015.

[3] 上海空间电源研究所. 电子电源技术 [M]. 北京：科学出版社，2015.

[4] 陈琦，刘志刚，张晓峰，等. 航天器电源技术 [M]. 北京：北京理工大学出版社，2018.

[5] 李建平，徐伟，钱成喜. 空间 S4R 电源系统的设计与实现 [J]. 电源技术，2015，39 (10)：4.

[6] 郭炳焜，徐徽. 锂离子电池 [M]. 长沙：中南大学出版社，2002.

[7] Hoffman D J，Raffaelle R P，Landis G A，et al. Mission Applicability and Benefits of Thin-Film Integrated Power Generation and Energy Storage. 2001.

第 9 章　姿轨控分系统

卫星姿轨控分系统为其他分系统提供空间基准以及卫星姿态信息，在一定程度上决定了卫星在轨功能的实现，是卫星平台的重要组成部分，也是卫星在轨正常运行的前提保证。一方面，姿轨控分系统（包括姿态、轨道控制功能）为能源（太阳能帆板的指向等）、热控（受照面和散热面的指向等）等平台分系统提供服务；另一方面，姿轨控分系统为卫星有效载荷工作提供必要的姿态位置。

本章首先对姿轨控分系统的组成与任务进行阐述，接着就分系统的控制特性进行分析，最后给出了几类常用姿态稳定与控制算法，并给出了必要的仿真示例。

9.1　组成与任务

姿轨控分系统与结构、能源、热控、有效载荷、综合电子等分系统紧密相关，对于卫星任务的顺利完成起着极其重要的作用。在设计中，姿轨控分系统的功能和性能指标主要由星上有效载荷对平台的要求（如指向、机动能力、稳定精度等）决定，同时兼顾平台其他如能源、热控等分系统的姿轨控需求。

目前商业卫星的设计中，为保证卫星可靠稳定的在轨长期运行和短时载荷任务的顺利执行，通常会配备具有足够姿态控制能力和轨道控制能力的姿轨控分系统。其中，姿态控制设计因素主要是卫星姿态确定精度、指向精度、控制稳定度和姿态机动能力等；而轨道控制能力则主要考虑卫星入轨初期的捕获部署能力、在轨全寿命期内轨道高度和星座构型维持能力、星座任务要求的轨道机动能力和寿命末期的卫星离轨能力等。

本节首先从部组件角度讨论姿轨控分系统的组成，其次概要性地对卫星在轨的轨道控制和姿态控制任务进行介绍。

9.1.1　系统组成

卫星在轨道运行的过程中，其运动可分解为两部分：一部分是卫星作为一个等效质点在所有外力（引力场的引力和非引力场的外力）的作用下所产生的质心平动运动，这种运动是卫星轨道动力学的研究范畴；另一部分是卫星在外力矩的作用下所产生的绕其质心的转动运动，是卫星姿态动力学的研究内容。姿态就是指卫星相对于空间某参考坐标系的方位或指向。

卫星姿轨控分系统本质上仍是控制系统的一种，在原理上与其他工程的控制系统基本一致，均需要经历从敏感信息测量到信号处理和控制计算、最终执行控制输出的过程。姿轨控分系统原理如图 9－1 所示，系统由敏感器、控制器和执行机构三部分组成。其中，姿态敏感器用于测量卫星在绝对或相对坐标系中的物理量以确定卫星本体姿态，控制器负责测量信号的处理和控制指令计算，执行机构则通过输出各种形式的力或力矩实现对卫星的姿态位置控制。

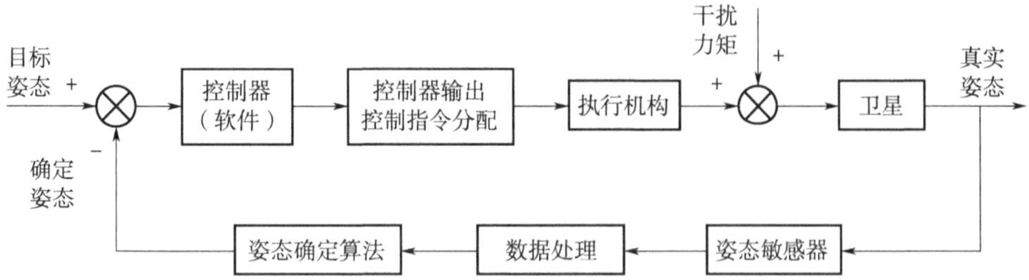

图 9－1　控制系统原理框图

值得一提的是，卫星的姿轨控控制器设计主要指对测量信息的处理算法和星上姿态位置控制量计算算法设计，最终控制器算法交由卫星星上软件实现。本节在提到姿轨控分系统组成时，单指分系统部组件硬件组成，也即分系统的敏感器和执行机构。对于分系统控制器算法设计，将在本章 9.2 和 9.3 节进行讨论。

9.1.1.1　敏感器

敏感器可以细分为姿态敏感器和轨道敏感器两种，前者通过测量卫星本体坐标系相对于参考坐标系的角度和角速度信息，从而得到卫星姿态参考量；后者通常也称为导航设备，用于测量卫星在参考坐标系中的位置和速度信息。由于导航设备信息已在本书导航载荷一节中详细讨论，本节仅介绍常用姿态敏感器。

姿态是指航天器在空间的方位，姿态敏感器即用于测量卫星相对于某个基准的相对角位置和角速度的设备。一般来说，要完全确定卫星的姿态，需要确定卫星 3 个轴的角度信息。由于从一个方位基准最多只能得到两个轴的角度信息，因此卫星的三轴姿态信息确定至少需要两个方位基准。需要注意的是，对于某些特定稳定方式的卫星（如重力梯度稳定、自旋稳定），不一定需要知道卫星的全部姿态信息，相应地可以减少星上姿态敏感器配备。但对于采用三轴稳定方式的卫星，设计上必须保证足够的姿态测量手段。

(1) 太阳敏感器

太阳敏感器是通过对太阳辐射的敏感来测量太阳视线与卫星某一体轴之间夹角的敏感器。一方面，太阳可近似为点光源，太阳敏感器的设计和姿态确定算法可以进行简化；另一方面，太阳光源强度足够强，太阳敏感器结构设计相对简单，敏感视场较大，功率要求相对较小。对于绕地运行的卫星，太阳敏感器结构简单、成本低廉、质量可靠的特性，使得其几乎是姿态确定的标配敏感器。商业卫星上太阳敏感器类型一般可分为模拟式和数字式两种。

①模拟式太阳敏感器

模拟式太阳敏感器输出信号为模拟量，其幅值大小和方向符号是太阳光入射角的连续函数。由于输出信号与太阳光入射角呈三角函数规律变化，模拟式太阳敏感器通常也被称为余弦检测器。模拟太阳敏感器由几片间距很近的光电敏感元件（也称光电池或光敏元件）、光学透镜（或狭缝）和处理线路组成。当太阳光垂直照到不同光电敏感元件上时，元件所产生的电流之差为敏感器的输出。当太阳光线与垂直轴不重合时，光电敏感元件输出的电流差值正比于入射角，电流符号代表入射角方向。

早期模拟太阳敏感器只有两片光电敏感元件，敏感器只能测量卫星相对于太阳光线的一个姿态角，因此也将这种敏感器称为单轴模拟式太阳敏感器。目前商业卫星使用的模拟太阳敏感器，一般会将单轴模拟太阳敏感器中的两片光敏元件换为 4 片性能完全相同光敏元件，如图 9－2 所示。

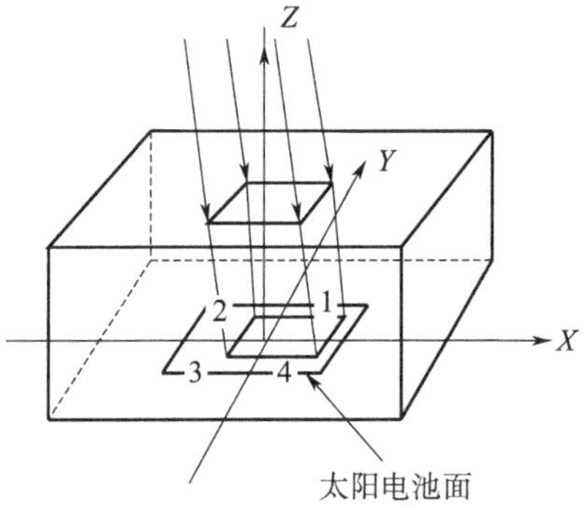

图 9－2　模拟太阳敏感器示意图

太阳光经视场光栏后投影在硅基太阳电池探测器上，太阳电池探测器共划为四个象限，根据太阳光入射角，每个象限上会产生不同大小的电流。根据电流的大小，可以计算出在 X 和 Y 两轴方向上入射角的大小对这些光敏元件的输出信号，通过处理电路加以处理后，就可得到太阳光线入射的高低角和方位角，从而同时获得卫星相对于太阳光线的两个姿态角。模拟式太阳敏感器视场在几十度时，精度可达到 0.5°；当视场很小，仅为 1°～2°时，精度可达到角秒级。

②数字式太阳敏感器

数字式太阳敏感器测量原理与模拟式太阳敏感器类似，但数字式太阳敏感器需要对模拟电信号进行数字化处理，最终输出数字量格式化输出。数字式太阳敏感器采用的方案和技术各具特色，例如，光学部分有透镜组、狭缝式、小孔式等方案；探测器有码盘、光栅、光电二极管、CCDAPS、SMART 等可以选择；信号处理部分方案有采用分离电子元器件、单片机、可编程逻辑器件等。目前较为成熟的一款典型小型化数字太阳敏感器是由西班牙 SolarMEMS 公司生产的 nanoSSOC－D60（见图 9－3），其做到了 6.2 g 轻质量的同时 60°视场内 0.1°的测量精度。

总的来说，近年来面向商业航天的单轴、三轴模拟式太阳敏感器和小型数字化太阳敏感器在质量功耗方面作了很多设计提升，在简单对日指向任务和安全模式中，凭借其高可靠性、低成本、使用简单的特点得到了广泛应用。

图 9－3　nanoSSOC－D60

（2）地球敏感器

地球是近地卫星所能观察到的除太阳外最明亮的天体，因此地球也就成为卫星最重要的基准物之一。但由于地球对近地卫星而言是一个广大的观察目标，不是一个确定的基准方向，因此实际工程中通常是以卫星所处的当地垂线或当地地平作为基准方向。

红外地平仪即利用地球自身红外辐射来测量卫星相对于当地垂线或当地地平方位的姿态敏感器，简称地平仪。考虑到地球表面上空 25～50 km 的大气中，二氧化碳对红外波段辐射强度随着高度的增加而迅速减少，红外地平仪的工作波段一般选择 14～16 μm 的二氧化碳红外窄波段，以便获得清晰的地球轮廓，提高测量精度。此外，由于红外地平仪对卫星星体反射的太阳光不敏感，因此工作时间不受卫星光照和阴影区影响。

常见红外地平仪有地平穿越式、边界跟踪式和辐射热平衡式三种。其中，地平穿越式地平仪扫描视场大，可用于大范围姿态测量，但其精度仅能达到 1°～2°；后两种地平仪虽然测量精度可以达到 0.03°，但由于工作时长很小，在工程上应用受限。对于精度要求较低的对地通信卫星，早期地平穿越式地平仪得到了一定应用。但由于地平仪使用场景单一、测量精度较低等原因，在近年多工作模式要求的商业卫星中很少使用。

（3）星敏感器

星敏感器以多颗恒星（通常选取亮度高于＋5 可见星等的恒星）为基准，通过测定恒星相对于敏感器的角位置，经过与星历表中恒星相对惯性坐标系的角位置比对，最终确定敏感器的绝对姿态。一般来说，星敏感器是卫星姿态敏感器中最精确的敏感器，其精度比太阳敏感器高出一个数量级，比红外地平仪高两个数量级，可达到角秒级。由于星敏感器测量数据较多，数据的处理和识别对计算资源要求较大，星敏感器需要配置自有的微型计算机和数据处理软件。因此，传统星敏感器的结构相对复杂，功耗、质量、体积均较大，价格较高。

随着微机电（MEMS）等技术的发展，市场上已有不少小型货架星敏感器产品。以天银星际公司的 PST3S－G1 款星敏感器为例（见图 9－4），其尺寸包络小于 Φ64 × 135 mm 。目前面向小型商业卫星的星敏感器产品质量一般在 80～150 g，测量精度可达到 3″～5″，部分产品动态性能可达到 5（°）/s，是三轴稳定控制卫星的核心敏感器。但星敏感器应尽量避免长时间被太阳光照射，因此在姿轨控分系统方案设计阶段，应根据卫星任务和轨道要求，合理进行星敏感器安装结构布局。

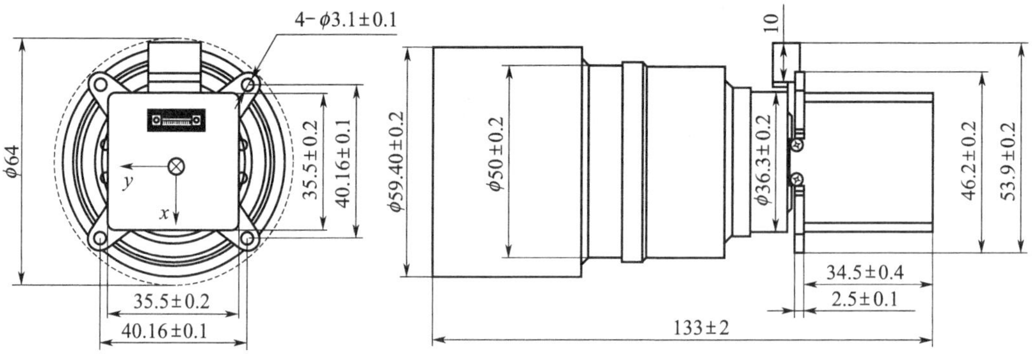

图 9－4　PST3S－G1 星敏感器尺寸示意

（4）陀螺

与太阳敏感器、地球敏感器和星敏感器不同，陀螺是星上直接测量角速度的敏感器。根据测量原理、结构设计等的不同，综合考虑使用便捷性、尺寸、功耗、质量约束以及产品可靠性，目前商业卫星常使用的陀螺是光纤陀螺和 MEMS 陀螺两种。

光纤陀螺（见图 9－5）工作原理基于闭合光路中的 Sagnac 效应：同光源发出的两束相反方向传播的相同特征的光，在绕光路平面法线的角速度影响下产生光程差，两束光在探测点汇合时将产生干涉相位差。根据相位差和角速度的关系，可以通过检测光的相位差计算角速度。光纤陀螺对卫星三轴角速度的量测精度可达到 0.001（°）/s 以上，但由于光纤结构复杂，产品尺寸功耗较高，且成本昂贵，因此小型低轨商业卫星通常不选用光纤陀螺。但近年来，随着各家卫星运营商对小型 GEO 星座的持续关注，成本约束较小且姿态精度要求更高的小型 GEO 卫星使得光纤陀螺有了批量商用的机会。

图 9－5　50 系列光纤陀螺

与光纤陀螺不同，MEMS 陀螺（见图 9－6）基于测量旋转物体在有径向运动时受到的科里奥利切向力大小计算角速度。公开的 MEMS 陀螺采用振动物体传感角速度的概念，利用振动诱导和探测科里奥利力。由于没有轴承和旋转部件，不需要精密的光学结构，

MEMS 陀螺成本低廉，且容易大批量加工生产。虽然目前星上使用的 MEMS 陀螺测量稳定性比光纤陀螺低，但由于其绝对的低成本和低尺寸功耗质量特性，在商业低轨小型卫星中早期就得到了大批应用。

图 9－6　STIM210 型 MEMS 陀螺

（5）磁强计

磁强计（见图 9－7）是用来测量空间环境中磁场强度的敏感器，由于地球周围磁场强度可由地球磁场模型事先确定，因此卫星上也可以将地球磁场作为基准，间接计算确定卫星相对当地地磁场的姿态。

图 9－7　APS535 三轴磁强计产品图

磁强计具有质量轻、性能可靠、功耗低、工作温度范围宽和没有活动部件的特点，搭配磁力矩器使用，还可以实现卫星的偏置对地、对日磁控和主动三轴磁控稳定，因此磁强计得到了广泛应用。

但由于定姿的基准磁场仅是对地球磁场的近似描述，磁强计定姿精度不高。其次，由于地磁强度与轨道高度的 3 次方负相关，中高轨（通常轨道高度大于 1 000 km）的地磁强度过弱，不能使用磁强计确定姿态，即磁强计的应用受轨道高度限制。此外，考虑卫星内部剩余磁矩和地球磁暴等环境影响，出于星上姿态确定可靠性考虑，通常会将磁强计与其他敏感器搭配使用。

对于上述介绍的5种姿态敏感器，表9-1给出了敏感器的特点比较，其中定姿精度仅是敏感器的一般性指标。

表9-1　各敏感器特点比较

序号	敏感器	定姿精度	自由度	优点	缺点
1	模拟太阳敏感器	0.5°～1°	2	质量小，无功耗，模拟量输出可靠性高	地影区无法工作
2	数字太阳敏感器	0.1°～0.2°	2	质量小	视场角小，地影区无法工作
3	地球敏感器	0.01°～0.2°	2	原理简单，可靠性高	受轨道影响大，视场角小，无法测量偏航轴
4	星敏感器	0.001°	3	精度高	复杂，成本高
5	磁强计	0.2°～1°	3	质量功耗小，模拟量输出可靠性高	易受星上或环境磁环境干扰
6	光纤陀螺	0.001(°)/s～0.01(°)/s	3	带宽大，精度高	成本高，偏移随时间累积
7	MEMS陀螺	0.01(°)/s	3	带宽大，质量功耗小	精度一般，偏移随时间累积很大

在实际的卫星姿态控制系统中，表9-1中的各种敏感器单独使用通常不能满足要求，需要将多种多个姿态敏感器组合使用，形成一个姿态测量系统。原因主要有三方面：一是由于相对于同一基准最多只能获得两个姿态角，所以如太阳敏感器、磁强计、红外地平仪等单独使用则不能获得完整的姿态信息；二是由于各种敏感器均存在条件限制，如太阳敏感器在地球阴影中不能工作，陀螺等惯性敏感器存在漂移，星敏感器视场很小导致初始难以捕获目标恒星等；三是由于卫星的长寿命工作特点要求敏感器可靠地长时间提供高精度姿态信息，所以姿态敏感器的冗余便成为必须考虑的重要问题。正是由于以上三方面的原因，卫星上往往装有多种敏感器，以便相互校正和补充测量信息，相互取长补短，相互备份，充分发挥各自的优点。

总的来说，由于卫星姿态控制系统精度取决于姿态确定的精度，因此随着对卫星姿态控制系统精度的要求越来越高，一般在进行姿态敏感器选型时对敏感器的精度要求会比系统控制精度高出半个到一个数量级，同时姿控方案设计中必须考虑对测量信息处理的精度。

9.1.1.2　执行机构

根据产生控制量的不同，执行机构可以分为姿态控制执行机构和轨道控制执行机构两种，前者输出控制力矩用于改变卫星姿态，后者输出控制力用于改变卫星位置。有些执行机构（如喷气推力器）既可以作为姿态控制执行机构，也可以作为轨道控制执行机构，这完全取决于推力器的安装方式，即推力是否通过卫星质心。推力通过质心将产生控制力，不通过质心则产生控制力矩。

姿态控制系统的执行机构主要有推力器、飞轮、地磁力矩器、控制力矩陀螺等，这些执行机构工作在不同的工作模式，对应不同的控制算法。可供卫星携带的执行机构主要有推力器、飞轮与地磁力矩器等，相应地就有推力器控制系统、飞轮控制系统与地磁力矩器控制系统等。

（1）推力器

推力器是目前卫星控制使用最广泛的执行机构之一。它根据牛顿第二定律，利用质量喷射排出，产生反作用推力，这也正是这种装置被称为推进组件或喷气执行机构的原因。当推力器安装使得推力方向通过卫星质心，则成为轨道控制执行机构；而当推力方向不过质心，则必然产生相对卫星质心的力矩，成为姿态控制执行机构。

根据产生推力所需能源的形式不同，质量排出型推力器可以分为冷气推力器、热气推力器和电推力器。其中冷气推力器和热气推力器消耗的工质需由卫星从地面携带，有限且无法在轨补充；而电推力器（见图 9－8）消耗电能，可以通过太阳能电池在轨补充，工质消耗量大大减少。

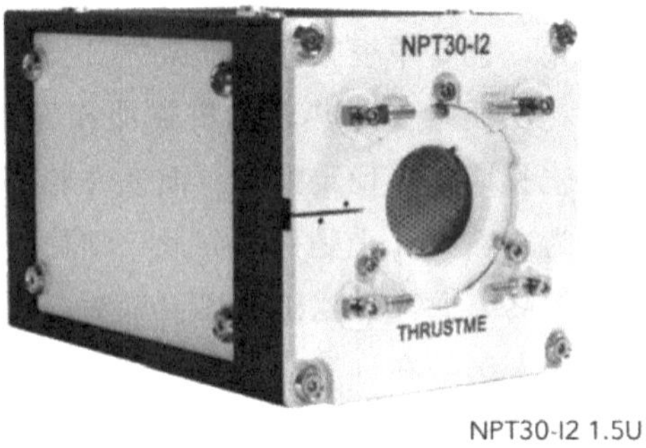

图 9－8　ThrustMe 公司 NPT30－I2 电推力器

（2）飞轮

根据动量矩守恒原理，改变安装在卫星上的高速旋转刚体的动量矩，从而产生与刚体动量矩变化率成正比的控制力矩，作用于卫星上使其动量矩相应变化，这种过程称为动量交换。实现这种动量交换的装置称为飞轮或飞轮执行机构，飞轮执行机构只能用于卫星的姿态控制，图 9－9 给出了 HKT－RW50 飞轮示意图。

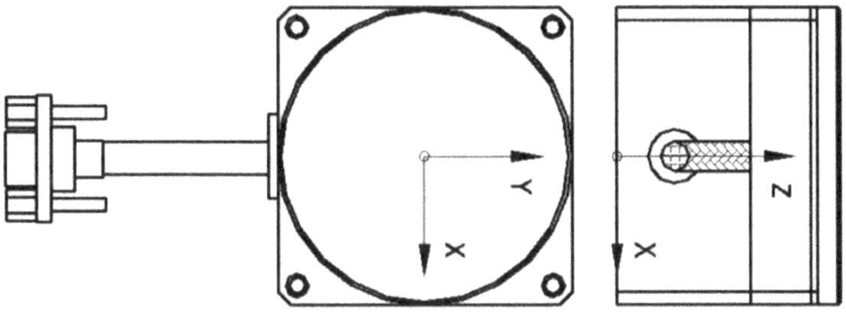

图 9－9　HKT－RW50 飞轮示意图

根据飞轮的结构特点和产生控制作用的形式可以分为惯性轮、控制力矩陀螺和框架动量轮三种，其中惯性轮又分为反作用轮和动量轮两种。

当飞轮的支承与卫星固连时，飞轮动量矩方向相对于航天器本体坐标系 $Oxyz$ 不变，但飞轮的转速可以变化，这种工作方式的飞轮通常称为惯性轮。其中如果飞轮的转速可以正负改变，且平均动量矩为零，则称为反作用轮。

如果飞轮的平均动量矩是一个不为零的常值（或者说偏置值），也就是说飞轮储存了一个较大的动量矩，飞轮的转速可以相对于偏置值有一定的变化，从而产生控制力矩，具有这种特点的飞轮称为动量轮或偏置动量轮。

如果把恒速旋转的轮子装在框架上，而框架又可以相对于航天器本体转动，即框架角变化，那么就得到了动量矩的大小恒定不变而方向可变的飞轮，这种飞轮称为控制力矩陀螺。根据支承轮子的框架数量的不同，控制力矩陀螺分为单框架控制力矩陀螺和双框架控制力矩陀螺两种。前者动量矩的方向变化在一个平面内，后者则可在三维空间任意改变。

如果在控制力矩陀螺的基础上，轮子旋转的速度也可变化，即动量矩的大小和方向均可变，则该飞轮称为框架动量轮，也有单框架和双框架之分。

总的来说，飞轮由于不消耗工质（实现热能和机械能相互转化的媒介物质），因此相比于推力器更适合用于卫星在轨长期姿态稳定控制。而惯性轮由于结构相对简单，成本相对较低，在三种飞轮中发展最为成熟，几乎是目前商业三轴稳定卫星姿控系统的标配。但随着商业卫星机动能力需求的提高，尤其是遥感敏捷卫星的高机动性需求，小型控制力矩陀螺和框架动量轮也在高速发展，国外在许多小型立方星上有着 1/2 控制力矩陀螺的成功在轨应用案例。

（3）磁力矩器

航天器的磁特性和环境磁场相互作用可以产生磁力矩，其幅值大小为 $\boldsymbol{M}=\boldsymbol{P}\times\boldsymbol{B}$（$\boldsymbol{P}$ 为航天器对偶磁矩，$\boldsymbol{B}$ 为环境磁场强度）。当航天器对偶磁矩和环境磁场相互垂直时，生成的磁力矩最大；当两者相互平行时，不产生磁力矩。对于地球轨道航天器，由于地磁场影响，只要星体存在对偶磁矩，则一定存在作用于星体的磁力矩。因此，一方面在卫星设计过程中应尽量减小星体剩余对偶磁矩，以减小地磁场产生的干扰磁力矩；另一方面，可以通过合理设计生成对偶磁矩序列（通过磁力矩器），以获得期望的磁力矩控制量。航天器上安装的通电线圈就是最简单的磁力矩器（见图 9-10），通电线圈产生的磁矩与地球磁场相互作用就可产生控制力矩，实现姿态控制。

（4）其他执行机构

除了推力器和飞轮两类主要执行机构外，航天器还有一些其他形式的执行机构。它们利用磁场、引力场等环境场与航天器相互作用产生力矩，实现对姿态的控制，例如磁力矩、重力梯度力矩、太阳辐射力矩和气动力矩等。这些力矩一般都比较小，而且与运行轨道高度、航天器结构和姿态等因素有关。

对于航天器控制所需的执行机构，为保证控制系统的寿命和精度，一般要求其具有高可靠性、长寿命和高精度的特点。总的来说，推力器由于需要消耗工质，且通常功耗较

图 9-10　0.3Am²磁力矩器产品

大，基本只用于轨道控制和短时姿态快速稳定；飞轮是最常用的长期姿态控制执行机构，为避免飞轮角动量饱和，通常卫星还会搭配磁力矩器定期对飞轮角动量进行卸载。

9.1.2　轨道控制任务

根据卫星运行任务的需求，姿轨控分系统进行卫星的轨道控制任务，本节介绍轨道控制任务类型和分析方法。

9.1.2.1　任务类型

轨道控制任务内容按照任务周期一般分为三类。

第一类是轨道机动、轨道转移或简称变轨，在星座布局中为相位部署，卫星从运载器分离后，通过卫星自身的推进系统，在预定的时间内，进行若干次轨道机动控制，使卫星进入预定轨道。

第二类是轨道保持及轨道修正，因空间环境存在对轨道的摄动及气动等干扰，导致卫星轨道偏差影响任务或星座构型，需间断地有计划地对轨道进行修正控制，使卫星轨道保持以满足卫星应用任务的要求或星座工作需求。

第三类是轨位推离，根据相关的规定，低轨卫星在要求的时间内应坠入大气层内，为保证卫星在适当的时间内完成此要求，在卫星寿命末期，卫星通过推进系统主动控制轨道高度，降低至一定范围内，或结合离轨帆等被动离轨的形式实现坠入大气层的目的。

9.1.2.2　分析方法

对于采用化学推进剂或电推进系统的卫星，发动机具备较大的推力，轨控时间较短，即发动机的推进工作时间与轨道运行周期相比相当短暂。因此，通常可视为脉冲变轨方式，即假定推力脉冲使卫星速度有突变式的增量 Δv ，但不引起卫星向径 γ 的突变。为完成预定轨道控制任务的脉冲变轨模式（或称策略）包含四项内容：共需脉冲变轨数、各次脉冲作用的时刻（即在轨道上的脉冲作用点）、各次脉冲的方向、各次脉冲的幅值分配。

轨道控制分析通常按照以下三步依次进行。

(1) 控制计划与目标轨道计算

按照卫星任务规划或星座构型维持等总体任务的要求对轨道控制提出的进一步要求，如卫星轨道高度、偏心率、卫星间相位差等要求值，依据控前轨道确定及预报值并按照既定控制策略算出轨控控制实施步骤。控制策略只决定控制计划的一组约束条件和最优指标及其产生的算法。控制策略是根据飞行任务的要求，由姿态确定、地面可见、能源、温控、轨控效率等方面提出的限制条件和轨道运动规律（如轨道摄动）而制定的。

(2) 速度增量及控制时刻计算

根据控制程序、目标轨道和控前轨道实测值可算出所需要的速度增量 Δv 。

对于脉冲式变轨，此处还可以确定理论上控制开始时刻。以轨道高度调整为例，在推进剂最省的约束条件下，轨控应在卫星远地点和近地点处进行。

对于使用电推进器作为执行机构的轨道控制，由于推力过小，需要长时间开启推力器完成变轨，应采用连续推进模型。因此，一般不考虑理想控制开始时刻。需要注意的是，连续推进模型相较于脉冲推进模型，存在推进剂额外损失。一般来说，连续推进模型的速度增量 Δv 是脉冲推进模型的两倍。

(3) 发动机控制参数计算

根据轨道控制所需的速度增量 Δv 和相关发动机特性参数计算发动机控制参数。发动机总计工作时长为

$$\Delta t = \frac{m_0 v_j}{F}(1 - e^{-\frac{\Delta v}{v}}) \tag{9-1}$$

式中，m_0 为卫星轨道控制前总质量，v_j 为发动机的平均喷射速度，F 为平均推力。对于采用脉冲式工作的发动机，则可以进一步计算总轨道控制次数

$$\Delta N = \left[\frac{\Delta t}{F\sigma}\right] \tag{9-2}$$

式中，[] 表示按进一法取整，σ 为有效脉冲宽度，Δt 为总共轨道控制时间长度。整体轨道控制消耗的推进剂质量估计如下

$$\Delta m = m_0(1 - e^{-\frac{\Delta v}{v_j}}) \tag{9-3}$$

9.1.3 姿态控制任务

在轨运行的商业卫星都承担特定的任务，如通信、导航、遥感等，这对卫星的姿态控制提出了不同的要求，如不同的工作模式、不同精度的目标指向、不同的机动速度和控制稳定度等，需要卫星姿轨控分系统进行姿态稳定和姿态控制。

卫星在轨运行时，由于受到内部和外部干扰力矩的作用，其姿态会偏离期望值。姿态稳定性控制的任务要求是根据姿态测量系统提供的姿态确定的信息，利用合适的控制规律与执行机构，将星体姿态稳定控制在期望值附近。卫星姿态控制按照是否需要消耗卫星上能源（电能或推进剂化学能）获得控制力矩的方式，可分为被动控制和主动控制两大类，以及介于二者之间的半被动和半主动控制。

本节首先对卫星在轨所受的力矩进行简要描述，接着对卫星被动、半主（被）动和主

动控制特点进行分析，最后对商业卫星常用的姿态控制模式进行讨论。

9.1.3.1　力矩分析

（1）外力矩

在轨运行的卫星，由于处在空间环境（包括太阳辐射、重力梯度、磁场和空气动力）中，受到内、外力矩的作用，其姿态总是在变化。外力矩指由卫星与周围环境通过介质接触或场的相互作用而产生的力矩，主要有气动力矩、太阳光压力矩、重力梯度力矩和磁力矩等。其大小取决于卫星的轨道高度、质量分布、形状、表面、其上的磁性材料和姿态运动，以及太阳活动、大气密度。

气动力矩：气体在海拔 120 km 以上的运动可以看作是自由分子流，即分子的平均自由程远大于卫星的特征尺寸。空气动力和扭矩取决于大气密度、卫星的大小和形状、表面特征、气流速度和卫星的姿态等。

太阳光压力矩：卫星表面受到空间辐射源（主要是太阳）照射时，入射光对卫星表面产生压力，各处表面净压力的综合效应产生合成辐射压力和合成辐射压力矩。

重力梯度力矩：由于卫星的质量分布不对称性，且重力场的力与距离的平方成反比，卫星在轨受到梯度力矩的作用。重力和重力矩的计算较为复杂，取决于卫星的质量分布、吸引体的质量分布以及卫星的位置和姿态。

磁力矩：磁矩是由有效偶极磁矩与局部地磁场相互作用而产生的。卫星的偶极磁矩是由环电流和剩余电流以及磁性材料中的永久磁性共同作用的结果。卫星所在地磁场与轨道高度、经度、纬度、姿态和太阳活动有关。磁力矩可以用来抑制章动，消除旋转，控制进动（虽然它是一个扰动力矩），对姿态有积极的影响。

通常情况下，气动力矩在卫星轨道较低（小于约 500 km）时为主要的外力矩，而太阳光压力矩（它与轨道高度基本无关）则在高轨道（大于数千千米）时占优势，重力梯度力矩和磁力矩介于二者之间。

（2）内力矩

由卫星本身因素产生的力矩称内力矩，包括用来控制卫星姿态的控制力矩，还有诸如推力偏心、星体内活动部件运动、贮箱等存储部件中的液体晃动、帆板挠性等因素造成的干扰力矩。姿态控制应在充分分析并利用各种环境力矩的基础上，考虑卫星特性和各种制约因素进行设计，使卫星姿态满足卫星任务的需要。

9.1.3.2　被动控制分析

利用卫星本身的动力学特性（如角动量、惯性矩），或卫星与周围环境相互作用产生的外力矩作为控制力矩源，不消耗星上能源，称为被动姿态控制即被动姿态稳定，包括自旋稳定、重力梯度稳定、磁稳定、气动稳定和辐射光压稳定等。

（1）自旋稳定

自旋稳定利用卫星绕自旋轴旋转产生的动量矩在惯性空间的定轴性，实现自旋轴在无外力矩作用时在惯性空间保持一定指向，在有外力矩作用时则以某角速度进动而不作加速运动。这种控制稳定方式由于控制简单、节省星上能源，经常用于某些对地任务或对日保持获取能源中。通常可由运载火箭末级自旋实现卫星的自旋轴在惯性空间的定向。

但纯自旋稳定卫星的转速和指向完全由入轨时星箭分离的初始条件以及运行过程中所受外干扰力矩的累积作用所决定，因此需要通过主动控制措施实现转速或指向调整。另外，由于动力学特性，非理想刚体自旋卫星只有在绕其最大转动惯量轴自旋时才是稳定的，若在星箭分离或其他时刻受外力矩干扰，卫星出现章动导致星体自旋轴不与角动量矢量重合，需要主动控制卫星的章动，使其满足自旋稳定的要求。因此，自旋稳定一般选择与主动控制结合，在卫星的对日稳定或进入安全模式后保持能源稳定时使用，也用于某些对地任务中。

（2）重力梯度稳定

重力梯度稳定原理是利用卫星各部分质量在地球引力场中受到不同的重力，使绕圆轨道运行的刚体卫星的最小惯量轴趋向于稳定在当地垂线方向。重力梯度稳定力矩的大小与卫星到地心距离的立方成反比，与卫星的最大与最小惯量之差成正比，通常只对要求指向精度不高的中低轨道卫星才适用。同时，为了尽可能获得大的惯量差，通常在最小惯量轴方向设计重力梯度杆，在杆端设计配重或某些星上部件。

重力梯度稳定方式简单、可靠、成本低，适用于对地定向的长寿命卫星，曾得到广泛应用，但由于其指向精度不高，目前除廉价小卫星外，纯被动的重力梯度稳定已较少单独使用。卫星在采用精度较高的主动控制技术时，可充分利用其本体的惯量分布特性，发挥被动重力梯度稳定的作用，降低对主动控制的要求，实现被动和主动控制相结合的混合控制。

（3）磁稳定

被动的磁稳定依赖卫星本体（通常需要额外配置永磁铁）的磁偶极子矩与地球磁场相互作用产生力矩，使卫星达到平衡姿态时，卫星磁偶极子矩与地球磁场同方向，这种方式目前已经很少有卫星使用。但磁稳定的另一种使用方式应用广泛，即使用磁力矩器或电磁线圈产生磁矩的磁控，主动和半主动控制结合。实现这种控制的前提是磁场强度和方向的确定，一般考虑星上安装磁强计配合使用，但磁强计受星上电磁变化单机影响，需在设计布局时远离飞轮、磁力矩器等带来磁场变化的单机，也可采用卫星根据轨道信息，按照磁场模型自主计算实现的方式，但具有一定风险：在太阳磁暴期间地磁场矢量常出现突变，影响磁稳定的可靠性。

（4）气动稳定

卫星在轨运行时大气中气体分子与星体表面碰撞将产生气动力，星表的形心和卫星质心之间的位置关系也将产生气动力矩。在卫星设计阶段进行结构布局时，应考虑通过设计良好的卫星质量特性分布和星体气动外形，使卫星姿态对迎面气流方向稳定，称为气动稳定方式。气动力矩随大气密度而变，纯被动的气动稳定只适用于低轨道（轨道高度低于500 km）卫星。气动稳定还可以与主动控制结合，例如鸽群卫星，其部分姿态和轨道控制的实现通过控制卫星在轨道上的迎风面变化（卫星不同姿态朝向轨道前进方向），产生设定好的不同的气动力矩，实现姿态稳定以及轨道的控制。

(5) 辐射光压稳定

太阳辐射压与卫星到太阳距离的平方成反比，对于地球轨道上的卫星来说，辐射压力和辐射压力矩基本上与卫星轨道高度无关。对 1 000 km 以上或更高轨道的卫星，理论上利用太阳辐射压力矩可以实现卫星的被动姿态稳定。但这种稳定方式受制于卫星构形及卫星表面对辐射的吸收和反射特性等因素，且稳定力矩较小，实用意义不大。辐射压力矩作为一种干扰力矩，是高轨道卫星最大的干扰源。此外，也可利用适当设计卫星接收辐照的表面，使辐射压力矩最小，或利用辐射压力矩抵消其他干扰力矩的常值分量，以减轻主动姿态控制系统的负担。

9.1.3.3 半主（被）动控制分析

在上述的被动姿态稳定的基础上，施加一些附加手段以提高姿态稳定性能（但以消耗星上能源为代价）的系统称为半被动姿态稳定系统。常见的应用是在重力梯度稳定卫星的一个横向轴（垂直于指向地心的最小惯量轴）方向加一个飞轮施以一定转速控制。这种组合稳定方式利用重力梯度实现最小惯量轴指向地心，利用飞轮角动量的陀螺效应实现飞轮轴指向轨道面法线方向，提高姿态稳定性能。维持飞轮控制对能源有一定的消耗，对卫星质量特性及飞轮控制有一定要求，精度不高，可用于卫星对地指向中或系统设计中备用的指向控制。

与此类似，在主动稳定的基础上，再利用姿态敏感器测量姿态误差，并依此信息来实现部分主动控制的系统称为半主动姿态控制。半主动姿态控制系统的典型实例是在自旋稳定的基础上加上姿态敏感器（用以测量和确定自旋轴的指向及自旋转速）和执行机构（如飞轮、推力器和磁力矩器），以实现卫星自旋转速控制和自旋轴在空间的定向和进动控制。另一种得到广泛应用的半主动姿态控制系统是在半主动自旋控制系统基础上发展起来的双自旋控制系统。这种卫星由高速旋转的自旋部分（称为转子）和通过轴承连接的低速转动或不转动的消旋部分（称消旋平台）构成，双自旋稳定卫星依靠转子的角动量维持整个卫星的自旋轴对惯性空间定向（通常指向轨道平面法线方向），又通过对消旋平台的主动伺服控制使安装在消旋平台上的有效载荷（如通信天线）指向地球。

9.1.3.4 主动控制分析

利用星上能源（电能或推进剂工质），依靠直接或间接敏感得到的姿态信息，按一定的控制律操纵控制力矩器实现姿态控制的方式称为主动姿态控制。按控制力矩产生的方式，主动姿态控制又可分为以下几种：

1）质量排出式控制：依靠推力器排出的工质产生的反作用力形成控制力矩实现控制；

2）动量交换式控制：利用卫星内部高速旋转的飞轮与星体间的角动量交换实现控制；

3）主动磁控制：利用卫星内部通以电流的电磁线圈产生的磁矩与地磁场相互作用产生力矩实现控制；

4）利用环境力矩作为姿态控制力矩。

主动姿态控制系统由姿态敏感器、控制器、执行机构（控制力矩器）和卫星本体一起构成闭环控制回路。姿态敏感器测量和确定卫星相对某些已知基准目标的方位；控制器对测得的信息进一步处理后确定卫星姿态，并根据确定的姿态按满足设计要求的控制律给出指令；控制执行机构按控制指令产生所需的控制力矩，实现卫星的姿态控制。

可见，主动姿态控制系统设计复杂，成本高，要实现系统的长寿命和高可靠运行，在技术上有较大难度。但由于主动控制系统精度高，反应快，能实现复杂的控制任务，并能应付不测事件，所以已成为卫星姿态控制的主流方式。

以飞轮为主要执行机构的主动姿态控制系统可以从太阳能电池阵电源系统持续获得能源供应，尤其适合长期工作的卫星。当卫星受到外干扰力矩作用而产生姿态偏差时，这种控制系统可通过变更飞轮转速把外干扰力矩吸收掉。对周期性外干扰力矩（相对于惯性空间），可在不变更飞轮平均转速的情况下完成姿态控制，但外干扰力矩随时间的推移使飞轮角动量不断积累或衰减，因而转速不断增加或下降，直至达到极限值使飞轮饱和。飞轮饱和后即丧失控制能力，为解决此问题，常在飞轮接近饱和前，采用适当的其他控制力矩（喷气反作用力矩、磁力矩、重力梯度力矩等）使飞轮转速回到额定范围以内，称为飞轮卸载。

9.1.3.5　控制模式

在卫星技术及应用方面，卫星的姿态确定和控制十分重要，姿态确定是研究卫星相对于某个姿态基准的姿态定位，而姿态控制是指卫星在规定或预先确定的方向上的定向过程。不同的卫星任务需求，要求姿轨控分系统具有不同的工作模式，每种工作模式下有不同的姿态敏感器、控制策略和执行机构参与姿态确定与控制，由控制器中模式控制管理模块完成管理。

（1）速率阻尼模式

在星箭分离后或卫星进入安全模式后，为了消除分离干扰或卫星故障所造成的角速率偏差，进入速率阻尼模式，根据陀螺提供的角速度信号或按照磁强计差分的磁场强度变换量，使用磁力矩器、飞轮或推力器进行本体角速率阻尼。

当初始角速度较小时，磁力矩器或飞轮阻尼较为适用，但由于飞轮角动量有限，容易进入饱和状态，故一般设计考虑将飞轮阻尼控制与磁力矩器控制相结合，角速度进入一定范围（按照卫星质量特性参数及飞轮指标进行设计）才引入飞轮控制。应用此控制方式优点是能源消耗低，适用于入轨初期如测控条件不足，但过程用时较长，通常低轨卫星需 1 到 2 轨的时间才能稳定；当初始角速度较大时，推力器控制消旋，应用继电控制方式，脉冲喷气完成角速度阻尼过程，应用推力器阻尼的优点是响应速度快，可以较快完成阻尼过程，但推力器控制消耗推进剂，能源消耗高。

（2）对日捕获模式

此模式完成卫星对惯性空间定向，姿态控制系统处于稳定指向工作模式。一般进入此模式前均为速率阻尼过程，可通过阻尼过程中的太阳初值信息，或使用太敏、星敏等敏感器进行太阳捕获，使卫星达到期望姿态即保证卫星上存在充足的能源供应，使太阳帆板能对准太阳，完成对日姿态捕获。

（3）对地捕获模式

对地观测或通信卫星要求完成对日姿态捕获后进行对地姿态捕获，使卫星的偏航轴对准当地垂线，建立对地姿态，一般由太阳敏感器或者星敏感器提供偏航信息，控制偏航轴转动达到对地姿态捕获。

实现地球捕获时一般采用地球敏感器获取滚动与俯仰信息，由地球敏感器扫描地球，给出当地垂线在本体系的方向余弦，由双矢量定姿原理确定卫星三轴姿态角。该模式采用红外地球敏感器搜索地球，进行姿态确定，采用"地球敏感器＋陀螺"方式确定卫星姿态。

出于成本等各方面考虑，现有部分商业卫星上已很少考虑单独为对地姿态配备地球敏感器，在星上配备星敏感器的情况下，根据上注的轨道和时间信息，计算得到地球位置可直接完成对地定向。本模式可使用磁控或飞轮控制实现。

（4）对地三轴稳定模式

对地三轴稳定模式是三轴稳定卫星在轨运行时的正常运行状态。卫星运行在该模式时，会受到内部或外部的干扰影响，实际姿态会偏离期望的对地姿态，该模式下根据卫星姿态确定的信息（一般由星敏、地敏＋太敏双矢量或磁强计＋太敏双矢量定姿确定），选取控制算法（零动量三轴轮控、偏置轮控及三轴磁控等）和执行机构（飞轮、磁力矩器）将姿态稳定在期望姿态附近，可选择由磁力矩器或推力器完成飞轮卸载。

（5）应急安全模式

当卫星上供电不足或者出现故障时，需要切换到应急安全模式，关闭星上载荷及无须工作的器件，降低星上功耗，维持卫星在轨的正常运行。安全模式下，可根据配备的控制执行器如磁力矩器或飞轮，实现对日轴的偏置控制。

卫星从星箭分离后在轨运行期间会经历多个工作模式。卫星的工作模式及转换由卫星飞行控制程序进行管理，也可以进行人工控制。一般卫星姿轨控工作模式设计遵循保证卫星角速度姿态稳定和能源供应稳定的基本原则，即由上一个模式向下一个模式切换时，应基于一个稳定状态向另一个稳定状态进行。

（6）其他机动模式

严格来说，此模式是对一系列姿控模型的概述，虽然机动目标随任务需求的不同而不同，但此模式下卫星均需要完成从已知的姿态机动到另一个姿态的再定向模式。

卫星进行轨道控制前，通常需要利用此模式进行过渡，通过地面遥控或星上预设任务序列将卫星姿态调整为轨道控制期望姿态；在轨道控制过程中，为避免推力器控制偏差带来的力矩干扰，通常还需要对推力器进行相平面调制控制稳定姿态。

对于具有星箭链路的通信卫星，载荷进行星间通信前也需要利用此模式完成卫星间的姿态对准；对于敏捷成像功能的遥感卫星，对此模式甚至还会提出机动能力和稳定时间的指标要求。

9.2 系统控制特性

图 9－11 为姿态系统中目标、测量与真实姿态的示意图，给定常值 1 的目标姿态见图中红色虚线，测量姿态为图中绿色实线，真实姿态为图中黑色星号。姿态确定系统的精度指标是姿态确定误差，即由姿态确定系统得到的姿态值与星体真实姿态值之间的估计误差；姿态控制系统的精度指标是控制误差，即由控制系统达到的目标姿态与测量姿态之间的误差；而指向误差，即目标姿态与星体真实姿态之间的误差，也称为指向精度，是检验卫星姿态控制大系统的重要性能指标。这三个误差并非相互独立，后者可视为前两者之和。为实现满足卫星任务所要求的姿态控制要求，对姿轨控分系统进行设计和实现。

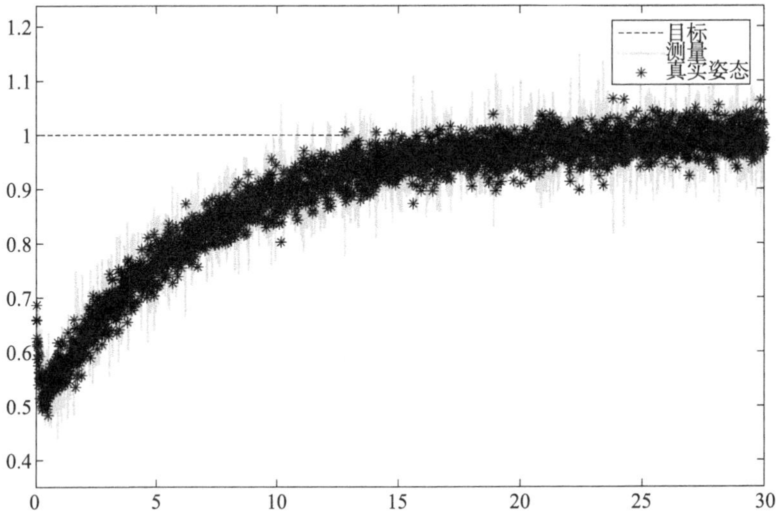

图 9－11　目标、测量、真实姿态示意

9.2.1 系统设计与实现

卫星姿态控制系统设计的目的是，在考虑卫星任务需求、运行环境、寿命以及成本要求的基础上，根据控制系统部件及相关技术的发展水平，选择适当的控制系统构形，在整星约束条件范围内，以最经济且可靠的手段满足飞行任务对卫星姿态控制系统的功能和性能要求。卫星姿态控制系统的设计大体上经历技术要求提出、方案设计和仿真验证三个阶段。这三个阶段并不是绝对独立的，而是互相有联系的一个反复迭代过程。

9.2.1.1 技术要求提出

在技术要求提出阶段，要进行飞行任务分析，明确姿态控制系统的功能和性能；选择姿态控制类型；确定控制系统的基本构形，敏感器和执行机构的配套。在技术要求提出阶段，还必须与卫星总体及其他分系统折中协调以获得一种可行的设计；并根据可行性分析和折中的结果，确认所选择的控制方式和类型，以及初步设想的系统配置构形是否能满足整星在整个飞行程序中对控制模式、控制性能和约束条件的全部要求。

9.2.1.2　方案设计

在初步明确了姿态控制系统的功能和性能要求，分析了卫星总体任务及约束条件，初步选择了可行的控制方式和类型，并确认所提出的控制系统基本构形以及敏感器和执行机构配置能完成整星飞行任务的控制工作模式之后，就可进入方案设计阶段。在此阶段要尽量选择技术上成熟的姿态控制系统部件（姿态敏感器、控制器和执行机构）并确定其功能和性能指标；建立系统数学模型，包括各种敏感器、控制器和执行机构的数学模型，以及卫星本体动力学和干扰力矩的数学模型；进行模型验证、稳定性分析和系统性能数学仿真，并在反复迭代和优化过程中最终确定姿态控制算法和完成系统的方案设计。

为了确定姿态控制执行机构的性能指标，首先需估算出所需控制力矩的大小，为此需分析计算作用于卫星本体上的内外干扰力矩。如 9.1.3.1 所述，主要为环境因素力矩包含气动力矩、重力梯度力矩、磁力矩、太阳光压力矩等，它们也可作为对控制有用的力矩使用，但对控制系统方案设计而言，它们有可能成为控制系统需克服的干扰力矩。由卫星本身产生的内干扰力矩有：变轨机动时卫星质心的偏差和推力器的缺陷（如推力偏心或偏斜）造成的干扰力矩，卫星内部可动部件与星体之间相对运动产生的作用/反作用力矩。对控制系统方案设计而言，需要在各种可能的飞行状态下对总的干扰力矩估计出一个上限，并考虑其在轨运行时的变化规律，作为确定执行机构的类型、构形、性能指标时的重要参考依据。

控制器是控制系统的核心，它处理来自姿态敏感器的姿态信息以及卫星轨道信息，确定卫星姿态，再按一定的控制律形成控制指令送给执行机构，使其产生所需控制力矩以消除姿态误差。此外，控制器还具有某些管理功能（控制模式切换、程序控制、故障自主诊断和对策等），协同控制其他星上分系统的指向机构（太阳电池阵指向、天线指向等）的功能和与卫星遥测遥控分系统的接口功能。

方案设计阶段还需对分系统的可靠性进行设计，基本要求有：充分考虑必要的硬件冗余和容错纠错措施，防止由空间辐照环境引起的单粒子锁定和翻转事件，以及其他原因可能造成的死机、程序跑飞或数据错误而导致卫星姿态失控等。另一方面，还需从工程管理方面进行可靠性管理。方案设计阶段，通常需要建立分系统软件基线，并依此对后续阶段的方案文件、软件实现进行版本管理和双向跟踪。此外，随着星上计算机技术的发展，当前星上姿轨控分系统软件通常还会设计在轨重构和数据更新功能，通过临时接收地面遥控数据注入以应对在轨意外事件。

方案设计的主要任务是姿态控制系统数学模型的建立和验证，以及控制算法或控制律的设计和软/硬件实现。

控制系统的数学模型要满足控制系统分析和设计全过程任务的需要，因而可以繁简不同。在方案设计早期，为初步确定控制系统的构形、各部件性能指标技术要求以及进行控制系统性能初步分析，数学模型可以适当简化。但随着分析设计工作的不断深入，为验证控制系统综合性能指标和各种接口关系，则应尽可能采用较为逼真的数学模型，验证其逼真程度，并获得在此模型基础上的稳定性分析和系统性能数学仿真结果。

姿态控制系统方案设计除明确姿态敏感器和执行部件的选择、技术指标要求、控制器和控制算法的设计外，还应确定：

1）对卫星轨道设计及测轨定位的要求，以及星座构型保持要求；

2）整星质量特性、结构外形、卫星剩余磁矩及动力学特性的要求；

3）系统总质量、部件安装方式、精度标定要求；

4）电源类型、功耗要求；

5）遥测遥控及数据注入要求；

6）推进剂消耗量及寿命估计要求；

7）可靠性和寿命指标；

8）研制进度和经费预算。

9.2.1.3 方案验证

方案验证主要解决控制类型、控制方法和影响姿态控制系统静、动态特性的参数选择匹配问题，其完成的标志是在经过分析验证的系统数学模型基础上的分析和数学仿真，并由此获得满足全过程任务功能和性能要求及总体约束条件的姿态控制系统总体设计方案。若设计中采用经过飞行试验考验、技术成熟的部件，且研制进度、质量保证和经费等方面均满足要求，这就可成为可行方案，作为下一步技术设计的基础。若选用未经飞行验证的部件，则需按技术指标进行鉴定和模型验证，考核通过后才能进入技术设计。

技术设计是在方案设计的基础上，根据卫星结构、能源、测控、热控和运载发射等技术约束条件，以及卫星总体对姿态控制系统的可靠性和安全性等要求，进行技术实现的详细设计和试验。技术设计和实现中的许多问题，如接口（光、机、电、热）和电磁兼容性问题，屏蔽、隔离、匹配等信息传输问题，可靠性、安全性等，这些是许多工程系统中所共有的。卫星姿态控制系统在技术设计和实现中的特点是：卫星在运载火箭发射入轨阶段经历恶劣的力学环境条件和在轨运行时经历严酷的空间辐照和真空条件；更为重要的是卫星系统的不可维修性，卫星一旦入轨运行，出现故障后就不能在轨维修（虽然现在已有在轨维修的先例，对低轨道卫星技术上可行，但代价昂贵，大部分情况下经济上不可行）。

针对卫星的特殊环境条件和入轨后不可维修这一前提下的可靠性、安全性要求，已有行之有效的卫星部件、分系统和整星级的环境（力学、热真空、辐照、电磁兼容）试验条件规范。姿态控制系统的技术设计主要包括姿态控制系统的配套选型及各部件的技术指标，系统内部相互之间及系统与星上其他分系统之间的接口（光、机、电、热）设计，遥测、遥控、程控数据注入技术要求设计，电磁兼容性设计，安全性和可靠性设计等。空间特殊环境条件的影响使这些设计的试验验证在技术设计中极为重要。

为了保证姿态控制系统达到设计指标要求，系统必须在地面进行充分的试验验证，把所有部件级和分系统级的问题充分暴露。部件级试验任务主要解决部件性能指标、忍受空间环境条件的能力（包括部件所使用材料在空间环境下的长期相容性）以及质量、功耗、尺寸、安装基准匹配等指标。系统级试验的任务是在姿态控制系统各部件组成系统的情况下，测试并试验验证系统的功能和性能，测定系统的静、动态特性和精度并验证核实系统部件之间的匹配关系以及电磁兼容性是否全面符合设计要求。

姿态控制系统的系统试验包括开路试验和闭路试验。开路试验主要测试系统各部件的功能、性能和相互间接口关系（如连接极性是否正确），而闭路试验则是在整个姿态控制系统各部件连成闭合回路（卫星姿态动力学用数学模型代替，有些不便在普通实验室条件下工作的部件，如反作用热气推进系统也常用数学模型代替）后，在闭环运行条件下测试验证姿态控制系统的各种功能、性能指标，模拟整个发射入轨至在轨运行全过程的各种工作模式的运行和转换（包括故障状态），考察姿态控制系统在闭路运行条件下与其他分系统的功能、性能匹配和电磁兼容性等技术指标。

通过控制系统试验，还要对控制精度做标定，以形成供系统装星后运行时的系统误差补偿数据和遥测数据标称值。对关键发射运行测控指令链也需进行试验、演练，考核其正确性。

姿态控制系统的仿真包括建立模型、验证模型、试验和分析结果、改进模型、再验证、再改进等一系列不断迭代试验优化的过程。在概念研究和方案设计阶段主要是对姿态控制系统的数学模型做分析仿真，优化和确定控制设计参数，直至完成全系统数学仿真。在技术设计阶段，随着卫星动力学特性、各部件特性、飞行程序、环境因素模型以及姿态控制分系统与其他分系统的接口关系等不断完善，仿真模型和分析试验也不断细化、精化，此时可分阶段用实物代替数学模型进行系统半物理仿真。尤其是用真实的控制器代替数学仿真系统中的控制器模型进行全飞行过程的半物理仿真，这是验证和改进控制器设计，完善控制器的硬件和软件研制，并考核运行中的兼容性、适应性的有效试验手段，有条件并有必要时还可进行全部由实物组成系统的全物理仿真。半物理仿真和全物理仿真由于受技术和经济条件的限制，常常难以包括所有的动力学和环境条件，因此其重要意义和作用主要是在对数学模型的验证和对系统数学仿真结果的核实。随着计算机的飞速发展和数学模型不断完善，半物理仿真和全物理仿真正逐渐被数学仿真取代。

最终的考验当然是飞行试验。通过分析飞行试验数据检验并修正数学模型可以获得地面试验无法验证的模型参数，如卫星动力学模型、干扰力矩模型，以及其他在地面试验中难以充分验证的部件数学模型，如推力器在实际温度、压力下的性能参数等。利用这些参数深化控制系统的分析设计并为后续型号的设计提供参数依据。

9.2.2　姿态控制能力

姿态控制技术包括姿态确定和姿态控制两方面内容。测量卫星相对于空间某些已知基准目标（如地球、太阳、恒星）的方位并处理出卫星姿态的过程称为姿态确定。姿态确定一般采用姿态敏感器和相应的数据处理方法，姿态确定的精度取决于数据处理方法和卫星敏感器所能达到的精度。

姿态控制主要包括姿态稳定和姿态机动两方面内容。姿态稳定是指克服内外干扰力矩使卫星的姿态保持在指定空间方位或方向的控制任务，而姿态机动是指卫星从一个姿态过渡到另一个姿态的再定向姿态控制。

9.2.2.1 姿态确定

姿态确定是姿态控制的前提，它的任务是利用星上的姿态敏感器测量所得到的信息，经过适当的处理，求得固联于卫星本体的坐标系相对于空间某参考坐标系中的姿态。姿态确定的输入信息是姿态敏感器的测量数据，输出是卫星的三轴姿态参数。若姿态参数是相对于某个惯性空间中定向的参考坐标系给出的，则称为惯性姿态；若参考坐标系取为当地轨道坐标系，则称为对地姿态。大部分卫星如对地观测卫星、通信广播卫星的有效载荷都要求对地定向，采用对地姿态；也有些卫星（如天文卫星）的有效载荷要求对日或某颗恒星定向，这时采用惯性姿态，姿态确定系统主要由姿态敏感器和相应的信息处理算法即姿态确定算法组成，姿态确定精度取决于姿态敏感器硬件精度和姿态确定算法的精度。

（1）常用坐标系

在讨论卫星的姿态时，首先要定义空间参考坐标系，否则就无从描述卫星的姿态。同时还要定义一个固联于卫星的星体坐标系，两个坐标系的坐标轴之间的角度关系就描述了卫星姿态状况。在实际使用时，仅定义这两个坐标系还不够，因为姿态敏感器的测量轴并不能总是与选定的星体坐标轴一致（例如磁强计测量的磁场方向通常是在地心固联坐标系下描述的），要通过测量坐标系变换才能使星体坐标和空间参考坐标联系起来。此外，为了获得参考天体在某个空间参考坐标系中的方向，还要引用一些辅助坐标系。

①地心坐标系

自然天体和人造卫星的观测以及运动规律的研究，常常基于地心坐标系。地心坐标系的原点在地球质心，常用地心坐标系有地心赤道惯性坐标系和地心赤道旋转坐标系。

地心赤道惯性坐标系（Geocentric Equatorial Inertial Frame）$O_eX_iY_iZ_i$ 也叫地心第一赤道坐标系，简称惯性坐标系（见图 9-12）。X_i 轴在地球赤道平面内，指向赤道与黄道相交线节点（即春分点），Z_i 轴垂直于赤道平面，与地球自转角速度矢量方向一致。对于不同定义和历元时刻，春分点和赤道定义不同，但最常使用的惯性系是 J2000.0 坐标系。

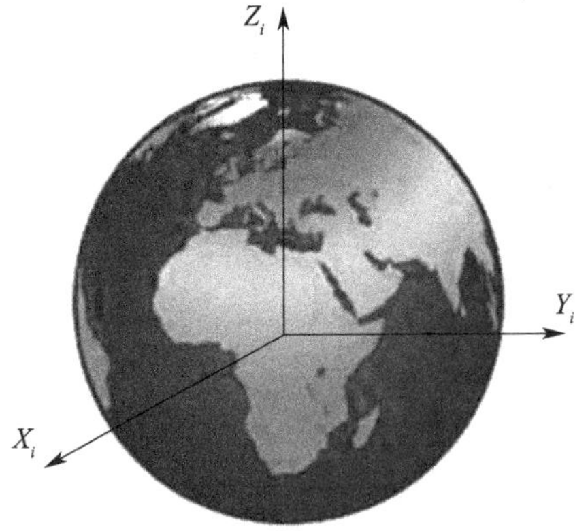

图 9-12 惯性坐标系示意图

地心赤道旋转坐标系（Geocentric Equatorial Rotating Frame）$O_eX_eY_eZ_e$，也叫地心第四赤道坐标系，又称为中心地球固联坐标系（Central Earth-fixed Frame）或地球坐标

系。坐标系 X_e 轴在赤道平面内，指向格林威治（Greenwich）子午线，Z_e 轴垂直于赤道平面，与地球自转角速度方向一致。

②星体坐标系

星体坐标系分为轨道坐标系和卫星本体坐标系。

轨道坐标系 $OX_oY_oZ_o$ 定义如图 9-13 所示，坐标系原点在飞行器质心，Z_o 轴从原点指向地心，X_o 轴在轨道面内与 Z_o 轴垂直指向飞行器速度方向，Y_o 轴沿轨道负法线方向与其余两轴成右手坐标系。

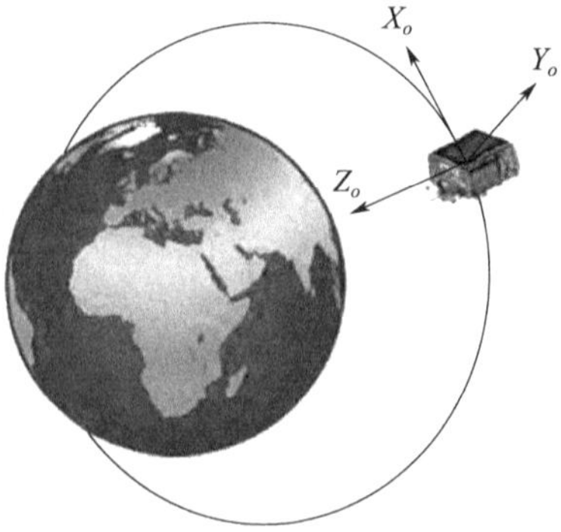

图 9-13　轨道坐标系示意图

卫星本体坐标系 $OX_bY_bZ_b$ 是星体固联坐标系，坐标系原点为星体内某特征点（通常取星体质心），三个坐标轴沿着星体内某特征轴方向成右手正交坐标系。对于对地定向卫星而言，若星体坐标系与轨道坐标系的姿态偏差为零时，星体坐标系的三个坐标轴分别与轨道坐标系的坐标轴重合，可称 X_b 为滚动轴（指向飞行方向）、Y_b 为俯仰轴、Z_b 轴为偏航轴（指向地心）。对于结构复杂的卫星，本体系原点可不取在整星质心处。

（2）姿态描述法

卫星本体坐标轴相对参考坐标系的方向确定卫星的姿态，姿态描述体现为坐标轴方向的物理量，称为姿态描述。常用于描述刚体姿态的方法有欧拉角法、方向余弦式法和四元数法，下面具体介绍这三种最为常用的姿态描述方法。

①欧拉角

工程技术中，希望三个姿态参数具有更简便、更明显的几何意义，并能用姿态敏感器直接测出这些参数，能较方便地求解这些姿态描述的姿态动力学方程。欧拉角就是这种合适的姿态参数。根据欧拉定理，刚体围绕固定点的位移也可以是绕该点的若干有限次转动的合成。欧拉转动中，将参考坐标系转动三次就得到星体坐标系。三次转动中每次的旋转轴是转动坐标系的某一坐标轴，每次的转动角就是欧拉角。

用欧拉角确定的姿态矩阵是三次坐标转换的乘积。绕 XYZ 轴旋转角度 α 的转换矩阵为坐标转换矩阵见式（9-4）

$$\boldsymbol{M}_X(\alpha)=\begin{bmatrix}1 & 0 & 0\\ 0 & \cos\alpha & \sin\alpha\\ 0 & -\sin\alpha & \cos\alpha\end{bmatrix}$$

$$\boldsymbol{M}_Y(\alpha)=\begin{bmatrix}\cos\alpha & 0 & -\sin\alpha\\ 0 & 1 & 0\\ \sin\alpha & 0 & \cos\alpha\end{bmatrix} \tag{9-4}$$

$$\boldsymbol{M}_Z(\alpha)=\begin{bmatrix}\cos\alpha & \sin\alpha & 0\\ -\sin\alpha & \cos\alpha & 0\\ 0 & 0 & 1\end{bmatrix}$$

欧拉角确定的姿态矩阵是三次坐标转换矩阵的乘积，得到的姿态矩阵与转动的次序有关，最为常见的欧拉角是按 3-1-3 和 3-1-2 转序得到的欧拉角，姿态矩阵记为

$$\begin{aligned}\boldsymbol{A}_{ZXZ}&=\boldsymbol{M}_Z(\varphi)\boldsymbol{M}_X(\theta)\boldsymbol{M}_Z(\psi)\\ \boldsymbol{A}_{ZXY}&=\boldsymbol{M}_Y(\theta)\boldsymbol{M}_X(\varphi)\boldsymbol{M}_Z(\psi)\end{aligned} \tag{9-5}$$

欧拉角是应用最为广泛的一种经典的姿态参数，具有明显而又直接的几何意义，维数最少，便于敏感器直接测量。但是，采用欧拉角描述法往往需要大量且复杂的三角函数，存储难、耗时长，最重要的是，其对应某一个角度的奇异问题，旋转顺序不同，奇异角度也不同。因此要准确描述任意的一个卫星姿态，至少需要两组欧拉角。

②方向余弦式

方向余弦式表示卫星本体坐标系和参考坐标系之间的转换关系，方向余弦矩阵为

$$\boldsymbol{A}=\begin{bmatrix}\boldsymbol{A}_{XX} & \boldsymbol{A}_{XY} & \boldsymbol{A}_{XZ}\\ \boldsymbol{A}_{YX} & \boldsymbol{A}_{YY} & \boldsymbol{A}_{YZ}\\ \boldsymbol{A}_{ZX} & \boldsymbol{A}_{ZY} & \boldsymbol{A}_{ZZ}\end{bmatrix} \tag{9-6}$$

利用方向余弦的方法可以表示任一本体坐标轴的单位矢量在参考坐标系中可以表示为

$$\boldsymbol{x}_b=\boldsymbol{A}_{XX}x_\gamma+\boldsymbol{A}_{XY}y_\gamma+\boldsymbol{A}_{XZ}z_\gamma \tag{9-7}$$

方向余弦组成的矩阵为姿态矩阵，利用姿态矩阵可以确定卫星本体姿态在参考坐标系中的值。姿态矩阵是计算卫星姿态以及坐标转换中非常重要的概念。方向余弦矩阵的 9 个元素满足 6 个约束方程，分别为 3 个余弦关系约束和 3 个正交特性约束。

③四元数

四元数描述法是另外一种常用于描述刚体运动的方法，可以表示为

$$\boldsymbol{Q}=[q_0\quad \boldsymbol{q}]^{\mathrm{T}}=[q_0\quad q_1\quad q_2\quad q_3]^{\mathrm{T}}=\left[\cos\frac{\varphi}{2}\quad e_x\sin\frac{\varphi}{2}\quad e_y\sin\frac{\varphi}{2}\quad e_z\sin\frac{\varphi}{2}\right]^{\mathrm{T}} \tag{9-8}$$

式中，q_0 是标量，表征欧拉转角大小；$\boldsymbol{q}$ 是矢量，表征欧拉轴的方向。单位四元数满足约束条件 $q_0^2+\boldsymbol{q}^{\mathrm{T}}\boldsymbol{q}=1$，用四元数方法表示的姿态矩阵可以表示为

$$\boldsymbol{A}=\begin{bmatrix}q_1^2-q_2^2-q_3^2-q_0^2 & 2(q_1q_2+q_3q_0) & 2(q_1q_3-q_2q_0)\\ 2(q_1q_2-q_3q_0) & -q_1^2+q_2^2-q_3^2+q_0^2 & 2(q_2q_3+q_0q_1)\\ 2(q_1q_3+q_0q_4) & 2(q_2q_3-q_0q_1) & -q_1^2-q_2^2+q_3^2+q_0^2\end{bmatrix} \tag{9-9}$$

姿态角很小（小于 5°）时，四元数和欧拉角有简单直接的换算关系。与欧拉角相比，四元数避免了奇异问题，没有复杂的三角运算，更利于存储和运算，在商业卫星姿轨控分系统中应用更为广泛。

（3）姿态确定算法

描述卫星姿态最一般的模式是姿态矩阵，它是星体坐标与定义姿态的参考坐标之间的转移矩阵。而姿态敏感器的输出一般来说并不能直接用来描述卫星的姿态，且带有测量误差。姿态确定的基本思想是：根据参考目标的矢量测量，比较同一参考矢量在两个坐标系中的方向，求解观测方程，得出姿态矩阵。所谓姿态确定算法就是对姿态敏感器的测量信息进行处理，通过某种算法滤波或估计出星体的姿态。姿态确定方法基本可分为参考矢量法、惯性测量法及状态估计法。

①参考矢量法和惯性测量法

这两种方法均为确定性方法，其基本原理相似，不同的只是两者的参考坐标系的取法不相同：前者的参考坐标系取自星体外某一参考物体，后者参考坐标来自星体内部建立的惯性基准。卫星姿态敏感器测量值往往是某参考目标的方向矢量，例如恒星矢量、太阳矢量、地磁场矢量等。矢量观测方程可描述为

$$\boldsymbol{A}\boldsymbol{V}_i=\boldsymbol{U}_i \quad i=1,2,\cdots,n \tag{9-10}$$

其中，$\boldsymbol{V}_i$ 表示一组参考目标在参考坐标系下的单位矢量，$\boldsymbol{U}_i$ 表示对同一参考目标在星体坐标系中的观测矢量，$\boldsymbol{A}$ 就是星体坐标系相对参考坐标系的姿态矩阵。确定性方法就是如何只根据一组矢量测量值，求出星体的姿态矩阵 $\boldsymbol{A}$ 。

确定性方法的研究重点是如何针对合适的姿态参数，设计最优化算法，使估计精度更高，估算速度更快。确定性方法的优点是无需姿态的先验知识，有明确的物理或几何上的意义，但它只能够估计姿态，原则上很难克服参考矢量的不确定性对姿态确定精度的影响。对于三轴稳定卫星来说，当只有一个矢量测量时，所有的确定性方法都无法测出卫星的三轴姿态。

各种惯性导航系统中姿态信息就是根据这个原理获得的。高速旋转的陀螺转子轴具有对惯性空间稳定定向的特性，此转子所具有的角动量矢量可作为星体的内部基准，陀螺对星体相对于惯性空间的姿态运动敏感，故称其为惯性姿态测量敏感器。

假设星体坐标系的三个坐标轴上分别安装了一个单轴陀螺，能够测量星体角速度矢量在这三轴上的分量，那么通过初始的星体姿态四元数就可以进行数值积分，计算得到后续任意时刻星体相对于惯性系的姿态四元数信息。

惯性测量姿态确定方法的优点是：在已知初始姿态及参考坐标相对惯性空间的姿态的条件下，在一段时间内，可以不需外部参考矢量的测量，星上自主确定姿态。通常惯性姿态敏感器在短期使用时积分误差小，具有较高的精度，且噪声也小，因此常用于姿态机动及外部参考矢量不可测量时的姿态确定。其缺点是：1）需要知道初始姿态；2）若积分时间较长，陀螺漂移所引起的姿态确定误差增大；3）若参考坐标系为非惯性参考系，则还需要计算参考系相对于惯性系的姿态运动等。

在实际应用中，常常把惯性测量姿态确定和外部参考矢量姿态确定结合起来，每一采样间隔内用惯性测量，每隔一定时间间隔用外部参考矢量测量来修正用惯性测量所获得的姿态，并用它来估计陀螺的漂移，以提高惯性测量的精度。

②状态估计法

状态估计法是通过建立状态量变化的状态方程及观测方程，应用某种估计算法，根据观测信息估计出状态量，并成为一定准则下的最优估计。在卫星姿态确定中，结合卫星姿态动力学或运动学模型，建立星体姿态变化的方程，根据一个时变的矢量测量来估计星体姿态（只需要一个测量值即可）。同时，观测量的一些不确定因素，如敏感器偏差、对准误差等，也可以作为状态变量进行估计。这样，在一定程度上能够消除某些测量不确定因素的影响，提高姿态确定精度。

常规的状态估计方法如卡尔曼滤波法（Kalman Filter，KF）已广泛应用于多个领域，包括信号降噪、跟踪运动目标、线性或非线性控制等。卡尔曼滤波法的本质特征是采用状态空间法描述系统模型，它与实际动态系统的误差可分为过程噪声误差和模型误差。过程噪声误差通常采用已知其协方差的零均值高斯过程来表示，例如陀螺漂移误差模型可用于随机游走过程表示。而模型误差通常是不确切知道的，一般也假设为零均值高斯过程。对于非线性系统或非静态过程，高斯模型误差的假设可能导致严重的估计误差。广义卡尔曼滤波法（Extended Kalman Filter，EKF）是广泛应用的一种非线性滤波法，其本质特性是应用模型及输出方程的一阶泰勒级数展开式，然后应用线性滤波的方法，其模型误差同样也假设为已知的高斯过程。此外，如二阶非线性滤波法、二步滤波法等，本质上都是将非线性系统线性化后，再应用常规线性滤波法，只是尽量减小线性化过程的误差，以提高估计精度。

状态估计法的优点是适用于单个或多个测量值的情况，且被估计的状态不仅是姿态参数，还可以包括某些系统误差，提供统计意义上的最优估计。因此，在需要高精度定姿的情况下，一般采用状态估计法。

状态统计理论在姿态确认中得到成功应用是由于姿态测量数据具备以下特点：

1）数据量大，每一采样周期（常常是秒的数量级）姿态敏感器即可提供一组姿态测量数据；

2）数据有冗余，可能有多种敏感器提供不同形式的带有误差的测量数据；

3）不同姿态敏感器的测量数据可能有不同误差特性，如红外地球敏感器具有较大的高频随机噪声，而陀螺则具有较大的常值漂移分量，但高频随机噪声分量很小；

4）有些卫星的姿态变化规律或者说姿态动力学特性相当简单，比如自旋卫星，当章动角很小时，可以假设其自旋轴的指向（在适当时间区间内）是不变的，转速也是不变的，这为根据模型进行姿态预估提供了条件。

9.2.2.2 姿态控制

姿态控制器根据目标姿态与姿态确定解算出的估计姿态之差得到姿态误差信号，按照某种控制规律形成控制指令，经放大后驱动执行机构产生控制力矩，减小姿态误差，使其稳定到指定目标姿态上。

(1) 姿态稳定

姿态稳定从控制原理上可以简单分为自旋稳定和三轴稳定两种方式。

①自旋稳定

许多早期发射的卫星都采用自旋稳定的方式来稳定姿态。这种姿态稳定方式的优点是简单和抗干扰能力强，当卫星受到环境恒定干扰力矩作用时，其自旋轴以等速漂移，而不是加速漂移。此外自旋稳定能减小推力偏心影响，例如地球静止轨道卫星采用远地点变轨固体发动机，因其干扰力矩大，在远地点点火时的姿态通常采用自旋稳定。

自旋稳定卫星的陀螺定轴性使其自旋轴的方向在惯性空间固定，但不具有控制自旋速度和使自旋轴进动的能力，通常需要使用主动控制系统来调整卫星的姿态和自旋速度，以抵消扰动力矩的影响或使自旋轴机动到预定的姿态。另外，还需要对章动进行阻尼，消除卫星自旋轴的章动。

②三轴稳定

三轴稳定卫星姿态控制系统是一个多输入多输出耦合的不确定非线性系统，姿态控制系统普遍存在几类实际问题：转动惯量参数不确定性问题、干扰力矩抑制问题、控制输入饱和问题等。近年来，国内外学者针对这些问题展开了广泛研究，随着非线性控制的发展，许多非线性方法已被用来解决姿态控制系统中存在的各种问题。PID 控制方法是最经典的卫星姿态控制方法，基于 Lyapunov 理论的控制方法是分析闭环系统稳定性的主要方法之一，另外滑模变结构控制方法也是一种常用的非线性控制方法。

小卫星任务及其姿态要求决定了主动姿态控制的需求。对于特定的姿态指向和稳定要求，主动姿态控制也有不同的方式。简单的滚转控制模式可以以最低的硬件和电源要求来实现。稳定的姿态（滚转、俯仰和偏航角度控制到一个恒定的姿态）可以使用动量轮实现，而全三轴控制有能力执行命令的回转机动，这对体积、质量和动力资源的要求最为苛刻。

(2) 姿态机动

姿态机动任务通常包括以下几个具体概念。

1) 定向：指卫星的本体或附件（如太阳能电池阵、观测设备、天线等）以单轴或三轴按一定精度保持在给定的参考方向上。此参考方向可以是惯性的，如天文观测；也可以是转动的，如对地观测。由于定向需要克服各种空间干扰以保持在参考方向上，因此需要通过控制加以保持。

2) 再定向：指卫星本体从对一个参考方向的定向改变到对另一个新参考方向的定向。再定向过程是通过连续的姿态机动控制来实现的。

3) 捕获：又称为初始对准，是指卫星由未知不确定姿态向已知定向姿态的机动控制过程。如卫星入轨时，星箭分离，卫星从旋转翻滚等不确定姿态进入对地对日定向姿态；又如卫星运行过程中因故障失去稳定后的重新定姿等。为了使控制系统设计更为合理，捕获一般分粗对准和精对准两个阶段进行。

4）跟踪：指卫星本体或附件保持对活动目标的定向。

5）搜索：指卫星对活动目标的捕获过程。

从上述概念可知，定向属于姿态稳定问题，而再定向和捕获则属于姿态机动问题。姿态稳定要求控制系统在卫星的整个工作寿命周期中进行工作，这种控制一般是长期而持续的，所要求的控制力矩较小。姿态机动一般是一个短暂的过程，需要较大的控制力矩，使姿态在较短的时间内发生明显的改变。由于这两种姿态控制的目标有显著差别，所以这两种控制在工程上所基于的系统结构也不同。除卫星本身的姿态控制外，为完成空间任务有时还需要对卫星某些分系统进行局部指向控制，如要求对能源分系统的太阳电池阵进行对日定向控制，对通信分系统的天线进行对地或对其他卫星定向控制等。

9.2.3 轨道控制能力

作为航天领域的成熟理论，从地面定轨到星上定轨，从单航天器控制到集群编队控制，轨道确定和控制技术得到了广泛的应用。近年来，大型商业卫星星座计划的不断提出越发突显了轨道确定与控制分系统（ODCS）的重要性。无论是用于地球观测、大气测量、侦察还是灾难管理，均需要轨道确定与控制来支持卫星在轨机动和特定位置的任务执行。

9.2.3.1 轨道确定

轨道确定是从观测数据中重建航天器轨迹的过程，一般可以分为初始轨道确定与轨道估计两部分。前者是从少量观测数据中确定轨道要素的过程，后者则充分利用大量观测数据通过数据计算的方法获得航天器轨道。对于商业卫星，当轨道两行根数（Two Line Elements，TLE）不可用时（如火箭刚释放卫星时），需要进行初轨确定。而轨道估计在剩余的所有任务剖面内都很重要，尤其是对于任务与自身轨道相关的卫星。

轨道确定的方法可以分为地面定轨和在轨定轨。通常多个地面站会在航天器入轨后对其进行跟踪，并提供轨道估计值。但在某些情况下，考虑到地面可见性、轨道精度、卫星瞬时运动等因素，卫星任务可能需要进行在轨定轨。总的来说，根据测量数据的不同，可以采用不同方法进行轨道确定。

(1) 地面定轨

商业卫星最简单且常用的定轨方法是直接使用数值计算方法递推轨道星历，北美航空航天防御司令部（NORAD）提供的 TLE 参数是目前最为广泛使用的星历数据。TLE 包含了大量卫星及在轨物体数据，考虑了大气阻力影响，能与 SGP-4、SDP-4 在内的多种轨道递推模型兼容。对于 3U 的立方星，NORAD 提供 TLE 参数定轨精度约为 1 km，递推发散速率约为每天 1～2 km。而 Planet Labs 的立方星遥感星座，则使用了无线电射频测距以获得更准确的 TLE 参数。

TLE 轨道参数可以在地面递推也可以在轨递推。星上定轨包括一个能持续计算轨道模型的计算机和一个接收更新星历数据的无线电接收装置。因此当星上不需要轨道信息，或可以接受每次经过地面站注入轨道时，可以考虑在地面递推轨道以节省星上资源。

地面跟踪定轨方法，还有雷达定轨和光学测角定轨两种方法。

（2）在轨定轨

在轨通常使用 GNSS 进行轨道确定，目前市场上的货架 GNSS 接收机有双频和多星接收机两种。但部分产品厂商对产品在空间使用做了动态性能和高度的限制，因此需要对 COTS 接收机进行额外改装。接收机在轨接受 GNSS 的初始数据后，经过在轨数据处理即可获得高精度的轨道。GNSS 信号的主要误差源包括时钟偏差、电离层和对流层误差以及多路径误差，其中一些误差可以通过适当的算法处理或采用差分 GNSS 消除。

另一种在轨轨道确定方法是使用光学导航，即通过相机确定卫星相对某些已知物体的位置。如果相对位置信息在卫星本体坐标系下测量，则还需要使用如星敏感器等确定航天器在惯性系下的位置。光学导航的优势在于其可用于目标交会对接和飞越任务。

此外，有时候不需要计算航天器在绝对坐标系中的位置。例如，两颗星使用主从配置，一颗星使用地面或 GNSS 接收机进行高精度定轨，第二颗星轨道基于第一颗星位置确定。目前，立方星任务提出了这种使用星间链路的思路：RANGE 任务使用星上激光测距实施编队飞行；AAReST 任务使用激光敏感器进行相对导航并将立方星组成可重构的太空望远镜。

（3）轨道确定算法

轨道确定最早可以追溯到 19 世纪高斯提出的初轨确定算法。为了获得六个轨道要素，需要六个观测参数（常选用两个三维的位置矢量）。尽管这些基于几何关系的算法对测量噪声和模型不确定性非常敏感，但依然可以用于初轨确定。

轨道估计通常依赖于大量测数据，通过数值计算算法（比如批处理或递推算法）来消除噪声和不确定性带来的影响。批处理算法基于最小方差估计原理，通常用于地面初轨确定。由于实时生成结果，并且消耗计算资源有限，递推算法则更有可能用于星上。Kalman 滤波是递推轨道确定算法的常用基准框架。

不管是批处理还是递推算法，轨道估计问题都可以表示为对状态变量 x 的最优估计

$$(\boldsymbol{x})^2=[\boldsymbol{r}(t)\quad \boldsymbol{v}(t)\quad \boldsymbol{p}]^{\mathrm{T}} \tag{9-11}$$

式（9-11）中，$\boldsymbol{r}(t)$ 和 $\boldsymbol{v}(t)$ 分别是卫星的位置和速度矢量，$\boldsymbol{p}$ 是卫星的影响参数（比如弹道系数或 GNSS 接收机偏移）。时变状态 $\boldsymbol{x}$ 可以表示为一个非线性方程

$$\dot{\boldsymbol{x}}(t)=f(t,x) \tag{9-12}$$

观测量 $\boldsymbol{z}$ 则可以用另一个包含测量噪声 $\boldsymbol{v}$ 的非线性方程表示

$$\boldsymbol{z}(t)=\boldsymbol{h}(t,x)+\boldsymbol{v}(t) \tag{9-13}$$

至此，基于轨道状态方程和观测方程，本节分别对批处理估计和滤波算法进行讨论。

①批处理估计

最常用的批处理估计方法是加权最小二乘法，其核心思想是找到时刻 t_0，令 $\boldsymbol{x}_0=\boldsymbol{x}(t_0)$，使得对于给定观测量 $\boldsymbol{z}$ ，二次型代价函数最小。

$$\boldsymbol{J}(\boldsymbol{x}_0)=[\boldsymbol{z}(t_0)-\boldsymbol{h}(t_0,\boldsymbol{x})]^{\mathrm{T}}[\boldsymbol{z}(t_0)-\boldsymbol{h}(t_0,x)] \tag{9-14}$$

定义理想轨迹 $\boldsymbol{h}$ 的雅各比矩阵为 $\boldsymbol{H}$ ，则有

$$\boldsymbol{H}=\frac{\partial \boldsymbol{h}(t_0,\boldsymbol{x})}{\partial \boldsymbol{x}_0}\Big|_{\boldsymbol{x}_0=\boldsymbol{x}_0^{ref}} \tag{9-15}$$

令 $\Delta \boldsymbol{x}_0 = \boldsymbol{x}_0 - \boldsymbol{x}_0^{ref}$，$\Delta \boldsymbol{z}_0 = \boldsymbol{z}(t_0) - \boldsymbol{h}(\boldsymbol{x}_0^{ref})$，则代价函数可以重写为差分形式

$$\boldsymbol{J}(\Delta \boldsymbol{x}_0) = (\Delta \boldsymbol{z}_0 - \boldsymbol{H}\Delta \boldsymbol{x}_0)^{\mathrm{T}}(\Delta \boldsymbol{z}_0 - \boldsymbol{H}\Delta \boldsymbol{x}_0) \tag{9-16}$$

因为代价函数在雅各比函数导数为 0 处最小，最小二乘解为

$$\Delta \boldsymbol{x}_0^{lsq} = (\boldsymbol{H}^{\mathrm{T}}\boldsymbol{H})^{-1}(\boldsymbol{H}^{\mathrm{T}}\Delta \boldsymbol{z}_0) \tag{9-17}$$

观测量不能保证一样的精度，可以通过对噪声方差归一化来为其加权。定义矩阵 $\boldsymbol{S} = \mathrm{diag}(\sigma_1^{-2}, \cdots, \sigma_n^{-2})$，加权最小二乘解为

$$\Delta \boldsymbol{x}_0^{wlsq} = (\boldsymbol{H}^{\mathrm{T}}\boldsymbol{S}\boldsymbol{H})^{-1}(\boldsymbol{H}^{\mathrm{T}}\boldsymbol{S}\Delta \boldsymbol{z}_0) \tag{9-18}$$

②滤波算法

实时量测处理需要使用序列算法，在众多可选的算法中，卡尔曼滤波算法提供了基于含噪测量数据的实时递推估计。KF 算法由预测、修正两部分组成，基于式（9－12）的状态方程对当前状态 $\vec{x}$ 和估计误差协方差 P 进行递推预测，基于对含噪测量与估计状态之差加权修正估计状态和协方差。

原始的 KF 算法只适用于线性系统，对于如轨道估计这样的非线性应用，需要更多先进的算法，扩展卡尔曼滤波（EKF）算法正是在阿波罗计划中为此开发的。EFK 的主要特征是在每个时间步长上对状态方程进行线性化近似，然后如 KF 一样对协方差举证进行递推。为了提高 EFK 的鲁棒性和精度，还发展出了其他一些非线性算法。无迹卡尔曼滤波（Unscented Kalman Filter，UKF）使用有限个数的状态空间来递推非线性方程，避免了 EKF 线性化近似带来的误差。粒子滤波（Partial Filter，PF）是基于概率的估计器，其实质是蒙特卡洛信号处理的递推算法实现。这两种算法的缺点是通常都比 EKF 更消耗计算资源。随着星上计算机处理能力的提升，在轨也有使用这两种算法的可能。

上述提到的算法的方程均在相关资料中有了详细描述，不做赘述。本节主要介绍在使用滤波器确定轨道过程中的具体问题。一个最重要的问题与滤波选用的模型类型相关，即选用纯运动学方程、纯动力学方程还是简化动力学方程的问题。运动学方程不需要显含受力，但对于测量噪声非常敏感。动力学方程实现有一定难度，尤其对于低轨卫星，气动力等扰动力很难建模。相比之下，简化的动力学方程也许是最实用的。通过滤波器的过程噪声协方差矩阵 $\boldsymbol{Q}$，干扰可以用加速度经验公式建模。

矩阵 $\boldsymbol{Q}$ 是 KF 算法中最重要的一个可调参数，因为其表征了模型的不确定度。近年来，商业卫星结构虽然有标准化设计的趋势，但其动力学模型中的大气阻力、三体引力、太阳光压等扰动依然很难建模。实际上，对这些扰动建模还会带来相当的计算负担。更简单的方式是用 $\boldsymbol{x}(t) = [\boldsymbol{r}(t) \quad \boldsymbol{v}(t)]^{\mathrm{T}}$ 表示运动方程，将扰动影响表示为噪声模型 $\boldsymbol{Q}$

$$\boldsymbol{Q} = \int_0^{T_s} \boldsymbol{\Phi}(\eta)\Omega\boldsymbol{\Phi}^{\mathrm{T}}(\eta)\mathrm{d}\eta \tag{9-19}$$

式（9－19）中，$\boldsymbol{\Phi}$ 是模型的状态转移矩阵，T_s 是量测的采样时间，Ω 表征了动力学中的噪声干扰。对于简单的位置速度状态，模型的噪声只考虑扰动加速度，则 Ω 可以定义成

$$\Omega = q_0 \begin{bmatrix} 0 & 0 \\ 0 & 1 \end{bmatrix} \tag{9-20}$$

最终，矩阵 $\boldsymbol{Q}$ 可以表示为

$$\boldsymbol{Q}=q_0\begin{bmatrix}\dfrac{T_s^3}{3} & \dfrac{T_s^2}{2}\\ \dfrac{T_s^2}{2} & T_s\end{bmatrix} \tag{9-21}$$

通过给定合适的 q_0 值，算法中可以引入未建模扰动的影响。

9.2.3.2　轨道控制

轨道控制即改变航天器的轨迹的过程，在此过程中，通常要消耗推进剂。根据任务目标的不同，轨道要素改变、抬升轨道、离轨、编队控制、位置保持等需要采用不同的控制方法。

（1）轨道控制方法

出于资源约束和任务需求的考虑，早期部分商业卫星并不进行轨道控制。但对于未来的大量商业卫星星座计划，轨道控制必不可少。轨道控制方法可以分为主动和半主动控制：前者直接消耗星上能源来改变卫星动量，后者则利用各种环境力间接改变轨道。

对于大部分航天器，轨道控制是由某种推进（如化推、电推）系统完成的。但对于小型化的商业卫星，推进系统还需要考虑到更多的限制和约束。若卫星采用搭载方式发射，运载通常会出于安全考虑，严格限制搭载星化学推进剂数量和加压罐的加注程序。这种情况下，搭载卫星通常只能选择冷气或者电推作为推进系统。

另一方面，一些无推进器的轨控方法成为传统推进系统的替代，比较有代表性的是利用太阳帆、气动力差分进行轨控。太阳帆轨控的原理是通过收集太阳发出的光子来产生推力，这种方法为了保证足够的动量改变量必须设计足够大的太阳帆。而气动力差分则是通过调整卫星姿态来改变卫星迎风面积，并以此保证足够的气动力进行轨控。气动力轨控可以用于同一轨道面的卫星轨道调相，Planet Labs 就采用了这种方法。

（2）机动

轨道机动可以分为面内和面外两种机动。面内机动通过与卫星轨迹相切和垂直两个方向的力完成，并最终改变轨道的半长轴 a 、偏心率 e 和近地点幅角 ω 。对于大部分商业卫星，面内机动通常是指轨道高度抬升和降低，具体取决于离轨及寿命延长等任务需要的半长轴。

改变卫星的速度可以改变轨道半长轴，根据活力公式，椭圆轨道上的轨道速度为

$$v=\sqrt{\mu\left(\frac{2}{r}-\frac{1}{a}\right)} \tag{9-22}$$

对公式两边进行微分，则速度增量与半长轴改变量的关系为

$$\Delta v=\frac{\mu}{2va^2}\Delta a \tag{9-23}$$

椭圆轨道速度不是常量，近地点处轨道速度最大，此处使用最少的速度增量可以获得最大的半长轴改变量。

当速度增量沿着卫星速度方向瞬间施加，在推力器工作后，轨道半长轴瞬间改变，卫星转移至另一条轨道运行。最简单的轨道转移的例子是在两个圆轨道之间的霍曼转移，如

图 9－14 所示。在 1 点处施加脉冲速度增量 Δv_1，卫星从初始圆轨道转移到椭圆轨道的近地点；当卫星沿着椭圆轨道运行到远地点时施加第二次脉冲速度增量 Δv_2，卫星进入目标圆轨道的 2 点。类似的还有双抛物线转移、双椭圆转移、多脉冲霍曼转移等。以速度增量最小作为性能评价标准，则这些方法的优劣取决于始末轨道的半径比值。当 $r_2/r_1 \leqslant 11$ 时，霍曼转移性能最优。

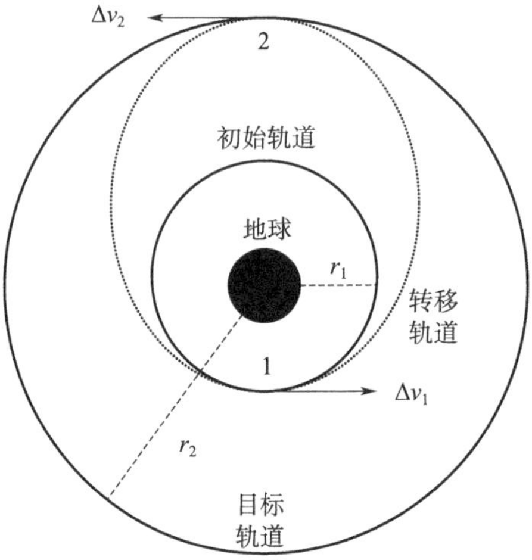

图 9－14　霍曼转移示意图

面外机动通过垂直于轨道面的速度增量完成，最终将改变轨道的轨道倾角，如图 9－15 所示，面外机动所需的速度增量可以通过简单的几何关系计算

$$\Delta v = 2v\sin\frac{\Delta i}{2} \tag{9-24}$$

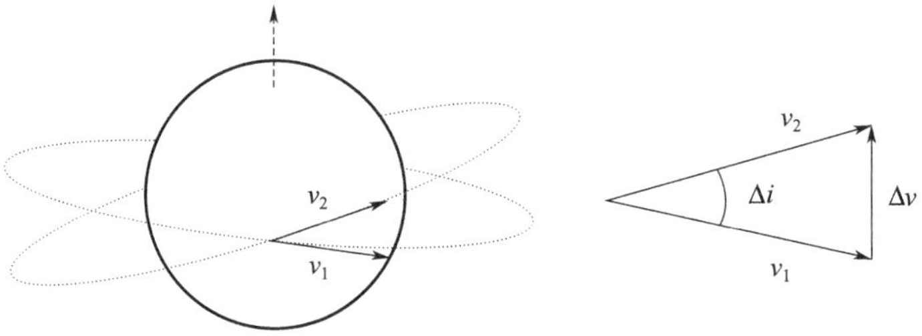

图 9－15　轨道面改变示意图

（3）轨控实施

上述计算的速度增量可以视作对于推进系统的控制指令，但实际在实施这些控制指令时还需要考虑更多细节。从任务计划的角度来看，必须考虑航天器在轨可用的推进剂是有限的。首先，提前确定整个任务剖面内需要的推进剂总量至关重要。其次，只有在对实际轨道状态了解程度足够时才能得到一定精度的速度增量计算值。最后，考虑推进有限推力和时延的特性，实际轨控并不能做到脉冲变轨。另外由于未建模因素、性能退化、控制精度等因素，任何推进系统都存在轨控误差。

速度增量可以通过一系列的推进点火完成，忽略质量变化，则动力学第二定律可以写成

$$f\Delta t = m\Delta v \tag{9-25}$$

式中，f 为推进的总推力，Δt 为总推进时间，m 为航天器质量。以多脉冲霍曼变轨对实际变轨进行近似，则有

$$\sum_i f_i \Delta t_i = m\sum_i \Delta v_i \tag{9-26}$$

推进工作状态与推进系统相关：电推进点火时间很短，每次可以工作很长时间；而另一些推进系统则单次可工作时间相对较短。在经过一次点火后，通常需要地面轨控人员对卫星状态进行检查以便在后续机动中修正误差。对于轨道精度时间要求更高的情况下，这种开环策略可能不足以完成任务。与之相对，星上轨控方法对指令和控制力之间进行传递函数建模，将星上加速度计测量值作为控制反馈，通过计算指令与实际推力之间的误差完成推进系统的控制闭环。

总的来说，选择哪种轨道确定和控制方法需仔细考虑任务需求。

9.3　姿态稳定与控制算法

星上控制方法需要由卫星执行任务及所需姿态性能指标决定。自旋稳定对硬件和功耗的要求最小，单动量轮加重力梯度稳定可以实现对地三轴稳定的需求，三轴轮控需要更多的体积、质量和功耗资源，但可以实现三轴的机动能力。表 9－2 列出了姿控分系统（ADCS）常见的性能指标要求和对应的定义。

表 9－2　常见 ADCS 性能指标

性能指标	定义
姿态确定精度	卫星估计姿态和真实姿态之间的误差
姿态确定范围	满足确定精度的卫星角运动范围
指向精度	卫星控制姿态与期望指向间的误差
指向范围	满足指向精度的卫星角运动范围
运行条件	姿态控制所需的轨道条件，如地影/阳照等
稳定度	姿态稳定情况下卫星最大的姿态角速度
机动能力	对于快速机动任务所需要的最小机动角速度
姿态漂移	卫星的低频慢速运动限制
部署时间	完成姿态和姿态角速度指令允许的最大时间

早期卫星由于星上资源约束，常使用被动控制方法，如利用星上永磁铁跟踪当地磁场方向；利用重力梯度力矩将卫星细长轴指向天顶/天底方向；利用气动力矩将 CoP－CoM 矢量（气动压心指向卫星质心的矢量）指向卫星速度方向等。这些被动控制方法虽然能通过黏性液体环/管等阻尼器抑制相关体轴的章进动振荡，但稳定轴的旋转速率需要通过配

置主动姿态控制器进行控制。

近年的商业卫星，包括通信卫星和遥感卫星均采用三轴稳定控制，仅有少量科学探测型卫星还使用被动控制。本节对重力梯度稳定控制和双自旋稳定控制进行简要分析，重点介绍三轴稳定控制算法，并对姿轨控分系统的新技术发展趋势进行展望。

9.3.1 重力梯度稳定

重力梯度稳定原理是利用航天器各质量单元在地球重力场中所受的引力差对航天器质心产生恢复力矩，使得航天器的最小惯量轴指向引力中心稳定。如图 9－16 所示，哑铃状卫星可以简化为无质量杆和杆两端的集中质量块（即主星和梯度杆配重），当杆不平行于地垂线方向时，F_1 和 F_2 对整星质心的合力矩使得杆向地垂线方向靠近。

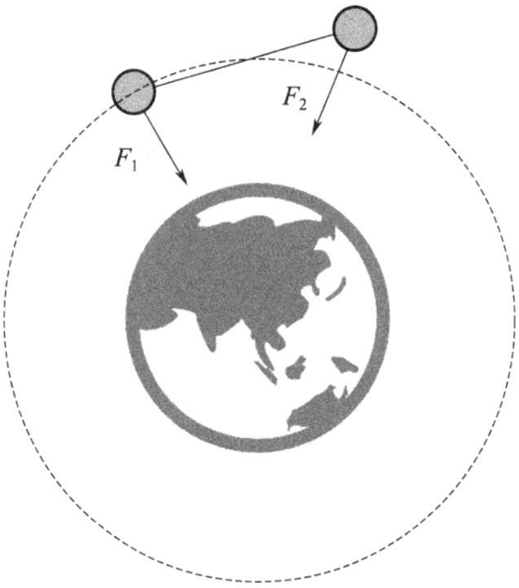

图 9－16　重力梯度稳定示意图

9.3.1.1 *动力学方程*

重力梯度力矩在卫星本体系下的一般公式为

$$T_{gb} = \frac{3\mu}{r^2} k_{ob}^{\times} I_b k_{ob} \tag{9-27}$$

多数商业卫星运行在圆及近圆轨道上，基于小角度假设，忽略整星惯性积，式（9－27）简化为

$$\begin{cases} T_{gbx} \approx -3\omega_0^2 (I_y - I_z) \\ T_{gby} \approx -3\omega_0^2 (I_x - I_z) \\ T_{gbz} \approx 0 \end{cases} \tag{9-28}$$

对于早期轴对称卫星，转动惯量 $I_x = I_y$，卫星本体 x 轴和 y 轴受到等大的重力梯度力矩。假定卫星横向转动惯量 $I_x = 3\ \mathrm{kg \cdot m^2}$，$I_z = 6\ \mathrm{kg \cdot m^2}$，则在 600 km 高度的圆轨道上，轨道角速度约为 0.06（°）/s，卫星 x 轴受到的重力梯度力矩大小约为 0.01 N・m，一个轨道周期将在卫星 x 轴累计约 0.06 N・m・s 的角动量。

以姿态角表示卫星的姿态动力学方程为

$$\begin{cases} I_x\ddot{\varphi} + 4\omega_0^2(I_y - I_z)\varphi + \omega_0 J\dot{\psi} = T_{\mathrm{dx}} \\ I_y\ddot{\theta} + 3\omega_0^2(I_x - I_z)\theta = T_{\mathrm{dy}} \\ I_z\ddot{\psi} + \omega_0^2(I_y - I_x)\psi + \omega_0 J\dot{\varphi} = T_{\mathrm{dz}} \end{cases} \tag{9-29}$$

式中，$J = I_y - I_z - I_x$ 。

由式（9－29）可知，单纯的被动稳定重力梯度卫星稳定条件为 $I_y > I_x > I_z$ ，卫星只需配置细长型的梯度杆即可满足这种惯量分布。一般来说，卫星在火箭主动段收紧梯度杆以节省空间，入轨后通过伸杆过程改变整星惯量分布；同时，为了避免星上电磁环境对磁强计测量的干扰，可以将磁强计安装在梯度杆远离平台端。

需要指出的是，由于重力梯度稳定的稳定性不好，通常卫星会额外设计控制算法提高稳定性和姿态控制精度，本节仅以磁力矩器作为执行机构控制为例。

9.3.1.2　欧拉角 PD 控制

卫星未配备动量交换装置时，姿态动力学方程为

$$\boldsymbol{I}\dot{\boldsymbol{\omega}} + \boldsymbol{\omega} \times \boldsymbol{I}\boldsymbol{\omega} = \boldsymbol{T}_c + \boldsymbol{T}_g + \boldsymbol{T}_d \tag{9-30}$$

考虑轨道角速度 ω_0 较小，卫星的滚动/偏航通道与俯仰通道互相解耦，可设计 PD 控制算法

$$\boldsymbol{T}_c = -K_p\boldsymbol{\alpha} - K_d\dot{\boldsymbol{\alpha}} \tag{9-31}$$

式（9－31）中，$\boldsymbol{\alpha} = [\varphi \quad \theta \quad \psi]^{\mathrm{T}}$ 。比例增益 K_p 通常设置比微分增益 K_d 小 2～3 个数量级。

根据叉积分配原理，磁力矩器输出为

$$\boldsymbol{M} = \frac{\boldsymbol{B} \times \boldsymbol{T}_c}{|\boldsymbol{B}|^2} \tag{9-32}$$

将式（9－32）和式（9－31）代入式（9－30），则卫星欧拉角形式的动力学方程改写成

$$\begin{cases} I_x\dot{\varphi} + 4\omega_0^2(I_y - I_z) + \dfrac{B_{by}^2 + B_{bz}^2}{|B_b|^2}(k_\varphi\varphi + k_{\dot{\varphi}}\dot{\varphi}) - \dfrac{B_{bx}B_{by}}{|B_b|^2}(k_\theta\theta + k_{\dot{\theta}}\dot{\theta}) \\ -\dfrac{B_{by}B_{bz}}{|B_b|^2}(k_\psi\psi + k_{\dot{\psi}}\dot{\psi}) + \omega_0 J\dot{\psi} = T_{\mathrm{dx}} \\ I_y\ddot{\theta} + 3\omega_0(I_x - I_z)\theta + \dfrac{B_{bx}^2 + B_{bz}^2}{|B_b|^2}(k_\theta\theta + k_{\dot{\theta}}\dot{\theta}) - \dfrac{B_{bx}B_{by}}{|B_b|^2}(k_\varphi\varphi + k_{\dot{\varphi}}\dot{\varphi}) \\ -\dfrac{B_{bx}B_{bz}}{|B_b|^2}(k_\psi\psi + k_{\dot{\psi}}\dot{\psi}) = T_{\mathrm{dy}} \\ I_z\ddot{\psi} + \omega_0^2(I_y - I_x)\psi + \dfrac{B_{bx}^2 + B_{by}^2}{|B_b|^2}(k_\psi\psi + k_{\dot{\psi}}\dot{\psi}) - \dfrac{B_{bx}B_{bz}}{|B_b|^2}(k_\varphi\varphi + k_{\dot{\varphi}}\dot{\varphi}) \\ -\dfrac{B_{by}B_{bz}}{|B_b|^2}(k_\theta\theta + k_{\dot{\theta}}\dot{\theta}) + \omega_0 J\dot{\varphi} = T_{\mathrm{dz}} \end{cases} \tag{9-33}$$

与式（9－29）相比，可以看到加入的磁控力矩对于各轴的扰动起到了阻尼作用；但另一方面，由于各轴控制力矩存在耦合，磁控算法对系统的控制精度提高有限。

9.3.2 双自旋稳定

自旋稳定的原理是利用卫星自旋的陀螺定轴性使得卫星自旋轴的方向在惯性空间固定。双自旋卫星由旋转速度不同的两部分平台组成，转子自旋使卫星获得陀螺定轴性，平台相对于转子反方向运动消旋使得平台上的有效载荷对惯性空间稳定定向。传统双自旋卫星多用于地球通信、信号转发及气象观测等任务，控制特点为：旋转轴沿轨道负法线方向，姿态指向精度、稳定度要求不高。近年来，光学遥感领域也开始关注双自旋稳定，将自旋轴指向飞行速度方向或地心方向，在轨通过载荷相对转动使相机能覆盖垂直于星下点轨迹的条带状区域。

9.3.2.1 控制任务与组成

与自旋卫星一样，在轨由于气动阻力矩、重力梯度力矩、地磁力矩等环境干扰，自旋轴指向和自旋速度均会发生变化，需要进行校正。另外，根据载荷任务不同，卫星还需要满足预定的自旋轴空间指向。因此，双自旋卫星的基本控制任务包括：自旋转速控制、章动阻尼、自旋轴进动和发生平旋后的自旋恢复。另外，双自旋卫星控制任务还包括平台的消旋控制，以保证载荷不随卫星自旋运动。

为了完成自旋卫星的姿态控制任务，控制系统硬件需要包括姿态敏感器、执行机构和控制器，此外还应有消除章动的章动阻尼器和消旋控制系统。图 9－17 是双自旋稳定的风云-2C 卫星控制系统组成，星上配备了太阳敏感器、红外地平仪（2 套）、自旋线路盒、消旋线路盒、消旋组件、加速度计表头（2 套）、加速度计线路盒（2 套）、综合线路盒、动平衡机构（2 套）、二次电源和章动阻尼器（2 套）共 16 台单机。

FY－2C 姿控任务主要是：

1）星箭分离后，卫星起旋并进行主动章动控制；

2）转移轨道上，通过加旋卫星完成大角度姿态机动，保证整星在远地点变轨所需姿态；

3）在漂移轨道，将自旋轴指向轨道负法线，完成姿态捕获；

4）在同步轨道自旋加速，并对平台实施消旋保证天线对地定向。

9.3.2.2 章动控制

章动控制的目的是减小自旋轴在空间的圆锥运动锥角，保证敏感器、定向仪器和载荷的性能。通常双自旋卫星的章动控制方法可以分为被动章动阻尼和主动章动阻尼两种，前者不需要配备章动敏感器，依靠星上被动阻尼器耗散章动能量；后者需要姿控系统提供阻尼力矩，但能应对初始大幅度章动并缩短阻尼时间。通常星上根据任务性能指标、卫星结构，灵活选择章动方法。

（1）被动阻尼

本节不加推导，直接给出章动角衰减时间常数估算公式，见式（9－34）。具体细节可参考《卫星姿态动力学与控制》相关章节。

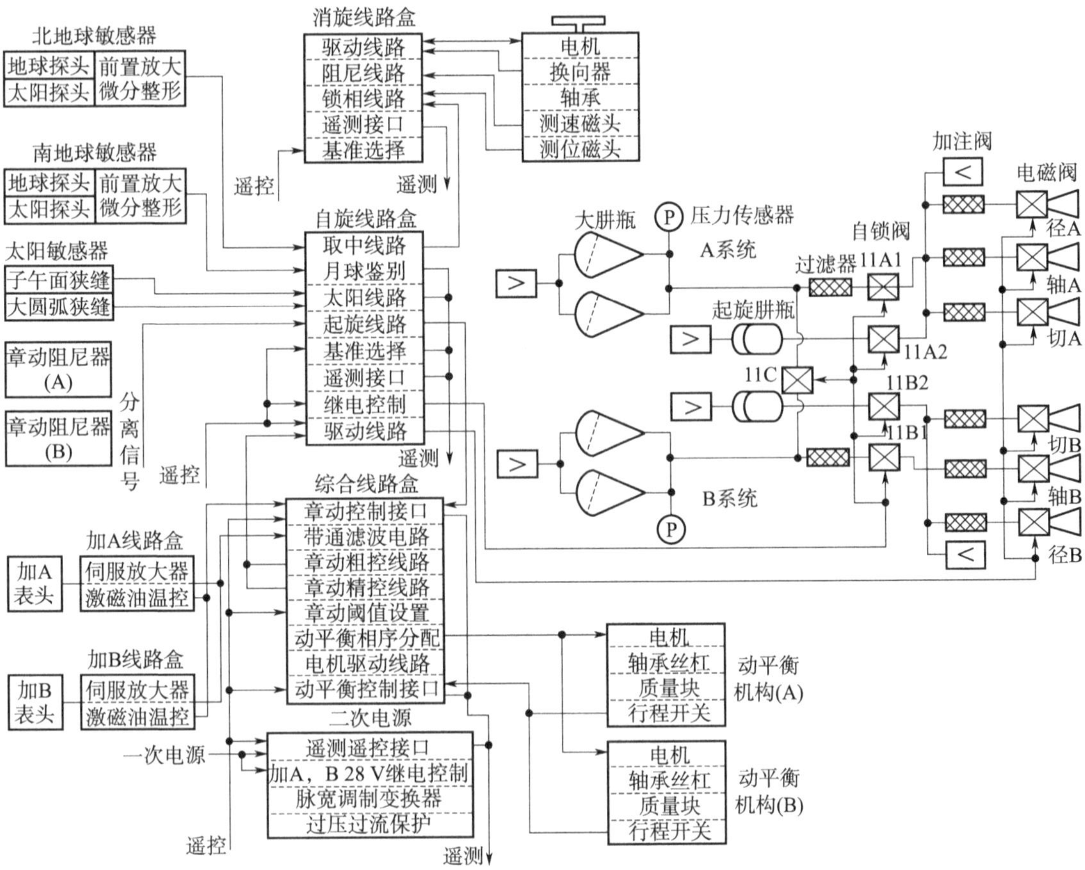

图 9-17　风云-2C 卫星控制系统组成

$$\tau = \frac{I_t}{K_p + \frac{I_{rz}}{I_{rz} - I_t} \times K_r} \tag{9-34}$$

式（9-34）中，I_t 为横向转动惯量，I_{rz} 为转子 z 轴转动惯量，K_p 和 K_r 分别为平台和转子上阻尼器的能量耗散系数。

由式（9-34）可以看出，对于短粗形的卫星，$\frac{I_{rz}}{I_{rz} - I_t} > 1$，若章动能量耗散速率一定，则阻尼器安装在转子上的效率更高；而对于细长形的卫星，由于 $I_{rz} - I_t < 0$，转子上的阻尼器不能起到稳定作用。

（2）主动章动控制

消旋部分随转子一起旋转的细长形双自旋卫星，根据能汇法可知其自旋运动不稳定，在这种卫星上装被动阻尼器可能导致卫星翻倒。因此，必须进行主动章动控制。

另一方面，式（9-34）虽然说明细长形卫星消旋部分的阻尼器能镇定卫星自旋的不稳定性，但有时为了提高阻尼效率，依然可以进行主动章动控制。

主动章动控制原理见图 9-18。卫星自旋部分的加速度计测量卫星章动角，测量值与本体章动频率正相关并与卫星横向角速度保持固定相位差。对加速度计测量值进行放大和滤波预处理，剔除信号常值偏差和高频噪声后，通过相频检测与门限比对，生成输出控制脉冲。自旋盒内根据脉冲指令，控制轴向发动机喷管输出消除章动的进动力矩。

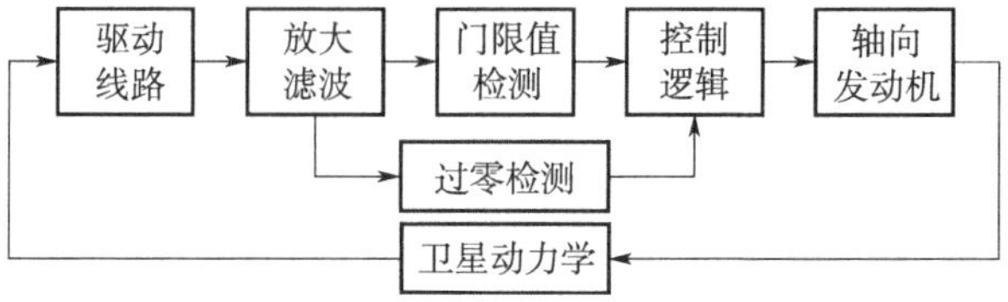

图 9－18　主动章动控制原理

除此之外，在双自旋卫星的正常运行阶段，还可以利用消旋主动章动阻尼（DANDE 陀螺体稳定方式），合理设计消旋系统，通过消旋平台惯性积的耦合横向力矩进行章动控制。

（3）消旋控制

消旋子系统是采样锁相伺服系统，由消旋组合体和线路盒两部分组成。工作时，测位编码器产生的天线位置脉冲与地中脉冲基准相位锁定，从而保证天线精确定向。依旧以风云-2C 卫星为例，对双自旋卫星的消旋控制进行说明。

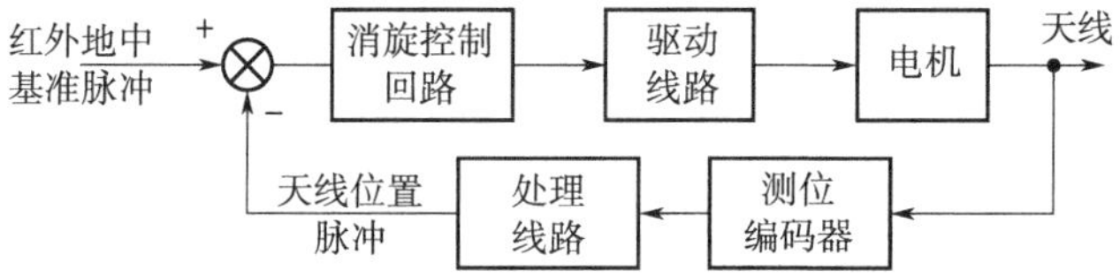

图 9－19　风云-2C 卫星消旋子系统原理

风云-2C 消旋子系统采用三相无刷直流电机，由测速编码器提供转子转速反馈。配备 3 个测位编码器，每个自旋周期各产生一个位置脉冲。其中，两个编码器与南、北红外敏感器对应，用于消旋子系统的位置反馈；第三个编码器与位置磁头相差 90°，向遥测系统提供天线的位置脉冲。

值得注意的是，由于消旋组件在轨无备份，属于单点失效部件，因此在卫星研制过程中需要额外注意其质量和可靠性。

9.3.3　三轴稳定

三轴稳定卫星在本体 XYZ 三个方向上均稳定，能适应绝大多数卫星应用，易于满足载荷的定向要求。由于星上资源有限，卫星在轨长期稳定通常不会采用推力器消耗推进剂进行控制。因此，本节仅讨论动量交换的三轴稳定方式，即基于动量轮的三轴稳定控制。

9.3.3.1　*动力学方程*

令卫星本体的角动量为 $\boldsymbol{H}_s$，其绝对角速度为 $\boldsymbol{\omega}_s$；动量轮组总角动量为 $\boldsymbol{H}_w$，其相对于星体的角速度为 $\boldsymbol{\omega}_r$，则整星的角动量 $\boldsymbol{H}$ 为

$$\boldsymbol{H}=\boldsymbol{H}_s+\boldsymbol{H}_w \tag{9-35}$$

根据角动量定理，则有

$$\frac{\mathrm{d}\boldsymbol{H}}{\mathrm{d}t}=\dot{\boldsymbol{H}}_s+\dot{\boldsymbol{H}}_w+\boldsymbol{\omega}_s\times(\boldsymbol{H}_s+\boldsymbol{H}_w)=\boldsymbol{T}_d \tag{9-36}$$

式中　$\boldsymbol{T}_d$——整星所受外力矩。

考虑到动量轮相对于卫星本体的角速度为 $\boldsymbol{\omega}_r$，于是有

$$\dot{\boldsymbol{H}}_w=\frac{\partial \boldsymbol{H}_w}{\partial t}+\boldsymbol{\omega}_r\times\boldsymbol{H}_w \tag{9-37}$$

将式（9-37）代入式（9-36），则有整星动力学方程为

$$\dot{\boldsymbol{H}}_s+\boldsymbol{\omega}_s\times\boldsymbol{H}_s+\frac{\partial \boldsymbol{H}_w}{\partial t}+\boldsymbol{\omega}_s\times\boldsymbol{H}_w+\boldsymbol{\omega}_r\times\boldsymbol{H}_w=\boldsymbol{T}_d \tag{9-38}$$

当整星合外力矩为零时，有

$$\dot{\boldsymbol{H}}_s+\boldsymbol{\omega}_s\times\boldsymbol{H}_s=-\frac{\partial \boldsymbol{H}_w}{\partial t}-\boldsymbol{\omega}_s\times\boldsymbol{H}_w-\boldsymbol{\omega}_r\times\boldsymbol{H}_w \tag{9-39}$$

式（9-39）右端即为动量轮对卫星的反作用力矩。$-\dfrac{\partial \boldsymbol{H}_w}{\partial t}$ 表征了动量轮角动量大小改变带来的反作用力矩；后两项表征角动量在空间方向改变带来的陀螺力矩，区别在于 $-\boldsymbol{\omega}_s\times\boldsymbol{H}_w$ 是由于整星的转动引起的，而 $-\boldsymbol{\omega}_r\times\boldsymbol{H}_w$ 是动量轮相对星体坐标系转动引起的。而第一、三两项即为动量轮施加到星体的控制力矩。

9.3.3.2　动量卫星的三轴稳定

动量卫星的三轴稳定实际是从双自旋稳定演化而来的：将双自旋卫星的平台扩大并把转子包含在内，同时将转子缩小为动量飞轮，则双自旋卫星演变为具有偏置动量轮的三轴稳定卫星。区别在于，双自旋卫星的控制系统在转子上，而三轴稳定卫星的控制系统在平台上。

按照卫星的任务，飞轮的角动量平行于卫星某主轴安装，对于对地指向的三轴稳定卫星，动量轮安装在卫星俯仰轴。基于陀螺罗盘原理，卫星的滚动轴和偏航轴姿态相互耦合，只需测量滚动角，星上可以不配备偏航轴敏感器。

标称状态下，卫星俯仰轴角动量值一般需要比卫星俯仰角速度产生的角动量大一个量级以上，以保证在突发的大干扰情况下，整星短期内不丢失姿态基准。传统上根据整星滚动-偏航平面内可控制角动量的个数（也即是控制自由度），可以将动量卫星分为三类：固定偏置动量系统、单自由度动量系统和两自由度动量系统。

下面将以磁控辅助的固定偏置动量系统为例介绍动量卫星的控制律设计，并给出相应的仿真示例。

（1）Thomson 自旋控制及仿真示例

卫星入轨后，通常需要采用最小的 ADCS 资源和功耗将卫星速率阻尼到可控的自旋角速度或自旋姿态。对于偏置动量的三轴稳定卫星，比较典型的方法是使用 Y-Thomson 自旋控制将卫星本体 Y 轴指向轨道面法向，即整星在轨道面内旋转。与自旋稳定本质一致，

Y - Thomson 算法不需要进行在轨姿态估计，但必须满足 Y 轴转动惯量最大以保证整星稳定性。考虑到控制精度，还会要求惯性积足够小，通常小于主轴转动惯量的 3%。

可以通过整星 Y 轴简单的 B - dot 磁控算法将整星 X 和 Z 轴角速率快速阻尼下来，磁力矩器输出为

$$m_y = K_d \frac{\mathrm{d}\beta}{\mathrm{d}t}$$
$$\beta = \arccos \frac{B_y}{\| B \|} \tag{9-40}$$

对于 Y 轴的自旋速率控制，商业卫星可以配备单轴 MEMS 速率敏感器，并根据磁强计测量值在每个控制周期决定由 X 轴或 Z 轴磁力矩器输出。值得一提的是，Y 轴的期望自旋角速率由外界环境干扰力矩估计赋值决定，基本原则是在保证陀螺刚度裕度基础上足够小，以便于后续星上动量轮能够吸收整星角动量。

若当前 $|B_z| > |B_x|$，则有

$$m_x = K_s(\omega_{yi} - \omega_{ref})\mathrm{sgn}(B_z)$$
$$m_z = 0 \tag{9-41}$$

否则有

$$m_z = K_s(\omega_{yi} - \omega_{ref})\mathrm{sgn}(B_x)$$
$$m_x = 0 \tag{9-42}$$

式（9 - 40）～式（9 - 42）中控制量为单位为 Am^2 的磁力矩角动量，还需要进行 PWM 调制以适应磁力矩器离散的开关控制。另一方面，为避免磁力矩器对磁强计测量的干扰，需要留出足够的空闲时间用于磁力矩器消磁，通常磁力矩器控制时间限制为磁控周期的 80%。

图 9 - 20～图 9 - 21 是给定初始整星角速度 $\omega_{bi} = [4 \quad 0 \quad 2]^{\mathrm{T}}(°)/\mathrm{s}$ 条件下的 Y - Thomson 自旋仿真曲线，初始 1 000 s 未对整星施加控制力矩。

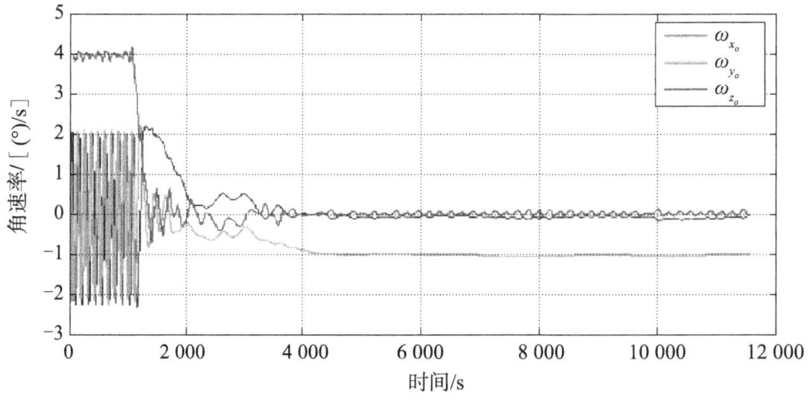

图 9 - 20　Y - Thomson 自旋的整星角速率仿真曲线

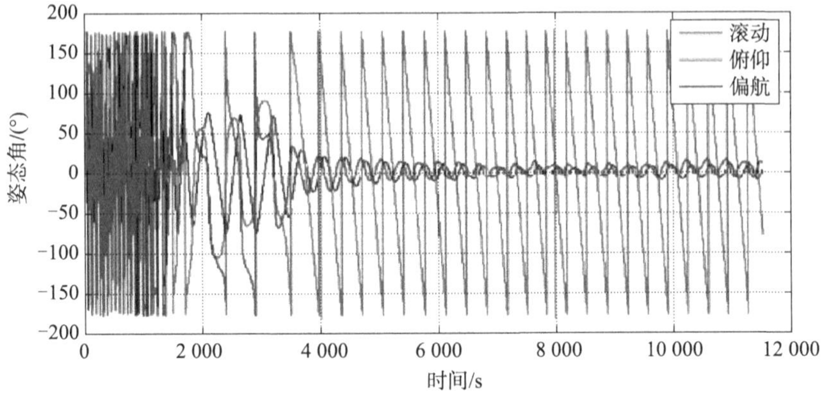

图 9-21　Y-Thomson 自旋的整星姿态角仿真曲线

(2) Y 轴飞轮控制及仿真示例

对于常见的商业卫星遥感和通信任务，为了保证整星的对地定向姿态，完成 Y-Thomson 自旋后，需要利用 Y 轴的东两轮吸收整星 Y 轴的角动量，在不引起滚转、偏航角发散的同时控制俯仰角。

通常可以利用 EKF 算法估计整星姿态和角速率，并对飞轮采用如下 PD 控制率

$$T_{wy} = K_{py}\arcsin\{\hat{q}_2(k)\mathrm{sgn}[\hat{q}_4(k))]\} + K_{dy}\hat{\omega}_{yo}(k) \tag{9-43}$$

同时，为了将动量轮角动量固定在一定范围内，并抑制整星 X 和 Z 轴的章动，设计叉积分配的磁力矩控制律

$$\boldsymbol{m}(\boldsymbol{k}) = \frac{\boldsymbol{e}(\boldsymbol{k}) \times \boldsymbol{B}(\boldsymbol{k})}{\|\boldsymbol{B}(\boldsymbol{k})\|}$$

$$\boldsymbol{e}(\boldsymbol{k}) = \begin{bmatrix} K_n\hat{\omega}_{xo}(k) \\ K_h\left[\boldsymbol{h}_{wy}(\boldsymbol{k}) - \boldsymbol{h}_{wy-ref}\right] \\ K_n\hat{\omega}_{zo}(k) \end{bmatrix} \tag{9-44}$$

h_{wy-ref} 是动量轮期望角动量，K_h 为动量轮角动量控制增益，K_n 为章动阻尼增益。

图 9-22～图 9-23 是整星从自旋稳定到三轴稳定过程的仿真曲线。入轨后 5 700 s 内整星处于 Y-Thomson 控制模式，动量轮设置－1 000 rpm 的常值转速以解放 Y 轴惯量最大的约束。约 6 000 s 左右，动量轮转速跳至－3 700 rpm 以吸收整星角动量。7 000 s 给定 30°的期望俯仰角、7 250 s 给定－30°期望俯仰角以验证动量轮对俯仰姿态的机动能力，7 500 s 后重新令整星回到对地定向姿态。

9.3.3.3　零动量卫星的三轴稳定

与动量卫星不同，零动量卫星总角动量很小，不具备陀螺定轴性，但同时卫星三轴姿态解耦，可以做到更高精度的姿态稳定度。对于使用飞轮作用执行机构的零动量卫星，通常有两种飞轮使用方式：反作用飞轮或偏置动量轮。前者能更充分利用飞轮的控制能力，但由于飞轮可能过零，对于飞轮硬件要求相对较高；后者避免了飞轮过零时摩擦力矩突变可能引起的姿态稳定度扰动，但牺牲了部分飞轮控制能力。

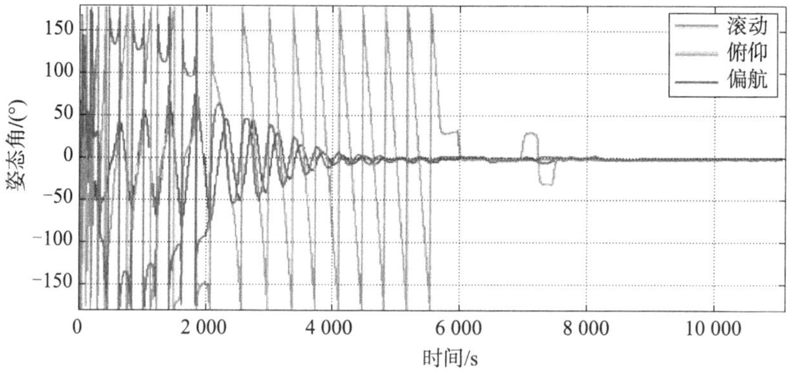

图 9－22　自旋到三轴稳定姿态角仿真曲线

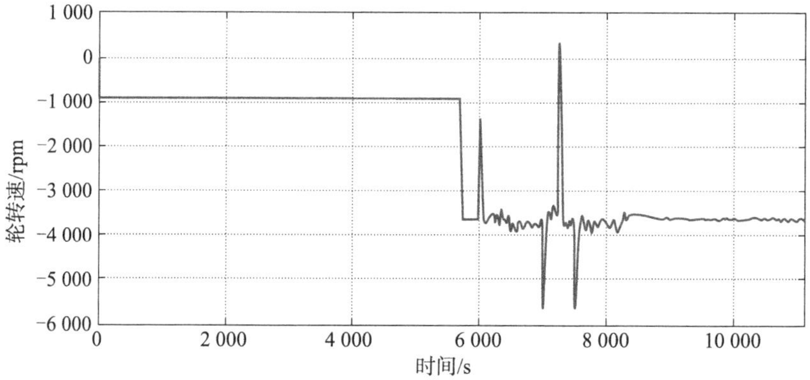

图 9－23　自旋和三轴稳定过程中的动量轮转速仿真曲线

（1）带角速度约束的控制律设计

考虑到零动量三轴稳定卫星姿控任务较为灵活，考虑尽量避免飞轮饱和的约束，本节给出较为通用的控制律。

令卫星的期望姿态、期望姿态角速度、期望角加速度分别为 $\boldsymbol{Q}_{ti}$ 、$\boldsymbol{\omega}_{ti}^{t}$ 、$\dot{\boldsymbol{\omega}}_{ti}^{t}$ ，卫星相对惯性系的姿态和角速度为 $\boldsymbol{Q}_{bi}$ 、$\boldsymbol{\omega}_{bi}^{b}$ ，则可以定义卫星误差姿态四元数和误差角速度

$$\begin{gathered}\boldsymbol{Q}_{bt}=[q_{bt0}\quad \boldsymbol{q}_{bt}]^{\mathrm{T}}=\boldsymbol{Q}_{ti}^{*}\boldsymbol{Q}_{bi}\\ \boldsymbol{\omega}_{bt}^{b}=\boldsymbol{\omega}_{bi}^{b}-\boldsymbol{A}_{bt}\boldsymbol{\omega}_{ti}^{t}\end{gathered}\tag{9-45}$$

式中，$\boldsymbol{Q}_{ti}^{*}$ 是 $\boldsymbol{Q}_{ti}$ 的共轭四元数，$\boldsymbol{A}_{bt}$ 为期望坐标系到卫星本体坐标系的变换矩阵，可写为

$$\boldsymbol{A}_{bt}=\boldsymbol{E}_{3}-2q_{bt0}\,\boldsymbol{q}_{bt}^{\times}+2\,\boldsymbol{q}_{bt}^{\times}\,\boldsymbol{q}_{bt}^{\times}\tag{9-46}$$

由此，可以得到卫星的姿态误差方程

$$\begin{bmatrix}\dot{q}_{bt0}\\ \dot{\boldsymbol{q}}_{bt}\end{bmatrix}=\frac{1}{2}\begin{bmatrix}-\boldsymbol{q}_{bt}^{\mathrm{T}}\boldsymbol{\omega}_{bt}^{b}\\ \boldsymbol{q}_{bt}^{\times}\boldsymbol{\omega}_{bt}^{b}+q_{bt0}\boldsymbol{\omega}_{bt}^{b}\end{bmatrix}\tag{9-47}$$

$$\boldsymbol{J}\dot{\boldsymbol{\omega}}_{bt}^{b}=-\boldsymbol{\omega}_{bi}^{b}\times\boldsymbol{J}(\boldsymbol{\omega}_{bi}^{b}+\boldsymbol{C}_{w}h_{w})+\boldsymbol{J}\,(\omega_{bt}^{b})^{\times}\,\boldsymbol{A}_{bt}\omega_{ti}^{t}-\boldsymbol{J}\boldsymbol{A}_{bt}\dot{\omega}_{ti}^{t}+\boldsymbol{T}_{c}+\boldsymbol{T}_{g}+\boldsymbol{T}_{d}\tag{9-48}$$

式（9-48）中，$\boldsymbol{C}_w$ 为飞轮组安装矩阵，$\boldsymbol{h}_w=\boldsymbol{I}_w\boldsymbol{\Omega}_w$ 是飞轮组的角动量向量，$\boldsymbol{T}_g$ 是卫星受到的重力梯度力矩，$\boldsymbol{T}_d$ 是其他外干扰力矩。

由此，可设计带角速度约束的通用控制律

$$\begin{aligned}\boldsymbol{T}_c = &-k_p \operatorname{sgn}(q_{bt0})\boldsymbol{J}\operatorname*{sat}_L(\boldsymbol{q}_{bt})-k_d\boldsymbol{J}\boldsymbol{\omega}_{bt}^b+\\&\boldsymbol{\omega}_{bi}^b\times\boldsymbol{J}(\omega_{bi}^b+\boldsymbol{C}_w h_w)-\boldsymbol{J}(\omega_{bt}^b)\times\boldsymbol{A}_{bt}\omega_{ti}^t+\boldsymbol{J}\boldsymbol{A}_{bt}\dot{\omega}_{ti}^t-\boldsymbol{T}_g\end{aligned}\tag{9-49}$$

其中，$\operatorname*{sat}_L()$ 是上界为 $L>0$ 的饱和函数，定义如下

$$\begin{aligned}&\operatorname*{sat}_L(x)=\operatorname{sgn}(x)\min\{|x|,L\}\\&\operatorname*{sat}_L(\vec{x})=[\operatorname*{sat}_L(x_1),\cdots,\operatorname*{sat}_L(x_n)]T\end{aligned}\tag{9-50}$$

饱和上界选取为

$$L=\frac{k_d}{k_p}\omega_{\max}\tag{9-51}$$

忽略干扰力矩，将式（9-49）代入式（9-48），得到闭环系统的动力学方程

$$\dot{\boldsymbol{\omega}}_{bt}^b=-k_p\operatorname{sgn}(q_{bt0})J\operatorname*{sat}_L(\boldsymbol{q}_{bt})-k_d\boldsymbol{\omega}_{bt}^b\tag{9-52}$$

选取 Lyapunov 方程 $V=\dfrac{|\boldsymbol{\omega}_{bt}^b|^2}{2}+2k_p(1-\operatorname{sgn}(q_{bt0})q_{bt0}\operatorname*{sat}_L(\boldsymbol{q}_{bt})$，求导有

$$\dot{V}=-k_d|\boldsymbol{\omega}_{bt}^b|^2\leqslant 0\tag{9-53}$$

闭环系统的全局稳定性得证。同时，由 LaSalle 不变原理还可以证明 $\lim\limits_{t\to+\infty}\boldsymbol{q}_{bt}=0$ 和 $\lim\limits_{t\to+\infty}\boldsymbol{\omega}_{bt}^b(t)=0$。

（2）仿真示例

对三个反作用轮控制的三轴稳定卫星从对日定向到对地定向机动过程进行仿真，结果见图 9-24 和图 9-25。

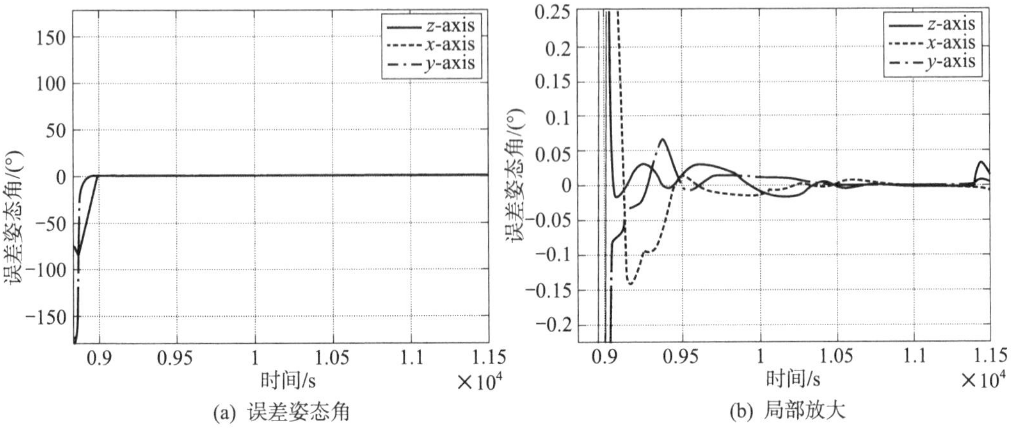

图 9-24　对日到对地机动-误差姿态角

耗时 249 s 完成从对日定向到对地定向机动稳定。对地定向稳定后，姿态精度长期优于 0.05°，稳定度长期优于 0.002（°）/s，机动过程中机动角速度约为 0.8（°）/s。

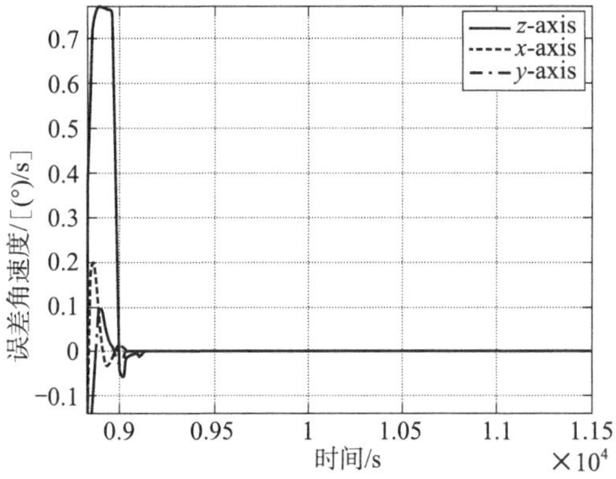

(a) 误差姿态角

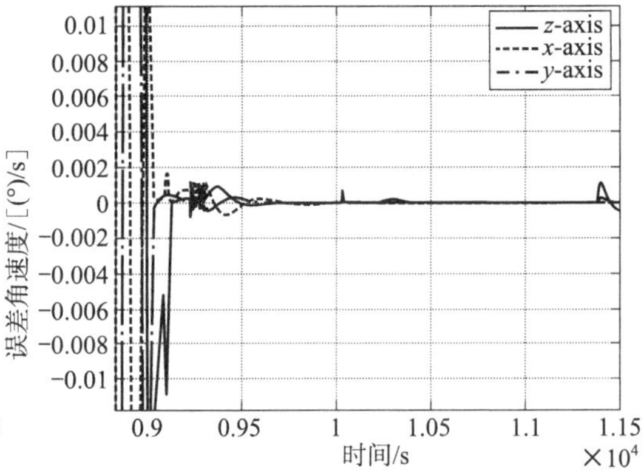

(b) 局部放大

图 9-25 对日到对地机动-误差角速度

(3) 飞轮操纵律

仿真示例中未对飞轮的操纵律进行讨论，下面将从能量最优和角动量管理两个角度出发，给出飞轮组的操纵律公式。

由姿态动力学方程可知，控制力矩 $\boldsymbol{T}_c$ 与飞轮三轴角动量 $\boldsymbol{h}_w$ 之间存在如下关系

$$\boldsymbol{T}_c = -\boldsymbol{C}_w \dot{\boldsymbol{h}}_w \tag{9-54}$$

可以证明，能量最优条件下的飞轮力矩分配方式是如下的最小二范数解

$$\dot{\boldsymbol{h}}_w = -\boldsymbol{C}_w^{\mathrm{T}} (\boldsymbol{C}_w \boldsymbol{C}_w^{\mathrm{T}})^{-1} \boldsymbol{T}_c \tag{9-55}$$

但式（9-55）并未考虑对飞轮角动量进行管理，避免某些飞轮提前饱和。当飞轮数量大于 3 个时，可以通过添加零运动使得飞轮转速维持在标称转速附近。因此，将式（9-55）改写成

$$\begin{cases} \dot{\boldsymbol{h}}_w = -\boldsymbol{C}_w^{\mathrm{T}} (\boldsymbol{C}_w \boldsymbol{C}_w^{\mathrm{T}})^{-1} \boldsymbol{T}_c + \boldsymbol{S}_w u_w \\ \boldsymbol{S}_w = \boldsymbol{E}_n - \boldsymbol{C}_w^{\mathrm{T}} (\boldsymbol{C}_w \boldsymbol{C}_w^{\mathrm{T}})^{-1} \boldsymbol{C}_w \end{cases} \tag{9-56}$$

$\boldsymbol{u}_w$ 为待定向量，由 $\boldsymbol{S}_w$ 定义可知 $\boldsymbol{S}_w \boldsymbol{u}_w$ 为零，即此项不输出力矩，因此称之为带零运动，可用来对飞轮进行角动量管理。在不影响三轴控制力矩的前提下，使各飞轮转速尽量接近其标称转速，以避免转速过高或者过低。

定义表征各飞轮角动量与其标称角动量差异的指标函数

$$\boldsymbol{\eta}_w = \frac{1}{2} (\boldsymbol{h}_w - \hat{\boldsymbol{h}}_w)^{\mathrm{T}} (\boldsymbol{h}_w - \hat{\boldsymbol{h}}_w) \tag{9-57}$$

对 $\boldsymbol{\eta}_w$ 求时间导数，则有

$$\dot{\boldsymbol{\eta}}_w = \frac{\partial \boldsymbol{\eta}_w^{\mathrm{T}}}{\partial \boldsymbol{h}_w} \dot{\boldsymbol{h}}_w \tag{9-58}$$

将式（9-56）～式（9-57）代入式（9-58），有

$$\dot{\boldsymbol{\eta}}_w = (\boldsymbol{h}_w - \hat{\boldsymbol{h}}_w)^{\mathrm{T}} [-\boldsymbol{C}_w^{\mathrm{T}} (\boldsymbol{C}_w \boldsymbol{C}_w^{\mathrm{T}})^{-1} \boldsymbol{T}_c + \boldsymbol{S}_w \boldsymbol{u}_w] \tag{9-59}$$

显然零运动只能部分影响指标函数。为了使得指标函数尽可能取最小，则应满足 $(\boldsymbol{h}_w-\hat{\boldsymbol{h}}_w)^{\mathrm{T}}\boldsymbol{S}_w\boldsymbol{u}_w\leqslant 0$，因此，$\boldsymbol{u}_w$ 可以取为

$$\boldsymbol{u}_w=-\alpha\boldsymbol{S}_w(\boldsymbol{h}_w-\hat{\boldsymbol{h}}_w) \tag{9-60}$$

因此，最终飞轮分配律为

$$\dot{\boldsymbol{h}}_w=-\boldsymbol{C}_w^{\mathrm{T}}(\boldsymbol{C}_w\boldsymbol{C}_w^{\mathrm{T}})^{-1}\boldsymbol{T}_c-\alpha\boldsymbol{S}_w(\boldsymbol{h}_w-\hat{\boldsymbol{h}}_w) \tag{9-61}$$

9.4　新技术发展趋势

近年来，商业卫星载荷性能需求不断提升，姿轨控分系统需要提供功能更强大、精度更高的卫星控制能力。此外，大规模部署的商业卫星星座计划对卫星成本敏感，因此姿轨控分系统需要探索提供低成本高可靠性的方案可能性。

随着技术的发展，元器件可靠性越来越高。ASIC、SOC、无缆化机箱等技术的出现为减轻姿控分系统质量、降低功耗提供了支撑。控制计算机采用 ASIC、SOC 技术可以减重达到 1/3 以上；动量轮驱动线路质量也在大幅下降；数字太阳敏感器和头部一体化、星敏感器和头部一体化减少了整星线缆，自身质量也大幅度减轻；控制系统大量部件采用无缆化迹象减轻了质量。

以往商业卫星基本不考虑控制力矩陀螺 CMG 和推进作为姿控执行机构，主要是传统 CMG 功耗质量价格均很大，很难用于小型化低成本商业卫星。但随着光学遥感、SAR 遥感任务的迅猛发展，姿控系统的控制精度和稳定度在不断提高。另一方面，敏捷卫星对姿控机动能力和稳定时间也不断提出了更高的要求。因此，更高精度以及更高机动能力的姿控执行机构也不断得到关注。

目前 CMG 小型化和低性价比方案在国外已较为成熟。SwampSat 配备了 COTS 小型 CMG（见表 9-3）进行了在轨验证，性能良好。而 2020 年英国克兰菲尔德大学的一份论文中明确提到，通过从欧洲供应商 Faulhaber 采购，研究人员设计的小型单框架 CMG 电机和敏感器成本低于 500 欧元，只相当于国内传统 CMG 价格的百分之一甚至千分之一。从性能和成本两方面看，小型低成本 CMG 均有成为国内先进姿控执行机构发展趋势的可能。

表 9-3　SwampSat 单框架 CMG 指标

质量	500 g
最大输出力矩	0.8 N·m
角动量包络	0.8 N·m·s
功耗	峰值 3 W
飞轮转速	4 500 rpm
框架速率	最大 1 rad/s
体积	100 mm×100 mm×50 mm

参考文献

[1] 尹大千．一种重力梯度稳定卫星姿态确定与控制方法研究 [D]. 哈尔滨：哈尔滨工业大学，2013.

[2] 章仁为．卫星轨道姿态动力学与控制 [M]. 北京：北京航空航天大学出版社，1998.

[3] 曹喜滨，吴凡，王峰．一种使用磁力矩器管理双自旋航天器角动量的方法 [J]. 宇航学报，2019，40 (3)：327－333.

[4] 曹喜滨，金光，王峰，等．一种卫星快速旋转超大幅宽摆扫成像方法：中国，201610565836.5 [P]. 2017－09－12.

[5] 齐春子，于嘉茹．FY－2C 星控制分系统设计 [J]. 上海航天，2005，022 (B12)：36－41.

[6] Gaude A , Lappas V . Design and Structural Analysis of a Control Moment Gyroscope (CMG) Actuator for CubeSats [J]. 2020.

商业航天工程导论

（下册）

王　洋　主编

中国宇航出版社
·北京·

《商业航天工程导论》
编 写 组

主　　编	王　洋			
编写组成员	刘　武	张　华	王　涵	余燕燕
	王政伟	陈毅君	邱家齐	刘　勇
	丁　晟	张晶晶	彭　欣	艾艳军
	侯　冰	李明志	梁青松	秦贵军
	张　一	邱庆举	胡伟圣	郑　伟
	杨　冰	岳　赟	王宏波	赵　亮

目　录

第 10 章　测控馈电一体化系统

传统的卫星设计为了完成卫星的测控任务和数据通信任务，需要分别设计测控分系统和馈电分系统。其中测控分系统一般包括：测控应答机、测控微波网络、测控收发天线、遥控终端等设备；馈电分系统一般包括基带信号处理设备、馈电收发信机、馈电收发天线等设备。如果是大功率发射设备还需要单独配套功率放大器。小卫星物理空间、质量资源、能源以及热控资源均十分紧张，必须对测控、馈电进行一体化设计。

本章重点介绍测控馈电一体化系统组成、需要考虑的设计要素、测控馈电一体化系统的工程实现方法、测试与试验相关内容，最后给出一种典型的测控馈电一体化设计案例。

10.1　测控馈电一体化系统组成

图 10－1 给出了一种典型的测控馈电一体化系统组成框图，由测传一体机、微波网络、对地收发天线、对天收发天线、馈电发射天线等组成。

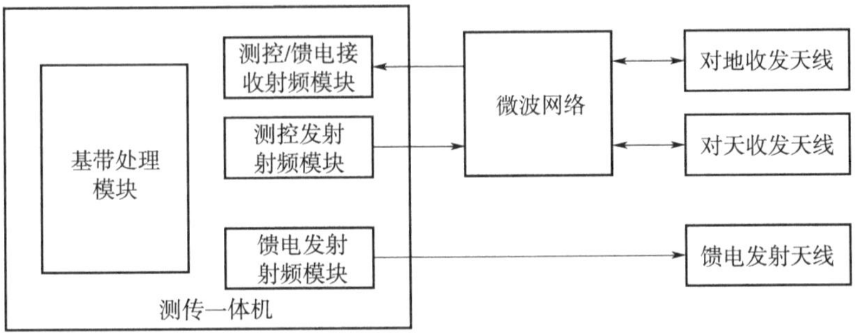

图 10－1　典型的测控馈电一体化系统组成框图

10.2　测控馈电一体化系统设计要素

10.2.1　系统工作模式的设计

测控馈电一体化系统虽然采用一体化设计，但其任务依然是配合航天器完成星地测控和馈电信息传输。从任务层面看，系统的功能并不因系统设计的一体化而简化，航天器依然要考虑特定情况下的可靠性。系统的工作模式在设计时就必须考虑常规模式和故障模式。常规模式下可以保证航天器同时完成测控和馈电信息传输。故障模式下系统应能满足卫星最小功耗和最小通信模式需求，保证卫星完成基本的遥控指令接收和遥测信息下传。

测控馈电一体化工作模式目前有同时工作和分时工作两种模式。

所谓同时工作指测传一体机可以同时工作在测控模式和馈电模式。采用同时工作方案的优点是测控与馈电可以构成异构备份，提高系统的可靠性，但也增加了系统的复杂度，尤其是上行接收通道的设计。同时，由于测控和馈电同时工作，就意味着需要同时运行两套基带信号处理软件，这增加了基带模块的规模和功耗。

所谓分时工作指测传一体机在不同时间段分别工作在测控模式或馈电模式。采用分时工作方案优点是不需要同时运行两套基带处理软件，系统的基带规模和功耗均较小。虽然采用分时工作，系统可靠性没有同时工作高，但通过增加备份单机的手段依然可以满足系统可靠度要求。

考虑商业航天小卫星所能提供的星上资源有限，而且仅在入境阶段开展任务，采用测控、馈电同时工作模式所带来的优势与其消耗的卫星资源相比并不划算，也未能提高卫星的效能。因此，推荐商业航天小卫星在进行测控馈电一体化设计时采用分时工作模式。

10.2.2 频率的选择

航天器频率使用必须符合国际和国家的无线电频率划分规定。现阶段的近地航天器测控频段主要集中在 S 频段、C 频段等。馈电频段主要集中在 C 频段、X 频段，现在又向频率更高的 Ka 频段发展。

总体上，频率设计应遵循以下原则：

1）应符合国际电联《无线电规则》《中华人民共和国无线电频率划分规定》的有关规定及国际、国家和军队的其他规定；

2）满足优选频率设计要求，遥感类卫星优选 X 频段，通信类卫星优选 C 或 X 频段；

3）采用相干通信体制的卫星，应满足上下行相干频率转发比（即上下频点选择时必须满足某一特定的比例关系）要求，在 S 频段，相干频率转发比为 221/240；对于 X 频段，相干频率转发比为 749/880；

4）应考虑现有设备工作频段指标，避免频率选择在设备工作频段的边缘；

5）避免多载波组合信号对接收机产生交调、互调等有害干扰；

6）尽量避开其他相近轨道航天器正在使用和计划使用的频率。

此外，为了便于测控馈电一体化，在选择频率业务时应尽量对应卫星固定业务（地对空、空对地），尽量避免选择特定业务对应的频率，如空间操作等。如果卫星用户条件具备，也可以在卫星移动业务中选择相关频率。

10.2.3 通信体制选择

卫星通信体制是指卫星通信系统的工作方式，即所采用的信号传输方式、信号处理方式和信号交换方式等。它由基带信号形式、信源编码方式、差错控制方式、基带信号传输方式、基带信号多路复用方式、信号调制方式、多址方式和信道分配与交换方式等各部分组成，每部分又有不同方式需选择，是一个较复杂的结构。本节简要介绍测控通信体制和馈电通信体制的选择。

10.2.3.1　测控通信体制选择

航天器测控通信体制包括：统一测控体制，相干扩频体制以及非相干扩频体制。测控通信系统用以保障各种飞行器（包括卫星）跟踪测轨、遥测、遥控、通信等任务。

统一测控体制即微波统一测控体制，指上行/下行分别使用一个载波调制若干个测控信号，以完成多种功能的综合无线电测控体制。

相干扩频测控体制是基于飞行器测控的扩频体制，上下行采用扩频载波接收解调来自地面测控站的上行信息；转发来自地面测控站的测距短码；接收来自遥测终端的卫星遥测数据，对遥测数据进行调制后下发给地面测控站。

非相干扩频测控体制是采用非相干伪码测距、多普勒测速方式，上行链路包括 1 路遥控 BPSK＋多路测距 BPSK 信号（大于 2 路），下行链路包括 1 路遥测 BPSK＋1 路测距 BPSK 信号，采用码分多址区分多路信号。采用非相干方式双向测距，上下行链路的信息帧速率、信息速率、伪码速率无须相干，但上行测距伪码和测距信息的时钟相干，下行测距伪码和测距信息的时钟相干。

从航天器测控未来发展趋势上看，商业航天测控一般采用非相干扩频体制。

10.2.3.2　馈电通信体制选择

馈电通信体制中使用的信道编译码方式主要包括 RS 编码、卷积编码、LDPC 编码等。

（1）RS 编译码

卫星数传通信采用的 RS 编码方式是 CCSDS 建议的 RS（255，223）编码方式，该编码方式的主要要求如下。

码类型：系统码，非透明码；

码符号：是有限域 $GF(2^m)$ 中的元素，每个 RS 符号由 m＝8bit 构成，即是 $GF(2)$ 上的 8 维行向量；

码字长度：每个 RS 码字中包含 255 个 RS 符号＝255×8 bit；

交织深度：4；

码纠错能力：可纠任意一个 RS 码字中的 16 个符号差错；

码字格式：$d1d2\cdots d223 \quad p1p2\cdots p32$；

域生成多项式：有限域 $GF(2^8)$ 在其特征域 $GF(2)$ 上的生成多项式为

$$F(X) = X8 + X7 + X2 + X + 1 \tag{10-1}$$

码生成多项式为

$$g(x) = \prod_{j=112}^{143}(x - a^{11j}) = \sum_{i=0}^{32} g_i x^i \tag{10-2}$$

式中　a ——有限域 $GF(2^8)$ 上的生成元；

a^{11} ——有限域 $GF(2^8)$ 上的本原元；

G_j ——多项式系数

由此生成的 RS 编码是系统码，即编码后生成码字的前 223 位为原始信息码元，后 32 位为由信息码元生成的校验码元。这种编码的 $g(x)$ 系数具有对称性，即 $g_i = g_{2t-i}$ ，且

$g_0 = g_{2t} = 1$，编码器结构图如图 10－2 所示。

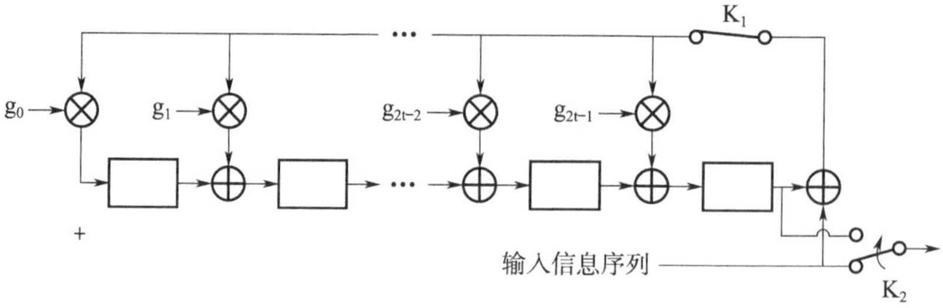

图 10－2　RS（255，223）编码器结构图

RS（255，223）采用基于对偶基的表示方式，信号符号为对偶基中的 8 bit 矢量 $[Z_0Z_1Z_2Z_3Z_4Z_5Z_6Z_7]$，并且发送的前后顺序为 $Z_0Z_1Z_2Z_3Z_4Z_5Z_6Z_7$（Z_0 先发送）。关于常规基和对偶基的描述可详见国军标《航天器测控和数据管理第 3 部分：遥测信道编码》（GJB 1198.3A－2004）。

为更好地抵抗传输过程中产生的突发差错，设计 RS 编码交织深度为 4，其原理如图 10－3 所示。

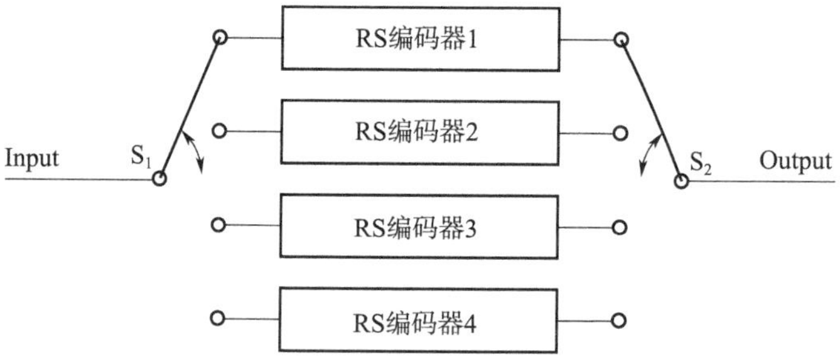

图 10－3　交织深度为 4 的 RS 编码原理框图

Input 端输入为：$a1b1c1d1a2b2c2d2a3b3c3d3\cdots a223b223c223d223$；

RS 编码器 1：

输入：$a1a2a3a4\cdots a223$，

输出：$a1a2a3a4\cdots a223A1A2\cdots A32$；

RS 编码器 2：

输入：$b1b2b3b4\cdots b223$，

输出：$b1b2b3b4\cdots b223B1B2\cdots B32$；

RS 编码器 3：

输入：$c1c2c3c4\cdots c223$，

输出：$c1c2c3c4\cdots c223C1C2\cdots C32$；

RS 编码器 4：

输入：$d1d2d3d4\cdots d223$，

输出：$d1d2d3d4\cdots d223D1D2\cdots D32$；

Output 端输出为：$a1b1c1d1a2b2c2d2a3b3c3d3\cdots a223b223c223d223$，$A1B1C1D1A2B2C2D2\cdots A32B32C32D32$。

RS 译码分为时域译码和频域译码，其中时域译码更实用。时域译码的核心是求解关键方程，由接收符号中分离出错误图样。检错时，使用接收到的接收符号多项式除以 RS 码的生成多项式 $g(x)$，判定得到的余子式是否为 0。如果所得的余子式为 0，则接收符号序列不存在符号错误，反之余子式不为 0，则接收符号序列存在符号错误。如果错误数目在 RS 码的最大纠错范围内，则通过得到的错误图样可以对接收的信息符号进行纠正，得到可能发送的正确符号。RS 伴随式译码过程如图 10－4 所示。

RS 译码主要步骤如下：

1）通过 RS 编码后得到的符号多项式 $r(x)$，对其进行运算，得到传输信息的伴随多项式 $s(x)$；

2）通过伴随多项式 $s(x)$ 求解关键方程得到错误位置多项式 $\sigma(x)$；

3）对错误位置多项式 $\sigma(x)$ 进行钱式搜索（1964 年我国数学家钱文天提出的一种错误位置搜索方法）得到错误位置；

4）使用 Forney 算法确定错误值，与 3）一起合成错误图样多项式 $e(x)$；

5）由 $r(x)=c(x)+e(x)$ 纠正收到的接收信息，得到可能正确的发送信息符号序列 $c(x)$。

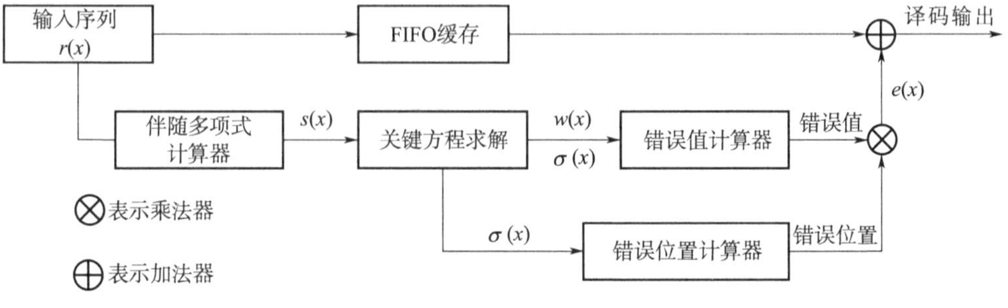

图 10－4　RS 伴随式译码过程示意图

（2）卷积编码

CCSDS 在 AOS 标准中建议使用基本卷积编码方式（7，1/2），通过对（7，1/2）编码方式进行打孔可以得到（7，2/3）、（7，3/4）、（7，5/6）、（7，7/8）四种不同码率的编码方式。下面以卷积编码方式（7，1/2）的删余码（7，3/4）为例进行说明，对 1/2 码率的卷积编码器输出进行打孔处理得到 3/4 码率，其原理框图如图 10－5 所示。

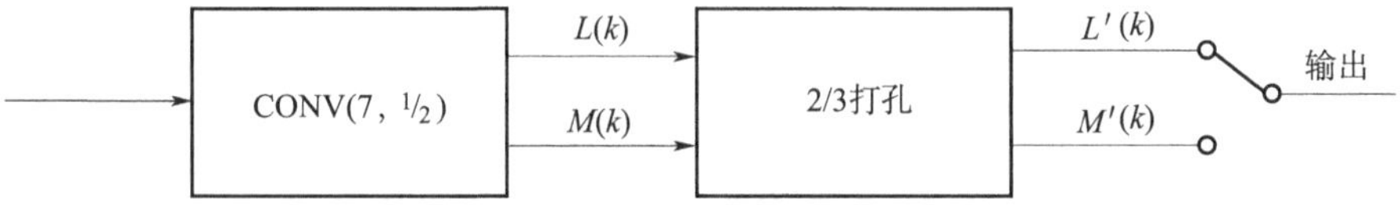

图 10－5　（7，3/4）卷积编码器原理框图

（7，1/2）卷积编码的码生成矢量：$G1=1\ 111\ 001$，$G2=1\ 011\ 011$，其原理如图 10－6 所示。

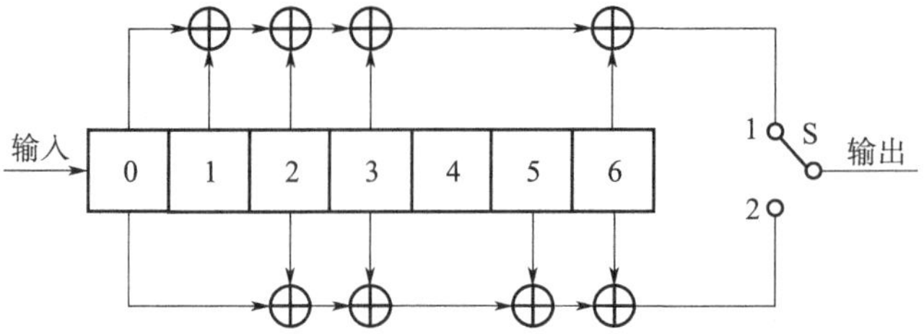

图 10－6　（7，1/2）卷积编码的码生成原理框图

2/3 打孔模块输入

$L(k)=\cdots l(k),l(k+1),l(k+2),l(k+3),l(k+4),l(k+5),l(k+6),\cdots$

$M(k)=\cdots m(k),m(k+1),m(k+2),m(k+3),m(k+4),m(k+5),m(k+6),\cdots$

2/3 打孔模块输出

$$L'(k)=\cdots l(k),l(k+2),l(k+3),l(k+5),l(k+6),\cdots$$

$$M'(k)=\cdots m(k),m(k+1),m(k+3),m(k+4),m(k+6),\cdots$$

CONV（7，3/4）的串行输出为：

$\cdots l(k),m(k),m(k+1),l(k+2),l(k+3),m(k+3),m(k+4),l(k+5),l(k+6),\cdots$

卷积码没有严格的代数结构，只有极小部分卷积码可以使用代数译码，主要部分使用概率译码算法。概率译码算法通过在接收端搜索找到最可能的编码状态转移路径来还原发送序列，即将接收到的符号序列存储起来，计算各符号与所有可能的分支路径上的距离，选出时间上距离累加的最小的路径，这条路径即最可能的路径，路径上对应的输出即可能的译码输出。概率译码算法不仅考虑码的代数结构，而且利用信道特性，可以充分发挥卷积码的特点，使得译码的错误概率最小。

目前卷积码主要采用维特比译码算法。该算法是一种基于网格图的最大似然译码算法。维特比算法通过使用接收到的符号序列在编码器网格图上逐段确定度量路径及度量值，最终寻找到最大度量路径，即最可能路径，通过回溯的方法得到卷积译码结果。

维特比译码具体译码过程如下。

1）计算分支路径度量值：当前数据输入译码器后，对该单位时刻进入每一状态的分支计算路径度量值，选取并储存最大度量的路径及度量值；

2）更新度量路径：对下一段路径，将前一段幸存路径的度量值与当前各个状态分支度量值相加，选出该单位时刻进入各个状态幸存路径存储下来，忽略其他路径；

3）循环执行步骤 1）直到输入结束，得到最大度量路径，即最大可能的译码路径；

4）回溯搜索得到的幸存路径，得到最可能的译码序列。

（3）LDPC 编码

CCSDS 标准建议的 LDPC 编码方式主要由四种码速率：7/8、1/2、2/3、4/5，高轨卫星的数据传输系统一般采用 7/8 LDPC，深空等信道条件相对较差的数据传输系统一般采用 1/2 LDPC，下面以 7/8 LDPC 编码方式的原理和实现对 LDPC 进行说明。

7/8 码率 LDPC（8 176，7 156）的校验矩阵是由 2×16 个 511×511 的循环矩阵构成的，该校验矩阵大小为 1 022×8 176，如图 10－7 所示。

$$\begin{bmatrix} \boldsymbol{A}_{1,1} & \boldsymbol{A}_{1,2} & \boldsymbol{A}_{1,3} & \boldsymbol{A}_{1,4} & \boldsymbol{A}_{1,5} & \boldsymbol{A}_{1,6} & \boldsymbol{A}_{1,7} & \boldsymbol{A}_{1,8} & \boldsymbol{A}_{1,9} & \boldsymbol{A}_{1,10} & \boldsymbol{A}_{1,11} & \boldsymbol{A}_{1,12} & \boldsymbol{A}_{1,13} & \boldsymbol{A}_{1,14} & \boldsymbol{A}_{1,15} & \boldsymbol{A}_{1,16} \\ \boldsymbol{A}_{2,1} & \boldsymbol{A}_{2,2} & \boldsymbol{A}_{2,3} & \boldsymbol{A}_{2,4} & \boldsymbol{A}_{2,5} & \boldsymbol{A}_{2,6} & \boldsymbol{A}_{2,7} & \boldsymbol{A}_{2,8} & \boldsymbol{A}_{2,9} & \boldsymbol{A}_{2,10} & \boldsymbol{A}_{2,11} & \boldsymbol{A}_{2,12} & \boldsymbol{A}_{2,13} & \boldsymbol{A}_{2,14} & \boldsymbol{A}_{2,15} & \boldsymbol{A}_{2,16} \end{bmatrix}$$

图 10－7　7/8 码率 LDPC（8 176，7 156）的校验矩阵

$\boldsymbol{A}_{ij}$ 是一个 511×511 的循环矩阵，$\boldsymbol{A}_{ij}$ 的每行每列中均有两个非零元素，即行重为 2，校验矩阵由 2×16 个循环矩阵构成，所以该校验矩阵的行重为 2×16=32，列重为 2×2=4。

CCSDS 推荐的校验矩阵 $\boldsymbol{H}$ 的第一大行和第二大行均属于 QC－LDPC 码，与其他类型的码相比，这种码字具有编码优势，可以使用简单的移位寄存器进行编码，在使用集成电路方面实现编译码也具有很大的优势。表 10－1 给出了 LDPC（8 176，7 156）校验矩阵的定义。

表 10－1　LDPC（8 176，7 156）校验矩阵的定义

序号	循环矩阵	循环矩阵首行中'1'的位置	循环校验矩阵首行中'1'的绝对位置
1	$\boldsymbol{A}_{1,1}$	0,176	0,176
2	$\boldsymbol{A}_{1,2}$	12,239	523,750
3	$\boldsymbol{A}_{1,3}$	0,352	1 022,1 374
4	$\boldsymbol{A}_{1,4}$	24,431	1 557,1 964
5	$\boldsymbol{A}_{1,5}$	0,392	2 044,2 436
6	$\boldsymbol{A}_{1,6}$	151,409	2 706,2 964
7	$\boldsymbol{A}_{1,7}$	0,351	3 066,3 417
8	$\boldsymbol{A}_{1,8}$	9,359	3 586,3 936
9	$\boldsymbol{A}_{1,9}$	0,307	4 088,4 395
10	$\boldsymbol{A}_{1,10}$	53,329	4 652,4 928
11	$\boldsymbol{A}_{1,11}$	0,207	5 110,5 317
12	$\boldsymbol{A}_{1,12}$	18,281	5 639,5 902
13	$\boldsymbol{A}_{1,13}$	0,399	6 132,6 531
14	$\boldsymbol{A}_{1,14}$	202,457	6 845,7 100
15	$\boldsymbol{A}_{1,15}$	0,247	7 154,7 401
16	$\boldsymbol{A}_{1,16}$	36,261	7 701,7 926
17	$\boldsymbol{A}_{2,1}$	99,471	99,471
18	$\boldsymbol{A}_{2,2}$	130,473	641,984
19	$\boldsymbol{A}_{2,3}$	198,435	1 220,1 457

续表

序号	循环矩阵	循环矩阵首行中'1'的位置	循环校验矩阵首行中'1'的绝对位置
20	$\boldsymbol{A}_{2,4}$	260,478	1 793,2 011
21	$\boldsymbol{A}_{2,5}$	215,420	2 259,2 464
22	$\boldsymbol{A}_{2,6}$	282,481	2 837,3 036
23	$\boldsymbol{A}_{2,7}$	48,396	3 114,3 462
24	$\boldsymbol{A}_{2,8}$	193,445	3 770,4 022
25	$\boldsymbol{A}_{2,9}$	273,430	4 361,4 518
26	$\boldsymbol{A}_{2,10}$	302,451	4 901,5 050
27	$\boldsymbol{A}_{2,11}$	96,379	5 206,5 489
28	$\boldsymbol{A}_{2,12}$	191,386	5 812,6 007
29	$\boldsymbol{A}_{2,13}$	244,467	6 376,6 599
30	$\boldsymbol{A}_{2,14}$	364,470	7 007,7 113
31	$\boldsymbol{A}_{2,15}$	51,382	7 205,7 536
32	$\boldsymbol{A}_{2,16}$	192,414	7 857,8 079

7/8 码率 LDPC 码对应生成矩阵如图 10－8 所示。

$$\boldsymbol{G}=\begin{bmatrix}
I&0&0&0&0&0&0&0&0&0&0&0&0&0&B_{1,1}&B_{2,1}\\
0&I&0&0&0&0&0&0&0&0&0&0&0&0&B_{1,2}&B_{2,2}\\
0&0&I&0&0&0&0&0&0&0&0&0&0&0&B_{1,3}&B_{2,3}\\
0&0&0&I&0&0&0&0&0&0&0&0&0&0&B_{1,4}&B_{2,4}\\
0&0&0&0&I&0&0&0&0&0&0&0&0&0&B_{1,5}&B_{2,5}\\
0&0&0&0&0&I&0&0&0&0&0&0&0&0&B_{1,6}&B_{2,6}\\
0&0&0&0&0&0&I&0&0&0&0&0&0&0&B_{1,7}&B_{2,7}\\
0&0&0&0&0&0&0&I&0&0&0&0&0&0&B_{1,8}&B_{2,8}\\
0&0&0&0&0&0&0&0&I&0&0&0&0&0&B_{1,9}&B_{2,9}\\
0&0&0&0&0&0&0&0&0&I&0&0&0&0&B_{1,10}&B_{2,10}\\
0&0&0&0&0&0&0&0&0&0&I&0&0&0&B_{1,11}&B_{2,11}\\
0&0&0&0&0&0&0&0&0&0&0&I&0&0&B_{1,12}&B_{2,12}\\
0&0&0&0&0&0&0&0&0&0&0&0&I&0&B_{1,13}&B_{2,13}\\
0&0&0&0&0&0&0&0&0&0&0&0&0&I&B_{1,14}&B_{2,14}
\end{bmatrix}$$

图 10－8　循环生成矩阵

可以看出，生成矩阵 $\boldsymbol{G}$ 为 7 154×8 176 阶满秩矩阵，可对 7 154 个信息比特编码，输出 8 176 位码字；由于 $\boldsymbol{G}$ 矩阵为系统码矩阵，可表示为 $\boldsymbol{G}=[IkQ]$，则生成码字 $\boldsymbol{C}$ 可表示为 $\boldsymbol{C}=\boldsymbol{u}\cdot\boldsymbol{G}$，$\boldsymbol{u}$ 为待编码数据。

由于 LDPC（8 176，7 154）基码生成的码字长度并不是 32 的整数倍，为了方便星上与地面处理，采用缩短码编码时，输入 7 136 信息比特，采用增加 18 位“0”信息的方式，补满 7 154 位，以符合生成矩阵的基矩阵格式，在编码输出的 8 176 比特中去掉补充的 18 位“0”信息，此时码字长度为 8 158，为符合计算和存储系统的数据格式，末尾增加两位

“0”比特，补满 8 160 位。帧格式如图 10－9 所示。

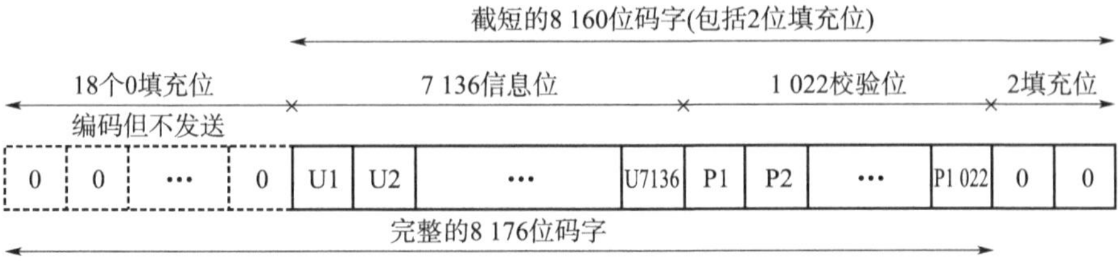

图 10－9　短码 LDPC 编码方式示意图

LDPC 译码方法有很多，本质上大都是基于 Tanner 图的消息传递译码算法。根据消息迭代过程中传送消息的不同形式，可以将 LDPC 的译码方法分为硬判决译码和软判决译码。如果在译码过程中传送的消息是比特值，称之为硬判决译码。如果连在译码过程中传送的消息是与后验概率相关的消息，称之为软判决译码。硬判决算法的优势在于只需做判断和加法运算，不仅运算量小，而且复杂度也比较低，比较实用。其缺点是性能比较低，并且译码时长不确定。软判决译码可以更加充分的利用信道信息，通过迭代译码算法，使得其译码性能无限接近香农极限。硬判决译码可以看成是 1 比特量化译码，软判决译码可以看成无穷多比特量化译码。主要的硬判决译码算法有比特翻转算法（Bit Flipping，BF）、加权比特翻转算法（WBF）等。软译码算法主要由迭代结构的置信传播算法（Belief Propagation，BP）、简化的最小和算法（Min－Sum）、归一化的最小和算法（Normalized Min－Sum）以及基于迭代可靠性的译码算法等。下面分别选取典型的硬判决译码算法——“比特翻转译码算法（BF）”和软判决译码算法——“对数似然比译码算法（Log Likehood Ratio Belief Propagation，LLR BP）”简要介绍 LDPC 的译码过程。

①基于比特翻转译码算法（BF）基本原理

当传输结果发生错误时，接收到的信息经过校验得到校验向量 $\boldsymbol{S}=(S_0, S_1, \cdots, S_{m-1})$，$\boldsymbol{S}$ 可以反映出校验信息失败的比特。当接收到的信息序列 Z 发生错误时，$\boldsymbol{S}$ 中的某些比特就会发生错误，校验向量 $\boldsymbol{S}$ 发生改变，这就是 BF 算法的基本原理。

BF 算法首先统计不满足的校验结果，找出使得校验方程不成立的个数超过门限值的比特，然后将这些点进行翻转，这样完成了一次迭代，继续不断重复迭代，直到所有的比特都满足校验方程。或者设置一个最大迭代次数门限值 σ，当迭代次数达到 σ 后，不论迭代有没有得到正确的结果，都立即停止，视为译码失败。

比特译码算法的具体步骤如下：

1）接收序列为 Z，迭代次数为 $k=1$；

2）利用校验矩阵计算相对应的校验方程，如果所有对应的校验方程都满足（$S^k=0$），则停止译码，结果为正确的值，否则进入下一步；

3）计算每一个比特所对应的不成立的校验的方程的数目，将此作为是否翻转的依据，f_i^k，$(i=0, \cdots, N-1)$，其中 $f_i^k=\sum_{i\in C(j)}(s_j^k)$

4）从序列 f_i^k，$(i=0, \cdots, N-1)$ 中找出最大值对应的信息比特所在的位置 Ω；

5）翻转位置为 Ω 的比特的值 Z_{Ω}^{k} ；将 0 变为 1，将 1 变为 0；

6）如果已经达到了最大的迭代次数，那么停止译码，译码失败；否则，迭代次数 k 加 1，进入步骤 2)，开始下一次迭代。

②基于对数似然比的 BP 译码算法基本原理

首先，获得信道传输来的信息后进行初始化信道信息，将其转化为对数似然比 LLR。

当初始信息被更新后，就开始以下的迭代过程：

1）校验点的更新（水平方向迭代)，根据上一次迭代得到的变量节点信息求出本次迭代的校验节点的信息。

2）变量节点的更新（垂直方向迭代)，根据本次迭代检验节点得到的值进行运算可以对变量节点进行更新。

3）译码判决模块。通过将各个不同变量节点的后验信息结合校验矩阵进行判决，首先根据每个变量节点的后验概率值的符号位判断其二进制取值；然后得到译码结果序列 $\boldsymbol{C}=[x_{1,}\ x_{2,}\ \cdots,\ x_{N}]$ ，再利用其编码所用的校验矩阵 $\boldsymbol{H}$ 进行验证。如果译码结果满足 $\boldsymbol{H}\times\boldsymbol{C}^{\mathrm{T}}=0$，则说明此次译码成功，停止译码。如果达到译码器初始设定的最大迭代次数，那么译码失败，译码过程结束。如果既没有译码成功，同时也没有达到最大的设定好的迭代次数，那么就继续下一次迭代，从步骤 2）继续译码，如此循环。

调制方式可以分为两大类：功率有效调制方式和频带有效调制方式。如果传输信道的频带利用率大于 2 bit/s/Hz，定义此调制方式为频带有效调制方式；在线性加性白高斯噪声的信道上，如果误码率 $P_e=10^8$ 时所要求的 $E_b=N_0$ 值小于 14 dB，定义此调制方式为功率有效调制方式。选择调制方式的原则是尽量使已调信号与信道相匹配，这样才能获得较好的实际应用性能。

目前星地通信使用最广泛的调制方式是数字调相，即 MPSK。PSK 信号用载波的相位携带信息，MPSK 信号的载波相位共有 M 个可能的取值，每一个载波相位对应着 M 个符号集中的一个符号，在某一个符号间隔内载波的相位取该符号对应的相位值。调制的过程就是将待传输的符号转换为载波的相位；而解调的过程则是将载波的相位转换为所传输的符号。通常待传输的信息流是二进制比特流，这时取 $M=2n$，$n=1$，2，3…，即每 n 个二进制比特对应于一个符号。因此在调制时还需要将二进制比特流转换为相应的符号，解调时再还原为二进制比特。下面介绍常用的两种调制方式。

1）BPSK 调制（二进制移相键控)。二进制移相键控方式是受键控的载波相位按基带脉冲而改变的一种数字调制方式，即发送 0 时取 0 相位，发送 1 时取 π 相位。其调制原理如图 10 - 10 所示。

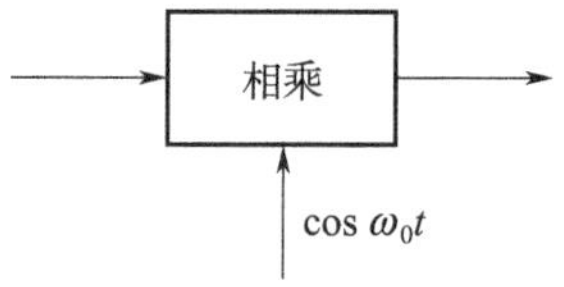

图 10 - 10　BPSK 调制原理框图

BPSK 解调原理框图如图 10－11 所示。

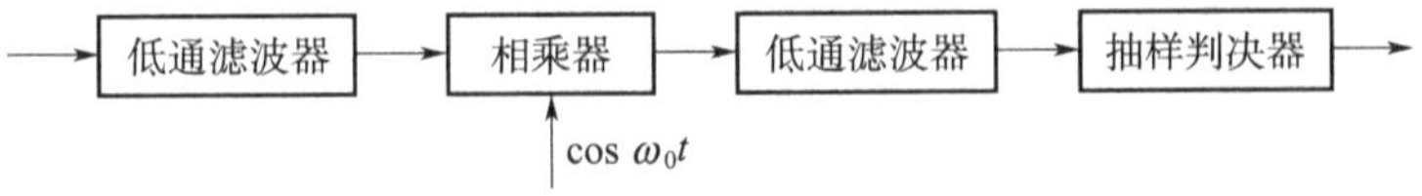

图 10－11　BPSK 解调原理框图

2）QPSK 调制（四相移相键控）。QPSK 又叫四相绝对相移调制，QPSK 利用载波的四种不同相位来表征数字信息。每一种载波相位代表两个比特信息，QPSK 信号矢量图如图 10－12 所示。

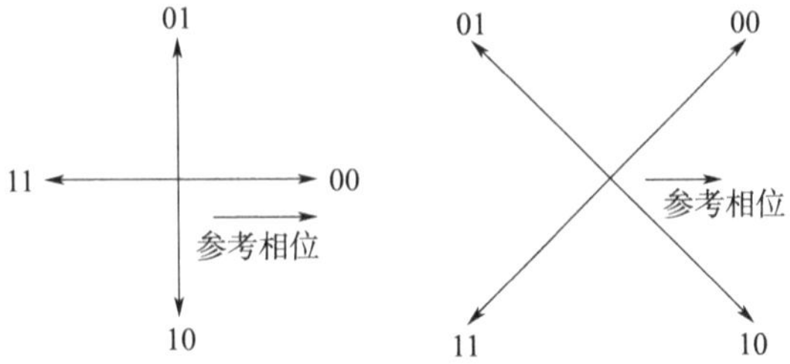

图 10－12　QPSK 信号矢量图

由于每一种载波相位代表两个比特信息，故每个四进制码元又被称为双比特码元。我们把组成双比特码元的前一信息比特用 a 代表，后一信息比特用 b 代表。双比特码元中两个信息比特 ab 通常是按格雷码排列的，它与载波相位的关系见表 10－2，矢量关系如图 10－12 所示。图 10－12 左图表示 A 方式时 QPSK 信号矢量图，右图表示 B 方式时 QPSK 信号的矢量图。

表 10－2　QPSK 载波相位关系

双比特码元		载波相位	
a	b	A 方式	B 方式
0	1	225°	0°
1	0	315°	90°
1	1	45°	180°
0	1	135°	270°

由于正弦和余弦的互补特性，对于载波相位的四种取值，在 A 方式中：45°、135°、225°、315°，则数据 I_k、Q_k 通过处理后输出的成形波形幅度有两种取值 $\pm\sqrt{2}/2$；B 方式中：0°、90°、180°、270°，则数据 I_k、Q_k 通过处理后输出的成形波形幅度有三种取值 ±1、0。

下面以 A 方式的 QPSK 为例说明 QPSK 信号相位的合成方法。

串/并变换器将输入的二进制序列依次分为两个并行数据，然后通过基带成形得到的双极性序列（从 D/A 转换器输出，幅度为 $\pm\sqrt{2}/2$）。设两个双极性序列中的二进制数字

分别为 a 和 b，每一对 ab 称为一个双比特码元。双极性的 a 和 b 脉冲通过两个平衡调制器分别对同相载波及正交载波进行二相调制，将两路输出叠加，即得到 QPSK 调制信号用调相法产生 QPSK 调制原理如图 10-13 所示。

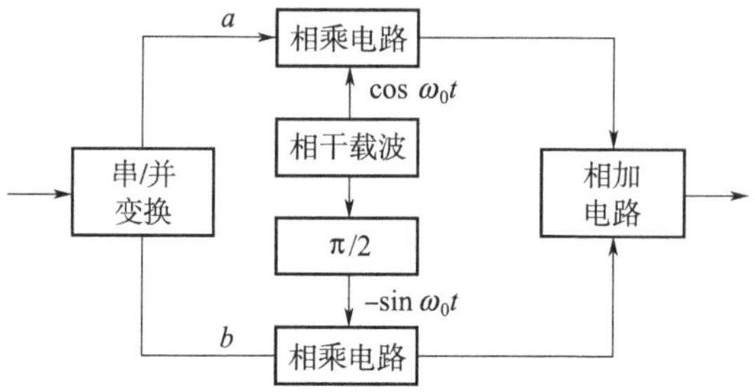

图 10-13　QPSK 调制原理框图

相位分布关系如图 10-14 所示。

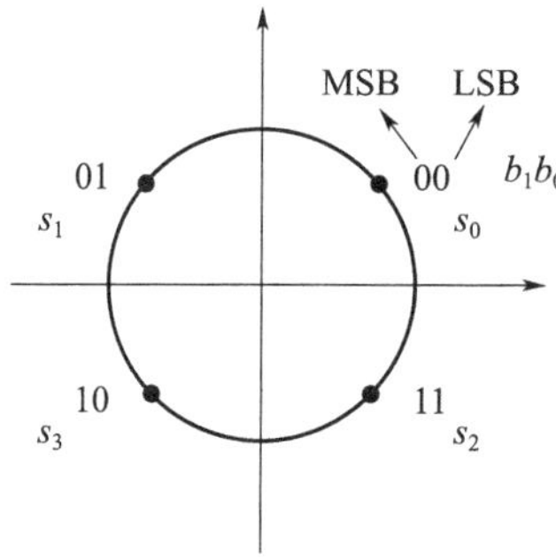

图 10-14　QPSK 相位星座图

两种调制方式的性能对比总结见表 10-3。由表 10-3 可见，从 BPSK 到 QPSK，频带利用率和实现复杂度均呈现增长趋势，即可靠性逐渐降低，有效性逐渐升高，而实现复杂度也逐渐升高。通常对可靠性要求更高优先考虑 BPSK，如测控系统。而对可靠性要求相对较低，对传输效能要求高，对复杂度不太看重的系统则优先考虑 QPSK，如馈电系统。

表 10-3　两种调制方式性能比较

调制方式	频带利用率(bit/s/Hz)	误比特率	实现复杂程度
BPSK	1	BPSK=QPSK	简单
QPSK	2		一般

10.2.4　无线收发通道的设计

测控馈电一体化设计对无线收发通道（见图 10-15）的设计应综合考虑任务需求和系统集成。测控任务一般要求卫星在任何情况均能收到地面发送的指令，并向地面发送卫星遥测信息。馈电一般要求卫星入境后接收地面信息，并向地面发送卫星数据。通常测控上行信息和馈电上行信息特点是两者一般均为低速数据，而测控下行和馈电下行数据速率相差较大测控信息速率较低，馈电信息速率较高。结合这一特点，一种比较好的集成设计方案是遥控上行和馈电上行共用接收通道，遥测发射和馈电发射采用独立射频通道。

所谓遥控上行和馈电上行共用接收通道是指遥控上行和馈电上行共用一套收发天线和接收射频通道。这样可以保证卫星不论处于什么样的工作模式、处于何种姿态，均能有效接收地面发送的信息，提高了卫星平台的可靠性。

遥测下行和馈电下行因发射功率不同，各自采用独立发射通道。遥测发射通过微波网络和测控天线连接，馈电发射通道连接馈电发射天线。这样做的好处一方面有利于提高航天器在不同工作模式下的可靠性，另一方面，对于采用双机备份工作的系统可以根据任务需求同时工作在测控发射和馈电发射两种模式，提高了卫星使用的灵活度。

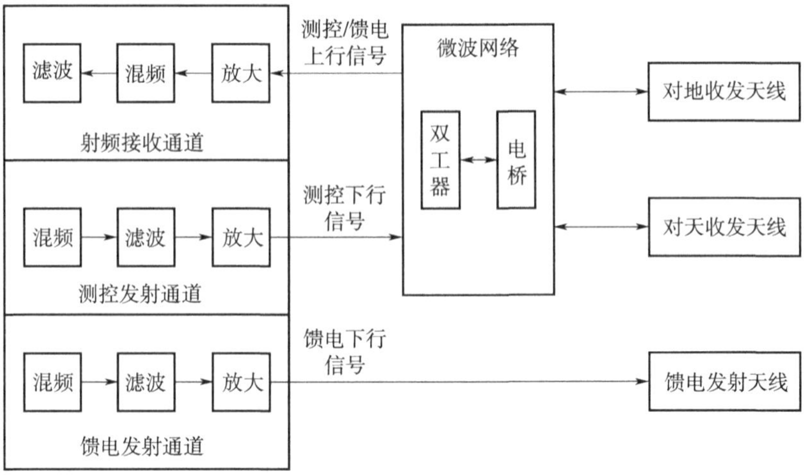

图 10 - 15　无线收发通道框图

10.2.5　指标体系

测控馈电一体化系统的指标体系分为功能指标和性能指标。功能指标主要指实现的系统任务，性能指标主要指系统应该达到的能力。

（1）功能指标

1）模式切换功能：具备根据指令切换馈电模式和测控模式的功能；

2）数据调理功能：在馈电模式下，完成馈电下行数据的编码，加扰和调制，经上变频后送后端功放级；完成馈电上行数据的下变频、解调、解扰和译码，将数据信号送至下位机；在测控模式下，完成遥测数据的调制和扩频，经上变频后送后端功放级；完成遥控数据的下变频、解扩和解调，直接指令译码输出以及将间接指令和上注信息发送；

3）测距功能：在测控模式下完成伪码测距功能；

4）监控复位功能：系统在轨具备自主状态监控和复位功能，且复位后默认当前功能工作模式；

5）信息速率切换功能：系统上下行具备不同速率挡位切换功能，以满足不同链路需求；

6）遥控终端功能：系统具备在不同模式下将指令译码输出的功能。

（2）性能指标

性能指标涵盖系统机、电、热、可靠性等多个方面，是全面衡量系统优良与否的关键。性能指标包括机械性能指标、电性能指标以及可靠性和寿命等。表 10－4 给出了测控馈电一体化系统主要性能指标及部分指标的典型值。

表 10－4　测控馈电一体化系统主要性能指标及指标示例

指标类型	指标名称	指标典型值/示例
机械指标	单机质量	3.5 kg±0.05 kg
	机械尺寸	包络尺寸：300 mm×200 mm×100 mm 本体尺寸：285 mm×195 mm×90 mm
	安装接口	4－Φ4.5（均布）
	粗糙度	3.2 μm
	安装平面度	0.1 mm/200 mm×200 mm
电性能指标	工作频率	上行：7 000 MHz±10 MHz 下行：8 000 MHz±100 MHz
	编码方式	测控模式：PCM－BPSK－PM 馈电模式：RS 编码＋卷积编码
	调制方式	测控模式：扩频 馈电模式：QPSK
	信息速率	测控模式：上行速率：4 000 bit/s；下行速率：16 384 bit/s 馈电模式：上行速率：500 kbit/s；下行速率：10 Mbit/s
	发射功率	测控发射：1W 馈电发射：10W
	发射 EIRP 值	测控发射：15 dBm 馈电发射：30 dBm
	接收 G/T 值	不小于－38 dB/K
	捕获灵敏度	优于－110 dBm
	跟踪灵敏度	优于－105 dBm
	接收机动态范围	优于 55 dB
	接收通道噪声系数	优于 3 dB
	发射载波抑制度	优于 25 dB
	谐波、杂波抑制度	优于 50 dB（距中心频率 100 MHz 处）

续表

指标类型	指标名称	指标典型值/示例	
电性能指标	载波相位噪声	频率载频	相位噪声
		100 Hz	−60 dBc/Hz
		1 kHz	−70 dBc/Hz
		10 kH	−80 dBc/Hz
		100 kHz	−90 dBc/Hz
		1 MHz	−100 dBc/Hz
	幅度相位不平衡度	幅度不平衡度优于 1 dB 相位不平衡度优于 $\pm 4°$	
	频率准确度和稳定度	频率准确度:优于 1.5×10^{5} 频率稳定度:优于 1×10^{7}(15 min,标准方差)	
	误码率	上行误码率:优于 1×10^{-7} 下行误码率:优于 1×10^{-6}	
	捕获概率和捕获时间	捕获概率≥0.9,总捕获时间≤8 s	
	多普勒捕获范围	优于±300 kHz	
	最大载波多普勒跟踪范围	优于±250 kHz	
	最大载波多普勒跟踪速率	优于±3 kHz/s	
	距离零值稳定性	≤50 ns	
	距离零值随机误差	≤5 ns(r. m. s)	
	测速误差	≤6 cm/s(r. m. s)	
	抗多址干扰能力	抗同频干扰 15 dB,抗多址干扰 15 dB	
	功耗	不大于 30W	
	电压纹波	不大于 400 mV	
	浪涌	不大于单机稳态工作电流的 1.5 倍或 2 A(取较大者),持续时间不大于 5 ms,上升斜率不大于 10^{5} A/s	
可靠性指标		0.998	
寿命指标		3 年	

10.2.6　天线设计

天线负责测控馈电链路射频信号的收发。包括发射遥测信号、馈电数据信息，接收地面遥控指令和馈电上行信息。根据卫星轨道及任务需求，需采取不同的天线形式。对于低轨卫星，为了保证卫星测控及馈电通信业务正常工作，要求测控天线具有近全空间辐射方向图；而对于馈电发射天线只要满足对地指向，具有准半球波束即可。图 10－16 和图 10－17分别为测控收发与馈电发射天线及方向图示意图。

从系统集成角度考虑，对于馈电上行通信业务和测控上行业务速率相对不高的卫星，可以共用一个接收通道。对于馈电发射信息速率较高的卫星，为了获取更大的链路余量，馈电发射天线可以采用“马鞍形”赋型波束。

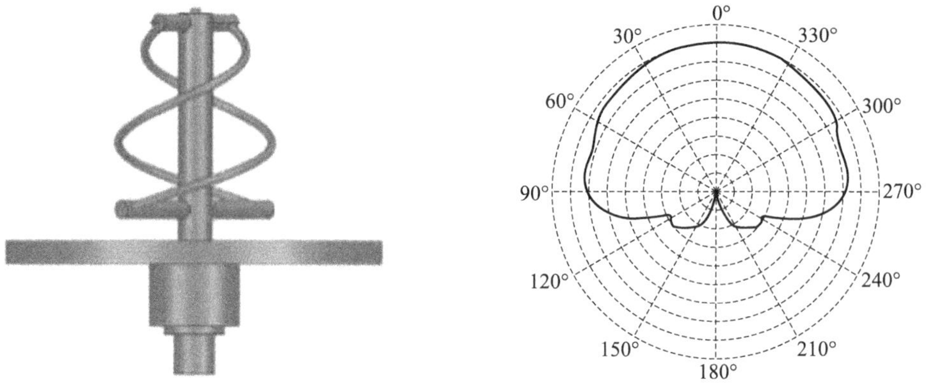

图 10-16　测控收发天线及方向图示意图

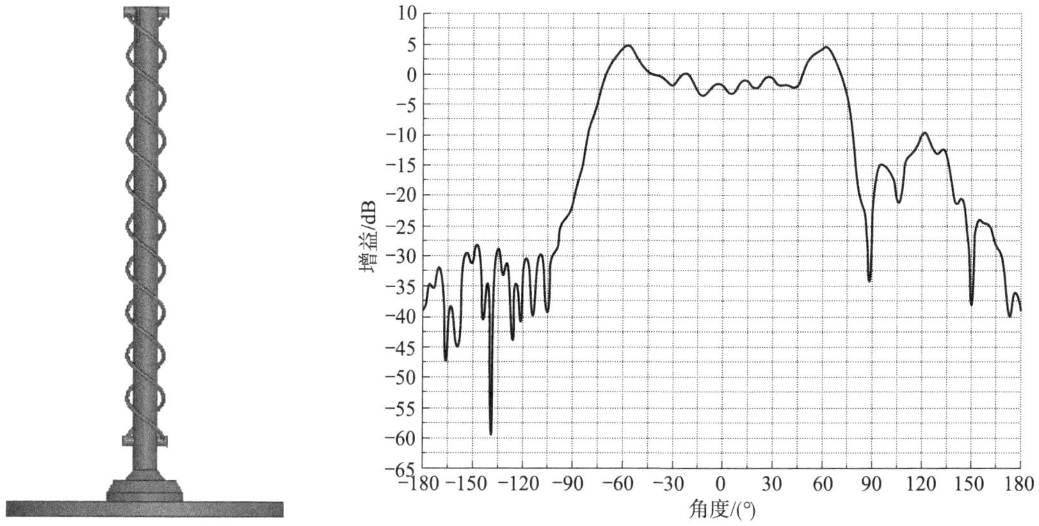

图 10-17　馈电发射天线及方向图示意图

除天线增益和方向图指标外，天线其他电性能指标还包括以下几项。

1）驻波比指标：天线驻波比指标通常为 1.5。但根据天线工作带宽可以放宽到 2。

2）极化指标：天线的极化指标需要和地面站系统配合，通常选择圆极化（左旋或右旋）方式。无特殊要求是尽量不选择线极化。

3）轴比指标：天线轴比指标表征天线极化纯度的好坏。理论上圆极化轴比为 1，线极化轴比为“无穷大”。实际工程中，轴比指标与天线波束宽度有关。波束越宽，轴比约大。以测控天线圆极化轴比为例，轴向轴比可以做到 1.5 以内，而波束边缘轴比可能在 6～8 之间。

10.3　测控馈电一体化系统的工程实现

在设计测控馈电一体化系统前，应充分理解星地通信任务，并在此基础上进一步分解详细功能性能指标。从典型的星地通信系统框图（见图 10－18）可以看出，一个典型的测控馈电一体化系统需要完成卫星遥测、遥控信息传输；用户数据和数据处理中心信息交互；用户和用户之间数据交互；卫星测定轨信息传输。

本节从方案论证、星地链路工程设计、系统方案设计以及可靠性设计几个方面对测控馈电一体化系统工程化实现做进一步分析。

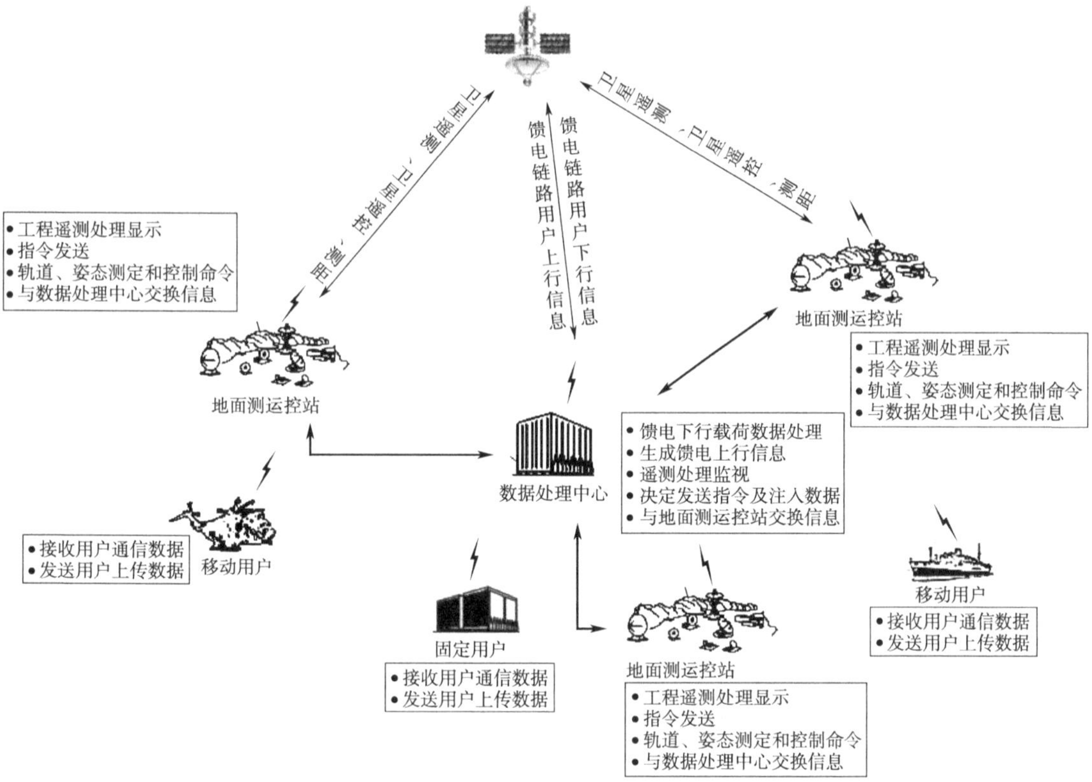

图 10－18　星地通信系统框图

10.3.1　方案论证

方案论证包括测控馈电通信体制的选择、工作模式的制定、链路指标分配、系统硬件配置、信息流、系统接口设计等，本节分任务分析和功能需求论证两部分进行说明。

10.3.1.1　任务分析

测控馈电一体化系统主要任务是为星地馈电下行信息提供数据复接、组帧、编码、加扰、调制，为馈电上行信息提供解调、解扰、译码；为星地测控下行信息提供编码、扩频、调制，为测控上行信息提供解调、解扩和译码；为星地通信建立无线射频通道；必要时还可提供加解密功能。

为实现航天器的通信，要求为测控馈电一体化系统天线提供无障碍的视场，同时要求有足够的接收信号功率，以可接受的误码率检测信号。为使信号能从各个角度进入航天器，要求天线具有宽波束，因此，良好的设计总考虑一个至少能在半球范围内接收信号的天线系统。宽波束天线的增益较低，对于半球覆盖，一般为 0 dB。因此必须选择一定量级的发射功率和接收机灵敏度，使信噪比满足要求。

测控馈电一体化系统上行接收的数据由指令和业务上行信息组成。指令速率范围为 100 bit/s～100 kbit/s，多数系统在 2 000 bit/s 以下。数据速率取决于飞行任务的考虑因素，同时数据速率又规定了系统的带宽，而后者又决定了检测信号所要求的接收功率电平。

测控馈电一体化系统下行发射信号由航天器状态遥测信号、业务下行数据等组成。基带数据通常是频分或时分多路的数字信号。航天器状态的遥测速率为 100 bit/s～64 kbit/s，馈电发射速率为 1～100 Mbit/s 不等。如果下行链路仅处理状态遥测，或者如果有效业务数据装载在低带宽链路里，则使用宽波束天线进行通信。如果处理高速业务数据，则应使用点波束天线进行通信。

如何确定测控馈电一体化系统的规模？为此，首先需确认上、下行链路的数据带宽；其次选择通信频率；再次制定上、下行链路的射频功率预算；最后选择系统设备。基本的测控馈电一体化系统由一台发射机、一台接收机、一副宽波束天线和一个射频微波网络构成。根据数据速率要求，也可使用高功率发射机或定向天线。此基本系统对航天器的构形影响不大，但以高速率提供数据的部件会改变航天器的结构。例如，定向天线有指向问题，并要求提供无障碍的视场，二者均要求在结构上与之适应。

10.3.1.2 需求论证

需求论证包括功能需求和指标需求两部分。

系统功能需求来自：1）任务（最高层要求有系统结构、轨道、寿命或环境）；2）卫星系统级要求；3）分系统内部要求；4）与卫星其他分系统要求；5）地面站兼容性要求；6）在轨长期管理要求等。

分系统指标需求来自：1）数据传输速率；2）数据量；3）数据存储；4）上下行频率；5）带宽；6）航天器功率；7）航天器质量；8）波束宽度；9）等效全向辐射功率（EIRP）；10）天线增益/系统噪声温度等。

系统功能需求在论证时，除了考虑卫星自身的基本任务需求外，还应考虑到在轨的故障处置和长期运行管理。尤其对于未来星座管理所提出的功能需求。

系统指标需求在论证时需要进行比对折中考虑，不追求单个指标最优。这其中就包括：天线孔径尺寸与发射机功率之间的折中，固态放大器与行波管放大器（TWTA）的折中，航天器与地面设备的复杂度的折中。天线孔径增大，增益提高，因而发射机射频输出功率可降低，对电源分系统的直流功率要求也下降。天线孔径增大造成天线质量增加，波束宽度变窄，因而对天线指向提出了更高的要求。根据所需频率和增益，可以决定选择固态放大器还是行波管放大器-系统级折中。需对卫星总重量、太阳电池阵面积、系统可靠性以及天线孔径的影响进行分析。固态放大器的趋势是可靠性更高、质量更轻、体积更小。TWTA 技术风险小些（增益更高时），而且效率较高。

以往的原则是使卫星尽可能简单，把复杂的设备以及处理过程放在地面。随着存储器和处理器的小型化，可以在星上进行大批量的数据处理，下行链路数据传输速率就可以降低。数据处理越少，地面站也就越简单。新的趋势是尽可能在星上进行数据预处理。

10.3.2 星地链路工程设计

10.3.2.1 链路设计概述

测控馈电一体化设计与评估的一项重要工作是通信系统链路分析，主要包括下行链路、上行链路的预算。链路预算的目的是根据卫星的通信任务需求，对发射端的发射功率与天线增益、无线电电波在空间传输过程中的各种损耗、传输过程中所引入的各种噪声与干扰及接收端的天线增益等因素进行分析与估算，从而确定链路余量是否满足数据传输要求的误码率对信噪比的要求。链路余量太大会造成资源的浪费，导致成本过高；链路余量不够，可能造成误码率过高，影响传输质量。通过链路预算，可评估卫星测控分系统和地面站部分的设计是否满足要求。

设计卫星测控通信链路的目的是有效地在卫星与地球站之间提供可靠而高质量的连接手段，以此来满足地面对卫星跟踪、遥测和遥控任务的要求，卫星测控通信链路的计算是设计卫星测控分系统的主要工作之一。下面分析卫星测控链路预算，并介绍其采用的主要模型。

在链路设计中都要用到通信方程，其中包括了收、发双方的设备性能，电磁波传播路径的影响和通信需求。最基本的通信方程为

$$\begin{aligned}&P_R = P_T L_{TC} G_T L_{TP} L_S L_A L_P L_{RP} G_R L_{RC}\\&N_0(\text{dBm/Hz})\\&K = 1.38\times10^{-23}\,\text{J/K}\end{aligned}\tag{10-3}$$

式中 P_R ——接收机的前置低噪声放大器（LNA）输入端收到的调制信号功率；

P_T ——发射机功放放大器输出端口的输出调制信号功率；

L_{TC} ——由发射机至发射天线端口之间的射频电缆或波导引起的馈线损耗；

G_T ——发射天线增益；

L_{TP} ——发射天线指向损耗；

L_S ——电磁波在空间传播的路径损耗；

L_A ——电磁波穿过地球大气层的大气损耗；

L_P ——发射天线和接收天线之间电波极化不匹配（极化方向不一致）引起的极化损耗；

L_{RP} ——接收天线指向损耗；

G_R ——接收天线增益；

L_{RC} ——接收天线至接收机之间馈线带来的馈线损耗。

通信系统和上述参数的模型如图 10－19 所示。

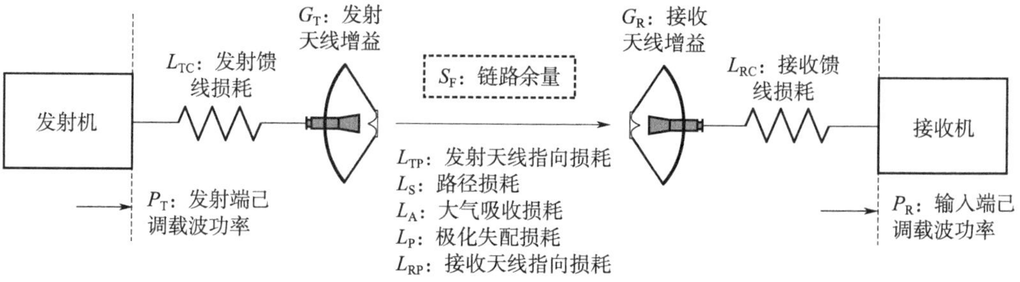

图 10－19　通信系统链路模型

式（10－3）可以用对数表示为相加形式，如式（10－4）所示

$$P_R(\text{dBm}) = P_T(\text{dBm}) + G_T(\text{dB}) - L_{TC}(\text{dB}) - \Sigma L_i(\text{dB}) + G_R(\text{dB}) - L_{RC}(\text{dB}) \tag{10-4}$$

其中

$$\Sigma L_i(\text{dB}) = L_S + L_{TP} + L_P + L_{RP} + L_{RC} + L_A \tag{10-5}$$

式中，$\Sigma L_i(\text{dB})$ 称为空间链路损耗。

将 $P_T(\text{dBm})$、$L_{TC}(\text{dB})$、$G_T(\text{dB})$ 三项合并，称为发射 $EIRP$（等效全向辐射功率），则

$$EIRP(\text{dBm}) = P_T(\text{dBm}) + G_T(\text{dB}) - L_{TC}(\text{dB}) \tag{10-6}$$

E_b/N_0

在一定误码率条件下，接收端低噪放入口输入理论上所需要 $(P_R/N_0)_{理论}(\text{dB/Hz})$ 由通信的调制解调体制所要求的每比特能量与噪声功率谱密度比 E_b/N_0 推导出来

$$(P_R/N_0)_{理论}(\text{dB/Hz}) = (E_b/N_0)(\text{dB}) + R_b(\text{dB}) \tag{10-7}$$

其中，R_b 为码速率，$N_0(\text{dBm/Hz})$ 表示单边带噪声功率谱密度。

实际工程中，当载波功率和信号功率比可忽略时，常用 C/N_0 代替 P_R/N_0。

$$(C/N_0)_{理论}(\text{dB/Hz}) = (E_b/N_0)(\text{dB}) + R_b(\text{dB}) \tag{10-8}$$

考虑接收系统解调损耗，达到接收机入口端的实际所需 $(C/N_0)_{实际所需}(\text{dB/Hz})$ 为

$$(C/N_0)_{实际所需}(\text{dB/Hz}) = (C/N_0)_{理论}(\text{dB/Hz}) + L_{解调} \tag{10-9}$$

式中，$L_{解调}$ 为接收机解调损失；

N 及 N_0 计算如式（10－10）和式（10－11）所示

$$N(\text{dBm}) = KTB(\text{dBm}) = K(\text{dBm}) + T(\text{dBK}) + B(\text{dBHz}) \tag{10-10}$$

$$N_0 = N/B \tag{10-11}$$

式中　K ——波尔兹曼常数；

B ——信号带宽。

当取瓦（W）为计量单位时，$K = -228.6\ \text{dBW}$；当取毫瓦（mW）为计量单位时，

$K = -198.6\ \text{dBm}$ 。

K 代表每度绝对温度、每 Hz 带宽内电子热扰动所产生的热噪声功率，B 表示信号带宽。

实际到达接收机入口端的 $(C/N_0)_{实际到达}$(dB/Hz) 为

$$(C/N_0)_{实际到达}(\text{dB/Hz}) = EIRP(\text{dBW}) + G_R/T(\text{dB/K}) - K(\text{dBW}) - \Sigma L_i(\text{dB}) \tag{10-12}$$

其中到达接收机入口端的载波功率 $C = EIRP - \Sigma L_i(\text{dB}) + G_R$ ；$N_0 = K(\text{dBW}) + T(\text{dB/K})$；式中 G_R/T(dB/K) 为接收机的 G_R/T 值。

考虑编码增益 $G_{编码}$ 后，链路余量 S_F 为

$$S_F = (C/N_0)_{实际到达}(\text{dB/Hz}) + G_{编码}(\text{dB}) - (C/N_0)_{实际所需}(\text{dB/Hz}) \tag{10-13}$$

10.3.2.2　主要参数计算公式

（1）路径损耗 L_S

路径损耗 L_S 与航天器和地球站之间的距离的平方成正比，与工作频率的平方成正比。

$$L_S = 10\log(4\pi R/\lambda)^2 = 20\log(4\pi Rf/C) \tag{10-14}$$

式中　C ——光速，3×10^5 km/s ；

R ——星地距离（km）;

f ——频率（MHz）。

经整理后得到

$$L_S \approx 32.44 + 20\lg R(\text{km}) + 20\lg f(\text{MHz}) \tag{10-15}$$

（2）大气吸收损耗 L_A

大气损耗，它等于对流层损耗与电离层损耗之和。对流层损耗由三部分组成：氧分子引起的损耗、水蒸气引起的损耗和降雨损耗，此三者都和天线指向仰角有关。其中占主要的是降雨损耗，即雨衰损耗。雨衰损耗和频率和电磁波穿越降雨路径距离相关。这里简单给出了雨衰量估算的大致步骤。

步骤 1：先由当地的降雨强度求得时间百分数为 0.01％的雨衰率；

步骤 2：由地球站维度估算降雨高度，由天线仰角求出电波穿越雨区的斜距，并由电波穿越雨区的水平距离和降雨强度算出距离减少因子，再取雨衰率、斜距和减小因子的乘积为时间百分数为 0.01％的降雨衰耗量；

步骤 3：由时间百分数为 0.01％的降雨损耗量转换为时间百分数为 p ％的降雨衰耗量。

降雨强度数据可以根据当地现有的降雨强度数据或参考 ITU－R 建议与中国行业标准所提供的雨区划分图查出当地所属雨区，再从降雨强度表中查出对应该雨区的时间百分数为 0.01％的降雨强度 $R_{0.01}$ 。

（3）极化失配损耗 L_P

极化失配损耗分圆极化和线极化两种情况。

圆极化天线极化误差损耗为

$$[L_{\mathrm{p}}]=-10\lg\left\{\frac{1}{2}\left[1+\frac{\pm 4X_{\mathrm{T}}X_{R}+(1-X_{T}^{2})(1-X_{R}^{2})\cos^{2}\alpha}{(1+X_{T}{}^{2})(1+X_{R}^{2})}\right]\right\} \tag{10-16}$$

线极化天线极化误差损耗为

$$[L_{\mathrm{p}}]=-10\lg(\cos^{2}\alpha) \tag{10-17}$$

式中　X_T ——发射天线轴比；

X_R ——接收天线轴比；

α ——接收天线与发射天线极化方向夹角。

式（10－16）中，收发天线同极化时“$\pm 4X_TX_R$”取“+”，反之取“－”。

（4）指向误差损耗 L_{RP}

天线指向误差损耗由下式给出

$$L_{RP}\approx e^{2.77(\frac{\theta}{\theta_{1/2}})^{2}} \tag{10-18}$$

式中　$\theta_{1/2}=70\lambda/D$ ——地球站接收天线半功率宽度；

λ ——天线工作波长；

D ——地球站天线口径；

θ ——地球站与卫星天线方向偏离角。

（5）$EIRP$ 计算

选定发射机功率 P_T(dBm)，发射天线增益 G_T(dB) 和馈线损耗 L_{TC}，即可求得

$$EIRP(\mathrm{dBm})=P_T(\mathrm{dBm})+G_T(\mathrm{dB})-L_{TC}(\mathrm{dB}) \tag{10-19}$$

（6）G_R/T_e 计算

利用接收天线增益 G_R 和算出接收系统噪声温度 T_e 后，就可算出接收系统的 G/T 值

$$G_R/T_e(\mathrm{dB/K})=G_R(\mathrm{dB})-T_e(\mathrm{dBK}) \tag{10-20}$$

（7）波尔兹曼常数

$K=1.38\times10^{-23}$ J/(Hz·K)，其意义为每赫兹带宽内，每度绝对温度时电子热扰动所产生的能量为 1.38×10^{-23} J。

10.3.2.3　链路分析举例

下面通过一个算例给出链路分析的基本步骤。假定：星上发射功率 $P_T=1$W，馈线损耗 $L_{TC}=1$ dB，发射天线增益 $G_T=5$ dBi，星地最远通信距离 $L=2\ 000$ km，工作频率 $f=8$ GHz，码速率 $R_b=10$ Mbit/s，地球站 G/T 值 32 dB/K，发射天线和地球站均采用左旋圆极化，发射系统编码增益 $G_{code}=5$ dB，地球站解调损失 $L_{module}=2$ dB。发射天线轴比 $A_T=3$ dB，接收天线轴比 $A_R=2$ dB，接收天线与发射天线极化方向夹角 $\alpha=30°$，天线指向偏差角 $\theta=0.1°$，地球站天线半功率波瓣角 $\theta_{1/2}=0.3°$，接收误码率 10^{-6} 时所需 $E_b/N_0=10.6$。下面根据上述输入进行链路分析。

步骤1：计算星上发射 $EIRP$ 值，根据式（10－6）可得

$$EIRP=P_T+G_T-L_{TC}=0\ \mathrm{dBW}+5\ \mathrm{dB}-1\ \mathrm{dB}=4\ \mathrm{dBW} \tag{10-21}$$

步骤2：计算空间链路损耗

1）自由空间损耗 L_S：根据工作频率 f 和星地距离，结合式（10－15）可得自由空间

损耗

$$L_S = 176.5\ \text{dB} \tag{10-22}$$

2）天线极化失配损耗 L_P ：根据式（10－16），结合设计轴比和极化夹角输入可得

$$L_P \approx 0.65\ \text{dB} \tag{10-23}$$

3）天线指向误差损耗 L_{RP} ：根据式（10－18），结合设计指向偏差角 θ 和地球站天线半功率波瓣角 $\theta_{1/2}$ 输入可得

$$L_{RP} \approx 2.7\ \text{dB} \tag{10-24}$$

实际工程设计中，由于在计算发射 $EIRP$ 值时所采用的天线增益一般为天线波束边缘增益，即实际考虑了天线指向误差的情况，尤其是对于发射天线是宽波束天线的情况，天线指标误差损耗可以认为已包含在 $EIRP$ 中了。这里为了计算链路的完整性，依然考虑指向误差损耗；

4）大气损耗 L_A ：大气损耗我们根据相关标准，给出一个工程经验值 3 dB；

5）空间总损耗 $\Sigma L_i(\text{dB})$ ：

$\Sigma L_i(\text{dB}) = L_S + L_P + L_{RP} + L_A = 176.5\ \text{dB} + 0.65\ \text{dB} + 2.7\ \text{dB} + 3\ \text{dB} = 182.85\ \text{dB}$；

步骤 3：计算理论所需 $(C/N_0)_{理论}$ ，根据式（10－8）可得

$$(C/N_0)_{理论} = (E_b/N_0)(\text{dB}) + R_b(\text{dB}) = 10.6 + 10\log(10^7) = 80.6\ \text{dB}$$

步骤 4：计算实际所需 $(C/N_0)_{实际所需}$

$$(C/N_0)_{实际所需} = (C/N_0)_{理论} + L_{module} = 80.6\ \text{dB} + 2\ \text{dB} = 82.6\ \text{dB};$$

步骤 5：计算实际到达 $(C/N_0)_{实际到达}$

$(C/N_0)_{实际到达} = EIRP(\text{dBW}) + G_R/T(\text{dB/K}) - K(\text{dBW}) - \Sigma L_i(\text{dB}) = 4 + 32 - (-228.6) - 182.85 = 81.75\ \text{dB}$；

步骤 6：计算链路余量 S_F

$S_F = (C/N_0)_{实际到达} + G_{code} - (C/N_0)_{实际所需} = 81.75\ \text{dB} + 5\ \text{dB} - 82.6\ \text{dB} = 4.15\ \text{dB}$

10.3.3　系统方案设计

测控馈电一体化系统方案设计一般包括系统信息处理流程设计，系统参数确定，系统配套组成，系统接口确定等。

10.3.3.1　系统信息处理流程设计

根据卫星任务分解得到测控馈电一体化系统为满足星地数据处理和传输所需具备的功能，结合卫星轨道条件与星上信息处理需求情况可基本确定系统的处理流程和工作模式。图 10－20～图 10－23 给出了测控馈电上下行信息流程处理的示意图。

（1）遥控信息处理流程

地面上行的遥控 PSK 信息经过测控馈电一体化系统解扩和解调后将数据恢复成 PCM 码流，遥控处理模块将 PCM 码流进行译码后根据信息格式对应的内容，输出到对应的接口执行后续流程。如果译码后的信息为密信息，还需要将密信息进行解密处理后再输出至对应的执行接口。

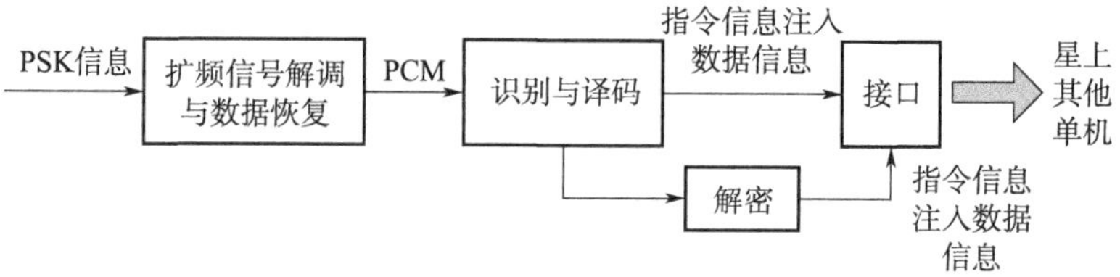

图 10-20　遥控信息处理流程示意图

(2) 遥测信息处理流程

卫星上各传感器采集的模拟量遥测通过多路选择开关选通后进行 A/D 转换，变成数字量信息后进行数字综合处理，完成遥测信息的编码、加扰和组帧。组帧后的 PCM 遥测信息根据卫星的任务需求可进行实时传输或者存入星上的缓存进行延时传输。最后 PCM 遥测信息进行扩频调制变为 PSK 信号发送至地面。

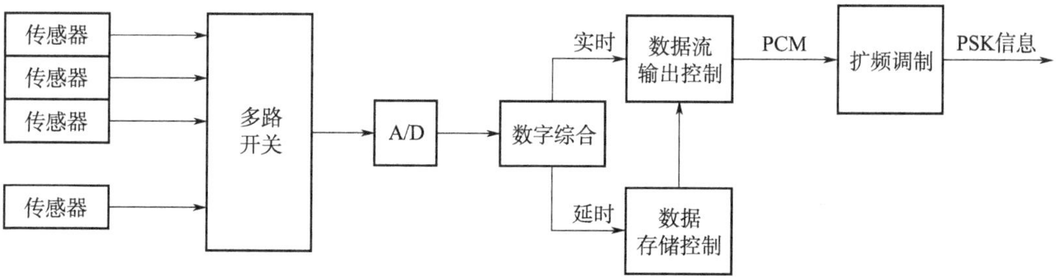

图 10-21　遥测信息处理流程示意图

(3) 馈电上行信息处理流程

馈电上行信息处理流程与遥控信息处理流程类似，只是卫星工作在馈电模式时，通信体制非扩频，因此信息处理无解扩过程，上行信息经过射频通道解调，中频数字信息经过解扰，译码后恢复成有效数据，根据信息格式对应的内容发送至对应的执行接口。若有效信息为加密信息，则经过解密处理后再发送至对应的执行接口。

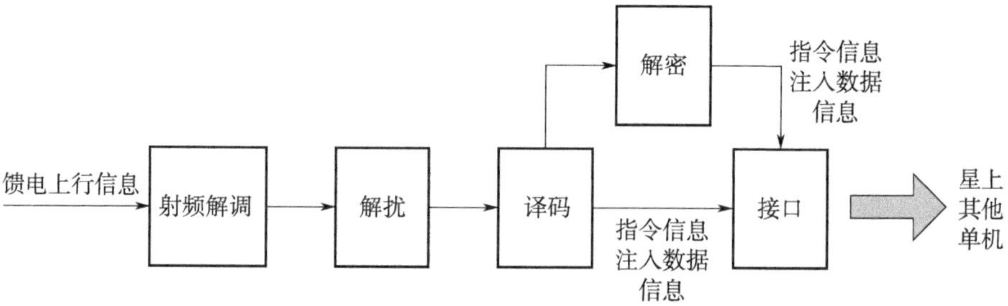

图 10-22　馈电上行信息处理流程示意图

(4) 馈电下行信息处理流程

馈电下行数据一般由载荷信息、卫星遥测信息以及填充数据组成。载荷数据根据需要是否压缩分为压缩数据和原始数据。经过馈电基带模块的虚拟信道调度，完成各类数据的

AOS 组帧。组帧后的基带数字信号根据卫星任务需求选择实时输出或延时输出。延时输出的基带信息先存储于星上的固存中。基带信息在进行编码前根据用户要求选择是否进行加密。如需要加密则通过加密模块加密后在进行信道编码，编码后的数据进行加扰、调制和放大后发送至地面。

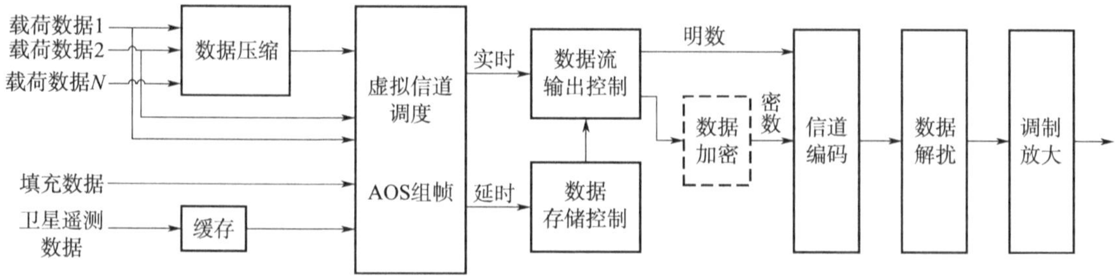

图 10-23　馈电下行信息处理流程示意图

10.3.3.2　系统参数确定

（1）基带码速率

测控馈电一体化系统基带码速率主要针对馈电下行通道而言。基带处理部分的输入码速率取决于卫星载荷的种类和数量。例如对于光学遥感载荷而言，数据速率与通道数、传感器像素数、行频等有关；对微波遥感载荷而言，数据速率与载荷的分辨率和幅宽有关；对于通信载荷则取决于通信通道数、单通道数据速率等信息。

例如：某卫星相机由 10 片 CCD 拼接而成，每片 CCD 有 15 000 像素，每个像素进行 12 bit 量化，成像过程中最大行频为 4 000，因此其发送至测传分系统码速率为

$$10 \times 15\ 000 \times 12 \times 4\ 000 = 7\ 200\ \text{Mbit/s} \tag{10-25}$$

（2）固存容量

系统需配备的固存容量与卫星载荷数据速率、卫星轨道、数据回放模式等有关，地球同步轨道卫星可配备小容量的固存甚至不配固存，而对于非地球同步轨道卫星而言则需要大容量的固存。固存容量不仅取决于载荷数据速率，还取决于载荷的开机时间、轨道周期、地面站分布等因素。

（3）信道码速率

信道码速率设计取决于两个要素，一是星上的数据传输需求，二是地面站的接收能力。若星上所需传输的数据码速率低于地面站的单通道接收处理能力上限，则一般情况下直接采用单通道进行传输；若星上所需传输数据码速率高于地面站的单通道接收处理能力，则需采用双通道乃至多通道同时传输的方法。

（4）信道编码与加扰

适用于星地链路进行数据传输的编码有多种，包括级联码、LDPC 码、Turbo 码等等，目前在数据传输领域广泛使用的编码方式有如下几种。

1）RS+卷积级联码：RS+卷积级联码的编解码均很成熟，其中 RS 编码多数采用 CCSDS 推荐使用的 RS（255，223）编码方式，卷积编码多采用约束长度为 7、码率为 1/2

的编码方式，另外码率为 3/4 的卷积码也用的很多。

2）LDPC 编码：随着技术的进步，LDPC 码也越来越受到重视，目前广泛使用的是 CCSDS 推荐的以（8 176，7 154）为基码的 7/8 码率 LDPC 码，其他码率的 LDPC 码也有少量使用。

数据加扰方式通常采用 CCSDS 建议的扰码方式，生成多项式为

$$F(X)=X8+X7+X5+X3+1 \tag{10-26}$$

（5）调制方式

由于卫星信道的非线性及幅相转换效应，要求调制后的波形尽量具有等幅包络结构的特点，另外星上功率受限，需要使用在相同的每比特能量信号与单边噪声功率谱密度比 E_b/N_0 的条件下比特差错率低的数字调制技术。满足上述要求的有数字调频 FSK 与数字调相 PSK 调制方式。但目前卫星通信中采用的调制方式主要是 PSK，主要原因一方面是由于 PSK 具有恒包络，频带利用率高于 FSK，且相同的 E_b/N_0 条件下误码率低于 FSK；另一方面是 PSK 的调制与解调可全部数字化，便于实现集成化。

（6）系统发射 *EIRP* 值

为满足星地间进行数据传输的误码率要求，星上需提供足够的 *EIRP* 。在卫星所采用的轨道、编码方式、调制方式、数据速率以及地面站的接收能力都确定后，就可进行最小 *EIRP* 的确定，该过程与星地链路预算类似，只是本过程是从地面接收端的链路余量向星上 *EIRP* 的反推过程。一般而言，为保证星地链路在特殊的天气条件下仍可保证畅通，工程上一般对整个链路需要预留 3 dB 余量。

10.3.3.3 系统配套组成

根据系统方案，链路设计确定的基本参数，结合测控馈电一体化系统的信息处理流程。对各功能的模块进行划分，结合冗余设计的要求形成产品连接框图，最终形成系统的产品（单机）配套。

系统在进行系统设计时应充分考虑继承性，在满足系统任务需要的条件下尽量选用经其他型号验证或已有相应预研基础的设计。产品的继承性可分为以下几种情形。

A 类产品：直接采用飞行试验成功的现有设备，不需作修改；

B 类产品：在飞行试验成功的设备上稍做改进，不需要重新做鉴定试验的设备；

C 类产品：已经卫星飞行试验，但做了较大修改，需要重新做鉴定试验的设备；

D 类产品：无现有设备基础，需新研制的设备；

E 类产品：进口成熟设备。

对 C 类和 D 类产品要分析其中是否有关键技术尚未突破，若有需要提前开展相关关键技术的攻关工作，并在整星方案研制阶段完成技术攻关。

10.3.3.4 系统接口确定

（1）与相关分系统的接口设计

系统产品配套确定后需与各相关分系统进行接口协调，主要包括载荷接口、机热接口、遥测遥控接口、供电接口等。

①载荷接口

通常对于低码速率的载荷数据可通过 TTL、422 等协议进行传输，而高速的数据一般采用 LVDS、TLK2711 等传输方式。

②机热接口

机械接口设计主要包含的内容是为适应星上布局、总体电路等系统的单机质量、外形尺寸、安装尺寸、安装方式、接插件设计等方面的设计。这里需要重点关注的内容是发射机功放级的安装、功放级到天线的波导段的安装以及天线的安装等，这些需要在系统设计初期确定具体方案。

热接口设计主要考虑的是为适应热控系统的热控制方案，对单机热控涂层的设计、卫星隔板预埋热管的安装位置确定、热控 LHP 设计方案的确定等。系统内单机的温度遥测都是通过各单机内热敏电阻进行温度采样得到的，为了准确地反映单机温度，就需要对热敏电阻的安装位置进行确定；根据单机工作的实际环境对热敏电阻曲线按照高温、低温、常温的不同处理结果针对性地选择处理曲线。

③遥测遥控接口

遥控接口方面需要明确测传分系统的遥测指令接口形式。对于采用 OC 门等指令线形式的指令接口需要尽早确定系统所需的指令条数，便于测传分系统开展设计。

对于数字遥测接口，需要明确测传分系统的遥测指令接口形式和通信方式，需要尽早确定所需的数字量遥测数量，并按照重要程度进行波道分配；而模拟遥测接口则是明确测传分系统的遥测指令接口形式和数量，便于开展设计。

④供电接口

单机配套表出来后需要对各单机的功耗情况进行预估，与总体电路分系统协调供电接口，明确直供电、控制电的路数，明确控制电的继电器额定电流是否满足使用需要等。

⑤其他接口

需要在此阶段一并明确的其他接口主要包括平台遥测传输通道及传输方式、密钥的传输通道及传输方式等。

（2）系统内的接口设计

系统内部接口主要是指系统内部基带数据的传输接口以及射频信号的传输接口。

①基带接口

基带接口设计原则是针对数据传输码速率指标，制定基带接口设计方案。主要内容包括两方面，一是数据传输硬件接口形式的选定，常用的接口形式有 TTL、RS422、LVDS、1553B 总线、CAN 总线等；二是传输电缆的选定，根据实际选用接口形式以及码速率的具体要求，选择不同型号、规格的传输电缆。一般而言码速率较大的载荷多采用 RS422、LVDS 等接口形式，对于码速率不高的载荷可以采用 RS422、1553B 总线、CAN 总线等，传输线缆则是根据所选的接口规范确定。

②射频接口

射频接口的设计原则是在便于实施的前提下尽量选用损耗小的传输方式。射频信号可利用同轴电缆、波导等传输方式进行传输，对于频率较高的射频信号，如X频段，由于波导的传输损耗远小于同轴电缆，因此推荐使用波导来进行信号传输。对于频率较低的射频信号，如L频段、S频段信号，考虑到波导组件体积、质量等因素，综合同轴电缆的插损，一般推荐使用同轴电缆。

10.3.4 可靠性设计

10.3.4.1 可靠性设计原则

系统在进行可靠性设计时，采取的一般原则如下：

1）优先采用在预定的环境下能可靠工作的硬件、软件和设计技术；

2）简单就是可靠；

3）保守的设计比较可靠，尽量采用成熟的技术，如采用新技术，必须经过试验，证明在预定的环境条件下能够可靠地工作，并且采用新技术一般不应超过20%；

4）贯彻标准化（系列化、规范化）的规定。

10.3.4.2 系统研制初期的可靠性保障

在系统早期方案设计阶段，主要的可靠性保障办法包括：

1）遵循前述一般可靠性设计原则；

2）进行初步的可靠性分析（工程分析和定量分析，考虑环境条件、研制方案、生产方案、使用方案和维护方案等）；

3）权衡不同的设计方案时，必须分析各种差别和变动对整个系统可靠性的影响；

4）适当采用冗余技术，避免单点失效；

5）必须遵守的一个原则，决不能为了试图超过规定的性能指标而牺牲可靠性（不鼓励超过性能指标）。

10.3.4.3 对系统可靠性的监控手段

系统可靠性监控手段包括：

1）预先分配可靠性指标；

2）试验前做故障因果分析，识别薄弱环节，确定采取何种措施，或做何种试验；

3）增长试验、验证试验、分析、评定；

4）试验后做分析，可靠性表现，趋势、影响；

5）必要时重新分配可靠性。

10.3.4.4 系统可靠性工作中人的因素

一切故障的最后根源在于人的错误。一切工作都是由人来做的。人也是系统的一部分，应控制人产生的错误，并提供一种机制改正人的错误。

10.4 测控馈电一体化系统典型接口

测控馈电一体化系统在测控和馈电模式下分别采用不同的通信接口。在测控模式下，一般采用OC门遥控指令接口、电阻分压模拟量遥测采集接口以及RS422数字量遥测采集接口。在馈电模式下，根据传输数据速率的高低采用不同的通信接口。高速数据接口一般包括LVDS接口和TLK2711接口，中低速数据接口一般采用RS-422、1553B、CAN等接口。

10.4.1 OC门遥控接口

遥控信号接口采用集电极开路门（OC门）输出，源端向负载提供电源线和指令线，当遥控信号作用时，指令线和控制信号地电位间呈低阻电压状态，允许采用的接口电路有以下两种，分别是继电器负载和电子负载。接口电路如图10-24和图10-25所示。

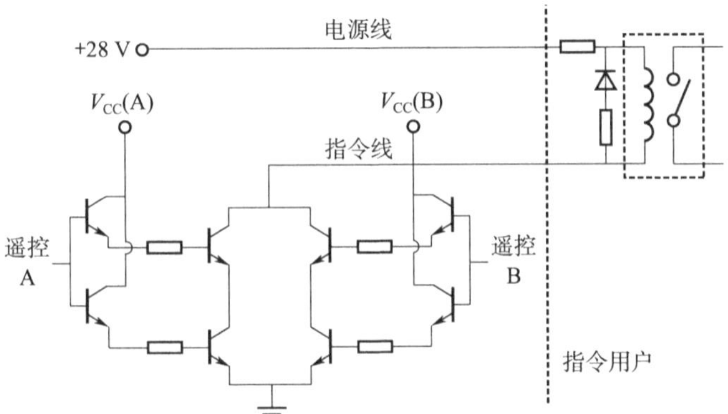

图10-24 遥控信号输出接口电路（继电器负载）

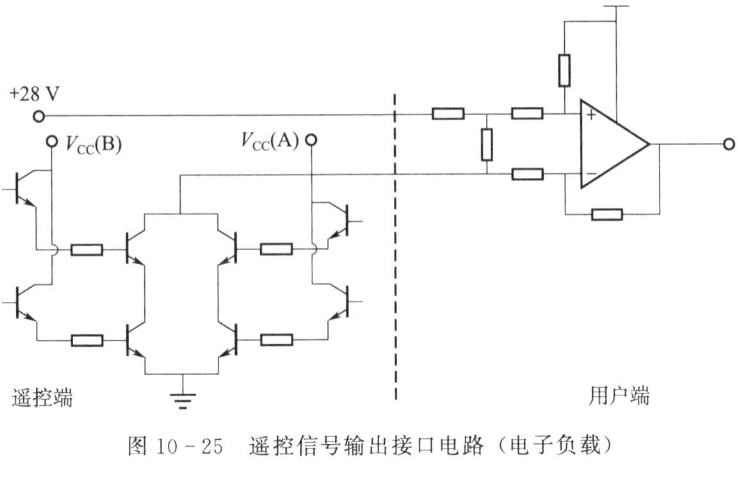

图10-25 遥控信号输出接口电路（电子负载）

10.4.2 模拟量遥测采集接口

卫星各单机重要的遥测参数需要整星统一采集，称为模拟量，主要包括电压量和温度量。

（1）电压量接口设计

对被采样设备的遥测信号输出特性一般满足以下要求。

1）正常输出电压范围：0～5.0 V；

2）输出阻抗：一般模拟量信号输出阻抗应不大于 2 kΩ；对于有精度要求的模拟量信号输出阻抗，无论有无输出应不大于 1 kΩ；以 0～5.1 V 模拟量信号检测星上设备工作状态的，由于测量的是状态信息，输出阻抗应不大于 20 kΩ；

3）模拟源输出回线为源端电路地；

4）输出级限制：输出级必须有正负向限制措施，保证在本身故障的情况下，输出信号不超过极限范围，输出极限电压：－0.5～＋10 V；

5）输出保护：输出端对地短路时，不应引起任何永久性损坏，也不应影响设备其他部分的性能；不论有无输出，不允许开路。

作为模拟量的输入端，输入特性一般满足以下要求。

1）正常测量电压范围：0～5.0 V；

2）模拟量输入阻抗：不小于 1 MΩ；

3）安全输入电压范围：－0.5～＋10 V，（在此安全电压范围内，不影响对其他遥测信道的正常采集，也不发生永久性故障）；

4）输入隔离：在每个输入端加隔离保护措施，当设备内部发生短路时，不影响源端的正常工作；

5）输入保护：在每个模拟量信号的输入端设置抗干扰滤波网络，防止外界干扰引起 CMOS 采样门的闩锁效应；

6）输入过压保护：在每个模拟量信号的输入端设置过压保护（稳压二极管），防止高电压进入设备内，大面积烧毁，引起灾难性故障。用户端为高功率设备时，输出信号回线与高功率供电回线隔离。当不能做到完全隔离时，功率地与信号地之间至少串接 1 kΩ 电阻。

（2）温度采集接口设计

测温热敏电阻遥测接口是作为阻值测量的模拟量遥测接口，由测量端供给＋5 V 电压作为测温供电电源，同时提供一个用作分压的基准电阻（见图 10－26）。

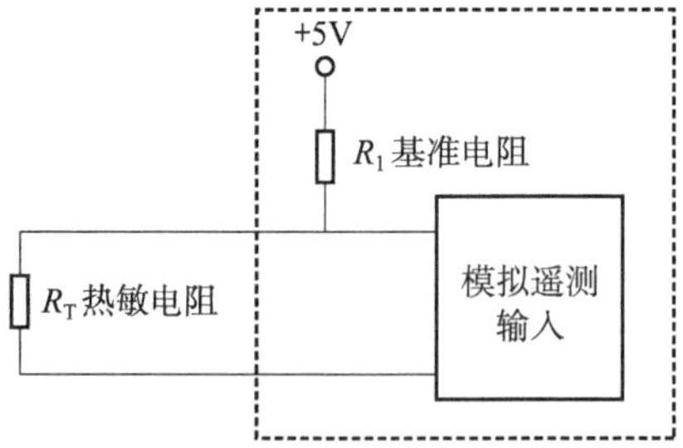

图 10－26　温度测量接口电路示意图

由热敏电阻和基准电阻对＋5 V 电源的串联分压值作为模拟通道的输入遥测电压。要求：

1）热敏电阻位于用户设备内或结构上；

2）要求稳压的 5 V 电压精度为±1%；

3）基准电阻的精度为 R±0.5%。

10.4.3　RS422 接口

RS422 接口主要用来传输低速数字量遥测数据和地面上注给平台和载荷的注数数据。RS422 数据信号采用差分传输方式，也称作平衡传输，它使用一对双绞线，将其中一线定义为 A，另一线定义为 B。通常情况下，发送驱动器 A、B 之间的正电平在＋2～＋6 V，是一个逻辑状态，负电平在－2～6 V，是另一个逻辑状态。另有一个信号地 C，在 RS485 中还有一“使能”端，而在 RS422 中这是可用可不用的。“使能”端是用于控制发送驱动器与传输线的切断与连接。当“使能”端起作用时，发送驱动器处于高阻状态，称作“第三态”，即它是有别于逻辑“1”与“0”的第三态。

接收器也作与发送端相对的规定，收、发端通过平衡双绞线将 AA 与 BB 对应相连，当接收端 AB 之间有大于＋200 mV 的电平时，输出正逻辑电平，小于－200 mV 时，输出负逻辑电平。接收器接收平衡线上的电平范围通常在 200 mV 至 6 V 之间。

10.4.4　高速数据接口

10.4.4.1　LVDS 接口

LVDS 差分信号技术基于 TIA/EIA－644A 规范，由驱动器、接收器、传输电缆以及其他外围电路组成，其工作原理如图 10－27 所示。

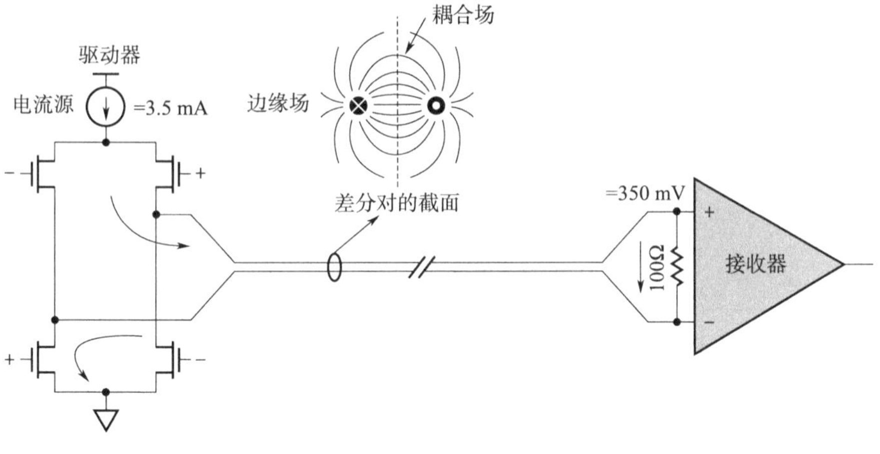

图 10－27　LVDS 驱动器-接收器对原理图

LVDS 驱动器中含有一个标称为 3.5 mA 的电流源，由于接收器的输入阻抗很高，可认为整个线路上的电流全部流过 100 Ω 的终结电阻，于是在接收器的输入端产生了 350 mV的电压。通过改变电流的方向可在接收器端形成幅值相同而极性相反的电压，用这种方式来产生逻辑 1 和 0。

LVDS 技术具有良好的抗干扰特性，首先，LVDS 电路上电流源始终导通，这样可消除开关噪声带来的尖峰和大电流晶体管不断通断造成的电磁干扰（EMI）；其次，构成差分对的两条导线间距很短，可以保证较高的抗噪性能，因为这一对线中的一条所吸收的串扰或 EMI 同时也会出现在另一条临近的导线上，由于接收器只对两条信道之间的差异信号做出响应，故同时出现在导线对的两条导线上的“共模”噪声在接收器处将互相抵消(引用《航天器用 LVDS 接口电路设计准则》上的数据：LVDS 差分信号可抑制来自传输线路上±1 V 的共模电压)；另外，由于两条临近的导线传输的电流相同、方向相反，因而产生的 EMI 很低。

LVDS 典型信号的摆幅为 350 mV，对应的功耗很低，因此效率极高，可提供高达 3.125Gbit/s 数据率的性能。

10.4.4.2　TLK2711 接口

TLK2711 是 TI 公司推出的 1.6 Gbit/s 到 2.7 Gbit/s 高速串化/解串器，实现数据高速并串和串并转化功能，可提供高达 2.16 Gbit/s 的数据带宽，主要用在超高速双向点对点数据传输系统。TLK2711 主要完成数据并串和串并转化，内部电路集成并串和串并转化单元、时钟合成与恢复单元、8B/10B 编码/解码器、Comma 检测功能单元、伪随机序列发生和验证单元以及锁相环等功能模块。串行输出端具有可编程预加重功能，接收端内部集成 50 Ω 终端匹配电阻。图 10－28 是 TLK2711 的功能架构。

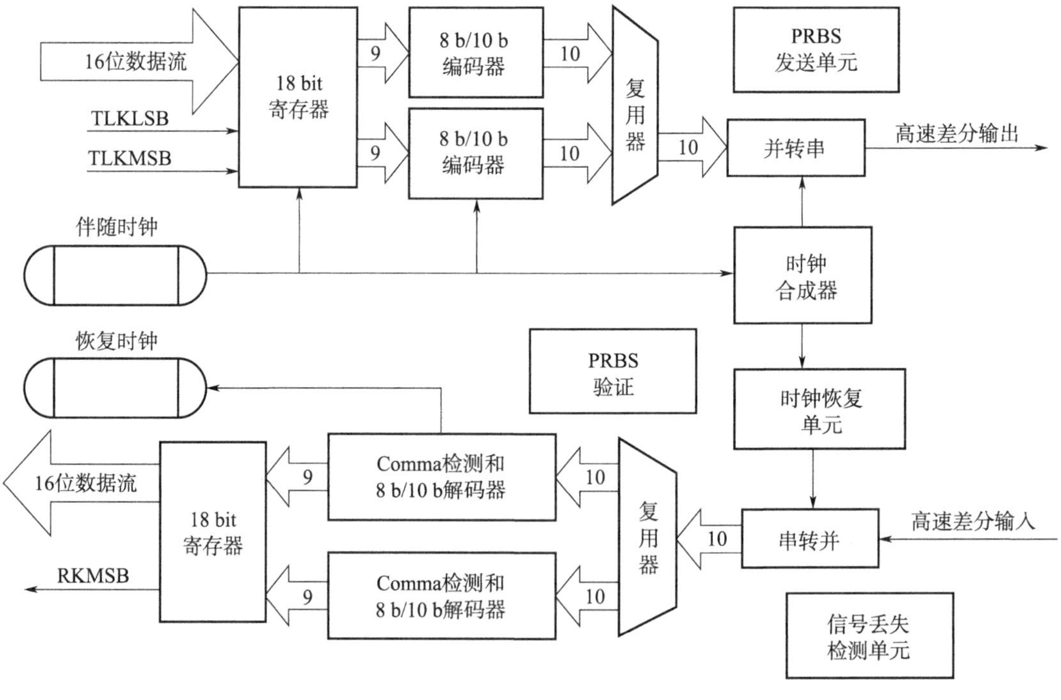

图 10－28　TLK2711 功能架构

TLK2711 接口电路一般采取 1 对 1 的方式，采用 DC 直流耦合方式，接口电路示意图如图 10－29 所示。

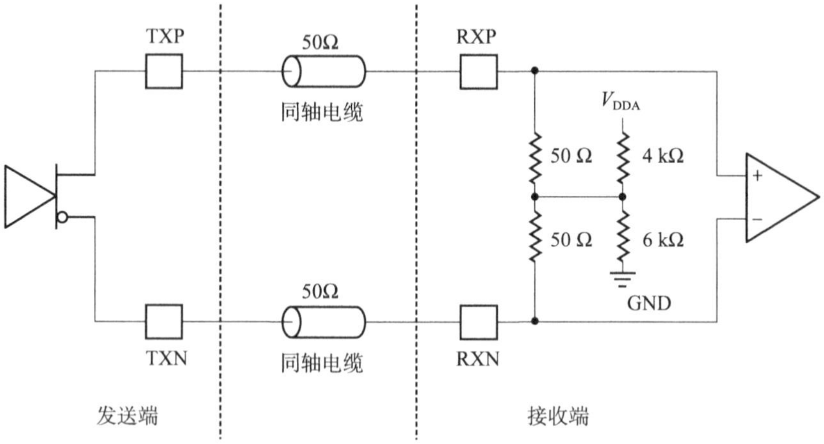

图 10－29　TLK2711 接口示意图

由于 TLK2711 接口属于高频传输接口，因此在 TLK2711 数据接口设计中，以下要点需要考虑：

1）阻抗的匹配控制。单端阻抗的匹配值是 50 Ω，差分阻抗典型值要控制在 100 Ω。

2）线间耦合及等长控制。差分线要尽可能靠近与其他信号远离。线对中每一根线都应该在同样的电气通道上传输，这样可以把对外的辐射减至最小，并且最大程度地抑制共模干扰。为使扭曲（Skew）最小，两根差分线长度应该相等，长度的不同会产生相位差。相位差会破坏差分信号的磁场抵消作用并且产生 EMI，减小接收器扭曲裕量（Skewmargin ），削弱系统性能。总的原则是将差分线对长度的误差控制在 50 mils 或者 100 mils（1 mil＝0.025 4 mm）以内。同时高达百兆的 16 位并行总线与伴随时钟要进行等长处理，以保证输入数据的同步和一致性。

3）阻抗的连续控制。阻抗不连续会使反射增加，这会大大降低信号质量并产生共模噪声，共模噪声不利于消除差分线的电磁效应并产生 EMI。差分线对的两根线的距离应该最小化，以保证接收器对共模干扰的抑制。在 PCB 板上，这个距离应该保持恒定以避免差分阻抗不连续，并使过孔的数目最少。走线需要转向时要使用弧形走线或 45°走线方式，不要使用 90°走线。

4）差分线要尽量采用微带线，并保持差分线之间紧耦合。带状线虽然比微带线在控制 EMI 方面有优势，但是带状线比微带线的传输时延大（典型值是 1.5 倍），而且需要额外的过孔，更难精确获得 100 Ω 差分阻抗。

5）好的 PCB 叠层安排。使用至少 4 层以上的 PCB 叠层设计，以确保电源和地平面的完整性，为高速信号的布线提供较好的电磁环境。

10.4.5　低速数据接口

10.4.5.1　1553B 总线接口

1553B 总线广泛应用于卫星通信系统。1553B 总线由总线电缆、耦合变压器、端接电缆、接插件、固定终端电阻和可插拔终端电阻组成，如图 10－30 所示。

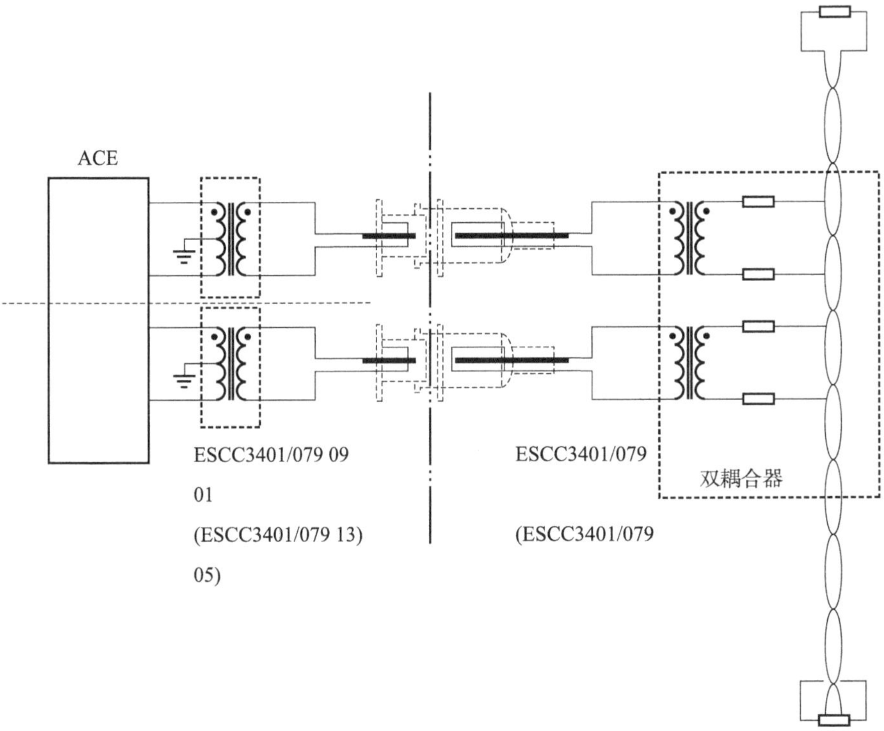

图 10－30　MIL－STD－1553B 总线接口电路图

（1）总线控制原则

总线控制规则采取静态总线控制，只有一个固定的总线控制器实现对总线的控制，不能把总线控制权授予其他控制源。当总线控制器出现故障时，受总线控制器自主切换或者地面遥控指令的控制，关闭故障的总线控制器，激活备份的总线控制器接替工作。

（2）数据传输机制

对于以总线控制器为消息源的数据传输采用更新数据传输机制，总线控制器得到数据后，即组织总线通讯发送。

对于以远程终端为消息源的数据传输流程，采用服务请求机制。各远程终端通过总线状态字中的服务请求位来标识数据传输请求，通过矢量字（16 bits，按位定义数据类型）位来标识请求传输的数据类型。

总线控制器周期性（周期为 0.5 s）地依次对各个远程终端进行轮询：向各远程终端发出“发送矢量字”方式指令。如返回状态字中的“服务请求位”被置成 1，则说明该远程终端有服务请求。总线控制器将进一步分析该远程终端返回的矢量字，确定该终端需求的某种或几种特定的数据传输类型，然后生成 ACE 通信帧，启动总线通信。

各远程终端一旦在发送缓冲区准备好数据或是请求获取某类数据时，应将矢量字中相应位置 1，并将总线状态字中的服务请求位置 1；待总线控制器将数据取走或发来数据后，再将矢量字中相应的位置 0。

对不大于 32 个字的数据，CTU 安排使用一条消息传送，远程终端可以在消息结束后处理数据内容。超过 32 个字的数据，CTU 自动安排多条消息传送，远程终端可使用循环缓冲模式处理。

数管 BC 以消息帧的方式启动通信，一帧内包含多个消息种类和 RT 目标，对于同一个 RT 的同种数据消息之间的间隔按默认最小值设置；对于 CTU 发给各 RT 的不同种数据消息之间的间隔按 5 ms 设置。

10.4.5.2　CAN 总线接口

CAN（Control Area Network）是一种对等式的层间（Peertopeer）现场总线网，是 20 世纪 80 年代初德国 Bosch 公司为解决汽车中众多测控仪器间的数据通信而开发的网络通信协议。其物理层使用双绞线，符合 ISO/DIS 11898 标准。按 ISO/DIS 11898 标准，CAN 总线双绞线中即使有一条线接地或与电源短路，甚至断线，它都可以正常地传输信息。其总线规范现已被 ISO 国际标准组织制订为国际标准。由于其高性能、高可靠性及独特的设计，CAN 越来越受到人们的重视，国外已有许多大公司的产品采用了这一技术。

CAN 总线与一般的通信总线相比，它的数据通信具有突出的可靠性、实时性和灵活性。其具有以下主要特性：

1）CAN 是目前为止唯一有国际标准的现场总线；

2）CAN 为多主方式工作，网络上任一节点均可在任意时刻主动地向网络上其他节点发送信息，而不分主从，通信方式灵活，且无需站地址等节点信息；

3）CAN 网络上的节点信息分成不同的优先级，可满足不同的实时要求，高优先级的数据最多可在 134 μs 内得到传输；

4）CAN 采用非破坏性总线仲裁技术，当多个节点同时向总线发送信息时优先级较低的节点会主动地退出发送，而最高优先级的节点不受影响地继续传输数据，从而大大节省了总线冲突仲裁时间，尤其是在网络负载很重的情况下也不会出现网络瘫痪情况（以太网则可能）；

5）CAN 只需通过报文滤波即可实现点对点、一点对多点及全局广播等几种方式传送接收数据，无需专门的“调度”；

6）CAN 的直接通信距离最远可达 10 km（速率 5 kbit/s 以下）；通信速率最高可达 1 Mbit/s（此时通信距离最长为 40 m）；

7）CAN 上的节点数主要取决于总线驱动电路，目前可达 110 个；

8）CAN 采用短帧结构，传输时间短，受干扰概率低，具有极好的检错效果；

9）CAN 的每帧信息都有 CRC 校验及其他检错措施，保证了数据出错率极低；

10）CAN 的通信介质可为双绞线、同轴电缆或光纤，选择灵活；

11）CAN 节点在错误严重的情况下具有自动关闭输出功能，以使总线上其他节点的操作不受影响；

12）CAN 总线冗余设计的方法比较多，大致分为 CAN 总线驱动器冗余、CAN 总线控制器冗余和全系统冗余，每种冗余方法又分为冷冗余和热冗余两种方法；

13）CAN 总线具有较高的性能价格比，它结构简单，器件容易购置，每个节点的价格较低，而且开发过程中，能充分利用现在的单片机开发工具。

10.4.5.3 1553B 总线和 CAN 总线对比

表 10－5 给出了 1553B 总线和 CAN 总线直接的对比。

表 10－5 1553B 总线和 CAN 总线对比

内容	CAN 总线	1553B 总线
主要应用	汽车工业及航天	航空及航天
总线类型	现场总线，同步串行总线	命令响应式，异步串行总线
工作方式	多主方式，对等式	有主控 CTU
协议复杂度	协议简单，用户使用接口复杂	协议复杂，但用户使用接口简单
远端(RT)数量	理论不限，目前可达 110	32
通信速率	1 Mbit/s	1 Mbit/s
传输响应时间	不确定	确定
传输介质	同轴电缆、双绞线、光缆	同轴电缆
校验	CRC 校验	奇偶校验
总线隔离	错误严重后自动关闭输出	通过变压器耦合，某个 RT 短路后对总线无影响
冗余	双冗余	双冗余
可靠性	可靠性高	可靠性高
性价比	性价比高，器件容易购置	器件为国外进口，存在进货和价格问题
器件形式	只有扩展工业级	军级
抗辐射指标	大于 20 Krad(si)	大于 20 Krad(si)
功耗	小(0.085 2～0.425 W)	较大(2.5～4 W)
占 PCB 面积	小，DIP 封装	大，包括耦合器
报文长度	最大 8 字节	最大 64 字节
缓存	64 字节	4k 字节
控制方式	可以很方便与 16 位，8 位计算机连接	与 16 位计算机方便，与 8 位计算机(如 8031)困难
占用计算机资源	由于缓存较小，计算机需要不停响应中断，占计算机资源大	缓存大，占用计算机资源少 用户操作简单

1553B总线和CAN总线都具有传输速率高、可靠性高、实时性能好的特性，但是他们都存在一定的不足。1553B总线的任一次数据传输都是由主节点发出命令开始，从节点接到命令后解析并执行，同时把相应状态反馈给主节点，这使得网络上的数据传输率大大降低，并使主节点控制器非常繁忙，而且在下端出现异常时，数据不能立即上传，必须等待主节点的传输命令，灵活性较差。而CAN总线为多主竞发总线，能较好解决这个问题。但是CAN总线也存在很多不足，例如他无法和1553B总线一样给出一个比较确定的响应时间，其可靠性和实时性不如1553B总线。CAN总线是目前发展较快的一种现场总线，其功能接近MIL-STD-1553总线，由于其性能及价格的优势在工业控制以及卫星上得到广泛使用。英国Sarry大学在1993年研究的小卫星上应用了CAN总线作为其星上数据管理系统（OBDH）数据传输总线，清华大学研制的“清华纳星一号”以及中国空间技术研究院的小卫星平台上都应用CAN总线作为数据传输总线。

10.5 试验与测试

测控馈电一体化系统的试验包括分系统级试验、整星级试验以及大系统间试验。

10.5.1 分系统级试验

分系统试验的任务包括完成系统的组装、一般电性能测试、各种环境模拟试验期间及其他环境下的电性能测试；测试目标是全面检查系统功能、测试全部或绝大部分的性能指标、检验所有对外接口关系和指标，地面测试系统的测试功能应尽可能覆盖系统设计要求的验证试验测试项目。主要功能要求包括系统的供电和供电检测、功能测试、状态控制、参数测量、指令接收以及数据发送等。

10.5.2 整星级试验

整星级试验包括整星级电测试、整星级可靠性环境试验和整星级专项试验。

整星级电测试是在分系统级电测试基础上进一步考核分系统功能实现的正确性和对外接口的匹配性。

整星级可靠性环境试验包括力学、热真空、整星无线测试、电磁兼容测试、磁测试等。重点考核分系统在整星边界条件下的环境适应性。

整星专项试验通常为整星天线辐射特性测试，主要考核卫星天线产品装星后，在整星边界条件下，辐射方向图、极化轴比、驻波比等指标是否还能满足卫星的使用要求。

10.5.3 大系统间接口对接试验

大系统间接口对接试验一般包括与火箭的接口对接试验以及与地面测运控系统的对接试验。

与火箭的接口对接试验主要参加星箭EMC试验，其目的是检验卫星发射前至星箭分离时段星载测控设备工作频率与运载工作频率的相容性。试验一般安排 1 次，在初样阶段进行。

与地面测运控系统的对接试验主要检验星地测控、馈电接口指标的正确性；检验星地测控、馈电信道的正确性和匹配性；检验遥测遥控实现的正确性和协调性；检验星地校时的正确性；模拟卫星第 1、2 圈飞行程序，检验星地控制的正确性和匹配性。对接试验期间，按对接项目可分为有线、无线两种连接状态，有线状态下，通过环行器将测控馈电一体化设备的射频收发接口与地面测运控系统测试电缆连接；无线状态下，与在轨状态一致，通过星载天线与地面站天线建立无线链路。

10.6 测控馈电一体系统典型方案

本节通过一个典型测控馈电一体系统进一步介绍系统设计过程。

10.6.1 总体方案概述

根据卫星任务需求，测控馈电一体化系统为星地通信建立无线通信通道，同时具备以下功能。

1）模式切换功能：具备根据指令切换数传模式和测控模式的功能；

2）数据调理功能：在馈电模式下，完成数据的编码、加扰和调制，经上变频后送后端功放级；完成上行数据的下变频、解调、解扰和译码，将数据信号送至综合电子；在测控模式下，完成遥测数据的调制和扩频，经上变频后送后端功放级；完成遥控数据的下变频、解扩和解调，直接指令译码输出以及将间接指令和上注信息发送综合电子和载荷的功能；

3）测距功能：在测控模式下，测控馈电一体机还具备伪码测距功能；

4）监控复位功能：卫星在轨工作时，具备自主状态监测和复位功能，复位后默认测控模式；

5）通信速率挡位切换功能：测控馈电一体机具备不同上下行速率切换功能，可以满足卫星不同通信链路需求；

6）加解密功能：可对卫星下行信号进行加密，对上行遥控信息进行解密；

7）遥控终端功能：测控馈电一体机在不同工作模式下具备解析上行信息，对其中直接指令直接译码执行，间接指令及注入数据转发星务计算机；

8）数据路由调度功能：测控馈电一体机通过对上行信息的解析，确定信息是本星执行还是它星执行，若为本星执行则执行信息内容，若为它星信息则转发至星间链路系统转发；

9）数据存储与回读功能：测控馈电一体机通过 422 串口对星务计算机发送的重要数据进行存储，并在星务计算机请求重要数据时，将存储的重要数据返回给星务计算机。

10.6.2　硬件方案设计

测控馈电一体化系统硬件组成包括 1 台含主备份双机的一体化通信机、1 台五端口微波网络、2 副馈电发射天线、2 副收发天线和 8 根高频电缆组件，如图 10－31 所示。其中，测控馈电一体机接收通道采用双机热备份，发射通道采用双机冷备份，通信体制采用同频异码扩频通信。当仅一台一体化通信机工作时，测控和馈电模式采用分时复用模式，当双机同时工作时，可以设置一台工作在测控模式，一台工作在馈电模式。

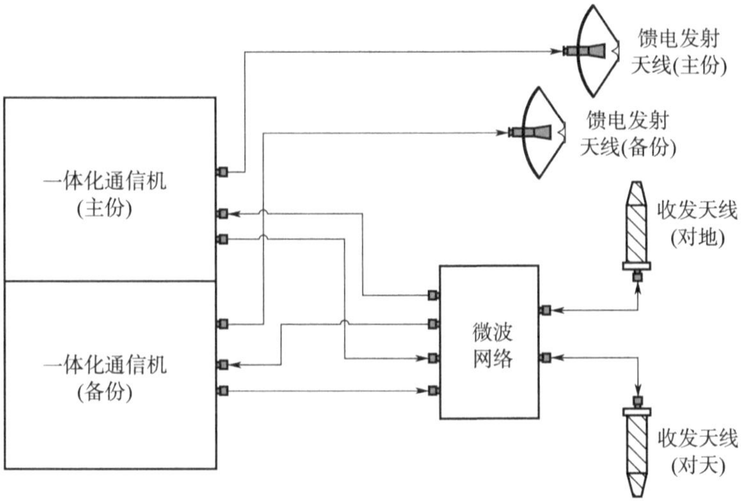

图 10－31　测控馈电一体化系统硬件组成框图

10.6.2.1　测控馈电一体机设计

测控馈电一体机主要由基带模块和射频模块组成（见图 10－32）。基带模块包括：管理 FPGA、信号处理 FPGA、馈电信号处理程序存储器、测控信号处理程序存储器、A/D 和 D/A 模块等。射频模块由上行接收通道，测控发射通道以及馈电发射通道组成。

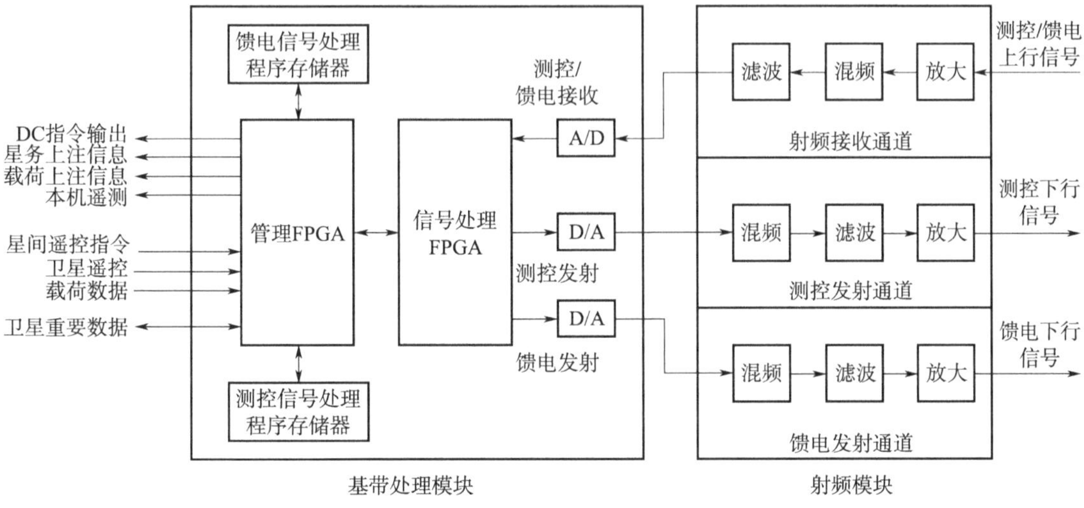

图 10－32　测控馈电一体机设计框图

10.6.2.2　微波网络设计

微波网络采用五端口设计，内部由 2 个双工器及 1 个四端口电桥组成。组成框图如图 10－33 所示。

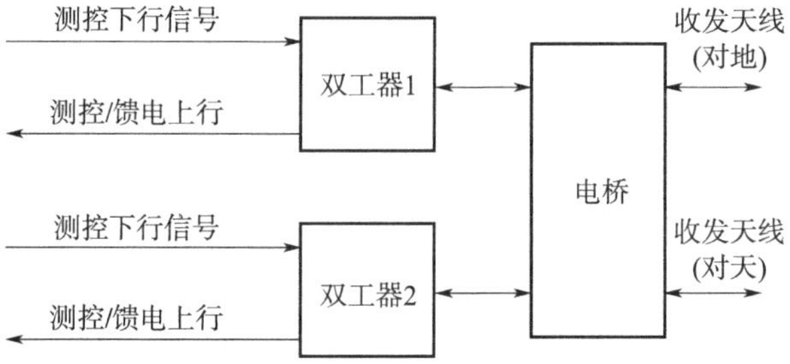

图 10－33　五端口微波网络组成

电桥的主要功能：

1）将两幅收发天线接收到的地面上行信号合路后再分路，分别送给双工器 1 和双工器 2；

2）将双工器 1 或双工器 2 送来的卫星下行遥测信号分路后分别送往收发天线（对地）和收发天线（对天）；

3）将双工器 1 和双工器 2 同时送来的卫星下行遥测信号合成 1 路后再分两路，分别送往收发天线（对地）和收发天线（对天）。

双工器的功能：

1）将电桥送来的信号地面上行信号发送至测控馈电一体机接收射频通道；

2）将测控馈电一体机测控发射通道送来的下行信号发送至电桥；

3）对收发信号进行滤波隔离。

10.6.2.3　测控天线设计

收发天线由卫星对地面（朝向地球）和对天面（背向地球）两幅天线组成，天线采用双锥螺旋形式，天线形式如图 10－34 所示。

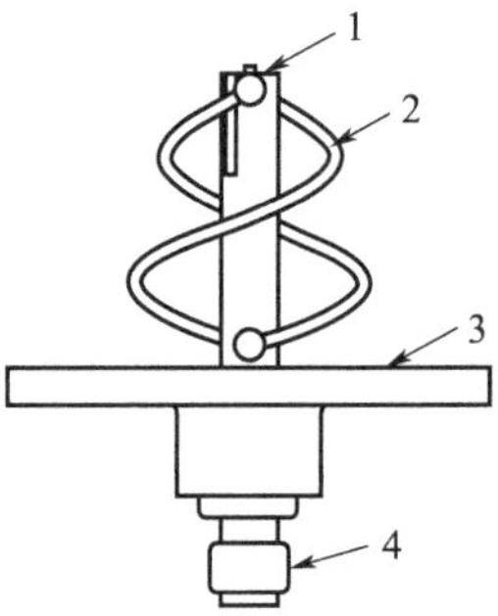

图 10－34　测控天线示意图

1—同轴巴伦馈线；2—螺旋线；3—天线地板；4—同轴连接器

收发两副天线各负责覆盖至少±65°的空间。两副天线通过微波网络进行信号合成，实现辐射方向图的准全空间覆盖。实现卫星姿态变化时，均能收到地面信号。方向图合成后的天线覆盖如图 10－35 所示。

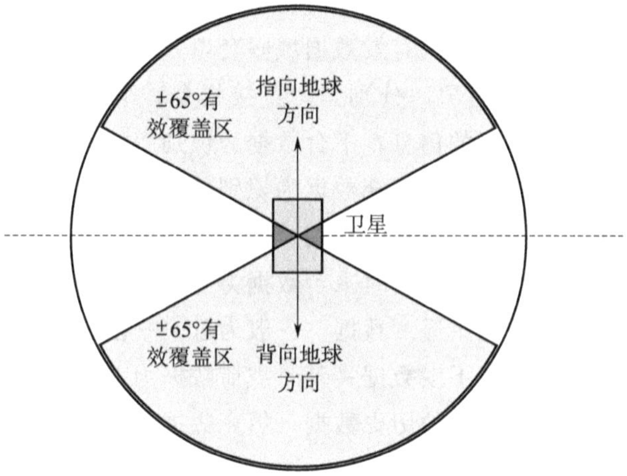

图 10－35　收发天线覆盖示意图

10.6.2.4　馈电天线设计

馈电发射天线采用双螺旋天线形式，天线形式如图 10－36 所示。馈电发射天线原理与收发天线一致。

测控馈电一体化系统中，馈电天线（主份）和馈电天线（备份）分别与一体化通信机的主份馈电发射通道和备份馈电发射通道连接。天线采用地球地形赋型波束，即两端增益高，中间增益低的方向图（见图 10－37）。这样的设计可以减少卫星在轨时星地距离变化带来的信号幅度波动。

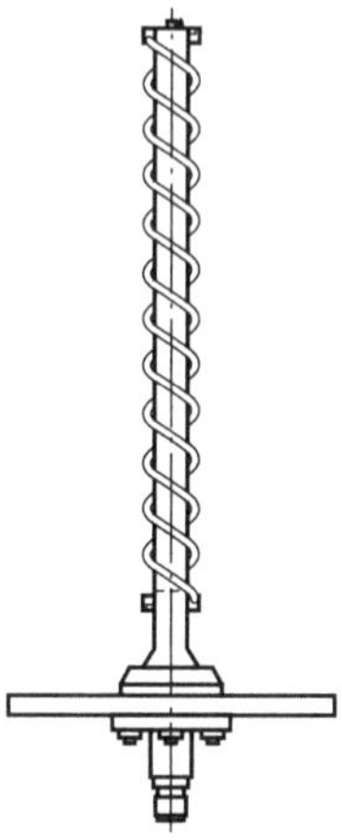

图 10－36　馈电天线示意图

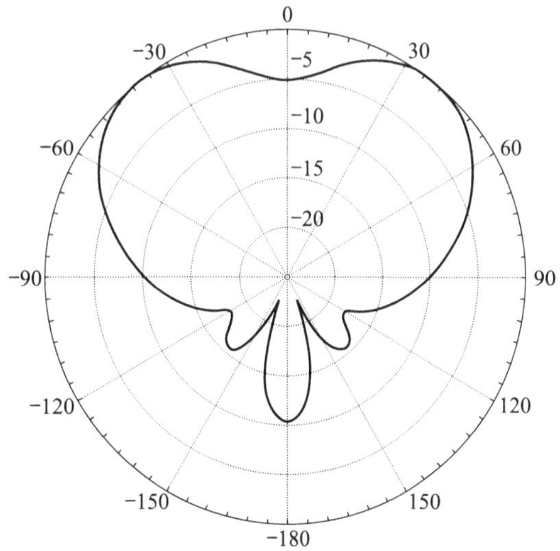

图 10－37　馈电天线方向图示意图

10.6.3 通信协议设计

为了满足卫星不同任务的通信需求，通信协议采用嵌套格式并约定了不同的数据对象。所谓嵌套格式是指协议的最外层为统一的馈电通信信息格式，格式中通过虚拟信道标识符区分有效数据域不同数据对象。有效数据域嵌套填入不同数据对象定义的数据格式数据。上行链路约定了四种数据对象，分别是：直接指令、平台数据、载荷数据和填充数据。直接指令为识别后立即执行的信息；平台数据为识别后转发给星务计算机的数据；载荷数据为识别后转发给载荷的数据；填充数据为识别后无效数据，作为保持链路通信连续时使用。下行链路约定了五种数据对象，分别是：实时平台数据、延时平台数据、实时载荷数据、延时载荷数据和填充数据。实时平台数据为卫星当前实时的遥测数据；延时平台数据为卫星存储在存储器中的卫星遥测数据，一般为过去一段时间收集的历史数据；实时载荷数据为卫星当前实时的载荷下发数据；延时载荷数据为卫星存储在存储器中的卫星载荷数据，一般为过去一段时间收集的历史数据；填充数据为识别后无效数据，作为保持链路通信连续时使用。

(1) 上行帧格式设计

上行帧格式如表 10－6 和表 10－7 所示。表 10－6 中，同步码：32 位，按 16 进制表示为 1ACFFC1D；版本号：2 位，取固定“01”；航天器标识符：8 位，0x01～0xFF，最大可表征 256 颗卫星；虚拟信道标识符包括：平台数据、载荷数据、直接指令、填充数据四类。

表 10－6 上行帧格式

<table>
<tr><td></td><td colspan="6">VCDU 导头</td><td>VCDU 数据域</td><td></td></tr>
<tr><td rowspan="2">同步码</td><td rowspan="2">版本号</td><td colspan="2">VCED 标识符</td><td rowspan="2">VCDU 帧计数</td><td colspan="2">信号域</td><td rowspan="2">位流数据</td><td rowspan="2">RS 校验符号</td></tr>
<tr><td>航天器标识符</td><td>虚拟信道标识符</td><td>回放标识</td><td>固存分区识别符</td></tr>
<tr><td>32 bit</td><td>2 bit</td><td>8 bit</td><td>6 bit</td><td>24 bit</td><td>1 bit</td><td>7 bit</td><td>7 088 bit</td><td>1 024 bit</td></tr>
<tr><td>4 字节</td><td colspan="3">2 字节</td><td>3 字节</td><td colspan="2">1 字节</td><td>886 字节</td><td>128 字节</td></tr>
</table>

表 10－7 上行虚拟信道标识符示意

序号	数据源	虚拟信道标识符(6 bit)
1	平台数据	010001
2	载荷数据	010010
3	直接指令	010100
4	填充数据	000000

对于虚拟信道标识的数据：

1) 如果虚拟信道标识直接指令，且校验正确，则对位流数据域中前 12 字节数据提取，按直接指令帧格式进行译码执行（位流数据按照直接指令帧格式填入数据域中）；若校验错误，则丢弃该帧数据；

2）如果虚拟信道标识平台数据，不论校验是否正确，均将位流数据域前 514 字节转发平台星务计算机；

3）如果虚拟信道标识载荷数据，不论校验是否正确，均将除 128 字节校验位的帧数据转发给载荷；

4）如果虚拟信道标识填充数据，则丢弃该帧数据；

5）VCDU 帧计数：24 位，为每个虚拟信道上产生的传输帧按顺序编码，数值为 0～$2^{24}-1$，每个虚拟信道单独计数；

6）信号域：8 位，固定填 0；

7）VCDU 数据域：7 088 位，总长 886 字节，如果有效数据不足 886 字节，则在有效数据后填充 AA 码，直至填满 886 字节；

8）RS 校验符号：1 024 位，长度为 128 字节，采用交织深度为 4 的 RS（255，223）纠错编码。

（2）下行帧格式设计

下行帧格式见表 10－8。其中，同步码：32 位，按 16 进制表示为 1ACFFC1D；版本号：2 位，取固定“01”；航天器标识符：8 位，0x01～0xFF，最大可表征 256 颗卫星；虚拟信道标识符：6 位，包括：实时平台数据、延时平台数据、实时载荷数据、延时载荷数据和填充数据。

表 10－8　下行帧格式

	VCDU 导头						VCDU 数据域	
同步码	版本号	VCED 标识符		VCDU 帧计数	信号域		位流数据	RS 校验符号
		航天器标识符	虚拟信道标识符		回放标识	固存分区识别符		
32 bit	2 bit	8 bit	6 bit	24 bit	1 bit	7 bit	7 088 bit	1 024 bit
4 字节	2 字节			3 字节	1 字节		886 字节	128 字节

VCDU 帧计数：24 位，为每个虚拟信道上产生的传输帧按顺序编码，数值为 0～$2^{24}-1$，每个虚拟信道单独计数，每个虚拟信道的实时帧和回放帧单独计数；信号域：8 位，其中回放标识 1 位，0 代表实时数据，1 代表延时数据；固存分区标识符 7 位，仅在延时数据时有效。

VCDU 数据域：7 088 位，总长 886 字节，如果有效数据不足 886 字节，则在有效数据后填充 AA 码，直至填满 886 字节；RS 校验符号：1 024 位，长度为 128 字节，采用交织深度为 4 的 RS（255，223）纠错编码。

表 10－9 和表 10－10 分别为下行虚拟信道标识符和固存分区识别符示意。

表 10-9　下行虚拟信道标识符示意

序号	数据源	虚拟信道标识符(6 bit)
1	实时平台数据	100001
2	延时平台数据	100010
3	实时载荷数据	100100
4	延时载荷数据	101000
5	填充数据	000000

表 10-10　固存分区识别符示意

序号	固存分区数据	固存分区号标识符(7 bit)	备注
1	存储分区 1	0000001	固存平台数据
2	存储分区 2	0000010	载荷分区 1
3	存储分区 3	0000011	载荷分区 2
4	存储分区 4	0000100	载荷分区 3
5	存储分区 5	0000101	载荷分区 4
6	存储分区 6	0000110	载荷分区 5

10.7　发展趋势

10.7.1　软件无线电技术

20 世纪以来，通信系统从模拟体制向数字体制转变，各种无线电新技术不断涌现，无线通信得到了极大发展。通常的无线通信新技术变革是通过硬件设备改造升级来完成的，但这种升级方式带来了不同通信系统兼容性差、互联互通互操作程度低、浪费成本以及不利于新技术的普及推广等问题，限制了无线电技术的进一步发展。在此背景下，研究人员提出了采用软件无线电技术实现通信新体制。软件无线电的概念由 Jeo Mitola 于 1992 年 5 月首次提出，并且软件无线电论坛对软件无线电做了进一步阐释，即软件无线电是指能够实现充分可编程通信，对信息进行有效控制，覆盖多个频段，支持大量波形和应用软件的通信设备。具体来说就是在一个无线通信系统中，射频天线后全部采用数字化处理，即通过高速数字信号处理器中的软件完成通信信号的所有处理。

10.7.1.1　软件无线电的基本特征

软件无线电的基本特征包括以下几点。

(1) 可重构性

可重构性是软件无线电的根本特性，软件无线电必须在软件和硬件两方面都支持系统重构，才具有通过改变所运行的软件来定义系统功能的能力。可重构性分为两个层次：一是系统可重构，支持系统在整体功能和各个层次上模拟各种虚拟设备；二是局部可重构，比如无线接口的重构。具备可重构性是作为软件无线电的必要条件。

（2）可扩展性

可扩展性是指系统在不改变软/硬件结构的条件下，对可重构性的适应能力。软件无线电不仅能够被精确配置成各种不同的虚拟设备，还要支持不断涌现的新技术和新功能。没有可扩展性，系统可重构的优越性就会随之丧失，也就不能称作是软件无线电。

（3）模块化

模块化就是将定义系统的各个任务分解为相互独立的软件和硬件模块，这些模块通过接口以逻辑的方式连接起来形成所需要的系统功能。虽然软件无线电即使不按模块化设计，也能够支持各种重构，但是系统设计和重构的过程变得十分复杂，以至于难以实现，而且由于配件之间相互关联紧密，牵一发而动全身，基本丧失了新技术和新功能嵌入的能力。因此，模块化也被视为软件无线电的重要特性。

软件无线电的基本平台主要包括：天线、多频段射频转换器、宽带 A/D 和 D/A 转换器和高速数据处理等几部分，如图 10－38 所示。

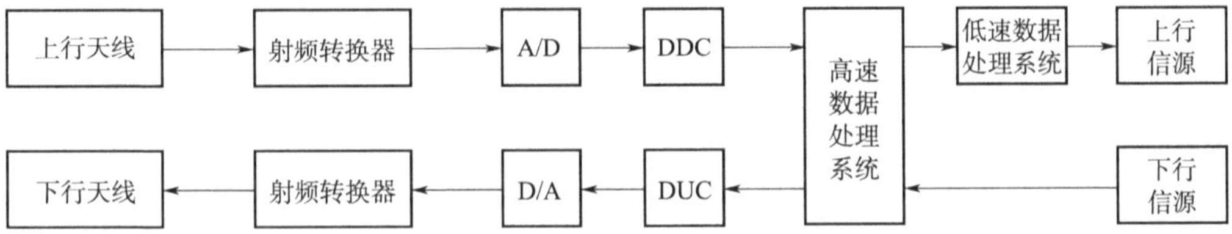

图 10－38　软件无线电系统结构示意图

10.7.1.2　软件无线电的关键技术

软件无线电主要发展方向包括：A/D 转换器要尽量靠近天线；用尽可能多的软件处理取代硬件处理；数字信号处理要尽量用通用微处理器替代专用集成电路。为了达到上述目标，软件无线电系统中的关键技术如下：

（1）宽带/多频段天线技术

卫星测控通信系统中频段覆盖 C 波段、S 波段和 Ka 波段，软件无线电系统需要满足从 2 MHz 到 30 GHz，就目前水平而言研制出一种全频段天线是不可能的。而且在实际应用中也没有必要全频段覆盖，只要覆盖不同频段的一个或几个窗口，从而采用组合式多频段天线可以满足测控通信系统需求。

（2）宽带 A/D 部分

决定宽带 A/D 性能的关键因素包括：采样速率和位数。其中，信号带宽决定 A/D 采样速率，数字信号处理精度与动态范围要求决定 A/D 量化位数。目前的 A/D 转换器性能还不能同时满足采用速率和采样位数的要求。一般的解决办法是采用多个高速的采样保持电路和 ADC 进行并行处理，以降低单片 A/D 芯片采样速率。

（3）高速数字信号处理技术

数字信号处理部分是软件无线电技术的核心，高速数据处理系统（DSP/FPGA）的运算能力高低将直接影响软件无线电系统性能的好坏。模拟信号经 A/D 转换至数字信号后，进入高速数据处理系统（DSP/FPGA）进行数字信号处理，包括信号编解码、调制解调、加解密形式、载波频率生成、工作模式转换等功能。

(4) 中频处理技术

中频处理技术分为发射端和接收端两部分，其中发射端中频处理部分是实现已调基带信号与中频信号之间的变换，这种变换通过离散时间点运算来实现；接收端中频处理部分包括宽带数字滤波，即从业务波段中恢复出上行信道，同时将信号转换到基带。发射段频率变换和接收端数字滤波的复杂程度决定了中频段对处理能力的需求。

10.7.2 超高速通信技术

随着航天器信息量的逐步增长，目前采用的微波通信模式由于通信频带已接近理论极限，其传输速率逐渐开始难以满足后续系列卫星数据传输速率的要求，因此未来需要向更高频段的传输体制发展。可预见的传输新体制有激光通信技术和太赫兹通信技术，是数传分系统后续发展的方向之一。

10.7.2.1 激光通信技术

激光通信较之微波通信有很多优点：1）光波频率比微波频率高出几个数量级，因而可以实现大容量高速传输的要求；2）特别高的工作频率使小口径天线获得高天线增益，大大减少所需发射功率；3）它能提供非多个波长的信道和非常窄小的光束，从而极大地减小终端的尺寸、质量和能量需求，并大大降低发射卫星的费用；4）保密和抗干扰性能好。

一个完整的激光通信系统包括接收和发送两个通信端，每个通信端主要包括半导体激光器、调制解调系统、接收/发送光学系统、捕获跟踪及瞄准系统以及数据处理子系统等。

空间激光通信涉及的相关学科非常广泛，其关键技术不仅多，而且难度大，主要包括以下几项。

(1) 高效、低耗、稳定、长寿命的激光光源技术及高码率的调制技术

在空间激光通信中，作用距离很远，背景光干扰较强，在这种条件下，高功率、稳定的激光光源是确保接收端快速准确地捕获、跟踪目标和通信双方可靠地传输数据的重要前提。此外，激光器功率越高，用于闭合给定链路所需的传输口径就越小，这样可减小整个装置的尺寸。由于卫星上的电力资源非常宝贵，在高功率输出的同时，还必须保证低的能量消耗，这就要求激光器有较高的效率。激光器的寿命也是一项重要的性能指标，应与整个系统及卫星的使用寿命相匹配。目前激光光源技术的研究集中在高功率的半导体激光器和半导体泵浦的YAG或ND：YAG固体激光器上，其工作波长在0.8～1 μm之间。另外，在激光通信中，为了保证高的数据传输率和小的误码率，激光光源的调制解调技术也是至关重要的。

(2) 高精度的捕获、跟踪和瞄准（ATP）技术

在激光通信中，ATP系统的作用是探测对方发出的信标光，并对之进行捕获、跟踪。然后返回一信标光到对方（瞄准），以完成点对点的锁定，在两端之间建立通信链路。之后，双方开始传输数据，实现通信。在整个通信过程中，这一链接需要一直保持。如果因

某种原因（如雷电、湍流或粒子流）链路中断，需要 ATP 系统尽快地重新进行捕获、跟踪和瞄准。为了确保通信成功，对 ATP 系统跟瞄精度的要求是非常高的。在实际的激光通信系统中，跟踪精度要求小于 2 微弧度，瞄准精度要求小于 1 微弧度。这样高的跟瞄精度，加上复杂的工作环境以及可靠性的要求，决定了 ATP 系统的设计和实现是激光通信系统中的一项非常关键且难度极大的工程技术。

（3）高灵敏度的微光探测技术与信号处理技术

激光通信的距离一般非常遥远，从数千千米到数万千米，而光接收功率与光信号传播距离的平方成反比，因此达到接收端的光能量是非常微弱的。而噪声干扰如日光、星光又相当强，这使得接收端的信噪比（SNR）非常小。对于大气层内的激光通信，还会受到大气及湍流的影响。为此，除了提高激光器的功率之外，还必须：1）研制高灵敏度的微光探测器，使接收端的灵敏度达到 nw～pw 量级；2）对所接收的信号进行滤波处理，包括光学滤波和电学滤波。

（4）轻量化、小体积、高增益的接收/发射光学系统

在激光通信中，轻、小的收发光学系统结构对于空间应用是一项重要的指标，因为空间平台的载荷和容积都是有限的。系统轻小化还可以减小可移动部分的转动惯量，有利于增加系统带宽，提高系统对目标进行捕获跟踪的速度和抑制干扰的能力。在发送/接收光束时，由于光能量很微弱，应尽可能地减少光束在光路中的损失。因此，像质好、在工作波长范围内透过率高的光学镜头及膜层制作也是一项关键的工程技术，对于提高发送系统的传输效率和接收系统的探测能力有着直接而重要的影响。

（5）干扰抑制技术和视轴稳定技术

在空间激光通信中，外部干扰和噪声通过不同的途径进入跟瞄系统，最终造成系统视轴在很大的范围内抖动，导致系统无法捕获、跟踪和瞄准目标。基座抖动、传感器噪声和摩擦干扰是三种最主要的外部干扰。以基座抖动为例，其噪声等效角（Noise Equivalent Angle，NEA）的量级为毫弧度，远远大于所要求的小于 1 微弧度的瞄准精度。基座抖动的频谱也很宽，达到几百赫兹。因此，如何抑制干扰，保证系统视轴的稳定精度小于 1 微弧度，是激光通信获得成功的重要前提条件。

此外，为了实现一个完整的空间激光通信系统，还应研究轻小的精密机械支撑结构；高灵敏度、低噪声、抗干扰能力强的各种电子系统；高功率、低能耗、线性度好的驱动电路以及系统整体优化技术等。

10.7.2.2　太赫兹通信技术

太赫兹（THz）波是电磁频率在 0.1～10 THz 之间的电磁波，波段介于微波与远红外光之间。THz 波的长波段与亚毫米波重合，其发展主要依靠电子学技术；短波段与红外线重合，发展主要依靠光子学技术。THz 波的位置正好处于宏观经典理论向微观量子理论的过渡区，它是最后一个人类尚未完全认知和利用的频段。

20 世纪 90 年代以前，由于缺乏有效的 THz 源及检测技术，致使人们对 THz 波段的认识非常有限，使得 THz 波成为电磁波谱上的空隙。近十几年来，激光技术的迅速发展

为 THz 波的产生提供了稳定、可靠的激发光源，THz 波检测技术及其应用的研究也得到了蓬勃的发展。相比于传统的电磁波和光波，THz 脉冲的典型脉宽在皮秒量级，不仅可以方便地进行时间分辨的研究，而且通过取样测量技术，能够有效地抑制背景辐射噪声的干扰；THz 脉冲源通常包括若干个周期的电磁振荡，单个脉冲的频带可以覆盖从几赫兹至几十太赫兹的范围；由于它是由相干电流驱动的偶极子振荡产生的，或是由相干的激光脉冲通过非线性光学频率差频产生，因此有着很好的相干性；此外，THz 光子的能量只有 10^{-3}eV，不易破坏被检测的物质，适合于生物大分子与活性物质结构的研究；而且，THz 辐射具有很好的穿透性，它能以很小的衰减穿透物质，如烟尘、墙壁、碳板、布料及陶瓷等，在环境控制与国家安全方面能有效发挥作用。

THz 波介于微波与远红外光之间，处于电子学向光子学的过渡领域，它集成了微波通信与光通信的优点，同时相比较这两种现有通信手段，THz 波表现出了一些特有的优良性质。

相比较于微波通信：

1）THz 通信传输的容量大，频段比微波通信高出 1～4 个数量级，可提供高达 10 Gbit/s 的无线传输速率，比当前的超宽带技术快几百甚至上千倍；

2）THz 波束更窄，方向性更好，可以探测更小的目标以及更精确地定位；

3）THz 波具有更好的保密性及抗干扰能力；

4）由于 THz 波波长相对更短，在完成同样功能的情况下，天线的尺寸可以做得更小，其他的系统结构也可以做得更加简单、经济。

相比较于光通信：

1）THz 光子能量低，只有 10^{-3} eV，这大概是光子能量的 1/40，因此，相比于光通信而言，能量效率更高；

2）THz 波具有很好的穿透沙尘烟雾的能力，因此可以在大风沙尘以及浓烟等恶劣环境下进行正常通信。

参 考 文 献

[1] Jerry John Sellers，等. 理解航天 [M]. 张海云，等，译. 北京：清华大学出版社，2007.

[2] 谭维炽，等. 空间数据系统 [M]. 北京：中国科学技术出版社，2004.

[3] 刘克成. 天线原理 [M]. 湖南：国防科技大学出版社，1989.

[4] 郭庆，等. 卫星通信系统 [M]. 北京：电子工业出版社，2010.

[5] GJB 1198—1991 卫星测控和数据管理（系列）.

第 11 章　地面测运控一体化系统

11.1　概述

商业卫星发展过程中，成本是一个不容回避的问题，高成本也成了制约商业航天发展的突出问题。减少商业卫星投入成本不仅包括减少卫星的研制成本，还包括减少商业卫星在轨运行管理的成本。星座卫星在轨维护及数据收发，离不开地面测控网络的有效支撑。目前国内卫星的在轨管理工作由西安卫星测控中心统一完成，其管理的在轨卫星数量众多，且由于企业性质原因难以直接融入到商业卫星运维中。因此，商业卫星星座的投入使用，必须建设具有完备数据收发、在轨监视、预案处置、联合预报等职能的商业卫星地面测运控网络。测运控是商业航天工程的地面段重要组成部分。

针对商业卫星特有的运营模式和降本增效的迫切需求，需要提高商业卫星在轨运行管理效率，减少卫星在轨管理成本，必然要求建设一套地面测运控一体化系统，在仅运行一套地面系统的条件下就可实现多颗低轨商业卫星甚至多个星座的测控、运控管理等工作，实时完成解析、处理、存储卫星遥测数据和业务数据，适应卫星多系统、多工作模式的现实要求，无人值守和自动化运行整个操作过程，进一步降低人为错误概率和人力资源成本。

卫星发射入轨以后，由地面系统的测运控操作负责卫星的长期在轨运行管理，卫星测运控作为整个航天大系统的重要组成部分，也是未来商业航天发展的重要方向。目前国内外已经有一些公司布局此项业务并提供服务，如瑞典航天公司（Swedish Space Corporation，SSC）、航天驭星公司、天链测控公司等。未来卫星发展的一个重要方向是微小卫星组网和网络化，几十、几百甚至成千上万颗卫星组成的小星座乃至巨型星座将会层出不穷。

商业卫星的地面测运控一体化系统一定要适应商业卫星发展的趋势和要求，为商业航天降本增效，解决商业卫星服务的痛点，共同促进整个商业航天产业的发展。商业卫星地面测运控一体化系统的特点如下：

1）商业卫星测运控平台具备自动化、智能化、移动化的特点；

2）商业卫星测控和运控服务有别于传统的测控、运控分离的架构，将测控和运控进行深度融合，共同完成卫星的操作任务，从而可以为卫星用户提供更便捷的服务，降低地面测运控系统的建设成本和运维成本；

3）卫星测运控站具备柔性化和多样化的特点，商业卫星地面测运控为了降低成本，除了部署新的测运控站点外，还将极大利用、改造或租用现有的各种各样的测运控站点资源并加入卫星测运控网络，以实现对多卫星系统的操作，因此要求这些测运控站的功能具备软件可定义的特点；

4）卫星控制中心具备云化的特点，商业卫星地面测运控系统的控制中心可紧跟当今技术潮流，不必自己建设庞大的机房中心，而是租用已有的商业云平台，便可接入分布在全球各地的各种卫星测运控站，实现数据处理和系统管理，并为用户提供便捷的数据访问和下载服务。

11.2　系统组成与功能

商业航天测运控系统，将有别于传统的航天测控、运控分离的架构，采取测控、运控融合一体化方案，卫星单机、地面设备均具备低速测控、高速运控两种工作模式，两种模式采取时分工作或者自动识别的策略，从而使得一套地面设备可支持两种工作模式，降低了建站数量和成本；同时紧跟当今互联网技术潮流，充分利用现有商用技术和商用平台，采用卫星系统控制中心云化、远端地球站集群化策略，打造一套高可靠、自动化、智能化的地面测运控一体化系统。

11.2.1　测运控一体化系统组成

根据功能划分，商业卫星地面测运控一体化系统主要由卫星系统控制中心、多个地球站和虚拟专用网络（Virtual Private Network，VPN）组成，如图 11 - 1 所示。手持终端和应用平台是业务数据的源或者目的地，当有业务需求时，业务数据在手持终端、星座卫星、地球站、卫星系统控制中心、应用平台组成的路径上双向流动。

卫星系统控制中心是航天系统的神经中枢，是卫星飞行的指挥控制机构，是地面测运控一体化网络的信息收集、交换、处理和控制的枢纽。它主要负责：1）飞行任务的计划和组织；2）监视、测量、控制、操作和管理在轨飞行卫星；3）分析、决策与处理飞行任务中出现的问题；4）仿真和验证卫星故障对策，负责远程监控地球站等。为了提高系统的可靠性和抗损毁能力，卫星系统控制中心一般采取主、备双中心异地双活的部署方案，当主控制中心遭遇自然灾害、火灾等异常灾难而不能立即恢复正常运行时，备卫星系统控制中心将及时启用并承担主卫星系统控制中心职责，确保整个星座卫星系统正常运行。

地球站由一个或多个地球站终端和地球站主控系统组成，其中地球站终端由天伺馈分系统、信道分系统、基带分系统和设备保障分系统组成。地球站是地面测运控一体化系统与星座卫星互联互通的地面无线节点，负责打通星地测运控空中接口功能。

VPN 支撑网络分为内部网络和对外网络，内部网络主要用于地面测运控系统内部通信，外部网络主要用于与卫星数据应用平台进行数据交互。

卫星的测控和运控在软硬件层面有较大区别，一般为测控中心和应用中心分开处理，软硬件也相对独立，而在测运控一体化的过程中，硬件部分如测控数传基带可以一体化，变频器共用等，软件部分除了现有的测控功能外，加上运控功能，如数据上注、载荷下传

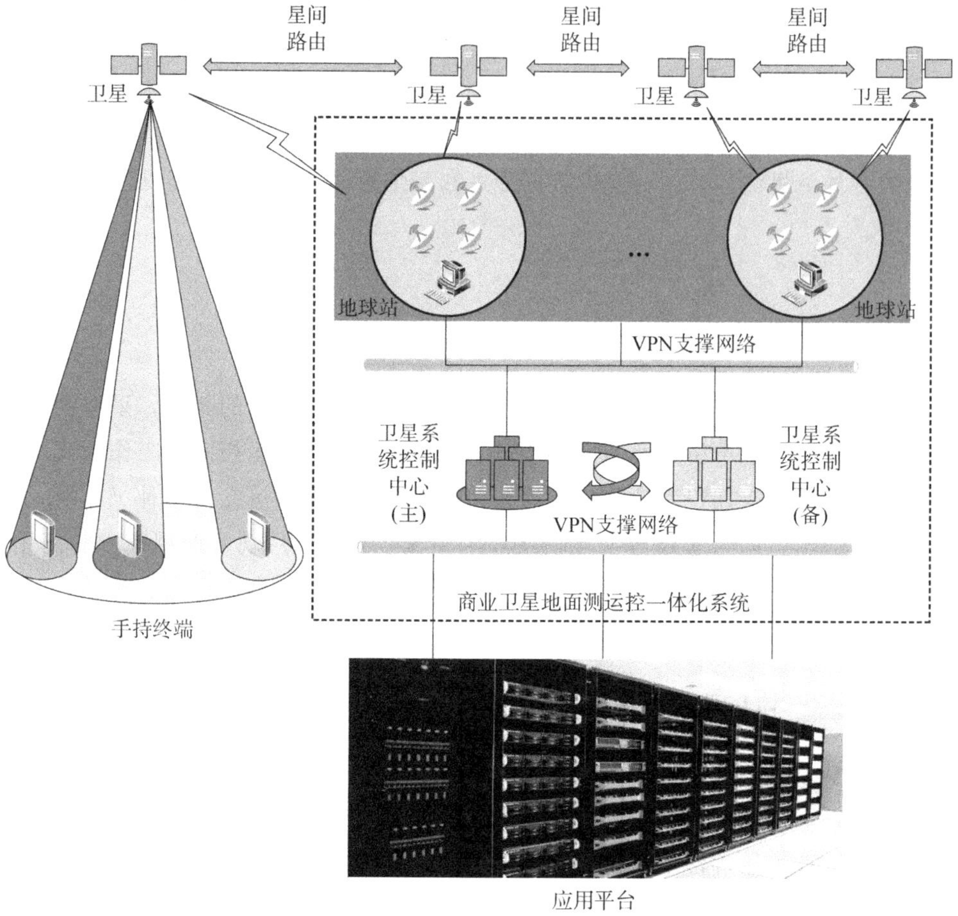

图 11-1　地面测运控一体化系统组成框图

等，形成统一的平台，共同管理。

11.2.2　卫星系统控制中心

卫星系统控制中心是整个卫星星座的控制大脑、数据汇聚与分发中心，主要由基础设施、数据收发、任务规划、指令处理、遥测处理、轨道处理、路由处理、数据存储、系统监控、管理系统和辅助支持等方面组成。

11.2.2.1　卫星系统控制中心功能

卫星系统控制中心作为整个系统正常运行的大脑，承担卫星地面测运控一体化系统的运行管理工作，监视和控制远程地面站运行。卫星系统控制中心的主要功能包括：

1）远程操控地球站测运控设备，完成地球站对卫星的跟踪和数据收发；

2）规划卫星测运控任务，根据输入的卫星轨道参数进行轨道预报，获取卫星经过某个地球站的入站、出站时间，并根据地球站内天线的任务跟踪情况，安排每套天线的跟踪弧段，协调整个地球站完成卫星遥测遥控和数据接收任务；

3）处理和分发卫星数据，对卫星的遥测数据进行解析、监视、预警、存储并分发至相应的显示终端，结合专家系统对卫星健康状态进行评估；对卫星的业务数据进行加工和初步分析，并分发至卫星应用平台；确定卫星轨道，提供轨道计算、外推支持，并维持星座构型和空间碎片自动规避；

4）测控态势动态显示，利用二维和三维动画展示地球、卫星和地球站相对关系，对关键卫星数据进行实时可视化处理；

5）系统监控和管理，远程监视天线运动情况、机房设备工作情况，实时监视卫星网络、地面网络的状况。

11.2.2.2 卫星系统控制中心组成

卫星系统控制中心主要由基础设施、数据收发、任务规划、指令处理、遥测处理、轨道和控制处理、路由处理、数据存储、系统监控、系统管理和辅助管理等方面组成，如图 11－2 所示。

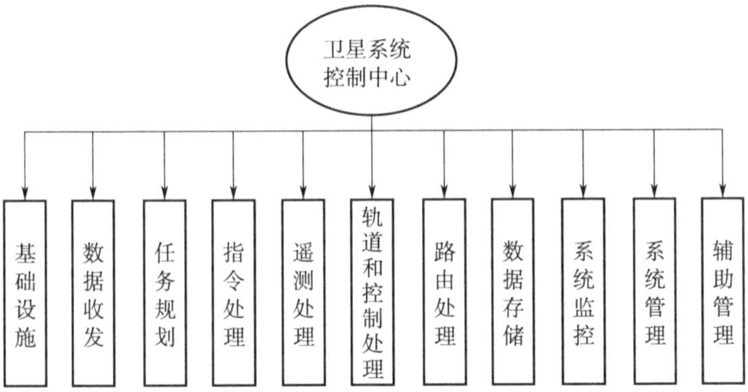

图 11－2 卫星系统控制中心构架

（1）基础设施

卫星系统控制中心必须依附于相应的基础设施进行建设，满足系统的整体运行要求，主要的基础设施包括：测控大厅、会议室、不间断电源系统（Uninterrupted Power System，UPS）室、数据处理中心机房、办公室、值班室等，同时还要具备相应的安防和保密设施。

（2）数据收发分系统

数据收发分系统由通信基础硬件、数据通信软件和上层应用软件组成。通信基础硬件承担卫星系统控制中心与各节点之间的连接与通信功能，采用千兆光纤环网双备份框架，基于硬件基础之上构建的软件系统可以完成中心系统状态监测、测控数据跟踪、音视频图像等内容的网间与网际传输。每套地面站系统作为一个分节点，与卫星系统控制中心主节点进行连接。卫星系统控制中心主节点由通信服务器、主路由器、移动通信模块等组成，另外，卫星系统控制中心将配备加解密机、防火墙、路由器、服务器和其他附属设施以保障数据收发基础功能的安全和稳定。

（3）任务规划分系统

任务规划分系统主要由软件系统组成，根据星座卫星的运行规律、分布在各地的地球站天线布局、星座长期管理的日常操作要求和业务收发需求，负责测控圈次规划、测控计划分配、测控数据管理等工作，将根据测控需求分析卫星测控弧段、分配设备工作时间、配置设备测控参数、匹配遥测下行与指令上注时间、调控指令优先级与发送顺序，并对测控数据与链路进行实时监视等。

（4）指令处理分系统

指令处理分系统的功能是将预定义卫星指令上注到预先指定的卫星，从而保证卫星在轨正常运行，需要满足对卫星上注指令的手动与自动处理两种模式，同时要区分直接与间接指令的发送方式。在星座的运控中会更侧重于自动指令的生成、自检、路由与自动发送等功能。指令处理系统包括指令的搜索与生成功能、指令的核对与自检功能、指令目标匹配与数据路由、定时与延时发送功能等模块。设计的指令处理系统利用架构于基础网络之上的数据软总线进行指令目标定位与路由，将指令进行发送的同时会存储于追溯数据库，便于操作日志生成与问题定位跟踪。

（5）遥测处理分系统

遥测处理分系统的主要功能是实现卫星下行数据的接收和实时解析，最终按照数据细分原则向数据路由系统进行数据转发。系统主要由通信代理接口、实时分帧处理、数据实时解析、遥测配置同步以及公共总线路由等功能模块组成。

遥测处理分系统通过接收数据标志对遥测配置信息进行同步，完成卫星下行数据的实时接口匹配，抽象数据通信协议并完成不同数据帧的实时解析和拆分，拆分后的原始数据帧进入数据计算服务器完成实时遥测解析和业务数据剥离，最终所有数据进入数据路由总线，从而完成遥测处理系统的单独维护和扩展。

（6）卫星轨道和控制处理分系统

卫星轨道和控制处理分系统主要负责卫星轨道计算和卫星控制策略确定。为确保卫星长期安全稳定地运行，卫星轨道和控制处理分系统需要综合考虑地面站的分布地点、卫星的轨道参数、运控策略和业务数据需求等因素，进行轨道预报，规划出卫星的测控弧段，提供指定时段内的卫星出入境时刻表，相关测运控系统和人员可以根据该规划系统预知卫星的出入境时间和弧段，对卫星进行测控跟踪和数据收发。轨道任务处理系统通过配置文件可批量创建卫星及地面站模型，通过轨道分析和外推计算进行卫星轨道预报。

（7）路由处理分系统

路由处理分系统主要负责实时业务数据的路由计算、星间遥控指令的路由计算以及卫星系统控制中心与各地球站之间的数据分发传输。

当有实时业务数据需要从应用平台发送到终端时，路由处理分系统将根据星座卫星的运行情况和目的终端的位置信息，以最短时间为原则，计算从卫星系统控制中心发送到目的终端的路径信息，并附加在实时业务包中，地面网络和卫星网络中的各节点根据附加路由信息进行转发。

当有终端至终端的实时业务数据因为卫星不知道路由转发信息而下发至地面并转发至卫星系统控制中心时，路由处理分系统将根据星座卫星的运行情况和目的终端的位置信息，以最短时间为原则，计算从卫星系统控制中心发送到目的终端的路径信息，并附加在实时业务包中，地面网络和卫星网络中的各节点根据附加路由信息进行转发。

星间遥控指令的路由信息计算与业务信息类似。路由处理分系统还负责卫星平台数据的上行与下行处理。卫星的平台实时与延时数据进入路由处理分系统的业务数据分拣与标记模块，对数据的目的地与数据类型进行分类与标记，将平台数据按照目的地推送至平台数据解帧处理模块，完成平台数据的搜帧与组帧等细节处理，最后将校验完整的数据帧再推入平台遥测解析模块完成各个平台单机的遥测数据解析，中间环节的数据会同时分发至数据存储服务器，而解析后的遥测数据会发送到数据总线，对所有的遥测终端进行开放性的数据订阅。反之，分布式的指令终端会将需要上注至卫星平台的指令送入指令信息封装模块进行格式封装，封装后的数据会根据指令的目的地和发送方式不同在指令信息标记处理模块中处理后推送到路由处理模块，然后在业务数据分拣与标记模块中发送到指定的地面站和卫星终端。当指令终端加入自动化指令系统后，会和任务规划系统进行指令数据对接，从而实现卫星指令的自动路由与上注工作，如图 11－3 所示。

（8）数据存储分系统

数据存储分系统分为关系型和非关系型两个部分，针对不同的数据存储、容量和追溯需求，采用不同的数据存储结构和存储方式。对于全系统的静态信息管理、操作日志追溯、设备预警信息、人员权限管控、配置以及信息安全管理等数据存取需求，采用 mySQL 等关系型数据库进行数据管理；而对于卫星在轨运行信息、遥测数据解析、应用数据存储、指令信息追溯以及分布式数据部署等场景，则采用分布式非关系型大数据库 HBase 等进行管理。

全部的数据库基于私有云进行部署和管控，分别对管理人员和操作员实施不同级别的数据库权限和访问控制。

（9）系统监控分系统

系统监控分系统全面负责卫星系统控制中心与全部地面站所有软硬件的配置、状态跟踪与显示、设备预警推送、设备远程操控配置与诊断、关键信息大屏切换显示等功能。此外，系统监控子系统还具备远程视频监控能力，针对天线等外场设备的关键区域进行实时视频监控。如图 11－4 所示，系统监控分系统主要由软件配置监控模块、硬件配置监控模块、状态显示监控模块、设备预警监控模块、远程操作监控模块、视频监控模块组成。

（10）系统管理分系统

系统管理分系统主要包括参数配置管理、性能管理、用户管理、信息安全管理和故障管理等基于全局的系统管理功能。

1）参数配置管理。管理上述全部系统的配置参数信息，诸如系统信息代理接口通信配置、遥测信息表配置、系统报警阈值等系统的初始化和运行参数，并对参数信息提供序列化和反序列化功能保障，具备参数信息实例化传输功能，便于系统后期的参数增减和功

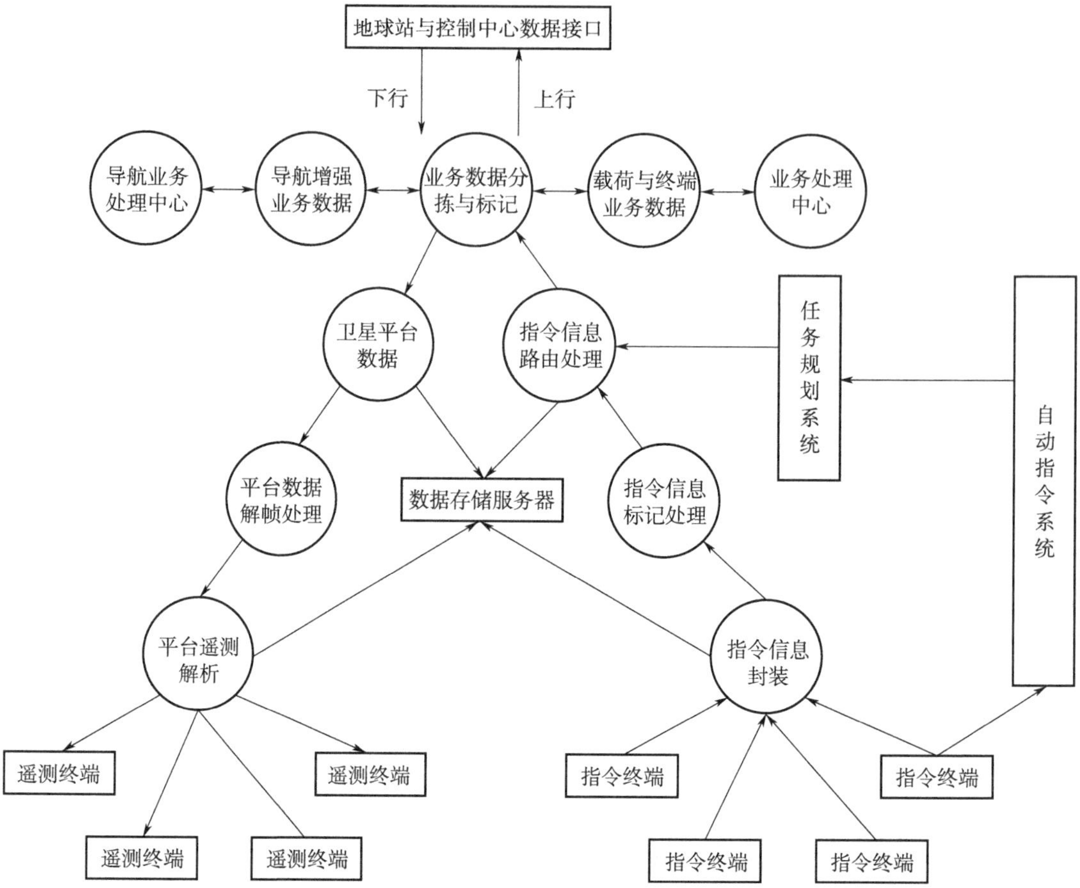

图 11-3　某卫星系统控制中心数据信息流向示意图

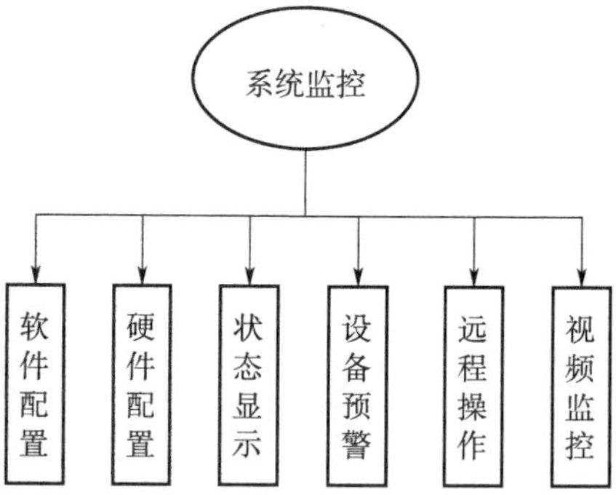

图 11-4　系统监控构架

能扩展。

2）性能管理。在系统运行过程中，对于底层的数据传输延迟、数据分发误码、轨道利用效率、卫星跟踪效率、任务执行效率等数据的收集和分析有利于改进整个系统的鲁棒性和先进性，因此设计的性能管理系统会在后台持续收集设备和系统的底层运行数据，并分别进行实时和延时处理统计，为系统的性能监控和后续优化提供数据信息保障。

3）用户管理。地面系统模块分类多、操作人员多、功能划分复杂，对于系统的任何模块进行操作都需要有专门人员实施，专业化的操作可能影响到系统的安全和卫星的在轨稳定飞行，因此对于专业操作人员进行授权和跟踪管理，赋予不同的操作权限，可以直接保证系统的安全稳定运行。

4）信息安全管理。信息安全管理涉及信息源管理、信息传输安全管理、信息存取安全管理以及信息冗余备份管理等主要功能。在卫星指令上注阶段，通过指令代码调用相应指令配置信息，利用加密协议对指令进行处理后实施数据路由，在指令发送端无授权人员无法查询密级指令源码，从而在发送端对信息源进行了分级安全管控；数据在广域网路由传输阶段基于底层 SSL（Secure Sockets Layer）和 TLS（Transport Layer Security）进行加密，能够达到卫星数据的传输安全保障；信息的数据库存储和查询则基于严格的用户账户和密码进行管理；对于数据库物理磁盘信息的安全备份，设计采用主从备份方式进行镜像管理，保证数据的同步和信息安全。

5）故障管理。故障管理模块进行了单独设计和数据收集以及警报推送，分为卫星故障管理和地面故障管理两个部分，每个部分会对通信故障、模块故障、参数预警等进行分区采集和监控。数据收集部分会按照数据监控等级对设备状态信息进行分频定时采集，同时分发至故障演算与模式识别模块进行分析，故障演算模块会针对通信故障、模块故障或者参数预警实施不同等级的处理标志然后发送至故障处理模块；对于高等级故障，故障处理模块目前设计的功能是将故障等级代码和故障源信息按预定需求进行指定人员手机端推送和大屏端集中推送，从而提醒相关人员进行对应等级的故障处理；而对于低等级故障，故障处理模块会根据模式识别系统给出的故障代码实施预定义自动化处理，卫星端可以实施自动指令上注、参数上传、轨道控制等措施进行故障自动处理，地面端可以采用模块功能屏蔽和信息过滤来保证故障在无人环境下不影响系统正常运行，在有人值守时恢复模块功能。

（11）辅助管理分系统

辅助管理分系统包括气象、供配电等附属设施的配置和监控、远程支持和文印等功能。其中气象数据主要用于辅助测控设备工作计划制定和测量数据处理；供配电子系统包括市电供配电控制和 UPS 供配电控制；远程支持用于远程技术服务和远程故障诊断等。

11.2.2.3　卫星系统控制中心工作流程

卫星系统控制中心的日常操作采取人员轮流值班机制，并尽量流程化、自动化、例程化，具体如下：

1）根据各卫星应用任务或卫星长期在轨管理的需求，提交卫星测运控接口数据（包括轨道、测控模式、测控参数等）和测运控要求（跟踪圈次、上下行数据量等）；

2）根据不同测运需求统一规划调度测运资源，计算卫星过境弧段，生成跟踪计划；

3）将跟踪计划和相应的参数配置远程下达至各地球站；

4）地球站测运控设备自动配置参数，并在卫星过境时进行自动跟踪；

5）卫星系统控制中心远程对各地球站设备运行和跟踪情况进行监视，评估测运控信号质量；

6）地球站跟踪卫星并将遥控数据、业务数据发送给卫星，接收的卫星数据将自动回传卫星系统控制中心，卫星系统控制中心按需将业务数据交付给卫星应用平台，将遥测数据本地处理并显示。

11.2.3 地球站分系统

11.2.3.1 地球站的分类

由于地球站的工作频段、通信体制、业务类型、系统总体性能、安装情况、服务对象等方面的不同，地球站可按不同的方法分类。

按安装情况分类：

1）固定站：从地理位置上讲，设备及天线均长期固定不会搬迁的站型，一般为大型地球站；

2）可搬移站：在短时间内能拆卸转移，工作时站址固定，不工作时可随时迁移的可搬移站，又可分为搬移站、车载式可搬移站等；

3）移动站：工作时站址可变的移动站，又可分为航海、航空、陆上三类，即船载、机载和车载移动站。

按传输信号形式分类：

1）模拟站：模拟站传输模拟信号，如模拟电话通信、模拟电视图像信号等；

2）数字站：数字站主要是传输数字信号，如数字电话、数字信号等。

按用途分类：

1）卫星广播业务站：卫星广播业务站用于语音广播、电视信号的发送和接收等；

2）民用通信站：民用通信站包括公用站和专用站，主要用于电话、电报、数据、图文报表、情报等的传送；

3）气象卫星通信站：气象卫星通信站用于国家或地区的气象预报和大气的演变趋势等，提供气象服务；

4）卫星监控站：卫星监控站又称跟踪、遥测、指令站，用于卫星的发射、入轨、轨道参数的监控、修正和管理等。

11.2.3.2 地球站组成

地球站是卫星地面测控一体化系统与卫星进行星地无线连接的接入节点，承担卫星系统控制中心与卫星的数据通信转发功能，是必不可少的基础设施，如图 11－5 所示，地球站主要包括多个地球站终端、地球站主控系统和局域网（Local Area Network，LAN）。其中，地球站终端由天伺馈分系统、信道分系统、基带分系统、地球站终端控制分系统和设备保障分系统组成，如图 11－6 所示；地球站主控系统负责控制地球站终端内各设备的参数配置与监控，由地球站网络传输分系统和地球站监视控制分系统组成。

地球站终端的天伺馈分系统由天线罩（按需安装）、天馈、伺服、结构及附属设备组

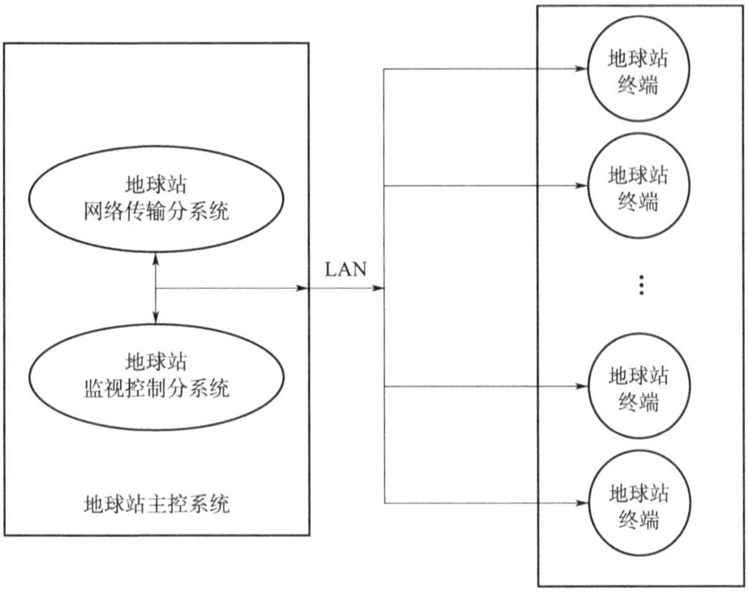

图 11－5　地球站系统组成图

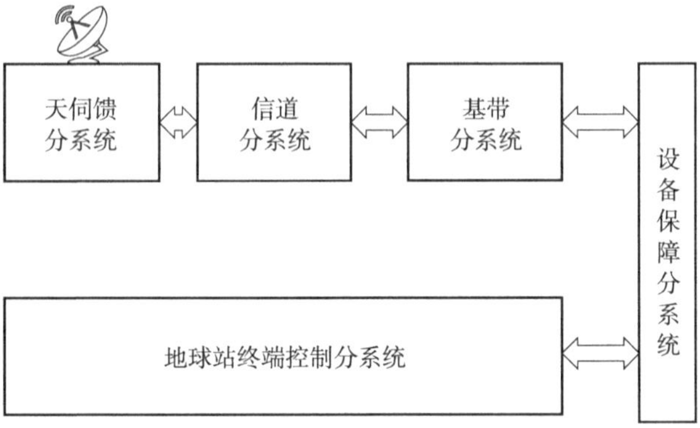

图 11－6　地球站终端组成图

成，主要任务是完成对卫星的高精度指向，及时捕获和稳定跟踪，接收遥测和数传信号，发射遥控信号和高码率数据注入信号。

（1）天线种类

常用的天线有抛物面天线、偏馈天线、卡塞格伦天线、环焦天线等。

抛物面天线：由抛物面反射器和位于其焦点处的馈源组成的面状天线叫抛物面天线。抛物面天线分为发射天线和接收天线两种。发射天线由馈源发出的球面电磁波经抛物面反射后，形成方向性很强的平面波束向空间辐射，可以将射频信号直线发射到卫星或者其他抛物面接收天线。接收天线由抛物面反射器将电波信号反射收集到馈源。抛物面天线具有结构简单，方向性强，工作频带宽的特点。

偏馈天线：偏馈天线是相当于正馈天线而言，偏馈天线的馈源和高频头的安装位置不在与天线中心切面垂直且过天线中心的直线上，因此就没有馈源阴影的影响。在天线面积、加工精度和接收频率相同的情况下，偏馈天线的增益大于正馈天线。但无论是正馈天线还是偏馈天线，他们都是旋转抛物面的截面，只是截取位置不同而已。

卡塞格伦天线：卡塞格伦天线由抛物面天线演变而来，由三部分组成：即主反射器、副反射器和辐射源。其中主反射器为旋转抛物面，副反射器为旋转双曲面。

环焦天线：环焦天线主要由主反射面、副反射面和馈源三部分组成。主反射面由部分抛物面组成，副反射面是由一段椭圆弧围绕与椭圆相交的直线旋转而得到的旋转曲面，并且椭圆凹面对主反射面。

（2）天线座架形式

地面站天线通常需要刚性钢制支撑结构来安装，包含轴承、齿轮和驱动器，以提高其精度。座架结构还必须能够承受极端天气条件，包括高低温、风沙和雨水。三种常见的天线安装类型为 X－Y 安装，AZ/EL 安装和极性安装。

X－Y 座架：如图 11－7 所示，在此安装座中，下轴（X）平行于地面。绕此轴旋转会使天线高程移动。上轴（Y）处于垂直平面，并且垂直于 X 轴。Y 轴在垂直平面中的位置取决于 X 轴的旋转，范围可以从垂直到水平。这是最简单的安装类型，但是覆盖范围有限。

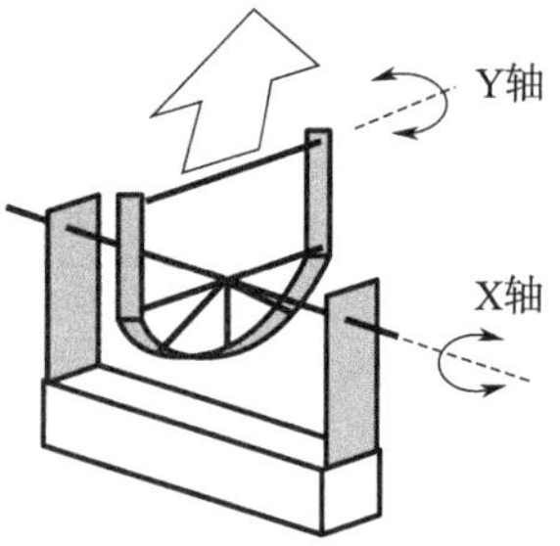

图 11－7　X－Y 座架示意图

AZ－EL 座架：如图 11－8 所示，AZ－EL 座架可以通过使用俯仰角和方位角坐标系来描述地球上某个点的位置。当方位角旋转时，仰角轴在局部水平面中旋转。仰角的变化将导致天线在垂直平面内旋转。AZ－EL 支架的安装相对容易。方位角轴应非常垂直于本地接地平面，以最大程度减少扫过方位角时仰角的变化。这种类型的安装座具有完全的仰角覆盖范围，并且方位角为±180°。

极座架：极座具有两个旋转轴，如图 11－9 所示。第一个是极轴，它平行于地球轴。当地水平面沿南北方向倾斜等于该地点纬度的角度，因此，极轴在赤道处平行于地面，在北极或南极处均垂直于地面。第二个是偏角，卫星经纬度、地球站经度和纬度确定所需磁偏量。

（3）天线罩

天线罩主要是承受风载荷、阻挡雨水等作用，天线罩为半球形，采用玻璃钢或凯夫拉材料，蜂窝形式拼装，在分块的连接处进行电协调，目的是降低天线罩对天线电性能的影

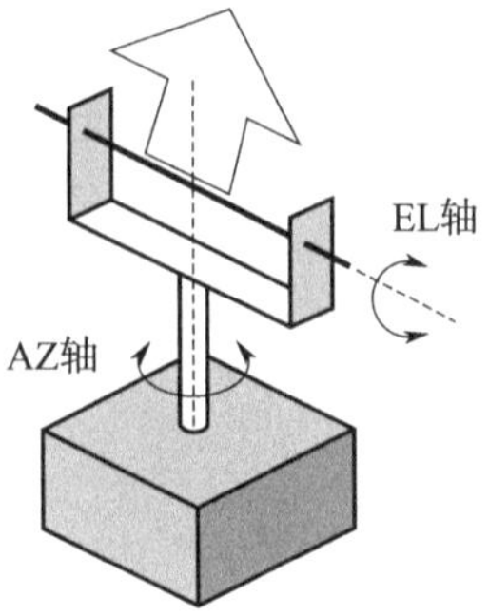

图 11 - 8　AZ - EL 座架示意图

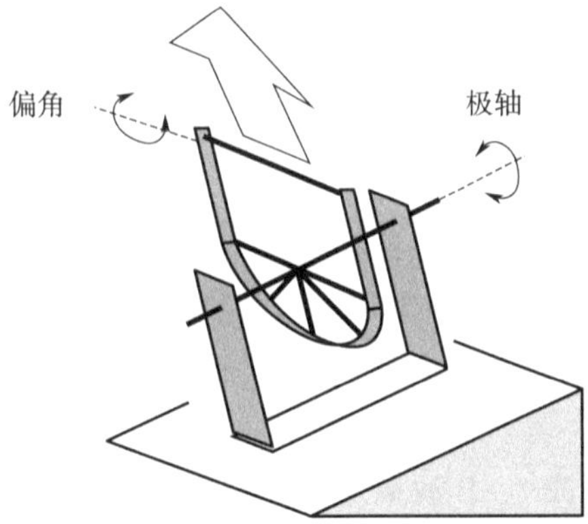

图 11 - 9　极座架示意图

响。天线罩实物图如图 11 - 10 所示。

图 11 - 10　天线罩实物图

(4) 天线主要参数

①天线增益

天线增益反映的是天线发射和接收信号的能力，其定义为：同等输入功率条件下天线发射或接收信号强度与理想各向同性天线发射或接收信号强度的比值。

面天线的增益计算公式为

$$G=10\lg\left(\eta\frac{4\pi S}{\lambda^{2}}\right) \tag{11-1}$$

圆口径天线的增益计算公式为

$$G=10\lg\left[\eta\left(\frac{\pi D}{\lambda}\right)^{2}\right] \tag{11-2}$$

式中　S——面天线的面积；

D——主反射面口面直径；

λ——工作波长；

η——天线效率。

②天线效率

天线效率定义为实际天线增益与理想天线增益的比值，主要效率因子如下

$$\eta=\eta_1\eta_2\eta_3\eta_4\eta_5\eta_6\eta_7\eta_8 \tag{11-3}$$

其中，η_1 为口面利用效率，η_2 为副反射面截获效率，η_3 为副反射面及支杆遮挡效率，η_4 为反射损耗效率，η_5 为表面公差效率，η_6 馈源插损效率，η_7 交叉极化效率，η_8 相位误差效率。一般来说，面天线的效率为 0.5～0.7。工程上为了提高天线效率，采用高效馈源，同时用对主面、副面的形状加以修正等方法提高天线的总效率，使其达到 0.75～0.8。

③波束宽度

波束宽度一般指天线主瓣 3 dB 波束宽度，也叫半功率波束宽度，是指天线主瓣增益下降 3 dB（一半）时两点所夹的角度。如图 11-11 所示，其中 $\theta_1-\theta_2$ 即为波束宽度。在一般测试中，通常只测试方位和俯仰的方向图来获得波束宽度。

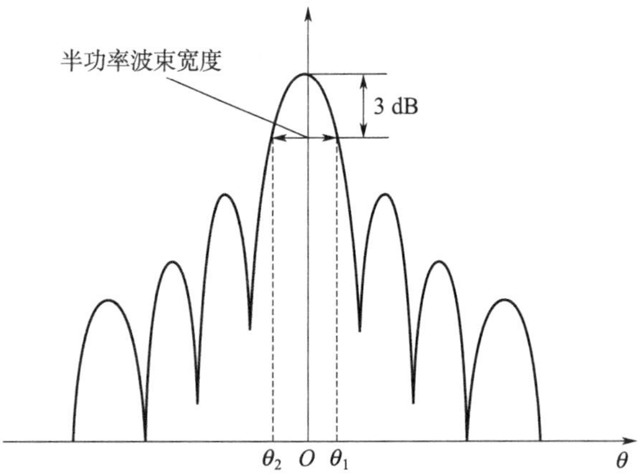

图 11-11　波束宽度示意图

④天线品质因素

天线品质因素（G/T）值是衡量地球站接收系统性能的重要指标之一，也是卫星通信线路设计的重要依据。G/T 值定义为天线的接收增益与系统噪声温度之比，可以表示为

$$G/T=G-10\lg T \tag{11-4}$$

式中　G ——天线接收增益（dBi）；

　　　T ——系统噪声温度（K）

极化与交叉极化隔离度：天线的极化是指该天线在给定空间方向上远区无线电波的极化，通常是指大辐射方向上波的极化。所谓波的极化，通常是无线电波电场矢量的极化，即时变电场矢量端点运动轨迹的形状、取向和旋转方向。根据电场矢量端点轨迹呈直线和圆形，将天线极化分为线极化和圆极化两种。交叉极化隔离度定义为：天线反极化时的接收功率与正极化接收功率之比。功率通常用分贝表示，则极化隔离度就是天线反极化时的接收功率与正极化接收功率之差。

（5）信道分系统

地球站终端的信道分系统由变频器、功放及低噪放等设备组成，主要完成上下行信号放大、接收和发射功能。

（6）基带分系统

地球站终端的基带分系统由测控综合基带、高速解调器、高速调制器、记录传输服务器和记录传输软件组成，测控综合基带完成对卫星平台遥控、遥测信号的处理，高速解调调制器完成高码速率数据的解调和调制处理，记录传输服务器和记录传输软件主要完成遥控、遥测和数传数据的记录、传输、回放功能。

信道分系统和基带分系统在机柜中的布局如图 11－12 所示，其中信道分系统和基带分系统按照功能划分，各占独立空间。

图 11－12　信道分系统和基带分系统在机柜中的布局

（7）站控分系统

地球站终端控制分系统负责接收任务计划和轨道根数，生成接收任务作业计划；自动控制分系统配置参数，完成跟踪、接收、记录及传输任务；跟踪、监视任务流程的执行过程，上报业务运行状态；实现站内设备的统一控制和集中监视；对各分系统的设备进行灵活配置，完成设备管理和参数本地设置。

(8) 设备保障分系统

地球站终端的设备保障分系统由时频设备、交换机、机柜、UPS、避雷及电缆网等设备组成，为系统测试和正常工作提供保障。

11.2.3.3 地球站各部分功能

(1) 地球站终端

如前所述，地球站终端由天伺馈分系统、信道分系统、基带分系统、终端控制系统和设备保障分系统组成，其各部分的具体功能如下所述。

地球站终端天伺馈分系统由天线罩、天馈、伺服、结构及附属设备组成，主要任务是完成对卫星的高精度指向、及时捕获和稳定跟踪，接收遥测和数传信号，发射遥控信号和高码率数据注入信号。具体的功能有：具有接收多个卫星数据的能力，实现一站多星，具备全天候接收能力；采用 A+E+T 三轴天线座架，保证过顶跟踪不丢失目标；具备左/右旋圆极化信号可切换；具备 X 频段单脉冲自动跟踪、程序跟踪等多种跟踪方式，同时支持手动控制、自动收藏等多种工作模式；具备射频自闭环测试功能；能够利用天线控制单元(Antenna Control Unit，ACU) 实现对天线的运行控制，并对天线分系统工作状态进行自检，并上报所有工况数据功能；具有故障诊断功能，并向站网运行管理系统上报分系统的工作状态，以便接收站网运行管理系统制定下发的任务计划；具有远程操控功能，可以通过计算机远程操控天线工作，并可进行信息存储；具有日志记录功能，并定期自动上报站控管理分系统；每条轨道任务执行结束后，天线朝天收藏，系统待机，座架断电，电机抱闸，各轴工作模式相互独立；天线具有完善的安全保护功能，方位、俯仰轴及第三轴设置有预限位、终限位开关、机械缓冲装置，天线设置有急停开关、声光报警、过流保护等安全保护措施，并具有软件限位功能。

地球站终端信道分系统由变频器、功放及低噪放等设备组成，主要完成上下行信号放大、接收和发射功能。对于上行信号，测控综合基带产生的遥控信号和高速注入信号，经过上变频器变频、功放放大后送至天伺馈分系统，完成信号发送；对于下行遥测和数传信号，接收天线送来的信号后，经低噪放大器 (Low Noise Amplifier，LNA) 放大，下变频器变频后，送至测控综合基带和高速解调器进行信号处理；校零测试变频器和小环比对变频器用以完成系统校零测试和闭环测试功能。

地球站终端基带分系统由测控综合基带、高速解调器、高速调制器、记录传输服务器和记录传输软件组成，测控综合基带完成对卫星平台遥控、遥测信号的处理；高速解调调制器完成高码速率数据的解调和调制处理。

记录传输服务器和记录传输软件主要完成遥控、遥测和数传数据的记录、传输、回放功能。具体的功能有：适应 X 频段标准测控体制、扩频 (非相干) 测控体制；具有 X 频段接收和解调标准 TT&C、扩频 TT&C 体制卫星的遥测数据，实现对 X 频段卫星的测距、测速、测角的功能，并具有通过偏馈信道及外部标校设施进行收发链路闭环检查和标校的功能；能够生成或接收远程遥控指令，完成标准 TT&C 和扩频 TT&C 体制的遥控信号产生，并具有小环/自环指令比对功能；具有解调标准 TT&C 体制、扩频

TT&C 体制卫星测控及数传下行信号的角误差解调能力，并能够输出方位、俯仰角误差电压，自动增益控制（Automatic Gain Control，AGC）电平和锁定指示等；具有卫星遥测数据存盘、挑点处理与显示打印功能，能够进行误码率的实时和事后统计；任务结束后，具有事后统计每圈的遥测数据总帧数的能力，并自动生成任务报表；能够通过 X 频段下行高码率数据接收链路，完成高码率单通道卫星数传数据的接收，并具有通道扩展的能力；具有 BPSK、QPSK、OQPSK、SQPSK、8PSK 信号解调功能，并具备扩展能力。编译码方式：无编码、卷积编码、RS 编码、RS＋卷积级联码、LDPC 编译码。功能要求：具有信道盲均衡功能；具有适应频谱倒置功能；具有匹配滤波功能，滚降系数在 0.3～1.0 中可设置；具有帧同步、解扰和译码功能；具有数据本地存储、网络传输（实时传输、事后传输）和回放功能；具有高码率数据接收链路信号闭环检测功能，能够实时和事后进行误码检测与统计；具备中频自环测试功能，调制器能模拟目标多普勒特性，调制器具备文件调制播发功能；能够记录所有操作和监控，记录解调器技术状态，为日常运行中的故障定位提供资料；能够进行载波测量与信号质量分析，包括载波电平、载波频率、信号频谱显示、E_b/N_0、误差矢量幅度、幅度误差、相位误差、IQ 偏移、数据码率测量、星座图显示等；能够通过 X 频段高码率注入数据；能够对接收解调的 X 频段高码率数传数据、X 频段卫星遥测数据、上行遥控数据、注入数据进行记录存储；具备将接收解调后的高速原始记录数据回放的功能；具有原始记录数据实时传输的能力；能够通过地面网络将本站接收的 X 频段高码率数传数据、X 频段卫星遥测数据、设备工况及运行状态等数据进行上传；能对接收的原始数据进行质量分析统计，任务结束后，生成数据质量分析报告，并上报站控管理分系统；可按存储余量自动删除旧数据文件，阈值可设置；可实时显示当圈任务的记录传输状态，包括记录传输数据量、传输百分比、剩余时间等；实时监视数据记录传输分系统设备工作状态，可将状态上报站控管理分系统；既可接收站控管理分系统下达的计划，也可本地制定计划，并具有计划错误/冲突检测功能；显示历史计划和正在执行的计划执行状态，具有计划的本地数据库管理功能；具有日志记录功能。

地球站终端设备保障分系统由时频设备、交换机、机柜、UPS、避雷及电缆网等设备组成，为系统测试和正常工作提供保障。具体的功能有：完成对 GPS/北斗卫星等外部时间同步信号，同步本地高稳振荡源，为地球站设备提供统一的时间和频率信号，并提供站址地理位置参数和方位参数；通过部署智能电源管理设备将数据中心内的服务器、网络设备及各种需要提供电源分配单元（Power Distribution Unit，PDU）级别供电的设备进行电源线缆连接，进行电源供应。将智能电源管理设备网络接口配置本地管理地址并接入到数据中心维护网络中，通过数据中心的管理软件，实现所有电源管理设备的集中、统一管理。

（2）地球站主控系统

地球站主控系统主要由地球站网络传输分系统和地球站监视控制分系统组成。

地球站网络传输分系统主要完成与卫星系统控制中心的网络通信功能，承担卫星系统控制中心和地球站监视控制分系统之间通信转发功能。地球站终端控制分系统负责接收任务计划和轨道根数，生成接收任务作业计划；自动控制分系统配置参数，完成跟踪、接收、记录及传输任务；跟踪、监视任务流程的执行过程，上报业务运行状态；实现地球站终端设备的统一控制和集中监视；对各分系统的设备进行灵活配置，完成设备管理和参数本地设置；完成数据的接收和转发等功能。

地球站监视控制分系统的功能主要有：能够完成多星接收计划冲突检测，自动组织任务计划的实施；控制各卫星任务的执行；自动配置相关的分系统和设备，完成对卫星的跟踪接收、数据记录任务，并实时监视任务状态；接收地面中心的接收计划，统一调度各个分系统，完成数据接收任务；实时监视设备状态及测量数据，显示告警、故障信息；实时监视和控制站内软件、计算机和各个分系统的设备；实时监控各分系统的设备状态，并将关键参数在界面关键部位进行特殊显示，方便用户查看，在设备异常时，可以通过远程加去电，实现设备的重启；实时监测各类软件的健康状态，包括软件运行是否正常，操作系统是正常，系统资源使用情况等，网络通信状态等；接收站网瞬时根数生成卫星轨道预报，完成根据卫星轨道数据计算卫星过境时间、轨道预报数据、卫星星下点轨迹，以及站覆盖范围等；站控管理分系统可以实现远程的软件版本自动备份、恢复等维护功能；当软件发生故障时，站控管理分系统可以通过远程启动和关闭软件的功能，完成软件的重启功能；当计算机操作系统或者设备发生故障时，可以通过远程上电、下电功能，完成计算机或设备的重启操作。地球站站控监视软件界面如图 11－13 所示，各功能模块图样可以单独设置并监视本地设备功能模块的工作状态。

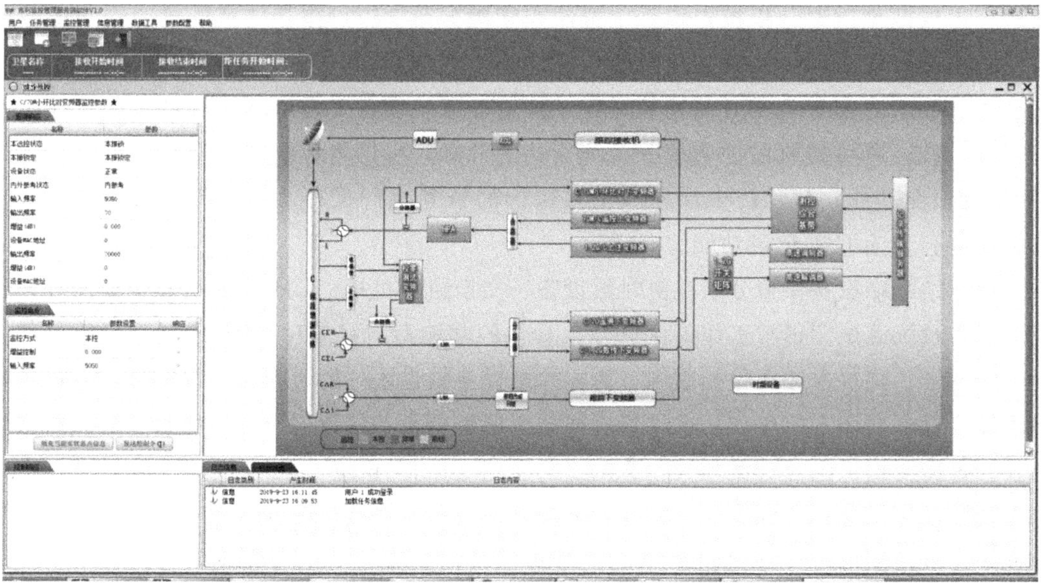

图 11－13　地球站站控监视软件界面

11.2.3.4　地球站工作流程

商业卫星测运控一体化系统中的远程地球站采取无人值守的工作模式，并受卫星系统控制中心统一调度分配，其工作流程分为四个阶段：任务前准备阶段、卫星跟踪与捕获阶段、数据解调输出与处理阶段、任务结束与恢复阶段。

（1）任务前准备阶段

系统定期标校和测试，保证任务前系统处于完好状态，指标满足任务要求。在任务之前需要获得卫星的轨道根数等注入数据。任务前各设备加电自检，由系统监控机根据设置的任务宏命令将各设备工作参数分发到各分系统单机，并根据设备工作状态数据库选择适合的信号通道配置，根据任务设置选择和差通道的极化方式。伺服系统根据卫星轨道数据判断卫星过顶方向，然后驱动天线座，使得天线指向等待位置。

（2）卫星跟踪与捕获阶段

在卫星出现的预定时间控制天线进入搜索模式。当卫星进入天线捕获范围内，天线接收到的和差通道射频信号通过极化选择开关选择极化方式，经过 LNA 放大后经单通道变换器合成一路信号通过电缆传输到设备机房中，信号在机房内经分路器分成两路，分别经过测控下变频器和数传下变频器变频到中频。

（3）数据解调输出与处理

接收到信号后，基带终端完成遥测、数传信号的捕获和解调。系统监控机根据两套遥测基带设备上报的工作状态，选择其中一路数据作为数据输出源，数据输出到系统的局域网中。若需解密处理，则解密机从局域网中获取数据，解密之后再将数据发送到局域网。系统监控机存储源码数据，并根据要求通过远控计算机向遥测显示终端和业务数据处理终端发送遥测和业务应用数据。地球站内部有上下行链路各两条，遥控上行链路数据信息流向：从测控综合基带到上变频器再通过合路器送至馈源；数传上行链路数据流向：从高速调制器到上注变频器再通过合路器送至馈源；遥测下行链路数据流向：天线通过无线链路接收到遥测量通过分路器送至遥测下变频器再送至测控基带；数传下行链路数据流向：天线通过无线链路接收到数传数据通过分路器送至数传下变频器再送至高速解调器。具体的信息流如图 11－14 所示。

（4）任务结束与恢复阶段

任务结束时间到、或卫星飞出覆盖区域、或系统监控机发出结束指令，则本次任务结束，天线复位，系统监控机生成本次任务的报表。

11.2.4　支撑网络分系统

11.2.4.1　基础网络构架

基础设施网络是一个通用的、私有的、数据包交换的网络基础设施，主要为全套系统提供一个高安全性、灵活性和高质量服务的网络环境。

基础网络提供企业级 IP 网络的开发和配置，基础网络设施构架为公用运算、多方供应虚拟专用网之间通过可靠的网络进行交流合作等的应用软件提供理想的应用环境。

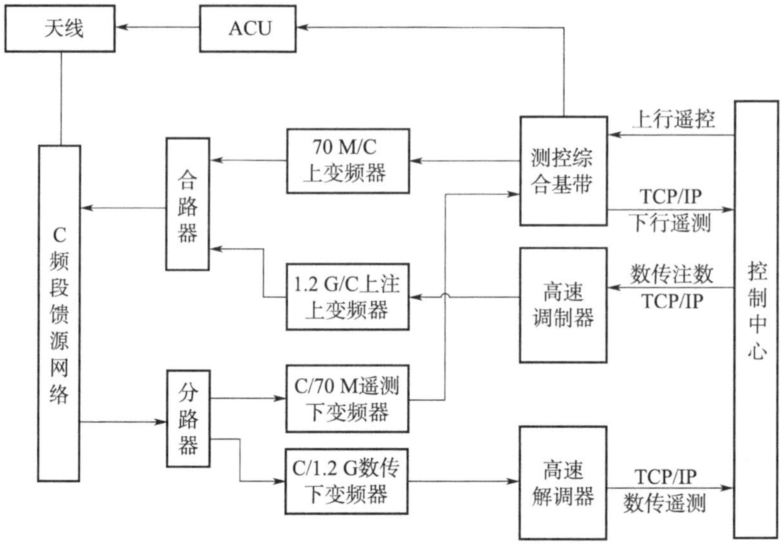

图 11 - 14　地球站数据信息流向示意图

卫星测一体化的基础网络主要由地球站、卫星任务控制中心和相应的通讯节点基础网络组成。卫星地球站，是卫星和地面测运控网的通信接入节点，用于地面跟踪、测量卫星，用于卫星遥测遥控信号收发，用于卫星业务数据收发；同时，地球站承担卫星和卫星任务控制中心之间数据的通信转发功能，将接收的遥测、业务数据发送给卫星任务控制中心，将卫星任务控制中心的遥控数据和业务数据发送给卫星。

所有以上功能的具备必须依赖于安全链接的基础网络设施。

11.2.4.2　固定架构业务层网络

基于固定架构的业务层网络在基础网络之上，通过业务层逻辑分类和模块编程分工，将整个业务数据流按照星地链路进行细分，使数据的流向始终保持单一且流动目标保持固定，如图 11 - 15 所示，信息流从地球站终端开始，按照数据预处理模块、地球站监控模块、地球站网络传输模块、控制中心数据路由模块、指令处理模块、任务规划模块以及遥测处理模块的分工进行工作，并与应用平台进行业务数据交互。此类架构的优点在于职能分工明确，系统构建单一，便于系统设计和程序集成，缺点在于此类系统只适合面对数量较少的地面站和卫星，当通信节点增多时，每个模块都必须维护成倍增加的通信代理节点和数以百计的接口配置信息。而一旦有公共数据需要分发至系统模块，则整个系统的设计和集成难度成几何级数增加，也导致后期的系统可维护性大大降低。

如图 11 - 16 所示，当系统间模块数量增多时，数据的广播与订阅关系复杂度快速增加，通信代理接口与配置纷繁复杂，系统最终难以维护和扩展。

基于固定架构的业务层网络在面对数量众多的地球站和星座通信的应用场景时已经无法做到系统模块的低依赖需求，会持续增加系统的复杂度并降低系统可维护性。

考虑到星座的测运控需求，地面系统和卫星系统持续处于扩张进化的过程中，地面站数量持续增加、在轨卫星数量持续增加、数据终端节点持续增加、网络路由复杂度持续增

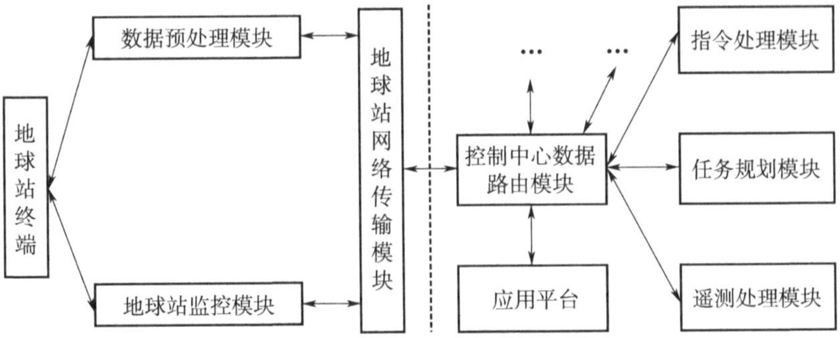

图 11－15　链路逻辑结构图

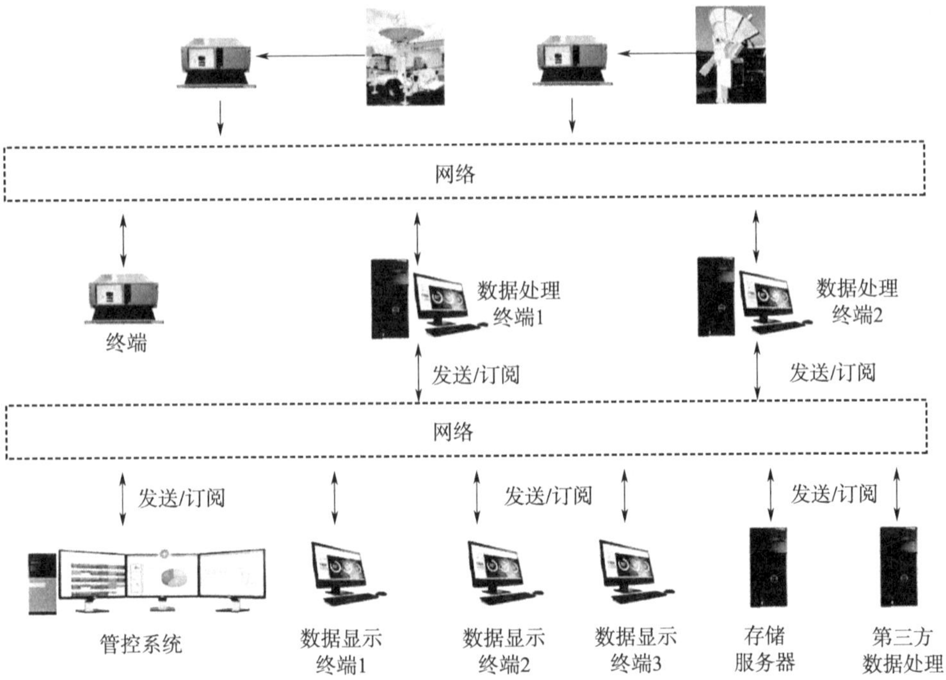

图 11－16　业务逻辑结构图

加，单一的数据直联方式无法满足系统稳定运行时对系统进行持续的扩展和模块的热插拔。因此这里采用成熟的基于消息池的二层总线的业务层数据分发式网络架构，将业务逻辑的通信部分进行彻底封装，将全套卫星测运控系统的模块设计全部解除依赖，而所有的数据通过功能划分后直接依赖于基于广域网的上层网络总线。架构设计如图 11－17 所示。

采用以上的软件系统架构设计，在二次网络总线的基础上，利用标准自定义数据模型可以解除系统模块设计与具体编程语言的耦合、通过基于 ID 的数据广播分发和触发，解除数据链路中数据处理节点之间的耦合。此架构设计可以充分发挥不同编程语言的优势：

1）在地球站端点，利用 Labview 工具快速融合各路硬件和数据采集节点而构建系统监控模块；

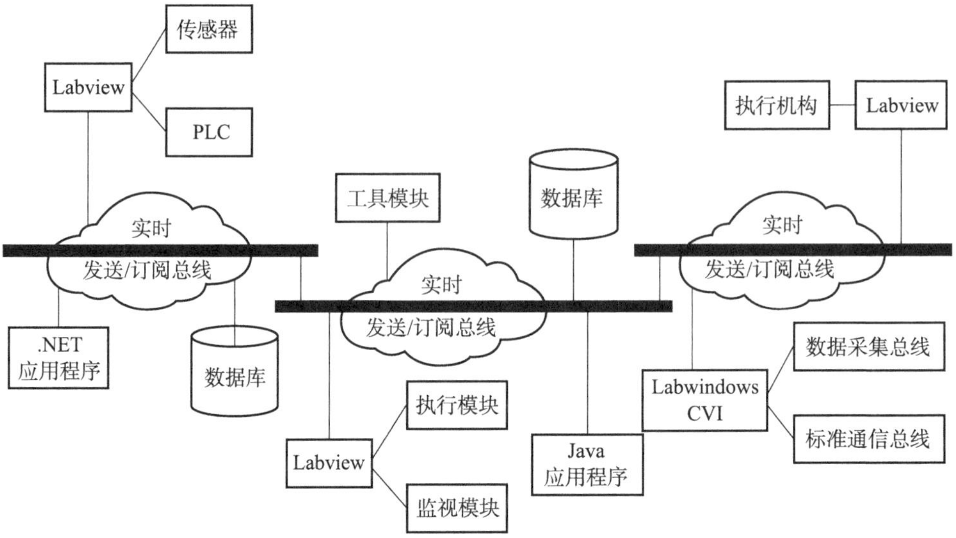

图 11-17　基于总线的业务层网络拓扑图

2）在数据处理端点，利用 .NET 组件整合数据模型与处理算法形成快速数据处理中心；

3）在数据可视化端点，利用 JS 或者 Pythonweb 模块构造可视化 UI 接口；

4）最终构建整套可迅速稳定扩展的星座测运控系统。

11.2.5　地球站选址

卫星地球站选址是地球站建设的第一步，对卫星地面系统的站网建设有极其重要的意义。选址时，应考虑地域性、地质结构、物理和电磁干涉、环境和后勤保障等因素，再结合地面系统布局综合考虑选址。

（1）地域性

选址过程中应考虑选址地在海拔面上有足够的高度，使其对地静止弧段可见最大化。结合当地环境、民俗等对站址和建设风格进行相应的调整，尽量安排站点与控制中心距离较短。

（2）地质结构

地质结构应考虑当地能承受地球站基建和建筑物的负荷。对于较重的天线，在地基和建筑物上加固用于承重。理想情况下，该场地应由坚固、稳定的地面组成，基岩应靠近地面，从而减少打桩的需求。同时需要查勘选址点附近的道路，是否有需要过河流的情况，且该地是否在地震带上。

（3）物理和电磁干涉

电磁干涉一般有两种可能性，一种是来自其他电子设备的干扰，比如机场、电信基站和高压线等设备的干扰，为了避免此类干扰，一般可以利用自然地理区域来屏蔽，比如凹陷地区或远离其他电子设备。也可以采用人造屏蔽层或自动干扰消除技术来屏蔽干扰。建设站点前，需要进行全面的电磁环境测量。

（4）环境因素

为了延长地球站的使用寿命，环境因素在设计时也需要留有余量，例如：风载荷、降雨率和温湿度等。尽量避免站点建设在极端天气的环境中。

（5）后勤保障因素

站点选址的水、电和网都需要有可靠的供应。站点附近未来规划不能对现有站点有阻挡和电磁干扰，必要时配备双路水、电和网备份。

（6）站网布局

一个地球站新建的时候需要考虑地面系统站网的布局与可扩展性。选址地点应能够适应天线数量的增长，灵活性较强，最大程度地利用土地资源且降低成本。需结合卫星或星座运行轨迹对地面系统的布局和选址进行优化，最大程度地延长地面测控弧段，提高测控效率。

11.2.6　链路预算

卫星通信链路包括上行链路（地球站到卫星）和下行链路（卫星到接收地球站），链路预算是卫星测运控系统设计不可或缺的步骤。本节将以 C 频段卫星测运控系统为例，列出卫星上下行链路预算表，假设卫星轨道高度为 800 km，当卫星工作在测控模式时，具有测距、测速功能，地球站测控最小工作仰角为 5°，地球站运控最小工作仰角为 10°。

对于遥控上行链路，见表 11－1，卫星端遥控接收链路余量为 21.46 dB，测距码接收链路余量为 22.36 dB，余量非常充足，满足使用要求。

表 11－1　遥控上行链路预算表

项目	结果
地球站 EIRP/dBW	58
上行频率/MHz	5 200
轨道高度/km	800
地球站最低工作仰角/(°)	5
星地间距离/km	2 784.00
自由空间损耗/dB	175.65
天线指向损耗和极化损耗/dB	1.0
大气损耗/dB	0.5
其他损耗/dB	0.5
卫星 G/T 值/(dB/K)	−38
玻尔兹曼常数/[dBW/(Hz·K)]	−228.6
接收的 C/N_0/(dB·Hz)	70.95
遥控信号功率：测距信号功率	4：1

续表

项目		结果
卫星遥控接收	遥控信息速率/(bit/s)	4 000
	接收的 E_b/N_0 /dB	33.96
	误码率要求	10^{-6}
	E_b/N_0 理论值/dB	10.5
	解调损失/dB	2
	门限 E_b/N_0 /dB	12.5
	余量/dB	21.46
卫星测距接收	测距码速率/(bit/s)	1 000
	接收的 E_b/N_0 /dB	33.96
	误码率要求	10^{-5}
	E_b/N_0 理论值/dB	9.6
	解调损失/dB	2
	门限 E_b/N_0 /dB	11.6
	余量/dB	22.36

对于遥测下行接收链路，见表 11-2，地球站遥测接收链路余量为 12.67 dB，测距码接收链路余量为 12.77 dB，余量非常充足，满足使用要求。

表 11-2　遥测下行链路预算表

项目	结果
卫星 EIRP/dBW	−15
下行频率/MHz	7 000
轨道高度/km	800
地球站最低工作仰角/(°)	5
星地间距离/km	2 784.00
自由空间损耗/dB	178.24
天线指向损耗和极化损耗/dB	1.0
大气损耗/dB	0.5
其他损耗/dB	0.5
地球站 G/T 值/(dB/K)	28
玻尔兹曼常数/[dBW/(Hz·K)]	−228.6
接收的 C/N_0 /(dB·Hz)	61.36
遥测信号功率：测距信号功率	4∶1

续表

项目		结果
地球站遥测接收	遥测信息速率/(bit/s)	4 096
	接收的 E_b/N_0 /dB	24.27
	误码率要求	10^{-5}
	E_b/N_0 理论值/dB	9.6
	解调损失/dB	2
	门限 E_b/N_0 /dB	11.6
	余量/dB	12.67
地球站测距接收	测距码速率/(bit/s)	1 000
	接收的 E_b/N_0 /dB	24.37
	误码率要求	10^{-5}
	E_b/N_0 理论值/dB	9.6
	解调损失/dB	2
	门限 E_b/N_0 /dB	11.6
	余量/dB	12.77

对于高速上行链路，见表 11－3，卫星端接收链路余量为 6.35 dB，大于一般链路余量满足 3 dB 以上的要求，符合设计要求。

表 11－3 高速上行链路预算表

项目	结果
地球站 EIRP/dBW	58
上行频率/MHz	5 200
轨道高度/km	800
地球站最低工作仰角/(°)	10
星地间距离/km	2 366.88
自由空间损耗/dB	174.25
天线指向损耗和极化损耗/dB	1.0
大气损耗/dB	0.5
其他损耗/dB	0.5
卫星 G/T 值/(dB/K)	−38
玻尔兹曼常数/[dBW/(Hz·K)]	−228.6
接收的 C/N_0 /(dB·Hz)	72.35
馈电上行信息速率/(Mbit/s)	1
接收的 E_b/N_0 /dB	12.35
误码率要求	10^{-6}
E_b/N_0 理论值/dB	10.5

续表

项目	结果
解调损失/dB	2
编码增益/dB	6.5
门限 E_b/N_0 /dB	6
余量/dB	6.35

对于高速下行链路，见表 11-4，地球站接收链路余量为 5.27 dB，大于一般链路余量满足 3 dB 以上的要求，符合设计要求。

表 11-4 高速下行链路预算表

项目	结果
卫星 EIRP(dBW)	3.5
下行频率/MHz	7 000
轨道高度/km	800
地球站最低工作仰角(°)	10
星地间距离/km	2 366.88
自由空间损耗/dB	176.83
天线指向损耗和极化损耗/dB	1.0
大气损耗/dB	0.5
其他损耗/dB	0.5
地球站 G/T 值(dB/K)	28
玻尔兹曼常数(dBW/(Hz·K))	−228.6
接收的 C/N_0 (dB·Hz)	81.27
馈电下行信息速率(Mbit/s)	10
接收的 E_b/N_0 /dB	11.27
误码率要求	10^{-6}
E_b/N_0 理论值/dB	10.5
解调损失/dB	2
编码增益/dB	6.5
门限 E_b/N_0 /dB	6
余量/dB	5.27

11.3 鸽群（Dove）星座测运控系统介绍

2011 年，3 位前 NASA 工程师 Marshall、Chris Boshuizen 和 Schingler 创建了 Planet 公司，利用当今先进的电子制造技术，采用敏捷航天设计的理念，在航天领域进行大量创新，打破传统的卫星制造行业模式，大规模生产微纳卫星，并获得了高分辨率的图像。多年来，Planet 已成功部署 351 颗卫星，是竞争对手的 10 倍；目前在轨运行卫星数有 100 多颗，每天收集超过 2.5 亿 km^2 的图像，迄今为止，地球陆地上每个地点均有超过1 200 张图像的数据累积量。Planet 公司有三个对地遥感成像星座：Dove、SkySats 和 RapidEye。

RapidEye 星座于 2008 年发射，卫星大小不到 1 m^3，成像分辨率 5 m，但星座于 2020 年 3 月停止运行。SkySats 星座由 15 颗卫星组成，成像分辨率 0.72 m，可拍摄 90 s 视频，并自带推进系统，可维持一定的轨道高度。Dove 星座卫星使用 3U 立方星平台（10 cm×10 cm×30 cm，5 kg），体积如鞋盒大小，一次可发射数十颗卫星编队入轨，每次的编队卫星被称为“Flock - i”。

截至 2019 年 7 月，Planet 已经发射了 298 颗 Dove 系列卫星，Dove 卫星最大的特点是同一个轨道面内卫星数量众多。Dove 卫星的在轨测运控与传统的单星管理有着显著的区别，Planet 只用几个人操作十几个站的几十副天线就能完成几百颗卫星的在轨监测、异常处理、轨道控制、任务规划和数据接收等，同时还运用“敏捷航天”的迭代设计理念，不断改进测运控技术，持续提升卫星运行效率，为大规模星座卫星测运控提供了一个新思路。

11.3.1　Dove 星座地面测运控系统

Dove 星座的地面测运控系统由 2 个卫星控制中心和 11 个地球站组成：一个卫星控制中心位于美国旧金山总部，另一个卫星控制中心位于德国柏林；地球站则分别位于美国肯塔基州的 Morehead、加利福尼亚州的 Halfmoom Bay 和 Paloalto、华盛顿布鲁斯特、冰岛凯夫拉维克、英国的 Chilboton 以及德国、新西兰和澳大利亚等地，共有 32 副超高频（Ultra High Frequency，UHF）天线，其中 8 个地球站工作在 X 波段，每个站有多副接收天线，共 22 副，口径从 4.5～7.6 m 不等，天线 G/T 值均大于 29 dB/K，最大发射功率 100 W。

11.3.2　Dove 星座测运控链路

Dove 星座的测运控链路由 UHF 频段、S 频段和 X 频段测控组成，其中 UHF 频段传输卫星的下行遥测数据，发送地球站的上行遥控指令，S 频段只用于地球站的上行发令，X 频段用于高速传输卫星下传遥感数据和遥测数据。

Dove 星座的测运控地球站框图如图 11 - 18 所示，包含 UHF、S 和 X 频段的 Dove 星座卫星测运控系统，其中 UHF 频段链路有上、下行的双向信道，发射、接收使用八木天线，由主控服务器通过控制接口 GS - 232B 驱动 Yaesu 电机，实现八木天线转动；S 和 X 频段链路共用抛物面天线，S 只有上行信道，X 只有下行信道，也是由主控服务器通过控制抛物面天线驱动控制单元，驱动该抛物面天线在卫星过境时能够对准并跟踪卫星；UHF 和 S 共同使用一个测控基带（TI 公司的 CC1110 芯片），X 独立使用一个高速解调器（DVB - S2 接收芯片）。此外，主控服务器、GPS 网络时间服务器设备、以太网电源控制设备、网络监控设备均连接在网管型以太网交换机上，通过防火墙/VPN设备和网络与卫星控制中心相连。

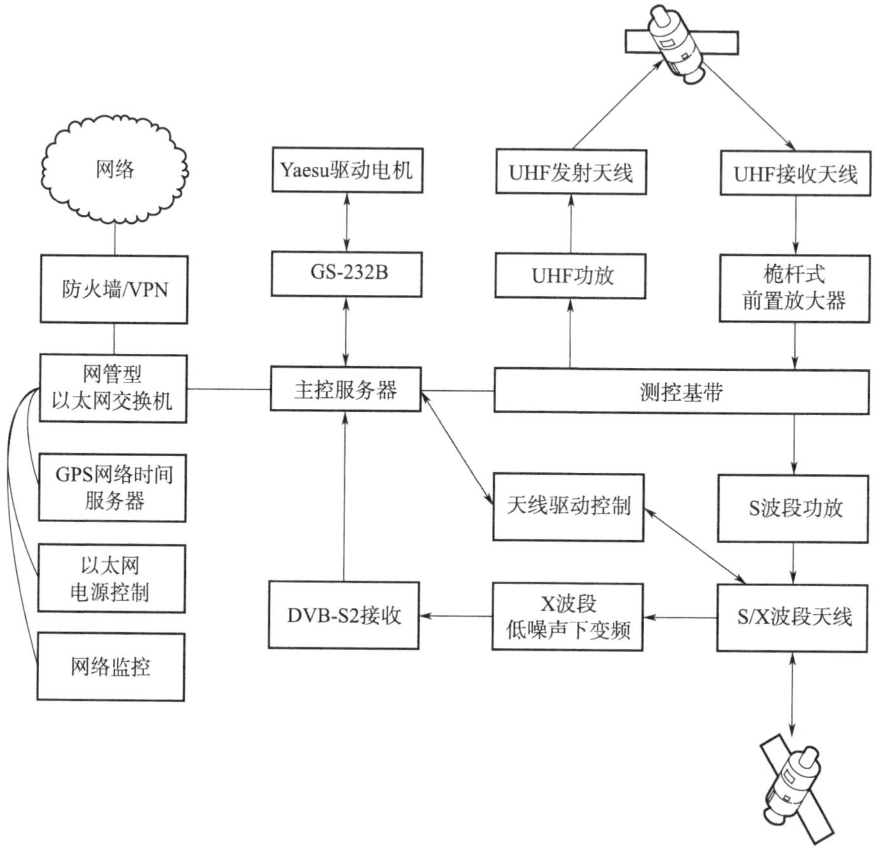

图 11-18　Dove 星座测运控地球站框图

Dove 卫星测运控系统组成如图 11-19 所示，其中 UHF 的发射中心频率为 450 MHz，接收中心频率为 401.3 MHz，采用单极化全向天线；S 高速上行遥控接收中心频率为 2 056 MHz，采用右旋圆极化微带天线；X 高速下行发送分为两路，中心频率为 8 133 MHz 和 8 200 MHz，分别采用右旋极化微带天线和右旋极化螺旋天线，两路信号通过开关进行选择。

UHF 链路：提供遥测、遥控和测距功能，收发信机采用了美国得克萨斯仪器公司的 CC1110 货架产品；上行频率 401～402 MHz，中心频率为 401.3 MHz，带宽 60 kHz，下行频率范围 449.75～450.25 MHz，中心频率为 450.0 MHz，带宽 60 kHz，信息传输速率 4 800 bit/s，测距精度优于 2 km，数据格式采用串口协议，信道安全采用 AES-256 加密协议。

S 上行链路：S 上行链路用于测控和数传链路闭环控制的上行遥控，采用美国 Microhard 公司生产的 MHX-2420 货架产品，中心频率 2 056 MHz，带宽 1.31 MHz，扩频通信体制，BPSK 调制方式，速率 250 kbit/s，数据格式采用串口协议，信道安全采用

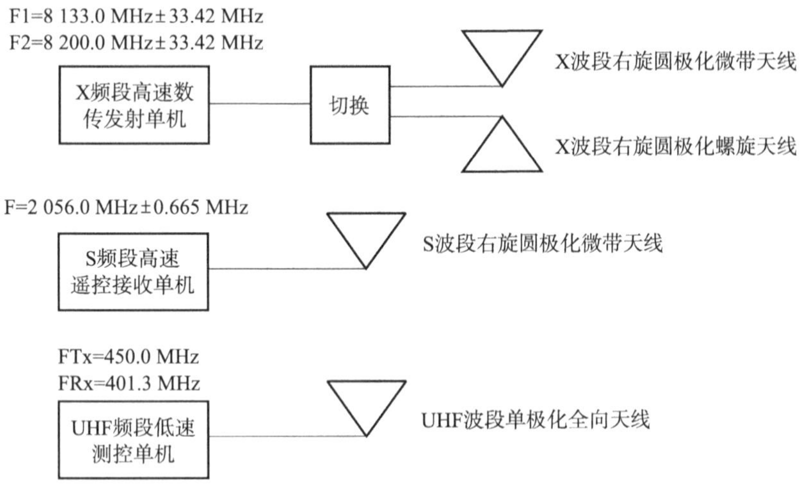

图 11-19　星载测运控分系统框图

AES-256 加密。

X 下行链路：X 下行链路处理传输遥感图像数据，还下传卫星的遥测数据，工作在 X 频段的 8 025～8 400 MHz，使用 Planet 专用的高速数据传输系统，采用 DVB-S2 协议，调制方式为 QPSK、8PSK、16APSK 和 32APSK，编码方式从 1/4 到 9/10FEC，信道安全采用 AES-128 算法，Flock-3P 系列卫星的传输速率 220 Mbit/s。

11.3.3　Dove 星座自动化运行管理

Dove 卫星在轨飞行主要靠自主运行管理，Planet 公司从一开始就注重于卫星的自动化运行管理，然后通过不断迭代改进来完善系统性能，而不是传统的先人工管理、然后逐步发展到自动化管理的技术路径。

11.3.3.1　工作模式

卫星在轨运行时，具有多种工作模式。

1）任务模式：Dove 卫星对地，经过预定地点时，执行遥感成像操作；

2）校准模式：Dove 卫星对月球成像进行光学校准、动量轮卸载或打开星敏进行姿态校准；

3）测传模式：根据任务规划，Dove 卫星经过地球站时，采取凝视地球站模式并且 X 波段发射机开机和传输图像数据；

4）充电模式：不执行前述三种模式时，卫星处于低阻力运行状态并充电。

Dove 卫星星座采用“在线扫描图像捕捉方法”的策略，传统模式为在线扫描捕捉图像，现有模式为控制编队内所有卫星协调一致地连续获取地面光照的图像，使一个完整的卫星编队能在一天内就获取整个地球的全部图像，如图 11-20 所示。

11.3.3.2　卫星监视与操作

卫星的监视主要靠软件来进行自动故障检测和处理，不需要人员监视，大部分时间卫

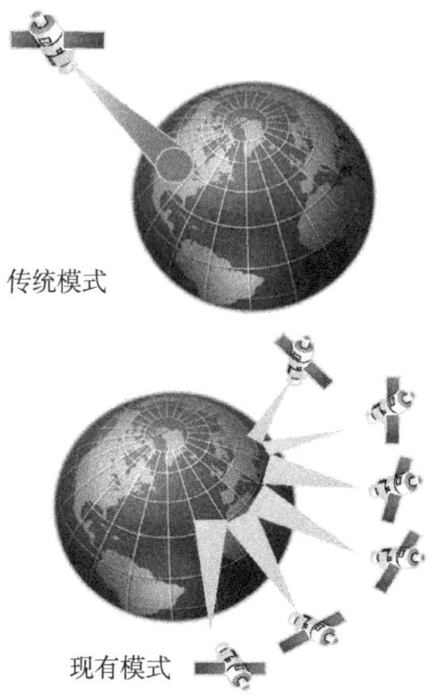

图 11-20　在线扫描捕捉策略

星管理人员执行朝九晚五的正常作息时间，下班期间发生的卫星故障通常是在第二天上班时间再处理。同时，卫星设计人员可以通过网络随时了解卫星的工作状态，卫星操作人员甚至可以在家完成对卫星的操作。

除了在卫星设计上采用“敏捷航天”的迭代思路来提升卫星的性能外，Planet 还将此思路应用到地面系统中，主要体现在地面系统技术人员定期分析系统的数据接收情况、设备工作状态和卫星的在轨情况，定位问题原因，提高系统性能，从而增加每天遥感数据的接收量。

在卫星系统控制中心内部，存放着一颗与在轨运行卫星相同的卫星，卫星技术人员通过对它不断分析，持续改进卫星的性能，并将地面验证的改进措施应用到在轨卫星，从而可以提高整个星座系统的性能。

11.3.3.3　数据质量与地面设备自动化分析与检测

除了卫星监视和操作自动化运行外，Planet 还注重接收数据质量和地面设备状况的自动化分析与检测。

(1) 数据质量自动分析

Planet 的卫星系统控制中心每天接收几百圈次的遥感数据，这些数据的质量靠人力检查不能及时完成，因此 Planet 开发了数据质量参数收集和检测系统，自动对接收的数据进行分析，它可以对接收数据的质量进行分类并对问题数据进行原因分析，如果卫星一次过境接收的数据量少于预计的 80%，就判定本圈数据接收失败。每周，Planet 射频与通信系统、轨道操作、卫星操作、系统集成和地球站操作专家对数据接收失败的原因进行分析，将引起失败的原因写到专家库中，生成新的诊断知识。

（2）地球站设备自动化检测

Planet 地球站的故障检测软件系统采用了通用的互联网服务器和网站开源软件，这些软件运行在地球站的服务器上，实时监视软硬件运行情况，当故障发生时，检测结果送到亚马逊 AWS 的云端中央服务器，再通知随叫随到的技术员进行分析。

在地面设备中，Planet 大量采用基于网络的智能电源开关。通过智能电源开关，可以远程控制通断一些部件，便于查找和定位设备问题，同时也减小了派人现场检查的必要性。Planet 也使用开源无线电工具检测噪声，用于检测天线附件的噪声功率，正常情况下噪声功率沿天线方位角 360°均匀分布，当发生故障时，噪声功率分布不均匀，技术员根据此现象可定位故障并解决。

11.3.4　星座保持的测运控

维持星座构型，是地面测运控系统的重要职能。目前的星座卫星一般使用推进系统，来维持轨道高度和相位，从而保持良好的星座构型。但是 Dove 采用“差分拖拽”的无源技术实现了整个星座的卫星之间的相位保持，让太阳能帆板扮演船帆的角色，借助微量的大气阻力减缓某个 Dove 卫星的速度，以协调其与其他 Dove 卫星的位置关系。

根据 Planet 的推算，当单星太阳能帆板向前翻滚时，卫星运行遇到的阻力是帆板保持水平状态时的 7 倍。Planet 进行了大量的阻力差控制卫星编队相位的试验，测试了卫星姿态在三轴模式下的高阻力模式。一旦卫星入轨，Planet 公司的姿态与确定控制系统就会接管，Dove 卫星上的陀螺仪和传感器会寻找磁场、地平线、太阳和其他恒星的位置，磁力矩器和反作用轮随后调整卫星，直到卫星到达理想位置并维持良好的星座构型。

11.4　商业航天测运控一体化发展与应用前景

当前商业航天进入快速发展阶段，各种航天器发射计划数量多、规模大，各类卫星星座项目也在持续推进，航天器的商业应用日趋普及，在轨航天器呈现出数量多、平台多、种类多、用途广的趋势，传统的依靠资源投入和人力增加的测运控模式，已经难以适应未来多星、多任务、多用户的测运控服务的发展需要。

在轨卫星数量将越来越多，规模越来越大，类型与应用模式越来越复杂，管控要求和难度大幅提升。相对于数量激增的在轨卫星，地面测运控系统将面临数量不足、设备短缺的问题，而地面测运控设备投入又比较大，因此要求地面测运控资源必须能够组网重复使用。在传统单颗卫星的测运控任务外，测运控系统同时也能支持多星及星座在轨运行管理等。总之，商业航天测运控系统将日趋复杂化，商业航天的蓬勃发展要求提供及时、有效、灵活的测运控服务要求，大大增加了地面测运控系统的负担和操作复杂性。

商业航天卫星数量多，任务差别大，要求同一地球站必须具有多星测运控和数据采集能力。对商业航天地面测运控系统来说，除了建立新站以外，必须最大化利用已有测运控设备并且探索新技术新方法。商业航天测运控系统以平台载荷为核心的管理服务模式，正在向以数据业务为核心的服务管理模式转变。

以往一个卫星系统控制中心就可以管理分属各家的各种类型的所有航天器，现在一个星座的运行就需要一个卫星系统控制中心，卫星系统控制中心的建设由以往主要依靠增加资源和人力投入的发展方式转化为依靠现有技术和基础设施而进行中心云化的趋势，不仅可以降低部署成本，同时也提高了系统可靠性。

商业航天测运控系统管理数量众多、任务千差万别的卫星，除了要求星地测运控空中接口标准化、统一化以外，在商业卫星在轨管理方面，要求测运控系统具有智能化能力，以应对航天业务的快速增长，提高测控网络的整体效率，降低航天系统的成本，突破航天器测运控管理的瓶颈，使航天器的测控管理产生质的飞跃。

参考文献

[1] 顾中顺，童勇章．卫星通用地球站实用规程［M］. 北京：国防工业出版社，2016.

[2] 张建飞．航天测量船卫星通信地球站技术［M］. 北京：人民邮电出版社，2018.

[3] Peter Fortescue，Graham Swinerd，John Stark. 航天器系统工程（下册）［M］. 李靖，熊蔚明，李涤徽，等，译．北京：科学出版社，2018.

[4] 国际卫星组织．卫星地球站标准［S］. 2001.

[5] 国际卫星组织．卫星系统操作指南［S］. 2001.

[6] Kytle C，Bryan K. Supporting the Flock：Building a Ground Station Network for Autonomy and Reliability［C］. Proceedings of the AIAA/USU Conference on Small Satellites，Ground Systems，2016，SSC16 - IX - 05.

[7] Kiruthika D，Ryan K，Matt L，et al. Dove High Speed Downlink System［C］. Proceedings of the AIAA/USU Conference on Small Satellites，Advanced Technologies 2，2017，SSC17 - VII - 02.

[8] Planet. Our Constellation［N/OL］. https：//storage. googleapis. com/planet - ditl/day - in - the - life/index. html. 2021 - 01 - 15.

[9] Foster C，Hallam H，Mason J. Orbit Determination and Differential - drag Control of Planet Labs Cubesat Constellations［J］. Physics，2015，1 - 13.

[10] 笑笑生 a. 鸽子（DOVE）卫星系统深度分析［N/OL］. http：//www. 360doc. com/content/18/0918/22/43885509 _ 787793213. shtml. 2021 - 01 - 15.

第 12 章　商业卫星总装、测试与试验

卫星总装、测试与试验（AIT）是指从各分系统交付总装进行验收开始至完成全部装配、测试和试验，并将合格卫星交付发射为止的全过程。

卫星总装、测试及试验是卫星研制的最后阶段，总装、测试及试验技术对保证卫星总体性能、功能及可靠性有直接、重要的影响，对卫星在轨正常运行的成败均有关键性的作用。

12.1　卫星总装

12.1.1　卫星总装目标

卫星总装的目标就是根据总体的要求，将各个分系统使用的仪器设备可靠地固定到所要求的位置，通过电缆和管路将其连接起来，形成质量特性、精度和气密性都能满足总体要求的整星，保证它们在地面阶段、发射阶段和飞行阶段等各种环境的作用下能够正常工作。

12.1.2　卫星总装内容

卫星总装包括总装设计和总装实施两部分工作。

总装设计是总体方案的一个组成部分，是总体设计中机械部分的详细设计。总装设计方案的优劣将直接影响着航天器的总体方案、研制周期、研制成本以及产品的质量。

总装实施是根据总装设计要求，由工艺人员完成工艺装备研制和工艺设计，将验收合格的所有部件、组件和仪器设备按照总装设计和工艺要求，由总装工艺技术人员和操作工人组装成卫星产品的过程。

12.1.2.1　总装设计

总装设计是根据总体、分系统、综合测试、大型试验等的需求，对总装实施过程、状态、工装需求进行策划，对与总装实施相关的分系统提出反要求，并最终落实到图纸、文件中的设计过程。主要包括：设备布局的分析确认，仪器设备的安装设计，管路的安装与焊接设计，高频电缆安装与焊接设计，舱段及大部件的安装设计，热控零部件的安装设计，所需工装的确定与设计，模拟装配的实施，结构开孔和电缆长度的确定，总装技术状态（包括装配、测量、大型试验及综合测试）的确定，总装技术流程的确定，总装直属件的设计与分析，相关技术要求的提出等工作。

总装设计时，一般步骤为：首先，明确设计的输入条件，包括结构构型图、仪器设备配套表、IDS 表、电缆连接图、质量特性要求、连接和分离要求等；其次，借助计算机

3D 模装技术，根据总体提供的卫星构型、仪器设备模型、电缆和管路连接图，进行总体参数如质量特性、安装空间、视场分析等进行计算，为热分析、力分析提供模型；最后，确定总体布局。

总装设计一般要完成以下文件的输出：图样文件有航天器总图、仪器设备安装图、低频电缆和总线安装图、高频电缆安装图、传感器安装图、管路安装图等；文字文件有总装技术状态和要求、舱段连接技术要求、精度测量技术要求、质量特性测试技术要求、密封性能测试技术要求、紧固件汇总表等。

以下分别对具体的几项设计内容进行说明。

（1）安装设计要求

总体设计时，需要根据总体布局确定安装方案，必要时根据具体情况进行调整，调整后的布局可以成为安装布局，再反馈给总体。设计时要考虑以下几方面的因素：分系统对仪器设备的要求及仪器自身的要求、力学环境条件要求、电磁兼容性要求、热环境要求、基准要求、安装精度要求、质量特性要求、操作便利性要求。

（2）电缆安装设计

电缆包括低频电缆和高频电缆，总装设计最终完成低频电缆安装图和高频电缆安装图，如图 12－1 所示，作为实施电缆安装的依据，设计时电缆需满足电磁兼容性要求；电缆走向最短，长度合理；低频电缆和高频电缆原则上独立走向，分别固定；电缆必须固定可靠，能够经受飞行各阶段力学环境的考验等原则。

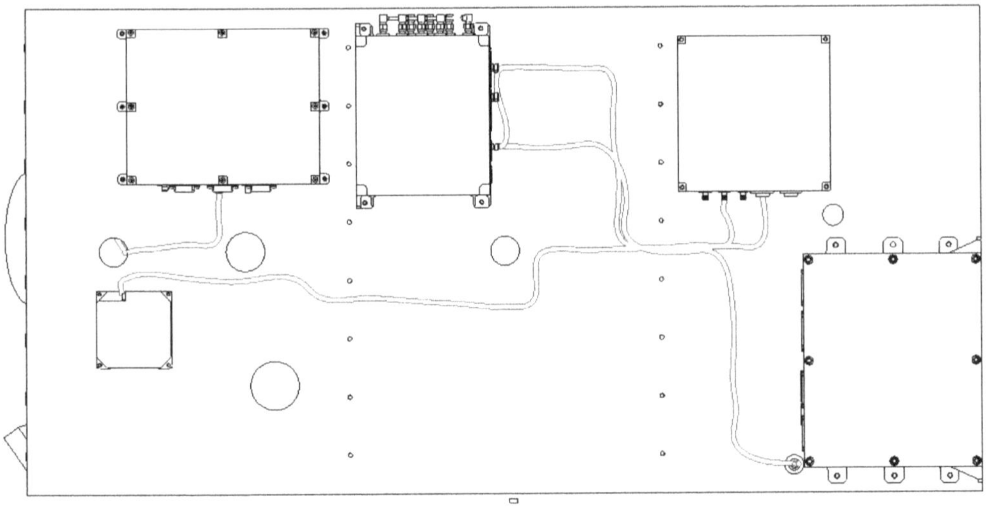

图 12－1　电缆安装图（方框表示各分系统仪器设备，灰线表示电缆）

（3）安装支架设计

在卫星的舱内和舱外安装有各分系统的仪器设备，有的安装在支架上。支架必须保证有足够的强度、刚度和精度；支架与结构的连接关系、支架与设备的连接关系必须匹配，常见的支架分为金属支架、仪器安装板和复合材料支架，如图 12－2 所示。

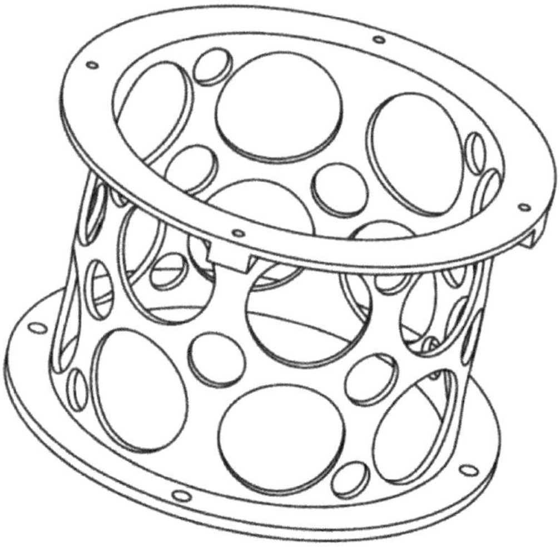

图 12-2　星上安装支架

(4) 连接和防松设计

总装与安装过程中，连接占有相当大的比例，常用的有焊接、粘接和螺纹连接。焊接主要用于管路接头连接，粘接用于非金属材料或金属材料之间的连接，大量的连接还是靠螺纹连接。

螺纹连接的缺点是在变载、振动和冲击的条件下以及在温度变化很大时可能会产生松动，因而会产生预紧力减小或丧失。总装设计时需要考虑螺纹的防松方法，螺纹的防松就是防止螺纹副向松动的方向相对转动，可以通过增加摩擦力、直接锁住和破坏螺纹副运动关系以及胶接来防松。

(5) 对接分离设计

卫星有单星发射、多星发射、搭载发射等发射方式，与运载的机、电、热对接状态要求明确。与运载适配器对接应保证象限标志一致，按相关技术要求或接口控制文件连接机械接口、电接口、火工装置等。对部分搭载发射的卫星，还需要自行设计释放分离结构，同样要明确与卫星的机、电、热接口状态。

(6) 总装检测要求

在总装设计过程中，需要根据总体提出的精度要求、密封性要求和质量特性要求，进行精度、漏率和质量特性指标分配；提出精度检测技术要求、密封性检漏技术要求、质量特性测试技术要求和总装技术要求，作为后续总装工艺实施的依据。

12.1.2.2　总装实施

总装设计图纸和总装文件是编制总装工艺的输入条件，工艺设计人员根据这些条件编制总装实施工艺。

卫星的总装工作十分复杂，当前主要是手工作业，机械化和自动化程度较低，卫星的总装涉及钳工装配和安装、电装、火工品安装、热控装配、精度测量、推进系统检漏、质量特性测试、力学环境试验、热平衡试验和热真空试验，而且总装过程一般与电测和试验穿插进行，无法完全独立分开，这就增加了总装工作的复杂性。

（1）总装工艺设计和编制

根据卫星总装的特点、研制阶段和研制单位自身的工艺条件，确定总装工艺和管理形式。总装工艺是总装实施的依据，编制时必须仔细消化总装设计文件，将设计文件中的要求通过总装工艺文件传达到每位安装执行者，具体到每一步操作，编制总装工艺流程卡，准确地表示每一步操作所需的产品、物品以及所使用的工具，每操作一步都要做好记录、检验工作。

总装工艺通常需要编制的实施文件见表 12-1。

表 12-1　工艺文件清单

序号	文件名称
1	工艺总方案
2	AIT 各阶段总装工艺
3	精度测量工艺
4	发射场总装工艺
5	热控装配工艺
6	质量特性测试工艺

总装前必须进行三方面的准备工作：一是技术文件的准备，主要是总装与安装设计图纸和相关的总装工艺文件；二是总装产品的验收与齐套；三是地面工艺装备的齐套。

（2）地面支持机械设备的设计

卫星在总装、电测和运输期间需要使用各种不同的地面机械支撑设备，主要包括停放支架、吊具、两轴转台、整星运输包装箱以及一些星上产品保护罩等，地面支持机械设备也称为“工装设备”。

1）卫星停放架，如图 12-3 所示。主要用于卫星 AIT 过程中的停放，当前的停放架一般可设计为带有轮子的停放架，可同时兼顾停放和室内转运的功能，用于在不同测试厂房和工位间转运。对于在厂所内的室外转运，一般还配置有专用的室外转运车。

2）吊具，如图 12-4 所示。用于卫星的起吊和舱段翻转。在卫星的整个 AIT 过程中，需要参与振动试验、热试验、精测以及帆板展开试验等，相应地就需要卫星与振动台、真空罐、精测转台及两轴转台进行对接，这些对接过程就需要用吊具来进行。由于吊具的可靠性直接影响到整星的安全，因而对吊具的设计要求是高可靠性并且方便拆装，对于那些焊接件的吊具，还需要进行着色探伤检查。吊具加工完成后，还应进行动静载荷试验。

3）两轴转台。用于卫星的姿态转换，一般在卫星的帆板展开、天线展开时使用。

4）包装箱，如图 12-5 所示。用于厂所外卫星的转运，由于卫星对总装环境的温湿度有较高要求，因而转运卫星的包装箱应具备密封性能、具有减振功能及压力、温度、湿

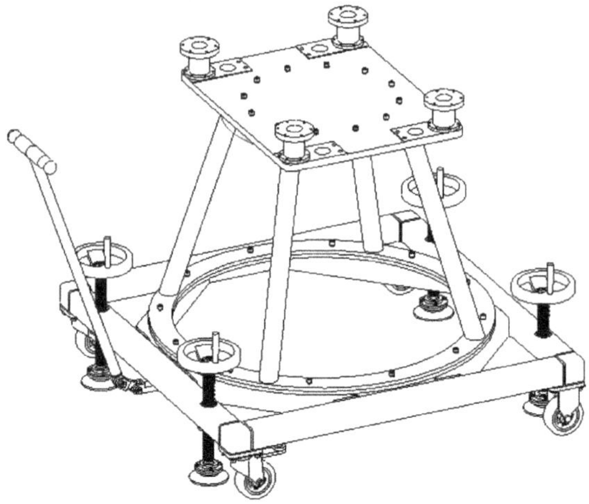

图 12-3　卫星停放架

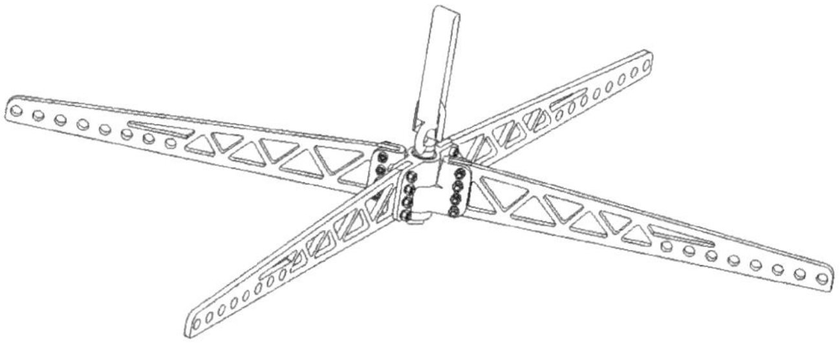

图 12-4　吊具

度控制，并能对运输过程中的温湿度数据和振动情况进行监测记录。由于包装箱的密封性能，一般也将包装箱用来进行推进系统的检漏。

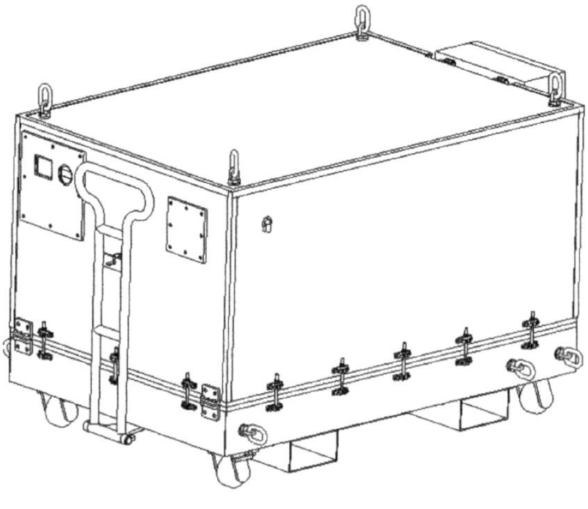

图 12-5　包装箱

5）星上产品保护罩，如图 12－6 所示。保护罩一般用于对星上易污染的光学镜头、热控涂层表面以及一些凸出天线进行保护。保护罩一般以红色作为标记，铝合金表面处理成红色，塑料类可用红色的材料加工，杆状天线等产品不易保护的，可系上醒目的红色布条。卫星进罐做热试验及发射前，所有红色的保护罩均要拆除。

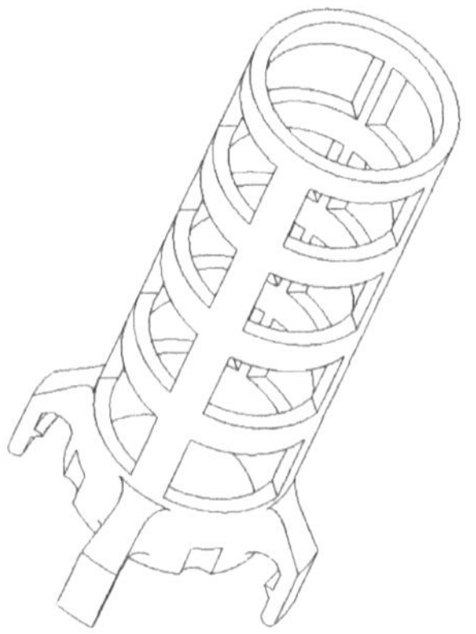

图 12－6　星上保护罩

（3）安装

总装的实施包括下列工作：产品的验收与齐套，结构件的验收与齐套，热控措施的安装与实施，电缆的安装，仪器设备的安装，整星精度的测试，单机精度的保证，测试和质量特性的测试，参加振动试验和噪声试验，进行卫星的停放、起吊、翻转、运输等操作。

①热控措施的实施

热控分系统的安装设计主要由热控分系统完成，其中仪器设备的热控涂层、安装在产品内部的热敏电阻等已随产品交付。预埋热管的安装设计则由总装设计完成。其余热控措施在总装过程中实施，如热控多层的包覆、外贴热管的安装、加热片的粘贴、温度传感器的安装等。

②仪器设备的安装

在总装过程中，仪器设备的安装工作量很大，安装前必须仔细检查仪器设备的状态，核对紧固件的品种规格和数量，清洗安装面和紧固件，紧固件的操作必须按照对偶位置依次操作，按要求力矩拧紧，有安装精度要求的仪器设备，必须在安装过程中边测边调整，仪器设备的电连接器、光学相机、敏感器等部件应装上保护罩，随时注意清除仪器设备周围的多余物。

③电缆的铺设

电缆铺设大都在仪器设备安装到位后进行，对于密集型的小卫星，部分电缆铺设需在仪器设备安装过程中进行，否则仪器设备安装完毕后，没有电缆铺设的空间，无法进行电缆的固定。电缆铺设的走向应符合图纸的设计要求，一般沿着结构的表面进行，安装时必须根据要求控制电缆与仪器设备的距离、固定间距、转弯半径等进行捆扎。电缆穿过孔洞、经过结构件或仪器设备边角、靠近高温源以及电缆捆扎的地方应注意保护，缠绕保护层以免振动时磨损。另外，高频电缆应尽量单独铺设，不能和低频电缆混合在一起，安装时同样要根据要求控制电缆与仪器设备的距离、固定间距和转弯半径。接插件连接时，应仔细核对插头和插座的代号，检查插针和插孔是否清洁、有无损坏，接插时必须到位，插接后要进行防松处理。

④展开部件和活动部件的安装

安装前检查安装部件的清洁度，表面是否有损伤、紧固件的防松程度、火工品装置的点火器外观等。安装时，要保证活动部件运动时不受阻挡，还需要对产品的电性能、火工品阻值进行检测，必要时展开组件应在发射前进行完全展开试验。

⑤精度检测

为保证星上的地球、太阳和星敏感器等姿态敏感器和推力组件，天线、各种载荷相机等设备在飞行期间能够正常工作，在地面安装时应将它们调整到必需的几何精度。

几何精度包括两方面：壳体结构精度和有精度要求的仪器设备的安装精度。总装期间要进行多次精度测量，在振动试验前后，必须进行精度测量，振前振后数据进行比较，如果变化超差，必须重新进行调整。由于出厂运输过程中可能会影响精度，所以在发射场总装时，必须进行全面的精度复测和调整，直到所有精度达到指标。

12.1.3 卫星总装流程

卫星总装的流程分为总装设计流程和总装技术流程。

总装设计时根据总体的要求、借鉴和继承其他型号成熟经验以及一些设计的相关规范和标准，通过 CAD 的模装进行卫星构型设计、仪器设备布局、安装与总装及电缆和管路的敷设设计，进行总体参数如质量特性、安装空间、视场分析等计算，并为热分析、力分析提供模型，最后确定总体布局，并通过模样、初样的研制流程，验证产品的设计方案是否满足设计要求，以便在正样设计时，修正数学模型，总装设计流程如图 12－7 所示。

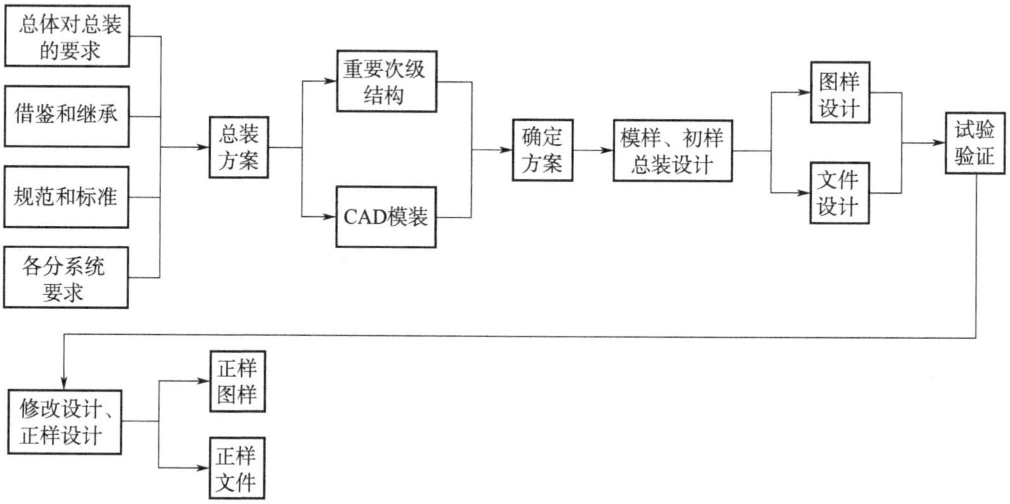

图 12－7　总装设计流程图

不同卫星型号或同一卫星型号的不同研制阶段，其技术流程内容有所不同。例如：初样阶段的结构星，其结构件为真实件，而仪器、设备可为工艺件，装配后专用做力学试验；初样阶段的电性星，其结构可为工艺件，而仪器、设备为真实件，装配后专用于进行电性能测试；初样阶段的热控星则专用做热真空试验。在正样阶段，则要求对每颗星进行全面测试，当然，其测试内容和量级又与初样星有所不同。正样星的一般总装流程如图 12-8 所示。

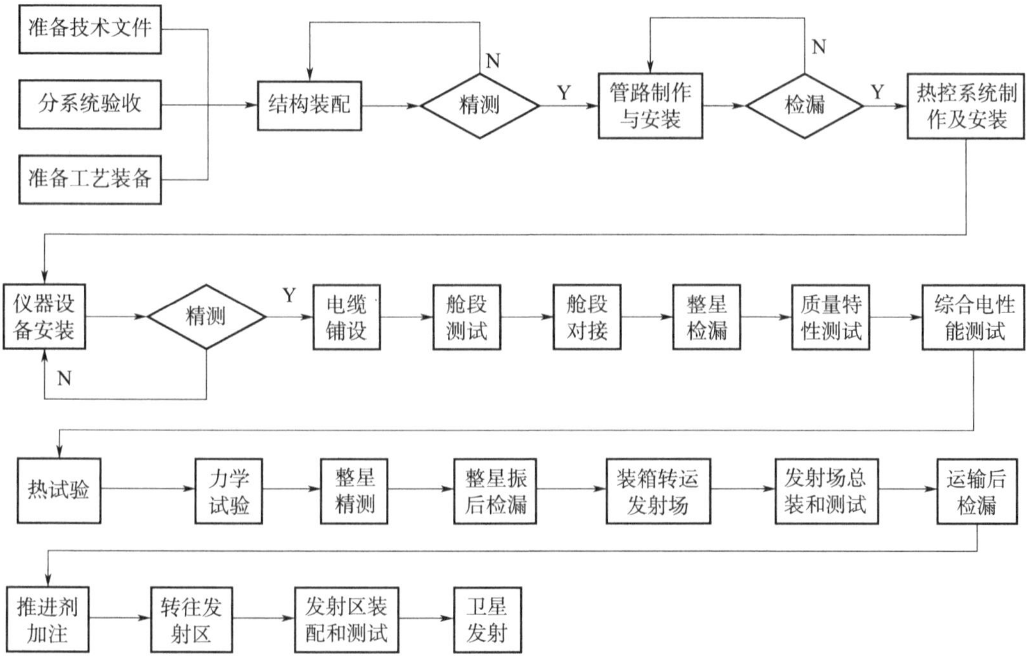

图 12-8　总装技术流程

12.1.4　总装技术的发展

当前国内的卫星总装工作多处于单星研制模式，手工装配。总装工艺人员将总体要求、热控要求、电缆网安装要求等多种输入文件进行消化、整理，编制成总装工艺文件，操作人员按照工艺文件来实施卫星总装。在卫星总装过程中，操作者主要依靠二维图纸和文字来完成卫星装配，控制装配质量。如果在设计之初，各构成元素的装配性能考虑不周，将在不同程度上影响卫星的生产周期、可靠性，增加卫星的研制成本。随着我国卫星研制任务量的快速增加，对卫星的研制效率、生产周期提出了更高的要求，因此，提高卫星总装的效率就显得很迫切。

国外卫星总装技术整体正向“数字化、自动化、集成化”的方向发展。基于三维模型的卫星总装工艺技术已有较充足的发展，结合各种专业技术，如：智能装配工艺规划、装配过程的虚拟仿真与验证、协同装配设计与产品全生命周期管理等，国外卫星总装技术已取得了长足的发展，卫星研制周期、可靠性、研制成本均有了明显改善。

美国“铱”卫星借鉴汽车和计算机工业的批生产技术进行卫星研制，采用流水线制造方式生产。基于集合各种设计信息和工艺信息的三维模型，通过卫星模块化设计，形成便于装配的“流水线”，将卫星舱段从一个工作站传输到下一个工作站总装。同时，由于在三维模型中采用了面向装配的设计（Design For Assembly，DFA）设计模式，总装现场的问题发生率明显减少，总装效率有效提升，使得卫星成本大大降低。

另外，由多国合作研发的Globalstar更是一个三维模型及各种专业技术在卫星研制生产中应用的典范。不同单位间的协同装配设计，基于三维模型的卫星总装工艺设计，装配过程的计算机模拟仿真等技术在Globalstar研制中得以应用。Globalstar是一个全球卫星通信系统，QUALCOMM（美国）、Aerospatiale（法国）、Alcatel（法国）、DASA（德国）、Hyundai（韩国）、MELCO（日本）和Alenia（意大利）均参与其中，Alenia负责所有48+8（备份星）颗卫星的AIT。Alenia确定了一种称为“技术岛”的解决方案。每个“技术岛”配有专用的地面支持设备和专用的资源，用于完成卫星某一个特定方面的AIT活动。卫星是整个AIT过程中唯一需要流动的物体，在整个“技术岛”的具体功能定义的过程中，采用了基于产品三维模型计算机模拟仿真，模拟了正常的生产流程以及故障生产流程。这种组织结构使得在每个“技术岛”仅仅需要进行同样的组装、集成和测试活动。随着操作的不断重复，工程师的技能可以得到极大的提高，从而提高整个卫星的质量和生产效率。

AIT过程中采用了“技术岛”解决途径，“技术岛”由工作站组成，每个工作站进行单一的一项AIT操作，每个“技术岛”执行一项明确的任务，彼此间可以并行工作。GlobalStar生产线中包括7个技术岛：推进系统管路焊接专区、总装专区、精测专区、电测和热循环试验专区、太阳翼试验和振动试验专区、质量特性测试专区、包装和运输专区，如图12-9所示。每个“岛”都拥有专用的测试设备，以及具有高超技术的工作人员执行每项特定的AIT操作。质量评估/生产评估员将所有“岛”进行监督，在生产期间进行高标准的质量控制。

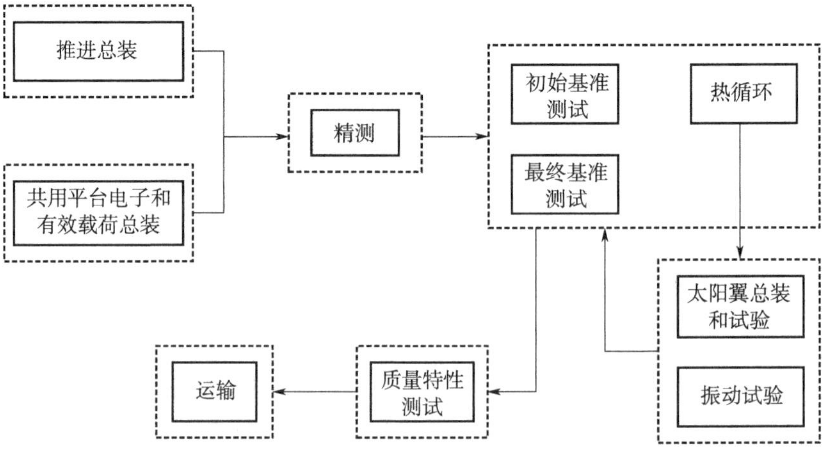

图12-9　“技术岛”组织方案和生产流程

除“技术岛”外，还建立了受控的存储区，可以向每个“技术岛”持续有效提供部件。最后，建立了一个“归零”技术岛，用于离线检查以及处理异常。这可在不影响生产效率的条件下对卫星异常进行诊断和修复。

“技术岛”布局的特点：每个岛可按资源与人力来自主确定规模；部分岛可以并行工作，缩短研制周期；每个岛都专门从事一个明确阶段的工作，有效提高了学习曲线；岛的格局具有较大灵活性，可在出现设备或产品故障时尽量减少中断时间。鲍尔宇航公司强化对研制生产基地与生产设施的系统规划设计，三个主要生产基地均按照 AIT 流程呈逆时针分布。组装厂区包括单机与分系统生产线和电子产品组装中心；集成厂区、测试厂区与组装厂区依次相连，中部为核心部组件制造厂区。通过集成设施设备、优化布局，提高了效率，减少了制造、组装、集成、测试时间。除此之外，还针对商业卫星降低任务运营期费用的需求，在卫星设计制造过程汇总基于卫星智能化的运控技术，优化在轨运营策略。卫星自身、地面控制中心、离线工具等结合使用，通过需求分析确定卫星、控制中心和离线工具的操作自动化重点，以实现低成本运营。

现代小卫星具有成本低、性能高、周期短、质量轻、体积小、安全可靠、快速灵活、生存能力强（小卫星群），可用多种方式发射等一系列优点，既能以单颗廉价快速完成各项航天任务，又能以多颗组成星座，完成大卫星较难胜任的任务。

卫星数量的大幅增加，使卫星从传统的“定制化”开始走向“工业化”大规模生产，其趋势是体积减小、质量减轻、周期缩短，使用组网能力来代替单星能力。

卫星规模化生产相应地要求总装技术应能向模块化设计、智能化生产、快速 AIT 以及优化供应链四个方面发展，如图 12-10 所示。

1）模块化设计：卫星本体主要包括卫星平台和载荷两大部分，采用模块化设计理念，可以提高分系统通用性，缩短生产时间。

2）柔性生产线、智能化设备：典型案例如 One web 与 Airbus 合作的卫星工厂，创造性地采用了自动化的生产线，并使用协作机器人、智能装备工具、大数据控制系统、AR 工具等，加速整个装配、总装、试验流程，单条生产线日产 2 颗卫星。

3）快速 AIT：总装、测试与试验（AIT）是航天器研制过程中必不可少的研制环节。美国航天器传统 AIT 流程需要半年以上，而美国“快速响应太空 ORS”办公室通过总结优化 Globalstar 和 Iridium 卫星 AIT 经验，快速 AIT 耗时缩短到 22 h。

4）优化供应链：选用商用货架（COTS）器件是商业卫星降低成本的潜在方式。Iridium 一期的 COTS 器件占比 50%以上，摩托罗拉通信卫星事业部认为，许多 COTS 器件完全能够满足任务需求，但也有一些需要额外加固、降级和筛选，而一些关键部件则需要采用高可靠器件以提高效费比。

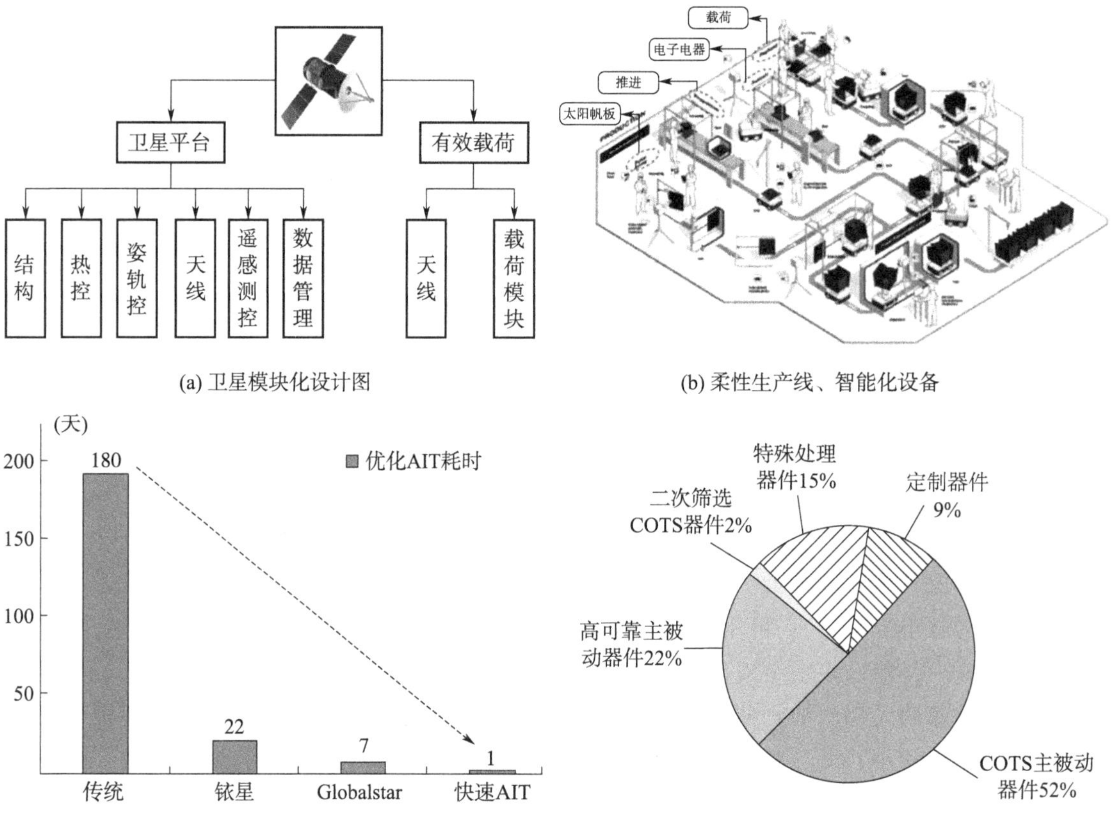

(a) 卫星模块化设计图　(b) 柔性生产线、智能化设备

(c) 卫星快速AIT　(d) 优化供应链

图 12-10　卫星规模化生产四大要素

12.2　电测试

12.2.1　电测试目的与技术流程

卫星电性能测试主要任务及试验目的如下：

1）检测参试各分系统（主要单机、模块）相互之间供配电、通信接口的匹配性和功能的协调一致性；

2）检测综合电子单机与其他分系统单机之间通信接口协议的匹配性；

3）检测遥控、遥测信息格式的正确性和合理性；

4）检测各分系统的功能和性能指标是否符合设计要求；

5）检验卫星整星电性能的稳定性；

6）检验星上软件运行的稳定性及容错性。

根据技术流程，主要分为整星电测、整星各项环模试验测试、整星老炼试验测试、发射场技术阵地电测、发射场发射阵地电测。各次电测基本次序如下：天线、电源模块、测控、星务（综合电子）、总体电路、姿轨控、热控分系统、太阳电池阵驱动；馈电、载荷；

整星入轨模拟飞行测试、整星稳态测试。本测试流程顺序可根据实际情况进行优化调整。

12.2.2　装星前电测

装星前桌面联试电测试流程如图 12－11 所示，共分为三个阶段：

1）一阶段，围绕平台舱 PCDU、应答机、平台舱计算机、载荷舱下位机开展试验；

2）二阶段，主要为包括平台舱 GNC、各类载荷测试和光纤陀螺的测试；

3）三阶段，为整星三环路控制系统测试。

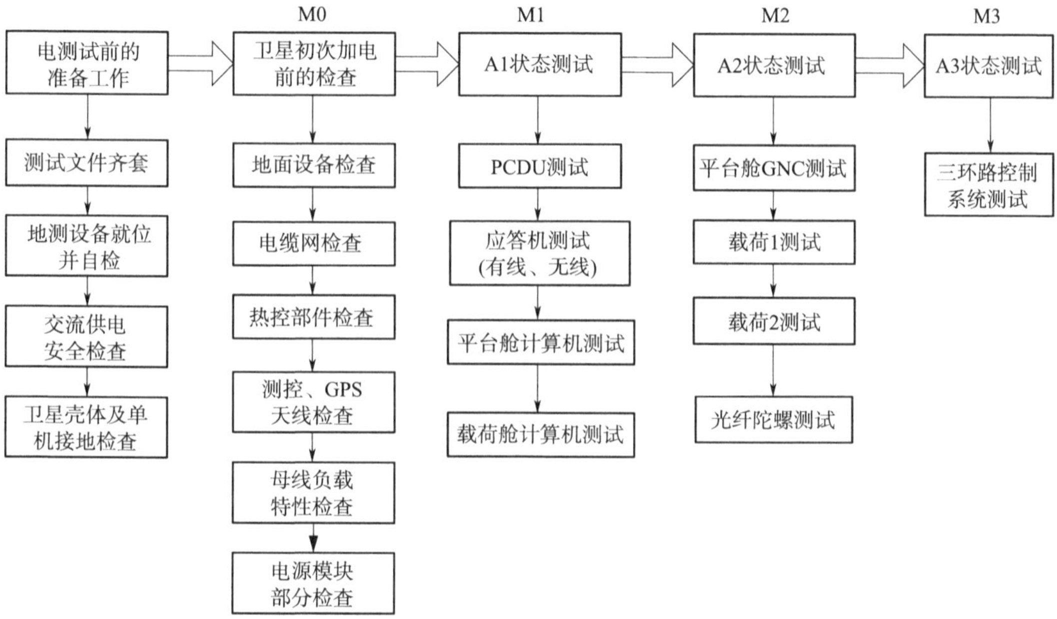

图 12－11　装星前电测试流程

12.2.3　装星后电测

12.2.3.1　电源功能测试

电源功能测试流程如图 12－12 所示。其测试目的如下：

1）验证 PCDU 内部（含总体电路电缆）接口的供电电压和极性的正确性；

2）验证 PCDU 母线输出接口和二次配电输出接口的供电电压和极性的正确性；

3）与平台舱计算机进行接口对接，验证相关单机间接口的匹配性，验证接收遥控指令、遥测采集功能；

4）验证 PCDU 的充放电功能、分流控制功能、均衡控制等功能测试；

5）验证分离自启功能的正确性；

6）验证火工品供电与驱动功能；

7）为配合其他分系统电测试做准备。

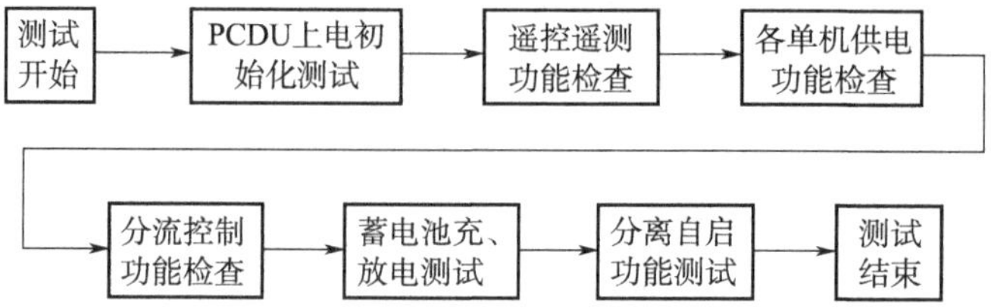

图 12-12　PCDU 测试流程图

12.2.3.2　应答机测试

测控通道测试流程如图 12-13 所示。其测试目的为：

1）完成星地遥测、遥控射频通道的建立；

2）完成星上遥测组帧、状态采集功能验证；

3）完成星上遥控指令接收、解析和执行功能的验证。

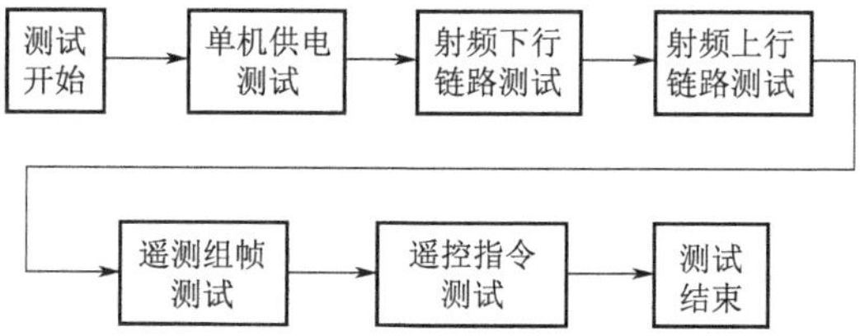

图 12-13　测控通道测试流程图

12.2.3.3　平台舱计算机功能测试

如图 12-14 为平台舱综合电子测试流程，其测试目的为：

1）检验平台舱综合电子功能性能指标是否符合设计要求；

2）检验平台舱综合电子与其他分系统接口的正确性和匹配性；

3）检验平台舱综合电子遥测遥控、程控功能、时间及同步、总线功能、GPS 功能、在轨编程、固存和 AOS、能源应急及恢复、姿轨控和推进等功能的正确性。

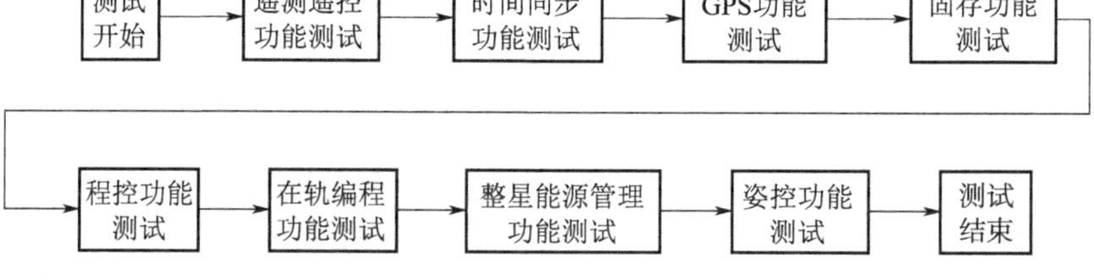

图 12-14　平台舱综合电子测试流程图

12.2.3.4　载荷舱下位机功能测试

如图 12-15 为载荷舱综合电子测试流程，其测试目的为：

1）检验载荷舱下位机功能性能指标是否符合设计要求；

2）检验载荷舱下位机与其他分系统接口的正确性和匹配性；

3）检验载荷舱下位机各模块功能的正确性。

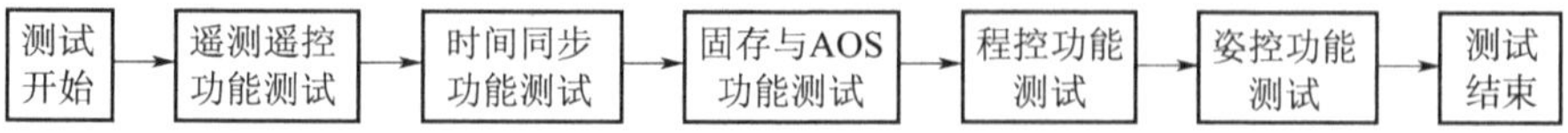

图 12－15　载荷舱综合电子测试流程图

12.2.3.5　热控功能测试

如图 12－16 为热控测试流程，其测试目的如下：

1）测试热控输入输出的电特性；

2）测试地面遥控控制加热器的电性能的正确性；

3）测试遥控指令对控制的有效性；

4）测试对相应控制点进行自动控温的有效性；

5）系统功耗统计。

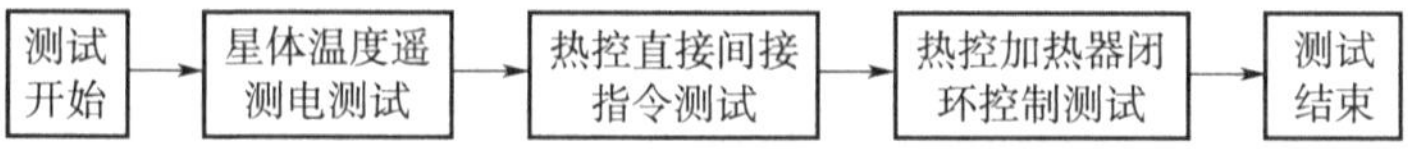

图 12－16　热控测试流程

12.2.3.6　平台舱 GNC 功能测试

如图 12－17 平台舱 GNC 测试流程，其测试目的如下：

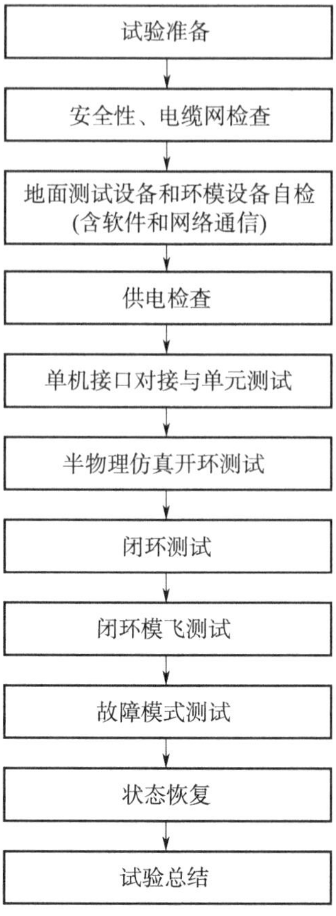

图 12－17　平台舱 GNC 测试流程图

1）检验卫星星载GNC系统方案设计、姿轨控系统软件实现、姿轨控系统单机产品在整星环境下的工作状态、功能和性能；

2）测试卫星GNC系统总体电路、电源、计算机子系统等其他系统的电接口匹配性和协调性；

3）考核GNC系统在整星状态下的电磁兼容性，并检测其功能和性能是否正常。

12.2.3.7 导航增强载荷测试

如图12-18为导航增强载荷测试流程，其测试目的为：

1）测试导航增强载荷与综合电子接口的正确性；

2）测试导航增强载荷遥测遥控功能是否正常；

3）测试导航增强载荷工作模式的正确性。

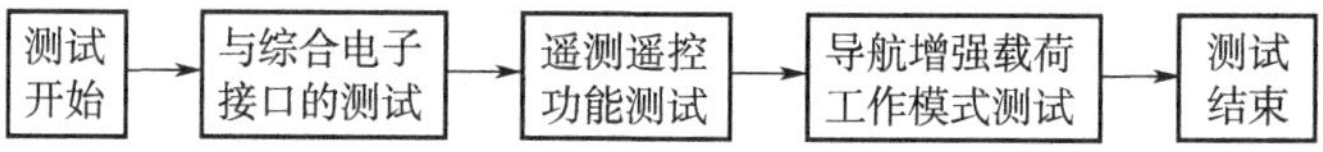

图12-18 导航增强载荷测试流程图

12.2.3.8 光学载荷测试

地面综测提供整星平台测试环境，配合光学载荷模拟源完成光学成像载荷测试。

12.2.3.9 整星模飞测试

整星模飞模拟卫星主动段和在轨运行状态下卫星功能的正确性和各系统工作的匹配性。整星模飞测试按照轨道高度设计每轨具体时间，按照阴影、光照设置光照阴影循环。

在整星模飞中进行起飞前状态设置，主要包括起飞前按卫星各分系统要求进行状态设置和确认。通过该测试，可以确认起飞前状态设置流程的正确性，实现各分系统设计师和电装人员提前熟悉在发射场的相关测试及星上操作的目的。

卫星按起飞前状态设置完成后，由指挥岗和姿轨控岗完成同步模飞，姿轨控分系统进入初始姿态建立过程，当姿轨控分系统稳定对日定向，建立稳态标志后，设置电源分系统按第一条曲线进行光照阴影充放电循环。

卫星进入稳态模式后，按照整星模飞测试流程注入数传、通信、光学成像和图像处理作业表，注入姿轨控对日或对地指令，在主份模飞中，完成整星所有在轨工作模式以及姿轨控分系统主份状态下的对日或对地的覆盖。

全主状态模飞结束后，进行整星切备份操作。综合电子分系统、电源分系统、USB应答机切换为备份状态后，进行卫星全备状态模飞测试。

在轨主份状态切换至备份状态后，按照整星模飞测试流程注入数传、通信、光学成像和图像处理程控作业表，注入姿轨控对日或对地指令，在备份模飞中，完成整星所有在轨工作模式以及姿轨控分系统备份状态下的对地或对日定向的覆盖。

全备状态模飞结束后进行整星切主份操作。各分系统恢复状态，卫星断电，整星模飞测试结束。

12.2.4　测运控对接试验

测控对接试验内容包括：检验星地射频接口技术状态的正确性、匹配性；检验遥测参数接收、解调及处理的正确性，并测量下行遥测误码率；检验遥控指令及注数发送、接收的正确性；检验星地校时功能的正确性等。

测控对接试验内容如下：

1）上、下行射频信号捕获；

2）遥控直接指令、遥控注数测试（含误指令测试）；

3）遥测处理测试（含误码测试）；

4）应答机距离零值、测距功能的测量。

测控对接试验设备配套如下：

测控对接试验需要使用 1 台测控基带设备（含 1 个测控上变频单元，1 个测控下变频单元），1 台频谱仪，1 套射频附件，1 套射频电缆，1 套测控地面收发天线。另外，需配置发令终端 1 台，监控终端 1 台等。

与运控系统对接时，卫星方相关单机（数传发射机、综合电子计算机、数传天线）与运控方地面系统进行对接。

运控系统对接试验内容如下：

1）数传链路对接；

2）数传信号捕获和指标测试；

3）数传误码测试；

4）数传工作模式测试：实时、回放、记录以及各模式的组合状态。

参试的单机包括综合电子计算机、数传模块、数传发射天线、星上射频电缆、PCDU、直流稳压电源等。

运控系统对接试验设备配套如下：

对接试验需要使用 1 台数传基带设备（含下变频单元），1 个地面接收天线，1 台频谱仪，1 套数传服务器，1 套射频附件，另外需配置发令终端 1 台，监控终端 1 台等。

12.3　电磁兼容试验

12.3.1　EMI 试验

EMI 作为电磁骚扰度测试，应能完成对被试品进行传导和辐射发射电平的测量，包括 CE 和 RE 测试项目。为了按 GJB 151B－2013 要求完成测试，各试验项的功能设计如下。

CE101 试验用来测试 25 Hz～10 kHz 电源线的传导发射，它适用于通信电子设备输入电源线（包括回线）的传导发射。

CE102 试验用来测试 10 kHz～100 MHz 的电源线的传导发射，它适用于所有的电源导线（包括回线，但不包括供电电压为 28 V，115 V，220 V，380 V 和 440 V 的通信电子设备电源的输出端导线）。

CE106 试验用来测量被试品（EUT）天线端子的传导发射，适用于 10 kHz～40 GHz 的发射机和接收机的天线端子，不适用于不能拆卸的固定天线的设备。CE106 对受试发射机（发射状态）必要的带宽内或其基频±5%范围内不适用。试验上线频率为 40 GHz，或被试品最高工作频率的 20 倍，取较小者。对于使用波导的设备，当频率低于波导截止频率的 0.8 倍时，本要求不适用。对于带工作天线的受试发射机，可以使用 RE103 来代替 CE106。

CE107 试验用于通信电子设备电源线可能产生尖峰信号的设备和分系统，测量的结果是被试品（EUT）电源线产生的尖峰信号时域内的幅度。

RE101 试验用来检验来自被试品及有关电线、电缆的磁场发射是否超过要求，适用于设备和分系统壳体和所有互联电缆的辐射发射。

RE102 试验用来测试 10 kHz～40 GHz 的通信电子设备及其电源线和电缆的电场辐射发射，该项目不适用于发射机的基频或天线的辐射。

12.3.2 EMS 试验

EMS 作为电磁抗扰度测试，应能完成对被试品传导和辐射敏感度的测试，包括 CS 和 RS 测试项目。具体试验项目的功能如下。

CS101 试验用来检验通信电子设备承受耦合到输入电源线上的信号的能力，适用于设备和分系统的交流和直流输入电源线，不包括回线。如果被试品（EUT）是以直流电源工作的，本项目适用于 25 Hz～150 kHz。如果被试品（EUT）是以交流电源工作的，本要求适用于从被试品（EUT）电源频率二次谐波开始至 150 kHz。

CS106 试验在设备、分系统所有不接地的交流和直流输入电源线上测试设备、分系统对电源线上注入的尖峰信号的敏感度。本要求适用于所有被试品（EUT）的电源线。

CS112 试验适用于可能工作在容易产生人体静电放电的环境中（例如沙漠，装有空调的房间，使用人造纤维、塑料的环境等）并与人体可能接触的设备和分系统。

CS114 试验用来检验当有射频信号耦合进通信电子设备的电源线及有关电缆上时，被试品（EUT）承受耦合射频信号的能力。在 GJB 151B—2013 所要求的频率内，该试验适用于设备或者分系统的所有互连电缆，包括电源电缆。

CS115 试验用来检验通信电子设备承受耦合到与其有关电缆上的脉冲信号的能力，本项目适用于所有飞机和空间系统的所有互联电缆（包括电源线）。

CS116 试验用来检验通信电子设备承受耦合到与其有关的电缆和电源线上的阻尼正弦瞬变信号的能力，适用于包括电源电缆和单根电源导线在内的所有互联电缆，但无须单独对电源回线试验。

RS101 试验用来检验通信电子设备承受频率为 25 Hz～100 kHz 的磁场辐射的能力，

该试验适用于设备和分系统壳体及所有互连电缆，但不适用于被试品（EUT）的天线。

RS103 试验用来检验当通信电子设备和有关电缆承受辐射电场的能力。在 GJB 151B—2013 所要求的频率内，根据预定安装的不同，本项目适用于设备或者分系统的所有互连电缆。

12.3.3　系统级试验

（1）系统自兼容试验

卫星的系统自兼容试验，从本质上讲属于系统内各个分系统和设备的相互干扰检查试验。该试验项目不需要使用检查仪器，是 EMC 试验人员根据被试系统的电磁兼容性设计要求进行系统内各个分系统和设备相互干扰的检查试验。

（2）系统电源母线扫频传导发射试验

系统电源母线扫频传导发射试验获取卫星电源母线扫频传导测量数据，从而分析卫星各分系统间的传导电磁兼容特性。在卫星开舱板状态时进行试验，试验方法参考 CE101 规定。

如图 12－19 和图 12－20 分别为试验布置的校准框图和测试框图。表 12－2 列出了主要设备列表。

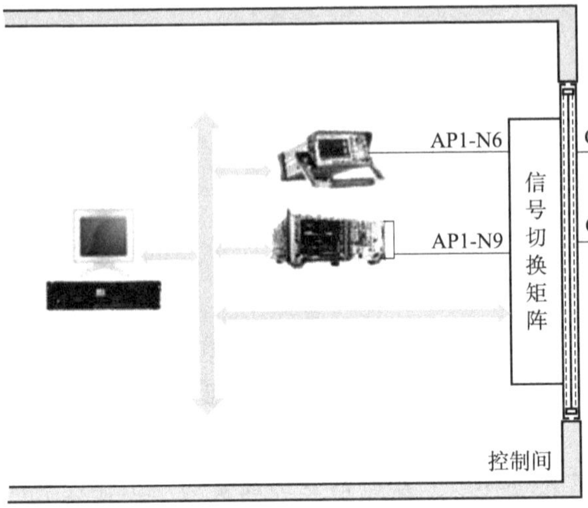

图 12－19　校准框图

（3）卫星系统与运载火箭、发射场之间的辐射兼容性试验

1）试验目的：获取卫星系统在临射前与主动段的辐射兼容性接口数据，分析是否能与运载火箭、发射场电磁环境兼容。试验可参考 RE102 和 RS103 配置。

2）试验方法：确定系统内的干扰源和敏感设备。将 SUT 内电子设备或分系统按干扰源和敏感设备进行分类，干扰源包含发射机、电源变换器、时钟振荡器电路和微处理器的设备、控制电机和大功率设备等，敏感设备包含各类接收机、微处理器以及控制电路设备等。

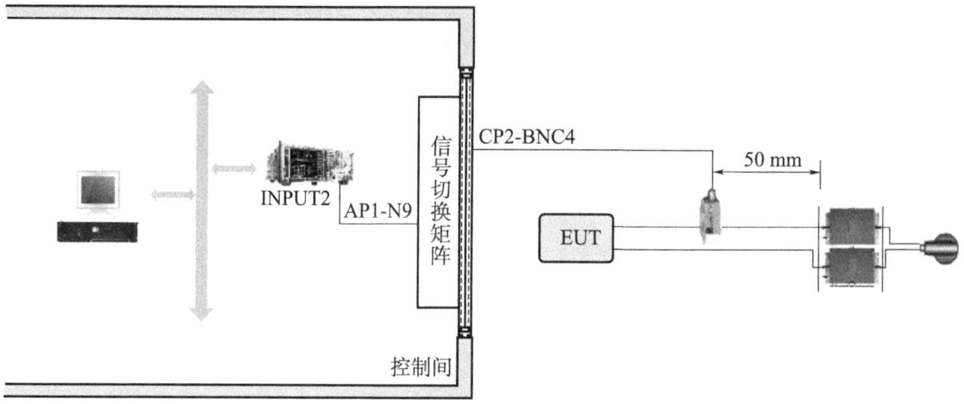

图 12－20　测试框图

表 12－2　试验设备列表

序号	设备名称	指标	数量
1	接收机	频率范围:1 Hz～44 GHz 内置预放:150 kHz～44 GHz,30 dB TOI 三阶交调截止点: 输入频率＜8 GHz,输入功率＞17 dBm 相位噪声:＜－134 dBc @10 kHz 频偏, f =1 GHz 显示平均噪声电平(预选器,预放打开,保证值):＜－155 dBm @9 kHz＜ f ＜40 GHz	1
2	电流探头	频率范围:10 Hz ～500 kHz 电流:400 A 内径:32 mm	1

列出系统内相互干扰试验矩阵。既可作为干扰源又可作为敏感设备的电子设备，应分别作为干扰源和敏感设备列入矩阵表，并且相互干扰试验矩阵表包含干扰源和敏感设备不同的工作模式。

对于组成设备可人为控制单独加电的 SUT，系统内全部设备加电工作，干扰源工作在最大发射状态，敏感设备工作在最灵敏或最易敏感的状态。将干扰源 1 至干扰源 $n-1$ 稳定在工况 1 状态，然后遍历干扰源 n 的所有工况组合，依次检查各工况组合下，敏感设备的不同工作模式和相关参数，观察 SUT 中的电子设备或分系统是否能够兼容的工作。

将干扰源 $n-1$ 的工况变为 2，其余状态不变，然后遍历干扰源 n 的所有工况组合，依次检查各工况组合下，敏感设备的不同工作模式和相关参数，观察 SUT 中的电子设备或分系统是否能够兼容的工作，并以此类推，直到干扰源 $n-1$ 的工况 n 测试完毕。

将干扰源 $n-2$ 的工况变为 2，其余状态不变，然后遍历干扰源 $n-1$ 和干扰源 n 的所有工况组合，依次检查各工况组合下，敏感设备的不同工作模式和相关参数，观察 SUT 中的电子设备或分系统是否能够兼容的工作，并以此类推，直到遍历完所有干扰源的所有工况组合为止。

对于组成设备需程序控制加电的 SUT，由程序控制各电子设备或分系统加电运行，同样按照上面的步骤测试，观察 SUT 中的电子设备或分系统是否能够兼容的工作。

若出现敏感现象，按照相互干扰试验矩阵表，需进行一个干扰源对多个敏感设备、多个干扰源对一个敏感设备、多个干扰源对多个敏感设备的相互干扰试验，通过分析检查，确定造成敏感的干扰源和受干扰的敏感设备。记录试验中出现敏感现象的设备工作模式、工作状态等。

3）试验布置（见图 12－21～图 12－26）。

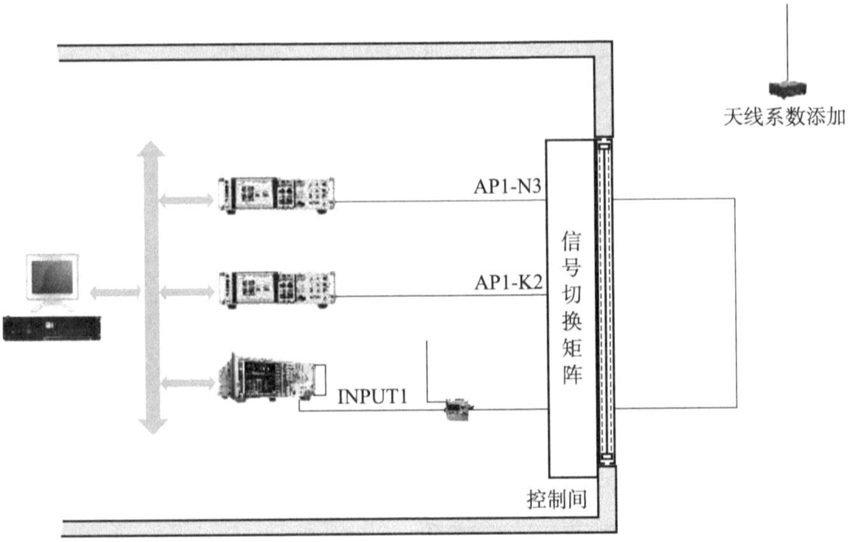

图 12－21　校准框图

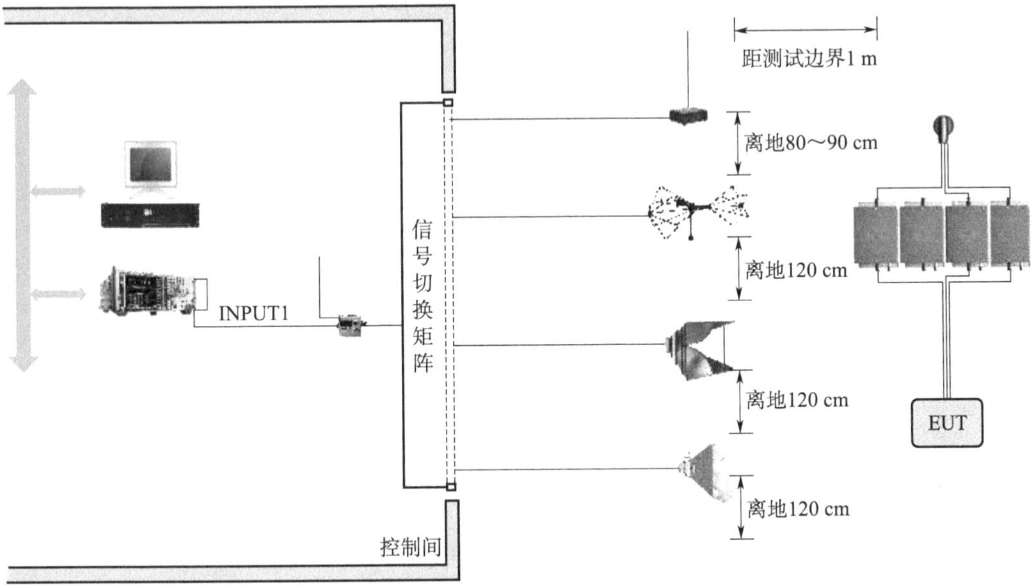

图 12－22　测试框图

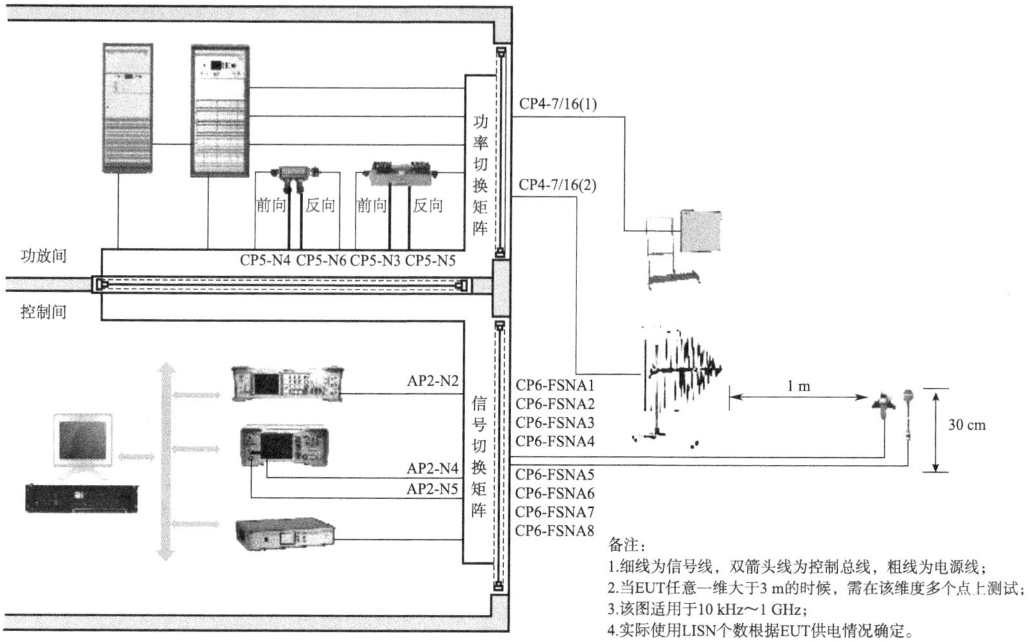

图 12-23　RS103 校准框图（1 G 以下）

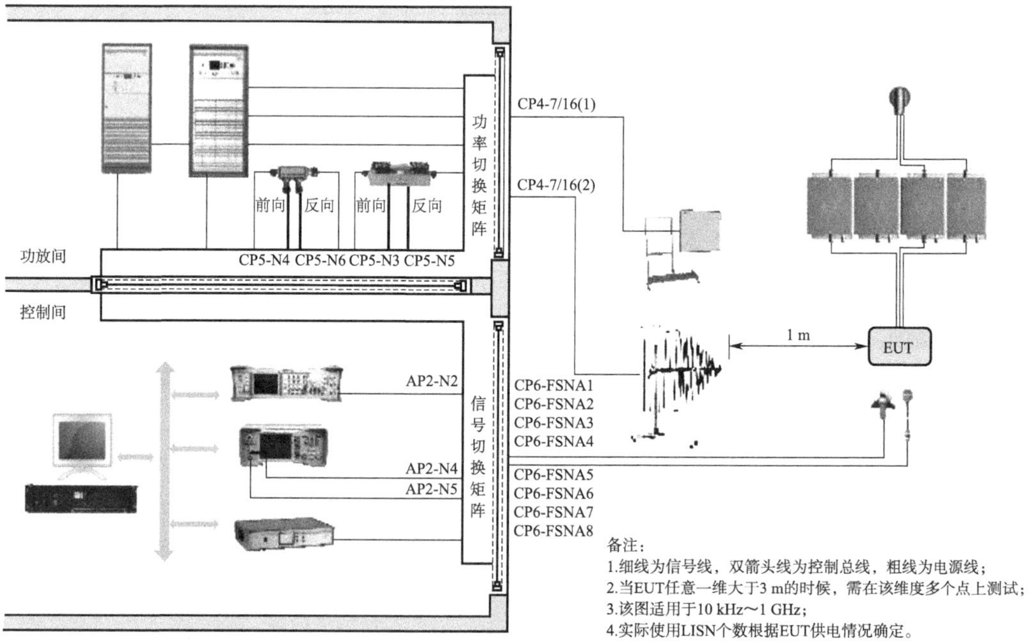

图 12-24　RS103 测试框图（1 G 以下）

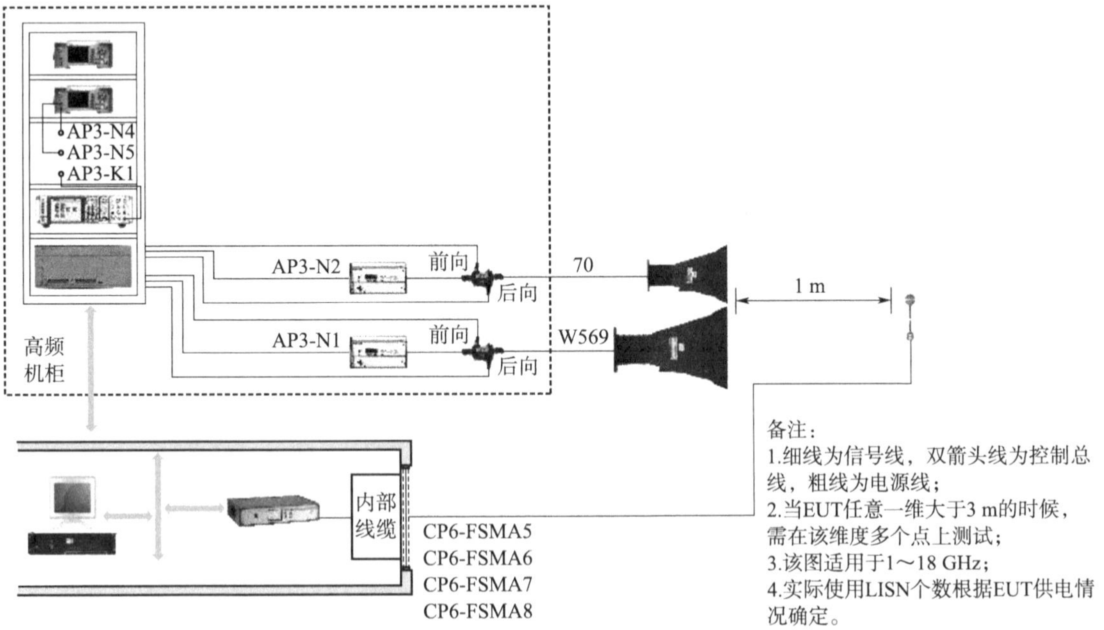

图 12-25　RS103 校准框图（1 G 以上）

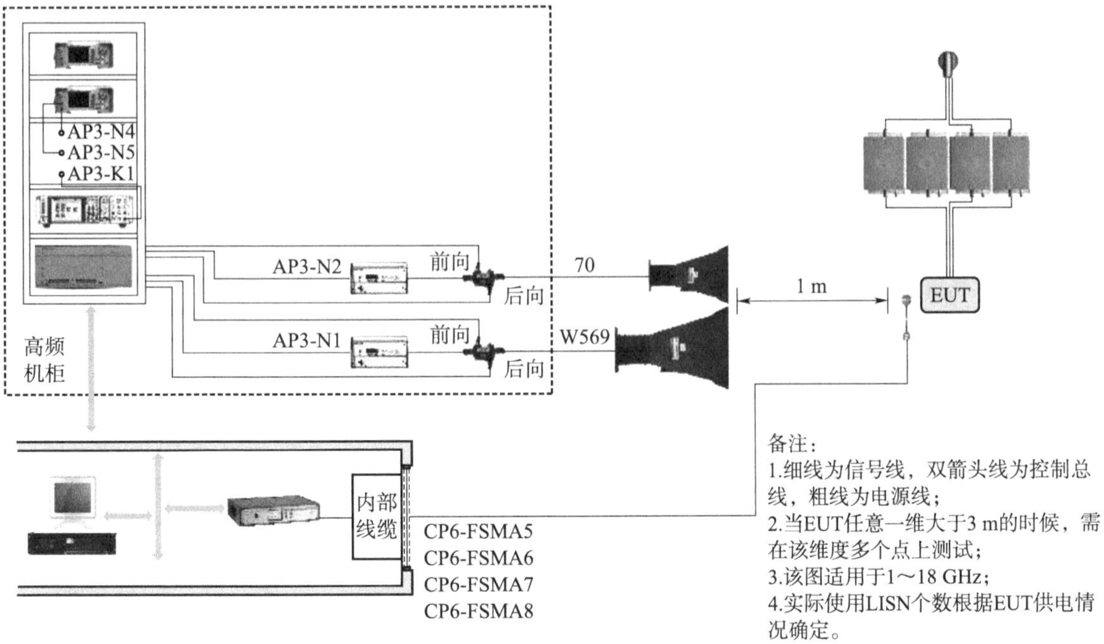

图 12-26　RS103 测试框图（1 G 以上）

表 12-3 给出了主要设备列表。

表 12-3　试验设备列表

序号	设备名称	指标	数量
1	接收机	频率范围:1 Hz～44 GHz 内置预放:150 kHz～44 GHz,30　dB TOI 三阶交调截止点: 8 GHz ≤输入信号频率 ≤ 13.6 GHz 时:输入功率＞ 8 dBm，典型值 11 dBm 13.6 GHz ≤输入信号频率≤ 40 GHz 时:输入功率＞ 10 dBm，典型值 15 dBm 相位噪声:＜－134dBc @10 kHz 频偏，f =1 GHz 显示平均噪声电平 (预选器,预放打开,保证值):＜－155 dBm @9 kHz＜ f ＜40 GHz	1
2	LISN	频率范围:150 kHz～100 MHz 连续电流:70 A 最大电压 DC:250 V 最大电压 AC:250 V 阻抗:50 μH ＋ 5 Ohm ‖ 50 Ohm	4
3	低噪声放大器 A	频率范围:10 kHz～1 GHz 噪声系数:1.5dB 增益:40dB 增益平坦度:≤±1dB	1
4	低噪声放大器 B	频率范围:1 GHz～18 GHz 噪声系数:2.5 dB 典型增益:40 dB	1
5	低噪声放大器 C	信号调节单元 18～26.5 GHz，47 dB 增益，带功放切换器	1
6	低噪声放大器 D	信号调节单元 26～40 GHz，47 dB 增益，带功放切换器，典型增益:47dB	1
7	有源棒状天线	接收天线 8 kHz～30 MHz	1
8	双锥天线	接收天线 20 MHz～300 MHz	1
9	双脊喇叭天线	接收天线 200 MHz～2 GHz	1
10	宽带喇叭天线	接收天线 1 GHz～18 GHz	1
11	喇叭天线	18～26.5 GHz 20 dBi	1
12	喇叭天线	26.5～40 GHz 20 dBi	1
13	通道切换器	N/A	1
14	射频线	N/A	1
15	信号源	信号发生器：8 kHz～1 GHz	1
16	通道切换器	OSP 模块：6 x SPDT，DC 18 GHz	1
17	功率传感器	一般传感器；8 kHz～6 GHz；100 pW～200 mW；N(m)	2
18	测试基本单元	7 槽测量平台基本单元	1

续表

序号	设备名称	指标	数量
19	光纤、探头卡	20M 配套元件，探头＋卡片＋20M 光纤	1
20	探头支架	探头支架，高度：2 438 mm (96 in)	1
21	功率放大器	固态功放，9 kHz～250 MHz，1 dB 压缩点功率 3 000 W	1
22	功率放大器	固态功放，80 MHz ～1 GHz，1 dB 压缩点功率 1 000 W	1
23	功放切换器	Power Switch Unit	1
24	天线	10K100M TX LINE，功率：3 000 W，CW，10 kHz～100 MHz.7/16，Type(F)	1
25	天线	50:200 Ohm，20～200 MHz，4 kW，7/16－f	1
26	信号源	频率范围：100 kHz～40 GHz	1
27	通道切换器 (40GHz)	OSP 开关与控制单元，2x SP6T，2.92mm (f)，DC 40 GHz	1
28	功率计 2 通道	功率计，2 测试通道(SL)	1
29	传感器	宽带功率传感器，50 MHz～40 GHz；1 nW～100 mW；30 MHz VBW	2
30	场强探头	探头控制插件卡	1
31	场强探头	10 MHz～40 GHz，2～800 V/m	1
32	功率放大器	0.7 G～6 G，200 W	1
33	天线	800 MHz～6.2 GHz.800 W	1
34	天线	6～18 GHz，增益 20～23 dBi VSWR：一般＝<1.6：1	1
35	射频线	射频电缆组	1
36	天线	18～26.5 GHz 20 dBi	1
37	天线	26.5～40 GHz 20 dBi	1

12.4　力学试验

12.4.1　振动试验

振动试验包括正弦振动试验和随机振动试验。正弦振动试验是指试验时输入的载荷以正弦函数方式随时间变化，考核卫星及其部组件耐受低频振动环境的能力；随机振动试验是指试验时输入的载荷以随机函数的方式随时间变化，考核卫星及其部组件在宽带随机振动环境下的可靠性。

12.4.1.1　试验目的

振动试验的目的如下：

1）在方案研制阶段，用于验证产品对振动条件的适应性，为初样设计提供依据，验证和修正分析的数学模型，另外，还可通过试验中所测定部位的振动响应，为修改或制定部件级振动试验条件提供依据；

2）在初样研制阶段，用于验证产品设计的合理性和确定产品的实际设计余量，考核卫星结构或机构承受鉴定级振动环境条件的能力，也就是对振动强度进行鉴定，为初样设计修改和正样设计提供依据。另外，还可对部分组件级（如推进系统的管路等）无法进行试验的部件进行考核，获取卫星上各部位的响应参数，以确定和修正正样部件级的振动试验；

3）在正样研制阶段，振动试验主要用于暴露产品在材料工艺等制造上可能存在的问题以及正样星在整星振动试验条件下的协调性和匹配性。

12.4.1.2 试验条件的制定

试验条件的制定是建立在力学环境预示的基础上。力学环境的预示过程是已知输入（激励）和系统特性（频响函数），求输出（响应）的过程。常用的方法有经验法（类比法）和解析法，或者把这两种方法结合起来。

经验法就是利用已有的或相似的卫星运行时的遥测数据及动力响应数据，加上地面试验数据，建立数据库。在数据足够时，最高预示环境可以通过参数统计法得到。但必须检验数据是否很好地符合所假设的统计分布。数据采样少于 3 个时，振动环境预示至少应加上 3 dB 的余量。

美国 NASA 在 20 世纪 80 年代建立的卫星有效载荷预示数据库及预示系统，名为“振动、声学有效载荷环境预示系统”。该系统使用的是一种扩展了的外推法，在高频区采用统计能量法来进行预示，而在低频区则根据相似组件上测得响应，采用换算的方法得到新组件上的响应。即将老组件响应乘上一些考虑质量密度、质量载荷、阻尼、激励的修正系数。实际上，卫星的动力学环境预示大多数是依据此经验法确定的。

解析法一般用有限元法，对卫星结构建立数学模型，对星箭做动力学耦合分析。在已知外激励参数和结构数学模型的基础上，通过计算，预示卫星及其组件的动态响应；通常只有在 0～50 Hz 范围内比较准确，对于高阶误差较大。因此，要通过模态试验对实物结构进行模态参数辨识（固有频率、模态阻尼和振型等），以验证和修正数学模型。

统计能量法主要用于估计结构在经受高频带声振环境时的随机振动响应。它不要求准确知道结构各阶频率的动力特性，而是将卫星结构分成许多包含多个共振频率的分系统，应用能量流的概念，求出感兴趣的各个频率互相耦合的分系统之间的能量传递，从而计算出各分系统的平均响应。

振动试验种类分为正弦扫频振动、随机振动、定频振动。试验量级以加速度、功率谱密度和频率的关系来表示。鉴定试验量级等于最高预示环境加上环境设计余量（一般取 1.5～2 倍），验收试验量级等于最高预示环境。研制阶段初样产品的里量级不低于鉴定级。正弦振动以扫描频率表示，一般为 1～4oct/min（oct 为倍频程）。随机振动鉴定试验时间至少等于最高预示持续时间的 2 倍，但不能少于 2 min。试验工况（加载方向）一般要在三个相互垂直轴的方向分别加载，其中一个轴要和运载推力方向重合。试验允差是指频率、加速度和功率谱密度的允差。

12.4.1.3 试验条件的修正

由于规定的正弦振动试验条件不是卫星所经受的实际环境条件，而是对各种载荷（低频瞬态载荷等）最大值的直线包络。但实际卫星所经受的载荷条件只是在某些频段量级较高，在其他频段相对较低。因此，为了避免由于不实际的试验条件使得卫星主结构和结构大部件响应过大，造成结构和所安装设备受损，需要在试验条件的某些频段（主要为卫星的一阶共振频段附近）上降低量级，这种方法成为下凹或带谷修正。

试验条件的下凹程度不是随意制定的，应该通过卫星/运载火箭的耦合动力分析，以确定在不同频段范围内卫星实际的载荷大小。确定下凹量级及其频段范围的原则是：使得试验中结构所受载荷基本上稍高于卫星/运载火箭耦合动力分析的结果。

振动台上对卫星以运动参数作为输入控制参数进行扫描振动，表明了试验件（卫星）的阻抗为零，而与其连接的基础（振动台运动部分）的阻抗为无穷大，这样试件的运动不会对基础产生反作用。这显然与火箭在动力飞行的实际状态不符合。实际上卫星作为火箭的有效载荷，在主动段飞行时与卫星相连接的火箭仪器舱是有阻抗的，在共振时，卫星会对火箭仪器舱产生反作用（反共振），即火箭仪器舱与卫星运动的反相位导致火箭仪器舱的振动幅值在共振频率处是处于低凹的带谷状态。而以振动台台面为振动输入控制的输入谱是平直的，从而导致了在共振频率处使卫星处于过试验状态。

下面以 F 作用下的二自由度系统为例进行说明。图 12 - 27 为 F 作用下的二自由度系统示意图。

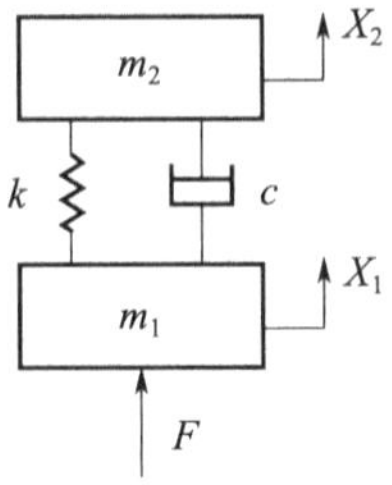

图 12 - 27　F 作用下的二自由度系统

图中，m_1 为运载火箭仪器舱质量（或振动台运动部件），m_2 为卫星质量，F 为激励力，取 $F=(m_1+m_2)a\sin\omega t$ 。

设图中 m_1 与 m_2 为刚性连接，该力在系统上产生的加速度为 1.0g ，则系统方程为

$$
\begin{aligned}
m_1\ddot{X}_1-c(\dot{X}_2-\dot{X}_1)-k(X_2-X_1)&=(m_1+m_2)\sin\omega t\\
m_2\ddot{X}_2+c(\dot{X}_2-\dot{X}_1)+k(X_2-X_1)&=0
\end{aligned}
\tag{12-1}
$$

上述两式联立解得

$$
\begin{aligned}
\ddot{X}_1&=\frac{F}{m_1}(1-\frac{\mu\omega\omega_2}{Q}B+\mu\omega_2^2A)\sin\omega t+\frac{F}{m_1}(\frac{\mu\omega\omega_2}{Q}A+\mu\omega_2^2B)\cos\omega t\\
\ddot{X}_2&=\frac{F}{m_2}(\frac{\omega\omega_2}{Q}B-\omega_2^2A)\sin\omega t-\frac{F}{m_1}(\frac{\omega\omega_2}{Q}A+\omega_2^2B)\cos\omega t
\end{aligned}
\tag{12-2}
$$

其中

$$A = \frac{\omega_2^2(1+\omega)-\omega_2}{[\omega_2^2(1+\mu)-\omega^2]^2+\frac{\omega^2\omega_2^2}{Q}(1+\mu)^2}$$

$$B = \frac{\frac{\omega\omega_2}{Q}(1+\mu)}{[\omega_2^2(1+\mu)-\omega^2]^2+\frac{\omega^2\omega_2^2}{Q}(1+\mu)^2} \tag{12-3}$$

$$\omega_2 = \sqrt{\frac{k}{m_2}}$$

$$\mu = \frac{m_2}{m_1}$$

式中　ω ——扰动频率；

Q ——单位长度压紧载荷。

由上可知：

1）当 $\omega < \omega_2$ 时，则：$\ddot{X}_1 = \ddot{X}_2 \approx 1.0g$ ；

2）当 $\omega = \omega_2$ 时，则

$$\ddot{X}_1 << 1.0g$$

$$\ddot{X}_2 = (1+\mu)\ [(1+\mu+Q^2\mu)^2+Q]^{\frac{1}{2}} / [\mu^2Q^2+(1+\mu)^2] \tag{12-4}$$

若取 $Q=10$、$\mu=1$ 时，分析上式可看出：

1）当 $\omega<\omega_2$ 时，m_1、m_2 的加速度近似 $1.0g$ ，即 m_1 与 m_2 的组合体呈刚体。随着 ω_2 增大，X_2 增大，而 X_1 减小；

2）当 $\omega=\omega_2$ 时，X_1 是谷，即出现反共振点。这是由 m_2 在 ω_2 处共振产生的对基础（m_1）反共振的结果。

近年来，随着星箭振动载荷耦合分析技术及振动响应控制技术的问世与发展，在进行卫星正弦振动试验时，采用了带谷响应控制试验方法，以克服用振动台台面或夹具作振动控制的过应力的缺陷。

12.4.1.4　振动试验方法

（1）正弦扫频带谷振动试验

正弦振动是指振动加速度（速度或位移）呈周期性的简谐运动。某一瞬间，作用在激振上只有单一频率。正弦振动位移、速度和加速度幅值之间的关系是

$$V = 2\pi fD \tag{12-5}$$

$$A = (2\pi f)^2 D \tag{12-6}$$

式中，D 为位移幅值（峰值）；V 为速度幅值；A 为加速幅值；f 为频率在规定的频率范围内（例如 5～2 000 Hz），以线性或对数扫频的方法，平滑地改变频率，按试验条件，控制不同频率的振动量级，即为正弦扫频。

对数扫频是最常用的方法，即以同等时间通过倍频程频段。倍频程 n(oct) 定义为

$$f_2 = 2^n f_1 \tag{12-7}$$

正弦扫频振动试验时，卫星某重要部位在某频带的响应可能超过预先设定的最高环境预示值。这是试验的边界条件、激励方式和真实情况不同而造成的。为了使重要部位不因过试验而失效，在此频带内改用该部位的响应值的限量进行控制，这样，在原控制点的谱图上就出现了局部下凹及“带谷”。这种方法称正弦扫频响应控制。如果是重复型号试验，已经有了下凹试验数据，可以直接在试验条件中设置“下凹”，不用再作响应控制。这种方法有别于响应控制，称为“带谷”控制。

（2）随机振动试验

随机振动是任一瞬间各种频率成分的能量同时作用在试件上，由于无法预测振动波动的变化规律，只能用统计的方法来描述。常用均方根、功率谱密度来表示随机振动的量级。

功率谱密度 $G(f)$，是指随机信号 $x(t)$ 通过中心频率为 f、带宽为 B 的窄带滤波器后的均方根值。当带宽趋于零、平均时间 t 区域无穷大时，该值的极限即为随机信号 $x(t)$ 的功率谱密度 $G_x(f)$。

$$G_x(f) = \lim_{T\to\infty, B\to\infty} \frac{1}{BT}\int_0^t x^2(f, t, B)\,\mathrm{d}t \tag{12-8}$$

随机振动试验的随机信号，通常以加速度谱表示，因此称为加速度功率谱密度。试验方法分宽带随机和窄带随机。宽带随机的频率一般在 20～2 000 Hz。如果要求功率谱密度集中在足够窄的频带内，或者振动态的功率不足以维护宽带随机，采用分段、窄带随机激振。用数字振动控制方法，借助于离散快速傅里叶变换（FFT），很容易实现随机振动。

12.4.2　噪声试验

航天器发射过程中的遥测数据表明，运载火箭起飞和最大动压飞行阶段出现的高振动峰值是由火箭发动机排气噪声和气动噪声引起的。这种严酷的声环境将诱发航天器严重的振动响应，导致结构破坏甚至失效。

12.4.2.1　噪声试验方法

目前国内外航天器组件常用的噪声试验方法有混响声场试验方法和行波声场试验方法。

（1）混响声场试验

典型的混响试验系统主要由混响室本体、声源系统和测量系统等组成。混响声场噪声试验适合尺寸较大、结构较为复杂、试验量级要求不严酷的产品的试验。

（2）行波声场试验

行波声场试验方法是声试验另一种常用的方法。典型的试验装置称作行波管，主要是由声发生器、喇叭、行波试验段及行波终端组成。与混响声场相比，行波声场只需较小的声功率就可以产生较高的声压级，还具有周向相关和沿声传播方向声压级易调的特点。对于混响声场难以达到的试验量级，可以考虑用行波声场试验方法。

12.4.2.2 试验实施过程

如图 12－28 为混响声场试验系统示意图。航天器组件在混响声场和行波声场的试验流程是相近的。首先，按相关技术文件规定对组件外观检查及功能、性能测试；航天器组件按要求安装就位；安装控制用声传感器、进行控制回路标定、检查，并进行试验控制系统、测量参数设置，连线并导通，检查测量回路；气源系统准备，关闭大门。

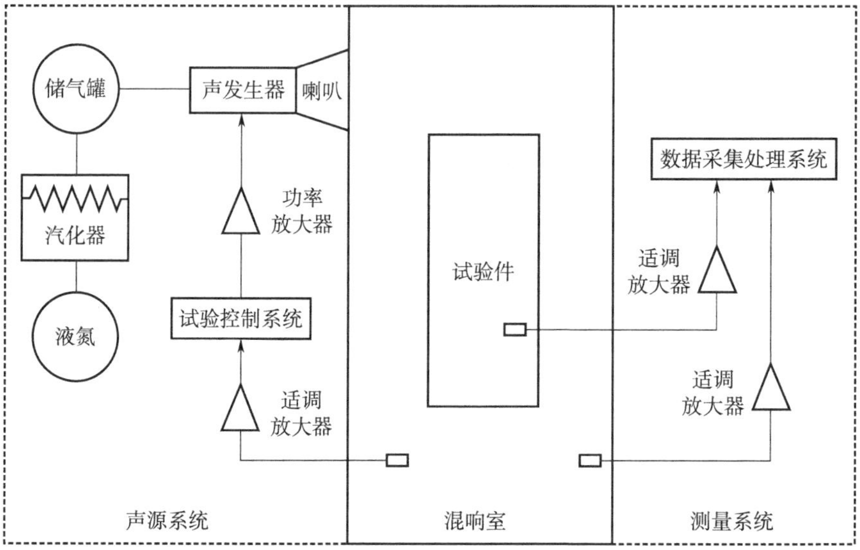

图 12－28 混响声场试验系统

12.5 热环境试验

12.5.1 热平衡试验

热平衡试验分为初样阶段的热平衡试验和正样阶段的热平衡试验，系统组成如图 12－29 所示。

12.5.1.1 试验目的

（1）初样热平衡试验

初样热平衡试验的目的如下：

1）获取卫星温度分布数据；

2）验证热设计的正确性；

3）修正热数学模型；

4）为正样卫星热真空试验提供试验温度参考。

（2）正样热平衡试验

正样热平衡试验的目的如下：

1）考核热控分系统维持卫星上仪器设备、分系统和卫星在规定工作温度范围内的

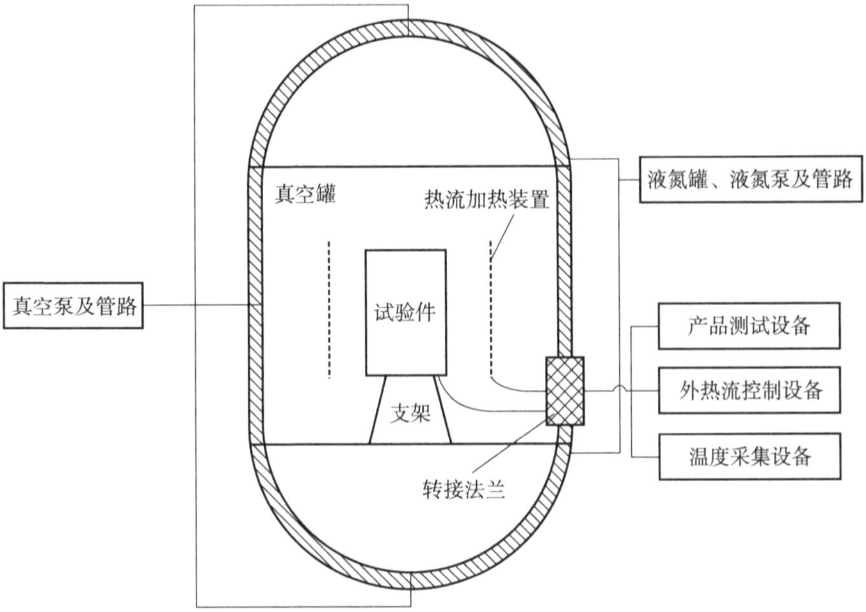

图 12－29　热平衡（热真空）试验系统组成

能力；

2）评价根据初样热平衡试验结果所作的热设计修改的正确性；

3）完善热分析数学模型；

4）为卫星热真空试验提供试验温度设定依据。

12.5.1.2　试验要求

（1）试验模型

用于初样热平衡试验的卫星热模型，其技术状态应符合下列要求：

1）卫星的外形结构、材料、仪器设备布局、电缆网和各种热控措施应符合初样状态的要求；

2）卫星上仪器设备一般采用模拟件，其外形尺寸、表面状态、安装连接方式、内部发热量和热容量应符合初样设计要求，个别仪器设备可选用初样产品；

3）卫星外表面涂层，对不同的外热流模拟方式，其热效果应与初样状态相同。

用于正样热平衡试验的卫星飞行模型，其技术状态应符合下列要求：

1）卫星上仪器设备、结构件、总装件、电缆网和各种热控措施应是正样产品；

2）考虑到试验设备能力、安全及仪器设备的特殊要求，允许个别仪器设备使用各项热性能参数符合正样产品要求的工艺件、鉴定件或模拟件代替。

对于卫星的密封舱段，在试验时，应采取相应措施抑制密封舱内气体自然对流的影响。

（2）空间环境模拟器

卫星热平衡试验必须在能模拟空间热环境的模拟器内完成。

空间环境模拟室和卫星的特征尺寸（如长度、直径等）之比，根据选用不同的外热流模拟装置，要求如下：

1）采用太阳模拟器，一般不小于 3；

2）采用红外加热器（红外灯阵、红外笼），一般不小于 2；

3）采用表面接触式电加热器，一般不小于 2。

（3）卫星安装的考虑因素

卫星安装在空间模拟器内应综合考虑安装方式与方位、空间模拟器形式（立式、卧式）、卫星上热管的布局（一维、二维、三维）与走向；卫星主要散热面方位、卫星的外形尺寸、外热流模拟装置的布局和结构形式等因素。

（4）试验环境

应设有供试验前后对卫星进行测试或其他试验操作工作间。工作间的环境条件一般应满足下列要求：

1）温度：15～25 ℃；

2）相对湿度：25%～60%；

3）洁净度：优于 100 000；

4）有机污染物：一般不作规定。对有机污染有要求的卫星，应给出专门的技术规定。

（5）接地电阻

空间环境模拟室内和试验操作工作间的接地电阻不大于 1.0 Ω。

（6）文件

试验前应编写出指导试验工作的技术和管理文件，如试验大纲、测试细则、试验实施方案（细则）、试验流程和试验质量保证大纲等。试验中应按技术和管理文件要求，记录各种测试数据和检查结果。试验后应编写试验报告。

12.5.1.3　热流模拟

（1）模拟方法

可供选择的外热流模拟方法，一般有以下三种：

1）入射热流法；

2）吸收热流法；

3）以上两种方法的结合。

（2）模拟装置

外热流模拟装置，主要有以下几种：

1）太阳模拟器；

2）红外加热器，包括红外灯阵和远红外加热器（红外笼、加热板）；

3）接触式电加热器，如薄膜型电加热片。

（3）选用原则

对于一个具体卫星的热平衡试验，根据卫星特点（大小、形状、散热面部位、散热面涂层性能等）可以选用一种或多种外热流模拟装置的组合来实现外热流模拟。

选用外热流模拟装置的主要原则是：

1）与试验设备的能力相适应；

2）具有满足试验要求的外热流模拟精度；

3）适应卫星外形及表面涂层的性能；

4）兼顾初样和正样两个阶段的热平衡试验；

5）易于实现。

12.5.1.4　试验工况

(1) 试验工况种类

根据试验卫星上仪器设备工作模式（连续工作恒定发热、连续工作非恒定发热、间断工作）和外热流模拟状态（恒定的、变化的、周期变化的），一般可组合成以下四种试验工况。

1）稳态工况：试验卫星的仪器设备长期连续工作，其发热量恒定不变，且外热流为恒定值（一般取轨道周期外热流积分平均值）。

2）准稳态工况：试验卫星的仪器设备按设定的工作模式工作，且外热流为恒定值。

3）周期性瞬态工况：试验卫星的仪器设备按设定的工作模式工作，且外热流为轨道周期瞬变值。

4）瞬态工况：试验卫星的仪器设备按设定的工作模式工作，且外热流为非周期性变化。这种试验工况一般对应于某些特定卫星的飞行任务，或者卫星工作寿命期间内特定的飞行轨道。如工作寿命只有几天的卫星；卫星阴影时间很长的阴影区内的试验工况等。

无论是周期性瞬态工况还是准稳态工况，试验一般都是按卫星运行的轨道周期进行，即按一个运行轨道周期内仪器设备工作模式和外热流值重复进行若干个周期的循环试验，直至卫星的温度达到周期稳定。在某些情况下，也可以若干个轨道周期作为一个热试验周期，连续重复进行若干个热试验周期的循环试验，直至卫星的温度达到周期稳定。

(2) 确定试验工况的原则

确定试验工况的原则是：

1）至少包括试验高温工况和试验低温工况；

2）根据卫星飞行任务的特点，初样热平衡试验和只进行正样热平衡试验的卫星可适当增加试验工况的数量；

3）考虑到热设计的不确定性和外热流模拟的局限和误差，可增加试验工况，如增加或减少 10%外热流或增加或减少 10%的内热功耗或以上四种情况的组合。

(3) 试验工况稳定判据

判定试验工况是否稳定，主要依据试验所确定的温度监测点的测量值变化情况来决定。同时，也应考虑非监测点的温度变化情况，对尚未达到稳定且变化率又较大的温度测点，应分析其原因并评估对试验工况热稳定的影响程度，然后，综合做出工况稳定判断。

对卫星内有特殊热控要求或热控设计余量较小的情况，试验工况稳定的温度变化判据应根据实际情况适当加严处理。

①稳态试验

当监测点的温度变化符合下列条件之一者，则认为试验工况达到稳定：

在连续 4 h 内，波动值不超过±0.5 ℃；

在连续 4 h 内，单调变化值不大于 0.1 ℃/h。

②周期性瞬态试验和准稳态试验

在连续 4 个试验周期的对应时刻，监测点温度值的变化一般在±1.0 ℃内。

③瞬态试验

这类热试验为定时试验，即当试验时间达到该试验工况规定的持续时间时，试验结束。

（4）外热流测量

外热流测量的一般要求如下：

1）选用尺寸小、测量范围宽、精度满足要求、安装使用方便的热流计；

2）试验前热流计应标定，给出标定曲线（数据）或拟合曲线。

12.5.1.5　温度测量

（1）一般要求

温度测量一般要求如下：

1）选用灵敏度高、稳定性好、热惯性小，能在真空下正常工作的温度传感器，常用的传感器是热电偶，也允许选用热敏电阻或其他温度传感器；

2）传感器需经计量部门检定，并在有效期内使用；

3）测量仪器需经计量部门检定，并在有效期内使用；

4）根据试验大纲要求，选用合适的测量线路和设备；

5）测量引线应采取隔热措施，尽可能沿等温区走线；

6）温度测量总误差应优于±0.5 ℃；

7）根据需要，可对完全独立的测温校对系统的测量值与测温系统的测量值进行比对，以检查温度测量的误差。校对系统的测量精度应不低于测温系统的测量精度。

（2）测温点布点原则

热模型测温点的布点原则是：

1）与热数学模型的计算节点位置尽可能相对应；

2）与飞行遥测点位置尽可能相对应；

3）在条件允许时，尽可能多布点。

（3）污染测量

一般情况下，在空间模拟器内应安装石英微量天平或污染取样板等装置，监测卫星和试验设备的放气污染情况。

12.5.1.6　试验设备

（1）空间模拟器

空间模拟器应满足以下要求：

1）试验时，对非充气密封卫星或舱段，压力应不高于 1.3×10^{-3} Pa；对充气密封卫星或舱段，压力应不高于 6.0×10^{-3} Pa。

2）试验时，热沉表面温度应不高于 100 K。

3）热沉朝向卫星的表面对太阳光的吸收比应不小于 0.95，半球向发射率应不小于 0.90。

4）空载时，空间模拟室内的背景热流应不大于 10 W/m^2。在试验过程中，采用太阳模拟器或接触式电加热器的热平衡试验，热沉和其他部件表面的红外辐射及反射产生的附加热流可引起卫星表面试验温度偏高。其影响可由卫星表面、热沉、其他部件的温度、热辐射特性以及它们之间的几何角系数等参数确定。为减少影响，应尽量减少附加热流。空间模拟器应有支吊卫星的支架、吊点。试验中卫星安装支架的漏热可引起试验温度偏差。

5）卫星安装支架的漏热包括传导和辐射漏热两部分，其影响可由卫星和安装支架的温度、几何尺寸、材料热导率、卫星安装连接形式及安装支架发射率等参数确定，应尽量减少通过支架的漏热。

6）使用太阳模拟器时，应设置模拟地球阴影的可移动热沉或低温闸门以及模拟卫星自转或姿态变化的运动模拟器。

7）能监测热沉表面的温度和真空室的压力。

8）连续空载运行 24 h 后，空间模拟室内的有机污染物一般不超过 1×10^{-7} g/cm^2（取样点温度为 −50 ℃，压力不高于 1.3×10^{-3} Pa）。

9）能提供满足试验要求的测量、供电和信号（低频、高频）传输通道，卫星与空间模拟器之间的各种连接电缆的漏热可引起试验温度偏差。电缆漏热包括传导和辐射漏热两部分，其影响可由卫星和电缆的温度、几何尺寸、热导率和发射率等参数确定，应尽量减少通过电缆的漏热。

（2）外热流模拟装置

①太阳模拟器

太阳模拟器应满足以下要求：

1）试验空间内光束辐照度的不均匀度应优于 ±5%；

2）光束辐照度的不稳定度应优于 11%/h；

3）光束准直角不大于 2°；

4）光束辐照度可在 500～1 700 W/m^2 范围内变化并连续可调。

②红外加热器

红外加热器应满足以下要求：

1）热流密度应满足卫星相应部位吸收的最大和最小热流值；

2）各加热区的相互干扰要小；

3）各加热区的热流可独立调节；

4）用远红外加热器（红外笼、加热板），当热流密度大于 80 W/m^2 时，各加热区的热流平均值与设计值的偏差应优于±5％，热流不均匀性应优于±5％；用红外灯阵，当热流密度大于 80 W/m^{2}时，要求各加热区平均值与设计值的偏差应优于±5％，热流不均匀性应优于±10％；

5）当热流密度小于等于 80 W/m^{2}时，热流平均值的偏差和不均匀度难以达到热流密度大于 80 W/m^{2}的指标要求范围时，应尽可能减小偏离的程度。在某些情况下，即使关闭外热流加热器的电源，由于外热流模拟装置的反射和空间模拟器内的背景热流等综合影响，也将超过卫星表面的外热流值。此时，可适当减小相邻表面的外热流值进行补偿。具体措施应根据各个卫星的实际情况而定。

（3）接触式电加热器

接触式电加热器应满足如下要求：

1）加热功率应满足卫星相应部位吸收的最大和最小热流值；

2）一般每个加热区的加热器所占用的面积应不小于该区面积的 95％；

3）各加热区的热流可独立调节；

4）各加热区的实际加热功率与设计值的偏差应优于±2％；

5）各加热回路的电流一般不大于 4 A，电压不高于 120 V。

（4）数据采集及处理装置

数据采集及处理装置应满足如下要求：

1）电压最小分辨力不大于 1μV；温度分辨力优于 0.1 ℃；

2）具有较强的数据处理和联网功能；

3）具有较强抗干扰的能力。

（5）直流电源装置

用于加热器的直流电源装置应满足如下要求：

1）输出电压在 0～120 V 范围内连续可调；

2）具有编程功能，电压分层值一般不大于 50 mV；电流分层值一般不大于 10 mA；

3）直流输出纹波电压小于 10 mV（有效值）；

4）具有过流、过压、短路和断路保护及报警功能。

12.5.1.7 试验程序

（1）空间模拟器状态检查

试验前，应按试验设备运行操作规程，对空间模拟器各分系统和装置（部件）进行检查，以确保热平衡试验安全可靠进行。必要时应进行全系统联调或试运行。

（2）试验卫星状态检查

按有关技术文件，进行如下项目的检查：

1）卫星外观检查；

2）有气密性要求的舱段漏率检查；

3）测温线、加热线和各种信号线检查（导通、绝缘）；

4）热流计、温度传感器检查；

5）卫星机械功能检查；

6）卫星电气性能检查。

（3）卫星和空间模拟器的结合状态检查

应根据试验卫星状态（热模型状态、飞行模型状态）、试验大纲要求和空间模拟器技术状态分别在试验卫星装入空间模拟器前或装入后检查以下项目：

1）将穿过空间模拟器的加热线、测温线和信号线分别与航天器的对应线缆连接，检查线缆的绝缘和导通情况；

2）将所有应接地的设备接地，检查接地电阻；

3）向加热器或外热流模拟装置（红外灯、红外笼）输入安全的功率（相应测温点的温度值或热流计输出值应有较明显变化），检查加热器和外热流回路与测温点对应关系是否正确和是否存在相互干扰；

4）卫星与试验设备通电，检查相互之间的电磁干扰。

（4）试验的启动、运行与结束

①试验的启动

按操作规程启动真空泵，预冷热沉，启动液氮泵，建立符合要求的真空室压力和热沉温度。在此过程中，视情况可适当施加部分外热流，以维持卫星温度不低于规定值。

②试验的运行

1）调节与控制外热流在某规定试验工况所要求的水平上；

2）定时测量卫星和试验设备上的温度及其他性能参数；

3）当监测点的温度符合要求时，该工况结束；

4）调节与控制外热流到另一个规定试验工况所要求的水平上，重复以上的操作。

③试验的结束

当完成所有规定工况的试验后，可结束试验，并按操作规程进行热沉升温、停机和复压操作。在热沉温度升至室温的过程中，应控制卫星外表面温度至少高于热沉温度 10 ℃。对有密封舱的卫星，在复压过程中，应采取措施防止密封舱出现负压。

12.5.1.8　试验后的检查

除有关技术文件特别规定外，一般进行如下项目的检查：

1）打开空间模拟器；

2）检查卫星外观，测量卫星各种性能参数；

3）检查试验过程中发现的异常现象和问题。

12.5.1.9　试验故障与对策

在试验过程中，试验设备或试验卫星出现故障时，一般应中断试验，待故障排除后，再继续进行试验。若故障无法排除，则应进行详细分析并评估对试验结果的影响和是否能达到规定的试验目的，然后综合做出继续进行或中断试验的决定。

（1）试验设备故障

试验设备故障如下：

1）外热流模拟装置的性能超出有关规定，个别加热区出现故障时，应分析对卫星总热流的影响，采取相邻区热流补偿等措施，可以不打开空间模拟器，继续试验；关键加热区出现故障时，应进行现场综合分析，决定是否中断试验；

2）空间模拟器真空室内压力高于规定的压力时，中断试验工况，不打开空间模拟器，待真空室压力达到规定时，恢复试验工况；

3）数据采集系统出现严重干扰，无法进行参数的正常测试，一般不停止试验，仅中止测量，在系统恢复正常后，再采集试验数据，如果有热电偶和热敏电阻两套测温系统，在一套系统出现故障后，可以继续进行试验。

（2）试验卫星故障

试验卫星故障如下：

1）初样热平衡试验，热控分系统设备出现故障时，应进行现场综合分析，决定是否中断试验。其他设备出现故障时，应继续进行试验。

2）正样热平衡试验，卫星仪器设备出现故障时，如果热平衡试验没有影响或影响不大，应继续试验。仪器发热功率较大的设备出现故障时，应视实际情况，进行现场综合分析，决定是否中断试验。

12.5.1.10 试验结果分析和评价

（1）试验误差源

①热流模拟误差

热流模拟方法的局限性、热流计误差、加热器和热流计布置的不恰当等，均会引起试验热流的实际值与要求值之间的偏差，出现热流模拟误差。

②卫星状态的偏差

试验卫星与发射卫星状态之间的差异会引起试验温度的偏差。这些偏差主要有表面的太阳吸收发射率、连接件的接触热阻、多层隔热材料的松紧程度、仪器设备的工作模式和发热量等方面的偏差。

③温度测量误差

温度传感器的标定误差、测温系统的误差（系统误差、随机误差、系统最小分辨力）、温度传感器与被测面之间的热阻（粘贴工艺不良）和引线漏热等均可引起温度测量误差。

（2）卫星能量平衡计算及误差分析

试验结束后，应根据试验误差源进行卫星试验工况能量平衡综合分析，比较卫星吸收和辐射的热量的差异。卫星吸收的热量包括卫星仪器设备的发热量和卫星表面吸收的外热流两部分。卫星辐射热量按卫星表面各部位的发射率、面积和温度（一个工况测量得到的温度或多个测点的平均值）确定。

根据不同的卫星状态和选用的外热流模拟方法，卫星吸收和辐射热量的差值与吸收热量之比值，一般在±10％范围内。当比值过大时，应做进一步分析，找出原因，提出处理意见。

(3) 对试验进行评价

在完成卫星的能量平衡、误差分析后，应对热平衡试验做出以下评价：

1) 试验中，卫星和试验设备的各主要参数是否满足试验大纲和本标准规定的指标；

2) 试验记录及试验数据是否完备；

3) 试验是否达到预期目的。

12.5.2 热真空试验

整星热真空试验往往紧接热平衡试验进行，上述对于试验设备、检查、故障等内容不再重复。

12.5.2.1 试验目的

检验飞行器在空间热真空环境中运行时对温度环境的适应能力。

12.5.2.2 仪器、设备工作温度范围

在进行飞行器整个系统的热真空试验时，要综合考虑飞行器上各单机、分系统对温度的要求，尽量做到既不使温度超标，又能充分考核飞行器在极端温度下的适应性。

12.5.2.3 试验设备要求

1) 真空度：不高于 6.5×10^{-3} Pa；

2) 真空室热沉要求：同热平衡试验要求；

3) 有机污染：碳氢化合物不大于 15 ppm，非挥发性残留物不大于 1×10^{-6} (g/cm^2) / 24 h。

12.5.2.4 试验工况及试验条件

(1) 鉴定级试验工况及试验条件

鉴定级试验工况分为高温鉴定工况和低温鉴定工况。在高温鉴定工况中应使星内每个温度控制区内至少有一个组件达到鉴定级最高温度，在低温鉴定工况中至少有一个组件达到鉴定级最低温度，并以此作为该控温区试验温度的控制点，其余仪器允许不达到上、下限值。也可取星内的某一参考点温度作为高、低温鉴定级工况的基准温度，并以此作为试验温度的控制点。鉴定级最高温度等于最高预示温度（即热控系统给出的仪器最高工作温度）加上环境设计余量 10 ℃；鉴定级最低温度等于最低预示温度（即热控系统给出的仪器最低工作温度）加上环境设计余量－10 ℃。

(2) 验收级试验工况及试验条件

验收级试验工况也分为高温验收工况和低温验收工况。在高温验收工况中应使星内每个温度控制区内至少有一个组件温度达到验收级的最高温度，在低温验收工况中至少有一个组件达到验收级最低温度，并以此作为该控温区的试验温度控制点。验收级最高温度等于最高预示温度；验收级最低温度等于最低预示温度。允许根据实际温度值加设计余量。

12.5.2.5　循环次数及试验时间

1）鉴定级工况试验的循环次数为 8 个循环；

2）验收级工况试验的循环次数为 4～6 个循环；

3）每个循环在高温和低温端各停留 8 h；

4）温度变化速率：不小于 1 ℃/min；

5）一个完整的温度循环为：正常环境温度→降至试验最低温度并稳定→最低温度端的保持时间→升温至试验最高温度并稳定→最高温度端的保持时间→降至正常环境温度（见图 12-30）。

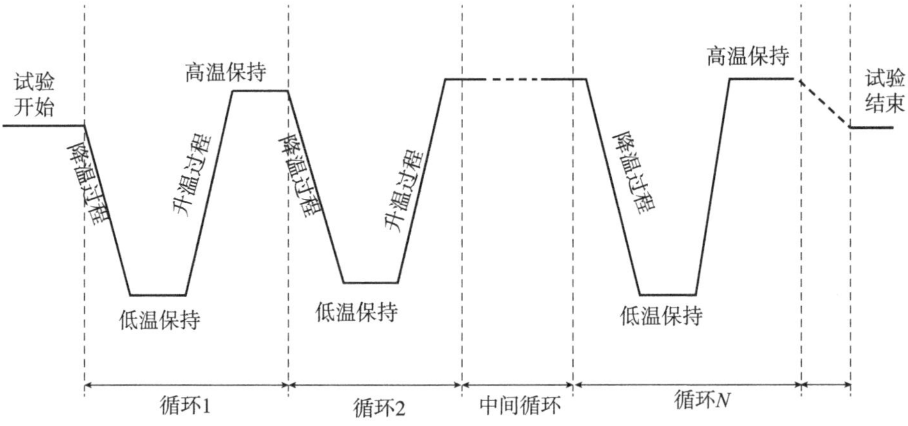

图 12-30　卫星整星热真空实验示意图

12.5.2.6　试验要求

1）温度稳定性：±1.5 ℃；

2）真空容器内的压力从常压逐渐降至 1.3 Pa 左右的持续时间不小于 10 min。在 1.3 Pa压力下保持 5 min，主动段通电工作的单机应通电工作，降压过程中需密切监视电子设备的放电性能（包括飞弧和电晕）；

3）整个试验过程进行设备的性能监测或测试。

12.5.3　老炼

12.5.3.1　试验目的

1）通过长时间的通电老炼，验证星上各仪器设备及系统连续运行的可靠性、稳定性（含验证单机软件固化后的运行稳定性），剔除卫星早期失效；

2）测试项目要求覆盖到飞行程序的各项目，包括第一圈、第二圈、卫星在轨稳态等模式，达到对飞行程序的验证效果；

3）生成覆盖各种遥测模式的遥测数据，作为飞控的数据样本；

4）对发射场使用的地面设备进行考核，保证专用测试设备均经过校准并且符合校准规范的要求，通用设备均经过计量合格并且所有测试设备状态良好。

12.5.3.2　试验要求

1）试验前各系统及整星应进行详细电性能检测；

2）试验过程中应确保主备份电路均能有较充分的开机时间，主、备两者的开机时间比一般为 1∶1；

3）试验过程中应连续监测卫星各项性能参数，以便及时发现其性能有无发生异常情况；

4）整星老炼试验应尽可能模拟卫星实际在轨工作模式。

12.5.3.3　试验内容与流程

整星老炼试验要进行全系统功能的考核和性能检测，并完成演练发射场的测试项目，具体测试内容按照相应的电测试细则进行。

卫星每次老炼试验按照主备份 1∶1 的比例进行通电设置。

老炼试验流程详见图 12－31。

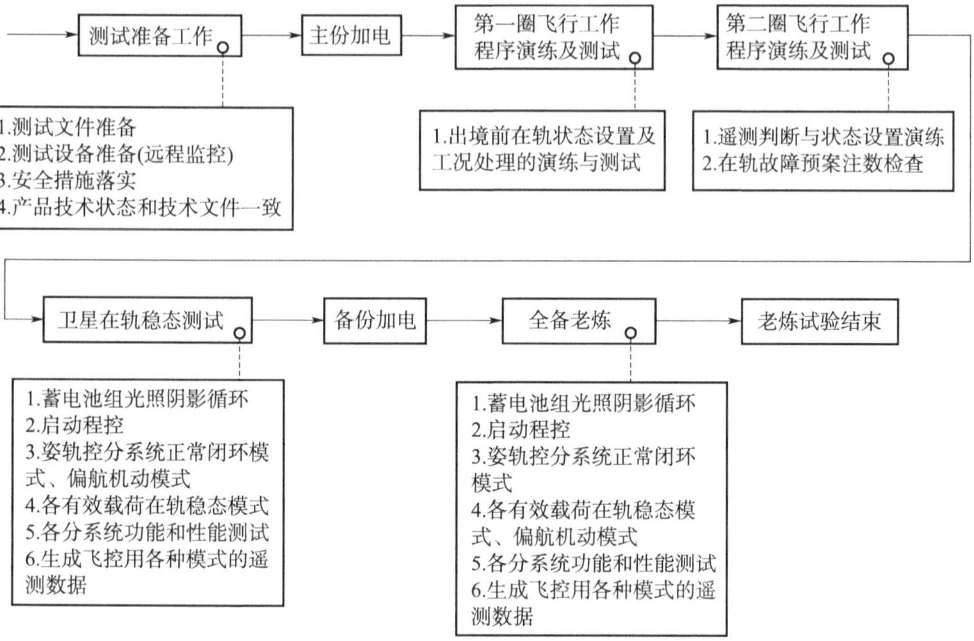

图 12－31　卫星整星老炼试验技术流程

参 考 文 献

[1] 朱振才，张科科，等．微小卫星总体设计与工程实践 [M]. 北京：科学出版社，2016.

[2] 杨晓宁，杨勇，等．航天器环境工程 [M]. 北京：北京理工大学出版社，2018.

[3] 张庆君，刘杰，等．航天器系统设计 [M]. 北京：北京理工大学出版社，2018.

[4] 罗纪，沈志强，张俊刚，等．航天器组件产品噪声试验方法综述 [J]. 航天器环境工程，2020，37(4)：377-382.

[5] 胡青．航天器环境试验项目中的风险识别和控制 [D]. 上海：上海交通大学，2018.

第 13 章　商业卫星对火箭的要求

13.1　商业卫星对火箭的技术要求

商业卫星的设计必须在运载火箭的运载能力、整流罩空间、力学条件等范围内完成。卫星对火箭的技术要求主要如下。

13.1.1　运载能力

运载火箭的运载能力应满足卫星质量和轨道要素等要求。

（1）卫星质量要求

卫星的质量应在运载火箭运载能力范围内。一般根据某型号运载能力曲线估算该运载是否可以发射该卫星。

（2）轨道要素及入轨偏差要求

不同类型卫星应根据它们的任务要求对轨道要素提出具体技术要求。星箭分离时卫星的六个瞬时轨道要素包括：

1）半长轴 a ，单位为 km；

2）偏心率 e ；

3）轨道倾角 i ，单位为（°）；

4）近地点幅角 ω ，单位为（°）；

5）升交点经度 Ω ，单位为（°）；

6）过近地点时刻 t ，单位为 s。

对以上六个轨道要素中的半长轴 a 和偏心率 e 可用轨道近地点高度 h_a 和轨道周期 T 代替，也可用近地点高度 h_p 、远地点高度 h_a 代替；近地点幅角可用近地点纬度 B_p 代替。六个轨道要素的前五个是卫星对运载火箭发射轨道的技术要求。

除了轨道要素还需提出卫星的入轨精度，如表 13－1 所示。对入轨精度有特殊要求的卫星，由卫星方与运载火箭方协调后确定。

（3）星箭分离时的初始姿态和角速度要求

运载火箭应根据任务需要将卫星送入所需轨道，为卫星建立要求的初始姿态：

1）星、箭分离结束时，应满足卫星初始姿态角偏差和初始姿态角速度偏差的要求，星初始姿态角偏差和初始姿态角速度偏差的一般要求见表 13－2，对有特殊要求的卫星，由卫星承制方与运载火箭承制方协调后确定；

2）星箭分离结束时，应满足地球同步转移轨道的初始姿态要求；

3）当卫星需要运载火箭建立自旋角速度时，应提供初始旋转角速度，并满足偏差要求。

表 13-1　卫星入轨精度（3σ）一般要求

轨道要素偏差	轨道类型	
	SSO	GEO
半长轴偏差$\|\Delta a\|$	*	≤100 km
偏心率偏差$\|\Delta e\|$	≤0.000 25	*
轨道倾角偏差$\|\Delta i\|$	≤0.12°	≤0.15°
近地点高度偏差$\|\Delta h_p\|$	≤10 km	≤30 km
近地点幅角偏差$\|\Delta \omega\|$	≤1°	0.5°
升交点经度偏差$\|\Delta\Omega\|$	*	≤0.5°
周期偏差$\|\Delta T\|$	≤12 s	*

注：标"*"部分为可从其他几个轨道要素相互关系中导出。

表 13-2　星箭分离初始姿态角和角速度偏差精度（3σ）一般要求

姿态及角速度偏差	轨道类型	
	SSO	GEO
滚转角$\Delta\phi$ 俯仰角$\Delta\theta$ 偏航角$\Delta\psi$	$\|\Delta\phi\|$≤0.7° $\|\Delta\theta\|$≤1.5° $\|\Delta\psi\|$≤1.5°	$\|\Delta\phi\|$≤2° $\|\Delta\theta\|$≤2° $\|\Delta\psi\|$≤2°
滚转角速率$\Delta\omega x$ 俯仰角速率$\Delta\omega y$ 偏航角速率$\Delta\omega z$	$\|\Delta\omega x\|$≤0.35(°)/s $\|\Delta\omega y\|$≤1.2(°)/s $\|\Delta\omega z\|$≤1.2(°)/s	$\|\Delta\omega x\|$≤0.5(°)/s $\|\Delta\omega y\|$≤0.5(°)/s $\|\Delta\omega z\|$≤0.5(°)/s

13.1.2　发射窗口

运载火箭的发射流程应满足卫星发射窗口的要求。

发射窗口是指运载火箭发射比较合适的一个时间范围（即允许运载火箭发射的时间范围）。这个范围的大小也叫做发射窗口的宽度。窗口宽度有宽有窄，宽的以小时计，甚至以天计算，窄的只有几十秒钟。

根据约束条件，卫星的发射窗口一般有下列规律：

1）资源卫星、遥感侦查卫星、中轨道气象卫星等，要求对地面目标区域有较好的光照条件，发射窗口要选择在白天。

2）地球同步卫星的发射窗口主要取决于太阳角、地影、日地张角、地面测量等约束条件，因此它与太阳位置、卫星姿态、轨道、卫星控制方式、轨道变轨方式、卫星的布局形式以及地面站位置等有关。

3）卫星星座、轨道交会、轨道拦截等发射任务的发射窗口。由于要求将卫星（航天器）送入惯性空间中预定的轨道面，因此对发射时间有更严格的要求，发射时间由轨道面在惯性空间中的指向（轨道升交点赤经）确定，在一天 24 小时内都有可能。

4）月球探测器和行星探测器的发射窗口主要取决于目标天体（月球或行星）的位置，发射必须在地球与目标天体处于一定的相对位置之时间范围内进行。

13.1.3　星箭机械接口

星、箭应按所规定的象限位置为基准进行对接，并明确星、箭机械连接分离面（或运输分离面）的尺寸和基准分布，并在产品上醒目标识。卫星的质量分布和刚度分布等应满足星、箭的接口设计要求。

13.1.3.1　星箭连接与分离方式

星、箭的连接与分离方式，应考虑强度、刚度和分离可靠等因素，在下列四种类型中选择：

1）爆炸螺栓连接，弹簧分离；

2）爆炸螺栓连接，反推火箭分离；

3）包带连接，弹簧分离；

4）包带连接，反推火箭分离。

对连接分离要求较高的卫星一般采用 3）或 4）。

13.1.3.2　星、箭采用包带式连接分离装置对接面接口

运载火箭承制方提供有效载荷适配器（PLA）时，对接面接口由以下方面确定：

1）卫星和 PLA 的坐标系及相关角方位；

2）机械状态，连接装置的类型及数量、尺寸、连接孔、定位销或定位槽的位置；材料类型及特性；

3）包带的几何尺寸、材料、粗糙度、预紧力。

卫星承制方提供 PLA 时，对接面接口由以下方面确定：

1）运载火箭和 PLA 的坐标系及相关角方位；

2）机械状态，连接装置（螺栓、螺母）的类型及数量、尺寸、连接孔、定位销或定位槽的位置，材料类型及特性，表面涂层，粗糙度，平面度，刚度；

3）包带的几何尺寸、材料、粗糙度、预紧力。

13.1.3.3　星、箭采用爆炸螺栓连接时的对接面接口

卫星和运载火箭采用爆炸螺栓连接时，对接面接口由以下方面确定：

1）爆炸螺栓的类型及数量、尺寸、连接孔、定位销或定位孔的位置；

2）星、箭对接框的材料类型及特性；

3）星、箭对接面的表面涂层；

4）星、箭对接面的粗糙度；

5）星、箭对接面的平面度；

6）爆炸螺栓的连接强度。

13.1.3.4 星、箭分离速度

星箭分离速度应考虑星箭分离方向、速度大小，并结合运载火箭的末级和卫星质量特性、推力、多星分离时序等对运载火箭、卫星的近场和远场进行分析，使其具有足够的安全距离，防止碰撞。

13.1.3.5 分离指令、分离装置供电和分离监测信号

星、箭分离指令、分离装置供电和分离监测信号均由运载火箭承制方提供，运载火箭与卫星之间供电、监测过渡电缆由卫星提供。

13.1.3.6 卫星尺寸包络要求

根据不同类型卫星尺寸特性和运载整流罩形式，卫星包络尺寸应小于运载整流罩尺寸并留有一定的安全余量，以防止发生相互碰撞。同时，对于卫星上突出物的形式及尺寸也应与火箭承制方确认，以满足星箭对接要求。

13.1.4 卫星整流罩

整流罩的可用空间（净空间）应满足卫星使用的要求，必要时需通过分离试验或动力学耦合分析证明卫星尺寸与整流罩可用空间的适应性。

整流罩相应位置应有满足使用要求的操作窗口和观察窗口。

整流罩相应位置应有满足使用要求的无线电透波窗口或舱段，对 C 波段、S 波段和 Ku 波段材料透波损失应小于 2 dB。

在主动段飞行过程中，整流罩内壁及仪器舱对卫星任何位置的辐射热流密度均不大于 500 W/m^2，同时不允许气流直接冲击卫星表面。

在整流罩抛罩时，气动热流密度应不大于 1 135 W/m^2。

根据卫星需要，在整流罩吊装完毕后应由卫星发射中心对整流罩内进行调温调湿，其内部环境一般为：

1）温度 20 ℃±5 ℃；

2）相对湿度 35%～55%；

3）空气过滤，且洁净度为 100 000 级；

4）对温度和相对湿度有特殊要求时，应符合有关规定；

5）调节空气循环速度应不大于 2 m/s，排气所产生的噪声应不大于 90 dB。

运载火箭在飞行过程中，整流罩内部的静压变化应满足规定的技术要求。

13.1.5 电性能接口及电磁兼容性

13.1.5.1 电性能接口

星、箭在发射塔架上对接以后，卫星与地面测试设备之间的电连接可以直接通过星上脱落电连接器和地面电缆的连接来实现（该地面电缆与卫星地面测试设备相连，下同）：

也可通过星、箭分离电连接器、箭上相应专用电缆及脱落电连接器与地面电缆来实现。在有分离电连接器的情况下，星、箭接口要求包括如下主要方面：

1）分离电连接器的安装位置、尺寸和质量；

2）分离电连接器型号及接点分配；

3）分离电连接器分离方式、分离力、分离干扰限制及电信号要求（信号电压、电流、持续时间）；

4）分离程序、时间和分离状态判别要求；

5）电连接器插上/拔开状态监测要求；

6）紧急关机及入轨前的有关控制等功能要求；

7）卫星临射前相互间有关重要状态显示或监控要求；

8）运载火箭主动段飞行过程中及星、箭分离时有关状态（如力学环境参数、分离状态监视、分离电连接器分离状态等）的遥测要求等；

9）星、箭承制双方应协调确定在星、箭研制过程中进行上述项目检验的状态、方法、时间和地点。

对于直接通过星上脱落电连接器和地面电缆的连接来实现的情况，也可以就上述的 6)、7)、8) 三项提出星、箭之间的有关电接口要求。

13.1.5.2　电磁兼容性要求

为防止星、箭传导干扰，星、箭的接地点（或接地面）应保持良好的接地状态，即卫星通过对接法兰附近的“地基准点”与运载火箭卫星支架应保持良好接触，接触电阻不大于 10 mΩ。该要求应在对接后进行实际测量和检验。

为防止星、箭之间的辐射干扰，应进行严格的频率分析，通过干扰计算或频谱分析来选择或调整工作频率，使其错开并避免彼此的谐波落入对方的频带内；应对天线的安装情况进行分析，避免星、箭间的直接辐射干扰，根据分析结果，确定是否进行星、箭干扰试验。

卫星与运载火箭各自在星、箭分离面处产生的辐射应满足规定要求。在运载火箭飞行中卫星大功率设备尽可能关机。

其他要求以及特殊要求，应通过共同认可并签署的专用技术条件文件予以详细规定。

13.1.6　力学载荷和环境条件

（1）力学载荷条件

极限载荷：运载火箭承制方应给出飞行过程中作用在星、箭分离面上（对返回式卫星包括各舱段）的静、动载荷值及极限载荷值。

稳态载荷：运载火箭承制方应给出飞行过程中稳态载荷，稳态载荷以星、箭对接面处的加速度表示。

准静态载荷：运载火箭承制方应给出飞行过程中准静态载荷，准静态载荷为稳态载荷与动态载荷之代数和，以星、箭对接面处的加速度表示。

最大极限载荷：PLA 承制方应给出有效载荷适配器能承受的最大允许载荷，以星、箭对接面处的最大加速度表示。

(2) 力学环境条件

低频振动：运载火箭承制方应根据有关的正弦振动和瞬态振动在星、箭对接面上的响应，给出等效正弦振动谱型。

随机振动：运载火箭承制方应根据随机振动载荷的功率谱密度（g^2/Hz），给出随机振动三轴方向的包络谱。

噪声：运载火箭承制方应给出卫星整流罩内或支撑结构的飞行噪声谱。

冲击：运载火箭承制方应规定星、箭接口处及有关区域的最高冲击谱。

(3) 热环境

运载火箭飞行时的热流：运载火箭承制方应给出运载火箭飞行时整流罩内表面典型参考点的热流随时间变化曲线。

抛卫星整流罩时刻的热流：运载火箭承制方应给出抛卫星整流罩时，自由分子流加热的最大热流值。

星、箭分离阶段的热流：运载火箭承制方应给出星、箭分离阶段运载火箭在卫星上产生的最大热流及持续时间。

13.1.7 安全和防止污染

吊装整流罩时，不允许撞击卫星表面。

整流罩抛罩时，不得有碎片撞击卫星，应采用无污染火工装置。

星箭分离和多星弹射分离时，应按程序分离以保证卫星与卫星之间，以及星、箭之间不碰撞，箭上反推火箭的燃气不得污染星体表面和光学部件。

运载火箭承制方应进行星、箭分离干扰分析，保证卫星和运载火箭可靠分离。

13.2 商业火箭的成本与回收

随着航天科技水平的提高，太空经济活动需求日益增强，大大刺激了航天产业蓬勃发展。国内外纷纷推出了多个小型、中型、大型和巨型星座计划，未来星座发射需求将不断增长。商业发射是商业航天中连接卫星制造及卫星应用的中枢环节，卫星需搭载运载火箭发射进入轨道后才能发挥作用以产生价值。受卫星发射需求增加的驱动，商业发射行业市场规模将持续增长。但是火箭发射成本居高不下，成为制约星座发射的主要瓶颈。为了满足星座发射需求，一方面，通过合理设计减小卫星的质量、体积，在有限的整流罩空间内布局多颗卫星，采用一箭多星发射；另一方面通过发展可重复使用火箭技术，大幅降运载火箭成本。目前正是商业航天发展的新高潮，一箭多星发射不断刷新世界记录，而可重复使用火箭以 SpaceX 公司的猎鹰 9 号运载火箭为代表正在蓬勃发展。

13.2.1 可回收火箭技术

自人类第一颗人造卫星斯普特尼克一号发射升空以来，卫星的发射成本即成为人类大规模发展航天事业的阻碍之一。目前，世界主要航天大国都在着力发展可回收火箭技术，虽然发展模式各异，但均以可回收重复使用火箭作为降低发射成本的主要手段。目前各国开展的可回收火箭技术根据重复使用程度可分为部分回收和完全回收使用，按入轨级数又可分为单级入轨和两级入轨，按照动力类型可分为火箭动力和吸入式组合动力，按起降模式可分为垂直起降、水平起降和垂直起飞/水平降落，按外形可分为带翼构型和火箭构型。

13.2.1.1　可回收火箭关键技术

可回收火箭相对于普通运载火箭，在结构、材料、工艺、发动机、控制、减振等方面提出了更高的要求。可回收火箭的关键研究技术如下。

（1）新型材料和结构

可回收火箭不仅要承受发射阶段的各类动静载荷，再入过程中也要承受复杂的气动加热过程，因此要求可回收火箭结构材料具备一定的比刚度和比强度，以在保证刚度和强度的前提下减小火箭质量比，达到入轨要求和重复使用要求，因此大部分箭体材料使用石墨复合材料蜂窝夹层等非金属复合材料。而对于液氧贮箱还要考虑液氧与材料之间的化学反应、隔热性能（即贮箱内保持低温和贮箱外承受再入气动加热的能力）、检查和维修性能等，因此贮箱材料可考虑使用铝锂合金、石墨复合材料等。

（2）高性能推进系统

可回收火箭往往要求火箭的推进系统具有高比冲、高推进密度和高推重比等特点。目前的液体火箭采用氢氧发动机虽具有较高的比冲，但由于液氢密度较小，燃料贮箱体积大，导致可回收火箭的推进密度较低，因此可回收火箭可考虑采用三组元推进剂，即以液氧为氧化剂，以液氢和烃类燃料（如煤油、甲烷、丙烷等）为燃料。使用三组元推进剂的发动机称为三组元发动机。三组元发动机一般在低空时使用的燃料大部分为烃类燃料，小部分为液氢；在高空时使用的燃料全为液氢。以此进一步提高推进系统性能。

（3）变推力可重复使用发动机

可回收火箭在回收过程中需多次点火启动，同时返回过程中贮箱推进剂剩余量不足10%，贮箱压力降低，发动机点火启动条件（入口压力、温度条件）也偏离正常范围，要求发动机必须具备在宽入口条件下的点火启动能力。在着陆段，要求通过发动机推力调节，使速度降低到着陆所允许的条件。发动机大范围变推力需要通过多个调节元件来实现，调节控制规律复杂，同时喷注器、再生冷却身部、涡轮泵等关键组件也要具备相应条件下可靠工作的能力，需要开展大量研究、试验工作。另外，传统液体火箭发动机均为一次性使用，无需考虑重复使用相关的健康监测与剩余寿命评估问题。而垂直起降提出的重复使用技术要求，需要开展发动机健康监测与剩余寿命评估技术，涉及发动机数据采集处理、故障诊断与控制、智能减损和寿命评估等相关技术。

（4）先进控制技术

可回收火箭在回收过程中，经历从轨道高度逐渐下降到地面的过程，飞行环境复杂且存在较多随机性的干扰因素。在此过程中，发动机多次工作，使用推力矢量控制（TVC）、RCS、气动栅格舵面等多种控制机构，克服各种内外部干扰，进行姿态、位置、减速机动控制，精确返回并安全着陆至指定着陆场。为达到精确返回、安全着陆目标，必须对运载器自身特性、飞行环境与扰动进行精确数学描述，进行多轮 GNC 控制算法仿真和原理性飞行试验，实现控制算法和执行机构之间的优化匹配。可回收火箭返回着陆还涉及轨迹最优规划问题，主要研究 RCS 系统何时工作及持续时间、发动机工作时间和推力大小、不同飞行阶段分段控制时如何确定每段起点与终点的速度与位置约束，以及栅格舵和着陆缓冲机构打开时间的确定等。轨迹优化的目的是使推进剂消耗最少，同时减弱气动加热影响，并保证实现高精度着陆。

（5）着陆缓冲机构

在火箭回收过程中，必须使用高可靠的着陆缓冲机构减缓着陆瞬间冲击过载，使箭体平稳着陆。着陆缓冲机构要有较好的强度和缓冲功能以及对倾斜姿态、残余速度的适应能力，从而保证着陆的稳定性。由于着陆支架靠近火箭发动机，还需具有承受反侵热流的热防护能力。着陆缓冲机构采用支腿式软着陆机构，具有可收放、可重复使用、缓冲效率高、着陆稳定性好、占用空间小等优点。地外行星探测器软着陆时广泛采用支腿式机构，其中最为关键的吸收着陆冲击载荷的缓冲器技术已得到工程验证。可回收火箭所使用的着陆缓冲机构需要承受箭体几吨甚至十几吨的着陆质量，技术难度远远超过几百千克的探测器所采用的着陆缓冲机构。

（6）高效地面操作技术

火箭回收后只需经过简单维修和加注推进剂就能再次使用是降低成本、提高快速响应能力的关键。返场后需要在短时间内对箭体状态进行检测分析与维修，但传统手段主要通过拆卸箭上产品进行逐个检测，出现故障主要通过人力进行故障分析定位，且通常为了复现问题需要做大量的重复试验，对发射周期与成本造成较大影响。为了缩短发射周期和降低成本，箭体的返回复测需要按快速、智能、高效的原则，采用无拆卸快速检测与维护技术。通过结合箭上专家系统快速复测，对运载器的全箭健康状态和预期寿命进行自动评估分析，并对出现故障或寿命预期较低的部件进行及时维修或更换，在短期内给出箭体可再次发射的结论。箭上各系统在设计中需要融入健康管理的理念，统筹设计。

13.2.1.2 可回收火箭技术发展特点

1）可重复使用运载火箭是航天运输发展的重要方向。经过半个多世纪的发展，运载火箭的功能特点、运载能力、成本效益、技术途径、研发模式等已完成了多次跃升与革新，经历了由进入空间向天地往返、由高污染向无污染、由高成本向低成本、由一次性使用向可重复使用、由政府研发向企业研发的转变。虽然传统一次性运载火箭在功能性、安全性和可靠性等方面基本能满足发射任务的需求，但随着航天运输技术要求日益复杂、市场竞争日益激烈、太空探索任务的拓展以及商业发射任务的剧增，对发射成本、发射周期、机动性、可靠性及运载能力都提出新的要求，发展响应速度更快、成本更低、更安全可靠的可回收火箭成为必然选择。

2）可重复使用运载火箭研究难度高、风险大。与一次性火箭相比，回收火箭的技术难度要大得多，涉及气动、热防护、动力和制导导航与控制（GNC）等方面的关键技术，且成本高。

3）市场需求和技术创新共同驱动可重复使用运载火箭发展。快速响应、宽适应性、经济性是航天运输系统追求的主要目标。运载火箭技术经过几十年的发展，逐渐成熟并趋向于产业化发展，航天动力、电子元器件、新材料、先进制造工艺等多个领域获得突破，技术创新使运载火箭能够返回发射场（航天港）或回收平台，并在加注推进剂和简单维护后再次发射成为可能。另外，为构建和维持体系化稳定运行的航天系统，需要降低进入空间的成本，将一次性火箭发射单位载荷价格由 6 000 美元/千克降到 2 000 美元/千克以下，以“轨道革命”的形式促进发射需求呈指数级增长。这种大幅度降低入轨价格的运载器是一次性火箭无法做到的，必须采用可回收火箭技术。因此，可回收火箭的技术发展是由航天技术创新的内在要求、用户与市场的外部需求共同驱动的。

13.2.2　“一箭多星”火箭设计

一箭多星，即用一枚运载火箭同时或先后将数颗卫星送入地球轨道的技术。一箭多星是一种优越的发射方式。一箭多星的发射成功，标志着运载火箭能力的提高，标志着分导核弹头、发射技术和火箭与卫星分离技术上的新突破。

最早实现“一箭多星”的国家是美国。1960 年，美国首次用一枚火箭发射了两颗卫星，1961 年又实现了一箭三星，接着，苏联多次用一枚火箭发射 8 颗卫星，欧洲空间局也掌握了这种发射技术。中国在 1981 年 9 月成功地用一枚风暴一号运载火箭将一组三颗实践二号卫星送入地球轨道，成为第四个独立掌握“一箭多星”发射技术的国家。

一箭多星方式可最大效率的利用火箭的运载能力，同时提供卫星快速组网能力，对于现阶段各商业卫星公司星座建设重要性不言而喻。一箭多星中火箭设计主要包括以下几个方面：卫星布置形式、卫星连接形式、火箭适配器设计、卫星组合体强度刚度分析和卫星组合体质量特性测试。

（1）卫星布置形式

一箭多星发射中，运载火箭对卫星的支撑主要有底部连接、壁挂连接和混合连接（见图 13－1）。

底部连接为所有卫星通过堆叠形式与火箭适配器连接，此布局形式优势在于取消或大大减小了卫星转接承力筒的体积或质量，大大提高了火箭的推重比，缺点在于增加了卫星布局及连接解锁方案设计的难度，典型的底部连接形式有 SpaceX 星链卫星一箭 60 星形式，所有卫星通过堆叠的形式与火箭适配器连接，2021 年 5 月 27 日，SpaceX 公司已通过此形式用猎鹰 9 号火箭将第 28 批一箭 60 星发射升空，完成星链星座的第一个轨道层。

壁挂连接为在火箭载荷舱内设置中心承力筒，卫星通过星箭分离机构连接在中心承力筒侧壁上，此布局形式提高了对不同形式卫星的适应能力，大中心承力筒会占用一部分运载能力，且中心承力筒的设计方案一定程度上决定了卫星组合体的力学条件，需对中心承力筒进行多种分析，在保证刚度的同时尽量减小中心承力筒质量，典型的壁挂式一箭多星发射形式为美国铱星公司一箭十星模式，十颗一模一样的铱星卫星通过星箭连接机构连接在猎鹰 9 号运载火箭上成功发射入轨。

混合连接形式为适配器四周通过横向支撑连接多颗卫星，适配器顶端再通过适配器连接一颗卫星，此模式适用于主星搭载一颗或多颗小卫星的场合，典型的应用为我国长光卫星技术有限公司 2015 年发射的一箭四星模式，其中主星光学 A 星连接在适配器顶端，而视频 01 星、视频 02 星和灵巧验证星通过适配器四周横向支撑连接。事实上，卫星布局方案的选择需根据运载火箭和卫星特点反复迭代优化，选择最合适的一箭多星布局方法。

底部连接　　壁挂连接　　混合连接

图 13-1　一箭多星布局方式

（2）卫星连接形式

卫星与运载火箭接口主要有包带式连接或点式爆炸螺栓连接。连接方案的选择需结合具体的多星布局方案和星箭分离机构的特点，如底部连接堆叠方案卫星多为扁平状，如选用点式爆炸螺栓不仅需要多点布置降低分离可靠性，而且给爆炸螺栓供电线缆布置造成一定困难，而壁挂式选择点式爆炸螺栓连接分离则有利于卫星连接面单机布局。

（3）火箭适配器设计

火箭适配器的设计主要是为各类卫星布局提供连接接口和保证卫星组合体的刚度。考虑到火箭适配器的质量增加会降低火箭的推重比，因此在火箭适配器设计时应在保证卫星组合体频率要求的前提下尽量减重，常用的方法是采用铝合金或铝镁合金铸造后精加工，或采用碳纤维复合材料铺层成形。在确定火箭适配器形式前，需进行充分的优化分析以提高适配器的比刚度，且需认真校核星箭连接接口，同时火工品线缆走向也是必须要考虑的问题。

（4）载荷特性分析

确定卫星布局方案、连接方式和适配器方案之后，需对卫星组合体是否满足运载火箭对载荷刚度、强度和质量特性等的要求进行分析校核，达到一箭多星设计要求。

13.2.3　发射成本分析

目前，可回收火箭实践最成功的是美国的 SpaceX 公司，以其猎鹰 9 号火箭为例，简单阐述一下可回收火箭在发射成本上的优势。

按照目前火箭发射费用的历史数据，火箭本身的发射报价的比例分配大约为：火箭自身 70%、测控 20%、利润 10%，二级运载火箭第一级和第二级的分配比例约为 4.35：1，根据猎鹰 9 号多次发射的平均值 6 210 万美元，猎鹰 9 号火箭第一级成本为 3 534.5 万美元，第二级成本约为 812.5 万美元，同时按照现代航天发射和卡纳维拉尔角场地费用推算，单次发射的指挥、测控成本为 1 242 万美元，则其利润为 621 万美元。

根据猎鹰 9 号单次发射成本，假设第二次发射成功收回第一级，则第一级火箭成本降为 1 767.25 万美元，基于现有技术下第一级火箭的检测和维修费用约为 300 万美元，而第二级火箭成本、测控成本、利润均不变的前提下，则第二次发射成本 4 742.75 美元，第二次发射约为第一次 76.4%，以此类推，在表 13－3 中列出前 10 次发射报价。

表 13－3　猎鹰 9 号回收 9 次第一级火箭报价预估表

	发射报价预估表/万美元						
次别	第一级火箭成本	第二级火箭成本	测控成本	利润	一级火箭检测费用	报价	百分比
第一次	3 534.5	812.5	1 242	621	—	6 210	
第二次	1 767.25	812.5	1 242	621	300	4 742.75	76.4%
第三次	1 178.17	812.5	1 242	621	300	4 135.67	66.8%
第四次	883.63	812.5	1 242	621	300	3 859.13	62.1%
第五次	706.9	812.5	1 242	621	300	3 682.4	59.3%
第六次	589.08	812.5	1 242	621	300	3 564.58	57.4%
第七次	504.93	812.5	1 242	621	300	3 480.43	56%
第八次	441.81	812.5	1 242	621	300	3 417.31	55%
第九次	392.72	812.5	1 242	621	300	3 368.22	54.2%
第十次	353.45	812.5	1 242	621	300	3 328.95	53.6%

由此可见，第一级火箭回收 4 次，发射报价降为第一次的发射的 60%以下，若进一步回收第二级，则其成本进一步下降。由此可见，可回收火箭技术对降低航天器发射成本有着积极的重要作用。

13.3　国内外典型商业卫星运载火箭

13.3.1　国外典型商业卫星运载火箭

13.3.1.1　Falcon（猎鹰）系列火箭

凭借猎鹰 9 号和重型猎鹰运载火箭，SpaceX 能够向客户提供全范围的中型和重型发射能力（见图 13－2）。SpaceX 在卡纳维拉尔角空军基地、肯尼迪航天中心和范登堡空军基地运营着猎鹰发射设施，能够将有效载荷运送到各种不同的倾角和高度，从近地轨道到地球同步转移轨道，再到行星间任务的逃逸轨道。未来的任务也将在得克萨斯州南部的商业轨道发射基地起飞。

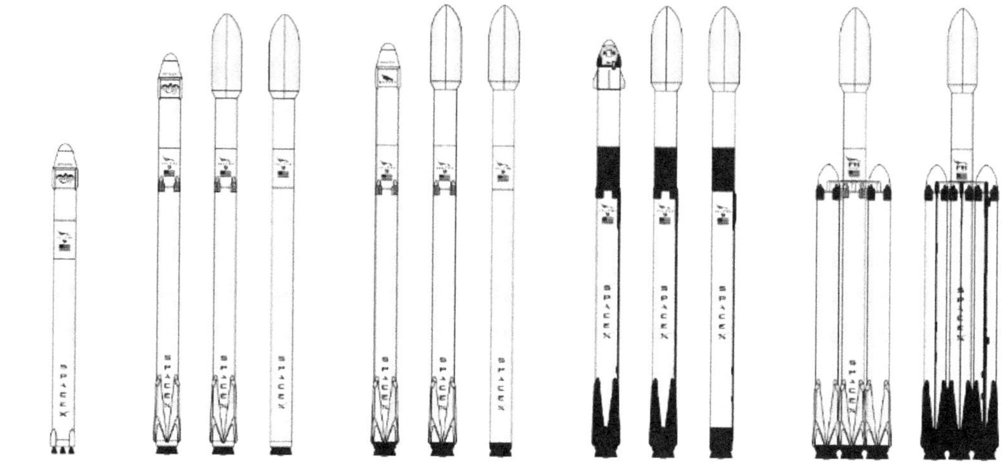

图 13-2　猎鹰 9 号火箭系列

猎鹰 9 号是由 SpaceX 在美国设计和制造的部分可重复使用的两级运载火箭。第一级和第二级均由 Merlin 发动机提供动力，使用低温液态氧和煤油（RP-1）作为推进剂，外壳主要成分是铝锂合金，因此具有较大强度，也更轻。火箭的版本为 v1.0（2010-2013），v1.1（2013-2016），v1.2“Full Thrust”（2015 年至今），包括 Block 5 Full Thrust 变型，自 2018 年 5 月开始飞行。与大多数火箭都是一次性发射系统的火箭不同，自推出 Full Thrust 版本以来，猎鹰 9 号可部分重用，第一级能够重新进入大气层并与第二级分离后垂直降落。该壮举是 2015 年 12 月在 20 航班上首次实现的。

猎鹰 9 号可以将重达 22 800 kg 的有效载荷提升到低地球轨道（LEO），将 8 300 kg 的有效载荷提升至地球静止转移轨道（GTO），目前发射最重的 GTO 载荷是 Intelsat 35E（6 761 kg）和 Telstar 19V（7 075 kg）。

2008 年，SpaceX 在 NASA 的商业轨道运输服务（COTS）计划中赢得了商业补给服务（CRS）合同，该计划使用猎鹰 9 号和龙飞船将货物运送到国际空间站（ISS）。猎鹰 9 号已通过“国家安全太空发射”计划和 NASA 发射服务计划的认证，作为“类别 3”，它可以执行最昂贵、最重要、最复杂的 NASA 任务。猎鹰 9 号被认为是世界上最先进的太空运载工具。截至 2020 年，猎鹰 9 号是目前所有现役美国火箭中发射次数最多的，并且是唯一经过完全认证可将人员运送到国际空间站的美国火箭，也是唯一将人类送入轨道的商业火箭（截至 2020 年 12 月）。

从 2010 年 6 月至 2013 年 3 月，共发射了五枚 1.0 版火箭。从 2013 年 9 月至 2016 年 1 月，1.1 版进行了 15 次发射。“全推力”版本自 2015 年 12 月起投入使用，此版本中进行了一些其他升级。最新的“全推力”变体 Block 5 在 2018 年 5 月推出。它具有增加发动机推力，改进着陆腿和其他较小改进的功能，以帮助恢复和再利用。SpaceX 计划最终由星际飞船取代重型猎鹰和猎鹰 9 号发射系统。

猎鹰 9 号家族的火箭已在 11 年中发射了 104 次，获得了 102 项完整的任务成功率(98.08%)，大部分获得了成功。从 2010 年 6 月至 2013 年 3 月，第一枚火箭版本的猎鹰 9 号 v1.0 发射了 5 次；从 2013 年 9 月至 2016 年 1 月，其继任者的猎鹰 9 号 v1.1 发射了 15 次；从 2015 年 12 月到 2018 年，最新的猎鹰 9 号 Full Thrust 升级了 81 次，其中 41 个使用了回收的第一级增压器。猎鹰重型于 2018 年 2 月发射，合并了两个经过翻新的第一级作为侧面助推器，然后于 2019 年 4 月和 2019 年 6 月再次使用，2019 年 6 月的航班重新使用了先前飞行的侧面助推器。最终生产的 Block 4 助推器已于 2018 年 4 月交付使用，第一个 Block 5 版本在 2018 年 5 月。火箭的第一级助推器已经成功降落了 78 次降落尝试中的 68 次（占 87.18%），而最新版本的 Block 5 在 48 次降落中占了 44 次（91.67%）。

13.3.1.2　Electron（电子）火箭

Electron 是由火箭实验室（Rocket Lab）开发的两级（有时是三级）的部分可回收轨道运载火箭（见图 13-3）。火箭实验室是一家在新西兰成立，拥有新西兰全资子公司的美国航空航天公司。Electron 服务于商业小型卫星发射市场。它的卢瑟福发动机是第一个为轨道级火箭提供动力的电泵式发动机。尽管火箭被设计成一次性的，但火箭实验室仍在考虑增加可重复使用能力的第一级，并已展示了重复使用助推器的能力。

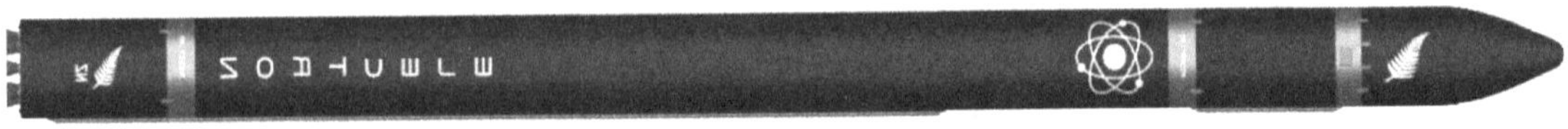

图 13-3　电子火箭

2016 年 12 月，Electron 取得了飞行资格。第一枚火箭于 2017 年 5 月 25 日发射进入太空，但由于地面通信设备的故障而未能到达轨道。在 2018 年 1 月 21 日的第二次飞行中，Electron 到达轨道并发射三颗 CubeSat。Electron 的首次商业发射以及第三次发射于 2018 年 11 月 11 日进行。

Electron 使用两个 1.2 m 直径 RP-1/LOX 推进级。火箭的主体使用轻质碳复合材料制成。两级火箭均使用创新的卢瑟福火箭发动机，为火箭提供动力。几乎所有发动机零件都是 3D 打印，节省制造过程中的时间和成本。

火箭实验室还开发了一个可选的第三级，可以在更短的时间内将卫星送入更精确的轨道。该级使用一种 3D 打印的名为居里的新型火箭发动机，能够进行多次燃烧。第三级火箭在 Electron 的第二次飞行中首次使用，最多可运输 150 kg 的有效载荷。

正在开发另一种称为“光子”的第三级火箭和卫星平台设计，可以将重达 30 kg 的小型有效载荷送入月球轨道。

电子火箭最初具有 150 至 225 kg 的有效载荷能力，可到达 500 km 的太阳同步轨道。2020 年 8 月，火箭实验室宣布将电子火箭的有效载荷提高到 225 至 300 kg。运载能力增加主要是由于电池的进步。增加的运载能力可以抵消回收技术增加的质量。火箭实验室还宣布了扩展的整流罩，其直径为 1.8 m，大于标准的 1.2 m 直径的整流罩。图 13-4 为正在发射的电子火箭。

图 13-4　正在发射的电子火箭

自 2017 年 5 月以来，电子火箭已经飞行了 15 次，有 13 次成功和 2 次失败。最初的试飞航班“It's a Test”由于地面通信设备出现故障而失败，但是后续任务称为“Still Testing”“It's Business Time”和“This One's For Pickering”，向低地球轨道交付了多个小型有效载荷。在 2019 年 8 月，名为“Look Ma，No Hands”的任务成功地向轨道发射了四颗卫星，在 2019 年 10 月，从 Mahia LC-1 成功执行了名为“As the Crow Flies”的发射任务，将一颗小型卫星发射到 400 km 轨道上。2020 年 7 月，一枚电子火箭失败，箭上载有客户的有效载荷，这是首次飞行后的首次失败。

13.3.1.3　New Shepard（新谢泼德）亚轨道运载火箭

New Shepard 是一种垂直起飞、垂直着陆（VTVL）的亚轨道运载火箭，由蓝色起源公司开发，是一种用于亚轨道太空旅游的商业系统（见图 13-5）。

原型发动机和运载火箭的飞行始于 2006 年，而全面发动机的开发则始于 2010 年代初期，并于 2015 年完成。完整的 New Shepard（推进模块和太空舱）飞行测试于 2015 年开始。

2015 年 11 月 23 日，在到达 100.5 km 高度之后，新谢泼德亚轨道助推器成功地进行了动力垂直软着陆，这是亚轨道助推火箭第一次从太空返回并成功进行垂直着陆。测试计划在 2016 年和 2017 年继续进行，2016 年使用同一飞行器（NS-2）进行了四次额外的测试飞行，2017 年进行了新 NS-3 飞行器的首次测试飞行。

蓝色起源公司计划在 2019 年进行首次乘员测试飞行，但并未执行，并且此后宣布将开始出售最多 7 人的商业航班机票。

图 13 - 5　新谢泼德火箭

13.3.1.4　New Glenn（新格伦）运载火箭

New Glenn 是直径 7 m 的两级轨道运载火箭，具有可重复使用的第一级和一次性第二级（见图 13 - 6）。

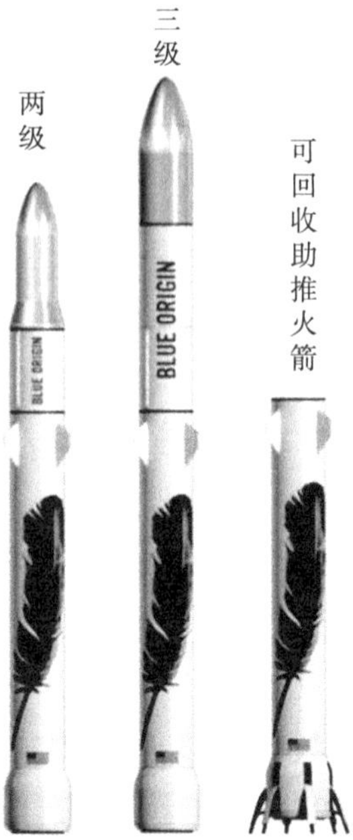

图 13 - 6　新格伦运载火箭

第一级火箭目标是可重复使用多达100个任务，并将垂直降落，这是蓝色起源公司先前开发的技术，并于2015—2016年在其New Shepard亚轨道运载火箭上进行了测试。第二级将使用与第一级相同的直径，并使用两台BE-3U真空优化发动机。它将使用氢/氧作为推进剂，该发动机由蓝色起源公司制造。根据已知资料，新格伦的两级版本可将13 t载荷发射到GTO，或将45 t载荷发射到51.6°的LEO，前五次飞行后将提供双卫星发射。

这两级都将使用带有焊接铝质圆顶和普通隔板的正交栅格铝制贮罐，还将使用自生加压。第一级将由蓝色起源公司设计和制造的7台BE-4甲烷/氧气发动机提供动力，产生17 000 kN的起升推力。第二级将由两个由蓝色起源公司设计和制造的BE-3U发动机提供动力。BE-3U是BE-3发动机的扩展变体，根据2015年的初步设计，BE-3U的真空推力为670 kN。

13.3.2 国内典型商业卫星运载火箭

13.3.2.1 长征二号丁运载火箭

长征二号丁（CZ-2D）是由中国航天科技集团公司所属上海航天技术研究院研制的两级液体运载火箭。火箭全长41 m，箭体直径3.35 m，起飞质量250 t，LEO运载能力4.0 t，500 km SSO运载能力1.5 t。

长征二号丁运载火箭的设计参数见表13-4。

表13-4 长征二号丁运载火箭设计参数

中文名称	长征二号丁	火箭代号	CZ-2D
子级数量	2	全箭全长	41 m
最大直径	3.35 m	推进剂	偏二甲肼、四氧化二氮
起飞质量	250 t	起飞推力	2961.6 kN
运载能力	近地轨道4 t	首次发射	1992年8月9日

长征二号丁运载火箭在长征四号甲火箭一、二子级的基础上开始研制，一、二子级直径为3.35 m，为常规液体推进剂两级运载火箭。700 km高度太阳同步轨道（SSO）典型运载能力为1 300 kg，为中国单二级运载火箭中运载能力最大，并能与远征系列上面级结合，提供多星异轨组网部署发射，大幅提高1 000 km轨道高度以上运载能力，可适配2.9 m、3.35 m、3.8 m等多型整流罩（见图13-7）。

长征二号丁运载火箭研制历程中在提高运载能力、可靠性、任务适应性和入轨精度方面不断采用先进技术，持续创新，主要开展了如下技术改进。

（1）提高运载能力

长征二号丁01批运载火箭率先采用体积小、质量轻、精度高、可靠性高的动力调谐陀螺平台代替气浮陀螺稳定平台。长征二号丁02批运载火箭在01批运载火箭的基础上总体进行了一系列的技术改进，包括加长二级贮箱、采用二级发动机大喷管、延长二级游机滑行时间、增设二级推进剂利用系统等。

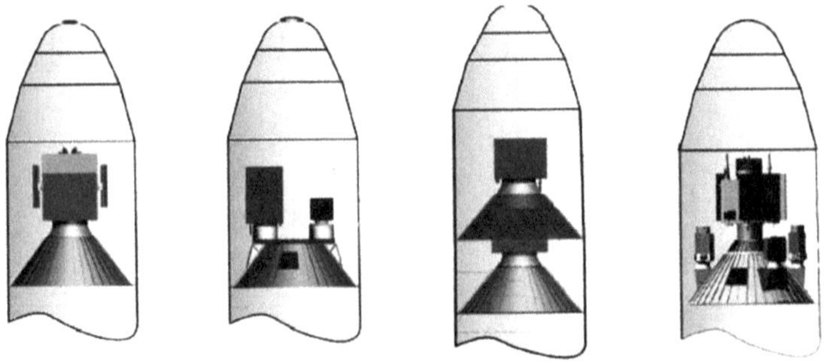

图 13－7　长二丁多种整流罩卫星布局

（2）提高可靠性

为了减少控制系统Ⅰ、Ⅱ类单点故障，提高运载火箭可靠性，长征二号丁运载火箭由“单平台”状态逐步过渡到“平台＋激光捷联”冗余、再发展到“激光＋光纤双捷联”冗余和“光纤＋激光双捷联”冗余，采用冗余伺服机构和冗余箭机的方案，大大减少了控制系统的Ⅰ、Ⅱ单点故障，火箭全箭可靠性指标在置信度为 0.7 时由 0.95 提高到 0.97。采用三种新冗余平台方案的长征二号丁均首飞成功。

（3）提高任务适应性

为不断提高任务适应性，长征二号丁运载火箭采用多种构型卫星整流罩、增加排放离轨系统、增加姿控发动机系统、迭代制导、高空风补偿和中继等技术。为了适应星座异轨部署需求，长征二号丁火箭结合远征三号上面级，以一箭七星方式首飞，实现了 2 个轨道 7 颗卫星的部署。

（4）提高入轨精度

长征二号丁运载火箭具有 GNSS 组合导航技术，采用卡尔曼滤波和简单重调算法，使火箭的入轨精度得到了显著提高，可满足有高入轨精度需求的客户需求。

长征二号丁火箭从 2003 年开始首次采用远距离测发模式，并取消了火箭技术区水平状态的动力系统测试和电气系统测试，在保证测试覆盖性的前提条件下，优化了测试项目，提高了测试效率，将发射场的工作时间由原来的 25 天缩减到 19 天，是中国现役液体运载火箭在发射场测试发射周期最短的型号。

长征二号丁运载火箭是一型可靠性高、任务适应性强、性能优异、经济性好的常规液体推进剂两级运载火箭（见图 13－8）。

13.3.2.2　长征三号乙运载火箭

长征三号乙（CZ－3B）是 20 世纪 90 年代末期由中国航天科技集团公司所属中国运载火箭技术研究院研制的一型三级液体捆绑火箭，主要用于地球同步转移轨道重型卫星、轻型卫星一箭多星、北斗导航卫星及其他轨道卫星的发射。

长征三号乙是在长征三号甲（CZ－3A）和长征二号 E（CZ－2E）火箭的基础上研制的，以长征三号甲（CZ－3A）作为芯级，捆绑四枚 2.25 m 直径液体助推器构成，助推器

图 13-8　长二丁发射升空

及其捆绑结构则与长征二号 E 基本相同。

长征三号乙是中国用于商业发射服务的主力火箭。该火箭不仅有效提高了长征三号系列火箭高轨道的运载能力，形成了完整系列，而且由于其模块化、组合化设计思路，也为“三化”设计思想的深入发展提供了宝贵的经验。

2020 年 10 月 12 日，长征三号乙运载火箭成功发射高分十三号卫星。2020 年 12 月 6 日，长征三号乙运载火箭成功发射高分十四号卫星。

长征三号乙运载火箭主要用于发射地球同步轨道卫星，其运载能力达到 5.5 t，是中国用于商业卫星发射服务的主力火箭（见图 13-9）。长三乙火箭还可执行其他轨道要求的任务，并且还可满足有效载荷调姿、再定向和起旋要求，以及双星和多星发射的要求等。长三乙火箭可提供多种整流罩以适应不同用户的需要。

长征三号乙运载火箭设计参数见表 13-5。

表 13-5　长征三号乙运载火箭设计参数

参数	助推器	第一级	第二级	第三级
级段直径/m	2.25	3.35	3.35	3.0
级段长度/m	15.326	23.272	9.943	12.375
推进剂质量/t	37.746×4 41.5×4	171.775 186.6	49.605	18.193

续表

参数	助推器	第一级	第二级	第三级
推进剂	四氧化二氮/偏二甲肼			液氢/液氧
发动机	YF－25	YF－21C	YF－24E YF－22E(主机) YF－23C(游机)	YF－75
发动机推力/kN	740.4×4	2 961.6	742(主机) 11.8×4(游机)	78.5×2
发动机比推力/(N·s/kg)	2 556.2	2 556.2	2 922.57(主机) 2 910.5(游机)	4 312
助推器	4			
起飞质量/t	426/458.97			
全长/m	54.838/56.326			
整流罩直径/m	4.00/4.20			
整流罩长度/m	9.56			
GTO 运载能力/kg	5 100/5 500			

图 13－9　长征三号乙待发射

长征三号乙运载火箭运载能力见表 13－6。

表 13-6　长征三号乙运载火箭运载能力

<table>
<tr><th>轨道类型</th><th>标准型</th><th>改一型</th><th>改二型</th><th>改三型</th><th>改三Z型</th><th>改三Z型/远征一号</th><th>改五型</th></tr>
<tr><td>GTO</td><td>5.1 t</td><td rowspan="2">N/A</td><td>5.5 t</td><td>5.4 t</td><td>5.2 t</td><td colspan="2">N/A</td></tr>
<tr><td>TLI</td><td>3.4 t</td><td>3.78 t</td><td colspan="4">N/A</td></tr>
<tr><td>MTO</td><td>N/A</td><td>4.3 t</td><td colspan="5">N/A</td></tr>
<tr><td>MEO</td><td colspan="5">N/A</td><td>2.2 t</td><td rowspan="2">N/A</td></tr>
<tr><td>LEO</td><td>11.2 t</td><td rowspan="2">N/A</td><td>11.5 t</td><td colspan="3" rowspan="2">N/A</td></tr>
<tr><td>SSO</td><td>6.85 t</td><td>7.1 t</td><td>4.5 t</td></tr>
</table>

13.3.2.3　长征六号运载火箭

长征六号运载火箭（CZ-6）是上海航天技术研究院研制的新一代无毒无污染小型液体运载火箭。

长征六号为三级火箭，有 700 km 高度太阳同步轨道 500 kg 的运载能力。该火箭成本低、高可靠、适应性强、安全性好，有许多新技术是在中国国内首次应用，研制难度很大。

2015 年 9 月 20 日 7 时 01 分，长征六号在太原卫星发射中心“一箭 20 星”首飞成功，标志着中国长征系列运载火箭家族再添新成员，而且创造了中国航天一箭多星发射的新纪录。这也是中国新一代运载火箭的首次发射。

长征六号运载火箭按照低成本、高可靠性、适应性强、周期短的设计原则进行研发。

（1）低成本

降低成本是提高运载火箭在国内外卫星发射市场上竞争能力的重要条件，小型运载火箭研制的关键是降低成本。一方面，充分利用新一代运载火箭基本型的技术以降低研制成本，设计过程中要始终贯彻低成本设计思想，在保证可靠性的前提下尽量简化系统配置；简化发射操作，降低发射成本。采用煤油/液氧发动机，光推进剂费用比以前节省数百万元。

（2）高可靠性

高可靠性是火箭的生命之本。遵循“简单即可靠”的可靠性设计原则，在单机或系统设计时力求简单；通过严格的质量保证体系和质量管理制度，控制产品的设计、生产质量。设计可靠性为 95%，经过进一步优化，首飞可靠性提升到 98%，比安全性最高的长征二号 F 型还高 1%。

（3）适应性强

满足用户多种多样的需求，既能够适应发射各种轨道的小卫星，也可以进行双星或多星发射；既能够适应新发射场，也能够在现有的发射场进行发射。首飞时长征六号完成一箭 20 星创造了中国卫星发射新纪录。

（4）周期短

充分应用新一代运载火箭基本型的技术，研制周期短，简化发射方式，缩短发射周期，满足快速发射的要求。首飞时发射准备时间只需要一周。

长征六号运载火箭的设计参数见表 13-7。

表 13-7　长征六号运载设计参数

参数	一子级	二子级	三子级
氧化剂/推进剂	液氧/煤油	液氧/煤油	四氧化二氮/偏二甲肼
推进剂质量/t	76	15.15	0.75
发动机	单台双摆 YF-100	单台 YF-115 发动机	单台 YF-50E 发动机
海平面推力/kN	1 200	150	N/A
真空推力/kN	1 340	180	6.5
海平面比冲/(m/s)	2 942(300)	N/A	N/A
真空比冲/(m/s)	3 286(335)	3 349(342)	3 092(315.5 s)
箭体直径/m	3.35	2.25	2.25
火箭类型	三级小型液体运载火箭		
火箭全长/m	29.932		
起飞质量/t	102		
起飞推比	1.2		
最大轴向过载	7.0 g		
SSO 运载能力	国内测控下达到 500 kg 全球测控下达到 1.0 t		
可靠性	0.98		
发射准备周期	7 天		

长征六号全箭长 29.932 m，为三级构型，起飞质量约 102 t，700 km 太阳同步轨道运载能力为 500 kg，支持单星发射、多星发射和搭载发射。通过水平整体测试、水平整体星箭对接、水平整体运输起竖的“三平”测发模式，可完成各类航天器的快速发射任务（见图 13-10）。

13.3.2.4　长征十一号运载火箭

长征十一号运载火箭是由中国航天科技集团公司所属中国运载火箭技术研究院研制的新型四级全固体运载火箭，是中国长征系列运载火箭家族第一型固体运载火箭。该火箭主要用于快速机动发射应急卫星，满足自然灾害、突发事件等应急情况下微卫星发射需求。

2019 年 6 月 5 日 12 时 6 分，我国在黄海海域用长征十一号海射运载火箭，将技术试验卫星捕风一号 A、B 星及五颗商业卫星顺利送入预定轨道，试验取得成功，这是我国首次在海上实施运载火箭发射技术试验（见图 13-11）。

火箭全长 20.8 m，重 58 t，起飞推力 120 t，700 km 太阳同步轨道运载能力 350 kg，低轨运载能力可达 700 kg。火箭在接到任务命令后，24 h 内完成星箭技术准备和发射任务，其中在发射点的发射准备时间不大于 1 h，具备“日发射”能力。2015 年 9 月 25 日，作为我国长征系列运载火箭家族第一型固体运载火箭、我国新一代运载火箭中唯一一型固体火箭的长征十一号运载火箭在酒泉卫星发射中心首飞成功。低轨运载能力达 2 t 的长征十一号甲固体运载火箭正在论证中。

图 13-10　长征六号运载火箭

图 13-11　长征十一号运载火箭首次海上发射

长征十一号采用国际通用星箭接口，可满足不同任务载荷、不同轨道的多样化发射需求。火箭系统由固体运载火箭、发射支持系统组成，一级采用中国最大规模和推力的固体火箭发动机，可牵引大型固体发动机和运载火箭固体助推器技术的发展。

火箭具有可整体贮存、操作简单、发射成本低、发射周期短的特性，它最大的优势是“快速、便捷、灵活”，可实现卫星快速组网和补网，能很好地满足自然灾害、突发事件等应急发射需求。

长征十一号运载火箭参数见表 13－8。

表 13－8　长征十一号运载火箭参数

火箭级数	四级
推进剂	端羟基聚丁二烯(HTPB)复合固体推进剂
火箭全长	20.8 m
整流罩直径	1.6/2.0 m
最大直径	2.0 m
起飞质量	58 t
起飞推力	120 t
700 km SSO 运载能力	350 kg
LEO 运载能力	700 kg

13.3.2.5　快舟一号甲运载火箭

快舟一号甲运载火箭（KZ－1A）（见图 13－12）是由中国航天科工运载技术研究院研制的三级固体运载火箭，全长约 20 m，起飞质量约 30 t，最大直径 1.4 m，太阳同步圆轨道的运载能力为 200 kg/700 km，近地轨道运载能力为 300 kg。

快舟一号甲运载火箭是在原快舟一号星箭一体化运载器的基础上改进研制的一款通用型固体运载火箭，扩展了整流罩的长度和直径，提高了任务适应性，在保证运载能力的同时增加了搭载卫星的空间。火箭采用车载机动发射方式，主要面向微小卫星发射和组网，具备一箭多星发射能力。

快舟一号甲采用三级固体动力＋末级液体助推的串联式布局，并采用国际通用接口，主要为 300 kg 级低轨小卫星提供发射服务，具有发射成本低、可靠性高、入轨精度高、准备周期短、保障条件少等特点。

快舟一号甲固体运载火箭采用了水平总装、水平测试、水平运输的“三平测发模式”，有效提高了操作的便利性；由移动发射车在普通硬实地面实施发射，不需要复杂的发射塔架，简化了发射保障设施；火箭具有先进末级，可同时保证多轨道发射能力和高精度入轨姿态，满足一箭多星用户的快速发射和部署需求。

快舟一号甲运载火箭参数见表 13－9。

图 13－12　快舟一号甲运载火箭

表 13－9　快舟一号甲运载火箭参数

火箭全长		20 m
起飞质量		30 t
最大直径		1.4 m
整流罩直径		1.2 m/1.4 m
运载能力	LEO	300 kg
	500 km SSO	250 kg
	700 km SSO	200 kg
入轨精度	半长轴偏差	≤5 km
	轨道倾角	≤0.1°
	偏心率偏差	≤0.002
卫星分离姿态角及角速率偏差	姿态角	≤1°
	姿态角速率	≤0.3(°)/s

13.3.2.6 双曲线系列运载火箭

双曲线一号运载火箭（见图13-13）由中国民营航天公司北京星际荣耀科技有限公司设计研制，是一种采用垂直热发射方式的四级小型固体商业运载火箭，四级均为固体发动机，辅以液体姿控发动机。火箭直径1.4 m，总长24 m，总质量约42 t，起飞推力为770 kN。500 km太阳同步轨道运载能力大于300 kg，700 km太阳同步轨道运载能力225 kg。

北京时间2019年7月25日13时00分，北京星际荣耀科技有限公司的双曲线一号遥一长安欧尚号运载火箭在中国酒泉卫星发射中心成功发射，按飞行时序将多颗卫星及有效载荷精确送入预定300 km圆轨道，发射任务取得圆满成功，实现了中国民营运载火箭成功入轨零的突破。

双曲线一号运载火箭具有高品质、低成本、快响应的特点，可提供整箭产品、卫星发射（单星或多星）、搭载服务、增值服务等多种服务形式。

图13-13 双曲线一号运载火箭

双曲线一号技术参数见表13-10。

表13-10 双曲线一号火箭主要总体参数

参数	一子级	二子级	三子级	四子级
推进剂	丁羟三组元	丁羟三组元	丁羟三组元	丁羟三组元
推进剂质量/kg	18 000	13 000	3 850	1 050
工作时间(常温)/s	≮56	≮60	≮56	≮50
比冲(常温)/s	245	282	290	290
推力/kN	≮770	≮597	≮195	≮60
直径/mm	1 400	1 400	1 400	1 400
级长/mm	8 678	6 665	2 616	1 895

双曲线一号运载火箭由结构、动力、电气（含控制、遥测、外测、安控）三个分系统组成。双曲线一号运载火箭结构系统由整流罩、四子级、三级前段、三级固体发动机、二/三级间段、二级固体发动机、一/二级间段、一级固体发动机、一级尾段及栅格舵组成，如图13-14所示。

双曲线一号运载火箭针对500 km SSO轨道的运载能力为300 kg，不同LEO及SSO的运载能力如图13-15所示，入轨精度及分离精度见表13-11。

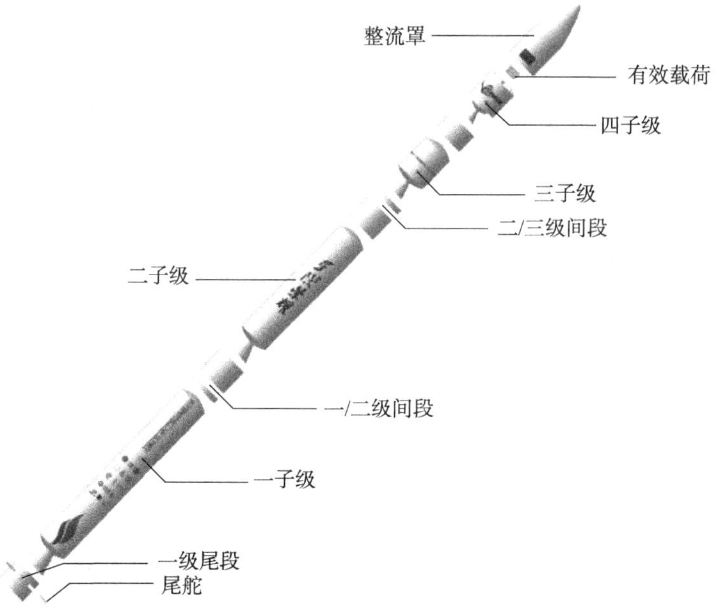

图 13-14 双曲线一号运载火箭结构系统组成

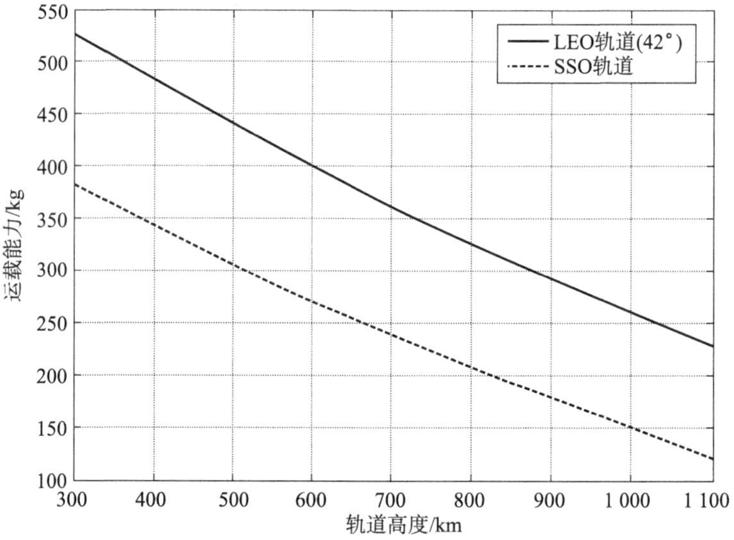

图 13-15 双曲线一号运载能力（酒泉卫星发射中心）

表 13-11 双曲线一号火箭入轨及分离参数

入轨及分离参数	数值
半长轴 $\|\Delta a\|$	$\|\Delta a\| \leqslant 5$ km
偏心率 $\|\Delta e\|$	$\|\Delta e\| \leqslant 0.003$
轨道倾角 $\|\Delta i\|$	$\|\Delta i\| \leqslant 0.1°$

续表

入轨及分离参数	数值
滚转角 ϕ 俯仰角 θ 偏航角 ψ	$\lvert\phi\rvert \leqslant 1.5°$ $\lvert\theta\rvert \leqslant 3.2°$ $\lvert\psi\rvert \leqslant 3.2°$
滚转角速率 ω_x 俯仰角速率 ω_y 偏航角速率 ω_z	$\lvert\omega_x\rvert \leqslant 0.5(°)/s$ $\lvert\omega_y\rvert \leqslant 1.1(°)/s$ $\lvert\omega_z\rvert \leqslant 1.1(°)/s$

双曲线一号运载火箭卫星整流罩外形及包络如图 13 - 16 所示。

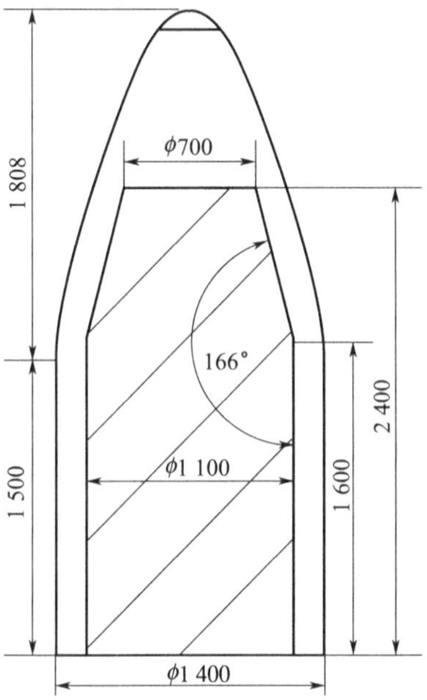

图 13 - 16　双曲线一号运载火箭整流罩外形及包络

机械接口采用 GJB 4228—2001《卫星与运载火箭对接尺寸型谱》标准向用户提供卫星通用接口。采用搭载方案时，在主星周边环向布置小卫星安装板。可采用笼屉式分层安装双星，在设备舱上部井字梁处可并联安装多颗卫星。发射多星时，可采用中心承力筒+安装导轨的方式，纳星分配器采用多层、环形布局的方式，分配器每一层安装 8 个卫星接口装置，5 层可安装 40 颗纳星。不同类型卫星安装方式如图 13 - 17 中 (a) ～ (f) 所示。

双曲线二号运载火箭（见图 13 - 18）是一款小型液体运载火箭，采用两级串联构型，用于提供小卫星发射服务。双曲线二号运载火箭长度为 28 m，一级箭体直径 3.35 m，二级箭体直径 2.25 m，起飞推力 106 t，近地轨道运载能力为 1.9 t。

双曲线二号运载火箭采用液氧/甲烷作为推进剂，无毒无污染；一子级具有垂直着陆回收功能，可以重复使用，进一步降低卫星发射服务成本。

星际荣耀公司还计划研制国内首款民营公司发布的亚轨道太空旅游概念飞行器（见图 13 - 19）。

(a) 主星单星安装

(b) 主星周边搭载小卫星安装

(c) 笼屉式双星安装

(d) 多星并联安装

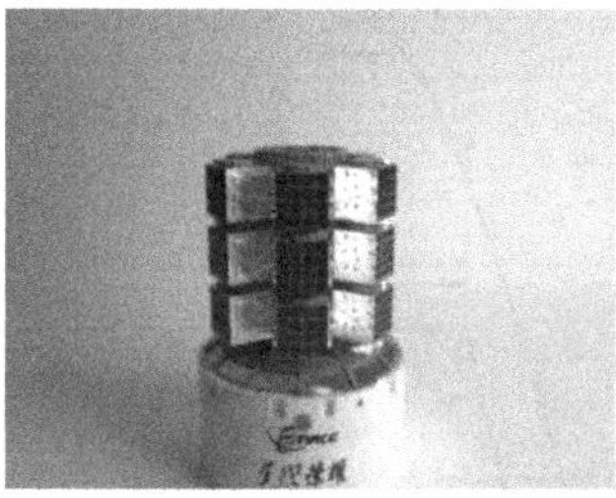

(e) 多星安装

(f) 多颗纳星安装

图 13－17　不同类型卫星安装方式

图 13－18　双曲线二号运载火箭

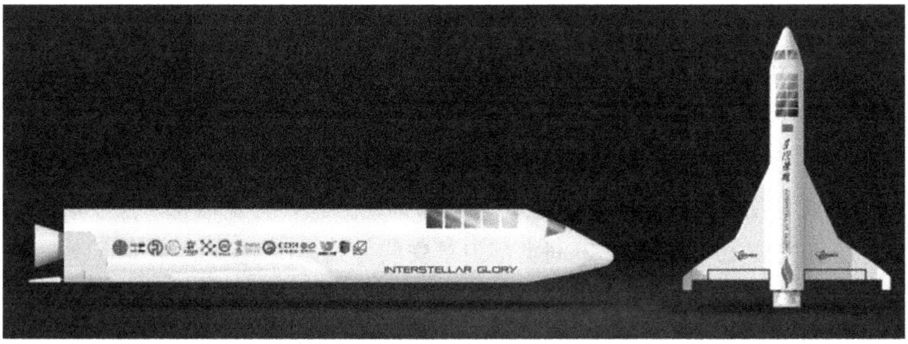

图 13－19　亚轨道太空旅游概念飞行器

13.3.2.7　谷神星一号与智神星一号

(1) 谷神星一号

谷神星一号运载火箭（见图 13－20）是中国民营航天企业星河动力空间科技有限公司

研发的运载火箭，该火箭是星河动力第一款固体运载火箭，作为窄带物联网布网建设、补网发射的主力箭型。

2020 年 11 月 7 日 15 时 12 分，谷神星一号运载火箭在酒泉卫星发射中心成功首飞，并顺利将天启星座十一星送入预定轨道。

谷神星一号为星河动力空间科技有限公司自主设计的四级运载火箭，一二三级采用固体发动机，四级为先进液体上面级，火箭直径 1.4 m，全长 19 m，起飞质量 30 t，LEO 轨道运载能力 350 kg，700 km SSO 轨道运载能力 230 kg，致力于为低轨小卫星提供质优价廉的快捷发射服务。

谷神星一号一级采用单台“光年”GS－1 固体发动机，海平面推力 60 t，燃烧时间 74 s；二级采用单台“光年”GS－2 固体发动机，推力 28 t，燃烧时间 70 s；三级采用单台“光年”GS－3 固体发动机，推力 8.8 t，燃烧时间 69 s。整流罩采用冯卡门曲线头型，复合材料，载荷空间直径 1.28 m，高 2.6 m。先进液体上面级可执行一箭多星、太空摆渡、主动离轨任务。

图 13－20　谷神星一号运载火箭

谷神星一号的飞行环境为纵向最大过载≤9g，横向最大过载≤0.6g。其入轨精度及分离参数见表 13－12。

表 13－12　谷神星一号火箭入轨及分离参数

入轨及分离参数	数值
半长轴 $\|\Delta a\|$	$\|\Delta a\| \leqslant 5$ km
偏心率 $\|\Delta e\|$	$\|\Delta e\| \leqslant 0.002$
轨道倾角 $\|\Delta i\|$	$\|\Delta i\| \leqslant 0.1°$
滚转角 ϕ 俯仰角 θ 偏航角 ψ	$\|\phi\| \leqslant 1°$ $\|\theta\| \leqslant 1°$ $\|\psi\| \leqslant 1°$
滚转角速率 ω_x 俯仰角速率 ω_y 偏航角速率 ω_z	$\|\omega_x\| \leqslant 0.3(°)/s$ $\|\omega_y\| \leqslant 0.3(°)/s$ $\|\omega_z\| \leqslant 0.3(°)/s$

谷神星一号接口形式支持国军标 GJB 4228（GJB/Z 200）300 型和 660 型包带弹簧式星箭连接分离装置，也支持国际通用的立方星释放机构，以 1U（100 mm×100 mm×100 mm）为基本单位进行模块化扩展，可装载常见的 1U、2U、3U、6U、12U 等体积的立方星。该箭也可支持轻型包带，接口尺寸从直径 8 英寸至 38 英寸；采用爆炸螺栓分离，3 点式或 4 点式爆炸螺栓接口及其他接口形式。

(2) 智神星一号

智神星火箭是星河动力自主研发的中国第一款、世界第二款可重复使用的液氧/煤油运载火箭，自 2018 年 12 月该款火箭主发动机研制启动以来，该型发动机已完成了燃气发生器、涡轮泵和推力室全部设计。通过燃气发生器地面热试车，验证了燃气发生器方案，确定了产品技术状态，参试产品将直接用于后续的燃气发生器和涡轮泵半系统联试以及发动机全系统试车，大大加速了液体火箭研制进程。

智神星一号为星河动力空间科技有限公司自主设计的两级液体加先进上面级可重复使用运载火箭（见图 13－21），一二级均采用“苍穹”液氧/煤油发动机，火箭直径3.35 m，全长 42 m，起飞质量 220 t，LEO 轨道运载能力 4 t，700 km SSO 轨道运载能力 2 t。

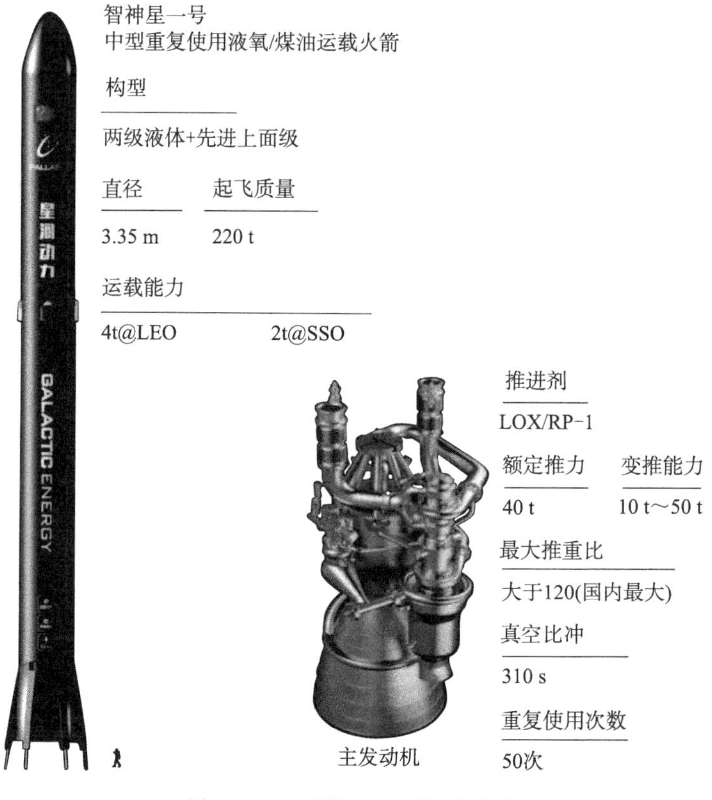

图 13－21　智神星一号运载火箭

智神星一号的飞行环境为纵向最大过载≤$9g$，可在文昌和太原发射，其入轨及分离参数见表 13－13。

表 13－13　智神星一号火箭入轨及分离参数

入轨及分离参数	数值
半长轴 $\|\Delta a\|$	$\|\Delta a\|\leqslant 5$ km
偏心率 $\|\Delta e\|$	$\|\Delta e\|\leqslant 0.002$
轨道倾角 $\|\Delta i\|$	$\|\Delta i\|\leqslant 0.05°$

续表

入轨及分离参数	数值
滚转角 ϕ 俯仰角 θ 偏航角 ψ	$\|\phi\|\leqslant 1°$ $\|\theta\|\leqslant 1°$ $\|\psi\|\leqslant 1°$
滚转角速率 ω_x 俯仰角速率 ω_y 偏航角速率 ω_z	$\|\omega_x\|\leqslant 0.3(°)/s$ $\|\omega_y\|\leqslant 0.3(°)/s$ $\|\omega_z\|\leqslant 0.3(°)/s$

智神星一号接口支持形式同谷神星一号。

13.3.2.8 朱雀系列运载火箭

朱雀一号是北京蓝箭空间科技有限公司自主研发的三级运载火箭，全箭总长 19 m，箭体直径 1.3 m，起飞质量 35 t，起飞推力 56 t。

2018 年 10 月 27 日，朱雀·南太湖号在酒泉卫星发射中心搭载微小卫星“未来号”发射升空。朱雀·南太湖号一二级分离成功，整流罩分离成功，但由于三级在飞行过程中出现异常，卫星未能入轨。

朱雀一号特点为：

1）发射快速响应，火箭总装、测试、发射等准备时间短，可实现应急快速发射；

2）应用场景广泛，为微小卫星、微纳卫星、立方卫星星座提供组网发射服务；

3）技术成熟可靠，采用安全性高的固体推进剂，新研高度集成结构、控制系统。

图 13－22～图 13－23 分别为朱雀一号和朱雀二号运载火箭示意图（未按实际比例）。

朱雀二号系列运载火箭是蓝箭航天空间科技股份有限公司完全自主研发、具备自主知识产权的一款中型液体运载火箭系统，配备具有自主知识产权的液氧/甲烷低温发动机。截至 2021 年年底尚未发射。

朱雀二号为两级液体运载火箭，直径 3.35 m，全长 49.5 m，总重 216 t，起飞总推力 268 t，500 km 高度太阳同步轨道运载能力 4 t，200 km 近地轨道运载能力 6 t。

朱雀二号配备的“天鹊”发动机是一款以液氧/甲烷为推进剂的发动机，推力达到近百吨级，完全由企业自主研发。动力系统分别由“天鹊 12”80 t 级液氧/甲烷发动机与“天鹊 11”10 t 级液氧/甲烷发动机所构成。

朱雀二号具有以下特点。

1）环保：绿色、无毒、无污染，符合国际新一代运载技术发展趋势；

2）经济：一体化集成电气系统，全箭电气成本降低 80%，推进剂成本降低 50%～90%；

3）通用：精简系统架构，全箭零部件种类减少 50%，实现零部件组件的标准化、通用化；

4）可回收：发动机深度可变推力，一子级可重复使用次数 20＋。

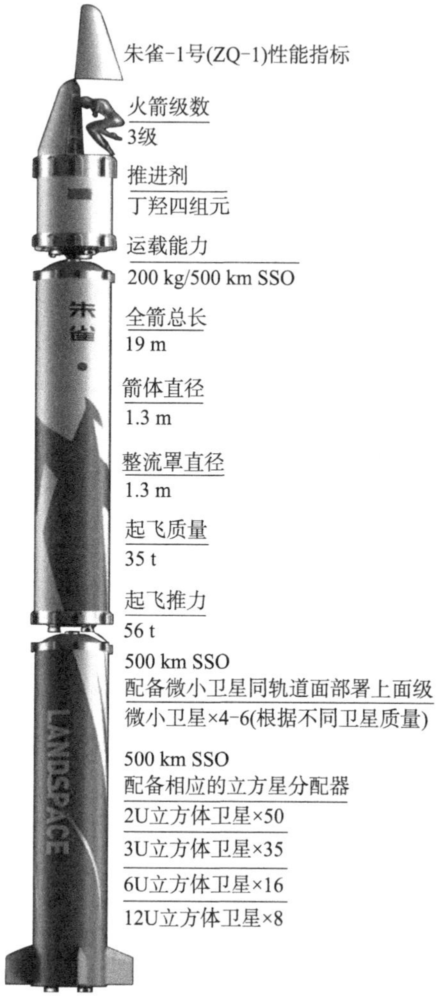

图 13-22　朱雀一号

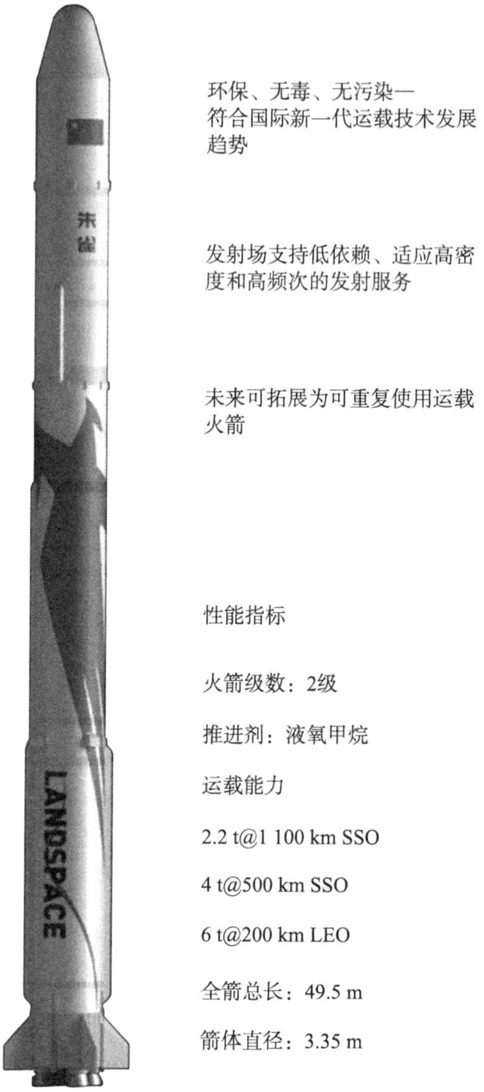

图 13-23　朱雀二号

参考文献

［1］冯韶伟，马忠辉，吴义田，等. 国外运载火箭可重复使用关键技术综述［J］. 导弹与航天运载技术，2014（5）：5.

［2］肖伟，陈忠贵，钱志英. 一箭多星发射直接入轨的卫星构型研究［J］. 航天器工程，2012（01）：43-47.

［3］李昶，李海生，郑恒. 一箭多星直接入轨发射任务风险量化评估方法［C］// 第五届中国卫星导航学术年会论文集—S6 北斗/GNSS 测试评估技术，2014.

［4］姚延风，裴胜伟，李东泽，等. "一箭多星"发射低地球轨道卫星的构型优化设计方法［J］. 航天器工程，2016（3）：32-39.

［5］朱剑涛，林益明. 适合于"一箭多星"发射的卫星构型特点综述［J］. 国际太空，2007（06）：23-29.

［6］https：//www. spacex. com/vehicles/falcon—9/.

［7］https：//www. rocketlabusa. com/.

［8］https：//www. blueorigin. com/new—shepard/.

［9］https：//www. blueorigin. com/new—glenn/.

［10］长征二号 — 中国运载火箭技术研究院（calt. com）.

［11］长征三号乙 — 中国运载火箭技术研究院（calt. com）.

［12］长征六号 _ 中国航天科技集团（spacechina. com）.

［13］长征十一号 — 中国运载火箭技术研究院（calt. com）.

［14］http：//www. i—space. com. cn/.

［15］http：//www. galactic—energy. cn/.

［16］http：//www. landspace. com/.

第 14 章　可靠性设计与分析

14.1　可靠性建模、预计及指标分配

14.1.1　系统可靠性模型

系统可靠性模型是指表示系统与其所属单元之间的可靠性逻辑关系，即：将以性能、功能为界限的反映工作原理的物理模型转化为以任务界面及失效判据为依据的可靠性逻辑关系图。因此，可靠性模型主要确定系统成功（或失败）的概率与所属单元系统成功（或失败）的概率之间的关系。

14.1.1.1　五种基本的系统数学模型及可靠性框图

（1）串联系统

定义：系统中任意组成单元的失效，将导致整个系统的失效，则称此系统为串联系统。

数学模型：$R_s(t)=\prod_{i=1}^{n}R_i(t)$

串联系统可靠性框图如图 14－1 所示。

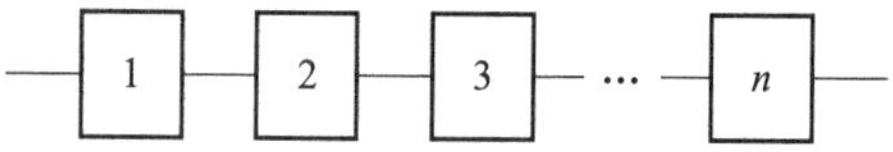

图 14－1　串联系统可靠性框图

若单元的寿命分布服从指数分布时，则系统的寿命也服从指数分布。

系统可靠度为：$R_s(t)=\mathrm{e}^{-\lambda_s t}$，$\lambda_s$ 为系统失效率，$\lambda_s=\sum_{i=1}^{n}\lambda_i$ 。

系统的平均故障间隔时间（MTBF）T_{BF_s} 用下式表示

$$T_{BF_s}=\frac{1}{\lambda_s}=\frac{1}{\sum_{i=1}^{n}\lambda_i} \tag{14-1}$$

（2）并联系统——工作储备系统（热备份）

定义：组成系统的单元全部发生故障时，系统才发生故障。

数学模型：$R_s(t)=1-\prod_{i=1}^{n}[1-R_i(t)]$

并联系统可靠性框图如图 14－2 所示。

若单元的寿命服从指数分布时，则 $R_s=1-\prod_{i=1}^{n}(1-\mathrm{e}^{-\lambda_i t})$，$T_{BF_s}=\int_0^{\infty}R_s(t)\mathrm{d}t$ 。常用

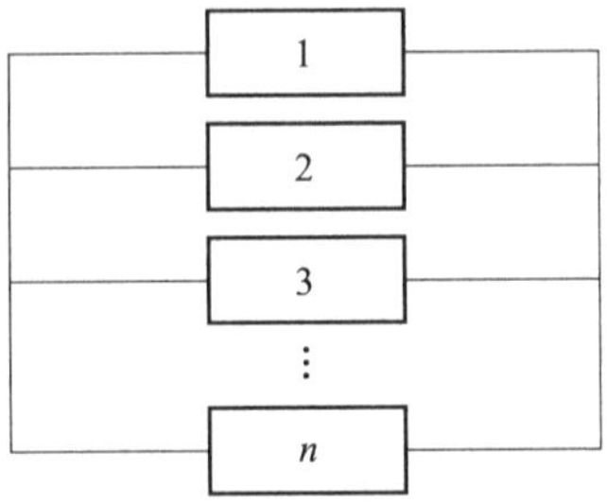

图 14－2　并联系统可靠性框图

的两单元并联的 $R_s(t)$ 及 $\lambda_s(t)$ 为

$$R_s(t)=1-\prod_{i=1}^{2}(1-R_i) \tag{14-2}$$

展开上式后得

$$R_s(t)=e^{-\lambda_1 t}+e^{-\lambda_2 t}-e^{-(\lambda_1+\lambda_2)t}=e^{-\lambda_s(t)} \tag{14-3}$$

$$\lambda_s(t)=\frac{\lambda_1 e^{-\lambda_1 t}+\lambda_2 e^{-\lambda_2 t}-(\lambda_1+\lambda_2)e^{-(\lambda_1+\lambda_2)t}}{e^{-\lambda_1 t}+e^{-\lambda_2 t}-e^{-(\lambda_1+\lambda_2)t}} \tag{14-4}$$

$$T_{BF_s}=\int_0^{\infty}R_s(t)\mathrm{d}t=\frac{1}{\lambda_1}+\frac{1}{\lambda_2}-\frac{1}{\lambda_1+\lambda_2} \tag{14-5}$$

若 $R_1=R_2=R$，则 $R_s(t)=2R-R^2$；

若 $\lambda_1=\lambda_2=\lambda$，则 $\lambda_s(t)=2\lambda(1-e^{-\lambda t})/(2-e^{-\lambda t})$。

(3) 并、串混联系统

其可靠性框图如图 14－3 所示。

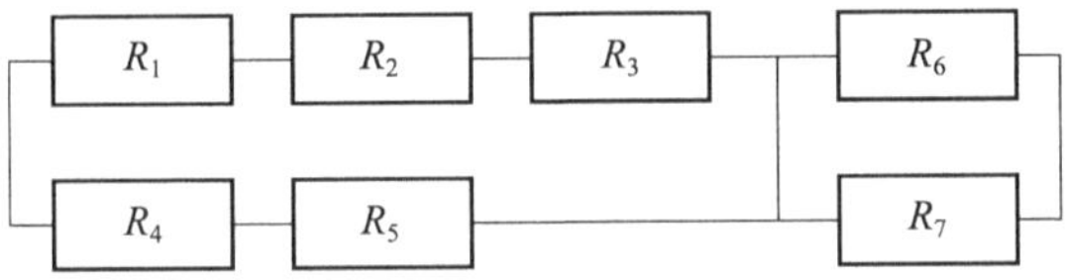

图 14－3　并、串混联系统可靠性框图示例

系统可靠度计算过程如下

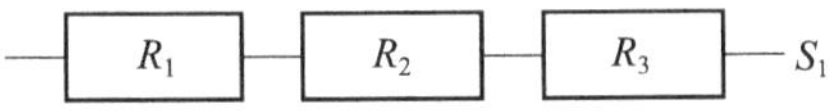

$$R_{S1}=R_1R_2R_3$$

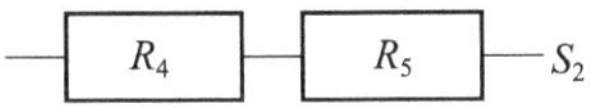

$$R_{S2}=R_4R_5$$

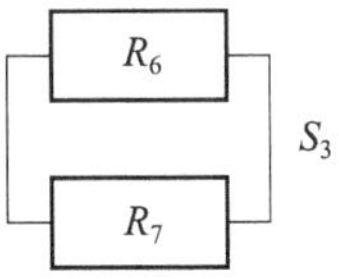

$$R_{S3}=R_6+R_7-R_6R_7$$

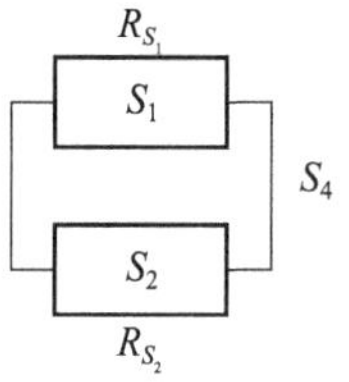

$$R_{S4}=R_{S1}+R_{S2}-R_{S1}R_{S2}$$

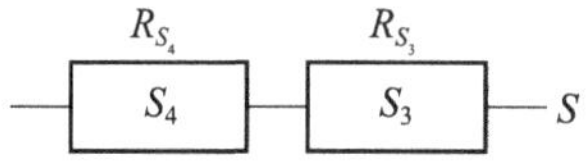

$$R_S=R_{S3}R_{S4}$$

(4) 旁联系统——非工作储备系统（冷备份）

定义：组成系统的几个单元中只有一个单元工作，当工作单元故障时，通过转换装置切换至另一个单元继续工作，直至所有单元均故障，系统才故障，称旁联系统。

其可靠性模型如图 14-4 所示。

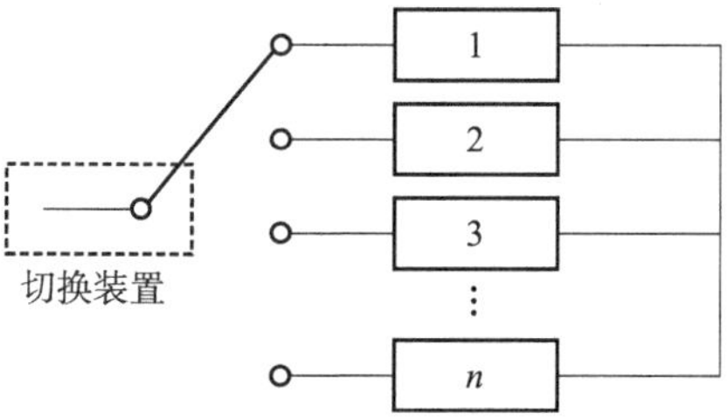

图 14-4　旁联系统可靠性框图

保证切换装置可靠度至少大于 0.999。

系统 T_{BF_s} 等于各单元 T_{BF_i} 之和，即：$T_{BF_s}=\sum_{i=1}^{n}T_{BF_i}$

系统各单元寿命服从指数分布时，则：$T_{BF_s}=\sum_{i=1}^{n}1/\lambda_i$

系统各单元相同时，则 $T_{BF_s}=n/\lambda$

$$R_s(t)=\mathrm{e}^{-\lambda t}\left[1+\lambda t+\frac{(\lambda t)^2}{2!}+\cdots+\frac{(\lambda t)^{n-1}}{(n-1)!}\right]\tag{14-6}$$

对于两个不同单元组成的旁联系统的 R_s 及 T_{BF_s}

即：$n=2$，$\lambda_1\neq\lambda_2$

$$R_s(t)=\frac{\lambda_2}{\lambda_2-\lambda_1}\mathrm{e}^{-\lambda_1 t}+\frac{\lambda_1}{\lambda_1-\lambda_2}\mathrm{e}^{-\lambda_2 t}\tag{14-7}$$

$$T_{BF_s}=\frac{1}{\lambda_1}+\frac{1}{\lambda_2}\tag{14-8}$$

(5) $r/n(G)$ 表决系统模型——工作贮备系统（表决冗余）

定义：组成系统的 n 个单元中，正常工作的单元数不少于 r（r 介于 $1\sim n$ 之间某个数）系统就不会故障。

数学模型：$R_s=\sum_{i=r}^{n}C_n^iR^i\ (1-R)^{n-i}$ ，或用可靠性模型图（见图 14-5）表示。

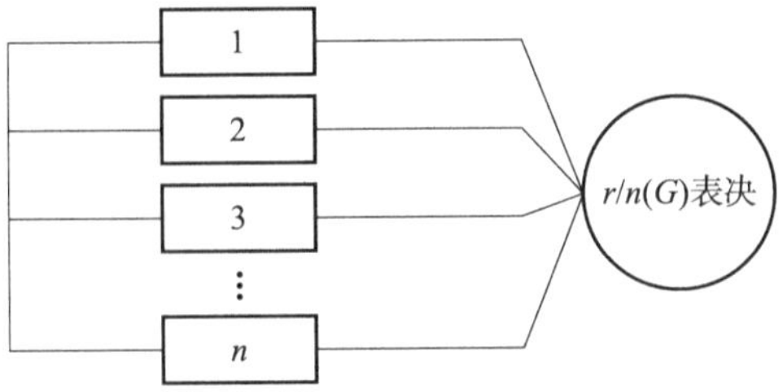

图 14 - 5　r/n（G）表决系统模型可靠性框图

服从指数分布时：$R_s(t)=\sum_{i=r}^{n}C_n^i e^{-i\lambda t}\ (1-e^{-\lambda t})^{n-i}$

系统 MTBF：$T_{BF_s}=\int_0^{\infty}R_s(t)dt=\sum_{i=1}^{n}1/(i\lambda)$

在表决系统中常用的三取二，则 $R_s(t)=3e^{-2\lambda t}-2e^{-3\lambda t}$

$$T_{BF_s}=\frac{5}{6}\frac{1}{\lambda} \tag{14-9}$$

当 $r=1$，即 $r/n(G)\rightarrow 1/n(G)$，即为并联，则

$$R_s(t)=1-(1-R)^n \tag{14-10}$$

当 $r=n$，即 $r/n(G)\rightarrow n/n$，即为串联，则

$$R_s(t)=R^n \tag{14-11}$$

三取二表决的平均寿命低于单元平均寿命，即：$R_s(t)$ 对应的 $T_{BF_s}=5/(6\lambda)<$（单元）$/\lambda$ 。

三取二表决系统中的单元可靠度的最低要求：在三取二表决系统中单元可靠度应大于 0.5。

14.1.1.2　复杂网络可靠性模型

系统可靠性模型除上述串联、并联、贮备冗余和表决系统等典型结构外，还有复杂网络模型。对于这类复杂网络，一般可以用如下两种方法进行建模。

（1）状态枚举法

该方法适用于 n 较小的场合。设系统由 n 个单元组成，每个单元的状态有正常（1）、失效（0）两种状态。系统的状态要么为 1（正常），要么为 0（失效），则系统共有 2^n 个状态。若系统正常的状态有 m 个，则系统的可靠性为 m 个状态的概率之和。

$$R_t=\sum_{i=1}^{m}P(S_i=1) \tag{14-12}$$

一般采用表 14 - 1 进行计算。

表 14 - 1　状态枚举法工作表

状态号	单元 1 状态	单元 2 状态	单元 n 状态系统状态概率
1			

续表

状态号	单元 1 状态	单元 2 状态	单元 n 状态系统状态概率
2			
…			
n			

注：系统可靠性＝所有系统状态为 1 的各项概率之和。

（2）全概率分解法

在系统 s 中选一单元 x，令 x 的可靠性为 $R(x)$，则根据全概率公式，系统的可靠性为

$$R(s)=R(x)P(s\mid x)+[1-R(x)]P(s\mid \bar{x}) \tag{14-13}$$

事件 $(s\mid x)$ 和 $(s\mid \bar{x})$ 把系统 s 分成了两部分，简化了系统。如果事件 $(s\mid x)$ 和 $(s\mid \bar{x})$ 还较复杂，则可在事件 $(s\mid x)$ 和 $(s\mid \bar{x})$ 中再选定一个单元 y，按全概率法继续分解为 $(s\mid xy)$、$(s\mid x\bar{y})$、$(s\mid \bar{x}y)$ 和 $(s\mid \bar{x}\bar{y})$，直至方便计算为止。

如图 14－6 所示的复杂网络。首先，以 A 为分解单元，将图 14－6 简化为图 14－7。然后，以 B 为分解单元，再将 A 正常时系统的框图进行简化，得到图 14－8 所示的复杂网络系统再分解可靠性框图。

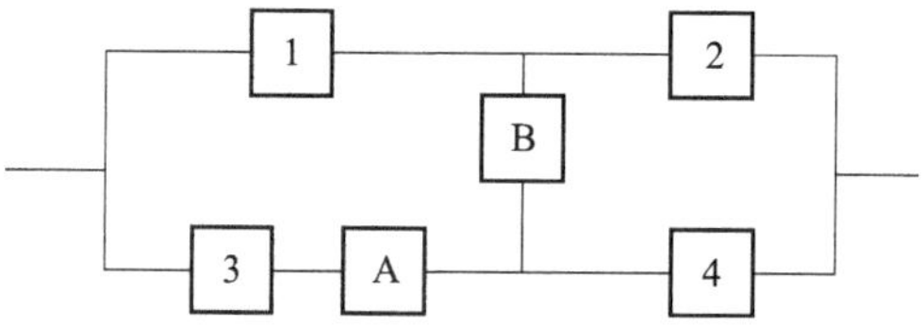

图 14－6　复杂网络系统可靠性框图示例

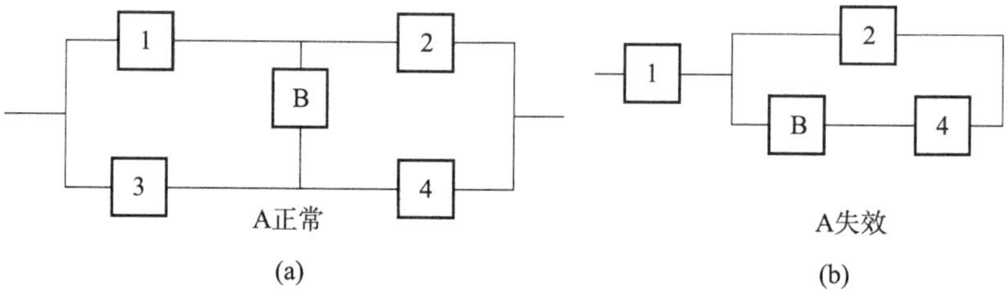

图 14－7　复杂网络系统分解可靠性框图

14.1.1.3　具有多功能单元的系统可靠性模型

在系统中的某一单元可能具有多种功能，且在系统中重复出现。在这种系统中，单元之间不独立。对于具有多功能单元的系统，可靠性建模的一般方法是：

1）按前述的可靠性建模方法建模；

2）按 $R_n=R$ 简化模型。

考虑图 14－9 所示的可靠性框图，系统的可靠性模型为

$$R_s=(R_a+R_b-R_aR_b)(R_b+R_c-R_bR_c)=R_b+(1-R_b)R_aR_c \tag{14-14}$$

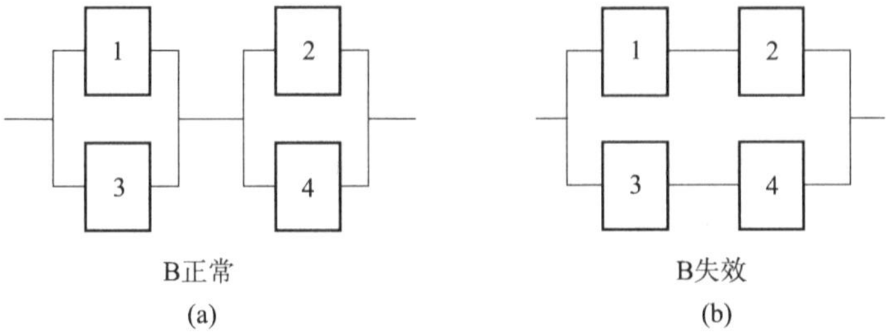

图 14 - 8　复杂网络系统再分解可靠性框图

在模型简化中，用到了 $R_b = R_b$ 。

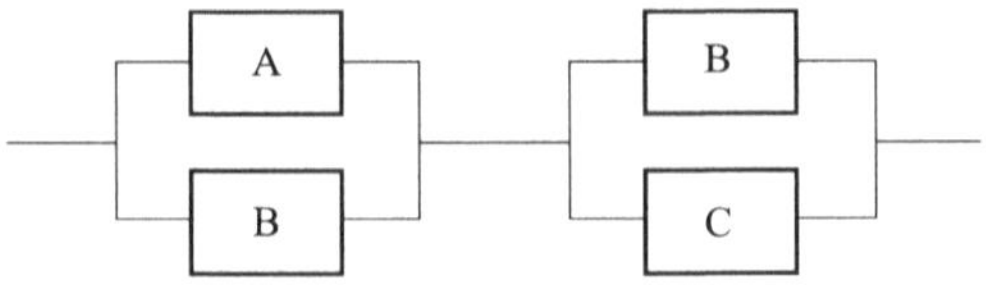

图 14 - 9　多功能系统可靠性框图

14.1.2　系统可靠性预计

可靠性预计的目的是将可靠性预计与可靠性指标要求进行比较，审查设计是否能达到任务书（或合同书）要求的可靠性指标，从而审定可靠性设计是否合理；通过可靠性预计，发现设计中的薄弱环节，从而改进设计，为可靠性增长试验、可靠性验证试验等提供依据。

14.1.2.1　可靠性预计的过程

1）明确系统定义，说明系统功能、任务和系统各组成部分之间的接口；

2）建立系统可靠性数学模型；

3）绘制系统可靠性框图，标示出分系统与各单机之间的可靠性逻辑关系；

4）以单机为单位，计算单机内所有元器件的失效率、元器件通用失效率（元器件计数法）和工作失效率（应力分析法），按 GJB/Z 299C—2006、MIL - HDBK - 217F 规定的相关参数值和方法进行计算；

5）根据单机电原理图，建立单机可靠性数学模型，绘制单机可靠性框图，标示出单机与各元器件之间的可靠性逻辑关系；

6）根据 4）和 5）的分析结果，对单机的可靠性进行预计；

7）根据 2）、3）及 6）的分析结果，对系统的可靠性进行预计。

14.1.2.2　可靠性预计方法

（1）元器件计数法

此法适用于方案或初步设计（初样早期阶段）阶段，即不需要掌握元器件的应力状态及它们之间的逻辑关系。

单机及组部件的故障率按下式计算

$$\lambda_s = \sum_{i=1}^{n} N_i \ (\lambda_G \pi_Q)_i \tag{14-15}$$

式中 λ_{G_i} ——第 i 种元器件通用故障率；

π_{Q_i} ——第 i 种元器件质量系数；

N_i ——第 i 种元器件数量；

n ——设备所用元器件的种类数目。

元器件工作状态（适用于设计阶段的计数法和应力法可靠性预计，主要考虑元器件加电工作状态）下的失效率计算公式、相关参数查询标准《电子设备可靠性预计手册》（GJB/Z 299C—2006）、《电子产品可靠性预计》（MIL-HDBK-217F）、元器件非工作状态（主要考虑单机的贮存期）下的失效率计算公式和相关参数查询标准《电子设备非工作状态可靠性预计手册》（GJB/Z 108A—2006）。下述的预计方法均以工作状态为例。

（2）元器件应力分析法

此法适用于初样研制阶段中、后期和正样研制阶段，在充分掌握元器件的电应力、机械应力及热应力状态的情况下按元器件应力分析法进行可靠性预计。

应力分析法须具备以下条件：

1）所采用元器件的种类和数量；

2）元器件的质量等级；

3）设备的工作环境；

4）元器件的工作应力状态；

5）环境温度；

6）元器件之间的逻辑关系。

单机可靠性应力分析法可靠性预计的步骤：

第一步：结合元器件的工作应力状态、环境温度和设备的工作温度，参照 GJB/Z 299C—2006 及 MIL-HDBK-217F 的失效率模型和相关参数值，计算各类型元器件的失效率；

第二步：根据单机、组部件中实际的元器件及电路串、并、并串或表决等逻辑关系建立单机、设备的可靠性模型（含数学模型和可靠性模型图）；

第三步：结合元器件失效率和单机、组部件的可靠性模型，计算出单机、组部件的可靠度和失效率。

14.1.3 系统可靠性指标分配

可靠性指标分配目的是使各级设计人员明确其可靠性设计要求，根据要求制定出相应的可靠性设计原则，估计出所需的元器件、材料的质量等级，并研究实现可靠性指标的可能性与方法。

系统可靠性指标分配是在系统可靠性预计基础上进行的，把经过可靠性预计及论证确定的系统可靠性指标自上而下地分配到分系统及单机，用以确定系统各组成单元的可靠性定量要求，从而保证系统可靠性指标的最后实现。

因此，系统可靠性预计与指标分配是可靠性设计的重要内容之一，两者是相辅相成的，它们在系统设计的各个阶段（如方案、初步及详细设计阶段）均需反复进行多次，并通过设计、工艺及元器件的更改，最终使设计出的系统满足系统要求的可靠性指标。

14.1.3.1　系统可靠性指标分配准则

系统可靠性指标分配时需遵循下述准则：

1）技术上成熟、继承性好的产品，分配较高的可靠性指标；

2）重要度高的产品，分配较高的可靠性指标；

3）复杂度高的产品，分配较低的可靠性指标；

4）处于较恶劣环境的产品，分配较低的可靠性指标；

5）考虑其他指标，优化设计、综合权衡；

6）可靠性指标分配后，必须确保留有一定余量；

7）可靠性指标不应分配过低，应对产品所属单元进行冗余设计、简化设计、选用高质量等级的元器件、在恶劣的环境条件下进行验证试验，暴露薄弱环节并进行修改设计等措施提高产品可靠性水平。

14.1.3.2　系统可靠性指标分配方法

系统可靠性指标分配方法有等分配法、评分法、比例组合法及考虑重要度和复杂度等分配方法。

可靠性指标分配的方法如下。

（1）等分配法：适合于串联系统

等分配法适用于串联系统，串联系统按下式进行分配

$$R_i = R_0^{1/n} \tag{14-16}$$

式中　n——分系统或设备串联个数；

R_i——分配给分系统或设备的可靠性指标；

R_0——系统可靠性指标。

并联系统按下式进行分配

$$R_2 = 1 - (1 - R_0)^{1/n} \tag{14-17}$$

（2）比例分配方法

这个方法适用于各分系统的任务时间与系统任务时间相同的串联系统。这种分析方法要求用失效率表示可靠性指标，且认为串联系统任务失效率正比于单元任务失效率。

约束条件为下式

$$\sum_{i=1}^{n} \lambda_i^* = \lambda_s \tag{14-18}$$

式中　λ_i^*——分配给第 i 个分系统的失效率；

λ_s——系统要求的失效率。

求出各系统的预计失效率 λ_i。

求出加权因子 W_i 见下式

$$W_i = \lambda_i / \sum_{i=1}^{n} \lambda_i \tag{14-19}$$

求出分配给分系统 i 的失效率见下式

$$\lambda_i^* = W_i \lambda_i \tag{14-20}$$

(3) 加权分配法(AGREE 法)

这种方法既考虑每个分系统的复杂性，也考虑其重要性。它适用于服从指数分布的电子设备，系统由 k 个分系统串联而成。第 i 个分系统的最低故障前平均工作时间为

$$\theta_i = \frac{N W_i t_i}{n_i \left[-\ln R_0\right]} \tag{14-21}$$

相应的第 i 个分系统的可靠性为

$$R_i(t_i) = \exp(-t_i/\theta_i) \tag{14-22}$$

式中 t_i ——第 i 个分系统的任务时间；

W_i ——第 i 个分系统的加权因子，表示第 i 个分系统发生失效将导致系统失效发生的概率；

n_i ——第 i 个分系统中的组件数目；

N ——系统中的组件总数；

R_0 ——系统可靠性指标要求；

$R_i(t_i)$ —分—配给第 i 个分系统的可靠性；

θ_i ——分配给第 i 个分系统的故障前平均工作时间。

(4) 比例组合法

如果一个新设计的系统与老的系统非常相似，也就是组成系统的各分系统类型相同，只是根据新的情况，对新系统提出了新的可靠性要求，那么就可以根据比例组合法由老系统中各分系统的失效率，按新系统可靠性的要求，给新系统的各分系统分配失效率

$$\lambda_i' = \lambda_s' \lambda_i / \lambda_s \tag{14-23}$$

式中 λ_i'——分配给新系统中第 i 个分系统的失效率；

λ_s'——新系统要求的失效率指标；

λ_i ——老系统中第 i 个分系统的失效率；

λ_s ——老系统的失效率。

也可根据老系统中各部件的可靠性预测值，按新系统可靠性的要求，给新系统的各部件分配可靠性指标。

(5) 评分分配法

这种方法是根据人们的经验，按照几种因素进行评分。由评分的情况给每个分系统分配可靠性指标。

主要考虑四种因素(每种因素的分数在 1～10 之间)：

1) 复杂度。它是根据组成分系统的元部件数量以及它们组装的难易程度来评定。最简单的评 1 分，最复杂的评 10 分。

2）成熟性。根据分系统目前的技术水平和成熟程度来评定。水平最低的评 10 分，水平最高的评 1 分。

3）工作时间。根据分系统的工作时间来评定。分系统一直工作的评 10 分，工作时间最短的评 1 分。

4）环境条件。根据分系统所处的环境来评定。分系统工作过程中会经受极其恶劣而严酷的环境条件的评 10 分，环境条件最好的评 1 分。

这样分配给每个分系统的失效率 λ_i 如下

$$\lambda_i = C_i\lambda_0 \tag{14-24}$$

式中　C_i ——第 i 个分系统的评分系数；

λ_0 ——系统要求的失效率指标。

$$C_i = \omega_i / \omega \tag{14-25}$$

式中　ω_i —第 i 个分系统的评分数。

$$\omega_i = \prod_{j=1}^{l} Y_{ij} \tag{14-26}$$

ω ——系统的评分数。

$$\omega = \sum_{1}^{n} \omega_i \tag{14-27}$$

式中　Y_{ij} ——第 i 个分系统第 j 个因素的评分数；

$j=1$ 代表复杂度；

$j=2$ 代表成熟性；

$j=3$ 代表工作时间；

$j=4$ 代表环境条件；

$i=1, 2, \cdots, n$ 为系统总数。

各分系统的评分数是根据设计工程师或可靠性工程师的实践知识和经验给出，可以由专家打分给出，也可以由工程组用某种表决方式给出。

（6）修正评分分配法

目前，在方案论证阶段，产品的定义还不十分清晰，因此采用等分配法进行可靠性指标分配。对于没有继承产品可靠性评估值的各分系统、单机均采用等分配法。

按式（14－29），分配各分系统的可靠性

$$R_i = \frac{[1-(1-R_0)C_i]}{\left\{R_0 / \prod_{i=1}^{k} [1-(1-R_0)C_i]\right\}^{1/k}} \tag{14-28}$$

式中　R_i ——第 i 个分系统的可靠性；

R_0 ——系统可靠性指标要求；

C_i ——第 i 个分系统的评分系数；

k ——系统由 k 个分系统串联组成。

14.2　元器件降额设计

降额是指仪器、设备中的元器件在使用中所承受的应力低于其额定应用值，降额的应力包括电、热和机械应力。通过限制元器件承受应力的降额设计，可降低元器件的失效率。在额定值下工作的元器件其失效率较高，且随着时间的延长其性能退化速度较快。因此，降额设计可以延缓和减小器件性能的退化，从而提高了元器件的使用可靠性。

降额准则中对元器件降额要求主要有降额等级，降额参数和降额因子等三方面内容。通常用应力比（工作应力与额定应力之比，又称降额因子）和环境温度来表示。降额准则就是规定电子、电气和机电元器件在不同应用情况下应降额的参数和量值。

14.2.1　降额等级

通常元器件有一个最佳的降额范围。在这个范围内，元器件工作应力的降低对其失效率的降低有显著改善，设备的设计容易实现，且不必在设备的质量、体积、成本方面付出大的代价。GJB/Z 35—93《元器件降额准则》是我国航天系统的现行有效降额准则，不推荐使用其他行业标准。

GJB/Z 35—93 规定了三个降额等级，分别为：Ⅰ、Ⅱ、Ⅲ，其中Ⅰ级降额是最大的降额。使用范围与降额等级的关系见表 14－2。

表 14－2　使用范围与降额等级的关系

使用范围	降额等级	
	最高	最低
航天器与运载火箭	Ⅰ	Ⅰ
战略导弹	Ⅰ	Ⅱ
战术导弹系统	Ⅰ	Ⅲ
地面保障设备	Ⅱ	Ⅲ

（1）Ⅰ级降额

最大的降额，元器件使用可靠性的改善最大，比之更大的降额对可靠性的改善有限，而且要付出更大的代价。适用于对安全性要求高、可靠性要求高且采用新技术、新工艺的，失效后不宜维修，质量、尺寸有苛刻限制的设备。卫星使用的元器件均实施Ⅰ级降额。

（2）Ⅱ级降额

中等降额，对元器件使用可靠性的改善明显，设计上较Ⅰ级降额易于实现。

适用于失效将引起装备或保障设施损坏，有高可靠性要求且采用专门设计，需要支付较高的维修费用的设备。

（3）Ⅲ级降额

最小的降额，对元器件使用可靠性改善的相对效益最大，但绝对效益不如Ⅰ级和Ⅱ级降额，在设计上最容易实现。适用于无安全性要求，采用成熟技术，故障后可以迅速、经济地修复，对尺寸和质量无大的限制的设备。

14.2.2　降额工作程序

降额工作应在电子设备的线路设计初步完成后和元器件选择开始前进行。其结果不但将影响元器件选择，还可能对电子设备的线路设计和热设计提出进一步要求。对电子设备中的每个元器件，降额应大体上按以下程序进行。

1）确定该元器件在适用降额准则中属于哪个类型；

2）按适用降额准则列出该类型所有的降额参数及其细节；

3）按适用降额等级求出每个降额参数的降额因子；

4）应用部位应力分析；

5）按规定填写降额设计表；

6）考虑是否需要对适用降额准则和降额等级进行裁剪，如需要，则在履行规定审批手续后实施相关裁剪；

7）进行降额复核或评审。

14.2.3　各类元器件降额设计

（1）线性微电路

线性微电路器件在工作时应维持最低结温，器件中电压降额可显著增加器件寿命，其主要降额参数是电源电压、频率、输出电流及结温。

（2）数字微电路

数字微电路器件在工作时应维持最低结温，工作频率应低于额定值，主要降额参数是电源电压、频率、输出电流及结温。

（3）混合微电路

混合微电路器件在工作时应维持最低结温。器件采用的工艺（厚膜或薄膜）不同，则功率密度不同。

由于器件相当于一个小系统，能正常工作的参数（电压、电流、频率）范围很窄，很难对这些参数降额，因此主要降额参数是功率密度和结温。

（4）大规模集成电路

大规模集成电路器件工作时应维持最低结温。器件内部参数允许变化小，在保证器件正常工作下，应尽可能降低输出电平、输出电流及工作频率。其主要降额参数是结温、功率密度。

（5）晶体管

热应力对晶体管的影响最大。大功率晶体管有二次击穿现象，因此对其安全工作（集电极电流与集电极发射极电压关系曲线）要进行降额，主要降额参数是反向电压、电流、功耗及结温。

(6) 二极管

热应力对二极管的影响很大，其主要降额参数是反向电压、电流和结温。

(7) 电阻器

功耗损耗发热和环境温度是电阻器失效的主要原因。金属膜电阻在低气压情况下工作，要做进一步降额，主要降额参数是电压、功率和环境温度。

(8) 电容器

电压应力和电容器的环境温度均影响电容器寿命。电容器主要的降额参数是直流电压和环境温度。降额的直流电压等于直流电压加交流峰值电压。

(9) 电感元件

过高的温度影响电感元件的可靠性。除扼流圈外，绕组额定电压不能下降，工作频率不能降额。电感元件的主要降额参数是温度、工作电流、瞬态电压/电流、介质电压。

(10) 继电器

继电器的触点电流对器件的可靠性影响最大，环境温度和振动对继电器的正常工作也有影响。

继电器的线圈电压通常不做降额，主要降额参数是触点电流、触点功率、温度、振动及动作次数。

(11) 开关

触点电流对器件的可靠性影响最大，触点电压主要影响开关的绝缘性能。因此，开关的主要降额参数是触点电流、电压和功率。

(12) 连接器

连接器主要降额参数是电流、电压和接触偶温度。其中，主要控制每对接触偶（插针和插孔）的电流。

(13) 旋转机电器件

控制电机的负载，可减小电机的发热和机械应力。旋转机电器件的主要降额参数是工作温度、轴承的负载。

(14) 熔断器

熔断器的主要降额参数是电流。

(15) 微波管

微波管的温度对寿命和增益下降有重要影响，其主要降额参数是温度、功耗及占空比。

(16) 声表面波器件

声表面波器件长期处于高温下工作将使器件性能衰退，其主要降额参数是输入功率。

14.3 冗余设计

为完成系统功能而附加一个或一套以上的元件、部件或设备，实现即使其中之一发生故障但整个系统不发生故障的结果，这样的系统称为冗余系统。为确保卫星的可靠性，在确定卫星可靠性指标之后，应结合卫星可靠性建模和初步的可靠性分析结果，对可靠性薄弱环节采取必要的冗余措施。

冗余设计的目的在于提高系统的任务可靠性。卫星飞行任务中最大的威胁就是单点失效，通过冗余设计可以减少单点失效，从而提高系统的可靠性。

14.3.1　冗余设计方法

冗余设计的方法根据所考虑对象、功能等的不同可分为资源耗费最少的冗余设计和系统可靠性最大的冗余设计。

冗余方式通常有两大类：工作冗余，当出现故障时不需要外部的元件、部件和设备来完成检测、判断和转换；非工作冗余，需要检测及转换设备，当故障发生时切换至正常部件、设备以代替故障部件、设备。

采用冗余是否能达到提高可靠性的目的，检测及转换设备的可靠性至关重要，同时，还取决于对故障单元的有效隔离，防止故障效应对冗余网络中其他单元的有害影响。

冗余方式有整体冗余和单元冗余之分，如图 14－10 所示。把一个整体作为冗余对象称为整体冗余，把一个单元作为冗余对象为单元冗余。

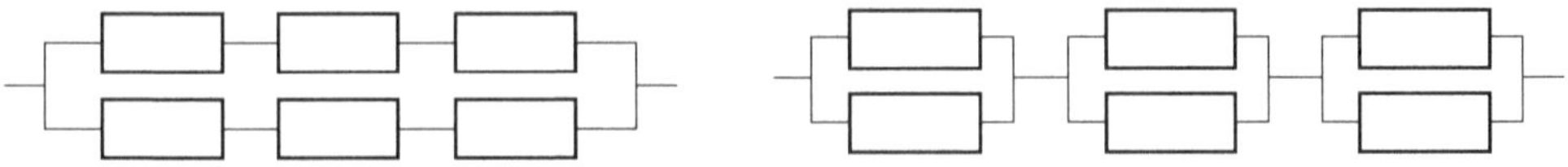

(a) 整体冗余　　(b) 单元冗余

图 14－10　整体冗余和单元冗余

（1）并联冗余

可靠性并联系统是最简单的冗余系统，也称热冗余（热备份）。并联单元增加越多，则并联系统可靠性的相对改善也越少（见图 14－11）。应注意，失效率为常数的单元并联后，并联系统的失效率不是常数，它不服从指数分布。其工作方式是：n 个单元通常都处于工作状态，即使其中一个单元出现故障，系统也不会出现问题而是连续工作，直至所有单元均出现故障。

并联冗余具有以下特点：

1）具有切换冗余的优点，但与切换冗余不同的是不需要转换就能克服硬件故障；

2）随着并联单元的增加，所获得的可靠度的增长逐渐下降；

3）失效率为常数的单元并联后，并联系统的失效率不是常数，它不服从指数分布。

（2）表决冗余

表决系统也称为 n 中取 k 系统，其工作方式是：组成系统的 n 个单元中，通过表决系统判断正常工作单元不少于 k 个，就判定系统不会失效。

表决系统是计算机和电子数字线路经常采用的有效的冗余设计，可降低虚警数量（降低了间歇故障），缺点是由于表决使判断时间放慢，其可靠性曲线如图 14－12 所示。

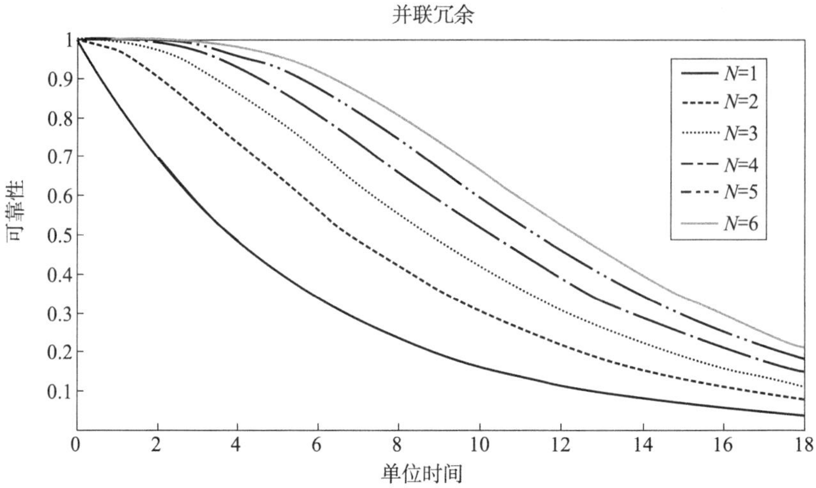

图 14-11 并联冗余可靠性曲线

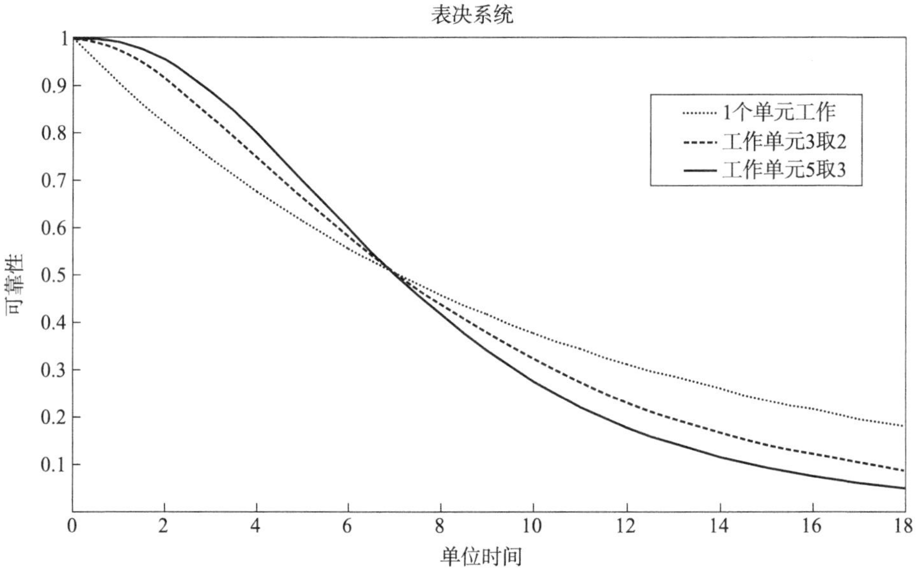

图 14-12 表决冗余可靠性曲线

（3）贮备冗余

贮备冗余是备用冗余的基本模型，也称切换冗余（温/冷备份）。其工作方式是：系统一个单元在工作，$N-1$ 个单元处于备份状态，当工作单元出现故障时，由切换开关切换到其他单元继续工作，从而保证系统正常工作。

贮备冗余可用于模拟和数字电路，对存在间歇故障模式的系统有效。贮备冗余的缺点是转换延时和转换失效，其数学模型根据转换器件可靠与否、备份单元失效率的不同而不同，其可靠性曲线如图 14-13 所示。

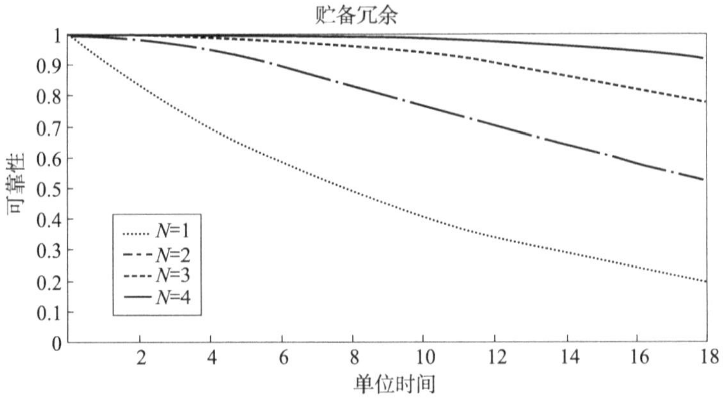

图 14-13　贮备冗余可靠性曲线

14.3.2　冗余设计实施要求

冗余设计应在产品研制阶段的初期进行，冗余设计实施越晚，采用冗余系统的自由度就越小。冗余设计是在有关系统可靠性分析和取得一定的试验数据之后对可靠性薄弱环节采取的设计措施，具体采取何种冗余设计方式要视具体情况而定。

硬件的冗余设计一般在较低层次（设备、部件）使用，功能冗余设计一般在较高层次进行（分系统、系统）。

冗余设计的冗余单元可以是相同的，也可以是不同的。冗余设计应考虑不同故障模式下冗余系统工作模式的不同。例如，电路中两只串联的二极管，对短路故障，它们相当于并联；对开路故障，它们为串联。由于故障模式的不同，阀门和开关的连接方式（串联、并联）随故障模式的不同，冗余方式有时会变换。

冗余设计中重视冗余转换的设计，保证可靠性增长不要被构成冗余布局所需要的转换器件、检测器件和其他外部器件所增加的故障概率抵消；在进行切换冗余设计时，必须考虑切换系统的故障概率对系统的影响，尽量选择高可靠的转换器件。

冗余单元的工作状态应该是可检测的，冗余单元如果不能被测试，冗余设计所带来的好处会被冗余单元功能的不确定所抵消；在系统进行冗余设计时，设计师必须考虑冗余设计的可检测性，采用冗余是否能达到提高可靠性的目的，可检测性至关重要。

冗余设计应考虑对冗余器件的有效隔离：冗余设计中对冗余元件的有效隔离可以防止故障效应对冗余网络中的其他元器件产生有害的影响；冗余设计对故障传播的敏感性可以应用 FMECA 的方法加以确定；可以用保险丝、断路器、过载继电器等隔离和保护冗余设计结构，这些元件可以保护冗余设计结构免受元件失效的二次影响。

冗余设计应考虑共模/共因故障所带来的影响：采用同样部件进行冗余可以降低随机故障，但有可能由于同一个故障原因造成两者（主份、备份）都出故障；采用同样软件进行冗余可能会出现因同一错误，而造成（主份、备份）都出故障；若冗余配置在同一区域，该区域遭到破坏，两者都可能受损。

冗余设计会使系统的质量、体积、功耗、复杂度、费用和设计时间增加；复杂度的提高会导致非计划的维修增多；冗余采用的部件数量增加，出现故障的概率也会增加；冗余设计提高了系统任务可靠性，但降低了基本可靠性，为缓和这种矛盾，应当尽可能在较低层次而不是在较高层次采用硬件冗余。因此，必须充分地进行分析权衡，从实际出发，使实施的冗余设计有效。冗余设计的结果要反映到各种可靠性分析（可靠性预计、FMEA、FTA 等）中，并能验证其稳定性。

14.4　抗力学环境设计与分析

在航天产品试验和使用过程中，曾出现许多与力学环境有关的质量问题，致使产品中的元器件、模块、电路板组件甚至机箱发生损坏的现象。在航天器电子设备机械结构设计中以往仅凭借工程经验或仅仅做些简单结构计算，设计工作不规范；很少采用结构分析方法来进行结构设计，缺少电子设备结构规范化的设计，设计中存在的问题需等到设备试验时才能被发现，造成研制周期拖延和增加研制经费的不良后果。因此有必要开展电子设备机械结构规范化的设计工作，在整星和星上设备的设计中要进行针对性的抗力学环境设计，以帮助有关人员提高电子产品的机械可靠性。

14.4.1　基本概念

（1）设计环境

设计环境是电子设备在整个寿命期内各种工作环境负载的总称，是电子产品硬件设计必须考虑的因素。每种设计环境都要考虑以下因素：1）设备工作寿命器件预期的极端环境；2）与分析预测有关的不确定性和容差；3）在扩大工作环境范围时应考虑的设计裕度。

（2）设计安全系数

设计安全系数是在设计分析中使用的一个相乘的系数，用于考虑材料特性、设计程序和制造工序中的不确定性。设计安全系数亦简称为安全系数，一般规定了两种设计安全系数：设计屈服安全系数和设计极限安全系数。

（3）结构基频

分析或试验中，在各个振动方向上观测到结构的第一阶谐振的频率。

（4）工作载荷

工作载荷又称极限载荷，为预期的最大载荷或最大的组合载荷，它是在特定环境下执行特定任务器件某种结构可能遇到的最大载荷。由于在服务过程中遇到的实际载荷本质上具有部分随机性，因此通常需采用统计方法来预测极限载荷。

（5）准静态载荷

飞行过程中稳态载荷和动力响应载荷的叠加。

（6）设计载荷

结构设计时应考虑能承受的最大载荷。极限载荷乘以最大安全系数便得出设计载荷。

（7）研制试验

研制试验的目标是为了验证设计的可行性，例如用来确定性能裕度、工艺性、可测试性、可维修性、可靠性、寿命期望值、材料相容性等，同时促进设计改进。只要可行，研制试验的运行条件应超过设计上下限，以确保设计的裕度。

（8）鉴定试验

鉴定试验的目标是通过试验，证明产品的设计、制造和组装是否符合要求。鉴定试验的量级应由足够大的裕度，但不应超过设计载荷，实际飞行条件也不会超过鉴定试验值。鉴定试验用的产品应与飞行产品所用的设计图纸、器材、制造工具和加工方法完全一致。

（9）声环境

航天器外部与内部区域的声环境来自火箭推进及空气动力激励。声环境是用 1/3 倍频程中心频率的压力谱（以 dB 为单位，相对于 2×10^{-5} Pa）来表示的，频率范围至少为 31 Hz至 10 000 Hz。对时变环境，用于试验的声谱为相互重叠至少 50%的一系列 1 s 时间段所得各段谱值的包络。

（10）随机振动环境

在组件结构连接处诱发的随机振动环境来自声和气动激励的直接及间接作用，来自燃烧过程的不稳定，以及机械诱发的随机干扰。随机振动环境是用加速度谱密度以 g^2 /Hz 为单位来表示（通常称为功率谱密度或 PSD），频率范围至少为 20 Hz 到 2 000 Hz。

（11）正弦振动环境

在组件结构连接处诱发的正弦振动环境可以是来自旋转机械的周期激振、包括 POGO（结构和推进动力学相互作用）在内的不稳定、颤振（结构动力学和空气动力学相互作用）或燃烧。周期激振也可以在地面运输时发生。正弦振动环境用加速度幅值以 g 为单位表示。

（12）冲击环境

冲击瞬态环境是由于展开、分离、碰撞及释放等事件而引起的载荷突然施加或消失所造成的。这些事件通常使用爆炸装置而产生爆炸冲击环境，它表现为一高频加速度瞬变量，而且一般在 5 到 15 ms 内衰减掉。冲击环境是用冲击响应谱以 g 为单位来表示。

（13）加速度环境

为结构载荷分析和试验而定义的最大预示加速度（它的极限值）乃是由准稳态加速度、声振环境，以及对一些重要瞬态飞行事件如起飞、发动机点火及关机，跨声速及跨越最大动压、阵风，还有飞行器分离等动态响应的组合作用来确定的。对由上面指出的瞬态事件产生的结构载荷所考虑的频率范围在 50 Hz 以下，而对由于振动及声环境产生的二次结构载荷是在 300 Hz 以下。最大预示加速度要对三个正交轴每个轴的正负两个方向都进行预示。

14.4.2　力学环境分析

在运载火箭升空的主动段，力学环境的激励通过运载火箭与航天器连接的适配器，直接从星箭界面传递到航天器，逐级作用于各个次级系统和组件的结构上，有的点上的加速度可能远远超过星箭连接面上的加速度。也就是说通过结构件的传递，力学环境应力有可能被显著放大，这就是力学环境的潜在威胁所在。

在机械振动的反复作用下，机械构件会产生疲劳损伤，使其结构松动，特别容易发生引线断裂、开焊、局部气体封接处出现裂缝等，从而引起参数变化或失效。过大的振幅可能使脆性材料断裂，热性材料变形，造成产品结构严重损坏。瞬间的强烈机械冲击可造成电路的机械结构损坏、内引线的键合点脱开或内引线折断而引起开路失效，还会使芯片产生裂纹或与管座脱离。

由于作用于设备的力与设备有关部分的质量成正比，设备质量愈大，能承受的加速度一般愈小。力学环境防护的目标就是削减设备中过大的加速度，主要通过结构设计来实现。

航天器力学环境包括振动、加速度、声压和冲击力。振动的源是工作中的发动机，通过机械结构传递；声压的源也是工作中的发动机，通过空气传递；冲击的源是爆炸的火工品，通过机械结构传递。力学环境的最终表现为作用于物体的力。工程上常用的力学量是加速度。

（1）静载荷

静载荷通常是指随时间不变的载荷，或者其作用时间或变化时间要比结构的固有弹性振荡周期长得多的载荷，因此有时也称为“稳态载荷”。

发射环境中加速度产生的静载荷，实质上也是由结构质量造成的惯性力而不是真正的“静”载荷。另外，对于温度或热引起的载荷，也可单独划分为一类载荷，称为“热载荷”，但从其载荷的力学性质看，也可属于静载荷范畴。

（2）动载荷

动载荷或称动态载荷，是指随时间变化较快的载荷。动载荷的性质比较复杂，根据不同的特征可以做出不同的分类。电子产品的动载荷与航天器的环境条件有很大关系，因为绝大部分的载荷来源于环境条件。航天器在地面到发射、进入轨道和返回地面各阶段工作状态下要经历各种动力环境条件。

航天电子设备研制过程中，要综合表 14－3、表 14－4 和表 14－5 所列的各种力学环境，在地面进行静力、正弦振动、随机振动和冲击等力学环境的环模试验考核。

表 14－3　在各阶段工作状态下动载荷的来源

工作阶段	工作状态		动载荷的来源
发射前	功能与性能检测		振动试验、静态点火
	运输	空运	气动扰动、发动机噪声
		陆运	粗糙路面
		水运	波动水面
	塔架待发状态		地面风、地震

续表

工作阶段	工作状态	动载荷的来源
发射	起飞	点火、起飞释放、发动机噪声
	上升	发动机不稳定燃烧、气动噪声和抖振、POGO 现象、控制系统不稳定性
	级间动作	分离、级间点火
轨道运行	在轨动作	控制系统不稳定性
返回	再入大气	气动噪声和抖振、气动稳定性
备注	POGO 现象——液体火箭发动机的液体输送系统与箭体结构之间的液固耦合现象	

表 14-4　动态激励源特性

动态激励源	激励性质	载荷性质	频率上限/Hz
运输	M	R,P 和/或 T	50
地震载荷	M	T	20
风和气动扰动	P	R	20
火箭发动机点火、熄火	P	T	40
起飞释放	M	T	20
发动机排气噪声	P	R	2 000
发动机振动	M	R 和 P	2 000
气动噪声	P	R	10 000
发动机推进瞬态	M	T	100
上升段机动飞行	M	T	10
POGO 振动	M 和 P	P	125
固体发动机的压力脉动	P	P	1 000
贮箱中的液体晃动	M 和 P	R	5
级间/整流罩分离	M	T	50
火工品点火、附件展开锁定	M 和 P	S	100 000
飞行中的动作	M	T	10
航天器上设备动作	M	R,P 和/或 T	10 000
下降、再入和着陆冲击	M 和 P	R 和/或 S	10 000
备注	M—机械运动;P—压力;R—随机载荷;P—周期载荷;T—瞬态载荷;S—冲击载荷		

表 14-5　动力激励的动力学函数类型

激励函数类型	动力激励源
低频瞬态激励	运输、地震事件、火箭发动机点火压力脉动、起飞释放、发动机推进瞬态、机动飞行、POGO、级间/整流罩分离、飞行中操作
低频随机激励	运输、风和气动抖动、油箱中的液体晃动

续表

激励函数类型	动力激励源
准周期激励	运输、发动机燃料的间歇性燃烧、POGO、固体发动机压力脉动、星载设备运行
外部噪声激励	发动机噪声
外部气动噪声激励	空气动力扰动
内部噪声激励	发动机噪声、空气动力扰动源
结构自激振动	发动机产生振动、星载设备运行
高频瞬态激励	火工品事件、流星体碰撞
备注	两个或两个以上的周期振动合成为周期振动的充分必要条件是各个振动频率之比为有理数，此时存在一个基频。否则，几个周期振动合称为非周期振动，习惯上称这样的非周期振动为准周期振动或准周期激励

14.4.3　抗力学环境设计

仪器的抗力学环境设计的目的是为了确保仪器在一定的力学环境下，能够正常工作，不会因为外力作用而产生损坏。因此，抗力学环境设计的要求是提高仪器的力学性能，仪器的各个组成部分不会因为应力等作用而产生断裂、脱落、变形等导致仪器无法正常工作的异常现象，确保仪器在发射以及在轨运行期间的安全和性能。

14.4.3.1　设计原则

结构设计中应加强计算机仿真计算，计算得到加速度值确认不大于额定值。

针对星载电子设备不同结构形式、不同体积大小、不同功能，对有相同之处的零部件进行统一设计，可借鉴型号间相同功能部件、模块、印制电路板结构，力求通用化、系列化。

电子设备的印制电路板中电源板、功能板、控制板等，可采取组合化（模块化）设计，以利于组装和维修。

设备的结构设计，材料的选择，零部件加工，印制电路板的结构，基材的选用、设计、加工，装联工艺，元器件安装、布局，功率器件的热设计，电磁兼容性设计，都会影响设备在力学环境下的可靠性。必须综合考虑以上因素，根据设备零部件的重要程度留有适当的安全系数进行设计。

设备结构尽可能考虑质量轻、强度高、加工性能好、表面处理性能好的材料。承载零部件不允许采用工程塑料，应选用轻型金属材料加工而成。

紧固件应选用国标、国军标、部标规定的各类紧固件。

14.4.3.2　机箱结构设计

机箱主结构设备整机一般由电路板组件、独立的器（组）件、支承件、内外电连接器、电缆和机壳等部分组成；机壳整体外观一般呈六面方箱体，一面有数个安装脚可与星体主结构通过螺钉连接；其各部分的组成形式因所选的构型不同而差异较大。但各种构型都需同时满足力学、导热散热、辐照防护、EMC 等诸方面的设计要求。

设计者应根据设备的特点、各种设计输入要求和习惯合理地权衡择取结构形式。但一般应遵循以下原则：

1）机箱的长（对于单列板为抽插方向）应大于宽，高度应最小；当板层累积高度大于宽度时板面应与底面成垂直安装，以使整机重心最低；

2）电路板组件一定要固连在主结构上；其他方向上的连接起辅助作用；

3）外电连接器安放位置应使内外连接电缆路径最短、长线根数最少，从而电阻小，质量轻；

4）从保证连接可靠性看，内部电缆直接焊接或压接（在最终焊接或压接前采用调试架或调试箱进行单板的调试和老炼试验）比采用内电连接器好（失效率为 1∶2），虽采取双点双线会提高可靠性，但增加了体积、质量；

5）当必须采用内电连接器时，应选用接触可靠质量尽量轻而结构牢固的产品。

设备按其结构构型进行分类大致有以下几类。

（1）插板式结构

插板式结构是在箱体的主结构框（或箱）内插入多块边框尺寸相同而高度不尽相同的电路板组件，前后两面加盖（对前后抽插式）或上面加盖（对上下抽插式），形成一个完整的箱体。插板式结构便于电路板的调试和经常性修理，其外形结构示意图如图 14－14 所示。

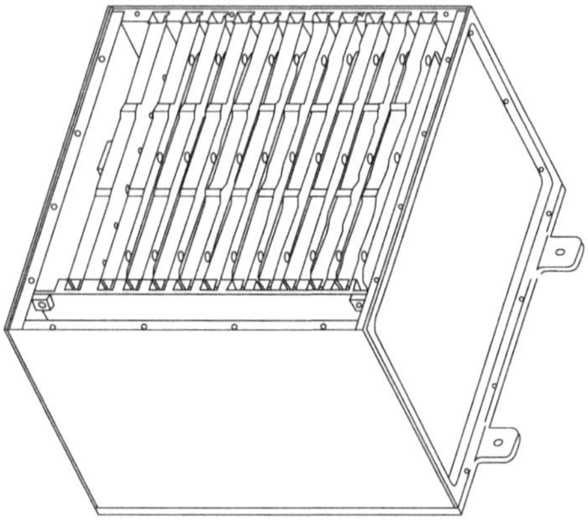

图 14－14　插板式结构外形示意图

插板式箱体的主结构框（箱）各壁板及盖板一般皆采用板式构件，其间用螺钉相互连接（或焊接，很少采用）形成一个完整的箱体；主结构箱内壁设有成对的插槽。壁板、底板、盖板、支撑板等皆应为带加强筋的薄壳结构，加强筋应设置在机箱的外部以增加散热面和便于产品的拿放；板件受力或力矩最大的方向上增设加强筋；加强筋都应是闭合的，以保证应有的刚度、强度和工艺性。加强筋可铣削或冲压（批量较大时）形成。

为增强壁板间的连接强度和抗振能力，板间应采用子口和咬接或镶嵌配合的连接形式。产品与星上主结构连接的部件是设备的基础，是承受载荷并将其传递给设备其他部位的唯一路径，它是决定设备结构响应特性的关键环节；与该部件直接连接的部件或零件将支撑机内负载，传递双方的振动载荷，是产品主结构组成部分之一，是决定产品结构响应特性的重要环节；以上板间连接处都是关键受力部位，必须连接牢固，应咬合或镶嵌加固。

（2）模块式结构

模块化组合结构主要由多个模块垒叠并加以盖板和连接螺杆组成机箱整体。每个模块具有相对独立的功能，一般都有直接对外的电连接器，根据设备要求选用所需模块可组合成符合要求的电子设备。每个模块主要由模块框、印制板组件、电连接器及导向柱组成，模块之间可用电连接器及导向柱直接进行定位和电连接，也可用单设的模块间电连接器进行电连接，用螺接件进行模块之间相互连接固定，或整个结构靠四角上的四个长螺栓连成一体。结构形式有两种：左右拼装形式和上下拼装形式，其外形结构示意图如图 14 - 15 所示。

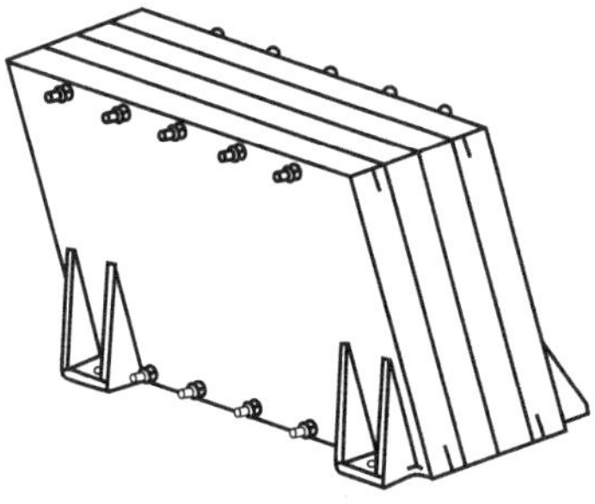

(a) 左右拼装形式

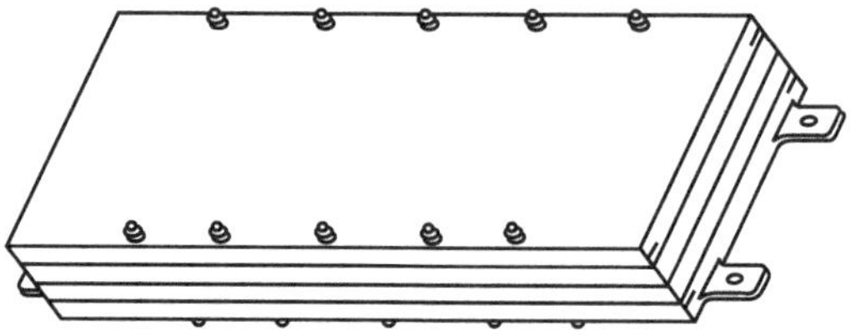

(b) 上下拼装形式

图 14 - 15　模块化组合结构图

（3）其他结构形式

其他特殊形式的产品根据自身的特点选择合适的结构形式。如光纤陀螺、反作用飞轮等采用的盒体式，太阳电池阵驱动机构、控制力矩陀螺等采用的盒体式与支架的结合型等。

不同结构的机箱特点如下。

1）插板式结构：维修最方便、质量较轻、刚度居中、工艺较复杂、（使用内电连接器时）内部电缆连接可靠性低；

2）模块式结构：结构刚度高、内部电缆连接可靠性高、质量较轻、工艺性好、维修较方便，条件允许，应作首选；

3）盒体式：质量轻、刚度高、精度高、工艺较复杂；盒体式与支架的结合型：满足特定使用需求、集成性好、工艺较复杂、维修不便、整机抗弯刚度较差。

设计者应根据产品的特性，结合各种构型的特点选择具体的构型。

14.4.3.3　印制电路板组装件设计

电路板组件的刚度，取决于印制板幅面大小、板厚、其上元器件质量及分布，以及与主结构的连接加固情况。

元器件在印制电路板上的安装布置除满足电性能要求外，还应从电磁兼容、抗振动冲击、散热等方面统筹考虑，元器件应安装牢固，易于装配和维修，还要利于散热。

(1) 设计要求

1) 装入印制电路板上质量较大的元器件（如：较大电容器、电感器、模块电路、微型继电器、小型变压器、较大的三极管、二极管等）布置在靠近有支撑点的左右两侧区域的中心线以下部位；

2) 整机中使用的直径 $\varphi \geqslant (10 \sim 15)$mm 的电感线圈和变压器尽量安装在大底板上或框架底板、侧板或整体式壳体上；

3) 对于插板式结构的整机在满足技术要求前提下，应优先选用具有优良抗振性能的印制电路板楔形锁紧装置；

4) 印制电路板采用框架式、整体式结构时，厚度优选为 2 mm。采用插板式结构时，厚度优选为 1.6 mm，个别情况亦可为 2 mm；

5) 印制电路板坐标网格应符合 GB 1360，基本格子为 2.5 mm，辅助网格为 1.25 mm 和 0.625 mm，也可采用 2.54 mm 为基本格；

6) 印制电路板采用覆铜箔环氧玻璃布层压板和覆铜箔聚酰亚胺玻璃布层压板；

7) 印制导线宽度的设计应在其所承受的电流载流量的基础上考虑，载流量除与印制导线宽度有关外，还与印制导线厚度有关，为了便于加工和保证可靠性，印制导线在布线区域允许的情况下，尽量设计得宽一些，最小印制导线宽度应不小于 0.15 mm；

8) 相邻印制导线最小间距应不小于 0.20 mm，在有条件的情况下尽量宽些；

9) 插板式结构印制电路板安装位置，一般应从插入方向观察，右边或上方为元件面，左边或下方为插脚焊接面，如图 14-16 所示。

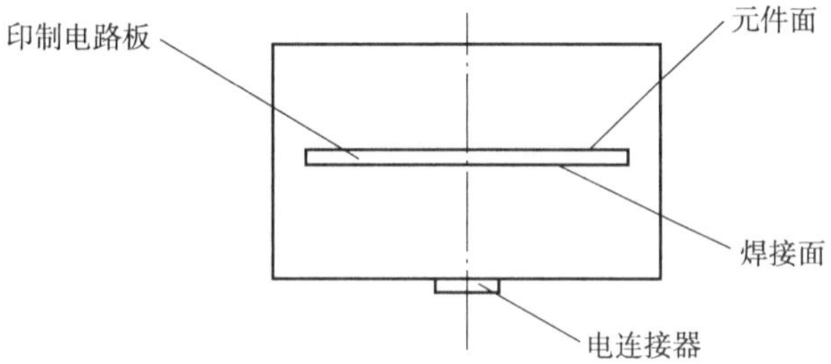

图 14-16　印制电路板安装位置俯视示意图

(2) 电路板组件结构设计

电路板组装件一般由印制电路板组件（含电连接器）和支撑边框组成；印制电路板（PCB）采用双面或单面的环氧酚醛树脂玻璃钢敷铜箔板材印制胶合而成，分双面板和多层板（厚度在 0.8～2 mm），一般常用的形式为四边形，也可根据设备形状需要做成其他形式。电路板组件的刚度，取决于印制板幅面大小、板厚、其上元器件质量及分布，以及与主结构的连接加固情况。

电路板是否需要加支撑边框视机箱构型种类、PCB 的幅面、电路板上元器件散热要求、对机箱质量要求等情况而定。对大幅面的板子应加设边框，并适当增加与边框及边框与机箱连接螺钉的个数；需要时可在边框中加筋并用螺钉与印制板中间连接；支撑边框的作用在于既可解决PCB因直接插入机箱导槽时因厚度差造成的抽插配合困难，增强整件的刚度，获得较大的热导。支撑边框一般采用硬铝（LY12CZ）板材，连接螺钉在M2～M3之间。支撑边框有口字、日字、田字、T字等形式，视PCB幅度、形状、厚度等具体情况而定。

（3）电路板层布局及间距确定

电路板组件的高度是机箱高度设计的基础，在尽量合理降低板高的前提下，还应尽量合理缩小整机的高度，因此有必要对整机内各种板间距进行计算，以合理地确定整机的高度。其方法一般如下：

板间距（由下板的PCB下面至上板的PCB下面）＝下板的PCB厚度＋其上元器件最大高度＋上板下面的最大焊点或螺钉头高度＋上下板最大预期振动幅值之和＋安全余量（一般在2.5～3 mm）。

当同机内有两块以上板上安装少数高大的器件时，可以采取合理布板和上下板元件面对装的方式以减小板间距。

在板层的布局上，重而厚的电源板应在最底层（也有利于散热），功放板次之，最薄、最轻的板子置于最高层（可视辐照防护要求而定）。冷热备份的电路板应间隔摆放，有利于散热。

（4）电路板组件安装连接设计

对于模块式结构模块框即为边框，用通穿的螺栓将各层板的中心部位紧固，是最佳的紧固办法，可获得大的内部刚度，且使边框结构工艺大为简化。

对于插板式结构，电路板组装件通过机箱内壁上的导槽插入机箱中，导槽可以在壁板上直接铣削而成，槽口与边框间形成恰当的滑配合；导槽也可由成形的弹簧导轨铆接而成，导轨卡口与PCB边缘形成具有一定夹紧力的滑配合，整个导轨形成一个弹性支撑，这种导轨多用在热耗不大，板面不大或板面较大而跨度较小的电路板组装件中，且不需附加支撑边框，可使组件重量大为减轻。对于带边框的组装件要提高整件的刚度则应与机箱壁良好连接，螺钉个数较多为宜。如果边框只是插入导槽中而不与机箱壁连接，则其连接形式与采用簧片式导轨的相同；如果边框在跨度大的一边再无限位，其连接效果并不比簧片式导轨的优越，因为后者连接采用了四边限位。从抗振角度出发，电路板组件在安装时最好只在其板面的垂直方向上、在自由而平展的状态下进行固定或锁紧，如对带框架者可设置锁紧销在导槽或弹簧导轨适当位置以固封剂固封等，并需对内电连接器合理地使用进行精心地结构设计，使其在力学、热学环境下保持良好的接触状态，为此应使内电连接器的头与座能紧固连接且头基本处于悬空状态；或头被安装在固定的座板上，两者间除有导槽定向和自身的导向定位措施外，还必须使与之相关的各部分构成刚度足够高的整体结构，能使振动时的振幅达到可以接受的程度。

(5) 元器件安装

1) 印制电路板元器件安装应符合 QJ 3012 的有关规定；

2) 当轴向引线元器件每根引线承重大于 7g，径向引线元器件每根引线承重大于 3.5g 时，元器件应采用夹子、定位架、粘接、绑扎或其他方法加以固定；

3) 采用胶黏剂将元器件与印制电路板进行粘固，粘固工艺应符合 QJ 2829 的有关规定；

4) 装配过程中所使用的紧固件应符合 QJ/Z 151 的有关规定；

5) 为提高元器件的抗振能力，尽量缩短引线长度，元器件应尽量采用卧式安装；

6) 对质量大于 15g 的元器件除引线固定外，应另有机械固定装置或其他可靠的固定方式，不允许悬空；

7) 继电器安装应使其触点动作方向，衔铁吸合方向尽量避开主振动和冲击响应最大的方向；

8) 晶体的安装应避开振动和冲击的最大方向，且需尽量考虑安装在力学响应较小处；

9) 电线、电缆的走线应由固定装置（如卡环）定位，以免在力学环境下产生位移；

10) 水平安装如图 14－17 所示。

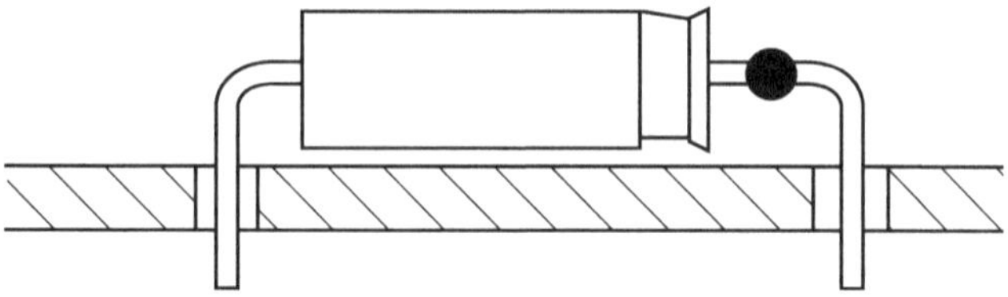

图 14－17　轴向引线元器件的安装方式

当每根引线承重小于 7 g、热损耗不足 1 W，元器件不需用固定夹或其他支撑。元器件应平行于板面安装，并与板面保持不超过 0.25 mm 的间隙。

当每根引线承重超过 7 g 的元器件，应以固定夹或其他支撑（包括粘固、绑扎等），以分散接点的承受力，如图 14－18 所示。

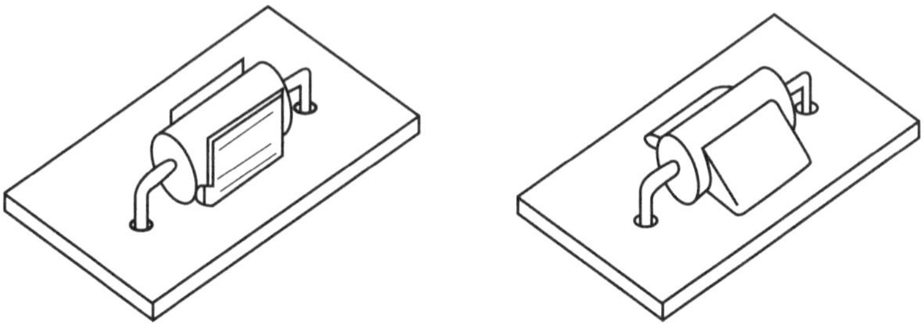

图 14－18　轴向引线元器件的安装方式（承重超过 7 g）

垂直正向安装如图 14－19 所示。

垂直反向安装如图 14－20 所示。

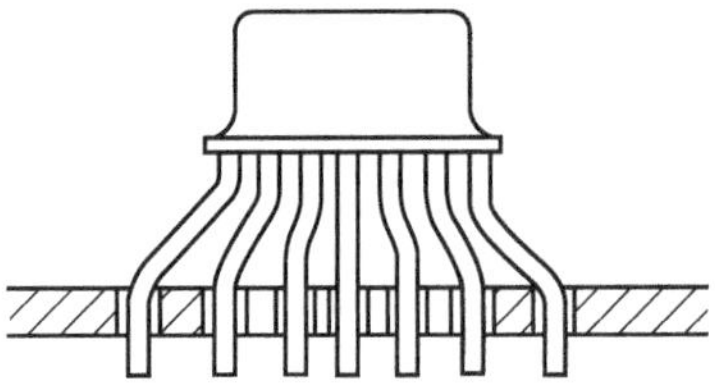

(a) 立式安装

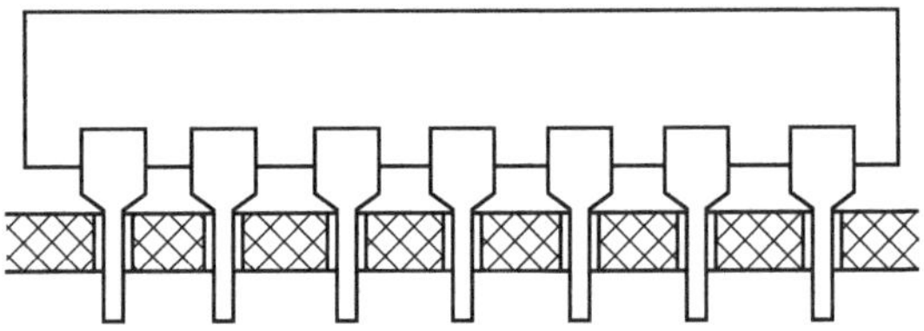

(b) 集成电路安装方式

图 14－19　垂直正向安装方式

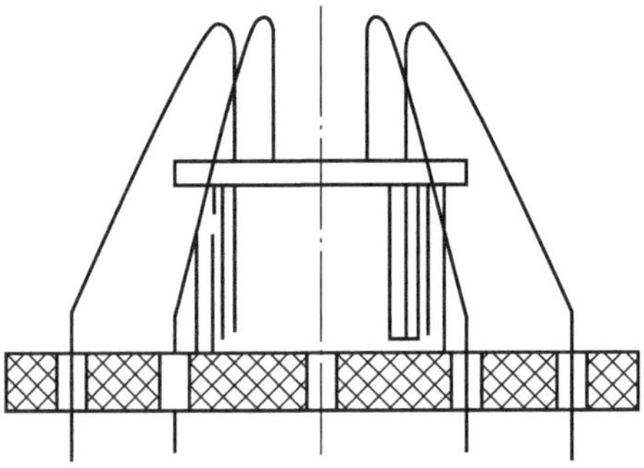

图 14－20　垂直反向安装方式

金属壳功率管如封装形式为 G 型、F 型、TO 型或 SOT 型的管子，原则上尽可能安装在插板式结构的底板、侧板、面板、后板上或框架式结构的底板、侧板上。

金属壳功率管的引线脚应朝向设备内部，管壳朝向设备外部，采用硅橡胶绝缘垫或聚酰亚胺绝缘垫，涂上导热脂（DO3），待安装紧固后，采用双组份 GT－3 硅橡胶粘固，以便金属壳功率管热量在空间真空环境下进行辐射散热和底板传导散热，同时也对管子起防振作用。

混合厚膜电路元器件如 DC/DC 电路等，耗散功率大于等于 5W 的器件，一般不直接安装在印制电路板上，尽可能直接安装在插板式或框架式结构的底座、侧板、面板后板上。元器件壳体面和安装面间可采用导热橡胶绝缘垫或聚酰亚胺绝缘垫，涂上导热脂（DO3），安装形式如图 14－21 所示。

（6）大型扁平器件安装

大型扁平器件用线绑扎牢固后，在元件面再使用硅胶固封，绑扎线形式如图 14－22 所示。用线绑扎后，除了在印制电路板元件面使用硅胶固封外，还可在焊接面的元器件所在位置钻 2～3 个通孔，以便注入硅胶固封。采用线绑扎后，在元件面上的元件引线伸出处灌注或涂刷三防漆固封。

14.4.4　抗力学环境设计分析

在确定电子设备结构方案后，应进行模态分析和动态响应分析，需要时还应进行热应力和热变形分析，根据其结果对设计进行初步的分析评价，改进设计，并对最终的构型与

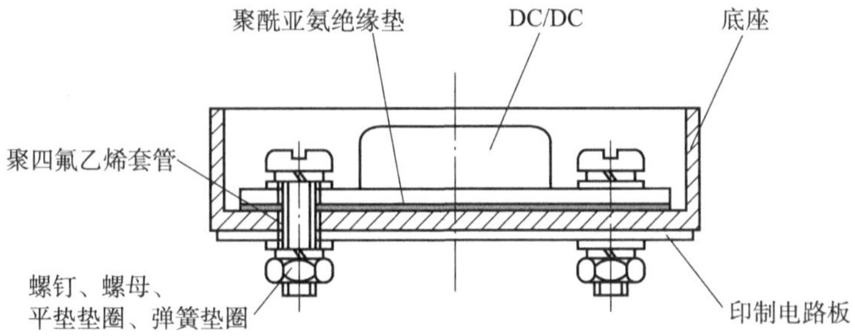

图 14-21　混合厚膜电路安装方式

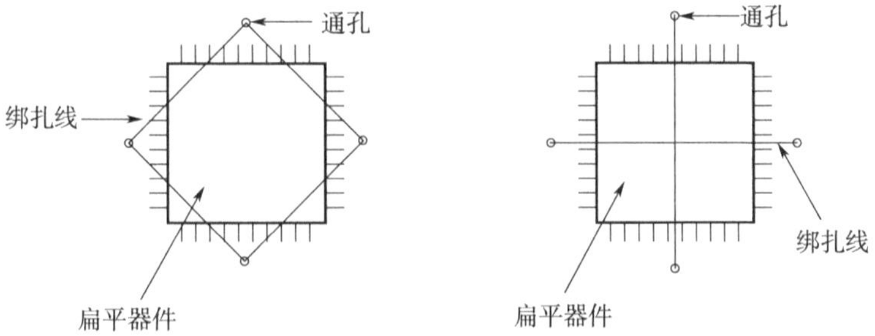

图 14-22　扁平器件安装方式

布局，修正设备的有限元模型，再一次进行强度和刚度的校核分析计算，直至满足设备的强度和刚度要求，方可最终确定电子设备的结构设计。

结构分析方法有解析求解法和数值求解法两大类。

解析求解法只适用于结构力学的微分方程有解析解的情况，但绝大部分的结构力学问题中，因力学方程复杂无法获得解析解。

数值求解法将结构力学的微分方程变换成差分方程或矩阵代数方程，可用数值运算方法获得结构力学问题的数值解。

有限元法（Finite Element Method）是当代最有用的数值求解法，它是随着计算机应用而迅速发展起来的一种具有坚实理论基础和行之有效的数值分析工具，目前有限元法已经在航天器结构分析中得到广泛应用。

14.4.4.1　静力分析

在飞行过载条件下，分析电设备品结构的应力和变形，以对电子产品结构进行强度校核。

进行此类分析时，它们的输入条件为：结构有限元模型、准静态载荷；输出结果为：可获得在准静态载荷作用下各结构件的内力、应变、应力和结构件在过载下的静力变形。

14.4.4.2　热应力变形分析

有些电子设备在轨道工作时会存在严酷的热环境，有必要对此类电子产品（含电路板）结构进行热应力和热变形分析，校核电子设备结构是否满足功能和性能要求。

进行此类分析时它们的输入条件为：结构有限元模型、外部的温度场；输出结果为：可获得在温度环境下各结构件的内力、应变、应力和结构件的变形。

14.4.4.3　模态分析

分析机箱与电路板组件的模态频率和振型，为合理设计电路板组件和机箱的结构、尺寸和边界的支承连接提供依据。

进行此类分析时，它们的输入条件为：结构有限元模型；输出结果为：结构各阶模态频率和振型，了解电子设备结构的动力行为。

14.4.4.4　动力响应分析

在规定的外力载荷或试验的环境载荷条件下分析机箱与电路板组件的结构、尺寸、边界的支承连接和调整元器件布局提供依据。

进行此类分析时，它们的输入条件为：结构有限元模型、外力载荷（频域力函数、时间历程力函数、频域随机谱密度函数）；输出条件为：可获得各结构件在力函数作用下的结构响应（结构单元产生的内力、应力、应变和结构节点的响应加速度、位移）；在随机振动响应分析中可获得各结构件在随机谱密度载荷作用下的结构的均方根（结构单元产生的响应内力、应力和结构节点的响应加速度、位移）响应。

14.4.4.5　有限元分析的步骤

电子设备结构的有限元分析主要步骤如下：

1）选定有限元分析软件（常用的结构有限元分析软件有：NASTRAN、ANSYS、COSMOS 等）；

2）建立分析模型；

3）进行静力分析；

4）进行模态分析；

5）进行动力响应分析；

6）判断分析结果是否满足性能要求；

7）不满足性能要求时需进行设计迭代过程，调整结构参数、修正模型、重复进行分析，直至满足设计要求；

8）对于一些热耗较大的电子产品，必要时还需要进行在轨温度场分析和热变形、热应力分析工作。

14.4.5　设计校核计算

航天电子设备结构抗力学环境设计中的设计校核主要有两部分工作，强度校核计算和刚度校核计算。此外还有热应力和热多形计算，以及连接设计校核。

14.4.5.1　强度校核计算

结构强度与电子设备结构构型、材料、壁厚和连接设计有关。当结构方案确定后，要进行强度计算，校核设计方案是否满足强度要求。

强度分析包括：应力分析、变形分析、关键连接部位的强度校核分析等。

强度校核方法如下：

1）建立有限元模型，使结构尺寸、力学性能参数和质量特性与真实电子产品一致；

2）根据电子产品的最大准静态载荷和正弦振动、随机振动、冲击等动力环境载荷条件，确定分析工况；然后，分别将每种工况的载荷条件正确地施加在有限元模型上进行静力分析或动力响应分析，求得电子产品各结构部位的响应应力和变形；

3）确定最大应力，并选取适当的安全系数；

4）进行安全裕度分析计算，如果某处的裕度小于0，说明此处强度不够，需调整此处的设计（如改变厚度、构型或连接方式）方案，再重复以上的分析过程，直至裕度（应满足有关规范的要求）大于零；然后，根据最终选用的结构参数确认结构方案。

14.4.5.2 刚度校核计算

电子产品必须具备足够的刚度，以便在经受环境载荷作用下不会产生期望之外的弹、塑性变形，并有足够高的结构固有频率，不致产生动力耦合现象和过大的动力响应载荷。一般情况设计时应确保其刚度（结构基频）大于规定的值，通常直接连接在星体主结构的电子产品结构基频应大于100 Hz；若带有支架的电子产品连接在星体主结构上，一般要求带有支架的电子产品组合体结构的基频应大于70 Hz。

刚度校核方法：

1）建立有限元模型，使结构尺寸、力学性能参数和质量特性与真实电子产品一致；

2）用结构分析软件进行模态分析，计算出电子产品10阶以下的固有频率；

3）根据分析数据判别识别电子产品结构的最小固有频率是否满足要求，若最小固有频率＞100 Hz，说明此方案有足够刚度；如果最小固有频率小于100 Hz，则要分析其模态，了解薄弱环节，修正有关结构（构型、材料、壁厚、边界连接和支撑跨度等）参数，重复以上分析过程，直到最小固有频率大于100 Hz；

4）了解结构每个模态的特性和动力响应时运动状态，并识别电子产品在工作的动力环境范围内是否有频率与卫星主要固有频率耦合情况，需要时应采取有效措施错开相耦合的频率；

5）然后根据最终选用的结构参数确认结构方案。

14.4.5.3 热应力和热变形计算

有些电子设备在轨道工作时会存在较严酷的热环境，有必要对此类电子产品（含电路板）结构进行热应力和热变形分析，校核电子产品结构是否满足功能和性能要求。

热应力和热变形分析方法：

1）根据热分析结果，获得在轨飞行中各种工况下电子设备结构的温度场分布，选取最恶劣的温度场分布作为热应力和热变形分析时输入热载荷条件；

2）用电子设备的有限元模型，输入热载荷（温度场）条件进行分析，可获得电子设备结构中各单元内的热应力和各网格节点处的热变形；

3）由计算结果确认在热载荷（温度场）条件下电子设备结构设计是否满足功能和性

能要求，若有问题时需对电子设备的结构或热设计做必要的修改，再进行上述分析直至满足要求。

14.4.5.4　电子设备与星体结构的连接设计校核

根据经验，通常电子设备与星体（蜂窝板）结构的连接点数量以不大于 1.5 kg 的产品质量，需要一个（M4 或 M5）连接点来设计。

为确保电子设备在星体主结构上连接的可靠性，必要时应对连接点的数量进行校核计算。

连接设计校核方法：

1）根据设备在星体上的随机振动响应的谱密度估算出整个电子产品的最大过载加速度，从而获得整个电子产品的过载载荷。

随机振动使用统计量描述的一种现象，常采用频域范围上的功率谱密度曲线来表征。在飞行器的研制中，一般明确给出了 20～2 000 Hz 范围内的加速度功率谱密度，以单位 g^2 /Hz 来表示。通常按 3σ 准则作为估算方法的基础，用 3σ 准则估算的载荷上限（峰值载荷）覆盖了 99.865%作用载荷，然后以此峰值载荷作为结构设计的准静态载荷。电子产品安装在结构板或梁上，它们为具有一阶主模态的多自由度系统，可用 Miles 公式估算结构部件在随机振动下的响应等效问题。

Miles 公式法假定系统具有单一主模态，在白噪声下激励，随机振动的峰值加速度（$\ddot{x}_{\max}$）为

$$\ddot{x}_{\max} \approx 3\sqrt{\frac{\pi f_n PSD_{f_n}}{4\zeta}} = 3\sqrt{\frac{\pi Q f_n PSD_{f_n}}{2}} \tag{14-29}$$

式中　$\ddot{x}_{\max}$ ——电子产品的峰值加速度（g）；

f_n ——安装电子产品的结构系统主频率（Hz）；

PSD_{f_n} ——电子产品的系统主频率处的输入加速度功率谱密度（g^2/Hz）；

Q ——动态放大因子，通常取 10～20，对应结构模态阻尼比 ζ 为 0.025～0.05。

2）根据电子产品最大响应载荷，分别对纵向和横向计算连接节点的最大内力。

3）以连接节点的最大内力不大于 100 kg（蜂窝板埋件使用的承载力）作为判别准则，不满足要求时应增加电子产品与星体结构的连接点数量。

14.5　热设计

航天器热设计是使航天器及其电子设备或部件的热参数（如温度、温度差等）满足设计要求并有一定的裕度，在发射前的准备阶段、上升段和轨道运行段等各个阶段，保持在规定的范围内。

航天器热控制系统仅保证电子设备安装底板或机壳的温度在规定的范围内，并不能保证其内部的元器件在允许的温度下工作。因此，对于有高可靠性和长寿命要求的航天器电子设备，其内部的热设计是必不可少的，这就要求设计人员在给定的热边界条件下，通过

调节元器件散热路径和热阻，或采取冷却、加热或恒温控制等措施，将元器件工作时产生的废热有效地传给底板、机箱壳体或周围环境，保证电子产品及其元器件能够正常工作，实现产品最佳工作性能和高可靠性。

14.5.1　元器件选择

1）电子元器件的选择主要取决于电子产品的功能，但选择温度、时间稳定性好和耐温范围宽的元器件也对确保产品的功能有利；

2）为提高效率，降低发热器件的功耗，电子电路设计中应优先选用低功耗集成电路和低功耗功率晶体管；

3）当元器件热功耗较大或热流密度较高时，可选择导热性能好的金属基底印制板或陶瓷基底（高铝陶瓷、氧化铍陶瓷、冻石陶瓷等）印制板。

14.5.2　元器件的布局和安装

14.5.2.1　元器件布局

1）元器件的布局应力要求热功耗分布均衡，避免局部区域因热功耗过于集中而导致元器件温度过高；

2）热功耗大的元器件，如大功率半导体器件等，应直接安装在底板（安装面）或机箱壳体上，若安装在印制板上，必须使之与机箱壳体之间有良好的散热路径；

3）对温度变化敏感的元器件要远离热功耗大、温度变化激烈的元器件，如工作温度较低的元器件应远离高温元器件。否则，应对工作温度较低的元器件进行热隔离，可用抛光的金属箔进行辐射热屏蔽；

4）在元器件布局时，应同时考虑其散热路径，包括导热散热路径和辐射散热路径，要使绝大部分热量沿着这个路径传到产品的底板或机箱壳体上。电子产品元器件的散热路径应以导热散热路径为主，因为通常导热散热比辐射散热更有效，也容易通过选择材料控制导热热阻。

14.5.2.2　元器件的安装

元器件的安装通常有三种方式。不同的安装方式，其散热路径（见图 14－23）和热阻的组成也不相同。元器件安装方式对散热有重要影响。

1）第一种安装方式：元器件的引出线直接焊在印制板上，外壳表面不与印制板接触。如图 14－24 所示。

散热路径分析：元器件的热功耗通过其引出线传到印制板，而经印制板自身的导热、与机箱壳体的接触导热，将热量传至机箱壳体；另一条散热路径是通过元器件外壳表面向机箱壳体辐射。

2）第二种安装方式：元器件的引出线直接焊在印制板上，外壳表面与印制板或机箱壳体表面直接接触，如图 14－25 所示。

散热路径分析：元器件的热功耗通过其引出线和接触界面传到印制板，再经印制板自

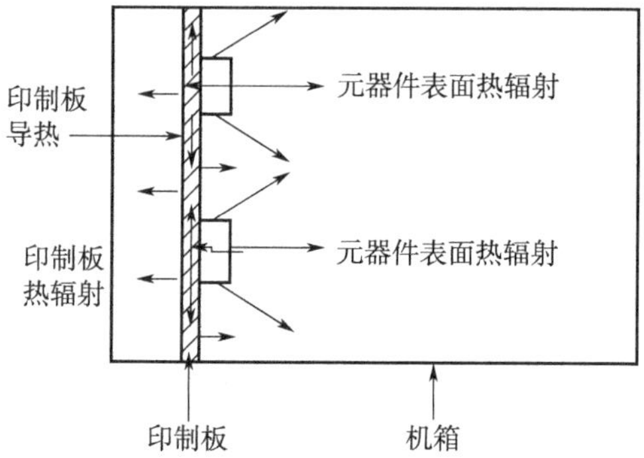

图 14－23　散热路径

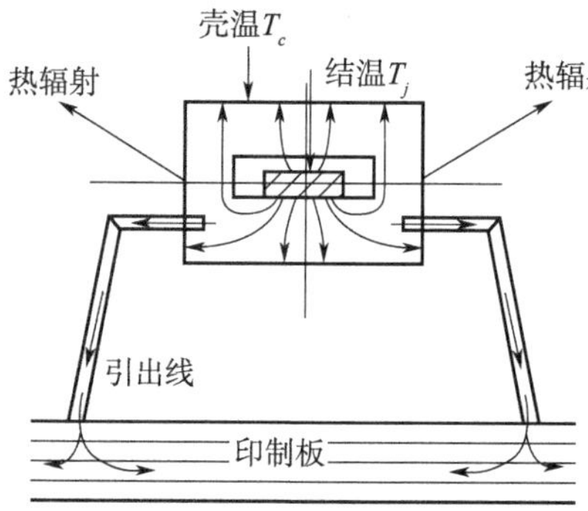

图 14－24　元器件的传热路径

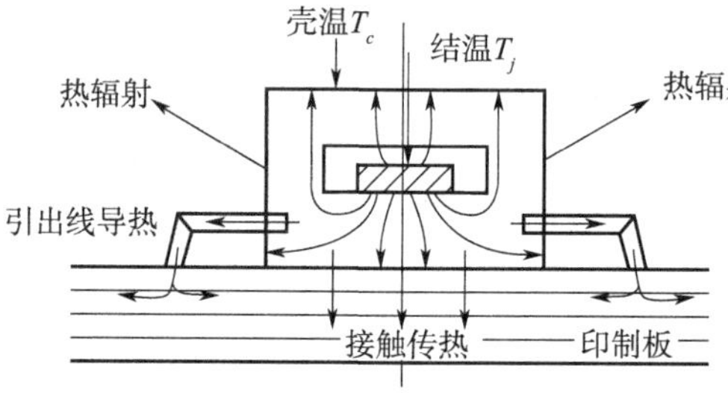

图 14－25　集成元件的接触传热路径

身的导热、与机箱壳体的接触导热，将热量传至机箱壳体；另一条散热路径是通过元器件外壳表面向机箱壳体辐射。这种情况，通过接触面向印制板的导热是更有效的散热路径，接触面积越大，接触热阻越小，通过这个散热路径传出的热量越大。为了减小接触热阻，在安装面间可填充导热填料，如导热脂、硅橡胶等。

3）第三种安装方式：元器件的管脚作为安装固定螺栓，用螺母将元器件固定在机箱壳体上。

散热路径分析：元器件的热功耗通过管脚传给机箱壳体，元器件底面与安装板间也有接触传热。元器件表面向外还有辐射散热，如图 14－26 所示。

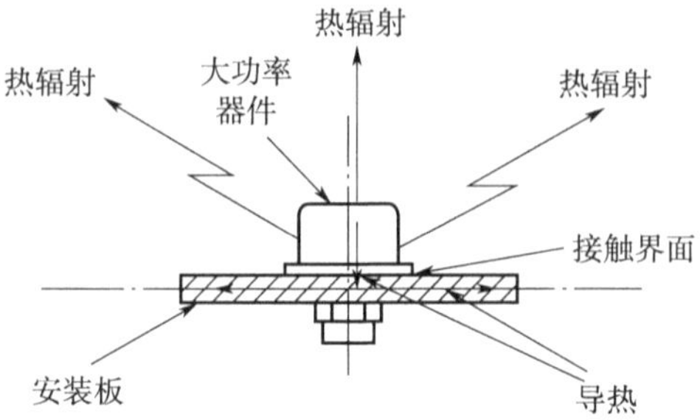

图 14-26　大功率器件散热路径

元器件的安装设计应遵循以下原则：

1）增大元器件与印制板（或机箱）的安装接触面积，降低接触表面的粗糙度，增大接触压力，在接触界面间填充导热填料，是减小安装面接触热阻的有效途径；

2）带引出线的元器件应尽量利用引出线的导热热阻，应使元器件到机箱壳体的导热距离最短，尽可能降低元器件到机箱壳体的导热散热路径的热阻，同时也应采取消除产生热应力的措施，消除热应力的元器件安装方法如图 14-27 所示。

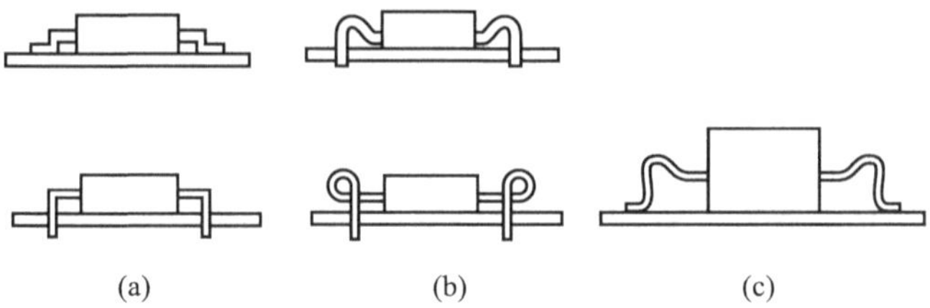

图 14-27　消除热应力的元器件安装方法

3）为了减小传热热阻，热功耗大的元器件也可借助于导热条、导热板或热管散热，通过它们减小传导热阻，将热量传到机箱上向外排散，如图 14-28 所示。

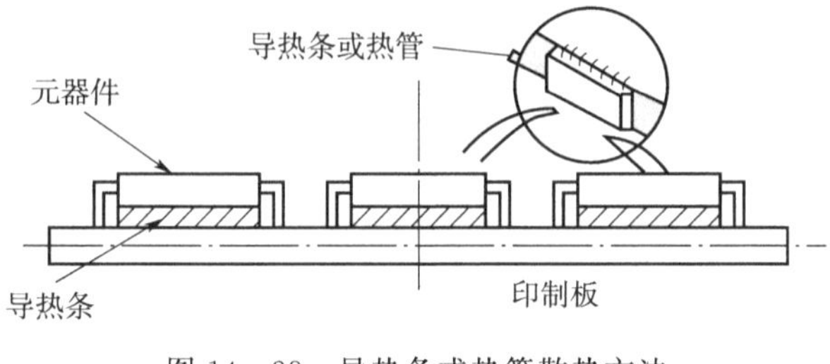

图 14-28　导热条或热管散热方法

14.5.3　印制板热设计

印制板热设计的主要任务是有效地把印制板上的热引导到外部（散热器和大气中）。

1）设计印制线时要保证印制线的载流容量，印制线的宽度必须适于电流的传导，不能引起超过允许的温升和压降，相邻印制线的间距也必须符合电气绝缘要求，不能因遇到潮湿条件及灰尘微粒附到印制板表面而引起印制线的短路；

2）印制板的散热主要是设法将印制线及印制板上安装的元器件工作时产生的热量散发出去；

3）选用厚度大的印制线，以利于印制线的导热和自然对流散热；

4）要减小元器件引线腿与印制线间的热阻，增强元器件引线腿对印制线的热传导，增强导电性；

5）当元器件的发热密度超过 0.6 W/cm^2，单靠元器件的引线腿及元器件本身不足以充分散热，应采用散热网、汇流条、散热管等措施以增加元器件发热量的传导散热；

6）若元器件的发热密度非常高，采用上述措施后，还不能充分散热时，则元器件应安装散热器，在元器件和散热材料、散热器之间应涂抹导热膏；

7）对安装密度较高，在采用了上述措施还不能充分散热时，就应采用热传导性能好的印制板，如金属基底印制板和陶瓷基底（高铝陶瓷、氧化铍陶瓷、冻石陶瓷等）印制板。

14.5.4 机箱的热设计

机箱热设计的任务，是要在保证设备承受外界各种环境、机械应力的前提下，充分保证传导、辐射、对流换热（一般不考虑），最大限度地把设备产生的热散发出去。

设计时应根据设备的情况，先设定与实际设备相近似的模型，并对所设定的模型进行热计算，使计算出来的结果在工程应用所允许的误差范围内。再对试制出的设备进行温度测量，并与计算结果进行比较，采取修改措施，使机箱的热设计能达到预定的效果。

1）机箱的设计应有利于元器件散热，机箱的减重措施不应切断散热路径或使元器件散热热阻变大；

2）印制板模块与机箱壳体之间应有良好的热连接，如可在它们的接触面间填充导热填料；

3）机箱应有足够大的安装接触面积，安装面的粗糙度和平面度应符合相关规范要求；

4）机箱表面（安装面除外）应有较高的发射率，如采取黑色阳极氧化处理或喷涂黑漆。

14.5.5 热分析

14.5.5.1 印制板热分析

按照输入条件，建造每块印制板的热分析模型，并分析各种工况下元器件和印制板的温度，确定元器件的布局、安装设计、散热路径设计、减小关键热阻的措施是否合理。

14.5.5.2 整机热分析

按照输入条件建造整机的热分析模型，包括印制板和机箱壳体，以及印制板和机箱壳体的热连接方式。计算各种工况下元器件、印制板、机箱壳体的温度分布，确定整机热设计的合理性。对于计算结果不能满足温度降额要求的元器件，应采取具体措施，减小散热热阻，如改变元器件、改变元器件安装位置、改变印制板设计等，并修改热分析模型，计算温度，直到所有元器件的计算温度均符合降额要求为止。

14.5.6　热试验验证

电子产品的热设计要通过热试验验证。热试验有鉴定级试验和验收级试验。鉴定级试验的目的是检验产品承受各种鉴定级试验环境的能力，验证产品的设计、制造和组装是否符合要求。验收级试验的目的是暴露正样产品的材料和工艺缺陷。

航天器热试验项目有热真空试验和热循环试验。电子产品也需要按相关规定完成其他热试验项目，如老炼试验、热平衡试验等。

14.5.7　航天器常用热控材料和部件

常用的热控部件和材料有热控涂层、导热材料与填料、隔热材料、多层隔热组件、热管、传热装置（Capillary Pumped Looped，CPL）、百叶窗、电加热器、热开关等，见表 14－6。

1）卫星外表面及星外设备、部件的表面根据外热流、内功耗等条件，选用具有合适太阳吸收比和发射率的热控涂层。需强化辐射换热的表面一般进行黑色阳极化处理或喷涂黑漆等高发射率热控涂层。

2）长距离的和大范围的等温化，一般采用热管和 CPL；短距离的热量传递，一般采用铜、铝等导热材料。为减小接触热阻，可在接触界面垫充铟箔、导热脂、导热胶等导热填料。

3）需热隔离的部件之间采用隔热材料降低传导换热，采用多层组件降低辐射换热。

4）需补充热量的部位采用电加热器加热。

5）百叶窗用以调节辐射换热量，热开关用以调节传导换热量。

热控材料、部件选择与控制的原则是：

1）选用满足航天器热控质量等级要求的热控材料、部件，尽量减少品种、规格和供应商数量。

2）选择热控材料、部件时，除了热性能指标应满足热设计要求外，还应根据其可靠性与寿命进行选择，主要考虑因素有：耐太阳紫外辐射性能（仅对航天器外部表面热控材料与部件）；耐粒子辐射性能；耐高、低温性能；耐原子氧性能（对中、低轨道高度航天器）；机械性能；电性能；真空放气性能。

3）应按规定的优选目录和合格供应商名单择优选用热控材料、部件、元器件。

4）对进口热控材料和部件，应选用经国外飞行验证过的产品，且指标不应低于同类国产热控材料、部件。

5）所有热控材料均应按专用技术条件进行复验和周期复验，合格后方可使用。

表 14-6　优选的热控材料和部件

名称	技术说明
铝及铝合金轴向槽热管(GB 9083.1—88)	氨或丙酮为工质
铝光亮阳极氧化涂层	低吸收率,多种发射率
铝及铝合金黑色阳极氧化涂层	高吸收率,高发射率
铝合金光亮镀金涂层	中等吸收率、低发射率
石英(铈)玻璃镀铝(银)二次表面镜	低吸收率、高发射率
F46 薄膜镀铝(银)二次表面镜	低吸收率、高发射率
聚酰亚胺薄膜镀铝二次表面镜	中等吸收率、高发射率
镀金热控带	中等吸收率、低发射率
镁合金化学转换发黑涂层	高等吸收率、高发射率
ES665—NFCG (ZC)漆	不同吸收率、高发射率
ES665—GPE 耐高温漆	高吸收率、高发射率
ZKS 白漆	低吸收率、高发射率
F650 白漆	星内用、高发射率
SR107 白(黑)漆	星内用、高发射率、室温固化
S956 白(绿、黑)漆	不同吸收率、高发射率
S781 白漆	低吸收率、高发射率
S781 铝粉漆	中等吸收率和发射率
S781 铝灰漆	中等吸收率和发射率
S853 白漆	低吸收率和高发射率
SZ 高效导热脂	导热填料
铟箔	导热填料
低温多层隔热材料	耐温 100 ℃以下
中温多层隔热材料	耐温 250 ℃以下
高温多层隔热材料	耐温 900 ℃以下
聚酰亚胺薄膜型电加热器	片状或带状
金属套管单芯加热丝	耐高温,可缠绕
刚性百叶窗	用双金属弹簧作感温驱动元件
旋转盘式温度控制器	用双金属弹簧作感温驱动元件
电子恒温装置	配合电加热器使用

14.6　电磁兼容设计

随着卫星技术的发展，对电磁兼容性要求越来越高，在卫星的设计中要分别针对整星和星上设备进行具体的电磁兼容性设计。一方面，要通过卫星整星的电磁兼容性设计来提高卫星的电磁兼容性；另一方面，要通过星上设备（分系统）抑制自身的无用电磁发射，使它不产生卫星环境不能承受的电磁干扰，同时要求自身具备一定的抗电磁干扰能力。

卫星电磁兼容性的定义为：星上设备在卫星共同的电磁环境中能一起完成各自的功能，即该设备不会受到共同电磁环境中其他设备电磁发射影响而导致不允许的降级；同时该设备电磁发射也不会使共同电磁环境中的其他设备受到影响而导致不允许的降级。在本定义中的电磁环境应包括卫星内部的电磁环境、卫星在发射场面临的电磁环境、卫星在轨运行面临的空间和地面电磁环境。本节中卫星电磁兼容性设计主要考虑卫星内部的电磁环境。

14.6.1　整星电磁兼容设计

整星的电磁兼容性设计内容包括：整星频率设计、整星电缆网设计、整星接地设计、整星供电系统设计、搭接设计、屏蔽设计、布局设计等。上述整星的电磁兼容性设计内容要求反映在整星方案设计报告中。

14.6.1.1　整星频率设计

整星频率设计时要提前根据接收机、发射机的频率配置，发现和预估每个接收机杂散响应和发射机的杂散发射。分析接收机对杂散发射信号的响应、发射机的杂散发射信号以及二者之间的电磁兼容性。根据卫星电磁兼容性设计时根据接收机、发射机二者之间的电磁兼容性安全裕量（一般为 6 dB），提出以下电磁兼容性设计要求：

1）对接收机提出具体的杂散信号响应等设计要求；

2）对发射机提出具体的杂散发射信号等设计要求，特别是可以提出具体的滤波要求；

3）对接收机天线与发射机天线之间的隔离度提出具体的设计要求；

4）对整星使用频率的隔离提出具体的设计要求。

14.6.1.2　整星电缆网设计

整星电缆网设计是实现整星电磁兼容性的重要环节。

（1）电缆分类

整星电缆网设计时先对电缆进行分类，根据连线的作用和信号性质，对星上电缆所涉及的全部连线分类如下。

一类：电源和控制信号线；

二类：高电平信号线；

三类：低电平信号线；

四类：敏感模拟信号线；

五类：电爆装置接口信号线；

六类：高频信号电路（同轴电缆）。

（2）电缆布线原则

上述不同类的线，应分配到不同的电缆束中。电缆布设时，不同类的电缆应间隔不少于 5 cm 的距离。敏感线束和干扰线束电缆布线时避免平行走向。电缆束贴近卫星结构铺设，减小耦合电容和耦合回路面积。

（3）电缆屏蔽原则

敏感小信号电路、电爆装置电路应采用双绞屏蔽线；除了接地点之外，屏蔽应与结构隔离，不同屏蔽间应相互隔离；对同轴电缆，屏蔽应维持四周成包围性端接；除同轴电缆外，屏蔽体不能当回流线使用；信号线和回线应一起屏蔽；要求电源线一律采用双绞线。

14.6.1.3　整星接地设计

接地，是把设备外壳、框架或底座与物体或运载体搭接起来，以保证它们具有同样的电位。“地”是零阻抗的导体。“地”在不同的应用中，可以是基准地参考点，也可以指公共回流导线。因此，接地是在电子系统和“地”之间建立低阻抗电传导通路。

（1）卫星接地设计目的

1）把星上设备的外壳、框架或底座以及星上设备、电缆的屏蔽层通过接地线（等阻抗）与卫星基准地连接起来，以保证它们具有同样的电位，接地是在星上设备和卫星基准地之间建立的低阻抗电传导通路；

2）把卫星表面（含内、外表面）材料都通过高阻或低阻接到卫星基准地，建立空间静电电荷的通路，泄放空间电荷，避免静电放电发生；

3）各星上设备的一次电源供电都使用专用的回流线，提供专用的一次电源回流通路。

（2）卫星接地设计原则

卫星接地设计的原则基本上可以简单用“星形连接”“地线隔离”“避免地环路”来概括。具体是：

1）各单机的机壳屏蔽地都通过接地线（等阻抗）与卫星基准地星形连接；

2）一次电源供电使用专用的回流线；各单机的一次地、二次地、机壳屏蔽地三者之间两两隔离，其隔离电阻大于 1 MΩ；

3）难免有部分单机二次地、机壳屏蔽地等相互连接，但要尽量避免地线形成环路；

4）接地线以及公共母线的阻抗应该是最小的，低频时接地线长度最短；高频时接地线环路面积最小，但接地线长度 L 一定不能是 0.25λ 的整倍数。

（3）卫星接地设计要求

1）供电线和回流线必须成对并布在同一电缆束中；

2）低频设备和电路严格采用单点接地方式，高频单机和部件均采用多点接地方式，对于高频电路和低频电路均有的单机应该分别做多点和单点接地处理；

3）大电流瞬间供电回路必须安全可靠，不受外部干扰，同时也不能干扰其他设备；这些部件的供电和回流线都要和星上其他电路和部件隔离开，不能在任何环节与其他地线及结构地有连接，在接到负载上后形成一个独立的大电流回路；

4）继电器的接地可采取如下措施：继电器电路要在供电端处单点接地；继电器绕阻电源不能与信号电路电源混用；供电线和回流线尽可能邻近，以减小回路面积；采用带金属屏蔽壳的继电器，屏蔽壳安装时要通过电阻良好接地；

5）电缆屏蔽层的接地与屏蔽电缆抑制干扰的能力密切相关，即使同一种电缆，由于传输信号的频率不同，屏蔽层也应用不同的方法接地；

6）信号电路屏蔽罩的接地：为了防止多级小信号放大器和高增益放大器自激，通常要进行局部屏蔽，接地方式是提高屏蔽效能的重要因素。

14.6.1.4　整星供电系统设计

在整星供电系统设计中，应考虑如下措施：

1）一次电源、二次电源必须良好接地；

2）选用合适的滤波电路对二次电源本身产生的干扰进行抑制；

3）通过隔离、滤波等有效设计对负载产生的干扰进行抑制；

4）尽量采用分散体制的二次电源。

14.6.1.5　搭接设计

（1）搭接的基本要求

搭接指结构上所有的导电性部件（包括所有金属件和碳纤维件）无论其尺寸和位置如何，都应从电上连接起来。搭接分直接搭接和间接搭接。搭接的基本要求：

1）搭接良好的关键在于金属表面之间紧密接触，被搭接表面的接触区应该光滑、清洁、没有非导电物质；紧固方法应保证有足够的压力将搭接处压紧，保证在受到冲击振动和扭曲时表面仍然接触良好；

2）对有较大相对运动的搭接对象，搭接条（线、片）要有一定的抗振性能和较大的挠度，以延长其工作寿命；

3）要保证搭接处或搭接条（线、片）能够承受可能出现的最大电流，以免搭接条（线、片）过载熔断而造成更大的危害；

4）搭接条（线、片）和被搭接金属之间应考虑防止电化学腐蚀。不能用自攻螺丝紧固；搭接处应采用防潮和防其他腐蚀的保护措施，以确保搭接的电气稳定性；

5）搭接条应尽量短、宽（粗）、直，以保证搭接的低电阻和小电感。

（2）直接搭接

直接搭接是把两个导体界面直接机械连接。这种机械方法可以用螺纹紧固装置，也可用铆接、熔焊、钎焊等工艺将搭接对象连接。卫星直接搭接的要求如下：

1）安装板上的接触区和仪器安装面不能氧极化处理，接触面（以及热控用的铟箔）必须洁净；

2）机壳与安装板之间的直流接触电阻应小于 10 mΩ；

3）仪器机壳的所有表面都必须良好接触，具有电气连续性；

4）机壳搭接面的直流电阻不大于 10 mΩ；

5）搭接的直流电阻应小于 10 mΩ。

（3）间接搭接

间接搭接是借助中间过渡导体（金属搭接条或片）把两个金属结构件在电气上连接起来。搭接片的固定方法有：螺栓、铆钉、熔焊、钎焊或堆焊。用螺钉与齿状式锁紧垫圈来紧固搭接片，可获得金属间可靠的电接触。卫星间接搭接的要求如下：

1）装于安装板上有避振机构的单机，需用搭接导体将其机壳与安装板进行搭接。

2）活动连接处应采用导体作柔性电搭接。

3）太阳电池阵帆板、连接架以及与卫星结构之间均属活动连接方式，在电气上难以保证连续性。因此，帆板之间，帆板与连接架之间，以及连接架与卫星结构之间的地都必须用导体做间接搭接。

4）太阳电池阵帆板采用两面为碳纤维、中间用铝蜂窝的夹心结构。为防止向阳面与背阳面之间在太阳紫外光线照射下产生高的静电，太阳电池阵帆板和基底应该电性地与结构形成连接。太阳电池阵帆板和基底、蜂窝的导电截面应该用接地搭接片互相连接接地，太阳电池阵帆板的背面、边缘和蜂窝结构都应通过导体接地。

5）对天线系统所有的金属表面、支架、涂层和馈电装置，都应该用金属线和金属螺栓与结构地连接。

6）卫星上凡经过多层包扎的部位，其多层材料均应接地（结构地）。接地片与多层材料之间用铆接方法连接后再搭接到卫星结构地上。

14.6.1.6 屏蔽设计

屏蔽设计可防干扰外泄或外界干扰进入，在整星的电磁兼容性设计中，应考虑如下几个方面的问题：

1）铜和铝是各种频率下的良好电屏蔽材料，对电磁波有较大的反射损耗。铁和高导磁率合金是较好的磁屏蔽材料。

2）设备屏蔽盒应保持屏蔽的连续性，金属板间的接缝要采用焊接和卷接。接缝配合面应清洗，并清除非导电物质。屏蔽盒应尽量少开槽开孔，有孔时用导电衬垫、导电玻璃、金属网来保持屏蔽效果。

3）高频同轴电缆实体屏蔽；低频电缆用金属编制网屏蔽。电缆屏蔽应接地。

14.6.1.7 布局设计

在卫星总体要根据卫星星上设备配套情况进行整星布局设计。

在卫星星上设备布局设计时要灵活采用空间隔离和时间隔离等分隔技术，对星上电磁敏感设备、电磁干扰发射设备和大功率设备进行分隔等电磁兼容性设计。并通过试验验证，不断优化设计。

14.6.2 星上设备（分系统）电磁兼容性设计

卫星星上设备必须通过合理的电磁兼容性设计提高自身的电磁兼容性，通过卫星总体要求的电磁兼容试验。

卫星星上设备电磁兼容性设计主要有内部频率设计、元器件选择、印制板设计、信号接口设计、机箱壳体设计、电缆设计、滤波器设计、接地设计等多项措施。上述星上设备的电磁兼容性设计内容要求反映在星上设备方案设计报告中。

14.6.2.1 星上设备电磁兼容性设计一般原则

卫星星上设备的电磁兼容性设计应满足以下设计原则：

1）EMC 设计提倡折中原则，以系统兼容为主要目的，系统设计不追求单机指标最好，单机设计不追求单项指标最佳；

2）在采取抑制干扰措施时，应把建立良好接地、搭接系统和合理布线放在首位；

3）重视采用回避和疏导等技术策略，灵活采用空间隔离和实践隔离等分隔技术；

4）在设备设计和研制的初期，要注意正确选取各类有源和无源器件，并采用恰当的电路设计和印刷线路板（PCB）分层布局技术；

5）暴露在空间环境中的活动设备或部件在设计时应尽量避免形成尖锐的边角，如果确实无法满足边角的弧度要求，应采取覆盖或屏蔽措施；

6）要注意抑制系统内发射机的附加发射以及适当选择系统内接收机的动态范围，抑制镜像干扰、中频干扰及寄生干扰等；

7）为确保星上设备机箱的屏蔽性能，在设计中应在机箱各面的相互搭接和连接器与机箱的搭接处理方面采取有效措施；

8）为便于总体开展 EMI 控制和分析工作，设备研制方应向总体提供设备电源接地图、设备信号接地图和设备接口电路（含 EMI 滤波器）图。

14.6.2.2　内部频率设计

在设备设计和研制的初期，必须先对卫星星上设备进行内部频率设计，兼顾星上电磁敏感设备和电磁干扰发射设备。

1）注意抑制系统内发射机的附加发射；

2）适当选择系统内接收机的动态范围，抑制镜像干扰、中频干扰及寄生干扰等。

14.6.2.3　信号接口设计

在设备设计和研制时，要注意信号接口设计。在接口设计满足电气性能指标的基础上，充分考虑电磁兼容性要求，实现产品之间阻抗匹配问题和相互隔离问题。

（1）高频信号接口

高频设备之间的高频信号应使用同轴电缆线或波导，并满足如下要求：

1）阻抗的匹配性，包括信源、负载、电连接器、同轴电缆线和波导，接口阻抗 50 Ω；

2）电压驻波比不大于 1.2；

3）对不同频段的信号，衰减量均要满足详细技术指标要求；

4）屏蔽的端接应确保连续性；

5）接插件选择：TNC、SMA 和波导法兰盘。对于发射大功率信号（大于 10 W），接插件应进行承受大功率试验。

（2）视频信号接口

主要用于图像设备之间的信号传输，接口满足如下要求：

1）使用同轴电缆线；

2）接口阻抗 75 Ω；

3）接插件选择：SMA、梅花或 BNC；

4）电缆损耗小于 0.5 dB/m。

(3) 低频信号接口

卫星的低频系统是单点接地系统，星上设备之间的接口电路不能损害单点接地的接地布局，并且应在设计上使干扰控制到最小。低频信号接口的设计应遵守下述原则：

1) 低频接口的回线不能同时在两端接地；

2) 分系统之间的低频或数字接口都必须采取保护措施。

14.6.2.4 电缆设计

在设备设计和研制时，要注意电缆设计。对电缆类型的选择、电缆的屏蔽、电缆接头的装配等进行电磁兼容性设计。电缆屏蔽设计时，经分析和论证必要时，才使用屏蔽。下列情况适宜于屏蔽敏感线、高阻抗电路、高电压连线。

(1) 屏蔽的使用要求

1) 除同轴电缆外，屏蔽体不能当回流线使用；

2) 需屏蔽的信号线和其回线应一起屏蔽；

3) 屏蔽不能伤害内部导线。

(2) 屏蔽的隔离

1) 除了接地点之外，屏蔽应与结构隔离；

2) 除了接地点之外，不同屏蔽间应相互隔离。

(3) 屏蔽的端接和接地

1) 对同轴电缆，屏蔽应维持四周成包围性端接；

2) 对低频电缆，屏蔽通过电连接器的触针接地到机箱内侧壁，或选用金属外壳的电连接器使屏蔽体端接到电连接器的壳体上、选用非金属外壳的电连接器将屏蔽体焊接到一根导线上，导线一端焊接适应规格的焊片，在电缆敷设后，将焊片固定到设备安装螺钉上；

3) 对低频屏蔽，当电缆长度大于相应信号波长的 0.1 倍时，才使用双端接地，否则都使用单端接地。具体在何端接地，应与电缆网设计部门协商、实施，原则上在接收端接地；对低频屏蔽，若无特殊要求，则低频屏蔽接地到设备机箱上，而不是设备内部电路地上。

14.6.2.5 接地设计

在设备设计和研制时，要注意接地设计。卫星星上设备内部各部分电路的信号返回线与电位基准点之间建立良好的连接。

1) 高频系统和设备采用多点接地方式。设备内部的电路就近多点接地到设备壳体上，而机壳则又多点搭接到卫星结构或安装板上。

2) 低频系统采用分布式单点接地方式。卫星设置一主接地参考点，该接地点位于主配电器内。原则上，分系统不设接地点。如果确实需要，则应与供配电、电缆网总体协商实施，同时保证这些接地点要良好搭接到卫星结构上，当这些接地点与卫星结构断开时，它们应是彼此隔离的。

3) 当某些低频设备直接不加隔离地使用一次电源时，这些设备不能另行接地，而只是通过一次电源回流线实现间接接地。

4）为防止不良接地，各接地参考点对卫星结构或安装板的搭接位置要选取在易吸收和泄放电荷之处。

5）一次电源母线接地：一次电源系统的各设备的内部电路应与其设备壳体及卫星结构隔离，隔离阻抗不小于 1 mΩ；一次电源母线对星体的接地参考点位于卫星主配电器内；所有一次电源的供电都必须有专用回线，一次电源回流不能通过结构返回；所有一次电源的用户，应使一次电源回线与用户的设备机壳隔离，与用户的电源变换器回线接地点相隔离，隔离阻抗应不小于 1 mΩ。

（6）电源变换器母线接地：DC/DC 变换器的初级、次级应该隔离；DC/DC 变换器的内部电路应对其设备壳体隔离，隔离阻抗应不小于 1 mΩ；对低频系统的电源变换器回线单点接地到分系统配电器内的本地接地点；对高频系统，其电源变换器回线在负载设备处多点接地。

（7）设备或部件对星体结构的接地：除有特殊要求需要绝缘安装外，所有设备都需通过安装搭接、导线搭接或接线柱等方式接地到卫星结构上；太阳电池阵作为一个整体部件来处理，并通过滑环接地到卫星主结构上。

14.7　静电防护设计

卫星在生产研制、发射、在轨运行等不同阶段都会经历不同的静电环境。静电在产品上积累到一定程度，引起静电放电。静电放电会产生电磁脉冲干扰，造成电路工作异常，严重的会造成供配电系统短路，破坏卫星能源系统，导致卫星任务失败。因此需要重点关注卫星的静电防护设计。静电防护设计本身包含有两重含义，一方面是通过设计，减少卫星因静电积累而发生放电的次数；另一方面，当发生静电放电时，各单机对静电放电干扰存在抗性，不影响单机的正常工作。

14.7.1　静电防护基本原则

14.7.1.1　地面静电控制措施

对于地面静电，主要是采取各种控制措施，严格控制各个环节的静电。地面的静电控制主要包括元器件储存过程、单机的电装和工装过程、调试过程。

（1）元器件储存的静电防护

元器件储存时的静电防护主要是做好环境的控制。用于元器件储存的库房应具备防静电工作台、专用接地装置、防止雷击的避雷器，以及各种全封闭防静电容器。库房内应保持清洁、整齐，无腐蚀性气体，温度、相对湿度应满足规定。元器件的储存设专人负责，清点和发放操作均应在防静电工作台上进行。发放、储存的静电敏感器件均应装入全封闭防静电容器中周转。

（2）电装和工装过程的静电防护

在电装过程中，操作人员使用的工具和设备均应良好接地。所有的操作在防静电工作台上进行。手工焊接采用智能温控烙铁，接地良好，在焊接时将电烙铁与电源暂时脱离。器件焊接时按先非敏感器件后敏感器件的顺序进行。焊接工位配备离子风机，消除在三防、固封过程中印制电路板上产生的静电荷。在装配过程中，所使用的仪器、设备、工具等良好接地，操作人员穿防静电服，佩带防静电手环，在操作过程中防止碰撞、摩擦的发生。

（3）调试过程的静电防护

调试工作应在符合标准要求的防静电工作台上进行。调试人员需经过防静电培训合格后上岗。进入防静电工作区的人员需穿好防静电工作服、工作鞋、工作帽，并在调试前先进行人体静电泄放，操作时均需佩带防静电手环。

14.7.1.2 空间静电防护设计原则

为将空间静电放电对卫星的影响降低到最小，主要采取两方面措施：降低空间静电放电的发生概率和增加星上设备抗空间静电放电干扰能力。对于前一方面的措施主要是采取卫星结构间等电位设计并使卫星外表面材料形成防静电连续体。对于另一方面主要是使卫星外壳的导电层相互导通，形成一个屏蔽壳体，同时对电性能单机的外壳进行接地，以屏蔽空间静电放电脉冲所产生的电磁干扰。

根据静电放电发生的部位，可以将其分为表面静电充放电和深层静电充放电，两者对应的防护原则略有差异。

表面充放电效应防护设计原则包括两点：一是选择具有良好导电性能的材料，二是确保表面材料良好接地。在卫星设计过程中，只要保证上述两个原则，电荷就能及时泄放，不易产生局部高电场，不会造成表面放电危害。但卫星的保温层、太阳帆板玻璃盖片、电线绝缘层、光学传感器都不可避免选用绝缘材料，因此应通过接地、搭接、涂导电漆、贴导电带等方式使整个卫星壳体设计成一个连续屏蔽壳（法拉第筒）。

深层充放电效应防护设计原则从三方面着手：卫星充电源头控制、卫星沉积特性控制及放电危害传播控制。第一，卫星充电环境控制可通过卫星屏蔽设计实现，减小发生充电效应的源头（建议 GEO 轨道航天产品等效铝屏蔽厚度达到 3 mm）。第二，卫星沉积特性控制主要是接地设计、绝缘材料控制和孤立导体控制等方面，为沉积电荷提供泄放通路（建议选择大电导率材料、接地要求等）。第三，切断放电危害传播途径主要通过滤波、接地、电磁屏蔽等 EMC 技术而实现（建议增加接口滤波电路和加强电子学抗电磁干扰设计等）。

14.7.2 静电防护设计具体要求

静电防护设计是一个综合治理的过程，在遵循基本原则的基础上，需要从源头、途径、效应三方面入手，进行详细的设计。本节主要从易发生静电放电部位的识别、元器件材料选择、接地和搭接、隔离与滤波、屏蔽、布线、小信号抗干扰设计这几个方面进行卫星静电防护的综合设计。

14.7.2.1　放电危险部位识别

为做好整星静电防护设计，首先需要从源头进行整体分析，识别出星上易发生静电放电的危险部位。

根据已有的工程经验，识别出以下几个易发生静电放电的部位：

（1）潜在表面充放电部位

1）卫星表面构型复杂的部位，可能存在过大的表面差异充电和电场强度集中而放电；

2）展开式太阳阵，太阳电池片连接部位可能发生放电；

3）电源线缆，太阳阵展开架的电源母线和信号线缆由于直接暴露在星外可能发生表面充放电；

4）大型载荷，可能由于功能需要而牺牲表面充电防护；

5）光学镜头，可能无法镀导电膜而出现表面差异充电。

（2）潜在深层充放电部位

1）电接插件，其中未接地的“空针”可能会充电而放电；

2）遗留星上的地面测试线缆，由于保留在星外而容易发生深层充放电；

3）火工品爆炸以后孤立的导体可能发生充放电；

4）舱内连接电缆；

5）其他潜在充电孤立导体。

除了以上识别出的几个方面，可能还存在其他的危险部位。危险部位的识别，会随着对卫星设计认识和理解的深入而进一步完善，设计师需要在卫星设计的各个阶段进行多轮的迭代，才能有效识别出更多的危险部位，完善静电防护设计。

14.7.2.2　材料选择

卫星的静电防护设计需要从设计选材上就开始考虑，选择有合适的电导率的材料，配合适当的接地与搭接，有助于卫星结构上形成电荷泄放通道，达到等电位的设计，能有效避免局部强电场击穿引起的静电放电。在设计初期就做好表面材料属性的统计工作，及时剔除不满足防静电要求的材料。

星上材料选择需要满足以下几个要求：

1）卫星外表面材料的表面电阻率小于 10^9 Ω·cm，并通过电搭接导通，以最大程度地减少静电电荷的积累，降低静电放电发生的可能性；原则上禁止使用表面孤立导体，除非孤立导体满足面积小于 1 cm^2 并且电容小于 10 pF 的要求；在天线馈源附件避免使用绝缘性良好的材料，防止放电发生后通过馈源直接进入接收机；

2）覆盖在导体基底上的半导体材料，要求其电阻率和厚度的乘积必须满足 $\rho l \leqslant 2 \times 10^9$ Ω·cm^2；

3）覆盖在绝缘体上的半导体材料，其半导体材料的表面电阻率应不大于 4.6×10^7 Ω·cm，涂层的厚度一般应不大于 100 μm，并且它的体电阻率应不大于 10^{12} Ω·cm；

4）热控多层组件（简称 MLI），尤其是星体外表面的 MLI 组件，其最外层为导电层材料；镀铝薄膜与接地点的导通电阻小于 1 kΩ，其他导电薄膜与接地点的导通电阻应小

于 10^8 Ω；

5）碳纤维材料要求其直流阻抗不大于 50 Ω，但由于碳纤维材料的结构件有可能受到表面附着物的影响，极有可能导致其不是电导通的，实际操作中将通过搭接实现卫星结构件的等电位；

6）针对深层充电防护在保证基本绝缘性能的前提下，选用有较高电导率的介质，包括高固有电导率、高辐射诱导电导率和高光电导率，选用的材料最小电导率 $\sigma_{\min}$ 要满足 $2.5\times10^{-15}\ \Omega^{-1}\cdot m^{-1}$ 的要求；

7）对电导率不能满足要求的，采用增加等效屏蔽厚度的方法减小电荷累积，并选用多层板；

8）表面材料的选择考虑到防静电、电性能及热控、使用寿命等综合性能要求；

9）需考虑到表面材料性能在空间环境效应下的退化，留有设计余量。

14.7.2.3　元器件选择

星上产品的静电防护设计，需要从最基础的层面开始，除了材料的选择之外，元器件的选择也是在设计时必须要考虑的重要因素。

元器件按静电敏感度等级可分为三级：

1 级：易遭 0～1 999 V 静电电压危害；

2 级：易遭 2 000～3 999 V 静电电压危害；

3 级：易遭 4 000～15 999 V 静电电压危害。

在元器件选择上，尽量选用 2 级、3 级的元器件，以提高产品的抗干扰能力。如果必须使用 1 级的元器件，则需采取提高组件或整件的抗静电能力的措施，并验证其有效性。组装件和设备的静电敏感度等级，可以按照它内部使用的最低元器件敏感度等级加以确定，它也是静电保护电路设计的依据，因此对具体电路进行仔细分析是十分必要的。

对高可靠的产品而言，不论采用哪一个等级的元器件，都需要进行防护处理。

14.7.2.4　接地和搭接设计

为了实现整星的等电位设计，减少卫星的局部静电放电，星上所有的导电部分、结构、机械部件、金属表面、仪器外壳等除特殊要求外均要求接到卫星公共地，具体要求如下。

1）所有结构和机械部件、线路盒、附件等都应该电性连接，每一连接处直流电阻小于 10 mΩ，接地点数量的一般原则见表 14－7。

表 14－7　接地点数量的一般原则

表面积	接地点数量
＜1.0 m^2	≥2
1.0～4.0 m^2	≥3
＞4.0 m^2	1/m^2

2）热控多层组件必须每层接地，并应设置专用接地点（见表 14－8）以供连接，接地点与卫星基准地之间的直流电阻不大于 1 Ω。

表 14-8　多层组件接地点数量的原则

表面积	接地点数量
<1.0 m^2	≥1
1.0～4.0 m^2	≥3
>4.0 m^2	1/m^2

3）对于卫星上所有的热控包敷材料的每一独立单元，至少应有两个接地点连接到结构地上；对于表面长度大于 50 cm 的多层材料，应每隔 50 cm 提供一个接地点。

4）对于太阳帆板等其他卫星本体结构外的部件，其结构到卫星本体结构的电阻对电流具有很小的抑制作用，能将 ESD 噪声传输进入舱内。因此要求类似太阳帆板转动机构的滑环转接头必须通过滑环与结构地相连。

5）低频设备和电路严格采用单点接地（见图 14-29）方式。卫星仪器安装板上或单机内部只有一个接地参考点，前者为卫星基准地（结构地），后者为卫星单元地。低频设备或单机区域地应与机壳绝缘，避免采用信号回路与电源回路共用一条回路。

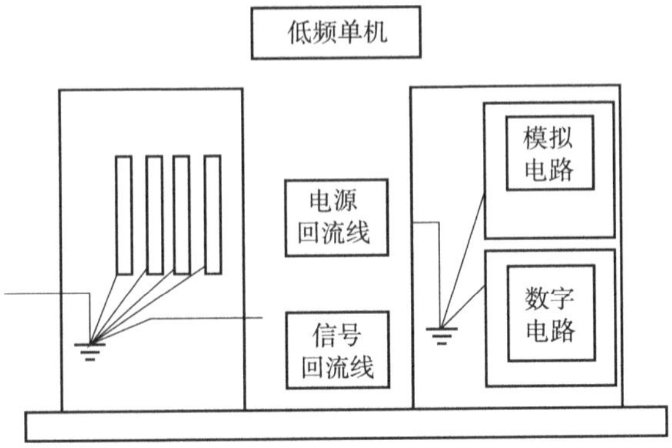

图 14-29　低频设备电路单点接地

6）高频单机或部件采用多点接地（见图 14-30）。每点接地时应采取电路就近接地，并且接地导线长度要小于 0.05λ（λ 为工作信号的波长）。印制电路板的接地面积要尽量大，通过多点搭接到机壳上。机壳与仪器安装板之间的搭接电阻应小于 10 mΩ。

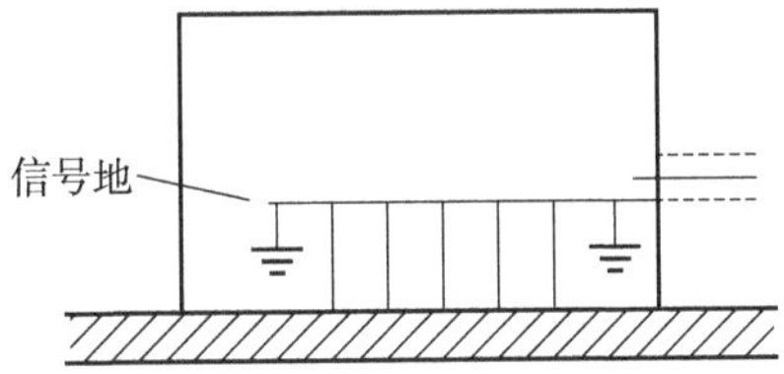

图 14-30　多点接地图

7）一次电源母线系统的各设备的内部电路应与其设备壳体及卫星结构隔离，隔离电阻应不小于 5 mΩ。所有一次电源供电都必须有专用回线，一次电源回流不能通过结构返回。

8）卫星电缆、电路交点和其他面积超过 3 cm^2 或长度超过 25 cm 的导体应当接地。

9）星上永久性搭接采用熔焊，搭接接点通路电阻小于 10 mΩ；半永久性搭接的接点接触面表面镀银或金，减少接触电阻阻抗、接地通路谐振，以及导体的固有电感和杂散电容，搭接接点通路电阻小于 50 mΩ。

10）非绝缘安装的设备，设备机壳到星体结构的直流搭接电阻应不大于 25 mΩ；对于绝缘安装的设备，设备机壳到星体结构间的绝缘安装电阻应不小于 1 mΩ，设备机壳（不包括复合材料的单机）上任意两点的直流电阻应不大于 10 mΩ；电连接器与金属机壳间的直流电阻应不大于 2.5 mΩ。

14.7.2.5 屏蔽设计

根据法拉第笼的原理，连续的金属屏蔽能很好地抵抗外界的脉冲辐射干扰，因此为了提高卫星和星上产品的抗干扰能力，需对其进行屏蔽设计。其基本要求如下：

1）通过接地、搭接、涂导电漆、贴导电带等方式使整个卫星壳体设计成一个连续屏蔽壳，进出屏蔽壳的部件和电缆应在进/出口处进行充分屏蔽；在对电缆进行屏蔽防护时，屏蔽材料需覆盖全向空间，屏蔽层不能仅靠一个接点接地，屏蔽层到结构地的连接距离需小于 15 cm；屏蔽接地的部件需汇集到一个区域地，为卫星静电放电电流提供一个低阻通路，也为其他接地部件提供一个良好的地；

2）星内电子设备外壳和电缆屏蔽应为所有电子元器件和导线提供一个物理性和电性能连续屏蔽的表面；

3）电缆屏蔽使用铜镍屏蔽布进行屏蔽，实施后要求铜镍屏蔽布与电缆贴合、不窜动，并形成密闭的屏蔽腔，且任意一点屏蔽层之间的电阻小于 0.1 Ω，连接到设备外壳的机械地上完成处理的屏蔽层与其他电缆/插头的屏蔽层绝缘，不能连接到设备的电气地线上；

4）对星体外部的所有电子部件和电缆进行充分屏蔽；

5）星上的数字逻辑电子线路盒屏蔽厚度不小于 2 mm；电缆接插件在连接处应充分屏蔽，通过连接器的后接法实现把电缆屏蔽连接到设备外壳的地上，不能连接到设备的电气地线上。

14.7.2.6 小信号抗干扰设计

静电放电会对星上电气、电子设备产生干扰，特别是信号量级较小的小信号电路，如一些传感器头部。为了保证卫星正常工作，星上小信号单机和部件，需进行小信号抗干扰设计。主要设计内容如下：

1）在传感器头部完成信号放大处理，然后进行信号传输，避免信号在传输过程中受到干扰；

2）在传感器头部进行信号 A/D 采样处理，然后进行信号传输，避免模拟信号在传输过程中受到干扰；

3）传感器头部信号电缆、供电电缆进行屏蔽处理，增强抗干扰能力；

4）传感器头部进行单独供电和地线设计，避开大功率、大电流单机对传感器头部的干扰。

参考文献

[1] GJB/Z 35—93 元器件降额准则 [S].

[2] 侯增祺，胡金刚. 航天器热控制技术-原理及其应用 [M]. 北京：中国科学技术出版社，2007.

[3] GJB 151A—97，军用设备和分系统电磁发射和敏感度要求 [S].

[4] QJ 2245 电子仪器和设备防静电要求 [S].

[5] 周正伐. 航天可靠性工程 [M]. 北京：中国宇航出版社，2006.

第 15 章　商业航天的芯片需求

商业航天对芯片的需求应从平衡成本和可靠性角度考虑，针对性定制使用。低成本及高性能是对商业航天的限制但同时也是优势，更好地利用商业卫星平台的优势，创新供应链体系，带动产业共同发展，是选择商业航天芯片的基本考虑要素。

15.1　芯片的发展现状和趋势

芯片，或常称作集成电路，其发展历史可追溯至 20 世纪初半导体材料的发现。1947 年，美国贝尔实验室的约翰·巴丁、布拉顿、肖克莱三人发明了晶体管，这是微电子技术发展中第一个里程碑。1958 年，德州仪器（TI）公司工程师杰克·基尔比提出了集成电路的设计方案并组装研制出了世界上第一块集成电路。1960 年，仙童公司制造出第一块可以实际使用的单片集成电路，其创始人诺伊斯的方案最终成为集成电路大规模生产中的实际应用技术。在之后的半个多世纪里，集成电路芯片的发展迅速。1965 年，戈登·摩尔对未来十年间半导体元件工业的发展趋势做出如下预测："当价格不变时，集成电路上可容纳的晶体管数目，约每隔 18 个月便会增加一倍，性能也将提升一倍。"这就是我们所熟知的"摩尔定律"。这一定律从开始描述集成电路上晶体管数量的增长，到后来拓展应用到芯片性能及其他领域。纵观集成电路芯片的实际发展情况，可以发现整个行业的发展大体上是符合摩尔定律的。

摩尔定律的有效延续，离不开集成电路芯片生产工艺的不断进步。但是越来越多的声音指出，即使半导体生产制造工艺技术水平仍在飞速提升，晶体管的几何尺寸不可能无限制地缩减。此外，其单位成本降低的速度也在随之减缓。随着新理论和新技术推动，目前业界认为集成电路产业发展已经进入到后摩尔时代。身处后摩尔时代，集成电路芯片必须突破原有的研发路径，利用新理论和新技术来培育新的增长动力，性能与功耗的比值将成为评判技术和产品的重要指标。业界已提出后摩尔时代产业发展的三种路径，即延续摩尔（More Moore）、扩展摩尔（More than Moore）和超越摩尔（Beyond Moore）。

（1）延续摩尔（More Moore）

通过对结构优化以及工艺微缩，使摩尔定律继续延续下去。延续摩尔的基本思路是从经典 CMOS 转向非经典 CMOS，半节距按照比例减小，采用非经典器件结构等，从结构的设计及布局来实现产品的微缩，其本质是通过采用新的器件的结构和布局来实现芯片的设计和加工。系统芯片（SoC）是高度集成的芯片产品，是延续摩尔的一个重要应用。这类芯片是从设计的角度出发，是将系统各组件高度集成到一块芯片上。组件的尺寸决定着相同面积上的芯片可以集成器件数量，工艺微缩表现为随着工艺能力的提高，器件尺寸越小。设计端在使用更合理的结构的同时，更小尺寸的器件将会加大其可操作的空间。系统芯片与其他类型芯片相比，其集成度更高，速度更快。这种优势源于其从设计出发，实现从需求到产品的过程，因而更具有针对性。系统芯片是延续摩尔这一发展方向上较为突出的亮点，也是摩尔定律得以延续的一大佐证。

（2）扩展摩尔（More than Moore）

与延续摩尔所采用的方式不同，扩展摩尔的本质是将不同功能的芯片和元件组装拼接在一起封装。其创新点在于封装技术，在满足需求的情况下，可快速和有效地实现芯片功能，具有设计难度低、制造便捷和成本低等优势。这一发展方向使得芯片发展从一味追求功耗下降及性能转向更加务实地满足市场需求。

系统级封装在扩展摩尔的思路上技术较为成熟且具备量产条件，系统级封装可以将一个系统或子系统集成在一个封装内，应用此技术可突破 PCB 自身不足带来系统性能的瓶颈，能最大限度实现各子芯片之间互联互通，充分发挥各芯片和器件的作用。引线键合封装工艺和倒装焊工艺是实现封装两种可互相替代的关键性工艺，现被各大厂商广泛应用，其对于系统级封装起到至关重要的作用。

系统级封装中，3D 封装技术是把不同功能的芯片或结构，通过堆叠技术或过孔互连等微机械加工技术，使其在 Z 轴方向上形成立体集成和信号连通。从系统级封装的传统意义上来讲，因为在 Z 轴上有了功能和信号的延伸，所以凡是有芯片堆叠的都可以称之为 3D。3D 封装运用到的技术有封装堆叠（PoP）、芯片堆叠（SDP）、硅通孔技术（TSV）及硅基板技术。其中硅通孔技术是 3D 封装技术的关键，也是当前技术先进性最高的封装互连技术之一。3D 封装具有四大优势：可缩短尺寸、减轻质量至原来的 1/50～1/40；在能耗不增加的情况下，运转的速度更快；寄生性电容和电感得以降低；更有效地利用硅片的有效区域，与 2D 相比 3D 效率超过 100％。3D 封装虽然优点突出，但其有一个弱点是各大厂商都需要攻克的难题，即功率密度随电路密度提升而提升，解决散热问题是 3D 封装技术的关键。

（3）超越摩尔（Beyond Moore）

自组装器件是超越摩尔领域取得突破的关键。在集成电路目前的架构中，信息的传递和处理都是以电子作为基本单元。从信息传递的角度来看，单个电子是不能传递信息的，多电子组合才能携带信息。与此同时，信号在传递过程中还会存在能量消耗并产生热量。若寻找到其他基本单元自身可以携带信息或者信息传递过程中不会消耗能量，将会降低功耗并提升性能，打破现在所面临的发展瓶颈问题，这类研究则属于超越摩尔。目前超越摩尔方向主要处在研究阶段，量子器件、自旋器件、磁通量器件、碳纳米管或纳米线器件等能够实现自组装的器件是超越摩尔方向研究的热点。

然而对使用者而言，可能并不关心集成电路芯片的发展方向，甚至不会关心摩尔定律是否会失效。他们所关心的就是实际应用的需求是否能得到满足，集成电路芯片的性能能否更高、功耗能否更低、尺寸能否更小、成本能否更省。这些也都是集成电路芯片未来发展始终伴随的需求。

15.2　航天芯片需求

15.2.1　航天芯片的基本需求

随着航天技术的发展，用户对航天型号的寿命、质量、可靠性的要求也越来越高。航天产品使用的芯片及其他元器件品种越来越新，数量越来越多，技术要求越来越高，特别是在质量、可靠性、寿命、小型化、低功耗和耐环境等方面提出了更新、更高的要求。

（1）可靠性

为满足航天型号所需的高可靠性，其使用的电子芯片也需要较高的可靠性。可靠性的定义为：产品在规定的条件下和规定的时间区间内完成规定功能的概率。定义中的三个“规定”，即说明了航天用芯片的可靠性，至少要在以下三方面满足航天产品的要求。

①环境适应性

航天产品要在恶劣的环境条件下工作或贮存，所以要求芯片具有耐特殊环境的能力。在发射过程中，卫星要经受恶劣的振动、冲击、过载、声环境和热环境；在轨时，卫星处于光照区和阴影区的环境温度严苛且温差极大。相应地，则需要其选用芯片的工作温度满足需求且具有一定的对振动、冲击等空间特殊环境的耐受能力。

辐射环境也是航天较为独特的环境，不少航天产品要求所用芯片具有相应的抗辐射能力。对芯片有重大影响的空间辐射主要有：总剂量和单粒子两类。总剂量辐射与航天产品运行的轨道、运行时间以及太阳活动的高低年份有关，当空间辐射总剂量超过了芯片的耐量，将使半导体器件性能的退化或对某些元件中使用的材料造成损伤，从而导致整个元件失效。对于芯片中大多数有总剂量辐射加固的品种，航天产品中应优先采用加固的品种，当采购不到总剂量辐射加固的品种时，应采取屏蔽措施，以降低辐射总剂量对芯片的影响。

②寿命

定义中的“规定的时间”主要是指芯片的寿命，包括工作寿命和贮存寿命，应满足航天产品的要求。随着宇航技术的发展，长寿命航天器的工作寿命和运载器的贮存寿命有长达10年以上的。航天产品的工作或贮存寿命在很大程度上取决于芯片的工作或贮存寿命，这对芯片的工作或贮存寿命提出了相应的要求。

③性能

航天产品要完成规定的功能，首先要求芯片的性能（包括：电性能、机械特性等）稳定可靠地满足航天产品的要求，在规定的时间内，不允许退化到影响航天产品规定的功能。以上要求适用于所有质量等级的芯片，但要求的严格程度不同。对高质量等级的芯片在设计、制造、考核等过程提出了较高的要求，对低质量等级的芯片提出了较低的要求。这些要求在芯片的产品规范（通用规范和详细规范）中，都有相应的规定。所以制定严格、科学、切实可行的产品规范，对保证各种质量等级芯片的可靠性，将发挥重要作用。

(2) 功耗低、质量轻、体积小

为了减少航天产品的功耗、质量和体积，要求所用芯片的功耗、质量和体积作相应的降低。降低质量、体积除了改进芯片结构外，还应在装联等工艺上采取措施，以达到预期的目的。而在保持原来功能的前提下，芯片的功耗的降低，不仅降低了航天产品总的功耗，而且对提高芯片的质量和可靠性也能起到重要的作用，但是这项工作，只能由芯片承制方改进设计和工艺来解决。根据我国的生产水平，有些国军标规定低功耗半导体器件的静态电流或静态功耗一般要比 MIL 标准相应器件的静态电流或静态功耗有很大的差别，近年来我国承制方采取改进工艺等措施，我国半导体芯片的静态功耗已有所降低，通过攻关、技改等措施，进一步降低芯片的静态功耗是完全可能的。

15.2.2　商业航天芯片需求

传统航天用芯片即高等级芯片，其具有高可靠性、高空间环境适应性以及长寿命的同时，由于其保证体系过于严格且复杂，导致其成本极高且生产周期较长，与商业航天低成本、短周期的需求难以匹配；为获得更高的可靠性，其封装也基本采用陶瓷或金属封装，芯片尺寸有所限制，小型化进展缓慢，进而也难以有效地降低成本；出于可靠性要求，传统航天更注重继承性，新品的研发和验证流程复杂，导致高等级芯片更新换代较慢，其性能、集成度、功耗也落后于整个半导体芯片行业，使得原本一颗芯片可实现的功能可能实际需要一整块电路板来完成。另外，国内的航天型号中，部分关键部位所用的芯片有时仍依赖进口，由于近年来的禁运限制，进口高等级、抗辐射加固的芯片已越来越难以获得；即使能够获得，出于信息安全的考虑，也需谨慎考虑。因此，出于对成本和性能的综合需求，航天业内也逐渐将目光转移到成本更低、尺寸更小、性能更优、获得更易的低等级芯片上。

早在 1995 年，NASA 就将空间应用商用器件和低成本电子学产品纳入了研究目标，近年来大量宇航项目例如科学探测、遥感测绘、通信转播、减灾救灾、应急响应等都以低成本作为研制目标之一，大量采用高性能的低等级芯片，从而实现航天型号“更小、更快、更廉、更好”。近年来取得巨大成功的美国太空探索技术公司（SpaceX）明确允许采用商用芯片设计火箭、卫星、飞船的电子系统。欧洲也以商用芯片的优异性能为驱动力，持续开展其在航天领域的研究，ESA 已在 Proba 等宇航项目上大量验证并使用了商用芯片，已获得成功。国内近几年也在探索商用芯片在卫星上的应用模式，不少型号已有应用商业芯片的成功经历，业内各集团院所也逐步建立起了针对低等级芯片的质量控制体系。

15.2.3　商业航天芯片应用实例

在目前已在轨飞行的商业卫星中，具有特定优势的工业级元器件已经逐步被放开限制，被允许使用。以航天一次、二次供电电源硬件电路为例，星载设备在一次、二次电源母线上均会采取必要的过流（短路）保护措施。过流保护一般通过在母线端串联熔断器实现。由于熔断器过流保护方式对故障设备而言是不可恢复的，一旦短路或者失效，将直接影响单机的功能。因此，星载设备中，熔断器主要用于保护电源母线，而不是保护发生故障的设备。此外，凡是可采取其他措施保护的，都应尽量避免选用熔断器设计。

此外，受制于单粒子、器件工艺的影响，由高等级器件搭成的过流保护线路迟迟未被研发设计成功，传统高轨、深空类星载单机电源仍采用熔断器设计，并附着了后续各种功能的电源保护电路，如消浪涌、缓启动、EMI、时序排序等。在星载单机中，往往会专门单独布置一块甚至多块包含以上功能的电源处理印制板，庞大的电源电路所包含的元器件成本极高，且占用的印制板尺寸巨大，增加了整星的质量，增加了运载火箭的负担。高等级的过流保护电路不计成本，不惜尺寸大小，因而具备实施的可能性。但商业航天类设计，成本、尺寸均需兼顾。目前，市场上可获得的一系列工业级、汽车级芯片，就可以满足以上的应用需求，部分芯片也通过了国内航天院所的在轨验证。

(1) 电子熔丝

电子熔丝是一款完全集成的保护器件，可抵御短路、浪涌、过压或反极性事件。以TI公司的电子熔丝系列为例，其可针对超过15 A的额定电流要求提供类似的保护，满足星载单机的过流保护要求。但该类器件不具备单粒子指标，在深空、高轨领域应用风险较大。在低轨航天应用场景中，可通过系统级单粒子防护加固设计，来提高器件的可靠性。

为了正确选择合理正确的EFUSE电子熔丝，必须全面对比熔断器和电子熔丝性能，主要特性包含额定电流、额定电压、冷态电阻、稳态压降、载流能力、熔断特性等。以某公司的TPS25944电子熔丝为例，其工作特性见表15-1。TPS25944的额定电流值可调范围0.6～5.3 A，额定电压范围2.7～18 V，冷态电阻42 mΩ，除额定电压指标外，其余指标均优于宇航高等级管状熔断器、FM12型熔断器。因此，在星上的二次电压母线限流保护场合，可选用该系列EFUSE电子熔丝，以取代传统的宇航高等级熔断器。

表15-1 TPS25944器件特性及指标

序号	特性/指标
1	工作电压范围：2.7～18 V，最大值为20 V
2	42 mΩ R_{ON}（典型值）
3	0.6～5.3 A可调电流限值(±8%)
4	IMON电流指示器输出(±8%)
5	工作时的 I_Q 典型值为200 μA
6	禁用时的 I_Q 典型值为15 μA
7	±2%过压、欠压阈值
8	反向电流阻断
9	1μs反向电压关断时间
10	可编程 dV_0/dt 控制
11	电源正常和故障输出
12	结温范围为-40～+125 ℃
13	单点故障期间，符合UL60950安规，开路-短路ILIM检测

TPS25944是一款紧凑型且功能丰富的电源管理器件，此器件具有一整套的保护功能，

宽工作范围可实现对很多常用直流总线电压的控制。集成背靠背场效应晶体管提供双向电流控制，从而使得此器件非常适合于电源复用和具有多个电源的系统。该器件还为负载、电源和器件提供了许多可编程保护特性。为了满足特定的系统要求，可设定针对欠压，过压，过流，dV_0/dt 斜率，电源正常和涌入电流保护的阈值。为了实现系统状态监视和下游负载控制，此器件还提供精确的电流监视输出功能。

图 15－1 为 TPS25944 典型应用电路图。该模块集成了传统航天的限流保护、故障检测自恢复、缓启动、消浪涌、电流检测、电源状态指示等功能，PCB 占用面积小于 2 cm^2（见图 15－2），元器件成本约 20 元，空间上远远小于传统航天实现相同功能需要一整块印制板的面积，成本上也远少于传统航天动辄上万的价格。

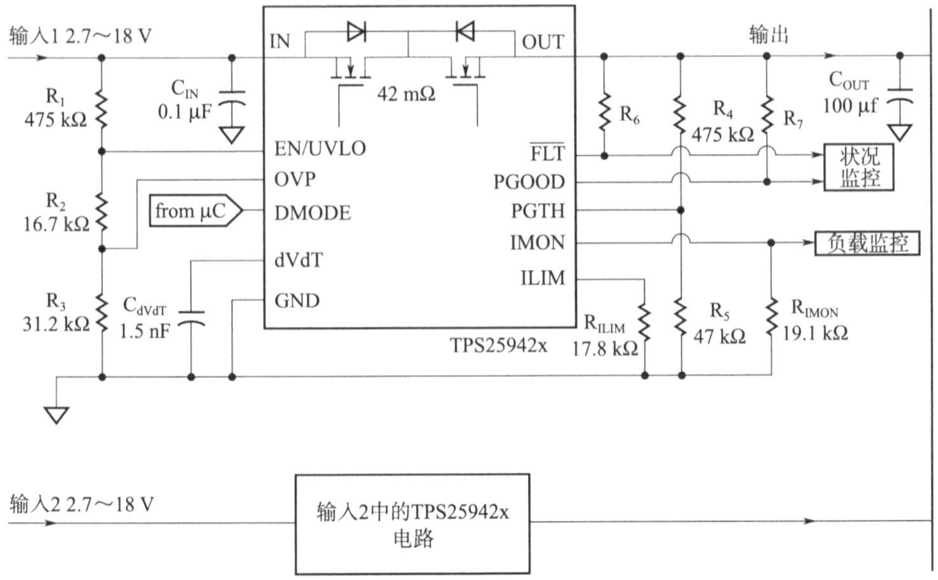

图 15－1　电子熔丝典型应用原理图

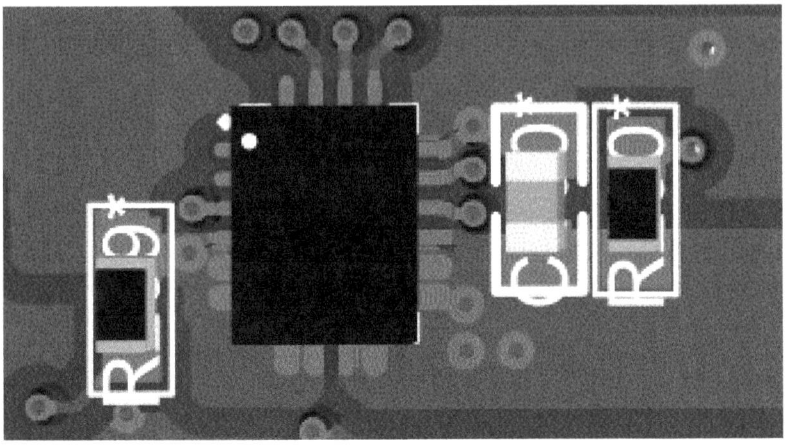

图 15－2　电子熔丝典型应用 PCB

TPS25944可应用于电源路径管理、冗余电源系统管理、PCIE卡、网络接口卡和RAID系统、电源MUX、电源适配器器件、可编程逻辑控制器等。其工作温度范围支持−40～125 ℃，满足商业航天元器件温度要求。截至目前，该类芯片已在国内航天院所研制的多颗卫星上实现了在轨验证，工作正常，可在商业航天应用中替代传统的一系列限流保护电路。

（2）集成式负载开关

第二类被替代较多的元器件为继电器。传统航天所选用的继电器大部分为高等级电磁磁保持继电器，它是一种具有可动部件的小型机电一体元器件，其固有的失效率远高于一般的电子元器件。合理选择、正确使用电磁继电器，提高继电器的可靠性，是保证航天设备高可靠性工作中的重中之重。

自2006年以来，国内多个卫星型号曾先后出现继电器触点粘连问题。2006年，某卫星在轨执行数传关机指令时，控制继电器触点未能正常分离，发生触点粘连故障。2009年，在某卫星地面总装测试中检查二次电源主备份切换时，发现发送数管加电和断电指令后，主配电器内部控制数管供电通路的继电器一直保持接通状态，不能正常断开；后经失效分析，确认该继电器中一对触点发生了粘连故障。

通过对2005—2012年出现的星上9起继电器失效故障统计分析，可以看出多数继电器的故障都出现在触点部分，其失效模式主要包括触点接触不良、触点粘连、加电后触点不吸合、多余物。一旦继电器失效，会造成星载单机指令无法执行切换，严重影响单机功能。

此外，高等级的电磁继电器受工艺制约，密封惰性气体填充等，制造量产周期长，成本巨大。而集成式负载开关芯片作为用于开启和关闭系统电源轨的一种特殊的“电子继电器”，为系统带来了许多优势。其主要功能是连接、断开电源和负载。该功能也可仅使用一个简单的通路MOSFET的分立器件方案来实现。但全集成的负载开关器件无论是PCB占用面积还是成本，均远小于分立器件方案。采用集成式的负载开关芯片，设计时减少了器件的数量，降低了设计难度及成本，却又提供了更强大的功能，除基本的开关、缓启外，还包括了对过温、欠压和过流故障条件的检测和保护、反向电流保护等功能。

使用集成式负载开关芯片，较传统继电器相比，还具备以下优势：

①供配电

接通或关断输入电压相同的子系统，可通过对各个负载开关的控制来对不同的子系统进行供配电。并可以解决传统电磁继电器过流小、失效率高等硬件问题。图15-3为使用负载开关对系统供电进行开关的配电框图。

②上电排序

在某些系统中，如FPGA等，需严格遵守器件的上下电时序。通过使用负载开关，控制其使能引脚或是缓启动时间，即可实现多级负载的上下电时序控制（见图15-4）。

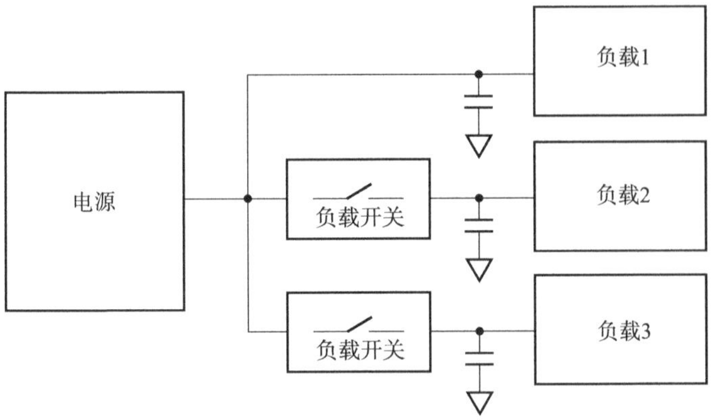

图 15－3　负载开关应用于系统供电开关

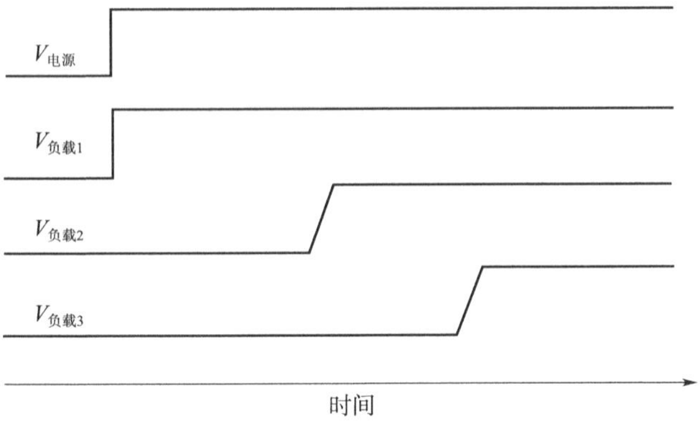

图 15－4　负载开关应用于时序控制

③浪涌电流控制

以电源阶跃的形式开启供电系统，可能会由于负载电容快速充电产生浪涌电流。如果电源无法提供容性负载足够的充电电流，产生的浪涌电流则会拉低输入电压，并导致输出端电压拉低（见图 15－5）。

使用负载开关，通过控制输出电压的上升时间变缓，可实现消浪涌功能（见图 15－6）。

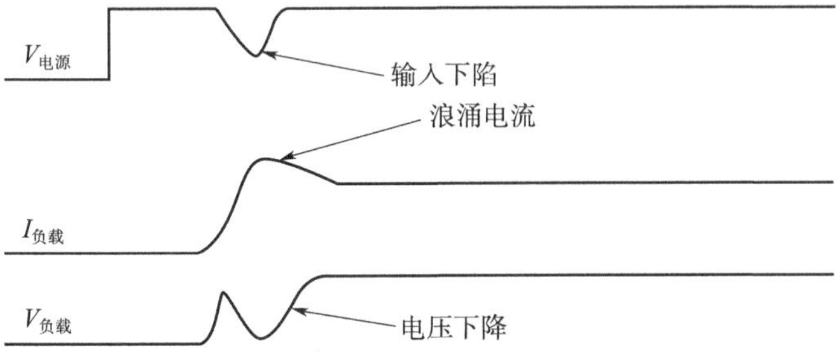

图 15－5　浪涌电流拉低电压

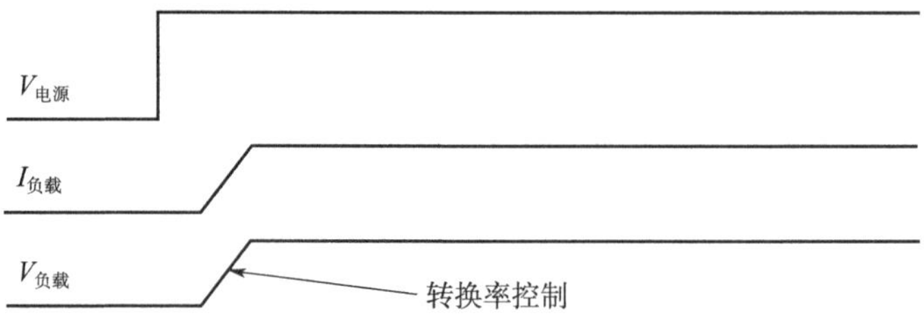

图 15-6　负载开关应用于消浪涌

④降低漏电流

在一些应用中，常常会禁用一些电路（如 DC/DC 转换器、LDO、HDMI 模块、WIFI 模块等）并将其置于待机模式。但即使是处于关断状态，这些模块的漏电流也相对较高。在负载前面放置一个负载开关可显著减小漏电流，负载开关漏电流通常小于 1 μA。因此，如图 15-7 在电源路径中放置一个负载开关可大幅降低功耗。

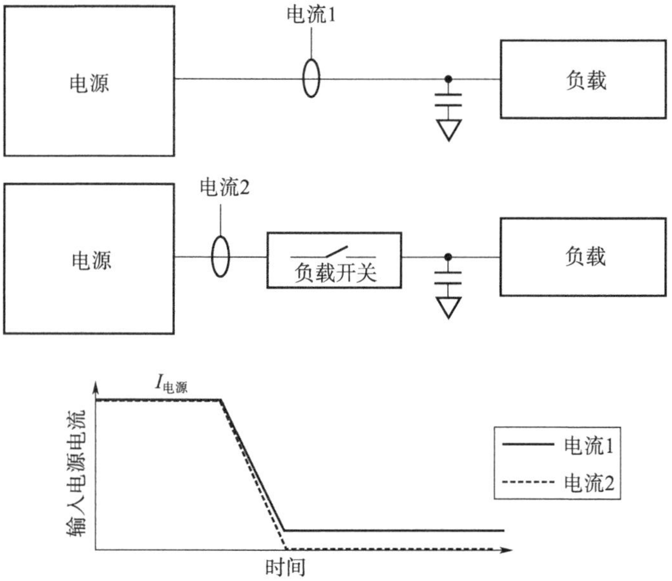

图 15-7　负载开关应用于降低漏电流

⑤断电控制

大部分 DC/DC 或 LDO 是不具备关断快速泄放功能的。关断的能量泄放，完全依赖于后段的负载。在负载电流较大的情况下，容性负载也较大，此时的能量泄放时间（电容电压从 90%跌至 10%）可能为秒级的数量级。在未完全泄放完毕的情况下再次上电，可能会导致系统进入未知的闩锁状态。

使用带快速泄放的负载开关可有效解决以上问题。如图 15-8 所示，负载将以受控方式快速断电，已备下次上电。

以某公司的负载开关 NCP45540 为例，其特性见表 15-2。

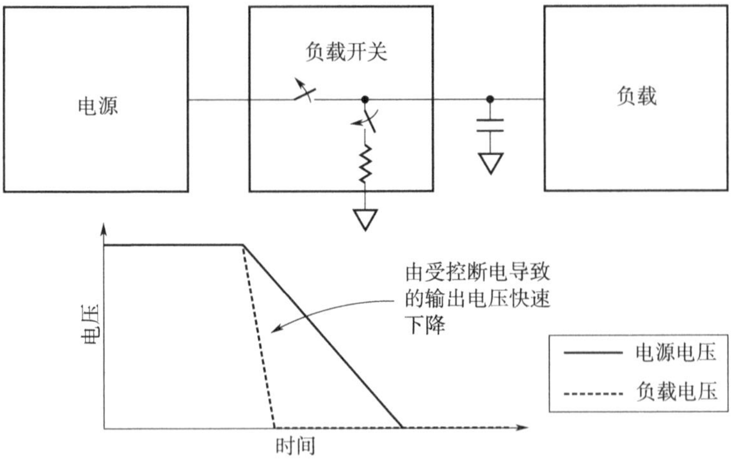

图 15－8　负载开关应用于系统供电快速泄放

表 15－2　负载开关 NCP45540 特性

序号	特性
1	内置电荷泵控制器
2	内置低导通电阻特性的 NMOS
3	输入电压范围 0.5～13.5 V
4	可控制软启动
5	输出电压斜率控制
6	电源输出指示信号
7	热保护关断
8	欠压保护
9	短路保护
10	负载快速泄放回路

对比传统的电磁继电器，使用负载开关电路更简单、成本更低，电性能均优于传统电磁继电器，还具备上述提及的电子熔丝的部分功能。其典型应用电路图如图 15－9 所示。

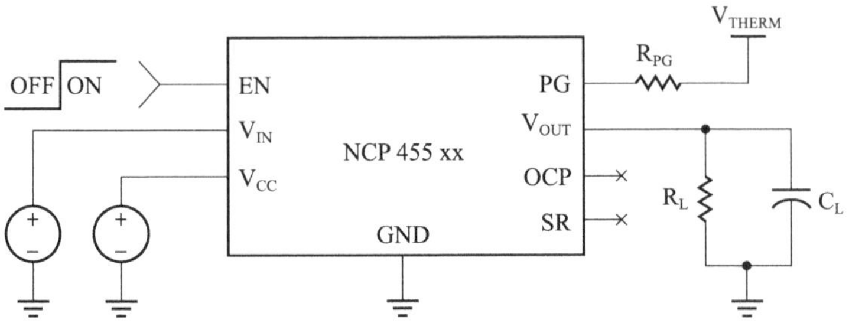

图 15－9　NCP45540 典型应用电路图

NCP45540 可用于电源路径管理、热插拔应用等。其工作温度范围为－40～85 ℃，满足商业航天元器件温度要求。截至目前，该类芯片已在国内航天院所研制的多颗卫星上实现了在轨验证，工作正常，因而亦可在商业航天应用中部分替代传统的一系列电磁继电器电路。

（3）模数转换器

模数转换器（ADC）是一种将模拟信号输入转化为数字信号输出的芯片，在混合信号系统中占有重要的地位。作为模拟技术和数字技术的接口，广泛运用于工业控制、通信、消费电子、航空航天等领域，由于模数转换器的性能直接影响了系统的整体性能，因此，对模数转换器的选型尤为重要。但受制于抗辐照工艺及 CMOS 工艺制约，抗辐照 ADC 的国产化研制进度极其缓慢。以国内某一流的 ADC 研制生产厂商为例，截至 2020 年，已实现量产化的抗辐照宇航 ADC 共计 10 款，最高采样率支持至 1.6 Gbit/s。但从商业卫星的低成本小型化考虑，抗辐照宇航级 ADC 成本均按万元计算，尺寸面积同样较大。图 15－10 为国产宇航级高速 ADC 印制板布局图，本体尺寸约为 28 mm×28 mm。

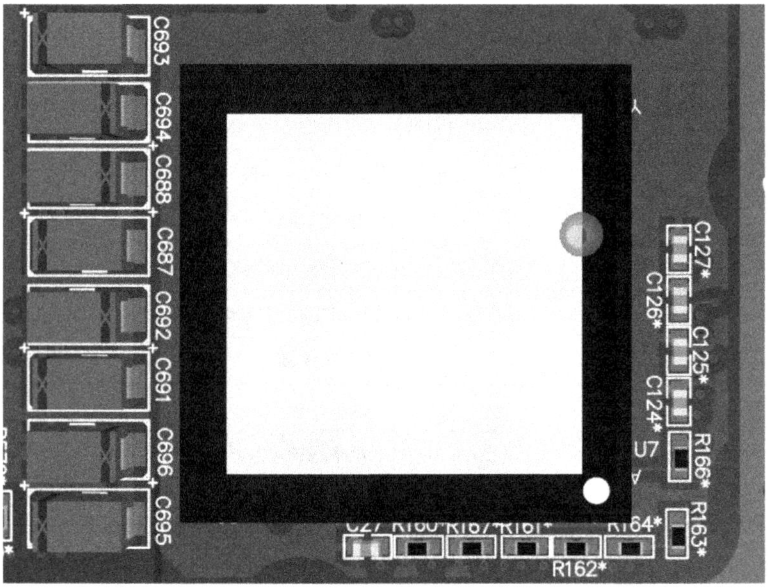

图 15－10　国产宇航级高速 ADC 印制板布局

而在工业级 ADC 中，其性能和最高的采样速度已远超抗辐射宇航级 ADC。以某公司的一款最高 3Gbit/s 采样率的 AD9208 为例。该芯片是一款双通道 14 位、3GSPS 模数转换器，具有片内缓冲器和采样保持电路，确保实现较低的功耗、较小的封装尺寸和出色的易用性。该产品经过专门设计，支持那些可对高达 5 GHz 带宽的模拟信号进行直接采样的通信应用场合。ADC 输入的－3 dB 带宽为 9 GHz。AD9208 经过了全面优化，采用小巧紧凑的封装，可以提供宽泛的输入带宽、快速的采样速率、卓越的线性度以及较低的功耗。其特性见表 15－3。

表 15-3　AD9208 特性

序号	特性
1	宽泛的输入－3 dB 带宽(9 GHz) 支持对高达 5 GHz 左右的信号进行直接射频 (RF) 采样
2	四个集成宽带抽取滤波器和 NCO 模块支持多频段接收器
3	通过 GPIO 引脚进行快速的 NCO 切换
4	SPI 控制多种不同的产品特性和功能,以满足特定的系统要求
5	可编程的快速超范围检测和信号监测
6	用于系统热量管理的片内温度二极管
7	12 mm × 12 mm 196 引脚 BGA 封装

该封装大小仅为抗辐照宇航级 ADC 的 1/3，成本仅为抗辐照宇航级 ADC 的 1/4。

15.2.4　应用风险分析

国内外的应用经历为商业航天选用低等级芯片提供了事实基础，证明低等级的芯片在正确的使用条件下是可以胜任航天任务的。但是在实际应用前不能忽视低等级芯片在宇航上应用仍存在着诸多风险，具体表现为以下几点。

（1）新技术和新材料的风险

由于对芯片更小尺寸的需求，更多新的工艺技术、结构设计、原材料被应用到了芯片的生产加工中去。大部分的新技术以及新材料都是航天未验证过的，虽然提升了性能、降低了功耗、优化了功能、减小了尺寸，但是可能会使芯片本身更易受到静电损伤，或是抗辐射能力更弱，从各个方面降低器件的可靠性。

（2）塑封器件的风险

低等级芯片（如工业级）的封装一般为塑封，塑封为非气密性封装，对水汽尤为敏感。其封装材料使其具有吸潮性，潮气主要是通过塑封料与外引线框架界面进入加工好的塑封器件管壳，然后再沿着内引线与塑封料的封接界面进入器件芯片表面。同时由于树脂本身的透湿率与吸水性，也会导致水汽直接通过塑封料扩散到芯片表面。吸入的潮气中，如果带有较多的离子玷污物，就会使芯片的键合区发生腐蚀。如果芯片表面的钝化层存在缺陷，则潮气会侵入到芯片的金属化层。最终导致电参数漂移、漏电流过大，甚至短路或开路等失效模式。焊接时，在较高的回流焊温度下，潮气受热膨胀可能导致塑封结构出现分层、裂纹，形变和结构变化导致键合、引线出现损伤，极端情况下，其封装可能会开裂，发生“爆米花效应”。

另外，塑封结构其不同材料之间还存在着热匹配性不同的问题。在温度环境变化时，由于不同材料的膨胀、收缩程度差异较大，在材料之间的界面上就会产生较大的剪切应力，在极端条件下，材料出现裂纹并发生位移，严重的情况会损伤芯片内部。

（3）抗辐照能力不明

此类芯片并非专为航天制造，其设计和生产未做空间环境适应性的考虑。另外该类芯片的更新换代较快，技术状态更改灵活，不同的芯片版本其可靠性、辐照数据也可能有较大差异。对此类芯片的抗辐射能力评估，在技术上也存在着困难。

(4) 可靠性数据不足

传统航天选用的高等级芯片有严格的标准规范须遵守，以及完整成熟的从生产厂到用户的质量保证体系，通过一系列的试验发现并剔除缺陷、避免早期失效，并保证芯片的批次质量一致性。低等级芯片不同于传统航天使用的高等级芯片，一方面也是出于对批产效率与成本的考虑，低等级芯片的生产大多不会经历鉴定、筛选、质量一致性等试验，导致可靠性数据相对缺乏。其基本的表现形式即芯片的寿命难以预估。

15.3 商业航天芯片应用保障

15.3.1 芯片应用需求分析

芯片的应用必须满足商业卫星型号任务的需求，不仅仅是成本和周期，更应该包含型号任务的应用需求，比如轨道环境、设计寿命等；综合分析芯片的应用情况，包括芯片应用部位或是其本身的关键程度、其安装位置及其冗余备份情况等，分析可能存在的风险、预防及处理办法以及对风险的接受程度。综合这些信息，制定合理的针对性方案，为后续工作提供规范依据以及数据支持。

15.3.2 选用和采购

传统航天产品用芯片的可靠性是由其固有可靠性和使用可靠性组成的，前者主要由元器件生产方在元器件设计、工艺、原材料的选用等过程中的质量控制所决定；后者则主要由芯片使用方在元器件生产完成后，对芯片的选择、采购和使用等过程的质量控制所决定。对于商业航天而言，基本的选用原则依旧适用。

(1) 根据性能需求选用

根据使用要求选择芯片的特性时应留有足够的余量，不能选择实际使用应力接近甚至超过其极限值的芯片，应按规定降额使用。另外，应考虑其特性将随着时间、环境而变化，因此应放宽芯片特性的允许变化范围，当其特性变化至最坏状态时，设备仍能维持正常工作。

(2) 根据环境要求选用

根据需求分析中对环境的需求，查阅芯片的详细规范或产品手册，其需求包含环境温度、机械（力学）环境、特殊环境等。尽量选择各项环境适应力符合需求的芯片。如部分特殊环境适应能力（如静电放电敏感度及抗辐照能力等）并未在规范及手册中标明，或不可避免选用部分特殊环境适应能力难以达标的芯片时，需要通过试验验证或设计针对性的可靠的防护以及加固方案。

(3) 压缩品种、生产厂家

对芯片品种、生产单位的压缩，有助于对芯片的质量及可靠性进行更加集中的管理。在开展质量及可靠性活动时，差异减少，单个品种的数量增加，在方便管理的同时更降低了成本。

（4）优选知名厂商工艺成熟产品

质量是知名生产厂的立足之本，知名厂商往往在过程管理、工艺控制方面更为严格，不论对何种等级、类型的芯片，其质量管理思路往往都是一致的，这对于相关试验验证缺乏的低等级芯片尤为重要，相当于为芯片的质量多提供了一重保障。而工艺更加成熟的芯片，能保证其已知的性能特性相对稳定，同时在合适的使用条件下出现未知风险的概率更小。

（5）进口供应商控制

由于对芯片的选用大多为低等级芯片，其对可追溯性的要求相对于高等级的芯片要低很多。一般的高等级芯片在从生产厂到供应商的交付过程中需要提供正式的可证明其履历的文件，有时也会根据客户要求提供相应的生产过程中的资料文件或者报告。而低等级芯片一般没有这样的要求，存在假货的风险相对较高。假货芯片的来源一般为生产厂、实验室废弃的不合格品，或是原厂或代工厂存放超期的产品，也有部分是已使用过的回收的芯片产品。由这些芯片重新打标、重新封装而生产出的假货，存在着各种问题，包括芯片外观与内部标识不一致、功能性能不符、键合损伤、结构损伤、静电损伤、早期失效等等，在质量与可靠性方面存在较大隐患。为预防假货的购入，需要对供货渠道严格把控，建立完备的供应商管理机制，有效地保障正规供货渠道。

（6）建立芯片选用库

类似于传统航天业内的“选用目录”，对芯片的优选及选用建议起指导性作用。不同的是选用库可以更关注低等级芯片的实际应用，记录芯片应用全过程中的相关信息，包括在轨应用的环境及使用寿命情况、筛选调试的结果及问题、各种特殊的设计以及加固措施等，通过经验的积累弥补理论上的缺失，从而更直观地为芯片的选用提供建议。此外，选用库的更新更具有实时性，以保证后续任务能及时获取信息。

15.3.3　筛选

筛选是结合任务剖面，对芯片进行的一种补充实验。尤其对于低等级芯片，筛选是保证其应用可靠性的措施之一。筛选试验可以剔除有缺陷的或是可能发生早期失效的芯片，以确保筛选后芯片的失效率处于浴盆曲线的正常工作区间内。

传统航天用芯片的筛选项目和要求一般基于标准和用户需求，国内标准一般参照 GJB 548《微电子器件试验方法和程序》，国外标准一般以对应的美军标为主，常规的筛选项目及基本作用如下。

1）外部目检：器件在 10 倍的放大镜或显微镜下进行检查，检查元器件气密性封装的工艺质量，以及元器件在运输、试验、安装等各环节是否损坏。

2）温度循环：试验一般通过温度循环试验箱进行，温度循环试验箱的高温区和低温区温度一般对应芯片的正负极限温度，芯片在高温或低温任一区域内的保持温度一般为 30 min，之后通过快速的高低温区转换（一般小于 1 min），使芯片所处的极限环境温度快速变化，从而完成一个高低温循环，常用的循环次数为5次。温度循环测定元器件对极限温度的承受能力以及冷热交替对元器件的影响，暴露结构缺陷。

3）电老炼：将芯片安装至试验班，放入烘箱升温至芯片的极限工作温度，持续施加芯片规定的电应力，并按产品的可靠性需求选定合适的试验时间。电老炼的作用为在最大的额定工作条件对元器件施加应力，使器件暴露自身缺陷，剔除初期致命失效及早期寿命失效。

4）粒子碰撞噪声检测（PIND）：将芯片粘贴在换能器上，经历规定循环次数和频率的冲击和振动，同时监测试验过程中是否存在除背景噪声之外的噪声爆发，判定芯片封装内部是否存在可移动的自由粒子，从而剔除封装内部有多余物或者结构有缺陷及损伤的芯片。

5）密封性：包含细检漏和粗检漏，其本质都是检查芯片的气密性封装是否有缺陷，是否有从封装外部，通过高压将气体或液体压入封装内部的可能。细检漏采用示踪气体氦，在低压环境下检测氦的漏率；粗检漏利用易挥发的碳氟化合物，将芯片浸入高温溶剂中，通过观察芯片封装表面是否有连续气泡的产生，判断是否有碳氟化合物通过封装缺陷残留在了芯片封装内部，从而检查芯片的密封性。

6）三温测试：检查芯片在常温以及正负极限工作温度环境下的性能功能是否达标。除常温外，芯片的高温和低温测试前芯片需在温箱内的规定环境温度下保持30 min，或使用热流罩直接在测试时模拟极限环境温度。

7）声学扫描：一般针对塑料封装的芯片，使用超声扫描声学显微镜，判断芯片的封装及内部结构是否出现空洞、分层及其他结构缺陷。

8）X光检测：利用X射线设备，非破坏检测封装内的缺陷，特别是密封工艺引起的缺陷和诸如多余物、错误的内引线连接、芯片附着材料中的或采用玻璃密封时玻璃中的空洞等内部缺陷。

传统航天对低等级芯片的筛选往往是严格的，其做法一般被定义为“升级筛选”，即使芯片的采购成本有所降低但筛选的成本却有较大的增加。但对于商业航天，对芯片的可靠性筛选，不妨考虑在芯片的功能、性能、工作温度等满足使用要求的前提下，先抛开对芯片质量等级的关注，即为保证芯片的可靠性要求，不论最终是何种质量等级的芯片，都需经历这一系列的筛选过程，剔除缺陷产品，暴露早期失效产品。只不过高等级芯片，如宇航级、国军标级芯片，其本身的可靠性指标、生产即为高可靠领域的应用而设计及管控，因而可靠性筛选试验也已按要求进行，可以不再就此提出需求，避免过筛选和产能及成本的浪费；而其他等级，在能证明其生产过程中已经历了规定要求的可靠性筛选试验，可尽量避免重复试验，对于无法证明其试验经历的，则需按规定完成全部筛选试验。

总的来说，对商业航天用芯片的筛选，结合商业航天的特点，首先需根据商业卫星的各项任务（在轨寿命、轨道高度等）指标针对性地制定、选择合适筛选应力，保证基本的使用需求，减少产能及成本的浪费；其次，在选用中压缩品种和生产厂，通过较为一致的批量处理降低成本；尽可能了解掌握芯片的生产过程经历，避免部分项目的重复进行；对于国产芯片，可将筛选项目前移至生产厂进行。

15.3.4　应用控制

基于传统航天的失效分析的统计数据表明，由于固有缺陷导致元器件失效（固有失效或本质失效）与选择、采购或使用不当造成元器件的失效（误用失效）几乎各占50%。因此，为保证商业航天用芯片的可靠性，在保证其固有可靠性的前提下，同时也需要保证其应用可靠性。应用控制可以借鉴传统航天的管理和设计思路，从芯片的应用设计、降额、抗辐照设计和识别危险材料方面提出针对性的设计和方案。

15.3.4.1　应用设计

对芯片的使用，尤其是低等级芯片，为确保其可靠性，应用设计时需考虑使用过程中环境导致的应力，并防止失效传递导致的应力。应用设计主要包括以下内容：

1）设计师应对芯片的特性和使用要求有充分的了解；

2）从卫星产品的研制方案阶段开始，采取冗余设计、降额设计、热设计、容差设计、最坏情况分析等可靠性设计技术，提高芯片应用的可靠性；

3）对关键部位的芯片若需选用较低等级的，应采用冗余设计；

4）对芯片应进行实际应力分析，参照相关要求进行降额；

5）对功率器件应进行相应的热设计；

6）根据关键程度和应用环境，应在设计时考虑容差设计，使芯片性能在较大范围内变化时，其性能仍能满足需求；

7）对关键部位的芯片，应进行最坏情况的分析，确定合适的设计余量，保证芯片在电应力或机械应力的最坏工作条件下，其性能依旧能符合要求；

8）针对电气连接、热接口和振动环境，应适当控制装联和使用过程的应力；

9）对于振动敏感芯片，应对安装板的振动量级进行分析评估，避免振动量级过大或共振导致芯片失效；

10）针对辐射敏感器件，应结合型号任务要求和器件本身的抗辐照能力，采取适当的抗辐射设计。

15.3.4.2　降额

无论是高等级还是低等级芯片，都有可能由于非合理的应用导致其失效。

降额使用可以提高芯片的应用可靠性，降额的方法可根据降额的不同目的进行适当的调整。降额即芯片相对于生产手册规定的条件以及典型的应用情况，通过较大的幅度降低其应用工作条件的降额手段。芯片的工作条件，如温度、功率、电压、输出负载等对可靠性降额的效果均有影响。降额使用的规则应依据最差工况而定，在最差工况工作，是芯片的实际寿命达不到额定寿命的重要原因。最差工况，指芯片在工作时承受的最大应力状况，一般由一种或多种外部环境参数组合而成。良好的应用设计，应根据最差工况，对芯片的设计风险进行分析，对设计应用的可靠性进行评估，同时确定失效原因、潜在的风险、失效的概率、后果的严重性和接受程度等。

15.3.4.3　抗辐照设计

(1) 空间辐射环境简述

航天器在轨，不可避免地将面对复杂的空间粒子辐射环境，空间粒子辐射环境包括了天然粒子辐射环境和人工粒子辐射环境，天然粒子辐射环境主要来源于地球辐射带、银河宇宙射线和太阳宇宙射线，其主要成分是电子和质子，还有少量重离子。人工粒子辐射环境主要是高空核爆炸后产生的核辐射环境。

①地球辐射带

地球辐射带是地磁场捕获空间带电粒子而在周围形成的高强度带电粒子区域，又被称为范·艾伦辐射带。辐射带按距地高度又可分为内辐射带和外辐射带，其示意图如图 15-11 所示。

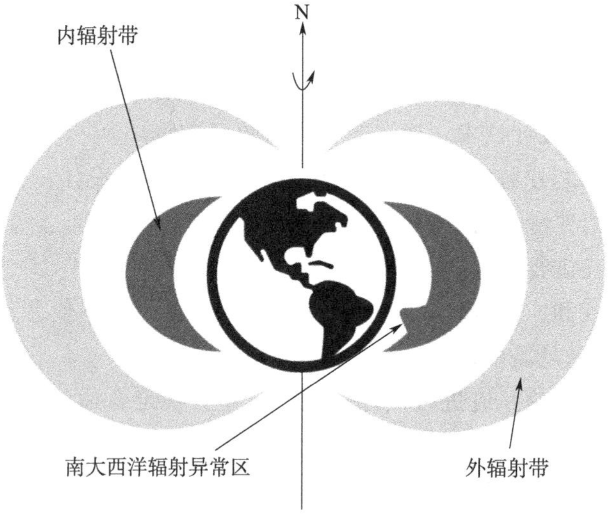

图 15-11　地球辐射带分布示意图

内辐射带处于赤道平面上空 600～10 000 km 高度，纬度位置边界约为南北纬 40°。其中位于北纬 10°～南纬 60°、东经 20°～西经 100°区域内，其磁场强度约是同纬度其他区域的 1/2，使得该区域空间高能带电粒子环境分布改变，辐射带在该区域高度最低可降至 200 km 左右，因而该区域也被称为南大西洋辐射异常区。内辐射带的组成主要是质子、电子及少量重离子，质子能量一般在几到几百 MeV，电子的能量一般为几百 keV。

外辐射带分布空间范围更广，赤道平面距地高度约在 10 000～60 000 km，纬度位置边界约为南北纬 70°以内。外辐射带的主要成分为质子、电子及少量 α 粒子，其质子能量较低。

②银河宇宙射线

银河宇宙射线是来自太阳系之外的各种高能带电粒子，能量高通量低，其中质子约占 85%，α 粒子约占 14%，重离子 1%左右。银河宇宙射线的穿透力极强，屏蔽难以奏效，极易诱发器件的单粒子效应。

③太阳宇宙射线

太阳宇宙射线是太阳活动产生的高能粒子流，其活动一般认为是太阳耀斑爆发以及日冕物质抛射。射线粒子流的主要成分为高能质子，因而这种现象又被称为太阳质子事件（SPE）。太阳宇宙射线粒子通量比银河宇宙射线高几个数量级，能量范围可从 10 MeV 到几十 GeV，对芯片的影响一般表现为单粒子效应。

（2）应对方法

低等级芯片一般缺乏抗辐照数据，同时大部分亦对辐射敏感，传统航天对芯片抗辐射能力的评估周期长、成本高，不适用于大规模使用此类芯片的商业航天，因此需要对选用的芯片做统一的抗辐照设计。

芯片可能受到的辐射环境主要取决于卫星的轨道高度、轨道倾角、轨道覆盖区域，以及在轨时间长短。芯片一般的空间辐射效应主要为总剂量效应和单粒子效应。

①总剂量效应

带电粒子入射到物体时，将部分或全部能量转移给吸收体，带电粒子所损失的能量也就是吸收体所吸收的辐射总剂量。当吸收体是航天器所用的电子元器件和材料时，它们将受到总剂量辐射损伤，即随着剂量的增加，器件性能逐渐降低；当剂量积累到一定程度时，器件功能失效，这种现象称为总电离剂量效应，简称总剂量效应。

对抗总剂量的效应的一般设计为依据卫星轨道环境和寿命的任务要求，用铝单机机壳作屏蔽的前提下，对低等级及无抗辐射指标的芯片加贴钽皮或铅皮进行屏蔽防护设计。

②单粒子效应

有数据表明，在辐射造成的故障中，由单粒子效应造成的故障占辐射总故障的 50% 以上。空间辐射环境中的高能质子是导致单粒子效应的主要因素，重离子次之。所有这些效应中，单粒子烧毁、单粒子栅穿、单粒子位移损伤和单个位硬错误都为永久损伤，也称硬错误，通过重新写入或断开电源，被辐射的芯片不能恢复正常状态，导致器件彻底损坏。单粒子闭锁在不采取保护措施的情况下，也会导致永久损伤。其他效应均为软错误，芯片可以恢复正常状态。但对于运行中的卫星来说，任何一种效应都可能导致重大事故和巨大损失。借鉴传统航天设计经验，单粒子效应的防护设计方法包含硬件加固设计和软件加固设计。

1）硬件加固设计包括以下几点。

a）元器件参数的降额；

b）设置检错纠错功能块；

c）冗余设计：采用额外增加并联或备份单元数目的方法，用额外的硬件和时间两种冗余方式掩盖故障造成的影响，增加系统安全系数；

d）设置硬件计数器：在软件进入死循环，软件看门狗不起作用时，即计数在规定时间内不被清除，则由硬件计数器发生复位信号，重新启动机器，从死循环中解脱；

e）程序固化于 PROM：将重要程序和一些固定的常数都固化在 PROM 中，减少程序发生 SEU 错误的概率；

f）硬件重构：当系统判别确定为硬件故障时，要有硬件重构的功能；

g）限流电阻选取：抗闩锁限流电阻的选取应折中考虑，即尽量使电阻大些，让闩锁的可能性最小，但不能干扰正常工作。

2）软件加固设计包括以下几点。

a）对模块输入、输出口标签值进行预置、检查和复位；

b）三取二表决法：在每个采样周期都把对程序运行有重大影响的标志及对运算结构起关键作用的数据进行三取二比对表决；

c）标志位设定：对于决定程序分支标志的重要参数 FLAG，用一个字节或字作标志，不能用 0 或 1 两种状态作为判断标志；

d）跳转方式：模式间转换采用立即数跳转方式而少用存储器及寄存器跳转方式；

e）程序数据空间隔离：数据区与程序区隔离，避免程序进入 RAM 中，大面积冲毁 RAM 中数据；

f）段存储器置初值：由中断服务程序执行对段寄存器置赋初值，若段存储器出现 SEU 使程序出错，可恢复段存储器的值；

g）存储区空闲区域处理：对 CPU、PROM、RAM 空闲区全部填充 HLT 指令或其他指定内容，若程序一旦跳入空闲区就进行跑飞程序处理，将程序拉回；

h）设置软件看门狗（WDT）。

15.3.4.4　识别危险材料

应建立危险材料识别机制，可借鉴结合传统航天的禁限用管理，确保采用危险材料的芯片不直接应用于卫星或设计可控。

例如大部分低等级芯片的封装结构为塑封，塑封器件的引出端基本采用纯锡。对纯锡器件的焊接方式不同于传统航天用锡铅引出端的器件，纯锡材料的焊接温度更高，高温下易氧化，在面对有铅无铅混合焊装的情况下，需考虑这些因素对整体可焊性、电装质量的影响；另外，纯锡材料表面易生长锡须，引起短路，存在危险。类似风险都需要识别，并采取针对性措施。

参 考 文 献

[1] 朱恒静，等．宇航大规模集成电路保证技术 [M]. 西安：西北工业大学出版社，2016.

[2] 余斌．航天电子元器件质量保证体系研究 [D]. 长沙：国防科学技术大学，2009.

[3] 夏泓．航天型号元器件工程 [M]. 北京：中国宇航出版社，2011.

[4] 余振醒．元器件选用控制 [J]. 质量与可靠性，2002 (3)：5.

[5] 朱恒静，王彤，汪悦．商用器件在宇航领域的应用研究 [J]. 质量与可靠性，2019 (3)：5.

[6] 张鹏，陈亿裕．塑封器件失效机理及其快速评估技术研究 [J]. 半导体技术，2006，31 (9)：4.

[7] 张大宇，宁永成，等．SpaceX公司商用塑封器件质量保证措施 [J]. 航天器工程，2019，28 (3)：92-98.

[8] 柏小娟．电子元器件可靠性筛选方案设计 [D]. 西安：西安电子科技大学，2019.

[9] 张颖，等．低成本商业卫星用元器件补充筛选技术条件探讨 [J]. 电子产品可靠性与环境试验，2018，36 (2)：21-26.

[10] 党炜．COSTS应用与空间辐射环境的可靠性研究 [D]. 北京：中科院光电研究院，2007.

[11] 杨晓宁，杨勇，等．航天器空间环境工程 [M]. 北京：北京理工大学出版社，2018.

[12] GJB 548B—2005，微电子器件试验方法和程序 [S].

第 16 章　商业卫星应用平台设计

天地一体化网络以地面网络为基础、以空间网络为延伸，覆盖太空、空中、陆地、海洋等自然空间，为天基、空基、陆基、海基等各类用户的活动提供信息保障。它利用互联网技术实现互联网、移动通信网络、空间网络的互联互通，将 3 种网络业务承载方式打通，采用通用卫星应用平台承载实现各类信息覆盖。

本章对空间网络、尤其是卫星地面应用平台及其协议体系结构的研究现状与发展趋势进行分析，并归纳天地一体化网络的体系结构、应用平台组网结构、平台功能以及路由、传输、安全等关键技术的研究难点和发展趋势，给出相应的研究思路和应用平台设计案例。

16.1　卫星应用平台概述

16.1.1　卫星应用平台发展现状

当前，信息技术已向各领域广泛渗透，社会信息化的深入发展给应急管理、林业行业、环境行业以及自然资源管理等信息化带来了“不进则退”的压力和挑战。新一代信息技术创新也为相关业务应用信息化创造了新的条件。

一是对地观测与定位技术为应急管理、林业行业、环境行业以及自然资源动态监测提供了先进感知手段。现代空间对地观测的颠覆性技术不断涌现，北斗卫星定位、导航、授时服务，基于卫星遥感、航空遥感、无人机、倾斜摄影、先进传感器、物联网等现代遥感和监测技术，可提供精度达亚米级的全覆盖应急管理、林业行业、环境行业以及自然资源监测和重点地区全天候实时观测服务，在轨国产遥感卫星系列使得获取覆盖全国高分辨率遥感数据的周期大大缩短，对同一地区可实现全方位立体观测。

二是计算机硬件与网络的发展为自然资源信息化提供了高效的计算和访问能力，有力地推动了卫星通信、导航、遥感在国民经济建设中的重要作用。图 16－1 给出了卫星通信管理平台架构和业务应用。存储器和服务器运算能力的提高，轻、小、薄和低功耗的集成度，给应急管理、林业行业、海洋监测和管理、环境行业以及自然资源海量数据存储、处理和传输带来了极大的便利。信息网络技术的迅猛发展和移动智能终端的广泛普及，互联网与移动互联网以其泛在、连接、智能、普惠等突出优势，已经成为自然资源管理创新发展的新领域、公共服务的新平台、信息共享的新渠道，自然资源管理模式的网络化特征将更加突出。

三是云计算、大数据与人工智能的发展为自然资源智能化管理与服务提供了技术手段。云计算、大数据、新一代人工智能、区块链等相关领域发展，理论建模、技术创新、软硬件升级等整体推进，正在引发链式突破，推动经济社会各领域向数字化、网络化、智能化加速跃升，为实现自动分析研判和管理决策、提高自然资源治理的能力和水平提供有力技术支撑。

四是信息安全技术的发展为自然资源信息化筑起牢固防护墙。密码技术、云安全、可信计算、安全态势感知、主动防御等前沿技术将更好地保护信息系统和网络中的信息资源免受各种类型的威胁、干扰和破坏，将对自然资源安全保障体系建设起到重要支撑作用。

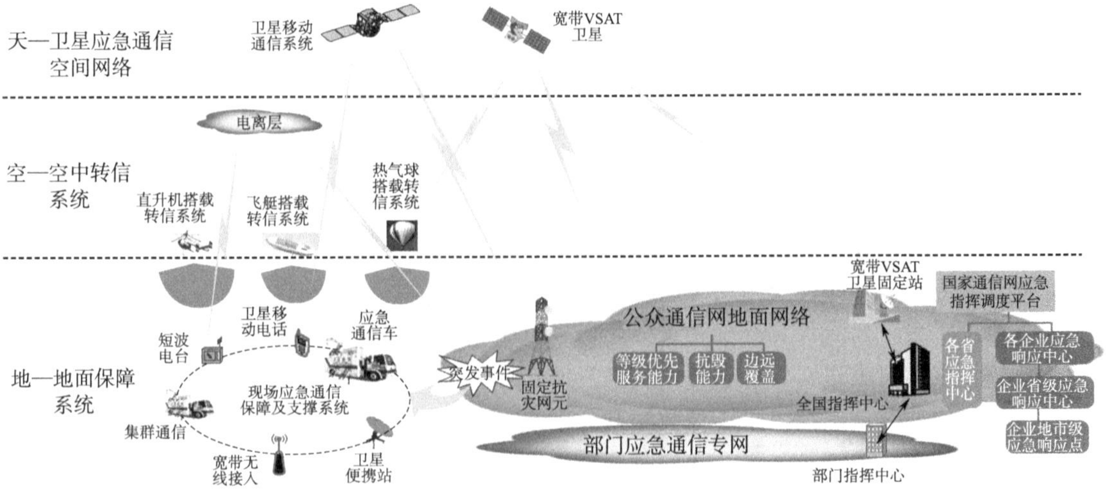

图 16－1　卫星通信管理平台架构和应用

16.1.2　卫星应用平台发展趋势

随着国内外民用空间基础设施规划中的通信、导航、遥感卫星体系稳步推进，以及商业卫星通信、导航、遥感应用技术的蓬勃发展，卫星数据获取能力呈现质量齐升之势，整体上已经拥有比较好的基础。卫星应用平台在业务类型、星上技术以及组网结构等方面有如下发展趋势。

1）空间各类业务趋向通信类业务融合，互联网业务逐渐成为空间通信业务的主流；

2）星上业务的支撑技术也从电路交换向 IP 技术发展，星上采用 IP 技术成为空间网络发展趋势；

3）采用星间链路构建空间网络，成为卫星系统发展趋势；同时，同步轨道卫星作为空间网络的骨干互联节点，能有效降低空间网络的复杂性；

4）组网结构上，从“天星地网”向“天网地网”模式演进。基于星地一体化仿真验证平台、多星统一测控平台、传统业务综合信息服务平台等基础运营平台相继出现，并深度结合“通信、导航、遥感”等资源，本章按照“业务平台化、平台市场化”的思路，如图 16－2 所示，瞄准重点行业应用需求，建设机载、船载、应急服务以及与地网融合的卫星通信普遍服务等介绍星地一体化服务平台。

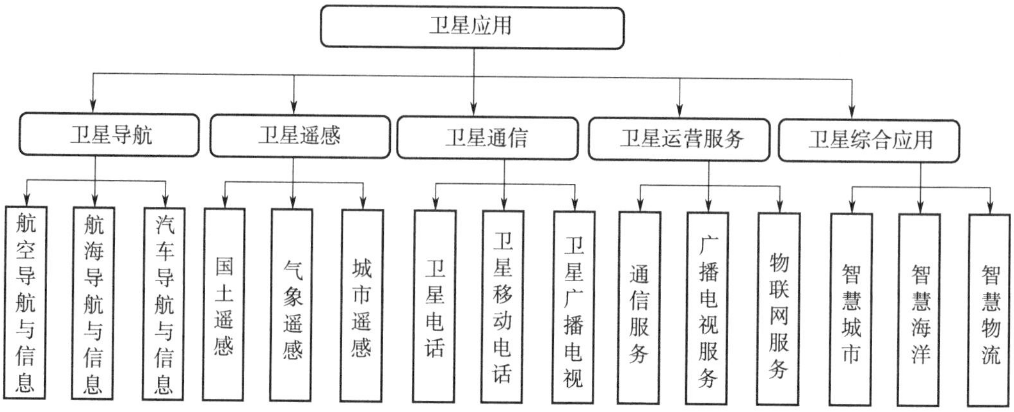

图 16－2　卫星应用平台架构

卫星作为信息化建设的基础网络平台和数字经济的底座，应用领域十分广泛，尤其在气象行业、海洋行业、水利行业、环境行业、应急管理、地震行业、林业行业、农业行业、高分遥感领域等发挥越来越重要的作用。例如，在自然资源勘探领域，通过卫星遥感云服务应用平台，以云计算环境为支撑，以多系统、多时相、多尺度、多层次卫星影像产品为资源，以实时推送、管理和分发自然资源陆地为主的遥感卫星影像信息为主要支持任务，有利于构建全球虚拟卫星影像数据服务中心，实现自然资源高分辨陆地卫星影像产品在国内外自然资源管理及各行业的即时共享和高效利用，满足自然资源管理与卫星遥感影像全球对地观测需求。

通过卫星应用平台，用户可通过手机 APP 客户端，方便快捷地了解到相关产品服务供求信息和卫星产业动态资讯等内容，迅速找到与资源、应用、软硬件设备相匹配的方案、资源与服务，以最便捷的方式将潜在需求与实际应用相结合，用户可体会到“天地一体”应用和服务，满足实际工作需要。

16.1.2.1　业务平台化

由于卫星通信的不可替代性及在广播通信行业的独特优势，全球已打造出一个年均1 000多亿美元的卫星通信服务市场。美国卫星工业协会每年均会发布年度卫星产业状况报告，由 BRYCE 空间技术公司发布的报告将卫星服务产业划分为大众通信消费业务、卫星固定业务、卫星移动业务和对地观测业务四大类。

以直播到户为主要市场的卫星电视业务占据绝大部分份额，转发器出租出售业务紧随其后，但差距明显。值得注意的是，从发展趋势看，前者已经停止增长，后者已经进入负增长通道，从 BRYCE 最新披露的卫星产业状况报告数据来看，这种趋势更为明显。

与此形成鲜明对比的是，支撑卫星服务业市场的反而是份额较小但稳步增长的卫星宽带、管理服务（包括 VSAT、船载、机载等业务）、卫星移动和对地观测业务。

这些业务均有一个相同的平台化特点，卫星通信与运营平台深度融合。例如美国的休斯和 Viasat 打造的卫星宽带业务平台，家庭宽带用户数量达到百万级，并已带动美国各航空公司的机载 WiFi 覆盖率达到 80％以上；中国卫通利用开展海上宽带卫星通信服务的

"海星通"，覆盖全球 90%航线，入网船只达 5 000 余艘。

平台化的业务为何发展较快，"好用"是一个重要原因。相对于传统卫星网由卫星公司提供带宽、用户自购设备自主运维的模式，由平台运营方统一搭建平台、用户直接接入的运营模式，既可降低用户使用难度且节约用户使用成本，又可提升卫星资源整体管理调度效率，达到双赢的效果。高通量卫星不断升空带来容量供给飞跃，机载、船载业务蓬勃开展使得业务需求激增，在两者的合力作用下，互联网业务与卫星通信相结合的平台式运营将会推动卫星通信服务业迎来新的发展。

16.1.2.2　网络宽带化

卫星通信能否实现宽带化，进而平价化，带动服务"好用"，是卫星通信能否保住阵地并有所开拓的关键。

首先，卫星能否宽带化取决于卫星信道能力，根据香农定律 [式 (16-1)]，即在高斯白噪声背景下的连续信道的容量

$$C = W \times \log_2\left(1 + \frac{S}{N}\right) \tag{16-1}$$

式中　C ——信道容量 (bit/s)；

W ——频带宽度 (Hz)；

S/N ——有效频带内，信号与噪声功率的比值，通常信噪比用 $10\lg(S/N)$ (dB) 为单位。

若信源的信息速率 R 小于 C，则理论上可实现无误差传输。高通量卫星正是利用该定律提升通道带宽。首先为增加可用频率，高通量卫星开始转用频率更高的 Ka 波段，根据国际电联的规定，中国所在的第三区，Ka 波段上行波段为 27.5～31 GHz，下行波段为 17.7～21.2 GHz，上下行各有 3 500 MHz，是当前 C 和 Ku 波段可用频率总和的 3 倍多。

其次，卫星宽带化需增加卫星发射功率。星上采用更高能量的功率放大器和更高增益的天线，通过同时增加卫星和地面站接收信噪比的方式提升单个信道的容量。此外，采用纠错效率更高的 LDPC、TPC 等信道编码方式，采用分时复用、数据压缩、缓存等信源处理方式都有助于卫星信道有效容量进一步增加。

卫星宽带化最具突破性的技术变革是增加信道数量。参考地面蜂窝网的思路，高通量卫星保持传统卫星广覆盖特点，改大波束为多波束方式，将覆盖区域分割为多个小区域。这样可以带来两个好处：首先，地理位置上间隔较远的区域可按照通用的四色复用原则采用相同的频率进行覆盖；其次，波束变小后，可以将宝贵的星上功率调整至用户需求较大的区域，增大该区域的辐射功率。以海事卫星为例，早期系统采用 3～4 颗卫星大波束方式覆盖全球。其最新的五代星仍然采用 3 颗卫星全球覆盖，但是每颗卫星都划分为 72 个波束，使得普通终端的传输能力从四代星的 kbit/s 级别提升至下行 50 Mbit/s、上行 5 Mbit/s 的能力，基本能够满足全球宽带通信的需求。

宽带化的趋势不仅体现在同步轨道高通量卫星，以 OneWeb 为代表的低轨卫星星座以及 MEO 宽带卫星星座 O3b 都是以多星多波束 Ka（或 Ka、Ku 混合）频段作为主要解决

方案。在上述技术发展推动下，单颗卫星的传输能力已从传统大波束卫星的 2 Gbit/s 的快速提升至高通量卫星的 20～500 Gbit/s，并成功激发和开拓了机载、船载等新的应用市场，这类业务单站速率需求达到 100 Mbit/s 甚至 1 Gbit/s 水平。

预计到 2028 年高通量卫星容量需求将首次超过传统卫星（此时高通量卫星可提供的容量已远超传统卫星），其原因首先在于能够满足机载宽带、4G 基站回传等高信息速率业务需求，能够承载更丰富的业务；其次高通量将使得卫星传输通道单位带宽的成本下降至传统卫星的 1/5 至 1/10，达到与地面通信相近的水平，从而吸引更多用户。

16.1.3　卫星应用平台面临的挑战与机遇

卫星应用平台作为业务应用综合服务平台与重要数据处理中心，卫星数据通信平台、导航平台以及遥感影像处理平台等基础设施不断完善的同时，信息化水平仍有待提高。当前缺乏一体化卫星综合应用信息服务平台，导致服务范围普遍偏小，缺乏竞争力和灵活性，大数据、人工智能、云计算等新技术融合度较低且商业化应用成本偏高。亟待合理布局空天地一体化综合服务平台，实现空中卫星监控、卫星定位跟踪、卫星通信、船舶识别、卫星气象、交通指挥调度等功能。

卫星应用一体化平台可利用卫星承载业务以及获取基础数据的特有优势，通过信息化、平台化、智能化逐步加强卫星应用一体化综合服务能力，提升整体信息化应用实效。一体化应用平台依托接收的常规数据通信、导航信息、遥感影像以及气象观探测资料、导航卫星资料、雷达资料、数值预报产品等多源数据，基于定量反演、机器学习、云计算、云存储、大数据分析、快速循环同化、虚拟现实等前沿技术，根据业务需求提供卫星遥感监测分析系统、卫星遥感应用综合服务系统、卫星接收处理与应用系统、卫星大数据云系统、卫星海洋二三维一体化可视化子系统、高分辨率区域数值模式系统、道路交通卫星服务、航空卫星服务、气候通等核心应用，面向整个卫星业务应用行业提供信息化系统顶层设计、数据共享服务等，同时也向道路、航空、物流、农业等行业领域开展针对性的精准数据通信、导航信息以及气象预报保障服务。

天地一体化信息网络是实现全球互联互通的重大信息基础设施，是以天基网络为主体，地面网络为基础，可支持陆、海、空、天各类用户随遇接入、按需服务的信息网络。随着星上处理和运算能力的加强，以及各国在太空探索方面活动的深入开展，天地一体化网络受到了越来越多的关注。天地一体化网络支持业务种类繁多，网络规模庞大，拓扑结构呈现立体多层次化，涉及互联网、移动通信网络和空间网络三张异构网络，各网络采用不同的体系结构和网络结构，对三网进行有效融合提出挑战。

相对互联网，移动通信网是垂直网络，新业务的开通需要新的业务网的支持，各业务相互独立，业务管理复杂，需要大量信令支持。为了实现互联网与移动通信网络融合，需要将信令与转发分离，将应用从网络设施中剥离。而空间网络本身呈现“烟囱式”的发展模式，不同卫星系统相对独立、专用，缺乏统一的网络协议规范，使得地面网络技术难以直接部署空间网络，另外随着业务的发展包括卫星通信、卫星导航以及卫星遥感和卫星天气同时也增加了地面业务应用的难度。

因此，如何把复杂多样、规模巨大的天地一体化网络，抽象为结构清晰、功能简洁、易于高效实现的网络体系结构，在体系结构的框架指导下构造网络的各组成部分，并建立相互关系，使网络既能适应通信技术的快速发展与变化，又能支持层出不穷的新型应用，对天地一体化网络体系结构研究提出了挑战。

16.2　卫星应用平台总体设计原则

16.2.1　建设原则

我国将提升卫星系统水平和基础产品能力，构建形成卫星通信广播、卫星导航定位、卫星遥感三大系统，建设天地一体化信息网络，基本建成空间基础设施体系，形成连续稳定的业务服务能力，促进卫星及应用产业发展。

在卫星通信广播系统方面，将面向行业及市场应用，以商业模式为主，保障公益需求，发展固定通信广播、移动通信广播、数据中继卫星，建设由高轨宽带、低轨移动卫星等天基系统和关口站等地基系统组成的天地一体化信息网络，同步建设测控站、关口站、上行站、标校场等地面设施，形成宽带通信、固定通信、电视直播、移动通信、移动多媒体广播业务服务能力，逐步建成覆盖全球、与地面通信网络融合的卫星通信广播系统。

在卫星导航系统方面，分步骤推进北斗系统建设发展，持续提升北斗系统服务性能，不断推动卫星导航产业全面、协调和可持续发展，2018 年已向“一带一路”沿线及周边国家提供基本服务；2020 年完成 36 颗卫星发射组网。作为我国自主建设、独立运行的全球卫星导航系统，北斗已在交通运输、农林渔业、水文监测、气象测报、通信时统、电力调度、救灾减灾、公共安全等领域得到广泛应用，产生了显著的经济效益和社会效益。

在卫星遥感系统方面，将按照一星多用、多星组网、多网协同的发展思路，发展陆地观测、海洋观测、大气观测 3 个系列，研制发射高分辨率多模式光学观测、L 波段差分干涉合成孔径雷达、陆地生态碳监测、大气环境激光探测、海洋盐度探测、新一代海洋水色观测等卫星，逐步形成高、中、低空间分辨率合理配置，多种观测手段优化组合的综合高效全球观测和数据获取能力。统筹建设和完善遥感卫星接收站网、定标与真实性检验场、数据中心、共享网络平台和共性应用支撑平台，形成卫星遥感数据全球接收服务能力。

基于卫星通信、卫星导航定位和卫星遥感，实现业务应用层面的协同与拉通，发挥资源利用最大化，提升效率。

16.2.1.1　服务战略原则

重点服务国家“一带一路”倡议实施，坚持创新、协调、绿色、开放、共享发展理念，按照国家信息化和网络强国战略部署与要求，面向自然资源管理改革创新，全面推动新一代信息技术与应急管理、水利行业、海洋行业、自然资源管理等的深度融合，实现相关领域管理包括卫星通信、卫星定位与导航、卫星遥感的数字化、网络化和智能化，提升国土空间、自然资源、环境保护、地震领域治理能力，优化国土空间开发格局，促进资源节约利用，全面提升卫星的业务应用社会化服务水平。

16.2.1.2 坚持创新引领

坚持科学技术创新，按照国家信息化的总体要求，强化信息化的先导作用，把新技术融入海洋管理、应急管理、物流运输、气象行业、自然资源管理、监管决策与服务全过程、各环节，强化目标导向、问题导向，着力解决自然资源管理、水利行业、环境行业、农业行业、地震行业过程中的突出问题和难点问题，全方位推进相关管理理念、机制、手段等变革。

16.2.1.3 服务企业原则

围绕自然资源、气象行业、水利行业、海洋行业等工作的新形势新要求，在土地管理、地质矿产管理、海洋管理、测绘地理信息管理等部门的数据中心、网络、数据资源、应用系统等已有工作基础上，通过整合集成、升级再造，实现信息化应用质的提升。以服务企业业务发展为根本，重点围绕企业的共性需求提供公共信息服务，构建权威可信的领域方式、跨部门信息共享通道，实现更高效、更便捷的信息交换与共享，不要求企业提供业务级数据。

16.2.1.4 坚持统分结合

从应急管理、林业行业、环境行业以及自然资源管理全局出发，将山水林田湖草作为一个整体，统筹布局农业行业相关部门和单位的信息化工作，构建统一的数据体系和应用机制。根据工作职责，分头实施数据的生产、加工、管理和服务，系统的开发、运行与服务，保证海洋行业、水利行业、地震行业信息化的完整性、统一性和灵活性。面向政府机关、企业机构同时以企业作为平台运营主体，发挥企业在运营管理、研发创新方面的灵活性，推动平台运营形成可持续发展能力。

16.2.1.5 坚持安全高效

严格执行信息安全等级保护和涉密信息系统分级保护制度，构建健全高效的应急管理、环境行业、高分遥感、自然资源信息安全体系，全面提升信息安全防护能力，保障网络等基础设施、数据和信息系统安全。

16.2.2 设计原则

16.2.2.1 先进性原则

在技术上，要采用国际上先进的且成熟的技术，使得设计更加合理、更为先进；在软件的开发思想上，严格按照软件工程的标准和面向服务的体系架构来设计，保证系统的先进性。在平台的总体设计上，借鉴各类系统的成功经验，分析各类系统在实施中可能存在失败的风险，同时注重考虑同类系统的建设经验。

16.2.2.2　安全性原则

图 16－3 为 PDRR 网络安全模型，平台支持对关键设备、关键数据、关键程序模块采取备份、冗余措施，有较强的容错和系统恢复能力，确保平台长期正常运行。平台采取全面的安全保护措施，具有防病毒感染、防黑客攻击措施，同时在防雷击、过载、断电和人为破坏方面进行加强，具有高度的安全性和保密性。对接入平台的设备和用户，进行严格的接入认证，以保证接入的安全性。

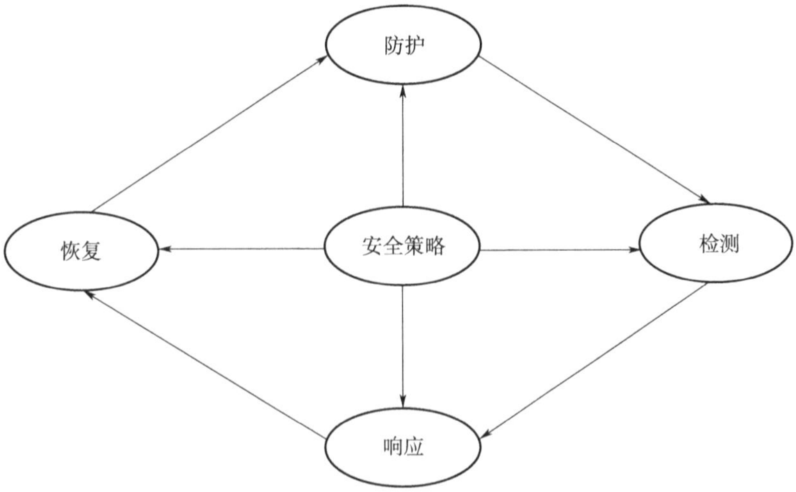

图 16－3　PDRR 网络安全模型

16.2.2.3　稳定性原则

平台在设计上通过一个健壮的体系结构，平台各环节具备故障分析与恢复和容错能力，并在安全体系建设、复杂环节解决方案和系统切换等各方面考虑周到、切实可行，建成的平台将安全稳定，把各种可能的风险降至最低。图 16－4 给出了系统维护过程示意图。

16.2.2.4　易用性原则

平台开发设计用户界面友好，易于理解，关键信息易读，使用简单，方便，可为每个用户群，包括客户，提供一个一致的、个性化定制的和易于使用的操作界面。图 16－5 给出了系统易用性指标体系。

16.2.2.5　可靠性原则

在实用、可靠的前提下，空天地卫星业务应用综合信息服务平台的设计应尽可能应用国内外先进的软件技术和物联网技术，使平台能够最大限度地适应技术发展变化的需要，以确保平台的先进可靠。图 16－6 给出了系统维护指标体系。平台在开发设计上考虑到，由于平台每天都产生大量的业务数据和交换数据，需进行实时处理，任何的故障都有可能带来不可估量的损失，这就要求平台具有高度的可靠性。平台设计采用成熟、稳定、可靠的技术，保证系统长期、安全地运行。

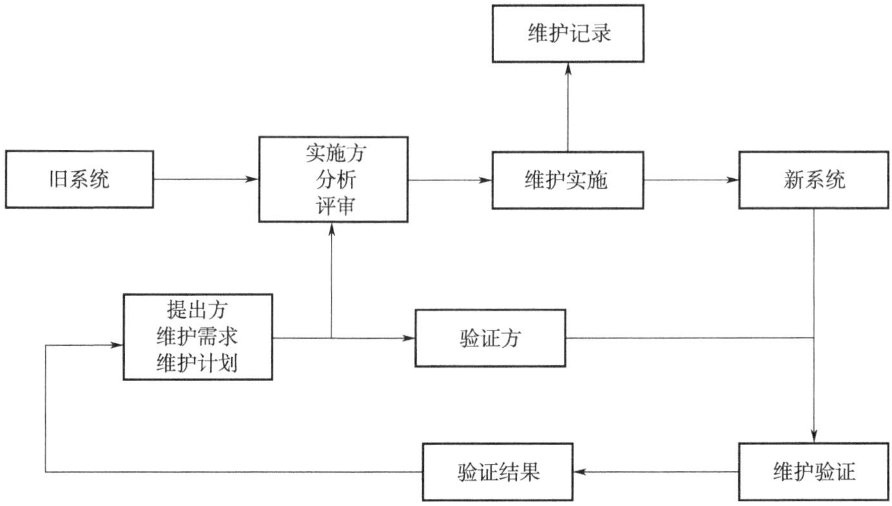

图 16-4　系统维护过程示意图

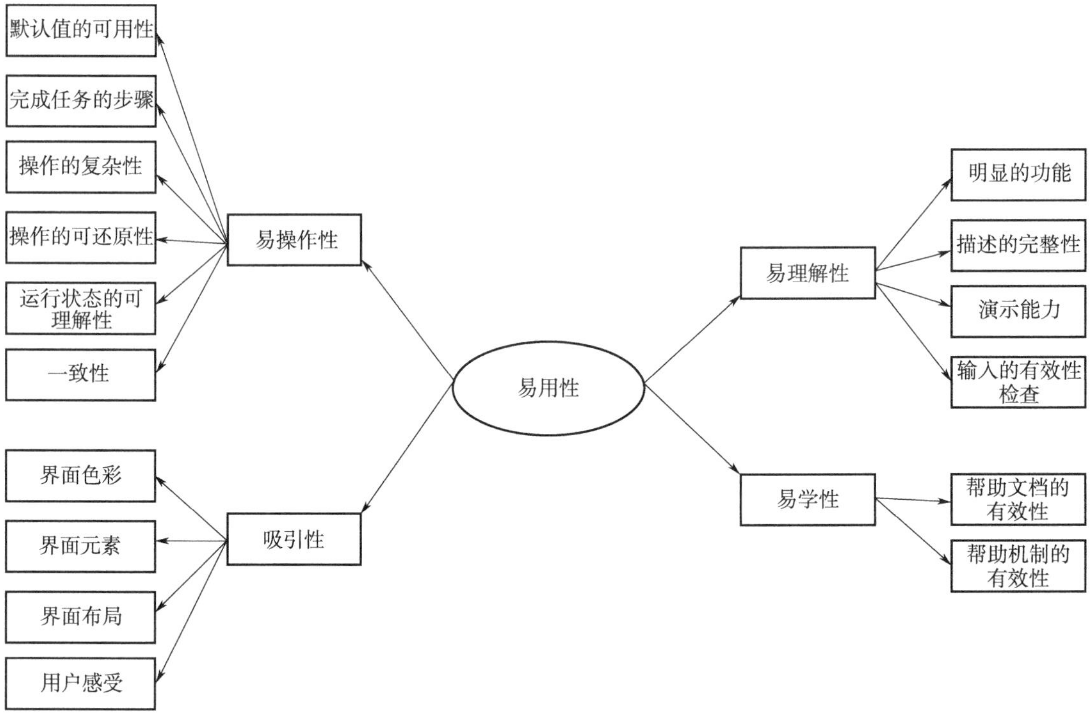

图 16-5　系统易用性指标体系

16.2.2.6　高内聚原则

对基础数据进行统一管理，保证数据的一致性。平台在设计时将数据库中公共使用的基础数据元建立基础数据库，同一数据中心内以数据库授权等形式访问基础库中的数据，避免重复设计和存储。

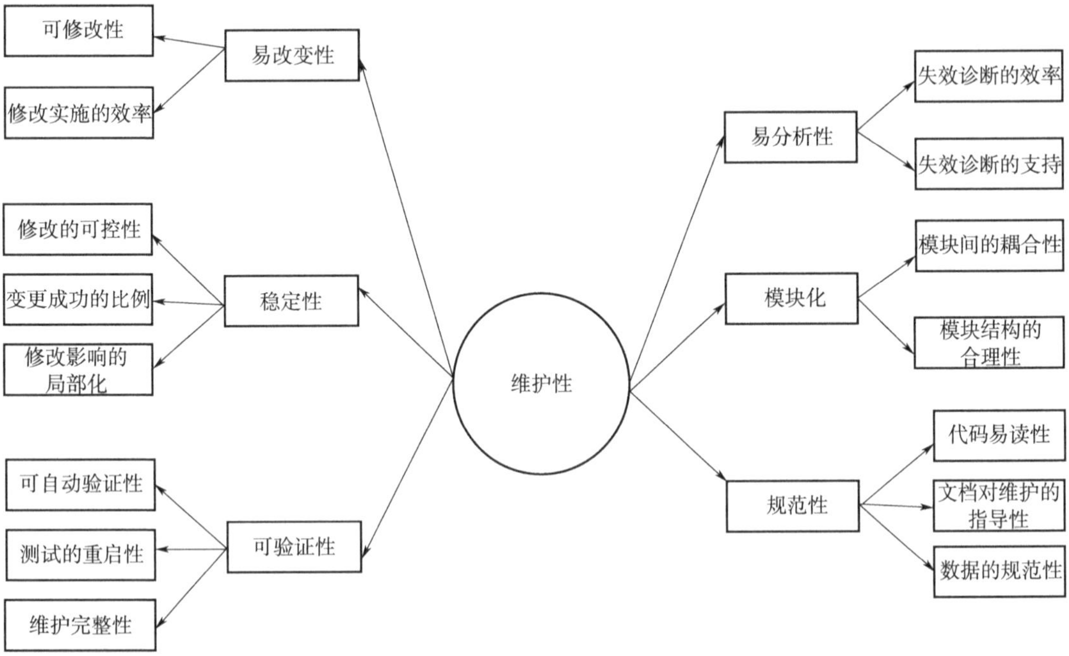

图 16－6　系统维护指标体系

16.2.2.7　低耦合原则

平台中各个系统在数据库的设计上避免直接调用其他系统的数据库，对数据库进行独立建库和独立维护，降低因为其他数据库变更而引起的威胁，但要遵循统一的数据库规范和命名规则。

16.2.2.8　高效性原则

数据库的执行效率将直接影响系统的响应速度，过于迟缓的响应速度将直接降低用户的使用感受，所以在设计数据库时，注重提高数据库的效率。平台在数据库设计时，在遵循标准规范的基础上，提高数据库的效率。图 16－7 给出了系统效率指标体系。

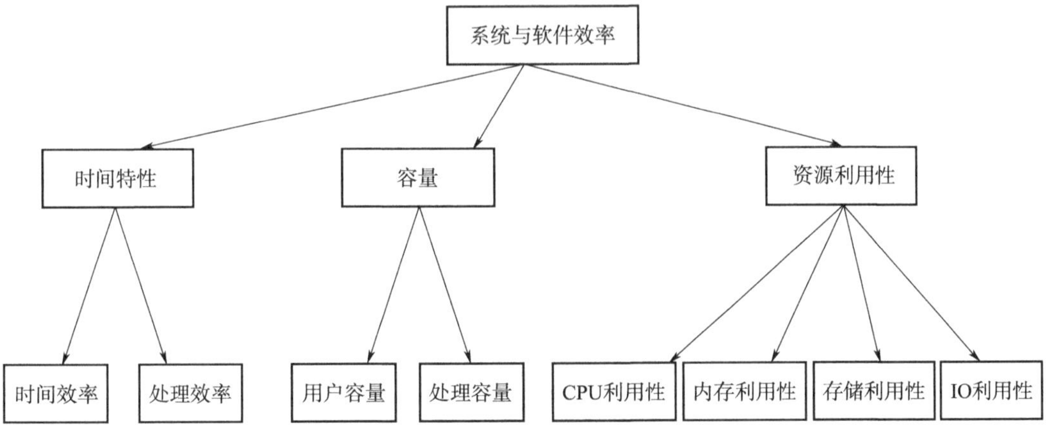

图 16－7　系统效率指标体系

16.3 卫星应用平台总体设计方法

16.3.1 常用平台架构

16.3.1.1 常用平台架构

(1) 单体架构

分层是应用系统中最常见的一种架构模式，将系统在横向维度上切分成几个部分，每个部分负责相对比较单一的职责，然后通过上层对下层的依赖和调用组成一个完整的系统。

分层结构在计算机世界中无处不在，网络的7层通信协议是一种分层结构；计算机硬件、操作系统、应用软件也可以看作是一种分层结构。在业务平台架构中也采用分层结构，将网站软件系统分为应用层、服务层、数据层，见表16-1。

表16-1 业务平台或者网站分层架构

应用层	负责具体业务和视图展示，如业务平台或者网站以及搜索输入和结果展示
服务层	为应用层提供服务支持，如用户管理服务，智慧海洋、智慧林业、智慧安防服务等
数据层	提供数据存储访问服务，如数据库、缓存、文件、搜索引擎等

通过分层，可以更好地将一个庞大的软件系统切分成不同的部分，便于分工合作开发和维护；各层之间具有一定的独立性，只要维持调用接口不变，各层可以根据具体问题独立演化发展而不需要其他层做出相应调整。但是分层架构也有一些挑战，就是必须合理规划层次边界和接口，在开发过程中，严格遵循分层架构的约束，禁止跨层次的调用（应用层直接调用数据层）及逆向调用（数据层调用服务层，或者服务层调用应用层）。在实践中，大的分层结构内部还可以继续分层，如应用层可以再细分为视图层（美工负责）和业务逻辑层（工程师负责）；服务层也可以细分为数据接口层（适配各种输入和输出的数据格式）和逻辑处理层。分层架构是逻辑上的，在物理部署上，三层结构可以部署在同一个物理机器上，但是随着网站业务的发展，必然需要对已经分层的模块分离部署，即三层结构分别部署在不同的服务器上，使网站拥有更多的计算资源以应对越来越多的用户访问。因此，虽然分层架构模式最初的目的是规划软件清晰的逻辑结构便于开发维护，但在网站的发展过程中，分层结构对网站支持高并发向分布式方向发展至关重要。在网站规模还很小的时候就应该采用分层的架构，这样将来网站做大时才能更好地应对。

(2) 分布式架构

随着终端用户的增加，业务量的增加，单一的架构体系已经支撑不了日益增多的并发量，分布式计算（Distributed Computing）应运而生。分布式系统顾名思义就是利用多台计算机协同解决单台计算机所不能解决的计算、存储等问题，分布式技术通过多个节点并行实现同一功能，从而极大扩展了业务处理能力。

分布式技术在不同机器上实现副本，通过多个设备对不同副本的操作实现分布式计算。按照副本协议，分中心化分布式技术和去中心化分布技术。中心化分布式架构按照中心化副本由一个中心节点协调副本数据的更新、维护副本之间的一致性。常见的分布式文件 Hadoop，HBASE，分布式计算中间件 Spark 都采用该架构，如图 16－8 所示。

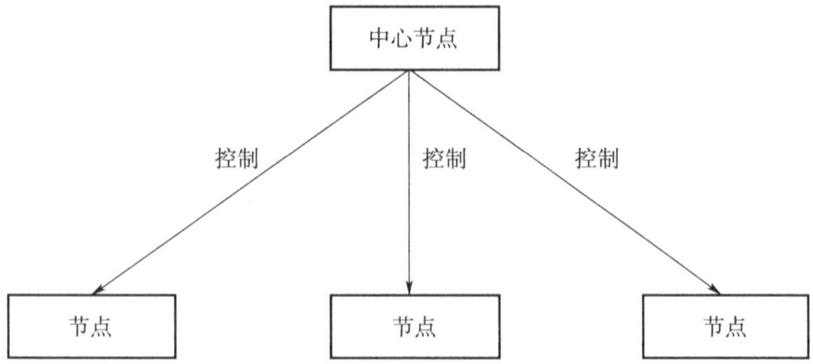

图 16－8　中心化分布式架构

去中心化分布式架构则是副本控制协议没有中心节点，协议中所有的节点都是完全对等的，节点之间通过平等协商达到一致，从而去中心化协议没有因为中心化节点异常而带来的中断服务等问题。大数据存储 Cassandra 就是采用该分布式架构实现大数据的存储，如图 16－9 所示。

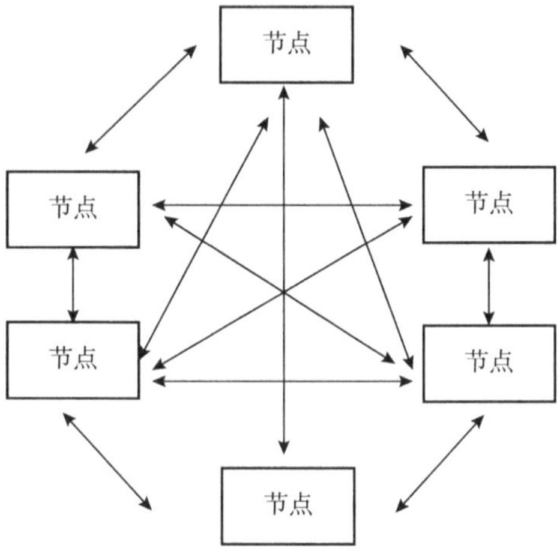

图 16－9　去中心化分布式架构

(3) 微服务架构

业务需要共享化，数据需要共享化，避免业务孤岛、数据孤岛已经是现有系统的共识，提到业务共享不得不提面向服务的架构 SOA（Service－Oriented Architecture）。SOA 是一种架构体系，以服务为目标，把各个服务整合一起的一种架构方法，其核心价值就是实现服务共享、数据共享。在传统的 SOA 架构中常常是先定义各个烟囱式的应用，采用企业总线（ESB）的方式把各个应用进行耦合，但这样的设计仍然没有摆脱烟囱式设计，各个系统沟通成本依然很高。SOA 的主要特性：

1）面向服务的分布式计算；

2）服务间的松耦合；

3）服务注册与发现；

4）服务契约定义服务之间的调用。

SOA 的理念和价值并没有落后。SOA 架构体系常用于企业级别的服务共享，在各大互联网企业体系中更常用的则是微服务架构，微服务架构的特点为：

1）分布式服务组成的系统；

2）按照业务划分而不是技术划分；

3）服务发现；

4）服务容错；

5）去中心化。

可以发现微服务符合 SOA 的体系，从本质上，微服务是 SOA 演变后的形态，不同之处是微服务不再是传统 SOA 基于中心化的总线架构方式，而是去中心化的服务架构，微服务是按照业务不是项目进行交付。伴随着微服务架构，微服务包含了很多技术路线：

1）服务注册与发现；

2）熔断处理；

3）网关服务；

4）链路管理；

5）配置管理；

6）声明式服务调用；

7）负载均衡。

通过微服务实现业务之间的共享，不用再重复编写服务，如用户服务、设备服务等公共服务，各个业务之间通过服务间调用实现其功能，极大提高了业务的共享性，服务逐渐抽象后，逐渐形成中台概念，中台的提出就是为了避免重复造轮子，快速形成功能实现。中台提出小前台、大中台的概念，这里小前台就是对外提供的平台，而不仅仅指前端，通过对外的服务最小化的开发，快速提供业务服务能力。中台也被划分为业务中台、技术中台、数据中台。技术中台实现第三方中间件的整合，通过技术的共享，快速提供技术服务，数据中台实现数据的整合和共享；业务中台则是一个复杂高度业务化的平台，需要长期的沉淀抽象和积累。如图 16－10 所示为微服务架构体系。

16.3.1.2 架构演进

（1）云服务架构

微服务架构实现业务的共享，云计算体系则可以实现资源共享。关于云计算的说法有很多，但其本质上是一个网络架构和服务，其具备弹性和共享性，云计算利用分布式计算、网络存储、虚拟化等手段，将共享的软件/硬件资源和信息进行组织整合，按需提供给计算机和其他系统使用。这些都符合卫星应用平台物理架构的需求，而且也是主流的大

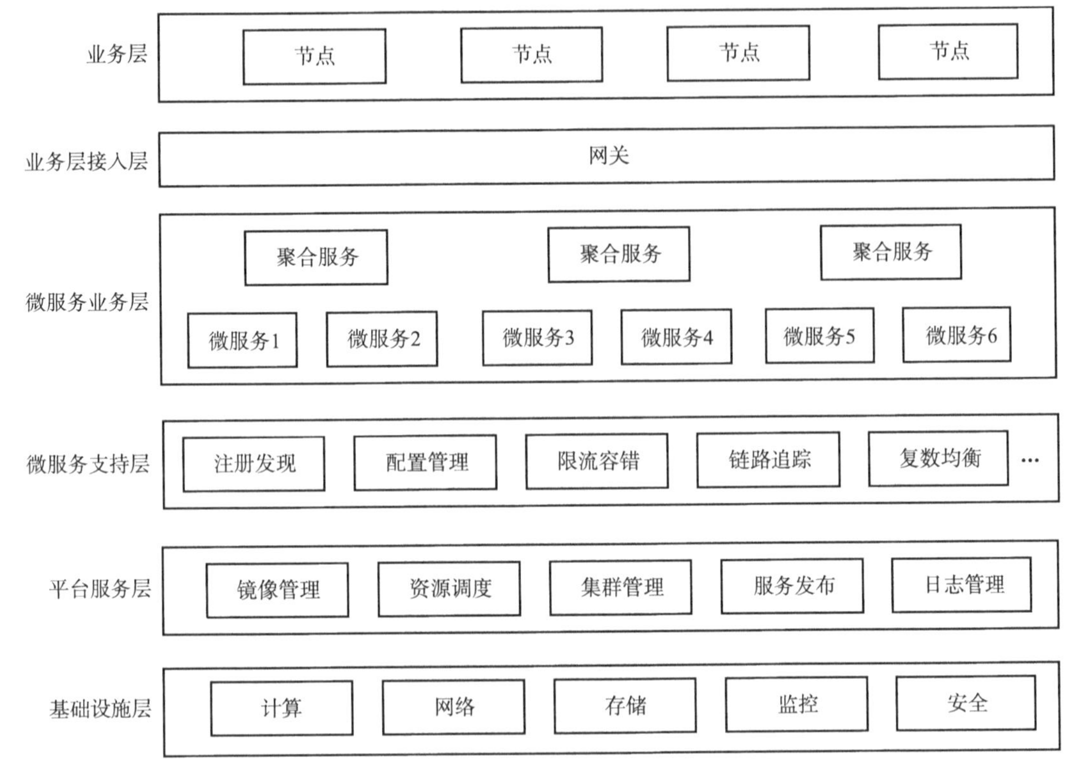

图 16－10　微服务架构体系

型互联网企业的首选。

在经典云计算架构模型中，如图 16－11 所示，从下到上分别是基础设施层 IaaS，软件平台层 PaaS，以及应用服务层 SaaS。

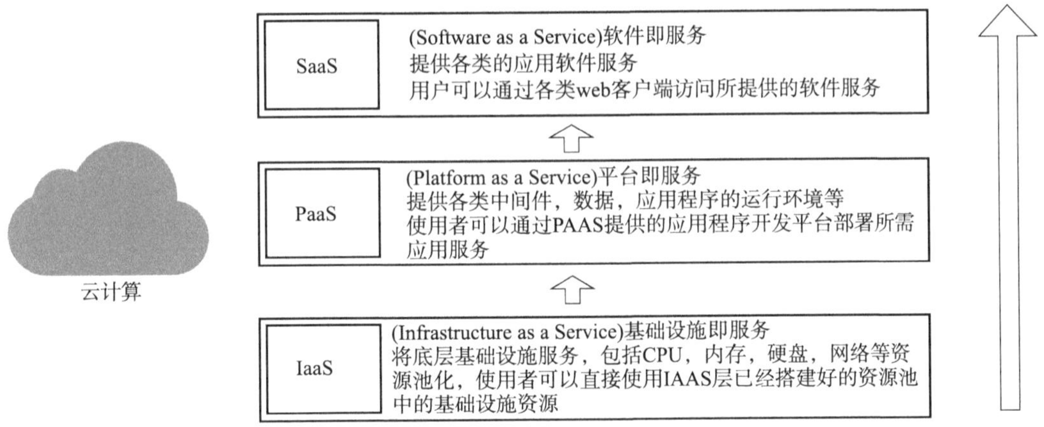

图 16－11　IaaS、PaaS、SaaS

① IaaS

IaaS（Infrastructure as a Service）基础设施即服务，它是将 IT 的基础设施作为服务提供的模式。在 IaaS 层，通过虚拟化技术将 IT 基础设施（计算资源虚拟化，存储资源虚拟化，网络资源虚拟化等）进行整合，形成统一的资源池，最终向用户提供计算、存储，以及网络服务。对于卫星应用平台来说，如何高效地利用自有的物理服务器资源，是面临的一大挑战，而基于虚拟化技术的 IaaS，则可以很好地帮助解决资源池的问题。IaaS 层实现池化的虚拟资源，包括 CPU、内存、存储、网络、操作系统镜像（见图 16－12）。按需提供服务，资源进行云化，设施可以进行弹性扩展，方便资源的管理和分配。通过 IaaS 卫星应用平台可以管理庞大的物理资源，使有限的资源最大化利用。

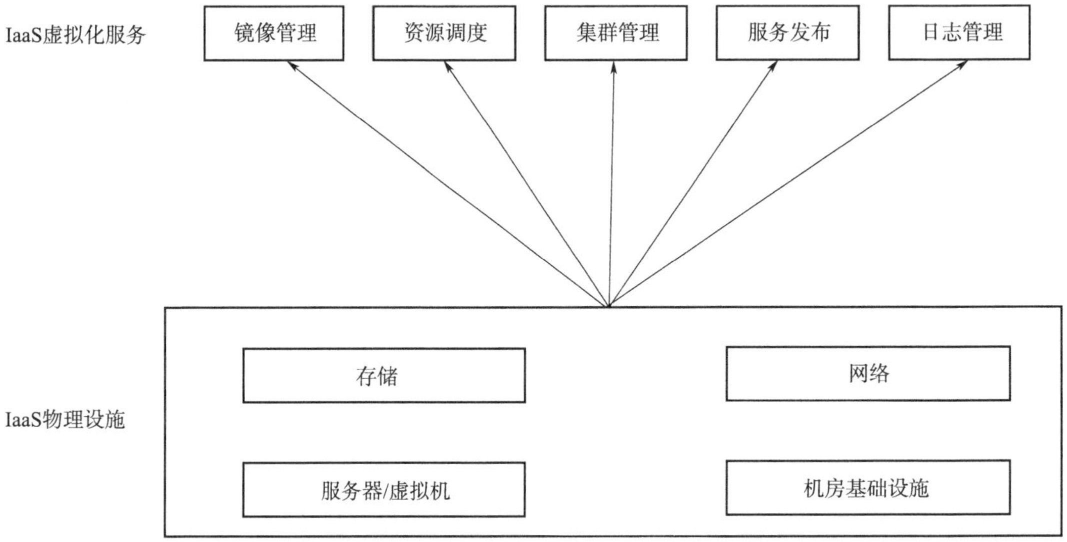

图 16－12 IaaS 虚拟化

② PaaS

PaaS（Platform as a Service）平台即服务，把平台中所用的软件以服务的方式进行管理。PaaS 可以提供第三方中间件，包括数据库、消息中间件、缓存等其他容器化的资源管理。同时 PaaS 层还实现平台业务服务的池化（见图 16－13），提供多种镜像的管理，平台容器的弹性管理，平台容器的监控。通过 PaaS，卫星应用平台可以对第三方中间件及平台服务资源进行管理，极大简化开发运维等工作。

③ SaaS

SaaS（Software as a Service）软件即服务，云服务提供商把软件以云管理的方式提供给用户，用户仅需要通过定制即可满足其应用，面向终端用户，用户只需要关心业务的各个模块，每个模块按需所用，按需付费，用户不需要关心运维、开发，即用即开通，具有快速的业务交付能力。通过 SaaS，卫星应用平台实现软件的池化管理（见图 16－14），实现快速的业务交付能力。

按照云计算的实施，云计算可以分为公有云、私有云、混合云等部署方式。

公有云，服务可透过网络及第三方服务供应者，开放给客户使用。服务都在公网上，但租户的概念又保证其隔离性。公有云的特点是随时随地可通过互联网访问其服务。

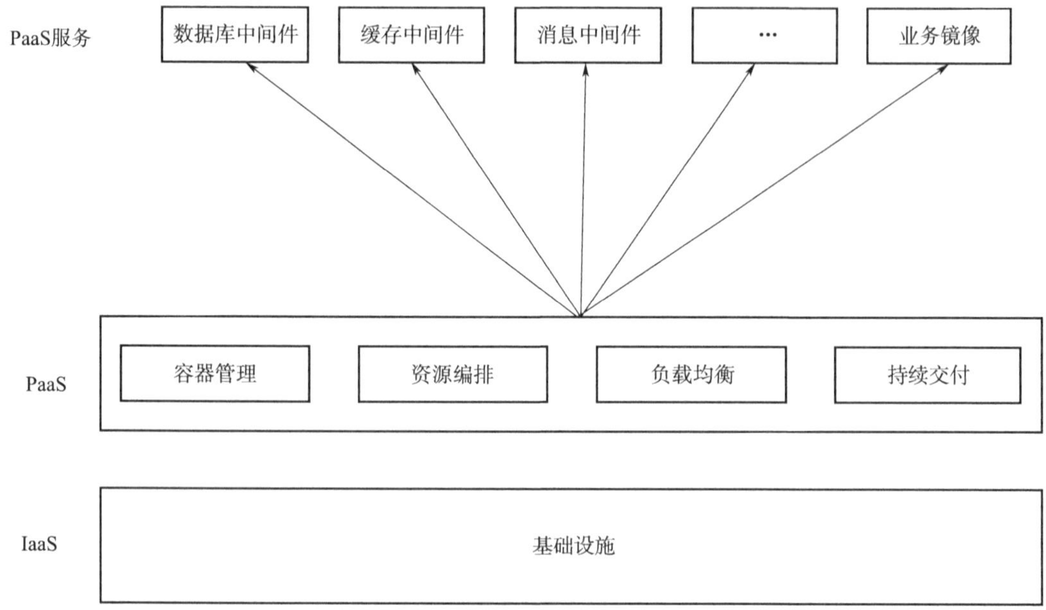

图 16－13　PaaS 池化

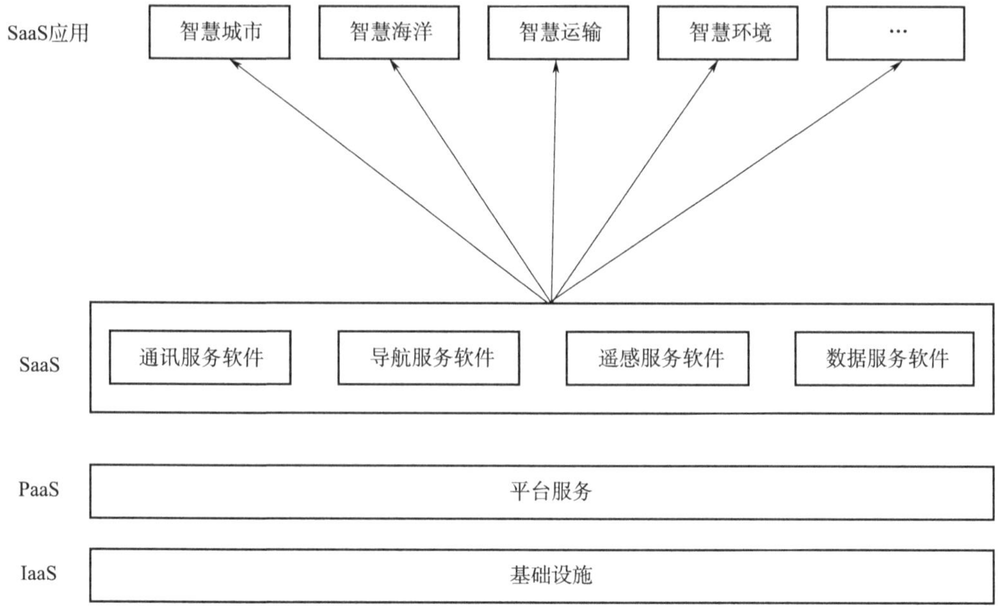

图 16－14　SaaS 池化

私有云，类似公有云私有化部署，其也具备云的基本因素、弹性、按需服务。私有云的成本相对比较高。

混合云，公有云和私有云的混合体，关键敏感的服务部署在私有云上，既利用公有云的便捷，又保障关键服务的安全。

（2）拟态信息港云平台

随着全球网络信息基础设施的加速云化重构，云计算已经成为未来天地一体化信息网络提供应用服务的主要承载形式，同时卫星通信、卫星导航以及卫星遥感等云平台也是实现拟态机制的最佳平台，其基于虚拟化技术实现应用的天然特性，很容易构建异构化的资源池，也就是拟态化的基础。拟态云虚拟可信平台的基本思想是以既有云平台各类异构资源池为基础，在保持上层应用调用接口不变的条件下，将拟态防御的动态、异构、冗余技术应用到云服务平台的计算、存储和网络层面中，通过在云平台的管理模块增加拟态调度器、裁决器、反馈控制器等管理插件，构建支撑拟态机制的云平台，赋予所调用的虚拟机异构冗余和动态变换的特性。

利用云平台天然的虚拟化环境，构建各类异构化和多样化的物理/虚拟资源，如网络、计算、存储资源等；进一步基于漏洞分型的软件异构化技术构建多样化的软硬件构件，利用广义鲁棒控制的构造技术实现对异构的虚拟机、容器和存储等资源的拟态化封装，建立多种虚拟资源实体的拟态结构，包括拟态云主机、拟态容器和拟态存储等，从而为任务执行层提供具备广义鲁棒特性的处理平台。其处理流程是通过感知层实现威胁的度量和各种负载的安全防护需求，进而通过任务执行层的解析与编排，根据不同的防护任务需求和场景，对异构资源进行拟态化封装，构建与安全等级相适应的虚拟化执行空间，并主动地动态适配与重构，从而提高云服务平台应对利用未知漏洞和后门带来的不确定性威胁的能力。

16.3.2　平台组成部分

卫星综合应用已成为构建卫星生态，实现卫星价值的关键环节。如何将卫星通信、卫星导航、卫星遥感等业务和数据进行有效组织以支撑上层业务成为卫星综合应用的重要目标。

为了解决卫星业务平台面临的高并发访问、海量数据处理、高可靠运行等一系列问题与挑战，卫星运营商以及设备提供商在实践中提出了许多解决方案，其中包括对业务平台进行分层等架构思想，以实现网站高性能、高可用、易伸缩、可扩展、安全等各种技术架构目标。

（1）分层

分层是应用系统中最常见的一种架构模式，将系统在横向维度上切分成几个部分，每个部分负责相对比较单一的职责，然后通过上层对下层的依赖和调用组成一个完整的系统。

在软件架构中，经典三层架构自顶向下由用户界面层（User Interface Layer）、业务逻辑层（Business Logic Layer）与数据访问层（Data Access Layer）组成。该分层架构之所以能够流行，是有其历史原因的。在提出该分层架构的时代，多数系统较为简单，本质上都是一个单体架构（Monolithic Architecture）的数据库管理系统。这种分层架构已经是 Client - Server 架构的进化了，它有效地隔离了业务逻辑与数据访问逻辑，使这两个不同关注点能够相对自由和独立地演化。一个经典的三层架构如图 16－15 所示。

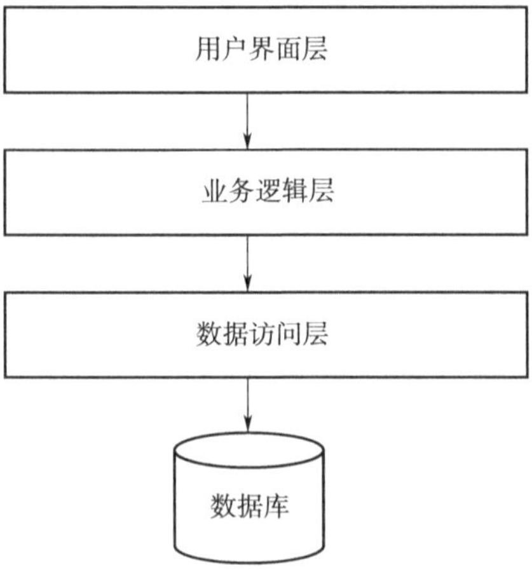

图 16－15　三层架构模型

（2）分割

如果说分层是将软件在横向方面进行切分，那么分割就是在纵向方面对软件进行切分。业务平台越大，功能越复杂，服务和数据处理的种类也越多，将这些不同的功能和服务分割开来，包装成高内聚低耦合的模块单元，一方面有助于软件的开发和维护；另一方面，便于不同模块的分布式部署，提高平台系统的并发处理能力和功能扩展能力。业务平台分割的粒度可能会很小。比如在应用层，将不同业务比如卫星通信、卫星导航、位置信息以及卫星遥感等业务进行分割，例如将环保、应急、住建、交通、国土分割成不同的应用，由独立的团队负责，部署在不同的服务器上；在同一个应用内部，如果规模庞大、业务复杂，会继续进行分割，比如智慧城市业务，可以进一步分割成智慧旅游、智慧治安、智慧建筑、智慧应急、平安城市、智慧政务等更细小的粒度。而即使在这个粒度上，还是可以继续分割成首页、搜索列表、功能详情等模块，这些模块不管在逻辑上还是物理部署上，都可以是独立的。同样在服务层也可以根据需要将服务分割成合适的模块。

（3）分布式

对于业务平台，分层和分割的一个主要目的是为了切分后的模块便于分布式部署，即将不同模块部署在不同的服务器上，通过远程调用协同工作。分布式意味着可以使用更多的计算机完成同样的功能，计算机越多，CPU、内存、存储资源也就越多，能够处理的并发访问和数据量就越大，进而能够为更多的用户提供服务。

16.3.2.1　平台架构概述

基于空间基础的设施体系，形成连续稳定的业务服务能力，促进卫星以及应用产业发展，实现信息流、业务流、数据流的协同，降低多业务跨部门成本，提高业务应用效率，同时也为相关政府部门的辅助决策提供数据和信息支撑。卫星一体化信息网络综合服务系统覆盖全业务、联通地方、面向社会、对接相关部门、接入政府信息化平台等。

根据对卫星天地一体化信息网络业务现状、卫星天地一体化信息网络相关信息化现状的分析，结合卫星通信、卫星遥感以及卫星导航服务商在业务运营过程中信息协同和资源共享的需求等，建立卫星天地一体化信息网络公共信息服务平台，打通卫星业务应用作业过程中的信息壁垒，主要包括平台服务主体、业务应用（业务应用平台）、数据平台（数据中台）、传输网络以及数据来源等。总体架构设计如图 16－16 所示。

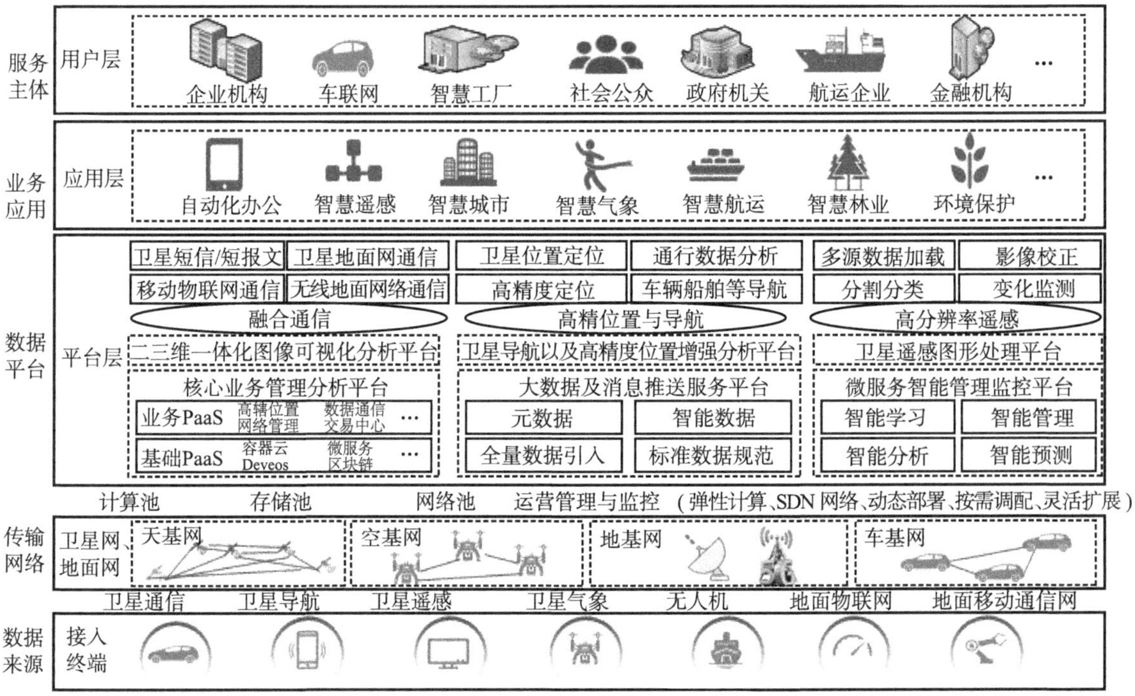

图 16－16　卫星业务应用总体架构图

面向服务主体：为政府机关、企业机构、交通部门（包括公路、铁路、水路、航空）、智慧工厂、社会公众、金融机构相关服务主体提供统一用户登录、一站式业务办理、综合信息服务、遥感数据、气象信息、物流定位导航信息、全程物流跟踪、信用评级查询、在线咨询中心、订阅推送、政策法规、标准规范、资讯中心、移动应用中心服务。

政务信息开放系统：为政府机关比如交通部门公路、铁路、水路、航空等，辅助政府机关为从事多式联运业务的相关企业提供卫星领域（通信、导航、遥感）交通信息开放、气象信息开放、遥感信息开放、陆地以及海洋交通物流信息开放、AIS 信息开放服务等，并服务于环境行业、城市治理、农业行业、海洋行业、林业行业、气象领域等。

面向多业务应用开放系统：为企业机构提供自动化办公、智慧遥感、矿业生产、钢铁冶炼、智慧航运等服务，并向相关企业提供基于卫星一体化业务应用的通信、导航、遥感、气象涉及相关推动生产领域的卫星信息开放、大数据枢纽信息开放服务。

融合通信可扩展性平台系统：卫星短信、短报文，卫星地面网通信，卫星移动物联网通信，卫星＋无线地面网络通信相结合等。

高精度定位和导航可扩展平台系统：卫星位置定位，通行数据分析，高精度定位，车辆船舶导航等，构建卫星导航以及高精度位置增强分析平台。

高分辨率卫星遥感可扩展平台系统：多源数据加载，影像校正，分割分类，变化监测等，构建卫星遥感图形处理平台，增强二三维图像可视化分析等。

政府决策支持服务系统：为政府行业管理部门提供领导驾驶舱、可视化展示、运行全景展示服务。

数据资源系统：通过对卫星通信、卫星导航、卫星遥感等提供的业务功能以及终端获取的自然资源、海洋行业、农业行业、交通物流行业等相关数据进行数据采集、数据加载、数据建模、数据清洗、数据规范整合、数据加工、数据分析预测管理。

数据交换系统：通过 EDI 数据交换、API 数据交换功能，实现相关政府机关、企事业机关以及第三方信息平台包括其他卫星导航、卫星通信、卫星遥感、卫星气象业务间的数据实时交换。

基础数据标准化系统：通过对卫星通信、卫星导航、卫星遥感、卫星气象、卫星互联网、卫星物联网等卫星业务应用的通信基础数据、导航包括定位基础数据、气象基础数据、物联网基础数据、其他基础数据建立标准化。

平台管理系统：通过平台管理系统实现对卫星天地一体化信息网络公共信息服务平台功能设置和分配，建立组织管理、用户管理、角色管理、功能权限管理、数据权限管理、菜单管理、日志管理。

16.3.2.2　数据中台组成

数据中台是一个数据集成平台，它不仅仅是为数据分析挖掘而建，它更重要的功能是作为各个业务的数据源，为业务系统提供数据和计算服务。数据中台的本质就是“数据仓库＋数据服务中间件”。中台构建这种服务时是考虑到可复用性的，每个服务就像一块积木，可以随意组合，非常灵活，有些个性化的需求在前台解决，这样就避免了重复建设，既省时、省力，又省钱。

数据中台是建立在分布式计算平台和存储平台，理论上可以无限扩充平台的计算和存储能力。而多数的传统数仓工具都是建立在单机的基础上，一旦数据量变大，会受单机容量的限制。

卫星一体化应用平台采用基于 hadoop 生态的分布式架构，架构主要包括大数据基础组件层，大数据服务层和大数据业务层，如图 16－17 所示。

（1）大数据基础组件层

大数据基础组件层为卫星一体化应用平台提供基础数据能力，主要包括 HDFS，Yarn，Flink，Spark，Hive，Hbase 等基础组件，其中 HDFS 分布式文件系统是大数据基础组件层的核心模块，能够存储和管理海量异构数据，HDFS 分布式文件系统架构如图 16－18 所示。HDFS 具有主/从体系结构，其中名字节点是主节点，名字节点管理文件系统 namespace 以及控制客户端对文件的访问，数据节点是从节点，数据节点负责处理来自 client 的读写请求，将数据存储于本地文件系统中。

Yarn 是统一资源管理和调度器，能够调度 CPU 和内存资源；Flink、Spark 是分布式计算引擎，能够支持海量数据的离线和实时计算；Hive，Hbase 是基于 HDFS 的分布式

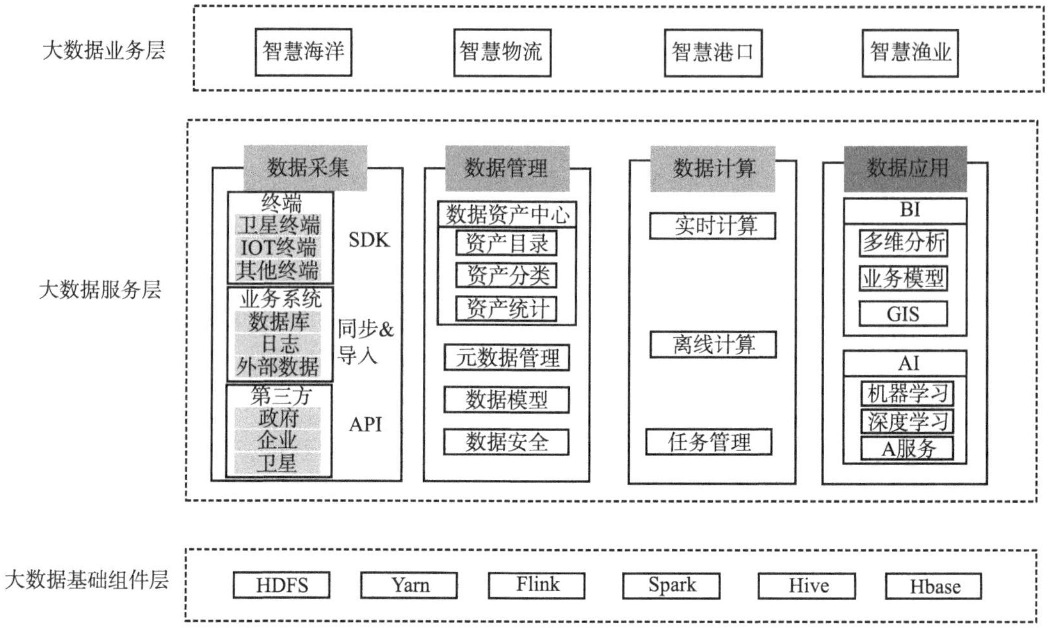

图 16－17　卫星一体化应用平台数据架构

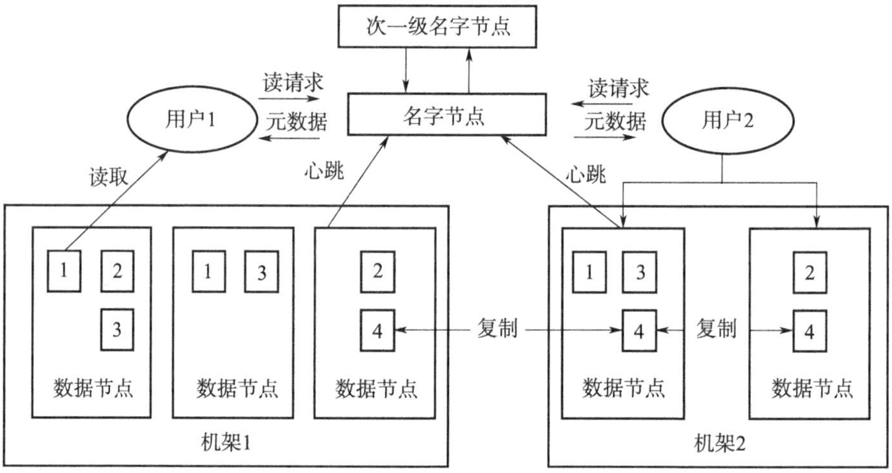

图 16－18　　HDFS 架构

存储引擎，能够存储海量业务数据。

（2）大数据基础服务层

大数据服务层主要包括数据采集，数据管理，数据计算以及数据应用四项服务。数据采集服务是应用平台的基本功能，为了实现综合的卫星应用，应用平台必须具备丰富的数据采集通道。采集通道包括通过 SDK 采集卫星终端、IOT 终端以及其他应用终端的数据；通过同步和导入采集数据库、日志及外部数据；通过第三方 API 采集政府，企业以及卫星数据。

数据管理服务是应用平台的核心功能。卫星应用数据具有异构，体量大等特点，作为卫星一体化应用平台，必须具备对海量多源异构数据的统一管理能力。数据管理服务包括数据资产中心、元数据管理、数据模型和数据安全。用户可以通过数据资产中心构建资产目录，对结构化的库表数据和非结构化的视频、语音等数据进行统一管理，实现应用数据的上下线、数据分类以及数据资产统计；元数据是描述数据的，用户通过元数据管理构建数据地图，对元数据浏览和检索，通过元数据的血缘分析定位评估业务系统修改的影响范围，通过元数据的冷热分析对数据进行分层存储，有效组织存储空间；用户通过数据模型功能进行数据建模，进行表结构定义，数据层次设计；数据安全是数据管理的重要功能，用户可以通过权限管理、数据脱敏、资产审计等方式实现数据安全。

数据计算是应用平台的重要功能，数据计算包括离线计算，实时计算和计算任务管理。用户通过离线计算构建离线数仓，对每日、每周、每月的应用数据进行统计分析；用户通过实时计算构建实时数仓支撑实时业务，比如港口车辆的实时调度；用户通过可视化的任务管理对计算任务进行周期的、有依赖的管理调度。

数据应用是最接近业务系统的服务功能，直接影响卫星应用的广度和深度。为了实现更广泛的卫星应用，一体化应用平台需要具备 BI 和 AI 的能力。用户通过 BI 服务实现数据的多维分析，GIS 空间数据应用；用户通过 AI 服务实现机器学习模型、深度学习模型的应用，从而支持综合的、智慧的卫星应用。

16.3.2.3　业务平台组成

从业务角度看，卫星应用主要包括通信、导航、遥感三大业务。因此综合应用平台在设计时需要考虑以下几个方向。

(1) 通信业务

卫星通信主要是利用卫星作为中继进行信息传输的业务，根据应用场景的不同，可能涉及无线电通信、有线电通信、光通信等，同时存在多种方式组合的场景，因此各种方式要能够无缝衔接，实现通信融合，才能灵活应对业务的变化。

如美国铱星公司提供的 SBD 服务的系统架构（见图 16－19）所示，信息依次通过终端、卫星、地球站、互联网，最终到达用户。

(2) 导航业务

对空间数据实现连续、实时的自动化监测，需要精准的空间位置信息，精准位置相关的应用都需要卫星定位技术来提供相应的技术支撑，一体化平台应具备高精定位服务能力。

(3) 遥感业务

遥感业务主要有高分辨率、高频次两个特点，因此遥感数据的存储能力和处理能力是数据应用的基础。应用中的数据趋势分析、数据异常预警与闭环处置场景，需要在积累数据的基础上进行大数据的挖掘分析，一体化平台应具备大数据服务能力。

16.3.2.4　技术组成

从技术角度看，卫星综合应用平台随着技术的发展和规模的增加，传统方法已经不能

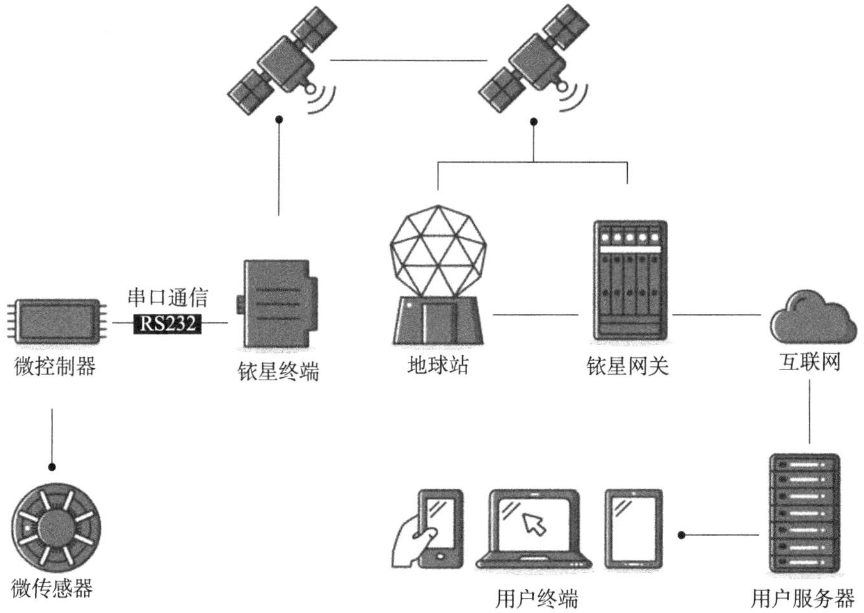

图 16-19 铱星 SBD 系统架构

适应行业的高速发展。卫星应用作为卫星和卫星星座生命周期的重要组成部分，需要满足其不断发展的要求。在卫星和卫星星座的持续运营和持续建设过程中，不断会有新的功能加入，此时卫星综合应用平台的可扩展性成为技术设计的首要目标。

为实现综合应用平台可扩展性的需求，可以从技术角度对其进行分层设计，越靠近上层则变化越频繁，越靠近下层则越稳定。

基础设施之上，业务和应用也应该进行分层。通信、导航、遥感是面向应用领域的纵向拆分。例如可横向可将卫星综合应用平台分为接入层、基础层、平台层、应用层、用户层。

16.3.3 平台功能特性

16.3.3.1 功能特性

天地一体化信息网络跨陆、海、空、天多层级建设，架构宏大、技术内涵丰富。尤其是天基网络，并依托地面网络平台实现最大化的业务应用。该平台的建设要具有兼容性、鲁棒性和灵活性，支撑卫星通信、卫星导航、高精度位置信息以及卫星遥感和卫星气象等核心业务，实现业务上解耦。因此无论是部署模式、技术升级机制、运行维护体制、安全防护手段等都与地面网络建立密切联系且互为补充，因此，构建提供“全球覆盖、随遇接入、按需服务、安全可信”的网络与信息服务的一体化信息网络关键在于设计好相关平台功能，做到可扩容性、多样化以及高效性。

首先，面向全球提供多样化应用服务，要求天地一体化信息网络能够根据应用场景和服务需求提供针对性的支撑，随之而来的海量应用数据对卫星节点的数据计算、存储等处理能力提出新的需求。

其次，随着成像分辨率快速提升，遥感卫星载荷数据率、存储容量、对地传输数据率、中继传输数据率也快速增长。面对天基网络多样化应用场景和不同功能域灵活高效适配需求与节点计算能力/存储能力有限、扩展升级困难之间的矛盾，应用平台做到简化设计与性能优化，同时卫星应用平台构建与资源调度协同起来。

最后，围绕支持网络互联的可重构综合卫星平台的关键技术，从安全控制协议、可扩展设计、分布计算与管理模型等方面进行详细设计，提升在卫星业务应用平台的稳定性、安全性，以及可维护性，实现平台功能的拓展和高效利用。这里强调的是功能特性是指关于“想通过系统做什么”的需求。例如“想要扫描商品的条形码，价格就会在终端上显示出来”“想要统计昨天每个小时的销售额”等内容都是功能性需求。因为功能性需求与客户的日常工作有直接联系，所以很容易定义。

（1）设备接入能力

天地一体化业务应用平台，可接入卫星通信数据、地面通信数据、高精定位数据、卫星遥感数据等，从多个维度对数据进行采集，实现对现实世界立体化的观测，为建立时空信息的观测体系提供数据接入能力。

平台提供安全可靠的设备连接通信能力，功能丰富的设备管理能力，帮助用户高效率地采集海量设备数据，平台提供设备侧SDK、云端管理SDK、丰富的数据流转处理方式，帮助用户将平台快速集成到应用，为各类IOT场景和行业赋能，可为智慧城市、智慧农业、智慧交通、智慧海洋、智慧环保等智慧化应用的数据接入提供平台化支撑。

天地一体化业务应用平台应当以设备接入、数据转换、接口和数据服务为核心，建立融合通信接入引擎、规则引擎，通过云端管理系统对设备接入过程进行管理，满足各种设备的接入与数据传输需求，如表16-2所示。

表16-2　物联网平台能力

能力	能力描述
设备接入能力	除基于互联网数据传输的设备接入能力外，平台具备基于卫星通信数据传输的设备接入能力
多协议与格式接入能力	既能满足设备需要长连接保证实时性的需求，也能满足设备需要短连接降低功耗的需求；为了兼容各种业务场景，支持终端上传多种格式的数据
设备管理能力	通过管理平台对设备进行配置，对设备接入平台的全生命周期进行监控；降低了海量设备的管理难度
数据透传能力	行业应用在平台进行数据订阅注册，平台收到设备的数据后，直接推送给行业应用，行业应用可快速地获取设备数据，简单易用且高效
数据预处理能力	提供初级的数据过滤转换能力，支持对设备数据进行过滤并转换，然后进入大数据平台进行更加复杂的数据应用

（2）数据处理能力

在万物互联大数据时代，建设一个健康智能的数据生态，大数据平台作为掌控时空数据的核心，实现数据收集与前期清洗工作，形成了多元异构数据存储、清洗、转换、融合的实时流转机制。能高效处理结构化、非结构化数据，实现多维数据的跨领域行业应用赋能。

天地一体化业务应用平台应当具备卫星通信数据、地面通信数据、高精定位数据、卫星遥感数据的分析处理能力（见表16－3），满足对地观测需求，建立时空数据的观测体系。

以时空信息为载体，集成基础地理信息、地表自然和人文信息、经济社会发展信息、各类规划信息及城市运行信息等内容，为智慧城市、智慧交通、智慧环保等智慧化场景提供数据支持。

表16－3　大数据平台能力

能力	能力描述
数据同步能力	支持批量或者实时数据库数据的同步；支持从文件中采集数据
数据计算能力	具有实时、非实时计算能力，可根据业务场景，选择合适的计算引擎
数据存储能力	支持PB级别数据存储，支持丰富的数据存储选择，不同存储位置的数据都可以被访问和使用
计算资源管控能力	通过Web页面可快速进行集群的部署与伸缩，无需关心底层的硬件与软件处理
业务作业可配置化	方便的作业编排与作业调度，界面化的作业编辑与管理，方便进行多种类型作业的运行编排
统一数据查询	通过接口服务化方式对外提供数据服务
数据可视化	用更生动、友好的形式，呈现庞杂的数据，通过数据可视化帮助用户发现并诊断业务问题

（3）机器学习能力

进入人工智能时代，数据资源开始真正作为生产资料推动产业加速变革，深度学习等算法依托数据资源形成闭环反馈，实现自主学习、认知和判断能力（见表16－4）。

天地一体化业务应用平台应该融合时空算法、机器学习与模拟仿真技术，规模化和精准化地把卫星数据影像、用户数据影像变为有用信息，在多个行业开展智能场景应用；根据时空大数据提供的时空数据，智慧化评估空间数据的变动情况，持续的观察现实世界的变化，帮助用户快速做出决策和可执行的动作。

表16－4　机器学习能力

能力	能力描述
模型训练引擎	对样本进行选择和过滤，通过大规模的样本和优化算法训练稳定的通用模型
特征计算引擎	通过实时和批量计算，提取数据的静态特征和动态特征，及时反映时空变化行为，更细粒度地刻画时空场景
业务引擎	结合训练的模型与特征数据，进行推理预测，帮助用户快速做出决策和可执行的动作

（4）资源整合能力

云计算本质上是一种通过技术集成，将计算、存储、应用程序等IT资源集中并实现高效低成本供给的服务提供模型。云计算沿大数据价值释放的生命周期不断演化，通过不断吸纳先进技术赋能数据的获取、存储、处理分析和价值联结等环节，逐渐由资源中心演化为创新技术熔炉，并将进一步成为大数据与AI融合，成为技术深度融合的试验场。表16－5给出了资源整合能力描述。

PaaS 作为云平台代表技术构建了一整套全新的服务能力开发体系，是集合了计算资源、存储资源、虚拟资源、容器资源等全资源管理的云服务平台；全面取代传统虚拟化技术，高效利用资源、敏捷交付、成本可控，实现了对传统 IT 网管/业务网管/监控告警平台/以及人工/工具运维的升级替代；同时面向软件研发构建过程，实现了高级的自动化，减少人力以及提升软件质量和服务；提供面向应用提供弹性计算的能力，为大数据、人工智能和高性能计算提供多元化支撑。为卫星应用服务的稳定运行提供保障，降低系统故障，提升运维效率。

表 16－5　资源整合能力

能力	能力描述
资源统一规划	通过软件硬件资源统一规划，实现高效管理和资源整合
资源按需分配	基于虚拟化技术，通过云平台的智能调度和均衡算法，可以统筹均衡，按需分配，提高资源整体利用率，实现资源的最大化利用
多中心互联互通	多数据中心云上资源互通，为卫星应用的集成打下基础
资源统一管理	云上的数据统一管理，为数据备份、容灾也提供了基础，更加适合管理和扩展的需求

16.3.3.2　非功能特性

而所谓非功能性特性，顾名思义，指的是非功能性的需求，即功能性需求以外的所有需求。在构建系统时，与相关人员仅仅就“想通过系统做什么”达成共识是不够的。如系统的运行时间段（系统提供服务的时间段）、保护系统不受非法攻击的策略（安全性策略）等需求，虽然不属于功能性需求，但对系统而言也是非常重要的。

（1）安全性

安全性指产品消除潜在风险的能力和对风险的承受能力，包含保密性、可靠性和完整性三个子特性。保密性指的是数据不能被授权用户以外的任何人访问的能力。可靠性指的是授权用户可以不受阻止地访问数据、与其他软件的兼容的能力和产品的强壮度。完整性指的是按预期目标完成任务的能力。

一般分为程序安全、系统安全、数据安全。程序安全是指开发的程序是否是安全的，程序上有没有安全的漏洞，例如 Web 开发中服务器代码没有对输入的参数进行验证，从而导致客户端机器人轻易地获取数据。系统安全指的是系统整体的安全，例如安全的粒度，未经授权的用户是否可以轻易地访问非法的数据等。数据的安全是对数据的保护，数据库中数据有没有做审核，用户之间是否会共享数据等。

（2）完整性

指为完成业务需求和系统正常运行本身要求而必须具有的功能，这些功能往往是用户不能提出的。典型的功能有：联机帮助、数据管理、用户管理、软件发布管理、在线升级等。并不是所有的系统都必须包括所有的功能，可以根据产品的使用环境和企业的产品发展决策进行挑选。因此，完整的系统应该包括数据备份、恢复、日志管理、垃圾数据清除等基本功能，哪怕这些功能的核心只是一条语句或命令。用户管理功能是另一项必不可少的功能，它定义哪些用户可以以什么样的功能使用系统。好的用户管理功能不仅可以有效控制用户对系统的使用，使系统处于一个安全、负载合理的运行状况，还能提高系统的应用适应性。

（3）可维护性与可扩展性

这里指的是当系统达到瓶颈的时候怎样在不修改代码的情况下提供系统的负载能力，扩展一般分为 Scale Up 和 Scale Out。一般情况下会综合运用 UP 和 OUT。例如，增加服务器的性能来提高系统的处理能力，但是任何计算机都会有一定的瓶颈，当增加服务器性能不能达到提高系统性能的时候，需要考虑横向扩展服务器，也即 Scale Out。在 Scale Out 时一般需要我们的系统是状态无关的，即 Stateless。

当技术变化或业务变化时，不可避免将带来系统的改变——不仅要进行设计实现的修改，甚至要进行产品定义的修改。好的软件设计应在系统架构上考虑能以尽量少的代价适应这种变化。常用的技术方法有面向对象的分析与设计以及设计模式。

通过认识以上非功能性需求的常见指标，非功能性需求的重要性主要程度要看项目具体情况而定，比如对于一个嵌入式系统软件运行开销非常重要；如果是实时系统，响应时间就十分关键；如果是联机交易系统，可靠性、安全性、性能都很重要。

16.3.4 平台性能设计

随着卫星应用业务的发展和业务数据的增长，卫星综合应用平台需要不断适配新的需求。比如卫星通信、导航应用要求平台服务具备高可用性；不断变化的数据规模和业务量要求平台能够做适应性伸缩，提高资源的利用率；卫星应用服务的拓展要求平台具备功能的拓展性，不影响原有功能的基础上增加新的功能。因此卫星平台性能设计必须考虑平台的高可用性，可扩展性和可伸缩性。

16.3.4.1 高可用性设计

在卫星通信方面，将面向行业及市场应用，以商业模式为主，保障公益需求，发展固定通信广播、移动通信广播、数据中继卫星，建设由高轨宽带、低轨移动卫星等天基系统和关口站等地基系统组成的天地一体化信息网络，同步建设测控站、上行站、标校场等地面设施，形成宽带通信、固定通信、电视直播、移动通信、移动多媒体广播业务服务能力，逐步建成覆盖全球、与地面通信网络融合的卫星通信广播系统。基于此平台设计要兼具高可用性，平台的可用性是描述业务平台可有效访问的特性，业务平台的不可用将直接影响公司形象和利益。

平台的页面能完整呈现在最终用户面前，需要经过很多个环节，任何一个环节出了问题，都可能导致业务平台页面不可访问。DNS 劫持、CDN 服务挂机、平台服务器宕机、交换机失效、硬盘损坏、网卡松掉、机房停电、空调失灵、程序 Bug、黑客攻击、卫星业务促销引来的高流量、第三方合作伙伴的服务都会造成平台一定程度的不可用。

（1）可用性度量

平台可用性定义为在足够长的时间里，比如一年的时间里，一个服务可用的时间，服务可用时间越长越好。可用性计算指标为

$$平台可用性=(平台可用时间/平台运行时间)*100\% \quad (16-1)$$

式中，平台可用性通常用百分比表示。

表16-6列出了平台可用性级别表。对于大多数业务平台而言，99%是基本可用，业务平台年度不可用时间小于88 h；99.9%是较高可用，业务平台年度不可用时间小于9 h；99.99%是具有自动恢复能力的高可用，业务平台年度不可用时间小于52.6 min；由于可用性影响因素很多，对于业务平台整体而言，一般需达到99%，99.99%的可用性。

表16-6 平台可用性级别表

可用性级别	年度不可用时间	周不可用时间	日不可用时间
90%	36.5天	16.8 h	2.4 h
99%	87.6 h	1.68 h	14 min
99.9%	8.76 h	10.1 min	86 s
99.99%	52.6 min	1.01 min	8.6 s
99.999%	5.26 min	6.05 s	0.86 s

平台可用性也可以通过可靠性相关指标度量

$$平台可用性=MTBF/(MTBF+MTTR)*100\% \quad (16-2)$$

其中，MTBF（Mean Time Between Failure）为平均无故障时间，是指从新的产品在规定的工作环境条件下开始工作到出现第一个故障的时间的平均值。MTBF越长表示可靠性越高，正确工作能力越强；MTTR（Mean Time To Repair）为平均修复时间，是指可修复产品的平均修复时间，就是从出现故障到修复中间的这段时间。MTTR越短表示易恢复性越好。

（2）故障处理

一个简化的故障处理流程如图16-20所示。

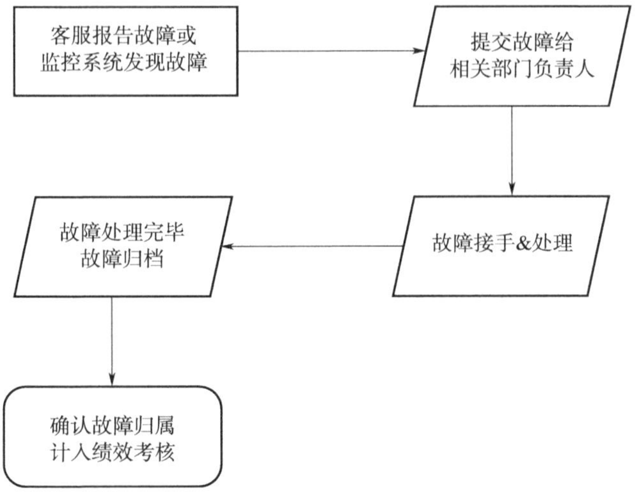

图16-20 应用平台故障处理流程示例

不同于其他架构指标，业务平台可用性更加看得见摸得着，跟技术、运营、相关各方的绩效考核息息相关，因此在架构设计与评审会议上，关于系统可用性的讨论与争执总是最花费时间与精力的部分。当然，不同的公司有不同的企业文化和市场策略，这些因素也会影响到系统可用性的架构决策，崇尚创新和风险的企业会对可用性要求稍低一些；业务快速增长的业务平台忙于应对指数级增长的用户，也会降低可用性的标准；服务于收费用户的业务平台则会比服务于免费用户的业务平台对可用性更加敏感，服务不可用或关键用户数据丢失可能会导致收费用户的投诉甚至引来官司。

16.3.4.2　高可用架构

通常企业级应用系统为提高系统可用性，会采用较昂贵的软硬件设备，如 IBM 的小型机、中型机、大型机及专有操作系统、Oracle 数据库、EMC 存储设备等。互联网公司更多地采用 PC 级服务器、开源的数据库和操作系统，这些廉价的设备在节约成本的同时也降低了可用性，特别是服务器硬件设备，低价的商业级服务器一年宕机一次是一个大概率事件，而那些高强度频繁读写的普通硬盘，损坏的概率则要更高一些。既然硬件故障是常态，业务平台的高可用架构设计的主要目的就是保证服务器硬件故障时服务依然可用、数据依然保存并能够被访问。

实现上述高可用架构的主要手段是数据和服务的冗余备份及失效转移，一旦某些服务器宕机，就将服务切换到其他可用的服务器上，如果磁盘损坏，则从备份的磁盘读取数据。

一个典型的业务平台设计通常遵循如图 16 - 21 所示的基本分层架构模型。

图 16 - 21　业务平台架构基本分层模型

典型的分层模型是三层，即应用层、服务层、数据层；各层之间具有相对独立性，应用层主要负责具体业务逻辑处理；服务层负责提供可复用的服务；数据层负责数据的存储与访问。中小型业务平台在部署时，通常将应用层和服务层部署在一起，而数据层则另外部署。

卫星综合应用平台架构继承了分层的思想，核心架构包括数据中台和业务平台，业务服务器和数据服务器分别部署、解耦，如图 16 - 22 所示。

不同的业务应用会部署在不同的服务器集群上，卫星的遥感、通信、导航以及融合应用可以部署在各自独立的服务器集群上，互不相干。这些应用又会依赖一些共同的复用业

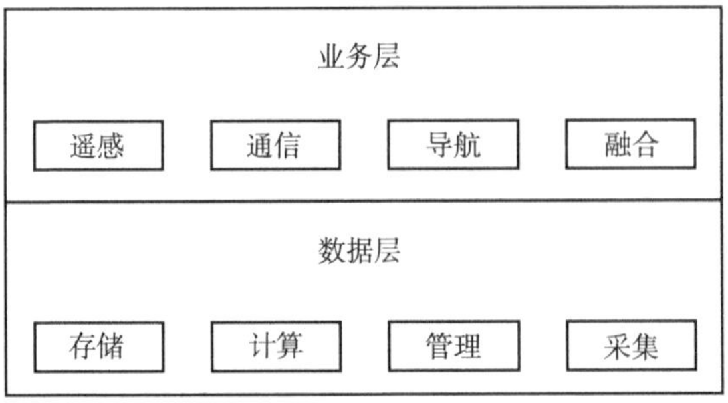

图 16－22　卫星应用平台分层架构

务，如注册登录服务、账户管理服务等，这些可复用的业务服务也各自部署在独立的服务器集群上。至于数据层，通过建立基于 Hadoop 的大数据集群，依托开源产品本身的主从结构和选择机制实现存储、计算、管理、采集的各项组件的高可用性。

大型业务平台的分层架构及物理服务器的分布式部署，使得位于不同层次的服务器具有不同的可用性特点。关闭服务或者服务器宕机时产生的影响也不相同，高可用的解决方案也差异甚大。

位于应用层的服务器通常为了应对高并发的访问请求，会通过负载均衡设备将一组服务器组成一个集群共同对外提供服务，当负载均衡设备通过心跳检测等手段监控到某台应用服务器不可用时，就将其从集群列表中剔除，并将请求分发到集群中其他可用的服务器上，使整个集群保持可用，从而实现应用高可用。

位于服务层的服务器情况和应用层的服务器类似，也是通过集群方式实现高可用，只是这些服务器被应用层通过分布式服务调用框架访问，分布式服务调用框架会在应用层客户端程序中实现软件负载均衡，并通过服务注册中心对提供服务的服务器进行心跳检测，发现有服务不可用，立即通知客户端程序修改服务访问列表，剔除不可用的服务器。

位于数据层的服务器情况比较特殊，数据服务器上存储着数据，为了保证服务器宕机时数据不丢失，数据访问服务不中断，需要在数据写入时进行数据同步复制，将数据写入多台服务器上，实现数据冗余备份。当数据服务器宕机时，应用程序将访问切换到有备份数据的服务器上。

业务平台升级的频率一般都非常高，大型业务平台一周发布一次，中小型业务平台一天发布几次。每次业务平台发布都需要关闭服务，重新部署系统，整个过程相当于服务器宕机。因此业务平台的可用性架构设计不但要考虑实际的硬件故障引起的宕机，还要考虑业务平台升级发布引起的宕机，而后者更加频繁，不能因为系统可以接受偶尔的停机故障就降低可用性设计的标准。

16.3.4.3　高可用应用

应用层主要处理业务平台应用的业务逻辑，因此有时也称作业务逻辑层，应用的一个显著特点是应用的无状态性。

所谓无状态的应用是指应用服务器不保存业务的上下文信息，而仅根据每次请求提交的数据进行相应的业务逻辑处理，多个服务实例（服务器）之间完全对等，请求提交到任意服务器，处理结果都是完全一样的。

（1）通过负载均衡进行无状态服务的失效转移

高可用是一种面向风险设计，使系统具备控制风险，提供更高的可用性的能力。高可用建立在万物都不是100%可靠的基础上。

①负载均衡

在系统建设的时候要避免单点的原则，系统中不允许有单点的节点存在，要有负载均衡机制。负载均衡（Load Balance），如图16-23所示，其把业务分摊到多个操作单元上进行执行，提高扩展网络设备和服务器的带宽、增加吞吐量、加强网络数据处理能力、提高网络的灵活性和可用性。通常在网络4层和7层进行负载均衡，常用的有硬件负载均衡，但这种成本很高。对应的软件负载均衡的技术，不论是Nginx，HAproxy，LVS都可以快速便捷地进行负载均衡。

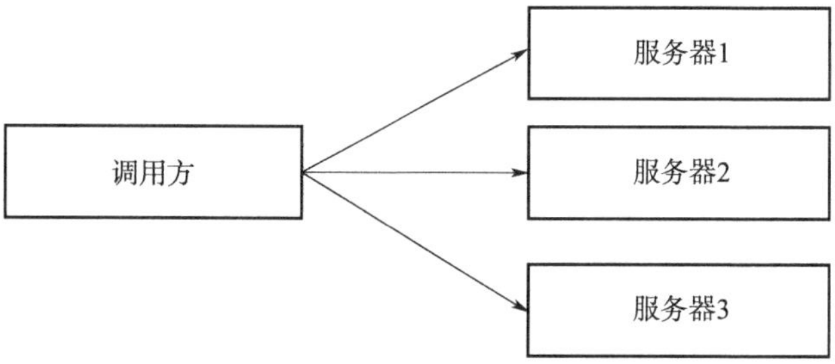

图16-23 负载均衡

②严格完备的监控

物理资源从CPU、内存、存储、网络情况都应该有完善的监控告警机制，并且有自动恢复机制。业务资源中有限流熔断措施，有业务链路监控措施。完备的监控告警是平台高可用的保障。

根据Google SRE（Site Reliability Engineer ）的模型（见图16-24），监控处于底层核心，承担产品可靠性的基础。

③灾备策略

再完备的平台，也不能保障平台的物理损坏，完善的备份恢复策略是高可用必不可少的环节。系统具备全量及增量的备份机制，具备异地容灾备份的机制，保障平台的业务和数据有完善的备份机制，如图16-25所示。

（2）应用服务器集群的Session管理

应用服务器的高可用架构设计主要基于服务无状态这一特性，但是事实上，业务总是有状态的，在交易类的电子商务业务平台，需要有购物车记录用户的购买信息，用户每次购买请求都是向购物车中增加商品；在社交类的业务平台中，需要记录用户的当前登录状态、最新发布的消息及好友状态等，用户每次刷新页面都需要更新这些信息。

Web应用中将这些多次请求修改使用的上下文对象称作会话（Session），单机情况

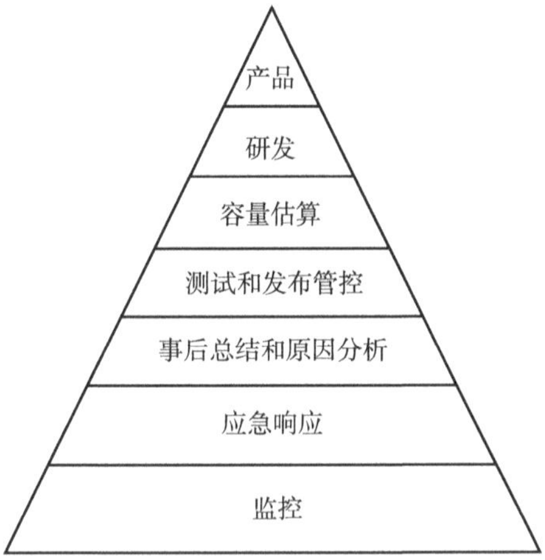

图 16-24　SRE 模型

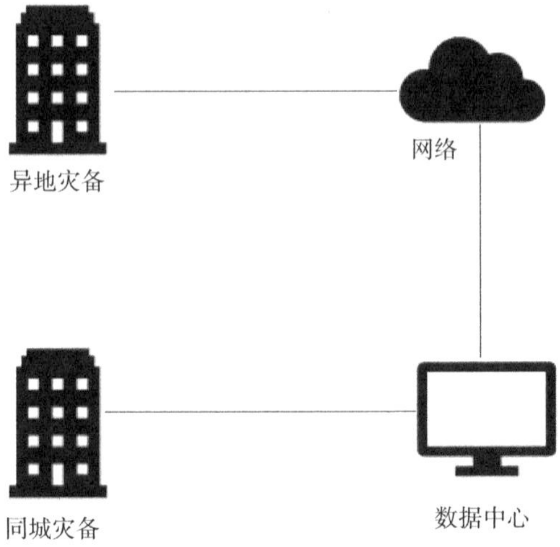

图 16-25　灾备方案

下，Session 可由部署在服务器上的 Web 容器（如 JBoss）管理。在使用负载均衡的集群环境中，由于负载均衡服务器可能会将请求分发到集群任何一台应用服务器上，所以保证每次请求依然能够获得正确的 Session 比单机时要复杂很多。

16.3.4.4　高可用服务

卫星业务应用架构的高可用服务主要包括如下几个方面。

（1）超时设置

一般平台服务都会有主调服务和被调服务之分。超时设置就是主调服务在调用被调服务的时候设置一个超时等待时间 Timeout，主调服务发现超时后，主动进入超时处理流程。

例如：主调服务 A 调用被调服务 B 时，设置超时等待时间为 3 s，可能由于 B 服务宕机、网络情况不好或程序 BUG 而导致 B 服务不能及时回复 A 服务的调用，此时 A 服务在等待 3 s 后，将触发超时逻辑而不再关心 B 服务的回复情况。A 服务的超时逻辑可以依据情况而定，比如可以采取重试，或到另一个对等的 B 服务去请求，或放弃直接对外进行回包。超时设置的好处在于当某个服务不可用时，不至于整个系统发生连锁反应。

（2）异步调用

采用异步调用的方式调用被调服务，有利于将主调服务和被调服务进行解耦，同时提高系统的处理性能。例如：通过通信卫星提供业务宽带应用，当你在微信发布朋友圈时，微信 APP 的后台服务器需要把文字和图片存储到不同的服务模块上去，这时后台服务收到请求后，将两种不同的数据以异步调用的方式分发到不同的功能模块，这样的后台服务处理会更高效，同时即使图片存储模块响应时间长也不会影响到文字存储过程。

（3）服务分级和降级

在一个大系统中，一般会有核心服务和次要服务之分，那么对于不同的服务可以采用不同的处理方案，出现故障时应该优先保证核心服务的运行。再者就是针对一个完善的服务，可能需要 1-2-3 三步才能完成，但是 1-2 两步也可以满足基本需要，那么可以将 1-2 两步完成的服务作为 1-2-3 三步完成的服务的降级。

（4）监控告警

大型业务平台系统的服务模块众多，经常会因为各种原因出现进程 core 掉，网络质量不好，机器宕机等现象，所设计的系统应该具备监控上报和告警的能力，运维和开发能够通过监控报表实时查看系统的运行状态。服务一旦出现问题能够及时发现，通过自动化处理，或者人工介入处理，从而缩短系统的不可用时间，提高可用性。

常见的监控指标有：CPU、带宽、内存使用率、网络连接状态、系统调用错误、成功率、PV、UV 等。

（5）防雪崩机制

对于设计的任何一个系统，都需要进行容量的预估和最大容量设置，当外部请求量超过最大容量时，应该启动防雪崩机制，以避免大量外部请求把服务压垮而不能对外提供服务。

例如 A 服务的最大 QPS 是 5W/S，那么当外部请求达到 5 W/S 时，A 服务只服务 5 W/S 的 QPS，超过的部分直接拒绝服务，而不是强吞下导致 A 服务完全不可用。

（6）流量缓冲机制

在服务内可以建立队列，当流量过大时，储存一定的用户请求到队列，当流量偏小时再拿出来快速处理，从而达到削峰填谷的作用。在请求数据库时，这个方案使用得很多，避免写入高峰时压垮数据库。

（7）自动化测试

对于每一次代码的提交，都能通过自动测试程序对整个服务进行整体的回归测试，这样可以快速地避免代码修改引入新的问题，而导致服务不稳定。

（8）灰度发布和回滚机制

对于业务平台系统要发布的服务，可以采用灰度发布的方式来进行发布。所谓灰度发布就是先在生产环境中选取一小部分机器进行发布，然后再测试验证，验证成功后再继续加大发布范围。如果遇到发布的版本存在重大 BUG 需要快速的启动服务回滚机制，迅速恢复到发布前的稳定版本。

（9）代码控制

对于大型系统来说，一般会有多个团队或者工程师同时进行开发。需要对相同的代码库进行版本管理和发布管理。目前大部分开发团队都采用 SVN 和 Git 等工具来进行代码管理和发布。Git 是一个开源的分布式版本控制系统，可以有效、高速地处理从很小到非常大的项目版本管理，是目前最流行的代码管理工具之一。

16.3.4.5　可扩展性设计

目前全球卫星通信领域的一系列新动作、新变化，都预示着一场深刻的产业、系统与技术变革即将来临。一方面，小卫星降低通信卫星的准入门槛，中低轨道星座计划层出不穷，引发卫星制造技术发生颠覆式革命，卫星应用领域与模式拓展创新，全球已经进入人人可以“玩”卫星的时代；另一方面，传统 GEO 通信卫星进入门槛却在升高，不仅卫星越做越大，技术复杂度不断升高，吞吐量指标持续激增，用户对卫星的服务能力要求也变得更加挑剔，具备灵活、综合的服务性能将成为新潮流；此外，卫星通信也在不断地吸收地面通信网络发展的先进技术，并走向与地面网络的互补和融合，“天空地海一体化”的发展渐成趋势，国内外都已开启“5G＋卫星通信”，以及 6G 移动通信的研究。因此，面向日新月异的卫星技术发展，相关应用平台也应做到扩展性架构设计，就是在对现有系统影响最小的情况下，系统功能可持续扩展以及提升的能力。

扩展性：指对现有系统影响最小的情况下，系统功能可持续扩展或者提升能力。表现在系统基础设施稳定不需要经常变更，应用之间较少依赖和耦合，对需求变更客户敏捷响应。它是系统架构设计层面的开闭原则（对扩展开发，对修改关闭），架构设计考虑未来功能扩展，当系统增加新功能时，不需要对现有系统的结构和代码进行修改。

伸缩性：指系统能够通过增加（减少）自身资源规模方式增加（减少）自己计算处理事务的能力。如果这样的增减是成比例的，就被称作线性伸缩性，其在平台系统架构中，通常指利用集群的方式增加服务器数量、提高系统的整体事务吞吐能力。

（1）构建可扩展的业务平台架构

开发低耦合系统是软件设计的终极目标之一，这一目标驱动着软件开发技术的创新与发展，从软件与硬件的第一次分离到操作系统的诞生，从汇编语言到面向过程的开发语言，再到面向对象的编程语言，从各种软件工具集到各种开发框架，无不体现着降低软件系统耦合性这一终极目标。可以说，度量一个开发框架、设计模式、编程语言优劣的重要尺度就是衡量它是不是让软件开发过程和软件产品更加低耦合。因此作为卫星天地一体化信息网络平台也常常意味着功能复杂，产品众多。平台系统为了在市场竞争中胜出，不断推出各种新产品，为了把握市场机会，这些产品从策划到上线，时间非常短暂，技术团队必须在产品设计和需求分析结束之后，快速地开发完成一个新产品。同时经过长期的演化和发展，这些产品之间的关系错综复杂，维护也变得异常困难。这些问题对网站的可扩展架构提出了挑战和要求。设计平台系统可扩展架构的核心思想是模块化，并在此基础之上，降低模块间的耦合性，提高模块的复用性。

（2）利用分布式消息队列降低系统耦合性

消息类似于邮政的邮件系统，如邮政连接世界一样，消息机制可以松耦合连接各个模块。通过消息机制，新增模块或者修改模块就对其他模块影响最小，这样系统的可扩展性无疑更好一些。

低耦合的模块之间通过消息通信，以保持模块的松散耦合，并借助消息的通信完成模块间合作，典型的就是平台中常见的生产者消费者模式。在业务平台架构中，具体实现手段有很多，最常用的是分布式消息队列，如图 16－26 所示。

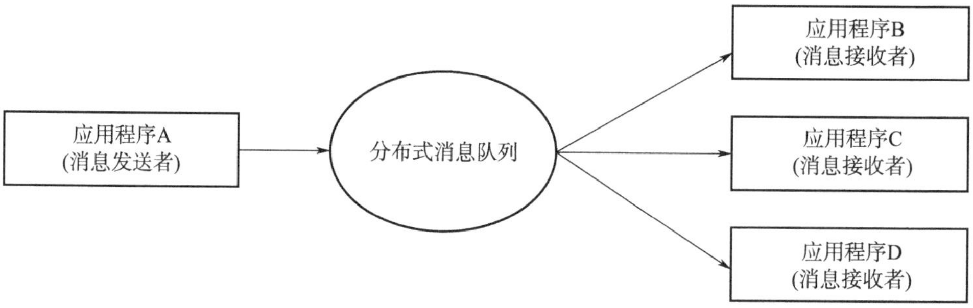

图 16－26　用消息队列实现的事件驱动架构

消息队列利用发布—订阅模式工作，消息发送者发布消息，一个或者多个消息接收者订阅消息。消息发送者是消息源，在对消息进行处理后将消息发送至分布式消息队列，消息接收者从分布式消息队列获取该消息后继续进行处理。可以看到，消息发送者和消息接收者之间没有直接耦合，消息发送者将消息发送至分布式消息队列即结束对消息的处理，而消息接收者只需要从分布式消息队列获取消息后进行处理，不需要知道该消息从何而来。对新增业务，只要对该类消息感兴趣，即可订阅该消息，对原有系统和业务没有任何影响，从而实现网站业务的可扩展设计。消息机制不仅实现模块间的松耦合，在业务中还起着削峰填谷的作用，高并发的情况下，通过消息，资源消耗高的操作可以在消费者的模块进行处理，从而提高系统快速响应。

（3）利用分布式服务打造可复用的业务平台

使用分布式服务是降低系统耦合性的另一个重要手段。如果说分布式消息队列通过消息对象分解系统耦合性，不同子系统处理同一个消息，那么分布式服务则通过接口分解系统耦合性，不同子系统通过相同的接口描述进行服务调用。

16.3.4.6　可伸缩性设计

在卫星遥感系统方面，将按照一星多用、多星组网、多网协同的发展思路，发展陆地观测、海洋观测、大气观测 3 个系列，研制发射高分辨率多模式光学观测、L 波段差分干涉合成孔径雷达、陆地生态碳监测、大气环境激光探测、海洋盐度探测、新一代海洋水色观测等卫星，逐步形成高、中、低空间分辨率合理配置、多种观测手段优化组合的综合高效全球观测和数据获取能力。统筹建设和完善遥感卫星接收站网、定标与真实性检验场、数据中心、共享网络平台和共性应用支撑平台，形成卫星遥感数据全球接收服务能力。

卫星通信、卫星导航以及卫星遥感在各自领域的不断发展和壮大，与之适应的卫星天地一体化信息网络应用平台与时俱进，基于大连接、广覆盖、应用场景丰富卫星网络相结合持续取得商业成功，数据经营越来越好，同时推动自身业务系统平台持续演进，致力于可伸缩性平台架构设计。

可伸缩性是卫星一体化业务应用平台系统计算处理能力的设计指标，高可伸缩性代表一种弹性，在系统扩展成长过程中，软件能够保证旺盛的生命力，通过很少的改动甚至只是硬件设备的添置，就能实现整个系统处理能力的线性增长，实现高吞吐量、低延迟和高性能。

可伸缩性和纯粹性能调优有本质区别，可伸缩性是高性能、低成本和可维护性等诸多因素的综合考量和平衡，可伸缩性讲究平滑线性的性能提升，更侧重于系统的水平伸缩，通过廉价的服务器实现分布式计算；而普通性能优化只是单台机器的性能指标优化。它们的共同点是根据应用系统特点在吞吐量和延迟之间进行一个侧重选择，当然水平伸缩分区后会带来 CAP 定理约束。应用平台的伸缩性架构设计非常关键，是指不需要改变业务平台的软硬件设计，仅仅通过改变部署的服务器数量就可以扩大或者缩小业务平台的服务处理能力。

卫星业务应用平台包括卫星应用、卫星导航以及卫星遥感等核心应用，同时这些业务应用对带宽、时延、丢包以及体验的一致性有不同的要求。因此，随着业务的不断扩大和增加，依托接收的常规气象观探测资料、气象卫星资料、雷达资料、数值预报产品等多源数据，基于定量反演、机器学习云计算云存储大数据分析、快速循环同化、虚拟现实等前沿技术业领域，来支持气象行业、海洋行业、水利行业、环境行业、应急管理等业务应用。

卫星业务应用平台不是一开始就是大型业务平台的，而是从小型平台系统逐步演化而来的，设计一个大型平台或者一个大型软件系统，和将一个小平台逐渐演化成一个大型平台，其技术方案是完全不同的。前者如传统的智慧海洋系统，在设计之初就决定了系统的规模，如要服务的用户数、要处理的交易数等，然后采购大型计算机等昂贵的设备，将软件系统部署在上面，即成为一个大型系统，有朝一日这个大型系统也不能满足需求了，就花更多的钱打造一个更大型的系统，同时会把卫星通信数据、卫星遥感数据等融合进来。而平台一开始不可能规划出自己的规模，也不可能有那么多钱去开发一个大型系统，更不可能到了某个阶段再重新打造一个系统，只能摸着石头过河，从一台廉价的 PC 服务器开始自己的大型系统演化之路。

在这个渐进式的演化过程中，最重要的技术手段就是使用服务器集群，通过不断地向集群中添加服务器来增强整个集群的处理能力。这就是业务平台系统的伸缩性架构，只要技术上能做到向集群中加入服务器的数量和集群的处理能力为线性关系，那么业务平台就可以以此手段不断提升自己的规模，从一个服务几十人的小业务平台发展成服务几十亿人的大业务平台，从只能存储几个 G 图片的小业务平台发展成存储几百 P 图片的大业务平台。

（1）业务平台架构的伸缩性设计

①不同功能进行物理分离实现伸缩

纵向分离（分层后分离）：将业务处理流程上的不同部分分离部署，实现系统伸缩性。

横向分离（业务分割后分离）：将不同的业务模块分离部署，实现系统伸缩性。

②单一功能通过集群规模实现伸缩

将不同功能分离部署可以实现一定程度的伸缩性，但是随着网站的访问量逐步增加，即使分离到最小粒度的独立部署，单一的服务器也不能满足业务规模的要求。因此必须使用服务器集群，即将相同服务部署在多态服务器上构成一个集群整体对外提供服务。

（2）应用服务器集群的伸缩性设计

① HTTP 重定向负载均衡

利用 HTTP 重定向协议实现负载均衡。

② DNS 域名解析负载均衡

利用 DNS 处理域名解析请求的同时进行负载均衡处理的一种方案。

③反向代理负载均衡

大多数反向代理服务器同时提供反向代理和负载均衡的功能。

反向代理服务器的优点是部署简单。缺点是反向代理服务器时所有请求和响应的中转站，其性能可能会成为瓶颈。

④ IP 负载均衡

IP 负载均衡在内核完成数据分发，所以处理性能优于反向代理负载均衡。但是因为所有请求响应都要经过负载均衡服务器，集群的最大响应数据吞吐量受制于负载均衡服务器网卡带宽。

⑤数据链路层负载均衡

数据链路层负载均衡是指在通信协议的数据链路层修改 mac 地址进行负载均衡。

⑥负载均衡算法

负载均衡服务器的实现可以分为两步：1）根据负载均衡算法和 Web 服务器列表计算得到集群中一台 Web 服务器的地址；2）将请求数据发送到该地址对应的 Web 服务器上。

负载均衡算法通常有以下几种：

1）serverid 是 Web 服务器编号，n 为 Web 服务器的数量，如果服务器数量等于 5，则标号为（0，1，2，3，4）。

2）轮询（Round Robin）—所有请求被依次分发到每台应用服务器上，即每台服务器需要处理的请求数据都相同，适合于所有服务器硬件都相同的场景。

$$serverid=(serverid\_pre+1)/n \quad (16-3)$$

其中，serverid _ pre 是上一次请求调用的服务器 id。

3）随机（Random）—请求被随机分配到各个应用服务器，在许多场合下，这种方案都很简单实用，因为好的随机数本身就很平均。

$$serverid=random(n) \tag{16-4}$$

其中，random（）是随机函数，返回（0，1，2…，$n-1$）的整数随机数。

4）最少连接（Least Connection）—记录每个应用服务器正在处理的连接数，将新到的请求分发到最少连接的服务器上，应该说，这是最符合负载均衡定义的算法。

$$serverid=index\_min(list\_con) \tag{16-5}$$

其中，list _ con 是 Web 服务器上请求连接数列表，index _ min（）是获取列表最小值索引的函数。

5）源地址 Hash（Source Hash）—根据请求来源的 IP 地址进行 Hash 计算，得到应用服务器，这样来自同一个 IP 地址的请求总在同一个服务器上处理，所请求的上下文信息可以存储在这台服务器上，在一个会话周期内重复使用，从而实现会话粘滞。应用服务器地址 id 由式（16-6）得到

$$serverid=hash(ip)/n \tag{16-6}$$

式中　ip——请求来源的 ip 地址；

　　hash（）——哈希函数。

（3）分布式缓存集群的伸缩性设计

不同于应用服务器集群的伸缩性设计，分布式缓存集群的伸缩性不能使用简单的负载均衡手段来实现。因为分布式缓存服务器集群中缓存的数据各不相同，缓存访问请求不可以在缓存服务器集群中的任意一台处理，必须先找到缓存有需要的数据的服务器，然后才能访问。

分布式缓存集群伸缩性设计的目标是让新上线的缓存服务器对整个分布式缓存集群影响最小，也就是说新加入缓存服务器后应使整个缓存服务器集群中已经缓存的数据尽可能还被访问到。

（4）数据存储服务器集群的伸缩性设计

数据存储服务器必须保证数据的可靠存储，任何情况下都必须保证数据的可用性和正确性。因此，缓存服务器集群的伸缩性架构方案不能直接适用于数据库等存储服务器。

关系型数据库的伸缩性设计如下：

主从复制—主流关系型数据库一般都支持主从复制；分库—根据业务对数据库进行分割。制约条件是跨库的表不能进行 Join 操作；分表—使用数据库分片中间件，如 Cobar 等。

一般而言，NoSql 数据库的伸缩性设计不支持 SQL 和 ACID，但是强化了对于高可用和伸缩性的支持。安全性保护网站不受恶意攻击，保护网站重要数据不被窃取。

16.4 卫星应用平台展望

经过近 60 年的发展，中国已建成完整配套的航天工业体系，未来以航天工程技术创新为主体，大力推进空间应用、空间科学为两翼的“一体两翼”发展新思路。卫星应用方面，将坚持产业融合深度发展，推进航天市场开放，培育“互联网＋卫星应用”新业态，扩大通信卫星、导航卫星、遥感卫星相关产业规模，使中国卫星应用产业发展达到新的水平。

中国民用遥感卫星数据在国民经济建设各领域得到了广泛应用。中国已形成固定通信广播、数据中继等卫星通信技术服务体系，卫星电视直播用户突破 3 000 万。在卫星导航应用方面，“北斗”导航系统全面建成，应用示范覆盖多个行业省市，“北斗”终端持有量超过 400 万余套。

未来国家航天局将陆续启动一批科研和业务卫星，围绕区域协同发展，建设卫星数据应用服务网络平台，加强卫星通信、导航和遥感的融合应用。中国已与 30 多个国家签署了近百项航天合作协议，与“一带一路”沿线的 10 多个国家签署了联合开展空间应用合作的协议，与亚太空间合作组织等共同构建“一带一路”空间信息走廊。中国将加大卫星数据国际合作与交流力度，更大范围实现数据开放和共享。

16.4.1 云原生带来的变革

16.4.1.1 云原生概念

云原生（Cloud Native）这个词最早由 Pivotal 提出，Pivotal 是一家提供 PaaS 服务的公司，旗下著名产品是 Spring Framework。Pivotal 公司的 Matt Stine 于 2013 年首次提出云原生的概念。

Matt Stine 将云原生架构归纳为模块化、可观察、可部署、可测试、可替换和可处理 6 特质；云原生计算基金会（CNCF）将云原生定义为包括：容器化封装、自动化管理、面向微服务（见图 16－27）、服务网格（见图 16－28）和声明式应用程序接口。

不同的人和组织对云原生有着不同的定义，从字面看云原生是一个组合词，即 Cloud 和 Native。

Cloud 强调的是以云为基础，而不是传统数据中心的模式，“云”可以是公有云，可以是私有云，也可以是容器云。

Native 强调的是为云环境设计，在进行设计活动时应该考虑云上环境的特点，考虑如何充分利用云上弹性优势和云上服务优势。

云原生希望通过平台化的理念，去解耦研发中的通用特性和通用需求，逐步把通用需求转移到基础设施环境中。这样才能逐步解放研发人员，专注业务赋能，提高应用整体的研发和运维效率。

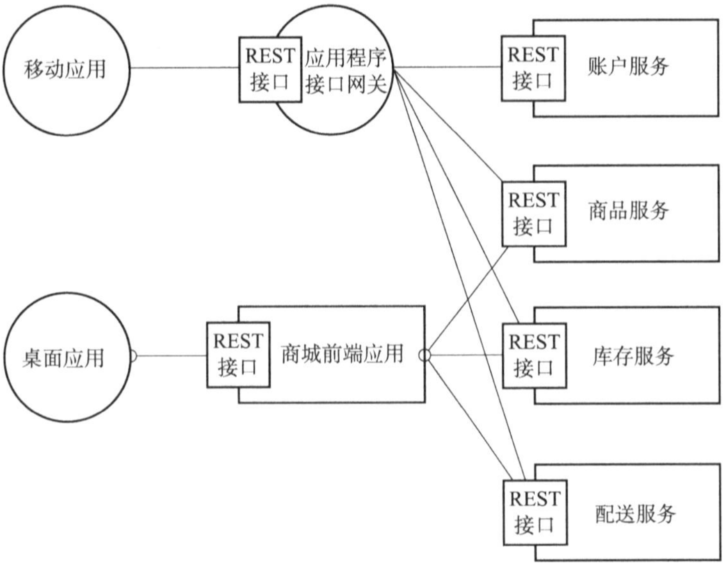

图 16－27　微服务

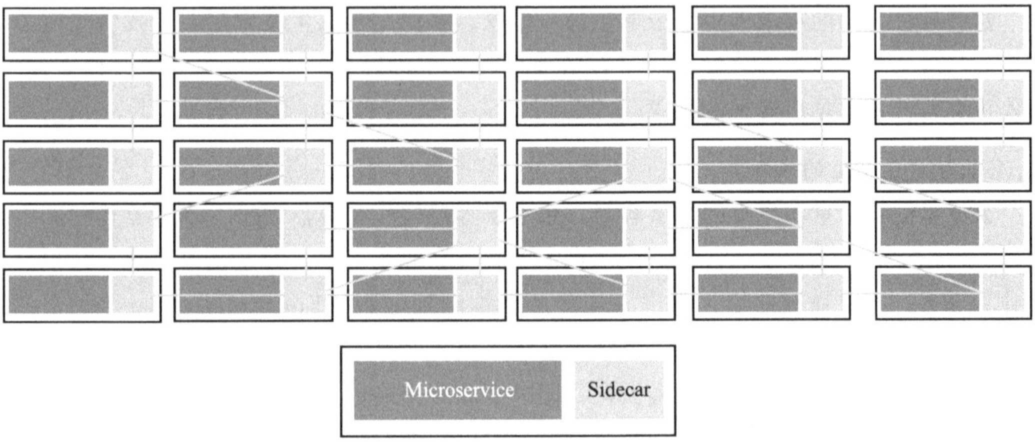

图 16－28　服务网格

16.4.1.2　云原生的作用

软件应用提供给人们无处不在的体验；软件应用需可用、能够不断更新升级并提供个性化的体验。从软件应用的设计到实现的初期，零停机时间、更快的发布周期、多设备支持、支持互联网、物联网等等一系列的期望都应该被考虑，如图 16－29 所示。这些期望直接导致了一种新的软件架构风格的出现，即云原生软件。

软件应用面对不断增长的用户，为了提供不间断的服务，需要对基础设施的故障拥有更好的弹性。基础设施所能提供的可靠性是有限的，无论是计划内变更还是计划外故障，都有可能影响软件应用。软件应用的用户也会随着发展逐渐增加，软件必须能适应这些变

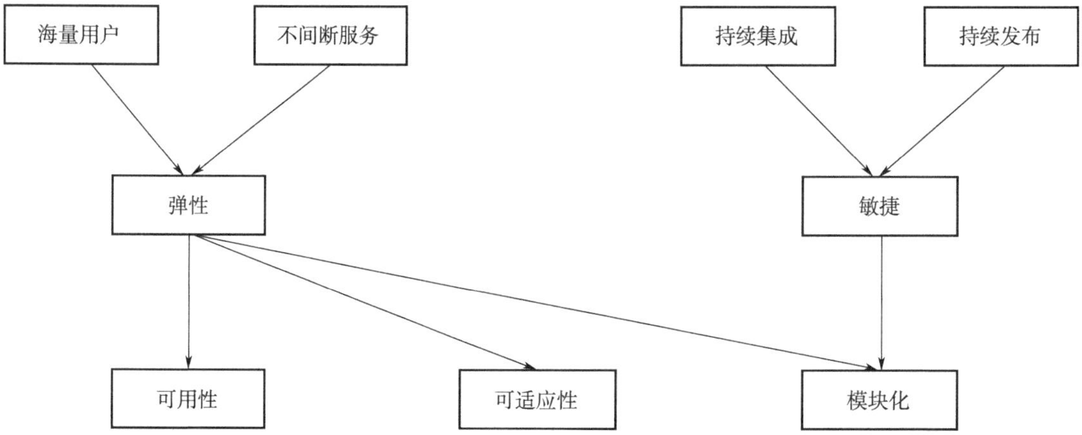

图 16－29　需求推动软件发展方向

化，能正确的拆分、部署、冗余，则可以有效降低故障的影响范围，更从容地面对用户增长。

为了使软件应用更快地集成和发布，需要将软件应用进行拆分，设计出更小、更松耦合、可独立部署和发布的组件，以便支持更敏捷的发布模型。

这些软件应用的需求催生出云原生这一概念，在使用云原生技术后，开发者无需考虑底层的技术实现，可以充分发挥云平台的弹性和分布式优势，实现快速部署、按需伸缩、不停机交付等原本难以实现的需求。

16.4.1.3　云原生的未来

云原生的技术重心原本围绕着容器，致力于容器构建和容器编排。当容器构建和容器编排技术趋于成熟和稳定后，云原生的技术中心将会继续上移，即系统可以拆分成模块进行独立部署，实现弹性伸缩，并进一步将革命推动到函数（Functions）。Serverless 便是带着这一愿景诞生，当拆分达到函数级，系统和模块的界限进一步模糊，一个函数可能横跨多个项目或产品，实现复用的最大化，同时资源的伸缩也更加灵活，如图 16－30 所示，无需再为提高某个函数的吞吐启动多个服务，付出额外的开销。

未来云原生将从数据中心走向云边端一体化，云原生的应用将无处不在。可以预见的是，云原生技术发展的速度将会领先企业落地技术的速度。尽管云原生的概念和技术已经被广泛接受，其在企业落地仍然需要很长时间，同时也会出现很多问题。如何改变传统运维的习惯将应用容器化、函数化，如何将企业中的传统应用进行逐步拆分和微服务改造仍然是不小的挑战。

16.4.2　边缘计算的新视野

目前边缘计算还没有一个严格且统一的定义，OpenStack 社区给出的定义是：“边缘计算是为应用开发者和服务提供商在网络的边缘侧提供云服务和 IT 环境服务；目标是在靠近数据输入和用户的地方提供计算、存储和网络带宽。”

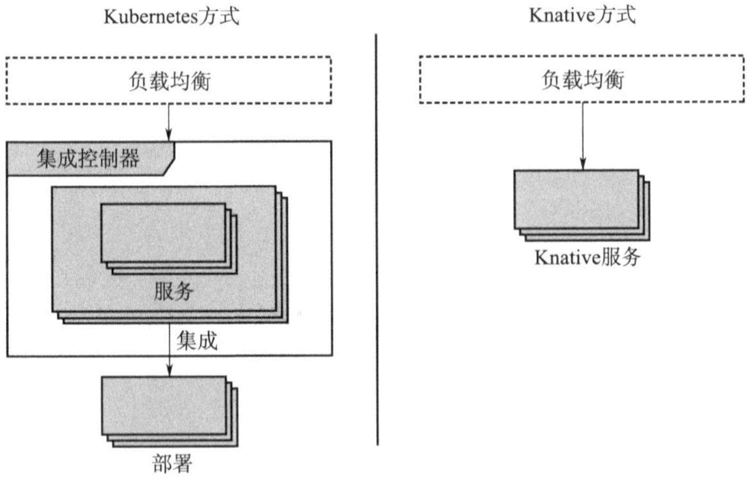

图 16 - 30　Containerized 与 Serverless

边缘计算主要有以下三个优点：

1）使用边缘计算让数据处理更靠近数据源头，大幅降低数据处理延迟；

2）使用边缘计算无需将所有数据上传云平台，大幅减少网络流量消耗；

3）边缘终端设备可以分担数据中心数据处理压力，降低数据中心建设成本。

简言之，边缘计算通过利用边缘终端设备的数据处理能力，减少了上传至远端数据中心的数据量，这对于卫星应用系统来说无疑是一大利好。众所周知，相比于地面有线以及蜂窝通信系统来说，卫星通信系统容量低、延迟高，限制了卫星应用系统中的数据传输能力，进而限制了系统在大量行业中的应用。

卫星应用场景中有大量终端设备部署在偏远及环境恶劣的区域，如果采用边缘计算技术，可将分布式数据中心托管于这些设备上。边缘设备承担大量数据处理工作，并将处理后的关键数据上传至云端数据中心。这种方法可以补偿数据传输能力的不足，帮助卫星应用系统拓展在各行业中的应用。

一个典型的具备边缘计算能力的卫星应用系统拓扑图如图 16 - 31 所示，其由传感器设备、卫星终端设备、通信卫星、卫星地面站、核心网、数据中心、应用平台组成。

16.4.3　区块链与卫星的碰撞

区块链是一个分布式的共享账本和数据库，具有去中心化、不可篡改、可追溯等特点，区块链技术经过十多年的发展，在分布式金融、供应链追溯、数字版权等领域得到了大量应用，区块链的基础架构如图 16 - 32 所示，由应用层、数据层和网络层组成。

2020 年国家发改委将卫星互联网加入“新基建”，明确了卫星互联网是基础网络通信设施中的重要组成。随着卫星互联网的快速发展和推进，卫星网络资源成本将降低，因此可以构建融合卫星互联网的多模网络层，卫星互联网作为基础网络设施参与到区块链数据的分发和广播，从而能让没有地面网络覆盖的欠发达地区（非洲、南美、中亚）通过卫星

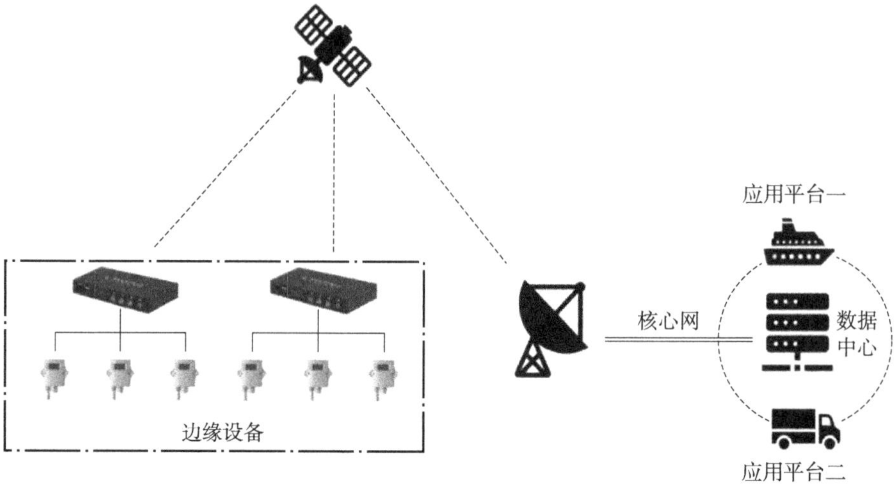

图 16 - 31　具备边缘计算能力的卫星应用系统拓扑

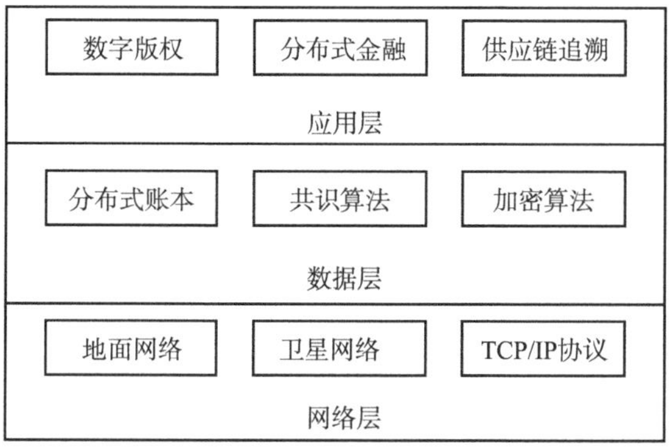

图 16 - 32　区块链基础架构

互联网使用区块链服务，在欠发达地区快速部署金融、物流、数字版权等业务，服务当地人民。

参考文献

[1] 从能用到好用——卫星通信技术发展趋势分析 http：//www. urgc. net/article/detail/454.

[2] 卫星互联网应用，如何与新基建和产业互联网相结合？http：//www. chinasatcom. com/n782724/n782809/c2966368/content. html.

[3] 刘玉锟．卫星通信技术的发展与应用［J]．城市建设理论研究，2013（34）.

[4] 张键．宽带卫星通信及其技术发展［C］//第九届卫星通信学术年会．北京：第九届卫星通信学术年会论文集，2013.

[5] 王恒．基于 IPSTAR 卫星宽带通信技术的应用分析［J]．电视技术，2011，35（022)：53－55.

[6] 冯少栋，冯琦，沈俊．美国 Spaceway3 系统概述［J]．数字通信世界（12)：82－85.

[7] 刘玉．欧洲卫星的 KA－SAT 大容量卫星全面启动服务［J]．数字通信世界，2011（07)：44－45.

[8] 航天宏图 https：//www. piesat. cn/solution/qixiang/index. html.

[9] 业务支撑平台 http：//www. chinasatcom. com/n782714/n3018309/index. html.

[10] 卫星互联网“新基建”发展要做好顶层设计．http：//www. xinhuanet. com/2020－04/29/c_1125920571. html.

[11] 重新思考产业链：产业生态与产业集群的现实意义．https：//finance. sina. com. cn/review/jcgc/2020－06－12/doc－iirczymk6681694. shtml.

[12] 夏克文，甘仲民．卫星通信［M]．西安：西安电子科技大学出版社，2008.

[13] 普拉特，等．卫星通信［M]．北京：电子工业出版社，2003.

[14] 宁津生，姚宜斌，张小红．全球导航卫星系统发展综述［J]．导航定位学报，2013，1（01)：3－8.

[15] 刘艳亮，张海平，徐彦田，等．全球卫星导航系统的现状与进展［J]．导航定位学报，2019，7（01)：18－21.

[16] 兰诗梅．全球卫星导航系统的应用与研究［J]．贵阳学院学报（自然科学版)，2014，9（03)：21－23.

[17] 刘健，曹冲．全球卫星导航系统发展现状与趋势［J]．导航定位学报，2020，8（01)：1－8.

[18] 陈倩，易炯．全球 4 大卫星导航系统浅析［J]．导航定位学报，2020，8（03)：115－120.

[19] 罗晶心，郭承军．北斗卫星导航系统现状及通信中的应用［C]．第十一届中国卫星导航年会论文集—S01 卫星导航行业应用，2020：57－61.

[20] 张更新．现代小卫星及其应用［M]．北京：人民邮电出版社，2009.

[21] 张更新．发展我国低轨星座通信系统的一些思考［C］//第 8 届卫星通信产业发展研讨会论文集，2017.

[22] 张更新．低轨卫星物联网的一些思考［C］//第 32 届全国通信与信息技术学术年会，2017.

[23] 李晓妍．万物互联［M]．北京：人民邮电出版社，2017.

[24] LI X Y. Internet of everything［M]. PTPRESS，2017.

[25] MAURO D S，ERNESTINA C，GIUSEPPE A，et al. Satellite communications supporting internet

of remote things [J]. IEEE Internet of Things Journal, 2016, 3 (1): 113 - 123. LoRa Alliance, Inc. LoRaWAN specification [S]. 2016.

[26] 张更新，揭晓，曲至诚．低轨卫星物联网的发展现状及面临的挑战 [J]. 物联网学报，2017 (3): 6 - 9.

[27] 王宝海，王益强．卫星遥感调查特点及其优势 [J]. 广西统计，2003 (4): 9 - 10.

[28] 常显奇，赵宏．导航定位卫星作战信息支援效能评估方法研究 [J]. 装备学院学报，2001，12 (5): 26 - 28.

[29] 赵林．我国大地测量及卫星导航定位技术的新进展 [J]. 科技风，2018 (012): 7.

[30] 石卫平．国外卫星导航定位技术发展现状与趋势 [J]. 航天控制，2004 (04): 30 - 35.

[31] 王颖．卫星导航定位技术应用与产业化 [J]. 全球定位系统，2001 (01): 24 - 26.

[32] 于天泽．北斗卫星导航定位技术在我国铁路应用探讨 [J]. 中国铁路，2013 (04): 10 - 13.

[33] 王茂磊，刘阳琦，王振宇．导航战背景下的卫星导航定位技术 [J]. 舰船电子工程，2005，25 (3): 19 - 21.

[34] 江昊，李德仁，沈欣，等．天基信息实时智能服务系统仿真评估研究 [J]. 中国工程科学，2020，22 (2): 153 - 160. http: //www. engineering. org. cn/ch/10. 15302/J - SSCAE - 2020. 02. 019.

[35] 李智慧．业务平台技术架构 _ 核心原理与案例分析 [M]. 北京：电子工业出版社，2012.

[36] McKeown N, Anderson T, Balakrishnan H, et al. Open Flow. ACM SIGCOMM Comput Commun Rev, 2008, 38: 69 - 74.

[37] Hakiri A, Gokhale A, Berthou P, et al. Software - defined networking: challenges and research opportunities for future Internet. Cornputer Networks, 2014, 75: 453 - 471.

[38] Han B, Gopalakrishnan V, Ji L S, et al. Network function virtualization: challenges and opportunities for innovations. IEEE Communications Magazine Articles News & Events of Interest to Communications Engineers, 2015, 53: 90 - 97.

[39] Mijumbi R, Serrat J, Gorricho J L, et al. Management and orchestration challenges in network functions virtualization. IEEE Communications Magazine Articles News & Events of Interest to Communications Engineers, 2016, 54: 98 - 105.

[40] 邬江兴．新型网络技术发展思考 [J]. 中国科学：信息科学，2018，48: 1102 - 1111.

[41] Wu J X. Meaning and vision of mimic computing and mimic security defense. Telecommun Sci, 2014, 30: 2 - 7.

[42] 邬江兴．网络空间拟态防御导论 [M]. 北京：科学出版社，2017.

[43] Lu P, Liu Q R, Wu J X, et al. New generation software - defined architecture. Scientia Sinica Informations, 2018.

[44] 刘立祥．天地一体化网络 [M]. 北京：科学出版社，2015.

[45] 张乃通，赵康健，刘公亮．对建设"我国天地一体化信息网络"的思考 [J]. 中国电子科学研究院学报，2015 - 06 - 25 (3).

[46] 阿尼尔·K·迈尼，瓦沙尔·阿格拉沃尔．卫星技术应用篇 [M]. 北京：北京理工大学出版社，2019.

[47] 邓绶林．地学辞典 [M]. 石家庄：河北教育出版社，1992.

[48] 张兵．当代遥感科技发展的现状与未来展望 [J]. 中国科学院院刊，2017，32 (7): 774 - 784

[49] 梁浩，陈福才，季新生，等．天地一体化信息网络发展与拟态技术应用构想 [J]．中国科学：信

息科学，2019，49 (7)：20.

[50] Satellite Industry Association. State of the satellite industry report [EB/OL]. [2016 - 03 - 02].

[51] Iridium. Iridium NEXT：The bold future of satellite communications [EB/OL]. [2016 - 03 - 02].

[52] 谭述森．北斗卫星导航系统的发展与思考 [J]. 宇航学报，2008，29 (2)：391 - 396.

[53] Wikimedia Foundation Inc. OneWeb satellite constellation [EB/OL]. [2016 - 03 - 02].

[54] Wikimedia Foundation Inc. SpaceX satellite development facility [EB/OL]. [2016 - 03 - 02].

[55] 中国计算机学会．中国计算机科学技术发展报告 [M]. 北京：机械工业出版社，2015.

[56] China Computer Federation. China Computer science and technology development report [M]. Beijing：China Machine Press，2015.

[57] 张军．天基移动通信网络 [M]. 北京：国防工业出版社，2011.

[58] Wang Junlin，Liu Chunsheng. development and application of INMARSAT satellite communication system [C] //2011 First International Conference on Instrumentation，Measurement，Computer，Communication and Control. Beijing，China：IEEE，2011：619 - 621.

[59] Liebrecht P，Schier J，Bhasin K B，et al. NASA's integrated space communications architecture [C]. AIAA Space Ops，Huntsville，Alabama，April 25 - 30，2010.

[60] Florio M A，Fisher S J，Mittal S，et al. Internet routing in space：prospects and challenges of the IRIS JCTD [C]. IEEE Military Communications Conference. Orlando，USA，October 29 - 31，2007.

[61] 王家胜．中国数据中继卫星系统及其应用拓展 [J]. 航天器工程，2013 (1)：1 - 6.

[62] Wang Jiasheng. China data relay satellite system and its application prospect [J]. Spacecraft Engineering，2013 (1)：1 - 6.

[63] CCSDS. CCSDS130. 0. G. 2 Overview of space communications protocols [S]. Washington，DC：The Consultative Committee for Space Data Systems，2007.

[64] CCSDS. CCSDS702. 1 - R - 2IP Over CCSDS space links，Draft recommendation for space data system practices. Issue 2 [S]. Washington，DC：The ConsultativeCommittee for Space Data Systems，2007.

[65] Fall K. A delay - tolerant network architecture for challenged internets [C] //Proceedings of the 2003 Conference on Applications，Technologies Architectures and Protocols for Computer Communications. New York ：ACM，2003：27 - 34.

[66] Warthman F. Delay - tolerant networks (DTNs)：A tutorial [EB/OL]. [2016 - 03 - 02].

[67] Ivancic W，Eddy W M，Stewart D，et al. Experience with delay - tolerant networking from orbit [J]. International Journal of Satellite Communications and Networking，2010 (28)：335 - 351.

第 17 章　商业卫星应用

卫星产业划分为卫星服务业、卫星制造业、发射服务业和地面设备制造业四大领域。其中卫星服务业收入占卫星产业总收入比例最大。目前，我国在卫星通信、遥感、导航领域都已具备较丰富的卫星资源，已具备通过卫星综合应用更好地服务于国民经济建设和社会发展的基础条件。同时，天基网络、空基网络与地面网络逐渐融合，各类空间信息数据与行业传统数据互联互通，卫星综合应用快速发展。

17.1　通信应用

卫星通信凭借其覆盖区域广、生存能力强、建设速度快、业务种类多等优势，与地面通信系统形成互补，广泛应用于地面通信系统不易覆盖或建设成本过高的领域。进入 5G、6G 时代，信息网络空天地海一体化的重要程度前所未有，卫星通信应用将迎来广阔的前景。

17.1.1　卫星通信业务

17.1.1.1　卫星固定业务

卫星固定业务（Fixed Satellite Service，FSS）是在固定电台之间进行卫星通信的业务，利用一个或多个卫星在处于给定位置的地球站之间的无线电通信业务，该给定位置可以是一个指定的固定地点或指定区域内的任何一个固定地点。在某种情况下，该业务也包括可运用于卫星间业务的星间链路，及其他空间无线电通信业务的馈电链路。提供卫星固定业务的通信系统称之为卫星固定通信系统，该系统不仅可以提供话音业务，还可以提供宽带多媒体业务，为灾后恢复、边远山区、岛屿的宽带通信提供便利。

卫星固定业务是目前绝大多数常规通信卫星提供的业务类型，特别是对地静止卫星广泛提供了 VSAT 通信、电视直播到户、电视节目传输、应急通信等卫星通信服务。目前典型的卫星固定通信系统有国际通信卫星系统（Intelsat）、Amerhis 卫星通信系统、IPSTAR 卫星通信系统、WINDS 卫星通信系统和 Spaceway－3 卫星通信系统等。

17.1.1.2　卫星广播业务

卫星广播业务（Broadcast Satellite Service，BSS）是指利用卫星发送或转发信号，供公众（包括个体和集体）直接接收的无线电广播业务。广播卫星业务主要包括视频广播和音频广播，该业务也是卫星通信系统中收益占比最大的一部分。广播卫星虽然起源于通信卫星，但发展的过程中也逐渐差异较大。当前，广播卫星系统主要采用数字视频广播（Digital Video Broadcasting，DVB）等体制，而为支持广播卫星系统的反向传输业务，该系统中引入了反向信道系统（Return Channel via Satellite，RCS）技术，用以支持交互式的多媒体点播等业务。

利用卫星组播、广播技术特性，为广域范围内的终端用户提供业务分发服务（包括高清视频、3D 电视、导航精密产品等）。平时通过地面网络实现业务数据的分发，当广播业务繁忙时，利用卫星融合接入网络实现对地面业务的分流，避免因网络拥塞而导致的业务分发服务质量下降。该场景下，用户可同时接收卫星网络和地面网络的双重业务内容，并可对两路数据进行兼容使用。

17.1.1.3　卫星移动业务

卫星移动业务（Mobile Satellite Service，MSS）是为个人及舰船、飞机、车辆等移动载体提供无线电通信业务，包括舰船之间、飞机之间、车辆之间以及它们与固定站、空间站之间的通信。提供 MSS 的卫星移动通信系统按照轨道高度，又可划分为低轨、中轨、高轨卫星通信系统，为全球用户提供大跨度、大范围、远距离的漫游和机动、灵活的移动通信服务。目前典型的卫星移动通信系统有国际海事卫星（Inmarsat）系统、Thuraya 系统、亚洲蜂窝卫星（Asian Celluar Satellite，ACeS）系统、odyssey 系统、中圆轨道（Intermediate Circular Orbit，ICG）系统、铱星（Iridium）系统和全球星（Globalstar）系统。

卫星宽带通信是近年来卫星通信业务发展的热点，是商用卫星通信业务的主要发展方向。各国都在发展频率更高的新型卫星宽带通信系统，以适应新业务的要求，并与发展中的地面宽带通信系统相适应，起到重要的补充和延伸作用。

宽带多媒体卫星通信业务指的是通过卫星进行语音、数据、图像和视频等的处理和传输。它有广泛的应用，包括通信、数字电视、数字广播、因特网接入等，宽带多媒体发展很快，成为当前卫星通信研究的热点之一。

17.1.2　卫星通信应用区域

17.1.2.1　海洋应用

进入 21 世纪以来，海上商业航运量逐年提升，油气资源勘探、深海科学考察、远海捕捞作业等社会经济活动显著增多。海上作业平台及过往船舶的工作人员迫切需要宽带互联网，以缓解其长期枯燥无味的海上生活，丰富其工作之余的精神文化生活。

海洋是陆地网络无法覆盖的区域，通信、导航增强、物联网数据采集等业务都需要通过卫星实现。现阶段，海上宽带通信和导航增强都是通过主流的 GEO 卫星实现，对高纬度地区无法完全覆盖。

移动卫星通信系统可以覆盖全球任何地点，其应用终端在航海上可安装于货轮、渔船、邮轮、军舰等船舶上，用以实现 e-航海、极地航行、无人船舶驾驶、船舶监控、海员个人通信、实时天气获取、船舶监视等业务。

采用嵌入卫星通信模组的海洋气象监测数据采集终端（岛屿气象站、海上浮标、探空气球等），实现海洋岛屿气象站、海上浮标、探空气球等气象监测终端采集数据（风向、风速、温度、湿度、照度、雨量、环流、电离层等）的实时卫星传输；海洋应急气象信息的双向短报文广播。

采用 AIS 载荷和嵌入卫星通信模组的船载卫星通信网关终端实现海洋船员之间、船员及岸基人员之间的卫星通信；海洋船舶位置和轨迹信息的采集与双向短报文传输；海上应急事故的 SOS 通信保障；海洋灾害及恶劣气象信息的短报文信息广播。图 17－1 展示了卫星通信系统航海应用场景。

图 17－1 卫星通信系统航海应用场景（货轮、渔船、邮轮、军舰）

（1）e-航海

e-航海是对现有海洋通信方式的整合和提升，其系统网络架构如图 17－2 所示，通过岸基、船端数据交换，提高对交通和环境的感知能力，减少船舶交通事故和污染环境事故，从而使航行更安全；通过提供感知国家领海所需的重要信息，提高国家海上安保能力；提供可靠的助航保障服务信息，使用户可以更好地了解所在水域的导航设施、航船安全信息、水文气象状态信息等情况；为船舶运输决策或船舶驾驶提供更完善的信息，从而提高船舶驾引人员的工作效率，支持其更高效地安全航行；能促进各海上管理机构在收集和提供各方信息，并建设集成的水上交通运输安全服务信息框架体系方面加强合作，为各利益相关方提供个性化的、完善的、以结果为导向的信息服务系统。e-航海使得航行数据更加详细、搜救信息共享、船-船通信更加便利。要实现 e-航海，需要有一个覆盖全球范围的通信系统。

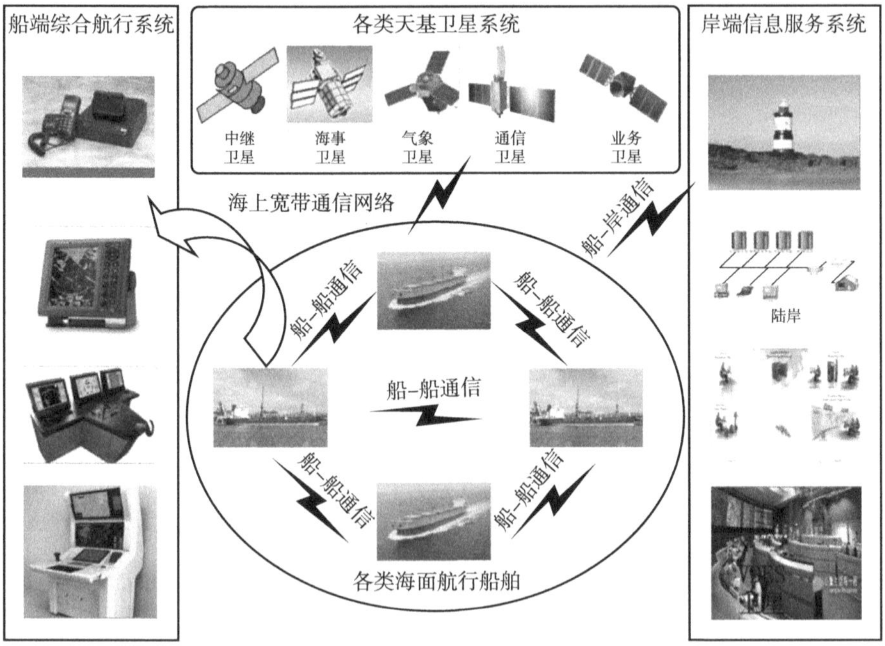

图 17-2　e-航海系统

（2）极地航行

近年来，随着全球变暖，每年夏季北极出现常规通航开敞水域的时间延长到了 4～5 个月；有专家认为，随着气候变暖的延续，2030 年后，甚至可能实现全年通航。业内人士预测，北极航道的商用化可能在 2030 年左右实现。据专家估算，走北极圈航线，可以让大西洋和太平洋之间的航行距离缩减超过 40%，可以不受制于运河的限制，节省大量的时间成本和能源损耗。

极地航行主要涉及安全和环保，根据国际海事组织规定，2017 年 1 月 1 日起，船舶要满足《极地水域航行船舶国际准则》才能在极地水域航行。由于极地航行的高纬度特性，现有 GEO 通信卫星不能对其进行有效覆盖，因而全球覆盖的低轨卫星星座将在极地航行发挥重要作用。图 17-3 所示为我国极地科考船雪龙号。

（3）无人船舶

随着全球经济的“一体化”，世界航运贸易在过去 20 年中发展迅猛，相关市场的规模也在进一步扩大。从需求方面来看，随着物流服务的升级，造船行业中目前所存在的诸如低端造船产能过剩、环境污染、人为操作失误、人才缺失和海盗劫持的威胁等问题都亟待解决。而诸如自动驾驶、增强现实、大数据及分析、云计算等高科技的发展，为解决产业中的上述问题提供了解决方案，即无人船开发联盟目前所专注研发的无人船。

无人驾驶的船舶更安全、更有效率、更节省成本。位于德国慕尼黑的安联保险 2012 年发布报告称：75%～96%的海上事故是人为错误的结果，而且往往都是疲劳导致。远程

图 17－3　雪龙号

控制和自主控制船舶将减少这种错误的发生，降低船员受伤甚至死亡的风险，当然也降低了船舶自身所面临的风险。目前大部分船舶均可采用“无人驾驶运输船”来进行更新换代。业界人士预计，到 2025 年，将在公海上航行完全无人驾驶的远洋船舶。图 17－4 和图 17－5 所示为无人船舶及其航行示意图。

图 17－4　无人船舶使航行更加安全

图 17－5　无人船舶避免海上碰撞事故

同时，无人船的船型设计让海盗很难登船，即便登船也很难进入操控系统。电脑可以让船舶抛锚停船或者以低航速前进，让海军舰船可以很容易赶来增援。而且，重新夺回船舶也更容易，没有船员被扣押为人质，海盗手上就没有高价筹码。因此，对于海盗来说抢劫无人船舶既无法获得高昂的赎金又存在巨大风险，得不偿失。

而无人船舶实现的关键在于：在任何海域，控制中心都能对航行船舶进行控制。这需要一个全天候覆盖全球的通信系统作为支撑。

(4) 海上数据通信

海上数据通信包括海上平台和海洋工程通信、船舶常规的话音和数据通信、船员个人通信和娱乐通信、航路信息采集和共享等。

对于近海捕鱼等任务来说，海上数据通信尚能通过岸基系统保持通信，但对于远洋作业，实时无缝的通信能够保障海员的一直在线。

当前海上数据通信主要集中在公司化的大型船舶上，图 17-6 所示为传统海上通信覆盖区域。通过海事卫星 Inmarsat 或者其他商业地球同步轨道通信卫星来实现，该种方式价格昂贵，对渔船等船舶也不能覆盖。同时，由于地球同步轨道通信卫星只能覆盖南北纬 75°以内区域，不能实现全球覆盖。

图 17-6　传统海上通信覆盖区域

传统的卫星通信覆盖不但未能做到全球覆盖，而且如果是安装的海事卫星通信终端，仅安装设备就要几万美元，1 Mb 的流量更是达到 24 美元，约 150 多元人民币。

(5) 智慧港口

港口是重要的交通基础设施，是实现外向型经济的窗口，为国家经济建设和对外贸易的发展提供基础性支撑。从传统港口转向智能化港口发展，可以提高港口工作的效率、降本增效。目前，智慧港口的转型升级是全球港口积极发展的方向。而在人工智能、大数据、物联网、低轨卫星以及 5G 发展的背景下，中国加快智慧港口的建设更是对经济发展的重要机遇。

智慧港口采集港口物流的相关信息，如图 17 - 7 所示，运用各类传感、GPS 定位、低轨卫星网络等物联网技术，将港口物流系统、陆路客货运输、码头港口作业、堆场或园区仓储作业、物流装备等，经互联网有机整合起来，提供各类监管和生产信息，为口岸管理部门和港航企业服务。在国内，许多港口口岸也都开始提高港口口岸信息化、自动化水平，降低运行成本。运用物联网相关技术，加快智能化港口建设，提高作业效率，改进生产操作模式。港口作为世界航运的重要节点，在全球化发展中发挥着越来越重要的推动作用。通过控制、整合、调度、运用好港口相关资源，实现港口由“物流节点”向“物流中心”转变。

图 17 - 7　低轨物联网港口应用场景

在信息化显著提高生产率的基础上，加快建设物联网，提供安全、可靠、高效、方便的港口物流管理手段，必将对港航业产生极其深远的影响。

（6）渔业资源监控

充分运用低轨物联星座技术和物联网大数据，通过建立海洋渔业追溯体系云服务平台，如图 17 - 8 所示，向全国的海洋渔业企业和渔船提供“端对端”的溯源、卫星通信、导航、船舶定位、气象服务、安全报警等技术服务。通过低轨物联星座与远洋渔业云服务平台联合建设和运作，可提升远洋渔业企业的产品管控能力、生产作业能力，并大幅提高远洋渔业企业安全管理水平。定位导航和气象服务是海洋渔业的基础。在定位导航方面，通过该云服务平台不仅可以获取在全球电子海图下实时显示当前时间的船位信息，且可显示过往航信信息并进行航迹回访。在气象服务方面，平台可预报全球台风、洋流、风浪等，并以图形的形式显示在全球地图/海图上。

海洋渔业资源监控海洋渔业资源是海洋捕捞业的生产基础，指海洋中蕴藏的经济动物和植物的群体数量。海洋渔业资源具有通过生物个体种和种下群的繁殖、发育、生长和新老交替，实现资源不断更新，种群不断补充，并通过一定的自我调节能力达到数量相对稳

图 17-8　低轨物联网渔业应用场景

定的特点。渔业资源丰富与否，主要由鱼类的主要食料——浮游生物的丰富程度决定。世界海洋范围内寒暖流交汇海域和沿海大陆架海域由于营养物质丰富，十分适宜浮游生物生长繁殖，是渔业资源集中分布地区。海洋渔业资源状况是渔业决策部门制定渔业政策、法规、确定发展规划、管理目标、管理范围及权限的重要科学依据。利用物联网技术在沿海大陆架水域和寒暖流交汇水域部署环境参数传感器、实时图像采集系统，与海事通信卫星、远洋监测船、遥感航空器、全自动海洋监测站共同组成立体数据传输网络，通过检测海洋水体温度、盐度、溶解氧含量、浮游生物种类等环境数据，处理后得出渔业生物生长状况，为渔业决策部门提供实时海洋渔业资源状况信息。

17.1.2.2　陆地应用

地面网络经过多年发展，覆盖已经较为全面。但由于地理、技术、成本等诸多方面原因，陆地上尚有网络未覆盖区域，如偏远地区、低人口密度乡村、群岛、远离大陆岛屿等地区。由于这些地区的用户数量有限，架设光缆、甚至海底光缆的单位成本远高于建设卫星通信远端站的成本，因此卫星通信可作为上述地区通信网络与互联网连接的骨干网络。

卫星通信系统对于任何区域都是均匀覆盖的，单位带宽的使用资费相对较低，使其在上述地区的应用具有非常大的优势。应用终端可以前装或后装的方式安装于农机、汽车、军车、高铁等陆地移动车辆上，或者以类似于“蜂窝网络”的方式安装于岛屿、偏远区域，用于实现精准农业、无人驾驶、战区通信、高铁管控、个人通信、物流监控等业务，解决互联网的接入问题。卫星通信系统陆地应用场景如图 17-9 所示。

（1）高铁上网

中国有高铁运营里程占世界高铁运营里程的一半。目前，在京沪高铁沿线每 800 m 部署一个移动基站来解决高铁上网问题。

图 17－9　卫星通信系统陆地应用场景（农机、汽车、军车、高铁）

铁路系统对列车旅客上网进行过统计，在高铁列车上，旅客上网的比例在 50％以上，而在一般列车上，该比例不足 20％。因此，铁路系统与三大运营商进行过磋商，在旅客对上网需求较大的地区线路进行优化。

卫星互联网可提供无线互联网的实时接入和卫星电视实时直播等功能，满足乘客对便捷的互联网接入、方便快捷的信息服务和高品质的多媒体视听需求。图 17－10 所示为基于卫星通信的铁路旅客信息服务系统。

（2）公路运输

车辆多、分布范围广，车辆超载、超速、司机疲劳驾驶等状态难以实施监控。需要对车辆状态进行监控，并对车辆提供突发情况预警、提供宽带互联网接入等服务。图 17－11 所示为基于卫星通信的车辆监控系统。对于越野、户外运动爱好者，在山区等地面基站信号薄弱或覆盖不到区域，也能享受高速上网、位置信息回传服务，杜绝户外遇险造成人员伤亡的事故。

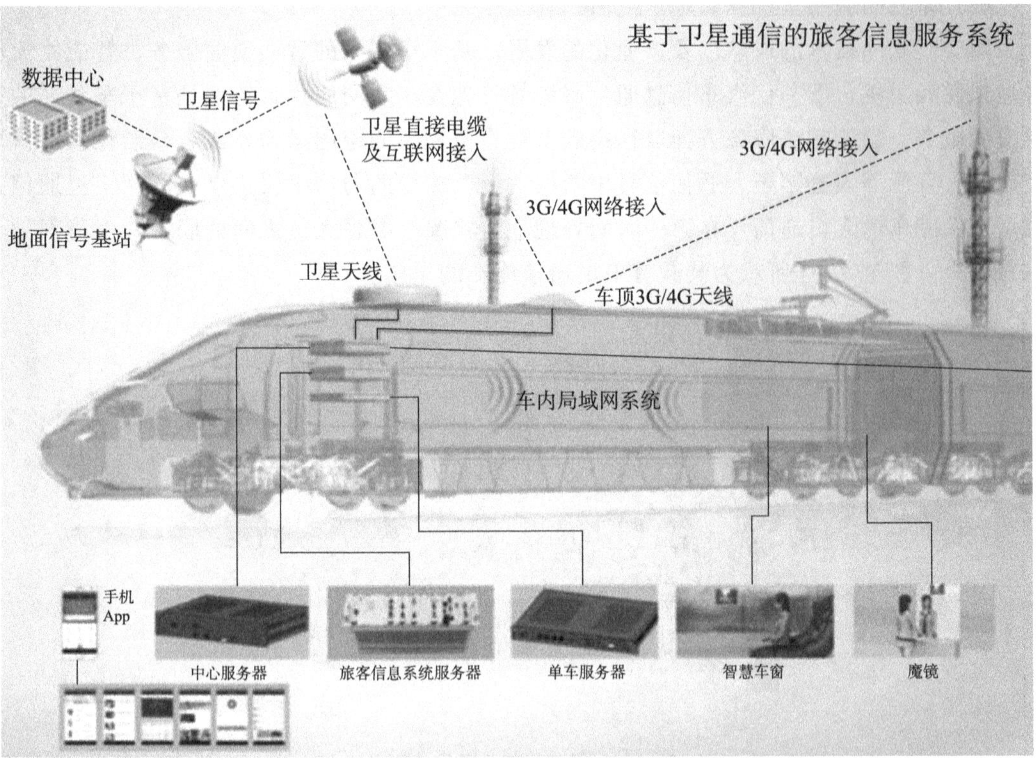

图 17 - 10　基于卫星通信的旅客信息服务系统

图 17 - 11　基于卫星通信的车辆监控系统

（3）车联网应用

随着车联网技术的成熟以及产业化的发展，基于车联网的智能交通服务、智能物流服务迎来发展契机，下一代汽车信息通信服务将首先在车联网应用，特别是基于车联网的智能交通服务、智能物流服务方面取得突破。在边境地区的跨国运输，或者是监控租赁汽车在沙漠、荒原等人迹罕至、通信信号中断的地区，传统的通信手段失灵，利用卫星通信系统可以保障车辆人员通信，在第一时间处理危险状况，维系人员之间的联系，保障驾驶员生命安全。图 17－12 所示为装载有卫星通信终端的车辆。

图 17－12　装载有卫星通信终端的车辆

图 17－13 展示了低轨物联网车联网应用场景，卫星星座通过智能多模模组设备为车联网提供丰富的互联应用服务，同时进一步拓展汽车信息通信服务应用范围，推动移动运营商、汽车制造企业、汽车零配件供应商、4S 店、机动车交易市场、汽车租赁公司、信息化设备系统供应商、车载电子设备生产商等产业链各方的广泛合作，促进汽车信息通信服务与产业链各方信息通信系统的深度融合。

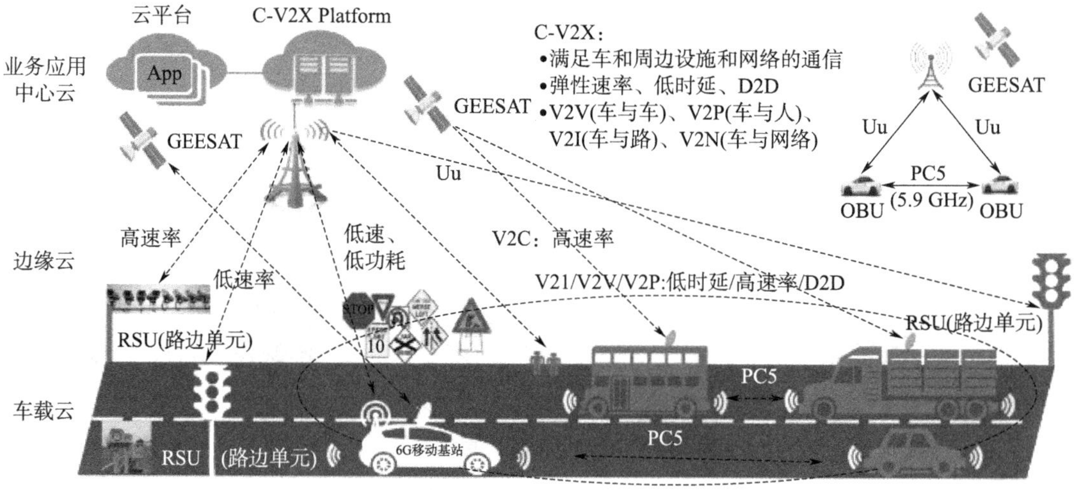

图 17－13　低轨物联网车联网应用场景

17.1.2.3　航空应用

近年来，航空出行呈现大众化的趋势，旅客对在航程中告别“网络信息孤岛”颇为期待。虽然现阶段“空对地（Air to Ground，ATG）”方式已经开始试用，可以解决陆地上空空域的网络问题，但是该方式的技术和标准尚不成熟。高通量通信卫星可进一步提高客机舱内 WiFi 的通信速率，满足旅客通信业务的需求。

卫星应用终端可以采用后装的方式安装于客机、军机、公务机、直升机等飞机上，用于实现空中上网、战场信息获取、航空救援、飞机监控等业务。卫星系统航空应用场景如图 17-14 所示。

图 17-14　卫星系统航空应用场景（客机、军机、公务机、直升机）

（1）空中上网

民航飞机机舱内的上网目前方式只有 WiFi，WiFi 与互联网的链路主要是两种方式：卫星和 ATG。ATG 方案的问题是必须沿航线铺设地面基站，最多只能覆盖到近海，跨洋飞行无法覆盖。而卫星方案主要用 Ku/Ka 频段，国外 Ku 频段典型卫星有第四代海事卫星，Ka 频段典型卫星有卫讯的高通量通信卫星，图 17-15 所示为位于飞机顶部的卫星通信设备。2020 年 7 月 7 日，我国第一架高速互联网飞机青岛航空 QW9771 航班圆满完成首秀，标志着我国 Ka 宽带卫星网络正式开始提供民航高速互联网服务。航班适配的高速互联系统是中国卫通运营管理的国内首颗且唯一一颗 Ka 频段高通量卫星——中星 16 号。Ka 高通量卫星容量大、速率高、使用费用性价比高，能为航司和乘客带来高速顺畅的上网体验。

目前民航仅有部分航班支持飞机 WiFi，处于试用阶段，商业模式尚不清晰。国外航班的上网价格通常较高，国外航空公司飞机 WiFi 资费见表 17-1，而国内航班一般采用免

图 17-15 位于飞机顶部的卫星通信设备

费的方式。目前的中星 16 号卫星已经可以覆盖中国民航 90%以上的国内航线，能够为每架飞机提供超过 150 Mbit/s 的网络接入服务。由于总速率受限，随着上网人数的增多，单一用户的使用速率必然下降。一个速率较快、价格合理的卫星通信系统是实现飞机 WiFi 常规化的关键。

表 17-1 国外航空公司飞机 WiFi 资费

航空公司	价格	流量包	航空公司	价格	流量包
爱尔兰航空	14.95 美元/小时 24.95 美元/天 *公务舱免费	上行:5 Mb 下行:1 Mb	边疆航空	5 美元/小时 14 美元/天 49.95 美元/月	无限
美国航空	12 美元/2 小时 17 美元/4 小时 19 美元/1 次飞行 14 美元/天 39.95 美元/月	无限	印度尼西亚鹰航空	11.95 美元/小时 21.95 美元/天 手机:2.95 美元、9.95 美元 电脑:9.95 美元、21.95 美元	无限 手机:3 Mb、10 Mb 电脑:10 Mb、25 Mb
加拿大航空	5 美元/小时 14 美元/天 49.95 美元/月	无限	海湾航空	15 美元/小时 30 美元/天	无限
穿越航空	5 美元/小时 14 美元/天 49.95 美元/月	无限	捷蓝航空	9 美元/小时	基本网页浏览、高速数据流
阿拉斯加航空	5 美元/小时 14 美元/天 49.95 美元/月	无限	芒果航空	2.61 美元 4.42 美元	30 Mb 60 Mb

续表

航空公司	价格	流量包	航空公司	价格	流量包
全日空航空	6 美元 12 美元 24 美元	5 Mb 10 Mb 20 Mb	挪威航空	免费	简单网页浏览，如邮件、社交媒体等
亚洲航空	1.98 美元	3 Mb	新加坡航空	28.99 美元 1 美元	3 Mb 1 Mb
俄罗斯航空	手机：8 美元、22 美元 电脑：22 美元、40 美元	手机：3 Mb、9 Mb 电脑：9 Mb、19 Mb	美国西南航空	8 美元/天	简单网页浏览，如邮件、社交媒体等
英国航空	14 美元/小时 25 美元/天	无限	葡萄牙航空	7.50 美元 15 美元	4 Mb 10 Mb
宿雾太平洋航空	5 美元 10 美元	25 Mb 50 Mb	泰国航空	4.50 美元 14.50 美元 28.50 美元	3 Mb 10 Mb 20 Mb
达美航空	5 美元/小时 14 美元/天 49.95 美元/月 469.85 美元/年	无限	俄罗斯洲际航空	8.50 美元/小时 17 美元/1 次飞行	高速互联网浏览
阿联酋航空	手机：2.75 美元、10 美元 电脑：7.50 美元、20 美元	手机：5 Mb、30 Mb 电脑：15 Mb、100 Mb	美国联合航空	5 美元/小时 14 美元/天 49.95 美元/月	无限

（2）飞行器监控

ADS－B（Automatic Dependent Surveillance－Broadcast）系统是广播式自动相关监视系统的简称，是一种基于全球卫星定位系统和利用空地、空空数据链实现交通监控和信息传递的空管监视新技术。图 17－16 所示为 ADS－B 的工作原理，飞机上安装的 ADS－B 设备使用 GNSS 确定其位置，再通过一台发射机以快速的时间间隔向外发射自己的位置、身份、高度、速度等数据。专门的 ADS－B 地面站，能够接收到发射的数据并转发给空中交通管制员以准确跟踪该飞机，图 17－17 所示为美国 ADS－B 系统陆地基站覆盖。然而，使用陆地覆盖的 ADS－B 系统仅能在航线上对飞行器进行监视，而配置有 ADS－B 的卫星系统可实现对全球空域的实时监视。

当前通用航空领域发展迅速，除民航外，尚有直升机、小型无人飞机等需要监视，建立全国范围内的 ADS－B 系统可以对实现飞行器的全天候实时监视，设置电子禁飞区，有效保障航空安全，图 17－18 展示了 ADS－B 系统监控飞机飞行路线的效果。但是在全球范围内来说，用地基 ADS－B 系统实现海洋航线覆盖代价较大。建立天基的 ADS－B 系统可实现对全球范围内的飞行器实时监视，并通过其高速率的通信载荷，实时下传飞机位置信息。如铱星座系统配置的 ADS－B 载荷即可实现该功能。

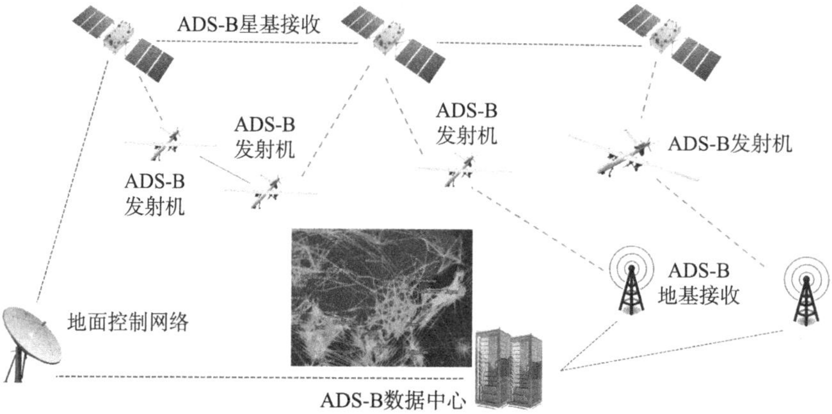

图 17-16　ADS-B 系统工作原理

图 17-17　美国 ADS-B 系统陆地基站覆盖

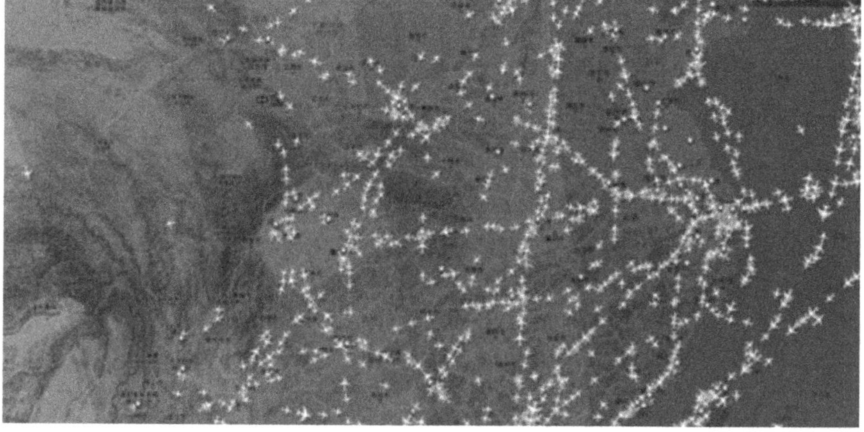

图 17-18　飞机飞行路线监控

采用嵌入卫星通信模组的各种飞行器监管传感器或 DCS 等，实现飞行器空中远程遥控，空-空协同调度、指挥，飞行应急事件通信保障服务。同时，通信卫星搭载的 ADS-B 载荷可以实现对空中飞行器（如客机、直升机等）等运行状态的实时侦测，保障飞行器不失联。

（3）无人机管控与数据回传

无人机用途广泛，成本低，效费比好；无人员伤亡风险；生存能力强，机动性能好，使用方便，在现代战争中有极其重要的作用，在民用领域更有广阔的前景。目前无人机管控数据回传主要采用地基系统回传，管控范围和飞行半径受限。此外，民用无人机无法受到监管部门实时位置监控。

17.1.3　卫星通信应用场景

卫星通信应用场景汇总见表 17-2。

表 17-2　卫星通信应用场景汇总

序号	应用分类	应用场景
1	国家部委	应急通信
2		科考探险
3		灾害预警
4		气象数据采集
5		自然保护
6		环境监测
7	行业应用	集装箱监管
8		工程机械监管
9		油气监管
10		远程抄表
11		物流跟踪
12	个人应用	户外运动
13		导航增强

17.1.3.1　应急通信

应急通信是现代社会最重要的通信网络组成，我国已建成相对完善的应急通信系统。卫星通信系统是应急通信系统最重要的组成部分之一，在突发自然灾害、无地面网络或失效/容量不足等情形下发挥了及时、快速的通信建立及恢复能力。卫星应急通信网络架构如图 17-19 所示。

目前我国应急通信中应用的卫星通信系统主要有以下几个系列：中星（ChinaSat）卫星系列，主要包括中星 1 号（Chinasat-1）、中星 6B（ChinaSat-6B）和中星 9 号（ChinaSat-9）等卫星；鑫诺卫星系列，包括鑫诺一号和鑫诺三号；亚太卫星系列，包括亚太 1 号、亚太 1A、亚太 2R 等；天通一号系列，包括天通一号 01 星、天通一号 02 星、天通一号 03 星。此外还有我国自主研制的北斗卫星导航定位系统，该导航系统在应急场景下可以为指挥调度、救援抢险等活动提供导航定位功能，另外北斗卫星的短报文业务能够有效应对突发情况下的信息沟通。比如，在汶川地震中，救援部队和救援机构装备了大量的北斗卫星终端设备，很多受灾地区灾后第一次与外界通信就是通过北斗卫星导航系统短消息业务实现的。此外，海事卫星通信系统和 VSAT 卫星通信网也是我国目前正在使用的应急通信系统。

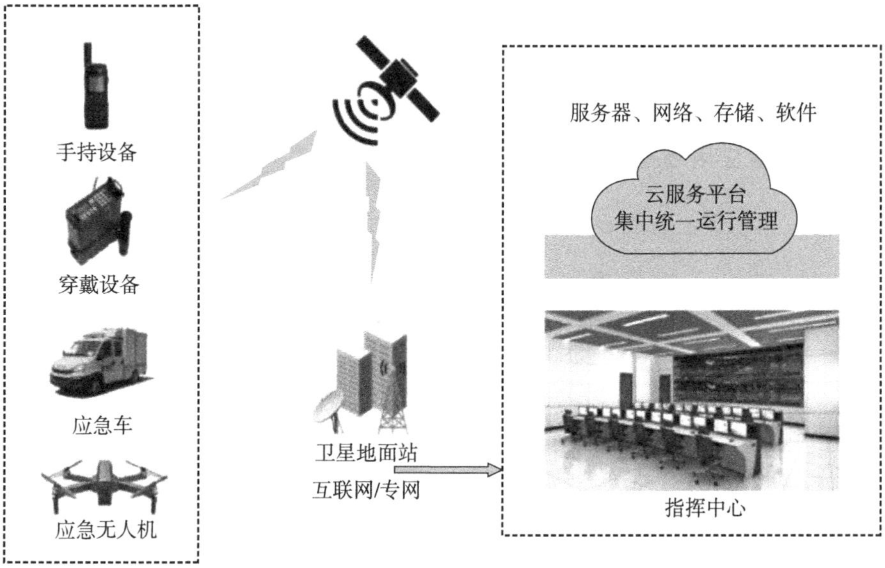

图 17-19　卫星应急网络示意图

卫星通信技术在应急通信系统中的应用通常包含通信卫星、通信地面站、通信终端，其中通信地面站包含固定站与移动站，其中固定站属于通信中心站，在运行中，固定站与指挥中心站相互连接，可以很好地实现信息汇总与命令发布等，移动站具备机动性与灵活性能，能够及时到达现场，并采取有效措施进行应急处理。形成现场临时指挥中心，通过卫星传送实现向后方指挥中心，为应急救援决策提供数据支撑。通信终端可以在多种载体上进行装载，比如个人、汽车、飞机、船舶等，可以突破空间限制，尤其在某些通信条件并不完善，网络不发达的地区尤其有优势。

以天通一号为例，我国发射的天通一号卫星，可以很好地满足军用通信与民用通信的实际需求。该通信卫星具备 109 个点波束，在应急通信时，其信号可以全面覆盖中国领土和领海范围，甚至涵盖太平洋西部和印度洋东北部的部分海域。天通一号卫星通信业务内容包括：1）卫星电话，可通过卫星电话进行全球通信，并具备较为优越的业务速率，其通信速率为 1.2 kb/s、2.4 kb/s 和 4 kb/s；2）短信业务，通过卫星系统可以实现与地面公共通信网络中断相互连接；3）传真业务，这种业务通信速率为 9.6 kb/s；4）定位功能，通过该卫星通信系统可以为卫星定位提供支撑与保证，该系统的应用，其通信终端均采用北斗定位信息接收业务，开展全球卫星定位工作，更好地实现位置管理域控制数据传输/互联网接入/视频回传，北斗卫星定位的信息通信速率为 9.6～384.0 kb/s。天通一号卫星所构成的卫星通信系统，目前已经完成信关站与地面网络的设置，其信息通信指挥中心与关口站之间，可采用地面网络实现其通信网络连接，根据通信用户的实际需求，为用户提供通信终端站型，包括个人设备、便携设备、车载设备等多种设备类型。其中手持终端通信设备的应用范围较广，且更多地集成了卫星通信、公共通信网络、蓝牙网络、无线通信网络等多种通信模式，未来也必将面向多种应用程序，满足系统应用的便捷性与人性化的实际需求。

17.1.3.2　气象数据采集

采用 ADS－B 载荷，嵌入卫星通信模组的探空仪终端等，实现将电子探空仪、高空探测设备、电码式、数字式探空仪的位置、气温、湿度、风向、风速、气压、对流层、电离层等气象信息通过卫星及时传输到地面数据中心。探空气球采集数据的卫星传输应用示意图如图 17－20 所示。

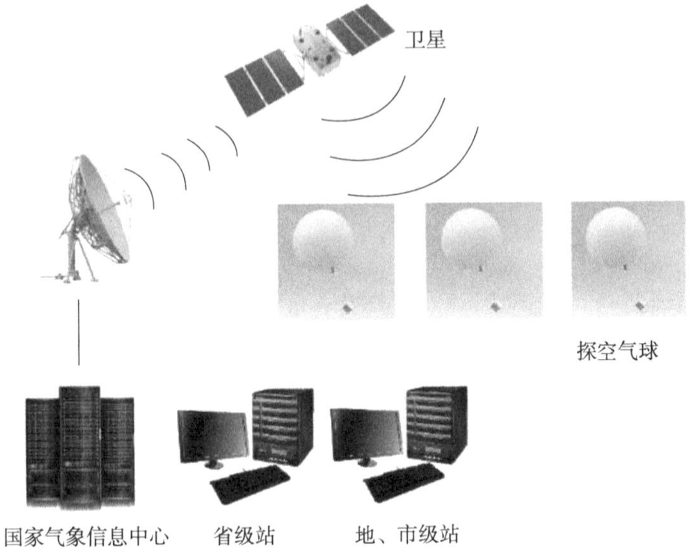

图 17－20　探空气球采集数据的卫星传输应用示意图

采用嵌入卫星通信模组的各种海洋气象数据采集传感器或 DCS 等，实现全球海洋气象站盐度、湿度、温度、风向、风速、降水、日照、气压、天气监测数据信息通过卫星传送到国内数据中心。

17.1.3.3　水文环境监测

我国疆土辽阔，需要进行水文监测的地点多且地域跨度大，在野外环境恶劣的水文监测点，不适合搭建有线通信网络，大部分地方运营商无线通信信号都未覆盖。基于卫星通信的远程水质采集传输系统，在实现大面积范围覆盖的同时，又能做到无信号盲区，保证水质采集的连续与稳定。

在不更改现有监测站点的整体技术架构的基础上，只对数据传输系统进行替换和升级。通过相应的数据传输接口将传感单元监控到的数据，经卫星终端将报文信息发回到环境、水文、气候等各自的监控中心，实时监控。相比其他集中数传方式，卫星通信系统具备成本低、传输距离远、安装使用方便、功耗低和数据安全性高等特点。

利用卫星通信可摆脱地理、交通、电力的限制，不仅可在全国范围实现对水质数据的远程监测、存储、显示、统计等功能，可以在常规专网、公网中断的情况下，或是在突发地质灾害或重大事故时，确保环境监测数据传输正常，并且数据自主可控、保密性强。

目前，水利部新一代水库卫星通信系统投入使用，拥有 27.2 MHz（包括 Ku 波段 22.2 MHz，亚洲五号卫星）卫星转发器资源，采用基于 DVB－S2 的星形/网状混合组网的方式，业务以数据、视频和语音为主，广播业务为辅。作为水利卫星应用系统的一部分，2012 年，安徽省大别山区的佛子岭、梅山、响洪甸和磨子潭水库相继建设了卫星综合小站，通过水利部现有的 DVB－S2 系统进行组网。根据通信业务的流量和流向，选择采用星型结构为主、网状结构为辅的混合网络结构。水库卫星综合小站数据速率支持 128 kbit/s ～6 Mbit/s，入向信道采用 MF－TDMA，内置 TCP、HTTP 加速、自动端到端上行功率控制、先进的 QoS、业务优先级机制、小站睡眠等功能，可以满足基于 IP 包传输的应用需求。水库卫星通信系统网络结构示意图如图 17－21 所示。

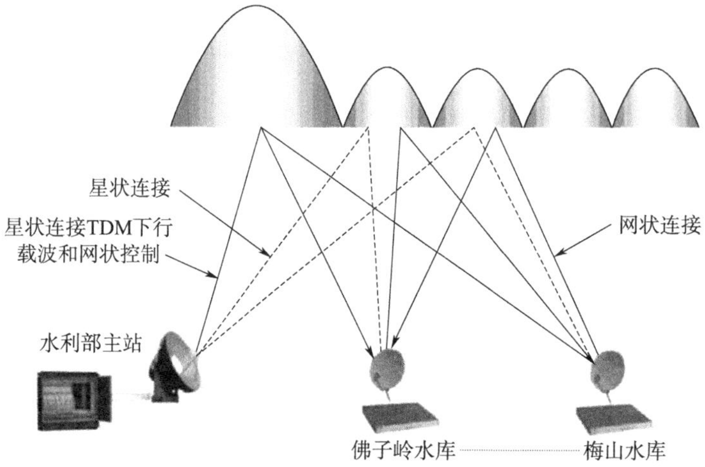

图 17－21　水库卫星通信系统网络结构示意图

水库卫星综合小站由室外部分和室内部分组成，室外部分包括卫星天线面、立柱、馈源及双工器、上变频功率放大器（BUC）、下变频低噪声放大器（LNB）、安装配件及防雷接地系统；室内部分包括卫星调制解调器、语音网关、网络交换机及各种线缆。

水库卫星通信系统综合业务类型及功能如表 17－3 所示，卫星综合小站的语音网关可提供 4 个语音接口，话路能进入水利语音地面专网，与安徽省水利厅、淮委及水利部实现水利专网电话互联互通。多个卫星综合小站可以组建一个小型局域网，利用卫星信道接入指挥中心通信网络，进行各类水情信息的查询、传送，实现数据交换。利用视频采集设备通过卫星网对水库进行工程视频监控，卫星通信可实现水库的综合业务需求，适应水库管理工作新形势。卫星通信系统具有 IP 加速功能，在水利行业可以利用水利部 Internet 接口和 DVB－S2 的宽带出境，能保证稳定、快速、小时延的 IP 浏览。

表 17－3　水库卫星通信系统综合业务类型及功能表

业务类别	业务量	速率	使用效益
卫星电话	4 路同时通话	4＊16 kbit/s	可以和安徽省水利厅及相关水利单位语音通话
视频	1 路	385～1 024 kbit/s	实现本地和远程浏览和访问
数据传输	3 MB 文件容量 80 s 内传送完成	3 000＊8/80 kbit/s	实现水文报汛站到水情分中心的数据传输及网络互联

17.1.3.4　集装箱监管

集装箱运输日益发展的同时，其安全性也引起了港口、航运界及陆运界的密切关注。主要体现在危险品运输、冷藏货物运输、军用物资及贵重物资运输、集装箱偷盗和集装箱偷渡等方面。通过对集装箱的实时监控和定位，从而提高集装箱的使用效率和安全性能，提升集装箱物流的服务水平和整体效率，有效防止偷渡、走私及恐怖活动等事件的发生，提高企业经营效率，促进交通运输业更好更快发展。

冷链集装箱储运信息采集实时传输应用架构如图 17－22 所示，采用嵌入卫星通信模组的冷链集装箱监管数据采集终端，实现冷链集装箱储存或运输过程中位置、运动轨迹、温度、湿度、开关门状态、冷机工作状态信息采集的实时传输及监管，冷机远程开关机控制等)，以及集装箱户外货物储运中的位置、运动轨迹等监测数据的双向短报文通信。

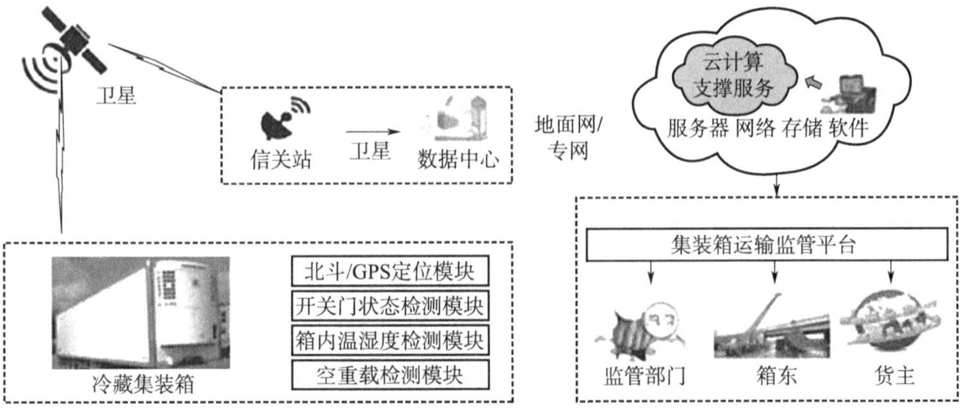

图 17－22　冷链集装箱储运信息采集实时传输应用示意图

2015 年 11 月，ORBCOMM Inc. 宣布该公司已被中国国际海运集装箱（集团）股份有限公司的智能科技有限公司选中，为其正在开发的双模远程信息处理解决方案提供下一代 OG2 卫星服务和调制调解技术，该解决方案将作为原始设备制造商（OEM）产品用于干散货海运集装箱。

17.1.3.5 油气管道

油气管道卫星通信网应承担互补、备用、应急方面的作用，服务于油气管道的安全生产。主要体现在：

1）在油（气）管道沿线的主要和重点站场，使用卫星通信，作为备用传输通道；

2）在油气管道沿线光纤或其他公网手段未达地区，采用卫星通信，以解决通信的有无问题；

3）在自然灾害等突发条件下作为应急通信手段，卫星通信系统应不依赖地面网络，具备传送必要数据的能力。

下面以中国石油油气管道通信为例，进行简要介绍。

（1）中国石油油气管道卫星通信业务

中石油卫星通信系统采用 VSAT 卫星通信系统，由大量设在油气管道阀室、站场的甚小口径天线的小型地球站与一个主站协同工作，构成一个 VSAT 卫星通信网，支持管道阀室、站场 SCADA 数据、话音等信息业务传输。小站天线口径通常为 2.4～3.7 m。

中国石油油气管道卫星通信网承载的业务主要包括调度电话、SCADA 数据以及水击保护数据。

调度电话业务主要满足管道、主控中心、备控中心、输气处与各站场之间以及管道内部各站场之间的指挥调度、生产管理的联络通信，速率通常为 15～24 kbit/s。

SCADA 数据业务主要是满足在油气储运过程中，对油气的压力、温度和流量等数据信息进行自动实时的监控，确保油气储运安全、稳定、可靠。

各站场和阀室站的 SCADA 数据传至监控中心，对管线进行全程监控。油气工艺站的 SCADA 数据业务一般传输速率在 19.2～128 kbit/s 之间，RTU 阀室、取压点等数据速率一般为 9.6～19.2 kbit/s，各站与主控中心、备控中心之间进行双向数据传输。

输油管道的密闭输油流程使管道全线成为一个水力系统，管道沿线某一点的流动参数变化会在管内产生瞬变压力脉动。该压力脉动从扰动点沿管道上下游传播，即引起管道的瞬变流动，管道瞬变流动引起的压力波动称为水击。由于管道产生水击主要是由于管道系统事故引起的流量变化造成的，且水击严重时会对管线与设备造成损害，所以水击保护数据业务对时效性的要求相对较高，水击保护数据的速率一般在 30 kbit/s 左右。

（2）中国石油油气管道卫星通信网络技术体制

目前中国石油油气管道卫星通信网北京油气调控中心两套卫星系统采用的卫星技术体制有所不同，其技术对比见表 17-4。

表 17-4 主备中心卫星通信系统技术对比表

序号	项目	Linkstar/Linkway	IDirect
1	网状网技术	支持	支持
2	DVB-S2 技术	支持	不支持

续表

序号	项目		Linkstar/Linkway	IDirect
3	出境载波	调制	标准 DVB-S2，MPEG 封装	自有 HDLC 封装
		带宽利用率	显著提高	有所提高
4	入境载波	多址方式	MF-TDMA	D-TDMA
		跳频技术	成熟	支持
5	信令	方式	各站共享单独的信道	占用各站数据信道
		开销	较小	较大
6	带宽分配	预分配	支持	支持
		动态调整	遵循国际 ACM 标准	支持
7	备份	支持度	无间断热备	热备
		等级	超电信级	电信级
8	容量	载波个数	64	20 左右
		设备容量	1 000 小站以上	标配几百小站

北京主控中心卫星通信系统采用的是美国卫讯公司的 Linkstar/Linkway 产品构建的。系统采用独立信令信道，星状网下 8.3 kbit/s 信令信道即可支持 128 个远端站，平均每个远端站信令只要占用 0.08 kbit/s 带宽；网状网下所有远端站可共享 32 kbit/s 信令带宽。配合动态带宽分配方式（BOD）和应用触发带宽分配方式（CIR），可实现远端站无数据通信需求时，带宽占用几乎为零，而出现突发数据通信时，迅速申请到高速稳定的通信链路，非常适合于油气管道站场内的语音通信。

备控中心卫星通信系统采用美国 IDirect 卫星通信系统设备，其系统架构为并行模式，一套主站设备采用不同板卡可分别支持多个 SCPC、星状网、网状网，各模式网络相对独立且由主站连接，星网之间的通信需通过主站特殊处理转发。

（3）中国石油油气管道卫星通信网络系统架构

主控中心主站的系统框图如图 17-23 所示。主控中心卫星通信系统主站天线口径为 4.5 m，频率采用 Ku 波段，租用鑫诺一号卫星第 5B 转发器，射频功率放大器配置为 25 W。

备控中心卫星通信系统的主站天线口径为 4.5 m，频率采用 Ku 波段，射频功率放大器配置为 80W。如图 17-24 为该备站系统框图，备站设备采用美国 iDirect 5IF hub，一个卫星主站子架内共 20 个槽位，已插有 4 块 M1D1 板，2 块互为主备构建了一个星形网络，另 2 块调制解调卡 M1D1（其中一块做备用），5 块解调卡 M0D1 构建了一个网状网。配有上行路由器 1 台，协议处理服务器 2 台，网络管理服务器 2 台，网络管理服务器终端 1 套。

工艺站场和阀室 VSAT 小站主要设备有小型天线，室外单元（ODU）和室内单元（IDU）三部分。承载的业务主要是 SCADA、水击保护和话调度话音。典型系统架构如图 17-25 所示。

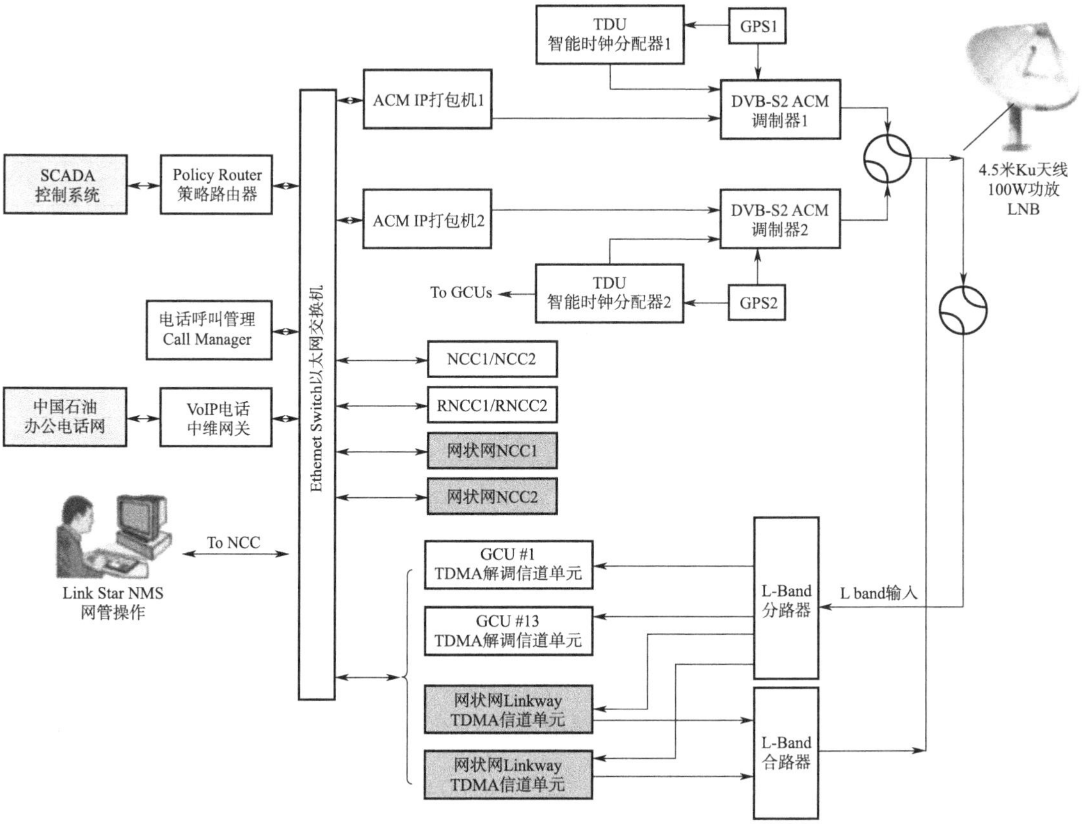

图 17-23　主控中心卫星通信系主站系统框图

目前小站的天线尺寸一般为 3 m、2.4 m 和 4.5 m 三种。2.4 m 的天线主要应用在西气东输一线的阀室，3 m 天线一般应用在用人工艺站场，4.5 m 的天线仅用在管道公司廊坊总部。

17.1.3.6　*物流跟踪*

智慧物流协同平台业务数据进行集中管理的基础上，通过与低轨物联星座 AIS/GIS 平台等技术平台信息融合，为贯通整个物流动态信息提供技术以及数据支持，其中主要包括集装箱箱号追踪、集卡跟踪、货车追踪、船舶轨迹跟踪、申报办理状况跟踪，为客户提供物流业务在整个物流信息平台运输途中的全过程跟踪与管理，有利于提升物流运营效率，多式联运场景如图 17-26 所示。

海运应用方面，卫星物联网能够全面跟踪海上船舶和集装箱，提供货运效率。卫星物联网在集装箱跟踪中的进一步基础应用将产生巨大的经济效应。通过与其他系统对接，实现对船舶航线、航次，以及船舶靠离泊计划等信息资源进行整合，获取船舶实时运行数据，并对数据进行统计分析展示，主要功能包括船舶在途数量、船舶在途靠泊、在途位置等实现可视化展示。

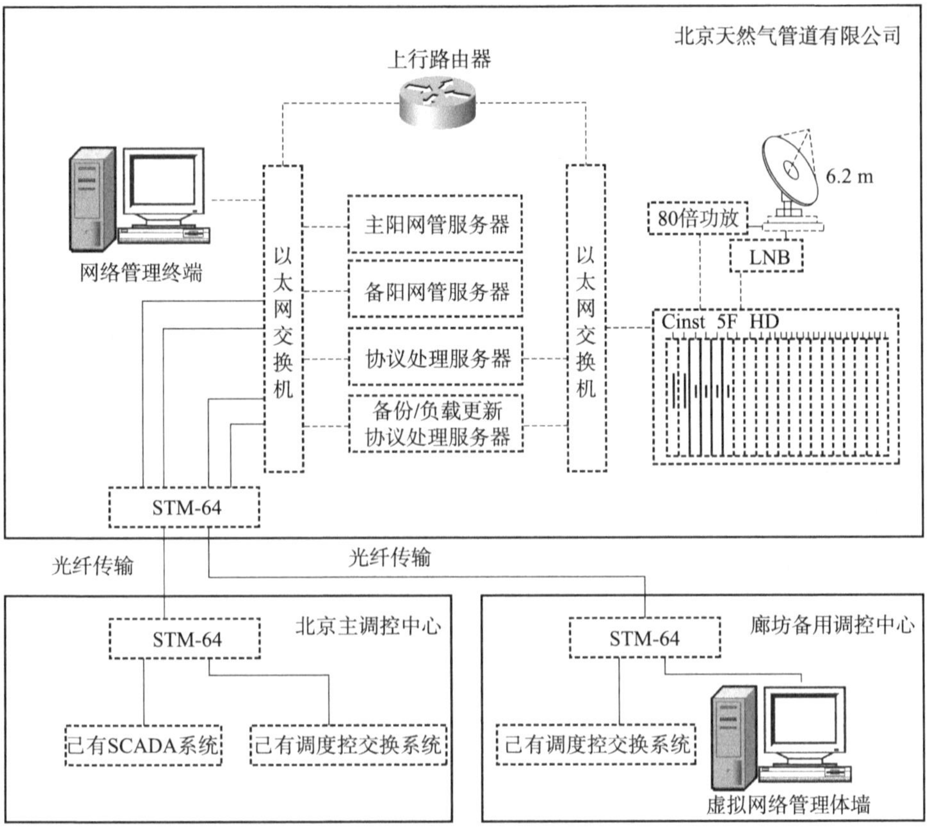

图 17－24　备控中心卫星通信系主站系统框图

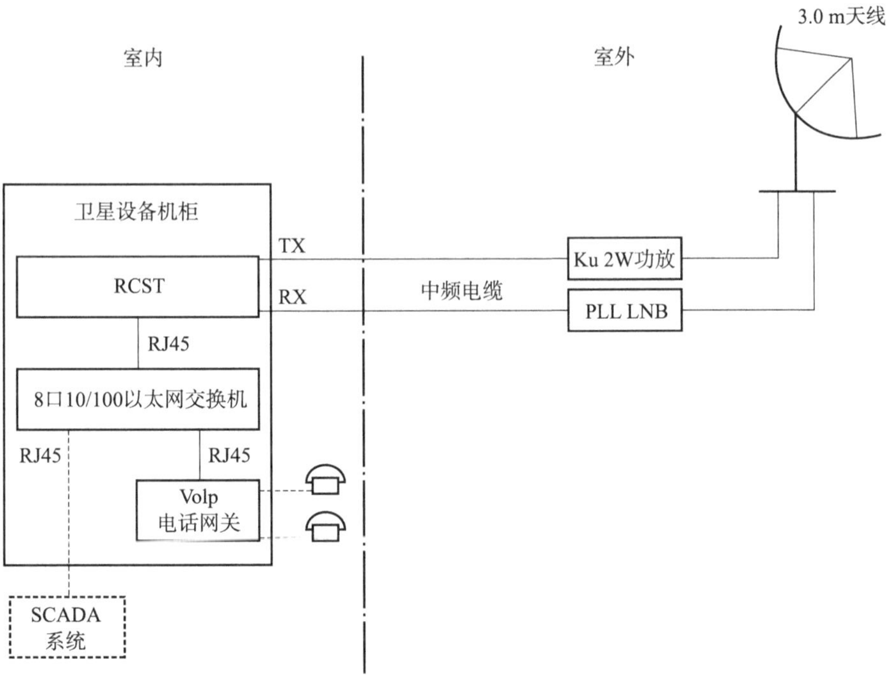

图 17－25　小站系统框图

图 17-26 低轨物联网智慧物流应用场景

公路全程物流可视化跟踪平台通过与 GIS/GPS 等其他系统对接，实现对公路运输车辆信息、车辆的运行信息，以及车辆的安全、信用等信息资源进行整合，获取车辆实际运行数据等，并对数据进行统计分析展示，主要功能包括车辆在途数量、状态、异常等实现可视化展示。

低轨物流星座平台建设通过构建与公路运输车辆 GPS/GIS 系统实现无缝对接，实时对车辆的运行状态、运行轨迹、位置进行在途跟踪，通过与电子地图或其他 GIS 系统实现对接，可实现对公路的通行状况实现跟踪，为公路运输车辆提供线路参考。

通过与 GIS/GPS 等其他系统对接，实现对公路运输车辆信息、车辆的运行信息，以及车辆的安全、信用等信息资源进行整合，获取车辆实际运行数据等，并对数据进行统计分析展示，主要功能包括车辆在途数量、状态、异常等实现可视化展示。

17.1.3.7 导航增强

随着无人驾驶、移动物联网等新兴产业的发展，用户对于高精度、全球覆盖的定位需求越来越强。以无人驾驶为例，汽车除了要安装激光雷达等传感器外，还必须要具备厘米级的绝对定位能力。

导航信息增强是指通过一定数量的地面基准站对 GNSS 卫星信号进行连续跟踪观测，并处理形成相应的广域及区域差分改正与完好性信息，通过播发链路向用户播发，分为地面网络播发和卫星网络播发。星基播发主要是由广域差分技术、广域差分完好性监测技术、星基卫星增强技术等共同实现。为提高 GNSS 系统实时定位的精度、完好性及可用性，已有多个国家及商业机构提出并建设了星基增强系统，目前已形成了区域与全球、地基与星基、公共与商业服务竞相发展的局面。目前国外有 Trimble、StarFire、Fugro 等公司，国内有千寻位置、合众思壮、中海达等公司提供星基增强服务，都是租用 Inmarsat 卫星进行播发，租金昂贵且播发带宽和覆盖范围都有限制。

低轨卫星星座布局形成后，将通过播发导航精密产品和完好性产品，提升导航高精度达厘米级，为高级别智能驾驶提供系统化定位服务，提升用户智能出行体验。导航增强能够为无人驾驶汽车、无人机等场合提供高精度导航保障，新的导航定位服务，也将成为自动驾驶和无人机等领域变革的基础。图 17-27 为低轨卫星导航增强示意图。

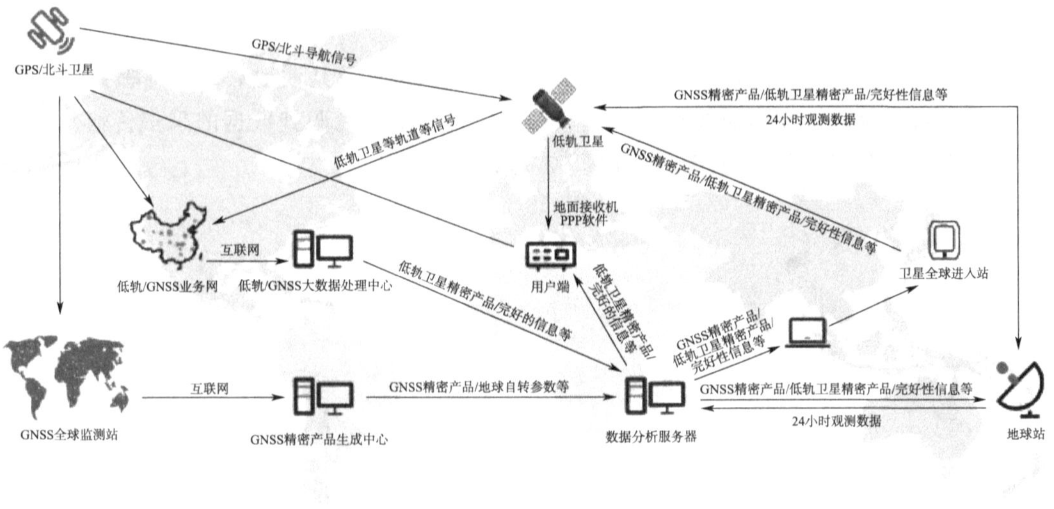

图 17 - 27　低轨卫星导航增强示意图

17.1.3.8　其他应用

(1) 工程机械监管

采用嵌入卫星通信模组的各种农机设备车载传感器或 DCS，实现农机运行状态数据的传输、农机作业状态数据的传输、农机售后服务信息的传输、农机远程操控信息指令管理等，系统架构如图 17 - 28 所示。

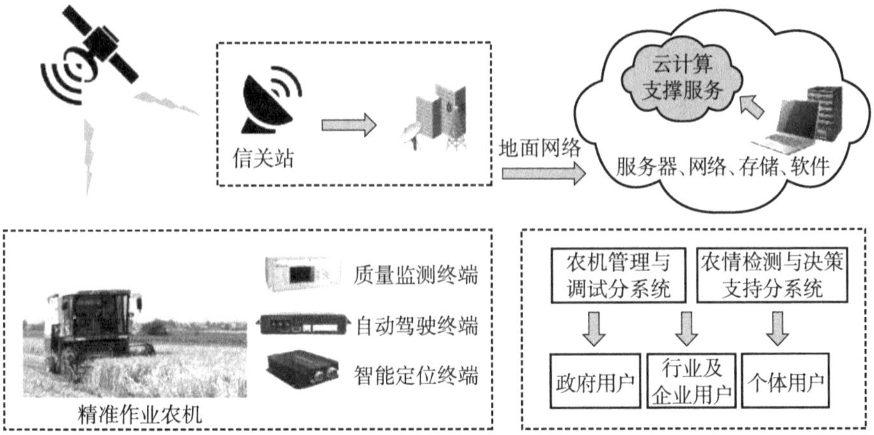

图 17 - 28　农机运行状态及位置信息的卫星传输应用示意图

(2) 灾害预警

滑坡、泥石流等灾害爆发频率高、造成危害大，给人民群众的生命财产带来重大的损失，因此，泥石流灾害的监测在地质灾害监测预警工程中占有非常重要的地位。在泥石流灾害监测中，对于泥石流物源区的监测是至关重要的。但是物源区通常位于深山部位，手机网络无法覆盖，其监测数据无法实时传输到监控中心，给早期预警工作造成了很大的困扰。

采用嵌入卫星通信模组的地震烈度速报仪、静力水准仪及其他地灾监测传感器或 DCS 等，实现滑坡、沉降、泥石流等地灾监测数据传输及地质环境调查数据的采集传输。野外地灾监测数据卫星通信传输应用示意如图 17－29 所示。

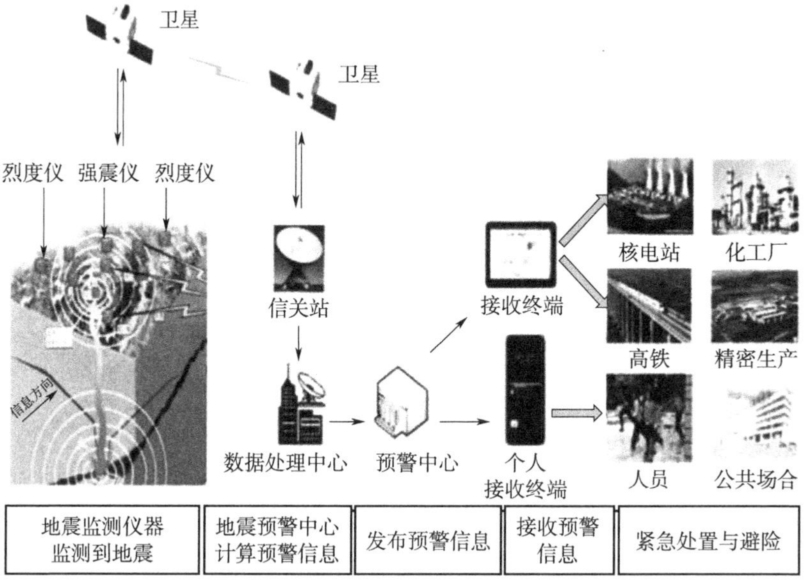

图 17－29　野外地灾监测数据卫星通信传输应用示意图

图 17－30 所示为滑坡、山洪、泥石流等灾害预警信息广播应用，采用嵌入卫星通信模组的 RTU 终端等，实现滑坡、山洪、泥石流、崩塌、地面塌陷及裂缝等灾害监测预警预报及灾害应急事件广播等。

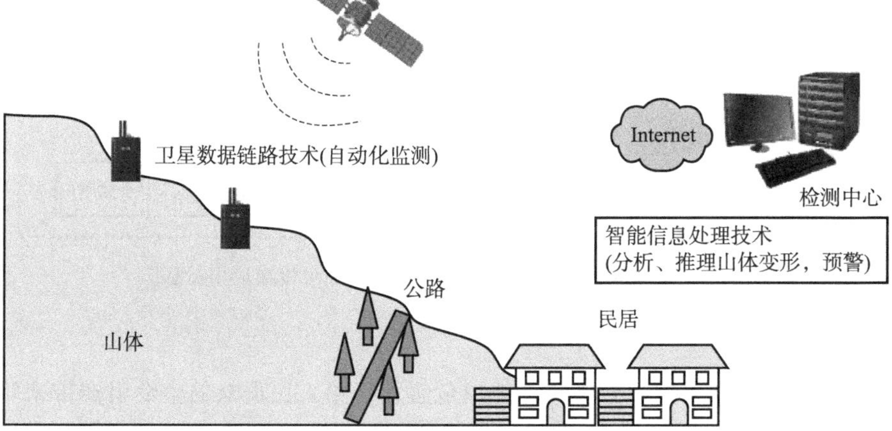

图 17－30　滑坡、山洪、泥石流等灾害预警信息广播应用示意图

（3）户外/野外通信

人类的科学考察探险活动从未停止过。卫星通信具备极地、无人区与内陆地区的通信能力，可在南北两极、非洲的撒哈拉大沙漠等地理环境恶劣，无地面通信网络的环境下为野外科考和探险人员提供通信保障。

自然保护区严酷的自然条件、恶劣的通信状况，限制了生态环境保护、环境监测等工作的有效开展。例如发现盗猎、盗采等事件，巡山队员无法立即向管理局进行汇报，针对保护区的环境监测、基因采集、地质勘探等科考工作需要高速稳定的网络来传输数据，这一点也难以有效开展；此外，驻站、巡山工作中发生危险，与外界联系的延迟，很有可能耽误救援，难以及时保障生命安全。如果利用通信卫星网络，以上问题将会迎刃而解，给保护站的工作带来极大便利。

中国的西藏、青海、新疆、云南等边远省份有许多自然保护区面临同样的问题，一旦卫星互联网星座建成，不仅可以为人口聚集的大城市提供高速的卫星网络，而且可以保证人口稀少的边远自然保护区享有同样的卫星网络服务，这将极大地促进生态环境的保护和环境的检测，也能减轻保护站工作人员的工作负担。

随着经济社会的发展，登山、航海、垂钓、打猎、滑雪、徒步穿越等户外运动被越来越多的人认知并参与到这些运动中去。但是，这些运动多在环境恶劣、人烟稀少的地方开展，受自然环境和运动者自身原因等因素影响，户外运动遇险事件常有发生。如何在遇险的第一时间发送求救信号和自身遇险地点，是解决户外运动遇险问题的关键。

卫星通信系统为户外运动提供了不受地域限制的时间、空间和通信信息的有效保障，为通信手段缺乏、位置信息获取难、时间信息传输难等一系列户外运动中的痛点和难点问题，提供了良好的解决方案，并实现可实时位置共享、互联互通、一键 SOS 报警等功能。

（4）远程抄表

近年来，我国的电网智能化建设得到了国家电网的高度重视，国网公司对各网省电力公司提出了居民用电信息、各厂站电能量数据实现“全覆盖、全采集”的要求。各网省公司也在逐步加大对各类厂站的管控力度，需实时、准确了解其发、售电量、供电可靠性等实时数据信息，以全面掌握电力公司的经营情况。目前，现代电网行业对于以上这些数据信息的远程抄表，主要通过光纤、微波或手机公网通道实现。然而，对于我国某些偏远地区，例如人烟稀少山区、牧区、深山中的峡谷水电站等，其既无光纤通路，也尚无法保证稳定的公网信号覆盖，在这些地区的电力设备与电力自动化主站之间就存在数据抄表通信难度大、数据自动化流转阻塞、时延等问题。同时，这些偏远地区新建设通信通道存在成本高昂、通信架构受限、建设与维护等问题。这些问题导致了数据抄表成功率很低，某些路远难行的现场还需要人工现场补充抄取，浪费大量人力与物力。其次数据抄表的时延性不能满足电力自动化、实时化要求。偏远地区的抄表数据采集质量差、成本高、时延大问题严重限制了我国电网智能化的建设。

基于卫星通信的抄表采集系统，不受地理位置限制，克服无线通信覆盖范围局限性的缺点，确保在露天情况下通信无盲区，成本低廉，满足电力自动化应用的业务需求。

17.1.4 典型商业通信卫星应用案例

17.1.4.1 海事卫星（Inmarsat）

国际海事卫星组织（International Maritime Satellite Organization，Inmarsat）成立于1979年，直接成员国89个，总部在伦敦，初衷是利用卫星通信技术为航行在世界各地的船舶提供遇险安全通信服务。1999年变革为国际商业公司，全面提供海事、航空、陆地移动卫星通信和信息服务。Inmarsat在地球静止轨道上拥有并运营着14颗卫星。

（1）空间段

自1979年至今，海事卫星已从当初的第一代演进至如今的第五代，业务范围不断扩大，已成为世界上唯一能为海、陆、空三大领域提供全球、全时、全天候公众通信和遇险安全通信服务的机构。第一代：20世纪80年代早期提供业务，租赁其他国家的卫星，其代表业务为Inmarsat-A，主要提供模拟话音、传真、中、低速数据等业务，现已经停止服务；第二代：20世纪90年代初期实现全球覆盖，其代表业务有Inmarsat-C和Inmarsat-B，主要提供数字话音、传真、中、低速数据等业务；第三代：20世纪90年代末期实现全球覆盖，其代表业务有Inmarsat mini-M，Inmarsat-GAN和Inmarsat-F，主要提供话音、传真、ISDN、MPDS等业务；第四代：2009年实现全球覆盖，提供海、陆、空3个系列的宽带业务，以及增加了宽带IP数据业务；第五代卫星系统使用Ka频段，由3颗静止轨道卫星及1颗备用卫星组成，Inmarsat分别于2013年、2015年发射了三颗第五代卫星，实现了第五代卫星的全球覆盖（南北纬78°之间），覆盖图如图17-31所示，3颗卫星参数见表17-5。

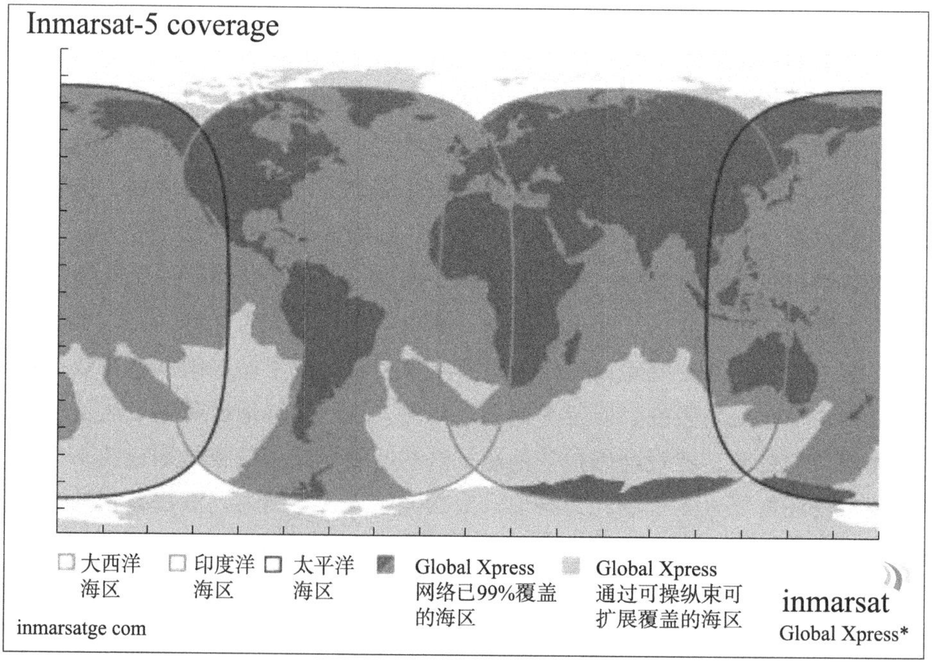

图17-31 Inmarsat-5覆盖图

表 17 - 5　Inmarsat - 5 卫星参数表

卫星	发射时间	制造商	有效载荷	容量	速度	覆盖区域
F1	2013.12	Boeing	89＋6Ka 波束	100 Gbit/s	下行 50 Mbit/s 上行 5 Mbit/s	印度洋、欧洲、非洲、中东、亚洲
F2	2015.2					大西洋、美洲
F3	2015.8					太平洋

（2）地面段

地面段泛指 Inmarsat - 5 卫星通信系统的地面设施，包括网络操作中心、网络协调中心、关口站及地面接续站等，地面站是建立海上船舶经由卫星到陆地通信链路的地面接续枢纽。地面站由抛物面天线、射频系统与通信终端系统、控制系统等组成。地面站提供海事卫星网络与全球电信网、互联网之间的系统连接，一艘装备了船载海事卫星终端的船舶可以与世界上任何地方的电话、传真或数据终端相连。此外，地面站还是卫星和陆地网络通信的关键节点，负责处理船载卫星终端的业务申请、交换，分配用户资源、容量，提供语音、数据通信业务建立等服务。

中国作为 Inmarsat 创始成员国之一，于 1979 年由原交通部投资入股并建设海事卫星地面站，由中国交通通信信息中心执行归口管理，同年成立北京船舶通信导航有限公司作为海事卫星的运营实体，中国境内的海事卫星地面站位于北京上庄。

（3）用户段

用户终端即海陆空用户使用的通信设备，利用卫星中继转发信号，实现船-船、船-岸通信接续，主要通信服务包括同时多路语音电话、传真、互联网数据传输、连接专用网的数据传输以及遇险报警等。Ka 频段用户终端性能更好，体积更小，占用的空间更小，其设备天线直径一般为 65～75 cm，质量一般在 30 kg 以内，安装方便，甚至可以在不使用克令吊的情况下完成安装，而其天线最小直径为 20 cm，这样的用户终端可随身携带，类似于平板电脑，终端的数据传输速率也有大幅提高，可满足用户对宽带视频等多媒体应用的需求。

海事卫星的船载卫星通信终端根据功能不同分为多种型号，有 B、M、F 以及第四代星的 FB（Fleet Broadband）和第五代星的 GX（Global Xpress）。第五代海事卫星海上宽带通信系统 FX（Fleet Xpress）把 FB 和 GX 封装成一个整体系统，综合了 FB 高可靠性和 GX 高带宽的优势，是目前海事卫星海上服务序列中的最先进的产品，可以同时满足船舶在海上高带宽数据传输速率和高可用度的要求。

虽然 Inmarsat - 5 卫星服务的推出只有短短几年的时间，但受到了海事界的广泛认可，同时全球很多通信公司均与 Inmarsat 签订了合作协议，推广第五代卫星服务，如 Network Innovations、Marlink 和 Singtel。

目前我国海船所装备的卫星通信设备多为 Inmarsat - F、FBB 等船站。目前国内的市场价格在 1 万～2 万美元（整套产品，包括天线及驾驶台终端）。目前第四代卫星的用户终端（如 FB250、FB500）只需更换卫星天线，即可利用第五代卫星系统进行通信，天线型号如 SAILOR 60 GX、Intellian v100 GX、Explorer 5075GX、Paradigm Connect 100T 等，但由于 Inmarsat－5 卫星是新兴系统，高额的投资成本（总投资约 16 亿美元）使得其用户终端价格较高，一般在 3 万～4 万美元，是其他系统用户终端价格的 2 倍左右。随着第五代卫星系统应用的普及，价格会逐渐降低。

（4）GX、FX 业务

Global Xpress（GX）及 Fleet Xpress（FX）业务均是 Inmarsat－5 卫星系统提供的服务，GX 业务使用 Ka 频段通信，而 FX 业务正常情况下使用 Ka 频段通信，同时将 L 频段作为备份使用，集成了 Ka 频段高容量、高速率与 L 波段高稳定度的工作特点。

① GX 业务

Inmarsat－5 卫星系统所构建的全球高速移动宽带服务称为 Global Xpress，于 2015 年正式运营，其定位的主要目标是海事市场。

GX 业务通过采用 Ka 波段宽带通信技术，克服了诸多卫星通信系统中存在的全球覆盖性差、通信质量受不良天气影响明显、通信带宽低等问题，是第一个提供了真正意义上的全球无缝覆盖、全天候宽带数据、语音通信的服务。

GX 比现在任何可用的 Ku 波段卫星服务费用更低、稳定性更强、速度更快，同时与第四代卫星 L 波段超强抗干扰通信技术相互补，其主要特点有：

1）通信带宽宽，使用 Ka 波段 2.5 GHz 的可用频谱宽带，更好地支撑全球无线宽带服务；

2）通信速度快，GX 业务的数据传输速度是 L 频段移动通信卫星传输速度的几十到几百倍。天线直径为 60 cm 的终端可以实现最高 50 Mbit/s 的下行速度；天线直径为 20 cm 的终端可以实现最高 10 Mbit/s 的下行速度；

3）通信费用低，通信费用约为传统宽带卫星通信费用的 1%；

4）存在雨衰现象，Ka 波段高频信号在降雨时信号强度会有较大衰减，随着雨水密度的增加，数据下载速度将显著下降，这时需要启用 L 频段进行数据传输。

② FX 业务

FX 业务是为了使第四代与第五代卫星业务更好地实现互补而产生的，它综合了第四代卫星 Fleet Broadband 高可靠性和第五代卫星 GX 高带宽、高速率的优势，并实现在两者之间自动切换。除了具有与 GX 业务同样的带宽、高速、费用低、终端小等特点外，FX 业务还有如下特点：

1）持续连接能力强，全天候无缝覆盖，对于船舶用户终端而言，FX 系统由网络服务设备根据实际情况自动选择网络路由，如出现雨衰等问题时，网络服务设备会自动识别第五代卫星工作状态，如通信效果不好，会自动把网络路由切换到第四代卫星上，待天气转好，终端可用时又会自动切换至第五代卫星。可见，FX 使得 GX 业务更加可靠，实现了 Ka 波段与 L 波段的优势互补。

2）优质的速度，消费用户可与运营商签订服务协议，获取承诺的传输速度，不会因为信道拥挤等情况而使速度下降。

3）费用清晰透明，FX 具有更加精确的费用管理，每个用户均可订相应的套餐，并获得详细消费账单。

（5）海事卫星在交通中的应用

北京海事卫星地面站自运行以来，为我国海上、陆地和空中用户提供了全球无缝隙 24 h 全天候的移动卫星通信服务，多次成功完成了安全遇险、应急救灾等任务，发挥了重要的不可替代的作用。特别是在急难险重时刻能发挥关键作用，在 2008 年南方雪灾，汶川地震，以及神舟飞船、奥运会等重大事件中作用突出。作为交通运输部所属的通信业务，海事卫星在交通运输领域发挥了独特的应用。

在茫茫大海航行的船舶，特别是远洋跨洋区航行的船舶，首要需求必须满足符合国际规定、统一标准、报警优先、全球覆盖、质量可靠、24 h 能够不间断的通信，海事卫星已基本成为这些船舶日常生产和生活唯一的通信手段，目前在我国海事卫星的用户中，船舶用户所占比例最多。我国近海和远洋运输船舶、远洋科学考察船舶、海上石油勘探平台和远洋渔业捕捞船主要依靠海事卫星进行通信，较大型的救助船、海事、海警、渔政和海监巡逻船等海上执法船舶在发生紧急事件时，也依靠海事卫星进行通信。

飞机上一般可配置的通信手段有高频、甚高频、海事卫星，其中海事卫星一般用于应急通信，特别是在国际航线上，高频和甚高频覆盖范围有限。海事卫星成为唯一的通信手段。在航空领域，海事卫星除提供机组人员的应急通信外，还可以提供飞机乘客的通信。目前一些国家已经使用海事卫星加上一个小型手机蜂窝基站，使得乘客在飞机起飞后高空 3 000 m 以上自由使用自己的手机，进行通话和短信业务。

第四代海事卫星技术已被纳入国家应急平台体系，其 BGAN 系列在近两年的灾害应急通信保障中，发挥了巨大作用，如在 2008 年的冰雪灾害、汶川地震中，由于电力中断，公用通信网瘫痪，海事卫星的便携性、无需依靠陆地网等特点，使之成为救灾前期主要依赖的通信手段。海事卫星所提供的高达 492 kbit/s 的带宽，拥有包括普通电话、加密电话、数据传输、视频会议等多种工作模式，保证了应急救灾对通信的需要。

以海事卫星 BGAN 1 类用户终端为例，上下行采用第四代海事卫星点波束，带宽 200 kHz，实现 492 kbit/s 的通信速率，地面站天线口径 19 m，用户终端天线口径 0.4 m。前向链路和返向链路预算见表 17－6 和表 17－7。

表 17－6　Inmarsat－5 卫星前向链路参数表（BGAN 1 类终端，200 kHz，点波束）

参数名称	数值	单位
数据速率 R_b	492	kbit/s
码率	0.822	
调制方式	16－QAM	
载波带宽	189	kHz
上行链路		
频率	6.5	GHz
地面站天线口径	19	m
地面站天线增益 G_T	59.6	dBi

续表

参数名称	数值	单位
发射功率	2.7	dBW
发射 *EIRP*	62.3	dBW
自由空间损耗	200.9	dB
大气损耗	0.4	dB
卫星 G/T	−10.4	dB/K
上行 C/N_0	79.2	dBHz
下行链路		
频率	1.5	GHz
发射 *EIRP*	41.5	dBW
自由空间损耗	188.4	dB
大气损耗	0.1	dB
终端 G/T	−9.7	dB/K
下行 C/N_0	71.9	dBHz
计算结果		
交调干扰	73.9	dBHz
共信道干扰	74	dBHz
其他系统干扰	1	dB
总 C/N_0	67	dBHz
总 C/N	14.3	dB
C/N 门限	12.3	dB
余量	2	dB

表 17-7　Inmarsat-5 卫星返向链路参数表（BGAN 1 类终端，200 kHz，点波束）

参数名称	数值	单位
数据速率 R_b	492.8	kbit/s
码率	0.852	
调制方式	16-QAM	
载波带宽	189	kHz
上行链路		
频率	1.6	GHz
发射天线口径	0.4	m
发射天线增益 G_T	14	dBi
发射功率	7	dBW
发射 *EIRP*	21	dBW
自由空间损耗	188.9	dB
大气损耗	0.1	dB

续表

参数名称	数值	单位
卫星 G/T	−12.7	dB/K
邻信道干扰	0.2	dB
上行 C/N_0	73.1	dBHz
下行链路		
频率	3.6	GHz
发射 $EIRP$	10.5	dBW
自由空间损耗	195.7	dB
大气损耗	0.4	dB
终端 G/T	35.6	dB/K
下行 C/N_0	78.1	dBHz
计算结果		
交调干扰	79	dBHz
共信道干扰	78.9	dBHz
其他系统干扰	1	dB
总 C/N_0	69.5	dBHz
总 C/N	16.7	dB
C/N 门限	12.7	dB
余量	4	dB

卫星链路计算中的相关参数主要包括：

1）天线的增益与波束宽度；

2）有效全向辐射功率；

3）自由空间传输损耗；

4）噪声与损耗；

5）品质因数 G/T 。

卫星通信中，一般使用定向天线，它把电磁能量聚集在某一方向辐射，其增益定义为

$$G=\frac{\text{定向天线辐射时,接收点收到的最大功率}}{\text{无方向天线辐射时,接收点收到的功率}} \tag{17-1}$$

对于喇叭天线，抛物面天线等面天线其增益的计算公式为

$$G=\frac{4\pi A}{\lambda^2}\eta \tag{17-2}$$

式中　A ——天线的口面面积；

λ ——工作波长（m）；

η ——天线效率。

卫星通信中用有效全向辐射功率 $EIRP$ 来代表地球站或卫星发射系统的发射能力，$EIRP$ 是天线所发射的功率 P_T 与该天线增益 G_T 的乘积

$$EIRP = P_T G_T \tag{17-3}$$

它表明了定向天线在最大辐射方向实际所辐射的功率，它比全向天线辐射时在该方向大了 G_T 倍。

接收端的功率密度为 W_E

$$W_E = \frac{P_T G_T}{4\pi d^2}(\mathrm{W/m^2}) \tag{17-4}$$

若接收天线的有效面积为 $A\eta$ ，则接收到的功率 P_R 为

$$P_R = W_E A\eta = \frac{P_T G_T A\eta}{4\pi d^2} = P_T G_T G_R \left(\frac{\lambda}{4\pi d}\right)^2 \tag{17-5}$$

其中，自由空间损耗 L_f 为

$$L_f = \left(\frac{\lambda}{4\pi d}\right)^2 \tag{17-6}$$

此公式为卫星通信中的通信距离方程，表示电波在自由空间以球面波的形式传播，电磁能量扩散在球面上，而接收点只能接收到其中一小部分。

噪声是指不希望有的，通常不可预测的，对携有消息的信号造成干扰的电波形。在卫星通信的链路计算中，噪声主要包括：热噪声、互调噪声、地面噪声等其他噪声。

热噪声是由于传导媒质中带电粒子（通常是电子）随机运动而产生。在卫星通信中，天线噪声，馈线噪声及接收机产生的噪声等其他噪声，均可以作为等效热噪声来处理，或者本身就是热噪声。噪声功率密度 n_0 为

$$n_0 = kT(\mathrm{W/Hz}) \tag{17-7}$$

式中 k ——玻耳兹曼常数，$1.380\ 64 \times 10^{-23}$ J/K ；

T ——等效噪声温度。

电磁波在空间传输时除自由空间损耗外，还有其他损耗，包括：大气损耗，大气的折射影响，天线跟踪误差损耗，极化误差损耗，电离层闪烁。在链路计算中，主要考虑的是大气损耗中的降雨损耗。

雨衰是降雨率的函数，降雨率是指某地区雨水蓄积的速度，以 mm/h 为单位。使用中一般描述为百分比为 p 的时间降雨率超过 R_p 。由 R_p 可得到单位传输距离上由降雨引入的衰减

$$\alpha = aR_p^b \ \mathrm{dB/km} \tag{17-8}$$

其中，a 和 b 两参数与频率及极化方式有关，a 、b 数值参见表 17-8，包括水平方向和垂直方向参数。

表 17-8 雨衰 a、b 表

频率/GHz	a_h	a_v	b_h	b_v
1	0.000 038 7	0.000 035 2	0.912	0.88
2	0.000 154	0.000 138	0.963	0.923
4	0.000 65	0.000 591	1.121	1.075

续表

频率/GHz	a_h	a_v	b_h	b_v
6	0.001 75	0.001 55	1.308	1.265
7	0.003 01	0.002 65	1.332	1.312
8	0.004 54	0.003 95	1.327	1.31
10	0.010 1	0.008 87	1.276	1.264
12	0.018 8	0.016 8	1.217	1.2
15	0.036 7	0.033 5	1.154	1.128
20	0.075 1	0.069 1	1.099	1.065
25	0.124	0.113	1.061	1.03
30	0.187	0.167	1.021	1

由表中数据可见，频率越高的电磁波所遭受的雨衰越大。针对雨衰的问题，上行链路发送站通常采用上行功率控制或选择较大余量的功放，下行链路通常针对降雨备余量。对链路要求的可用度越高，则进行链路设计时要使用的雨衰预计值越大。

接收天线增益与接收系统总的等效噪声温度的比值称为地球站的 G/T 值，也称性能因数或品质因数。G 为天线增益，T 为等效噪声温度。等效的噪声源是将天线、接收机的所有噪声全部集中起来的等效。其中，天线的噪声包括了天线本身的热噪声以及天线从外部接收的噪声。所以此噪声源可以理解为是整个接收线路上噪声的集中等效。

卫星链路计算的目的主要是对发射和接收天线尺寸、发射功率、占用的带宽及链路可用度进行优化设计。

卫星链路计算的方法是计算系统总的载噪比（接收机入口处），以此为基础对其他参数进行计算。载噪比通常用 C/T 、C/n_0、C/N_0 表示，它们具有对应的关系。

$$\frac{C}{N}=\frac{C}{T}\cdot\frac{1}{kB}=\frac{C}{n_0}\cdot\frac{1}{B} \tag{17-9}$$

卫星链路计算过程如下

$$C=EIRP-L_f-L_a-L_s+G \tag{17-10}$$

式中　C ——接收机入口处信号电平；

L_a ——大气损耗；

L_s ——其他损耗；

G ——接收天线增益。

卫星链路包括上行链路、下行链路，还存在一些干扰，如相邻信道干扰、交调干扰等。总的载噪比为

$$\left(\frac{C}{N}\right)^{-1}=\left(\frac{C}{N}\right)_U^{-1}+\left(\frac{C}{N}\right)_D^{-1}+\left(\frac{C}{N}\right)_{CO}^{-1}+\left(\frac{C}{N}\right)_{IM}^{-1} \tag{17-11}$$

式中　下标 U ——上行链路；

D ——下行链路；

CO ——同频干扰；

IM ——交调干扰。

将载噪比计算值与解调所需的载噪比门限值相减即为链路余量。

在数字通信中，传输质量以误比特率 E_b/N_0 衡量。不同的调制解调方式对达到要求的误比特率是不同的，其对应的载噪比也是不同的。

$$\frac{C}{N}=\frac{R_bE_b}{n_0B_b}=\frac{E_b}{n_0}\cdot\frac{R_b}{B_b} \tag{17-12}$$

式中 R_b ——数据速率；

B_b ——带宽。

(1) 海上通信应用

Inmarsat-5 卫星系统的运营标志着海事卫星船载通信应用将从 L 频段向 Ka 频段迁移，其最大的特点是速度快、带宽大及费用低，高吞吐量的第五代卫星系统支持的带宽将与电信运营商 4G 网络带宽相当，凭借 50 Mbit/s 的下行速度和 5 Mbit/s 的上行速度，Ka 频段卫星提供的服务会改变海上通信现状，强大的数据通信功能使其在海事领域得到广泛应用。

①视频监控和视频会议应用

鉴于远洋运输船舶工作的特殊性，船舶需要长期独自在茫茫大洋上航行，船舶安全问题成为航行中的重中之重。在有重大安全问题发生时，在岸的船务公司安全监管人员需要第一时间知晓船舶周边环境及安保情况，以根据实际情况做出应对措施指挥和部署。

船舶视频监控系统如图 17-32 所示，可分为三部分：船舶本地视频采集、卫星链路传输、岸端控制与显示。

在船上罗经甲板的左右舷和大桅上可以安装 3 个室外云台摄像机，支持船上和岸端对摄像角度和焦距的控制，实现舱外无可视盲区。根据需要，摄像机可采用红外线低照度摄像头，实现夜间视频监控的需求。

在驾驶台部署硬盘录像机，采用硬盘录像机作为视频监控的核心，与所有舱外云台摄像机连接，摄像机所拍摄的视频画面可以在硬盘录像机中 24 h 不间断录像并自动保存。同时，船上的摄像头控制键盘也连接至硬盘录像机，实现对摄像角度、焦距等的船端控制。硬盘录像机支持画面远程传输与本地输出，远程传输可以使岸端人员通过 Fleet Xpress 建立起来的卫星 IP 网络远程观看到硬盘录像机的实时画面，本地输出是将摄像机的拍摄画面实时输出到驾驶台的视频监视器，一方面使船上人员实时了解岸端人员远程视频监控的画面内容，另一方面在船舶离开或停靠码头时，左右舷的摄像头拍摄画面可以起到汽车后视镜的效果，方便船长操作船舶离港或停靠。

②船员 WiFi 上网应用

远洋船舶的船员长期远离家人和朋友，对在船舶上提供 WiFi 上网的需求也更加迫切，船公司能否在船上提供 WiFi 网络，已成为船员选择船公司的重要考虑因素之一。

受限于卫星通信带宽远低于陆地网络，再加上需要首要保障船舶正常安全航行，这就需要对船员 WiFi 上网行为进行一定的管理。传统的陆地无线网络任何人都可以随时随地的接入方式不仅在安全上存在一定的隐患，也不能对接入用户进行管理控制。

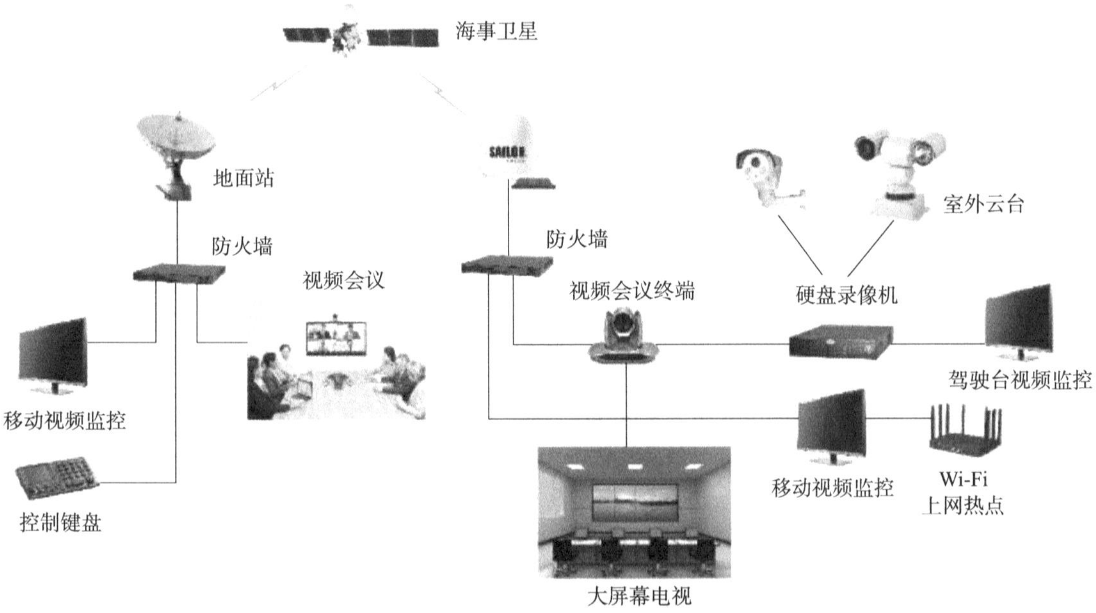

图 17-32　远程船舶视频监控系统图

针对以上船员 WiFi 上网应用环境，结合海事卫星通信链路，设计船员 WiFi 上网应用解决方案，利用特有无线控制路由器，提供集中式认证管理，系统方案如图 17-33 所示。

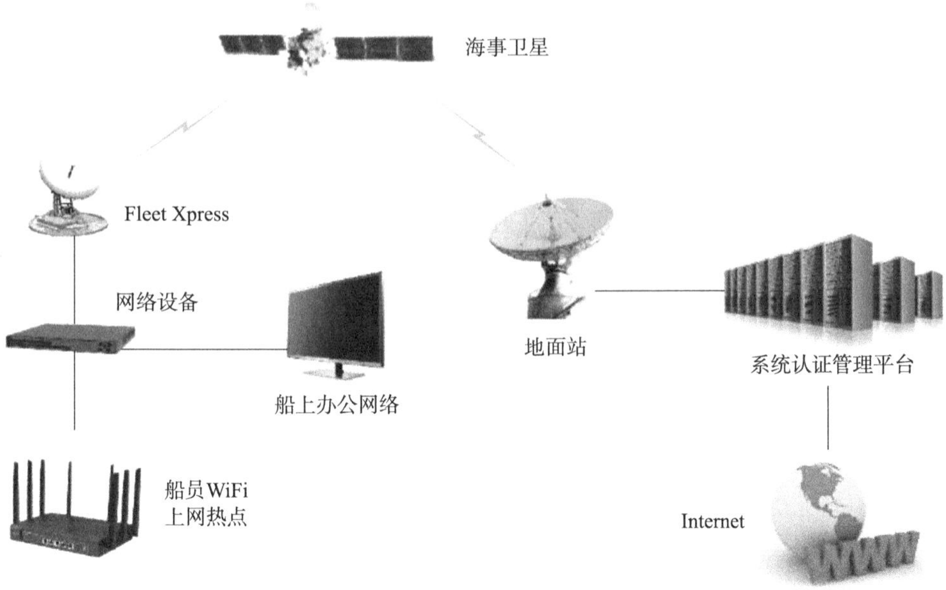

图 17-33　船员 WiFi 上网系统图

船员 WiFi 上网系统的主要功能有：

1）船员需要使用个人账号与密码登录，通过认证之后才可以上网，可以对账号进行权限管理，针对不同船员可以设置不同的上网策略，进而对船员上网行为进行管理；

2）船舶管理公司可以从岸端对船员认证登录页面和计费价格方案进行高度定制，岸端系统管理平台支持灵活多变的计费计划及价格体系，以实现对船员个人账号上网时长管理和计费；

3）系统管理平台对每个船员账号的上网登录记录、上/下行流量纪录、管理员操作等均有详细记录，可以精确定位用户上网时间和行为；

4）设备部署方便，系统易于管理，维护简单，扩容升级平滑，后续增加船舶无线覆盖范围和船员人数时能方便地进行扩展升级。

17.1.4.2　ORBCOMM

ORBCOMM 低轨卫星通信系统依靠低地球轨道卫星星座，可以提供全球尤其最偏远地区的短报文 M2M（Machine to Machine）通信，该系统由用户部分、空间部分和地面部分组成，并由网络控制中心管理。用户通过卫星通信模块将数据包发送至卫星，卫星将数据包重组为 ORBCOMM 网关报文后将其发送给地面网关站，地面网关站通过专用线路将其发送给网关控制中心，网关控制中心对接收的 ORBCOMM 网关报文进行统计、分析、解包、转换等一系列操作后进行存储，并对外提供多种接口以供调用。由平台下发控制命令的流程与之相反。ORBCOMM 低轨卫星通信系统组成框图如图 17－34 所示。

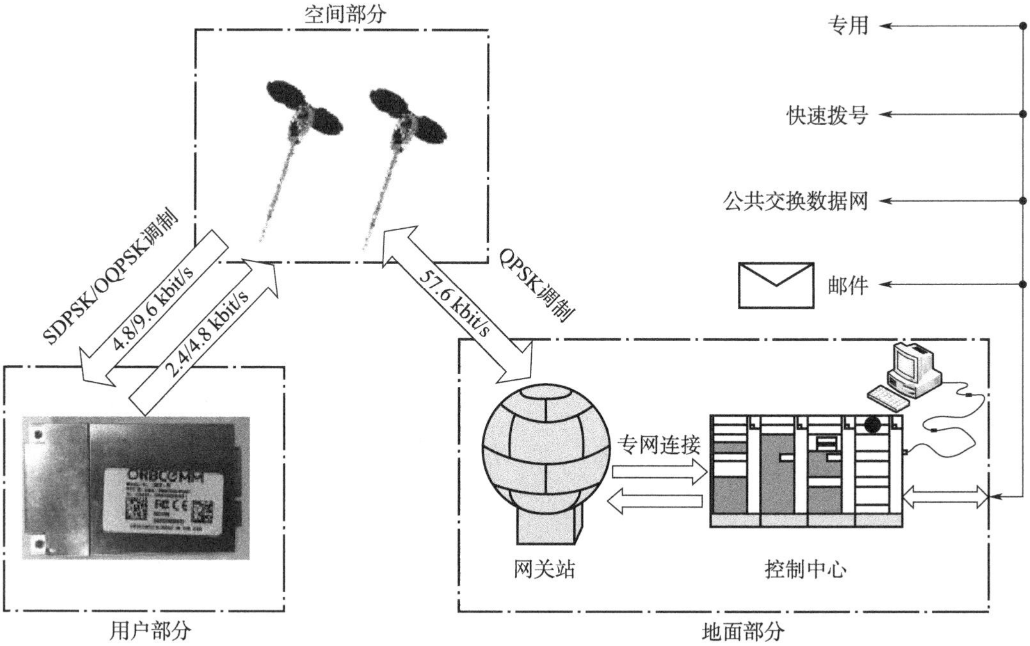

图 17－34　ORBCOMM 低轨卫星通信系统组成框图

（1）空间段

ORBCOMM 低轨卫星通信系统空间段有 OG1 代和 OG2 代共 41 颗卫星，每颗卫星重约 43 kg，展开的长度约 4 m，宽度约 2.2 m，覆盖范围约为 5 100 km^2，卫星速度约 7 km/s，绕地球一圈的时间约 93 min，地球上任一地点间隔约 6～18 min 有卫星覆盖，平均间隔约 12 min。

OG1 代卫星一共发射了 35 颗，目前有 25 颗正常运营，其中 24 颗正常工作，正常工作的卫星中部分卫星上携带的设施虽然可以正常使用但已经老旧。OG1 代卫星星座按发射时间先后顺序有：F、A、G、B、C、D 共 6 个轨道（其中 G 为椭圆轨道），各轨道的在轨卫星数量是：2、8、2、8、8、7，共 35 颗卫星，各轨道的高度分别是：740 km、815 km、785/875 km、815 km、815 km、815 km，各轨道的倾角分别是：70°、45°、108°、45°、45°、45°。

OG2 代卫星一共发射了 18 颗，目前在用的 16 颗。OG2 代卫星星座有：K、T、S、R 共 4 个轨道，各轨道的在轨卫星数量是：5、4、4、3，共 16 颗卫星，各轨道的高度都是 715 km，各轨道的倾角都是 47°。OG2 代卫星是世界上第一个也是唯一的 100%致力于 M2M 商业的卫星，并将逐步取代 OG1 代卫星。

（2）地面段

地面部分主要由网络控制中心（Network Control Center，NCC）、网关控制中心（Gateway Control Center，GCC）、网关地面站（Gateway Earth Station，GES）组成。NCC 是系统的神经中枢，位于美国的杜勒斯，控制着整个系统中的卫星网络、GCC 和 GES，并监控流过系统的数据流量。GCC 由网关报文交换系统（Gateway Message Switching System，GMSS）和网关监控系统（Monitoring&Control，M&C）组成，其通过一些硬件和软件设施来管理和监视数据流量，并对数据进行打包、解包和转换处理。GES 是连接卫星与 GCC 的媒介，为其提供射频通信链路，每个 GES 的覆盖范围约为 3 100 km，包含两个完全独立的系统，每个系统均配备能够与一个卫星建立通信链路的增益约 17 dB 的全动态天线，所以每个 GES 可以链接上覆盖范围内的一个或两个卫星，并且会优先选择 OG2 代卫星。NCC、GCC 和 GES 之间的连接是通过网络组件 ORBNet 来实现。

ORBCOMM 网关是整个系统中最重要的部分，所有上下行数据都必须通过 ORBCOMM 网关进行处理，其组成如图 17-35 所示。ORBCOMM 网关由 GCC、一个或多个 GES 以及提供接口的网络组件组成。

（3）用户段

用户部分主要指卫星通信模块，也叫订阅通信器（Subscriber Communicators，SC），到目前为止 SC 已经发展了三代：兼容 OG1（ORBCOMM Generation 1）代卫星的 OG1 模块、兼容 OG1 代及 OG2 代卫星的 OG2 模块和兼容 OG1/OG2 代及海事卫星的 OGi（ORBCOMM Generation Inmarsat）模块。SC 的功能结构框图如图 17-36 所示。

（4）工作原理和流程

ORBCOMM 低轨卫星通信系统的数据通信通过上下行通信链路完成，该系统的通信链路信息见表 17-9。为了确保数据通信的可靠性且与外界互不干扰，系统要通过极其复杂的信道选择算法选择出最优的信道供数据通信使用。

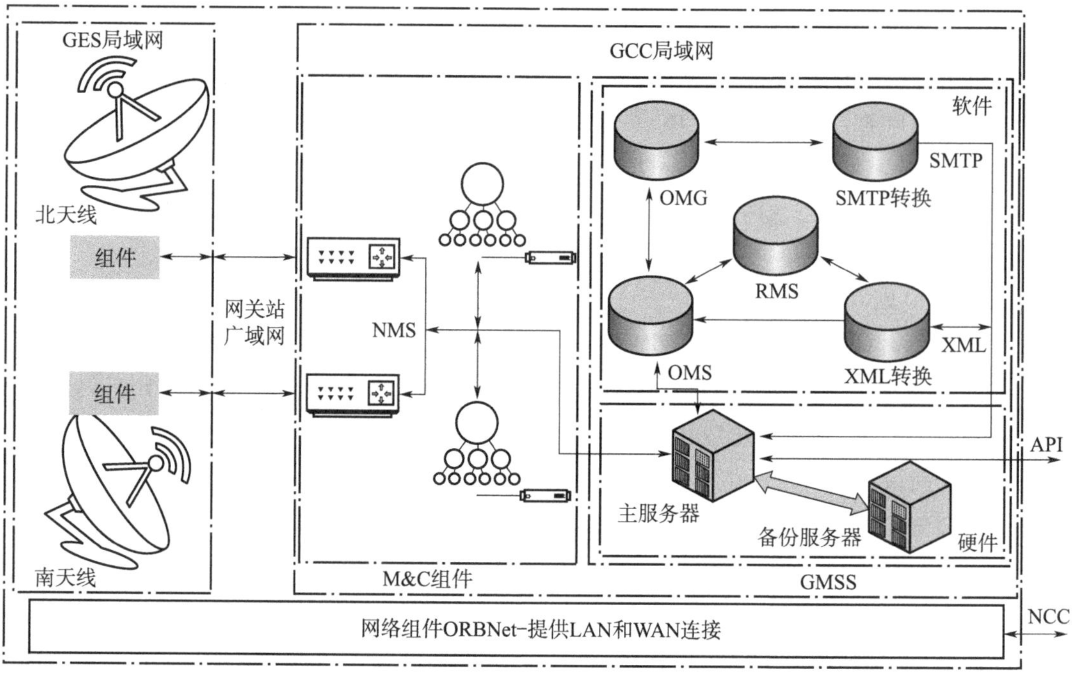

图 17-35　ORBCOMM 网关构成图

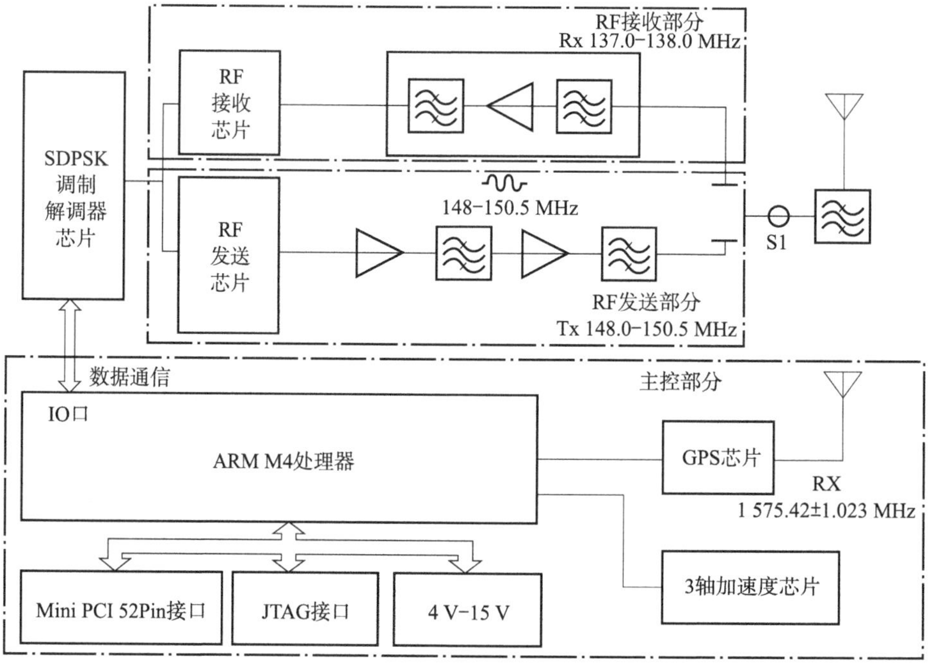

图 17-36　SC 的功能结构框图

表 17－9　通信链路信息表

链路	方向	信道数量	频段/MHz	速率/(kbit/s)	调制	格式
上行	模块→卫星	6	148～150.05	2.4	SDPSK	FDMA
	网关→卫星	1	148～50.05	57.6	SDPSK	TDMA
下行	卫星→网关	1	137～138	57.6	OQPSK	TDMA
	卫星→模块	12	137～138	4.8/9.6	OQPSK	FDMA
其他	UHF 信标	1	400.1			

ORBCOMM 低轨卫星通信系统中允许用户定义的数据类型一共有 5 种，其中最基本的有 4 种，分别是消息、命令、报告和全球报文，后又增加了扩展消息数据类型。对于前三种数据类型的通信，卫星只转发而不存储数据，其通信成功的前提是建立完整的 SC—卫星—GES 链路，对于全球报文数据类型的通信，卫星可以实现数据的存储，扩展消息是 OG2 代卫星具有的特殊消息类型，其兼具消息容量大和可星上存储等特性，将逐步取代上述几种数据类型。

上行数据的会话模式包括“获取/通信”模式和“消息”模式，它们使用的信道和发送的内容均不同。

①“获取/通信”模式

该模式使用的是随机接入信道，其传输的内容是报告、分配的信道编号、发送“消息”请求或控制信息等比较短的数据包。在该模式下 SC 首先在内部存储的下行链路信道列表内搜索卫星信号，若搜索信号失败，然后在 148～150.05 MHz 整个频带内搜索，一旦搜索到可以持续 2 s 的卫星信号后便接收来自卫星的控制信息，若仍然搜索不到卫星信号，则 SC 进入休眠，等待一定时间间隔后再尝试搜索过程。SC 接收到控制信息后响应“发送消息或控制消息”请求给卫星，若信道没有干扰且没有时间重叠的帧，则卫星可以正确接收该请求并给予响应，此时 SC 需要等待特定的时间段以便接收该响应。SC 接收到卫星的响应后开始通过该随机接入的信道向卫星发送短数据包。

②“消息”模式

该模式使用的是预留消息信道，其传输的内容是数据包，即消息数据类型。在该模式下 SC 先通过同“获取/通信”模式下一样的步骤将上行消息请求发送给卫星，目的网关中的 GMSS 将响应一个包含有上行消息传输所需的数据包数量和长度的分配包，卫星选择一个预留的时隙和预留消息信道将这个分配包发送给 SC 以完成分配。随后 SC 将该上行消息所需要的数据包数量和长度发送至相应的卫星接收机，并等待 GMSS 的确认包。如果 SC 接收到来自 GMSS 的包含有一个发送上行消息的分配任务，它将在指定的时间和预留消息信道内发送上行消息分组包，这个过程将会重复直到上行消息完全成功地从 SC 发送到 GMSS。如果分组包接收不正确或者 SC 与卫星断开了链接，整个会话事件将会自动恢复。上行消息分组包可以通过不同的卫星进行传输，GMSS 将收到的分组包组合为完整的上行消息。SC 上行数据会话流程如图 17－37 所示。

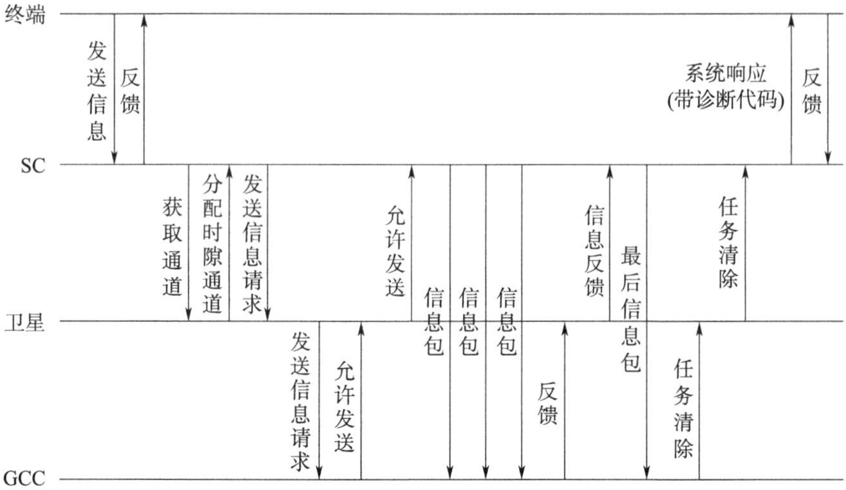

图 17－37　SC 上行数据会话流程图

如果 ORBCOMM 网关内具有寻址到 SC 的下行消息，则 GMSS 向链接到 SC 的卫星发送分配包，接着卫星将该分配包转发至 SC，SC 发送“准备接收”包以响应 GMSS，GMSS 接收到 SC 的“准备接收”响应后将开始发送下行消息分组包，这个过程将会重复直到下行消息完全成功地从 GMSS 发送到 SC。SC 下行数据会话流程如图 17－38 所示。

图 17－38　SC 下行数据会话流程图

(5) 集装箱应用案例

2015 年，ORBCOMM 被中国国际海运集装箱（集团）股份有限公司（CIMC）的智能科技有限公司选中，为其开发双模远程信息处理解决方案提供下一代 OG2 卫星服务和调制调解技术，该解决方案作为原始设备制造商（OEM）产品用于干散货海运集装箱。

使用 ORBCOMM 卫星系统，CIMC 的远程信息处理中心将实时监控其海运集装箱，保证联运供应链上信息流实时性，其客户将提升其货物的可视化程度。

ORBCOMM 集装箱监控如图 17－39 所示。集装箱低轨卫星监控终端由主板、天线、大容量锂电池、太阳能电池、传感器及设备外壳组成，其中，主板包括 MCU、电源管理部分、蜂窝通信部分、卫星通信部分、GPS 定位部分、加速度传感器部分、外扩传感器接口部分。天线中的蜂窝通信、定位天线位于设备内部侧壁，其中的卫星天线采用小型微带卫星天线，其通过底部两个触点固定于集装箱壁。电源采用大容量锂电池并配合太阳能电池充电保证长期供电的需要。各传感器通过外扩接口供电并与 CPU 通信。

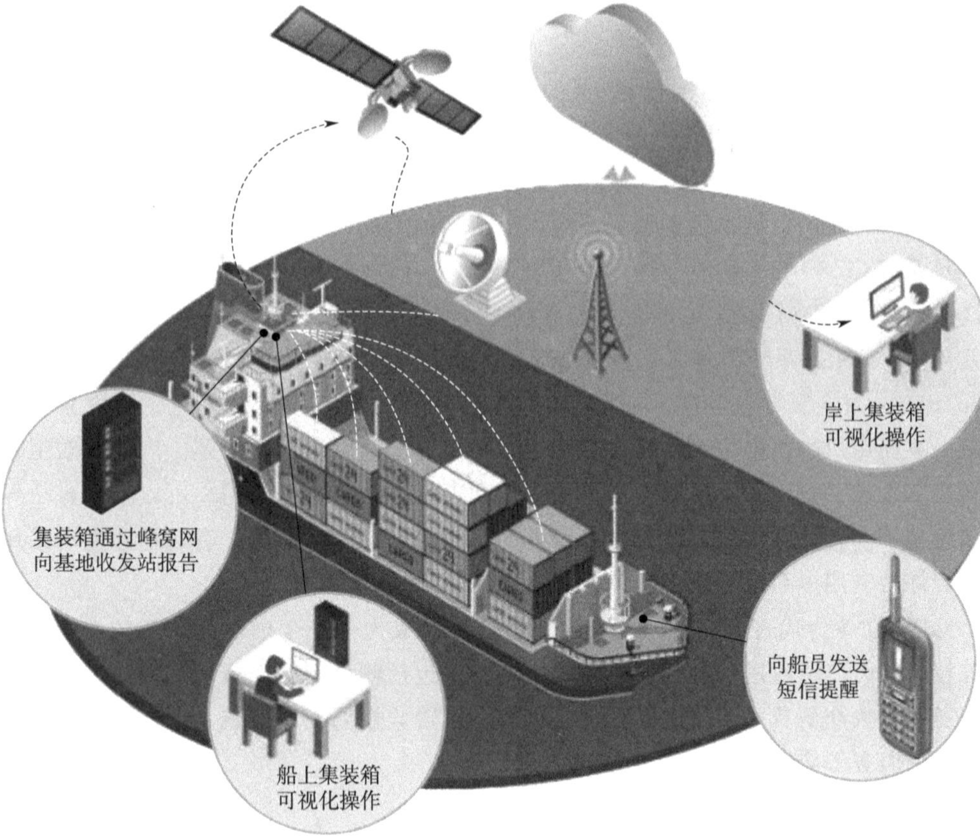

图 17－39　ORBCOMM 集装箱监控示意

通过蜂窝连接和卫星连接，可提供有关资产位置、状态、性能、货物区域温度等可操作数据。终端可以临时安装，在旅途中、船上或在终端上监控某一特定时间的资产。同时将终端永久安装在资产对象上以便进行连续跟踪。这种新一代集装箱监控解决方案可直接连接到冷藏箱，实现实时警报和双向控制，使操作员能够对差错进行快速反应，并远程调节温度和湿度水平，确保温度符合要求，并最大限度减少损失，从而减少代价高昂的保险索赔。通过利用全面的数据日志有效地分配资产，运营商还可以消除不必要的操作，缩短交付时间并简化交付路线。此外，ORBCOMM 的冷藏集装箱产品系列可自动进行行程前检查，以缩短转弯时间，降低运营成本并降低人员安全风险。

17.2　导航应用

全球导航卫星系统（Global Navigation Satellite System，GNSS）又称天基定位、导航、授时（Position、Navigation、Timing，PNT）系统，是指利用在太空中的导航卫星对地面、海洋和空间用户进行定位导航授时的一种空间导航定位设施。卫星导航定位技术目前已基本取代了无线电导航、天文测量和传统大地测量技术的应用，并推动了全新导航定位研究领域的发展。

截至 2021 年年底，世界已建成的全球导航定位系统有：美国 GPS、俄罗斯 GLONASS，欧盟 Galileo 以及中国 BDS（即北斗）。除了上述四个全球系统及其增强系统（美国的 WAAS、欧洲的 EGNOS 和俄罗斯的 SDCM）外，还包括法国、德国、日本和印度等国已建或在建的区域系统和增强系统，即法国的 DORIS、德国的 PRARE、日本的准天顶卫星系统 QZSS 和多功能卫星增强系统 MSAS、印度的无线电导航卫星系统 IRNSS 和静地增强导航系统 GAGAN，以及尼日利亚运用通信卫星搭载实现的 NicomSat - 1 星基增强。未来几年内，GNSS 系统将进入一个全新阶段，用户将共享四大系统（GPS/GLONASS/Galileo/BDS）百余颗导航卫星。一方面它们的民用部分将呈现彼此补充、用户共享的势态；另一方面用户将面临多系统导航卫星信号的组合、选用和优化问题。因此导航卫星系统将在更多领域、更多层次得到更广泛的应用和更多方面的服务。用户可以根据各个导航卫星系统的不同特点和优势，针对自己所需的精度、可靠性和费用，有选择地主动采用最佳方案，综合利用多系统导航卫星信息。

以 GPS/北斗为代表的卫星导航应用产业已逐步成为一个全球性的高新技术产业，其定位与授时能力广泛应用于各行各业。典型的行业包括测绘、国土资源、农业、林业、海洋、交通以及大众消费；涵盖坐标采集、绘图、位置监控调度、导航、授时、机械控制与基于位置的服务等应用模式。

17.2.1　卫星导航定位应用算法

17.2.1.1　单点定位

测量学中的交会法测量里有一种测距交会确定点位的方法。与其相似，卫星导航定位系统的定位原理就是利用空间分布的卫星以及卫星与地面点的距离交会得出地面点位置。简言之，卫星定位原理是一种空间的距离交会原理。

以 GPS 为例，设在地面待定位置上安置 GPS 接收机，同一时刻接收 4 颗以上 GPS 卫星发射的信号。通过测定这 4 颗以上卫星在此瞬间的位置以及它们分别至该接收机的距离，据此利用距离交会法解算出测站 P 的位置及接收机钟差 Δt 。

在本书第五章中，文中也给出了单点定位的计算过程，参考第五章的定位方程，本处给出定位计算过程的实例。如图 17 - 40 所示，设时刻 t 在测站点 P 用 GPS 接收机同时测得 P 点接收四颗 GPS 卫星 S_1、S_2、S_3、S_4 的信号，四颗卫星的坐标分别为（X_1，Y_1，

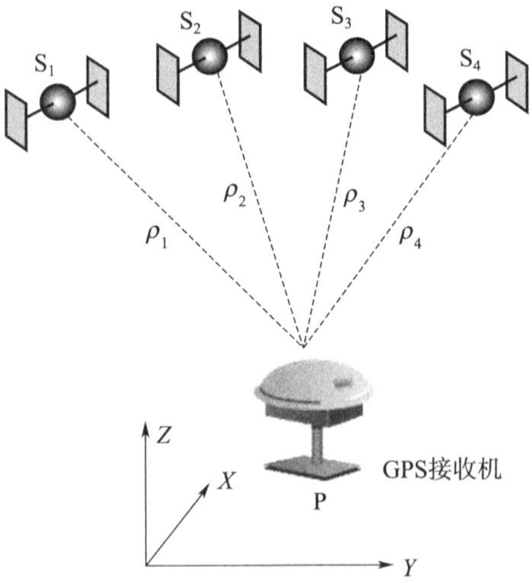

图 17-40　GPS 定位原理

Z_1)、(X_2，Y_2，Z_2)、(X_3，Y_3，Z_3)、(X_4，Y_4，Z_4)，信号的传播时间 t_1、t_2、t_3、t_4，Δt 为接收机钟差，c 为光速，根据式（17-13）即可根据卫星位置计算接收机位置并根据 Δt 计算本地时间实现 GPS 授时。

$$\begin{cases}(\Delta t+t_1)c=\sqrt{(X-X_1)^2+(Y-Y_1)^2+(Z-Z_1)^2}\\(\Delta t+t_2)c=\sqrt{(X-X_2)^2+(Y-Y_2)^2+(Z-Z_2)^2}\\(\Delta t+t_3)c=\sqrt{(X-X_3)^2+(Y-Y_3)^2+(Z-Z_3)^2}\\(\Delta t+t_4)c=\sqrt{(X-X_4)^2+(Y-Y_4)^2+(Z-Z_4)^2}\end{cases}\tag{17-13}$$

考虑到定位误差，上式可写成

$$\tilde{\rho}=\sqrt{(X-X_1)^2+(Y-Y_1)^2+(Z-Z_1)^2}+cV_{t_R}-cV_t^S+I+T+\varepsilon\tag{17-14}$$

式中　$\tilde{\rho}$ ——伪距观测量，包含了误差项在内；

V_{t_R} ——接收机钟差；

V_{t^S} ——卫星钟差；

I ——电离层误差；

T ——对流层误差；

ε ——残差。

对于接收机位置参数而言，该公式为非线性方程，无法直接求解，需要对观测方程进行线性化，假设接收机的近似坐标为（X_0，Y_0，Z_0），第 i 颗卫星坐标为（X_i^S，Y_i^S，Z_i^S），则可在近似坐标处按一阶泰勒级数展开

$$\widetilde{\rho_i}=\rho_i^0+\frac{-(X_i^S-X_0)}{\rho_i^0}V_X+\frac{-(Y_i^S-Y_0)}{\rho_i^0}V_Y+\frac{-(Z_i^S-Z_0)}{\rho_i^0}V_Z+I_i+T_i+cV_{t_R}-cV_t^{is}+\varepsilon_i\tag{17-15}$$

其中，$\rho_0=\sqrt{(X_i^S-X_0)^2+(Y_i^S-Y_0)^2+(Z_i^S-Z_0)^2}$ 。

取 $l_i=\dfrac{-(X_i^S-X_0)}{\rho_i^0}$ ，$m_i=\dfrac{-(Y_i^S-Y_0)}{\rho_i^0}$ ，$n_i=\dfrac{-(Z_i^S-Z_0)}{\rho_i^0}$ ，则 l_i 、m_i 、n_i 为测站近似位置（X_0，Y_0，Z_0）至卫星位置（X_i^S，Y_i^S，Z_i^S）向量的方向余弦。对其进行线性变化后可写为

$$\widetilde{\rho_i}=\rho_i^0+\begin{bmatrix}-l_i & -m_i & -n_i & 1\end{bmatrix}\begin{bmatrix}V_X\\V_Y\\V_Z\\cV_{t_R}\end{bmatrix}-cV_t^{is}+I_i+T_i+\varepsilon_i \tag{17-16}$$

式中 V_X ，V_Y ，V_Z —— X ，Y ，Z 方向的坐标增量；

cV_{t_R} ——钟差改正项。

变化可得

$$\begin{bmatrix}-l_i & -m_i & -n_i & 1\end{bmatrix}\begin{bmatrix}V_X\\V_Y\\V_Z\\cV_{t_R}\end{bmatrix}=\widetilde{\rho_i}-\rho_i^0+cV_t^{is}-I_i-T_i-\varepsilon_i \tag{17-17}$$

在某个历元接收机同时观测到 n 颗卫星，由上式可以列出 n 个观测方程，即

$$\begin{bmatrix}-l_1 & -m_1 & -n_1 & 1\\-l_2 & -m_2 & -n_2 & 1\\-l_3 & -m_3 & -n_3 & 1\\\vdots & \vdots & \vdots & \vdots\\-l_n & -m_n & -n_n & 1\end{bmatrix}\begin{bmatrix}V_X\\V_Y\\V_Z\\cV_{t_R}\end{bmatrix}-\begin{bmatrix}\widetilde{\rho_1}-\rho_1^0+cV_t^{1s}-I_1-T_1\\\widetilde{\rho_2}-\rho_2^0+cV_t^{2s}-I_2-T_2\\\widetilde{\rho_3}-\rho_3^0+cV_t^{3s}-I_3-T_3\\\vdots\\\widetilde{\rho_n}-\rho_n^0+cV_t^{ns}-I_n-T_n\end{bmatrix}=\begin{bmatrix}-\varepsilon_1\\-\varepsilon_2\\-\varepsilon_3\\\vdots\\-\varepsilon_n\end{bmatrix} \tag{17-18}$$

上式可缩写为 $\boldsymbol{V}=\boldsymbol{B}\hat{\boldsymbol{x}}-\boldsymbol{L}$ ，根据最小二乘法原理可得

$$\hat{\boldsymbol{x}}=(\boldsymbol{B}^{\mathrm{T}}\boldsymbol{P}\boldsymbol{B})^{-1}\boldsymbol{B}^{\mathrm{T}}\boldsymbol{P}\boldsymbol{L} \tag{17-19}$$

$$\hat{\boldsymbol{x}}=\hat{\boldsymbol{x}}_0+\hat{\boldsymbol{x}} \tag{17-20}$$

权阵 $\boldsymbol{P}$ 采用卫星高度角定权法确定。

下面给出一个计算实例，设初始坐标为（0，0，0），卫星坐标与伪距观测值见表 17-10。

表 17-10　卫星瞬时坐标与观测量

卫星号	卫星 X	卫星 Y	卫星 Z	伪距观测值
8	−21 528 724.05	−3 302 541.7	15 708 228.5	23 399 998.03
15	−4 435 471.502	2 572 8765.5	4 041 001.864	21 810 991.59
5	−123 07 084.32	10 025 419.06	21 277 622.23	20 661 912.56
2	−218 42 982.65	14 091 473.02	4 052 658.434	21 682 926.39
21	16 910 540.94	8 105 984.583	19 541 823.98	25 119 356.68

以 8 号卫星为例，计算在初始位置时的卫星到接收机距离为

$$\rho^0=\sqrt{(-21\ 528\ 724.053\ 705)^2+(-3\ 302\ 541.703\ 293\ 94)^2+(15\ 708\ 228.497\ 774\ 1)^2}$$
$$=26\ 854\ 072.01$$

其观测向量方向余弦为

$$l_1=\frac{-(X_1^S-X_0)}{\rho_1^0}=-\frac{-21528724.053\ 705}{26\ 854\ 072.01}=0.801\ 693\ 093\ 105\ 46$$

$$m_1=\frac{-(Y_1^S-Y_0)}{\rho_1^0}=-\frac{-3\ 302\ 541.703\ 293\ 94}{26\ 854\ 072.01}=0.122\ 981\ 04$$

$$n_1=\frac{-(Z_1^S-Z_0)}{\rho_1^0}=-\frac{15\ 708\ 228.497\ 774\ 1}{26\ 854\ 072.01}=-0.584\ 947\ 73$$

同理可得

$$\boldsymbol{B}=\begin{bmatrix}0.801\ 693\ 093 & 0.122\ 981\ 04 & -0.584\ 947\ 73 & 1\\ 0.167\ 888\ 382 & -0.973\ 867\ 34 & -0.152\ 957\ 19 & 1\\ 0.463\ 606\ 788 & -0.377\ 656\ 66 & -0.801\ 526\ 17 & 1\\ 0.830\ 279\ 895 & -0.535\ 635\ 03 & -0.154\ 046\ 77 & 1\\ -0.624\ 368\ 21 & -0.299\ 287\ 83 & -0.721\ 520\ 01 & 1\end{bmatrix}$$

观测向量为

$$\boldsymbol{L}=\begin{bmatrix}\widetilde{\rho_1}-\rho_1^0+cV_t^{1s}-I_1-T_1\\ \widetilde{\rho_2}-\rho_2^0+cV_t^{2s}-I_2-T_2\\ \widetilde{\rho_3}-\rho_3^0+cV_t^{3s}-I_3-T_3\\ \vdots\\ \widetilde{\rho_n}-\rho_n^0+cV_t^{ns}-I_n-T_n\end{bmatrix}=\begin{bmatrix}-3\ 452\ 621.266\\ -4\ 641\ 036.869\\ -6\ 000\ 027.023\\ -4\ 499\ 106.275\\ -2\ 049\ 673.085\end{bmatrix}$$

其中接收机钟差初始值按照 0 计算。

$$\hat{\boldsymbol{x}}=(\boldsymbol{B}^{\mathrm{T}}\boldsymbol{P}\boldsymbol{B})^{-1}\boldsymbol{B}^{\mathrm{T}}\boldsymbol{P}\boldsymbol{L}=\begin{bmatrix}-2\ 489\ 693.098\\ 4\ 037\ 862.09\\ 4\ 249\ 535.148\end{bmatrix}$$

$\boldsymbol{X}=\boldsymbol{X}_0+\hat{\boldsymbol{x}}$ ，可继续进行迭代。设置迭代阈值为 10^{-4}

第二次迭代

$$\hat{\boldsymbol{x}}=\begin{bmatrix}-0.197\ 199\ 213\\ 0.025\ 074\ 05\\ -0.121\ 309\ 082\end{bmatrix}$$

第三次迭代

$$\hat{\boldsymbol{x}}=\begin{bmatrix}-2.98\mathrm{E}-06\\ -9.83\mathrm{E}-07\\ 5.36\mathrm{E}-08\end{bmatrix}$$

达到阈值，退出迭代，最终得到站点坐标为

$$\boldsymbol{X}=\begin{bmatrix}-2\ 489\ 693.295\\4\ 037\ 862.11\\4\ 249\ 535.026\end{bmatrix}$$

利用卫星导航系统进行定位的方法有很多种。若按照参考点的位置不同，则定位方法可分为绝对定位和相对定位。

（1）绝对定位

绝对定位指在协议地球坐标系中，利用一台接收机来测定该点相对于协议地球质心的位置，也叫单点定位。这里可认为参考点与协议地球质心相重合。GPS定位所采用的协议地球坐标系为WGS-84坐标系，如图17-41所示，因此绝对定位的坐标最初成果为WGS-84坐标。北斗采用的则是CGCS2000坐标体系，两种坐标系统在坐标轴定义上有一定的差别，可通过旋转坐标轴变化进行坐标转换，以实现多个卫星定位系统同时使用时的坐标框架转换。

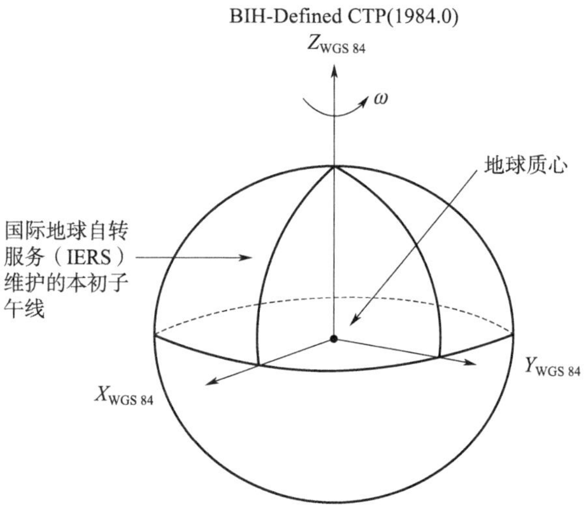

图17-41　WGS-84坐标框架

（2）相对定位

相对定位指在协议地球坐标系中，利用两台以上的接收机测定观测点至某一地面参考点（已知点）之间的相对位置，也就是测定地面参考点到未知点的坐标增量。由于星历误差和大气折射误差有相关性，所以通过观测量求差可消除这些误差，因此相对定位的精度远高于绝对定位的精度。

按用户接收机在作业中的运动状态不同，则定位方法可分为静态定位和动态定位。

（1）静态定位

静态定位指在定位过程中，将接收机安置在测站点上并固定不动。严格说来，这种静止状态只是相对的，通常指接收机相对于其周围点位没有发生变化。

（2）动态定位

动态定位指在定位过程中，接收机处于运动状态。GPS绝对定位和相对定位中，又包含静态和动态两种方式。即动态绝对定位、静态绝对定位、动态相对定位和静态相对定位。若依照测距的原理不同，又可分为测码伪距法定位、测相伪距法定位、差分定位等。

卫星信号由 20 000 km 的高空传播到地面，其信号播发、接收与传播均会带入不同方面的误差，这对定位精度有着直接影响。通常来说，误差分为空间误差，接收机误差和传播误差。空间误差主要包括卫星钟差、星历误差；接收机误差主要包括接收机噪声、天线相位中心误差；传播误差主要包括电离层延迟误差、对流层延迟误差与多路径误差。这些误差对定位精度有着直接的影响，使得单点定位的精度在 6～15 m。为了提高精度，人们陆续提出差分定位、RTK 技术及精密单点定位等多种定位方法，通过消除或降低 GNSS 定位过程中的误差影响，提高定位精度。当前，GNSS 定位精度从毫米级、厘米级到分米级均有不同的技术方法可以实现，能够满足各行各业的应用。

表 17 - 11 给出了各种误差的理论影响范围与消除方法。

表 17 - 11　北斗差分误差分析及措施

误差源	预估的误差大小	降低误差的方法和残差
卫星钟误差	2 m	差分 GPS,可完全消除
星历误差	星历误差沿站星连线方向的分量 2 m	差分 GPS,可完全消除
电离层延迟误差	对码和载波相位测量的影响大小相等,符号相反,码延迟和相位超前相同的量,天顶方向约 2～10 m	双频观测和差分方式消除
对流层误差	码和载波延迟相同的量,天顶方向约为 2.3～2.5 m	通过差分和改正模型修正后,剩余误差为毫米级
多路径效应	在多路径不明显的地方,码精度 0.5～1 m,载波相位 0.5～1 cm	通过天线和接收机硬件设计及载波相位平滑伪距来减小
接收机噪声	码:0.2～0.25 m 载波相位:1～2 mm	通过天线和接收机硬件设计减小

17.2.1.2　*差分定位*

由于在卫星、传播途径、接收机都存在误差，因此，单点定位的精度仅能达到 10 m 左右，要想获取更高的测量精度，则需要使用相对定位的差分算法完成。

(1) 观测量方程的设立

①基本卫星观测量

卫星观测量中有伪距观测量和载波相位观测量，这两种是使用最广泛的卫星观测量。

伪距观测量是由卫星发射的测距码到达用户的时间，根据电磁波的传播速度进行计算的。由于电磁波在传播途径中产生电离层、对流层以及可能产生多路径的影响，由时钟计数所计算出的卫星和接收机天线的距离并不是实际的距离数值，故称为伪距。因此，在建立伪距方程式时，应虑及卫星钟差、接收机钟差和传播途径所产生的影响。

伪距观测方程可用下式表达

$$P_{r_1}^{i}=\rho_{r_1}^{i}+c(\delta t_{r_1}+\delta t^{i})+\delta_{r_1,trop}^{i}+\delta_{r_1,ion}^{i}+\varepsilon \qquad (17-21)$$

式中　$P_{r_1}^{i}$——接收机 r_1 接收到的卫星 i 的伪距；

$\rho_{r_1}^i$ ——接收机 r_1 与卫星 i 之间的真实距离；

δt_{r_1} 、δt^i ——接收机和卫星 i 的钟差；

$\delta_{r_1,trop}^i$ ——卫星 i 的对流层误差；

$\delta_{r_1,ion}^i$ ——卫星的电离层误差；

s ——接收机噪声和其他误差。

在接收载波时，接收机使用本机频率基准产生载波，并将自身产生的载波与接收到的载波进行比较，得到载波相位的差值。载波的长度非常小，使用载波定位的精度较高，载波相位高精度定位是最精确的定位方式，在精密定位领域有着广泛的应用。在建立载波相位观测方程的时候同样需要考虑到卫星钟差，接收机钟差和大气影响。

载波相位观测方程为

$$\varphi_{r1}^i = \frac{f}{c}\rho_{r_1}^i\left(1-\frac{1}{c}\dot{\rho}_{r_1}^i\right) + f\left(1-\frac{1}{c}\dot{\rho}_{r_1}^i\right)\delta t_{r_1} - f\delta t^i - N_{r_1}^i + \frac{f}{c}\left(\delta_{r_1,trop}^i + \delta_{r_1,ion}^i\right) + \frac{f}{c}\varepsilon \tag{17-22}$$

式中　$\varphi_{r_1}^i$ ——接收机 r_1 与卫星 i 载波相位观测量；

f ——卫星载波频率；

$\dot{\rho}_{r_1}^i$ ——卫地距变率；

$N_{r_1}^i$ ——载波相位观测量的整周模糊度。

在计算过程中，由于所观测的卫星信号的发射历元位置未知，无法准确进行传播时间的计算，因此，可以引入卫地距变率 $\dot{\rho}_{r_1}^i$ ，根据已知观测历元的 t_{r_1} ，并在考虑电离层对流层延迟的情况下按照式（17-23）计算信号传播的时间

$$t = \frac{1}{c}\rho_{r_1}^i\left(1-\frac{1}{c}\dot{\rho}_{r_1}^i\right) - \frac{1}{c}\dot{\rho}_{r_1}^i\delta t_{r_1} + \frac{1}{c}\left(\delta_{r_1,trop}^i + \delta_{r_1,ion}^i\right) \tag{17-23}$$

②双差观测量

卫星观测量可按照接收机、卫星号和历元来产生，在不同的观测量之间进行做差可消除误差，常见的有单差、双差和三差观测量模型。单差是在不同接收机观测量间求差，双差是在卫星和接收机间求差，三差是在卫星、接收机和历元间求差。

假设在观测历元 t_{r_1} 时刻，两台接收机 r_1、r_2，同时接收到了 s 颗卫星所广播的定位信号，在接收到的 s 颗卫星信号中，使用 1 号卫星作为信号参考。可得到两接收机对卫星 i 的伪距和载波相位单差观测方程

$$P_{r_1,r_2}^i = \rho_{r_1,r_2}^i + c\delta t_{r_1,r_2} + \delta_{r_1,r_2,trop}^i + \delta_{r_1,r_2,ion}^i + \varepsilon_{r_1,r_2}^i \tag{17-24}$$

$$\begin{aligned}\varphi_{r_1,r_2}^i = {} & \frac{f}{c}\rho_{r_1,r_2}^i + f\delta t_{r_1,r_2} - N_{r_1,r_2}^i + \frac{f}{c}\left(\delta_{r_1,r_2,trop}^i + \delta_{r_1,r_2,ion}^i\right) + \\ & \frac{f}{c}\varepsilon_{r_1,r_2}^i - \frac{f}{c}\left[\dot{\rho}_{r_1}^i\left(\frac{1}{c}\rho_{r_2}^i + \delta t_{r_2}\right) - \dot{\rho}_{r_2}^i\left(\frac{1}{c}\rho_{r_1}^i + \delta t_{r_1}\right)\right]\end{aligned} \tag{17-25}$$

在上式中，P_{r_1,r_2}^i 为两接收机对于卫星 i 的伪距观测量差值，ρ_{r_1,r_2}^i 表示两接收机天线分别与卫星 i 之间的几何距离的差值，$\delta t_{r_1,r_2}$ 表示两个接收机的接收机钟差的差值，$\delta_{r_1,r_2,trop}^i$ 、$\delta_{r_1,r_2,ion}^i$ 表示两接收机对卫星 i 信号的对流层和电离层延迟差值，φ_{r_1,r_2}^i 为两接

收机观测到的卫星 i 的载波相位观测量差值，$N^{i}_{r_1,r_2}$ 为接收机间测整周模糊度之差，$\varepsilon^{i}_{r_1,r_2}$ 为两接收机之间的噪声和其他误差的差值。

当测站距离短时，通常认为距离 20 km 以内的两个站点，其卫星与接收机的距离与测站距离比较小，因此在伪距和载波相位观测量中，最后一项分量可以忽略不计，因此，载波相位的双差观测方程可以写作

$$\varphi^{i}_{r_1,r_2}=\frac{f}{c}\rho^{i}_{r_1,r_2}+f\delta t_{r_1,r_2}-N^{i}_{r_1,r_2}+\frac{f}{c}(\delta^{i}_{r_1,r_2,trop}+\delta^{i}_{r_1,r_2,ion})+\frac{f}{c}\varepsilon^{i}_{r_1,r_2} \tag{17-26}$$

对于短基线而言，两个测站的距离比较短，双差观测方程可消除卫星和接收机钟差以及卫地距变率的影响，同时，对流层延迟和电离层延迟也有了很大改善，但是其他误差不会明显下降。因此，伪距和载波相位观测方程可以简化为

$$P^{i}_{r_1,r_2}=\rho^{i}_{r_1,r_2}+\varepsilon^{i}_{r_1,r_2} \tag{17-27}$$

$$\varphi^{i}_{r_1,r_2}=\frac{f}{c}\rho^{i}_{r_1,r_2}-N^{i}_{r_1,r_2}+\frac{f}{c}\varepsilon^{i}_{r_1,r_2} \tag{17-28}$$

假设测站 r_1 为基准站，其天线安置在已知坐标上，坐标值为 $(X\quad Y\quad Z)_{r_1}$，定义 r_2 接收机天线所在位置的近似坐标为 $(X^0\quad Y^0\quad Z^0)_{r_2}$，$r_2$ 坐标的改正数为 $(\delta X\quad \delta Y\quad \delta Z)_{r_2}$，选取 1 号作为参考卫星，对伪距和载波相位方程进行线性化，则可以得到伪距和载波相位的线性方程如下

$$P^{1,i}_{r_1,r_2}=-\begin{bmatrix} l^{1,i}_{r_2} & m^{1,i}_{r_2} & n^{1,i}_{r_2}\end{bmatrix}\begin{bmatrix}\delta X_{r_2}\\ \delta Y_{r_2}\\ \delta Z_{r_2}\end{bmatrix}+\tilde{\rho}^{1,i}_{r_1,r_2}+\varepsilon^{1,i}_{r_1,r_2} \tag{17-29}$$

$$\varphi^{1,i}_{r_1,r_2}=\frac{f}{c}\begin{bmatrix} l^{1,i}_{r_2} & m^{1,i}_{r_2} & n^{1,i}_{r_2}\end{bmatrix}\begin{bmatrix}\delta X_{r_2}\\ \delta Y_{r_2}\\ \delta Z_{r_2}\end{bmatrix}-N^{1,i}_{r_1,r_2}+\frac{f}{c}(\tilde{\rho}^{1,i}_{r_1,r_2}+\varepsilon^{1,i}_{r_1,r_2}) \tag{17-30}$$

其中

$$\begin{bmatrix} l^{1,i}_{r_2}\\ m^{1,i}_{r_2}\\ n^{1,i}_{r_2}\end{bmatrix}=\begin{bmatrix} l^{1}_{r_2}-l^{i}_{r_2}\\ m^{1}_{r_2}-m^{i}_{r_2}\\ n^{1}_{r_2}-n^{i}_{r_2}\end{bmatrix}$$

l，m，n 为接收机与卫星基线的方向即卫星信号传播方向的余弦值，通常可使用根据卫星星历计算的卫星位置和测站的近似坐标进行计算。测站相对于卫星 i 的各方向余弦值可表述为

$$\begin{aligned} l^{i}_{r_2}&=\frac{X^{i}-X^{0}_{r_2}}{\rho^{i}_{r_2}}\\ m^{i}_{r_2}&=\frac{Y^{i}-Y^{0}_{r_2}}{\rho^{i}_{r_2}}\\ n^{i}_{r_2}&=\frac{Z^{i}-Z^{0}_{r_2}}{\rho^{i}_{r_2}}\end{aligned} \tag{17-31}$$

式中　$\rho_{r_2}^i$ ——接收机 r_2 到卫星 i 的计算距离。

③高度角定权法确定双差观测值权阵

设定在某一时刻 t_i ，接收机对卫星 j 、k ，r 进行了信号观测，跟踪了这三颗卫星的测量信号，选定卫星 r 为参考卫星，推导载波相位的双差观测权阵。高度角定权法，其衡量指标为卫星信号的入射角，即根据卫星分别向 r_2、r_1 测站天线的入射角，通过特点法则进行确定。其过程如下。

计算每颗卫星的入射角，并选取高度角最高的卫星为参考卫星，根据卫星信号的传播方式可知，高度角最大的卫星通过的电离层和对流层的误差最小，因此该卫星具有最小的误差，选用此卫星作为参考卫星。

取单位权方差 σ^2，经验值一般选取 $\sigma^2=0.003\times0.003$，然后根据

$$\sigma^2=\sigma_0^2(1+\alpha\cos^2 E) \tag{17-32}$$

α 为放大因子，选取 $\alpha=1.5$，计算方差因子为 $f=\dfrac{\sigma_0^2}{\sigma^2}$ 。

当基准站和流动站不在同一位置时，其对于相同卫星具有不同的 f ，将基准站的方差因子记作 f ，流动站的方差因子记作 f' 。

可以得到基准站的载波相位观测值协方差矩阵为

$$\boldsymbol{D}_{\varphi(t_i)}=\mathrm{diag}(f_1\quad f_2\quad f_3\quad \cdots\quad f_0) \tag{17-33}$$

流动站的载波相位观测值协方差矩阵为

$$\boldsymbol{D}_{\varphi(t_i)}=\mathrm{diag}(f_1'\quad f_2'\quad f_3'\quad \cdots\quad f_0') \tag{17-34}$$

f_0 和 f'_0 基准站和流动站分别对于选定参考卫星的方差因子，根据协方差传播规律，以及单差载波相位观测方程，可得单差载波相位观测权阵为

$$\boldsymbol{D}_{\varphi(t_i)}=\begin{bmatrix} f_1+f_1' & 0 & 0 & \cdots & 0 \\ 0 & f_2+f_2' & 0 & \cdots & 0 \\ 0\quad 0 & 0 & f_3+f_3' & \cdots & 0 \\ \vdots & \vdots & \vdots & \ddots & \vdots \\ 0 & 0 & 0 & \cdots & f_0+f_0' \end{bmatrix} \tag{17-35}$$

同理，根据双差载波相位观测方差，推导双差观测值权阵为

$$\boldsymbol{D}_{\Delta\nabla\varphi(t_i)}=\begin{bmatrix} f_0+f_0'+f_1+f_1' & f_1+f_1' & f_1+f_1' & \cdots & f_1+f_1' \\ f_2+f_2' & f_0+f_0'+f_2+f_2' & f_2+f_2' & \cdots & f_2+f_2' \\ f_3+f & f_3+f & f_0+f_0'+f_3+f_3' & \cdots & f_3+f \\ \vdots & \vdots & \vdots & \ddots & \vdots \\ f_n+f_{n1}' & f_n+f_{n1}' & f_n+f_{n1}' & \cdots & f_0+f_0'+f_n+f_{n1}' \end{bmatrix} \tag{17-36}$$

（2）模糊度求解

使用载波相位差分进行定位时，准确求解整周模糊度是定位精度的最关键的步骤。准确的整周模糊度可以精确地求解站星距离，从而求解观测站的精确坐标。快速获取整周模

糊度，对定位计算的效率和质量都有着重要的决定性影响。

常见的模糊度求解方法主要分为观测域搜索、坐标域搜索和模糊度值域搜索三种。在模糊度值域搜索的方式，主要的算法有模糊度最小二乘法、模糊度快速滤波法、模糊度协方差优化分解法、模糊度快速解算法和模糊度最小二乘去相关平差法（LAMBDA）。下文对 LAMBDA 方法进行阐述。

①整周模糊度的参数估计

在载波相位双差观测方程中，将未知的参数归纳为两类，进行求解，这两类是基线向量和双差模糊度，如果将载波相位观测量设定为已知，则观测方程的线性化形式可以简化为

$$y=\boldsymbol{B}\cdot\boldsymbol{b}+\boldsymbol{A}\cdot\boldsymbol{a}+e \tag{17-37}$$

式中　y ——观测值和计算的双差观测值之差；

$\boldsymbol{A}$、$\boldsymbol{B}$ ——双差模糊度向量和基线向量的系数矩阵；

$\boldsymbol{a}$ ——双差模糊度向量；

$\boldsymbol{b}$ ——整数，为未知参数的向量；除模糊度外的其他位置参数如大气延迟参数、基线向量坐标等，为实数；

e ——观测噪声。

对式（17-37）中的位置参数进行估计，在标准最小二乘估计中，所有未知参数可在整个实数范围内变动，其估计准则为残差平方和最小，即

$$\min_{b,a}\|y-\boldsymbol{B}\cdot\boldsymbol{b}+\boldsymbol{A}\cdot\boldsymbol{a}\|^2_{\boldsymbol{Q}_y^{-1}} \tag{17-38}$$

其中

$$\|y-\boldsymbol{B}\cdot\boldsymbol{b}+\boldsymbol{A}\cdot\boldsymbol{a}\|^2_{\boldsymbol{Q}_y^{-1}}=(y-\boldsymbol{B}\cdot\boldsymbol{b}+\boldsymbol{A}\cdot\boldsymbol{a})^{\mathrm{T}}\boldsymbol{Q}_y^{-1}(y-\boldsymbol{B}\cdot\boldsymbol{b}+\boldsymbol{A}\cdot\boldsymbol{a})$$

式中　$\boldsymbol{Q}_y^{-1}$ ——观测值的协因数阵。

整周模糊度及基线参数的最终求解分为三步：

第一步，在不考虑载波相位模糊度的整周约束条件下，$y=\boldsymbol{B}\cdot\boldsymbol{b}+\boldsymbol{A}\cdot\boldsymbol{a}+e$ 根据最小二乘法的原理，对模糊度浮点解 $\widehat{a}$ 和其他参数 $\widehat{b}$ 进行估计，并给出相应的协方差矩阵 $\boldsymbol{Q}_y$ 。

$$\begin{bmatrix}\widehat{b}\\ \widehat{a}\end{bmatrix},\boldsymbol{Q}_y=\begin{bmatrix}\boldsymbol{Q}_{\widehat{b}} & \boldsymbol{Q}_{\widehat{b}}\\ \boldsymbol{Q}_{\widehat{a}\widehat{b}} & \boldsymbol{Q}_{\widehat{a}}\end{bmatrix} \tag{17-39}$$

第二步，在第一步根据最小二乘法则得到的整周模糊度浮点解 $\widehat{a}$ 的基础上，根据下式得到目标函数最小的整数向量 $\widehat{a}$ ，满足此要求的整数向量即为整周模糊度的固定解。

$$\min_{a}\|\widehat{a}-\breve{a}\|^2_{\boldsymbol{Q}_{\widehat{a}}^{-1}} \tag{17-40}$$

第三步，将固定后的模糊度重新带入观测方程解算获取基线的固定解。

$$\begin{cases}\breve{b}=\widehat{b}-\boldsymbol{Q}_{\widehat{b}\widehat{a}}\boldsymbol{Q}_{\widehat{a}}^{-1}(\widehat{a}-\breve{a})\\ \boldsymbol{Q}_{\breve{b}}=\boldsymbol{Q}_{\widehat{b}}-\boldsymbol{Q}_{\widehat{b}\widehat{a}}\boldsymbol{Q}_{\widehat{a}}^{-1}\boldsymbol{Q}_{\widehat{a}\widehat{b}}\end{cases} \tag{17-41}$$

② LMABDA 算法

在得到整周模糊度的浮点解 $\widehat{a}$ 后，进行浮点解的最小化时，应合理确定整周模糊度的

搜索空间以提高搜索速度。合适搜索区间的确定是十分关键的，其区间需要包含残差和最小点。递推策略会降低搜索的效率，在递推过程中，会造成第三个模糊度搜索区间的增大和第四个模糊度区间的缩小。LAMBDA 算法在搜索模糊度整数解时具有明显优势，通过该算法可去除模糊度之间的相关性，并大大提高搜索的效率。

(a) 模糊度去相关

通过变化矩阵 $\boldsymbol{Z}$，转换模糊度实估计 $\hat{a}$ 和相应的协方差阵 $\boldsymbol{Q}_{\hat{a}}$ 转换成 $\hat{z}=\boldsymbol{Z}^{\mathrm{T}}\hat{a}$ 和 $\boldsymbol{Q}_{\hat{z}}=\boldsymbol{Z}^{\mathrm{T}}\boldsymbol{Q}_{\hat{a}}\boldsymbol{Z}$，通过运算将模糊度之间的相关性完全去除。去相关之后，可将模糊度浮点解平滑至最近的整数，当得到 $\hat{\boldsymbol{Z}}$ 的最优整数估计后，可通过矩阵变化关系，通过逆变换将 $\hat{\boldsymbol{Z}}$ 变换为模糊度向量的整数解 $\breve{a}$。因此，在进行矩阵转化时，应该满足以下两个条件：

α 与 $\hat{z}=\boldsymbol{Z}^{\mathrm{T}}\hat{a}$ 同为整数；

z 与 $a=(\boldsymbol{Z}^{\mathrm{T}})^{-1}z$ 同为整数。

则有

$$(\hat{a}-a)^{\mathrm{T}}\boldsymbol{Q}_{\hat{a}}^{-1}(\hat{a}-a)=(\hat{z}-z)^{\mathrm{T}}\boldsymbol{Q}_{\hat{z}}^{-1}(\hat{z}-z) \tag{17-42}$$

可得，z 与 a 的整数搜索等价，而且可逆。因此，利用整数变化可降低求解参数之间的相关性，并将方差矩阵变换为对角占优矩阵，提高解算的精度。

(b) 模糊度搜索

使用最小二乘法搜索向量 z 的整数空间的准则为

$$(\hat{z}-z)^{\mathrm{T}}\boldsymbol{Q}_{\hat{z}}^{-1}(\hat{z}-z)\leqslant x^2 \tag{17-43}$$

这是维数为 $n-1$ 的椭球空间，$\boldsymbol{Q}_{\hat{z}}^{-1}$ 规定了椭球空间参数，包括其形状和轴向：x^2 定义了超椭球的空间范围，表述了一定范围内的实数，x^2 设定的太大，将会增加搜索的范围，降低效率，太小又可能将正确的值漏掉。

LAMBDA 法采用序贯条件最小二乘方法建立搜索策略，可将

$$(\hat{z}-z)^{\mathrm{T}}\boldsymbol{Q}_{\hat{z}}^{-1}(\hat{z}-z)\leqslant x^2 \tag{17-44}$$

转换为

$$\sum\nolimits_{i=1}^{n}\frac{(z_i-\hat{z}_{i|i+1,\cdots,n})^2}{\sigma_{i|i+1,\cdots,n}^2} \tag{17-45}$$

式中，$\hat{z}_{i|i+1,\cdots,n}$ 表示的是 z_i 在 z_j 已知情况下估计，其中 $j=i+1$，…，n，$\sigma_{i|i+1,\cdots,n}^2$ 代表条件估计的方差，$\sigma_{i|i+1,\cdots,n}^2=d_i^{\ -1}$，$d_i$ 是矩阵 $\boldsymbol{D}$ 中对角线上的各元素，$\boldsymbol{Q}_{\hat{a}}=\boldsymbol{L}^{\mathrm{T}}\boldsymbol{DL}$。

使用序贯条件最小二乘平差，可得到各级别模糊度的搜索范围边界

$$\begin{cases}(\hat{z}_n-z_n)2\leqslant\sigma_n^2x^2\\ (\hat{z}_{n-1|n}-z_{n-1})2\leqslant\sigma_{n-1|n}^2\left\{x^2-\dfrac{(\hat{z}_n-z_n)^2}{\sigma_n^2}\right\}\\ \vdots\\ (\hat{z}_{1|2,\cdots,n}-z_1)2\leqslant\sigma_{1|2,\cdots,n}^2\left\{x^2-\sum\limits_{i=2}^{n}\dfrac{(\hat{z}_{i+1|i,\cdots,n}-z_i)^2}{\sigma_{i+1|i,\cdots,n}^2}\right\}\end{cases} \tag{17-46}$$

搜索的结果是得到转换后的这个周模糊度 $\hat{\boldsymbol{Z}}$，根据搜索到的整周模糊度和降相关的逆

运算，转换计算为整周模糊度。

③模糊度验证

验证模糊度解算是否正确的方法是将模糊度代回观测量进行基线解算，得到基线的固定解。使用 ratio 方法进行验证。ratio 的定义为

$$\mathrm{ratio}=\frac{S_2}{S_1} \tag{17-47}$$

其中，S_1，S_2 分别为最优解和次优解的残差平方和。当 ratio 大于 3 时，认为模糊度确定的是可靠的，否则，则认为模糊度确定失败。

当模糊度固定为整数并验证后，则可实现高精度的定位。

17.2.2　高精度测量

卫星导航应用给测绘界带来了一场革命，现已广泛应用在大地测量、资源勘查、地壳运动、地籍测量及工程测量等领域，在海洋测量和海洋工程中的应用也已经兴起。与传统的测量手段相比，卫星导航应用有巨大的优势：测量精度高、无误差累积、操作简便、仪器体积小、便于携带、全天候操作、观测点之间无需通视。

17.2.2.1　基本概念

(1) RTK 定位技术

RTK（Real-Time Kinematic）定位技术是一种基于 GNSS 高精度载波相位观测值的实时动态差分定位技术，可用于动态与静态场景。进行 RTK 工作时，除需配备基准站接收机和流动站接收机外，还需要数据通信设备，基准站需将自身所获得的载波相位观测值及站坐标，通过数据通信链实时播发给在其周围工作的动态用户。流动站数据处理模块使用动态差分定位的方式确定出流动站相对应基准站的位置，然后根据基准站的坐标求得自己的瞬时绝对位置。常规 RTK 野外作业示意图如图 17-42 所示。

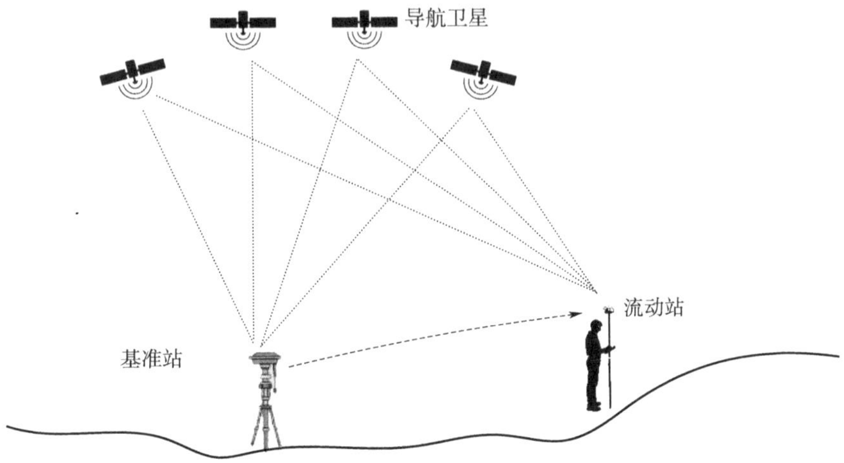

图 17-42　常规 RTK 作业示意图

RTK 定位技术虽然可以满足很多应用的要求，但具有不少的局限性和不足，如作业需要的设备比较多、流动站与基准站的距离不能太长，当距离大于 50 km 时，常规 RTK 单历元解一般只能达到分米级的定位精度。

(2) 网络 RTK 定位技术

在某一区域内建立多个（一般为 3 个或 3 个以上）的 GPS 基准站，对该地区构成网状覆盖，并以这些基准站中的一个或多个为基准，为该地区内的 GPS 用户实时高精度定位提供 GPS 误差改正信息，称为 GPS 网络 RTK。网络 RTK 也称多基准站 RTK，是近年来在常规 RTK、计算机技术、网络通信技术等基础上发展起来的一种实时动态定位新技术。网络 RTK 技术与常规 RTK 技术相比，扩大了覆盖范围、降低了作业成本、提高了定位精度和减少了用户定位的初始化时间。

(3) 网络 RTK 系统

网络 RTK 系统是网络 RTK 技术的应用实例，它由基准站网、数据处理中心、数据播发中心、数据通信链路和用户部分组成。一个基准站网可以包括若干个基准站，每个基准站上配备有双频全波长 GPS 接收机、数据通信设备和气象仪器等。基准站的精确坐标一般可采用长时间 GPS 静态相对定位等方法确定。基准站 GNSS 接收机按特定采样率进行连续观测，通过数据通信链实时将观测数据传送给数据处理中心，数据处理中心首先对各个站的数据进行预处理和质量分析，然后对整个基准站网数据进行统一解算，实时估计出网内的各种系统误差的改正项（电离层、对流层和轨道误差），建立误差模型。

网络 RTK 系统根据通信方式不同，分为单向数据通信和双向数据通信。在单向数据通信中，数据处理中心直接通过数据发播设备把误差参数广播出去，用户收到这些误差改正参数后，根据自己的位置和相应的误差改正模型计算出误差改正数，然后进行高精度定位。在双向数据通信中，数据处理中心实时侦听流动站的服务请求和接收流动站发送过来的概略坐标，根据流动站的概率坐标和区域误差模型，求出流动站处的误差后，直接播发改正数或者虚拟观测值给用户。基准站与数据处理中心间的数据通信可采用数字数据网 DDN 或无线通信等方法进行。流动站和数据处理中心间的双向数据通信则可通过 GPRS、4G/5G 等方式进行。网络 RTK 系统如图 17－43 所示。

(4) 连续运行参考站系统（CORS）

连续运行参考站系统（Continuously Operating Reference System，CORS），也称为连续运行卫星定位服务系统，是利用 GNSS 卫星导航定位、计算机、数据通信和互联网等技术，在一个城市、一个地区或一个国家根据需求按一定距离建立起来的长年连续运行的若干个固定 GNSS 基准站组成的网络系统。

(5) 网络 RTK 系统管理和定位服务软件

网络 RTK 系统管理和定位服务软件是运行在网络 RTK 系统的管理中心的软件系统，负责连接分布在各地的 GNSS 接收机，实时采集 GNSS 观测数据，实时快速处理多个 GNSS 基准站的数据、建立各种区域误差模型，实时为分布在各地的用户定位服务，事后定位服务。软件主要由网络 RTK 系统的卫星轨道管理、多基准站管理、网络数据处理、

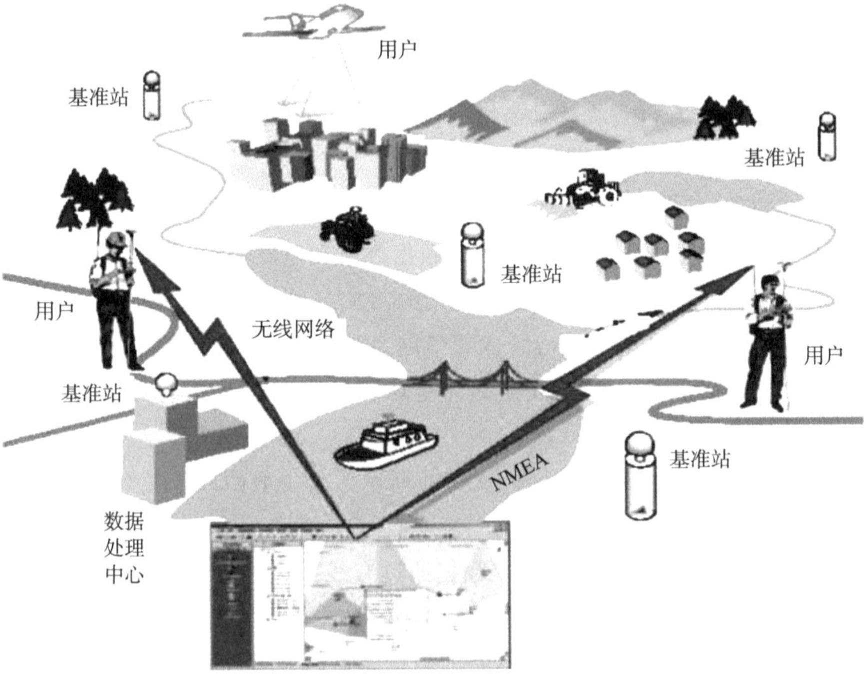

图 17-43　网络 RTK 系统示意图（http：//www.leica-geosystems.com.cn/）

实时数据播发、系统完备性监测、用户管理等模块组成。

17.2.2.2　测量应用

（1）控制测量

GNSS 最初引入国内的应用是大地测量，参与了国内三角网的测绘工作，重点解决了长距离及岛岸间的控制网建立。随着 GNSS 技术的发展，GNSS 设备被广泛应用于国家各等级控制网坐标的观测与解算，利用 GPS 技术进行大地测量的规范也已十分健全，基本全面替代了原有的光学测量方法。

GNSS 技术目前服务于国家大地控制网的维护。国家测绘地理信息局通过建立现代测量基准，在全国范围建成初具规模的 GNSS 连续运行基准站网和卫星大地控制网，满足国家对于坐标系统和定位的阶段性需求；全国范围内建设 360 个国家 GNSS 连续运行基准站，形成国家大地基准框架的主体，维持国家三维地心坐标框架。其中新建基准站 150 个，改造站 60 个，利用站 150 个。全国范围内建设 4 508 个国家 GNSS 大地控制点，其中新建 2 508 点，利用 2 000 点，形成分布相对均匀，覆盖整个国土，具有较高覆盖密度的基础设施，实现我国大地基准的有效传递，满足基本控制测量的需要。

（2）地理数据采集

人类 80%的活动与空间信息有关，地理数据采集是 GNSS 最基本的专业应用，用来采集航点、航线和航迹。国土、矿产和环境调查等需要确定采样的点位信息，铁路、公路、电力、石油、水利等需要确定管线位置信息，房地产、资产和设备巡检需要面积和航迹位置信息。GIS 数据采集产品正在成为满足各行业对空间地理数据需求的常用工具。来自国家各个部委的普查和清查类项目，都使用了 GNSS 定位项目，典型的有：第二次全国国土调查、第三次全国国土调查、全国林业资源清查、污染源普查、全国文物普查、全国公路普查等。这些项目为 GNSS 技术的推广提供了强大的动力和支撑。

（3）连续运行站网及其服务系统

在一定地域内建立若干个 GNSS 固定的连续运行站（CORS），并通过数据通信网络将这些 CORS 的观测数据传送至一个或多个数据处理和监测中心，以集中进行数据处理和监控，然后通过通信网络，以这些数据处理过的 GNSS 的信息为基础，根据用户需求，提供服务。这种以连续运行站网为核心、以通信网络为骨干、以用户需求为服务目标、以用户接收点为终端的集成系统，就通常被称为全球导航卫星连续运行站网服务系统或简称 GNSS CORS 服务系统。

GNSS CORS 服务系统架构图如图 17 - 44 所示，其一般由以下几个部分构成：

1）基准站网，由若干个分布合理的 GNSS CORS 组成；

2）数据传输系统，基准站的 GNSS 数据通过有线或无线网络传输至数据处理和监控中心；

3）数据处理和监控中心，接收基准站的数据，进行数据处理和监控，形成用户数据；

4）面向用户的数据发播系统，包含多种手段：互联网，主要用于需要精密定位、精密定时、电离层延迟参数、对流层延迟参数等用户的数据发送；UHF/VHF 电台和 FM 电台的副载波，在用户密度高的地区，这类电台可发送局域 GNSS 差分导航数据，局域 RTK 定位数据，GNSS 气象数据等，在与全国联网的条件成熟后，也可发射广域 GNSS 差分导航数据；用户通过移动网络获取 GNSS 定位数据和 GNSS 气象预报等数据。

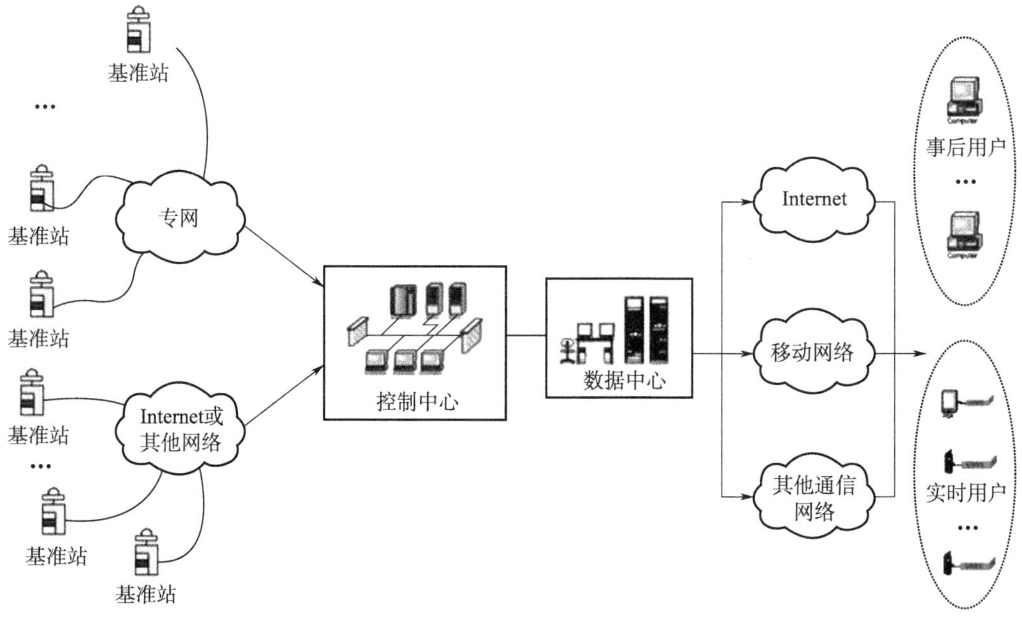

图 17 - 44　GNSS CORS 系统架构图

GNSS CORS 服务系统的用途和作用主要表现在以下几个方面：为用户提供导航、定位、授时、测速、测向、形变监测、降雨和电离层探测等服务，以满足国土资源管理、环境监测、基础测绘、工程测量、精细农业、气象预报、交通管理等部门的工作需求。建立 GNSS 综合服务系统是区域和城市社会经济发展的需要，是区域和城市现代化资源和环境管理、规划和建设的需要。对加速区域和城市实现“数字区域”和“数字城市”具有重要意义与价值。此外，国家级的连续运行参考站还承担国家 GNSS 大地网和板块运动监测的重要作用。

17.2.3　卫星导航应用场景与案例

17.2.3.1　汽车导航和交通管理

GNSS 导航系统能实时提供三维坐标，这对地面运动的车辆管理提供了新的手段，通过 GNSS 定位、地图及通信，可综合实现车辆导航、位置监控、调度等功能，实现车联网或车辆监管系统。目前，该类车辆监管系统主要有交通部两客一危平台、重点车辆平台以及各地市或车联网运营商所提供的平台，其架构图如图 17 - 45 所示。GNSS 定位为交通监管提供了实时的管理数据，大大提高了管理效率和管理精准性。

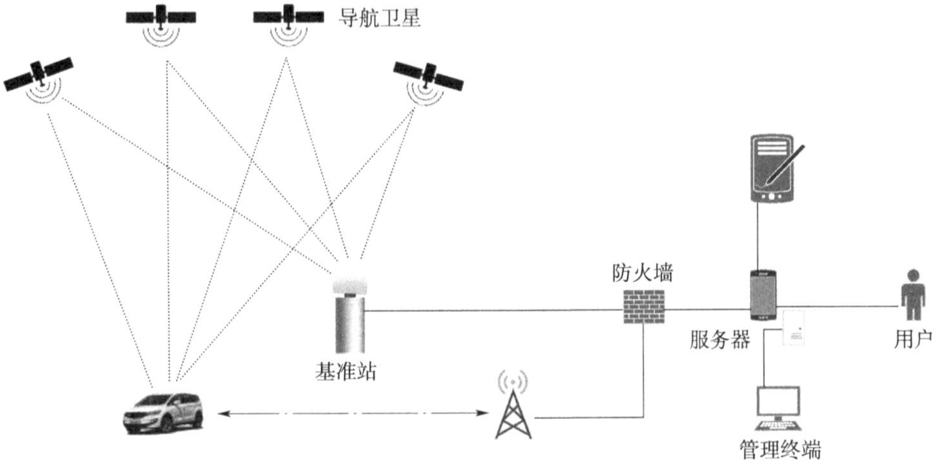

图 17 - 45　车辆位置监控系统架构

随着 GNSS 技术及基础设施的不断发展，高精度应用在汽车与交通领域也逐渐增多，尤其是以智能网联汽车和智能驾驶方向，以实现车道级定位和车辆控制为目的的定位应用。不同于普通高精度应用，汽车导航和交通管理中所使用的高精度定位对安全性和隐私提出了更高的要求，传统的地基 RTK 增强系统难以满足当前自动驾驶的高精度应用。PPP - RTK 技术是基于 PPP 技术发展起来的一种基于状态域的高精度定位方法，可通过星基与地基为客户提供更加安全的定位服务，且不会窃取用户位置，保护用户隐私。地基 PPP - RTK 系统是天地一体化高精定位服务的重要组成部分，旨在通过低轨卫星及地面网络为用户提供高精度定位服务能力，以实现 L2＋及以上的自动驾驶应用和智能网联应用。

GNSS定位技术在汽车与交通方面主要应用有以下几方面。

（1）车辆跟踪

利用GNSS和电子地图可以实时显示出车辆的实际位置，并可任意放大、缩小、还原、换图；可以随目标移动，使目标始终保持在屏幕上；还可实现多窗口、多车辆、多屏幕同时跟踪。利用该功能可对重要车辆和货物进行跟踪运输。

（2）提供出行路线规划和导航

提供出行路线规划是汽车导航系统的一项重要辅助功能，它包括自动线路规划和人工线路设计。自动线路规划是由驾驶者确定起点和目的地，由计算机软件按要求自动设计最佳行驶路线，包括最快的路线、最简单的路线、通过高速公路路段次数最少的路线的计算。人工线路设计是由驾驶员根据自己的目的地设计起点、终点和途经点等，自动建立路线库。线路规划完毕后，显示器能够在电子地图上显示设计路线，并同时显示汽车运行路径和运行方法。

（3）信息查询

为用户提供主要物标、如旅游景点、宾馆、医院等数据库，用户能够在电子地图上显示其位置。同时，监测中心可以利用监测控制台对区域内的任意目标所在位置进行查询，车辆信息将以数字形式在控制中心的电子地图上显示出来。

（4）车辆调度

指挥中心可以监测区域内车辆运行状况，对被监控车辆进行合理调度。指挥中心也可随时与被跟踪目标通话，实行管理。目前，基于位置共享的车辆服务如各类打车软件，均使用了基于位置信息的调度算法，来提升用户体验度，取得了很好的成果。

（5）紧急援助

通过GNSS定位和监控管理系统可以对遇有险情或发生事故的车辆进行紧急援助。监控台的电子地图显示求助信息和报警目标，规划最优援助方案，并以报警声光提醒值班人员进行应急处理。

（6）智能驾驶

智能驾驶是车辆通过自身感知单元对环境和位置进行判断，结合导航与控制实现车辆行驶的应用，根据不同的智能驾驶分级，可实现驾驶辅助至完全自动驾驶的不同层次。在智能驾驶中，高精度定位不可或缺，且高级别的自动驾驶需实现车道级的定位精度，以辅助车辆按车道保持行驶。智能驾驶中多使用高精度定位，依托星基或地基定位增强服务实现高精度定位，并结合车辆上安装的激光雷达、毫米波雷达、视觉、惯性等感知单元共同保证车辆安全运行。在高精度定位服务中，多使用PPP-RTK技术以提供安全和兼顾隐私的定位技术体制，辅助实现智能驾驶实现。

17.2.3.2　航空应用

为满足日益增长的空中运输量的需求，适应新型飞机航程的扩展与航速的提高，克服陆基空中交通管理系统的局限性，国际民航组织（ICAO）决定实施基于卫星导航、卫星通信和数据通信技术的新的空中交通管理系统，即新航行系统。根据ICAO的要求，新系统和原系统在 2005 年前同时使用，到 2010 年全球范围内的陆基系统将逐步停止使用，2010 年以后新系统将作为唯一手段在全世界范围内运行。GPS 的精确性、连续性和全球覆盖性使它可以提供完美的卫星导航服务，满足航空用户的许多要求。

飞行员可以利用 GPS 来提高飞行安全和效率，以空间为基准的定位和导航可以在飞行的所有阶段确定三维的位置，从起飞、飞行和降落，到机场的地面导航。此外，利用 GPS 导航，可规划出新的和更高效率的空中路线，这节省了大量的时间和金钱。在数据匮乏的区域（例如海洋上空）的飞行可以安全地减少飞机之间的距离，提高空中交通效率，而且可使更多的飞机选择他们喜欢的和有效率的航线，以节省时间和燃料并增加货运收入。

依靠 GPS 作为空中交通管理系统的基础是许多国家计划的一个重要部分。那些正在利用 GPS 的航空当局已经看到并记录了飞行空间用户和服务提供者所节省的航行时间、工作量和运行成本。GPS 还是许多其他航空系统的一个关键组成部分，例如增强的地面接近警告系统（EGPWS）就已经被证明可以成功地减少受控制飞行撞击地面的危险性，而这是造成很多飞机失事的主要原因。

此外，对航空界而言，GPS 信号正在被不断地改善和现代化。正在进行的民用现代化过程中的一个主要组成部分是增加了两个新信号，这些信号是对现有民用服务的补充。其中第一个新信号是供一般的非安全或危急用途使用的。第二个新信号将由国际社会提供保护，用于航空导航。这个增加的生命安全民用信号将使 GPS 能够对许多航空应用提供更可靠的导航服务。

GPS 的生命安全信号带来的利益将远大于现有的 GPS 服务。这个信号通过使用双频率航空导航设备在全世界提供更多的仪表降落支撑。双频率的意义是同时使用双重信号来显著减少电离层干扰所产生的错误信号。这将增强整个系统，包括提高准确性、可用性和整合性，并且在对地面设施少量投资或没有投资的情况下得到准确降落的功能。

ADS－B 系统也是 GNSS 定位的重要方向，为了更好地实现空中飞行的监管，补充雷达覆盖范围，利用机载广播式自动监控系统，组成地面站与机载站形成的飞行信息播发系统，实现了地对空的、空对空的监视作用。一般情况下，机载电子设备包含 GNSS 接收机、数据链收发机及其天线、驾驶舱冲突信息显示器，可实现广播其自身精确位置和其他数据的功能，ADS－B 接收机与空管理系统、其他飞机的机载 ADS－B 系统结合起来，在空中、地面均能提供精确、实时的信息，用于辅助监管与安全飞行。

除空中导航引导外，GPS 辅助的降落引导也用在了飞机降落领域，较为典型的是民航的 GLS（GPS Landing System）系统和美国海军的 JPALS（Joint Precise Approach and Landing System）系统。GLS 系统在机场布设若干个基准站，通过播发地面增强信息，建立机场与飞机之间精确的相对位置关系，为飞机进近阶段与着陆阶段提供下滑指引。在 2015 年，中国民航在上海浦东机场完成了国内首次 GLS 演示验证飞行。GLS 地面设备已获得美国、德国等国家民航当局的审定批准，具备Ⅰ类运行能力，GLS Ⅱ、Ⅲ类运行正在发展和取证中。JPLAS 系统是美国海军为满足飞机自主着陆设计的辅助系统，分为海基与陆基，其中，陆基系统与民航系统类似，而海基系统则是为舰载机在航母上进行降落所设计的一套系统，该系统通过在航母上安装动态参考站、动态航向系统，在舰载机上安装卫星定位系统，通过舰机之间的动动高精度差分定位技术，实现在航母运动过程中的飞机自主着舰。图 17-46 为卫星自动着舰系统架构示意图。

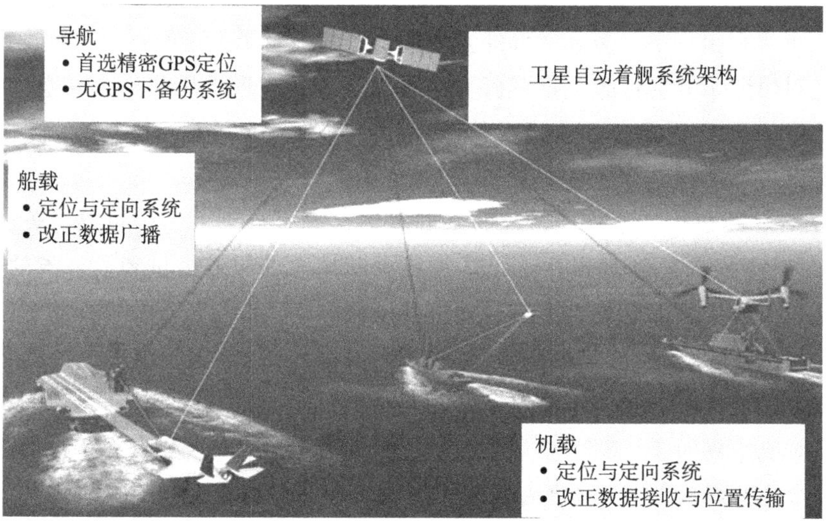

图 17-46　卫星自动着舰系统架构

航空应用在飞行器巡航阶段，速度可达到亚声速，部分战斗机更可达到 2 倍声速以上，在如此高速的场景下，卫星接收机的信号跟踪能力需要经过特殊设计，以满足稳定跟踪信号的要求。同时，信号输出方面，通过高更新率的位置信息，保障航空应用位置的实时性需求。

卫星导航在航空的应用有如下益处：

1）在全球范围内为全航段提供连续的、可靠的和精确的定位信息；

2）为航行空间服务提供者和用户提供安全、灵活和节省燃料的航线；

3）可削减昂贵的地面导航设施、系统和服务；

4）由于最小间隔距离的缩减和更有效的航空交通管理，航空执行能力得到提高，因而航班延误、特别是在恶劣天气条件下的延误可以减少；

5）增加生命安全的性能，比如 EGPWS；

6）实现更加准确的进近与着陆辅助，能够满足自动化着陆的应用。

17.2.3.3　*航海应用*

卫星技术用于海上导航可以追溯到 20 世纪 60 年代的第一代卫星导航系统 TRANSIT，但这种卫星导航系统最初设计主要服务于极区，不能连续导航，其定位的时间间隔随纬度而变化。在南北纬 70°以上，平均定位间隔时间不超过 30 min，但在赤道附近则需要 90 min，20 世纪 80 年代发射的第二代和第三代 TRANSIT 卫星 NAVARS 和 OSCARS 弥补了这种不足，但仍需 10～15 min。此外采用的多普勒测速技术也难以提高定位精度（需要准确知道船舶的速度)，主要用于二维导航。

GPS 系统的出现克服了 TRANSIT 系统的局限性，不仅精度高、可连续导航、有很强的抗干扰能力，且能够同时提供三维位置、三维速度和时间信息。在最初的实验性导航设备测试中，GPS 就展示了其能代替 TRANSIT 和陆基无线电导航系统，在航海导航中发挥划时代的作用。

随着 GNSS 技术的发展，航海导航用户繁多，其分类标准也各不相同，若按照航路类型划分、GNSS 航海导航可以分为五大类：远洋导航、海岸导航、港口导航、内河导航及湖泊导航。不同阶段或区域，对航行安全要求也因环境不同而各异，但都是为了保证最小航行交通冲突，最有效地利用日益拥挤的航路，保证航行安全，提高交通运输效益，节约能源。按照导航系统的功能划分大致有以下几类。

(1) 自主导航

自主导航是一种单纯的导航系统，其主要特征是仅向用户提供位置、航速、航向和时间信息，也可包括海图航迹显示，不需通信系统。适应于任何海面、湖面和内河上航行的船舶，从大型远洋货轮到私人游艇。

(2) AIS 与 VDES

船舶自动识别系统（Automatic Identification system，AIS)，由岸基（基站）设备和船载设备共同组成，是一种新型的集网络技术、现代通信技术、计算机技术、电子信息显示技术为一体的数字助航系统和设备。AIS 配合全球定位系统（GNSS）将船位、船速、改变航向率及航向等船舶动态结合船名、呼号、吃水及危险货物等船舶静态资料由甚高频（VHF）频道向附近水域船舶及岸台广播，使临近船舶及岸台能够及时掌握附近海面所有船舶的动静态资讯，辅助航行协调，采取必要措施，对船舶安全有很大帮助。

为解决远海无法通信的问题，基于通信卫星的卫星 AIS 逐渐发展成熟，远海船舶通过通信卫星上传其综合信息，并通过地面站回传至地面，汇总至相关管理机构。卫星 AIS 完美解决了远海通信覆盖的问题。

随着 AIS 用户越来越多，其应用饱和度逐渐提高，为了更好地解决数据传输功能，甚高频数据交换系统（VHF Data Exchange System，VDES）应运而生，VDES 是在 AIS 的基础上进一步发展而来，除了集成了 AIS 的功能外，还定制了特殊应用报文（ASM）和宽带甚高频数据交换（VDE）功能，能够有效缓解现有 AIS 数据通信的压力，全面提升水上数据通信能力和频率使用效率，对推动水上无线电数字通信产业发展有重要意义。

VDES 系统主要有以下 5 个应用方向。

(1) 港口管理和进港引导

这种系统主要用在港口/码头的船舶调度管理、进港船舶引导，以确保港口/码头航行的安全和秩序。该系统需要双向数据/话音通信，以便于领航员引导船舶；港区情境/海图显示，以表明停泊的船舶和可利用的进港航线，避免冲撞。这种系统对导航系统的精度要求高，要采用差分 GNSS 和其他增强技术。

（2）航路交通管理系统

这类系统与（1）类似，但主要用于近海和内陆河航路上的船舶导航和管理，通常需要卫星通信系统支持，如 Inmarsat 等。

（3）跟踪监视系统

这类系统主要用于海上巡逻艇、缉私艇及各种游艇，特别是私人游艇防盗。根据具体的使用对象，有些系统需要给出导航参量和双向数据/话音通信，如缉私艇。而有时则不需要给出导航参量，如用于私人游艇防盗，仅需要单向数据通信，一旦发生被盗，游艇上的导航系统不断把自己的位置和航向送到有关中心，以便于跟踪。

（4）紧急救援系统

系统包括两栖飞机、直升机和陆地车辆。它适应于所有五类航路，用于搜寻和救援各种海面、湖面、内河上的遇险、遇难船舶和人员。这类系统需要双向数据/话音通信，要求响应时间快、定位精度高。

（5）GNSS/声呐组合用于水下机器人导航

该类组合系统可用于水下管道铺设和维修（需要视觉系统），水文测量以及其他海下作业，如用于港口/码头水下勘测，以便于进场航道阻塞物清除，保证航道畅通，也可用于远洋捕捞，渔船作业引导等。

17.2.3.4 时间和同步

卫星导航系统的每颗卫星都装有世界上最先进的原子钟，导航卫星通过下发导航电文将时间信息传递给世界上有需求的用户。无线通信网络可以利用卫星导航提供的时间信息进行管理、标识和在多频率之间进行同步；电力设备及网络使用时间信息作为时间基准，进行时间标记，而且还作为通用参考，用于所有系统的监控和控制。

（1）GNSS 时间同步技术在电信、电力和铁路领域的应用

我国的通信网已基本实现了数字化，为了保证整个电信网络的正常运行、提高网络服务质量和增强网络功能，通信网必须采用高精度的时间同步技术。目前，我国的通信网采用的是 4 级时钟（铯原子钟、铷原子钟、高稳晶体钟和普通晶体钟）分级时间同步的方法。随着电信技术的发展，通信网时间同步精度的要求越来越高。这种分级时间同步的方法已不能满足要求。因此，我国的通信网迫切需要采用 GNSS 时间同步技术，GNSS 时间同步技术的优点：精度高、可靠性好、成本较低。

GNSS 时间同步技术在电力供电调度系统、雷击定位、回波监测等具有广泛的应用，大大提高了电力系统的自动化运营，保障电网的安全。

铁路运输系统也有广阔的应用前景，主要应用于车辆调度、信号系统时间同步等。

（2）远程时间传递

时间是最基本的物理量，在国际计量局（BIPM）的协调下，世界上多个时间维持机构利用自身的钟组进行时间维持，如美国海军天文台（USNO）、日本信息与通信技术研究所（NICT）、德国物理技术研究院（PTB）、英国国家物理实验室（NPL）、中国国家授时中心（NTSC）。这些时间与频率研究单位所维持的时间与频率基准，会定时相互对比，

在 GNSS 之前，多采用卫星双星比对或光线双向比对，通过既有链路实现时间和频率的传递。GNSS 技术给时间传递带来了新的应用方向，基于卫星共视和全视的比对方法（见图 17－47），降低了比对的技术难度和实施难度。两个或多个机构，仅通过共同观测卫星信号，实现一定时间的数据积累，即可通过后处理的方式实现时间和频率的传递。卫星双星比对可实现 1 ns 的时间传递精度，能够满足于各大时频中心的时间传递要求。

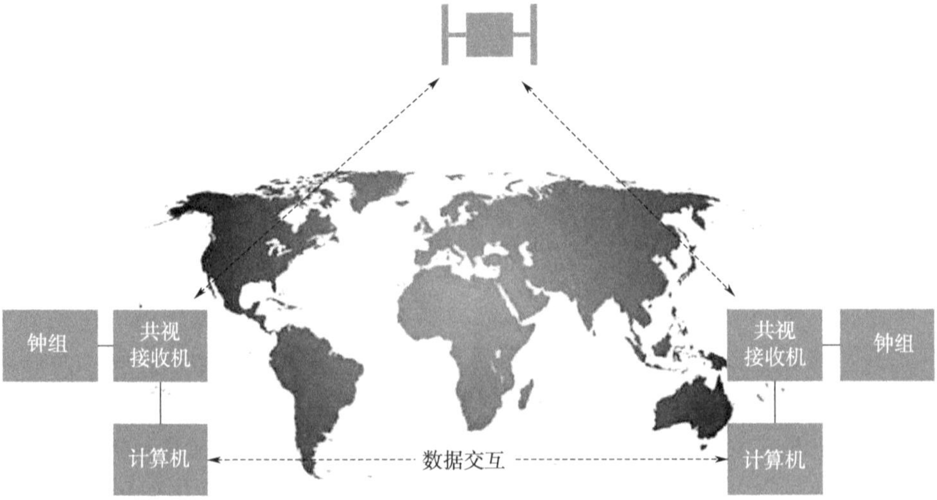

图 17－47　卫星共视比对时间传递原理图

17.2.3.5　精准农业

GNSS 系统在精确农业实施过程中异常重要，它一方面将农田各种信息给予精确定位，输入 GIS（地理信息系统），实现农业信息化管理系统，另一方面也是农机作业自动作业控制的依据。GNSS 在车辆及机具导航、平地、精确播种、喷药、撒肥、数据管理以及作物活力检测和变量控制等领域有着广泛应用。

由于精准农业应用技术的发展，国外已有多种变量处方投入农业机械在生产和使用，其中较为成熟的、效益较好的有自动驾驶、施肥、喷药和播种等。目前，这些领域的先进技术已逐步在我国得到应用。

GNSS 辅助的精细农业有以下技术优点：

（1）提高单产总产，增加经济效益

利用激光技术精密平地增加了格田面积，减少了田（渠）埂占地面积 1.5%～3%，能够充分利用土地，增加总产。

利用激光技术精密平地后，地块平整误差小，使播种深度均匀，出苗整齐，使作物在整个生长阶段都能获得所需的最佳水层，提高了作物产量。

（2）节省用水，降低费用

利用激光技术精密平地，在 100 m 范围内，可达到高差 1～2 cm 的平面，只需适量浅水灌溉，达到精确用水，使灌溉效率和灌水均匀度提高 25%以上，达到节水目的。

（3）减少肥料流失

化肥被保存在作物的根部，施肥均匀，避免了脱肥和肥料的流失，提高了肥料的利用率。

（4）提高机械化作业效率和效果

减少畦埂，改善作业环境，使大地块更方便农业机械作业。

此外，GNSS 在农业管理上的应用也十分广泛。对于土壤养分分布调查、检测作物产量和农田管理等，GNSS 及其相关设备均可大显身手，无论在效率还是准确率方面，均比人工测算管理高出不少。

在播种之前，可用一种适用于在农田中运行的采样车辆按一定的要求在农田中采集土壤样品。车辆上配置有 GNSS 接收机和计算机，计算机中配置地理信息系统软件。采集样品时，GNSS 接收机把样品采集点的位置精确地测定出来，将其输入计算机，计算机依据地理信息系统将采样点标定，绘出一幅土壤样品点位分布图。

在联合收割机上配置计算机、产量监视器和 GNSS 接收机，就构成了作物产量监视系统。对不同的农作物需配备不同的监视器。例如监视玉米产量的监视器，当收割玉米时，监视器记录下玉米所接穗数和产量，同时 GNSS 接收机记录下该玉米植株所处位置，通过计算机最终绘制出一幅每块土地产量的产量分布图。通过和土壤养分含量分布图的综合分析，可以找出影响作物产量的相关因素，从而进行具体的田间施肥等管理工作。

总之，GNSS 在现代精准农业中具有核心地位，为精准农业提供实时高效准确的点位信息，为农机作业提供高效导航信息。没有 GNSS 定位系统，现代精准农业也就无从谈起。随着精准农业向着更加精准的方向发展，GNSS 定位系统将会得到更加普遍的应用，在农业现代化中起到愈加主导的作用。

17.2.3.6　GPS 气象学

随着 GPS 技术的迅猛发展和日臻成熟，首先在美国兴起了一门新兴边缘学科——GPS 气象学，其是由卫星动力学、大地测量学、地球物理学和气象学交叉派生出的，是卫星导航与定位系统技术在地球大气探测中的最新应用。此时主要是针对地基 GPS 气象学而言。1995 年的 GPS 气象学实验增加了 GPS 气象学的内涵，使利用 GPS 无线电掩星探测大气成为现实，这就是空基 GPS 气象学。地基 GPS 气象学和空基 GPS 气象学相互补充，互相促进，统称为 GPS 气象学（GPS Meteorology，简写为 GPS /MET）。目前，多卫星系统气象探测已成为世界气象组织（WMO）21 世纪新的全球综合高空观测系统的重要组成部分。

气温、气压、密度和水汽含量等量值是描述大气状态最重要的参数。GNSS 探测不受气溶胶、云和降水存在的影响，这恰恰弥补了卫星和地面可见光、红外、微波遥感在这方面的缺陷。且 GNSS 大气探测技术还具有如下显著优点：1）空间覆盖范围广；2）垂直分辨率高；3）测量精度高；4）探测稳定。这些优点对于改进区域及全球数值天气预报相当重要，并使得 GNSS /MET 技术成为大气遥感的最有效的方法之一。

根据 GPS /MET 观测站的空间分布特点，可将 GPS 气象学分为两类。

地基 GPS 气象学（Ground - based GPS /MET）：是将 GPS 接收机安放在地面上，像常规的 GPS 测量一样，通过地面布设 GPS 接收机网络，来估计某个地区的气象要素。

空基 GPS 气象学（Space - based GPS /MET）：是利用安装在地球低轨卫星上的 GPS 接收机来接收 GPS 信号。当 GPS 信号与 LEO 卫星上 GPS 接收机的连线经过地球上空对流层大气时，GPS 信号会发生折射，用 GPS 无线电掩星探测方法（Radio Occultation，RO）测量大气折射率。

17.2.3.7　北斗短报文

北斗短报文是北斗卫星导航系统的特色，其技术来源于北斗一号系统的主动定位技术，用户可以使用北斗短报文服务发送一定数量的信息，实现报文通信。

在北斗一号和北斗二号系统中，短报文功能由地球同步轨道卫星完成，其覆盖范围为亚太地区，在北斗三号的应用中，通过在 MEO 卫星上搭载北斗短报文载荷，实现了短报文服务的全球覆盖。

北斗短报文类似于手机的短信功能，可支持 1 000 个汉字的最长信息，这为北斗短报文的应用提供了基础。目前，北斗短报文应用在多种无通信依托的使用场景，除军事外，海洋渔业、无人区监测、应急通信、野生保护动物监控等，均可以使用短报文进行数据传输。

在 2008 年汶川地震的灾后救援中，地面运动基站损失殆尽，地面无法通信，利用北斗短报文的终端机，及时实现了各点位之间、点位与指挥部之间的准确沟通，精确判定各路救灾部队的位置，根据灾情及时调整救援计划，为整个救灾提供了有力的通信保障。

在海洋渔业方面，航行在远海的船只，只能通过卫星通信进行信息传输，费用高昂。短报文系统为渔业船只提供了便捷、低成本的通信服务，使用北斗系统，可以实现基于北斗的定位与位置传输一体化设计，能够为渔民提供通信、求救等多个方面的支撑。目前，全国数万艘渔船上都安装了北斗设备，被渔民称为海上保护神。

北斗短报文作为特有的通信服务，具有广阔的应用前景，随着北斗三号系统的全面建成，提供了更大容量、更高速率、更广覆盖的全球短报文服务，可以进一步扩大北斗系统的应用范围。

17.2.3.8　消费应用

互联网时代的高速发展为基于位置服务的应用带来了巨大的发展空间，基于智能操作系统的多种 APP 均加入与位置相关的要素，体育、娱乐、人员跟踪、车辆跟踪、车载导航系统及通信应用为消费应用。与专业性应用相比，消费应用由于消费群体广泛，发展潜力更大。

在登山、野外探险、越野滑雪、汽车拉力赛、自驾旅游、穿越沙漠及原始森林等活动中，带有卫星导航系统的终端已成为户外娱乐的首选装备。此外，将卫星导航模块与多媒体娱乐单元结合形成的娱乐平台可以提供基于位置的多种游戏方式。

卫星导航技术在位置跟踪方面的应用方便了老人、孩子以及其他需要被保护的特殊群体的监护；也可用于动物身上，实时地得到被监护动物的运动轨迹、习性等信息。

在互联网经济时代下，位置显得更有价值。

共享单车是互联网模式下的位置共享服务的典型代表。单车集成定位芯片与通信芯片，可将单车位置发送至云端服务器，用户在手机端，通过程序可以查找当前位置一定范围内的单车位置，通过扫码或蓝牙连接获取单车 ID，并发送至云端服务器。云端服务器对单车下达解锁指令，用户骑车过程中不断记录位置和时间，传输至云端服务器进行计费。行程结束后，由云端服务器完成换车操作，可通过划定一定的区域，实现定点换车功能，锁定车辆后，由云端服务器向用户程序推送结算信息。共享单车架构体系如图 17－48 所示，其在定位和通信的辅助下，整个过程便捷、快速，因此，共享单车受到了社会的认可，真正解决了最后一千米的问题。

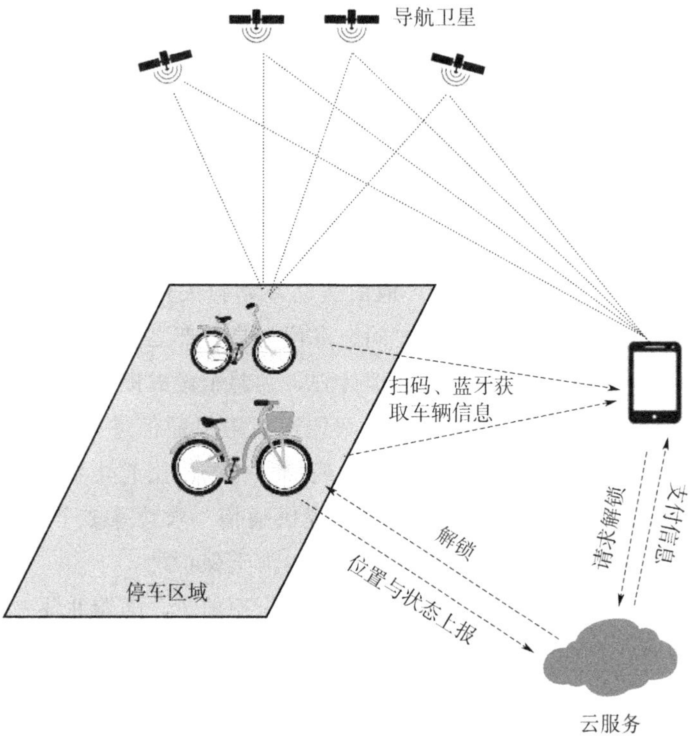

图 17－48　共享单车架构体系

打车平台通过将所有运营车辆的位置与用户位置综合处理，实现快速接单、计费、路程约定等便捷服务，搭起了运营车辆与乘客的桥梁，覆盖客运与货运，提高生活的便利性。

此外订餐、地图、点评等位置服务，都是基于位置与互联网结合的新时代的产物，并极大地影响着我们生活，改变了我们的生活习惯，为我们提供更加便捷、更加智能的生活体验。结合了卫星导航功能的通信设备可以提供用户需要的所有导航定位服务，如信息与导航服务、紧急帮助、跟踪服务、网络相关服务等，这将是通信业的一次飞跃。

总之，GNSS 的应用领域只受想象力限制，具有广阔的前景，因为它每一天都在产生着新的应用领域和分类。

17.3　遥感应用

遥感根据电磁波理论，应用各种传感器对远距离目标所辐射和反射的电磁波信息，进行收集、处理，并最后成像，从而对地面各种景物进行探测和识别。根据探测原理不同，可将遥感分为两类：1）主动式遥感，由传感器主动发射一定电磁波能量并接收目标的后向散射信号，其使用的电磁波是微波和激光；2）被动式遥感，传感器不向目标发射电磁波，仅被动接收目标物的自身发射和对自然辐射源的反射能量，其使用的电磁波一般是微波、可见光和红外（见图 17－49）。遥感之所以能够根据收集到的电磁波来判断地物目标和自然现象，是因为一切物体，由于其种类、特征和环境条件的不同，而具有完全不同的电磁波的反射或发射辐射特征。

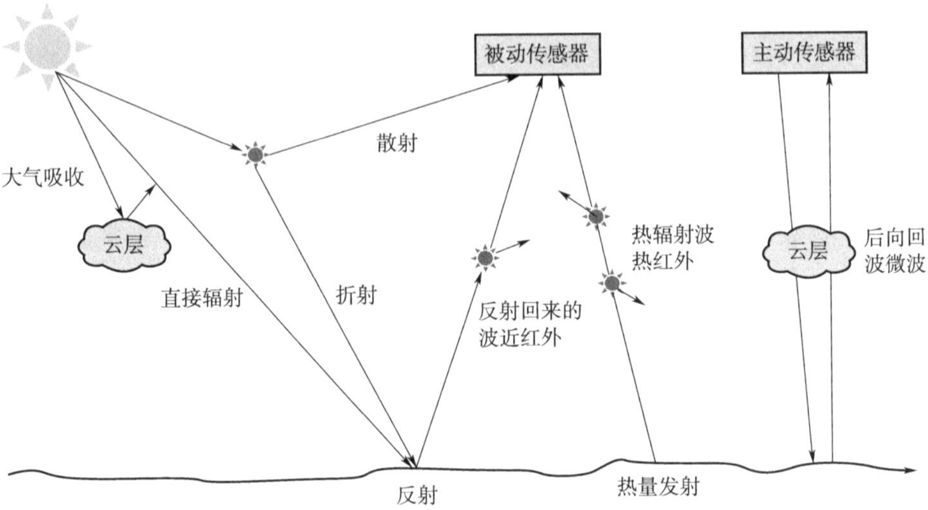

图 17－49　主被动遥感探测原理示意图

卫星遥感应用指采用卫星遥感数据采集对资源、环境、灾害、区域、城市等进行调查、监测、分析和预测、预报等方面的工作。遥感数据客观准确地记录了地表地物的电磁波辐射（反射和发射）特征，实时地反映出地表景观的实况。卫星遥感可提供可见光波段、红外、紫外、微波波段的信息以及多波段信息，可提供图像形式、模拟或数字化的数据信息，可提供实时的二维平面信息及三维空间信息。这些多层次、多方式、多侧面全方位的地理信息，为当今众多领域的发展开辟了道路。

目前，大量的遥感应用需求，对遥感技术提出了很高的要求，一是对遥感信息的精度要求越来越高，二是对遥感获取的数据量处理越来越大（海量遥感数据）。因此，遥感科学发展和应用需求都需要遥感从定性过渡到定量。

遥感技术与国民经济、生态保护和国防安全的关系也越来越紧密，比如土地资源调查、生态环境监测、农业监测与作物估产、灾害预报与灾情评估、海洋环境调查等，包括与日常生活息息相关的天气预报、空气质量监测、电子地图与导航等活动，遥感都发挥了重大作用。进入21世纪，遥感科技已显现出高空间分辨率、高光谱分辨率、高时间分辨率的“三高”新特征，并开拓了更多的应用新领域。本节将介绍卫星遥感数据源、数据处理技术及典型遥感应用案例，并对卫星遥感与应用的发展趋势进行展望。

17.3.1 卫星遥感数据源

由于成像原理不同和技术条件的限制，任何单一遥感平台、单一遥感器、单一电磁谱段的遥感数据均具有一定的应用范围和局限性而不能够全面反映地面目标物的特征。针对不同的应用需求，各国研制了多种不同空间分辨率、时间分辨率和光谱分辨率以及成像探测体制的遥感卫星。据美国忧思科学家联盟（The Union of Concerned Scientists，UCS）统计，全球有27%的在轨卫星都是遥感卫星，表17-12和表17-13列出了国内外主要的卫星遥感数据源。

目前，民用卫星遥感发展形成2个主要的应用系统：1）公益性系统。越来越多的国家开始建立自主可控的对地观测遥感卫星系统，而无自主卫星的国家对卫星遥感数据存在强烈的需求。因此，美国、欧洲等国家将中低分辨率的卫星遥感数据及其信息产品开放共享，极大地促进了全球遥感领域的应用和产业发展。2）商业化对地观测系统。一方面，以美国Digital Globe、欧洲Airbus D&S、加拿大MDA为代表的传统商业卫星公司主要运营大卫星，其数据在空间分辨率、光谱分辨率、时间分辨率方面不断突破，是情报侦察、地图测绘、土地调查对数据质量精度要求较高的传统行业应用依赖的主要数据源。另一方面，多星组网形成对地观测星座是当前卫星遥感的发展趋势，通过小星座多星组网观测大幅提高重访周期，获得的大批量高频次遥感数据为互联网地图等一般化、大众化商业用途提供了及时数据，降低了遥感商业应用的门槛。

国际上，典型的公益性遥感卫星包括美国的Terra/Aqua-MODIS、Landsat和欧洲的Sentinel等卫星和传感器；商业大卫星以美国Digital Globe公司的商业卫星计划WorldView和Airbus D&S公司的Pleiades卫星为典型代表，加拿大MDA和加拿大航天局（CSA）共同管理的Radarsat卫星是国际C波段SAR卫星的佼佼者；商业小卫星的代表为美国PlanetLabs公司的微型卫星计划Flock和Terra Bella公司的SkySat和BlackSky Global公司的BlackSky等小卫星星座。

我国卫星遥感系统重点发展陆地观测、海洋观测、大气观测3个系列卫星，通过构建由7个星座及3类专题卫星组成的遥感卫星系统，形成多种分辨率配置、多种观测技术组合的全球观测和数据获取能力。目前，我国已经形成了高分、资源、环境、测绘等陆地观测卫星星座，张衡一号地球物理场探测卫星也已在轨运行。商业卫星方面，我国二十一世纪空间技术应用股份有限公司、长光卫星技术有限公司、欧比特宇航科技股份有限公司等企业也纷纷加入卫星研制和运营行列，研制的遥感卫星分别有：北京系列、吉林一号、珠海一号等。

表 17 - 12　国外主要遥感卫星数据源

国外遥感卫星		传感器	发射时间	国家	影像波段	典型传感器	轨道高度/km	幅宽/km	谱段数/个	空间分辨率/m	重访周期/天
公益性卫星		NOAA 气象卫星	1960—	美国	可见、近红外、中红外和热红外	AVHRR	800～850	2 400	5	1 100	11
		Landsat 系列	1972—	美国	可见光、近红外、短波红外、热红外	Landsat 8	705	185	11	15、30(OLI)；100(TIRS)	2
		Himawari(葵花)气象卫星	1977—	日本	可见光、近红外、红外	Himawari - 8	36 000	—	16	500、1 000～2 000	1/144
		Terra /Aqua - MODIS	1999/2002	美国	可见光、近红外、短波红外、热红外	MODIS	705	2330	36	250、500、1000	1
		Sentinel 系列	2014—	欧洲	微波、海岸、红边、蓝、绿、红、近红外、短波红外	Sentinel 2	786	290	12	10、20、60	2～6
		ALOS	2006—	日本	蓝、绿、红、近红外	ALOS - 1	691	70	4	2.5	2
商业大卫星	美国 Maxar	WorldView 系列卫星	2007—	美国	海岸、蓝、绿、红、黄、红边、近红外 、短波红外	Worldview - 3	617	66.5	28	全色 0.3；多光谱 1.24；SWIR 3.7；CAVIS 30	1
		GeoEye	2008	美国	全色、蓝、绿、红、近红外	GeoEye - 1	681	15.2	4	全色 0.41；多光谱 1.65	2～3
	加拿大 MDA	Radarsat 星座计划	2008	加拿大	C 波段	RadarSat - 2	798	500	—	3 (超细化模式)	3
	欧洲 Airbus D&S	SPOT 系列卫星	1986—	法国	蓝、绿、红、近红外、中远红外	SPOT 7	694	60	4	全色 1.5；多光谱 6	2
		Pléiades 卫星	2011—	法国	全色、蓝、绿、红、近红外	Pléiades 2	694	20	4	全色 0.5；多光谱 2	1
		TerraSAR - X	2007	德国	X 波段	TerraSAR - X	514	150	—	1、3、16	2
	俄罗斯商业卫星	Resurs - P	2013—	俄罗斯	蓝、绿、红、红边、近红外	Resurs - P1	470	38	5	全色 0.7；多光谱 3	3

续表

国外遥感卫星		传感器	发射时间	国家	影像波段	典型传感器	轨道高度/km	幅宽/km	谱段数/个	空间分辨率/m	重访周期/天
商业小卫星	美国 Planet Labs	Flock 小卫星星座	2014—	美国	红、绿、蓝、近红外	Flock - 1	400	—	4	3～5	1
		SkySat 小卫星星座	2013—	美国	全色、蓝、绿、红、近红外	SkySat - 1	500～600	3.2	4	全色 0.8；多光谱 1	1/(2 次)
		RapidEye 星座	2008	德国	蓝、绿、红、红边、近红外	RapidEye	630	77	5	6.5(像素 5 m)	1
	BlackSky Global	BlackSky 计划	2016—	美国	蓝、绿、红	BlackSky Global - 1	500	—	—	1	1/(70 次)
	Iceye	Iceye SAR 微型卫星星座	2018—	芬兰	X 波段	ICEYE - X1	—	—	—	<1	1

表 17-13　国内主要遥感卫星数据源

国内遥感卫星	传感器	发射时间	国家	影像波段	典型传感器	轨道高度/km	幅宽/km	谱段数/个	空间分辨率/m	重访周期/天
大气观测卫星	风云系列气象卫星	1988—	中国	0.43～12.5 μm	FY-3A/VIRR	836	—	10	1 100	4～10
				可见、近红外、中红外	FY-4/AGRI	36 000	1 000	14	500～1 000; 2 000～4 000	3/288
陆地观测卫星	资源系列卫星	1999—	中国	全色、可见光、近红外、短波红外、热红外	CBERS-04	778	60/120/866	4	全色 5、10;多光谱 20;红外 40、80;宽视场 73	5/26/52
				全色、可将、近红外(0.4～2.5 μm 高光谱)	ZY-1-02D 多光谱相机	778	115/60	9/166	全色 2.5;多光谱 10;高光谱 30	55
	环境减灾卫星	2008—	中国	可见光、近红外、短波红外、热红外(0.45～2.5 μm 高光谱)	HJ-2	644.5	800/96/720	5/215	多光谱 16、高光谱 48/96、红外 48～96	1
	高分系列卫星	2013—	中国	全色、可见光、近红外、短波红外	GF-2	631	45	4	全色 1;多光谱 4	41+
				可见近红外、中波红外	GF-4	36 000	400	6	50/400	1/4 320
				0.4～2.5 μm(高光谱)	GF-5/AHSI	705	60	330	空间 30 m;光谱 5～10 nm	53
	资源三号卫星	2012	中国	可见、近红外	ZY-3	506	51	4	2/3.5/6	3～5
海洋观测卫星	海洋系列卫星	2002—	中国	可见光、近红外、短波红外、热红外	HY-1B	798	—	10/4	1 100/250	1/7

续表

国内遥感卫星	传感器	发射时间	国家	影像波段	典型传感器	轨道高度/km	幅宽/km	谱段数/个	空间分辨率/m	重访周期/天
商业卫星	北京系列	2005—	中国	全色、蓝、绿、红、近红外	北京二号	651	24	4	全色 0.8;多光谱 3.2	1
	吉林一号星座	2015—	中国	全色、蓝、绿、红、红边、近红外、短波红外、中波红外、长波红外	吉林一号光学A星	650	11.6	3	全色：0.72；多光谱:2.88	3.3
	珠海一号	2017—	中国	可见光、近红外	珠海一号 OHS 高光谱卫星	500	150	32	空间 10;光谱 2.5nm	5
	高景一号	2016—	中国	全色、蓝、绿、红、近红外	高景一号 01/02 卫星	530	12	4	全色:0.5、多光谱:2	4
	海丝一号	2020	中国	C 波段	海丝一号 SAR 载荷	512	100	—	1	—

17.3.2 卫星遥感数据处理技术

卫星地面接收站接收到的原始遥感数据，受各种因素影响，如传感器的性能、传感器姿态的不稳定性、大气层的影响以及地形差别的影响等，使得地面物体的几何特征和光谱特性发生变化。因此，必须对原始数据进行处理，才能供用户及应用部门使用。如图 17-50 所示为现代遥感应用技术体系。卫星遥感获取的遥感数据，经过遥感图像处理平台进行预处理（辐射校正、光谱校正、几何校正等）和信息提取（分类、变化检测、目标检测、反演等），必要时进行数据融合和集成，方可为国防和国民经济行业应用提供信息和服务。遥感数据预处理、信息提取和集成平台等对遥感应用具有重要意义，因此，下面对遥感数据处理的关键技术进行简要介绍。

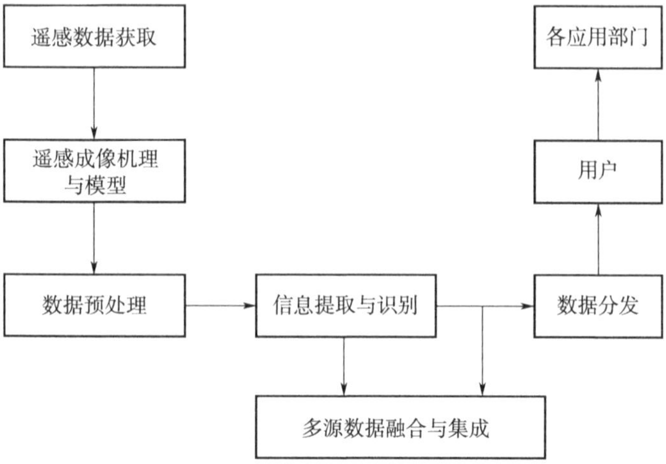

图 17-50　现代遥感应用技术体系

17.3.2.1 预处理技术

卫星遥感数据在提供给用户应用和分析之前需进行必要的辐射校正、几何校正、光谱校正、地形校正等处理，称为卫星遥感数据预处理。它是获取优质遥感基础图像的第一步，对后续各级卫星遥感产品的质量有着很重要的影响。如图 17-51 所示为一种航天高光谱遥感数据预处理流程图，该图仅描述从高光谱 0 级数据到生成 2 级产品数据所涉及的主要处理过程，对于全色遥感数据、多光谱遥感数据的预处理流程可参见相应标准。

（1）辐射校正

遥感数据的辐射校正分为相对辐射校正和绝对辐射校正，前者一般是为了校正传感器的辐射失真，其来源于各探测器的辐射噪声。传感器接收到的信号可由以下公式表达

$$x_i=(g_iAL_i)+c_i \tag{17-48}$$

式中　x_i——各探测器接收到的信号；

g_i——各探测器的响应参数，由传感器的设计参数及对星上校准灯的测量参数决定；

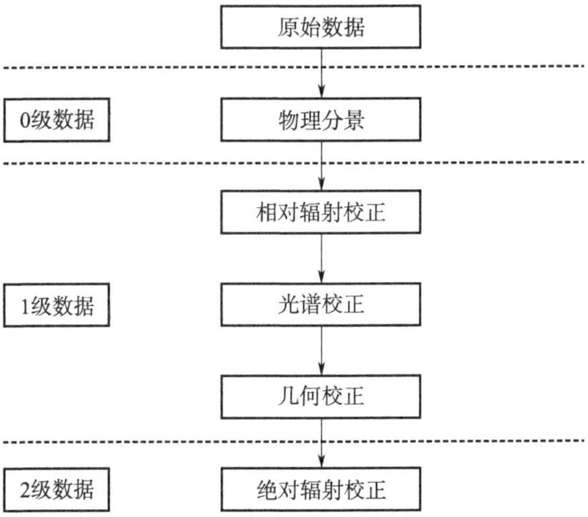

图 17-51　一种航天高光谱遥感数据预处理流程图

c_i ——各探测器的偏置参数，也称作暗电流；

L_i ——各探测器获取的亮度信号，反映了地物的辐射特征；

A ——绝对定标参数，表示了传感器的响应与地物辐射特征之间的转换关系。

在预处理过程中，各探测器辐射校正后的值 x_i 可以用以下的公式表达

$$x_i = (x_i - c_i)/g_i \tag{17-49}$$

此后，需要对辐射校正后的数据 x_i 进行校准，也称作绝对辐射校正，其目的是建立遥感数据与地物辐射特征之间的对应关系，所用的关系式为

$$L = x/A \tag{17-50}$$

在常规的数据预处理中，一般只对传感器的灵敏度和辐射失真进行补偿处理即相对辐射校正，而绝对辐射校正则更多地在遥感应用中视应用目的选择进行。

(2) 光谱校正

卫星发射过程中及在轨运行期间，因大气压强、温度变化以及震动等原因，会导致星载成像光谱仪的光学、结构和电子学部件发生性能改变，导致实验室定标建立的数字化输出和辐亮度之间的关系发生改变。变化的因素不仅有辐射特性的影响还包括光谱特性的影响。为了得到准确的光谱图像数据，必须对发射和在轨运行期间的光谱偏移进行监测和修正，这就要求对遥感数据进行光谱校正。

光谱校正也称光谱定标，分为实验室光谱定标和在轨光谱定标。实验室光谱定标的任务是确定传感器探测器上各探测元的光谱响应函数，确定各探测元中心波长及光谱半宽度。在轨光谱定标目的是确定传感器各通道的光谱中心波长和带宽的在轨变化值，以此在定量化反演过程中进行针对性修正。

下面以某高光谱相机在轨大气廓线光谱定标为例，介绍光谱定标的一般方法。如图 17-52 所示为光谱在轨光谱定标流程，以参考谱线为基准，结合仪器的实验室光谱响应测量结果，通过比较参考谱和实测谱的匹配程度，可以实现中心波长和半波宽的标定。

实测光谱即遥感器入瞳处辐亮度曲线通过相机星上定标装置获取的大气廓线数据，结合星上和场地绝对定标系数求得。参考光谱的获取则由以下三个步骤获得：

1）根据大气廓线数据获取时的观测几何、大气条件等，基于大气辐射传输模型，模拟得到大气顶层辐亮度；

2）选取典型大气吸收位置（O_2吸收峰曲线，CO_2吸收峰曲线或水汽吸收曲线），基于实验室光谱定标结果，分别加入－4～＋4 nm 的模拟漂移量，获得假设的不同光谱响应函数

$$SRF(\lambda_{i,k}) = \exp\left[-\left(\frac{\lambda - [\lambda c(i) + (\lambda_{range-} + k \times \Delta\lambda)]}{[fwhm(i) + (\lambda_{range-} + k \times \Delta f)]/2\sqrt{\ln(2)}}\right)^2\right] \quad (0 \leqslant k \leqslant \frac{2\lambda_{range}}{\Delta\lambda}) \tag{17-51}$$

式中　λ ——已知的大气廓线吸收波长；

$\lambda_c(i)$ ——通道 i 定标前的中心波长；

$\Delta\lambda$ ——中心波长的步长；

$\lambda_{range-} \sim \lambda_{range+}$ ——光谱偏移范围；

$fwhm(i)$ ——通道 i 定标前的半波宽；

Δf ——半波宽的步长；

$SRF(\lambda_{i,k})$ —— $\lambda_c(i)$ 在偏移量为 $\lambda_{range-} + k \times \Delta\lambda$ ；

$fwhm(i)$ 偏移量——（$\lambda_{range-} + k \times \Delta f$）时的光谱响应函数；

k ——偏移步数。

3）通过仿真获取大气廓线吸收曲线，与光谱响应函数进行卷积，即可获取高光谱遥感器通道 i 的参考谱线

$$L_{ref}(\lambda_{i,k}) = \frac{\sum L_i(\lambda) SRF(\lambda_{i,k})}{\sum SRF(\lambda_{i,k})} \tag{17-52}$$

式中　$L_i(\lambda)$ ——通道 i 仿真获取的大气廓线吸收曲线。

将参考光谱和仪器的实际输出或假定真实输出谱线归一化到一致的光谱背景上，做包络线去除，有利于光谱曲线之间特征数值的比较。通过光谱匹配法计算测量光谱与参考光谱之间的光谱夹角，将光谱夹角最小时对应的光谱偏移量作为光谱定标结果。光谱匹配算法为

$$SAM_k = \arccos \frac{\sum_{i=1}^{n} L'(\lambda_i) \cdot L_{ref}(\lambda_{i,k})}{\sqrt{\sum_{i=1}^{n} L'(\lambda_i)^2} \cdot \sqrt{\sum_{i=1}^{n} L_{ref}(\lambda_{i,k})^2}},\ SAM_k \in \left(0, \frac{\pi}{2}\right) \tag{17-53}$$

式中　$L'(\lambda_i)$ ——仪器的实际输出或假定真实输出谱线；

$L_{ref}(\lambda_{i,k})$ ——参考谱线，n 表示通道数。当 SAM_k 最小时，表示光谱最匹配。

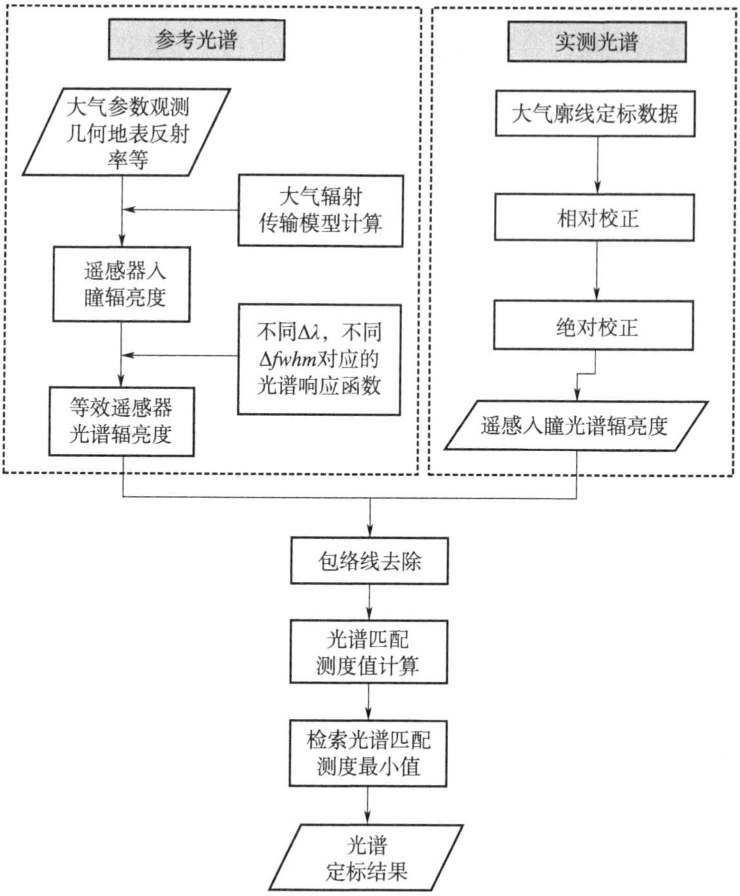

图 17－52　一种高光谱相机在轨大气廓线光谱定标流程

(3) 几何校正

几何校正是由于搭载传感器的遥感平台飞行姿态变化、地球自转、地球曲率等原因引起的图像几何畸变。在遥感数据的几何校正处理中，关键的环节是建立从卫星传感器的某一个探测器到地面观测点的关系表达式，即所谓的几何校正模型。下面简要介绍建立遥感卫星数据几何校正模型的常规方法。

首先，根据卫星成像时传感器的参数，如成像角度和卫星设计参数等，得到成像时各探测器相对于卫星平台的观测角，构建每一个探测器的观测矢量 $\boldsymbol{u}_1$ 。其次，将观测矢量 $\boldsymbol{u}_1$ 换算到以卫星轨道为参照的坐标系下，换算的关系式为

$$\boldsymbol{u}_2=\boldsymbol{M}_p \cdot \boldsymbol{M}_r \cdot \boldsymbol{M}_y \cdot \boldsymbol{u}_1 \tag{17-51}$$

其中，$\boldsymbol{M}_p$、$\boldsymbol{M}_r$、$\boldsymbol{M}_y$ 分别是由卫星的姿态参数的俯仰、滚动和偏航的角度构建的转换矩阵，$\boldsymbol{u}_2$ 是在卫星轨道坐标系下的观测矢量。

然后，将观测矢量 $\boldsymbol{u}_2$ 转换到陆地坐标系，公式为

$$\boldsymbol{u}_3=(X,Y,Z) \cdot \boldsymbol{u}_2 \tag{17-55}$$

其中，(X, Y, Z) 是由卫星的位置矢量和速度矢量构建的矩阵，$\boldsymbol{u}_3$ 是在陆地坐标系下的观

测矢量。

最后，在陆地坐标系下，将观测矢量 $\boldsymbol{u}_3$ 与地球模型方程（通常是椭球方程）联立求解矢量 $\boldsymbol{u}_3$ 与椭球的交点，交点的坐标即为卫星传感器的某一探测器所观测的地面点的位置坐标。另外，在解算探测器观测点的地面坐标时，必须考虑地面高程的影响。为了修正地形起伏对平面位置引起的位移，需要利用具有相应精度的数字高程模型。

17.3.2.2　信息提取技术

遥感信息提取是指从海量、不完全的、有噪声的、模糊的、随机的实际应用遥感影像数据中提取出蕴涵在其中的大量的对用户有用的信息，并将其放入数据库中或以其他形式提供给用户查询使用的过程。常用的遥感信息提取的方法有两大类：1）目视解译。指利用图像的影像特征和空间特征，与多种非遥感信息资料组合，运用其相关规律，进行由此及彼、由表及里、去伪存真的综合分析和逻辑推理的思维过程。早期的目视解译多是纯人工在相片上解译，后来发展为人机交互方式。2）计算机信息提取。由于地物在同一波段、同一地物在不同波段都具有不同的波谱特征，通过对某种地物在各波段的波谱曲线进行分析，根据其特点进行相应的增强处理后，可以在遥感影像上识别并提取同类目标物。早期的自动分类和图像分割主要是基于光谱特征，后来发展为结合光谱特征、纹理特征、形状特征、空间关系特征等综合因素的计算机信息提取。

遥感影像的信息提取，可认为是获取遥感影像的逆过程，即从遥感对地面实况的模拟影像中提取遥感信息，反演地面原型过程。人们需要从携带了地物信息的电磁信号中提取地物的特征，即根据遥感数据和遥感模型（前向模型），求解或推算描述地物特征的应用参数。反演过程可由以下公式描述

$$R = f(\rho) \tag{17-56}$$

$$\rho = f^{-1}(R) \tag{17-57}$$

式中　R ——传感器接收的信号，是遥感像元尺度的参量；

ρ ——地表参数集，也与像元尺度有关。

遥感模型描述地物与辐射之间相互作用的机理，一般分为物理模型、统计模型和半经验模型等。物理模型研究遥感观测数据的生成机理、与地表参数的关系，如广泛应用于大气、地表、叶片的辐射传输模型；统计模型一般是描述性的，对观测到的数据做经验性的统计描述或分析，如线性回归、多项式回归、指数函数和多变量回归模型等；半经验模型通常使用很少的参数，但这些参数具有一定机理性的意义，形成在此基础上的统计学描述。

反演的理论基础来自正向模型，而正向模型对辐射传输的理解直接关系到反演的可靠性，因此这两个方向都是十分重要的。下面以植被遥感为例，简要介绍反演的过程。图 17-53 给出了一种基于经验模型的植被遥感反演流程图，其中，ENVI 为通用遥感图像处理软件平台；*NDVI* 为归一化差植被指数，是反映农作物长势和营养信息的重要参数之一；*LAI* 为叶面积指数，是反映作物群体大小的较好的动态指标；两个指数由以下公式给出

$$NDVI = (NIR - R)/(NIR + R) \tag{17-58}$$

$$LAI = 0.75\rho_{种} \frac{\sum_{i=1}^{m}\sum_{j=1}^{n}(L_{ij} \times B_{ij})}{m} \tag{17-59}$$

式中　NIR ——近红外波段的反射值；

R ——红光波段的反射值；

L_{ij} ——每株作物各叶片的叶长；

B_{ij} ——各叶片的最大叶宽；

n ——第 j 株的总叶片数；

m ——种植密度；

$\rho_{种}$ ——种植密度。

NDVI 是检测植被生长状态、植被覆盖度和消除部分辐射误差等，能反映出植物冠层的背景影响，如土壤、潮湿地面、雪、枯叶、粗糙度等，且与植被覆盖有关。*LAI* 是生态系统的一个重要结构参数，用来反映植物叶面数量、冠层结构变化、植物群落生命活力及其环境效应，为植物冠层表面物质和能量交换的描述提供结构化的定量信息，并在生态系统碳积累、植被生产力和土壤、植物、大气间相互作用的能量平衡，植被遥感等方面起重要作用。

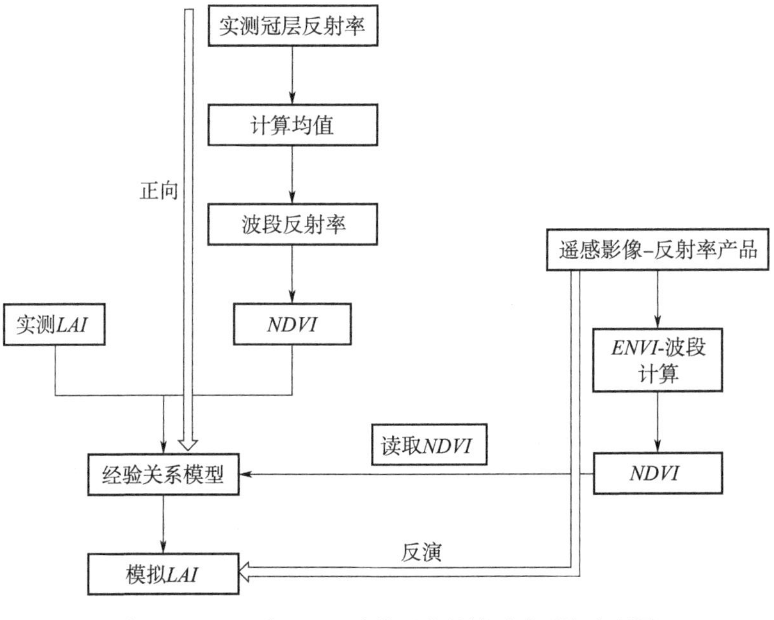

图 17 - 53　一种基于经验模型的植被遥感反演流程图

基于像素级别的信息提取以单个像素为单位，过于着眼于局部而忽略了附近整片图斑的几何结构情况，从而严重制约了信息提取的精度，而面向对象的遥感信息提取，综合考虑了光谱统计特征、形状、大小、纹理、相邻关系等一系列因素，因而具有更高精度的提取结果。图 17 - 54 为一种面向对象的遥感信息提取方案，这里的认知基元指具有相同特征的“同质均一”的单元，考虑了成群像素构成有意义的对象、邻近信息并同时利用多重比例尺信息。

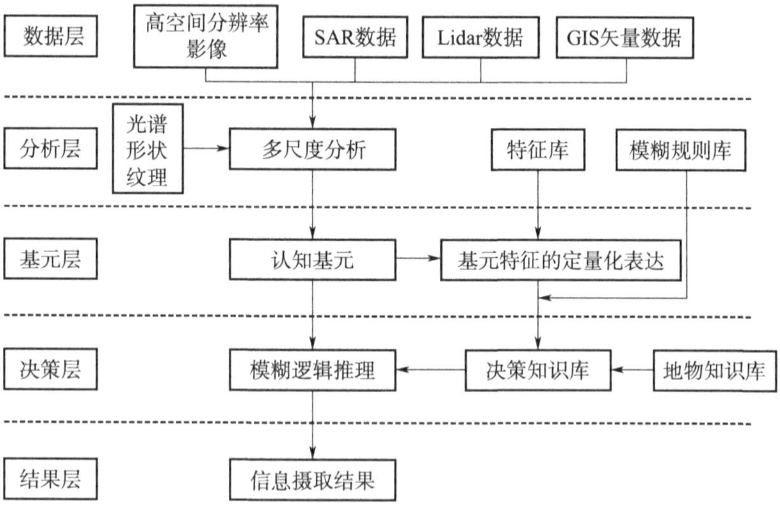

图 17－54　面向对象的遥感信息提取方案流程图

基于深度学习的语义级分类和分割技术，是目前面向对象分类方法中最好的方法。近年来，深度学习各种算法在遥感信息提取即图像分析、语义分割和目标识别等得到广泛应用，已被证明是遥感数据自动化处理的有效手段。例如，基于 R－CNN、Fast R－CNN、Faster R－CNN、Mask R－CNN、SPPnet、SSD、YOLO 等算法的遥感目标检测技术能够快速识别遥感影像中的特定目标地物类别。其中，Faster－RCNN 是一个准实时的端到端的深度学习检测算法，相比其他方法，在精度和检测速度都得到了极大提升。基于 Faster－RCNN 技术的遥感影像目标检测正被应用于遥感影像的违法建筑物、树木、单株作物、自然灾害隐患点、桥梁等地物目标检测。基于 FCN、Deeplab、PSPNet、DeconvNet、SegNet、UNet 等算法的遥感影像分割和分类技术相比原有的非监督分类、监督分类和面向对象遥感影像分类技术，能够大幅提升分类精度。目前最常用的基于 UNet 算法的遥感影像分割算法，能够准确实现建筑物、植被等多地物类别的分割和分类处理。

深度学习算法基于卷积神经网络（Convolutional Neural Network，CNN）发展而来，而 CNN 通常由卷积层、池化层、全连接层和输出层组成。图 17－55 是一种图形识别的 CNN 模型，可以看出，最左边的船的图像就是数据层，也称输入层，计算机理解为输入若干个矩阵，接着是卷积层，卷积层的激活函数使用的是 ReLU，在卷积层后面是池化层。在若干卷积层＋池化层后面是全连接层。此后由输出层给出相应结果。

卷积是一种重要的数学运算，图像的卷积运算本质上是一个滤波过程。卷积运算可以用式（17－60）表示

$$g(x,y)=f(x,y)*\omega(i,j)=\sum_{i,j}f(x+i,y+j)*\omega(i,j) \tag{17-60}$$

式中，$f(x,y)$ 代表图像中 x 行 y 列的灰度值，ω 为卷积核即滤波器。卷积运算实际上是一个权重模板与其所覆盖的像素值进行加权运算，得到卷积核在该点的响应值。

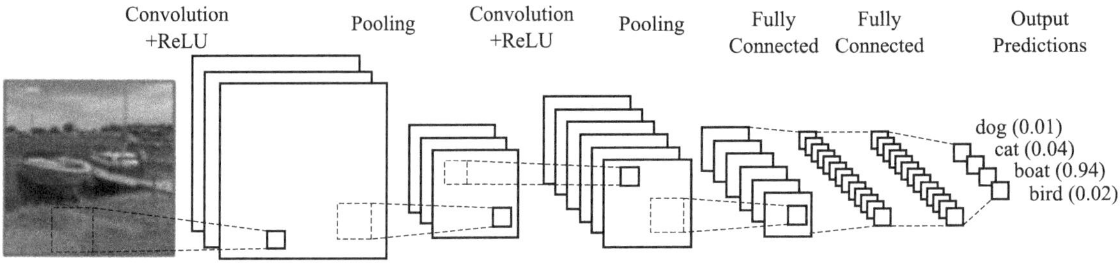

图 17－55　一种图形识别的 CNN 模型

卷积层的作用是提取特征。它采用一系列可训练的卷积核对上一层输出数据进行卷积运算，并用一个非线性函数将卷积结果变换到某一个限定范围内，从而使模型具有非线性特性。卷积层的计算如式（17－61）所示

$$X_j^l = f\left\{\sum_{j\in M_j}(X_j^{l-1} * k_{j,i}^l) + b_j^i\right\} \tag{17-61}$$

式中　X_j^l ——第 l 层卷积层的第 j 个特征图；

$f(x)$ ——激活函数；

M_j ——上一层的输出集合；

$k_{j,i}^l$ ——卷积核；

b_j^i ——卷积特征图 X_j^l 的加性偏置；

$*$ ——卷积操作。

卷积神经网络中卷积层所使用的卷积核是通过反向传播算法学习得到的，而非人工设计的卷积核。每个卷积层包含多个权值不同的卷积核，每个卷积核分别与输入图像进行卷积操作，从而提取出输入图像的不同特征。通常，低层的卷积层提取输入图像的边缘、线条和角点特征，而随着网络层数越来越高，提取到的特征也越来越复杂和抽象。

池化层的作用是对输入图像进行降采样处理。池化层对输入特征图像的相邻像素之间进行取平均或求最大值，得到新的特征映射图，以降低特征图的分辨率。池化层也需要引入激活函数，目的是在不影响感受野的情况下提高网络以及决策函数的非线性特性。池化层的计算如公式（17－62）所示

$$X_j^l = f[\beta_j^l \mathrm{down}(X_j^{l-1} + b_j^i] \tag{17-62}$$

式中　X_j^l ——第 l 层卷积层的第 j 个特征图；

$f(x)$ ——激活函数；

β_j^l ——卷积特征图 X_j^l 的乘性偏置；

$\mathrm{down}(x)$ ——采样函数；

b_j^i ——卷积特征图 X_j^l 的加性偏置。

ReLU（Rectified Linear Units）是最近几年被广泛使用的激活函数。它能够有效缓解梯度弥散问题，从而直接以监督的方式训练深度神经网络，无需依赖无监督的逐层预训练。

全连接层一般出现在网络的末端，最后一个池化层和输出层之间通常有两个全连接

层，但它并不是必需的，可以有 0 个或多个。全连接层的每一个神经元都与前一层的所有神经元相连接，它的主要作用是将二维的特征图转换成一维的向量，便于输出层进行分类。

输出层是卷积神经网络的最后一层，它的作用是对输入的一维向量进行分类。输出层相当于一个分类器，通常采用 SoftMax 回归。输出层与前一层也是采用全连接的形式，它的输出也是一个一维向量，维数等于分类的数目。

17.3.2.3　集成平台技术

随着遥感技术的发展，遥感数据源的空间分辨率、光谱分辨率、时间分辨率都有了长足的进步。新型、海量的遥感数据使人们能够获得大量更加真实、准确的信息，也促进了大数据、云计算、人工智能等计算机技术在遥感领域的应用。商业航天的发展对遥感集成平台技术提出了更高的要求。图 17－56 为一种卫星遥感集成平台，其将计算资源、数据资源、算法管理、数据处理和服务需求等遥感产业要素集中到一个智能化处理平台，可以融合多元数据资源，提供在线 AI 标注、训练、处理、管理等多层服务，满足海量遥感影像 AI 处理的需求，核心关键技术主要包括：

1）多源数据融合处理应用技术。集成气象、海洋、陆地、雷达多源数据处理能力，针对不同行业应用场景，实现空间数据在结构、格式、类型上的统一，多源与异构数据的连接与融合。

2）基于深度学习与知识图谱的遥感影像智能分析技术。突破大规模、大范围、高频次、多种类目标自动提取的技术瓶颈，基于遥感影像目标监测模型和语义分割模型进行研究，建立包含各类典型地物要素的影像样本库，实现海量遥感数据典型地物要素的全自动

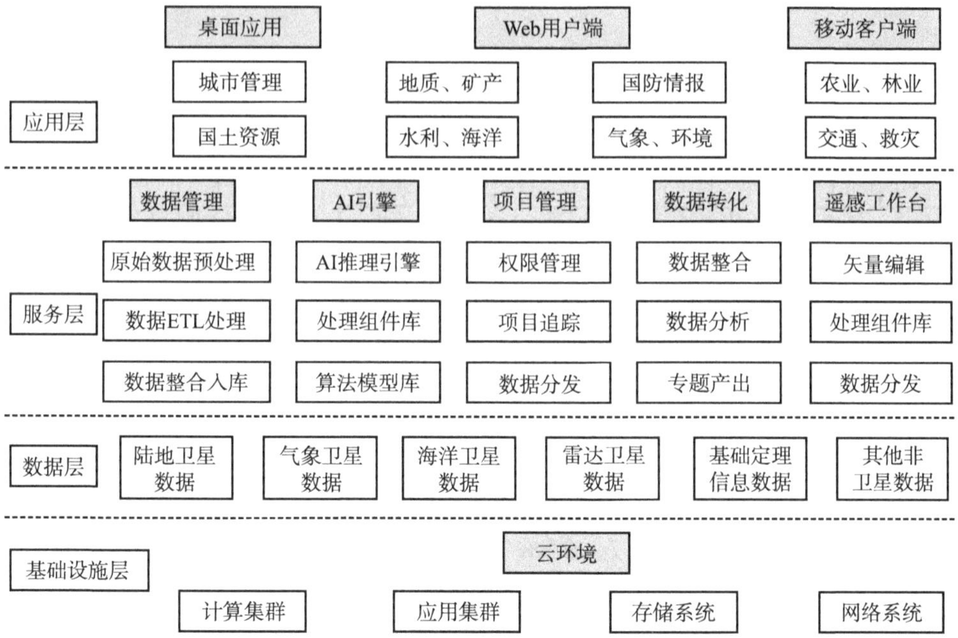

图 17－56　一种卫星遥感集成平台

化智能提取，并针对遥感数据利用率低、图像判读依赖人工及平台自动化、智能化水平不高等问题，构建遥感领域知识图谱，实现遥感影像的智能分析。

3）遥感云服务技术。在云计算、人工智能、大数据背景下，为用户提供“云＋端”应用一站式服务，挖掘海量遥感数据价值，提速遥感应用产业化。

17.3.3　卫星遥感应用场景与案例

遥感借助辐射测量技术，通过科学算法反演出能够准确反映大气、陆地和海洋状态的各种物理和生态参量，对资源、环境、灾害、区域、城市等进行调查、监测、分析和预测、预报等方面的工作。借助遥感卫星数据，可开展气象预报、国土普查、作物估产、森林调查、地质找矿、海洋预报、环境保护、灾害监测、城市规划和地图测绘等遥感业务。下面对遥感在几个典型行业的应用进行简要介绍，并给出了遥感支持防疫和防灾减灾的应用案例。

17.3.3.1　生态环境监测

遥感技术在生态环境监测应用主要是基于遥感技术的基础数据采集以及计算机技术的数据处理和空间制图等方面。利用图片、数据可以直观地反映出生态系统的特点，有助于人们更好地理解生态系统。因此，定期开展遥感综合调查，可以有效地监测生态环境质量现状，对于生态环境可持续发展具有重要的意义。图 17－57 给出了遥感在生态环境监测的应用分类，主要包括大气环境监测与评价、水环境监测与评价、生态环境监测与评价、土壤环境遥感监测、核电厂监管等领域。下面仅列举几个典型应用案例。

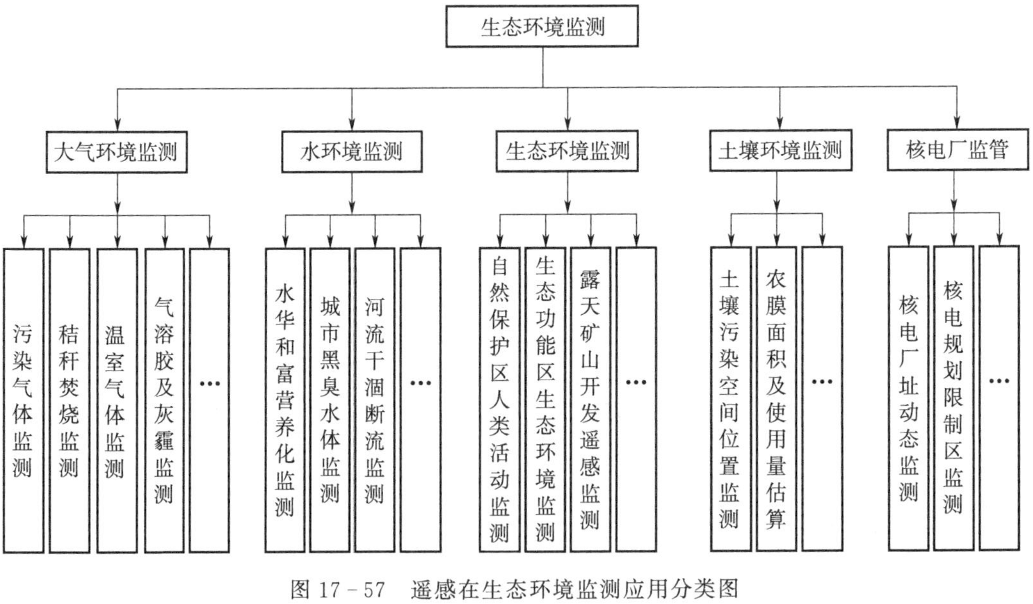

图 17－57　遥感在生态环境监测应用分类图

（1）水华和富营养化监测

水质监测是水环境综合治理和水污染控制的基础，也是藻华风险评价和生态安全建设的重要依据。水华和富营养化监测主要面向重点湖库水环境开展监测，采用遥感卫星影像数据，可根据需要开展日、周、月、年不同频次的监测。下面以高分五号（GF-5）高光谱成像仪（AHSI）的遥感数据对洞庭湖的水质监测为例，介绍检测方法与结果。

高分五号卫星是世界首颗实现对大气和陆地综合观测的全谱段高光谱卫星，其上搭载的可见短波红外高光谱相机具有 60 km 的幅宽、30 m 的空间分辨率和 5～10nm 的光谱分辨率，同时获取地表地物在 400～2 500 nm 范围内 330 个谱段的空间、辐射与光谱信息，具有突出的地物探测和识别能力。

目前已有大量的算法用于分析各种水质参数。基于 GF-5-AHSI 的 L1 级产品（经预处理后的数据），再用 ENVI 进行处理，可得到水面光谱反射率，用于水质参数即叶绿素 a 浓度（$Chl-a$）、透明度（SDD）、总悬浮物浓度（TSM）和富营养化等级（TCI）的反演。

选取 GF-5/AHSI 于 2018 年 10 月 5 日 5 时 42 分拍摄的洞庭湖的高光谱图像进行研究。通过光谱校正、辐射校正、几何校正和水体提取对数据进行预处理，得到水面光谱反射率，并依据下述经验模型进行水质参数的反演

$$Chl-a=\exp\left(5.2715\times\frac{R_{rs}(698.366\ \mathrm{nm})}{R_{rs}(668.444\ \mathrm{nm})}+2.0052\right) \tag{17-63}$$

$$TSM=9.65\exp(58.81R_{rs}(647.076\ \mathrm{nm})) \tag{17-64}$$

$$\frac{1}{SDD}=0.1701x^3-0.360x^2+0.4629x+0.0401,\quad x=R_{rs}(668.444\ \mathrm{nm}) \tag{17-65}$$

$$TLI(Chl-a)=10\times(2.5+1.086\ln(Chl-a)) \tag{17-66}$$

式中　$R_{rs}()$——获取的各波段水面光谱反射率。

如图 17-58 为反演结果图，结果表明，$Chl-a$ 高达 39.8 μg/L，TSM 高达 53.6 mg/L，SDD 高达 0.65 m，湖泊基本达到中度富营养化。可以看出，GF-5 数据能准确反映湖泊水质各参数的空间变化规律。

这个应用案例给出了一种遥感数据应用的典型过程，即 17.3.2 节提到的数据预处理、信息提取以及最后的反演。但基于不同的遥感数据和不同的应用，其数据预处理、信息提取和反演过程会有一定的差异，因此，本节后续应用案例只简要介绍应用方向与结果，对具体过程不做详细介绍，感兴趣的读者可阅读相关参考文献。

（2）$NO_2/SO_2/O_3$ 污染气体监测

污染气体遥感监测主要是针对氮氧化物、硫氧化物的实时动态监测，开展排放量核算及大气环境形势分析等，可覆盖全国范围。根据需要，可进行年度、季度、月度等不同频次的监测。

（3）自然保护区人类活动监测

自然保护区人类活动监测，是分别对国家级、省级自然保护区人类活动进行遥感监测，利用遥感影像数据，分析人类活动影响程度空间分布，查明具体影响情况。如图 17-59 为 2018 年 5 月，利用 2008 年的 CBERS02B、2012 年 ZY-02C 和 2013 年 GF-1 多期

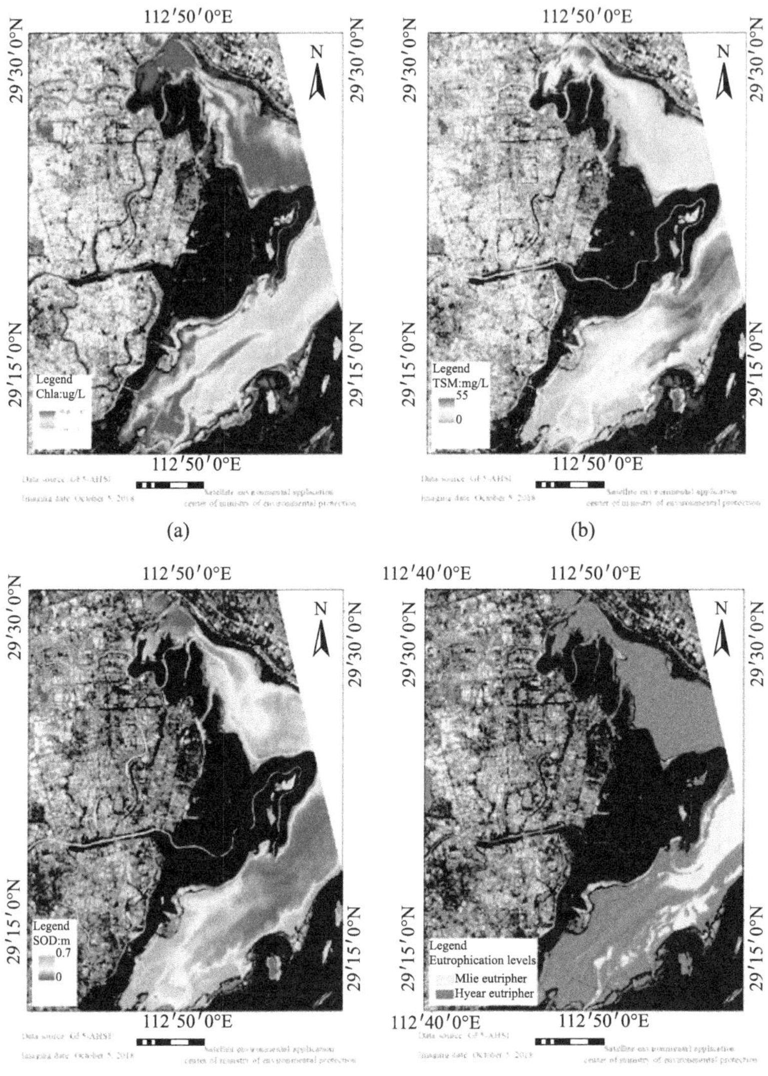

图 17-58　基于 GF-5 卫星数据的 2018 年 10 月洞庭湖水质监测图

遥感影像，对重庆水磨溪湿地县级自然保护区的湿地破坏情况进行的监测。可以看出，在 2008 年 7 月的影像上，湿地未见开垦迹象。在 2012 年 6 月的影像上，湿地已被开垦破坏，开垦面积约 203.19 公顷。在 2013 年 9 月的影像上，湿地被开垦破坏，但没有发现明显建设痕迹。2016 年 7 月的影像上，紧邻保护区的湿地开始建设；2017 年 7 月的影像上，被破坏的湿地有 5 处明显开发建设痕迹。

17.3.3.2　自然资源调查与监测

利用卫星遥感技术能实时掌握和动态获取地球自然资源、环境、灾害等发展态势的重要信息资料，为自然资源调查监测提供技术保障，从而提升自然资源卫星测绘遥感与调查监测能力。近年来，卫星遥感技术发展迅速，高空间分辨率遥感、高时间分辨率遥感、高

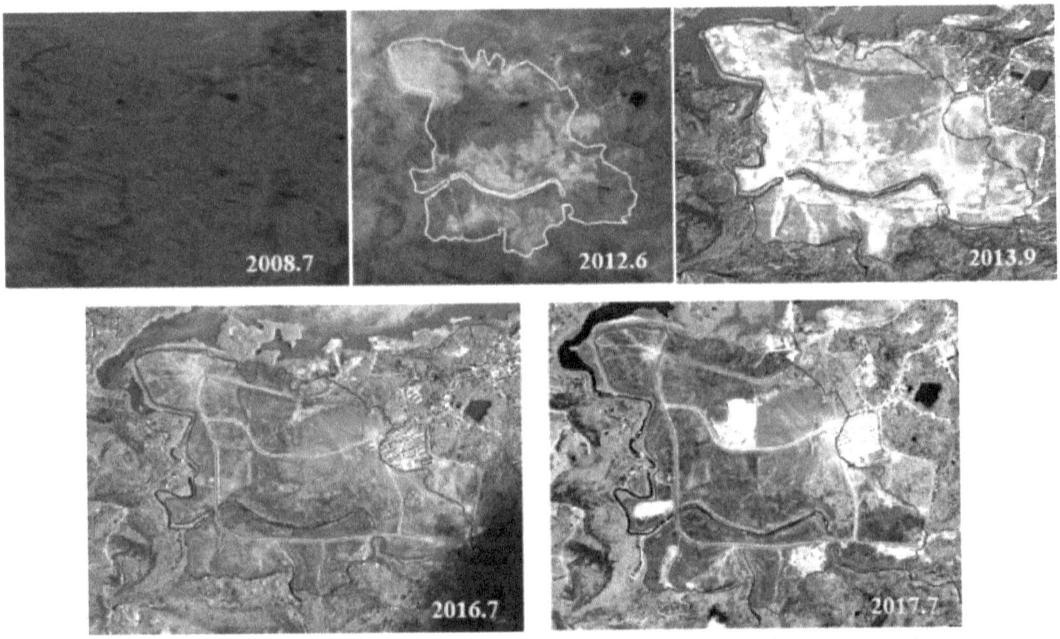

图 17－59　基于多期遥感影像监测重庆水磨溪湿地保护区内变化图

光谱分辨率遥感以及高辐射分辨率遥感数据使得探测地物的精细特征成为可能，同时使得遥感数据的应用从单纯的定性向定量方向发展。如图 17－60 给出了遥感在自然资源调查与监测的应用分类，主要包括土地资源调查监测、矿产资源遥感勘察、矿山开发遥感监测、地质灾害调查与监测、生态地质环境遥感调查监测、海洋权益维护、海洋防灾减灾、海洋生态环境保护、海岸带调查监管、海洋监测预报产业和服务等领域。下面仅列举几个典型应用案例。

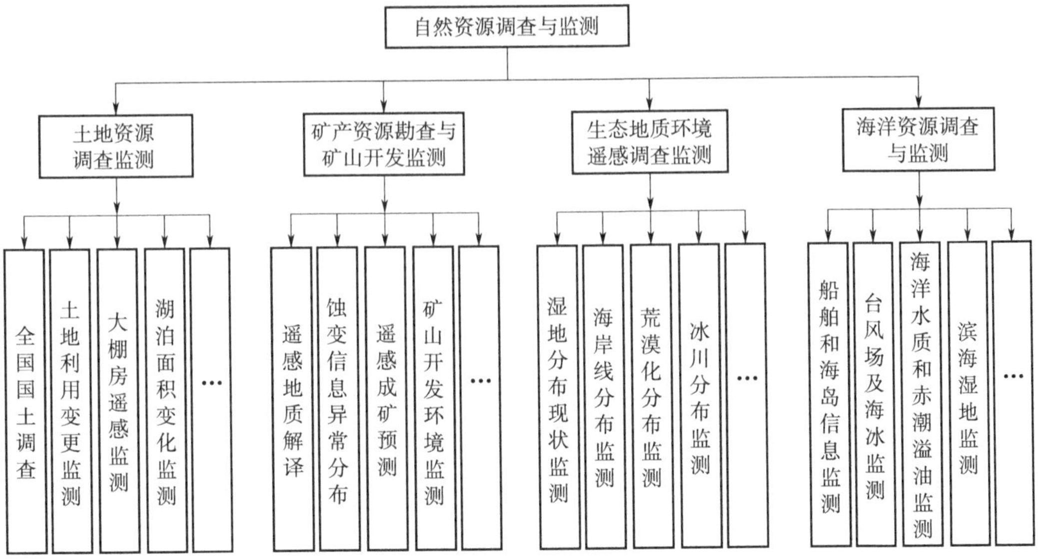

图 17－60　遥感在自然资源调查与监测应用分类图

(1) 全国国土调查

遥感图像包含非常丰富的地物信息，能够全面真实地记录各类地表事物的时空分布特征和分布规律，并为地物资源的空间定位、成分鉴别、趋势研究、动态监测方面提供全面的信息，可构建全国的土地利用信息数据库，以此对土地利用现状、土地权属、专项用地情况进行实地调查，建立各级土地调查数据及专项调查数据分析与共享服务管理平台。图 17－61 是我国基于 GF－2 卫星数据在甘肃省古浪县进行第三次全国国土调查，采用了优于 1 m 分辨率遥感卫星影像用于现状地物勾绘、耕地和湿地调查等应用。

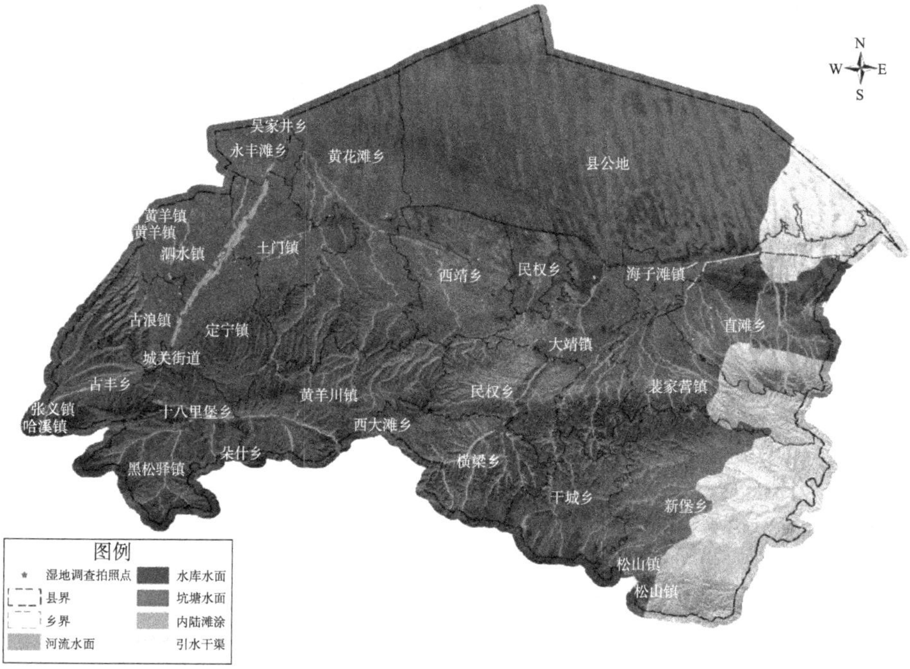

图 17－61　基于 GF－2 卫星数据的甘肃省古浪县第三次国土调查

(2) 遥感地质解译

遥感地质解译是以地质特征标志和地质模型研究为基础，结合物理手段和数学方法，对所获得的地球表层的遥感数据进行分析、解译，以求获得各种地质要素和矿产资源时空分布特征信息，从而揭示地壳结构、地质构造及矿产资源分布及其发生发展规律。

(3) 海洋叶绿素浓度监测

利用多时相的卫星遥感图像不仅可以反映大面积海区水体表层悬浮泥沙的分布规律和变化动态，而且还可以确定大风天时高含沙量的活动范围。这些信息对新港口选址、新航道的开辟、近海石油开采以及解决旧港口淤积等问题是重要的依据。图 17－62 为基于 GF－1 卫星数据，对杭州湾水体叶绿素浓度进行监测的结果图，可以看出受钱塘江水系影响，杭州湾口的悬浮泥沙浓度较高，随着向外海延伸，浓度逐渐降低。而叶绿素浓度高的区域主要分布在河口水系交换大的地方，河口和外海相对较低。

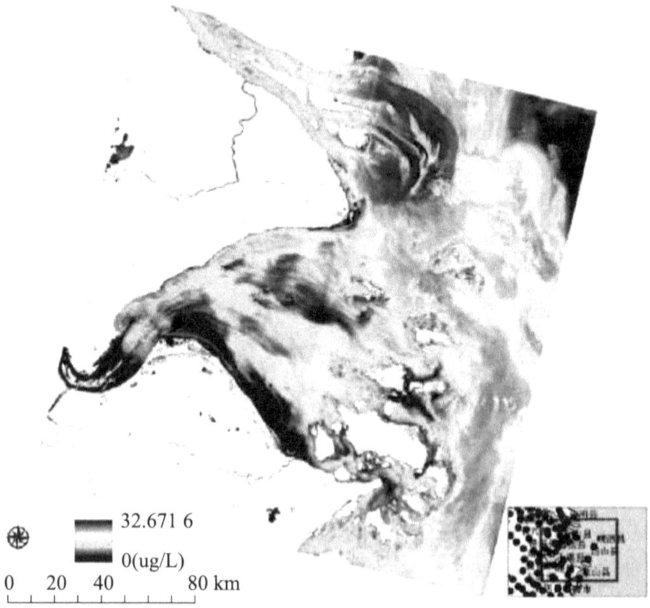

图 17－62　基于 GF－1 卫星数据的杭州湾叶绿素浓度监测图

17.3.3.3　农业应用

遥感技术多年来一直被应用于农业领域，是农业生产中获得田间数据的重要来源，能够提供大量的农田时空变化信息，是当今世界农业发展的潮流，对农业社会的发展有着不可替代的作用。如图 17－63 给出了遥感在农业中的应用分类，在农业生产中，遥感技术能实时准确的提供地表信息，如土壤覆盖的空间信息、作物长势、地面生物量、作物营养亏缺，并且可以连续对地面进行长期观测，构成时间和空间的一体化多维信息集合，这种大面积、实时准确的多维时空信息对农业生产发展有着不可替代的作用。下面仅举几个典型应用案例。

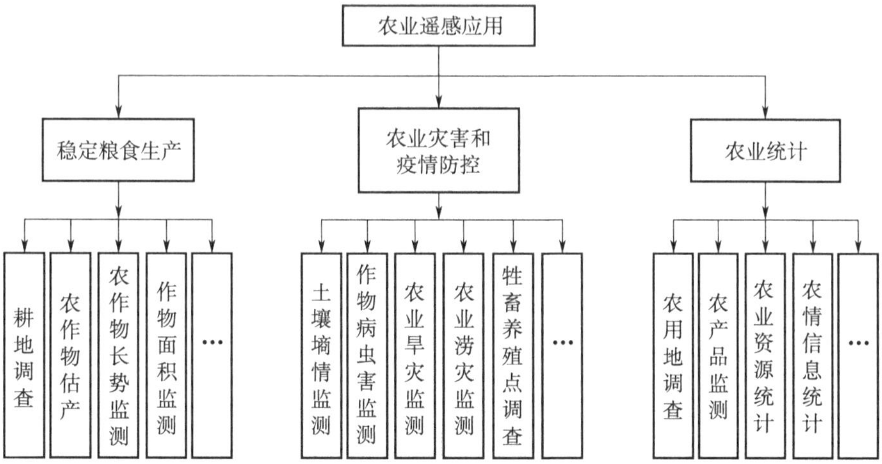

图 17－63　农业遥感应用分类图

(1) 作物面积监测

作物面积监测是以 5～30 m 空间分辨率的多光谱卫星遥感影像为主要信息源，结合地名样方调查，采用机器学习和人工目视修正方法进行作物识别和信息提取。不同作物在遥感影像上呈现不同的颜色、纹理、形状等特征信息，利用信息提取的方法，可以将作物种植区域提取出来，从而得到作物种植面积和种植区域。获取作物种植面积是长势监测、产量估算、病虫害、灾害应急、动态变化等监测的前提。

(2) 土壤墒情监测

土壤墒情也就是土壤含水量，土壤水分的遥感监测主要从可见光-近红外、热红外及微波波段进行。通过与反映土壤含水量相关的参数建立关系模型，反演土壤水分。用于土壤水分监测的方法是利用光学-热红外数据，选择参数建立模型进行含水量的反演。此外，也可以进行土壤肥力监测、土壤结构信息的提取等。

(3) 作物病虫害监测

植被对诸如病虫害、肥料缺乏等胁迫的反应随胁迫的类型和程度的不同而变化，相应的，植物特征吸收曲线的光谱特性就会发生相应变化，所以在病虫害早期就可通过遥感探测到。选择病虫害叶片中对叶绿素敏感的波段，结合实测叶绿素含量，建立叶片叶绿素含量的估算模型，可提取病虫害信息。图 17－64 展示了以 GF－1、GF－6、Sentinel－2 和 Landsat 8 等卫星影像为数据源监测 2018 年 4 月河南省宝丰县冬小麦赤霉病的病发等级，可以看出，该县西部和南部地区赤霉病严重，对小麦产量和质量造成极大影响。

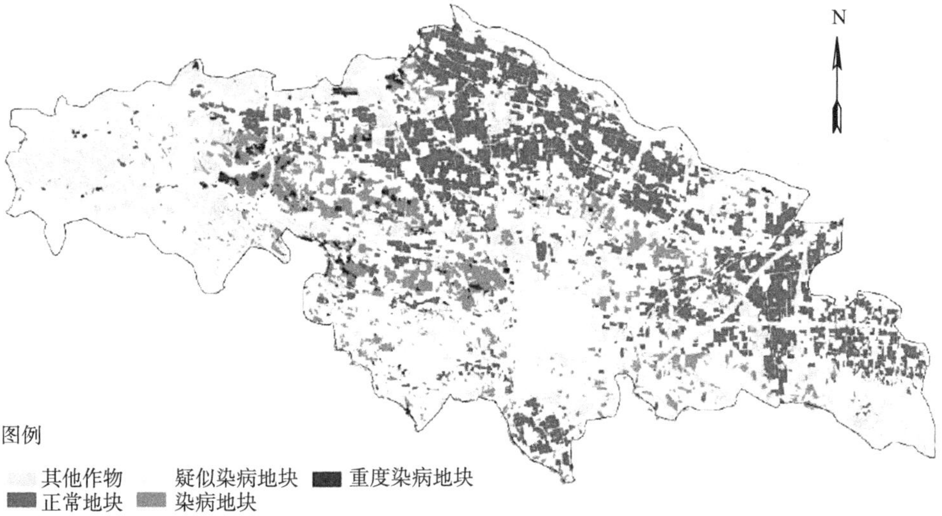

图 17－64　基于 GF、Sentinel 和 Landsat 卫星的 2018 年 4 月河南省宝丰县小麦赤霉病监测图

17.3.3.4　交通行业应用

随着经济的发展，交通网络日益完善，交通运输行业向现代化、信息化和智能化发展。卫星遥感技术因其观察范围广、信息全面真实、成本低、易更新等特点，在交通领域得到了越来越广泛的应用，横向涵盖了公路、铁路、水路、航空等各个领域。图 17－65

给出了遥感在交通领域中的应用分类，其能够为路网规划与道路资产普查、道路勘察设计辅助决策、交通地质灾害评估应急与交通用地监测、航运与环境监测、机场规划建设与环境监测等提供数据支持，在缺乏基础地理信息区域辅助进行宏观决策。下面仅列举几个典型应用案例。

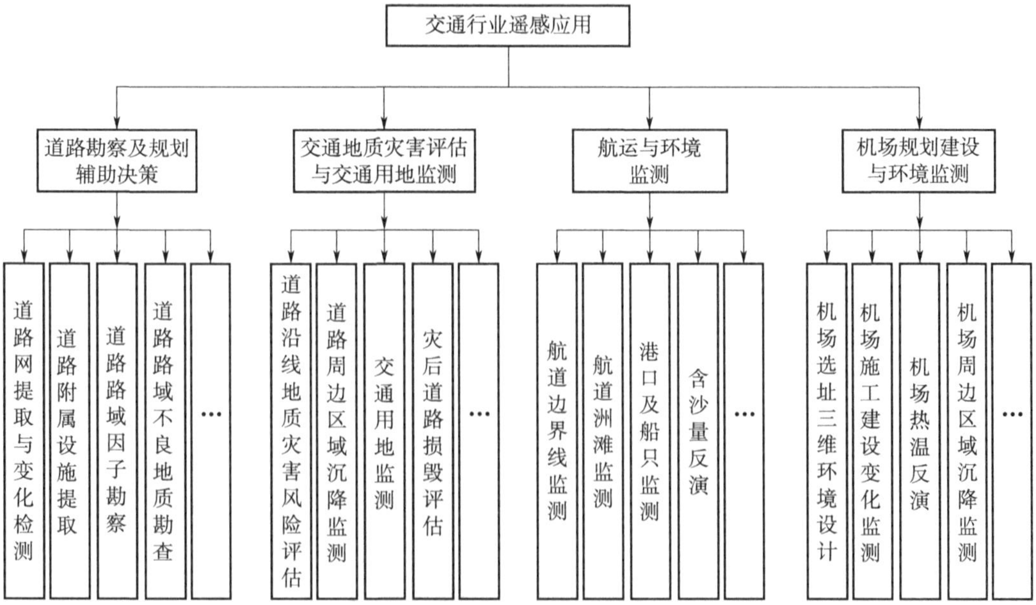

图 17－65　交通行业遥感应用分类图

（1）道路网提取

道路网的规划与道路附属设施的清查是交通规划的重要组成部分，是公路建设中一项重要的前期工作，对于制定公路建设中长期规划，确保公路建设合理布局具有重要的意义。基于高光谱、高时间、高空间分辨率的高分卫星遥感影像，可快速、准确获取大范围道路网及其附属设施信息，极大地提高道路基础设施的调查效率，有效辅助全国各地交通运输主管部门和公路管理机构的业务工作。如图 17－66 所示，图中深色部分为提取的山西省古交市道路网信息，可以看出古交市路网的分布情况，中部城区路网较为密集，南北向公路交通联系较弱，整体发展不均衡。从道路附属设施（服务区、收费站）的整体空间分布情况来看，目前配套不完善需要在后续规划中做到布局合理、标准适宜、设施齐全。

（2）道路路域不良地质勘查信息提取

我国大部分公路建设用地位于地质情况较复杂，崩塌、滑坡、泥石流等不良地质分布广泛，人工野外勘察困难。基于卫星遥感数据，可大范围地获取路线走廊带范围内的崩塌、滑坡、泥石流等不良地质信息，克服地面调查的局限性，增强预见性，极大地缩短勘察周期，并且可节约大量的人力物力，提高勘察效率，为道路线路方案的选择提供可靠的地质依据和比选意见。图 17－67 为基于 GF－2 卫星影像，对静宁至天水高速公路（S25）静宁至庄浪段走廊带范围内滑坡等不良地质信息进行勘察的结果，从图中可以看出，该区

图 17－66　基于 GF 卫星遥感数据提取的山西省古交市道路网及附属设施信息图

域存在两处潜在的滑坡区域，其中较大的一处滑坡位于山腰，位置较危险，如遇大雨极易发生滑坡灾害。

图 17－67　基于 GF－2 卫星影像的 2017 年 3 月甘肃静庄高速公路不良地质信息勘察图

（3）港口及船舶监测

航运是交通运输事业的重要组成部分，和其他几种交通运输方式对比，航运具有运量大、运费低等优点。利用卫星遥感技术，对港口及船舶进行监测，形成船舶、港口码头监测，一方面服务于航道交通量计算、海上交通事故的监测等，航道部门可以掌握特定区域的船舶通航情况，统计特定时间的船舶流量，分析船舶密度、习惯航线等；另一方面，通过码头、港口边界线的自动提取功能，航道部门可以掌握新建码头的水域占用情况，掌握码头后方堆场使用情况，为水工建筑是否违法占航道提供依据。图 17－68 为基于 GF－2 卫星影像对江苏太仓港的港口、码头和船舶等信息进行监测的结果。可以看出，船舶的提取精度较高，轮廓线突出的部分为太仓港的码头，可为港口码头的监管提供技术支撑和数据来源。

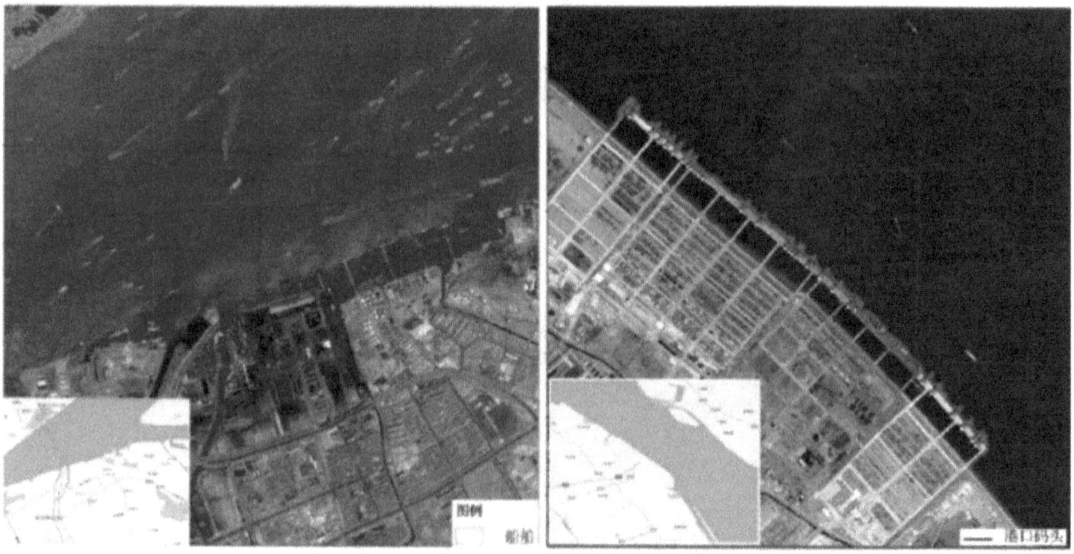

图 17－68　基于 GF－2 卫星影像的江苏太仓港港口及船舶监测图

17.3.3.5　支持防疫工作

2020 年年初，新冠肺炎疫情突发，举国上下，齐心抗疫。卫星遥感技术（RS）在疫情监测及紧急施工上发挥了重要作用。通过实时遥感图像进行社会活动分析、旅游活动分析等，为政府提供真实有效的信息，便于对群众的定点疏散和管控，抑制疫情的蔓延。除此之外，遥感图像还为疫情期间的紧急建设场地提供生态环境监测，保障施工生态安全。

武汉作为这场抗击疫情战役的最前线，有两座为对抗此次疫情所建的医院格外引人关注：火神山医院和雷神山医院。通过获取的遥感卫星图像，对医院建设前的地表温定性进行的分析，对医院建设的进度进行的监测、对医院施工期间周边的环境进行的监测等工作，在抗击新冠肺炎病毒的关键时期，对防疫工作起到了一定的支持作用。

通过遥感卫星“云监工”可以看到雷神山医院和火神山医院从无到有的全过程。图 17－69 为吉林一号视频 03 星（分辨率 1.1 m、幅宽 18 km）于 2020 年 1 月 29 日获取到武汉火神山医院区域的夜光图，医院位置灯光亮度明显高于周边地区。经过建设者们 24 h 轮班作业，2 月 2 日上午，火神山医院正式交付。

图 17－70 为红旗一号－H9（分辨率 0.75 m、幅宽大于 136 km）于 2020 年 1 月 31 日获取的武汉雷神山医院建设过程中的高分辨率遥感影像，左上部分的小图为吉林一号视频

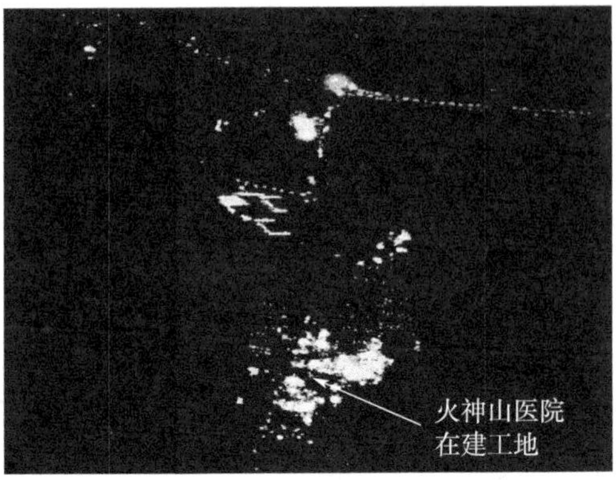

图 17-69　火神山医院 2020 年 1 月 29 日夜光图

07 星（分辨率 0.92 m，具备凝视视频、夜光、推扫、立体和空间目标成像的能力）于 2020 年 2 月 4 日获取的雷神山医院基本完工的高分辨率遥感影像。

图 17-70　遥感卫星获取的武汉雷神山医院高分辨率遥感影像

17.3.3.6　防灾减灾

遥感技术具有获取信息速度快、周期短、手段多、信息量大、受条件限制少等特点，在减灾救灾过程中具有传统方法不可比拟的优势，因此发展成为灾害监测和损失评估的关键支撑技术。目前，按照灾害的发生与发展过程分类，遥感在防灾减灾的应用主要包括灾前预测、灾中监测、紧急救灾和灾后重建等四类。各个阶段的应用需求和灾害遥感的特点见表 17－14。下面以滑坡监测和预警为例，对遥感在防灾减灾的应用做简要介绍。

表 17－14　遥感在防灾减灾的应用需求及特点

应用阶段	应用需求	灾害遥感的特点
灾前预测	对潜在灾害，包括发生时间、范围、规模等进行预测，对灾害发生的风险进行评估，为有效防灾做准备	灾害遥感具有较强的灾害预测、预警功能，对潜在灾害，包括发生时间、范围、规模等进行预测，为有效防灾做准备
灾中监测	灾害发生后，动态地监测各种灾害的发展和演化情况，及时获取灾害范围、强度、损失等相关信息，在多种灾害类型中，尤以洪水、地震、干旱等重大灾害为重	灾害遥感具有实时监测各种灾害，特别是洪水、干旱、地震等重大灾害发生情况
紧急救灾	当重大灾害发生时，快速准确提供灾情信息，如灾害损失、人员生命财产安全、重大生命线工程等，这些是紧急救援所必须掌握的资料	灾害遥感具有救灾及时性的特点，当重大灾害发生时，快速准确提供灾情信息，是紧急救援所必须掌握的资料
灾后重建	准确的灾情评估是灾后重建最主要的依据之一	遥感灾情评估可以为灾后重建提供重要依据

2020 年 6 月以来，我国进入主汛期，持续性降雨及局地短时暴雨极易引发小流域山洪、山体滑坡、泥石流和城乡积涝等次生灾害，造成巨大经济损失。InSAR 技术作为一种极具潜力的空间对地观测技术，具有全天时、全天候、高精度以及大范围等特点，不仅可以从空间尺度上大范围捕捉到滑坡信号，而且可以从时间尺度上以较长周期追踪滑坡的运动状态，可在滑坡监测和预警中发挥重要的作用。

2020 年 6 月，受持续强降雨影响，四川省丹巴县半扇门镇梅龙沟发生大规模山洪泥石流灾害，阻断小金川河，形成堰塞湖，造成 G350 烂水湾段道路中断，同时，受洪水和泥石流的强烈冲刷，阿娘寨古滑坡体坡脚出现大面积滑坡，上部随之发生明显变形。据成都地调中心 6 月 28 日发布的新闻资讯得知，该古滑坡体强变形区方量约 600 万 m^3，后缘变形最大处的累计位移量已达 6.1 m。阿娘寨周边山洪泥石流发生前后小金川河 Planet 卫星遥感影像对比如图 17－71 所示。

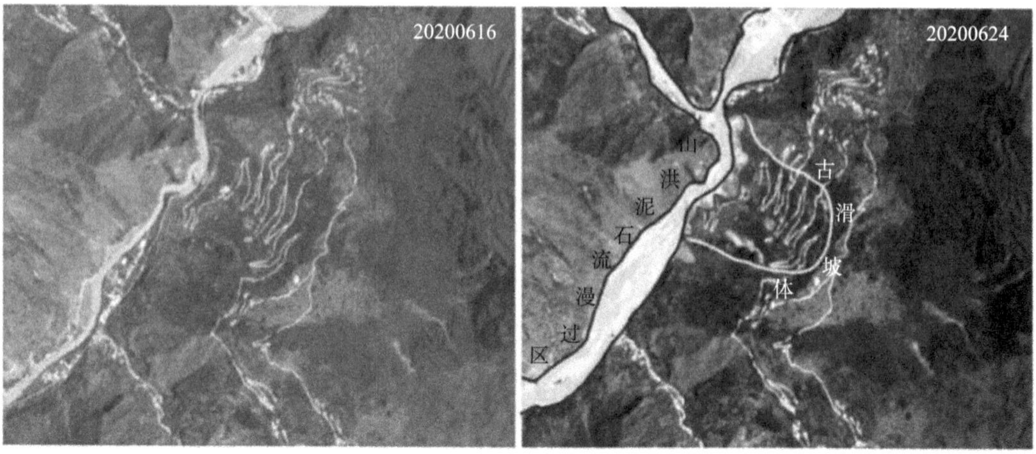

图 17－71　山洪泥石流前后 Planet 卫星遥感影像对比

采用 InSAR 技术获取该坡体在山洪泥石流灾害发生前后的变形特征。利用 2019 年 1 月至 2020 年 6 月间的 Sentinel－1 卫星 IW 模式时序 SAR 影像对阿娘寨古滑坡进行灾害前形变信息提取（见图 17－72），从图中可以看出，古滑坡体在监测时段内存在一定形变迹象，严重区域年形变速率超过 30 mm/a。

图 17－72　Sentinel－1IW 模式监测到的滑坡前期雷达视线向形变速率（2019.01—2020.06）

同时，利用 2019 年 9 月 14 日至 2020 年 6 月 28 日的 Radarsat－2 超宽精细模式（Extra Fine，XF，幅宽 125 km、分辨率 5 m）时序影像开展坡体形变特征获取，监测时段内累积形变情况（见图 17－73），可以看出，高分辨率 SAR 影像 InSAR 分析结果与 Sentinel－1 在空间形态上较为一致，而前者有着更高的空间点位密度。

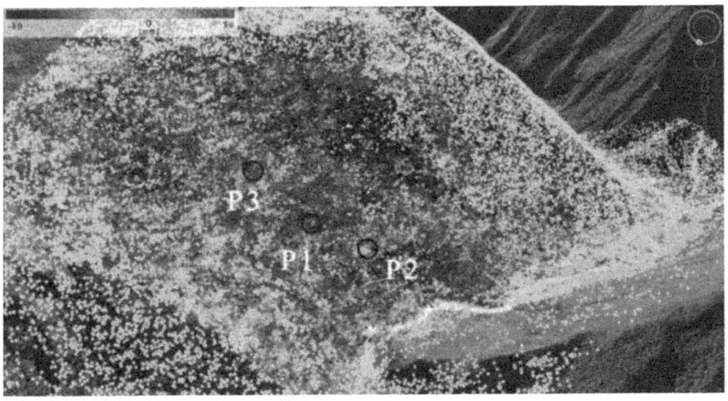

图 17－73　Radarsat－2XF 模式监测到的滑坡前期雷达视线向形变量（2019.09—2020.06）

为了观察山洪泥石流灾害的发生对于古滑坡体变形过程的影响，将 6 月 28 日获取的 Radarsat－2 卫星 XF 模式影像与灾害发生前获取的影像进行 InSAR 分析，选取 3 处点位（图 17－73 中 P1、P2、P3）绘制形变演化过程，如图 17－74 所示。可以看出，灾害发生后滑坡体变形存在明显加速迹象（远高于噪声背景），滑落风险进一步增大。

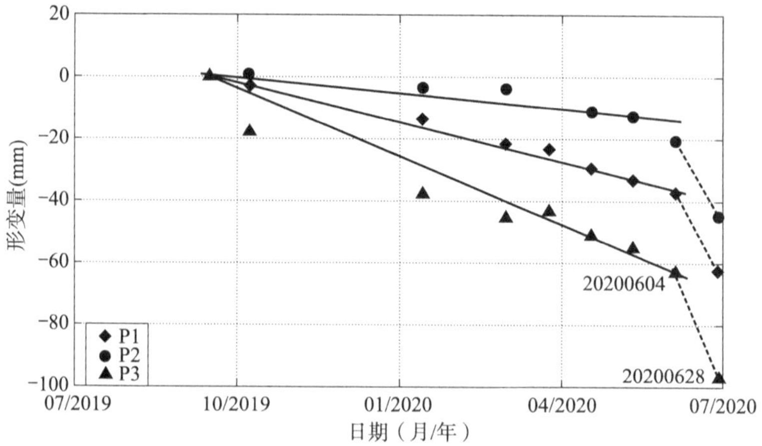

图 17－74　灾害发生前后 3 处特征点形变演化过程

利用 InSAR 技术监测得到的坡体变形值与现场监测的形变值相比要小很多，这里有诸多方面的因素，如：雷达视向与坡体坡度存在的差异、雷达波照射方向与坡体滑动方向的差异、影像采样间隔及分辨率的影响、相干性的情况等等。但总的来说，InSAR 监测成果所反映出来的趋势还是比较准确，能够较为敏感地捕捉到灾害发生前坡体的形变特征以及灾害发生后形变明显加剧的迹象。

17.4　商业卫星应用的发展趋势

17.4.1　卫星通信与应用的发展趋势

随着互联网和物联网的发展普及，以及机载、船载、空间中继等通信需求的日益增加，卫星通信将进入以高通量卫星、中低高轨混合星座等空间系统为平台，高频段资源应用开发的阶段，宽带应用场景和通信关键技术密集论证与开发，卫星互联网智能化水平加速提升，更多卫星通信技术融入商业卫星成果转化。

（1）卫星通信向高频高速发展

卫星通信业界将特高频以上频段大致划分为 L（1～2 GHz）、S（2～4 GHz）、C（4～7 GHz）、X（7～12 GHz）、Ku（12～18 GHz）、Ka（20～40 GHz）等频段，其中低于 2.5 GHz 的 L 和 S 频段主要用于卫星移动通信、卫星无线电测定、卫星测控链路等应用；C 和 Ku 频段主要用于卫星固定业务通信且已近饱和，Ka 频段正在被大量投入使用，未来移动卫星通信向带宽容量大、抗干扰性好、性价比高、覆盖范围广的 Ka 频段甚至 Q/V 频段发展已是大势所趋。轨道和频段作为“不可再生资源”，未来仍是各国争夺的重点。

（2）星上处理技术向宽带应用发展

一是卫星簇技术。“卫星簇”（Satellite Cluster）是指同一轨道位置上配置多颗载有不同业务频段转发器的卫星，同时提供服务。其特点是各个卫星互不相通，分置提供服务。

二是宽带交换技术。目前应用的星上交换技术还只应用在 TDMA 等载波层面上，尚不具备星上信息处理能力。为提高宽带交换和传输能力，当前各国卫星研发机构关注的重点是卫星 ATM 星上交换。

三是星上多波束天线技术。天线技术是卫星通信的关键技术。多波束天线（MBA）由于能够同时产生多个点波束，高增益地覆盖较大地面区域，并能根据需要调整波束形状，能源损耗低，可多波束覆盖，满足用户日益增加的容量需求。

四是天基路由技术。天基路由可实现多点分配，为用户提供灵活的 IP 网络进行数据、视频、声音等通信，且通信容量强大，通信速度快。

（3）通信技术向高效智能发展

一是多址多路技术。卫星通信在多址、调制、编码技术等方面的理论突破，极大地提高了频率资源的有效利用率。如在卫星通信中启用的非对称单发多收的数字视频广播-卫星回传信道（DVB-RCS）、载波成对复用（PCMA）、重复编码复用（CRMA）、带宽按需分配（BoD）和载波叠加（C-in-C）、软件定义无线电（SDR）和软件定义终端（SDT）等技术应用已展开并将呈增长趋势。

二是自适应技术。自适应技术使通信双方可以适应或调整通信参数，提高通信效率。从组网角度看，目前的卫星网络支持多载波、多波束、多卫星的自适应操作。如由 iDirect 为 Intelsat 开发的由三颗卫星组成的全球海事业务网络，以及 ADVANTECH 公司以 SatNet Max 主站设备为核心的 VSAT 网络。从载波角度看，有卫讯公司（ViaSat）的成对载波多址（PCMA）技术、康泰易达公司（Comtech EF Data）的载波叠加（C-in-C）技术，可提高带宽利用率。

（4）天地融合通信网络发展

从 20 世纪 90 年代开始，随着移动卫星通信的发展，关于卫星通信与地面移动通信相互融合的讨论与尝试就从未停止。随着 5G 技术的日益成熟，包括 3GPP、ITU 在内的标准化组织着手研究星地融合的标准化问题，3GPP 在 R15 和 R16 版本中开展基于 5G 技术的 NTN 卫星移动通信系统研究，在 R17 版本发布第一个采用 5G 地面蜂窝系统标准规范的透明转发卫星通信标准，R18 正在持续推进系统性能增强、卫星回传，以及再生处理卫星通信系统设计等。ITU 在 2016 年开始研究卫星通信与地面通信的融合，提出了星地 5G 融合的 4 种应用场景，支持包括智能路由、动态缓存管理一致的服务质量、网络功能虚拟化（NFV）/软件定义网络（SDN）等关键问题研究。2021 年，ITU-R 4B 工作组通过了中国提出的 SRI for IMT-2020 项目，开始进行 IMT-2020 卫星通信愿景需求制定及空口技术的研究。2017 年 6 月，BT 等 16 家单位在 ETSI 成立 Sat5G 联盟，研究卫星与地面 5G 融合技术。在中国、韩国、欧洲、日本等 6G 研究开展较早的国家和地区，都把未来 6G 支持天地融合一体化网络作为核心技术目标。

17.4.2 卫星导航与应用的发展趋势

近年来，在国家战略实施和宏观政策的有力支持下，以及各地将卫星导航产业作为创新工作的重点这一基础上，北斗导航位置信息服务基础设施建设方面硕果累累。作为国家安全战略性新兴产业，卫星导航产业进入了高速发展时期，产业上游的技术将随着市场规模的扩大逐步向深层次发展。未来，我国卫星导航将迎来以下发展趋势。

（1）多星座互兼容

卫星导航应用由单星座转变为多星座兼容机制，卫星导航系统向多极化制式发展。从单一的 GPS 时代将转变为真正实质性的多星座并存兼容的 GNSS 新时代，开创卫星导航体系全球化和增强多模化的新阶段。用户可以根据不同需要切换到不同卫星导航系统，通过 GNSS 兼容与互操作的合作，实现 L1 和 L5 上的民用信号的互用共享。充分体现不同卫星导航系统的互补性，也能为系统的精度和可用性带来更好的改善。

（2）精密单点定位

精度、收敛速度、覆盖范围是衡量卫星导航定位服务性能的重要指标。传统的实时动态定位 RTK（Real - Time Kinematic）虽然精度高、固定速度快，但需要布设至少一个基站，即使是 CORS 也需密集基准站、当多个 CORS 网间存在覆盖盲区时难以实现连续服务；精密单点定位（Precise Point Positioning，PPP）虽然作业简单灵活且有全球低成本优势，但收敛时间至少需要 30 分钟。

而 PPP - RTK 技术通过引入相位偏差产品可以实现模糊度的单站固定，通过施加区域参考电离层、对流层等约束，最快可在几秒钟之内实现模糊度的可靠固定。PPP - RTK 很好地克服了传统 PPP 收敛缓慢的问题，同时又不需要过分依赖参考站、扩大了 RTK 服务范围，是当下 GNSS 导航领域的研究热点，也是未来卫星导航发展的一个重要趋势。

（3）低轨导航增强系统

随着低轨道卫星制造和服务产业的发展，利用低轨卫星通信容量大、几何位置改变快、低功耗和低成本传感器的可用性等优势，形成基于信息融合、信号融合的低轨卫星导航增强系统，通过低轨卫星播发精密星历信息实现导航终端的高精度快速实时定位，拓展卫星导航全球无缝高精度应用领域，特别是对时效性要求较高的自动驾驶、无人机导航等应用场景。

（4）生命安全相关定位

近年来，随着卫星导航领域的快速发展，以及卫导＋惯导融合定位的结合，卫星导航定位在精度、可靠性、连续性、实时性、导航完好性保障等方面不断提升，逐步向各领域渗透，满足自动驾驶、低空飞行器导航等生命安全相关行业或场景对导航定位的安全性、精确性、实时性等严格要求，为其提供花费更低、可用性更高的导航定位功能。

（5）通导一体化

从以卫星导航为应用主体转变为 PNT（定位、导航、授时）与移动通信和因特网等信息载体融合的新时期，开创信息融合化和产业一体化，以及应用智能化的新阶段。

在《中国卫星导航与位置服务产业发展白皮书（2020 年）》中，也提出了基于北斗三号导航系统的导航与位置相关服务发展重点。

导航与通信的融合将进入实操期。特别是在 5G 的部署发展过程中，既可通过充分利用现有的，包括导航和通信资源在内的各种资源，着力打造时空多信源、感知、传输、服务一体化网络，运用众筹众包众创模式，群策群力地推进基础设施建设，将服务提供商、消费用户群纳入进来，实现共建共享共赢。

伴随当前全球众多低轨宽带通信卫星星座计划路线的开展，存在数百颗或者几千颗卫星的星座开始把通信与导航作为一体化载荷加以设计。其中，天基的导航与通信的一体化融合有望最先开展，其次就是地基的通信与导航融合，5G 及 WiFi 网络的通导一体化运作均可能成为未来的发展趋势。

(6) 室内外一体化定位

从室外导航转变为室内外无缝导航、一体化定位的新时空体系的新纪元，开创以卫星导航为基石的多手段融合、天地一体化、服务泛在化和智能化的新阶段。

室内外一体化的定位系统，能够更好的覆盖室内外多应用场景，在室外的应用基础上向室内应用场景进行延伸，可覆盖更广泛的作业区域和应用种类，取得更大的经济价值。

伴随 2020 年北斗导航系统全球组网运行，我国卫星导航定位行业将迎来巨大的发展空间，发展重点将转向与各类产业的融合发展。六大发展趋势的直接结果是使卫星导航应用领域扩大，应用规模跃升，大众化市场和产业化服务迅速形成。

17.4.3 卫星遥感与应用的发展趋势

随着高分辨率遥感器，电荷耦合器件（CCD），高精度、高稳定度、高机动能力的姿态控制技术，颤振抑制技术等可以提高遥感卫星影像质量的技术不断迭代，遥感技术在理论上、技术上和实际应用上发生了重大的变化。在遥感数据源向着更高光谱分辨率和更高空间分辨率发展的同时，处理信息技术也更加成熟；在应用方面，结合了地理信息系统（GIS）和全球定位系统（GPS），向着更系统化、更定量化的方向发展，使遥感技术的应用更加广泛和深入。此外，伴随着卫星小型化、卫星星座组网、一箭多星发射等技术的应用，遥感卫星的时间分辨率也在得到优化。

(1) 高分辨率、多时相、全天时、全天候

随着科学技术的进步，光谱信息成像化、雷达成像多极化、光学探测多向化、地学分析智能化、环境研究动态化以及资源研究定量化，大大提高了遥感技术的实时性和运行性，使其向多尺度、多频率、全天候、高精度和高效快速的目标发展。遥感传感器的改进和突破主要集中在成像雷达和光谱仪，雷达遥感具有全天候全天时获取影像以及穿透地物的能力，在对地观测领域有很大优势，高分辨率的遥感资料对地质勘测和海洋陆地生物资源调查十分有效。由航天、航空和地面观测台站网络等组成以地球为研究对象的综合对地观测数据获取系统，具有提供定位、定性和定量以及全天候、全时域和全空间的数据能力。

空间分辨率、光谱分辨率和时间分辨率的提高，是遥感发展的重要标志，也是遥感技术综合能力和遥感应用服务能力的体现。民用卫星的空间分辨率已达 0.25 m，接近军用的最高水平；连续成像的光谱分辨率已达纳米级，非成像系统的分辨率更是高达亚纳米；

地球同步凝视型卫星，可以在一定范围内将时间分辨率提高到分钟甚至秒级；多卫星组网的方式，也可以将时间分辨率大幅度提升；合成孔径雷达早已突破了云雾的限制，雷达的高精度编队运行提高了三维立体观测能力，为业务化监测地表形变提供了可能；激光雷达的应用，为更高精度的地形测量奠定了基础。

（2）多手段、多模式

多平台、多层面、多传感器、多光谱、多角度以及多空间分辨率的融合与复合应用，是目前遥感技术的重要发展方向。多星组合，各尽其能，多种数据综合和融合将更大地提升遥感的综合观测和综合应用能力。探求新的成像技术和成像模式，如太赫兹成像、单光子成像、复眼光学成像、薄膜光学成像、高分辨率红外成像等。关注集群式遥感微小卫星的发展，以更低的价格、更便捷的服务惠及更广大的用户。发展卫星、临近空间（平流层）、航空（包括高、中、低空）相结合的多维、多级、多源遥感观测。

神经网络、小波、分形、认知模型、地学专家知识以及影像处理系统的集成等信息模型和技术，会大大提高多源遥感技术的融合、分类识别以及提取的精度和可靠性。统计分类、模糊技术、专家知识和神经网络分类有机结合构成一个复合的分类器，大大提高了分类的精度和类数。不确定性遥感信息模型和人工智能决策支持系统的开发应用也有待进一步研究。

（3）星座化、规模化组网

单一的商业遥感卫星，覆盖范围有限，获取的数据量少，只有建设高密度的卫星群，才能占领商业航天市场的蓝海。以 Planet Labs、长光卫星等商业遥感企业为主导的小卫星星座，通过组网观测为大范围高频次对地观测提供了低成本解决方案，将改变有准实时监测、长序列分析等应用需求的行业业务模式，也将推动遥感应用的产业化和大众化发展。

实现星座化建设，需要将卫星遥感与低空遥感技术进行充分布局，利用低空遥感技术低成本、高机动性的特点与卫星协同观测，弥补遥感卫星在空间观测上的不足，以掌握更为丰富的观测数据。国内已在气象、海洋、资源、环境、通信等领域形成了对地遥感观测卫星星座，每个卫星星座都获取了海量的数据，单一的卫星星座的遥感数据难以满足用户的多种需求。打破遥感数据分散在多领域的现状，运用大数据处理、人工智能的方式对平台获取的数据进行分析处理，可以实现更广范围的应用。

（4）自动化、智能化

遥感卫星一般通过综合平衡各要素设置固定成像参数，无法灵活调整，因而无法针对不同的应用需求提供最优数据。另外，现有遥感卫星任务链主要由地面任务规划、数据星上存储、星地数字传输以及地面接收处理等环节组成，信息获取技术链条长，严重影响卫星数据的使用时效。因此，未来有必要构建具有星上成像参数自适应优化、星上信息数据快速处理和下传能力的“智能型”遥感卫星系统。系统同时具备差异化数据的获取功能和智能化的信息感知能力；能按需获取高质量数据，还能同时进行数据采集和信息数据生产，方便普通用户，为日益壮大的时空数据需求提供支撑，推进遥感技术的商业化和大众化发展。

随着卫星资源的整合以及微小卫星的跨越式发展，未来全球将实现每天一次的卫星数据全覆盖，较大程度上改变遥感信息获取滞后于地物时空动态变化的局面。这不但会催生新的应用场景，也将对现有遥感信息处理和分析能力提出前所未有的挑战。如何将海量原始数据加工成为用户可以使用的信息，即如何将无意义的数字 DN 值转变为语义级目标信息，是未来遥感产业发展的关键技术。以卷积神经网络为代表的深度学习技术已应用于遥感图像的处理和信息提取的多个领域，并取得了振奋人心的效果。人工智能及大数据技术的引入将对卫星遥感大数据智能化、规模化、实时性分析和处理带来极大的变革，未来急需遥感行业主动“拥抱”技术变革，主动“拥抱”行业知识，实现遥感服务向精准化、便捷化、大众化、智能化方向转变。

参 考 文 献

[1] 从伟．海事卫星的发展及在交通中的应用［J］．交通世界（运输·车辆），2010（08）：122－124.

[2] Network Innovations. Intellian GX60［EB/OL］．（2017－04－01）［2017－04－06］．http：//www.networkinv.com/shop/communication－at－sea/intellian－gx60/.

[3] Atlantic Radio Telephone. Inc. SAILOR 100 GX 1 m Ka－band System for Inmarsat Global Xpress［EB/OL］．（2016－06－08）［2017－02－01］．

[4] Network Innovations. First Commission of Inmarsat's Fleet Xpress in Bering waters with Alaskan Leader Fisheries［EB/OL］．

[5] Inmarsat. GX for Enterprise［EB/OL］．（2017－03－06）［2017－05－11］．http：//www.inmarsat.com/service/gx－enterprise/.

[6] Inmarsat. Global Xpress［EB/OL］．（2017－02－02）［2017－04－16］．http：//www.inmarsat.com/service/global－xpress/.

[7] Parker A. ORBCOMM's global data and messaging service uses VHF spectrum to achieve cost objectives［C］．AIAA International Communications Satellite Systems Conference and Exhibit. 2013.

[8] Surhone L M，Tennoe M T，Henssonow S F. Orbcomm（Satellite）［M］．Betascript Publishing，2011：20－25.

[9] Surhone L M，Tennoe M T，Henssonow S F. Orbcomm［M］．Betascript Publishing，2011：30－35.

[10] 余金培，华戌明，李国通，等．低轨卫星数据通信系统 ORBCOMM 在我国的应用［J］．电信科学，2000，16（12）：42－44.

[11] 詹亚平．华戌明．ORBCOMM 商用低轨道小卫星短数据通信系统［J］．电子技术，2001，28（2）：24－27.

[12] Johal R，Christensen J，Doud D. ORBCOMM Generation 2 Access to LEO on the Falcon 9 using Soft Ride，A Case History［J］．2012.

[13] 高金龙．基于 SGP4 模型的集装箱低轨卫星监控终端研发［D］．深圳：深圳大学，2017.

[14] 周霞．国际卫星通信产业现状及发展趋势研究之六 卫星通信未来发展趋势［EB/OL］．https：//mp.weixin.qq.com/s/4V8lCypTW2XqMD－kO_8lmA.

[15] 曹冲．多星多频时代来临：第三版《GNSS 用户技术报告》发布［J］．卫星应用，2020（11）：55－58.

[16] 王坚．卫星定位原理与应用［M］．北京：测绘出版社，2017.

[17] 孔祥元，郭际明，刘宗泉．大地测量学基础［M］．武汉：武汉大学出版社，2010.

[18] 赵长胜，周立，王爱生．GNSS 原理及其应用［M］．北京：测绘出版社，2015.

[19] 国家地理信息中心．现代测绘基准．2019－6－30.

[20] http：//www.ngcc.cn/ngcc/html/1/396/401/index.html．

[21] 何群，马洪滨，何蓉花，等．基于 3S 与 3G 技术的 GPS－PDA 在全国第二次土地调查中的应用研

究 [J]. 测绘通报，2010，03：43 - 46.
[22] 任亚飞，莫金亮．大数据在交通中的应用—GPS 数据 [J]. 信息通信．2019 (10)：127 - 128，131.
[23] 陈媛．智能交通 GPS 技术 [M]. 北京：人民交通出版社，2010.
[24] 李晓欢，杨晴虹，宋适宇，等．自动驾驶汽车定位技术 [M]. 北京：清华大学出版社，2019.
[25] 钟涛，王晓旺．美军 JPALS 系统现状与发展趋势分析 [J]. 现代导航，2016，7 (02)：152 - 156.
[26] 刘路．GPS 局域增强系统作为精密进近手段的分析 [J]. 空中交通管理，2005 (05)：26 - 28.
[27] 李胜．浅谈北斗卫星导航系统在航海保障方面的应用 [J]. 珠江水运，2019 (16)：113 - 114.
[28] 赵远哲，窦芃．"北斗"引领中国航海新时代 [J]. 中国海事，2015 (10)：22 - 24.
[29] 郭玉婷，黄飞炯，方杰．国外卫星导航应用标准综述 [J]. 卫星应用，2015 (04)：30 - 33.
[30] 张峻林．卫星导航增强技术 [J]. 导航定位与授时，2015，2 (05)：22 - 29.
[31] 蔺博，汤霞清，黄湘远，等．军用车载定位导航系统发展及应用现状 [J]. 信息通信，2015 (09)：24 - 26.
[32] 王朝晖，杨甜．美军军用卫星系统发展评述 [J]. 军事文摘，2017 (01)：42 - 45.
[33] Inside the Air Force. JDAM，Small Diameter Bomb funding approved in continuing resolution. 2016. 27 (50)：1 - 9.
[34] 王睿．北斗/GPS 综合授时技术研究与应用 [D]. 哈尔滨：哈尔滨工业大学，2017.
[34] 陈伟．基于卫星授时的高精度时间同步方法研究 [D]. 西安：西安工业大学，2017.
[36] 潘冉冉．基于 RTK 的农机精准定位系统的研究 [D]. 杭州：浙江大学，2017.
[37] 吴才聪．北斗在农业生产过程中的应用 [M]. 北京：电子工业出版社，2016.
[38] 张京江．地基 GPS 实时水汽反演系统建设速成 [M]. 北京：气象出版社，2011.
[39] 中国卫星导航定位协会．卫星导航定位与北斗系统应用：深化北斗应用，开创中国导航新局面 [M]. 北京：中国地图出版社，2017.
[40] 曹红杰．位置服务——理论、技术与实践 [M]. 北京：科学出版社，2015.
[41] 周龙鹏．共享单车智能管理系统设计 [D]. 成都：电子科技大学，2018.
[42] 2019 年中国高分卫星应用国家报告（业务应用卷）．国防科工局重大专项工程中心，2019.
[43] Qing Zhang，Mei Zhou，Qingli Li，et al. GF5 - Based Water Quality Monitoring of East Dongting Lake，China [C]. IOP Conf. Series：Earth and Environmental Science，2020，509，012031.
[44] Qingxi Tong，Yongqi Xue，Lifu Zhang. Progress in Hyperspectral Remote Sensing Science and Technology in China Over the Past Three Decades [J]. IEEE Journal of Selected Topics in Applied Earth Observations and Remote Sensing，2014，7 (1)：70 - 91.
[45] 贾晓阳，韩莹莹．商业遥感卫星的应用及发展趋势 [J]. 科技资讯，2020 (18)：11 - 12.
[46] 赫华颖，王海燕，郝雪涛，等．商业遥感卫星应用现状及发展趋势探讨 [J]. 卫星应用，2016 (1)：68 - 71.
[47] 杨瑾文，赖文奎．深度学习算法在遥感影像分类识别中的应用现状及其发展趋势 [J]. 测绘与空间地理信息，2020，43 (4)：114 - 118.
[48] 童庆禧，孟庆岩，杨杭．遥感技术发展历程与未来展望 [J]. 城市与减灾，2019，卫星遥感技术与减灾专刊：1 - 11.
[49] 冯钟葵，张洪群，王万玉，等．遥感卫星数据获取与处理关键技术概述 [J]. 遥感信息，2008 (4)：91 - 97.
[50] 赵忠明，高连如，陈东，等．卫星遥感及图像处理平台发展 [J]. 中国图象图形学报，2019，024

(012)：2098－2110.

[51] 刘银年，刘辉，张静，等．基于大气廓线与 LED 的高光谱遥感器在轨光谱定标方法．中国，201910021588.1 [P]. 2019－01－10.

[52] 封面故事-中国“眼”见证中国速度．遥感学报．2020.03.13. https：//mp.weixin.qq.com/s/TH6R3TlMtrXRkYR6eQtDJg.

[53] 技术成果分享：InSAR 技术助力地质灾害监测与预警 _ 北京环球星云遥感科技有限公司(earthstar.com.cn).

第 18 章　工程风险分析与控制

航天作为高风险行业，在产品全生命周期内，必须做好事前预防、事中控制、事后治理。航天的工程风险主要有政策与法律风险、市场风险和技术风险，事前预防需要做到对风险进行识别，事中控制是指识别风险后，分析风险，进而控制风险。而事后治理则是在风险出现后，按航天技术和管理双归零路线，进行溯源总结，杜绝再次发生。本章对工程风险因素、风险识别与分析以及风险控制进行介绍。

18.1　工程风险因素

18.1.1　政策与法律风险

商业航天在国外，尤其是美国，已经历近 40 年的发展。因此，美国的商业航天是最成熟的，这也催生了一批诸如 SpaceX、铱星等优秀的商业航天企业。1984 年，美国就通过了《商业太空发射法案》，允许私人企业进行火箭发射，同时要求 NASA 对太空商用进行倾斜。之后，《发射服务购买法案》等一批法案也随之颁布，在此条件下涌现的私人发射服务供应商为 NASA 的众多航天任务提供了具有竞争力的发射服务。在这之中，波音和洛马是最大的两家发射服务提供企业。但在这两家为避免内耗，组成“联合发射联盟”后，就垄断了美国空军和 NASA 的发射任务。美国相关部门随即就对“联合发射联盟”展开反垄断调查，在此期间，私人企业看到了太空经济的前景。2000 年，贝索斯创立了蓝色起源（Blue Origin）；2002 年，马斯克创立了太空探索（SpaceX）。除了政策规范支持私人航天企业外，美国更是推出了“商业补给服务计划”，直接将订单拨给 SpaceX，扶持其成长。

2010 年，时任美国总统奥巴马签署《美国法典》的第 51 编——国家和商业空间项目，将《联邦空间法》正式编入法典，使私人航空航天企业的成立和运营得到法律层面规范，私人航天发射活动在法律上和保险理赔方面都得到了保障和规范。

除了火箭发射，美国对卫星轨道频率资源的申报、协调政策也是经过适时的调整。2017 年，卫星初创企业 Swarm 申请空间无线电台执照时，美国联邦通信委员会 FCC 以卫星体积太小难以用雷达跟踪为由，拒绝了该申请。之后，Swarm 公司仍发射了卫星。但 FCC 仅象征性地对其罚款 90 万美元，并要求补齐预发射通报要求等文件。此后，美国针对小型商业卫星公司推出了一系列措施，简化频率轨道申请流程，为这些公司的发展降低了准入门槛。

可以看到，美国的商业航天政策和法律并不是一蹴而就的，也是在整个行业的发展过程中逐步完善的。在这个过程中，商业航天企业和主管部门对于政策和法律的颁布改进，是相互促进迭代的关系。

而在国内，2015 年通常被称为中国的“商业航天元年”。在此之前的 2014 年 11 月，国务院出台了《国务院关于创新重点领域投融资机制鼓励社会投资的指导意见》，意见指出：完善民用遥感卫星数据政策，加强政府采购服务，鼓励民间资本研制、发射和运营商业遥感卫星，提供市场化、专业化服务，引导民间资本参与卫星导航地面应用系统建设。这是国务院首个支持商业航天发展的政策。此后，2015 年 5 月，国务院出台的《中国制造 2025》提出加快国家民用空间基础设施建设，发展新型卫星等空间平台与有效载荷、空天地宽带互联网系统，形成长期持续稳定的卫星遥感、通信、导航等空间信息服务能力。2016 年 12 月，《2016 中国的航天》颁布，该政策鼓励引导民间资本和社会力量有序参与航天科研生产、空间基础设施建设、空间信息产品服务、卫星运营等航天活动，大力发展商业航天。除了这些，还有《国民经济和社会发展第十三个五年规划纲要》《国家创新驱动发展战略纲要》《关于加快推进“一带一路”空间信息走廊建设与应用的指导意见》《关于推动国防科技工业军民融合深度发展的意见》等政策，均对我国商业航天发展提出了支持意见。

在卫星轨道频率资源的申报、协调政策方面，2017 年 1 月，工信部出台了《卫星网络申报协调与登记维护管理办法（试行）》，首次从制度设计上对我国卫星网络国际申报、协调、登记与维护全生命周期管理提出了总体要求，明确了相应的政策措施，建立了工作机制。2019 年 6 月，根据新形势下商业航天的发展，工信部又印发了《卫星网络国际申报简易程序规定（试行）》，明确对我国“加快卫星网络国际申报、简化申报程序、提升申报效率”做出了实施细则。

当前，我国商业航天发展尚处在起步阶段，各项政策均需要完善，但该项工作的推进需要商业航天企业与主管部门共同迭代。以美国商业航天发展的历程来看，政策和发展是相互迭代、螺旋式上升的。

18.1.2　市场风险

商业航天市场主要包括卫星制造、火箭发射、地面设备及卫星服务四部分，其中，地面设备和卫星服务占据了 93% 的市场，而卫星制造和火箭发射合计市场占比在 7%，如图 18－1 所示。

商业航天的市场风险，一是来自商业风险，二是来自航天本身的高风险，即发射失败风险。卫星和火箭的制造均有一定的流程，且目前成本仍较高，一旦发射失败，卫星和之后的服务均无法开展。因此，发射失败风险是商业航天市场的核心风险，直接影响商业航天公司的业务进展。比如，Facebook 计划为非洲提供互联网服务的卫星，就因为 SpaceX 火箭爆炸，导致星箭俱毁，Facebook 至今也未能在非洲提供互联网服务。

另一方面，航天产业的市场周期较长，由于众多不确定因素，在业务建立后，面临着新兴业务的挑战。比如 20 世纪 90 年代，摩托罗拉建设的铱星卫星通信星座，是首个能够提供全球语音通话服务的系统。其建立的初衷是为全球提供语音通话，因为当时处于模拟

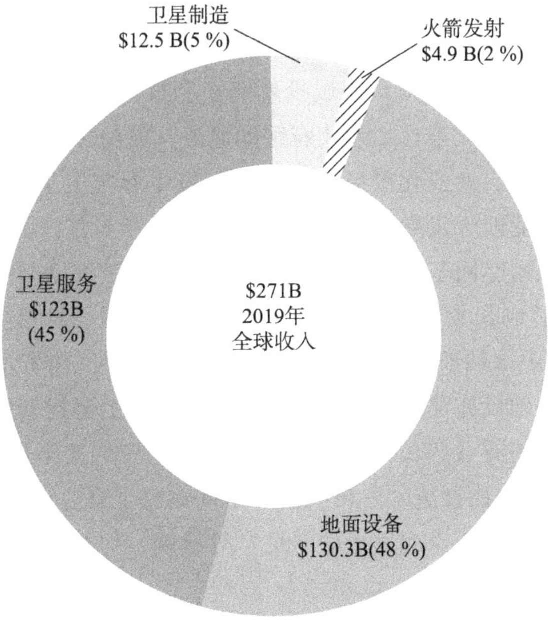

图 18-1　商业航天市场组成

通话制式向数字通话制式转变阶段。但是，地面移动通信的发展速度显然超过了摩托罗拉的预估，直接导致了铱星的破产。

而当前，卫星宽带通信业务也同样面临着地面 4G/5G 的竞争。与高轨卫星只要一颗就可以提供服务不同，低轨宽带卫星星座要提供可靠稳定的服务，需要系统建设完毕才行，也因此增加了更多不确定因素。OneWeb 作为全球最先发力低轨宽带通信业务的星座，在系统建设之处就遇到了资金难题，直接导致破产。虽然目前已经由英国和印度共同接手，其发展仍然令市场担忧。Starlink 凭借卫星量产能力，以及 SpaceX 在发射方面的配合，已经实现了北美高纬度地区的覆盖，率先提供北美地区低轨宽带卫星互联网测试服务。但其上万颗卫星星座的配置，不仅面临建设周期长的难题，同样还面临来自天文等领域的质疑。

星基增强业务也面临着地基增强业务的竞争。虽然星基增强以其覆盖区域广占据了优势，但其在收敛时间等方面的劣势，仍与地基增强存在差距。况且，导航增强业务最大的市场机会仍在大众应用领域，即无人驾驶、无人机导航等。而这些领域目前仍以地基增强方式提供服务为主，如果星基增强不能占据增量市场机会，那么其服务领域仍将局限于测绘等存量小众领域。

卫星遥感业务同样面临着无人机遥感业务的竞争，而且，卫星遥感目前在数据源上供大于求。由于遥感卫星在频率、轨道等资源申请方面的便利，目前国内商业航天公司大都从遥感卫星切入，这就导致了遥感产品的供大于求。几个主流的做遥感的商业航天公司，仍是以提供数据服务为主业，且面向用户仍旧是国土资源、测量测绘等传统市场。遥感业务如何突围，寻找增量市场，尤其是大众应用领域的增量市场，是卫星遥感业务急需考虑的。

18.1.3　技术风险

航天型号技术风险是指型号研制在规定的技术约束和技术保障约束条件下，对不能实现项目（产品）目标的可能性及所导致后果严重性的一种度量。航天型号技术风险分析是以科学有效的防范，提前识别型号在研制阶段和飞行试验过程中的薄弱环节和技术风险，制定有效措施消除、控制或降低薄弱环节和技术风险，从而确保研制过程的顺利进行和飞行试验的圆满成功。

航天型号技术风险分析与管理的基本流程如图 18－2 所示，分为 5 个阶段：项目总体提出风险分析的具体要求、方法和目标；各层次全面梳理技术风险点；归纳整理，拟定型号风险项目；依据标准确认风险等级并进行评估，组织专家进行评审；确认技术风险处置措施，落实技术风险控制措施。

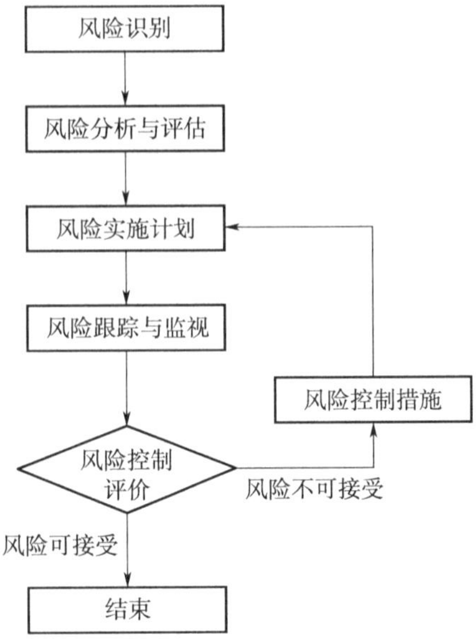

图 18－2　技术风险分析基本流程

（1）风险识别

对型号项目而言，风险识别指从系统、分系统、单机产品的各个系统角度和从型号产品研制过程的角度梳理出可能引发风险事件的风险因素的过程。风险识别是分析系统的技术薄弱环节及其不确定性影响较大之处，得出系统的风险源，并按规定格式将这些风险源形成文件供风险分析时参考。

（2）风险分析与评估

风险分析是检查每个已识别的风险，细化对风险的描述，分析其诱发原因，确定其后果或影响。风险分析的目的是要估计风险发生的可能程度及其后果，以及为避免经识别的风险可能造成的危害而采取防范措施的时间范围。风险分析工作包括：评价风险的特性，对风险进行分类，并将风险分别按轻重缓急排序。

技术风险分析方法，应根据航天型号研制所处阶段，采用与之相适应的风险分析方案，如研制早期阶段适合采用定性分析方法，后续阶段适合引入定量的分析方法。

定性的风险分析方法主要包括故障模式及影响分析、故障树分析法、事件树分析法、风险评价指数法、总风险暴露指数法、头脑风暴法、德尔菲法、专家打分法、外推法（使用历史数据）、潜在电路分析等。

定量的风险分析方法主要包括蒙特卡罗模拟法、计划评审技术、层次分析法、列表排序法、矩阵分析法等。

综合的风险分析方法主要包括风险协调（评审）技术、概率风险评估法等。

航天型号常用技术风险分析方法包括：可靠性分析方法（“自下而下”的风险树分析方法、“自下而上”的风险模式影响分析方法），测试覆盖性分析，试验充分性分析，数据差异性分析，成功数据包络分析，飞行时序动作分析，“九新”分析，总装过程“易错”“关键过程”“不可测项目”分析，单点失效分析等。

采用适当的技术风险分析方法找出技术风险项目后，需通过技术风险评价对技术风险进行分类。高度风险、较高风险和中度风险为不可接受风险，需有效给予关注并采取应对措施。低度风险应进行监控，以控制其风险等级并监视其转化情况。

风险发生可能性级别的确定按一定的准则和方法确定风险等级。公认的风险评级准则是

$$风险等级(R)=事件发生可能性级别(L)\times后果的严重性级别(S)$$

风险发生的可能性（L）等级可分为极高、高、中、低、极低5类，具体分值详见表18－1。

表18－1　风险发生可能性（L）分值表

发生的可能性	可能的发生率	评估分值
极高	肯定发生，1个项目可能发生1次以上	5
高	经常发生，10个项目可能发生1次	4
中	有时发生，100个项目发生1次	3
低	很少发生，1 000个项目发生1次	2
极低	几乎不可能发生，10 000个以上项目发生1次	1

风险后果的严重性确定可参考故障模式及影响分析，分为灾难、危险的、重大的、显著的、可忽略的5类。在应用时要注意结合具体的研制阶段和任务目标来确定判别准则，以更加符合使用需求和保证良好的可操作性。风险后果严重性分值详见表18－2。

表18－2　风险后果严重性（S）分值表

影响	进度影响	成本影响	技术指标影响	质量影响	评估分值
灾难	整体进度拖延大于20%	成本增加大于20%	技术指标超标不能发射	不能发射或飞行失败	5
危险的	整体进度拖延10%～20%	成本增加大于10%～20%	技术指标超标不能被接受	质量的降低影响整体任务成败	4

续表

影响	进度影响	成本影响	技术指标影响	质量影响	评估分值
重大的	整体进度拖延 5%～10%	成本增加大于 5%～10%	技术指标主要部分受到影响	质量的降低影响系统任务成败	3
显著的	整体进度拖延小于 5%	成本增加小于 5%	技术指标次要部分受到影响	质量的降低影响特殊工作状态	2
可忽略的	不明显的进度影响	不明显的成本增加	技术指标减少几乎察觉不到	质量的降低几乎不影响项目任务	1

可采用坐标的方式对航天技术风险进行综合评价，根据坐标分析将各项技术风险进行对号入座后，即可辨识出技术风险等级。风险等级坐标详见表 18－3。

表 18－3　风险等级坐标表

可能性分值						
	5	5	10	15	20	25
	4	4	8	12	16	20
	3	3	6	9	12	15
	2	2	4	6	8	10
	1	1	2	3	4	5
		1	2	3	4	5
		严重性分值				

风险综合评价和排序是根据技术风险事件发生的严重程度与可能性乘积，风险的评估等级分为最高风险、高风险、中等风险、低风险、最低风险 5 类。具体评价等级详见表 18－4。

表 18－4　风险等级及接受标准

风险指数	风险等级	接受标准
$R \geqslant 20$	最高风险	不可接受。需采取措施降低风险
$15 \leqslant R < 20$	高风险	不可接受。需采取措施降低风险
$10 \leqslant R < 15$	中等风险	不可接受。需采取措施降低风险
$4 \leqslant R < 10$	低风险	可接受,需办理审批并后续持续监视
$R < 4$	最低风险	可接受,需备案登记并持续监视

航天型号的技术风险根据风险坐标图示进行综合评价，梳理出风险项目，采取风险消除、风险规避、风险控制、风险转移和风险承担等方法，对高风险项目及关键件、重要件的中等风险项目考证分析，采用风险规避、风险控制、风险转移等方法，提出具体处理措施，并通过计算、分析、试验等手段检验措施的有效性。在对风险进行处理后，需重新对这些风险进行评价，将风险控制在可接受的限度之内。对低风险项目、部分中等风险项目采用风险承担并进行监控，关注后续状态变化情况，防止风险等级及危害程度升高。

（3）风险实施计划

在充分认识存在的风险的基础上制定风险计划，目的是要决定如何对待这些风险。风险管理计划包括：风险管理过程概述；组织或个人在风险管理中的职责；风险管理过程的详细叙述；风险管理的时间表和资源的分配；有关部门风险的信息（风险清单）；减轻风险所采用的方法。

（4）风险跟踪与监测

航天项目是一个动态系统工程，随着过程的进展，状态不断发生变化，需要对风险采取的措施和效果进行适时评价，以确定风险是否得到有效控制。风险跟踪与监测是在整个研制过程中依据风险监测体系，持续地、系统地跟踪并评价风险处理活动的执行情况。目的是准确和及时地收集有关信息并将经过整理的风险信息提供给有关人员和部门。通过风险监控找出风险实施与预期的差异，并进行不断修正。风险监控的最终目的是监控参与风险，识别出新的风险，评价风险管理的效果并总结经验教训作为后续工作的指导。风险监控过程如图 18-3 所示。

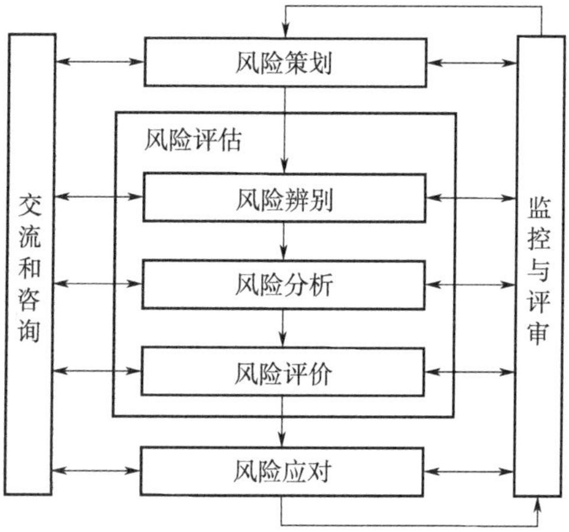

图 18-3　风险监控过程

（5）风险控制措施

风险应对是项目管理者根据技术风险坐标找出技术风险项目，采取各种措施消除或减小风险事件发生的各种可能性及风险事件发生时造成的损失。根据航天型号研制的特点，常用的技术风险应对方法包括：

1）复核复算、专题审查、仿真分析和地面试验项目，化解潜在风险或降低风险级别，达到风险控制；

2）重视技术状态变化的统计分析和技术状态变化影响域分析，规范影响域分析的内容和范围，避免因影响域分析不全面而造成的设计不协调、不闭合，从而影响风险控制措施的有效性；

3）单点失效和成功包络线分析能有效发现产品质量中存在的潜在风险，通过采取措施控制风险；

4）通过对总装过程“易错”“关键过程”“不可测项目”的梳理，以设计和工艺措施、检验等多种手段有效提高总装质量，从而实现风险控制；

5）针对飞行试验子样较少的型号，设计风险重点围绕技术状态变化和设计裕度开展，对于设计和验证方法不成熟的项目应给予重点关注，从而达到规避风险的目的。

对于航天型号技术风险，根据方案、初样、试样和定型阶段的研制特点，早期阶段多采用风险规避，中期阶段多采用风险控制与风险转移，后期阶段基本上只能采用风险承担（飞行试验紧急预案等）。

18.2　工程风险分析

研究表明，在航天型号工程实施阶段，风险度和不确定性会随着论证设计的迭代过程而逐渐减小。所以，工程阶段作为型号产品研制过程的末端环节成为风险管理领域较容易被忽视的环节，其相对论证和设计环节的研究理论基础薄弱，成果较少。

由于航天型号系统庞大、复杂的固有特性以及研制周期紧张、数据分析子样数少等现实情况，型号在工程研制阶段依然存在技术状态和试验技术状态控制、环境考核充分性等技术风险，以及生产工艺控制、元器件和原材料质量、经费、进度等管理风险。而航天型号工程研制阶段存在的风险将直接影响型号投入使用的时间、作用与效果，影响范围和损失较论证和设计阶段均有不同程度的放大。因此，对航天型号工程研制阶段进行风险分析、评估和控制的意义重大。

18.2.1　工程研制风险分析

根据资料和工程经验，从系统角度着眼，航天型号工程研制阶段的风险主要受技术状态、生产工艺、管理模式、人力资源等方面风险源的影响。

18.2.1.1　技术状态引发的风险

从国内航天型号项目研制各种风险发生的情况看，技术状态问题是引发工程研制阶段产品故障最主要的风险源，技术状态引发的风险主要表现在三个方面。

（1）成熟型号设计可靠性不足带来的潜在风险

航天型号对系统设计的兼容性和单机的可靠性要求很高，但并不是经过十几次或几十次的飞行考核就能得到充分验证，一些存在的尚未认识到的潜在设计缺陷和不足会逐渐暴露出来，所以成熟型号依然需要“再设计、再分析、再验证”的完善过程。

（2）型号数据分析子样数少带来技术未吃透、可靠性不足和考核不充分的风险

现阶段，受项目研发周期和经费的限制，航天型号还普遍采用继承成熟技术和产品，并存在着“经飞行成功考核的产品即是可靠产品”的片面认识。但从历次型号飞行失利的情况可以看出，在工程分析条件有限、技术认识存在差距的情况下，数据分析子样数少往往会导致产品地面和飞行试验考核不充分、验证不到位，或对继承技术和产品状态未完全吃透等风险。

（3）环境考核不充分和控制不足带来的风险

由于航天型号发射和飞行环境极其复杂、恶劣，环境试验验证方法、手段不足，相关设计验证标准和规范的准确性、合理性并不完善，实际飞行中测量的环境数据较少，不能完全覆盖真实环境等原因，使得航天型号即使进入定型工程研制阶段仍存在引发飞行试验质量问题甚至失利的共性风险。

18.2.1.2　生产工艺产生的风险

航天型号工程研制阶段的工艺管理相对于研制生产阶段，具有数量大、周期短、工艺稳定性和一致性要求高等特点。我国航天型号工程研制主要采取总体单位抓总研制，配套企业长期从事研制生产的任务模式。近年来，随着航天型号工程研制任务的逐渐增多，也带来了任务形势和生产模式的转变，给工艺管理和质量控制等相关管理活动带来新的挑战和风险。

由于航天型号研制周期和经费管控要求的提高，计划进度问题已成为制约型号研制的主要问题，许多型号不得不采取边研制、边试验、边试制的工作模式。根据以往的工程经验，航天型号的试制工作是工艺状态完全固化和工程研制前不可或缺的环节，但目前已开展工程研制的航天型号受研制周期限制，试制阶段工作开展的并不充分，使工艺状态固化工作没有得到有效落实，工艺可靠性不高，影响了工程研制工作的开展。

18.2.1.3　管理模式导致的风险

航天型号工程研制阶段技术状态固化和控制要求高、时间跨度长、任务当量大、协作面广、不确定因素多，但由于周期紧张、资源冲突造成的任务完成超出计划节点，以及用户对交付周期和合同经费控制方面的要求越来越高，使计划、组织、控制等管理工作未能达到预定要求，造成产品交付时间延迟、成本上升等风险。

航天型号不同于一般商品，其带有较强的计划经济成分。而随着社会主义市场经济体制的不断完善，市场机制在航天型号工程研制资源配置中发挥着越来越重要的作用，尤其是航天型号所使用的各种原材料、元器件等通用产品均已基本市场化。所以市场经济产物要融入计划经济产物中，就必然带来管理模式上的冲突。

航天型号生产的管理风险还与其他风险因素具有较高的相关度。如果在型号工程研制启动阶段和合同签订阶段没有充分考虑相关风险因素，那么一旦在工程研制考核阶段出现风险问题，就会造成重大质量问题或飞行失利的发生，将会对经费和计划管理造成巨大影响，使后续工作无法正常开展。

18.2.1.4　人力资源风险

从某种意义上来说，任何风险不同程度上都可以最终归结为人力风险，这里所说的人力风险是指由于人员的责任心或能力问题直接造成的风险损失。同时，人员变动过于频繁，管理人员的胜任能力或一些关键岗位人才的流失，也会极大地影响整个型号项目的顺利进行。因此，人力资源风险也是航天型号工程研制中不可忽视的风险源之一。

18.2.2　风险评估

经过对航天型号工程研制阶段风险损失及发生概率等属性的系统分析和评估，可以发现：在技术风险方面，其与航天型号各个研制阶段情况相同，仍是发生概率最大的风险。这一方面反映出技术能力和储备力的不足；另一方面说明受紧张的研制周期和经费制约，设计分析和验证的不彻底，以及数据分析子样数少使技术风险未完全暴露，导致相当一部分的技术风险被带入工程研制阶段。

在工艺风险方面，由于工艺验证工作开展不充分、资源投入不足等原因，使工艺风险在航天型号工程研制阶段发生的概率仅次于技术风险。

在管理风险方面，由于与其他风险源有较高的相关度，加之我国航天型号整体管理水平相对滞后，使管理风险成为航天型号工程研制阶段不可忽视的重要风险源之一。目前对于管理风险的识别、评估和控制几乎处于空白状态，并且缺乏有效的控制手段。

此外，航天型号工程研制阶段的技术、工艺、人员风险一旦发生，造成的损失和影响等级都高于其他研制阶段的同类风险，将对后续工程研制交付产生严重影响，也会引发各种管理风险的发生。

综上所述，航天型号工程研制阶段的各种风险客观存在且风险损失等级高，但对风险的分析和控制并没有引起足够的重视，工作基础也较为薄弱。因此，在风险分析和评估的基础上，及时建立航天型号工程研制风险应对措施已成为当务之急。

18.3　工程风险控制

18.3.1　风险控制措施

近年来，随着国防现代化需求的不断提高，航天型号从单件研制转向工程研制，这既是型号发展的必然结果，也是航天科技工业在市场经济中求得生存和发展的必由之路，针对存在的风险源采取的风险控制措施如下。

（1）技术和工艺方面的风险控制

一是在型号立项论证和研制阶段加强技术风险分析工作，在充分论证的基础上增加飞行试验考核子样，使技术风险在实际飞行条件下充分暴露，从而及时弥补设计缺陷和不足，以提高设计和工艺的可靠性。

二是对于新领域技术攻关的型号，要客观科学地开展关键技术攻关风险分析和策划，设定充足、合理的研制周期，明确技术攻关转向工程研制的标志节点，规避由技术攻关不彻底带来的技术风险。同时，用户与相关工业部门要联合加大对理论研究和技术储备的投入。

三是转变工作认识，加大对型号可靠性增长工作的投入。在型号论证阶段就长远规划可靠性增长工作，将其作为必不可少的研制内容并系统纳入型号整个研制周期中，在型号研制完成后持续开展。

四是通过理论研究、专业建设和技术更新，提高型号工作环境的分析、验证和控制能力。增加飞行子样或系统级以上环境考核试验，以提高真实环境和边界条件下验证的充分性，同时不断提高飞行环境数据的测量、收集和分析能力，不断完善设计验证标准和规范。

五是更加充分地开展型号定型前的试制工作，或在正式工程研制前实施试制定型工程研制，以提高工艺的可靠性和稳定性。及时固化工艺状态，在正式工程研制前最大可能地消除工艺缺陷和不足。

六是不断加大对工艺保障能力和生产队伍建设的投入，使之能适应不断增多、加快的航天型号工程研制任务。

（2）管理风险控制

为应对航天型号工程研制阶段可能存在的进度、经费等方面管理风险，应在型号工程研制任务启动或工程研制合同拟定阶段就开展管理风险的分析、评估和控制工作。尤其要充分考虑原材料价格通货膨胀、元器件供应、内部资源冲突等动态影响因素，切实把握各种可能发生的情况以及相应责任和措施的落实。

由于航天型号的研制对国家、企业的意义重大，影响广泛、耗资巨大，一旦出现问题将造成后续工作的停滞，并带来巨大损失，所以应在型号工程研制工作启动阶段就充分考虑经费和进度等方面的风险。在对风险客观存在达成共识的基础上，以确保工程研制交付工作顺利进行为目标，在合同经费中增加风险准备金等风险保障条件，并且合理划分责任，用户及相关工业部门合力承担和补救风险损失，以更好地完成宇航项目任务。

18.3.2 风险转移

风险转移是指通过合同或非合同的方式将风险转嫁给另一个人或单位的一种风险处理方式。风险转移是对风险造成的损失的承担的转移。

风险转移的主要方式分为非保险转移与保险转移。非保险类转移是通过订立经济合同，将风险及可能损失转移给别人，主要形式有租赁、互换、套期保值等。保险类转移是通过订立保险合同将风险转移给保险公司，具体讲就是投保人按照合同规定缴纳保费，将风险和可能的损失转移给保险公司，一旦发生预期投保的风险，就由保险公司进行经济赔偿。然而，并非所有的风险都可以通过风险转移手段来处理，只有符合一定条件的风险才可以转移。在航天行业中，风险转移的主要手段是保险。

18.3.2.1 航天风险分析

航天行业的主要风险可以归纳为以下几个方面，卫星各阶段风险如图 18－4 所示。

（1）爆炸

即航天产品在航天活动中发生爆炸事故并导致严重损失的风险，爆炸事故是发射阶段的主要风险，也是整个航天保险中造成损失最为严重的风险之一。例如，1986 年发生在美国的挑战者号航天飞机爆炸事件，使价值 20 多亿美元的航天飞机毁于瞬间，机上人员全部殉难，整个航天事业受到沉重打击。2020 年 12 月 10 日（当地时间 12 月 9 日），美国

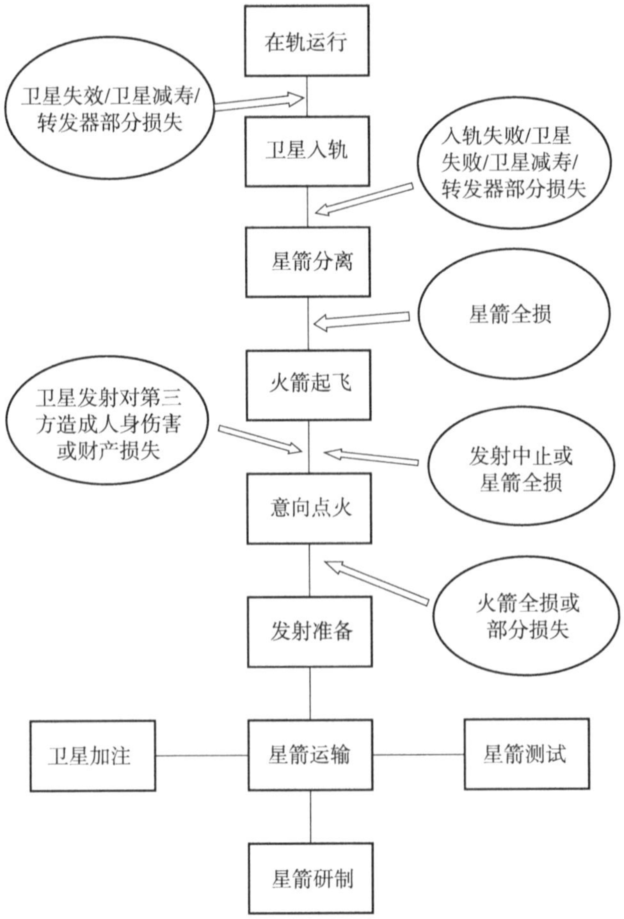

图 18-4　航天风险分析

SpaceX 的最新飞船 SN-8（Starship，星舰）进行飞行试验，但是因为燃料箱的低压，“星舰”在着陆时发生爆炸，现场火光四起，浓烟滚滚。

（2）运行失常

指航天产品发射后未能进入预定轨道或未能按计划回收，或其他发射、入轨时发生的异常或事故。这种运行失常同样会导致严重的损失，从而是航天行业中的又一类主要风险。1992 年 3 月 28 日，中国西昌卫星发射中心在发射一颗卫星时，出现剧毒推进剂不断渗漏的意外故障，虽经紧急关机保住了火箭、卫星及发射场，但仍造成 3 人死亡和数百万美元的直接经济损失。2009 年 8 月 31 日，中国在西昌卫星发射中心用长征三号乙运载火箭发射印度尼西亚帕拉帕-D 通信卫星，火箭第三级火箭Ⅰ分机推力异常下降，卫星远地点偏低。据报道，因点火时间延长，导致推进剂损耗，卫星寿命从设计的 15 年减少到 10.77 年。2011 年 3 月 4 日，金牛座-XL（T9）从范登堡空军基地发射 NASA 荣耀（Glory）对地观测卫星，飞行 3 min 后，有效载荷分离失败，尽管上面级继续燃烧，但因有效载荷质量增加未能达到预定速度，有效载荷再入南太平洋，火箭未能将卫星送入预定轨道。2011 年 8 月 25 日，联盟- U 火箭携带进步 M－12M 货运飞船发射升空。然而发射后不久，运载火箭三子级推进系统故障，导致发动机在起飞后 325 s 紧急关闭，致使载有近 3 吨国际空间站补给货物的进步号飞船未能进入预定轨道，后坠毁于俄罗斯。2011 年 8 月，中国在酒泉卫星发射中心用长征二号丙运载火箭发射实践十一号 04 星失败，火箭飞行过程中发生故障，卫星未能进入预定轨道。2020 年 11 月 17 日，欧洲阿里安航天公司的织女星运载火箭携载 2 颗卫星从法国圭亚那库鲁航天发射场升空，偏离轨迹，没有完成任务。

（3）其他风险

如气候因素、太空意外碰撞以及制造、运输、安装、发射过程中的疏忽或过失等，均有酿成重大损失的可能。如 2009 年 2 月，美国一颗为私营公司所有的商用通信卫星与俄罗斯一颗已经报废的卫星在西伯利亚上空相撞，这是太空中首次发生完整的在轨卫星相撞事件。

18.3.2.2 保险赔付主要形式

保险赔付的主要形式有：

1）在卫星的全损或推定全损情况下，保险商将支付保险金；

2）在部分损失情况下，保险商将根据合同中的规定，补偿被保险人的损失；

3）在发射终止且未造成全损或未造成推定全损的情况下，保险商将就那些额外费用和（或）直接由发射终止造成的损害补偿被保险人。

18.3.2.3 航天保险应用情况

航天史上首次商业保险为 1965 年，国际通信卫星 1 号的发射方为其购买的第三方责任险。当时，由于保险界几乎不了解火箭技术，不具备充分的数据以确定保险费率，因此用户不能购买发射保险和在轨阶段保险。1968 年，国际通信卫星 3 系列发射和在轨阶段保险由伦敦市场保险商和美国联合航空保险商联合承保。1975 年，加拿大政府为其兄弟卫星系列购买了发射和卫星责任保险。这是第一次由政府为卫星购买保险。

我国的第一份航天保险是由中国人民保险公司承保的 1986 年长征三号火箭发射东方红二号卫星项目。2004 年，风云 2C 卫星发射，在保险模式上首次运用商业运作原则，与国际市场接轨，在国内外经纪公司的成功运作下，保险费率在目前的市场条件下还具有一定竞争力。2015 年资源三号 02 星/吉林 1 号的保险采用国内首个政府采购、首个公开招标项目开启招标买保险模式。目前，我国航天保险多数用于商业卫星（火箭）或业务卫星（火箭）发射，军用卫星发射一般不投保险，科研卫星（如量子卫星）发射仅投第三方责任险。而国际市场上，为转嫁主要风险，节省费用，有效避免技术泄密，军事卫星一般投保星箭分离前的发射风险，不投保卫星分离后至在轨阶段风险；科研卫星投保第三方责任险和发射保险。

18.3.3 财务风险控制

财务风险控制是指在财务管理过程中，利用有关信息和特定手段，对企业财务活动施加影响或调节，以便实现计划所规定的财务目标，规避风险。

18.3.3.1　航天企业财务风险主要原因

（1）技术风险高

近年来，国内外各类航天发射事故频发，已经说明了航天技术风险之大。作为现代科技最顶尖水平的航天领域，其涵盖的学科种类繁多，并涉及许多人类还没有彻底解决的科学难题，每一次的前进都伴随着失败的可能，而且其技术风险带来的不确定性有时可能是灾难性的，比如 2017 年 2 月，长征五号发射失败不仅仅带来的是单发火箭的损失，更多的是意味着从设计阶段的改良重来，带来的经济损失不可估量。

（2）资金投入大

作为高技术、高智力集合的行业，航天一直是资金投入最为密集的产业，特别是在前期的研发投入和长期资产投入方面。比如，在技术较为成熟的情况下，立方星的制造成本约在 200 万～5 000 万元，百千克量级卫星制造成本约在 3 000 万至数亿元，其他的地面运营维护系统大概占总成本的 20%左右，而商用卫星星座有时多达几百颗卫星，前期投入规模更是数以亿计。SpaceX 公司预估，完全部署 4.2 万颗 Starlink 卫星，需投入卫星制造成本 210 亿美元，发射成本 105 亿美元。

（3）技术成果转化慢

出于国家战略发展的需要，航天企业更为关注国家安全等社会效益，经济效益一直不是其考核的重点，在这样的历史背景下，航天企业的高级管理人员缺乏市场经营意识，并没有在现有的技术成果转化上下力气。随着产业融合发展的到来，拓展商用航天领域、加快技术成果转化成为航天企业的发展难题；同时，由于美国等国家在国际航天市场上的技术和经济封锁，我国航天企业在国际市场上的拓展缓慢，主要还是集中在国内市场，这也为技术成果的转化带来困难。

（4）竞争环境不规范

无论是国有航天企业还是民营航天企业，其市场还是以政府为主，特别是军品的采购，政府更是唯一用户。在航天产品上，政府的采购以定点制为主，在原材料采购、型号专业分工等方面还是带有计划指令性质，随着民营资本的介入，竞争环境已经有所改善，正在由定点制向竞标制发展，但是改革还有待深化，竞争环境还有待规范。

国际上，2010 年美国政府公布了新的《美国国家航天政策》，根据新政策，未来美国将致力于航天活动商业化，为商业界提供更多参与航天活动的机会。并承诺政府部门与商业部门是合作的关系，不是竞争关系。同时提出将实施各种刺激机制鼓励航天活动商业化的发展。同年，NASA 宣布终止星座计划，以私营企业为主力，发展低轨载人航天与国际空间站计划。这一政策，让商业航天公司得以大力发展，以 SpaceX 公司为代表，NASA 的订单以及大量技术、人才、政策开始源源不断地支援 SpaceX，才有了该公司的蓬勃发展。与之相比，中国商用航天起步较晚，缺少相关的政策扶持，发展相对缓慢。

18.3.3.2　控制财务风险的主要方法

企业财务风险控制作为企业管理的重要组成部分，其意义是巨大的。它为企业全面、经济和有效管理风险提供了可能；为稳定企业财务活动，加速资金周转，保证资金安全、完整和增值提供了可能；增加了企业决策的科学性和效益性，是企业经营决策中的数据库和信息库；为企业提供了一个相对安全稳定的生产经营环境；对企业实现和超额实现经营目标、战胜风险、提高效益、增强实力，使企业立于不败之地具有重大作用。

财务风险管理在企业发展的不同阶段侧重的方面有所不同，在企业建立初期，完善建立财务风险管理制度体系，建立财务风险预警机制，精心设计企业股权架构，侧重于在制度和公司架构方面控制风险；项目立项初期，需要进行完整的商业论证；项目执行过程中，要注意加强项目成本控制，优化资产结构。总之，财务风险控制在企业发展过程的不同阶段有不同的侧重点，但几种控制方法交互统一，不可分割。

(1) 完善建立财务风险管理制度体系

航天企业应完善建立财务风险管理制度，建立涵盖基本制度、内控制度、财务风险控制制度多个层级的制度体系，其中：基本制度主要对企业财务风险管理的目标、组织机构和职责、财务风险管理文化等进行规范；内控制度主要包括企业内部控制基本规范、组织架构、人力资源、资金活动、采购业务、资产管理、销售业务、工程项目、担保业务、业务外包、财务报告、全面预算、合同管理、成本费用、内部信息传递、信息系统等内部控制制度；财务风险控制制度应根据财务风险管理对象的不同分别制定相应的制度。

传统航天行业国企和事业单位居多，市场化不足，对财务风险重要性认知有所欠缺。商业航天企业的从业人员多来自传统航天企业，对于商业航天企业市场化程度更高，竞争更加激烈的情况应强化风险管理意识，转变思维，尽快适应新环境与新角色。各部门和相关管理人员要充分认识到财务风险管理制度的重要性，制定出合理的财务风险控制目标与执行制度，并充分发挥风险管理制度的监督作用。在整个体系中，财务风险管理制度要细化到各个部门、各个项目组的执行活动中，形成全方位、多角度的监督管理制度，同时在落实风险管理制度过程中不断发现问题，更新完善管理制度，在实践中实施制度的动态管理模式。

(2) 建立财务风险预警机制

企业应该利用信息化手段，建立财务风险预警机制，让财务风险管理发挥事前预测功能，更大程度规避损失。一般而言，建立财务风险预警机制包含以下步骤。

首先，确定财务风险预警的指标体系，并根据自身的经营特点确定预警安全值；财务指标的选择应遵循灵敏性、逻辑性和稳定性三个原则。航天企业财务指标的选取主要包含总资产报酬率、成本费用利润率、流动比率、资产负债率、产销平衡率、总资产净现率等。企业要选取合适的财务风险指标安全范围，使投资或项目选取既不会过于冒进，也不会过于保守。

其次，健全财务风险分析与处理机制，高效的财务风险分析是财务监测与预警系统的核心和关键。财务风险处理主要包括应急措施、补救方法和改进方案。应急措施主要是指面对财务危机和财务风险时，应该采用何种手段规避，以控制事态的进一步恶化，比如前文提到的为火箭发射购买商业保险等行为；补救方法主要是指如何采取有效措施尽可能减少损失，将损失控制在一定范围内；改进方案主要是指如何改进企业经营管理或科研生产中的薄弱环节，杜绝和避免类似的财务风险再度发生。

再次，根据财务风险预警情况，识别财务风险发生的原因，选取合适的风险防范措施，控制财务风险。

（3）精心设计企业股权架构

股权优化的主要策略有：引进战略投资者，保持股权的流动和开放；适度引入职工股份，将个人利益与企业利益相捆绑等方式。初创型商业航天公司可考虑与企事业单位、大学、研究所等资金较为雄厚的机构合作创业，可灵活配置股权分配方式或合作方式，比如资金入股、技术入股、仪器设备折价入股等方式。设置员工原始股作为奖励或吸引人才的激励手段，激发员工的主人翁精神。

（4）进行完整的商业论证

商业论证为重大支出项目所做的论证。包括关于风险、成本、效益、可行性、社会影响等方面。商业论证是一种决策支持和规划工具以计划商业行为可能的后果。这些后果可能主要从质量和数量维度考虑。商业论证还包括了整个项目中的主要风险，这些内容也是在决定是否批准项目时需要考虑的因素。商业航天由于行业的特殊性，大型项目风险大，成本高，资金回报慢。

航天企业商业论证着重进行风险分析、成本控制、收益分析等因素。通过风险分析，可加深对项目和风险的认识和理解，认识各种方案的利弊，了解风险对项目的影响，以便减少或分散风险；可提高项目各种方案计划的完整度，有利于制定预防措施、应急计划和补救措施，提高风险承受能力；从总体上使项目减少风险，降低风险对项目的影响。航天项目成本包含有形成本与无形成本，有形成本包括仪器设备采购、软件采购，外协外购物料，生产、加工成本，人力成本等；无形成本包括时间成本、机会成本等。航天行业的收益包括财务收益、知识产权收益、提高人员素养、提高企业声誉、扩大品牌效应和增强社会影响力等方面。项目开始前进行完整的商业论证，分析风险、成本与效益是控制财务风险的有效方法。

（5）加强项目成本控制

航天企业为追求成功率和高可靠性，在科研生产的各个环节成本意识较弱，这与市场经济条件下企业管理的要求不相符合。商业航天企业的生存之本是盈利，面对激烈的市场竞争态势和繁重的科研生产任务，企业势必加强项目成本控制。商业航天企业可以从以下几个方面考虑成本控制。

首先，加强项目物资采购方面的成本控制。建立健全物资选用控制体系，指定选用目录，优选目录，控制供应商范围；在设计方案允许的范围内采用工业级元器件降低成本；对于非货架产品，采用“货比三家”的方式，选择性价比较高的供应商。加强在设计、工艺、生产过程中的成本控制。

其次，加强方案设计、工艺设计时的成本控制。设计方案时按照标准化、系列化、通用化的三化原则，避免无效余量。可靠性允许范围内采用新技术、新设计降低成本。设计工艺时在工艺技术进步与生产成本和收益之间进行权衡，做好整体工艺布局与优化，合理安排组织批生产，降低单位产品成本并加强生产现场管控。

再次，加强人力成本控制。通过梳理并优化业务流程来合并同类项或合并相关工作岗位的职责，提高特定岗位的工作饱和度，从而减少岗位的编制。提高员工的业务能力与工作效率，让员工在单位时间内产出更多，从而降低人工成本。

（6）优化资产结构

首先，企业应保持合理的现金储备，以确保企业的正常支付和意外所需；加快货币的周转，重视资金的时间价值；加快货币资金回笼，确保销售资金的安全性，航天企业项目风险高，产品销售周期长，资金流动相对较慢，更应该重视现金储备，可以考虑适当研发一些销售周期短的产品，确保资金安全。

其次，企业流动资产、固定资产和其他资产应保持合理的比例。航天企业科技含量高，很多项目需要昂贵的高精密仪器，甚至进口仪器才能满足性能指标要求，为了合理优化资产结构，根据仪器使用频率可以考虑租用或借用某些仪器设备，避免固定资产投入比例过高，不利于保持资金流动性。

随着企业的发展变化，其经营发展目标也在不停变化，财务风险的管理目标也在不停变化，因此企业要持续不断地对自身财务风险管理情况进行评价分析，保证财务风险管理目标与企业战略发展相匹配。企业也可以聘请专业机构对其财务风险管理情况定期进行评价分析，及时查找财务风险管理中存在的不足之处，保证财务风险处于可控范围，持续提高企业内控水平，为企业经济发展提供保障。

财务风险是不可回避的，其成因的复杂性、效用的双重性要求我们积极规避财务风险，提升企业盈利能力，熟练掌握财务风险控制的途径和手段。企业的财务风险实际上是一把双刃剑，它一方面给企业带来损失，威胁企业的发展甚至是生存，但另一方面，在经济国际化、科学技术进步、市场经济瞬息万变的大环境中，也给一部分企业的发展创造了空间，带来了机遇，这是市场竞争与航天行业商业化的结果。

18.4　航天保险

航天保险是指保险人对火箭等各种航天器在制造、发射和在轨运行中可能出现的各种风险造成的财产损失和人身伤亡给予保险赔付的一种保险，包括航天产品发射前的制造、运输、安装过程中，发射时和发射后的轨道运行过程中，以及使用寿命等方面的风险损失。

18.4.1　保险种类

（1）卫星发射第三方责任保险

根据联合国 1967 年《外空条约》（全称为《关于各国探索和利用包括月球和其他天体在内的外层空间的活动的原则条约》）第 6 条和 1972 年《责任公约》（全称为《空间物体

造成损失的国际赔偿责任公约》）的有关规定，卫星及发射工具在发射后造成的地球表面上或飞行中的飞机上的人员及财产损失的责任由空间物体的发射国负责赔偿。就商业发射而言，“发射国”（指发射或促使发射空间物体的国家和从其领土或设施上发射空间物体的国家）通常要求商业发射机构或卫星经营者办理保险，使卫星在发射过程中及发射后，其“空间物体”（包括空间物体的组成部分以及该物体的运载工具和运载工具部件）造成地球表面上第三方的人身及财产损失以及飞行中的飞机上的人身及财产损失得到保险保障。

卫星发射第三方责任保险就是由保险公司对责任主体（卫星经营者、商业发射机构及发射国政府）就上述损失所承担的赔偿责任提供保障。我国《民用航天发射项目许可证管理暂行办法》的第十九条、第二十条、第二十一条有“发射空间物体必须购买第三方责任保险和其他相关保险”的规定，因此，民用航天发射项目中，责任主体必须购买足够的保险，以保证可能给第三方造成的财产损失或人员伤害得到充分赔偿。第三方责任保险的保险责任通常从运载火箭进入发射场或运载火箭意向点火时开始，投保方可以根据需要投保发射后一年或几年内的责任损失。卫星发射第三方保险根据卫星类型不同可选择 1 000 万美元、5 000 万美元和 1 亿美元三个档次的责任限额。

（2）发射前保险

发射前保险的保险责任通常自卫星或运载火箭从总装厂房向发射场起运时开始，到运载火箭意向点火或起飞时终止，包括火箭或卫星的运输、储存、装配和测试等发射准备活动，提供卫星或运载火箭在上述期间内财产损失的一切险保险。

（3）发射保险

卫星发射保险是航天保险的主要部分。航天保险的主要特征（高技术、高价值及高风险）都集中体现在这一时段。发射保险的保险责任通常自运载火箭意向点火（指以执行发射任务为目的的点火程序的开始，时间为指令信号发送到运载火箭的时候）或起飞时开始，到发射后 6 或 12 个月时终止，包括飞行段、星箭分离、变轨、漂移机动、天线及太阳能帆板展开和在轨测试等阶段，提供全损险或一切险保险。发射保险承保的风险期限通常不少于发射后 6 个月，这样可以使卫星在轨道上经历一个完整的太空环境变化周期，使卫星至少经过一次日蚀，从而完成星上电源在光能、化学能与电能之间转化的测试工作。根据发射服务合同的不同规定，发射保险又可派生出针对发射失败或发射任务失败的再飞行或现金退款保险以及星箭分离后保险等。

（4）卫星在轨寿命保险

卫星在轨寿命保险自发射保险结束时开始，到卫星设计寿命终了时结束，通常以年为单位投保或续保，提供卫星运营期间的一切险保险。发射保险与在轨寿命保险的阶段界限可由甲乙双方协商规定。卫星发射阶段的各种保险如图 18 - 5 所示。

18.4.2　航天保险商业模式

保险公司可作为独家保险人，承担上述航天保险的所有保额，或者打包上述所有的风险，由一家保险公司作为主承保保险人，然后将这个保险的不同险种，不同份额分包给其

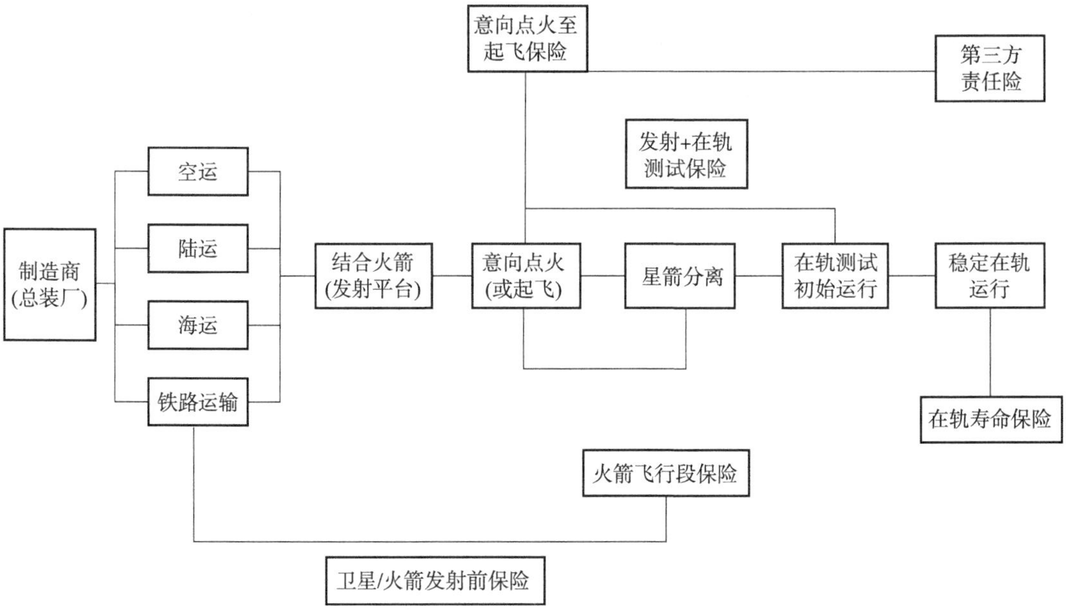

图 18－5　卫星发射阶段各种保险

他保险公司。一般国内可作为主承保保险人的保险公司主要有中国平安、中国人民保险、太平洋保险、中国大地财产保险公司等。

影响航天保险费率的因素有很多，比如火箭选择、卫星选择、设计余量、保额、批次故障等。其中发射前阶段是最为安全的阶段，保险费用最低，平均水平为被保险财产价值的 0.01％～0.05％左右。发射保险的保险费率根据运载火箭的不同而有很大差别，主要取决于具体运载火箭的可靠性、成功率和运行质量。在轨运行保险所包含的范围包括卫星偏离运行轨道、推进剂系统或卫星联络系统失灵以及其他导致卫星无法正常工作的故障等，它的保费率一般为保险标的物价值的 1.2％。

东方红三号卫星的保险赔付是一个典型案例。东方红三号通信广播卫星是国家重点卫星研制型号，也是我国第一颗商用通信卫星。某保险公司接手东三卫星的承保工作，与数个共保公司共同承担。东方红三号卫星（含火箭）的保险金额为 4 亿元人民币，其中运载火箭为 0.9 亿元，卫星为 3.1 亿元，合计最高赔偿限额为 4 亿元。卫星入轨后调姿过程中发现推进剂泄漏，1995 年 1 月 6 日，技术人员确认卫星上推进剂全部耗尽，卫星已不能定点和交付使用。1995 年 1 月 13 日，中国通信广播卫星公司正式提出索赔申请，要求保险公司负“全部损失的赔偿责任”，索赔金额为 4 亿元。调查后核损人员在查勘报告中确认以上损失符合协议规定的全损的概念。根据核损结论，某保险公司与共保公司确认了各自的赔款。某保险公司应在 1995 年 3 月 31 日前向卫星公司支付 4 亿元人民币赔款。

在我国，随着航天行业的发展，航天保险赔付的案例也逐渐增多。1995 年 1 月 26 日，亚太二号通信卫星发射失败，为该卫星发射承保的太平洋保险公司 50 天内赔款 1.62 亿美元，比国际惯例提前 50 天。2018 年 10 月 27 日 16 时，蓝箭空间技术公司的朱雀一号火箭，在酒泉卫星发射中心搭载央视定制的微小商业卫星“未来号”发射升空后，火箭第三级工作出现姿态失稳异常，导致卫星未能进入预定轨道，而火箭主体部分则坠入印度洋。确认发射失败后，公司向保险公司报案，该财险公司确认事故经过后，确认 10 月 27 日火箭发射失败，属于保单的保险责任。2018 年 12 月 25 日，财险公司在蓝箭空间科技有限公司西安研发中心内向其赔付 1 000 万元整，有效降低了投保人的经济损失。相关保险实例见表 18－5。

表 18－5　卫星（火箭）保险实例

卫星(火箭)	发射时间	保险形式	赔付金额
东方红三号	1994.11	数个保险公司共保	4 亿元
亚太二号	1995.01	太平洋保险公司	1.62 亿美元
朱雀一号	2018.10	单独保险公司承保	1 000 万元

人造卫星价格昂贵、风险巨大，一旦发射失败将面临巨额的经济损失。因此要发展卫星发射事业，必须有保险为之保驾护航，保险在卫星发射过程中起到了无可取代的经济补偿作用。目前，我国已进入了国际航天保险市场，国内中资保险公司组成的中国航天保险联合体于 1997 年 8 月 29 日成立，已成功地承保了多个中外发射项目，保险的作用有目共睹，功不可没。

18.4.3　保险除外责任

一般情况下，保险合同中均会注明保险除外责任，例如：

1）卫星设计、使用说明的错误、疏忽或者材料的内在缺陷引起的缺陷部件本身的损失；

2）自然磨损或渐进引起的损失；

3）保险标明的或其部件的机械故障、短路或电子干扰引起的故障部件自身的损失；

4）战争、政治等因素引起的损失；

5）被保险人及其雇员的故意行为等。

参 考 文 献

[1] 刘志宇．航天保险简介 [J]. 中国航天，2003 (2)：15 - 16.

[2] 刘文科．航天保险及其发展 [J]. 中国航天，1998 (1)：12 - 17.

[3] 李华栋．商业航天的护身符——航天保险浅析 [J]. 国际太空，2017.

[4] https：//wenku. baidu. com/view/d2c7333e777f5acfa1c7aa00b52acfc788eb9f13. html.

[5] 周华，姜明文，王坤．我国航天保险发展研究 [J]. 中国航天，2017 (6)：46 - 48.

[6] 周威．从风云 2C 卫星项目看商业航天保险的发展（下）[J]. 中国航天，2005 (08)：31 - 32，37.

[7] 张杨慧．航天 A 企业财务风险管理研究 [D]. 武汉：中南财经政法大学，2019.